國際私法과 國際訴訟

제 5 권

石 光 現 著

博 英 社

Private International Law and International Litigation

Volume Ⅴ

Suk Kwang Hyun

Parkyoung Publishing&Company
SEOUL, KOREA
2012

머 리 말

2001년 처음으로「국제사법과 국제소송」제1권과 제2권을 간행한 뒤 2004년 제3권을, 2007년 제4권을 간행하였고 이제 5년 만에 제5권을 상재한다. 제5권의 간행이 늦어진 것은 일차적으로는 저자가 게으른 탓이지만, 그 간에 국제상사중재법연구 제1권(2007)과「국제물품매매계약의 법리: 유엔통일매매법(CISG) 해설」(2010)을 각각 단행본으로 간행하였고, 또한 단행본인 국제민사소송법의 간행 작업을 이 책과 병행한 탓이기도 하다. 제5권에서도 국제사법과 국제소송 제1권 내지 제4권과 마찬가지로 이미 발표한 글을 모두 update하기 위해 노력하였다.

그 간 로스쿨이 도입되어 2012년 2월 첫 졸업생을 배출하였고 그들이 변호사시험에 합격하여 변호사가 되었다. 로스쿨 졸업생들이 법조인으로서 활동하는 것을 목도하면서 로스쿨체제가 외형상 자리를 잡아가는 것 같아 다행이다. 그러나 로스쿨 출신 법률가들이 기존 법률가들과 다른 모습을 보여주어야 로스쿨체제의 도입이 성공적이라고 평가할 수 있을 것이다. 다른 모습 중에는 보다 '국제화된 법적 사고'를 할 수 있는 능력도 포함된다. 저자가 크게 우려하는 것은, 로스쿨에서 국제거래법, 국제사법, 국제민사소송법, 국제상사중재법과 국제도산법 등 국제법무를 전혀 공부하지 않은 학생들이 변호사가 되어 로펌에서 국제거래를 취급하는 현상이다. 이는 큰 잘못이다. 그런 변호사들은 자신과 로펌을 위해 국제거래를 취급하지 말아야 할 것이다. 물론 반드시 학교에서 배워야 하는 것은 아니므로 업무를 취급하는 과정에서 로펌에서 국제법무에 관심을 가지고 공부할 것을 권유한다. 또한 로펌차원에서도 신입변호사들에게 국제법무에 관하여 어느 정도 기본적인 교육을 시킨 뒤에 실무에 투입해야 할 것이다. 아무쪼록 로스쿨 출신 법률가들이 21세기의 요구와 기대에 부응하는 훌륭한 법률가가 되고 나아가 사회의 지도자로 성장하기를 기대한다.

로스쿨의 운영에 관하여 한마디 하자면, 로스쿨 교수들의 실무취급을 금지하는 정부의 태도는 이해할 수 없다. 로스쿨 도입 당시 법원, 검찰과 변호사들의 로스쿨 파견을 허용했더라면 전국의 로스쿨이 지금처럼 많은 실무 출신 교수들을 뽑을 이유가 없었다. 물론 실무가들이 로스쿨로 옮긴 것은 나무랄 일이 아니고, 로스쿨체제의 도입이 가져온 긍정적인 변화의 하나이다. 문제는 실무계를 떠난 법률가들은 일정한 기간, 예컨대 3년 내지 5년이 지나면 실무와 유리되어 더 이상 실무 출신 교수라고 부르기도 어렵다는 점이다(물론 각고의 노력으로 이를 극복하는 분들도 계시겠지만). 로스쿨체제 도입 초기에는 로스쿨체제의 안정을 위해 필요한 조치였다고 선해하더라도 적절한 시점에 가서는 제한적으로나마 실무 겸무금지를 풀어주어야 할 것이다.

이 책을 내기까지 도움을 주신 분들께 감사드린다. 변함없이 이 시리즈의 간행을 지원해 주시는 안종만 회장님께 감사드리고, 조성호 부장님과 나경선 차장님께도 감사의 말씀을 전한다. 번거로운 교정작업을 도와준 아내에게도 감사한다.

마지막으로, 근자에 병환으로 힘들어 하시는 이호정 선생님의 빠른 쾌유를 기원합니다.

2012년 7월
관악산을 우러르며 서암관에서

석 광 현

차례 개요

차 례

제 1 장 국제계약법

[2] 국제물품매매협약(CISG)과 國際私法

제 2 장 국제지적재산권법

제 3 장 국제독점규제법·경제법의 국제적 적용범위

[5] 경제법의 국제적 적용범위: 국제거래에서 소비자보호와 "독점규제 및 공정거래에 관한 법률"의 역외적용을 중심으로

제 4 장 해사국제사법

[6] 海事國際私法의 몇 가지 문제점—준거법을 중심으로

제 5 장 국제민사소송법

[8] 개정 루가노협약에 따른 계약사건의 국제재판관할

제 6 장 국제도산법

[11] “채무자 회생 및 파산에 관한 법률”(이른바 통합도산법)에 따른 국제도산법

제 7 장 국제상사중재법

[13] 국제상사중재에서 중재합의와 訴訟留止命令(anti-suitinjunction)

[14] 외국중재판정의 승인·집행제도의 개선방안

제 8 장 외국법의 적용: 중국법이 준거법인 경우

[15] 한국법원에서 제기된 중국법의 쟁점: 계약법, 불법행위법, 혼인법과 외국판결의 승인·집행을 중심으로

참고자료

제 1 장 국제계약법

[1] 한국인 간에 일본에서 체결된 근로계약의 준거법: 국제계약의 개념, 가정적 당사자자치와 준거법의 사후적 변경을 중심으로
[2] 국제물품매매협약(CISG)과 國際私法

[1] 한국인 간에 일본에서 체결된 근로계약의 준거법: 국제계약의 개념, 가정적 당사자자치와 준거법의 사후적 변경을 중심으로

> 前　記
> 이 글은 저자가 2008. 1. 21. 민사판례연구회에서 발표한 원고를 수정하여 민사판례연구 제31집(2009. 2.), 567면 이하에 게재한 원고를 좀더 수정·보완한 것인데 제목에 부제도 추가하였다. 참고로 2012년 6월 현재 헤이그국제사법회의는 "국제상사계약의 준거법에 관한 헤이그원칙"(Hague Principles on Choice of Law in International Commercial Contracts)을 성안하는 작업을 추진하고 있는데 그의 법형식은 아직 결정되지 않았다.*

대상판결: 대법원 2007. 11. 15. 선고 2006다72567 판결**

[사안의 개요]

대상판결이 원심판결과 기록에 의하여 확정한 사실관계는 다음과 같다.

피고 전미영(Y1)은 1998. 11. 8. 원고가 일본에서 운영하는 '썸씽'이라는 상호의 주점에 취업하면서 원고로부터 일화 150만 엔을 차용하였고, 이 때 피고 김보영(Y2)은 원고에 대하여 피고 Y1이 위 주점에서 근무하는 동안에 원고에게 부담하게 되는 차용금, 가불금 등 일체의 채무를 일화 150만 엔의 한도 내에서 연대보증하였다. 피고 Y1은 원고와, 결근이나 지각 시 및 손님을 동반하여 올 의무를 이행하지 못할 시 등에는 월 급여에서 일정한 약정금액을 공제하고 손님의 외상주대채무를 대신 변제하기로 하는 등의 약정(이하 "이 사건 약정"이라 한다)을 하였다.

---

* 이에 관하여는 우선 http://www.hcch.net/upload/wop/gap12pd04e.pdf 참조.

** 판례공보에는 게재되지 않은 것으로 보인다.

원고는 피고 Y1에게 월 급여를 지급함에 있어서 결근이나 지각 시, 동반의무 불이행 시 등의 약정금액, 손님의 외상주대, 급여가불금액, 위 차용금 채무의 일부변제금 등을 공제한 나머지 금액만을 지급하고, 월급여가 이를 공제하기에 부족한 경우에는 이를 피고 Y1의 채무에 산입하였다. 피고 Y1은 2000. 6. 13. 원고와, 당시 자신의 채무액이 2,800만 원(일화 280만 엔)임을 확인하고, 원고에게 위 2,800만 원의 채무를 2001. 6. 13.까지 변제하기로 하는 내용의 차용증을 작성하여 주었고, 그 후 피고 Y1은 2001. 6.경 위 주점을 그만두었다.

[소송의 경과]

1. 제1심판결[1)]

제1심법원은 피고 Y1은 원고가 운영하는 일본 소재 주점에서 다른 주점으로 직장을 옮길 무렵 차용한 위 150만엔(￥)을 포함하여 원고에 대한 차용금을 모두 변제한 사실을 인정하고 원고의 피고들에 대한 청구를 모두 기각하였다. 제1심법원은 여기에서 논의하는 이 사건 약정을 포함한 근로계약의 준거법에 관하여 아무런 판단을 하지 않았다.

2. 원심판결[2)]

원심판결은 제1심판결을 취소하고 원고의 피고들에 대한 청구를 모두 인용하였다. 피고들은 원고와 피고 간의 거래는 선량한 풍속에 위반되어 무효이고 그렇지 않더라도 모두 변제하여 소멸하였다는 두 가지 항변을 하였으나, 원심판결은 아래의 이유로 이를 모두 배척하였다.[3)]

---

1) 서울남부지방법원 2005. 10. 12. 선고 2005가단48813 판결.

2) 서울남부지방법원 2006. 9. 21. 선고 2005나9789 판결.

3) 그 밖에도 피고 Y2는, 자신의 보증책임기간은 1998. 11. 8.부터 1년 이내인데 그 기간이 경과함으로써 보증책임은 소멸하였다고 주장하였으나 원심법원은 이를 인정할 증거가 없다고 판단하였고, 또한 원고가 피고 Y1에 대한 채권의 회수를 위하여 어떠한 노력도 하지 않다가 수년 후에 보증책임을 묻는 것은 신의칙상 허용될 수 없다고 주장하였으나 그 사정만으로 원고의 청구가 신의칙에 반한다고 할 수는 없다고 판단하였다.

첫째, 피고들은, 원고와 피고 Y1 간의 금전거래는 원고가 피고 Y1에게 주점 손님들을 상대로 한 성매매행위를 유인·강요하면서 그 수단으로 선불금 등의 명목으로 금원을 제공한 것이어서 위 금전거래에 따른 원고의 피고 Y1에 대한 채권은 선량한 풍속 기타 사회질서에 위반되어 무효이므로 원고가 피고 Y1에게 제공한 금원은 불법원인급여에 해당하여 원고로서는 그 반환을 청구할 수 없고, 원고와 피고 Y1 간의 보증약정도 무효라고 주장하였다. 그러나 원심법원은, 원고가 피고 Y1에게 지급한 금원이 피고 Y1에 대하여 주점의 손님들을 상대로 한 성매매행위를 유인·강요하면서 그 수단으로 제공한 것을 인정할 만한 증거가 없다는 이유로 피고들의 주장을 배척하였다.

둘째, 피고들은, 피고 Y1이 2002. 7.경 다른 주점에 취업하면서 받은 선불금으로 원고에 대한 위 2,800만 원의 채무를 전부 변제하였으므로, 이로써 피고들의 원고에 대한 채무는 소멸하였다고 주장하였다. 그러나 원심법원은, 피고 Y1이 원고에 대한 2,800만 원의 채무를 변제하였음을 인정할 만한 증거가 없다는 이유로 위 주장을 배척하였다.

따라서 원심법원은 제1심판결을 취소하고, 원고에게, 피고 Y1은 2,800만 원 및 이에 대하여 2005. 6. 22.부터 다 갚는 날까지 연 20%의 비율에 의한 금원을, 피고 Y2는 피고 Y1과 연대하여 위 금원 중 일화 150만 엔 및 이에 대하여 2005. 2. 23.부터 다 갚는 날까지 연 20%의 비율에 의한 금원을, 각 지급할 것을 명하였다.

원심법원도 여기에서 논의하는 이 사건 약정을 포함한 근로계약의 준거법에 관하여 아무런 판단을 하지 않았다.

3. 상고이유의 요지

피고들은 원심판결에 대하여 상고를 제기하였다. 저자는 상고이유를 보지 못하였으나 전문한 바로는, 피고들은 상고이유에서 준거법을 다툰 바는 없고 다만 이 사건 약정의 무효를 주장하였는데, 대법원으로서는 그 유무효를 판단하기 위하여 준거법을 검토하게 되었다고 한다.

4. 대상판결의 설시

대법원은 원심판결을 파기하고, 사건을 서울남부지방법원 합의부에 환송하였는데[4] 대상판결은 그 근거를 다음과 같은 취지로 설시하였다(밑줄은 저자가 추가함).

가. 준 거 법

우리나라 국적의 원고와 피고 Y1이 일본국(이하 "일본"이라 한다)에서 일본 소재 주점에서의 근로제공을 내용으로 근로계약을 체결하고, 그 근로계약의 내용이 된 이 사건 약정의 유무효가 다투어지는 이 사건은, 외국적 요소가 있는 법률관계에 해당하므로, 우선 그 준거법이 결정되어야 하는바, 이 사건은 2001. 4. 17. 법률 제6465호로 전문개정되어 2001. 7. 1.부터 시행된 국제사법 시행 이전에 생긴 사항이므로, 구 섭외사법(이하 "섭외사법"이라 한다)에 의하여 그 준거법을 정하여야 한다.

구 섭외사법 제9조는 법률행위의 성립 및 효력에 관하여 당사자의 의사에 의하여 법을 정하되 당사자의 의사가 분명하지 아니한 때에는 행위지법에 의하도록 규정하고 있는바, 근로계약의 당사자 사이에 준거법 선택에 관한 명시적인 합의가 없는 경우에는 근로계약에 포함된 준거법 이외의 다른 의사표시의 내용이나 소송행위를 통하여 나타난 당사자의 태도 등을 기초로 당사자의 묵시적 의사를 추정하여야 하고, 그러한 묵시적 의사를 추정할 수 없는 경우에도 당사자의 국적, 주소 등 생활본거지, 사용자인 법인의 설립 준거법, 노무 급부지, 직무 내용 등 근로계약에 관한 여러 가지 객관적 사정을 종합하여 볼 때 근로계약 당시 당사자가 준거법을 지정하였더라면 선택하였을 것으로 판단되는 가정적 의사를 추정하여 준거법을 결정할 수 있다(대법원 2004. 6. 25. 선고 2002다56130, 56147 판결 참조).

위 법리에 비추어 볼 때, 원고와 피고 Y1 사이의 근로계약에서 준거법에 관한 명시적 정함이 없는 이 사건에 있어서, 원고와 피고 Y1이 모두 우리나라 국적이기는 하나, 그 근로계약이 일본에서 체결되었고, 그 근로제공의 사업장 또한 일본에 소재하고 있는 점 및 당사자들의 합리적인 의사 등을

---

4) 환송 후 이 사건은 서울남부지방법원 2007나12857 대여금 사건으로 계속 중이다가 2008. 1. 15. 선고되었다.

고려하면, 원고와 피고 Y1 사이에 체결된 근로계약의 효력에 관한 준거법은 일본 법률로 봄이 상당하다.

나. 이 사건 약정의 효력

일본의 노동기준법 제16조는 "사용자는 근로계약의 불이행에 대한 위약금을 정하거나 손해배상액을 예정하는 계약을 체결하지 못한다"고 규정하고 있고,[5] 그 취지는 근로자가 근로계약을 불이행한 경우 반대급부인 임금을 지급받지 못하는 것에 더 나아가서 위약금이나 손해배상을 지급하여야 한다면 근로자로서는 비록 불리한 근로계약을 체결하였다 하더라도 그 근로계약의 구속에서 쉽사리 벗어날 수 없을 것이므로, 위와 같은 위약금이나 손해배상액 예정의 약정을 금지함으로써 근로자가 퇴직의 자유를 제한받아 부당하게 근로의 계속을 강요당하는 것을 방지하고, 근로계약 체결시의 근로자의 직장 선택의 자유를 보장하며 불리한 근로계약의 해지를 보호하려는 데 있고, 따라서 위 노동기준법 제16조를 위반한 약정은 무효라고 보아야 하는바, 이 사건 약정은, 피고 Y1이 결근이나 지각 시 및 동반의무를 이행하지 않은 때 등의 경우에 월 급여에서 일정한 약정금액을 공제하고, 피고 Y1의 손님이 주대 외상대금채무를 변제하지 않는 때에는 피고 Y1이 이를 대신 변제하기로 하는 내용으로서, 실질적으로 근로계약 불이행에 대한 위약금 또는 손해배상액의 예정에 해당하므로 무효이다.

다. 피고들의 원고에 대한 채무의 존부

기록에 의하면, 원고가 이 사건 약정에 기하여 피고 Y1의 월 급여에서 공제하거나 피고 Y1의 채무에 산입한 수액이 손님 외상주대 일화 2,295,000엔, 결근에 따른 벌금 240,000엔, 지각에 따른 벌금 1,069,000엔, 동반의무 불이행에 따른 벌금 1,129,000엔 등 합계 일화 4,733,000엔임을 알 수 있는바, 이 사건 약정이 무효인 이상 위 금원은 피고 Y1의 원고에 대한 채무 변제에 충당되었다고 보아야 하는 점, 앞서 본 바와 같이 원고와 피고 Y1이 2000. 6. 13. 이 사건 약정이 유효함을 전제로 하여 피고 Y1의 원고에 대한 채무가

---

5) 우리 근로기준법 제20조는 '위약 예정의 금지'라는 제목 하에 "사용자는 근로계약 불이행에 대한 위약금 또는 손해배상액을 예정하는 계약을 체결하지 못한다"고 규정하여 거의 동일한 내용이다.

일화 280만 엔이 남아 있다고 정산한 점 등을 종합하면, 피고 Y1의 원고에 대한 채무는 2000. 6. 13.경에는 이미 소멸하였음이 계산상 분명하고, 한편, 피고 Y1이 2000. 6. 13. 원고에 대하여 2,800만 원(일화 280만 엔)을 2001. 6. 13.까지 변제하겠다고 약정한 것은 무효인 이 사건 약정에 기한 위 각 약정금액 및 손님의 외상주대 상당액을 변제하겠다고 약정한 것과 다를 바 없으므로 위 채무부담의 의사표시 또한 무효라고 보아야 한다.

[연 구]

Ⅰ. 문제의 제기

대상판결은 섭외사법 하에서, 한국인 간에 일본에서 체결된 근로계약의 준거법을 다룬 매우 간결한 판결인데, 여기에서는 다음과 같은 저촉법(또는 國際私法)상의 논점을 살펴본다.

첫째, 사건의 국제성. 이 사건은 순수한 국내사건인가. 결론적으로는 이 사건은 국제성이 있으나, 과거 대법원판결을 보면 논란의 여지가 있을 수 있기 때문에 이 점을 간단히 살펴본다(아래 Ⅱ.).

둘째, 국제채권계약(이하 "국제계약"이라 한다)의 준거법의 결정. 그 중에서 ① 당사자자치의 원칙 중 당사자의 묵시적 의사의 탐구, ② 이른바 '가정적 당사자의사'에 의한 준거법 결정의 허용 여부와 ③ 소송과정에서 나타난 당사자의 태도에 의한 준거법의 사후적 변경 여부를 살펴본다(아래 Ⅲ.).

셋째, 국제근로계약의 준거법 결정의 특수성. 이는 국제근로계약에 대하여도 국제계약의 준거법 결정에 관한 일반원칙이 타당한가의 여부이다(아래 Ⅳ.).

첫째와 둘째 논점을 논의하는 단계에서는 우선 채권계약의 연결원칙이 근로계약에도 타당함을 전제로 하고, 그러한 전제가 타당한가는 셋째의 논점으로서 검토한다. 대상판결을 보면 얼핏 국제사법상 논점이 별로 없는 것처럼 보이지만 자세히 보면 다양한 논점이 있다. 대상판결은 섭외사법 하의 판결이므로 섭외사법을 전문개정한 국제사법(이하 "개정 국제사법"이라 한다) 하에서는 의미가 제한적일 수밖에 없으나, 관련되는 곳에서 개정 국제사법의 해석론을 간단히 언급해둔다. 그 밖에 위에서 언급한 實質法의 논점에 대한 논의는 생략한다.

Ⅱ. 사건의 국제성—이 사건은 순수한 국내사건인가

1. 사건의 국제성과 국제성을 논의하는 실익

섭외사법 제1조는 '目的'이라는 제목 하에 "本法은 大韓民國에 있어서의 外國人 및 外國에 있어서의 大韓民國國民의 涉外的 生活關係에 關하여 準據法을 定함을 目的으로 한다"고 규정하였다. 한편 개정 국제사법 제1조는 '목적'이라는 제목 하에 "이 법은 외국적 요소가 있는 법률관계에 관하여 국제재판관할에 관한 원칙과 준거법을 정함을 목적으로 한다"고 규정한다. 즉 섭외사법은 그 적용대상을 '섭외적 생활관계'로 표현하고 있으나, 국제사법은 이를 '외국적 요소가 있는 법률관계'로 수정하였다. 어떤 사건, 특히 어떤 계약의 국제성을 논의하는 실익은 첫째, 국제계약에는 섭외사법(또는 국제사법)이 적용된다는 점과, 둘째, 국제계약의 경우 당사자들은 자유로이 외국법을 준거법으로 지정할 수 있음에 반하여, 국내계약의 경우 외국법을 준거법으로 지정할 수 없거나, 가사 지정할 수 있더라도 그 효력이 제한된다는 데 있는 것으로 이해되었다.

그러나 정확히 말하자면, 첫째의 점, 국제계약에 섭외사법이 적용되고 국내계약에는 섭외사법이 적용되지 않는다는 점에 대하여도 논란이 있었다. 즉 섭외사법 제1조의 문언에 비추어 섭외사법은 섭외적 생활관계에만 적용된다는 견해가 다수설[6]이었다. 반면에 소수설은 순수한 국내적 사법관계에 대하여는 그 국가의 법을 적용한다는 국제사법의 원칙이 있다고 설명하고, 순수한 국내적 사법관계의 경우 그러한 법원칙이 의식되지 않을 뿐이지 부존재하는 것은 아니라고 한다.[7] 다수설에 따르면 '외국적 요소'의 존부는 국제사법

6) 다수설에 의하면, 섭외사법은 섭외사건에만 적용되고 국내사건에는 민법 또는 상법이 당연히 적용되는데 이는 민법 또는 상법 본래의 효력에 기한 것이라고 한다. 다수설이 말하는 민법 또는 상법의 본래적 효력은 결국 속인주의와 속지주의를 근거로 한다. 최공웅, "국제사법의 적용대상과 섭외성의 판단," 법조 통권 48권 8호(1999. 8.), 9면.

7) 이호정, 국제사법(1983), 2면; Gerhard Kegel/Klaus Schurig, Internationales Privatrecht, 9. Auflage (2004), S. 6f.; Günther Jahr, "Internationale Geltung nationalen

의 적용 여부를 결정하는 중요한 역할을 하는데, 그 경우 과연 무엇을 외국적 요소라고 볼 것인지라는 어려운 문제가 제기된다.[8] 이러한 견해의 대립은 개정 국제사법 하에서도 여전히 가능하다.

2. 사건의 국제성에 관한 몇 개의 선례와 대상판결

결론부터 말하자면 대상판결은 외국적 요소의 존재를 긍정한 것인데, 여기에서는 사건의 국제성에 관한 몇 개의 흥미로운 선례를 살펴보고 대상판결을 검토한다.

가. 카타르 사건 판결

대법원은 1979. 11. 13. 선고 78다1343 판결에서 한국 회사인 피고 공영토건주식회사에 의하여 고용되어[9] 카타르국 소재 동 회사의 사업장에서 근무하던 한국인 근로자인 소외인(남승우)이 업무 도중의 과실로 다른 한국인 동료근로자인 원고(임채영)에게 손해를 가하였음을 이유로 피해자가 회사를 상대로 손해배상을 청구한 사안에서 다음과 같이 설시하여 섭외사법의 적용대상이 되는 섭외불법행위는 아니라 하고 섭외사법의 적용을 부정하였다.[10]

Rechts, Zur Relevanz internationalrechtlicher Fragestellungen für Praxis und Theorie des Rechts," Rabels Zeitschrift (1990), S. 502f.; Klaus Schurig, Kollisionsnorm und Sachrecht (1981), S. 57.

8) 상세는 석광현, 개정 국제사법 해설 제2판(2003), 28면 이하 참조. 섭외사법의 "대한민국에 있어서의 외국인 및 외국에 있어서의 대한민국 국민의 섭외적 생활관계"라는 문구는 마치 섭외적 생활관계 중 위와 같이 명시된 관계에만 섭외사법이 적용되는 것처럼 해석될 소지가 있었다. 그러나 엄연히 "대한민국에서의 외국인과 대한민국 국민 간의 법률관계, 그리고 외국에서의 대한민국 국민과 외국인 간의 법률관계"에 관하여도 섭외사법이 적용되어야 한다고 보았는데 국제사법은 이 점을 명확히 규정한다.

9) 위 대법원판결에 따르면, 공영토건만이 아니라 대하, 정우 등 피고 회사들이 중동진출을 위한 대형공사 담당능력과 요건을 갖출 목적으로 공동수주, 공동시공 및 균등한 이익분배와 손해분담의 원칙 아래 합작으로 산하 사무소를 설립하여 원고들을 고용한 것으로 보인다.

10) 그 전에도 서울민사지방법원 1970. 11. 24. 선고 70가8895 판결은, 월남에서 일어난 한국군 사이의 총기오발사고를 원인으로 한 국가상대의 손해배상사건에 대해 이는 섭외사법의 규율대상으로 되는 섭외생활관계가 아니라고 판시하였는데, 이는 섭외적인 요소가 포함된 불법행위사건에서 섭외성을 부정하고 섭외사법의 적용을 거부한 최초의 판결이었다고 한다. 최공웅, 국제소송(1994), 528면. 또한 대법원 1981. 2. 10. 선고 80다2236 판결은, 이란에 근무중인 피고회사의 운전자가 운전하던 차량과 이란인이 운전하던 차량 간에 발생한 교통사고로 위 피고회사 차량에 타고 있던 한국인이 사망하여 그 유족이 피고회사를 상대로 손해배상을 청구한 사건에서 동 사고는 섭외불법행위가 아니라고 판시하였다. 동 판결은 나아가 사고장소가 외국이고 사고차가 외국에 등록된 차량이라고 하더라도 우리 법이

> … 섭외사법 제13조 제1항이 섭외적 불법행위의 준거법을 그 원인된 사실이 발생한 곳의 법에 의하도록 규정한 취지는 불법행위가 행하여진 사회적 조건을 고려하여 그 곳에서의 법의식을 기준으로 하여 판단해서 처리하는 것이 일반적으로 국내법을 적용해서 처리하는 것보다 형평의 견지에서 합리적이고 실제적이라고 할 수 있고 또 그리하는 것이 당사자의 기대에도 상응하는 것이라고 할 수 있기 때문이라고 할 것이므로 양 당사자가 모두 내국인인 경우에 있어서 원인사실의 발생지(불법행위지)가 단순히 우연적이고 형식적인 의미를 갖는 데 그치는 경우에는 일반적으로 위 섭외사법을 적용해서 처리하여야 할 합리적인 이유는 없는 것이라고 봄이 상당하다 할 것인바, 이 사건 청구원인 사실인 불법행위는 그 발생장소가 극히 우연히 카탈국일 뿐 가해자인 소외 남승우와 피해자인 원고 임채영은 모두 우리나라 국민이고 우리나라 회사인 피고들에 의하여 고용되어 피고 회사들의 사업장 근무를 위하여 일시 카탈국에 건너가 위 사업장에서 근무중에 이 사건 사고가 발생한 것으로서(사고발생도 위 카탈국에 간지 불과 22일만의 일이었다) 우리나라 국내에서 같은 사고가 발생한 경우와 달리 취급할 바가 못 된다 할 것이므로 섭외사법의 적용대상이 되는 섭외적 불법행위는 아니라 함이 상당하다 할 것이다(밑줄은 저자가 추가함).

나. 공영건업사건 판결

대법원 1970. 5. 26. 선고 70다523, 524 판결[11]은, 주월미군의 수급업자인 미국회사로부터 1년간의 작업량에 해당하는 공사의 제도급을 받은 피고 공영건업주식회사가 그 공사들을 시공하기 위하여 국내기술자인 원고들을 취업장소는 월남국 일대, 고용기간은 1966. 6. 10.부터 만 1년간으로 하고 그 판시와 같은 조건으로 고용하여 월남국에 데리고 가서 각자의 숙련업무에 취업시켜 오다가 작업량이 줄었음을 이유로 그들의 취업을 중단시켰다가 해고하자, 원고들이 근로기준법 제38조에 의해 고용약정기한까지의 휴업수당지급을 청구한 사건에서

> "… 근로기준법은 대한민국의 국민 간에서의 고용계약에 의한 근로인 이상 그 취업장소가 국내이거나 국외임을 가리지 않고 적용될 성질의 법률"이라고 하여

근로기준법이 적용된다고 판시하였다. 대법원이 위 사건에서 고용계약의 준거

준거법으로 되어 자동차손해배상보장법이 적용됨을 명확히 하였다. 서울민사지방법원 1982. 1. 21. 선고 81가합5764 판결은 여기에서 더 나아가 위 1981년도 대법원판결과 유사하나 사고차량의 운전자가 파키스탄인인 사건에서 섭외사건성을 부정하였다.

11) 이 판결에 대한 근자의 평석은 김지형, "국제적 근로계약관계의 준거법," 저스티스 통권 제68호(2002. 8.), 222면 이하.

법을 전혀 논의하지 아니하고 대한민국의 국민 간에서의 고용계약에 의한 근로인 이상 그 취업장소가 국내이거나 국외임을 가리지 않고 근로기준법이 적용된다고 판시하였으므로 사건의 국제성을 부정한 것이라고 볼 여지도 있으나 그렇게 단정하기는 어렵다. 어쨌든 이 판결은 고용계약(또는 근로계약)의 준거법 결정 및 당해 사안에서 근로기준법이 적용되는지 여부 및 그 근거와 관련하여 커다란 의미가 있는데 이는 아래(Ⅳ.)에서 별도로 논의한다.

다. X-Girl 사건 판결

이는 외국인이 가지는 한국 상표권 침해의 준거법에 관한 대법원 2004. 7. 22. 선고 2003다62910 판결[12]인데 사안은 다음과 같다.

일본법에 따라 설립된 회사인 원고(주식회사 Biz International)는 한국에서 티셔츠 등의 의류를 지정상품으로 하여 2000년 4월 'X-Girl' 상표의 상표등록을 하였고, 일본에서도 같은 해 7월 상표등록을 하였다. 자연인인 피고(박○○)는 서울에서 의류판매업에 종사하고 있는데, 2001년 8월 경부터 수개월 동안 사용권한 없이 위조된 위 상표가 부착된 티셔츠 등을 일본 보따리상들에게 판매하였으며, 그들은 이를 정상가격보다 저렴한 가격으로 일본 내에서 판매하였다. 원고는 일본 내에서는 위 상표를 사용한 제품을 생산, 판매하는 등 활발한 영업활동을 하고 있으나, 한국 내에서는 위 상표를 사용하여 제품을 생산하거나, 판매를 하는 등의 영업활동을 하지 않았다. 원고는 피고를 상대로 한국 상표권 및 일본 상표권의 침해로 인하여 손해를 입었음을 주장하면서 영업상 손해배상 또는 부당이득의 반환을 청구하는 소를 우리 법원에 제기하였다.

이에 대하여 대법원은 한국 상표권의 침해와 일본 상표권의 침해를 구분하여, 한국 상표권의 침해에 관하여는 피고가 원고의 한국 상표권을 침해하였지만 상표권자에게 영업상 손해가 발생하지 않았으므로 손해배상청구가 인정되지 않는다고 본 원심판결을 정당하다고 판시하였다.[13] 한편 일본 상표권의 침해에 관하여는, 대법원은 국제사법 제24조에 따라 침해지법인 일본 상

---

12) 미공간. 이 판결에 대하여는 강영수, "國際 知的財産權侵害訴訟에 있어서 國際私法的 問題에 관한 硏究—屬地主義 原則의 限界 및 그 修正을 中心으로—," 서울대학교 대학원 박사학위논문(2005), 38면 이하의 평석이 있으나 위 논점은 언급하지 않는다.

13) 위 대법원판결은 손해에 관한 피해자의 주장·입증책임을 경감하는 상표법의 관련조항(제67조)은 불법행위에 기한 손해배상청구에 있어서 손해에 관한 피해자의 주장·입증책임을 경감하는 취지이고, 손해의 발생이 없는 것이 분명한 경우까지 침해자에게 손해배상의무를 인정하는 취지는 아니라고 판시하였다.

표법(제37조 등)이 준거법이 되는데, 위조한 상표를 부착한 의류를 일본 보따리상들에게 대량으로 판매함으로써 일본에서의 일본 상표권 침해행위를 용이하게 하여 준 피고의 행위가 위 침해행위에 대한 방조가 될 수 있더라도, 속지주의 원칙을 채용하고 있는 일본 상표법 하에서는 상표권이 등록된 나라의 영역 외에서 당해 상표권의 등록국에서의 침해행위를 유도하는 등 이에 관여하는 행위는 불법행위를 구성하지 않는다는 이유로 피고의 공동불법행위 책임의 성립을 부정하였다.

위 판결은 국제적인 상표권침해의 준거법에 관하여 판단한 최초의 대법원판결인데, 2001년 개정 시 신설된 국제사법(제24조)을 적용한 판결로서 앞으로 동 조의 해석에 대한 지침을 제공하는 점에서 의의가 크다. 우리의 관심사항은, 위 대법원판결은 일본 상표권의 침해에 관하여는 국제사법(제24조)을 적용하여 준거법을 결정하였지만, 한국 상표권의 침해에 관하여는 이를 적용하지 않고 곧바로 우리 상표법을 적용하였다는 점이다. 하지만 원고인 상표권자가 일본법에 따라 설립되고 일본에 주된 사무소를 둔 회사이므로 이에 관하여도 국제사법 제24조를 적용하여 준거법을 결정하는 것이 옳았을 것이다.[14] 물론 그렇더라도 한국법이 준거법이 되는 결론에는 차이는 없다.

라. 합리성에 의한 국제사법 적용범위의 제한

흥미로운 것은, 대법원 2008. 1. 31. 선고 2004다26454 판결이다. 해고근로자들로부터 채무자에 이르기까지의 일련의 매매계약의 체결 당시 목적물인 기계가 필리핀국 내에 있었던 사건에서 동 판결은, "국제사법 제1조가 '이 법은 외국적 요소가 있는 법률관계에 관하여 국제재판관할에 관한 원칙과 준거법을 정함을 목적으로 한다'고 규정하고 있으므로, 거래 당사자의 국적·주소, 물건 소재지, 행위지, 사실발생지 등이 외국과 밀접하게 관련되어 있어 곧바로 내국법을 적용하기보다는 국제사법을 적용하여 그 준거법을 정하는 것이 더 합리적이라고 인정되는 법률관계에 대하여는 국제사법의 규정을 적용하여 준거법을 정하여야 한다"고 판시하였다. 이는 후설을 따르면서도 그보다는 다소 넓게 인정하는 것 같다. 그러나 합리성을 판단하라는 것은 국제사법의 명문에는 부합하지 않는다. 또한, "국제사법을 적용하여 그 준거법을

14) 지적재산권침해의 경우 권리자의 주소지(또는 주된 사무소지)를 결과발생지로 보는 견해도 있음을 고려하면 더욱 그러하다.

정하는 것이 더 합리적이라고 인정되는" 데 대한 판단을 함에 있어서 법원의 恣意가 개입할 여지가 있는데 이를 엄격하게 제한해서는 아니 된다. 특히 카타르 불법행위 사건 판결(대법원 1979. 11. 13. 선고 78다1343 판결)과 같은 결론을 정당화하는 도구로 사용해서는 아니 된다. 2008년 대법원판결의 기준을 적용하더라도 카타르 사건 판결이 정당화될 수는 없다.

3. 대상판결의 태도와 그에 대한 평가

대상판결은, 우리나라 국적의 원고와 피고가 일본에서 일본 소재 주점에서의 근로제공을 내용으로 근로계약을 체결하고, 그 근로계약의 내용이 된 이 사건 약정의 유무효가 다투어지는 이 사건은, 외국적 요소가 있는 법률관계에 해당하므로, 우선 그 준거법이 결정되어야 한다고 판시하였다.[15] 이는 사건의 국제성을 긍정한 것임이 명백하다. 한국인 간에 일본에서 체결된 근로계약의 준거법이 문제되는 이 사건의 경우—섭외사법 목적상 근로계약을 통상의 채권계약이라고 본다면—속인주의에 따르면 우리 법이 적용되어야 할 것이나 속지주의에 따르면 일본법이 적용되어야 할 것이다. 이처럼 속인주의와 속지주의가 상이한 방향을 가리키는 이 사건에서, 우선 근로계약의 체결지가 일본이고 노무제공지가 일본이라는 점만으로도 근로계약의 국제성을 긍정한 대상판결의 판단은 타당하다. 과거 대법원이 카타르사건 판결에서 사건의 국제성을 부정하였던 점과, X-Girl 사건 판결에서 한국 상표권의 침해에 관하여 국제성의 인정 여부에 관하여 국제사법적 판단을 하지 않은 점에 비추어 볼 때 대상판결의 판단은 정당한 것으로서 환영할 만하다.

종래 대법원을 포함한 우리 법원들은, 사건의 국제성이 있음에도 불구하고 왕왕 아무런 국제사법적 판단 없이 마치 국내사건인 양 우리 법을 적용하여 판단하였는데[16] 앞으로는 이를 시정하기를 희망한다.

15) 대상판결은 당사자들이 섭외사법의 적용을 주장하지 않더라도 법원은 직권으로 섭외사법을 적용하여야 한다는 태도를 취한 것으로 보인다. 왜냐하면 제1심판결과 원심판결은 이 사건 약정의 준거법을 판단한 바 없으므로 아마도 당사자들은 한국법이 준거법이라고 전제하고 소송을 수행한 것으로 보이기 때문이다. 이와 달리 법원은 당사자가 외국법의 적용을 주장하는 경우에 비로소 국제사법을 적용하고 준거법을 결정하여야 한다는 이론을 '임의적 저촉법'(fakultatives internationales Privatrecht)의 이론이라고 하는데 영국 법원은 그런 입장을 취한다. 하지만 대법원 판결(예컨대 대법원 1982. 8. 24. 선고 81다684 판결 등)과 종래의 학설은 법원이 직권으로 섭외사법을 적용하여야 한다는 태도를 취하였다.

4. 개정 국제사법의 해석론—사건의 국제성 판단의 기준

가. 일 반 론

종래 우리나라에는 섭외적 생활관계의 개념을 외국적 요소(foreign element)가 포함된 모든 사법적 생활관계 또는 외국관련(Auslandsberührung)이 있는 사법관계를 의미하는 것으로 넓게 이해하는 견해(이른바 형식설)와, 단순히 외국적 요소를 포함하고 있는 것만으로는 부족하고 외국적 성격이 상당한 정도에 이르러 그 관계에 막연히 국내법을 적용함은 부당하고 섭외사법을 적용하는 것이 합리적이고 타당하다고 할 경우, 또는 구체적인 법률관계가 외국사회와 결정적인 관련성을 갖는 경우에 한하여 섭외적 생활관계를 인정할 수 있다고 좁게 파악하는 견해(이른바 실질설)가 있다.[17] 그러나 외국적 요소가 있기만 하면 섭외사건이 되어 국제사법의 적용대상이 된다는 것은 부당하므로 원칙적으로 후자에 찬성하나, 다만 그것이 섭외사법의 적용범위를 지나치게 제한해서는 아니 된다는 점에서 후자도 문제가 있다. 따라서 저자는, 일반적으로 국제사법이론상 연결점(connecting factor, Anknüpfungspunkt, *point de rattachement*)으로 승인되고 있는 당사자의 국적, 주소, 거소, 상거소, 행위지, 이행지, 불법행위지, 물건의 소재지, 등록지, 법인의 본거지 등의 점에서 외국관련이 있는 때에는 일단은 '섭외성' 또는 '국제성'이 있는 섭외사건으로 보되, 다만 그 섭외사건이 국제사법의 개별 조문의 적용대상인가의 여부를 판단함에 있어서는 당해 조문의 해석의 문제로서 그 섭외성이 의미 있는 것인가(relevant한가)를 판단해야 한다는 견해를 피력하였다.[18]

나. 계약의 경우[19]

개정 국제사법상 국제계약이라 함은 일응 외국적 요소(또는 외국관련)가 있는 계약이나, 과연 무엇을 기준으로 이를 판단할지는 쉽지 않다. 전통적으

---

16) 이러한 사례는 많이 있으나 예컨대 법인격부인론을 긍정한 대법원 1988. 11. 22. 선고 87다카1671 판결과 청구권경합에 관한 대법원 1983. 3. 22. 선고 82다카1533 전원합의체 판결 등을 들 수 있다. 전자는 석광현, "외국회사의 법인격 부인(否認)," 법률신문 제3680호(2008. 9. 8.), 15면 참조.

17) 학설의 소개는 최공웅(註 6), 16면 참조.

18) 석광현, 국제사법과 국제소송 제1권(2001), 202면 이하 참조. 김지형(註 11), 230면은 저자의 견해를 제3의 견해라고 소개한다.

19) 석광현, 국제사법과 국제소송 제1권(2001), 5면 이하 참조.

로는 계약의 국제성을 결정하는 기준으로, 당사자의 영업소, 국적, 주소 또는 상거소가 상이한 국가에 있거나, 계약체결지, 계약이행지 또는 계약목적물의 소재지가 외국이거나, 지급통화가 외국통화인 것과 같이, 계약이 복수 국가와 관련을 가져야 한다는 의미에서 '사실적 객관적 기준'(factual objective test)[20]을 요구하거나, 또는 경제적 기준, 법적 기준, 경제적 기준과 법적 기준을 결합하는 견해 등 다양한 견해가 주장되었다. 최근에는 더 나아가 당사자가 외국법을 준거법으로 선택함으로써 국제계약이 된다는 '주관적 기준'(subjective test)을 제시하는 견해도 있다. 1980년의 "계약채무의 준거법에 관한 유럽공동체협약"(이하 "로마협약"이라 한다)(제3조 제3항)은 이러한 주관적 기준을 따른다.[21]

생각건대, 위의 다양한 견해 중 어느 하나를 따르는 것은 주저되며, 국제계약은 외국적 요소(또는 외국관련)가 있는 계약이라고 보되, 그러한 외국적 요소(또는 외국관련)를 비교적 넓게 보는 것이 적절하다고 본다. 그렇지 않으면 자의적인 섭외성 판단에 의하여 국제사법의 적용이 부당하게 배제될 위험성이 있기 때문이다. 더 나아가, 당사자가 외국법을 준거법으로 합의한 것만으로도 당해 계약의 섭외성을 인정할 수 있다. 다만 그 경우, 다른 점에서 국제성이 없다면 그러한 합의에도 불구하고 국내적 강행법규의 적용을 관철해야 한다는 점에서(국제사법 제25조 제4항 참조) 통상의 국제성이 있는 계약과는 다르다.

주의할 것은, 이런 국제계약의 개념정립은 준거법의 결정이라는 국제사법의 목적에 비추어 그렇다는 것이다. 즉, 보편타당한 국제계약의 개념이 존재하는 것은 아니고, 국제계약의 개념은 논의의 목적과 맥락에 따라 정립하여야 한다. 예컨대 1980년 "국제물품매매계약에 관한 국제연합협약"(United Nations Convention on Contracts for the International Sale of Goods)(CISG)[22]은 명칭에서 보듯이 국제매매에 적용되는데, 동 협약(제1조 제1항)상 '국제매매'

---

20) Peter Nygh, Autonomy in International Contracts (1999), p. 48 이하 참조. 그러나 그러한 사실적 객관적 기준을 망라적으로 제시하는 것은 불가능하다.

21) 참고로, 국제계약의 준거법 결정에 있어서 주관주의(subjective theory)와 객관주의(objective theory)가 있다고 설명하기도 하는데, 그 의미가 반드시 일의적이지는 않지만, 통상 전자는 전적으로 당사자의 의사에 맡기는 것이고, 후자는 당사자의 의사와 관계없이 체결지 또는 이행지 등에 일률적으로 연결하는 태도를 말한다. 김연·박정기·김인유, 국제사법 제2판(2006), 283면; 신창선, 국제사법 제6판(2007), 255면.

22) 매매협약은 2005년 3월 1일부터 우리나라에서도 발효되었다.

라 함은 상이한 국가에 영업소를 가지는 당사자 간에 체결된 매매계약을 말하고, 헤이그국제사법회의의 1986년 "국제물품매매계약의 준거법에 관한 협약"(Convention on the Law Applicable to Contracts for the International Sale of Goods)에 따르면 국제매매는 상이한 국가에 영업소를 가지는 당사자 간의 매매계약, 기타 상이한 국가의 법률 간의 선택의 문제를 수반하는 경우를 말한다.[23)]

또한 사안 또는 계약의 국제성을 논의함에 있어서는 그것이 준거법의 결정의 맥락에서인가 아니면 국제재판관할결정의 맥락에서인가에 따라 판단기준이 상이할 수 있다. 양자는 추구하는 목적이 상이하기 때문이다. 이상의 논의는 주로 준거법의 결정에 관한 것이나, 국제재판관할의 경우 양 당사자가 상이한 국가에 주소(또는 상거소)를 가지는 때에는 원칙적으로 국제성을 인정할 수 있다. 다만, 양 당사자가 동일한 국가에 주소(또는 상거소)를 가지더라도 만일 다른 국가의 법원에 국제재판관할을 부여하기로 합의하였다면 국제성을 인정할 수 있고 국제재판관할의 문제가 제기된다.[24)]

Ⅲ. 국제계약의 준거법

오늘날 대부분의 국제거래가 계약에 의해 이루어지고 있으므로 '국제계약'(international contract)의 준거법의 결정은 국제거래의 실무에서 매우 중요하다. 그 이유는 국제계약의 성립, 유효성, 해석과 계약에 따른 당사자들의 권리·의무, 즉 '효력'(effect, Wirkung)은 그 준거법에 따라 규율되는데, 국제물품매매계약에 관한 국제연합협약(CISG)을 제외하면 국제계약에 관하여 국제적으로 통일된 실질법규범이 많지는 않기 때문이다.

---

23) 흥미로운 것은, 우리 실정법이 국제계약을 명시하는 예는 많지 않지만, 독점규제 및 공정거래에 관한 법률(이하 "공정거래법"이라 한다) 제8장(제32조—제34조의2)은, 사업자가 부당한 공동행위, 불공정거래행위 및 재판매가격유지행위에 해당하는 사항을 내용으로 하는 '국제계약'을 체결하는 것을 원칙적으로 금지하는 점이다. 여기에서 공정거래법 제8장의 국제계약의 개념이 문제되는데 이는 동 법의 목적에 비추어 결정해야 한다. 2005년 4월 1일자로 신설되어 역외적용을 명시하는 공정거래법 제2조의2와 제8장과의 관계도 문제된다. 이 점은 다른 기회에 좀더 상세히 논의할 예정이다.

24) 예컨대 헤이그국제사법회의의 "민사 및 상사사건의 국제재판관할과 외국재판에 관한 협약"의 1999년 예비초안 제2조 참조.

여기에서는 국제계약의 준거법 결정에 관한 당사자자치의 원칙을 간단히 소개하고, 그에 이어 세 가지 논점, 즉 첫째, 당사자의 묵시적 지정(아래 2.), 둘째, 가정적 당사자의사에 의한 준거법 결정(아래 3.)과 셋째, 준거법의 사후적 변경, 특히 소송과정에서 나타난 당사자의 태도에 의한 준거법의 사후적 변경의 인정 여부를 논의한다(아래 4.).

1. 당사자자치의 원칙의 채택—준거법 지정의 효과

종래 국제계약의 준거법 결정에 관하여는 국제적으로 '당사자자치의 원칙'(principle of party autonomy)이 널리 인정되고 있는데, 섭외사법은 물론 개정 국제사법도 아래와 같이 규정함으로써 동 원칙을 채택하고 있다.

섭외사법	개정 국제사법
第9조(법률행위의 성립 및 효력) 법률행위의 성립 및 효력에 관하여는 당사자의 의사에 의하여 적용할 법을 정한다. 그러나 당사자의 의사가 분명하지 아니한 때에는 행위지법에 의한다	第25조(당사자자치) ① 계약은 당사자가 명시적 또는 묵시적으로 선택한 법에 의한다. 다만, 묵시적인 선택은 계약내용 그 밖에 모든 사정으로부터 합리적으로 인정할 수 있는 경우에 한한다. ② 당사자는 계약의 일부에 관하여도 준거법을 선택할 수 있다. ③ 당사자는 합의에 의하여 이 조 또는 제26조의 규정에 의한 준거법을 변경할 수 있다. 다만, 계약체결 후 이루어진 준거법의 변경은 계약의 방식의 유효성과 제3자의 권리에 영향을 미치지 아니한다. ④ 모든 요소가 오로지 한 국가와 관련이 있음에도 불구하고 당사자가 그 외의 다른 국가의 법을 선택한 경우에 관련된 국가의 강행규정은 그 적용이 배제되지 아니한다. ⑤ 준거법 선택에 관한 당사자의 합의의 성립 및 유효성에 관하여는 제29조의 규정을 준용한다.
第11조(異法地域者間의 법률행위) ① 법을 달리하는 곳에 있는 자에 대하여 한 의사표시는 그 통지를 한 곳을 행위지로 본다. ② 계약의 성립 및 효력에 관하여는 그 청약의 통지를 한 곳을 행위지로 본다. 그 청약을 받은	第26조(준거법 결정시의 객관적 연결) ① 당사자가 준거법을 선택하지 아니한 경우에 계약은 그 계약과 가장 밀접한 관련이 있는 국가의 법에 의한다. ② 당사자가 계약에 따라 다음 각호 중 어느 하나에 해당하는 이행을 행하여야 하는 경우에는 계약체결 당시 그의 상거소지법(당사자가 법인 또는 단체인 경우에는 주된 사무소가 있는 국가의 법)이 가장 밀접한 관련이 있는 것으로 추정한다. 다만, 계약이 당사자의 직업 또는 영업활동으로 체결된 경우에는 당사자의 영업소가 있는 국가의 법이 가장 밀접한 관련이 있는 것으로 추정한다. 1. 양도계약의 경우에는 양도인의 이행 2. 이용계약의 경우에는 물건 또는 권리를 이용하도록 하는

자가 승낙을 한 때에 그 청약의 발신지를 알지 못한 때에는 청약자의 주소지를 행위지로 본다.	당사자의 이행 3. 위임·도급계약 및 이와 유사한 용역제공계약의 경우에는 용역의 이행 ③ 부동산에 대한 권리를 대상으로 하는 계약의 경우에는 부동산이 소재하는 국가의 법이 가장 밀접한 관련이 있는 것으로 추정한다.

종래 섭외사법과 개정 국제사법에 따르면, 국제계약의 준거법은 ① 명시적 합의(선택 또는 지정)(이하 삼자를 호환적으로 사용한다)에 의한 준거법, ② 묵시적 합의에 의한 준거법, ③ 객관적 준거법의 단계로 결정되는 것으로 이해되었는데—그 밖에 가정적 의사에 의한 준거법합의의 허용 여부는 아래에서 논의한다—, ①과 ②는 주관적 준거법이라고 부른다. 이러한 구조를 이른바 '삼단계기준'(three-tiered test)이라고 부르기도 한다.[25] 객관적 준거법의 결정에 관하여 행위지법원칙을 취한 섭외사법은 입법론적으로 부당하다는 비판을 많이 받았던바[26] 개정 국제사법(제26조)은 행위지법원칙을 버리고 가장 밀접한 관련이 있는 국가의 법을 객관적 준거법으로 지정한다.[27]

주의할 것은, 여기에서 당사자의 준거법 지정은 '저촉법적 지정'(kollisionsrechtliche Verweisung)을 말한다는 점이다. 이는 '실질법적 지정'(materiellrechtliche Verweisung)과는 구별해야 하는데, 후자는 준거법을 지정하는 것이 아니라, 당사자들이 특정 외국법을 지정 내지 언급함으로써 당해 외국법을 계약의 내용으로 편입하는 것을 말하며, 이는 마치 계약의 내용에 약관을 편입하는 것과 유사하다.[28] 계약의 준거법을 외국법(예컨대 영국법)으로 지정한 경우(즉 저촉법적 지정의 경우) 만일 준거법을 지

25) Nygh(註 20), p. 106 참조.

26) 석광현, "국제화 시대의 섭외사법 개정방향," 법무부 법무자료 제226집(1999), 90면 이하 참조.

27) 이는 가까이는 로마협약을 따른 것이나 멀리는 The American Law Institute, Restatement of the Law Second: Conflict of Laws (1971)의 제188조를 따른 것이다. 개정 국제사법은 가장 밀접한 관련이 있는 국가를 결정하기 위하여 Restatement (Second)가 사용하지 않는 '특징적인 급부(이행)'라는 개념을 도입하고 그에 기한 추정규정을 두는 데 반하여, Restatement (Second)는 가장 중요한 관련을 가지는 장소를 결정하는 데 있어 도움을 주는 요소들, 예컨대 계약 체결지, 협상지, 이행지, 계약 목적물의 소재지, 당사자의 주소, 거소, 국적, 설립지와 영업소 소재지 등을 제6조에 정한 준거법 결정의 일반원칙을 적용함에 있어 고려하도록 규정하는 점에서 차이가 있다.

28) 실제로 영국과 프랑스에서는 전자를 'choice of proper law', '*chois de la loi applicable*', 후자를 'incorporation by reference' 또는 '*incorporation de la loi choisie dans le contrat*'라고 부른다. Restatement (Second) 제187조 comment c)도 "incorporate into the contract by reference"라는 표현을 사용한다.

정하지 않았더라면 적용되었을 객관적 준거법(예컨대 한국법)의 국내적 강행법규의 적용이 배제된다. 따라서 예컨대 소비자의 보호를 목적으로 하는 통상의 각종 소비자관련 법규와 근로기준법 기타 근로자의 보호를 목적으로 하는 각종 근로관련 법규의 적용도 배제된다.[29] 여기에 당사자자치의 의의와 효용이 존재하는데,[30] 과거 당사자자치에 대한 거부감도 바로 이 점에 근거한 것이었다.[31] 반면에 실질법적 지정의 경우, 당사자가 준거법을 선택하지 않은 때에는 객관적 준거법의 적용을 받으면서, 따라서 객관적 준거법의 강행법규가 허용하는 범위 내에서 당사자들이 계약에 편입한 외국법이 당해 계약의 내용이 된다. 그러나 준거법 지정의 경우에도 법정지의 국제적 강행법규의 적용은 배제되지 않는다. 개정 국제사법 제7조는 이를 명시하는데 그러한 규정이 없던 섭외사법 하에서도 결론은 동일하였다. 실질법적 지정의 사례로는 예컨대 선하증권 발행인이 至上約款(clause paramount)을 명시하면서 단순히 국제조약인 헤이그규칙을 직접 적용한다고 규정하거나, 헤이그규칙을 국내법화한 입법을 적용한다고 규정하였으나 당해 국내법의 적용요건을 구비하지 못하는 경우를 들 수 있다. 저촉법적 지정과 실질법적 지정을 대비시키는 것보다는 차라리 '준거법의 지정'과 '외국법의 편입'을 대비시키는 것이 이해하기 쉽다.[32]

---

29) 물론 소비자 또는 근로자의 보호를 목적으로 하는 법규 중 국제적 강행법규의 성질을 가지는 법규의 적용은 배제되지 않는다. 따라서 어떠한 법규가 국내적 강행법규인지 아니면 국제적 강행법규인지의 구별이 중요하다.

30) 당사자자치의 원칙이 널리 인정되는 결과, 국제거래의 실무상 당사자들은 객관적 준거법이 한국법인 사안에서도 영국법이나 뉴욕주법을 준거법으로 지정하기도 한다. 그 결과 우리 법의 영향력과 우리 법률가의 경쟁력이 약화되는 현실적인 문제가 발생한다. 실무상 국제계약의 준거법이 영국법이나 뉴욕주법인 경우 영국 변호사나 뉴욕주 변호사가 경쟁력을 가질 수밖에 없고 이는 자연히 그들의 일감이 된다. 이런 의미에서 우리 법률가의 국제경쟁력은 상당 부분 한국법의 국제경쟁력에 의하여 좌우된다.

31) 예컨대 1934년 Restatement (First) of Conflict of Laws의 보고자인 미국의 Beale은 준거법을 국가주권의 문제로 보고 당사자의 힘이 미치는 범위를 넘는 것으로 보았다. 따라서 Restatement (First)는 당사자자치를 명시하지 않음으로써 그에 대하여 부정적인 태도를 암시하였다.

32) 지상약관의 법적 성질에 관하여는 석광현, 국제사법과 국제소송 제2권(2001), 84면 이하; 채동헌, "용선계약상의 중재조항과 선하증권에의 편입," 대법원판례해설 통권 제44호(2003년 상반기), 261면 이하 참조.

2. 국제계약의 준거법과 당사자자치

가. 당사자자치의 근거

국제계약의 준거법 결정에 있어서 당사자자치(Parteiautonomie)[33]의 원칙을 인정하는 근거, 즉 당사자자치라는 연결원칙의 정책적 근거에 관하여는 종래 실질법상의 당사자의 자유, 즉 '사적자치'(Privatautonomie) 또는 '계약자유'(freedom of contract)의 원칙의 연장으로 설명하거나, 국제계약의 경우 조직적인 중점이 존재하지 않기 때문에 연결곤란이 발생하는데 이를 피하기 위하여 부득이 채택한 궁여지책적인 해결방안(Verlegenheitslösung)이라고 설명한다.[34] 종래 우리나라에서는 전자를 적극적 근거, 후자를 소극적 근거라고 설명하는데, 사견으로도 당사자자치의 근거로 양자를 모두 드는 것이 적절하다고 본다.[35] 당사자자치는 상당 부분 당사자이익과 거래이익에 부합하고, 무엇보다도 국제거래에서 요청되는 당사자의 기대를 보호함으로써 법적 안정성에 기여한다는 장점을 가지고 있다.[36] 실질계약법상 허용되는 사적자치의 경우 당사자는 강행법규를 배제할 수 없는 데 반하여, 위에서 본 것

33) 독일에서는 당사자자치와 사적자치를 구별하는 경향이 강하나, 영어로 'party autonomy'라고 할 때는 반드시 그런 구별을 전제로 하는 것으로 보이지는 않는다.

34) 후자의 예로는 이호정(註 7), 280면. 저촉법적 정의를 실질법적 정의의 공간적 확장으로 파악하는 견해는 전자를 취하고, 양자를 구별하는 견해는 후자를 취하는 경향이 있다. Gunther Kühne, "Die Parteiaunomie zwischen kollisionsrechtlicher und materiellrechtlicher Gerechtigkeit," *Liber Amicorum* Gerhard Kegel (2002), S. 67.

35) 김용한·조명래, 전정판 국제사법(1992), 214면; 김연·박정기·김인유(註 21), 284-285면; 윤종진, 改正 現代 國際私法(2003), 358면 이하; 신창선(註 21), 257면; 한복룡, 국제사법(2007), 252-253면도 동지. 한편 전자는 강행법규를 배제하는 근거를 설명할 수 없고, 후자는 선택의 어려움을 초래하는 법질서에 속하지 않는 중립적 법의 선택을 허용하는 근거를 설명할 수 없지만, 전자는 당사자자치의 타당근거의 핵심에 관계되는 결함이고 후자는 흔하지 않은 사안에서만 문제되므로 후자가 우월하다는 견해도 있다. Kühne(註 34), S. 67. 당사자자치의 원칙의 장·단점은 최흥섭, "국제사법에서 당사자자치," 국제사법의 현대적 흐름(2005), 184면 이하 참조.

36) Christoph Reithmann/Dieter Martiny, Das Internationale Vertragsrecht, 7. Auflage (2010), Rz. 86(Martiny 집필부분). 당사자자치의 근거와 한계에 관한 논의는 최흥섭(註 35), 175면 이하(이는 국제사법연구 제9권(2003), 459면 이하에도 수록되었는데 여기에서는 단행본을 인용한다); 안춘수, "국제사법상 당사자자치," 진산 김문환총장정년기념논문집 제1권: 국제관계법의 새로운 지평(2011), 219면 이하 참조. Jürgen Basedow, Theorie der Rechtswahl oder Parteiautonomie auf Grundlage des Internationalen Privatrechts, Rabels Zeitschrift Band 75 (2011), S. 57은 국제계약의 연결소인 당사자자치의 근거를, 사적인 의사표시를 통하여 자신을 특정법질서에 복종시키고자 하는 개인의 前國家的 주관적 권리(vorstaatliches subjektives Recht)에서 구한다.

처럼 당사자자치에 있어서는 당사자는 준거법을 지정하지 않았더라면 적용되었을 객관적 준거법의 강행법규를 배제할 수 있다는 점에 차이가 있다.[37]

당사자자치의 원칙은, 법률관계로부터 출발하여 각 법률관계의 본거(Sitz)를 탐구함으로써 특정 법률관계와 가장 밀접한 관계가 있는 국가의 법을 당해 법률관계의 준거법으로 지정하는 사비니의 방법론에 기초한 국제사법의 대원칙과 충돌되는 측면이 있다. 그럼에도 불구하고 당사자자치의 원칙은 위의 이유로 정당화된다. 개정 국제사법도 국제계약의 준거법 결정에 있어 당사자자치의 원칙을 가장 밀접한 관계가 있는 법을 적용한다는 원칙(이를 "최밀접관련법적용원칙"이라 부를 수 있다)에 우선시킨다. 즉 개정 국제사법(제8조)은 국제사법의 연결원칙을 적용한 결과가 구체적인 사건에서 가장 밀접한 관계가 있는 법을 적용한다는 원칙에 부합하지 않는 경우에 대비하여 구체적인 사안에서 국제사법이 지향하는 올바른 연결원칙을 실현하기 위하여 예외조항을 두면서도, 당사자의 준거법 선택이 허용되는 경우에는 예외조항을 적용하지 않는다.

국제사법이론상 국제계약의 준거법 결정에 있어 당사자자치의 원칙의 창시자가 누구인가에 관하여는 논란이 있다. 즉 종래 16세기 프랑스의 Dumoulin을 최초의 주장자라고 보아 왔으나[38] 1955년 Gamilscheg의 비판을 받은 것을 계기로 이는 잘못이며 19세기 이탈리아의 Mancini라는 견해가 유력한 것으로 보인다.[39]

나. 당사자의사—준거법의 묵시적 지정

섭외사법상 당사자의 준거법 지정은 명시적 지정뿐만 아니라 묵시적인 지정도 포함하는 것으로 해석되었는데, 개정 국제사법은 이 점을 명확히 하

---

37) 위에 언급한 Restatement (Second) 제187조 제2항은 이 점을 명확히 규정한다.

38) 이인재, "계약의 준거법에 관한 당사자자치의 원칙," 李好珽敎授 화갑기념논문집: 법률행위론의 사적전개와 과제(1998), 385면은, 당시의 이론에 반하여 당사자의 의사에 보다 넓은 활동영역을 인정하였고 부지중에 법선택의 사상을 끌어내었으며 법칙학설의 테두리를 넘어 강행법에 반하여 법규의 적용범위를 변경하는 등 당사자의 의사에 현대적 당사자자치의 효력과 비교할 만한 효력을 인정하였음을 근거로 Dumoulin을 근대적 당사자자치사상의 창시자로 보는 André Aloys Wicki, Zur Dogmengeschichte der Parteiautonomie im Internationalen Privatrecht (1965)의 견해를 소개한다.

39) 이호정(註 7), 48면; Frank Vischer/Lucius Huber/David Oser, Internationales Vertragsrecht, 2. Auflage (2000), Rz. 29; Nygh(註 20), p. 8; 최흥섭(註 35), 179면도 동지. 상세는 Yuko Nishitani, Mancini und die Parteiautonomie im Internationalen Privatrecht (2000) 참조.

면서 다만 묵시적 선택이 부당하게 확대되는 것을 방지하기 위하여, 묵시적 선택은 계약내용 그 밖에 모든 사정으로부터 합리적으로 인정될 수 있는 경우로 제한하였다(제25조 제1항). 명시적 지정과 묵시적 지정은 모두 당사자의 실제적 합의, 즉 '현실적 당사자의사'(realer Parteiwille)에 따른 것이다.

명시적 지정을 인정하는 것은 별 어려움이 없으나, 어떤 경우에 당사자의 묵시적 지정을 인정할 수 있는가는 어려운 문제이다. 추상적으로는 개별적인 사안에서 당해 사안의 구체적인 제반사정을 고려하여 당사자의 의사를 추단해야 할 것이나 구체적 기준을 제시하기는 어렵다. 통상 당사자의 묵시적 지정을 추단케 하는 요소 또는 사정의 예로는, 어떤 특정한 법의 규정의 지정, 어떤 국가의 법에 기초한 유전스(관행)의 지정, 어떤 국가의 법에 기초한 약관의 합의 또는 계약서식의 이용, 통일적 이행지의 합의, 일정한 국가의 통일적인 재판적이나 중재합의의 약정과 소송과정에서 표명된 준거법에 관한 당사자의 의견의 일치 등을 든다.[40] 묵시적 (또는 명시적) 지정에 의하여 지정된 계약의 준거법은 계약의 성립, 유효성, 해석, 효력(즉 계약에 따른 권리와 의무) 등을 규율한다.[41] 그러나 주의할 것은, 당사자의 묵시적 지정이 있는가는 국제계약 또는 준거법지정계약의 해석의 문제가 아니라 섭외사법(또는 개정 국제사법) 자체의 해석의 문제라는 점이다.[42] 여기에서의 논의

40) 이는 Kegel/Schurig(註 7), S. 657-658이 정리한 독일 판례의 태도를 따른 것이다. 이호정(註 7), 283면도 거의 동일하다. 묵시적 지정 일반에 관하여는 우선 Reithmann/Martiny/Martiny (註 36), Rz. 113f.; Vischer/Huber/Oser(註 39), Rz. 171ff.; Nygh(註 20), p. 104 이하 참조. 반면에 계약언어는 묵시적 지정을 추단케 하는 약한 요소일 뿐이다. Reithmann/Martiny/Martiny(註 36), Rz. 126. 한편 일본의 종래 통설은 국제계약의 유형·성질·내용, 당사자의 국적·주소, 목적물의 소재지 기타 제반사정(재판관할의 합의, 중재지의 합의 등도 포함)을 고려하여 당사자의 묵시의 의사를 탐구하여 당사자가 준거하고자 한 법률질서를 결정할 것이라고 본다. 溜池良夫, 國際私法講義(1993), 346-347면. 윤남순, "국제거래에서의 준거법의 묵시적 선택," 경영법률 제18집 제1호(2007. 10.), 535면 이하는 당사자의 묵시적 지정을 추단케 하는 요소로서 표준서식의 사용, 거래관행, 중재조항과 관할권조항, 주변상황, 계약 체결 이후의 행위와 기타 요소를 열거한다.

41) 로마협약(제10조 제1항)은 계약의 준거법이 규율하는 사항을 예시적으로 열거하는데 이는 계약의 해석, 계약에 기하여 발생한 채무의 이행, 절차법에 의하여 법원에 부여된 권한의 범위 내에서 법규범에 의하여 이루어지는 손해배상액의 산정을 포함한 채무의 전부 또는 일부의 불이행의 결과, 채무를 소멸시키는 여러 가지 방법과 소멸시효 및 기간의 경과로 인한 권리의 상실과, 계약의 무효의 결과이다. 이는 우리 국제사법의 해석론으로도 타당하다.

42) 국제계약 및 준거법지정계약의 해석도 당해 계약의 준거법에 따를 사항이나(따라서 예컨대 당사자 간의 국제매매계약의 해석상 보충적 해석이 가능한가도 그 준거법에 의한다), 묵시적 지정을 인정하기 위하여 어떠한 암시(또는 지시. Hinweise)가 필요한지는, 준거법지정계약의 해석의 문제로서 개정 국제사법(제25조 제5항과 제29조)이 예외를 명시하지는

는 이를 전제로 한다.

다. 준거법의 묵시적 지정에 대하여 소극적 태도를 보인 선례

종래 우리 법원, 특히 대법원은 당사자의 묵시적 지정을 인정하는 데 있어 상당히 소극적이었던 것으로 보인다. 즉 하급심판결 중에는 묵시적 지정을 인정한 사례가 없는 것은 아니지만,[43] 종래 대법원은 섭외사법 하에서, 추상적 법률론으로는 묵시적 지정이 가능함을 언급하고는 있지만, 실제로 구체적 사건에서 당사자의 묵시적 지정을 탐구하기 위한 노력을 하는 대신 곧바로 행위지법을 적용하는 경향을 보여주었다.[44] 예컨대 대법원 2003. 1. 10. 선고 2000다70064 판결[45]은 선하증권의 준거법에 관하여 다음과 같이 판시하였다.

> … 제1차 용선계약상의 중재조항이 선하증권에 편입되어 선하증권의 소지인과 운송인 사이에서도 효력을 가지는지 여부는 선하증권의 준거법에 의하여 판단하여야 할 것인데, 이 사건 당시 시행되던 구 섭외사법 제9조는 "법률행위의 성립 및 효력에 관하여는

않지만, 개정 국제사법이 직접 규율하는 사항이므로 개정 국제사법에 따라 판단할 사항이다. MünckKommBGB/Martiny, Band 10, 4. Auflage (2006), Art. 27 Rn. 45(여기에서 대체하지는 않았지만 이는 제5판(2010)이 있다).

43) 예컨대 부산지방법원 1999. 4. 14. 선고 98가합25606 판결은, 보증서에 서명할 때 피고는 위 보증의 전제가 되는 이 사건 매매계약의 준거법에 따라 보증의 효력을 정하기로 하는 묵시의 의사가 있었다고 봄이 합리적이라 할 것이고, 뿐만 아니라 보증계약은 실질법상 주된 계약에 대한 부종성을 갖고 있으므로 특히 반대의 의사가 없는 한 주된 계약의 준거법에 의한다는 묵시적인 의사가 있는 것으로 봄이 상당하다 보았다. 또한 부산고등법원 2002. 7. 9. 선고 2001나4750 판결은 이 사건 원·피고 간의 화물 운송계약의 성립 여부와 한진트레이딩과 퍼펙트웨스트 사이의 운송주선계약 및 퍼펙트웨스트와 피고와의 사이의 운송계약의 성립 및 효력에 관하여는, 한진트레이딩과 퍼펙트 웨스트는 미국 캘리포니아주에 영업소 소재지를 두고 있는 점, 퍼펙트 웨스트가 데살로로에 이 사건 화물의 운송을 청약의 의사표시를 한 곳은 위 영업소라고 보이는 점, 피고의 미국지사도 미국 캘리포니아주에 영업소 소재지를 가지고 있다고 보이는 점, 피고가 작성한 선하증권 사본은 미국 캘리포니아주에 있는 로스앤젤레스에 작성된 점 등을 감안하면, 섭외사법 제32조, 제9조 및 제11조 제1항에 따라 이 사건 운송주선계약을 비롯한 운송계약의 성립에 관하여는 미국 캘리포니아주법을 적용하려는 묵시적 의사를 인정할 수 있다고 판시하였다.

44) 그 밖에도 대법원 1972. 4. 20. 선고 72다248 판결[집20(1)민,208]도 섭외사법상 행위지법을 준거법으로 본 듯하다. 즉 동 판결은, 한국 회사인 원고와 일본 회사인 피고 간에 체결된 차관협정의 준거법에 관하여, 섭외사법 제28조, 제9조에 의하여 이 사건의 차관 협정과 이것에 따르는 보수금 지급 약정의 행위지법으로서 이 사건에 적용될 일본 상법 제516조의 규정에 의하면 … 이라고 설시하여 묵시적 지정을 탐구하기 위한 노력 없이 행위지법인 일본법을 준거법으로 판단한 것으로 보이기 때문이다.

45) 이 판결에 대한 평석은, 채동헌(註 32), 244면 이하; 석광현, "용선계약상 중재조항의 선하증권에의 편입," 국제사법과 국제소송 제4권(2007), 457면 이하 참조.

> 당사자의 의사에 의하여 적용할 법을 정한다. 그러나 당사자의 의사가 분명하지 아니한 때에는 행위지법에 의한다"고 규정하고 있는바, 따라서 선하증권이 그 약관에서 명시적으로 적용할 나라의 법을 정하고 있는 경우에는 그 정한 법률에 의하여, 선하증권의 발행인이 선하증권에 적용될 법을 명시적 혹은 묵시적으로 지정하지 않은 경우에는 선하증권이 발행된 나라의 법에 의하여 이를 판단하여야 할 것이고, 이 사건 선하증권은 앞서 본 바와 같이 그 이면약관에서 선적국에서 입법화한 헤이그규칙 및 일정한 경우 헤이그-비스비규칙이 적용된다는 지상약관(paramount clause)을 담고 있는 외 달리 명시적으로 선하증권의 준거법을 정하지는 않았는바, 따라서 이 사건 선하증권에 대하여는 위 약관에 따라 먼저 이 사건 화물의 선적국인 미국에서 입법화된 헤이그규칙 및 일정한 경우 헤이그-비스비규칙이 적용되고, 나머지 사항에 대하여는 선하증권이 발행된 장소인 미국의 법과 관습이 적용된다(밑줄은 저자가 추가함).

한편 신용장에 관하여 대법원 1997. 5. 9. 선고 95다34385 판결은 매입은행과 개설은행 간의 법률관계의 준거법을 판단함에 있어 다음과 같이 판시하였다.

> … 수입신용장 개설은행의 신용장에 따른 대금지급의무는 법률행위인 신용장상의 지급확약에 의하여 발생하는 것인데, 그 법률행위의 성립과 효력 등에 관하여는 섭외사법 제9조에 따라 당사자가 지정한 준거법에 의하며, 당사자가 명시적으로나 묵시적으로 준거법을 정하지 아니한 경우에는 동조의 단서를 적용하여 행위지법에 의하나, 이 사건과 같이 신용장 매입은행이 개설은행의 소재지와는 다른 법률이 적용하는 곳에 존재하는 경우에는 같은 법 제11조에 의하여 신용장 개설은행의 지급확약 의사표시를 통지한 곳 즉 개설은행의 소재지에서 시행되는 법이 행위지법으로 간주되는 것이다. 같은 취지에서 이 사건 신용장에 따른 매입대금청구의 법률관계에 관한 준거법은 이 사건 신용장 개설은행이 소재하는 나라의 법인 캐나다법이 된다고 한 원심의 판단은 정당하다[46](밑줄은 저자가 추가함).

46) 또한 대법원 2000. 6. 9. 선고 98다35037 판결도 매입은행과 개설은행 간의 법률관계의 준거법을 판단함에 있어 "… 당사자 사이에 이 사건 각 신용장에는 1983년에 개정된 신용장통일규칙(UCP 400)이 적용된다는 기재 외에 달리 준거법에 대한 약정이 없으므로, 먼저 이 사건 신용장 개설은행의 신용장에 따른 대금지급의무에 관하여는 위 당사자 사이의 약정에 의한 제4차 신용장통일규칙에 따르는 이외에는 섭외사법 제9조 및 제11조 제1항에 따라 행위지법인 신용장 개설은행이 지급 확약의 의사표시를 통지한 개설은행 소재지에서 시행되는 법인 중국법이 준거법이 된다"는 취지로 판시하였다. 흥미로운 것은 본문의 판결은 섭외사법 제11조를 근거로 든 데 반하여, 각주의 판결은 섭외사법 제11조 제1항만을 근거로 들었다는 점인데, 양자 사이에 입장의 차이가 있는 것인지는 분명하지 않으나 여기에서 논의하는 점에 관한 한 차이는 없는 것으로 보인다.

라. 대상판결의 태도

대상판결은 위에서 본 종래 대법원판결들과 마찬가지로 섭외사법 하에서 추상적 법률론으로는 묵시적 지정이 가능함을 언급하였지만, 실제로 이 사건 약정의 준거법을 결정하는 과정에서 당사자의 묵시적 지정을 탐구하기 위한 노력을 보여주지는 않았다. 다만 종전 판결들은 당사자의 준거법 지정이 없는 경우 곧바로 행위지법을 적용한 데 반하여 대상판결은 가정적 당사자의사를 도입하였다는 점에 차이가 있는데, 이는 아래에서 언급하는 대법원 2004. 6. 25. 선고 2002다56130, 56147 판결과 같다.

결론부터 말하자면, 대상판결에 대하여는 당사자의 묵시적 지정을 소홀히 한 점을 비판할 수 있다. 또한 대상판결은 "… 근로계약에 포함된 준거법 이외의 다른 의사표시의 내용이나 소송행위를 통하여 나타난 당사자의 태도 등을 기초로 당사자의 묵시적 의사를 추정하여야 하고"라고 판시하였을 뿐이고, 위에서 소개한 학설이나 외국의 판례가 보여주는 정도의 구체적인 요소를 제시하지 않았다. 당사자가 준거법을 묵시적으로 지정하였는지를 인정하는 데 대한 우리 법원의 소극적 태도는 묵시적 지정을 탐구하는 노력을 보여주는 일본 및 독일 판례[47]의 태도와는 대비된다. 예컨대 일본 최고재판소의 1978. 4. 20. 판결은[48] 일본에 거주하는 화교와 태국법에 의하여 설립된 은행의 동경지점 간에 체결된 정기예금계약에 관하여 당사자들이 예금계약의 준거법으로서 은행지점의 소재지법인 일본법을 묵시적으로 지정하였다고 보았다.[49] 또한 일본에는 근로계약의 경우 묵시적 의사를 추정할 수 있다고 본 하급심 판결들이 있는데, 이들은 묵시적 지정을 추정할 수 있는 요소로서 근로자의 생활본거지, 노무급부지, 계약서 작성에 사용된 언어, 직무내용, 지불통화, 법인인 사용자의 법인 설립의 준거법 등을 들고 있다.[50]

---

47) 독일 판결은 예컨대 BGH 28. 1. 1997, IPRspr. 1997 Nr. 27; 14. 1. 1999, IPRspr. 1999 Nr. 27. 기타 Reithmann/Martiny/Martiny(註 36), Rz. 113 Fn. 3에 인용된 판결 참조.

48) 민집 32권 3호 616면.

49) 이처럼 일본 판례는 묵시적 합의를 찾는 노력을 하고 있다. 그러한 예로는 위 본문의 판결 외에도 중재계약의 준거법에 관한 최고재판소 1997. 9. 4. 판결(민집 51권 8호 3657면)을 들 수 있다. 위 판결의 소개는 中野俊一郎, "國際商事仲裁," 國際私法判例百選(2007), 208면 참조. 그러나 일본에도 묵시적 의사(나아가 그와 구별하기 어려운 객관적 합리적 의사)의 탐구에 대하여는 묵시적 의사탐구라고 칭하여 기실은 계약에 가장 밀접한 관련성을 가지는 법을 탐구하는 것, 즉 당사자의 의사의 탐구에 假託한 개별적인 객관적 연결의 탐구라는 비판도 있다. 佐藤やよひ, ゼミナール國際私法(1998), 160-161면 참조.

마. 대상판결에 대한 평가—당사자의 묵시적 지정의 유무에 대한 검토를 소홀히 한 점

저자는 종래 섭외사법이 규정한 행위지법원칙을 제한적으로 적용하여야 한다는 견해를 피력하였다. 구체적으로, 당사자의 명시적 지정이 없는 경우 법원은 우선 당사자들의 묵시적 지정이 있는지를 검토하여야 하고, 그것도 없는 경우에 비로소 행위지법을 적용하여야 하며, 나아가 기계적으로 행위지법을 적용하는 것이 부당한 때에는 해석론으로서도 당해 계약과 '가장 밀접한 관련' 또는 '가장 중요한 관계'가 있는 국가의 법을 준거법으로 보아야 할 것이라는 견해를 피력하였는데,[51] 당사자의 묵시적 의사에 대한 탐구를 소홀히 하는 우리 법원의 태도는 여전히 비판을 면할 수 없다고 본다.

3. 국제계약의 준거법과 가정적 당사자의사

가. 당사자자치와 가정적 당사자의사

위에서 본 바와 같이 당사자의 명시적 또는 묵시적 지정이 '현실적 당사자의사'(realer Parteiwille)인 데 반하여, 당사자들이 실제로 의욕하지는 않았지만 만일 어떤 것을 원하였다면 원하였을 것이라고 생각되는 바를 '가정적 당사자의사'(hypothetischer Parteiwille)(이하 '가정적 의사'와 호환적으로 사용한다)라고 부른다.[52] 가정적 당사자의사의 개념을 긍정하는 견해는 이를 현실적 당사자의사와 대비하면서도, 실제로는 묵시적 당사자의사와 가정적 당사자의사를 식별하기 어려운 경우가 많다는 점을 부인하지 않는다.[53]

---

50) 또한 근로계약의 경우 묵시적 지정을 추정할 수 있는 요소로서 동경지방재판소 1988. 12. 5. 결정, 노민집 39권 6호, 658면은 근로자의 생활본거지, 노무급부지 등을, 동경지방재판소 1969. 5. 14. 판결, 판례시보 568호, 87면은 계약서 작성에 사용된 언어, 직무내용, 지불통화 등을, 동경고등재판소 1982. 7. 19. 판결, 판례시보 1051호, 149면은 법인인 사용자의 법인 설립의 준거법 등을 들었다고 한다. 김지형(註 11), 247면 주 28에서 재인용.

51) 석광현, 국제사법과 국제소송 제2권(2001), 15면 註 34, 국제사법과 국제소송 제1권(2001), 171면 이하 참조.

52) 이호정(註 7), 284면. 가정적 당사자의사를 '추정적 당사자의사'(mutmaßlicher Parteiwille)라고 부르기도 하는데, 가정적은 실재적(real)과 대비되고, 추정적은 확실한(sicher)과 대비된다고 한다. Kegel/Schurig(註 7), S. 660. 그렇지만 민법의 해석론으로서는 가정적 의사는 당사자가 흠결에 대하여 생각이 미쳤더라면 어떻게 행동하였을까를 추측하는 사실적, 심리학적 개념이 아니지만 가정적 의사를 탐구함에 있어서는 당사자의 실제적인 의사가 중요한 의미를 가지는 것은 사실이라고 한다. 윤진수, 民法論攷 I(2007), 210면 이하.

가정적 당사자의사의 개념은 독일에서 발전된 것으로 보이는데, 그 중에서도 주관설은 개별적·구체적 당사자를 전제로 당사자들이 준거법의 문제를 인식하였더라면 합리적으로 체결하였을 주관적인 표상을 가정적 당사자의사라고 이해하고 이를 '보충적 계약해석'(ergänzende Vetragsauslegung)의 문제라고 보기도 한다. 우리 민법상으로도 계약의 해석 시 가정적 당사자의사를 당사자 의사로 보고 그에 의하여 계약의 보충을 인정하는 견해가 있는데, 그에 따르면 가정적 당사자의사를 자연스럽게 당사자의사의 일부라고 볼 것이다.[54] 그러나, 그 후 독일 연방대법원(BGH)의 판례는 주관적 요소를 배제하고 관련 당사자들의 이익을 객관적인 기초 위에서 합리적으로 형량하여 당해 법률관계가 지시하는 특정한 법질서를 파악함으로써 준거법을 결정하는 방향, 즉 계약관계의 Schwerpunkt(重點)를 탐구하는 방향으로 전환함으로써 주관설을 극복하였다고 평가된다.[55] 주관설에 따르면, 개별적·구체적 당사자를 기준으로 당사자의사를 탐구하나, 객관설에 따르면 통상적 인간(Normalmenschen)을 기준으로 유형적인 당사자의사를 탐구한다.[56]

이러한 가정적 당사자의사는 첫째, 실제로 존재하지 않는 당사자의사를

53) 이호정(註 7), 284면.

54) 다만 우리 민법상 가정적 당사자의사에 의하여 계약의 보충을 인정할지에 관하여 논란이 있다. 즉 긍정설은, 양 당사자가 어떤 사항에 관하여 규정을 두지 않은 경우, 계약에 흠결이 있다고 보고 이 흠결을 당사자들이 그러한 사항에 관하여 규정하였더라면 어떻게 규정하였을까라는 가정적 당사자의사에 의하여 보충한다. 이를 '보충적 해석'이라고 하는데 독일에서는 보충적 해석도 법률행위의 해석이라고 보는 것이 통설이나 보충적 해석은 계약의 해석이 아니라 객관적인 법의 적용이라는 견해도 있다. 상세는 윤진수(註 52), 230면 참조. 한편 보충적 해석은 본래의 의미의 계약의 해석은 아니지만 '계약과 법의 중간단계'라고 보는 견해도 있다. 윤진수(註 52), 276면; 곽윤직, 민법주해 I(1992), 169면 주 172(양창수 집필부분) 참조. 실질법상 명시적으로 '가정적 의사'를 언급하면서 법률행위를 해석한 대법원판결은 아직 보지 못하였으나, 2004년 판결과 대상판결을 계기로 장래 가정적 의사를 정면으로 언급하는 판결이 나올지도 모를 일이다.

55) 예컨대 BGHZ 9, 221, 222f = NJW 1953, 1140 등. MünchKommBGB/ Martiny, Band 7, Auflage 2 (1983), vor Art. 12 Rn. 34 Fn. 139에 인용된 판결들. Christoph Reithmann/ Dieter Martiny, Das Internationale Vertragsrecht, 6. Auflage (2004), Rz. 112(Martiny 집필부분). 전자는 RGZ 120, 70, 72, 후자는 BGH 30. 9. 1952, BGHZ 7, 231.

56) Kegel/Schurig(註 7), S. 659는 이론적으로는 개별적·구체적인 당사자의사가 통상적 인간을 기준으로 하는 유형적인 당사자의사에 우선한다고 하면서도, 실제로는 전자의 확정이 어려운 경우가 많은데 그 때는 통상적 인간을 상정하고 이들이 무엇을 원했을 것이냐를 가정하여야 한다고 하고, 결국 객관적 이익형량을 통하여 가장 적절한 준거법을 발견해야 한다고 하면서 상인의 영업본거지법 또는 계약전형적 급부의 장소의 법이 가정적 당사자의사에 따른 준거법으로 적용된다고 한다. 이호정(註 7), 285면. 이는 주관설과 객관설의 중간에 있지만 사실상 객관설에 접근하는 것으로 보인다.

언급함으로써 의제적인 성향을 드러내고 동시에 묵시적 당사자의사와의 경계를 모호하게 하며, 둘째, 어떠한 관련이 주요한 것이어서 법의 적용을 위하여 결정적인지에 관한 내용적인 기준을 제시하지 못하고, 셋째, 가정적 당사자의사에의 연결은 사실 개별적이고 우연적이며, 계약전형적 연결은 거의 하지 못한다는 점에서 비판을 받았다.57)

나. 대상판결의 태도

위에서 본 바와 같이 대상판결은 아래와 같이 판시하였다.

> … 그러한 묵시적 의사를 추정할 수 없는 경우에도 당사자의 국적, 주소 등 생활본거지, <u>사용자인 법인의 설립 준거법</u>, 노무 급부지, 직무 내용 등 근로계약에 관한 여러 가지 객관적 사정을 종합하여 볼 때 <u>근로계약 당시 당사자가 준거법을 지정하였더라면 선택하였을 것으로 판단되는 가정적 의사를 추정</u>하여 준거법을 결정할 수 있다(대법원 2004. 6. 25. 선고 2002다56130, 56147 판결 참조)(밑줄은 저자가 추가함).

대상판결은 대법원 2004. 6. 25. 선고 2002다56130, 56147 판결58)을 인용하고 있는데, 후자는 저자가 알기로는 섭외사법 하에서 가정적 당사자자치를 인정한 최초의 대법원판결이고 대상판결은 2004년 판결의 설시를 충실히 따르고 있다. 특히 대상판결의 사안에서는 사용자는 자연인이었음에도 불구하고 2004년 판결의 문언을 차용하여 "사용자인 법인의 설립 준거법"도 언급하고 있으나 이는 부적절하다.59)

---

57) MünchKommBGB/Martiny, Band 7, Auflage 2 (1983) vor Art. 12 Rn. 39.

58) 판례공보 207, 1230 [2004. 8. 1.] 2004년 대법원판결에 대한 간단한 평석은 석광현, "2004년 국제사법 분야 대법원판례: 정리 및 해설," 국제사법연구 제10호(2004), 433면 이하 참조.

59) 2004년 판결의 사안의 개요와 판결요지는 아래와 같다.
[사안의 개요]
피고 아시아나항공주식회사는 1992. 8. 17. 아일랜드의 파크항공사(PARC Aviation Limited)와, 파크항공사가 항공기 조종사들을 고용하여 피고에게 조종사들의 용역을 제공하고, 피고는 파크항공사에게 조종사들의 급료와 수수료를 지급하기로 하는 내용의 계약(제1차계약)을 체결하였다. 또한 피고는 제1차계약 종료 후 1994. 9. 20. 발칸불가리아항공사(BALKAN Bulgarian Airlines. "BBA")와, BBA가 소속 조종사들을 피고에 파견하여 용역을 제공하고 피고는 조종사들의 급료와 일정한 수수료를 지급하기로 하는 내용의 계약(제2차계약)을 체결하였다. 제1차계약의 준거법은 아일랜드법이었으나 제2차계약의 준거법은 명시되지 않았다. 원고들은 파크항공사 또는 BBA에 고용되어 그에 소속된 근로자들로서, 피고와 개별적인 근로계약을 체결함이 없이 위 각 계약에 따라 피고에 파견되어 일정기간 동안 항공기 기장으로 근무하였다. 피고는 제1차계약에 의하여 급여를 파크항공사에게 지급하고 원고들은 파크항

다. 대상판결에 대한 평가

대상판결이 가정적 의사에 기하여 준거법을 판단한 데 대하여는 아래와 같은 세 가지 측면에서 비판의 여지가 있다.

(1) 가정적 당사자의사와 묵시적 의사의 관계를 명확히 하지 않은 점

대상판결은 "… 근로계약에 포함된 준거법 이외의 다른 의사표시의 내용이나 소송행위를 통하여 나타난 당사자의 태도 등을 기초로 당사자의 묵시적 의사를 추정하여야 하고, 그러한 묵시적 의사를 추정할 수 없는 경우에도 당사자의 국적, 주소 등 생활본거지, 사용자인 법인의 설립 준거법, 노무 급부지, 직무 내용 등 근로계약에 관한 여러 가지 객관적 사정을 종합하여 볼 때 근로계약 당시 당사자가 준거법을 지정하였더라면 선택하였을 것으로 판단되는 가정적 의사를 추정하여 준거법을 결정할 수 있다"고 판시하였다.

이러한 설시로 미루어볼 때 대상판결이 말하는 가정적 의사는 묵시적 의사와 구별되는 것으로 후자를 인정할 수 없는 경우에 비로소 적용되는 것으로 보인다. 또한 대상판결에 의하면 묵시적 의사를 탐구함에 있어서는 "근로

공사로부터 급여를 지급받았고, 제2차계약 체결 이후에는 BBA에 지급되는 수수료를 공제한 급여를 피고로부터 직접 지급받았다.

원고들은 근로기준법상의 근로자에 해당한다는 근거로 피고에 대하여 퇴직금의 지급을 청구하는 소를 제기하였다.

[판결요지]

원고들과 피고 간에 근로계약이 존재하는지에 관한 대법원판결의 요지는 아래와 같다.

"… 구 섭외사법 제9조는 법률행위의 성립 및 효력에 관하여 당사자의 의사에 의하여 법을 정하되 당사자의 의사가 분명하지 아니한 때에는 행위지법에 의하도록 규정하는바, 근로계약의 당사자 간에 준거법 선택에 관한 명시적인 합의가 없는 경우에는 근로계약에 포함된 준거법 이외의 다른 의사표시의 내용이나 소송행위를 통하여 나타난 당사자의 태도 등을 기초로 당사자의 묵시적 의사를 추정하여야 하고, 묵시적 의사를 추정할 수 없는 경우에도 당사자의 국적, 주소 등 생활본거지, 사용자인 법인의 설립준거법, 노무급부지, 직무 내용 등 근로계약에 관한 여러 가지 객관적 사정을 종합하여 볼 때 근로계약 당시 당사자가 준거법을 지정하였더라면 선택하였을 것으로 판단되는 가정적 의사를 추정하여 준거법을 결정할 수 있다. 원고들과 피고 간에 명시적인 근로계약이 체결되지 않은 이 사건에서, 원고들의 일상적인 노무급부지가 한국이라고는 볼 수 없으나 노무제공의 수령자인 피고가 한국 법인이고, 원고들이 한국의 근로기준법에 기하여 이 사건 청구를 하고 있는 사정 등을 고려할 때 원고들과 피고 간의 근로계약관계의 성립에 관한 준거법은 한국 법률이다."(밑줄은 저자가 추가함)

위 사건은 조종사공급계약에 기하여 피고(사용사업주)에 파견되어 항공기기장으로 근무한 외국인 조종사들(파견근로자)인 원고들이 피고를 상대로 근로기준법상의 퇴직금의 지급을 청구한 사건인데, 대법원은 피고와 원고들 간의 근로계약관계의 성립을 부정하고 원고들의 청구를 기각하였다. 상세는 석광현(註 58), 435면 이하 참조.

계약에 포함된 준거법 이외의 다른 의사표시의 내용이나 소송행위를 통하여 나타난 당사자의 태도 등을 기초로" 하는 데 반하여, 가정적 의사를 탐구함에 있어서는 "당사자의 국적, 주소 등 생활본거지, 사용자인 법인의 설립 준거법, 노무 급부지, 직무 내용 등 근로계약에 관한 여러 가지 객관적 사정을 종합하여"야 하므로 일응 묵시적 의사는 당사자의 의사표시나 당사자의 태도로부터 추단되는 것인 데 반하여, 가정적 의사는 객관적 사정으로부터 추단되는 것처럼 보이기도 한다.[60] 그러나 대상판결이 그에 이어 "… 근로계약 당시 당사자가 준거법을 지정하였더라면 선택하였을 것으로 판단되는 가정적 의사를 추정하여"야 한다고 설시하므로 가정적 의사는 여전히 당사자의 의사라는 인상을 준다.[61] 대상판결이 가정적 의사에 의한 연결을 주관적 연결로 본 것인지 객관적 연결로 본 것인지는 단정하기는 어렵지만 아마도 전자로 보이는데, 위에 소개한 독일 학설이 지적한 바와 같이, 가정적 당사자의사는 실재하지 않는 당사자의사를 언급함으로써 의제적인 성향을 드러내고 동시에 묵시적 당사자의사와의 경계를 모호하게 하는 단점이 있다. 대상판결로서도 가정적 의사와 묵시적 지정의 관계를 명확히 하고, 가정적 당사자의사의 개념을 좀더 명확히 설시하였더라면 하는 아쉬움이 있다.

(2) 가정적 당사자의사, 그것도 주관설을 도입한 것으로 보이는 점

위에서 본 것처럼 대상판결이 열거한 법원이 고려할 사항과, 이를 객관적 사정이라고 기술하는 점에서 논란의 여지가 있지만, 대상판결이 "… 당사자들의 합리적인 의사 등을 고려하면"이라고 설시한 점 기타 전체적인 취지에 비추어 대상판결은 독일에서 말하는 주관설을 따랐거나 그에 경도된 것이

60) 참고로 일본의 米津孝司, 國際勞働契約法の硏究(1997), 168면은 가정적 의사추정의 본질은 어디까지나 '객관적인 근거에 기초한 합리적인 이익형량' 또는 가장 밀접한 관련을 가지는 곳을 탐구하기 위한 '객관주의적 어프로치'(이는 江川英文 교수의 표현이다)에 있다고 하는데 이는 객관설에 입각한 당사자의사이론이라고 할 것이다. 가정적 의사의 탐구를 '객관적·합리적 의사'의 탐구라고 표현하기도 한다. 佐藤やよひ(註 49), 160면. 우리 민법상 가정적 의사에 의한 법률행위의 보충적 해석을 인정하는 견해는, 가정적 의사를 확정하기 위하여는 그 계약에 의하여 당사자가 추구하는 목적·동기·이해의 균형·거래관행 등을 참작하여야 한다는데(윤진수(註 52), 276면 참조), 대상판결이 열거한 사항들은 상대적으로 객관적인 요소들로 보인다.

61) 최흥섭(註 35), 189면은 "가정적 의사에 기한 묵시적인 선택은 본래 법원이나 학설이 적용하기를 바랬던 준거법을 지정하는 의제적인 수단이므로"라고 하여 가정적 의사에 의한 지정을 묵시적 지정으로 보고, 나아가 이는 본래 법원이나 학설이 적용하기를 바랬던 준거법을 지정하는 의제적인 수단이므로 준거법 결정규칙이 어느 정도 정교하게 마련된 국가에서는 더 이상 허용되지 않는다고 지적한다.

아닐까 생각된다.[62] 더욱이 대상판결이 섭외사법 제9조 단서의 행위지법원칙을 전혀 언급하지 않은 점을 보면, 아마도 가정적 의사에 의한 연결을 제9조 본문의 틀 내에서, 즉 주관적 준거법으로서 인식한 것으로 볼 수 있다.[63] 그러나 섭외사법상 주관적 연결로서 가정적 의사를 도입하는 데 대하여는 다음의 이유로 찬성하기 어렵다.

첫째, 구체적인 사안에서, 2004년 판결과 같이 당사자들이 합의하였더라면 가졌을 것으로 생각되는 의사, 즉 주관설에 따른 가정적 당사자의사를 묵시적 의사와 구별하는 것은 어렵다. 특히 종래 당사자의 묵시적 의사의 탐구에 소극적인 태도를 취한 대법원이 가정적 의사를 이유로 주관적 연결을 하는 것은 적절하지 않은 것으로 보인다.

둘째, 주관설에 따른 가정적 당사자의사를 추정하는 것은 매우 어렵고 법원의 恣意로 흐를 우려가 크다. 특히 묵시적 지정을 널리 인정할 경우 법원의 자의적으로 판단할 가능성이 크기 때문에 개정 국제사법(제25조 제1항 단서)은 묵시적인 선택은 계약내용 그 밖에 모든 사정으로부터 합리적으로 인정할 수 있는 경우로 제한하였는데, 묵시적 의사보다도 더 확실성이 떨어질 수밖에 없는 가정적 의사를 인정한다면 그러한 우려가 더욱 커진다. 따라서 당사자의 의사로서 가정적 의사를 인정하는 것은 바람직하지 않다.

만일 대상판결이 객관설에 따른 가정적 의사를 도입하고자 의도한 것이라면 오해가 없도록 그 취지를 명확히 밝혔어야 한다.

(3) 섭외사법의 명문의 규정에 반하여 가정적 당사자의사를 도입하고 그 근거를 제시하지 않은 점

섭외사법(제9조)은 당사자의 의사가 분명하지 아니한 때에는 행위지법에 의하도록 규정하므로, 대상판결을 선해하자면, 섭외사법의 부당성을 시정하기 위하여 객관적 준거법을 결정함에 있어서 행위지법에 연결하는 대신 가정적 당사자의사를 도입한 것으로 볼 수도 있다.

실제로 일본에는, 국제근로계약에서 근로계약체결지가 연결요소로서 중요한 관련성을 일률적으로 갖지는 않는 점에서, 가능하면 당사자자치의 원칙에 의하여 준거법을 결정하는 것이 바람직하고, 따라서 현실의 묵시적 의사

---

62) 이런 이유로 저자는 전에 2004년 판결에 대하여, 독일에서는 극복된 것으로 평가되는 주관설에 따른 가정적 당사자의사이론을 도입한 것은 유감이라고 비판한 바 있다. 석광현(註 58), 440면 이하 참조.

63) 섭외사법하에서 가정적 의사에 의한 연결을 긍정한 이호정(註 7), 284면은 그렇게 본다.

뿐만 아니라 가정적 의사까지 포함하여 당사자의 의사를 추정하는 태도가 더욱 타당하고, 당사자 사이에 준거법 선택에 관한 명시적 의사가 없을 경우에는 당사자의 현실의 묵시적 의사를 추정하여야 할 것이나, 현실의 묵시적 의사를 추정할 수 없는 경우에도 근로계약 당사자의 국적, 상거소 등 생활본거지, 계약서 작성에 사용된 언어, 법인인 사용자의 법인 설립의 준거법, 계약체결지, 노무급부지, 지불통화, 직무내용 등 근로계약을 둘러싸고 있는 여러 가지 객관적 사정을 전체적으로 종합하여 볼 때 근로계약 당시 당사자가 계약 당시 준거법을 지정하였더라면 선택하였을 것으로 판단되는 가정적 의사를 추정하는 것도 당사자자치의 원칙에 의한 준거법 결정에 포함시켜야 한다는 견해가 있었다고 하는데,[64] 대상판결은 그의 영향을 받은 것이 아닐까 짐작된다.

사실 저자는 행위지법원칙의 부당성에 비추어 이를 제한적으로 적용하고, 행위지법을 적용하는 것이 부당한 때에는, 섭외사법의 해석론으로서도 당해 계약과 '가장 밀접한 관련' 또는 '가장 중요한 관계'가 있는 국가의 법을 준거법으로 보아야 할 것이라는 견해를 피력한 바 있다.[65] 독일에서 유력하였던 객관설에 따라 가정적 의사를 이해하면 이는 객관적 연결로 보는 것이 옳다.[66] 그러나 다음의 이유로 대상판결을 그렇게 선해하기는 어렵다.

첫째, 대상판결은 객관적 연결을 정한 섭외사법 제9조 단서를 언급하지 않았다. 만일 대상판결이 가정적 당사자의사에 의한 준거법을 객관적 준거법

64) 김지형(註 11), 247면은 그런 견해가 있다고 하고 출전을 명시하는 않으나, 아마도 그 다음 주에 인용된 米津孝司(註 60), 180면 각주 35에 인용된 本多淳亮, 判例評論 185號, 26면과 判例時報 740號, 140면; 井上修一, 判例研究·季刊勞法 92號(1974), 116면의 논문이 아닐까 짐작된다. 가정적 의사의 탐구를 '객관적·합리적 의사'의 탐구라고 표현하기도 하는데, 일본에서는 당사자가 현실적으로 가지는 묵시의 의사와 계약을 둘러싼 제사정으로부터 합리적으로 추정되는 의사의 구별은 이론상 가능하더라도 법례 제7조의 해석상 전자의 탐구만이 허용되고 후자의 탐구는 허용되지 않는다는 견해가 강하다고 설명하기도 한다. 佐藤やよひ(註 49), 160면.

65) 참고로 일본 법례 하의 실무에서는 묵시의 의사의 탐구라고 하여 현실로는 존재하지 않는 당사자의 가정적 의사까지를 탐구하고, 그 결과 준거법에 관한 예측가능성을 잃어, 준거법이 불명확하게 되고 있다는 비판이 있었는데, 2007년 1월부터 시행된 법례의 개정에서 당사자에 의한 준거법선택이 없는 경우에 가정적 의사는 묵시의 의사로는 되지 않는 것을 확인한 후에, 법적용에 관한 통칙법 제7조에서는 특히 제한을 하지 않고, 제8조에 의한 객관적 연결을 명확히 하게 되었다는 설명은 흥미롭다. 김문숙, "일본의 법례개정과 남겨진 과제," 국제사법연구 제12호(2006), 476-477면.

66) MünchKommBGB/Martiny, Band 7, Auflage 2 (1983) vor Art. 12 Rn. 34도 가정적 의사를 개관적 연결의 문제로 설명한다.

이라고 보았다면[67] 섭외사법의 명문 규정에 반하여 가정적 의사를 도입하는 이유와 그 법적 근거를 명확히 하였어야 한다. 사실 1986년 개정 전 독일의 민법시행법(EGBGB)은 계약의 준거법에 관한 규정을 두지 않았으나 학설·판례는 당사자자치의 원칙을 인정하였고, 준거법의 명시적 또는 묵시적 지정이 없는 경우 가정적 의사를 객관적 연결의 연결점으로 인정하였는데,[68] 우리 섭외사법의 해석상 가정적 당사자의사에 국제계약의 준거법을 정할 수 있는지에 관하여 견해가 나뉘었다. 즉 가정적 의사의 개념을 도입하는 견해[69]가 있었으나, 그에 대하여는 그렇게 할 경우 당사자의 의사의 추정적 정형을 규정한 섭외사법 제9조 단서 이외의 당사자의 의사를 가정한다는 것이 되어 해석론의 범위를 넘는다는 비판이 있었다.[70] 물론 저자의 견해에 대하여도 해석론의 범위를 넘는다는 비판이 가능하나, 그에 대하여 저자는 섭외사법 제9조 단서의 부당성에 비추어, 그리고 준거법은 가장 밀접한 관련을 가진 국가의 법이어야 한다는 섭외사법의 대전제에 비추어 그러한 해석을 수긍할 수 있다는 견해를 피력하였고, 특히 위에서 언급한 카타르 사건 판결에서 보는 바와 같이 섭외사법을 해석, 운용함에 있어 보다 적극적인 자세가 요청된다고 함으로써 이를 합리화하고자 노력하였다.[71] 대상판결이 가정적 당사자의사를 도입하는 이유와 그 근거를 제시하지 않은 점은 유감이다.

둘째, 이 사건에서 행위지, 즉 계약체결지는 일본이므로 행위지법을 적용하더라도 대상판결의 결론처럼 일본법이 이 사건 약정의 준거법이 되므로 행위지법원칙이 특별히 부당한 결론에 이르는 것은 아니다. 즉 이 사건 약정의 경우 섭외사법의 문언에 충실하게 행위지법원칙에 따르는 것이 특별히 부당한 결론에 이르는 것도 아니었는데 대상판결이 굳이 가정적 당사자의사를 원용한 것은 이해하기 어렵다.

(4) 정 리

우선 대상판결이 가정적 의사에 의한 연결이 주관적 연결인지, 아니면

---

67) 독일의 민법시행법(EGBGB)은 1986. 9. 1. 발효된 '국제사법의 새로운 규율을 위한 법률'(Gesetz zur Neuregelung des Internationalen Privatrechts)에 의하여 개정되었는데 그에 의하여 신설된 계약의 준거법에 관한 제27조 이하는 로마협약을 국내법화한 것이다.

68) Reithmann/Martiny/Martiny(註 55), Rz. 155.

69) 이호정(註 7), 284면.

70) 김용담, "국제계약의 준거법과 강행법규," 섭외사건의 제문제(상) 재판자료 제33집(1986), 10-11면.

71) 석광현, 국제사법과 국제소송 제1권(2001), 172면.

객관적 연결인지를 명확히 설시하지 않은 점은 유감이다. 또한 대상판결이 국제사법이 개정된 뒤에 비로소 가정적 당사자의사에 기한 준거법결정, 그것도 주관설에 따른 듯한 가정적 당사자의사를 도입한 2004년 판결을 답습한 것도 유감이다. 더욱이 위에 소개한 대법원판결에서 보듯이 과거 묵시적 지정에 기한 준거법을 탐구하지 않고 곧바로 행위지법을 적용하는 경향을 보여왔던 대법원이 개정 국제사법 시행 후에 이르러, 그것도 별로 실익도 없는 것으로 보이는 사안에서 섭외사법의 해석론으로서 가정적 의사를 도입하는 이유가 무엇인지 궁금하다.

(5) 가정적 당사자자치에 대한 추가적 비판

그 밖에도 가정적 당사자의사에 대하여는 다음과 같은 비판을 할 수 있다.[72] 첫째, 가정적 당사자의사는 마치 법관이 심리학적 추론에 의하여 추정적 계약내용을 회고적으로 탐구하여야 한다는 인상을 불러일으키므로 부적절하다. 둘째, 이를 진지하게 받아들일 경우 법관으로 하여금 계약체결에 있어 틀림없이 자신에게 유리한 규정을 관철시킬 수 있었을 경제적으로 우월한 당사자와 같은 편으로 만들 것이다. 셋째, 이에 의하면, 해석을 요하는 계약에 기초하여 당사자 사이에서 지금 무엇이 법이어야 하는가를 판단함에 있어서 계약체결 이후 발생한 사정과 발전을 고려하는 것은 애초 허용하지 않는다. 그러나 그런 제한은 중대하게 부당한 결과를 초래할 수 있다.

4. 국제계약의 준거법의 사후적 변경

가. 섭외사법상 국제계약의 준거법의 사후적 변경

섭외사법은 개정 국제사법(제25조 제3항)처럼 명시하지는 않지만 섭외사법의 해석론으로서도 당사자들은 명시적 지정 또는 묵시적 지정에 의하여 결정된 국제계약의 준거법을 사후적으로 변경할 수 있다는 견해가 유력하였다.[73] 준거법 변경의 합의는 언제든지 가능하지만 합의의 존재 여부는 사실심의 변론종결 시를 기준으로 판단할 사항이다.

참고로 독일의 확립된 판례[74]는 소송중 당사자의 태도, 특히 당사자들이

72) 이는 민법의 맥락에서 가정적 당사자의사에 대한 비판이나(콘라트 츠바이게르트 외(양창수 역), 比較私法制度論(1991), 164면 참조) 국제사법의 맥락에서도 타당하다고 본다.

73) 이호정(註 7), 283면.

74) 예컨대 BGH 17. 4. 1981 BGHZ 80, 199 및 MünchKommBGB/Martiny, Band 10, 4.

공히 특정한 법질서를 원용하여 소송을 수행하는 경우 묵시적 지정을 인정하나, 스위스와 오스트리아의 연방대법원은 그것만으로는 부족하고 그에 추가하여 당사자들이 준거법을 인식하면서 특정 법질서에 복종하려는 의사를 표시하는 객관적 사정을 요구함으로써 좀더 엄격한 태도를 취한다고 한다.[75] 독일의 학설은 나뉘는데, 일부는 소송중 당사자의 태도로부터 법률행위적인 준거법의 지정을 인정하나, 일부는 엄격한 요건을 요구함으로써 이를 부정하고, 다른 일부는 소송상의 효력만을 인정한다.

나. 대상판결의 태도

위에서 본 바와 같이 대상판결은 판결이유 중에서 "… 근로계약에 포함된 준거법 이외의 다른 의사표시의 내용이나 소송행위를 통하여 나타난 당사자의 태도 등을 기초로 당사자의 묵시적 의사를 추정하여야 하고"라고 설시하였는데(밑줄은 저자가 추가함), 여기에서 소송행위를 통하여 나타난 당사자의 태도라 함은 묵시적 지정을 인정하기 위한 판단자료를 언급한 것일 뿐이지 준거법의 사후적 변경을 염두에 둔 것은 아니다. 대상판결은 이 사건 약정의 준거법의 사후적 변경은 전혀 고려하지 않았던 것으로 보인다.

다. 대상판결에 대한 평가

대상판결이 준거법의 사후적 변경을 고려하지 않고 이 사건 약정의 준거법이 일본법이라고 판단한 점은 비판할 여지가 있다. 즉 이 사건에서 당사자들은 제1심법원과 원심법원의 소송과정을 통하여 준거법을 전혀 다투지 않았는데, 그렇다면 위에서 언급한 것처럼 우선 대상판결이 설시한 바와 같이 소송행위를 통하여 나타난 당사자의 태도를 기초로 이 사건 약정의 준거법을 처음부터 묵시적으로 한국법으로 지정하였다거나,[76] 아니면 적어도 대상판결이 말하는 바의 가정적 당사자의사가 있었다고 볼 여지가 있고,[77] 더 나아가

Auflage (2006), Art. 27 Rn. 53 Fn. 217에 인용된 판결들 참조.

75) Vischer/Huber/Oser(註 39), Rz. 179ff. 참조. 스위스 대법원판결은 BGE 119 Ⅱ 174, 175ff., 오스트리아 대법원재판은 28. 6. 1989-3 Ob 544.89 = IPRax (1991), 123 참조. 프랑스와 영국에서는 이는 절차의 문제로 인식되고 있다고 한다. Vischer/Huber/Oser(註 39), Rz. 184.

76) 물론 이는 계약언어 등 제반사정을 고려해야 할 것이다. 어쨌거나 만일 이 사건 약정의 준거법이 한국법이라면 노무제공지법인 일본법이 어느 범위 내에서 강행적으로 적용되는지를 검토할 필요가 있었을 것이다.

그렇지 않고 가사 당사자들이 이 약정 체결 당시 일본법을 준거법으로 지정하였더라도 소송행위를 통하여 나타난 당사자의 태도를 기초로 볼 때 준거법을 사후적으로 한국법으로 변경한 것으로 볼 여지가 있었다고 생각된다.

대상판결은 준거법의 사후적 변경가능성에 대하여 전혀 판단하지 않았는데, 그것이 그러한 당사자들의 태도로부터 사후적 변경을 도출하기는 부족하다고 본 것인지(예컨대 스위스나 오스트리아 대법원처럼), 아니면 이 문제를 의식하지 못한 것인지, 아니면 당사자들이 하급심(특히 제1심)에서는 이 사건 약정의 효력이 아니라, 피고들이 채무를 변제했는지라는 사실문제를 주로 다투었기 때문인지는 분명하지 않다. 어쨌든 대상판결이 이 점을 거론하지 않은 점은 유감인데, 대상판결이 장래 우리 법원이 국제계약의 준거법의 사후적 변경을 제약하는 선례로 원용되지 않기를 희망한다.

대상판결을 고려한다면, 사실심으로서는 당사자 간에 한국법이 적용되는데 관하여 다툼이 없다는 이유로 그냥 소송을 진행할 것이 아니라, 준거법이 한국법이라는 점에 관하여 당사자 간에 다툼이 없음을 조서에 정리함으로써 당사자의 합의가 있었음을 명확히 해두는 편이 좋을 것이다.

5. 그 밖의 논점

그 밖의 몇 가지 논점을 지적하면 다음과 같다.

대상판결은 "원고와 피고 Y1 사이에 체결된 근로계약의 '효력'에 관한 준거법은 일본 법률로 봄이 상당하다"고 판시하였다. 그러나 엄밀히 말하면 이 사건에서는 이 사건 약정이 강행법규인 일본의 노동기준법에 위반하여 효력이 있는지, 즉 그 '유효성'이 문제된 것이므로 대상판결처럼 설시하는 것보다는, 원고와 피고 Y1 사이에 체결된 근로계약의 '유효성' 또는 '효력의 유무'에 관한 준거법은 일본 법률로 봄이 상당하다고 판시하는 것이 적절하다고 생각된다.

또한 아래에서 보듯이, 일본의 노동기준법과 우리 근로기준법의 관련 조항이 유사하므로 이 사건 약정의 준거법이 일본법이든 한국법이든 결론이 같았을 것으로 짐작되는데, 대상판결이 굳이 준거법의 쟁점을 판단한 것은 다

77) 실제로 독일에는 당사자의 소송상의 행태로부터 묵시적 지정을 인정한 판결들이 많이 있고, 가정적 의사를 인정한 판결도 있다. Reithmann/Martiny/Martiny(註 55), Rz. 92.

소 의외이다. 물론 외국적 요소가 있는 법률관계에서는 법원이 직권으로 준거법을 결정하고 그 준거법을 적용하여 사건을 해결해야 한다는 국제사법의 법리에 따르면 이는 타당하므로 이를 비난하는 것은 아니다. 아마도 대법원으로서는 원심판결을 파기환송하는 기회에 이 사건 약정의 준거법에 관한 판단을 한 것이 아닌가 짐작되지만, 일본법에 의하든 한국법에 의하든 이 사건 약정 중 손해배상액의 예정에 관한 합의가 무효가 된다면 굳이 준거법을 명시하지 않을 수도 있기 때문이다.

또한 대상판결은 일본의 노동기준법 제16조를 인용하고 이어서 이 사건 약정은 그에 반하여 무효라고 판단하였으나, 그러한 결론을 정당화하기 위하여 일본의 지도적 판결을 인용하거나, 아니면 적어도 일본에서는 그렇게 해석되고 있다고 설시할 필요가 있었다. 대법원이 여러 차례 밝힌 바와 같이,[78] 섭외적 사건에 관하여 적용될 외국법규의 내용을 확정하고 그 의미를 해석함에 있어서는 그 외국법이 그 본국에서 현실로 해석, 적용되고 있는 의미, 내용대로 하여야 하기 때문이다.

6. 개정 국제사법의 해석론

위 관련되는 곳에서 언급하였으나, 이 사건의 쟁점에 관하여 개정 국제사법에 따른 해석론을 간단히 정리하면 다음과 같다.

첫째, 국제계약의 준거법의 묵시적 지정은 여전히 허용되나 이는 계약내용 그 밖에 모든 사정으로부터 합리적으로 인정될 수 있는 경우로 제한된다(제25조 제1항 단서). 둘째, 가정적 당사자의사에 기한 준거법의 결정은 허용되지 않는다. 즉 국제사법상 묵시적 지정은 위와 같이 제한되고, 국제계약의 객관적 준거법은 그 계약과 가장 밀접한 관련이 있는 국가의 법이기 때문이다.[79] 셋째, 개정 국제사법(제25조 제3항)은 로마협약을 따라 당사자들

78) 대법원 1991. 2. 22. 선고 90다카19470 판결; 대법원 2000. 6. 9. 선고 98다35037 판결.

79) 로마협약을 받아들인 독일의 해석론도 같다. Reithmann/Martiny/Martiny(註 36), Rz. 204. 최흥섭(註 35), 189면은 가정적 의사에 기한 묵시적인 선택은 본래 법원이나 학설이 적용하기를 바랬던 준거법을 지정하는 의제적인 수단이므로 준거법 결정규칙이 어느 정도 정교하게 마련된 국가에서는 이는 더 이상 허용되지 않는다고 한다. Kegel/Schurig(註 7), S. 660도 가정적 당사자의사는 로마협약을 받아들이기 전까지 타당했다고 하고, 다만 이는 가장 밀접한 관련이 있는 법을 적용하라는 것과 다를 바 없다고 한다. 다만 사견과 달리 대상판결처럼 가정적 의사를 주관설에 따라 이해한다면, 개정 국제사법상 가정적 의

이 명시적 지정 또는 묵시적 지정에 의하여 결정된 계약의 준거법을 사후적으로 변경할 수 있음을 명시한다. 이는 당사자의 이익을 존중하기 위한 것인데, 사후적 변경은 당사자의 의사에 따라 소급효를 가질 수도 있고 그렇지 않을 수도 있는데, 일반적으로 계약체결 시로 소급하여 효력을 가진다고 봄이 당사자의 의사와 합치할 것이다.[80] 스위스 국제사법(제116조 제3항)은 준거법의 변경은 소급효가 있음을 명시한다. 그러나 소급효를 가지는 경우에도 이는 계약의 방식의 유효성과 제3자의 권리에 영향을 미치지 않는다(개정 국제사법 제25조 제3항). 그 결과 방식의 유효성은 계약 체결 시를 기준으로 판단되는 결과가 된다.[81]

Ⅳ. 국제근로계약의 특수성—국제계약의 연결원칙의 적용 여부

위에서는 국제계약, 즉 국제채권계약의 연결원칙이 근로계약에도 타당함을 전제로 논의하였는데, 여기에는 그러한 전제가 타당한가를 살펴본다.

1. 채권계약의 연결원칙의 적용 여부—섭외사법의 해석론

섭외사법은 근로계약의 준거법에 관하여 별도의 규정을 두고 있지 않았다. 외국적 요소가 있는 근로계약의 유형은 다양하나,[82] 과거 문제가 되었던 것은 우리 기업들의 중동 진출을 계기로 흔히 제기되었던 사안이다. 즉 우리 기업이 중동에서 노무에 종사하게 하기 위해 한국인 근로자들과 한국에서 근로계약을 체결한 사안을 둘러싸고 많은 논란이 있었다. 종래 국제근로계약의 준거법에 관하여는 ① 근로관련법규의 강행성을 고려하여 근로계약에 대하여

사에 의한 지정이 불가능하다고 볼지는 의문이다. 또한 가정적 의사에 의한 보충적 해석을 '계약과 법의 중간단계'라고 본다면 개정 국제사법 하에서도 가정적 의사에 의한 지정이 여전히 가능하다는 견해가 주장될 수 있을지도 모르겠다.

80) Reithmann/Martiny/Martiny(註 36), Rz. 130.

81) 문면상으로는 그렇게 보이지만, 독일에서는 신 준거법에 의하여 구 준거법 하에서와 달리 방식상 유효하게 되는 경우에는 방식의 유효성을 긍정할 것이라는 견해가 유력하다. Reithmann/Martiny/Martiny(註 36), Rz. 132.

82) 다양한 유형은 석광현, "국제근로계약과 근로자 보호—개정 국제사법을 중심으로—," 노동법학(한국노동법학회지) 제13호(2001), 10면; 김지형(註 11), 236면 참조.

는 당사자자치의 원칙이 적용되지 아니한다는 견해와 ② 근로계약도 채권계약이므로 기본적으로는 당사자자치의 원칙에 의할 것이라는 견해가 있었다.[83] 그 중에서 ②가 유력했던 것으로 보이는데 그러한 입장을 취하면서도, 노동관계에 관한 공법적 규제는 노무제공지의 법에 의해 규제된다거나,[84] 노동법은 일국의 경제정책적 또는 사회정책적 요청에 기하여 토착적 성격을 띠고 그 나라의 행정기구와 밀접하게 관련되어 있기 때문에 노무의 급부지가 내국인 경우에는 언제나 필수적으로 적용된다는 견해[85]가 유력하였던 것으로 보인다. 이런 유력설에 의하면, 당사자가 국제근로계약의 준거법을 외국법으로 지정한 경우에도 노무제공지가 한국이라면, 전자에 따를 경우 우리의 근로기준법과 노동조합법은—그것이 공법적 규제라면—적용되고, 후자에 따를 경우 공법적 규제인가의 여부에 관계없이 항상 적용된다. 그러나, 이러한 견해는 아래에서 보는 1970년 대법원판결과 양립하지 않는 점에서 어려움이 있었다.

요컨대 섭외사법상 근로계약의 준거법 결정은, 첫째, 근로계약도 국제계약이므로 국제계약의 연결원칙에 따라야 할 것이라는 점, 둘째, 근로자의 보호라고 하는 실질법(특히 노무제공지의 실질법)적 가치를 저촉법적으로도 담아낼 필요가 있는 점과 셋째, 근로기준법 등 노동법에는 공법적 성질을 가지거나 강행적으로 적용되어야 할 조항들이 있다는 점을 모두 고려하여 결정할 필요가 있었는데, 이러한 세 가지 고려사항을 모순 없이 수용할 수 있는 원칙의 정립이 쉽지 않았다.

---

83) 김문환, "해외 한국인근로자의 국제사법상 문제," 국제사법연구 창간호(1995), 58면.

84) 이호정(註 7), 287면.

85) 신창선, 국제사법 수정판(1999), 320-321면. 노무제공지의 법이 강행적으로 적용되는 근거를 과거 일본에서는 공법의 속지적 적용설, 특별연결설, 섭외실질법설과 절대적 강행법규설등에 의하여 설명하였다고 한다. 陳一, "內國の勞動法の適用," 國際私法判例百選(2007), 28면. 일본 판례의 소개는 최공웅(註 10), 445면 이하, 일본 법례의 해석론은 米津孝司(註 61), 183면 이하; 尾崎正利, "雇傭契約," 別冊ジュリスト No. 133, 涉外判例百選[第3版](1995), 80-81면; 山川隆一, 國際勞働關係の法理(1999), 135면 이하 참조. 그러나 일본의 법적용에 관한 통칙법(제12조)은 노동자를 보호하기 위한 특칙을 신설하였다. 즉 당사자자치를 허용하면서도 노동자가 객관적 준거법 중 특정의 강행규정을 적용하여야 하는 취지의 의사를 사용자에 대해서 표시한 때는 그 강행규정도 적용하도록 하고, 당사자의 지정이 없는 경우, 노무제공지의 법이 가장 밀접한 관련이 있는 법으로 추정한다.

2. 근로계약의 준거법에 관한 몇 개의 선례

단적으로 말하자면, 대상판결의 태도는 종래 섭외사법 하에서 가장 활발히 논의되었던 유형의 근로계약에서 대법원이 내린 판단과는 차이가 있다. 즉 위에서 본 것처럼 대법원 1970. 5. 26. 선고 70다523, 524 판결은, 공영건업주식회사가 국내에서 1년간 월남에서 취업시킬 기술자를 모집하여 고용계약을 체결하여 월남에서 취업시키다가 작업량이 줄었음을 이유로 중간에 해고하자, 근로자들이 근로기준법 제38조에 의해 고용약정기한까지의 휴업수당 지급을 청구한 사건에서

> "… 근로기준법은 대한민국의 국민 간에서의 고용계약에 의한 근로인 이상 그 취업장소가 국내이거나 국외임을 가리지 않고 적용될 성질의 법률"이라고 하여

근로기준법이 적용된다고 판시하였다. 그 결과 그러한 근로계약에 대하여도 근로기준법이 적용된다는 결론이 확립되었는데, 이에 대해 "근로기준법이 강행법규로서 우리 국민 간에 있어서는 속인적으로 적용된다는 의미에서 강행법규가 적용되는 섭외적 생활관계의 속인주의를 선언한 획기적인 판례이고, 위 판결은 근로기준법의 강행성을 고려하여 섭외사법의 대상에서 제외하는 판례이론을 수립하였다는 평가가 있었다.[86] 그러나 위 판결에도 불구하고 위와 같은 사안을 섭외적 생활관계로 파악하여 섭외사법의 적용을 긍정하는 하급심 판결들이 그 후에도 속출하였다.[87]

이미 지적한 바와 같이, 공영건업사건 판결에 대하여는 그 결론의 당부에 대하여도 논란의 여지가 있을 수 있고, 결론에 찬성하더라도 판결이 속인주의를 논거로 하는 것은 부당하고, 법원으로서는 우선 당해 근로계약의 준거법을 판단하고 우리법이 준거법이라면 근로기준법은 준거법의 일부로서 적용된다고 보거나,[88] 아니면 근로기준법은 준거법에 관계없이 별도의 연결원

---

86) 최공웅(註 10), 440면, 443면. 그러나, 위 대법원판결이 있기 전인 1968. 5. 4. 법무부 질의회답(법무 810-7975)은 속지주의를 근거로 해외사업장에는 근로기준법이 적용되지 않는다는 견해를 피력하였다.

87) 예컨대 서울민사지방법원 1970. 6. 9. 선고 68가 11571 판결; 서울고등법원 1973. 6. 29. 선고 72나1004 판결; 서울민사지방법원 1970. 12. 2. 선고 68가8679 판결 등. 위 하급심판결들의 소개는 최공웅(註 10), 440면 이하 참조.

88) 김문환(註 83), 59면은 이러한 견해를 취한다. 다만 김문환 교수는 한국법이 준거법으로

칙에 의하여 적용된다는 이론구성을 했어야 할 것이라는 비판이 있었다.[89] 속인주의는 결론을 정당화하기 위해 동원된 논리적인 도구이지 합리적인 근거가 없었다.

어쨌든 섭외사법 하에서는 위와 같은 유형에 속하는 한국인 간에 체결된 근로계약의 경우 결론은 명확히 되었으나, 국제근로계약의 준거법 전반에 관하여 설득력을 가지는 체계적인 설명은 없었던 것으로 보인다.

3. 대상판결의 태도와 그에 대한 평가

위에서 본 바와 같이 대상판결은, 한국인 간에 일본에서 체결된 근로계약의 내용이 된 이 사건 약정의 유무효가 다투어지는 사건에서, 당시 시행중이던 섭외사법 제9조를 적용하여 준거법에 관한 명시적 정함이 없고 묵시적 지정도 없음을 확인한 뒤, 근로계약에 관한 여러 가지 객관적 사정을 종합하여 가정적 당사자의사에 의하여 근로계약의 준거법을 일본법이라고 보고 일본의 노동기준법을 적용하였다. 즉 대상판결은 섭외사법의 해석상 근로계약에 대하여도 통상의 국제계약에 적용되는 섭외사법 제9조의 연결원칙이 적용됨을 명확히 하였다.

대상판결은 대법원의 1970년 공영건업사건 판결에 비하면 진일보한 것이다. 물론 한국인 간에 일본에서 체결한 근로계약의 준거법과, 월남에서 취업시키기 위하여 한국 회사가 한국 기술자와 한국에서 고용계약을 체결한 사안의 준거법결정을 동일하게 볼 수는 없지만, 적어도 대상판결은 "근로기준법은 강행법규로서 우리 국민 간에 있어서는 속인적으로 적용된다"거나, "근로기준법은 강행성에 비추어 섭외사법의 대상에서 제외된다"는 법리를 배척한 것으로 볼 수 있고 그 점에서 커다란 의미가 있다. 즉 대상판결은 근로계약의 내용을 이루는 이 사건 약정의 준거법을 결정함에 있어서 근로계약이 섭외사법의 적용대상이 된다는 것을 전제로 하면서 통상의 국제계약의 연결원칙을 적용하였고,[90] 그 경우 우리 근로기준법에 상응하는 일본의 노동기준

되더라도 한국의 근로기준법 중 공법규정은 원칙적으로 적용되지 않고 노동지인 월남의 근로기준법의 공법규정이 적용된다고 한다. 후자의 점은 이호정(註 7), 287면도 동지로 보인다.

89) 석광현, "국제계약법," 국제사법연구 제4호(1999), 325면.

90) 이 점에서도 대상판결은 2004년 판결을 따른 것이다. 2004년 판결은 근로계약도 당사자

법은 준거법의 일부로서 적용된다고 본 것이다. 문제된 일본의 노동기준법 第16조는 성질상 국내적 강행규정의 성질을 가지는 조문으로 보이고, 노무제공지도 일본이므로 국제계약의 연결원칙을 근로계약에 적용하여 이 사건 약정의 준거법을 일본법이라고 본 대상판결의 판단은 타당하다. 다만 1970년 판결과 달리 설시한 이유를 제시하지 않은 점은 아쉽다. 물론 위에서 본 준거법의 사후적 변경에 관한 논점은 별개의 문제이다.

4. 개정 국제사법의 해석론[91)]

개정 국제사법(제28조)은 사회·경제적 약자인 근로자를 보호하기 위한 국제사법적 차원의 조치로서 국제근로계약의 경우 당사자자치의 원칙을 제한하고, 객관적 준거법의 결정에 관하여도 일반원칙을 수정하였다.[92)] 즉 근로계약의 경우에도 당사자는 제25조의 원칙에 따라 준거법을 자유로이 선택할 수 있으나 당사자의 준거법 선택은, 당사자가 준거법을 선택하지 않은 경우에 적용될 '객관적 준거법의 강행법규'가 근로자에게 부여하는 보호를 박탈할 수 없다(제1항).[93)] 여기에서 말하는 객관적 준거법의 강행법규는 당사자의

자치의 원칙이 적용되는 채권계약이라는 점과, 섭외사법 하에서 근로계약의 '성립'의 준거법도 당사자자치의 원칙에 의한다는 점을 분명히 하였다. 참고로 이 문제를 정면으로 다룬 것은 아니지만, 대리의 준거법에 관한 설시 중에서 대법원 1987. 3. 24. 선고 86다카715 판결은 "… 표현대리나 무권대리의 추인에 관한 문제는 협약이 유효하게 성립된 것을 전제로 비로소 적용될 수 있는 협약 내용의 해석이나 시행에 관한 문제가 아니므로 협약의 효력을 다투는 이 사건에 있어 그 계약의 약정에 따라 캘리포니아주법을 적용한다고 한 이유설명은 잘못이라 하겠으나"라고 판시한 바 있다. 상세는 석광현(註 58), 437면 이하 참조.

91) 상세는 석광현(註 8), 253면 이하; 석광현(註 82), 9면 이하; 김지형(註 11), 254면 이하 참조.

92) 조문은 아래와 같다.
"제28조(근로계약) ① 근로계약의 경우에 당사자가 준거법을 선택하더라도 제2항의 규정에 의하여 지정되는 준거법 소속 국가의 강행규정에 의하여 근로자에게 부여되는 보호를 박탈할 수 없다.
② 당사자가 준거법을 선택하지 아니한 경우에 근로계약은 제26조의 규정에 불구하고 근로자가 일상적으로 노무를 제공하는 국가의 법에 의하며, 근로자가 일상적으로 어느 한 국가 안에서 노무를 제공하지 아니하는 경우에는 사용자가 근로자를 고용한 영업소가 있는 국가의 법에 의한다."
제28조는 로마협약 제6조를 받아들인 것이다. 로마협약은 로마 I 규정으로 법형식이 변경되어 2009. 12. 17.부터 발효되었는데(영국과 덴마크는 제외), 로마협약 제6조는 로마 I 규정 제8조가 되었고 체제상의 변경은 있지만 큰 원칙은 유지되고 있다.

93) 스위스 국제사법(제121조 제3항)은, 근로계약의 경우 준거법의 선택을 인정하되, 당사자

합의에 의하여 적용을 배제할 수 없는 국내적 강행법규이지만, 국제사법상 특별하게 취급되므로 강행성의 정도가 아니라 국제사법의 취급에 착안하여 이를 '보호적 강행법규'라고 하여 구별하기도 한다.[94] 한편 당사자가 준거법을 선택하지 않은 경우에는, 근로자가 계약의 이행으로 일상적으로 그의 노무를 제공하는 국가의 법, 또는 근로자가 노무를 일상적으로 어느 하나의 국가 내에서 제공하고 있지 아니한 경우에는 근로자를 고용한 영업소가 소재하는 국가의 법이 준거법이 된다(제2항). 이는 근로계약의 연결에 있어서 근로지(*locus laboris*)와 사용자의 영업소를 중시하는 태도이다.

개정 국제사법은 근로계약의 성립 및 효력에 관하여 국제계약 일반에 적용되는 연결원칙을 적용하면서도 근로자를 보호하기 위한 장치를 두는 점에 특색이 있는데, 이를 적용과정에 따라 정리하면 다음과 같다.

① 국제사법(제28조)에 따라 근로계약의 주관적 준거법 또는 객관적 준거법을 결정한다.

근로계약의 경우도 당사자자치가 허용된다. 어느 경우든 준거법 소속국의 노동법규(국내적 강행법규 또는 보호적 강행법규)는 준거법의 일부로서 적용된다.[95] 준거법 소속국의 법 중 공법적 성질을 가지는 법도 공법이라는 이유만으로 적용이 배제되지는 않는다(제6조).[96] 다만, 주관적 준거법의 적용은 '有利의 원칙'(Günstigkeitsprinzip)에 의해 제한될 수 있다(제28조 제1항). 즉, 당사자자치에 의하여 주관적 준거법이 지정된 경우 만일 그것이 객관적 준거법과 상이하다면, 객관적 준거법의 강행법규가 부여하는 최소한의 보호가 관철된다.

② 주관적 준거법과 객관적 준거법에도 불구하고, 당해 사안에 적용될 법정지의 국제적 강행법규가 있다면 이는 적용된다(제7조). 여기에서 개정 국제사법 제28조와 제7조가 모두 적용될 수 있는 것으로 보이는 사안, 예컨대 주관적 준거법이 외국법인데, 한국법이 노무제공지법으로서 객관적 준거

는 근로자의 상거소 소재지 또는 사용자의 영업소, 주소 또는 상거소 소재지의 법을 준거법으로 선택할 수 있다고 하여 준거법으로 될 수 있는 법의 범위를 제한한다.

94) Ulrich Magnus/Peter Mankowski, "The Green Paper on a Future Rome I Regulation—on the Road to a Renewed European Private International Law of Contracts," ZVglRWiss 103 (2004), S. 173도 이를 별도로 취급한다.

95) 다만 그 중에서 국제적 강행법규는 특별연결이론에 의해 적용된다는 견해도 가능하다.

96) 김문환(註 83), 59면은 근로기준법 중 공법적 성질을 가지는 규정은 그 이유만으로 적용을 배제하나 이는 개정 국제사법 하에서는 타당하지 않다.

법이고 한국이 법정지인 경우, 한국의 보호적(또는 국내적) 강행법규는 제28조에 의하여 보호가 부여되고 국제적 강행법규는 제7조에 의하여 적용된다. 여기에서 제28조(또는 그에 따른 보호적 강행법규)와 제7조(또는 그에 따른 국제적 강행법규)의 관계가 문제되는데, 앞으로는 양자에 속하는 강행법규를 특정하고 양자의 관계를 명확히 하도록 노력할 필요가 있다. 종래 독일에서는 당해 규범이 초개인적인 공적인(국가적・경제정책적인) 이익에 봉사하는 것이라면 국제적 강행법규인 데 반하여, 주로 계약관계에 관여하는 당사자들 간의 대립하는 이익의 조정에 봉사하는 것이라면 국내적 강행법규라고 구별하는 견해가 유력하였으나 이러한 구분은 유럽법원의 2000. 11. 9. 'Ingmar 사건 판결'에 의하여 동요하였다.[97)][98)]

③ 주관적 준거법 또는 객관적 준거법을 적용한 결과가 우리나라의 공서에 반하는 경우 그 적용이 배제된다(제10조).

요컨대 개정 국제사법은 위에서 언급한 근로계약의 연결원칙의 세 가지 측면, 즉 첫째, 근로계약도 국제계약이므로 후자의 연결원칙에 따른다고 하면서도, 둘째, 근로자의 보호라고 하는 실질법(특히 노무제공지의 실질법)적 가

97) 상세는 석광현, 국제사법과 국제소송 제4권(2007), 19면 이하 참조. 흥미로운 것은 서울고등법원 2007. 10. 12. 선고 2007나16900 판결(확정됨)이다. 동 판결은 약관의 규제에 관한 법률의 국제적 강행규정성을 부정하였는데, 동 판결은 외국법이 준거법인 경우에도 적용하여야 할 우리 법의 강행규정이란, 국제사법 제7조 자체에서 규정하고 있는 바와 같이 그 입법목적을 고려하여야 하고, 이는 그 법규정을 적용하지 않으면 우리의 법체계와 사회질서 및 거래안전 등에 비추어 현저하게 불합리한 결과가 야기될 가능성이 있어 이를 강제적으로 적용하는 것이 필요한 경우이거나, 법규정 자체에서 준거법과 관계없이 적용됨을 명시하고 있거나 혹은 자신의 국제적 또는 영토적 적용범위를 스스로 규율하고 있는 경우 등을 의미한다고 설시함으로써 국제적 강행법규의 개념 내지는 기준을 제시하였다. 독일법상 국제적 강행법규에 해당하는 노동법규에 관한 논의는 우선 Carsten Müller, International zwingende Normen des deutschen Arbeitsrechts (2005), S. 265ff. 참조. 우리 법상 남녀고용평등법이 이에 해당할 것이다. 영국에는 로마협약 제6조(우리 국제사법 제28조에 상응)는 근로자를 보호하기 위한 강행규정에만 적용되고, 사용자를 보호하기 위한 것과 공익(general public interest)을 위한 강행규정에는 적용되지 않는다고 하고, 후 2자는 로마협약 제7조(우리 국제사법 제7조에 상응)에 의하여 적용될 수 있다는 견해도 있다. Peter Stone, EU Private International Law (2006), p. 321. 독일의 최근 논의는 Gunnar Straube, "Das Bundesarbeitsgericht und Art. 34 EGBGB," IPRax (2007), S. 395ff. 참조.

98) 로마 I 규정 제9조 제1항은 '강행규정'(mandatory rules)이라는 용어 대신 '최우선 강행규정'(overriding mandatory provisions)이라는 용어를 사용하고 이를 "그의 정치적, 사회적, 또는 경제적 조직과 같은 국가의 공익을 보호하기 위하여 그를 존중하는 것이 결정적인 것으로 간주되는 결과, 이 규정상 달리 계약에 적용되는 준거법에 관계없이, 그들의 범위에 속하는 모든 상황에 적용되어야 하는 규정을 말한다"고 정의한다.

치를 저촉법적으로도 담아내고, 셋째, 근로기준법 등 노동법에는 공법적 성질을 가지거나 강행적으로 적용되어야 할 조항들이 있다는 특수성을 모두 반영한 것이라는 점에서 큰 진전을 이룩한 것이지만, 보호적 강행법규와 국제적 강행법규의 구별은 여전히 논란의 여지가 있다.

V. 맺 음 말

대상판결은 한국인 간에 일본에서 체결된 이 사건 약정을 포함하는 근로계약의 준거법에 관하여, 섭외사법의 해석론으로 국제성을 정면으로 인정하고, 섭외사법 제9조를 적용하여 준거법을 일본법이라고 판단한 뒤, 일본의 노동기준법을 적용하여 이 사건 약정이 무효라고 보았다. 이는 과거 대법원이 ① 불법행위에 관한 카타르 사건 판결에서 명백한 섭외사건의 국제성을 부정함으로써 한국법을 적용하였고, ② 1970년 근로계약에 관한 공영건업사건 판결에서 월남에서 노무를 제공하기로 하는 한국인 간의 근로계약에 대해 속인주의를 근거로 근로기준법을 적용함으로써 섭외사법의 적용범위에 관하여 의문을 제기하였던 것과 비교해보면, 비록 사안에 차이가 있음을 감안하더라도 진일보한 것이라는 점에서 저자는 대법원의 태도변화를 환영한다. 그러한 변화의 배경에는 개정 국제사법의 시행이 가져온 긍정적인 영향이 있다고 믿는다. 다만 이처럼 대법원의 태도가 변화한 것이라면 그에 대한 납득할 만한 설명이 필요하지 않을까 생각된다.

하지만 대상판결이 이 사건 약정에서 준거법에 관한 당사자의 묵시적 지정이 있었는지를 충분히 검토하지 않고, 섭외사법의 문언에 충실하게 행위지법원칙에 따르는 것이 특별히 부당한 결론에 이르는 것도 아닌 사건에서, 논란이 있는 가정적 당사자의사에 기하여(그것도 주관설에 입각하여)[99] 준거법을 결정한 것은 부적절하고, 더욱이 당사자들의 소송에서의 태도로부터 추단되는 준거법의 사후적 변경을 전혀 고려하지 않은 점은 유감이다. 저자가 섭외사법 하에서 국제계약의 준거법 결정과 관련하여 대법원에 기대하였던

99) 위에서 본 것처럼 우리나라에서도 '가정적 의사'라는 개념은 종래 섭외사법과 실질법인 민법의 해석론상 사용되었는데, 양자 간의 관련 및 異同에 대한 논의는 없었던 것으로 보인다.

것은, 당사자의 명시적 지정이 없는 경우 일단 묵시적 지정을 탐구하고, 그것도 없는 경우 기계적인 행위지법원칙의 부당성이 드러나는 사건을 골라, 섭외사법의 규정에도 불구하고 가장 밀접한 관련이 있는 법을 국제계약의 준거법이라고 판단하는 것이었다. 그런 목적에서라면 객관설에 입각한 가정적 당사자의사는 받아들일 수 있었을 것이다.

[2] 국제물품매매협약(CISG)과 國際私法

> 前 記
> 이 글은 당초 서울대학교 법학 제50권 제3호(통권 제152호)(2009. 9.), 235면 이하를 다소 수정·보완한 것이다. 특히 입증책임과 입증의 정도에 관한 논의를 추가하였다(Ⅲ.5. 다.). 저자의 국제물품매매계약의 법리(2010) 제3편은 위 논문에 매매계약의 준거법 결정에 관한 우리 국제사법규칙(Ⅴ.)을 추가한 것인데, 여기에서는 그 부분은 삭제하였다.

Ⅰ. 머 리 말

1980년 국제연합에서 채택된 "국제물품매매계약에 관한 협약"(Convention on Contracts for the International Sale of Goods)(이하 "협약"이라 한다)은 2005년 3월 1일부터 우리나라에서도 발효되었다. 그 결과 협약은 우리 법질서의 일부가 되었으므로 협약에의 가입은 우리 사법(私法)의 국제화에 획을 긋는 일대사건이다. 당사자들이 협약의 적용을 배제하지 않으면, 과거와 달리 우리 기업들이 당사자가 되는 국제물품매매계약의 상당 부분은 협약에 의하여 규율된다. 협약은 이미 1988년 중국에서 발효되었고 2009년 8월 일본에서도 발효되었으므로 앞으로 한중일 기업 간에 협약이 적용되는 국제물품매매계약("매매계약")이 급증할 것이다. 협약은 유럽계약법위원회가 작성한 1998년 "유럽계약법원칙"(Principles of European Contract Law)(이하 "유럽계약법원칙"이라 한다)[1]과 사법통일을 위한 국제협회(UNIDROIT)[2]의 국제상사계약원칙(Principles of International Commercial Contracts)(이하 "UNIDROIT 원칙"이라 한다)[3]에도 큰 영향을 미친 결과 이제 협약의 개념과 용어는 국제(매매)계약법의 공용어(*lingua franca*)가 되었다. 근자에는 협약

1) 2003년 Part Ⅲ가 발표되었다.
2) 국제협회 대신 '국제연구소'라고도 부른다.
3) 이는 2004년에 확대개정되었고 2010년에 더 확대 개정되었다.

과 위 양자, 즉 국제계약의 'troika'(3두마차)를 기초로 세계계약법원칙, 나아가 세계계약법(World Contract Law)을 만들자는 제안도 있다. 협약은 국제물품매매계약(이하 단순히 "매매계약"이라 한다)에 관한 저촉규범이 아니라 실질규범의 통일을 목표로 하는 것이다.[4] 협약의 적용과 관련하여 매매계약의 준거법 결정은 아래 세 가지 측면에서 의미가 있다.

첫째, 우선 당사자 중 일방의 영업소가 체약국에 있지 않은 경우 협약의 적용 여부를 결정하기 위하여 준거법을 검토할 필요가 있다. 또한 양 당사자의 영업소가 체약국에 있는 경우 협약이 적용되므로 통상 매매계약의 준거법을 따질 필요는 없으나 당사자들이 비체약국법을 준거법으로 합의하면 협약의 적용은 배제되므로 그런 합의가 있는지를 살펴볼 필요가 있다. 이는 협약의 적용 여부의 맥락에서의 매매계약의 준거법의 문제이다(아래 Ⅱ.).

둘째, 협약이 규율하지 않는 사항을 협약의 '외적 흠결'이라고 부르는데, 이런 사항은 매매계약의 준거법에 의해 규율되므로 준거법을 검토할 필요가 있다. 이는 협약의 외적 흠결의 보충의 맥락에서의 매매계약의 준거법의 문제이다(아래 Ⅲ.). 다만 외적 흠결은 계약에 관한 사항에 한정되지는 않는다.

셋째, 협약에 의하여 규율되는 사항으로서 협약에서 명시적으로 해결되지 아니하는 문제가 있으면 협약의 '내적 흠결'이 있게 되는데, 이런 사항은 협약의 기초를 이루는 일반원칙을 탐구해서 그에 의해 해결해야 하고, 그런 일반원칙을 찾을 수 없는 경우 준거법에 따라 해결해야 한다(협약 제7조). 여러 가지 쟁점에 관하여 그런 일반원칙의 존부를 둘러싸고 논란이 있다. 이는 협약의 내적 흠결의 보충의 맥락에서의 매매계약의 준거법의 문제이다(아래 Ⅳ.).

이처럼 협약에 의해 규율되는 매매계약의 준거법을 어떻게 결정할지가 문제된다. 둘째와 셋째의 경우 준거법은, 협약이 규율하지 않은 사항을 보충적으로 규율한다는 의미에서 '보충적 준거법'이라고 부를 수 있다.[5] 따라서

---

4) 실질규범(또는 실질법)이라 함은 법적용규범인 저촉법(또는 국제사법)에 대비되는 개념으로, 우리 민·상법과 같이 저촉법에 의하여 준거법으로 지정되어 특정 법률관계 또는 쟁점을 직접 규율하는 규범을 말한다. 실질법의 문제를 이단계과정을 거치지 않고 직접 해결하는 점에서 실질법의 통일이 저촉법의 통일보다 바람직하다. Franco Ferrari, "CISG and Private International Law," Ferrari, Franco (ed.), The 1980 uniform sales law: old issues revisited in the light of recent experiences (2003), p. 20.

5) 이는 만일 협약이 적용되지 않았더라면 적용되었을 준거법이라는 의미에서는 '가정적 준거법'이라고 할 수 있다. 협약을 적용한 근자의 우리 판결들은 협약이 적용됨을 확인한 뒤 협약이 직접적으로 규율하지 않는 법률관계는 보충적 준거법에 의하여 규율됨을 분명히 설시하고 있다(예컨대 서울고등법원 2010. 10. 14. 선고 2010나29609 판결 참조). 보충적

매매계약에 따른 당사자 간의 법률관계를 정확히 이해하자면 우선 협약을 이해해야 함은 물론이나 그에 더하여 매매계약의 준거법을 특정하고 그 내용을 이해하여야 한다. 매매계약의 준거법은 소송의 경우 법정지의 국제사법규칙에 의하여 결정되는데, 국제사법규칙은 국가에 따라 상이하므로 법정지의 결정이 중요하고, 따라서 국제재판관할규칙이 중요한 의미를 가진다. 한편 중재의 경우 중재지의 중재법 또는 중재인이 적절하다고 판단하는 국제사법규칙에 의하여 준거법이 결정되는데, 이 경우 중재지는 법정지만큼 중요한 의미를 가지지는 않는다. 우리나라가 법정지인 경우, 즉 우리 국제사법이 적용되는 사안에서 매매계약의 준거법이 어떻게 결정되는지에 관한 논의는 생략한다.[6)]

Ⅱ. 협약의 적용 여부와 매매계약의 준거법

협약은 국제성이 있는 모든 물품매매계약에 적용되는 것이 아니라[7)] 당사자들이 체약국과 관련성을 가지는 경우에 한하여 적용된다. 즉 협약은 양 당사자의 영업소 소재지가 모두 체약국인 경우(제1조 제1항 a호), 또는 법정지의 국제사법규칙에 따라 어느 체약국의 법이 매매계약의 준거법이 되는 경우(제1조 제1항 b호) 적용된다. 전자를 '직접적용'[8)] 후자를 '간접적용'이라고

준거법의 적용범위 내에서는 그의 강행규정은 당연히 적용된다. 반면에 협약이 규율하는 범위 내에서는 협약이 적용되지 않았더라면 적용되었을 가정적 준거법의 강행규정(즉 국내적 강행규정)의 적용은 배제된다. 이와 달리 가정적 준거법의 강행규정은 당사자의 의사에 우선하는데 당사자의 의사는 협약에 우선하므로 가정적 준거법의 강행규정은 협약에 우선하여 적용된다는 견해도 주장될 수 있으나 저자는 당사자자치의 효력에 관한 국제사법의 일반론에 따라 이와 같이 해석한다. 협약을 직접 적용한 것으로서 2010년 말까지 선고된 13개의 우리 판결의 검토는 석광현, "물품매매협약을 적용한 우리 법원 판례의 검토," 국제거래법연구 제20집 제1호(2011. 7.), 87면 이하 참조. 다만 가정적 준거법의 강행규정이 협약이 규율하지 않는 계약의 유효성의 문제일 때에는 여전히 적용된다. 예컨대 부적합에 대한 매도인의 책임을 배제하는 합의의 유효성이 그런 문제이다.

6) 이는 석광현, 국제물품매매계약의 법리: UN통일매매법(CISG) 해설(2010), 453면 이하 참조. 국제사법의 논점 전반에 관한 논의는 James Fawcett/Jonathan Harris/Michael Bridge, International Sale of Goods in the Conflict of Laws (2005) 참조. 이하 "Fawcett/H/B"라고 인용한다.

7) 그런 태도를 '보편주의적 접근방법'(universalist approach)이라고 한다. John O. Honnold, Uniform Law for International Sales, Fourth Edition (Kluwer Law International, 2009) §15. 이 책을 이하 "Honnold"라고 인용한다.

한다. 예컨대 한국기업과 중국기업 간의 매매계약의 경우 양 당사자가 체약국의 기업이므로 당사자들이 협약의 적용을 배제하지 않으면 협약이 적용되는 데 반하여, 한국기업과 영국기업 간의 매매계약의 경우 영국은 체약국이 아니므로 협약이 당연히 적용되지 않지만, 우리 법원이 국제사법을 적용하여 매매계약의 준거법이 한국법이라고 판단하는 때에는 협약이 적용된다. 협약이 직접적용되는 사안에서 가사 체약국인 법정지의 국제사법에 의하면 비체약국법이 매매계약의 객관적 준거법이 되더라도 협약이 적용된다. 적용범위에 관한 협약의 규정이 적용되는 한도 내에서는 통상적인 국제사법은 배제되기 때문이다.[9)]

1. 협약의 직접적용과 그의 배제

협약이 직접적용되어야 하는 사안에서도 당사자는 협약의 적용을 배제할 수 있다. 이에는 저촉법적 배제와 실질법적 배제가 있다.

가. 저촉법적 배제

당사자는 명시적으로 협약의 적용을 배제할 수 있음은 물론이다. 당사자가 비체약국의 법(예컨대 영국법)을 계약의 준거법으로 지정한 경우 협약의 적용은 배제된다. 또한 당사자가 체약국의 국내법인 실질법을 준거법으로 지정한 경우에도 협약의 적용은 배제된다. 예컨대 '독일의 민·상법'을 준거법으로 합의한 경우이다. 물론 그러한 준거법합의가 법정지의 국제사법상 유효하여야 한다. 이러한 합의는 약관에 의하여 이루어질 수도 있다. 그러나 이와는 달리 당사자가 '독일법'을 준거법으로 지정하는 경우와 같이 단순히 체약국의 법을 지정한 것만으로는 협약의 적용이 배제되지 않는다. 협약은 체약국의 법의 일부로서 체약국의 민·상법 또는 계약법에 대한 특별법이기 때문

8) 이를 협약의 '자율적 적용'(autonomous application)이라고도 부른다. Franco Ferrari/Harry Flechtner/Ronald A. Brand, The Draft UNCITRAL Digest and Beyond: Cases, Analysis and Unresolved Issues in the UN Sales Convention (2004), Art. 1 para. 17. (이하 "Draft Digest"라고 인용한다).

9) von Staudinger, J./Magnus, Ulrich, Kommentar zum Bürgerlichen Gesetzbuch mit Einführungsgesetz und Nebengesetzen Wiener UN-Kaufrecht (CISG)(2005), Art. 1 Rn. 84. 이하 "S/M"이라고 인용한다. 과거 "국제물품매매에 관한 통일법"(Uniform Law on the Interna tional Sale of Goods, ULIS)에 관한 협약(제2조)은 이를 명시하였다.

이다. 당사자의 의사가 협약을 포함하는 독일법을 가리키는지, 아니면 협약을 제외한 독일법, 즉 독일 민·상법을 가리키는지는 의사해석의 문제이나, 위와 같이 해석하는 것이 타당하다.[10] 협약의 적용 배제 또는 변경은 묵시적으로도 가능하다고 본다. 예컨대 위에서 본 바와 같이 비체약국법을 준거법으로 지정한 경우 협약의 적용은 묵시적으로 배제된다고 본다.[11] 실무적으로 주의할 것은, 우리 기업이 미국 기업과 협약의 적용범위에 속하는 매매계약을 체결하면서 미국 측의 제안에 따라 협약의 적용을 배제하는 경우 그것으로 족한 것이 아니라 보충적으로 적용될 준거법이 무엇인지를 검토하고 그에 따라 불리한 점이 없는지를 분석해야 한다는 점이다. 이는 미국에서 재판할 경우와 우리나라에서 재판할 경우를 나누어 검토할 필요가 있다.

나. 실질법적 배제

계약의 방식을 제외하고는, 당사자는 협약의 어떠한 규정에 대하여도 그 적용을 배제하거나 효과를 변경할 수 있다(제6조). 이는 계약자유의 원칙의 결과이다. 예컨대 당사자가 2010년 "국내·국제거래조건의 사용에 관한 ICC 규칙"(ICC rules for the use of domestic and international trade terms) (과거의 명칭은 "무역조건(또는 정형거래조건)의 해석을 위한 국제규칙" (International Rules for the Interpretation of Trade Terms)이었다)(이하 "인코텀즈"라 한다)(최근 2010년에 개정)을 적용하기로 합의한 경우, 위험이전에 관한 협약의 규정은 배제된다. 협약의 배제 또는 변경은 묵시적으로도 가능하며, 당사자가 반드시 대체법을 지정해야 하는 것은 아니다. 당사자가 협약의 특정조항만을 배제한 경우 그 부분을 곧바로 법정지의 국제사법에 따라 결정되는 준거법에 의하여 보충할 것이 아니라 협약 제7조에 따라 일차적으로 협약의 기초를 이루는 일반원칙에 의하고, 그 원칙이 없는 경우 국제사법에 의하여 결정되는 준거법에 따라 해결하여야 한다.[12]

10) 뉴욕주법을 준거법으로 합의한 경우에도 협약이 적용된다. 얼핏 뉴욕주법 즉, 뉴욕주의 매매계약법이 적용되어야 할 것처럼 보이나, 협약은 뉴욕주에서 효력을 가지는 법이므로 독일법을 준거법으로 한 경우와 마찬가지이다. 그러나 양 당사자의 영업소가 체약국과 비체약국에 있는 경우 제1조 제1항 b호를 유보한 중국법 또는 뉴욕주법을 준거법으로 합의한 경우에는 협약이 적용되지 않는다.

11) 최흥섭, 국제물품매매계약에 관한 유엔협약 해설(법무부, 2005), 23면. 이하 "최흥섭"이라고 인용한다.

12) 이기수·신창섭, 국제거래법 4판(2010), 34면. 이하 "이기수·신창섭"이라 인용한다.

2. 협약의 간접적용과 그에 대한 유보

가. 원칙과 유보 가능성

협약은 법정지의 국제사법의 매개를 통하여 간접적용될 수 있으므로 협약의 적용 여부를 판단함에 있어서 법정지의 국제사법규칙이 중요한 의미를 가진다. 간접적용을 허용한다면 가사 양 당사자가 비체약국에 영업소를 두고 있더라도, 국제물품매매계약이라면 법정지가 체약국이고 준거법이 법정지국법 또는 다른 체약국법인 때에는 협약이 적용된다. 실무상 간접적용은 법정지의 국제사법규칙에 의하여 체약국법이 객관적 준거법이 되는 경우에 의미가 있다.[13)]

국제사법을 적용한 결과 예컨대 매매계약의 성립과 효력이 상이한 국가의 법에 따르는 경우, 즉 매매계약의 준거법이 분열(또는 분할)되는 경우에는 체약국법이 준거법이 되는 부분을 규율하는 협약의 부분만이 적용된다.[14)]

다만 각 국가는 협약의 비준 또는 가입 시 제1조 제1항 b호에 구속되지 아니한다고 선언할 수 있는데(제95조), 유보를 한 국가의 법원은 양 당사자가 체약국에 영업소를 둔 경우에만 협약을 적용하므로 협약의 적용 여부가 상대적으로 명쾌하다. 그러나 반드시 그런지는 아래(다.)에서 보는 바와 같이 논란이 있다. 이런 유보를 허용한 것은, 협약의 간접적용을 규정한 제1조 제1항 b호에 대하여 이는 통일적 법적용을 저해하므로 삭제하여야 한다는 주장과 협약의 적용범위를 확대할 필요성이 있으므로 존치해야 한다는 주장 간의 타협의 결과이다.[15)] 국제무역을 규율하기 위하여 특별입법을 한 국가들은 제1조 제1항 b호가 그 입법에 미칠 영향을 피하기 위하여 b호의 적용을 배제할 수 있도록 유보를 허용할 것을 제안하였고 그러한 제안이 채택되었다.[16)]

---

13) 우리나라의 국제사법이 외국법을 매매계약의 준거법으로 지정한 경우 반정은 배제된다. 이는 우리 국제사법이 명시적으로 국제계약의 경우 반정을 배제하고 있기 때문이다. 협약 제1조 제1항 b호의 '체약국법'이라 함은 체약국의 실질법을 가리킨다는 견해도 있으나 (S/M, Art. 1 Rn. 106; 사무국 주석, Art. 1 para. 7), 법정지법이 반정을 허용하는 경우 제1조 제1항 b호의 국제사법 규칙에는 반정규칙도 포함된다는 견해도 있다. Ferrari(註 4), pp. 25-26.

14) S/M, Art. 1 Rn. 107.

15) 박희호, "국제사법규정을 통한 국제물품매매협약의 적용상의 문제점," 2012년 2월 9일 국제거래법학회 산하 국제매매법연구회 발표자료, 9면. 이는 1980년 4월 10일 외교회의에서 체코슬로바키아의 제안에 따라 이루어진 것이다.

16) Draft Digest, Art. 1 para. 23. 국제사법과 협약의 적용범위에 관한 입법사적 고찰은

실제로 미국과 중국 등은 제95조에 따른 유보를 하였는데 미국의 유보 이유는 다양하다. 첫째, 불확실한 국제사법규칙에 따라 협약의 적용 여부를 결정하면 법적 안정성을 해칠 수 있고, 둘째, 제1조 제1항 b호는 외국법을 우대함으로써 체약국과 비체약국의 균형을 저해한다. 즉 동 호에 따라 비체약국법이 준거법이 되면 비체약국의 국내법을 적용하는 데 반하여 체약국법이 준거법이 되면 협약을 적용하게 되므로 통일상법전이 희생된다는 것이다.[17] 그 밖에도 매매계약을 규율함에 있어 통일상법전이 협약보다 우월하다거나[18] 국내법의 적용을 촉진하기 위한 것[19]이라는 이유를 든다.

나. 우리나라의 경우 — 제1조 제1항 b호의 유보의 거부

우리나라는 제95조에 따른 유보를 하지 않았다. 따라서 법정지가 한국인 경우 한국기업과 미국기업의 매매계약에는, 당사자가 그 적용을 배제하지 않는 한 협약이 적용된다. 이 경우 협약이 직접적용되는데, 그 점에서 적용범위에 관한 협약의 규정은 협약의 적용범위를 정함과 동시에 우리 국제사법에 대한 특칙으로서 의미를 가진다. 위에서 본 바와 같이 그 범위 내에서는 협약 제1조 제1항 a호가 우리 국제사법에 우선하기 때문이다.[20] 그러나 영국이

Peter Winship, "Private International Law and the U. N. Sales Convention," 21 Cornell Int'l L. J. 487, 517 이하(1988) 참조.

17) 이는 미국 대통령이 상원에 보낸 메시지에서 표시한 견해이다. Fawcett/H/B, para. 16.131.

18) Folsom/Gordon/Spanogle, International Business Transactions in a Nutshell, 4th Edition (1992), p. 82.

19) Ferrari(註 4), p. 33 참조.

20) 이 경우 국제사법은 배제된다거나(S/M, Art. 1 Rn. 84), 협약이 국제사법에 우선하여 적용된다고 설명한다. Jan Kropholler, Internationales Einheitsrecht (1975), S. 190f.(이와 달리 협약의 적용범위에 관한 조항을 저촉규범으로 보지 않고 실질규범으로 보는 견해도 있다. S/S/Ferrari, vor Art. 1-6 Rn. 34.5). 저자는 제1조 제1항 a호를 협약의 적용범위를 정함과 동시에 국제사법에 대한 특칙으로 본다. 이 경우 비체약국 법원의 법적용에 있어서는 두 단계를 구별해야 한다고 본다. 예컨대 영국이 협약에 가입하지 않은 상태에서 영국 법원이 한-영기업 간의 매매계약의 준거법을 판단하는 경우 영국은 체약국이 아니기 때문에 협약의 적용범위를 정한 제1조 제1항에 직접 구속되지는 않는다(법정지의 협약 제1조 제1항 적용 의무의 문제). 그렇지만 그 경우에도 만일 준거법이 한국법이라면 영국 법원은 한국법을 적용해야 하는데, 과연 협약이 한국법의 일부로서 당해 사안에 적용되는지를 판단하는 과정에서 협약 제1조 제1항의 요건 구비 여부를 판단해야 한다(협약이 한국법의 일부로서 적용되는지의 문제). 이 경우 양 당사자가 체약국에 영업소를 두고 있으면 협약이 적용되고, 그렇지 않으면 국제사법(이는 영국 국제사법규칙을 말한다)에 의하여 계약의 준거법이 체약국법인지를 판단해야 한다(이 부분은 당초 논문 및 국제물품매매계약의 법리, 418면 註 19를 수정한 것이다). 마찬가지로 영국 법원이 재판하는 경우

협약에 가입하지 않은 상태에서는 한국기업과 영국기업 간의 매매계약에 관하여 우리 법원에서 재판할 경우 준거법이 한국법이면 협약이 적용되나, 준거법이 영국법이면 협약이 적용되지 않는다. 즉 우리나라가 제1조 제1항 b호를 유보하지 않았기 때문에, 유보하였을 경우와 비교하여 상대적으로 협약의 적용가능성이 확대된다.[21)]

문제는 우리나라에서 재판할 때 유보국법이 준거법인 경우의 처리이다.

우리나라는 제1조 제1항 b호를 유보하지 않았으므로 국제사법에 따라 어느 체약국의 법이 준거법이 되는 경우 협약이 적용되어야 하나, 유보국의 법이 준거법인 경우 협약과 당해 체약국의 국내법 중 어느 것을 적용할지에 관하여 논란이 있다.[22)] 즉, 이 경우 유보한 체약국(예컨대 중국)의 의사를 존중하고 당해 유보국이 가지는 통일적인 법적용상의 이익과, 유보국에 영업소를 둔 당사자에게는 유보국의 국내법을 적용한다는 유보의 보호목적을 고려하여 유보국의 국내법을 적용할 것이라는 '국내법적용설'과, 유보국도 체약국이므로 협약을 적용할 것이라는 '협약적용설'이 대립하고 있다.[23)]

제1조 제1항 b호를 유보한 취지는 자국 법원이 그 경우 협약을 적용하지 않겠다는 것이므로, 유보국이 아닌 우리의 입장에서 유보에 따를 것은 아니다. 더욱이 가능한 한 협약을 적용하는 것이 바람직하다면, 그 경우 협약을 적용하는 편이 협약의 목적과 체제에 부합한다. 국내법적용설에 대해서는 비체약국과의 관계에서는 상호주의적 고려를 하지 않으면서 유보국과의 관계에서만 상호주의적 고려를 할 근거가 없고, 현재 각국의 국제사법이 통일되지

한-영기업 간의 매매계약의 준거법이 중국법이라면 중국은 제1조 제1항 b호에 대해 유보를 했으므로 협약은 중국의 계약법에 대한 특별법으로서 적용되지는 않는다. 최흥섭, "비엔나협약(유엔매매법)의 적용범위와 적용상의 문제," 국제거래법연구 제7집(1998), 185면과 허해관, "한국의 2005年 國際賣買協約加入과 法適用," 국제사법연구 제10호(법영사, 2004), 202면 註 62의 설명은 저자와는 좀 다른 것 같다. 일본 논의는 김언숙, "국제물품매매협약을 중심으로 본 협약과 법정지국제사법의 적용관계," 진산 김문환총장정년기념논문집 제1권: 국제관계법의 새로운 지평(2011), 134면 이하 참조.

21) Honnold, §47. 1.

22) 주의할 것은 여기의 논의는 제1조 제1항 b호가 적용되는 경우라는 점이다. 만일 양 당사자가 체약국(유보국이든 아니든 간에)의 기업인 경우에는 제1조 제1항 a호에 따라 협약이 당연히 적용된다.

23) 우리나라에도 협약 적용 긍정설(최흥섭(註 20), 186-187면; 임홍근·이태희(공편), 國際物品賣買契約에 관한 UN協約上의 諸問題(1991), 59-60면(임홍근 집필부분); 석광현, "국제물품매매협약 가입과 한국법에의 수용," 상사법연구 제21권 제2호(2002. 8.), 121면; 김인호, "국제물품매매협약의 적용범위," 법조 통권 제580호(2005. 1.), 255면 이하)과 부정설(허해관(註 20), 207-208면)이 있다.

않은 이상 국제적 판결의 불일치는 수인할 수밖에 없으며, 제1조 제1항 b호의 유보국도 제92조 또는 제93조의 유보를 한 국가와 달리 체약국임에는 변함이 없다는 비판을 할 수 있다.[24] 국제적 판결의 불일치가 발생하는 것은 당해 국가가 유보한 결과이므로 부득이하다.

흥미로운 것은, 독일은 국내법적용설을 따르겠다는 취지의 선언을 한 점이다. 이는 제95조가 상정한 유보는 아니나 장래의 의문을 해소하기 위한 것인데 이런 선언을 '해석선언'[25]이라 한다. 독일의 해석선언은 유보국 법원에서 재판할 경우와 국제적인 판결의 일치를 고려하고 법정지 쇼핑을 방지한다는 차원에서 국내법적용설의 입장을 취함을 명확히 한 것이다.[26]

다. 법정지가 유보국인데 준거법이 체약국인 경우의 처리

유보국에서 재판할 경우에도 양 당사자가 체약국에 영업소를 가진 때에는 제1조 제1항 a호에 따라 협약이 직접 적용된다. 반면에 예컨대 일방당사

---

24) Peter Schlechtriem/Ingeborg Schwenzer (Hrsg.), Kommentar zum Einheitlichen UN-Kaufrecht —CISG—, 4. Auflage (2004), Art. 1 Rn. 78도 동지. 학설은 H. Honsell(Hrsg.), Kommentar zum UN-Kaufrecht (1997), Art. 1 Rn. 17 (Siehr 집필부분) 참조. Fawcett/H/B, para. 16.136은 협약적용설을 취한다. 이하 전자를 "S/S/집필자," 후자를 "Hon/집필자"라고 인용한다(양자는 모두 개정판이 있으나 여기에는 반영하지 못했다). 그러나 Peter Schlechtriem, Internationales UN-Kaufrecht 3. Auflage (2005), Rn. 18은 국내법적용설을 지지한다.

25) 독일의 선언은 아래와 같다.
"독일연방공화국 정부의 견해에 의하면, 협약 제95조에 따른 선언을 한 매매협약의 체약국들은 협약 제1조 제1항 b호의 의미에서의 체약국으로 간주되지 아니한다. 따라서 국제사법규칙의 결과 협약 제1조 제1항 b호에 의하여 구속되지 않는다는 선언을 한 체약국의 법이 적용되는 경우에는 이 규정을 적용할 의무가 존재하지 않으며, 독일연방공화국은 그러한 의무를 부담하지 아니한다. 이러한 진술을 제외하고는 독일연방공화국 정부는 협약 제95조에 따른 어떠한 선언도 하지 아니한다." 이는 v. Caemmerer/Schlechtriem, Kommentar zum Einheitlichen UN-Kaufrecht —CISG—, 2. Auflage (1994), Art. 1 Rn. 46 Fn. 68 (Herber 집필부분) 참조. 독일이 협약에 가입하면서 제정한 동의법률(Gesetz zu dem Übereinkommen der Vereinten Nationen vom 11. April 1980 über Verträge über den internationalen Warenkauf sowie zur Änderung des Gesetzes zu dem Übereinkommen vom 19. Mai 1956 über den Straßengüterverkehr (CMR)) 제2조도 참조. 국제법상 해석선언이란 조약상의 의무 내용을 변경시키려는 의사는 없이 조약조항의 의미를 명확히 하거나 구체화하려는 의도에서 발표되는 당사국의 일반적 성명이다. 정인섭, "조약의 체결·비준에 대한 국회의 조건부 동의," 서울대학교 법학 제49권 제3호(통권 제148호)(2008. 9.), 170면.

26) 독일의 논의는 S/S/Ferrari, Art. 1 Rn. 77f. 참조. Honnold, §47.5는 독일의 해석선언이 협약 제1조 제1항 b호를 유보한 유보국의 선택을 존중하는 것이라는 이유로 이를 지지한다.

자만이 체약국에 영업소를 가지고 있는데 매매계약의 준거법이 체약국법인 경우 협약의 적용 여부는 논란이 있다.[27]

문언상 유보국은 제1조 제1항 b호를 적용하지 않으므로 협약이 적용되지 않는다는 결론이 얼핏 자명한 것처럼 보인다. 부정설은 우선 이 점을 근거로 한다. 반면에 긍정설은 이 경우 제1조 제1항 b호를 근거로 하는 것이 아니라 유보국의 국제사법에 의해서 체약국법이 준거법이 되면 협약은 그 준거법의 일부로서 적용된다고 본다.[28] 이에 따르면 법정지가 유보국인지는 문제되지 않고 준거법이 체약국법이라는 점만이 중요하다.[29] 법정지가 비체약국인 경우와 비교해 보면 긍정설이 설득력이 있다. 즉, 비체약국이 법정지인 경우 법정지의 국제사법에 의하여 체약국법이 준거법이 되면 협약은 준거법인 체약국법의 일부로서 적용되는데, 유보국이 법정지이더라도 동일한 논리가 타당하기 때문이다. 그렇게 함으로써 forum shopping도 막을 수 있다는 장점도 있다. 이렇게 본다면 제1조 제1항 b호에 대한 유보는 결국 체약국법이 준거법이 되는 경우가 아니라 유보국법이 준거법이 되는 경우에만 의미를 가지게 된다.

그러나 부정설은, 그 경우 유보국은 제1조 제1항 b호에 대해 유보를 함으로써 국제사법의 경로를 통한 협약의 간접적용을 포기하였기 때문에, 유보국은 준거법의 일부로서 협약을 적용할 수 있는 비체약국과 달리 취급되어야 한다고 본다. 미국이 제1조 제1항 b호의 유보를 한 이유에서 보듯이, 유보국은 국제사법의 적용을 통해 협약의 적용 여부를 결정하면 법률관계가 복잡해지기 때문에 간접적용을 배제하였는데, 국제사법의 일반원칙의 경로를 통하여 협약이 적용된다면 유보에도 불구하고 준거규범이 복잡해지는 자가당착에 빠지게 된다. 따라서 위 사안에서 유보국이 국제사법의 경로를 통하여 협약

27) 저자는 석광현(註 23), 111면, 112면 주 163에서 이에 관하여 견해가 대립된다고만 했으나 여기에서 부연한다.

28) 부정설은 S/M, Art. 1 Rn. 108; 긍정설은 Honnold, §47.5; S/S/Ferrari, Art. 1 Rn. 80; Peter Winship, The Scope of the Vienna Convention on International Sales Contracts, in Galston/Smit (eds.), International Sales: The United Nations Convention on Contracts for the International Sale of Goods (1984), p. 1-26 내지 1-32; 허해관(註 20), 202면. 각 견해의 지지자는 S/S/Ferrari, Art. 1 Rn. 80 Fn. 370; Ferrari(註 4), p. 32 이하 참조.

29) 반면에 부정설을 취하면 법정지가 의미를 가지게 된다. 긍정설을 취하면 중재의 경우도 준거법만이 의미를 가지는 데 반하여, 부정설을 취하면 결국 유보국인지의 여부는 중재지를 기준으로 판단해야 할 것이다.

을 적용하는 것은 협약상 허용되지 않는다고 주장할 여지가 있다.

사견으로는 이는 협약이 제1조 제1항 b호에 대한 유보를 허용하면서도 유보의 법률효과를 명정하지 않은 탓에 발생하는 문제인데, 협약이 논란의 소지를 예방하지 못한 것은 아쉽다. 관건은 유보가 국제사법적 경로를 전면 차단하는 효력을 가지는지이다. 국제사법의 일반이론에 따르면 체약국법이 준거법이 된 이상 당해 사안에 적용되는 체약국법(협약 포함)이 적용되어야 한다는 점에서 긍정설이 타당하다. 하지만 준거법 결정상의 예측가능성과 법적 확실성을 제고하려는 유보의 취지를 고려한다면 부정설이 좀더 설득력이 있어 보인다. 다만 유보국이 유보에도 불구하고 위 사안에서 긍정설을 취하여 협약을 적용한다면 우리가 그를 반대할 이유는 없고 그런 태도를 환영한다. 이런 논란을 보면, 우리나라가 제1조 제1항 b호에 대해 유보하지 않은 것은 현명한 판단이었음을 다시 확인한다.

제1조에 따른 협약의 적용범위를 도표로 설명하면 아래와 같다.[30]

매매협약 제1조 제1항 b호의 적용[1)]

당사자들[3)]

법정지	: 준거법[2)]	체-체	체-유	유-유	체-비체	유-비체	비체-비체
체	: 체	○	○	○[4)]	○	○	○
	: 유	○	○	○	의[×]	의[×]	의[×]
	: 비체	○	○	○	×	×	×
유	: 체	○	○	○	의[○]	의[○]	의[○]
	: 유	○	○	○	×	×	×
	: 비체	○	○	○	×	×	×
비체	: 체	○	○	○	의[○]	의[○]	의[○]
	: 유	○	○	○	×	×	×
	: 비체	×	×	×	×	×	×

약어 체: 체약국, 유: 제95조의 유보선언을 한 체약국, 비체: 비체약국
○: 협약 적용, ×: 협약 부적용, 의: 협약 적용 여부 의문

30) 위 표는 Winship(註 28), pp. 1-53의 표를 번역한 것이다. 저자는 대체로 위 표에 동의하나, 둘째 줄의 "의[×] 의[×] 의[×]"라고 표시한 부분에 대해서는 협약을 적용하고, 넷째 줄의 "의[○] 의[○] 의[○]"라고 표시한 부분에 대해서는 협약을 적용하지 않는다고 본다. 물론 이 주는 도표의 일부가 아니며 저자의 것이다.

주 1) 가정: 제99조에 따라 협약이 발효되고, 당사자들은 협약의 적용을 배제하기로 합의하지 않았다.
2) 좌측의 난은 법정지와 법정지의 국제사법규칙에 따른 준거법을 가리킨다. 예컨대 "체 : 체"는 법정지가 체약국이고, 법정지의 국제사법규칙에 따라 체약국의 법이 적용되는 경우를 의미한다.
3) 우측의 여섯 개 난은 국제매매계약의 당사자들이 영업소를 어디에 가지고 있는가에 따른 분류이다. 예컨대 "유-비체"는 일방당사자가 제95조에 따른 선언을 한 체약국에 영업소를 가지고 있고 한편 상대방은 비체약국에 영업소를 가지고 있는 경우를 의미한다.
4) 상자 안에 들어 있는 사안의 경우 제1조 제1항 a호에 따라 협약이 적용되고, 법정지의 국제사법규칙은 관계가 없다.

라. 중재의 경우 제1조 제1항 b호의 적용 여부

협약은 중재에서도 적용되는데, 그 경우에도 협약의 적용범위는 제1조에 따라 결정된다. 제1조 제1항 b호가 적용되는 사안에는 당해 사건에 적용되는 중재법과 중재규칙에 따라 중재판정부가 국제사법의 매개를 거치지 않고 곧바로 실질법을 적용하는 경우도 있고,[31] 국제사법을 적용하여 준거법을 결정하는 경우도 있다. 국제사법의 중개를 통하는 경우, 종래 중재판정부가 어느 국제사법을 적용하는가에 관하여는 논란이 있고 중재지의 통상의 국제사법을 적용한다는 견해와, 중재인이 적절하다고 판단하는 국제사법을 적용하는 견해 등이 있다. 그러나 속지주의를 취하는 우리 중재법 하에서는 중재지가 한국인 경우 중재판정부는 우리 중재법을 적용하여 준거법을 결정하여야 한다(중재법 제2조 제1항). 속지주의를 명시한 중재법이 없는 국가의 경우에는 중재인들이 적절하다고 판단하는 저촉규범을 적용하여야 한다는 견해가 설득력이 있다. 물론 당사자들이 합의한 중재규칙이 있으면 그에 따른다.

어쨌든 법원의 경우 견해에 따라서는 법정지국이 유보국인가에 따라 제1조 제1항 b호의 적용 여부가 결정되나, 중재의 경우 중재지를 기준으로 유보국인가의 여부를 판단해야 하는지가 문제된다. 이 문제는 유보의 효력을 어떻게 볼지와 관련된다. 즉 위에서 유보국이 법정지인 경우 체약국법이 준거법이 되는 때 협약의 적용 여부를 살펴보았다. 그 경우 유보한 이상 직접적용만 허용되므로 협약은 적용되지 않는다는 견해를 취하면 중재에서는 중재지를 법정지에 준하는 것으로 볼 것이다. 반면에 법정지에 관계없이 준거법

31) 상세는 석광현(註 6), 167면 이하 참조.

을 기준으로 협약의 적용 여부를 판단하는 견해는 중재의 경우에도 준거법에 착안할 것이므로 중재지는 협약의 적용 여부를 판단함에 있어 무의미하다고 볼 것이다.

Ⅲ. 협약의 외적 흠결의 보충과 매매계약 등의 준거법

협약이 규율하지 않는 사항, 즉 협약의 적용범위 내지는 규율대상으로부터 제외되는 사항이 있는 경우 이를 '협약의 외적 흠결'이라고 부르는데, 이에 해당하는 것으로는 계약의 실질적 유효성, 물품의 소유권의 이전과 인적 손해에 대한 제조물책임 등을 들 수 있다. 그러한 쟁점은 각각 매매계약의 준거법, 소유권 이전의 준거법과 제조물책임의 준거법에 의한다.

1. 매매계약의 실질적 유효성

가. 협약의 적용 배제 — 원칙 — 외적 흠결

협약은 매매계약의 성립 및 그 계약으로부터 발생하는 매도인과 매수인의 권리·의무만을 규율한다. 협약에 별도의 명시규정이 있는 경우를 제외하고, 협약은 계약이나 그 조항 또는 관행의 유효성에는 적용되지 않는다(제4조 a호).

매매계약의 유효성의 문제에는 통상 착오, 사기 또는 강박에 의한 의사표시의 하자, 공서양속위반과 강행법규위반 등이 포함되나, 당사자의 권리능력, 행위능력과 대리권도 유효성에 영향을 미친다.[32] 매매계약의 방식도 형식상의 유효성의 문제로서 매매계약의 유효성에 영향을 미치지만 협약(제11조)은 방식에 관하여 별도로 규정하므로 방식은 여기의 유효성의 문제에 포함되지 않는다.[33] 즉 여기의 유효성은 형식상의 유효성(formal validity), 즉 방식과 대비되는 '실질적 유효성'(substantial, intrinsic 또는 material validi-

---

32) 2004년 UNIDROIT 원칙은 제3장에서 유효성에 관하여 규정하는데 그에 열거된 쟁점들이 유효성의 문제라고 볼 수 있다. 홍미롭게도 Henry Mather, "Choice of Law for International Sales Issues not Resolved by the CISG," 20 J. L. & Com. 155, 196, 208 (2001)은 통상적인 유효성의 문제에 대해 UNIDROIT 원칙을 적용할 것이라고 한다.

33) S/S/Ferrari, Art. 4 Rn. 13.

ty)을 말한다. 매매계약의 유효성은 법정지의 국제사법에 따라 결정되는 준거법에 따른다. 우리 국제사법에 따르면 당사자의 능력은 당사자의 본국법(법인의 경우 속인법), 대리권은 대리의 준거법, 의사표시의 하자는 매매계약의 준거법에 의하고, 공서양속위반과 강행법규위반도 매매계약의 준거법에 의할 사항이나 경우에 따라 법정지법이나 다른 국가의 법이 적용될 수 있다.[34)]

위약벌(penalty, Vertragsstrafe)이 매매계약의 조항으로 포함된 경우 그것이 계약의 일부를 이루는가는 계약의 성립의 문제라고 할 수 있으므로 협약에 따를 사항이나, 그의 유효성은 계약의 준거법에 의할 사항이다. 참고로 영미법상으로는 예정된 금액이 벌을 과하거나 징벌적인 경우 위약벌로서 무효이지만 진정한 예측인 경우 유효한데, 중요한 것은 당사자가 붙인 명칭이 아니라 계약체결 시를 기준으로 그 금액이 계약의 위반으로부터 발생할 가능성이 있는 손해와 비교하여 금액상 지나치고 비양심적인가의 여부이다.[35)] 반면에 대륙법계에서는 손해배상액의 예정은 과도하더라도 무효는 아니고 단지 법원이 감액할 수 있을 뿐이다. 우리 민법상으로도 대륙법계처럼 손해배상액의 예정이 과도한 경우 법원이 직권으로 감액할 수 있지만, 위약벌은 지나치게 과다한 경우 공서위반으로 일부 또는 전부가 무효가 되며 그 경우 법원은 감액할 수 없다.[36)] 다만 합의된 금액이 적절한지에 대한 판단은 국내법이 아니라 협약에 따른 손해배상의 범위를 기준으로 해야 할 것이다. 손해배상액의 예정과 위약벌의 구별은 당사자 의사해석의 문제이나 우리 민법은 손해배상액의 예정으로 추정한다.[37)]

이처럼 법계에 따라 손해배상액의 예정에 대한 취급이 상이한데 이는 준거법에 따를 사항이다.

관행의 유효성이라 함은 어떤 관행이 계약의 준거법인 국내법의 강행규

34) 국제사법 제11조, 제13조, 제16조, 제18조, 제25조 참조.

35) 영국의 1915년 *Dunlop v New Garage*, A.C. 79 사건 판결. 상세는 G. H. Treitel, Remedies for Breach of Contract: A Comparative Account (1991), section 179 이하 참조.

36) 대법원 2002. 4. 23. 선고 2000다56976 판결 참조. 위약벌에 관한 상세는 최창렬, 違約金論(2007) 참조.

37) 영미법의 접근방법은, 합의한 대로 효력을 부여하는 프랑스법계처럼 법적 안정성을 보호하지 못하는 동시에, 법원의 재량에 의한 감축을 허용함으로써 유연성을 확보하는 독일법의 장점도 취하지 못한다는 비판을 받고 있다. Treitel(註 35), section 180.

정에 저촉되는가의 문제이다.[38] 국내법의 강행규정에 반하는 관행은 그 효력이 부정될 것인데, 이는 협약이 아니라 국내법에 의하여 규율된다. 그러나 협약(제9조, 제8조 제3항)이 명시하는 바와 같이, 관행이 국제적인 통용 또는 당사자의 합의에 기하여 당사자를 구속하는지, 협약에 우선하는지 여부와 그 범위, 나아가 당사자의 행태의 해석에 미치는 영향은 협약에 의해 규율된다.[39]

나. 예외 — 협약이 명시적으로 규율하는 유효성의 문제

협약은 계약이나 그 조항 또는 관행의 유효성에는 적용되지 않는데, 그에 관한 것이더라도 '협약에 별도의 명시규정이 있는 경우'에는 협약이 적용된다. 그러한 예로는 다음을 들 수 있다.

(1) 원시적 불능

우리 민법과 같이 원시적 불능인 매매계약을 무효라고 보는 법제도 있으나, 협약상으로는 원시적 불능의 경우에도 계약은 유효하게 성립하고 의무를 이행하지 못한 당사자는 계약위반에 따른 책임을 부담한다. 예컨대 협약 제68조 3문은 매도인이 매매계약의 체결 시에 물품이 멸실 또는 훼손된 것을 알았거나 알았어야 했고 매수인에게 이를 밝히지 아니한 경우에는, 그 멸실 또는 훼손은 매도인의 위험으로 한다고 규정하여 원시적 불능이더라도 유효함을 당연한 전제로 하고 있다. 이 경우 당사자는 국내법을 원용하여 계약이 무효라고 주장할 수 없다.[40] 물론 불이행 당사자의 손해배상책임은 사안에 따라 협약(제79조)에 의하여 면제될 수 있다.

(2) 물품의 계약적합성과 성질의 착오

협약의 해석상 물품의 계약적합성과 착오의 관계에 관하여는 논란이 있으나, 물품의 성질(또는 성상) 또는 매수인의 지불능력에 관한 착오는 매매협약 제35조와 제71조에 의하여 규율되므로 그 범위 내에서는 착오에 관한

38) S/M, Art. 4 Rn. 29; 최흥섭, 17면. 이기수·신창섭, 39면은, 협약은 관습(협약상의 관행)의 유효성을 규율하지 않으므로 그의 존재 여부와 유효성은 그 거래계가 속한 국가의 국내법에 의하여 결정된다고 한다. 그러나 관행의 존재 여부는 국내법에 따를 사항이 아니고, 또한 관행의 유효성은 본문과 같이 계약의 준거법에 따를 사항이다.

39) S/M, Art. 4 Rn. 30.

40) 협약 제68조 제3항, 제79조 제1항 참조. S/M, Art. 4 Rn. 44; Hon/Schnyder/Straub, Art. 4 Rn. 5, 15. 그러나 임홍근·이태희(공편), 國際物品賣買契約에 관한 UN協約上의 諸問題(1991), 314면(신영무 집필부분)은 원시적 불능의 경우 국내법에 의해 계약의 성립 자체가 부정된다고 한다.

국내법상의 법리는 적용되지 않는다고 본다.[41] 그에 따르면 물품의 성질 또는 매수인의 지불능력에 관한 착오가 있는 경우 매수인은 계약부적합에 따른 협약상의 구제수단을 가질 뿐이고 국내법에 근거해서 계약을 취소할 수는 없다는 것이 된다. 성질에 관한 착오를 보면, 이는 마치 우리 민법의 해석론으로서도 그 경우 하자담보책임만을 물을 수 있다는 다수설과 매수인은 착오를 이유로 계약을 취소할 수도 있다는 소수설이 나뉘는 것과 유사하다.

2. 물품의 소유권의 이전

매도인은 계약과 협약에 따라 물품의 소유권을 매수인에게 이전하여야 한다(제30조). 이는 매매계약을 특징짓는 매도인의 핵심적인 의무이다. 그러나 소유권의 이전을 위하여 물권법적으로 어떠한 행위가 필요한가는 협약이 규율하는 사항이 아니다. 그 이유는 물품의 소유권에 관한 쟁점이 너무 복잡하고, 그에 관하여는 '의사주의'(Konsensual prinzip)를 취하는 프랑스법계 및 영미법계와, '인도주의'(Traditionsprinzip)를 취하는 독일법계가 대립하고 있고 많은 국가들이 자국의 원칙을 포기할 용의가 없어 통일이 쉽지 않았기 때문이다.[42]

소유권유보부매매의 경우 매매계약의 채권적인 측면(소유권유보의 채권적 효력을 포함하는)은 협약에 의해 규율될 것이나, 그의 유효성이나 물권적 측면(소유권유보의 물권적 효력을 포함하는)에 대하여는 협약이 적용되지 않는다.[43] 소유권유보조항의 유효성은 물권의 준거법에 따를 사항이다.[44] 예컨대 소유권유보부매매에서 매수인이 대금을 지급하지 않은 경우 매도인의 계

---

41) Honnold, §240; 최흥섭(註 20), 192-193면. 허해관(註 20), 214면은 반대한다. 참고로 UNIDROIT 원칙(제3.7조)은 당사자에게 불이행을 이유로 한 구제수단이 인정되는 경우에는 그 당사자는 착오를 이유로 계약을 취소할 수 없다고 명시한다.

42) A. von Ziegler *et al.* (eds.), Transfer of Ownership in International Trade, 2nd edition (2011), Introduction to the First Edition, p. XXXiii 참조. "국제물품매매계약의 준거법에 관한 1986. 12. 22. 헤이그협약"도 동 협약의 적용범위에서 물건의 소유권의 이전을 명시적으로 제외하고 있다(제5조 (c)).

43) S/M, Art. 4 Rn. 32.

44) S/M, Art. 30 Rn. 12; S/S/Widmer, Art. 30 Rn. 8. 이런 설명의 취지가 다소 애매하나, 일단 소유권유보조항의 계약으로서의 유효성은 계약의 준거법에 따르고, 그것의 물권적 효력은 물권의 준거법에 따른다는 견해가 설득력이 있다. Fawcett/H/B, para. 18.93 동지. 상세는 Jacobien W. Rutgers, International Reservation of Title Clauses (1999) 참조.

약상의 구제수단은 협약에 따르나, 물품에 대한 권리(즉 담보권의 실행)의 문제에 관하여는 협약이 적용되지 않는다.[45)]

물품의 소유권 이전은 법정지의 국제사법에 의하여 결정되는 물권의 준거법에 의할 사항이다.[46)] 매매계약을 체결함으로써 물품의 소유권이 매수인에게 이전되었는가는 매매계약의 효력의 준거법이 아니라 물권의 준거법에 의하여 판단할 사항이지만, 협약은 매도인에게 동 법상 요구되는 행위를 할 의무를 부과하는 것이다.[47)]

여기에서는 첫째, 매도인으로부터 매수인에로의 물품 소유권의 이전과, 둘째, 매매계약의 해제에 따른 물품 소유권의 매도인에로의 복귀를 살펴본다.

가. 매도인으로부터 매수인에로의 소유권의 이전[48)]

종래 우리나라에는 매매계약에서 물품의 소유권이전시기에 관한 세 가지 오해가 널리 퍼져 있다. 첫째, 인코텀즈에 따른 위험이전과 동시에 소유권이 매수인에게 이전된다는 견해(특히 FOB 조건의 경우), 둘째, 소유권이 매매계약의 준거법에 따라 이전된다는 견해와 셋째, 소유권이전은 영국의 1979년 물품매매법(Sale of Goods Act 1979)을 중심으로 한 국제관습에 의해 규율된다는 견해가 그것이다.[49)]

그러나 인코텀즈는 소유권이전을 직접 규율하지 않는다. 예컨대 영국의 매도인이 신용장에 기하여 CIF 조건으로 한국의 수입자에게 물건을 수출하는 경우, 목적지 국가인 우리 법을 소유권이전의 준거법으로 본다면, 물권변동에 관하여 민법 제188조가 취하고 있는 형식주의 하에서는 매수인은 개설은행에게 대금을 지급하고 선하증권을 수령함으로써 물건의 점유를 취득하여야 비로소 물건에 대한 소유권을 취득하며, 현재의 통설처럼 국제사법상 물권관계에 대한 준거법의 결정에 관하여 당사자자치를 인정하지 않는다면 이

45) Kate Lannan, "Sphere of Application of the United Nations Convention on Contracts for the International Sale of Goods," 국제거래법연구 제14집 제2호(2005), p. 15.

46) 우리 국제사법(제19조)에 따르면 이는 물건의 소재지법(*lex rei sitae*)에 의할 사항이다.

47) S/M, Art. 30 Rn. 10.

48) 상세는 석광현, "수입화물의 *所有權移轉*," 국제사법과 국제소송 제3권(2004), 51면 이하 참조.

49) 예컨대 CIF 계약에서 소유권이전은 영국의 물품매매법상의 소유권이전에 관한 법제와 국제법협회가 제정한 "CIF계약을 위한 와르소·옥스포드규칙"(Warsaw-Oxford Rules for CIF Contract, 1932)이 정한 소유권이전에 관한 기준 및 계약 당시의 관행과 법제에 의하여 규율된다고 한다. 강원진, 무역계약론(2000), 166면.

경우 당사자들은 물권변동에 관한 준거법을 달리 선택할 수도 없다. 따라서, 물권변동에 관하여 우리 법이 준거법으로 되는 수입거래에 관한 한, 당사자들이 합의에 의하여, 매수인이 어떠한 형태로든(간접점유 등) 물품의 점유를 취득하는 시점보다 선행하는 시점으로 소유권이전시기를 앞당기는 것은 허용되지 않는다.

물품의 소유권은 매매계약의 준거법이 아니라 법정지의 국제사법에 따라 결정되는 물권의 준거법에 의하는데 이는 대체로 물품의 소재지법(*lex rei sitae*)이다(국제사법 제19조 제1항 참조). 한편 계약체결 시 소유권 이전의 요건이 구비되지 않은 경우, 즉 물권법적 요건이 실현되는 도중에 물건이 국내에 들어온 경우 소유권의 이전은 그 원인된 행위 또는 사실의 완성 당시 그 목적물의 소재지법에 의하므로(국제사법 제19조 제2항), 소유권은 신 소재지인 한국법이 정하는 바에 따라 매수인이 물품의 점유를 취득하는 때(특정을 전제로) 매수인에게 이전된다. 실무상 매수인의 점유취득은, 매수인이 매도인으로부터 물품의 점유를 직접 또는 제3자를 통하여 취득하거나, '물품의 처분을 지배하는 서류'를 직접 또는 제3자를 통하여 교부받는 때에 일어날 것이다.

한편 '이동중의 물건'(*res in transitu*)의 경우, 즉 매도인이 물건을 운송중에 처분하는 경우 처분행위 시점의 목적물 소재지는 명백하지 않고, 확인할 수 있더라도 우연적인 의미밖에 없으므로 우리 국제사법(제22조)은 특칙을 두어 목적지법(*lex destinationis*)을 준거법으로 지정한다. 반면에 선하증권처럼 물건에 관한 권리를 표창하는 물품증권(또는 인도증권)이 발행된 경우 국제사법은 규정을 두고 있지 않지만 그 경우에도 예외적으로 선하증권에 의하지 않고 운송물이 처분될 수 있으므로 목적지국설이 설득력이 있다.

나. 계약의 해제와 소유권의 복귀

협약상 매매계약이 해제되면 손해배상의무를 제외하고 당사자는 계약상의 의무를 면하고, 이미 계약을 이행한 당사자는 상대방에게 이행한 것의 반환을 청구할 수 있으나, 해제는 계약상의 분쟁해결조항 또는 해제의 결과 발생하는 당사자의 권리·의무를 규율하는 그 밖의 계약조항에 영향을 미치지 아니한다(제81조 제1항). 그런데 협약상 계약해제의 결과 물품의 소유권이 매도인에게 즉시 복귀하는지, 나아가 매도인이 소유권에 기하여 매수인에게 물품의 반환청구를 할 수 있는지가 문제된다. 협약은 매매계약이 매매된 물품의 소유권에 대하여 미치는 효력은 규율하지 않는다(제4조 b호).

우리 민법상으로는 계약해제의 효력에 관하여 다수설과 판례는 해제의 결과 계약이 소급적으로 효력을 상실함을 전제로 물권적 효과설을 취하므로[50] 물품에 대한 소유권은 해제 즉시 매도인에게 복귀한다. 그러나 만일 협약이 적용되는 매매계약이 해제된 경우, 계약의 해제는 소급효가 없고 단지 장래를 향하여(*ex nunc*) 당사자에게 원상회복의무 또는 청산의무를 부과할 뿐이므로,[51] 해제 당시 물품의 소재지가 한국이어서 물권변동의 준거법이 한국법인 경우[52] 민법의 해석론에도 불구하고 물권적 효과설을 취할 수는 없다. 즉 매매계약이 해제되면 그 결과 물품의 소유권이 당연히 매도인에게 복귀하는 것은 아니고 매수인은 매도인에게 물품의 소유권을 이전할 의무를 부담할 뿐이다.[53] 다만 이것이 매매계약해제의 효력에 관하여 협약이 청산관계설적인 태도를 취하는 때문인지, 아니면 우리 민법이 물권변동에 관하여 성립요건주의를 취하기 때문인지는 논란이 있을 수 있다.[54]

3. 제조물책임의 준거법

가. 인적 손해의 배제

협약은 물품으로 인하여 발생한 '일체의 사람'(any person)[55]의 사망 또는 상해에 대한 매도인의 책임에는 적용되지 않는다(제5조). 제5조는 제조물책임으로 인한 인적 손해에 대해 협약의 적용을 배제하기 위한 규정이다. 제

---

50) 학설의 소개는 곽윤직/김용덕, 민법주해[XIII], 307면 이하 참조. 예컨대 대법원 1977. 5. 24. 선고 75다1394 판결 등.

51) 이는 우리 민법상의 청산관계(Abwicklungsverhältnis)설과 유사하다.

52) 계약의 해제에 따른 원상회복은 계약의 문제 또는 부당이득의 문제로 성질결정할 수 있으나 소유권의 복귀는 물권의 문제로 성질결정해야 할 것이다. Fawcett/H/B, para. 19.61 참조.

53) 실질법상의 문제로, 채권계약이 해제되는 경우 물권행위가 어떤 영향을 받는가를 물권행위의 유인성, 무인성의 문제로 해결하는 견해도 있다. 그에 따르면 예컨대 물권행위의 무인성을 인정하면 채권계약의 해제로 물품의 소유권은 매도인에게 복귀한다는 것이 된다. 물권행위의 무인성의 준거법은 물품의 소재지법이다.

54) S/S/Hornung, Art. 81 Rn. 9c는 협약에 따르더라도 물권변동에 관하여 의사주의를 취하는 국가의 법이 물권의 준거법이라면 계약해제의 결과 소유권은 자동적으로 매도인에게 복귀할 수 있음을 강조한다.

55) 국문본은 단순히 '사람'이라고 한다.

조물책임이란 제조물에 통상적으로 기대되는 안전성을 결여한 결함으로 인하여 생명·신체나 제조물 그 자체 외의 다른 재산에 손해가 발생한 경우에 제조업자 등에게 지우는 손해배상책임을 말한다.[56] 제조물책임을 불법행위법의 문제로 취급하는 국가에서는 이는 당연한 것이나, 계약법의 문제로 취급하는 국가에서는 제조물책임을 명시적으로 배제하지 않을 경우 당해 국가의 제조물책임법이 부여하는 보호가 배제될 가능성이 있기 때문에 이를 명시적으로 배제한 것이다.[57] 따라서 물품으로 인하여 매수인에게 물적 손해 — 이는 당해 물품에 대한 하자손해와, 제조물 이외의 다른 재산에 발생한 손해[58]를 포함한다 — 와 인적 손해가 발생한 경우, 전자에 대하여는 협약에 따라, 후자에 대하여는 법정지의 국제사법에 의하여 결정되는 제조물책임(또는 불법행위책임)의 준거법에 따라 매도인의 책임을 물을 수 있다.

협약은 인적 손해만을 배제하므로 물품에 대하여 발생하는 물적 손해, 즉 재산적 손해뿐만 아니라 그 밖에 매수인에게 발생하는 경제적 손해에는 협약이 적용된다.[59]

나. 물적 손해와 관련된 문제점

이와 같이 물품으로 인하여 매수인의 다른 재산에 야기한 물적 손해에 대하여는 협약이 적용되는데, 이와 관련하여 협약에 따른 책임과 국내법에 따른 제조물책임(또는 불법행위책임)과의 관계가 문제된다. 이 경우 피해자가 제조물책임(또는 불법행위책임)의 준거법인 국내법에 기하여 손해배상청구를 할 수 있는지, 아니면 그 경우 협약은 제조물책임(또는 불법행위책임)을 규율하지 않음에도 불구하고 협약이 우선한다고 보아 협약상의 권리만을 행사할 수 있는지가 문제된다. 만일 피해를 입은 매수인이 협약(제39조)이

56) 제조물책임법 시행 전의 대법원 2000. 7. 28. 선고 98다35525 판결도 "제조물책임이란 제조물에 통상적으로 기대되는 안전성을 결여한 결함으로 인하여 생명·신체나 제조물 그 자체 외의 다른 재산에 손해가 발생한 경우에 제조업자 등에게 지우는 손해배상책임이고, 제조물에 상품적합성이 결여되어 제조물 그 자체에 발생한 손해는 제조물책임의 적용 대상이 아니므로, 하자담보책임으로서 그 배상을 구하여야 한다"고 판시하였다. 우리 제조물책임법(제3조 제1항)은 이를 명시한다. 확대손해에 대하여는 불완전이행을 이유로 채무불이행책임을 물을 수도 있을 것이다.

57) 최흥섭, 20면.

58) 이를 가리키는 용어로는 확대손해, 결함야기손해, 부가적 손해, 하자결과손해 등 다양한 용어가 사용되고 있다.

59) 최흥섭, 21면.

요구하는 합리적인 기간 내에 물품부적합의 통지를 하지 않았다면 매수인은 물품의 부적합에 대한 협약상의 책임을 물을 수 없는 데 반하여, 제조물책임(또는 불법행위책임)의 준거법상으로는 대체로 이런 요건이 불필요하므로 그런 법제에서는 여전히 제조물책임(또는 불법행위책임)을 물을 수 있고 또 이를 물을 실익이 있기 때문이다.[60]

이에 관하여는 견해가 나뉘는데,[61] 우리나라에도 제조물책임을 계약책임으로 취급하는 국가와의 균형상 이는 전적으로 협약에 의하고 제조물책임(또는 불법행위책임)에 관한 국내법의 적용을 배제하는 견해와, 양자 간에는 물품부적합 통지기간, 제척기간, 위자료의 인정 여부, 책임제한의 가능성, 손해배상의 범위 등 기능상의 차이가 있으므로 국내 제조물책임(또는 불법행위책임)법의 적용을 긍정하는 견해가 있다.[62] 국내 제조물책임(또는 불법행위책임)법의 적용을 배제하는 근거는 매매계약법을 통일하고자 하는 협약의 목적에 있다. 독일에서는 긍정설이 다수설이나, 부분적으로 국내 제조물책임(또는 불법행위책임)법의 적용을 긍정하는 절충설이 있다. 긍정설이 더 설득력이 있다고 본다. 제조물책임(또는 불법행위책임)의 성립을 긍정한다면 그 준거법은 법정지의 국제사법에 의하여 결정된다. 우리 국제사법은 제조물책임에 대한 특칙을 두지 않으나 통상의 경우 불법행위의 연결원칙을 정한 제32조에 따라 취득지법이자 결과발생지법인 한국법이 준거법으로 될 가능성이 크다(한국 내 결과발생을 예측할 수 있다면).[63] 그러나 이 때에도 종속적 연결을 긍정한다면 매매계약의 보충적 준거법을 결정하고 그 준거법 소속국의 제조물책임(또는 불법행위)법에 따라야 할 것이다.[64]

60) 제조물책임을 계약책임으로 성질결정하는 국가에서는 협약에 따라 결정될 것이므로 제5조는 제조물책임을 계약책임으로 성질결정하는 국가에서 더 큰 의미가 있다.

61) Honnold, §73은 이를 부정하나, 독일에서는 긍정설이 다수설이다. S/S/Ferrari, Art. 5 Rn. 12. 학설의 상세는 Martin Köhler, Die Hafung nach UN-Kaufrecht im Spannungsverhältnis zwischen Vertrag und Delikt (2003), S. 137f. 참조.

62) 최흥섭(註 20), 194면은 국내불법행위법의 적용을 부정하였으나, 최흥섭, 22면은 긍정설을 취한다. 허해관(註 20), 185면은 부정설을 취한다.

63) 로마Ⅱ규정(제5조)과 일본 법적용통칙법(제18조)은 제조물책임의 준거법에 관한 특칙을 두고 있는데, 이는 우리 국제사법의 해석론과 입법론에 도움이 된다.

64) 종속적 연결의 허용 여부에 관하여 독일에서는 계약의 보충적 준거법에 종속적으로 연결하는 긍정설(예컨대 Münchkomm/Junker, BGB Band 10 4. Auflage (2006), Art. 41 Rn. 16)과 부정설(예컨대 Jan von Hein, "Rechtswahlfreiheit im Internationalen Deliktsrecht," Rabels Zeitschrift Band 64 (2000), S. 601f.)이 있다. 김인호, "從屬的 連結에 의한 不法行爲의 準據法," 인권과 정의 제392호(2009. 4.), 96면은 긍정설을 취한다.

우리 법상으로는 물건의 하자로 인하여 물건 자체에 발생한 손해는 제조물책임이 아니라 단지 담보책임의 문제이고, 생명, 신체 또는 제조물 이외의 다른 재산에 대해 발생한 손해는 불완전이행책임 또는 제조물책임의 문제가 된다. 우리 법상 불완전이행책임과 제조물책임(또는 불법행위책임)의 경합 여부는 채무불이행책임과 불법행위책임의 경합에 관한 일반이론에 따른다.[65]

이상의 논의를 정리하면 다음과 같다.

《제조물책임에 대한 협약의 적용 여부》

구 분		협약의 적용 여부
제3자에 대한 책임	인적 손해	계약책임 ×
		제조물책임(불법행위책임) ×
	물적 손해	계약책임 ○(계약관계가 있는 경우)
		제조물책임(불법행위책임) × (계약관계가 없으므로) : 준거법에 의하여 가능
매수인에 대한 책임	인적 손해	계약책임 ×
		제조물책임(불법행위책임) ×
	물적 손해	계약책임 ○
		준거법에 의한 제조물책임(불법행위책임) △ 논란 있음

4. 기타 협약이 규율하지 않는 사항

협약은 그 밖에도 행위능력, 임의대리, 소멸시효, 계약체결상의 과실책임, 상계, 채무의 면제, 채권양도, 채무인수, 위약벌 또는 손해배상액의 예정과 통화 등을 규율하지 아니한다.[66] 이러한 사항들은 법정지의 국제사법에 의하여 결정되는 각 관련 쟁점의 준거법에 의하여 규율된다. 변호사보수 기타 소송비용에 관하여도 논란이 있다. 여기에서는 몇 가지만 언급한다.

65) 우리 법상으로는 민법에 따른 불완전이행책임을 묻거나 제조물책임법에 따른 제조물책임을 묻는가에 관계없이 통지가 없어도 결함야기손해에 대해 책임을 물을 수 있으나 협약상으로는 통지를 하지 않으면 계약책임을 물을 수 없다.

66) 상세는 S/M, Art. 4 Rn. 35ff. 참조. 다만 아래에서 보듯이 상계에 관하여 일반원칙이 있다는 견해도 있다. 통화에 관하여도 외적 흠결인지 내적 흠결인지 논란이 있다.

가. 소멸시효

1974년 뉴욕에서 "국제물품매매의 시효에 관한 협약"(The Convention on the Limitation Period in the International Sale of Goods)[67]이 채택되었고, 이는 1980년 매매협약과 함께 채택된 1980. 4. 11. "시효협약에 대한 부속의정서"에 의해 개정되었다. 주요 국가들은 시효협약을 비준하거나 가입하지 않고 있으나 미국은 가입하였다.

시효협약은 매매계약의 당사자가 계약에서 발생하거나 또는 그 계약의 위반, 해제 또는 무효에 관한 청구권을 행사할 수 있는 기간(when claims of a buyer and a seller against each other arising from a contract of international sale of goods or relating to its breach, termination or invalidity can no longer be exercised by reason of the expiration of a period of time), 즉 시효기간(limitation period)[68]에 적용된다. 여기의 시효기간은 그러한 청구권을 행사하기 위하여 법적 절차를 제기할 수 있는 기간을 말하는데, 그에는 재판절차, 중재절차와 행정절차가 포함된다(제1조 제3항 e호). 그러나 청구권을 취득하거나 또는 행사하기 위하여 필요한 통지와, 기타 법적 절차의 제기(institution of legal proceedings) 이외의 일정한 행위를 해야 하는 기간(제1조 제2항은 이런 기간을 'time-limit'라고 부른다)에는 적용되지 않는다. 시효기간은 원칙적으로 4년이고(제8조), 시효기간이 연장되거나 갱신되더라도 시효기간은 기산점 이후 10년을 넘을 수는 없다(제23조). 시효기간의 기산점에 대해서는 제9조에서 청구권 발생일에 개시한다는 원칙을 정하고, 제10조에서는 청구권의 발생일을 명시하며(예컨대 계약위반의 경우 계약위반 시), 제11조와 제12조에서는 특칙을 두고 있다.

우리나라는 시효협약에 가입하지 않았으므로 매매계약에 따른 각종 권리의 소멸시효 내지 제척기간은 국제사법에 따라 결정되는 매매계약의 보충적 준거법에 따를 사항이다. 우리 국제사법상 시효는 실체의 문제로 성질결정되기 때문이다.

---

67) 시효협약에 관하여는 최흥섭, "國際物品賣買에 관한 유엔時效協約," 비교사법 제7권 제2호(2000), 863면 이하 참조.

68) 이를 '제한기간' 또는 '제소기간'이라고도 번역한다.

나. 상 계

자동채권과 수동채권이 모두 협약에 따르더라도 협약은 상계를 규율하지 않으므로 상계의 허용성과 그 요건 및 효과의 준거법을 결정할 필요가 있다. 그러나 독일의 유력설은 양 당사자의 채권이 협약에 따르는 매매계약으로부터 발생하는 경우 준거법의 매개를 거치지 않고 협약에 내재하는 메커니즘에 따라(즉 준거법에 따른 상계요건을 검토할 필요 없이) 상계할 수 있다고 본다. 양 당사자 간에 대립하는 변제기가 도래한 협약에 내재하는 채권을 가지는 경우 일방이 상계의 의사표시를 하는 때에는 대등액의 범위에서 채권이 소멸하는데, 이는 바로 협약의 기초를 이루는 일반원칙으로서 준거법에 우선한다는 것이다.[69] 그러나 이에 따를 경우 상계의 효과를 어느 법에 따라 판단하는지는 분명하지 않은 것으로 보인다.

한편 상계의 준거법에 관하여 우리나라에서는 자동채권과 수동채권의 준거법을 누적적용하는 견해가 유력하나, 유럽에서는 수동채권의 준거법을 적용한다는 견해가 유력하다.[70] 누적설을 취할 경우 상계의 요건에 관하여는 각 채권의 준거법을 누적적용하게 되나, 효과의 측면에서 어떤 기준을 제시하는지는 분명하지 않다. 이처럼 상계의 준거법을 결정하려면 협약이 적용되지 않았더라면 적용되었을 매매계약의 보충적 준거법을 결정할 필요가 있다.

이와 관련하여 저자가 아는 한, 협약을 정면으로 다룬 우리나라 최초의 판결인 서울동부지방법원 2007. 11. 16. 선고 2006가합6384 판결은 흥미롭다.

---

69) S/M, Art. 4 Rn. 47. 그 근거로는 예컨대 매매계약의 해제 시 매도인은 대금을 반환해야 하고, 매수인은 그에 상응하여 물품으로부터 발생된 이익을 지급해야 함을 규정한 제84조와, 물품을 매각한 당사자는 매각대금에서 물품의 보관 및 매각 비용을 공제하고 차액을 상대방에게 반환해야 한다고 규정하는 제88조 나아가 당사자 간의 의무이행의 동시이행을 규정한 제58조, 제81조 제2항 등을 든다. 그 밖에 대금감액권을 정한 제50조를 들기도 한다. Fawcett/H/B, para. 16.58.

70) 계약채무의 준거법에 관한 유럽의회와 이사회의 2008년 6월 17일 규정(EC) 번호 593/2008(로마 I)(제17조)은 위 유력설을 따른다. 이는 2009년 12월 17일 발효되었다. 우리나라에서도 근자에는 수동채권의 준거법이 원칙적으로 상계의 준거법이 되고, 예외적으로 채무자가 채무의 존속에 대하여 이익을 갖고 있다는 점에 대하여 주장·입증에 성공한다면 자동채권과 수동채권의 준거법이 중첩적으로 적용된다는 견해가 있다. 이헌묵, "국제적 상계에 대한 준거법," 국제거래법연구 제18집 제1호(2009), 138면 참조. 수동채권 준거법설을 취하는 견해도 있다. 박영복, "매매협약(CISG) 적용 사안에 있어서의 상계," 국제거래법연구 제29집 제1호(2010), 138면 참조. 임치용, "채권양도 및 상계의 준거법—외국파산절차의 국내적 효력과 관련하여—," 진산 김문환총장정년기념논문집 제1권: 국제관계법의 새로운 지평(2011), 363면은 누적적용설을 따른다.

이는 매도인인 원고(중국기업)가 매수인인 피고(한국기업)를 상대로 미지급 매매대금과 지연손해금의 지급을 구한 사건인데, 법원은 피고의 상계항변에 대하여 다음과 같이 판단하였다. 즉 원고의 공급지연으로 인한 피고의 손해배상채권과 원고의 피고에 대한 미지급 물품대금채권은 상계적상에 있었는데, 피고가 준비서면을 통하여 상계의 의사표시를 하였으므로, 원고의 채권은 상계적상일에 소급하여 대등액 범위에서 소멸하였다는 것이다. 그 사건에서 원고와 피고의 채권이 모두 협약이 적용되는 동일한 매매계약에 의하여 발생한 것이었는데, 위 판결이 독일의 유력설처럼 협약에 내재하는 상계의 메커니즘을 따른 것인지, 아니면 준거법에 대한 고려 없이 상계의 요건과 효력의 준거법을 한국법으로 판단한 것인지는 불분명하지만 아마도 후자일 개연성이 크다. 그렇다면 이는 잘못이다.[71] 저자는 이 판결에 대한 간단한 평석[72]에서 이 점을 지적하였던바, 다행스럽게도 위 판결의 항소심인 서울고등법원 2009. 7. 23. 선고 2008나14857 판결은 상계의 준거법을 중국법으로 보고 合同法상 상계에 해당하는 抵銷(저소)의 법리에 따라 피고의 상계항변을 받아들였다.[73]

만일 상계의 준거법이 중국법이라고 볼 경우 원고의 대금채권의 통화와 피고의 손해배상채권의 통화가 상계적상에 있는지도 중국법에 따라 판단해야 한다.

다. 소송비용과 변호사보수

협약상 변호사의 보수 및 기타 소송비용도 손해배상의 일부로서 회수할 수 있는지는 논란이 있다. 유럽 대륙에서는 견해가 나뉘고 긍정설도 있으

---

71) 서헌제, "주요국에서의 CISG 적용과 우리의 과제 — 미국, 중국, 한국을 중심으로," 국제거래법연구 제18집 제1호(2009), 99면은 위 판결이 협약의 적용 여부를 언급한 뒤 다수견해(준거법을 적용하는 견해를 말한다)에 따라 우리 국제사법이 정하는 준거법을 따져 민법을 적용하였더라면 훨씬 세련된 판결이 되었을 것이라고 지적한다. 그러나 위 사건에서 매매계약의 매도인이 중국기업이고 매수인이 한국기업이었으므로 매매계약의 가정적 준거법은 중국법이 되었을 가능성이 크므로 우리 민법을 적용하는 것은 근거가 약하다.

72) 석광현, "국제물품매매협약(CISG)을 다룬 최초의 우리 판결," 법률신문 제3754호(2009. 6. 15.), 15면.

73) 항소심 판결에 대한 평석은 석광현, "국제물품매매협약(CISG)을 다룬 최초 우리 판결의 항소심판결," 법률신문 제3781호(2009. 9. 28.), 15면. 저자가 법률신문사에 보낸 원고의 제목은 위와 같으나 실제 게재된 원고의 제목은 "국제물품매매협약(CISG)을 다룬 최초 우리 항소심판결"이었다. 사실 최초 항소심 판결은 다른 판결인데 법률신문사측이 저자의 동의 없이 제목을 변경한 것은 대단히 유감스러운 일이다. 법률신문사는 저자의 지적을 받고 인터넷판의 제목을 바로잡았다.

나,[74] 미국에서는 부정하는 경향이 강하다. 그런데 협약상 계약을 위반한 당사자는 그 결과 상대방이 입은 손실과 동등한 금액을 배상하여야 하고, 다만 그 손해배상액은 위반당사자가 계약위반의 가능한 결과로서 발생할 것을 예견하였거나 예견할 수 있었던 손실을 초과할 수 없다(제74조). 여기에서 상대방이 소송수행을 위하여 선임한 변호사보수가 손해배상의 범위에 포함되는가가 문제된다. 특히 미국의 경우 이른바 'American rule'에 따라 소송당사자들은 원칙적으로 변호사보수를 포함한 자신의 소송비용을 부담해야 하는데, 협약이 적용되는 사안에서 과연 변호사보수를 손해배상의 일부로 청구할 수 있는지가 논란이 되었다. 2001년 *Zapata Hermanos Sucessores, S.A. v. Hearthside Baking Co., Inc.,* 사건 판결에서 일심인 연방지방법원[75]은 법률이 달리 규정하는 경우 Amercian rule이 적용되지 않는데 협약 제74조가 그런 법률이라는 근거로 제74조에 따른 손해배상으로서 이를 인용하였다. 그러나, 제7순회구 연방항소법원의 2002년 11월 19일 판결[76]은 변호사보수는 협약이 규율하지 않는 사항으로서 절차의 문제이고, 협약이 American rule을 묵시적으로 뒤집는 것은 아니라는 이유로 위 판결을 파기하였다. 협약의 성안과정에서 이 점이 논의되지 않은 점에 비추어 체약국들이 협약에 의하여 국내법을 변경할 의도를 가지고 협약을 성안하고 채택했다고 보기는 어렵다. 특히 CISG-AC Opinion No. 6이 지적하는 바와 같이, 성질결정은 국가에 따라 또한 특정한 사안의 상황에 따라 상이할 수 있고, 특히 만일 소송비용을 제74조에 따른 손해배상으로 받을 수 있다면 승소한 원고에게만 변호사보수를 받을 수 있도록 할 뿐이고 피고가 승소한 경우 변호사보수를 받을 수 없게 되는 결과, 협약 제45조와 제61조가 정한 매도인과 매수인의 평등의

74) S/S/Schwenzer Einleitung, S. 31.

75) U.S. District Court, Northern District of Illinois 28 August 2001.

76) *Zapata Hermanos Sucesores, S.A. v. Hearthside Baking Co., Inc.,* 313 F.3d 385 (7th Cir. 2002), http://cisgw3.law.pace.edu/cases/021119u1.html 참조. 멕시코 기업인 원고(Zapata)는 미국 기업인 피고에게 비스킷 통(biscuit tins)을 매도하였는데 피고가 대금을 지급하지 않자 미국 일리노이 북부지역법원에 대금지급을 구하는 소를 제기하였고 지출한 변호사보수가 협약 제74조의 손해에 포함된다고 주장하면서 그 배상도 청구하였다. 소개는 최흥섭, "유엔국제물품매매계약에서 손해배상의 법리," 인권과 정의 제343호(2005. 2.), 174면; 정진세, "국제물품매매계약에 관한 UN협약(비엔나, 1980)의 손해배상책임—예견가능성의 주체, 대상, 기준시기, 입증책임 등 적용에 관한 제문제," 통상법률 통권 제97호(2011. 2.), 26면 이하 참조. 평석은 우선 Harry Flechtner and Joseph Lookofsky, "Viva Zapata! American Procedure and CISG Substance in a U.S. Circuit Court of Appeal," 7 Vindobona Journal of International Commercial Law and Arbitration 93 (2003) 참조.

원칙에 반하게 되어 부당하다.[77] 따라서 연방항소법원의 견해가 타당하다.[78] 법정지가 우리나라라면 변호사보수는 소송비용과 같이 법정지의 소송법에 따를 사항이다.[79]

한편 국제거래에서 예컨대 외국에서 제소된 경우 외국 변호사와 연락을 담당하는 국내 변호사 비용은 모든 사정에 비추어 필요 여부를 판단해야 할 것이나, 만일 긍정된다면 준거법에 따라 손해배상의 범위에 포함될 수 있을 것이다.

5. 협약이 규율하는지 논란이 있는 사항

가. 약관의 편입과 내용통제

약관(또는 보통거래약관)이 협약에 의해 규율되는지에 대해 논란이 있고 다양한 판례가 나와 있으나[80] 사견으로는 우선 약관의 편입통제(즉 약관의 편입 여부)와 내용통제를 구분할 필요가 있다.

우선 약관이 매매계약에 편입되어 그의 일부를 구성하는지는 계약의 성립과 관련되므로 협약에 의하여 규율된다.[81] 그런데 협약은 약관의 편입에 대해 우리 약관의 규제에 관한 법률(이하 "약관규제법"이라 한다)에서 보는 바와 같은 별도의 규정을 두지 않으므로 이는 계약의 성립에 관한 협약 제14조 이하에 따라 해결할 사항이다. 협약 외에 우리 약관규제법과 같은 국내법이 있는 경우 약관의 편입에 관한 국내법이 협약에 우선하여 적용되는가라는 의문이 있으나, 협약은 계약의 성립에 관하여 통일규범을 마련하여 망라적으로 규율하고 있으므로 국내법은 비록 그것이 강행적인 성질의 것이더라

77) CISG-AC Opinion No. 6, comments, para. 5. 4. 위 연방항소법원 판결도 이 점을 지적하였다.

78) Alastair Mullis, "Twenty-Five Years On — The United Kingdom, Damages and the Vienna Sales Convention," Rabels Zeitschrift Band 71 (2007), S. 44f.도 동지.

79) S/M, Art. 74 Rn. 52; S/S/Schwenzer, Art. 74 Rn. 29. 국제민사소송법상으로도 소송비용은 법정지법에 따를 사항이다. 예컨대 Heinrich Nagel/Peter Gottwald, Internationales Zivilprozessrecht 6. Auflage (2007) §5 Rz. 430.

80) 판례는 김인호, 국제물품매매계약에 관한 유엔협약 사례연구 I (2004), 111면, 149면, 155면 참조.

81) 최흥섭, 19면; S/S/Ferrari, Art. 4 Rn. 20. 약관에 관하여는 최흥섭, "유엔국제매매법(CISG)에서 약관에 관한 문제," 법조 통권 제592호(2006. 1.), 104면 이하; Jörg Schultheiß, Allgemeine Geschäftsbedingungen im UN-Kaufrecht (2004) 참조.

도 적용되지 않는다고 보는 것이 규범의 국제적 통일에 더 적절하다.[82]

한편 약관이 내용통제의 결과 무효가 되는지는 계약조항의 유효성의 문제이므로 협약(제4조 a호)에 따라 협약의 적용범위로부터 제외되고 계약의 준거법에 따를 사항이다.[83] 주의할 것은, 우리 약관규제법을 국제적 강행규범으로 보는 견해도 주장될 수 있으나 저자는 이를 부정한다는 점이다.[84] 따라서 우리 약관규제법은 준거법이 한국법인 경우에 적용된다. 약관의 내용통제의 결과 계약에 따른 본질적인 권리를 제한하거나 일방당사자에게 부당하게 불리한 조항은 무효가 되는데 이 경우 과연 그에 해당하는지를 판단하는 평가의 척도가 협약인지 아니면 국내법인지에 관하여는 독일에서는 견해가 나뉘나, 국내법이 아니라 협약이 적용되는 사안이라면 협약을 기준으로 삼아야 한다.[85]

나. 상인의 확인서면의 효력

독일법상 청약에 대한 일방당사자의 침묵은 원칙적으로 승낙이 되지 않으나 상인의 확인서면(kaufmännisches Bestätigungsschreiben)의 경우 예외가 인정된다. 즉 상인 간에 구술로 일단 계약을 체결한 뒤 일방당사자가 계약의 확인을 위하여 서면을 송부한 경우 상대방이 그에 대해 즉시 이의를 제기하지 않고 침묵(Schweigen auf Bestätigungsschreiben)하면 확인서면을 승낙한 것이 되어 그의 내용에 따라 계약이 체결된 것으로 보는 관행이 있다. 이처럼 독일법상 확인서면은 통상 구술로 이미 체결된 계약을 확정하고, 본질적이지 않은 경우 서면에 기재된 바에 따라 계약내용을 변경하는 기능을 한다.[86] 이는 거래의 신속성과 확실성 및 입증 등의 측면에서 장점이

---

82) Wolfgang Witz/Hanns-Christian Salger/Manuel Lorenz, International Eihheitliches Kaufrecht (2000), Vor Artt. 14-24 Rn. 10; Schultheiß(註 81), S. 12; Christoph Reithmann/Dieter Martiny (Hrsgs.), Das Internationale Vertragsrecht 6. Auflage (2004), Rz. 738(Mariny 집필부분)(이하 이 책은 "Reithmann/Martiny/집필자"로 인용한다).

83) S/S/Ferrari, Art. 4 Rn. 20도 동지.

84) 우리 국제사법상의 논의는 석광현, "國際去來와 약관의규제에관한법률의 적용," 국제사법과 국제소송 제3권(2004), 151면 이하 참조. 대법원 2010. 8. 26. 선고 2010다28185 판결도 약관규제법은 국제적 강행규범이 아니라고 보았다. 간단한 평석은 석광현, "약관규제법은 국제적 강행규정인가," 법률신문 제3920호(2011. 3. 21.), 13면 참조.

85) 최흥섭, 19면; S/S/Ferrari, Art. 4 Rn. 20.도 동지. 이는 독일의 통설이다.

86) 통상 이처럼 상인 간의 확인서면은 계약의 성립 후에 발생하는 문제로 파악하고, UNIDROIT 원칙과 유럽계약법원칙의 규정도 같다. 즉 국제상사계약원칙(제2. 1. 12조)과 유럽계약법원

있다.[87)]

협약은 상인의 확인서면에 관하여 규정하지 않으므로 협약상 상인의 확인서면이 독일법에서 가지는 효력을 가질 수는 없다. 협약의 성안과정에서 상인 간의 서면제도를 명시하자는 제안이 있었으나 계약조건의 변경은 당사자 간의 합의를 전제로 한다는 이유로 거부되었기 때문이다.[88)] 따라서 상인의 확인서면의 문제에 관한 한 협약이 정한 당사자의 합의에 의하여 계약이 체결된다는 원칙에 의해 해결하면 족하고 국제사법에 의할 이유도 없다. 하지만 예컨대 상인 간의 확인서면 제도를 두고 있는 국가에 영업소를 둔 당사자 간에 매매계약이 체결된 경우와 같이 상인의 확인서면이 협약 제9조 제1항의 당사자 간에 합의된 관행 또는 관례 또는 제9조 제2항의 국제적 관행에 해당하는 경우 그에 따른 효력을 인정할 수는 있을 것이다.[89)]

다. 입증책임과 입증의 정도

(1) 입증책임

소송상 요증사실의 존부가 확정되지 않을 때, 즉 진위불명(*non liquet*) 시 당해 사실이 존재하는 않는 것으로 취급되어 법률판단을 받게 되는 당사자의 위험 또는 불이익을 입증책임(즉 객관적 입증책임 또는 증명책임)이라 한다.[90)] 입증책임은 절차법이 아니라 당해 법률관계의 준거법에 따를 사항이라는 점은 우리 판례의 확립된 태도이다.[91)]

칙(제2:210조)은, 계약체결 후 합리적인 기간 내에 계약의 확인을 목적으로 서면을 송부한 경우 그 내용이 계약의 조건을 본질적으로 변경하거나 수령자가 부당한 지체없이 이의를 제기하지 않으면 계약의 일부가 된다는 취지로 규정한다. 최흥섭(註 81), 119면 이하도 동지. 그러나 독일에서는 계약이 아직 체결되지 않는 단계에서 계약을 체결하고 내용을 확정하는 기능을 하기도 한다. 이 경우 수령자의 침묵은 확인서면의 승낙으로 간주되고 그 결과 계약이 체결된다.

87) 최흥섭(註 81), 120면.

88) S/M, Art. 19 Rn. 5.

89) S/M, Art. 19 Rn. 5, 26. 관련된 판결에는 다양한 스펙트럼이 있다. 즉 국제적인 관행이 아님을 이유로 상인의 확인서면의 효력을 부정한 판결, 효력을 긍정한 판결, 확인서면의 수령인이 그런 관행을 인정하는 국가에 영업소를 둔 경우 효력을 긍정한 판결, 효력을 부여하지는 않았지만 당사자의 의사에 관한 증거를 평가하는 데 의미를 부여한 판결들이 있다. Draft Digest, Part Ⅱ, para. 13 참조.

90) 반면에 승소를 하기 위하여 입증책임을 지는 사실에 대하여 증거를 대야하는 당사자의 행위책임을 증거제출책임 또는 주관적 입증책임이라고 부른다.

91) 적하보험에 관한 대법원 1991. 5. 14. 선고 90다카25314 판결 등 참조. 우리 민사소송법학에서도 입증책임에 관한 규정을 실체규범으로 이해한다.

협약이 입증책임의 문제를 명시하지 않는 경우,[92] 입증책임의 문제를 절차로 이해하여 실체법인 협약은 이를 규율하지 않는다고 보는 견해도 있지만[93] 이를 실체로 이해하는 것이 주류이다.[94] 즉 입증책임의 성질결정에 관하여 어떤 견해를 취하든 간에 협약은 입증책임의 문제를 규율한다고 보는 것이 통설이고, 이는 관련된 개별조항의 입법역사와 문언으로부터 구체적인 입증책임 분배의 원칙을 도출한다. 그 과정에서 로마법의 원칙(*ei incumbit probatio, qui dicit, non qui negat*)[95]과 유사한 원칙을 따르는데, 그에 의하면 청구의 근거로서 개별규정의 요건사실을 주장하는 당사자는 이를 입증해야 하고, 예외규칙을 주장하는 당사자는 그 요건사실을 입증하여야 한다.

(2) 입증의 정도: 손해의 입증을 중심으로

협약상 계약위반으로 피해를 입은 당사자는 위반 당사자에 대하여 손해배상을 청구할 수 있다. 피해당사자는 손해의 발생, 손해와 계약위반 간의 인과관계와 손해의 범위 등 손해배상의 요건을 입증해야 하나, 손해를 예견할 수 없었다는 점은 채무자가 입증해야 한다.[96] 그런데 협약은 손해 발생의 확실성의 정도를 명시하지 않으므로 견해가 나뉜다. 종래 독일 등의 유력설은 손해의 확실성을 입증의 정도의 문제로 보면서 이는 절차의 문제이므로 법정지법에 따를 사항이라고 본다.[97] 그런데 입증의 정도는 법계에 따라 다르다. 즉 독일과 우리 민사소송법상 증명은 법관의 의심을 완전히 배제할 수는 없지만 의심에 침묵을 명할 정도의 확신, 즉 '고도의 개연성'의 확신을 요구한다. 반면에 영미 민사소송에서 요구되는 통상의 입증의 정도는 '증거의 우월' 또는 '우월한 개연성'으로 족하므로 원·피고 주장의 개연성을 형량하여 어느

92) 협약은 입증책임을 명시하기도 한다. 채무자의 면책에 관한 제79조 제1항은 "당사자는 그 의무의 불이행이 자신이 통제할 수 없는 장애에 기인하였다는 것과 계약체결 시에 그 장애를 고려하거나 또는 그 장애나 그로 인한 결과를 회피하거나 극복하는 것이 합리적으로 기대될 수 없었다는 것을 증명하는 경우에는, 그 의무불이행에 대하여 책임이 없다"고 규정한다.

93) 예컨대 Honnold, §70.1. 이는 나아가 협약에는 입증책임 규칙에 관하여 일반적으로 적용 가능한 명백한 규칙이 없고, 소수의 개별적인 부분이 입증책임의 쟁점을 기술하며, 협약의 기초자들은 입증책임의 쟁점을 일반적으로 다룰 의도가 없었음을 보여주는 많은 징표가 있다고 한다. 이를 실체로 이해하면서도 협약은 이를 규율하지 않는다는 견해도 있다.

94) 해상적하보험의 영국법준거약관에 관한 대법원 1991. 5. 14. 선고 90다카25314 판결 등도 이러한 결론을 당연한 것으로 보고 있다.

95) 이는 입증책임은 부정하는 자가 아니라 주장(또는 긍정)하는 자가 부담한다는 취지이다.

96) S/M, Art. 74 Rn. 62.

97) S/M, Art. 74 Rn. 61; S/S/Stoll/Gruber, 4. Auflage, Art. 74 Rn. 53.

것이 50%를 초과하면 법원은 이를 증명된 것으로 취급할 수 있다.[98]

대법원 2001. 5. 15. 선고 99다26221 판결은 "영국 해상보험법 및 관습에 의하면, 보험의 목적에 생긴 손해가 그 부보위험인 해상 고유의 위험으로 인하여 발생한 것이라는 점에 관한 입증책임은 피보험자가 부담하고, 그 증명의 정도는 '증거의 우월'(preponderance of evidence)에 의한 증명으로 충분하다"는 취지로 판시하였는데 이는 입증의 정도가 실체의 문제로서 준거법에 따를 사항이라는 것이다. 그러나 저자는 아래 이유로 이를 절차의 문제로 본다. 첫째, 입증의 정도는 소송에서 법관의 지위 및 확신(또는 심증)의 형성과 밀접하게 관련되고, 둘째, 우리 법에서 입증의 정도는 법관의 인적(또는 내부적) 확신의 형성인데, 실체 준거법인 외국법이 다른 기준을 요구하면 우리 법관은 어려움을 겪게 되고 외국법의 내용을 확정할 수 없는 경우 더욱 그렇다. 셋째, 입증의 정도는 법정지법에 따르는 증거의 평가와 밀접하게 관련된다. 넷째, 입증의 정도에 관하여 외국법을 적용하면 외국인 원고에게 입증의 정도를 완화하게 되어 내국인 피고에게 불이익을 주고 내국인차별을 초래한다.[99]

주목할 것은 UNIDROIT 국제상사계약원칙은 손해의 확실성(certainty)에 관하여 명시하는 점이다. 즉 제7.4.3조 제1항은, 배상할 손해는 합리적인 정도로 확실하게 증명된 손해(장래 손해를 포함)에 한정된다고 규정하고, 제3항은 손해액이 충분한 정도로 확실하게 증명될 수 없는 경우 법원의 재량으로 산정한다고 규정한다. CISG-AC Opinion No. 6[100]도 협약의 해석상 입증의 정도를 일률적으로 실체 또는 절차의 문제로 성질결정하고 그로부터 결론을 도출하는 데 반대하고 협약 자체로부터 원칙을 도출할 것이라고 하면서 그 기준으로 합리성의 원칙을 제시한다.[101] 그렇지 않으면 협약이 달성하려는 통일이 무의미하게 된다. 일반론으로는 입증의 정도는 절차의 문제로서

98) 법계의 차이의 근거는 Walther J. Habscheid/호문혁(역), "입증책임과 입증의 정도—대륙법과 영국법의 비교," 서울대 법학 제32권 제1·2호(통권 제85·86호)(1991. 8.), 122면 이하 참조.

99) 물론 입증의 정도는 입증책임처럼 실체법과 상호의존적이고 실체법에 큰 영향을 미친다는 점, 특히 책임법에서 입증의 정도를 낮추면 책임범위가 확대되고 이를 높이면 축소되므로 입증의 정도는 결국 책임을 결정한다는 점은 실체법설의 강력한 논거이다. Reinhold Geimer, Internationales Zivilprozessrecht 6. Auflage (2009), Rn. 2334f. 참조.

100) para. 2.2와 2.3.

101) S/S/Schwenzer, Art. 74 Rn. 65도 동지다.

법정지법에 따를 사항이나, 협약상으로는 적용상의 통일을 기하기 위하여 협약의 기초를 이루는 일반원칙인 '합리성의 원칙'을 따르는 유력설이 설득력이 있다.[102)]

한편 민법상 우리 판례는 기발생 손해와 장래 발생할 손해의 입증의 정도를 구별한다. 위에 언급한 대법원 1992. 4. 28. 선고 91다29972 판결은 "장래의 얻을 수 있었을 이익에 관한 입증에 있어서는 그 증명도를 과거사실에 대한 입증에 있어서의 증명도보다 경감하여 채권자가 현실적으로 얻을 수 있을 구체적이고 확실한 이익의 증명이 아니라 합리성과 객관성을 잃지 않는 범위 내에서의 상당한 개연성이 있는 이익의 증명으로 족하다"고 판시하였다. 위 판결은 채권자를 위하여 그 입증의 정도를 완화시킨 점에서 매우 중요하다는 평가를 받고 있다(위 사건 매매계약의 준거법은 한국법이었던 모양이다).

우리 법원이 협약의 해석상 일실이익의 입증의 정도를 완화할 수 있는지도 입증의 정도의 성질결정에 따라 좌우될 것이다. 만일 위 대법원판결처럼 입증의 정도를 실체의 문제로 보면, 협약 자체로부터 합리적 확실성의 기준을 도출하지 않을 경우 이는 결국 매매계약의 보충적 준거법에 의하게 되므로 법원에 큰 부담이 된다. 만일 협약으로부터 기준을 도출할 수 없다고 본다면 절차법설이 법원의 부담을 덜 수 있다. 왜냐하면 협약이 적용되는 사건에서도 위 대법원판결을 따를 수 있기 때문이다. 실제로 우리 법원이 협약을 적용하여 판결한 사건 중에는 매매계약의 보충적 준거법이 중국법, 호주 퀸즐랜드주법, 미국 캘리포니아주법, 싱가포르법과 스페인법인 사건들이 있는데[103)] 각각에 대해 그 당해 국가(주)의 입증의 정도를 따르라는 것은 법관에게는 부담스럽다.

손해의 입증의 정도에 관하여는 이처럼 '합리적 확실성'이라는 통일적 기준에 의하여 해결할 수 있으나 그 밖의 쟁점에 관하여는 여전히 문제가 남는데 이는 현재로서는 입증의 정도의 성질결정에 의하여 해결할 수밖에 없다.

---

102) 다만 이에 따른 입증의 정도가, 고도의 개연성 및 우월한 개연성과 비교할 때 어느 정도인지는 분명하지 않다.

103) 우리 법원의 판결은 석광현, "물품매매협약을 적용한 우리 법원 판례의 검토," 국제거래법연구 제20집 제1호(2011. 7.), 87면 이하 참조.

6. 계약의 방식(제11조)

협약은 계약의 방식에 관하여 통일규범을 두고 있다. 즉 제11조는 "매매계약은 서면에 의하여 체결되거나 입증될 필요가 없고, 방식에 관한 그 밖의 어떠한 요건도 요구되지 아니한다. 매매계약은 증인을 포함하여 어떠한 방법에 의하여도 입증될 수 있다"고 규정한다. 따라서 협약이 규율하지 않는 사항으로 계약의 방식을 거론할 것은 아니지만 협약은 그에 대한 유보를 허용하므로 유보한 국가의 경우 방식은 협약이 규율하는 사항이 아니다.

가. 계약의 방식 — 실질법과 저촉법

국가에 따라서는 이른바 '사기방지법'(statute of frauds)을 두고 있다. 당초 영국이 사기적인 당사자가 날조된 계약으로부터 권리를 획득하는 것을 막고자 1677년 사기방지법(Act for prevention of Frauds and Perjuries)을 제정하였다. 그러나 사기방지법이 실제로 의무를 인수한 자가 부당하게 계약의 구속으로부터 벗어나는 수단으로 남용됨에 따라 영국 판사들은 그 적용범위를 제한하였고 그 결과 위 법은 19세기 말에는 사실상 형해화되었으며 마침내 1954년 법개혁(계약의 이행강제)법(Law Reform (Enforcement of Contracts) Act)에 의하여 상당부분 폐기되었다.[104] 그러나 미국에서는 아직도 위 원칙이 통용되는데, 통일상법전(§2-201)에 따르면 미화 500불[105] 이상의 매매계약은 원칙적으로 서면에 의하지 않으면 강제할 수 없다(is not enforceable).[106]

전통적인 국제사법이론에 따르면, 계약의 방식은 법정지의 국제사법에 의하여 결정되는 방식의 준거법에 따를 사항이다. 그런데 우리 국제사법(제17조)에서 보듯이 일반적으로 계약의 방식은 계약의 실질의 준거법 또는 계약체결지법(즉 행위지법)에 선택적으로 연결된다. 다만 상이한 국가에 소재하는 당사자들 간에 체결된 계약, 즉 격지자 간의 계약의 경우에는 행위지를 결정해야 하는데 국제사법은 '*favor negotii*'(법률행위에 유리하게)의 원칙에

104) 일부는 부동산계약, 즉 1925년 제정된 재산권법(제40조) 등에 남아 있다.

105) 2003년 개정된 통일상법전은 이를 5,000불로 인상하였다.

106) 사기방지법의 원칙이 절차인지 실체의 문제인지, 실체라면 그것이 실질의 문제인지 아니면 방식의 문제인지는 논란의 여지가 있다. 외국에서는 증거법이라고 하더라도 국제사법적으로는 방식의 문제로 보는 견해도 있다. Reithmann/Martiny/Martiny, Rn. 792.

따라 가능한 한 계약이 방식요건을 쉽게 구비하도록 하고자 관련 국가 중 어느 한 국가의 법의 요건을 충족하면 방식상 유효한 것으로 한다(제17조 제3항).

나. 협약의 태도와 쟁점

협약은 별도의 명시규정이 있는 경우를 제외하고 계약이나 그 조항의 유효성과 관련이 없지만, 위에서 본 것처럼 계약의 방식, 즉 형식적 유효성의 문제에 관하여 직접 규정함으로써 통일규범을 도입하였다. 국가에 따라서는 법률상 매매계약의 체결 또는 입증에 서면을 요구하는 국가도 있음을 고려하여, 협약은 체약국은 매매계약, 합의에 의한 매매계약의 변경이나 종료, 청약, 승낙 기타의 의사표시를 서면 이외의 방법으로 하는 것을 허용하는 협약 제11조, 제29조 또는 제2편의 규정은 당사자 일방이 그 국가에 영업소를 가지고 있는 경우에는 적용하지 아니한다는 취지의 유보를 할 수 있도록 허용한다(제12조, 제96조). 실제로 중국 등은 제96조에 따른 유보를 하였다.[107] 그런데 중국의 계약법(제10조)은 구두계약을 허용하므로[108] 중국이 제12조에 따른 유보를 유지하는 이유는 선뜻 이해하기 어렵다. 어쨌든 협약 제11조, 제29조 또는 제2편은 당사자가 그에 따라 유보선언을 한 체약국에 영업소를 가지고 있는 경우에는 적용되지 아니한다(제12조).

협약 제11조는 아래의 의미를 가진다.

첫째, 협약이 매매계약의 방식의 자유를 보장하고, 영미법, 특히 미국법에서 인정되는 사기방지법을 채택하지 않았음을 의미한다. 또한 계약은 당사자의 합의만으로 변경 또는 종료될 수 있다(제29조). 둘째, 매매계약은 서면에 의하여 입증될 필요가 없다. 이는 입증방법의 문제로서 실체가 아니라 절차의 문제이고, 따라서 국제적으로 널리 인정되는 "절차는 법정지법에 따른다"(*forum regit processum*)는 국제사법 원칙 — 이것이 법정지법원칙(*lex fori* principle)[109]이다 — 에 따라 법정지법에 의할 사항이다. 그러나 협약이

107) 위에서 본 것처럼 통일상법전이 계약의 서면성을 요구하지만 미국은 제12조에 따른 유보를 하지 않았다. 저자는 당초 발표한 글과 국제물품매매계약의 법리에서 미국이 유보하였다고 썼으나 이는 잘못이므로 바로 잡는다.

108) 이규철, 중국계약법총람(2006), 22면. 중국의 계약법은 과거 경제계약법, 섭외경제계약법과 기술계약법을 대체하는 것으로 1999년 10월 1일부터 시행되고 있다. 동법 제428조 참조.

109) 절차(procedure)와 실체(substance)를 구별하는 실익은 바로 여기에 있다. 즉 어떤 쟁점이 절차로 성질결정되면 법정지법을 적용하면 되는 데 반하여 실체로 성질결정되면 더 나

이 점을 명시적으로 규정하므로 협약이 적용되는 범위 내에서는 예컨대 매매계약의 증명을 위하여 반드시 서면에 의할 것을 규정한 체약국의 국내 민사소송법의 적용은 배제된다고 본다.

하지만 협약(제11조)이 보장하는 방식자유의 원칙은 매매계약에 관한 합의에 한정되고, 관할합의나 중재합의와 같이 조약상 또는 국내법상 서면성이 요구되는 계약에 대하여는 적용되지 않는다.[110)]

체약국이 위 조항을 유보한 경우 당사자의 일방이 그 체약국에 영업소를 가지고 있는 때에는(예컨대 중국기업과 한국기업 간에 매매계약을 체결하는 경우) 계약의 방식은 법정지의 국제사법에 따라 결정되는 준거법에 의한다.[111)] 따라서 우리나라가 법정지인 경우 위에 언급한 우리 국제사법의 원칙이 적용된다. 만일 유보한 국가의 법이 준거법이 되는 경우 당사자들은 준거법이 정한 방식요건을 구비해야 한다. 이는 당해 유보 국가의 방식에 관한 강행규정이 잠탈되는 것을 방지하기 위한 것이다. 따라서 한중기업 또는 한미기업 간의 매매계약의 경우 서면요건을 구비하지 않은 때에는 우리나라에서는 유효하지만 중국 또는 미국에서는 무효인 계약이 있을 수 있다.

협약은 모두 임의규정이므로 당사자들이 그의 적용을 배제하거나 변경할 수 있지만, 제12조는 그에 대한 예외이다. 협약 제12조와 제6조는 이를 명시한다.

Ⅳ. 협약의 내적 흠결의 보충과 매매계약의 준거법

협약 제7조 제2항은 "이 협약에 의하여 규율되는 사항으로서 협약에서

아가 그것이 계약인지, 불법행위인지라는 식으로 구체적으로 성질을 결정할 필요가 있게 된다. 과거에는 법정지법원칙의 이론적인 근거를 절차법의 속지주의, 공법적 성격 또는 추상성과 장소는 행위를 지배한다는 국제사법원칙 등에서 구하였으나, 근자에는 외국절차법 적용의 실제상의 어려움을 피하기 위한 현실적 필요성과 법적 안정성의 요청 등을 고려한 합목적성을 든다. Geimer(註 99), Rn. 319ff.; Haimo Schack, Internationales Zivilverfahrensrecht, 5. Auflage (2010), Rn. 44ff. 장준혁, "法律行爲의 方式과 節次 문제의 구별," 국제사법연구 제12권(2006), 249면 이하도 참조.

110) S/M, Art. 11 Rn. 7; 최흥섭, 37면.

111) 최흥섭, 40면. 그러나 張瀟劍, "한·중무역간 CISG의 적용," 국제사법연구 제13호(2003), 106면(번역문을 인용한다)은 중국법원에서 재판 시 유보의 결과 한중기업 간의 매매계약은 서면으로 체결되어야 한다는 취지로 보인다.

명시적으로 해결되지 아니하는 문제는, 이 협약이 기초하고 있는 일반원칙, 그 원칙이 없는 경우에는 국제사법 규칙에 의하여 적용되는 법에 따라 해결되어야 한다"고 규정한다.112) 이러한 협약의 내적 흠결은 우선 '협약이 기초하고 있는 일반원칙'(general principles on which it is based)에 따라 해결해야 하고, 그것이 없는 경우 비로소 법정지의 국제사법에 의해 결정되는 준거법에 따라 해결해야 하지 성급하게 법정지의 국제사법에 호소해서는 아니 된다. 제7조 제2항은 '흠결의 보충'(gap-filling)에 관하여, 협약의 일반원칙의 도출과 국내법에의 호소라는 대립되는 요청 간에 미묘한 균형을 제시하는 것이다.113) 문제는 무엇이 그런 일반원칙인가라는 점이다.114) 여러 가지 쟁점에 관하여 과연 그런 일반원칙이 있는지에 관하여 논란이 있다. 아래에서는 그 중 몇 가지만을 살펴본다.115)

---

112) 제7조에 상응하는 ULIS 제17조는 일반원칙에 의하여 해결할 것만을 요구하고 국제사법은 언급하지 않는다.

113) Honnold, §102.

114) 우선 '당사자의사의 우위(또는 계약자유의 원칙)'(제6조), '관행의 고려'(제9조)와 '방식의 자유'(제11조), 권리남용금지를 포함하는 '신의성실의 원칙' 등이 일반원칙에 포함될 것이나 정확히 무엇이 일반원칙인가에 관하여는 다양한 견해가 있다. S/S/Ferrari, Art. 7 Rn. 48ff. 참조. Honnold는 상대방의 표시에 대한 신뢰, 상대방에 대한 필요한 정보의 통지, 손해경감의 의무 등을 일반원칙으로 열거한다. Honnold, §99 이하. 신의성실의 원칙은 협약의 해석원칙일 뿐이고 당사자의 권리·의무에 관한 일반원칙은 아니라는 이견도 있다. 예컨대 Fawcett/H/B, para. 16.57. 그러나 독일과 우리나라에서는 이를 넓게 해석하는 견해가 유력하다. 예컨대 김선국, "국제물품매매협약과 미국계약법," 국제거래법연구 제13집(2004), 20-21면; 김인호, "국제물품매매계약에 관한 국제연합협약의 신의성실의 원칙의 적용범위," 법조 통권 제600호(2006. 9.), 215면. UNIDROIT 원칙이 협약의 흠결을 보충하는 기능을 할 수 있는지에 관하여 논란이 있다.

115) 그 밖에 매매계약 체결 후 상황의 변화로 인하여 당해 계약의 균형의 본질적 변경(fundamental alteration of equilibrium of the contract)이 발생한 경우의 처리, 즉 이행가혹(hardship)을 제79조의 면책의 문제로 취급하기도 하나, 협약에 내적 흠결이 있는 것으로 보아 제7조 제2항에 따라 해결하자는 견해(그에는 다시 일반원칙을 적용하자는 견해와 UNIDROIT 원칙(제6. 2. 2.조) 및 유럽계약법원칙(제6.111조)을 적용하자는 견해가 있다)도 있고, 협약 제7조 제1항 또는 당사자의 의사의 합리적 해석을 근거로 재협상의무 또는 계약을 상황에 적합하게 변경할 의무를 긍정하는 견해 등이 있다. 종래의 학설은 S/S/Stoll/Gruber, Art. 79 Rn. 31과 Rn. 32 참조. 다만 이를 긍정하더라도 매우 예외적인 상황 하에서만 허용된다고 본다. CISG-AC Opinion, No. 7, para. 3.2와 comment para. 40은 이행가혹은 제79조의 장애에 포함될 수 있다고 보면서, 나아가 그 경우 법원 또는 중재판정부는 협약과, 협약의 기초가 되는 일반원칙에 부합하는 구제수단을 제공할 수 있다고 본다.

1. 대금의 통화

가. 통 화

협약은 대금의 통화에 관하여 규정하지 않는다. 당사자들은 통상 계약통화에 관하여 합의를 하므로 실무상 통화가 문제되는 일은 별로 없지만, 만일 합의가 없는 경우 우선 당사자 간에 확립된 관례와 관행을 따른다(제9조). 그럼에도 불구하고 계약통화를 결정할 수 없는 경우, 독일에서는 이를 협약의 내적 흠결로 보아 매도인의 영업소 소재지에 의할 것이라는 견해와, 지급지의 통화에 의할 것이라는 견해가 유력하나, 법정지의 국제사법에 의하여 결정되는 통화에 의할 것이라는 견해[116)]와, 관련된 사업분야에서 유사한 상황에서 사용되는 통화에 의할 것이라는 견해도 유력하다. 통일적인 해결을 가능케 하고, 매도인은 지급받은 대금을 통상 그곳에서 사용할 것이라는 점을 고려하면 매도인의 영업소 또는 지급지를 기준으로 하는 견해가 설득력이 있어 보인다.[117)] 당사자가 외화로 계약을 체결하는 외화채권의 경우 엄밀하게는 '계정통화'(money of account)[118)]와 '지급통화'(money of payment)를 구별해야 하는데, 전자는 채권의 금액을 표시하는 통화이고 후자는 지급을 하는 통화를 의미한다. 지급통화는 통상 계정통화와 일치하나 대용급부의 경우에서 보듯이 양자가 상이할 수도 있다.

나. 대용급부권과 대용급부청구권[119)]

한편 매수인이 계약통화 이외의 통화로 대금을 지급할 수 있는 권한, 즉 대용급부권(Ersetzungsbefugnis)을 가지는지에 관하여도 협약이 규정하지

---

116) C.M. Bianca/M.J. Bonell (eds.), Commentary on the International Sales Law, The 1980 Vienna Sales Convention (1987), Art. 54 para. 3.1(Maskow 집필부분).

117) S/M, Art. 53 Rn. 22; Reithmann/Martiny(註 82), Rn. 743(Martiny 집필부분); 최흥섭, 132면. 지급지에 관한 합의가 없는 경우 제57조 제1항에 따라 매도인의 영업소가 지급지가 되므로 양자는 대체로 동일한 결론에 이른다.

118) 이를 '계약통화'(money of contract)라고도 한다. Money 대신 currency를 사용하기도 한다. 통화의 개념과 내용은 통화의 준거법 또는 통화의 소속국법(*lex monetae*)에 의하나, 약정통화의 결정과 채무의 금액에 대한 통화의 효력은 채무의 준거법에 따를 사항이다.

119) 상세는 석광현, "外換許可를 받지 아니한 國際保證과 관련한 國際私法上의 問題點 — 서울고등법원 1994. 3. 4. 선고 92나61623 판결에 대한 평석을 겸하여 —," 국제사법과 국제소송 제2권(2001), 42면 이하 참조. 독일법의 상세는 Helmut Grothe, Fremdwährungsverbindlichkeiten (1999) 참조.

않으므로 법정지의 국제사법에 따라 결정되는 준거법에 따를 것이라는 견해와 통일적인 해결을 선호하는 견해가 있다. 후자에는 지급지법에 따를 것이라는 견해도 있으나, 지급은 당사자가 합의한 계약통화에 의하여야 할 것이므로 당사자의 합의, 관행 또는 관례에 근거하거나 또는 개별사건에서 신의칙에 기하여 도출되는 경우(예컨대 외국환거래법에 따라 계약통화로의 지급이 불가능한 경우)를 제외하고는 대용급부권을 부정하는 견해도 있다.[120)]

또한 협약상 매도인은 계약통화 이외의 통화로 지급할 것을 청구할 수 있는 선택권(즉 대용급부청구권)을 가지지 아니한다는 견해가 유력하다.[121)] 외교회의에서 매수인이 계약통화로 지급할 수 없는 경우 매도인에게 매수인 국가의 통화로 지급할 것을 요구할 수 있는 권리를 부여하자는 제안이 있었지만 거절되었다는 점을 고려한 견해이다.

이와 관련하여 위에서 언급한 서울동부지방법원 판결은 협약이 적용되는 매매계약에서 미지급대금의 지급을 구하는 채권자가 대용급부청구권을 가진다고 보았다.[122)] 저자는 평석[123)]에서 그런 결론을 내리기 위해서는 ① 협약의 해석론상 채권자의 대용급부청구권이 긍정되는지를 검토하고, ② 만일 협약의 해석론상 부정된다면, 그럼에도 불구하고 대법원판결에 의하여 채권자의 대용급부청구권을 규정한 것으로 해석되는 민법 제378조[124)]가 협약에 의하여 규율되고 보충적 준거법이 중국법일 개연성이 큰 당해 사건에 적용되는 근거를 밝혔어야 한다고 비판하였다.

이에 대해 항소심인 서울고등법원 2009. 7. 23. 선고 2008나14857 판결은 대용급부는 채무의 내용의 구체적인 이행방법에 관한 것이고 환산의 시기 및 환산율은 채무의 실질적 내용에 영향을 미치는 것으로 보기 어려우므로,

---

120) S/M, Art. 53 Rn. 24ff.; S/S/Hager/Maultzsch, Art. 54 Rn. 10도 동지.

121) S/M, Art. 53 Rn. 30.

122) 즉 동 판결은 아래와 같이 판시하였다.
"채권자가 위와 같은 외화채권을 대용급부의 권리를 행사하여 우리나라 통화로 환산하여 청구하는 경우에도 법원이 채무자에게 그 이행을 명함에 있어서는 채무자가 현실로 이행할 때에 가장 가까운 사실심 변론종결 당시의 외국환 시세를 우리나라 통화로 환산하는 기준시로 삼아야 한다(대법원 1991. 3. 12. 선고 90다2147 전원합의체 판결 등 참조)."
여기에 언급된 대법원의 전원합의체판결의 사안은 한국의 회사가 한국의 보험회사를 상대로 보험금의 지급을 구한 사건인데, 채권의 준거법은 아마도 한국법이었을 것이다.

123) 석광현(註 72), 15면.

124) 조문은 아래와 같다.
"채권액이 다른 나라 통화로 지정된 때에는 채무자는 지급할 때에 있어서의 이행지의 환금시가에 의하여 우리나라 통화로 변제할 수 있다."

원고의 공급대금채권이 실제로 이행되는 장소 혹은 그 이행을 구하는 소가 제기된 장소인 우리나라 법이 준거법이라 보고 대용급부청구권을 긍정하였다. 이러한 이론 구성은 종래의 학설을 따른 것이다.[125] 하지만 환산의 기준시기 및 환율은 채무의 실질적 내용에 당연히 영향을 미치는 것이지 이를 부정할 수는 없다.[126] 실제로 위 서울동부지방법원 판결은 변론종결일인 2007년 10월 5일 당시 매매기준율인 미화 1달러 당 916.6원을 적용하였으나 항소심은 변론종결일인 2009년 6월 4일 당시 매매기준율인 1달러 당 1236.7원을 적용한 것으로부터 알 수 있듯이 환율은 원화금액에 상당한 영향을 미칠 수 있다. 또한 민법 제378조의 '이행지'는 법률(또는 계약)상 이행지인지, 사실상 이행지인지 논란의 여지가 있는데, 우리 법원이 판결로써 지급을 명한다고 해서 이행지가 한국이 될 이유는 없고, 한국에서 제소했다는 이유로 한국법을 적용할 근거는 없다. 위 사건에서 매수인은 대금을 신용장 및 전신환으로 지급하기로 하였는데 그렇다면 계약상 대금지급의무의 이행지는 중국일 가능성이 크다. 위 판결에 따르면 한국에서 외국으로 송금하거나 계좌이체하는 채무의 경우 이행지는 모두 한국이라는 결과가 될 것이다.

민법 제378조에 따른 채무자의 대용급부권은 연혁적으로 채무자의 채무변제의 편의를 위하여 인정된 것으로[127] 그 경우 채무의 성질은 내국 통화에 의한 지급을 할 수 있는 대용급부권이 허용된 임의채무라는 것이 판례와 통설인데,[128] 대법원 1991. 3. 12. 선고 90다2147 전원합의체 판결[129]은 채권자도 대용급부청구권을 가진다는 점을 긍정하였으므로, 민법 제378조가 채무의 준거법이 한국법인 경우에만 적용되는지 아니면 이행지가 한국 내인 한 채무의 준거법에 관계없이 적용되는지를 판단해야 한다.

이에 관하여는 다음과 같은 견해가 가능하다. 즉 ①-1 독일의 유력설처럼 민법 제378조를 실질규범으로 보면서 이는 준거법이 한국법인 경우에만 적용된다는 견해, ①-2 제378조를 실질법상의 규범으로 보면서도 대용급부는

125) 이 점은 최공웅, 국제소송(1994), 475면; 곽윤직/이공현, 민법주해[Ⅷ], 182면과 같다.

126) 이 점은 박준서(편), 주석민법[채권총칙(1)](2000), 289면도 동지이다(안법영 집필부분).

127) 양승태, "外國金錢債權의 履行에 따르는 諸問題," 재판자료 제34집, 섭외사건의 제문제(하)(1986), 37면. 보다 멀리는 대용급부권의 연원은 환어음의 지급에 관한 대륙의 상사관행에 있는데(어음법 제41조 참조) 그것이 발전되어 일반화된 것이라고 한다. 최공웅(註 110), 486면.

128) 곽윤직/이공현, 민법주해[Ⅷ], 181면 참조.

129) 다수의견과 달리 이를 부정하는 소수의견도 있다.

채무이행의 방법의 문제이므로 지급이 우리나라에서 행해지는 때에는 제378조가 적용된다는 견해와, ② 제378조를 숨은 저촉규범(또는 국제적 강행규범)으로 보는 견해가 그것이다. 저자는 과거 섭외사법 하에서 민법 제378조의 문언과 의미 및 내국통화의 유통 보호라고 하는 통화정책적인 목적을 고려하여 ②의 견해를 취하면서, 대용급부의 가부와 환율 및 기준시기를 모두 동 조에 따라 처리할 수 있을 것이라고 보았다. 나아가 만일 제378조를 실질규범으로 본다면 대용급부는 채무이행의 방법의 문제이므로 지급이 우리나라에서 행해지는 때에는 제378조가 적용될 것이나, 환율 및 기준시기는 채무의 준거법에 따라야 할 것이라는 절충설이 설득력이 있다고 보았다.[130)]

개정 국제사법 하에서도 대체로 위 해석론이 유지될 수 있으나 후자의 이론구성을 하자면 개정 국제사법의 해석상 이행의 태양과 방법에 대해 이행지법을 적용한다는 섭외사법 하의 해석론이 유지될 수 있어야 한다. 논란의 여지가 있으나 이를 긍정할 수 있을 것이다.[131)]

당사자는 채무자가 반드시 약정통화로 지급하도록 합의함으로써 채무자의 대용급부권을 배제할 수 있다. 이것이 '현실지급의 특약'인데, 그런 특약의 성립 여부와 그 효력은 계약의 준거법에 의할 사항이다. 그 밖에 매도인은 이른바 '통화면책조항'(currency indemnity clause)을 두어 채무자의 대용급부로 인한 환차손을 피할 수 있다.

---

130) 석광현(註 119), 44-45면. 독일 민법 제244조는 우리 민법 제378조와 유사하게 채무자의 대용급부권을 명시하는데, 이 조항의 지위에 관하여 논란이 있다. ① 독일 민법 제244조를 단순히 실질규범으로 보아 이는 준거법이 독일법인 경우에만 적용된다는 견해가 유력하다. 예컨대 Grothe(註 119), S. 148, S. 467. 그러나 그렇게 보면서도 대용급부권을 독일 민법 시행법(제32조 제2항)의 이행의 태양의 문제로 보아 이행지법을 고려할 것이라는 견해도 있다. 이에는 대용급부권의 존부와 환율 및 환산시기를 모두 채권의 준거법에 의하는 견해, 모두 이행지법에 의하는 견해와, 대용급부권의 존재는 이행지법에 따르고 환율과 환산시기는 준거법에 따른다는 절충설이 있다. ② 제244조를 준거법에 관계없이 적용하는 견해도 있는데, 이는 다시 숨은 일방적 저촉규정으로 보는 견해와, 국제적 강행규정(즉 간섭규범)으로 보는 견해로 나뉜다. 본문에 소개한 저자의 견해는 ②를 따르는데, 결론은 이행지법설과 같지만 제378조의 근거를 숨은 저촉규범으로 보는 점에서 다르다. 박준서(편), 주석민법[채권총칙(1)](2000), 288면(안법영 집필부분)은 ①에 속하는 학설만 소개한다. 학설 개관은 MünchKomm/Martiny, BGB Band 10. EGBGB 4. Auflage (2006), Nach Art. 34 Anh. I Rn. 25 참조. 상세는 Grothe(註 119), S. 133ff. 참조.

131) 로마협약(제10조 제2항)은 채무이행의 방법과 하자 있는 채무이행의 경우 채권자가 취하여야 할 조치에 관하여는 이행지의 법(*lex loci solutionis*)을 고려하여야 한다고 규정하나 우리 국제사법은 이런 조항을 두지 않는다. 이런 태도는 로마협약을 대체한 로마 I 규정(제12조 제2항)에서도 유지되고 있다.

다. 손해배상의 통화

협약은 손해배상의 통화에 관하여는 규정하지 않는다. 손해배상의무를 지는 당사자는 손해가 발생한 통화로 배상해야 하는데[132] 그것이 무엇인가에 관하여는 견해가 나뉜다. 독일에서는 이는 통상 채권자의 본거지의 통화일 것이라는 견해가 유력하나[133] 이견이 있다.

흥미로운 것은, 민법의 해석상 채무불이행 및 불법행위로 인한 손해배상 채권의 경우는 특별한 사정이 없는 한 원화채권만을 인정하는 우리 대법원 판결의 태도이다. 대법원 1997. 5. 9. 선고 96다48688 판결은 "채무불이행으로 인한 손해배상을 규정하고 있는 민법 제394조는 다른 의사표시가 없는 한 손해는 금전으로 배상하여야 한다고 규정하고 있는바, 위 법조 소정의 금전이라 함은 우리나라의 통화를 가리키는 것이어서 채무불이행으로 인한 손해배상을 구하는 채권은 당사자가 외국통화로 지급하기로 약정하였다는 등의 특별한 사정이 없는 한 채권액이 외국통화로 지정된 외화채권이라고 할 수 없다"는 취지로 판시하였고, 불법행위에 관한 대법원 1995. 9. 15. 선고 94다61120 판결도 유사한 취지로 판시한 바 있다.[134] 이처럼 법원은 당사자의 합의가 없는 경우 손해를 법정지의 통화로 산정하는 경향을 보인다.[135] 하지만 손해가 외화로 발생하였음에도 불구하고 그렇게 경직된 태도를 취하는 것은 부적절하다. 실무상으로는 채무불이행 및 불법행위로 인한 손해배상청구소송에서 원고가 외화채권으로 청구한 경우 법원은 통상 청구취지 변경을 권유한

132) 참고로 UNIDROIT 원칙(제7.4.12조)은, 원래의 금전채무의 통화 또는 손해가 발생한 통화 중 더 적절한 통화에 의하여 손해배상을 할 것이라고 규정하면서 채권자에게 선택권을 인정하는데, 손해가 발생한 통화라 함은 예컨대 하자보수를 위하여 채권자가 비용을 지출한 경우 그 통화를 말한다. UNIDROIT, Unidroit Principles of International Commercial Contracts (2004), p. 250.

133) S/M, Art. 74 Rn. 56; S/S/Schwenzer, Art. 74 Rn. 63.

134) 김인호, "從屬的 連結에 의한 不法行爲의 準據法," 인권과 정의 제392호(2009. 4.), 99면은 손해배상의 통화는 절차의 문제이므로 법정지법에 의한다고 하나 우리 법의 해석론으로는 적절하지 않다. 영국에서도 이제는 이를 실체의 문제로 파악한다. James Fawcett/Janeen M. Carruthers, Cheshire, North & Fawcett Private International Law, Fourteenth Edition (2008), p. 106.

135) 협약 외의 채권법 일반의 맥락에서 독일 법원은 손해배상채권은 통상 법정지의 통화에 의해 산정한다고 한다. Reithmann/Martiny/Martiny, Rn. 276. 그러나 협약을 적용한 하급심판결 중에는 외국통화로 손해배상을 명한 판결들도 있다. 예컨대 서울고등법원 2010. 10. 14. 선고 2010나29609 판결 참조. 해설은 석광현(註 5), 126면 이하 참조.

다고 한다.[136] 그러나 실제 손해가 발생한 외화로 청구하도록 하고, 채무자가 대용급부권을 행사하지 않는다면 그 외화로 판결을 선고하는 것이 실손해를 전보하는 데 적절하므로 우리 실무도 그렇게 변경되어야 한다. 물론 집행 시 외화자산이 없다면 집행 시의 환율로 환산하는 것은 부득이하다.

2. 대금지급의무 이외의 금전채무의 지급장소

협약 제57조는 매수인의 대금지급 장소를 규정하는데, 매수인은 다른 특정한 장소에서 대금을 지급할 의무가 없는 경우에는 원칙적으로 매도인의 영업소에서 대금을 지급해야 한다. 문언상으로는 제57조는 대금지급의무에만 적용되는 것으로 보인다. 그런데 제57조가 계약위반으로 인한 손해배상 또는 계약해제 후의 대금의 반환채무 등과 같은 협약상 다른 금전채무의 이행지를 정하는 데도 적용될 수 있는지는 논란이 있다.

우선 손해배상채무에 관하여는 위반된 의무의 이행지가 지급장소가 되어야 한다는 견해, 제57조가 적용된다는 견해와 법정지의 국제사법에 의하여 결정되는 준거법에 따라 결정할 것이라는 견해 등이 있다.[137]

한편 계약해제의 경우에는 협약 제57조의 원칙이 적용된다고 보는 견해가 유력하다. 즉 제57조는 금전채무에 관하여 채권자의 주소지가 이행지라는 일반원칙(즉 지참채무원칙)을 표현한 것으로 보는 것이다. 이에 따르면 매도인이 대금을 반환하여야 하는 경우 지급장소는 매수인의 영업소 소재지가 된다.[138] 원상회복의무의 이행지는 아래(4.)에서 논의한다.

3. 대금 기타 연체 금액에 대한 이자의 이자율

당사자가 대금 그 밖의 연체된 금액을 지급하지 아니하는 경우, 상대방은 제74조에 따른 손해배상청구권을 해함이 없이 그 금액에 대한 이자(즉 지연이자)를 청구할 수 있다(제78조). 제78조에 따른 이자는 매매대금만이 아니라 상환할 비용 기타 금액에 대해서도 발생하고 손해배상청구권과 관계

136) 법원행정처, (2006년 개정판) 국제거래재판실무편람(2006), 6면.
137) S/M, Art. 57 Rn. 22.
138) S/M, Art. 57 Rn. 23.

없이 인정되므로 계약위반을 전제로 하는 것도 아니다. 따라서 채무자가 제79조에 따라 손해배상책임을 면하는 때에도 이자지급의무는 인정된다. 협약에 따른 손해배상에 대해 이자가 발생하는가에 관하여는 논란이 있으나 긍정설이 유력하다.[139] 반면에 이자에 대한 이자는 허용되지 않는 것으로 해석된다.[140] 협약이 손해배상과 별도의 절에서 이자를 규율하는 것은, 이자는 손해배상과는 별개의 구제수단임을 명확히 하기 위한 것이다. 따라서 지연이자 외에 손해가 있으면 손해배상을 청구할 수 있다.[141]

협약은 이자, 그것도 지연이자의 근거만을 명시하고 이자율은 명시하지 않는데 이는 이자를 계산하는 구체적 규칙을 거부하고 일반적 규칙만을 두기로 한 타협의 산물이다.[142] 당사자들이 이자율에 관하여 합의한 경우 그에 의하지만, 합의가 없는 때에는 혹시 관행이나 관례가 있으면 그에 의하고(협약 제9조), 그것도 없는 때에는 결국 협약의 내적 흠결에 해당하는데 그의 보충방법에 관하여는 다양한 견해가 있다.

우선 제7조 제2항이 말하는 '협약이 기초하고 있는 일반원칙'이 존재한다는 견해에는, 이자의 성질결정에 따라 이를 불법행위법적으로 파악하여 채권자국가의 이자율을 적용할 것이라는 견해[143]와, 반면에 이를 부당이득법적으로 파악하여 채무자국가의 이자율에 의할 것이라는 견해[144]가 있다. 반면에 협약이 기초하고 있는 일반원칙을 도출할 수 없으므로 이자의 성질결정에 관계없이 법정지의 국제사법에 의하여 결정되는 매매계약의 보충적 준거법에 의할 것이라는 견해도 유력하다.[145] 이에 대하여는 제78조의 규정목적은 다기한 국내법으로부터 자유로운 독자적인 일반규칙을 정립하기 위한 것이라는 비판이 있다.[146] 그 밖에도 법원(또는 중재인)이 재량에 의하여 지체로 인한 손

---

139) S/M, Art. 78 Rn. 8.

140) S/S/Bacher, Art. 78 Rn. 40.

141) S/M, Art. 78 Rn. 19; 최흥섭, 183면.

142) Honnold, §421.

143) 예컨대 이기수·신창섭, 145면.

144) Fawcett/H/B, para. 16.60은 채무자는, 채권자가 그 금원 상당액을 차입하였더라면 지급했을 금액(보상방식) 또는 채무자가 그 금원을 활용함으로써 받은 이익(원상회복방식)을 지급해야 한다고 하면서 국제사법에 따르는 데 반대한다.

145) Rolf Herber/Beate Czerwenka, Internationales Kaufrecht: Kommentar zu dem Übereinkommen der Vereinten Nationen vom 11. April 1980 über Verträge über den internationalen Warenkauf (1991), Art. 78 Rn. 6; 최흥섭 183면. 전자를 이하 "Herber/C"라고 인용한다.

146) Honnold, §420. 서헌제, 국제거래법 제4판(2006), 228면은 국내법이 당사자 간의 거래에

해를 확정할 것이라거나, 통화의 준거법에 의할 것이라는 견해[147] 등이 있다.

흥미로운 것은, 위에 언급한 서울동부지방법원 2007. 11. 16. 선고 2006가합6384 판결이다. 동 판결은 피고는 원고가 구하는 2005년 9월 15일부터 피고 회사가 그 이행의무의 존부 및 범위에 관하여 항쟁함이 상당하다고 인정되는 선고일까지는 상법 소정의 연 6%, 그 익일부터 완제 시까지는 소송촉진 등에 관한 특례법 소정의 연 20%의 각 비율에 의한 지연손해금을 지급할 의무가 있다고 판시하였다. 그러나 상법 소정의 연 6%의 지급을 명한 것은 결과적으로는 채무자 국가의 법을 적용한 것으로 선해할 수도 있으나 아마도 만연히 우리 상법을 적용한 것이 아닐까 짐작된다. 한편 연 20%의 비율에 의한 지연손해금의 지급에 관한 부분도 종래 우리 대법원 판결의 태도에 반한다. 우리 법원이 법정지법을 적용하여 연 20%의 비율에 의한 지연손해금의 지급을 명할 수 있는지에 관하여 과거 논란이 있었으나 대법원 1997. 5. 9. 선고 95다34385 판결은 지연손해금은 법정지법인 우리 법이 아니라 준거법에 따라 판단할 사항이라고 판시하였기 때문이다.[148] 그러나, 저자는 지연손해금은 당사자의 권리·의무에 관한 것이므로 실체(substance)에 속하는 사항이지만, 특례법상의 지연손해금은 한국에서의 소송을 촉진하기 위한 소송정책적인 고려에 기하여 부과하는 소송상의 제도이므로, 실체에 관한 사항임에도 불구하고 법정지법인 한국법이 적용된다고 본다. 따라서 지연손해금은 매매계약의 보충적 준거법에 따를 사항이지 한국법에 따를 사항

서 발생한 손실을 충분히 보상할 수 있는 이율을 규정하는 경우 이를 적용하든가, 법원으로 하여금 영업지의 시중이자율 등을 참고로 하여 지연으로 인한 피해당사자의 손해를 산정하게 하는 방안을 고려할 수 있다고 하나 어느 국내법을 말하는지, 양자 중 어느 것을 선택할 것인지 등이 애매하다.

147) UNIDROIT 원칙(제7.4.9.조 제2항)과 유럽계약법원칙은 지급지에서 당해 통화에 적용되는 우량 차주에 대한 은행의 평균 단기대출금리(average bank short-term lending rate to prime borrowers)를 기준으로 한다.

148) 대법원은 "지연손해금이란 채무의 이행지체에 대한 손해배상으로서 본래의 채무에 부수하여 지급되는 것이므로 본래의 채권채무관계를 규율하는 준거법에 의하여 결정되어야 하는 것이고, 한편 섭외사건에 있어서 절차에 관하여는 법정지법에 의하여야 함은 소론과 같으나, 소송촉진 등에 관한 특례법 제3조 제1항 소정의 법정이율에 관한 규정은 비록 소송촉진을 목적으로 소송절차에 의한 권리구제와 관련하여 적용되는 것이기는 하지만 그 실질은 금전채무의 불이행으로 인한 손해배상의 범위를 정하기 위한 것이므로 이를 절차법적인 성격을 가지는 것이라고만 볼 수 없으므로 원심이 피고에게 위 신용장에 따른 대금지급의무의 지체에 대한 지연손해금의 지급을 명함에 있어 … 원본채권의 준거법인 캐나다법을 적용하여 채무이행을 명하는 판결선고가 있기까지는 연 5푼 1리의, 판결선고 후에는 연 8푼의 이율을 적용한 조치는 정당하"다고 판시하였다.

이 아니라는 취지로 비판한 바 있다.[149] 예컨대 변호사보수와 소송비용의 부담은 급부의 내용에 관한 사항이지만 이는 절차법에 따를 사항이라고 보는 것과 마찬가지의 논리가 적용된다는 것이다.

저자는 평석[150]에서 위 서울동부지방법원 판결의 잘못을 지적하였는데, 항소심인 서울고등법원 2009. 7. 23. 선고 2008나14857 판결은 지연손해금의 준거법은 중국법이라고 판단하고 중국의 합동법(제207조), 민사소송법(제229조), 중국 최고인민법원의 "중국 민사소송법의 적용에 관한 약간의 문제점에 관한 의견"(제293조 및 제294조) 등을 적용하여 상계적상일의 다음날부터 판결 선고일까지는 중국인민은행의 금융기관대출 최고이율인 연 5.22%, 그 익일부터 완제일까지는 그 기간에 대한 위와 같은 최고이율인 연 5.76%의 2배인 연 11.52%의 비율에 의한 지연손해금을 지급할 의무가 있다고 보았다. 이는 저자의 지적을 전면 반영한 것으로 타당하다.

4. 원상회복의무의 이행지

계약의 해제 당시 당사자가 계약의 전부 또는 일부를 이미 이행한 경우 그는 상대방에게 자신이 계약상 공급 또는 지급한 것의 반환을 청구할 수 있는데, 계약의 해제에 따른 양 당사자의 반환의무는 동시이행관계에 있다(제81조 제2항 2문). 계약이 해제되면 당사자의 역할이 뒤바뀌므로 매수인은 물품을, 매도인의 대금을 반환하여야 한다. 협약은 원상회복의무의 이행지를 규정하지 않는데 이는 협약의 내적 흠결이라고 할 수 있고, 이 경우 당초 계약상의 주된 의무의 이행지에 관한 규정을 원용할 수 있다.[151] 따라서 대금반환의무의 이행지와 물품반환의무의 이행지는 당사자의 합의가 없으면 원칙적으로 매수인의 영업소라고 본다. 전자는 매수인의 대금지급 장소를 정한 협약 제57조 제1항을, 후자는 매도인의 물품인도 장소를 정한 제31조를 원용한 것이다.

---

149) 석광현(註 119), 48면.

150) 석광현(註 72), 15면.

151) S/M, Art. 81 Rn. 19. 허해관, "국제물품매매협약상 계약해제의 효과," 국제거래법연구 제20집 제1호(2011), 71면도 동지. 학설의 소개는 송양호, "CISG에 따른 청산의무의 이행장소," 국제거래법연구 제18집 제2호(2009), 37면 이하 참조.

5. 계약해제 후 반환할 대금에 대한 이자율

계약해제의 결과 매도인이 대금을 반환하여야 하는 경우 매도인은 대금 지급일부터 그에 대한 이자도 지급하여야 한다(제84조 제1항). 이자의 기산일은 대금을 반환하여야 하는 날이 아니라 과거에 대금이 지급된 날이다. 제78조의 경우와 달리 제84조 제1항은 이 점을 명시한다. 이자의 법적 성질에 관하여는 부당이득설, 손해배상설과 누가 매매계약을 해제하는가에 따라 구분하는 절충설이 있으나 부당이득설(또는 원상회복의무설)이 유력한 것으로 보인다.[152] 협약은 이자율을 규정하지 않는데, 이자율의 결정에 관하여는 위에서 본 제78조의 경우와 유사하게 다양한 견해가 있고, 이자의 법적 성질에 따라 결정할 것이라거나, 부당이득이므로 채무자국가(매도인)의 영업소에서 적용되는 이자율이 적용된다는 견해[153]도 있으나, 협약이 적용되지 않았더라면 적용되었을 계약의 보충적 준거법에 따를 것이라는 견해도 유력하다.[154] 이자청구권은 손해배상이 아니라 당사자 간의 이해를 조정하기 위한 독자적인 청구권이므로 이자를 넘는 손해가 있으면 이자와 함께 손해배상도 청구할 수 있다.

V. 맺 음 말

지금까지 협약에 의하여 규율되는 국제적인 물품매매계약을 둘러싼 준거법 결정의 문제를 검토하였다. 그 결과 우선 협약의 적용 여부를 판단하는 데 있어서 국제사법이 중요한 의미를 가지는 점을 확인하였고,[155] 나아가 협약이 적용되는 매매계약이더라도 당사자의 법률관계를 정확히 이해하기 위해

---

152) 예컨대 이기수·신창섭, 146면. 그러나 S/M, Art. 84 Rn. 11은 이를 독립적인 청구권이라고 본다. Honnold, §451.2는 매수인이 입은 손해를 기초로 산정할 것이라고 한다.

153) 사무국주석, Art. 69 para. 2는 이자지급의무는 손해배상이 아니라 반환의무의 성질을 가지기 때문에 그렇다고 한다.

154) S/M, Art. 84 Rn. 9; Herber/C, Art. 84 Rn. 3. 최흥섭, 196면은 법정지의 국제사법에 의한다고 하나 위와 같은 취지로 이해된다.

155) Ferrari(註 4), p. 20은 이런 이유로 통일적인 실질규범이 증가할수록 국제사법의 역할이 감소할 것이라는 견해는 타당하지 않다고 지적한다. 하지만 일단 협약의 통일적인 규범이 적용되는 범위 내에서는 국내법에 호소할 필요가 없으므로 그런 국내법을 결정하기 위하여 국제사법에 호소할 필요성이 감소하는 것은 사실이다.

서는, 우선 협약이 규율하는 사항과 국내법이 규율하는 사항을 정확히 획정하고, 문제된 국내법이 어느 국가의 법인지를 특정할 수 있어야 함을 보았다. 또한 협약이 규율하는 사항에는 매매계약의 방식, 해석, 성립과 효력(당사자의 권리와 의무), 제조물책임 중 물적 손해에 대한 책임(계약관계 존재 시 계약위반에 따른 책임) 등이 포함되는 반면에, 계약의 쟁점이 아닌 대리, 당사자의 권리능력과 행위능력 및 물품의 소유권 이전, 제조물책임 중 인적 손해에 대한 책임과, 계약의 쟁점 중 매매계약의 실질적 유효성의 문제는 준거법인 국내법에 따라 판단할 사항임을 확인하였다. 또한 협약이 규율하는 사항 중에도 내적 흠결을 보충하는 과정에서 국제사법에 의하여 결정된 준거법에 의할 사항이 있음을 보았고, 그 때 협약의 일반원칙과 국제사법에 의해 결정되는 준거법 간에 긴장관계가 있을 수 있다는 점과 협약의 일반원칙이 무엇인지를 판단하는 것이 쉽지 않음을 알 수 있었다. 협약과 국내법이 각각 규율하는 사항을 정리하면 대체로 아래와 같다.

<table>
<tr><th colspan="10">연결대상</th></tr>
<tr><th colspan="5">기타 쟁점</th><th colspan="5">계약[156]</th></tr>
<tr><td rowspan="2">대리</td><td rowspan="2">능력</td><td colspan="2">제조물책임</td><td rowspan="2">소유권 이전</td><td rowspan="2">방식</td><td>(실질적) 유효성</td><td rowspan="2">해석</td><td>성립</td><td rowspan="2">효력 권리·의무</td></tr>
<tr><td>인적 손해</td><td>물적 손해</td><td>약관 내용통제</td><td>약관 편입</td></tr>
<tr><td>국내법</td><td>국내법</td><td>국내법</td><td>협약 (계약 위반)</td><td>국내법</td><td>협약. 단 유보 가능</td><td>원칙: 국내법
예외: 협약
-성질의 착오
-원시적 불능</td><td>협약</td><td>협약. 단 유보 가능</td><td>예외: 국내법 (내적 흠결 중 일부)
원칙: 협약. 단 유보가능</td></tr>
</table>

요컨대 협약이 규율하는 매매계약이더라도 협약이 모든 쟁점을 규율하는 것이 아니므로 당사자 간의 법률관계를 정확히 파악하기 위해서는 국제사법의 도움이 필수불가결하다. 이런 의미에서 양자는 적대관계에 있는 것이 아닌데, 이는 협약뿐만이 아니라 실질법을 통일하는 다른 협약에도 타당하다.[157] 특히 협약은 그 적용범위를 결정함에 있어서 법정지의 국제사법에 의

156) 연결대상인 계약의 세분은 준거법의 분열(할)이 가능함을 보여 준다.

157) Ferrari(註 4), p. 55도 동지.

존하기 때문에 더욱 그러하다. 통일적인 실질법은 국제사법을 완전히 배제할 수는 없으므로 양자는 공존할 수밖에 없는데, 실질법의 통일작업과 국제사법의 통일작업이 병행할 때 비로소 좀더 큰 국제적 통일을 달성할 수 있다.[158] 종래 우리나라에서도 협약의 시행을 계기로 협약의 적용 여부를 판단하기 위한 맥락에서 국제사법의 중요성을 공감하게 되었지만, 협약의 외적 흠결 및 내적 흠결의 보충을 위한 국제사법의 중요성에 대한 인식은 아직도 부족하다. 이 글을 통하여 보다 많은 우리 법률가들이 국제물품매매계약, 나아가 국제거래 일반에서 국제사법이 가지는 실천적 의미를 깨닫게 되기를 희망한다. 그렇게 되면 국제사법을 '국제거래의 기본법'이라고 부르는 데 공감하게 될 것이다.

158) Ferrari(註 4), p. 55도 동지.

제 2 장 국제지적재산권법

[3] 외국저작권 침해의 준거법

[補論] 국제지적재산건법에 관한 小考

—최근 일부 하급심판결들에 대한 유감을 표시하며

[3] 외국저작권 침해의 준거법

> 前 記
> 이 글은 저자가 서울지방변호사회 판례연구 제23집(1)(2009. 9.), 202면 이하에 게재한 원고를 다소 수정·보완한 것이다. 일련의 하급심판결의 잘못을 바로 잡기 위하여 저자가 법률신문에 발표했던 "국제지적재산권법에 관한 小考"는 補論으로 첨부하였다.

대상판결: 서울중앙지방법원 2008. 3. 13. 선고 2007가합53681 판결(아이비 뮤직비디오 사건 판결); 서울중앙지방법원 2008. 6. 20. 선고 2007가합43936 판결(탄줘잉 사건 판결)*

[사안의 개요]

1. 아이비 뮤직비디오 사건 판결

일본 회사인 원고(가부시키가이샤 스퀘어 에닉스)의 직원들은 원고의 전체적인 기획 아래 "파이널 판타지7 어드벤트 칠드런(FINAL FANTASY VII ADVENT CHILDREN)"이라는 제목의 영상저작물(컴퓨터그래픽 애니메이션)을 저작하였고, 위 영상저작물은 원고의 이름으로 일본에서 최초로 공표되었다.

한국 법인인 피고1 주식회사 팬텀엔터테인먼트그룹은 가수인 아이비

---

* 당초 이 글을 쓸 2009. 6. 12. 당시 아이비 뮤직비디오 사건은 서울고등법원 08나41699호 사건으로, 탄줘잉 사건은 서울고등법원 08나68090호 사건으로 항소심에 계속중이었다. 그 후 전자는 2009. 7. 29. 강제조정으로 종결되었고, 후자는 2010. 7. 1. 원고 일부 승소 판결이 선고되었으나 쌍방이 항소한 결과 대법원 2012. 2. 23. 선고 2010다66637 판결이 선고되었다. 대법원판결은 원심판결 중 피고 주식회사 위즈덤에프에이치(변경 전 상호: 주식회사 위즈덤하우스) 패소 부분 중 손해배상청구 부분을 파기하고 그 부분 사건을 원심법원으로 환송하였으나 이는 2차적 저작물의 창작성과 손해배상액 산정에 관한 것이고 여기의 국제사법 논점과는 직접 관련이 없다.

(IVY)의 '유혹의 소나타'라는 노래의 뮤직비디오 제작을 피고2 홍종호(뮤직비디오 감독)에게 의뢰하였다. 피고2는 위 영상저작물 중 "티파"와 "롯즈"의 전투장면에서 "티파"를 아이비로 대체하여 전투장면을 실사(實寫)화하여 뮤직비디오를 제작하였다. 피고1은 2007. 3. 1.부터 "The action scene in this film is a recreation of FINAL FANTASY VII ADVENT CHILDREN"이라는 자막을 넣은 뮤직비디오를 한국의 공중파방송과 케이블방송을 통해 방송하고, 한국 법인인 주식회사 벅스가 운영하는 웹사이트 등을 통해 유료로 전송·판매하였다.

2. 탄줘잉 사건 판결

가. 중문서적의 중국 내 출판과 한국에서의 번역출판

중국 법인인 원고(썬양왠류쑤칸파싱 요우시엔꽁쓰, 沈阳远流书刊发行 有限公司)는 '일생에 해야 할 99가지'라는 책의 저작재산권자이다. 위 중문서적의 실제 저자는 원고 회사의 직원인 탄줘잉(覃卓穎)이나 그는 저작재산권을 원고에게 양도하였다. 원고 회사는 중국 북경 소재 북경공업대학출판사(이하 "북경출판사"라 한다)와 출판계약을 체결하였고, 위 중문서적은 북경공업대학출판사를 통하여 중국에서 출판되었다. 한국 법인인 피고 위즈덤하우스는 원고가 아니라 북경출판사와 한국 내 번역을 위한 판권 사용허가 계약을 체결한 뒤 위 중문서적 전체가 아니라 그 중 절반 정도인 45개의 이야기만을 선별하여 피고 위즈덤하우스가 자체적으로 정한 순서에 의하여 번역·수록하였고 그 밖에 피고 위즈덤하우스가 이야기 4개와 개별 이야기에 부가되는 감상 및 삽화 등을 추가하여 '살아 있는 동안 꼭 해야 할 49가지'라는 제목으로 위 중문서적의 한국어 번역판(이하 "이 사건 한국어 번역서적"이라 한다)을 출판하였다. 다른 피고들은 피고 위즈덤하우스로부터 이 사건 한국어 번역서적을 공급받아 서점, 인터넷 등을 통하여 일반 독자들에게 판매하였다.

나. 당사자들의 주장

원고는 위 중문서적의 저작재산권자인데, 피고 위즈덤하우스는 원고의 허락 없이 위 중문서적을 한국어로 번역하여 이 사건 한국어 번역서적을 한국에서 출판하였고, 다른 피고들은 이 사건 한국어 번역서적을 피고 위즈덤하우스로부터 공급받아 일반 독자들에게 판매하였는데, 이는 위 중문서적에 대한 원고의 저작재산권을 침해하는 행위이므로 그 침해의 정지 및 그로 인한 손해배상을 구한다고 주장하였다. 피고는 위 중문서적은 창작성이 없고, 피고 위즈덤하우스는 위 중문서적 중 서문, 제언을 제외하고 개별 이야기 부분만을 번역·출판하였으므로 원고의 저작재산권을 침해한 것이 아니고, 나아가 북경출판사는 위 중문서적의 해외 번역·출판을 허락할 권한을 가지고 있고, 피고 위즈덤하우스는 북경출판사로부터 적법하게 이용허락을 받아 이 사건 한국어 번역서적을 출판하였으며, 가사 북경출판사에게 권한이 없었더라도 표현대리가 성립하며, 표현대리가 성립하지 않더라도 원고는 피고의 출판을 묵시적으로 승낙한 것이라고 주장하였다.

[1심판결의 결론과 주요쟁점에 대한 판단]

1. 아이비 뮤직비디오 사건 판결

가. 판결의 결론

이 판결은 피고들은 각자 원고에게 300,000,000원 및 지연손해금의 지급할 것을 명하고, 명예회복을 위해 필요한 조치로서 해명광고 등 원고의 피고들에 대한 나머지 청구를 모두 기각하였으며 가집행을 허용하였다. 위 300,000,000원은 저작재산권의 침해를 이유로 한 손해배상 250,000,000원과 저작인격권의 침해를 이유로 한 손해배상 50,000,000원을 합한 금액인데, 이는 이례적으로 다소 고액의 손해배상액이라고 한다.

나. 주요쟁점에 대한 판단

① 금지청구 및 손해배상청구의 성질결정과 베른협약의 적용　　이 판결은 원고의 청구를 금지청구 및 명예회복과, 손해배상청구로 나누어, 전자(금지청구와 명예회복)는 저작권을 보전하기 위한 구제수단으로 성질결정하여 "문학적·예술적 저작물의 보호를 위한 베른협약"(Berne Convention for the Protection of Literary and Artistic Works)(이하 "베른협약"이라 한다)에 따른다고 보고, 손해배상청구는 불법행위로 성질결정하여 국제사법(제32

조)에 따른다고 보았다. 그런데, 보호가 요구된 국가가 한국이고 또한 피고들의 뮤직비디오가 배포된 곳이 한국이며, 한국에서 저작권의 침해에 의한 손해가 문제되는 점에 비추어 불법행위지는 한국이므로 손해배상청구에 관해서는 한국의 법률이 준거법이 된다고 보았다.

② 베른협약의 연결원칙 이 판결은 저작인격권을 보호하기 위한 금지청구와 명예회복 등의 청구와, 저작재산권에 기초한 금지청구를 구분하여 전자는 저작자의 인격적 이익, 즉 저작자의 권리를 보전하기 위한 구제방법이므로 그에 대하여는 베른협약 제6조의2 제3항에 의해 보호가 요구된 국가의 법을 준거법이라고 보고, 후자는 저작재산권의 배타적 효력에 기초해서 저작재산권을 보전하기 위한 구제방법이므로 그에 대하여는 베른협약 제5조 제2항에 의해 보호가 요구된 국가의 법을 준거법이라고 보았다.

③ 우리 국제사법의 연결원칙 이 판결은 금지청구에 대하여는 베른협약을 적용하였으나 손해배상에 대하여는 불법행위의 준거법을 정한 국제사법 제32조를 적용하였고 지적재산권에 관한 제24조를 적용하지 않았다.[1)]

④ 베른협약과 국제사법 제24조의 관계 국제사법 제24조는 지적재산권의 보호는 그 침해지법에 의한다고 규정하고 있으나, 이 조항은 지적재산권에 관한 조약에 대하여 보충적인 규정으로서, 관련 조약에 저촉규정을 두고 있는 경우에는 우선적으로 그에 따르고, 관련 조약이 존재하지 않거나 저촉규정을 두고 있지 않은 때에만 적용된다.

2. 탄줘잉 사건 판결

가. 판결의 결론

이 판결은 피고들에게, "1. 가. 이 사건 한국어 번역서적의 복제, 제작, 반포, 판매, 전시, 소지를 하거나 이를 피고들이 운영하는 인터넷 사이트에 게재하거나 인터넷을 통하여 전송할 것을 금지하고, 나. 피고들의 각 사무실, 공장, 창고, 판매점포, 대리점에 보관, 전시, 진열하고 있는 이 사건 한국어 번역서적의 완성품, 반제품, 시작품, 부분품과 이 사건 한국어 번역서적에 대한 광고선전물, 포장용기, 포장물을 폐기할 것"과, 2. 원고에게, 피고 위즈덤

---

1) 제24조는 원래 '지적재산권'이라는 용어를 사용하였으나 이 용어는 2011. 5. 19. 지식재산 기본법에 의하여 '지식재산권'으로 개정되었다. 이 글에서는 양자를 호환적으로 사용한다.

하우스는 300,423,288원, 그 밖의 나머지 피고들은 피고 위즈덤하우스와 각자 위 금원 중 일정금원과 이자의 지급을 명하고 나머지 청구를 기각하였으며 가집행을 허용하였다.[2)]

나. 주요쟁점에 대한 판단

① 금지청구 및 손해배상청구의 성질결정과 베른협약의 적용 이 판결은 저작재산권의 보호에 관해서는 베른협약 제5조 제2항에 의하여 준거법을 결정해야 하는데, 아래의 논거로 베른협약 제5조 제2항의 '보호하기 위하여 주어지는 구제의 수단'에는 저작권에 기한 침해금지청구와 손해배상청구가 모두 포함되는 것으로 해석하였다.

즉 저작재산권의 침해행위의 금지 및 침해물건의 폐기청구는 저작재산권의 준물권적·대세적 효력에 기초한 것으로서 물권의 방해배제청구권에 대응하는 성격이 있는 반면, 손해배상청구는 저작재산권의 침해로 인한 불법행위로서의 성격을 가지고 있어 위 청구들의 법률관계 성질이 동일하다고 보기는 어려운 면이 있으나, 첫째, 지적재산권의 침해는 일반 불법행위와는 다른 특수한 성격이 있음을 고려하여 국제사법이 불법행위에 관한 준거법 규정 외에 '지적재산권의 보호'에 관한 법률관계에 적용될 준거법 규정을 별도로 둔 점, 둘째, 침해금지청구와 손해배상청구는 공통적으로 지적재산권의 침해행위에 대하여 저작재산권자의 권리를 보호하기 위한 구제수단으로서의 성격을 가지는 점, 셋째, 국제사법적으로도, 지적재산권의 보호에 관하여 요구되는 보호수단에 따라 상이한 준거법을 적용하는 것은 지적재산권의 보호에 관하여 준거법의 통일을 의도한 국제사법의 입법취지에 어긋나는 점 등을 고려할 때, 저작권의 침해를 원인으로 한 침해금지 및 손해배상청구는 모두 원칙적으로

---

2) 구 저작권법 제93조 제2항(저작권법 제125조 제2항)에 따르면, 피고 위즈덤하우스가 지급할 손해배상액은 통상사용료 상당 금액인데, 법원은 이 사건 번역서적의 정가(8,800원)에, 이 사건 번역서적의 완성 경위를 고려하여 일반적인 번역 서적 인세율인 7% 내외보다 낮은 3%의 인세율과, 피고가 자인하는 판매부수(1,137,967권)를 곱하여 손해배상액을 산정하였다. 피고들은 피고 위즈덤하우스가 북경출판사와 정액·일시불 방식으로 미화 1,500달러를 지급하기로 하고 이용허락 계약을 체결하였는데 이는 원고와 계약을 체결하였더라도 마찬가지였을 것이라고 주장하였으나, 법원은 중국 서적의 번역계약 체결 시 정액·일시불 방식이 관행이라고 볼 수 없다는 이유로 이를 배척하였다. 만일 피고 위즈덤하우스가 제대로 이용허락 계약을 체결하였더라면 비용을 크게 줄일 수 있었는데 그렇게 하지 못한 결과 상당한 규모의 손해배상을 지급하라는 명령을 받게 되었다. 만일 손해배상의 범위를 본국법인 중국법에 따라 산정한다면 금액이 또 달라졌을 것이다.

국제사법 제24조에 의해 그 준거법을 '침해지법'으로 정함이 상당하다는 것이다.

② 베른협약의 연결원칙 이 판결은, 베른협약 제5조 제2항이 과연 준거법에 관한 규정인지 여부 및 베른협약 제5조 제2항의 '보호가 요구되는 국가'가 과연 보호국을 의미하는지에 관해서는 이견이 있음을 인정하면서도, 베른협약 제5조 제2항에 규정된 '보호가 요구된 국가'(the country where protection is claimed)라 함은 '그 영토 내에서의 보호가 요구되고 있는 국가', 즉 '보호국'을 의미하며, 특히 저작재산권의 침해 문제에 관련해서는 '그 영토 내에서의 침해행위에 대하여 보호가 요구되고 있는 국가', 즉 '침해지국'을 의미한다고 보았다. 나아가 원고는 자신의 저작재산권에 대한 침해행위가 한국 영토 내에서 발생하였음을 주장하며 이에 대한 보호를 요구하고 있으므로, 결국 한국의 법률이 보호국법이자 침해지국법으로서 이 사건에 적용될 준거법이 된다. 나아가 베른협약 제5조 제2항의 '보호가 요구되는 국가'를 법정지국(法廷地國)으로 해석하더라도, 이 사건의 법정지는 한국이므로 역시 한국 법률이 준거법이 된다고 가정적인 판단을 하고 있다. 여기의 한국 법률에는 우리 국제사법은 포함하지 않는다는 취지로 보인다.

③ 우리 국제사법의 연결원칙 베른협약 제5조 제2항이 준거법에 관한 규정이 아니라 단순히 외인법(外人法)적 규정에 불과한 것으로 해석할 경우(즉 저촉규범이 없다고 해석할 경우), 보충규정인 국제사법 제24조에 의해 '침해지법'이 준거법이 될 것이므로 이 사건에서 한국 법률이 준거법이 된다.

④ 베른협약과 국제사법 제24조의 관계 국제사법 제24조는 지적재산권에 관한 조약에 준거법에 관한 규정이 없는 경우를 대비한 보충적 성격의 규정이므로, 조약에 문제된 법률관계에 적용될 준거법에 관한 규정이 있는 경우에는 그에 따라 준거법을 결정하여야 하는데, 베른협약 제5조 제2항 제2문은 '저작자의 권리에 대한 보호의 범위와 이를 보호하기 위하여 주어지는 구제의 수단은 오로지 보호가 요구된 국가의 법률에 의해 규율된다'라고 하여 저작재산권의 보호에 있어서의 준거법에 관해 규정하므로, 저작재산권의 보호에 관해서는 베른협약 제5조 제2항에 의하여 준거법을 결정하여야 한다.

[연 구]

Ⅰ. 문제의 제기

1. 논의의 배경

근래에 언론과 방송을 통해 종종 접하는 바와 같이 국제적인 지적재산권 분쟁이 증가하고 있다. 따라서 국제지적재산권법, 즉 지적재산권법 분야의 국제사법의 중요성도 커지고 있다. 지적재산권 분쟁의 준거법에 관하여 최근 흥미로운 하급심판결들이 속속 나오고 있을 뿐만 아니라 논점도 점차 다양해지고 있다. 특히 대상판결의 하나인 아이비 뮤직비디오 사건 판결을 비롯한 서울중앙지방법원 지적재산권전담부의 일련의 판결들은 지적재산권 분쟁의 준거법 결정 시 오류를 범하였기에, 저자는 그의 시정을 촉구하는 글을 법률신문에 게재한 바 있다.[3] 저자의 글이 법률신문에 게재된 뒤 11일 후 다른 전담부는 저자가 지적한 논점에 대해 올바른 판단을 한 탄줘잉 사건 판결을 선고하였다. 이처럼 대상판결의 사안에서는 저작권자인 외국인이 그의 외국저작권[4]이 한국에서 침해되었다고 주장하면서 한국법이 부여하는 보호를 구하였으므로, 만일 조약이 없다면 우리 국제사법을 적용하여 준거법을 판단해야 할 외국적 요소가 있는 사안이다.[5] 즉 대상판결들은 저작권침해의 준거법

---

3) 석광현, "국제지적재산권법에 관한 小考—최근 일부 하급심 판결들에 대한 유감을 표시하며—," 법률신문 제3656호(2008. 6. 9.), 15면-14면. 이 책 [3]의 補論 참조.

4) 여기에서 '외국저작권'은 외국이 본원국인 저작권을 말한다. 따라서 외국저작권이 한국에서 보호의 대상이 되는가를 검토하여야 한다. 대상판결도 중국과 일본 및 한국은 모두 베른협약의 동맹국이고 문제된 영상저작물과 중문서적은 각각 일본과 중국을 본국으로 하는 저작물이므로 우리 저작권법에 의한 보호 대상임을 확인하였다. 다만 외국인 저작물의 보호를 규정한 저작권법 제3조(제1항은 "외국인의 저작물은 대한민국이 가입 또는 체결한 조약에 따라 보호된다"라고 규정한다)와 준거법의 관계를 어떻게 볼지에 관하여는 양 판결의 접근방법에는 차이가 있다. 즉 아이비 뮤직비디오 사건 판결은 당해 영상저작물이 저작권법상 한국에서 보호되는 대상임을 확인한 뒤 준거법을 판단하였으나, 탄줘잉 사건 판결은 준거법을 판단한 뒤 우리 저작권법의 보호 대상임을 확인하였다. 물론 결론에는 차이가 없다.

5) 여기에서는 이 점을 별도의 논점으로 삼지 않는다. 그러나 과거 한국인이 일본회사의 한국 상표권을 침해하였다고 주장한 사건에서 대법원 2004. 7. 22. 선고 2003다62910 판결은

결정에서 베른협약이 가지는 의미를 정면으로 다룬 중요한 판결들이다. 대상 판결들 외에도 근자에 지적재산권과 관련된 국제사법 논점, 특히 준거법의 문제를 다룬 하급심판결들이 속속 나오고 있음은 주목할 만하다.[6)]

2. 논점의 정리

여기에서는 저작권 침해를 포함하여 저작권을 둘러싼 준거법과 관련된 다음의 논점을 검토한다.[7)] 실질법[8)]상의 논점은 제외한다.

국제사법을 적용하지 않고 곧바로 우리 상표법을 적용하였다. 저자는 석광현, "2004년 국제사법 분야 대법원판례: 정리 및 해설," 국제사법연구 제10호(2004), 450면 이하에서 그의 부당성을 비판하였는데, 대상판결은 저작권침해가 문제된 사건에서 모두 국제사법의 적용을 문제삼은 점에서 타당하다. 혹시 대법원판결의 사안에서는 한국 상표권의 침해가 문제된 데 반하여, 대상판결에서는 외국저작권의 침해가 문제된 점에서 양자는 다르다고 볼 여지도 있으나 저작권의 경우도 속지주의가 적용되므로 엄밀하게는 외국저작권 자체가 아니라 우리나라에서 보호의 대상이 되는 저작권의 침해의 문제이므로 양자 간에 본질적인 차이는 없다.

6) 기타 맨소래담 광고 사건, 본 더치 사건과 데스페라도 사건 등의 판결은 하상익, "저작권 관련 국제분쟁과 국제사법―2008년에 선고된 하급심 판결들을 중심으로―," 국제사법연구 제14호(2008), 21면 이하 참조. 저작권의 국제사법적 쟁점에 관한 포괄적인 논의로는 손경한 외, 저작권의 국제사법적 문제연구(2003)가 있다. 저자도 공동작업에 참여하여 저작권의 준거법에 관한 부분을 집필하였으나, 분담집필 부분이 명시되지 않고, 결론 부분에서 전반부와 상충되는 견해가 마치 공저자들의 통일된 견해인 것처럼 제시된 것은 유감이다.

7) 저작권에 관한 법제에는 기본적으로 저작권의 본질을 복제를 금지하는 권리로 파악하여 저작자의 재산적 이익을 확보하는 데 중점을 두는 영미법계 체제(copyright system)와 저작자의 인격의 발현으로 이해하여 재산적 권리는 물론 저작인격권을 비롯한 인격적 이익의 보호도 중시하는 대륙법계 체제(*droit d'auteur* system, author's right)의 대립이 있다. 오승종, 저작권법(2008), 25면(여기에서 대체하지 않았으나 이는 2012년 개정판이 있다), 1366면; Paul Goldstein, International Copyright, Principles, Law and Practice (2001), p. 3 이하. 어느 체제를 취하는가에 따라 예컨대 직무상 영상저작물의 귀속에 관하여 상이한 태도를 취한다. 프랑스 파기원의 1991. 5. 28. Huston 사건 판결(또는 Asphalt Jungle 사건 판결, *Cass. Civ. 1re*)에서는 영상저작물의 저작권이 누구에게 귀속하는지가 다투어졌다. 즉 미국 저작권법에 따르면, 영상저작물의 유일한 저작권자는 영상제작자이고 감독과 시나리오작가는 영화에 대해 아무런 권리가 없으나, 프랑스법에 따르면 영화감독은 저작물의 창작사실에 의해 저작인격권을 가지기 때문이다. 상세는 박성호, "영상저작물의 저작권 귀속에 관한 준거법의 결정," 국제사법연구 제14호(2008), 119면 이하 참조.

8) 실질법이라 함은 법적용규범인 저촉법(또는 국제사법)에 대비되는 개념으로, 우리 민·상법 및 저작권법과 같이 저촉법(또는 국제사법)에 의하여 준거법으로 지정되어 특정 법률관계 또는 쟁점을 직접 규율하는 규범을 말한다.

가. 베른협약의 해석론(아래 II.)

저작권의 국제적 보호에 관하여는 베른협약이 있는데, 동 협약이 저촉규범(또는 국제사법규칙. 이하 양자를 호환적으로 사용한다)을 두고 있는지에 관하여 전세계적으로 논란이 있다. 여기에서는 아래의 논점을 검토한다.

① 베른협약은 저작권의 저촉규범을 포함하고 있나, ② 만일 포함한다면, 베른협약의 연결원칙은 무엇인가. ③ 베른협약은 침해금지청구와 손해배상청구를 일원적으로 연결하는가와 ④ 만일 포함한다면, 그 연결원칙이 규율하는 사항의 범위는 무엇인가. 여기에서는 일단 제5조를 중심으로 논의한다.[9)]

나. 국제사법 제24의 해석론(아래 III.)

국제사법은 섭외사법과 달리 제24조에서 "지적재산권의 보호"라는 제목하에 "지적재산권의 보호는 그 침해지법에 의한다"는 규정을 두고 있다. 여기에서는 제24조를 개관하고 아래의 논점을 검토한다.

① 제24조는 저작권의 침해도 함께 규율하는가, ② 제24조는 침해금지청구와 손해배상청구를 일원적으로 연결하는가와 ③ 제24조는 최초귀속, 성립(유효성), 내용과 한계,[10)] 침해 모두에 대해 준거법을 정한 것인가 아니면 침해에 대하여만 준거법을 정한 것인가, 즉 제24조의 연결원칙이 규율하는 사항의 범위는 무엇인가.

다. 베른협약과 국제사법 제24의 관계(아래 IV.)

만일 베른협약에 저촉규범이 있다면 베른협약과 국제사법 제24조의 우열 내지는 관계가 문제된다.

---

9) 제6조의2에 대하여는 제5조 제2항의 경우와 동일한 법리가 적용된다. 다만 영상저작물에 관한 제14조의2는 좀더 검토할 필요가 있는데 그에 대한 논의는 다른 기회로 미룬다. 대상판결 중 아이비 뮤직비디오 사건 판결에 대하여는, 그 사건의 영상저작물은 업무상 저작물이므로 그 저작권 귀속의 준거법을 판단해야 했음에도 이를 생략하였다는 비판이 있다. 상세는 박성호(註 7), 132면 이하; 이규호, "국제엔터테인먼트 분쟁의 쟁점—준거법을 중심으로—," 국제사법연구 제14호(2008), 52면 이하 참조.

10) 이는 "범위와 존속기간"도 포함한다.

Ⅱ. 베른협약

베른협약은 1886년 체결되었는데 그 후 2개의 추가의정서가 채택되었고 5차례 개정되었다.[11] 베른협약은 우리나라에서는 조약 제1349호로서 공포되어 1996년 8월 21일 발효되었다. 당초부터 베른협약은 저작권에 관하여 실체적인 초국가적 최소보호기준(이른바 "Berne minima")을 정하고, 동맹국의 저작물에 대하여 내국민대우를 부여하라는 일반적인 지침을 담고 있었다.[12] 이런 최소한의 보호는 그 후 베른협약의 개정을 통하여 점차 확대되었고, TRIPs 협정(Agreement on Trade-Related Aspects of Intellectual Property)에 의하여 WTO 회원국에게까지 미치게 되었다.

여기에서는 준거법과 관련하여 의미가 있는 베른협약의 조항을 살펴보고(1.), 이어서 베른협약이 저작권에 관한 저촉규범을 포함하고 있는지(2.), 베른협약상 저작권침해에 대한 구제의 성질결정(3.)과 베른협약의 저촉규범이 규율하는 사항의 범위(4.)를 차례대로 검토한다.

1. 베른협약의 관련조항

베른협약의 준거법과 관련된 조항으로는 저작재산권에 관한 제5조, 저작인격권에 관한 제6조의2 제3항과 영상저작물에 관한 제14조의2 제2항 (a)호가 있다.[13] 여기에서 검토하는 베른협약 제5조의 국문번역은 다음과 같다.

---

11) 베른협약의 개관은 오승종(註 7), 1366면 이하 참조. 제5조 제2항 2문은 1908년 개정 시, 이른바 베를린개정에 의해 제4조 제2항으로 포함되었다(2문은 영문의 그것을 말한다). Alexander Peinze, Interantionales Urheberrecht in Deutschland und England (2002), S. 131.

12) Jane Ginsburg, The Private International Law of Copyright, Recueil des Cours, Vol. 273 (1998), p. 265; Sam Ricketson and Jane C. Ginsburg, International Copyright and Neighbouring Rights: The Berne Convention and Beyond, Volume Ⅱ 2nd edition (2006), N 20.08.

13) 제14조의2 제1항 및 제2항 (a)호의 국문번역은 다음과 같다.
"(1) 각색되거나 복제된 저작물상의 저작권을 해치지 않는 한, 영화저작물은 원저작물로서 보호된다. 영화저작물의 저작권자는 전조에서 언급한 권리를 포함하는, 원저작물의 저작자와 같은 권리를 향유한다.
(2) (가) 영화저작물의 저작권자의 결정은 보호가 주장되는 국가의 입법에 맡긴다."

"(1) 저작자는 이 협약에 따라 보호되는 저작물에 관하여, 본국 이외의 동맹국에서 각 법률이 현재 또는 장래에 자국민에게 부여하는 권리 및 이 협약이 특별히 부여하는 권리를 향유한다.

(2) 그러한 권리의 향유와 행사는 어떠한 방식에 따른 것을 조건으로 하지 아니한다. 그러한 향유와 행사는 저작물의 본국에서 보호가 존재하는 여부와 관계가 없다. 따라서 이 협약의 규정과는 별도로, 보호의 범위와 저작자의 권리를 보호하기 위하여 주어지는 구제의 방법은 오로지 보호가 주장되는 국가의 법률의 지배를 받는다.

(3) 본국에서의 보호는 국내법에 의하여 지배된다. 다만, 저작자가 이 협약에 따라 보호되는 저작물의 본국의 국민이 아닌 경우에는 본국에서 자국민과 같은 권리를 향유한다.

(4) 본국은 다음과 같이 본다.

1. 최초로 어느 동맹국에서 발행된 저작물의 경우 그 국가, 서로 다른 보호기간을 부여하는 여러 동맹국에서 동시에 발행된 경우에는 입법상 가장 짧은 보호기간을 부여하는 국가
2. 어느 비동맹국과 어느 동맹국에서 동시에 발행된 저작물의 경우 후자의 국가
3. 미발행저작물 또는 최초로 어느 비동맹국에서 발행되었으나 어느 동맹국에서 동시에 발행되지 않은 저작물의 경우 저작자가 자국국민인 동맹국. 다만, ㈎ 영화저작물의 제작자가 어느 동맹국에 주사무소나 상거소를 가지는 영화저작물의 경우 본국은 그 국가이고, ㈏ 어느 동맹국에 세워진 건축저작물 또는 어느 동맹국에 소재한 건물이나 기타 구조물에 포함된 기타 예술저작물의 경우 본국은 그 국가이다."[14)]

---

14) 제1항 내지 제3항의 영문은 아래와 같다.

"(1) Authors shall enjoy, in respect of works for which they are protected under this Convention, in countries of the Union other than the country of origin, the rights which their respective laws do now or may hereafter grant to their nationals, as well as the rights specially granted by this Convention.

(2) The enjoyment and the exercise of these rights shall not be subject to any formality; such enjoyment and such exercise shall be independent of the existence of protection in the country of origin of the work. Consequently, apart from the provisions of this Convention, the extent of protection, as well as the means of redress afforded to the author to protect his rights, shall be governed exclusively by the laws of the country where protection is claimed.

2. 베른협약은 저작권의 저촉규범을 포함하고 있나

베른협약이 저작권에 관한 저촉규범을 포함하고 있는지에 관하여는 견해가 나뉘고 있다. 긍정설은 대체로 그 근거를 베른협약 제5조 제1항(내국민대우의 원칙)으로부터 구하는 견해(아래 가.)와 제5조 제2항의 규정으로부터 찾는 견해(아래 나.)로 나뉜다. 전자는 대체로 보호국법주의를 취하나, 후자는 보호국법주의, 본국법주의와 법정지법주의로 나뉜다.[15)]

가. 베른협약 제5조 제1항(내국민대우의 원칙)으로부터 저촉규범을 도출하는 견해

위에서 본 베른협약 제5조 제1항은 '내국민대우의 원칙'(principle of national treatment. 또는 principle of assimilation)을 정하고 있다. 내국민대우의 원칙은 체약국이 다른 체약국의 국민에 대하여 자국민에게 부여하는 대우와 동등하거나 또는 그 이상의 대우를 부여하라는 것이므로 엄밀하게는 '외인법'(Fremdenrecht)의 규정이다.[16)] 따라서 이를 외인법상의 규정으로만 이해하고 저촉규범은 포함되어 있지 않다고 보는 견해도 있다.[17)] 그러나 독일의 통설과 판례[18)]는 내국민대우의 원칙으로부터 저촉규범이 도출된다고 보

---

(3) Protection in the country of origin is governed by domestic law. However, when the author is not a national of the country of origin of the work for which he is protected under this Convention, he shall enjoy in that country the same rights as national authors."

15) 저자의 분류와는 다르나, 金彦叔, 知的財産權と國際私法(2006), 54면 이하는 학설을 상세히 소개한다.

16) 예컨대 "산업재산권 보호를 위한 파리협약"(Paris Convention for the protection of industrial property, 20 March 1883)(정부의 번역은 "공업소유권의 보호를 위한 파리협약"이다) 제2조, TRIPs 협정 제3조 제1항 등도 내국민대우의 원칙을 규정하고 있다. James J. Fawcett/Paul Torremans, Intellectual Property and Private International Law, 2 edition (2011), para. 12.68은 TRIPs 제3조 제1항의 주(note)는 제3조 제1항의 "보호는 이 협정에서 구체적으로 언급된 지적재산권의 사용에 영향을 미치는 사항뿐 아니라 지적재산권의 취득가능성, 취득, 범위, 유지 및 시행에 영향을 미치는 사항을 포함한다"고 넓게 정의하므로 결국 보호국법주의를 규정한 것이라고 보고 그 결과 본국법주의나 법정지법주의는 허용되지 않는다고 한다.

17) 예컨대 Neuhaus와 Haimo Schack, Urherber- und Urhebervertragsrecht, 3. Auflage (2005), Rn. 891f.; 金彦叔(註 15), 65면 이하. 우리나라에서도 정상조, "지적재산권에 관한 국제적 법질서와 국내법," 성낙인·김재형(편), 한국법과 세계화(2006), 178면; 강영수, "國際 知的財産權侵害訴訟에 있어서 國際私法的 問題에 관한 研究—屬地主義 原則의 限界 및 그 修正을 중심으로—," 서울대학교 대학원 박사학위논문(2005), 180면은 이런 견해를 취한다. 영국의 Fawcett/Torremans(註 16), para. 12.32도 이런 취지로 보인다.

는데, 그 경우 연결원칙은 보호국을 연결점(connecting factor)으로 보는 보호국법주의(principle of *lex loci protectionis* 또는 *lex protectionis*)라고 본다.[19][20] 따라서 2007. 7. 11. 계약외채무의 준거법에 관한 유럽의회와 이사회 규정(Regulation of the European Parliament and of the Council on the Law Applicable to Non-contractual Obligations)(이하 "Rome Ⅱ규정"이라 한다)의 성안과정에서도 독일 정부는 기존 조약이 보호국법원칙을 명시하고 있음을 이유로 지적재산권에 관한 특칙을 두지 말자는 견해를 피력하였다.[21]

반면에 1998년 미국 제2순회구 연방항소법원은 Itar-Tass 통신 사건 판결[22]에서 내국민대우원칙은 저촉규범이 아니고 "단지 침해지국법이 실체적인 저작권보호의 범위에 적용되면 그 법이 외국 저작자와 내국 저작자에게 통일적으로 적용될 것이라는 것을 보장할 뿐"(holding that national treatment is not a conflicts principle, but simply assures that if the law of the

18) 예컨대 BGH 17. 6. 1992 BGHZ 118, 394, 397 = GRUR 1992, 697 (Alf).

19) Eugen Ulmer, Intellectual Property Rights and the Conflict of Laws (1978), para. 16; Gerhard Schricker/Ulrich Loewenheim (Hrsgs.) Urheberrecht: Kommentar, 3. Aufl. (2006), vor §120 UrhG Rn. 125 (Katzenberger 집필부분)(여기에서 대체하지는 않았지만 이는 제4판이 있다); Karl Kreuzer, "Gutachtliche Stellungnahme zum Referentenentwurf eines Gesetzes zur Ergänzung des Internationalen Privatrechts (Außervertragliche Schuldverhältnisse und Sachen)—Sachenrechtliche Bestimmungen," Dieter Henrich (Hrsg.), Vorschläge und Gutachen zur Reform des deutschen internationalen Sachen- und Immaterialgüterrechts (1991), S. 149; MünchKommBGB/Drexl, 4. Auflage Band 11 (2005) IntImmGR, Rn. 56(여기에서 대체하지는 않았지만 이는 제5판(2010)이 있다); Eckart Gottschalk, "The Law Applicable to Intellectual Property Righs: Is the *Lex Loci Protectionis* a Pertinent Choice-of-Law Approach?," Eckart Gottschalk *et al* (eds.), Conflict of Laws in a Globalized World (2007), p. 192. 강영수(註 17), 179면은 종전에는 위 견해가 다수설이었으나 최근의 다수설은 제5조 제1항이 정하는 내국민대우 원칙은 순수하게 외인법상의 원칙에 그치고, 제2항이 저작물의 이용지법의 적용을 정하고 있다고 해석하고 있다고 설명한다. 비교법적 고찰은 Peinze(註 11), S. 132f.; Josef Drexl, "The Proposed Rome Ⅱ Regulations: European Choice of Law in the Field of Intellectual Property," Josef Drexl/Annette Kur (eds.), Intellectual Property and Private International Law (2005), p. 165 참조.

20) 그러나 제5조 제1항으로부터 법정지법주의를 도출하는 견해도 있다. 金彦叔(註 15), 57면에 소개된 견해 참조.

21) Andrew Dickinson, The Rome Ⅱ Regulation: A Commentary (2009), para. 8.04. 이다. 이는 2009. 1. 11.부터 시행되고 있다. Rome Ⅱ에 관하여는 석광현, "계약외채무의 준거법에 관한 유럽연합 규정(로마Ⅱ)," 서울대 법학 제52권 제3호(통권 160호)(2011. 9.), 245면 이하 참조.

22) *Itar-Tass Russian News Agency, Inc. v. Russian Kurier, Inc.*, 153 F.3d 82, 89 (2d Cir. 1998).

country of infringement applies to the scope of substantive copyright protection, that law will be applied uniformly to foreign and domestic authors)이라고 판시하였다. 즉 내국민대우의 원칙은 준거법이 지정된 뒤에 비로소 적용되는 것이고, 동일한 준거법을 적용하라는 취지는 아니라는 것이다. 또한 아래에서 언급하듯이, 유럽법원(ECJ. 또는 유럽사법재판소)도 2005. 6. 30. *Tod's SpA v Heyraud SS* 사건 판결[23]에서 "베른협약의 목적은 문학 및 예술 저작물의 보호에 관한 준거법을 정하는 데 있는 것이 아니라 그러한 저작물에 관련되는 권리의 내국민대우의 체계를 정립하는 데 있다"고 판시한 바 있다.[24]

만일 내국민대우의 원칙으로부터 저촉규범을 도출한다면 베른협약의 경우는 물론이고, 내국민대우의 원칙을 명시하는 산업재산권에 관한 파리협약도 보호국법주의를 규정한 것이 되어 특허권과 상표권 등에 대하여 보호국법주의가 적용된다는 결론이 도출된다.

이에 관하여 직접 판단한 우리 대법원판결은 보지 못하였으나 부정적인 태도를 취한 것으로 추단케 하는 상표권에 관한 대법원판결이 있다. 즉 일본회사인 원고가 한국과 일본에서 자신의 상표권이 침해되었음을 이유로 한국인 피고에 대하여 손해배상을 구한 사건에서, 대법원 2004. 7. 22. 선고 2003다62910 판결은 일본 상표권의 침해에 관하여, 우리 국제사법 제24조에 따라 침해지법인 일본 상표법이 준거법이 된다고 판단하였을 뿐이고 파리협약을 전혀 언급하지 않았다. 이에 대해 저자는 내국민대우의 원칙을 정한 파리협약(제2조)을 저촉규범이라고 보는 유력한 견해가 있으므로 대법원으로서도 파리협약의 적용 여부를 먼저 검토할 필요가 있었다고 비판한 바 있는데,[25] 대법원이 과연 파리협약상 내국민대우의 원칙으로부터 저촉규범을 도출할 수는 없다고 본 것인지는 불분명하다.

나. 베른협약 제5조 제2항으로부터 저촉규범을 도출하는 견해

이는 베른협약 제5조 제2항으로부터 저촉규범을 도출하는 견해인데, 그

---

23) Case C-28/04.

24) 참고로 미국의 Goldstein(註 7), p. 89는 내국민대우의 원칙은 국가가 외국인의 저작물에 대하여 내국민의 저작물에 적용하는 것과 동일한 법을 적용할 것을 요구하는 제한적인 의미의 저촉규범으로 볼 수 있으나, 어떤 경우에도 완전한 저촉규범은 아니라고 한다.

25) 석광현(註 3), 452면.

저촉규범의 내용에 관하여는 보호국법주의, 본국법주의(*lex originis* principle)(또는 본원국법주의)(이하 본국과 본원국을 호환적으로 사용한다)[26]과 법정지법주의(*lex fori* principle) 등이 있다.[27] 그러나 엄밀하게 보면 예컨대 보호국법주의를 취하면서도 그것이 저작권에 관한 모든 사항이 아니라 일부만을 규율한다고 보고 다른 사항에 대하여는 본국법주의를 취하기도 하므로 견해의 대립이 좀더 복잡한데, 준거법이 규율하는 쟁점(또는 사항)(이하 양자를 호환적으로 사용한다)의 범위는 아래(4.)에서 별도로 논의한다.

(1) 보호국법주의

이는 제5조 제2항으로부터 보호국법주의를 도출하는데, 베른협약 제5조 제2항 특히 마지막 문장, 즉 "따라서 이 협약의 규정과는 별도로, 보호의 범위와 저작자의 권리를 보호하기 위하여 주어지는 구제의 방법은 오로지 보호가 주장되는 국가의 법률의 지배를 받는다"는 조항으로부터 저촉규범을 도출하면서, 보호가 주장되는 국가(country <u>where</u> protection is claimed)를 "그의 영토에 대하여 지적재산권의 보호가 청구되고 있는 국가"(country <u>for which</u> [또는 <u>for whose territory</u>] protection is claimed") 또는 간단히 '보호국'(Schutzland, protecting country), 즉 "그의 영토 내에서 문제가 된 저작권을 어떠한 형태로든 사용하거나, 제3자에 대해 방어하고자 하는 국가"로 이해한다.[28] 이는 문면에는 반하지만 1908년 베른협약 제5조 제2항의 기초자들은 실무상 저작권의 침해지와 법정지가 일치할 것으로 상정했는데, 19세기와 20세기 초에는 저작권침해에 대하여는 흔히 형사절차가 제기되었고, 또한 저작권침해에 대하여는 불법행위로서 소구되었는데 불법행위에 대하여는 침해지 법원만이 국제재판관할을 가졌기 때문에 이러한 전제는 그 당시에는 합

---

26) 저자는 전에 이를 '본원국'이라고 번역하였으나 정부가 공표한 베른협약의 국문은 이를 '본국'이라고 번역하므로 여기에서는 본국이라 한다. 그러나 국제사법상 본국법은 통상 자연인의 국적소속국을 의미하는 용어로 사용되므로 본국법이라는 표현이 적절한지는 의문이다.

27) Mireille van Eechoud, Choice of Law in Copyright and Related Rights: Alternatives to the Lex Protectionis (2003), p. 107 註 302에 인용된 문헌들 참조. 이규호, "국제엔터테인먼트 분쟁의 해결," 손경한(편저), 엔터테인먼트법(하)(2008), 477-478면은 법정지법설과 침해지법설이 있다고 소개한다.

28) MünchKomm/Kreuzer, 3. Auflage, Band 10 (1998), Nach Art. 38 Anh. Ⅱ, Rn. 8; 이호정·정상조, "涉外知的財産權法 試論—知的財産權의 準據法—," 서울대학교 법학 제39권 1호(통권 106호)(1998. 5.), 653면; Ginsburg(註 12), p. 322 Fn 197에 인용된 문헌 참조.

리적인 것이었다고 한다.[29] 이것이 전세계적으로 가장 유력하다. 주의할 것은 보호국법은 침해의 맥락에서는 침해지국법과 일치하나 이를 불법행위지법(*lex loci delicti*)로 볼 것은 아니라는 점이다.[30] 그러나 보호국법주의에 대하여는 다음과 같은 비판이 있다.

우선 문면상 'where'을 'for which' 또는 'for whose territory'로 읽을 근거가 없다. 또한 베른협약의 제5조는 일반적이고 논리적인 국제사법원칙 없이 채택된 것이다.[31] 둘째, 보호가 주장되는 국가의 법은 보호의 범위와 구제의 방법을 규율하나, 보호의 범위는 권리 또는 권리의 범위와 다르며, 이는 권리가 존재하고 그의 범위, 기간과 소유자가 이미 정의된 것을 전제로 하는 것으로 보인다.[32] 셋째, 만일 제5조 제2항을 보호국법주의를 명시한 것으로 보면 이는 "본국에서의 보호는 국내법에 의하여 지배된다"고 규정하는 제5조 제3항과 상충된다는 비판이 있다. 예컨대 독일에서 저작물을 공표한 스위스인이 독일에서 그의 스위스 저작권이 침해되었음을 주장하여 소를 제기한 사안에서, 제5조 제2항에 따르면 보호국법인 스위스법이 적용되어야 하지만 제5조 제3항에 따르면 본국법인 독일법이 적용되어야 하므로 준거법 결정의 교착이 발생한다는 것이다. 즉 제5조 제2항이 저촉법규칙을 두어 제3항을 좌절시킨다고 보는 것은 이상하다는 것이다.[33] 넷째, 최초귀속에 대하여 보호국법주의를 취할 경우 동일한 저작물이 국경을 넘을 때마다 귀속이 달라지고 저작권자가 상이하게 될 수 있어 저작물의 국제적 상거래를 해치게 되어 저작물의 국제적 전파의 촉진이라는 베른협약의 주된 목적의 하나를 저해하고 법적 혼돈상태를 초래한다는 비판이 있다.[34]

---

29) van Eechoud(註 27), p. 108. 실제로 초기에 법정지법설을 주장한 꽤 많은 학자들은 법정지법을 보호국법과 동일시했다고 한다.

30) 불법행위지법에 따르면 격지불법행위의 경우 행동지법과 결과발생지법 중 어느 법이 준거법이 되는가의 문제가 발생하고, 국가에 따라서는(예컨대 일본) 법정지법을 누적적용하는 국가도 있으나, 보호국법주의의 경우 행동지와 결과발생지는 원칙적으로 일치하고(예외는 석광현, "한국에 있어서 知的財産權紛爭의 國際裁判管轄," 국제사법과 국제소송 제4권(2007), 610면 참조) 법정지법을 누적적용할 여지는 없다.

31) Nerina Boschiero, "Infringement of Intellectual Property Rights," Yearbook of Private International Law Vol. Ⅸ 2007 (2008), p. 98.

32) Haimo Schack, Zur Anknüpfung des Uurheberrechts im internationalen Privatrecht (1979), S. 28-29 (Fawcett/Torremans(註 16), para. 12.43에서 재인용).

33) Schack(註 32)(van Eechoud(註 27), p. 109에서 재인용하였으나 면수를 밝히지 않고 있다).

34) Ricketson/Ginsburg(註 12), N 20.41; Dorothee Thum, "Who Decides on the Colours

(2) 본국법주의

본국법주의[35]는 저작권은 본국법에 의한다는 견해이다.[36] 베른협약 제5조 제4항에 따르면 여기에서 저작물의 본국은 그 저작물의 최초 발행지를 기준으로 하고 부차적으로 저작자의 국적을 기준으로 결정된다.[37] 본국법주의에 따르면 예컨대 저작물이 베른협약의 동맹국인 X국에서 최초로 발행된 경우 우리나라에서 그 침해가 다투어진다면 우리 법원은 X국법을 적용해야 한다는 것을 의미한다. 베른협약 제5조 제3항이 "본국에서의 보호는 국내법에 의하여 지배된다"고 규정하는데 이를 양면적 저촉규정으로 보아 본국법주의를 주장하거나,[38] 제14조의2 제2항 a호가 "영화저작물의 저작권자의 결정에 관하여만 보호국법주의를 규정하고 저작물 일반에 관한 저작권자의 결정에 관하여 규정하지는 않으므로, 이를 반대해석하여 영화저작물 이외의 저작물의 최초귀속에 대하여는 본국법주의가 타당하다고 주장하기도 한다.[39] 그러나 요즈음에는 저작권의 쟁점 전부가 아니라 그 중 일부에 대하여 본국법주의를 주장하는 경향이 있다. 예컨대 베른협약 제5조 제2항이 보호국법주의를 명시한 것으로 보더라도 이는 보호의 범위와 저작자의 권리를 보호하기 위하여 주어지는 구제의 방법에만 적용되고 저작권에 관한 그 밖의 쟁점, 즉 저작권의 최초귀속, 성립(유효성)과 양도 등에는 미치지 않는다고 본다.[40]

---

of Films on the Internet? Drafting of Choice-of-Law Rules for the Determination of Initial Ownership of Film Works vis-à-vis Global Acts of Exploitation on the Internet," Josef Drexl/Annette Kur (eds), Intellectual Property and Private International Law (2005), p. 273.

35) 예컨대 독일의 Schack. 참고로 1889년의 몬테비데오협약(제2조)은 본국법주의를 채택한다.

36) Bartin은 이 견해를 취했는데 그는 이를 저작권의 소재지법이라고 설명하였다고 한다. van Eechoud(註 27), p. 120.

37) 그와 달리 독자적으로 본국의 개념을 정의하려는 견해도 있다.

38) Koumantos, Copyright 1988, 414, 424ff.(MünchKommBGB/Drexl, 4. Auflage Band 11 (2005) IntImmGR, Rn. 58 Fn. 130에서 재인용).

39) Jane Ginsburg, Global Use, Territorial Rights, Private International Law. Questions of the Global Information Infrastructure, WIPO Worldwide Symposium on Copyright in the Global Information Infrastructure. Mexico City, May 22 to 24, 1995. Geneva: WIPO 1996, p. 395 (Eechoud, p. 122에서 재인용).

40) Ricketson/Ginsburg(註 12), N 20.10와 N 20.34는 제5조 제2항의 보호국법주의는 침해에 한정된 것이고, 저작자(authorship), 최초귀속과 양도를 규율하지는 않는다고 본다. 논자에 따라서는 저작자의 문제를 저작권의 성립의 문제로 다룬다. 이와는 달리, Goldstein(註 7), pp. 103-104는 저작권의 성립과 최초귀속에 관하여는 협약은 보호국법주의보다는 본국법주의 또는 가장 밀접한 관련이 있는 국가의 법을 지정하는 것으로 본다.

특히 저작권의 최초귀속에 관하여 복수의 법이 적용되면 베른협약의 주요 목표인 저작물의 국제적 보급에 장애가 된다고 한다.[41]

본국법주의에 따라 최초귀속과 성립을 본국법에 연결시킬 경우 저작권자가 처음부터 명확하게 결정되므로 특히 저작물의 세계적 이용 시 '권리의 단일한 원천'(a single root of title)을 확립할 수 있어 당사자의 예측가능성을 높여주고 저작권자로서는 법적안정성이 확보되는 장점이 있다.[42] 하지만 본국법주의는 일견 이론적인 관점에서 매력적이지만 실제로 많은 문제를 발생시킨다는 비판을 받고 있다.

첫째, 본국의 개념이 통일적으로 해석될 수 있다면 본국법주의가 법적 안정성을 보장할 수 있으나 실제로 통일적인 본국법이 존재하지 않으므로 본국법의 결정이 용이하지 않다. 특히 수개국에서 동시에 공표한 경우, 상이한 국적을 가지는 수인이 최초 공표에 관여한 경우 또는 인터넷에서 공표 시 본국의 결정이 어려우므로 본국법이 달성하고자 하는 최초귀속과 성립의 통일적 연결이라는 목표를 달성할 수 없다.[43]

둘째, 동일 국가에서 상이한 저작권법체제가 적용되는 문제가 있다. 즉 저작물의 이용자가 각 저작물의 본국법을 알 필요가 있고, 잠재적으로 많은 국가의 저작권제도에 대하여 상당한 정도의 지식을 가질 것을 요구하기 때문이다.[44] 이 점에서 본국법주의는 거래의 보호(Verkehrsschutz)를 위해 바람직하지 않고,[45] 또한 각 동맹국의 법원으로서도 소송사건마다 서로 다른 저작물의 본국법을 해석 적용하여 저작권의 성립, 내용, 제한 등을 일일이 판단하여야 하는 어려움이 있다.[46] 본 더치 사건에서 서울고등법원 2008. 7. 8.

---

41) Jane Ginsburg, Private International law aspects of the protection of works and objects of related rights transmitted through digital networks (doc. no GCPIC/2, WIPO Group of consultants on the private international law aspects of the protection of works and objects of related rights transmitted through global digital networks, Geneva, 16-18 December 1998). Geneva: WIPO 1998, p. 25 (van Eechoud(註 27), p. 122 Fn. 345에서 재인용한 것이나 1998b로 되어 있어 다소 애매하다).

42) Goldstein(註 7), p. 104; Peinze(註 11), S. 185; 이성호, "사이버 지적재산권 분쟁에 관한 국제재판관할과 준거법," 저스티스 통권 제72호(2003. 4.), 190면.

43) Ginsburg(註 12), p. 268, 349-363; Goldstein(註 7), p. 105; Peinze(註 11), S. 185.

44) Fawcett/Torremans(註 16), para. 12.45; Gottschalk(註 19), p. 203; 오승종(註 7), 1376면; 이해완, 저작권법(2007), 784면.

45) Schricker/Katzenberger(註 19), vor §120ff. Rn. 123. Goldstein(註 7), p. 101-102도 저작권거래에서의 예견가능성과 법적 안정성이라는 측면에서 보호국법의 장점이 있음을 인정한다.

선고 2007나80093 판결[47]도 본국법주의에 의하면 같은 영토 내에서도 저작물의 본국이 어디냐에 따라 저작권 침해 여부 판단이나 저작권자가 달라지게 되어 저작물의 이용자나 법원 등이 이를 판단, 적용하기가 쉽지 않다는 점을 지적하였다.

셋째, 내국민대우의 원칙으로부터 보호국법주의를 도출하는 견해는 본국법주의를 따를 경우 외국저작물의 침해에 대하여는 외국법을, 내국저작물의 침해에 대하여는 내국법을 적용하게 되어 내국민대우의 원칙과도 상치된다고 본다.[48]

본국법이 규율하는 사항의 범위가 저작권의 최초귀속, 성립(유효성), 내용과 한계, 침해와 양도 등의 전부인지 일부인지에 관하여는 견해가 나뉘나, 저작자, 저작권의 양도와 특히 최초귀속(initial ownership)에 대해 본국법을 고집하는 견해가 유력한 것으로 보인다.[49]

(3) 법정지법주의

한편 일부 견해는 제5조 제2항 제2문의 "보호가 주장되는 국가"를 문언에 보다 충실하게 그 국내에서 보호를 주장하는 국가, 즉 법정지국으로 이해하는데,[50] 이에는 법정지의 국제사법을 포함하는 법정지법을 지정하는 것으로 이해하는 견해[51]와, 국제사법을 제외한 실질법(즉 저작권법)을 적용하는 것으로 이해하는 견해[52]가 있다. 이 견해에 따르면, 법원으로서는 자국법에 따라 질적으로 우수하고 신속한 재판을 할 수 있다는 장점과, 저작권자가 보

46) 이성호(註 42), 190면. 베른협약 성립 후 1889년 미주대륙을 중심으로 채택된 몬테비데오 협약(제2조)은 본국법주의를 채택하였기 때문에 실패하였다고 한다. 오승종(註 7), 1376면.

47) 이는 본국이 미국인 저작권의 상속인이 저작권을 양도한 뒤 다시 이중양도한 사건인데, 서울고등법원은 저작권의 양도도 보호국법에 따를 사항이라고 보았다. 위 판결은 대법원에서 심리불속행으로 기각되어(대법원 2008. 11. 13. 선고 2008다59001 판결) 확정되었다.

48) Gottschalk(註 19), p. 203.

49) Susanne Muth, Die Bestimmung des anwendbaren Rechts bei Urheberrechtsverletzungen im Internet (2000), S. 139f. 특히 프랑스에서 이런 경향이 있다고 한다. van Eechoud(註 27), p. 123 이하.

50) S.M. Stewart, International Copyright and Neighbouring rights (1983), p. 38-39(van Eechoud(註 27), p. 104에서 재인용).

51) Peinze(註 11), S. 136f.: 박덕영·이일호, 국제저작권과 통상문제(2009), 46면. 영국 항소법원의 Pearce v Ove Arup 사건 판결 ([1999] 1 All ER 769, 801h)에서 Roch 판사의 의견(Peinze(註 11), S. 133와 Dickinson(註 21), para. 8.07에서 재인용).

52) 오승종/이해완, 저작권법(2001), 532면 이하; 정진섭·황인철, 국제지적재산권법(1995), 112면은 이런 견해로 보인다. 오승종(註 7), 1375면은 법정지법주의, 보호국법주의와 속지주의를 동일한 의미로 사용하나 이는 옳지 않다. 이해완(註 44), 784면도 보호국법주의와 법정지법주의를 같은 의미로 사용하는 것으로 보인다.

호수준이 높은 다른 동맹국에서 당해 동맹국의 국민과 동등하게 높은 수준의 보호를 받게 되는 경우 자국 정부에 대하여 저작권보호의 수준을 높이도록 압력을 가함으로써 저작권을 국제적으로 높은 수준에서 일치되게 보호하는 정책적인 장점이 있다고 한다.[53)]

그러나 법정지법주의는 동일한 저작물에 대하여 법정지에 따라 상이한 내용의 보호를 부여하여 forum shopping을 조장하는 단점이 있다. 또한 피해자가 침해자의 재산 소재지 또는 주소지에서 소를 제기하는 경우 법정지는 침해지 또는 보호국이 아니므로, 법정지법주의는 저작권과 관련이 없는 법을 적용하게 되는 부당한 결과를 초래하는 문제가 있다.[54)]

다. 베른협약에는 저촉규범이 없다고 보는 견해

부정설은 베른협약에는 저촉규범이 포함되어 있지 않다고 본다. 이는 내국민대우의 원칙은 저촉규범이 아니라고 보고, 나아가 제5조 제2항도 저촉규범을 정한 것이 아니라고 본다.[55)] 예컨대 Schack는 다음과 같이 설명한다. 베른협약의 역사와 관련 자료를 보아도 기초자들이 제5조 제2항에 의하여 저촉규범을 설정하고 그렇게 함으로써 동맹국의 법에 간섭하고자 했다는 근거가 없고, 제5조 제2항의 취지는 오히려 구제의 방법은 법정지법에 의한다는 것이고, 보호의 범위는 민사 및/또는 형사적 보호를 부여하는가라는 일반적인 문제를 다루면서 이를 법정지법에 따르도록 한 것이므로 위에서 언급한 저작권의 쟁점과는 직접 관련이 없다는 것이다.[56)] 따라서 Schack는 각국은 위 쟁점에 관하여 자유롭게 저촉규범을 결정할 수 있다고 보면서 ① 최초귀속과 성립에 대하여는 본원국법을, ② 내용과 한계에 대하여는 보호국법을, ③ 침해의 요건과 효과에 대하여는 불법행위의 준거법, 즉 침해지법을 적용하고(따라서 당사자자치를 허용한다)[57)] ④ 양도에 대하여는 본원국법을 적용한다.[58)]

53) 오승종/이해완(註 52), 532면.

54) van Eechoud(註 27), p. 104.

55) 예컨대 Schack(註 17), Rn. 893; James Fawcett/Janeen M. Carruthers, Cheshire, North & Fawcett Private International Law Fourteenth Edition 14th edition (2008), p. 815; Dickinson(註 21), para. 8.05. van Eechoud(註 27), p. 10.

56) Schack(註 17), Rn. 891.

57) Schack(註 17), Rn. 925.

58) Schack(註 17), Rn. 924, 905, 908, 914.

베른협약이 어떤 저촉규범을 포함하고 있다고 보더라도 그것이 규율하는 사항이, 특정 쟁점 예컨대 침해에 한정된다면 다른 쟁점에 대하여는 저촉규범을 두고 있지 않다는 말이 된다. 따라서 베른협약이 저작권에 관한 쟁점 중 일부에 대하여 저촉규범을 두고 있다고 보는 견해는 결국 다른 쟁점에 관한 한 베른협약에는 저촉규범이 없다는 견해가 된다.[59)]

주목할 것은, 위에서 본 바와 같이 유럽법원(ECJ)도 2005. 6. 30. *Tod's SpA v Heyraud SS* 사건 판결[60)]에서 이런 견해를 취했다는 점이다. 판결은 제32항에서 "베른협약 제5조 제1항으로부터 명백한 바와 같이, 그 협약의 목적은 문학 및 예술 저작물의 보호에 관한 준거법을 정하는 데 있는 것이 아니라 그러한 저작물에 관련되는 권리의 내국민대우의 체계를 정립하는 데 있다"고 판시하였다. 또한 WIPO의 베른협약 지침은 베른협약에는 저촉규범이 없다고 본다. 즉 동 지침은 저작권침해소송의 경우 원고는 반드시 침해지에서 제소해야 하는 것은 아니고 피고의 재산소재지에서 제소할 수도 있는데 그 경우 법원은 자국의 저촉규범을 적용해서 준거법을 결정해야 한다고 본다.[61)]

이에 따르면 저작권의 준거법은 결국 각국의 국제사법규칙에 의하여 결정해야 하는데 그 경우 명문의 규정[62)] 또는 판례에 의하여 보호국법주의를 취하는 국가가 많지만, 본국법주의를 주장하기도 있는데 본국법이 규율하는 쟁점의 범위에 관하여는 다시 견해가 나뉜다.[63)] 보호국법주의와 본국법주의의 근거와 장단점은 위(나.)에서 언급한 바와 같다.

라. 대상판결들의 태도

(1) 아이비 뮤직비디오 사건 판결

아이비 뮤직비디오 사건 판결은 저작인격권과 저작재산권을 구별하여, 저작인격권을 보호하기 위한 금지청구와 명예회복 등의 청구는 저작자의 권

---

59) van Eechoud(註 27), p. 10도 부정설을 취하면서 가사 저촉규범을 포함하는 것으로 보더라도 저작권의 최초귀속과 저작권의 양도문제는 제5조 제2항에 포함되지 않는다고 본다.

60) Case C-28/04.

61) Guide to the Berne Convention for the Protection of Literary and Artistic Works (Pars Act, 1971)(WIPO, 1978), p. 34(Boschiero(註 31), p. 98에서 재인용).

62) 예컨대 스위스 국제사법 제110조 제1항, 오스트리아 국제사법 제34조, 이탈리아 국제사법 제54조, 우리 국제사법 제24조.

63) 예컨대 본국법이 규율하는 쟁점의 범위를 최초귀속에 한정하는 견해, 최초귀속과 성립에 한정하는 견해, 최초귀속, 성립과 내용에 한정하는 견해와 저작권의 모든 쟁점에 확대하는 견해 등이 있다. Peinze(註 11), S. 184 참조.

리를 보전하기 위한 구제방법이므로 그의 준거법은 베른조약 제6조의2 제3항에 의해 보호가 요구된 국가의 법령이 된다고 보고, 반면에 저작재산권에 기초한 금지청구는 저작재산권을 보전하기 위한 구제방법이므로 저작재산권을 보전하기 위한 구제방법의 준거법은 베른조약 제5조 제2항에 의해 보호가 요구된 국가의 법령이 된다고 판단하였다. '보호국법주의'라는 표현을 정면으로 사용하지는 않지만, 저작재산권의 경우 베른협약 제5조 제2항을 근거로, 저작인격권의 경우 제6조의2 제3항을 근거로 보호국법주의를 취한 것으로 보인다. 저작권의 성립과 효력에 관하여 본국법주의를 취하지 않은 것은 분명하다.

다만 이 판결은 저작권침해를 이유로 하는 손해배상청구를 불법행위로 성질결정하고, 그 준거법을 국제사법 제32조 제1항에 따라 결정했는데, 이는 손해배상청구에 관하여는 베른협약이 적용되지 않거나 저촉규범을 두지 않고 있다고 본 것이다.

(2) 탄줘잉 사건 판결

탄줘잉 사건 판결은, 베른협약 제5조 제2항에 규정된 '보호가 요구된 국가(the country where protection is claimed)'라 함은 '그 영토 내에서의 보호가 요구되고 있는 국가', 즉 '보호국'을 의미하며 특히 저작재산권의 침해문제에 관련해서는 '그 영토 내에서의 침해행위에 대하여 보호가 요구되고 있는 국가', 즉 '침해지국'을 의미하는바, 원고는 자신의 저작재산권에 대한 침해행위가 한국 영토 내에서 발생하였음을 주장하며 이에 대한 보호를 요구하므로 결국 한국의 법률이 보호국법이자 침해지국법으로서 준거법이 된다고 판시하였다.

탄줘잉 사건 판결은 나아가, 베른협약 제5조 제2항이 과연 준거법에 관한 규정인지 여부 및 베른협약 제5조 제2항의 '보호가 요구되는 국가'가 과연 보호국을 의미하는지에 관해서는 이견이 있으나, 첫째, 베른협약 제5조 제2항이 준거법에 관한 규정이 아니라 단순히 외인법(外人法)적 규정에 불과한 것으로 해석할 경우, 보충규정인 국제사법 제24조에 의해 '침해지법'이 준거법이 될 것이므로 이 사건에서 한국 법률이 준거법이 되고, 둘째, 베른협약 제5조 제2항의 '보호가 요구되는 국가'를 법정지국(法廷地國)으로 해석한다 하더라도, 이 사건의 법정지는 한국이므로 역시 한국 법률이 준거법이 된다고 판시함으로써 베른협약 제5조의 제2항을 둘러싸고 보호국법주의, 저촉규범이 없다는 견해와 법정지법주의가 있음을 의식하면서 국제사법에 따른 가정적 판단까지도 설시하고 있다.

(3) 참고 판결—저작권의 양도에 관한 본 더치 사건 판결

참고로 본 더치 사건에서 서울고등법원 2008. 7. 8. 선고 2007나80093 판결은 베른협약 제5조 제1항은 내국민대우의 원칙을, 제5조 제2항은 보호국법주의를 채택하고 있다고 보았다. 이 판결은 아래(4.라.)에서 좀더 상세히 소개한다.

마. 소　　결

저자는 베른협약은 보호국법주의를 취하고 있다고 본다. 그 근거는 우선 베른협약 제5조의 제2항에 있다. 제5조 제2항의 문언만 보면 "보호의 범위와 저작자의 권리를 보호하기 위하여 주어지는 구제의 방법은 오로지 보호가 주장되는 국가의 법률의 지배를 받는다"고 하여 마치 법정지법주의를 취한 것처럼 보이나 위 국가는 법정지국이 아니라 그 국가에 대하여 보호가 주장되는 국가를 의미한다. 속지주의(또는 속지주의 원칙)의 결과, 자신의 저작권이 어느 국가(예컨대 X국)에서 침해되었다고 주장하는 것은, 자신이 그 국가에서 저작권을 가지는데 그 국가에서(즉 그 국가의 법질서 하에서) 저작권이 침해되었음을 주장하는 것인바, 당해 국가(즉 X국)가 반드시 법정지는 아니기 때문이다.[64)]

한편 내국민과 외국인에 대하여 동일한 권리를 부여해야 한다는 내국민대우의 원칙으로부터 보호국법주의를 도출할 수 있는지는 논란이 있으나[65)] 내국민대우의 원칙으로부터 보호국법주의가 당연히 도출되는 것은 아니다. 하지만 내국민대우의 원칙은 외국인도 내국에서는 내국법에 따라 내국인과 동일한 보호를 받을 것을 요구하는데, 속지주의가 타당한 저작권의 경우 이는 보호국법주의에 의해 실현된다고 본다. 즉, 내국민대우의 원칙과 속지주의의 결합 또는 속지주의로부터 보호국법주의를 도출할 수 있다고 본다. 속지

64) 즉 원고가 저작권의 침해지에서 제소하면 법정지가 보호국이겠지만, 피고에 대해 일반관할을 가지는 피고 주소지 국가에서 제소하면 법정지와 보호국이 다르게 된다.

65) 이를 부정하는 오승종(註 7), 1375면은 내국민대우의 원칙은 보호국법주의와 논리필연적 관계에 있는 것은 아니지만 실제적으로 밀접한 관계를 가지고 있다고 하고, 이해완(註 44), 785면도 베른협약은 보호국법주의를 전제로 한 내국민대우의 원칙을 그 기본원칙의 하나로 채택하고 있다고 한다.

주의는 다의적인 개념이나,[66] 우리나라에서는 대체로 "지적재산권의 성립·소멸과 그 내용은 그 지적재산권을 부여한 국가의 법률에 의하여서만 결정되고 그 효력도 부여국(예컨대 특허권의 등록국 또는 저작권에 기한 보호를 긍정하는 국가)의 영토주권이 미치는 범위 내에서만 인정된다는 원칙"이라고 설명한다.[67] 이에 의하면 어떤 권리자가 가지는 지적재산권은 '복수의 국내법에 따른 지적재산권들의 집합'인데, 이것이 이른바 Kegel의 '다발이론'(Bündel-theorie)이다.[68] 이렇게 본다면 예컨대 원고가 어느 국가에 대하여 지적재산권의 보호를 주장하는 경우 그 지적재산권은 그 국가에서만 보호될 수 있으므로 법원으로서는 그 국가의 법, 즉 보호국법에 따라 보호의 부여 여부를 판단할 것이다. 등록과 같은 국가행위에 의하여 발생하는 산업재산권과 달리 저작물의 창작에 의하여 법률상 발생하는 저작권의 경우에도 속지주의가 타당한데,[69] 이처럼 보호국법주의는 속지주의가 저촉법적 차원에서 발현된 결과라고 할 수 있다.[70][71] B국에서 발생하였다는 지적재산권 침해에 대하여 A

66) Peinze(註 11), S. 8-9는 속지주의의 실질법적 측면, 공간적 측면, 대인적 측면, 절차적 측면과 국제사법적 측면(외국저작권법의 적용배제) 등 다섯 가지 측면을 소개한다. 이는 석광현(註 30), 606면 이하에서 소개한 바 있다.

67) 서정우, "공업소유권의 국제적 보호와 국제사법," 재판자료 제33집, 섭외사건의 제문제[상](1986), 579면. 이는 일본 최고재판소 1997. 7. 1. 判決(民集 51권 7호, 2299면)이 설시한 속지주의의 개념과 유사하다. 일본의 논의는 金彦叔(註 15), 81면 이하 참조. 이는 실질법상의 속지주의인데 이는 장소적 연결점에 착안하여 준거법을 결정해 간다는 연결방법으로서의 저촉법상의 속지주의로서 보호국법주의를 이끌어낸다고 한다. 김언숙, "직무발명 및 업무상 저작물에 관한 국제사법상의 문제," 국제사법연구 제17권(2011), 334면 이하 참조.

68) Ginsburg(註 12), p. 323도 '국제저작권법'(international copyright law)이라고 하는 것은 존재하지 않고 다만 베른협약에 의한 무차별(내국민대우)원칙에 구속되는 '국내저작권법의 집합'(a collection of national copyright laws)만이 존재한다고 한다.

69) Ulmer(註 19), paras. 15-16.

70) Schricker/Katzenberger(註 19), Rn. 124는 속지주의는 실질법상의 원칙일 뿐만 아니라 저촉법상의 원칙이라고 한다. 속지주의의 근거에 관하여는 논란이 있는데, 내국민대우의 원칙, 속지주의와 보호국법주의의 상관관계는 좀더 검토할 필요가 있다. 보호국법주의를 속지주의라고 이해하기도 하나, 사견으로는 실질법상의 속지주의로부터 저촉법상의 보호국법주의가 당연히 도출된다기보다는 속지주의는 보호국법주의 기초 내지는 전제가 된다고 본다. 논자에 따라서는 저작권의 속지주의의 근거를 베른협약에서 찾기도 하나 특허권의 경우도 속지주의가 타당하므로 공통의 근거를 찾을 필요가 있다. 참고로 도메인이름에 관한 대법원 2008. 2. 1. 선고 2004다72457 판결은 "산업재산권 보호를 위한 파리협약 제6조 제3항의 속지주의 원칙"이라고 설시하였는데 파리협약 제6조 제3항은 상표독립의 원칙을 정한 규정이다.

71) 참고로 로마Ⅱ규정의 전문(前文)(제26항)은 "지적재산권의 침해에 관하여는, 보편적으로 승인되고 있는 보호국법원칙이 보존되어야 한다"고 선언하고, 유럽연합 위원회는 "베른협약은 보호국법주의(이는 속지주의라고도 알려진 원칙이다)에 기초하고 있다고 한다. 2003

국법을 적용하는 것은 한 국가의 법을 외국으로 수출하는 것이 되어 속지주의에 반한다.[72] 지적재산권의 속지주의는 준거법만이 아니라 지적재산권에 관한 국제재판관할규칙[73]과 실질법에도 영향을 미친다.[74][75]

위에서 본 바와 같이 이처럼 보호국법주의를 내국민대우의 원칙 및/또는 속지주의로부터 도출한다면 특허권과 상표권의 경우도 파리협약의 해석상 내국민대우의 원칙과 속지주의의 결합으로부터 보호국법주의가 도출된다고 보게 된다.

3. 베른협약상 저작권 침해에 대한 구제의 성질결정

가. 종래의 논의

위에서 본 베른협약이 저촉규범을 포함하고 있다는 견해는 금지청구와 손해배상청구를 구별하지 않고 양자를 침해에 대한 구제수단의 문제로 보아 일원적으로 취급한다. 이에 대하여는 별로 이견을 보지 못하였다.

년 위원회초안(COM(2003) 427), p. 20.

72) Goldstein(註 7), p. 100.

73) 지적재산권 분쟁의 국제재판관할에 관하여는 석광현(註 30), 591면 이하 참조.

74) 이는 저작권침해로 인한 형사책임의 경우 속인주의가 적용될 수 있는지에도 영향을 미친다. 정상조 편, 저작권법 주해(2007), 1156면(권영준 집필부분)은 저작권법은 속지주의원칙에 따라 외국에는 적용되지 않는 것이 원칙이므로 우리나라 저작물이 외국에서 무단복제·배포되더라도 우리 저작권법상 침해행위라고 할 수 없다고 하면서도, "다만 속인주의의 원칙에 따라 그러한 행위의 주체가 우리나라 국민이라면 그 장소가 대한민국의 영역 밖이라고 하더라도 이를 우리나라 저작권법상 침해행위라고 할 수 있다"고 하면서 외국인이 동일한 행위를 한 경우 침해행위가 될 수 없는 것과 다르다고 한다(이는 조약을 고려한 것은 아닌 것으로 보인다). 그러나 속지주의가 타당한 저작권의 경우 외국인이 외국에서 우리나라 저작물을 침해할 수 없다면 한국인도 마찬가지다. 비록 형법의 속인주의가 저작권침해의 경우에 적용되더라도, 속지주의가 타당한 저작권의 경우 원칙적으로 한국인이 외국에서 한국의 저작권을 침해할 수는 없다. 그 행위는 저작권 침해행위가 되지 않기 때문이다. 즉 한국인은 외국에서 우리나라 저작물의 침해라는 구성요건을 충족시킬 수 없다는 것이다. 조약을 고려하면 문제가 좀더 까다로운데 근자에는 형사문제에서 속지주의가 문제된 사건도 있다. 상세는 최진원, "유료방송의 무단이용에 대한 국제사법적 고찰—무단복호기의 제조 수출을 중심으로—," 국제사법연구 제14호(2008), 181면 이하 참조.

75) 만일 저작권의 경우 베른협약이 유럽연합의 상표규정(Community Trade Mark Regulation)처럼 통일된 실질법규칙을 두고 있다면 보호국법주의를 고집할 이유는 없으나(실제로 로마Ⅱ규정 제8조 제2항은 공동체 지적재산권 침해의 준거법에 관하여 행동지에 착안한다) 그 정도의 통일을 달성하고 있지 못하므로 저작권의 경우에도 보호국법주의가 불가피하다. 위 제2항은, "단일의 공동체지적재산권의 침해로부터 발생하는 비계약채무의 경우 관련된 공동체 문서에 의하여 규율되지 않는 문제의 준거법은 침해행위가 행해진 국가의 법이다"고 규정한다.

나. 대상판결들의 태도

(1) 아이비 뮤직비디오 사건 판결

이 판결은 저작권의 침해를 ① 금지청구와 ② 손해배상으로 나누어 양자의 성질결정을 달리 하고, 전자는 지적재산권의 효력의 문제로 보아 베른협약에 따라 저작권의 준거법을, 후자는 불법행위의 문제로 보아 우리 국제사법에 따라 불법행위의 준거법을 각각 적용하였다. 이는 일본 법례 하에서 최고재판소 2002. 9. 26. 카드리더 사건 판결[76]이 취한 결론과 같다. 카드리더 사건은, 일본의 법인인 피고가 일본인인 원고의 미국 특허권을 침해하였다고 주장하면서 미국 특허권에 기하여 일본 법원에서 피고의 행위의 금지 등을 구한 사안이다.

(2) 탄줘잉 사건 판결

이 판결은 침해금지[77]와 손해배상청구를 저작권 침해에 대한 구제의 수단이라고 일원적으로 성질결정하였다. 즉 이 판결은 우리 국제사법상 침해정지와 손해배상청구는 첫째, 지적재산권의 침해는 일반 불법행위와는 다른 특수한 성격이 있음을 고려하여 국제사법이 불법행위에 관한 준거법 규정 외에 '지적재산권의 보호'에 관한 법률관계에 적용될 준거법 규정을 별도로 둔 점, 둘째, 침해정지청구와 손해배상청구는 공통적으로 지적재산권의 침해행위에 대하여 저작재산권자의 권리를 보호하기 위한 구제수단으로서의 성격을 가지고 있는 점, 셋째, 지적재산권의 보호에 관하여 요구되는 보호수단에 따라 상이한 준거법을 적용하는 것은 지적재산권의 보호에 관하여 준거법의 통일을 의도한 국제사법의 입법취지에 어긋나는 점 등을 고려할 때 통일적으로 연결해야 한다고 판단하고, 베른협약 제5조 제2항의 경우에도 동일한 논거로 베른협약 제5조 제2항의 '보호하기 위하여 주어지는 구제의 수단'에는 저작재산권에 기한 침해정지청구와 손해배상청구가 모두 포함된다고 판시하였다.

---

76) 判例時報 1802호, 19면 이하(民集 56권 7호, 1551면 이하). 이 판결은 외국특허권침해에 관한 최초의 최고재판소 판결로서 주목을 받았는데, 1심판결과 원심판결도 주목할 만하다. 강영수(註 17), 49면 이하는 위 판결을 'FM신호복조장치사건 판결'이라고 하여 비교적 상세히 소개한다.

77) 판결문은 '침해정지'라고 하므로, 이 글에서는 양자를 호환적으로 사용한다.

다. 소 결

이미 지적한 바와 같이,[78] 아이비 뮤직비디오 사건 판결은 베른협약이 보호국법주의를 규정한 것으로 보면서도, 저작권침해를 둘로 나누어 이는 금지청구만을 규율하고 손해배상청구는 규율하지 않는다고 보았으나 베른협약상 그 근거가 없다. 위에서 본 바와 같이 베른협약에 저촉규범이 있는지에 관하여는 전세계적으로 다툼이 있고 부정설도 유력하나, 저촉규범이 있다고 보면서 금지청구와 손해배상청구를 구별하여 이원적으로 연결하는 견해는 보지 못하였다. 위 판결의 이원적 연결은 최고재판소의 논리인데, 이는 특허권의 준거법에 관한 과거 일본 法例의 해석론이지 베른협약의 해석론은 아니다. 베른협약이 저촉규범을 둔 것으로 본다면 금지청구와 손해배상청구를 모두 보호국법에 연결하여야 한다. 그렇지 않고 가사 베른협약이 손해배상청구를 규율하지 않는다고 본다면 손해배상청구에 대하여는 국제사법 제32조가 아니라 국제사법 제24조를 적용해야 한다.

한편 탄줘잉 사건 판결은 적절히 판단하였다. 다만 탄줘잉 사건 판결이 국제사법에 관한 해석론을 전개한 뒤 베른협약 제5조 제2항의 경우에도 동일한 논거로 베른협약 제5조 제2항의 '보호하기 위하여 주어지는 구제의 수단'에는 저작재산권에 기한 침해정지청구와 손해배상청구가 모두 포함되는 것으로 해석하였는데, 첫째의 논거, 즉 지적재산권의 침해는 일반 불법행위와는 다른 특수한 성격이 있음을 고려하여 국제사법이 불법행위에 관한 준거법 규정 외에 '지적재산권의 보호'에 관한 법률관계에 적용될 준거법 규정을 별도로 둔 점을 베른협약의 해석론에 원용하는 것은 부적절하나, 이는 기술상의 문제로 생각된다.

4. 베른협약의 저촉규범이 규율하는 사항의 범위

베른협약이 저촉규범을 두고 있다고 보는 경우, 특히 다수설인 보호국법주의에도 베른협약이 규율하는 사항의 범위에 관하여는 다양한 견해가 있다. 다만 저작권의 이용에 관한 계약 예컨대 라이센스계약의 준거법은 베른협약

78) 석광현(註 3), 15-14면.

에 따르지 않고 국제계약의 준거법에 의한다는 데는 이론이 없다. 학설은 대체로 연결대상을 ① 최초귀속(initial ownership), ② 성립과 유효성, ③ 내용과 한계, ④ 침해와 ⑤ 양도 등으로 구분하여 논의한다.

가. 보호국법주의를 전면적으로 적용하는 견해

만일 내국민대우의 원칙 또는 그것과 속지주의로부터 보호국법주의를 도출한다면 위에 언급한 저작권의 모든 쟁점에 대해 보호국법주의가 타당하다고 볼 개연성이 크다. 실제로 독일의 판례와 다수설은 이런 태도를 취한다.[79] 특히 최초귀속과 양도에 대하여도 독일 연방대법원은 일관성 있게 보호국법주의를 적용한다.[80]

나. 보호국법주의를 제한적으로 적용하는 견해

이는 베른협약 제5조 제2항이 보호국법주의를 취한 것으로 보면서도 그것이 규율하는 범위를 위에서 언급한 쟁점 중 일부에 제한하는 견해이다. 이에는 다시 다양한 견해가 있는데, 일부 견해는 저작권의 최초귀속과 양도는 제5조 제2항에 포함되지 않는다고 본다.[81] 또 다른 견해는 베른협약 제5조 제2항의 문언을 중시하여 저작권의 침해에 대해서만 보호국법주의를 규정한 것으로 보고 그 밖에 저작권의 성립, 내용, 이전(양도), 존속기간 및 효력은 각국의 국제사법에 따를 사항이라고 한다.[82]

이처럼 다양한 견해가 있으나, 보호국법주의를 제한적으로 적용하는 견해는 특히 최초귀속의 문제는 본국법주의에 따를 사항이라고 하는 경향이 강하다. 위에서 언급한 바와 같이, 최초귀속에 대하여 보호국법주의를 취할 경

---

79) MünchKommBGB/Drexl, 4. Auflage Band 11 (2005) IntImmGR, Rn. 57; Peinze(註 11), S. 142ff.; Boschiero(註 31), p. 102. 그러나 Goldstein(註 7), p. 104는 내국민대우의 원칙으로부터 저촉규범을 도출하더라도 이는 권리(right)에만 적용될 뿐이고 저작자(authoriship)와 최초귀속에는 적용되지 않는다고 하고, 제5조 제2항으로부터 보호국법주의를 도출하더라도 마찬가지라고 한다. 판례는 BGH 17. 6. 1992 GRUR 1992, 697 (Alf) 등 참조.

80) 최초귀속과 발생에 관한 BGH 2. 10. 1997, Multimedia und Recht 1, 35 (1998) (Spielbankaffäre).

81) Ricketson/Ginsburg(註 12), N 20.10. van Eechoud(註 27), p. 10은 원칙적으로 베른협약이 저촉규범을 두지 않는다고 보면서도 가정적으로 위와 같은 태도를 취한다.

82) 이규호(註 9), 52면은 이런 취지로 보이나 이규호(註 27), 480면은 조금 다른 것으로 보인다.

우 동일한 저작물이 국경을 넘을 때마다 귀속이 달라지고 저작권자가 상이하게 될 수 있어 저작물의 국제적 상거래를 해치게 되어 저작물의 국제적 전파의 촉진이라는 베른협약의 주된 목적의 하나를 저해하고, 법적 혼돈상태를 초래한다는 것이다.

저작권의 최초귀속에 관하여 위에 언급한 Itar-Tass 통신 사건 판결은 본원국법주의를 취한 것으로 평가된다. 이는 미국의 뉴욕에서 발행되는 러시아어 주간신문이 러시아에 공표되는 신문과 통신사의 기사 등을 무단으로 전재하여 발행하자, 신문기사를 무단으로 전재당한 러시아 신문사가 뉴욕의 러시아어 신문사를 상대로 제소한 사건이다. 이 사건에서는 무단으로 전재당한 기사들에 대해 러시아 신문사와 기자들 중 누가 저작권자인지가 쟁점이 되었다. 이에 대하여 제2순회구 연방항소법원은 저작물에 관한 저작권의 최초귀속을 결정하기 위해서는 그 저작물과 가장 밀접한 관련이 있는 국가의 법을 찾아야 하는데, 이 사건에서 이에 해당하는 국가는 그 저작물이 최초로 공표된 국가라고 하였다. 따라서 저작권의 귀속과 그 본질적 성격을 결정하기 위해서는 그 저작물의 본국인 러시아 법을 적용하고, 일단 저작권자가 결정되면 그 침해의 문제는 미국법에 의해 결정된다고 보았다.[83)]

다. 대상판결들의 태도

(1) 아이비 뮤직비디오 사건 판결

이 판결은 저작권침해를 그 법률효과에 따라 구분하여 금지청구와 명예회복 등의 청구는 저작권의 효력의 문제이므로 베른협약(제5조 제2항과 제6조 제2항)이 정한 바에 따를 사항이나, 손해배상청구는 불법행위의 문제이므로 국제사법 제32조 제1항에 정해진 불법행위지법에 의한다고 보았다. 즉 이 판결은 보호국법주의라는 용어는 사용하지 않았으나 저작권침해에 따른 금지청구와 명예회복에 대해서만 보호국법주의를 취한 것으로 보인다. 따라서 이 판결이 다른 쟁점, 즉 ① 최초귀속, ② 성립과 유효성, ③ 내용과 한계와 ④ 양도에 대하여 베른협약이 적용된다고 보는지는 불확실하다.

---

83) 사안과 판결의 요지는 박성호(註 7), 124면 이하 참조. 그러나 그에 대하여는 미국 법원이 본국법주의라는 규칙을 적용한 것이 아니라 연결점의 형량을 통하여 가장 밀접한 관련이 있는 국가의 법으로서 러시아법을 적용한 것이라는 반론도 있다. Goldstein(註 7), p. 103; Thum(註 34), pp. 276-277. 이에 따르면 최초귀속의 준거법에 관하여는 가장 밀접한 관련이 있는 국가의 법이라는 또 다른 연결원칙이 있다는 것이 된다.

(2) 탄줘잉 사건 판결

이 판결은 베른조약 제5조 제2항 제2문은 저작재산권의 보호에 있어서의 준거법에 관해 규정하고 있으므로, 저작재산권의 보호에 관해서는 베른협약 제5조 제2항에 의하여 준거법을 결정하여야 하는데, 위에서 살펴본 것과 같은 논거에서, 베른협약 제5조 제2항의 '보호하기 위하여 주어지는 구제의 수단'에는 저작재산권에 기한 침해정지청구와 손해배상청구가 모두 포함되는 것으로 보았다. 이 판결은 당해 사건에서 문제된 저작권의 침해만을 다루고 있으므로 이것이 보호국법주의를 제한적으로 적용하는 견해인지는 분명하지 않다. 다만 이 판결이 문제된 중문서적의 창작성을 우리 저작권법에 따라 논의한 것을 보면 저작권의 성립과 유효성도 보호국법에 의한다는 견해를 취한 것으로 보이는데, 이 판결은 이 점에서도 의미가 있다. 다만 그 근거가 베른협약인지 국제사법인지는 분명하지 않다.

라. 소　결

저자의 사견으로는 베른협약의 해석상 저작권의 ① 최초귀속, ② 성립과 유효성, ③ 내용과 한계, ④ 침해와 ⑤ 양도 전부에 대하여 보호국법주의를 취하는 것이 적절하다고 본다. 그 중에서 ④ 침해의 준거법을 베른협약으로부터 도출할 수 있음은 위에서 상세히 논의한 바와 같다. 만일 다른 쟁점에 대해 베른협약으로부터 보호국법주의가 도출되지 않는다고 본다면 그에 대하여는 우리 국제사법(제24조)의 해석론에 의하여 보호국법주의를 도출할 수 있다. 따라서 우리 법원으로서는 보호국법주의의 근거가 베른협약인지 아니면 우리 국제사법인지는 크게 문제되지 않는다.

이와 관련하여 흥미로운 것은, 저작권의 양도에 관한 본 더치 사건의 서울고등법원 판결인데, 동 판결은 보호국법주의를 전면적으로 적용하였다. 위 사건에서는 저작권의 양도가 문제되었는데, 위 판결은 국제협약에서 명시적으로 본국법에 의하도록 규정하지 않은 이상, 저작권에 있어서 '권리보호의 범위'나 '권리구제의 방법'뿐만 아니라, '저작권자의 결정'[84]이나 '권리의 성립,

84) 이는 저작권의 최초귀속의 문제이다. 위 판결은 그 근거를 저작권자의 결정 문제는 저작권의 존부 및 내용과 밀접하게 결부되어 있어 각 보호국이 이를 통일적으로 해석 적용할 필요가 있고, 그렇게 하는 것이 각 동맹국이 자국의 영토 내에서 통상 법정지와 일치하기 마련인 보호국법을 간편하게 적용함으로써 내국민대우에 의한 보호를 부여하기에도 용이하다고 판시하였다.

소멸, 양도성' 등 '지적재산권에 관한 일체의 문제'를 '보호국법'에 따라 결정함이 타당하다고 하고, 나아가 국제사법 제24조 역시 그 문언에도 불구하고 넓게 해석하여 '저작권의 성립, 이전 등 전반'에 관하여 보호국법주의 원칙을 채택한 것으로 보았다.[85] 즉 위 판결은 저작권자의 결정 등 '지적재산권에 관한 일체의 문제'를 보호국법에 따라 결정해야 한다고 판시하였으나, 그 근거가 베른협약인지 우리 국제사법인지는 분명히 하지 않았다.[86]

Ⅲ. 우리 국제사법 제24조—국제지적재산권법의 연결원칙

지적재산권의 준거법에 관해 규정을 두지 않았던 섭외사법[87]과 달리, 국제사법 제24조는 "지적재산권의 보호는 그 침해지법에 의한다"고 규정한다. 이는 보호국법주의를 채택한 것이다. 여기에서는 제24조의 취지와, 그 해석을 둘러싸고 제기되는 논점을 살펴본 뒤,[88] 대상판결을 검토한다.

---

85) 외국저작물에 관한 저작권양도의 준거법이 문제된 또 다른 본 더치 사건에서 서울중앙지방법원 2007. 5. 10. 선고 2005가합114391 판결(이는 위 고등법원의 1심판결은 아니며, 아이비 뮤직비디오 사건 판결을 한 지적재산권 전담배판부의 판결이다)은, 물권 유사의 권리인 저작권의 변동의 준거법은 보호국법이라고 보았는데, 그 근거를 저작권은 물권 유사의 지배관계라는 점과, 물권의 준거법을 정한 국제사법 제19조로부터 도출하고 있다. 이 판결은 뜻밖에도 베른협약과 국제사법 제24조를 전혀 언급하지 않는데, 혹시 저작권 양도는 베른협약 제5조 제2항이 규율하는 사항이 아니라고 본 것인지 모르겠다. 그렇다면 국제사법 제24조를 적용했어야 할 것이나 제24조도 적용하지 않은 것을 보면 혹시 제24조는 문언대로 저작권의 침해만을 규율한다고 본 것인지도 모르겠다. 이 판결에 대하여는 위 법률신문에 쓴 글, 즉 석광현(註 3)에서 이미 비판하였다.

86) 참고로, 근자의 보도(2011. 12. 26 인터넷조선기사)에 따르면, 우리 출판계는 '노인과 바다'와 '무기여 잘 있거라' 등을 쓴 미국 소설가 어니스트 헤밍웨이(1899-1961)의 저작권 보호기간이 사후 50년인 2011년 말로 만료됨에 따라 여러 출판사가 헤밍웨이 작품 출간을 계획하고 있다고 한다. 이는, 그 근거가 베른협약인지 국제사법인지는 분명하지 않지만, 존속기간을 포함한 저작권의 내용과 한계는 보호국법에 따르고 있음을 전제로 하는 것이다.

87) 섭외사법의 해석론으로는 불법행위 준거법설과 보호국법설이 대립되고 있었다. 상세는 석광현, "國際的인 知的財産權 紛爭 해결의 문제점—國際私法的 論點에 관한 試論—," 국제사법과 국제소송 제2권(2001), 572면 이하 참조. 이호정, "지적재산권의 준거법," 지적재산권법강의(정상조 편)(1997), 653면은 조약이 적용되지 않는 경우에 관하여 보호국법원칙을 국제지적재산권법의 불문의 저촉규정으로 볼 수 있다는 견해를 취하였다.

88) 핵심은 석광현, 2001년 개정 국제사법 해설 제2판(2003), 190면 이하에서 이미 지적하였다. 흥미로운 것은 2011. 4. 1. 발효한 중국 섭외민사관계법률적용법이다. 동 법 제7장은 지적재산권에 관하여 3개 조문을 두는데 그에 따르면, 지적재산권의 귀속과 내용은 보호국법에 따르고(제48조), 지적재산권의 양도와 사용허가에 관하여는 계약에 관한 원칙이 적용되며(제49조), 지적재산권의 침해로 인한 책임은 보호국법에 따르나 당사자는 권리침

1. 보호국법주의의 채택

지적재산권은 일국의 경제체제나 정책과 밀접한 관련을 맺고 있고 그 권리의 인정 여부와 범위가 특정국가로 제한되는 속지적인 성격을 가지며, 그 효력도 이를 부여한 국가 내에 한정되는 경향이 있다.[89] 과거 우리나라에서는 지적재산권과 관련된 국제사법적 논점에 대한 관심이 매우 작았기 때문에 국제사법에서는 지적재산권의 준거법에 관한 조항을 신설하면서 지적재산권에 관한 조약과 다수의 입법과 학설에 의해 널리 인정되는 보호국법주의를 명시하였다. 당초 연구반초안에서는 지적재산권의 준거법에 관한 조항을 두는 제1안과 이를 두지 말자는 제2안이 있었으나, 위원회는 제1안을 채택하되 그 문언을 다소 수정하였다.

여기에서 '보호국'(Schutzland, protecting country)이라 함은, 지적재산권에 대하여 실제로 보호를 부여하는 국가가 아니라,[90] "그의 영토 내에서 문제가 된 지적재산권을 어떠한 형태로든 사용하거나, 제3자에 대해 방어하고자 하는 국가," 간단히 말하자면 "그의 영토에 대하여 지적재산권의 보호가 청구되고 있는 국가"를 의미한다.[91] 따라서 소송상 보호국은 원고의 일관성 있는 주장 자체에 의하여 결정된다.

제24조에서 말하는 '침해지'는 행동지 겸 결과발생지를 말한다. 즉 속지주의의 결과, 관련 조약이 달리 정하지 않는 한 지적재산권은 부여국과 그 밖에 실제로 보호를 부여하는 국가에서만 침해될 수 있고,[92] 그 결과 위에서 지적한 바와 같이, 행동지와 결과발생지가 원칙적으로 일치한다.[93] 따라서 지적재산권의 경우 행동지와 결과발생지가 분리되는 격지불법행위는 원칙적

해행위 후 법정지법을 선택할 수 있다(제50조).

89) Jürgen Basedow, Josef Drexl, Annette Kur and Axel Metzger (eds.), Intellectual Property in the Conflict of Laws (2005), p. 2(Basedow 집필부분).

90) 그러나 서울중앙지방법원 2007. 5. 10. 선고 2005가합114391 판결은 보호국을 저작권을 보호하는 나라라는 의미로 사용한다.

91) MünchKomm/Kreuzer, 3. Aufl. Band 10 (1998), Nach Art. 38 Anh. II, Rn. 8; 이호정(註 87), 653면; 이호정·정상조(註 28), 119면.

92) Staudinger/von Hoffmann, EGBGB (1998), Art. 38 Rn. 593; MünchKomm/Kreuzer, 3. Aufl. Band 10(1998), Nach Art. 38 Anh. Ⅱ Rz. 26도 지적재산권의 속지주의로 인하여 침해는 보호국에서만 가능하므로 불법행위지와 보호지는 동일한 법을 지정한다고 한다.

93) MünchKommBGB/Drexl, 4. Auflage Band 11 (2005) IntImmGR, Rn. 118.

으로 존재하지 않는다.[94]

저작권 침해의 경우 '보호가 청구되고 있는 국가'는 표현상으로는 마치 소를 제기함으로써 보호를 구하는 국가, 즉 법정지국처럼 들리지만, 이는 법정지국이 아니라 저작권이 그곳에서 침해되었다고 주장함으로써 그곳에서의 보호를 요구하는 국가, 즉 침해지국을 말한다. 예컨대 영국에서 저작권을 침해하였음을 이유로 한국에 주소를 둔 한국인을 상대로 외국인이 한국에서 손해배상청구의 소를 제기하는 경우, 법정지는 한국이지만 보호국은 영국이므로 영국법이 준거법이 된다. 이처럼 법정지국은 보호국과 반드시 일치하는 것은 아니다. 그러나, 보호국이 침해국과 동일한 개념은 아니다. 왜냐하면, 침해국이라 함은 특허권의 침해의 경우에는 보호국과 일치하지만, 권리자가 침해 이외의 형태로 보호를 구하는 경우 보호국은 침해국이 아니기 때문이다. 예컨대, 권리의 최초귀속, 발생, 양도와 관련하여 보호국이라 함은 그의 영토에 대해 자신이 최초 저작권자임을 주장하거나, 저작권이 발생하였다고(또는 성립하였다고) 주장하거나 또는 양도를 받았다고 주장함으로써 그 곳에서 보호가 청구되고 있는 국가이지 침해국은 아니다. 달리 말하자면 보호국이라는 개념은 권리의 최초귀속, 발생, 양도, 침해 등의 경우에 두루 공통적으로 사용되는 표현이다.

2. 제24조는 저작권의 침해도 함께 규율하는가

제24조는 특허권뿐만 아니라 저작권에도 적용된다.[95] 제24조는 "지적재산권의 보호는 그 침해지법에 의한다"고 규정할 뿐이고 저작권을 별도로 취급하지 않기 때문이다.

외국에서는 저작권의 경우 베른협약 또는 자국 국제사법의 해석론으로서

94) 여기에서의 행동은 불법행위를 구성하는 위법한 행동을 말하기 때문이다. 따라서 권리자에게 한국에서 특허권이 부여되었다면 불법행위를 구성하는 행동이 되었을 것과 물리적·자연적으로는 동일한 행동이더라도 만일 한국에서 특허권이 부여되지 않았다면 그것은 여기의 행동은 아니다. 그러나 이러한 원칙에 대하여 몇 가지 예외가 인정될 수 있는데, 상세는 석광현(註 30), 610면 이하 참조. 만일 예외를 인정한다면 침해지는 결과발생지라고 본다.

95) 독일에서는 종래 보호국법주의가 저작권에도 적용된다고 보는 것이 판례이고 다수설이다. MünchKomm/Kreuzer, 3. Auflage Band 10(1998), Nach Art. 38 Anh. II, Rn. 112. 영국의 Fawcett/Torremans(註 16), para. 13.45도 같다.

본국법주의가 주장되고 있는데, 그에 의하면 저작권은 인격권과 마찬가지로 전세계적인 보호를 받게 되므로 결국 보편주의의 적용을 받게 된다. 그러나 위에서 언급한 바와 같이 본국법주의에 따르더라도 본국법이 규율하는 사항의 범위에 관하여는 다양한 견해가 있는데, 특히 저작권의 최초귀속에 대하여 본국법주의를 주장하는 경향이 강한 것으로 보인다.

3. 제24조에 따른 침해의 준거법은 침해금지와 손해배상청구에 모두 적용되나—일원적 성질결정 여부

우리나라에서도 실질법상으로는 손해배상이 불법행위의 효력의 문제인데 반해, 침해금지청구(또는 폐기·제거청구)는 지적재산권의 효력의 문제로 파악하는 경향이 있으나, 제24조는 금지청구와 손해배상을 일원적으로 성질결정하고 통일적으로 보호국법에 연결한다.[96]

주의할 것은, 제24조는 물권에 관한 규정들과 함께 제4장에 규정되어 있으나, 이는 당초 독립되어 있던 장을 편의상 제4장에 통합한 것으로서 기술적인 의미를 가질 뿐이라는 점이다. 따라서 제4장에 포함되어 있다고 하여 지적재산권 관련 쟁점의 성질결정에 영향을 미치는 것은 아니다. 제24조가 만일 제5장 중 불법행위에 관한 조항이 이어서 규정되었더라면 아마도 그 적용범위가 침해로 제한된다는 견해가 강력하게 주장되었을 것이다.

4. 제24조에 따른 보호국법이 규율하는 사항의 범위

제24조는 지적재산권의 최초귀속, 성립(유효성), 내용과 한계, 침해와 양도 모두에 대해 준거법을 정한 것인가, 아니면 침해에 대하여만 준거법을 정한 것인가라는 의문이 제기된다.

이미 지적한 바와 같이, 제24조가 지적재산권의 모든 분야에 관하여 보호국법주의를 명시하는 대신 현실적으로 가장 문제가 되고 있는 지적재산권 침해의 경우만을 규정하는 방식을 취하고 있으므로 지적재산권의 최초귀속,

---

96) 나아가 당사자가 저작권의 침해를 불법행위로 구성하건 부당이득으로 구성하건 간에 제24조에 따라 보호국법을 적용해야 한다고 본다. 로마Ⅱ규정(제13조)은 이런 취지를 명시한다.

성립(유효성), 내용과 한계, 침해와 양도 등의 문제는 학설과 판례에 맡겨진 것이라고 볼 여지도 있으나,[97] 제24조는 지적재산권 전반에 관한 보호국법주의를 선언한 것으로 본다.[98] 섭외사법의 개정과정에서 위원회에서는 그러한 취지를 명시하고자 하였으나, 기술적으로 보호국법주의를 표시하는 적절한 문언에 관한 합의가 이루어지지 않았던 점이 이를 명시하지 않은 하나의 이유였다. 입법론으로서는 이를 명시하는 것이 나았을 것으로 생각된다. 다만, 위에 관하여 어떤 견해를 취하든 간에, 지적재산권의 이용에 관한 계약의 준거법은 제24조가 아니라 국제계약의 준거법을 정한 제25조 이하에 의할 사항이라는 점은 별 의문이 없다.

본 더치 사건에서 서울고등법원 2008. 7. 8. 선고 2007나80093 판결은 저작권자의 결정이나 권리의 성립, 소멸, 양도성 등 지적재산권에 관한 일체의 문제를 보호국법에 따라 결정함이 타당하며, 우리나라 국제사법 제24조가 지적재산권에 관한 모든 분야에 관하여 보호국법주의를 명시하는 대신 지적재산권 침해의 경우만을 규정하는 방식을 취하고 있다 하더라도, 이를 넓게 해석하여 지적재산권의 성립, 이전 등 전반에 관하여 보호국법주의 원칙을 채택한 것으로 해석함이 상당하다고 판시하였다.

---

97) 문면상 침해만을 언급하는 점에서 제24조는 로마Ⅱ규정 제8조와 유사하다. 다만 로마Ⅱ규정의 실질적 적용범위는 계약외채무의 준거법에 한정되는 것이 명백하나, 우리 국제사법상으로는 그런 제한이 없다는 차이가 있다. 비계약채무의 준거법에 관한 로마Ⅱ규정(제8조)은 불법행위 일반에 관하여 결과발생지에 착안하는 불법행위지법원칙(제4조)을 규정하면서도 지적재산권의 침해에 대하여 보호국법주의를 특칙으로서 명시한다. 제8조는 지적재산권의 최초귀속, 발생, 내용과 한계와 양도와는 직접 관련이 없다. 석광현(註 21), 275면 이하 참조. 실제로 그리스, 포르투갈과 루마니아는 저작권을 본국법에 연결한다. Haimo Schack, "Das auf (formlose) Immaterialgüterrechte anwendbare Recht nach Rom Ⅱ," Dietmar Baetge/Jan von Hein/Micael von Hinden (Hrsgs.), Die richtige Ordnung, Festschrift für Jan Kropholler zum 70. Geburtstag (2008), S. 655.

98) 만일 제24조가 침해에 대하여만 준거법을 정한 것이라고 보면 지적재산권의 성립과 유효성은 이른바 선결문제로서 본국법에 따라야 한다는 주장할 여지가 있게 되어 성립 및 유효성의 준거법과 침해의 준거법이 상이하게 된다. 보호국법은 지적재산권의 존재, 유효성과 그에 대한 침해를 동일한 법에 의하여 규율하는데 3자가 서로 밀접하게 관련되어 있음을 고려할 때 그러한 결론이 바람직하다. 석광현(註 87), 574-575면 참조. 그러나 우리 국제사법의 해석상 저작권의 귀속은 본국법에 의한다는 견해도 있다. 박덕영·이일호(註 51), 47면.

5. 제24조에 따른 준거법의 결정과 반정의 허용 여부

보호국법주의는 국제적으로 널리 인정되는 연결원칙이므로 이에 대한 반정(*renvoi*)은 허용되지 않는다고 볼지, 아니면 일반원칙(제9조)에 따라 직접반정은 허용되는지는 논란의 여지가 있다. 다만 우리나라에서 제소되는 경우 준거법이 한국법인 경우가 많을 것이므로 실무상 별로 문제되지 않을 것이다.

6. 대상판결들의 태도

(1) 아이비 뮤직비디오 사건 판결

위에서 언급한 바와 같이 아이비 뮤직비디오 사건 판결은 국제사법 제24조를 직접 적용하지는 않았으므로 그의 명확한 태도를 알 수 없으나, 저작권에 기초한 금지청구와 명예회복을 위한 조치로서 해명광고청구에 대해 설시하면서 "국제사법 제24조에 따르면, 지적재산권의 보호는 그 침해지법에 의한다고 규정하고 있으나 …"라고 설시한 것을 보면 이 판결은 제24조가 저작권의 침해를 이유로 하는 금지청구에 대하여 적용되나, 손해배상에는 적용되지 않는다고 본 것으로 짐작된다. 즉, 이 판결은 지적재산권의 침해를 구제수단에 따라 ① 금지청구와 ② 손해배상으로 구별하여 전자는 지적재산권의 물권적 효력의 문제로, 후자는 불법행위의 문제로 성질결정하고 전자에는 베른협약에 따라 보호가 요구된 국가의 법을, 후자에는 불법행위의 준거법을 각각 적용하였다. 우리 국제사법 제24조와 같은 조문이 없는 일본에서는 종래 지적재산권침해의 성질결정에 관하여 불법행위설, 물권적 효력설과 이분설이 있고[99] 법례 하에서 최고재판소 2002. 9. 26. 카드리더 사건 판결은 이원적 성질결정을 하였는데, 아이비 뮤직비디오 사건 판결은 일본 판례를 따른 것이다. 그러나 이미 지적한 바와 같이,[100] 아이비 뮤직비디오 사건 판결의 태도는 아래 이유로 부당하다.

첫째, 우리나라는 국제사법 제24조를 신설함으로써 최고재판소 판결의

99) 일본 학설은 김운호, "UDRP에 의한 조정결정에 따른 도메인 강제이전과 부당이득의 성립 여부," 대법원 판례해설 제75호(2008년 상권), 434면 이하 참조.

100) 석광현(註 3), 15-14면.

이원적 연결을 미연에 방지하였음에도 불구하고, 아이비 뮤직비디오 사건 판결이 최고재판소 판결을 따라 이원적 연결원칙을 취한 것은 통일적 연결을 명시한 제24조에 반한다. 이 사안에서 제32조 제1항을 적용하든 제24조를 적용하든 손해배상청구의 준거법은 한국법이지만, 아이비 뮤직비디오 사건 판결의 논리전개는 제24조 하에서는 잘못이다.

둘째, 손해배상청구에 관한 한, 아이비 뮤직비디오 사건 판결은 상표권침해에 관한 X-Girl 사건의 대법원 2004. 7. 22. 선고 2003다62910 판결에도 정면으로 배치된다.[101] 왜냐하면 X-Girl 사건에서 일본 상표권의 침해를 이유로 한 손해배상청구에 대하여 대법원은 제32조 제1항이 아니라 제24조를 적용하여 침해지법인 일본 상표법을 준거법으로 보았기 때문이다.

(2) 탄줘잉 사건 판결

이 판결은 베른협약을 적용하여 준거법을 결정하였고, 국제사법 제24조의 적용은 가정적으로 또는 부수적으로 판단하고 있다. 그 과정에서 이 판결은 제24조가 보호국법주의를 명시한 것임을 긍정하고, 지적재산권의 침해금지와 손해배상청구에 모두 적용됨을 긍정하였다.

Ⅳ. 베른협약과 국제사법의 관계

만일 베른협약이 저촉규범을 포함하고 있지 않다면 우리 법원은 저작권에 관한 준거법을 결정해야 할 경우 우리 국제사법을 적용하면 된다. 그러나

---

101) 사안은 아래와 같다.

"일본법에 따라 설립된 회사인 원고(주식회사 Biz International)는 한국에서 티셔츠 등의 의류를 지정상품으로 하여 2000. 4. 14. X-Girl 상표의 상표등록을 하였고, 일본에서도 상표등록을 하였다. 자연인인 피고는 서울 광희시장 매장에서 의류판매업에 종사하는데, 2001. 8.경부터 같은 해 11. 20.까지 정당한 상표의 사용권한 없이 위조된 위 상표가 부착된 티셔츠 등을 일본 보따리상들에게 판매하였으며, 그들은 이를 정상가격보다 저렴한 가격으로 일본 내에서 판매하였다. 원고는 일본 내에서는 위 상표를 사용한 제품을 생산, 판매하는 등 활발한 영업활동을 하고 있으나, 피고가 위 판매행위를 한 기간에는 한국 내에서는 위 상표를 사용하여 제품을 생산하거나, 판매하는 등의 영업활동을 하지 않았다. 원고는 피고를 상대로 한국 상표권 및 일본 상표권의 침해로 인하여 손해를 입었음을 주장하면서 영업상 손해배상 또는 부당이득의 반환을 청구하는 소를 제기하였다." 위 판결에 대한 평석은 석광현, "2004년 국제사법 분야 대법원판례: 정리 및 해설," 국제사법연구 제10호(2004), 446면 이하; 강영수, "지적재산권의 속지주의원칙과 국제사법," 국제사법연구 제11호(2005), 240면 이하 참조.

만일 베른협약이 저촉규범을 포함하고 있다는 견해를 따른다면 베른협약의 저촉규범과 우리 국제사법의 관계가 문제된다. 종래 우리나라에는 견해가 나뉜다.

1. 베른협약의 우위를 긍정하는 견해

저자는 전에 아래와 같이 긍정설을 주장한 바 있다.[102)]

"제24조는 일차적으로 지적재산권에 관한 조약이 없거나 적용되지 않는 경우의 저촉규범으로서 의미를 가진다. 만일 특허권, 상표권, 저작권 등 지적재산권의 종류별로 관련 국제조약이 이미 저촉규범을 두고 있다면 국제사법 조항은 별 의미가 없을 것이나, 그렇지 않다면 국제사법 조항은 국제조약이 적용되는 경우에도 저촉규범으로서의 의미를 가지게 될 것이다. 따라서 지적재산권 관련 국제조약에 저촉규범이 포함되어 있는지의 여부와 그의 정확한 적용범위 등을 좀더 세밀하게 검토할 필요가 있다."

따라서 만일 베른협약이 저작권의 준거법에 관하여 본국법주의를 취한 것으로 본다면 동 협약이 적용되는 범위 내에서는 제24조에도 불구하고 동 협약에 따라야 한다.

2. 베른협약의 우위를 부정하는 견해

이러한 저자의 견해에 대하여 강영수 부장판사는 지적재산권이나 저촉규범 자체의 본질적인 특성에 기인하여 조약의 저촉규범이 국제사법에 우선한다고 해석할 근거는 없다는 부정설을 취하면서 다음과 같은 취지로 적고 있다.[103)]

"국제조약은 국회의 비준을 받아 시행이 되면 법률과 동일한 효력을 가지

102) 석광현(註 88), 195면. 법무부, 국제사법 해설(2001), 88면도 이 점을 밝히고 있다.
103) 강영수(註 17), 249면. 강영수 부장은 일본 저작권법 제5조에서는 "저작자의 권리 및 이에 인접한 권리에 관한 조약에 별단의 정함이 있는 때에는 그 규정에 의한다"라고 규정하나 우리 저작권법에는 그런 규정이 없기 때문에 일본과 동일하게 해석하기 어렵다고 한다.

게 되므로, 일반적인 법률 상호 간의 우열관계에 따라 판단하면 될 것이다. 따라서, 신법과 구법, 일반법과 특별법의 관계에서 보아 국제사법과 국제조약의 효력을 비교하면 될 것이나, 현재 국제사법은 개정과정에 있어 기존의 국제조약 등을 모두 고려하였으므로 상호 충돌이 일어날 여지가 없고, 향후 새로운 국제조약이 성립되거나 회원국으로 가입하게 되는 경우에는 국제사법 개정 이후의 신법으로서 먼저 적용될 것이므로, 어차피 현실적인 문제는 없을 것으로 보인다."

저자는 여전히 베른협약의 우위를 긍정하는 견해를 취하는데 그 근거는 무엇보다도 입법자의 의사의 합리적 해석이다. 즉, 조약에 저촉규범이 있다면 우리 입법자가 그 원칙에 반하는 저촉규범을 도입할 이유가 없으므로 입법자의 합리적 의사는 조약에 저촉규범이 없는 범위 내에서 그를 보충하기 위하여 국제사법 제24조를 신설한 것으로 보아야 한다. 베른협약의 우위를 부정하는 견해는 그 밖에도 아래의 점에서 부적절하다.

첫째, 부정설은 국제사법은 기존 조약 등을 모두 고려하였으므로 상호 충돌이 일어날 여지가 없다고 하나 위에서 본 바와 같이 베른협약상 저촉규범이 존재하는지에 관하여는 전세계적으로 논란이 있으므로 누구도 그렇게 단정하기는 어렵다.

둘째, 다수설에 따라 베른협약이 저촉규범을 포함하고 있다고 보고, 나아가 가사 베른협약의 연결원칙이 저작권의 최초귀속, 성립(및 유효성), 내용, 침해와 양도를 모두 규율한다고 보더라도 베른협약은 우리 국제사법이 명시하는 공통의 속인법에의 연결(제32조 제2항), 종속적 연결(제32조 제3항)과 법정지법의 사후적 합의(제33조)를 명시하지 않으므로 조약과 국제사법 간에 상호 충돌이 없는 것은 아니다. 여기에서 ① 국제사법의 해석상 제32조 제2항, 제3항과 제33조가 과연 지적재산권 침해에도 적용되는가, 만일 이를 긍정한다면 ② 베른협약이 적용되는 사안에서도 과연 제32조 제2항, 제3항과 제33조가 적용되는가라는 의문이 제기되고 이는 모두 논란의 여지가 있기 때문이다.

3. 베른협약의 우위를 인정하는 경우 제기되는 문제

만일 베른협약이 저촉규범을 두고 있지 않다면 우리 국제사법이 적용되므로 위(2.)에서 본 ①의 의문, 즉 국제사법 제32조 제2항, 제3항과 제33조가 지적재산권에도 적용되는가만이 문제될 것이다. 반면에 만일 베른협약이 저촉규범을 두고 있다면 ①과 ②의 의문이 모두 문제될 것이다. 만일 국제사법의 해석상 제32조 제2항, 제3항과 제33조가 지적재산권에도 적용된다면, ②의 의문과 관련하여 베른협약의 우위를 긍정하는 견해는 제32조 제2항, 제3항과 제33조의 적용을 모두 부정할 가능성이 큰 데 반하여, 베른협약의 우위를 부정하는 견해는 아마도 제32조 제2항 이하의 적용을 긍정할 것이다. 이는 매우 까다로운 문제인데 상세한 논의는 다른 기회로 미룬다.

베른협약과 제24조의 관계에서 문제되는 것 중의 하나로 베른협약 제7조 제8항("어떠한 경우에도 그 기간은 보호가 주장되는 국가의 입법의 지배를 받는다. 다만, 그 국가의 입법으로 다르게 규정하지 않는 한, 그 기간은 저작물의 본국에서 정한 기간을 초과할 수 없다")을 들기도 한다.[104] 즉 베른협약이 본국법에 따라야 할 것으로 명시하는 사항은 국제사법에도 불구하고 베른협약에 따라야 한다는 것이다.

4. 대상판결들의 태도

대상판결들은 모두 저자와 마찬가지로 베른협약의 우위를 긍정하였다.

즉 아이비 뮤직비디오 사건 판결은 "국제사법 제24조에 따르면, 지적재산권의 보호는 그 침해지법에 의한다고 규정하고 있으나, 이 조항은 지적재산권에 관한 국제조약에 대하여 보충적인 규정으로서, 관련 국제조약에 저촉규정을 두고 있는 경우에는 우선적으로 그에 따르고, 관련 국제조약이 존재하지 않거나 저촉규정을 두고 있지 않은 때에만 적용된다"고 판시하였다. 마찬가지로 탄줘잉 사건 판결도 "국제사법 제24조는 지적재산권에 관한 국제조약에 준거법에 관한 규정이 없는 경우를 대비한 보충적 성격의 규정이므로, 국제조약에 이 사건에서 문제된 법률관계에 적용될 준거법에 관한 규정

104) 이성호(註 42), 193면.

이 있는 경우에는 그에 따라 준거법을 결정하여야 할 것"이라고 판시하였다.

5. 파리협약이 적용되는 경우 국제사법 제24조의 의미

위에서 본 것처럼 베른협약이 저촉규범을 두고 있다는 견해가 전세계적으로 다수설이므로 저작권에 관하여는 국제사법 제24조의 의미가 제한적이다. 그러나 산업재산권에 관한 파리협약의 경우 저촉규범을 두고 있지 않다는 견해가 유력한데, 그에 따르면 국제사법 제24조는 파리협약이 적용되는 산업재산권의 경우 더 큰 의미가 있게 된다.

Ⅴ. 대상판결들의 태도의 정리

아이비 뮤직비디오 사건 판결과 탄줘잉 사건 판결은 거의 동일한 국제사법적 쟁점을 다루면서도 다소 차이를 보이고 있다.

첫째, 아이비 뮤직비디오 사건 판결은 분명하지 않으나, 탄줘잉 사건 판결은 베른협약 제5조 제2항(및 제6조의2 제3항)은 본원국법주의가 아니라 보호국법주의를 취한 것이라는 점을 명확히 하였다. 둘째, 탄줘잉 사건 판결은 베른협약 제5조 제2항(및 제6조의2 제3항)의 '구제의 수단'에 침해정지청구뿐만 아니라 저작권(저작재산권과 저작인격권을 포함한다)의 침해로 인한 손해배상청구도 포함된다고 보았다. 반면에 아이비 뮤직비디오 사건 판결은 침해정지청구와 손해배상청구를 구분하여 베른협약은 전자만을 규율하고 손해배상청구는 규율하지 않으므로 손해배상청구는 우리 국제사법 제32조에 따라 준거법을 결정하여야 한다고 보았다. 나아가 아이비 뮤직비디오 사건 판결은 손해배상청구에 관하여 일본 최고재판소의 2002년 카드리더 사건 판결을 따라 불법행위로 성질결정함으로써 국제사법 제24조를 완전히 무시하였는데, 이는 X-Girl 사건에 관한 대법원의 2004년 판결에 정면으로 반한다. 베른협약의 조항이 국제사법에 우선한다는 점은 양자가 동일하다. 이를 표로 정리하면 아래와 같다.

≪대상판결들의 쟁점과 태도의 정리≫

<table>
<tr><th colspan="2" rowspan="2">쟁 점</th><th colspan="2">아이비 뮤직비디오 사건 판결</th><th rowspan="2">탄줘잉 사건 판결</th></tr>
<tr><th>금지청구</th><th>손해배상청구</th></tr>
<tr><td rowspan="5">베른협약 제5조</td><td>저촉규범이 있나</td><td>긍정</td><td>부정</td><td>긍정</td></tr>
<tr><td>보호국법주의를 정한 것인가/근거</td><td>긍정/제5조 제2항</td><td>-</td><td>긍정/제5조 제2항</td></tr>
<tr><td rowspan="2">성질결정</td><td colspan="2">이원적 성질결정</td><td rowspan="2">일원적 성질결정
금지청구와 손해배상청구</td></tr>
<tr><td>저작권의 효력</td><td>불법행위</td></tr>
<tr><td>규율하는 사항의 범위</td><td>포함
성립과 유효성 포함 여부 불분명</td><td>제외</td><td>금지청구와 손해배상. 성립과 유효성도(창작성 논의) 포함하는 듯</td></tr>
<tr><td rowspan="5">국제사법 제24조</td><td>저작권 침해도 규율하나</td><td>긍정하는 듯</td><td>부정</td><td>긍정(가정적 판단)</td></tr>
<tr><td>보호국법주의를 정한 것인가</td><td>긍정하는 듯</td><td>부정</td><td>긍정(가정적 판단)</td></tr>
<tr><td rowspan="2">성질결정</td><td colspan="2">이원적 성질결정</td><td rowspan="2">일원적 성질결정
(가정적 판단)</td></tr>
<tr><td>저작권의 효력</td><td>불법행위</td></tr>
<tr><td>규율하는 사항의 범위</td><td>포함하는 듯</td><td>제외. 대신 불법행위에 관한 제32조 적용</td><td>금지청구와 손해배상(가정적 판단). 성립과 유효성도(창작성 논의) 포함하는 듯</td></tr>
<tr><td>베른협약과 국제사법 (제24조)의 관계</td><td></td><td>베른협약 우선</td><td></td><td>베른협약 우선</td></tr>
</table>

Ⅵ. 국제규범 정립을 위한 최근의 국제적 노력

근자에 지적재산권 관련 국제분쟁의 해결을 위하여 국제관할, 준거법과 외국판결의 승인 및 집행을 함께 규율하는 국제규범을 성안하는 작업이 추진되었음은 주목할 만하다. 즉, 미국법률협회(American Law Institute, ALI)

는 "지적재산권: 초국가적 분쟁에서의 관할권, 준거법 및 재판을 규율하는 원칙"(Intellectual Property: Principles Governing Jurisdiction, Choice of Law and Judgments in Transnational Disputes)(이하 "ALI원칙"이라 한다)을 2007년 5월 발표하였다.105) 또한 이에 대응하여 지적재산의 국제사법에 관한 유럽 막스플랑크 그룹(European Max-Planck Group on Conflict of Laws in Intellectual Property. EMPG)도 2011년 8월 "지적재산의 국제사법 원칙"(Principles for Conflict of Laws in Intellectual Property) 최종문언(이하 "CLIP 원칙"이라 한다)을 발표하였다.106) 우리나라의 일부 전문가들도 일본 木棚照一 교수의 주도 하에 작업을 추진하여 최근 공동제안을 발표하였다.107)

---

105) 이 원칙은 지적재산권과 관련한 국제재판관할, 준거법과 외국 판결의 승인과 집행에 관한 규칙을 두고 있다. American Law Institute, Intellectual Property: Principles Governing Jurisdiction, Choice of law and Judgments in Transnational Disputes 2007 (2008) 참조.

106) EMPG는 제1차 예비초안(2009년 4월), 제2차 예비초안(2009년 6월)과 제3차 예비초안(2010년 9월)과 초안(2011년 3월)을 발표하였다. 텍스트는 http://www.cl-ip.eu/ 참조. 최종문언은 2011년 8월 31일 공표되었고 2012년에는 주석이 공표될 예정이다. EMPG는 2011년 11월 3일-5일에 걸쳐 CLIP 원칙을 제시하는 학술회의를 베를린에서 개최하였다. ALI 원칙과 CLIP 원칙의 소개는 석광현, "국제지적재산권분쟁과 國際私法: ALI 원칙(2007)과 CLIP 원칙(2011)을 중심으로," 민사판례연구 제34집(2012), 1065면 이하 참조.

107) 木棚照一, 知的財産權に關する國際私法原則(日韓共同提案), 早稲田大學グローバルCOE《企業法制と法創造》綜合研究所, "企業と法創造," 제7권 제6호(통권 제28호)(2011. 3.), 65면 이하 참조. 원칙의 일문 및 영문 텍스트는 위 책, 67면 이하, 112면 이하; 국제사법연구 제17호(2011), "知的財産權에 관한 國際私法原則(韓日共同提案)," 533면 이하 참조. 당초 이 글의 발표 당시에는 공동제안이 성사되지 못하여 한국측 참가자들은 독자적으로 작업을 마무리하여 최종안을 공표한 바 있다(손경한, "國際知的財産訴訟原則의 定立—한국의 입장에서—," 성균관법학 제20권 제3호(2008), 1075면 이하 참조). 그러나 그 후 본문에 언급한 공동제안이 성사되었다. 그 밖에도 "일본법의 투명화" 프로젝트에 따른 일본 교수들의 제안도 있다. 투명화안에 관하여는 河野俊行(編), 知的財産權と涉外民事訴訟(2010), 2면 이하(개관), 209-371면(상세) 참조. 영문 소개는 Jürgen Basedow/Toshiyuki Kono/Axel Metzger, Intellectual Property in the Global Arena (2010)에 수록된 논문들과 텍스트 참조. 지적재산권과 관련된 국제사법과 국제민사송법에 관한 포괄적인 자료는 Toshiyuki Kono, Jurisdiction and Applicable Law in Matters of Intellectual Property (December 1, 2010). General Reports on the XVIIth Congress of the International Academy of Comparative Law Chapter 17, KB Brown, DV Snyder (eds.)(2012). Available at SSRN: http://ssrn.com/abstract=1974124. 이는 http://bit.ly/xIChE1에서도 볼 수 있다.

Ⅶ. 장래의 과제

대상판결에서는 문제되지 않았기에 여기에서 다루지 않았지만 지적재산권의 준거법에 관하여는 장래 아래의 논점을 검토할 필요가 있다.

첫째, 우리 국제사법 하에서 지적재산권 침해의 경우 국제사법 제32조와 제24조의 관계, 나아가 베른협약 하에서 국제사법 제32조 제2항과 제3항 및 제33조가 적용될 수 있는가라는 의문이 제기된다.[108] 지적재산권의 침해가 불법행위의 성질도 가지는 것으로 본다면 국제사법 제24조와 불법행위의 연결원칙을 정한 제32조의 관계, 나아가 불법행위 준거법의 사후적 합의를 허용하는 제33조와의 관계에 어떤 영향을 미치는지가 문제된다. 다만 분명한 것은, 불법행위의 준거법에 관하여 행위지법원칙을 정한 제32조 제1항은 제24조에 배치되므로 적용될 수 없다는 점이다.[109] 또한 그 성질이 명백히 피해자의 적절한 배상을 위한 것이 아니거나 또는 그 범위가 본질적으로 피해자의 적절한 배상을 위하여 필요한 정도를 넘는 경우 제32조 제4항에 따라 손해배상의 범위를 제한할 수 있다.[110] 아이비 뮤직비디오 사건 판결처럼 손해배상청구에 대해 제32조를 적용한다면 제32조 제2항과 제3항 및 제33조의 적용을 자연스럽게 긍정할 수 있을 것이나, 탄줘잉 사건 판결처럼 제24조를 적용한다면 논란의 여지가 있을 수 있다.[111]

둘째, 예컨대 인터넷에 의한 저작물의 불법배포와 같은 遍在的 侵害(ubiquitous infringement)의 경우 베른협약상 그리고 우리 국제사법상 어떻게 적절한 연결원칙을 도출할지의 문제가 있다. 편재적 침해의 경우에도 보호국법주

---

108) 국제사법 제32조는 저작권의 그 밖의 쟁점, 즉 최초귀속, 성립과 유효성, 내용과 한계 및 양도에는 직접 관련이 없다.

109) 석광현(註 88), 193면; 강영수(註 17), 214면.

110) 석광현(註 88), 194면.

111) 국제사법의 문면상 저작권침해의 경우도 공통의 속인법을 적용하거나 종속적 연결이 가능할 것으로 보인다. 그러나, 보호국법주의를 국제사법의 전통적 연결원칙(즉 가장 밀접한 관련이 있는 국가의 법을 적용한다는 원칙)으로부터가 아니라 속지주의와 내국민대우의 원칙으로부터 도출한다면 반드시 그런 것은 아니다. 예컨대 로마Ⅱ규정의 해석상 지적재산권 침행의 경우 공통의 속인법 적용과 종속적 연결은 부정되는 것으로 본다. Cheshire, North & Fawcett(註 55), pp. 815-816; 석광현, "계약외채무의 준거법에 관한 유럽연합 규정(로마Ⅱ)," 서울대학교 법학 통권 제160호(제52권 제3호(2011. 9.)), 276면. 또한 이 경우 보호국법주의를 취하는 로마Ⅱ규정(제8조 제3항)은 당사자의 준거법합의를 명문으로 배제하는 반면에 CLIP 원칙(제3:606조 제1항)은 준거법합의를 허용한다.

의를 관철한다면 법원은 각 국가에서 발생한 저작권침해부분에 대하여 보호국법주의에 따라 각각 준거법을 결정하여 적용하는 배분적 연결을 하게 되나, 이는 현실적으로 불가능하거나(모든 침해국을 특정할 수 없는 경우) 바람직하지 않다.[112] 따라서 이러한 상황에 대처하기 위한 별도의 연결원칙이 필요한데 이는 준거법을 어떻게 단일화 또는 단순화할지의 문제이다. 예컨대 그 경우 저작권 침해 전체에 대하여 가장 밀접한 관련이 있는 법을 적용하고, 가장 밀접한 관련이 있는 국가를 결정할 수 없는 경우에 대비한 보충적 규칙으로서 침해했다고 주장된 사람의 상거소 또는 영업의 중심지가 있는 국가와 가장 밀접한 관련이 있다고 추정하는 방안 등을 고려할 수 있다.[113] 이 점에서는 ALI 원칙과 CLIP 원칙이 도움이 된다.

셋째, ALI 원칙과 CLIP 원칙을 치밀하게 체계적으로 검토해야 한다.

넷째, 여기에서는 저작권을 중심으로 논의하였으나 앞으로는 지적재산권의 유형별로, 그리고 지적재산권을 둘러싼 분쟁의 쟁점의 유형별로 좀더 정밀한 분석을 할 필요가 있다.[114] 물론 그 경우 상당부분 공통점을 발견하게 될 것이나 그들 간의 異同을 검토하는 것은 여전히 의미가 있을 것이다. 나아가 주지저명상표의 부정사용과 같이 종래 부정경쟁방지 및 영업비밀보호에 관한 법률에 의하여 규율되는 쟁점의 준거법,[115] 도메인이름에 관한 분쟁의 준거법[116]과 퍼블리시티권을 둘러싼 분쟁의 준거법[117]도 검토할 필요가

112) ALI, Principles(註 105), §321에 대한 Reporter's Notes 참조.

113) Ricketson/Ginsburg(註 12), N 20.15 이하는 침해한 자의 주소지법(또는 상거소지법)을 적용하거나 또는 법정지가 베른협약 또는 WTO 국가인 경우 최소보호가 보장됨을 근거로 법정지법을 적용하자고 한다. 강영수(註 17), 292면은 베른협약이 보호국법주의를 채택하고 있는 이상 인터넷에 의한 저작권침해의 경우 수신국법주의를 채용할 수밖에 없고, 다수의 수신국법이 적용된다는 현실적인 문제는 감수할 수밖에 없다고 함으로써 한계를 보이고 있다.

114) 예컨대 지적재산권의 최초귀속에 관하여 어느 견해를 따르든 간에 직무발명 또는 직무상 저작물의 경우 특허권 또는 저작권의 준거법이 아니라 근로계약의 준거법에 따를지도 검토해야 한다. 근자에는 후자가 견해가 유력하다. 이에 관하여는 우선 김언숙(註 67), 7면 참조.

115) 우리나라에서는 종래 이에 관한 국제사법적 고려가 부족하다. 흥미로운 것은 로마Ⅱ규정(제6조 제1항)은 부정경쟁행위로부터 발생하는 비계약채무의 준거법은, 그곳에서 경쟁적 관계 또는 소비자의 집단적 이익이 영향을 받거나 또는 영향을 받을 것 같은 국가의 법이라고 명시한다. 즉 시장지법이라는 것이다. 다만 부정경쟁행위가 전적으로 특정한 경쟁자의 이익에만 영향을 미치는 경우 결과발생지법이 준거법이 된다. 상세는 석광현(註 21), 266면 이하 참조.

116) 이에 대하여는 대법원 2008. 2. 1. 선고 2004다72457 판결, 대법원 2008. 4. 24. 선고 2005다75071 판결 및 후자의 해설인 김운호, "UDRP에 의한 조정결정에 따른 도메인 강제

있다.

다섯째, 여기의 논의는 소송을 전제로 한 것이나 장래에는 중재의 경우 연결원칙이 어떻게 달라져야 하는지를 검토할 필요가 있다.

Ⅷ. 맺 음 말

과거 우리나라의 법률가들, 특히 지적재산권 전문가들 사이에는 베른협약은 법정지법주의를 취한 결과, 우리나라에서 소가 제기될 경우 저작권의 준거법 결정이라는 문제는 거의 일어나지 않으며, 법원은 거의 언제나 법정지법을 적용하면 된다는 인식이 퍼져 있었다. 따라서 저작권 기타 지적재산권과 관련한 국제사법적 논점이 있다는 것조차 제대로 인식되지 못하였다. 국제사법 제24조는 이런 잘못된 인식을 타파하기 위하여 신설된 것이다. 탄줘잉 사건 판결을 통하여 국제사법 제24조가 국제지적재산권법의 제문제를 해결하는 데 있어서 중요한 역할을 수행하고 있음을 확인하면서, 국제사법의 개정작업에 참여하여 제24조의 신설을 주장했던 사람으로서 작은 보람을 느낀다. 만일 제24조와 같은 조문이 없었더라면 우리 법원도 일본 최고재판소의 논리를 따랐을 개연성이 컸다고 생각된다.

첫머리에서 지적한 바와 같이, 대상판결들은 저작권침해의 준거법 결정에서 베른협약이 가지는 의미를 정면으로 다룬 중요한 판결들인데, 저자는 대상판결들이 지적재산권침해의 준거법 결정이라는 어려운 논점을 정면으로 다루어 베른협약으로부터 저촉규범인 보호국법주의를 도출한 점을 높이 평가한다. 특히 아이비 뮤직비디오 사건 판결은 지적재산권침해의 준거법을 정면으로 다룬 첫 판결로서 높은 평가를 받을 만하다. 그러나 동 판결은 국제사법 제24조에도 불구하고 그런 조문이 없는 일본 법례 하의 최고재판소 판결의 논리를 답습하는 잘못을 저질렀다. 반면에 탄줘잉 사건 판결이 다양한 논점에 대해 올바른 판단을 내린 것은 다행이며, 그 과정에서 저자의 글이 기

이전과 부당이득의 성립 여부," 대법원 판례해설 제75호(2008년 상권), 394면 이하 참조. 또한 대법원 2011. 5. 26. 선고 2009다15596 판결 참조.

117) 이에 관하여는 우선 이규호(註 9), 43면 이하 참조. 퍼블리시에 관하여는 우선 박준석, "퍼블리시티권의 법적성격—저작권과 상표 관련 권리 중 무엇에 더 가까운가?," 산업재산권 제30호(2009), 295면 이하 참조.

여한 바 있음은 또 다른 작은 보람이다.

혹자는 대상판결에서는 결국 법정지법인 한국법이 준거법이 되었음을 지적하면서 법정지법주의와 별 차이가 없다고 주장할 지도 모르겠다.[118] 저자가 국제사법의 중요성을 과장할 생각은 없지만, X-Girl 사건에 관한 대법원 판결에서 보듯이[119] 사안에 따라서는 보호국이 법정지와 다를 수 있고, 지적재산권 분쟁에 적용되는 국제사법규칙을 통일하려는 최근의 ALI, MPI와 유럽연합의 노력을 고려하고, 나아가 위에 언급한 장래의 과제를 직시한다면 그런 견해가 잘못임을 쉽게 수긍할 수 있을 것이다.

앞으로도 우리 법원이 국제사법적 논점을 회피하지 말고 이를 정면으로 다루어 해결방안을 찾는 노력을 기울여줄 것을 간곡히 부탁드린다. 그래야만 법원이 국제사법을 제정한 입법자의 명령에 따른 올바른 결론을 내릴 수 있고, 나아가 우리 법원에 대한 신뢰를 제고할 수 있기 때문이다. 이 글을 계기로 우리 법률가들이 위에서 언급한 장래의 과제에 좀더 관심을 가져줄 것을 기대해 본다. 상대적으로 단순한 대상판결들을 계기로 지적재산권의 준거법에 관한 기초적인 법리를 다진 뒤, 장래에 발생할 좀더 까다로운 쟁점, 예컨대 편재적 침해의 준거법 결정과 같은 문제에 대비해야 할 것이다.

---

118) 오승종(註 7), 1376면; 이해완(註 44), 785면은 저작권침해소송이 제기된 경우 법원은 거의 언제나 자신의 국내법을 적용하면 된다고 한다. 그러나 X-Girl 사건 판결에서 일본 상표권의 침해를 보면 이런 결론이 유지될 수 없음을 쉽게 알 수 있다.

119) 실제로 한국인인 원고가, 부정한 목적으로 피고의 영업표지와 유사한 도메인이름을 등록·보유하고 있다는 이유로 그 도메인이름을 피고에게 이전하도록 명한 미국 국가중재위원회의 통일도메인이름분쟁해결정책(UDRP)에 따른 결정에 불복하는 취지로 피고의 그 도메인이름에 대한 사용금지청구권과 이전등록청구권이 존재하지 아니한다는 확인을 구하는 소를 제기한 사건에서 서울중앙지방법원 2007. 8. 30. 선고 2006가합 53066 판결(확정됨)은 상표권의 효력의 준거법은 국제사법 제24조의 침해지법(보호국법과 동일)인데, 침해지법은 당해 상표권과 가장 밀접한 관계가 있는 국가, 즉 등록국인 미국의 법률이라고 본 바 있다. 그러나 저자는 그 결론에는 동의하지 않는다.

[補論]

국제지적재산권법에 관한 小考
—최근 일부 하급심판결들에 대한 유감을 표시하며*

Ⅰ. 머 리 말

언론과 방송을 통하여 종종 접하는 바와 같이 지적재산권을 둘러싼 국제적인 분쟁이 증가하고 있다. 따라서 국제지적재산권법, 즉 지적재산권법 분야의 국제사법의 중요성도 커지고 있음은 물론이다. 지적재산권권의 준거법에 관하여 최근 흥미로운 하급심판결들이 속속 나오고 있다. 특히 일부 서울중앙지방법원의 지적재산권전담부의 최근 판결들은 지적재산권 분쟁의 준거법 결정시 오류를 범하고 있고, 그것이 일회적인 것이 아니라고 생각되기에 시정을 촉구하고자 이 글을 작성하게 되었다. 아래에서는 2001년 7월 섭외사법 전문개정 시 신설된 國際私法 제24조를 간단히 살펴보고, 최근에 선고된 세 개의 판결을 비판한다. 상세한 것은 별도의 글에서 논의할 생각이다.

Ⅱ. 國際私法 제24조—국제지적재산권법의 연결원칙

지적재산권의 준거법에 관하여 아무런 규정을 두지 않았던 섭외사법과 달리, 국제사법 제24조는 "지적재산권의 보호는 그 침해지법에 의한다"고 규정함으로써, 국제적으로 널리 인정되고 있는 '보호국법주의'(principle of *lex protectionis*)를 명시한다. 다만 지적재산권의 보호가 문제되는 모든 분야에 관하여 보호국법주의를 명시하지는 않고 가장 문제되는 지적재산권 침해에

* 이는 법률신문 제3656호(2008. 6. 9.), 14-15면에 게재된 글을 다소 수정한 것이다.

관하여 보호국법주의를 규정하나, 제24조는 지적재산권 전반에 관하여 보호국법주의를 선언한 조항으로 본다. 또한 제24조는 특허권뿐만 아니라 저작권에도 적용된다. 이견이 있지만, 제24조는 지적재산권에 관한 국제조약이 없거나 적용되지 않는 경우의 저촉규범으로서 의미가 있다. 제24조에서 '침해지'는 문언상 결과발생지를 말하나, 지적재산권에 대하여는 속지주의가 타당하므로 결과발생지는 원칙적으로 행동지와 일치한다.

우리나라에서도 실질법상으로는, 손해배상은 불법행위의 효력의 문제인데 반하여, 침해금지청구(또는 폐기·제거청구)는 지적재산권의 효력의 문제로 파악하는 경향이 있으나, 제24조는 금지청구와 손해배상을 그의 성질결정에 관계없이 통일적으로 보호국법에 연결한다. 하지만 지적재산권의 침해는 불법행위로서의 성질을 가지므로 불법행위에 관한 제32조 이하의 조문도 적용될 수 있다. 예컨대 제32조 제4항에 따라 과도한 손해배상을 배제할 수 있고, 제33조에 따라 준거법의 사후적 합의도 침해로 인한 효과(예컨대 손해배상청구권)에 관하여는 가능하다(다만 지적재산권의 존부에까지 허용하기는 어렵다). 하지만 불법행위의 준거법에 관하여 행위지법원칙을 정한 제32조 제1항은 제24조에 배치되므로 적용될 수 없다(석광현, 2001년 개정 국제사법 해설 제2판(2003), 193면; 강영수, "國際 知的財産權侵害訴訟에 있어서 國際私法的 問題에 관한 硏究—屬地主義 原則의 限界 및 그 修正을 中心으로—," 서울대학교 대학원 박사학위논문(2005), 214면). 다만 양자 간에 결과적으로는 별 차이가 없다.

Ⅲ. 저작권양도의 준거법

외국저작물에 관한 저작권양도의 준거법이 문제된 이른바 '본더치' 사건에서 서울중앙지방법원 2007. 5. 10. 선고 2005가합114391 판결(확정됨)은, 추상적인 법률론으로 원인계약의 준거법과 물권 유사의 권리인 저작권의 변동을 구별하고, 전자의 준거법은 계약의 준거법을 정한 국제사법 제25조 제1항에 따르나, 후자의 준거법은 보호국법이라고 보았다. 이러한 결론은 설득력이 있다. 위 판결은 후자의 근거를, 저작권은 물권 유사의 지배관계라는 점과, 물권의 준거법을 정한 국제사법 제19조로부터 도출하고 있다. 이러한 논리전개와 결론은 일본의 판례(예컨대 동경고등재판소 2001. 5. 30. 판결)가 취하는 태도와 유사하다. 그러나, 위 판결이 준거법을 판단하면서 베른협약, 특히 국제사법 제24조를 전혀 언급하지 않은 것은 이해하기 어렵다.

위 판결은 또한 외국에서 최초로 발행된 외국인의 저작물이더라도, 우리나라에서 그 저작물성이나 저작권의 침해의 성립 여부 또는 저작권 자체의 성립과 효력은 속지주의에 따라 우리 저작권법에 의해서 판단해야 한다고 보았다. 그 취지가 다소 애매하지만, 저작권의 성립과 효력에 관하여 본국법주의(principle of *lex originis*)를 취하지 않은 것은 분명하다.

Ⅳ. 저작권침해에 기한 손해배상청구의 준거법

일본의 영상저작자가 가수 아이비의 소속사와, '유혹의 소나타' 감독을 상대로 일본 저작권 침해를 이유로 손해배상을 구한 소송에서 서울중앙지법 2008. 3. 13. 선고 2007가합53681 판결은 일정금액의 손해배상과 지연이자의 지급을 명하였다.

여기에서 저작권침해의 준거법이 문제되었는데, 위 판결은 저작권, 특히 저작인격권을 보호하기 위한 금지청구와 명예회복 등의 청구는 베른조약 제6조의2 제3항에 의해, 그리고 저작재산권에 기초한 금지청구는 베른조약 제5조 제2항에 의해, 각각 보호국인 우리 법을 적용하였다. 반면에 저작권침해를 이유로 하는 손해배상청구의 법률관계의 성질은 불법행위이므로 국제사법 제32조 제1항에 따라 "불법행위가 행하여진 곳," 즉 피고들의 뮤직비디오가 배포된 곳인 한국법이 준거법이 된다고 보았다.

위 판결이 저작권의 준거법을 정면으로 다루어 베른협약으로부터 보호국법주의를 도출한 점은 높이 평가한다. 그러나 저작권의 침해를 ① 금지청구와 ② 손해배상으로 나누어 양자의 성질결정을 달리 하고, 전자에는 지적재산권의 준거법을, 후자에는 불법행위의 준거법을 각각 적용함으로써, 일본 법례 하에서 최고재판소 2002. 9. 26. 카드리더 사건 판결이 취한 결론을 따른 것은 잘못이다(그 사건은, 피고가 원고의 미국 특허권을 침해하였다고 주장하면서 미국 특허권에 기하여 피고의 행위의 금지 등을 구한 것이다). 그 이유는 아래와 같다.

첫째, 위 판결은 베른협약이 보호국법주의를 규정한 것으로 보면서도, 저작권침해를 둘로 나누어 이는 금지청구만을 규율하고, 손해배상청구는 규율하지 않는다고 보았으나, 베른협약상 그 근거가 있는지는 의문이다. 베른협약에 저촉규범이 있는지에 관하여는 전세계적으로 다툼이 있고 부정설도 유력하나, 보호국법주의를 규정한 것으로 보면서 이는 저작권침해에도 적용된다는 견해가 더 유력하고, 부정설은 아예 저촉규범이 없다거나, 아니면 저작권의 최초귀속과 양도에 대하여는 저촉규범이 없다는 것이 주류로 보인다. 위 판결의 이원적 연결은 최고재판소의 논리인데, 이는 특허권의 준거법에 관한 일본 法例의 해석론이지 베른협약의 해석론은 아니다. 베른협약이 저촉규범을 둔 것으로 본다면 금지청구와 손해배상청구를 모두 보호국법에 연결하여야 한다. 그렇지 않다면 국제사법 제24조를 적용해야 하고 그 경우 아래의 지적이 타당하다. 즉 둘째, 저자는, 국제사법 제24조를 신설함으로써 최고재판소 판결의 이원적 연결을 미연에 방지한 것으로 믿었고, 이러한 판단은 X-Girl 사건에서 대법원 2004. 7. 22. 선고 2003다62910 판결로써 옳은 것으로 판명되었다. 그럼에도 불구하고 위 판결이 최고재판소 판결을 따라 이원적 연결원칙을 취한 것은 통일적 연결을 명시한 제24조에 반한다. 위 사안에서 제32조 제1항을 적용하든 제24조를 적용하든 손해배상청구의 준거법은 한국법이지만, 위 판결의 논리전개는 제24조 하에서는 잘못이다. 셋째, 손해배상청구에 관한 한, 위 판결은 X-Girl 사건의 위 대법원 판결에도 정면으로 배치된다. 왜냐하면 X-Girl 사건에서 일본 상표권의 침해를 이유로 한 손해배상청구에 대하여 대법원은 제32조 제1항이 아니라 제24조를 적용하여 침해지법인 일본 상표법을 준거법으로 보았기 때문이다.

V. 상표권침해에 기한 금지청구와 이전등록청구의 준거법

이 사건에서 원고는, 부정한 목적으로 피고의 영업표지와 유사한 도메인이름을 등록·보유하고 있다는 이유로 그 도메인이름을 피고에게 이전하도록 명한 미국 국가중재위원회의 통일도메인이름분쟁해결정책(Uniform Domain Name Dispute Resolution Policy. UDRP)에 따른 결정에 불복하는 취지로 피고를 상대로 피고의 그 도메인이름에 대한 사용금지청구권과 이전등록청구권이 존재하지 아니한다는 확인을 구하는 소를 제기하였다. 피고는, 원고의 그 도메인이름의 사용은 피고의 미국 상표권을 침해하고 있으므로 미국의 "반사이버스쿼팅 소비자보호법"(ACPA)에서 금지하고 있는 사이버해적행위(Cyberpiracy)에 해당하는 한 피고는 원고에 대해 도메인이름에 대한 이전청구권을 갖는다고 주장하였다(피고는 주위적으로 UDRP에 근거하여 도메인이름 이전청구권이 있음을 주장하고, 예비적으로 위 주장을 하였다).

이에 대해 서울중앙지방법원 2007. 8. 30. 선고 2006가합53066 판결(확정됨)은 ① 미국 상표권에 기초한 도메인이름의 사용금지청구와 이전등록청구에 관하여 그 법률관계의 성질을 상표권의 효력으로 보고, ② 상표권의 효력의 준거법은 국제사법 제24조의 침해지법(보호국법과 동일)인데, 침해지법은 당해 상표권과 가장 밀접한 관계가 있는 국가, 즉 등록국인 미국의 법률이라고 보았다. 그 근거는, 상표권이 국가별로 출원과 등록을 거쳐 권리로서 인정되는데, 상표권에 관해서는 속지주의 원칙을 채용하는 국가가 많고 그에 따르면 각국의 상표권이 성립, 이전, 효력 등에 관해 당해 국가의 법률에 따라 정해지며, 상표권이 효력이 당해 국가의 영역 내에서만 인정되는 한 당해 상표권의 보호가 요구되는 국가는 등록국이라는 사정에 비추어 상표권과 가장 밀접한 관계가 있는 것은 당해 상표권의 등록국이라는 것이다.

위 판결은 상표권에 기초한 이전등록청구의 성질결정, 상표권의 효력의 준거법은 등록국법이라는 점과, 등록국법을 적용하는 근거에 관하여 모두 위에서 언급한 2002년 카드리더 사건의 최고재판소 판결의 논리를 충실히 따랐다(물론 조리 대신 국제사법 제24조가 동원된 점은 다르다). 그러나 우리나라에는 국제사법 제24조가 있으므로, 재판부로서는 상표권의 침해에 기한 금지청구는 그의 성질결정에 관계없이 보호국법에 의한다고 판단하면 족하지, 등록국법을 준거법으로 보는 근거를 제시하고자 장황한 설명을 할 필요는 없다. 최고재판소 판결이 복잡한 이론구성을 한 것은 일본에는 제24조와 같은 명문 규정이 없었기 때문이다.

나아가, 사견으로는 이 경우 보호국(즉 실제로 보호를 부여하는 국가가 아니라 원고가 그에 대하여 보호를 구하는 국가(the state for which protection is requested))은 한국이지 등록국인 미국이 아니다. 상표권에 대하여는 속지주의가 타당하므로 실제로는 등록국에서만 보호가 부여되고 따라서 권리자는 통상 등록국에서 침해를 당했다고 주장하지만, 이 사건처럼 미국 상표법의 역외적용을 주장하는 경우 미국 상표권이 한국에서 침해되었다는 것이므로 등록국과 보호국이 다르게 된다. 요컨대 재판부로서는 제24조를 근거로 보호국인 한국법을 적용하면 족하였고, 미국 상표법의 적용 여부와 공서위반 여부를 굳이 논의할 필요는 없었다. 만일 보호국이 미국이라면 원칙적으로 미국 상표법을 적용할 것이나, 공서위반을 이유로 그의 역외적용을 배척한 것은(이 점도 최고재판소 판결과 동일하다) 설득력이 있다.

Ⅵ. 맺 음 말

위 판결들이 준거법의 결정이라는 어려운 논점을 정면으로 다루어 베른협약으로부터 보호국법주의를 도출한 점은 높이 평가한다. 그러나, 국제사법 논점에 관한 한, 저자는 위 판결들을 읽으면서 마치 일본 법원의 판결을 읽는 것 같은 느낌을 받았음을 솔직히 고백한다. 2001년 7월 국제사법 제24조가 신설되었음에도 불구하고 그 취지를 오해하여, 그런 조문이 없는 法例 하에서 선고된 최고재판소 판결의 논리를 따르는 것은 잘못이며 정당화될 수 없다. 더욱이 일본 法例의 해석론을 베른협약의 해석에 적용한 것도 잘못이다. 과거 수십년 동안 우리 법률가들과 법학계가 國際私法의 연구와 교육을 소홀히 한 데 따른 후유증이 나타나고 있는 것이 아닌지 매우 걱정된다. 만일 저자의 오해가 있었다면 질정해 주실 것을 정중히 부탁드린다.

제3장 국제독점규제법 · 경제법의 국제적 적용범위

[4] 독점규제 및 공정거래에 관한 법률의 域外適用

前 記
이 글은 저자가 2007. 9. 19. 서울지방변호사회 판례연구회에서 발표한 원고를 수정·보완하여 서울지방변호사회 판례연구 제21집(2)(2007. 12.), 9면 이하에 게재한 원고를 다소 수정·보완한 것이다.

대상판결: 대법원 2006. 3. 24. 선고 2004두11275 판결*

[사안의 개요][1)]

여기에서 다루는 두 가지 쟁점 즉 첫째, 2004. 12. 31. 개정되기 전의 구 독점규제 및 공정거래에 관한 법률(이하 "구 공정거래법"이라 한다)의 역외적용과, 둘째, 공정거래위원회가 행한 외국으로의 우편에 의한 송달에 관련되는 범위 내에서 단순화한 사실관계는 아래와 같다.

1. 원고의 부당한 공동행위와 한국 시장에의 영향

원고 쇼와덴코케이케이 주식회사(昭和電工 株式會社)는 흑연전극봉(Graphite Electrodes)을 생산하는 일본 회사인데, 같은 사업자인 소외 미국, 독일 및 일본의 업체들과 1992년 5월 런던에서 최고책임자급 회합을 개최하여 세계시장에서 흑연전극봉 가격인상 등을 위한 공동행위의 기본원칙(소위

* 공2006. 5. 1.(249), 728.

1) 저자는 석광현, "2006년 國際私法 분야 대법원판례: 정리 및 해설," 국제사법연구 제12호(2006), 569면 이하에서 대상판결에 대한 간단한 평석을 한 바 있는데 여기에서는 이를 대폭 보완·수정하였다.

"London Principles")에 합의하였고, 그 후 1992년 5월부터 1998년 2월까지 외국에서 한국시장을 포함한 세계시장을 대상으로 하여 흑연전극봉의 가격을 결정, 유지하기로 합의하였고 그러한 합의를 실행하였다.

한국의 수요업체들은 흑연전극봉의 조달을 전량 수입에 의존하고 있는데, 원고등 공동행위에 가담한 업체들로부터의 흑연전극봉 수입가격은 1992년 5월부터 1998년 2월까지 사이에 약 48.9% 상승한 데 반하여(톤당 평균 2,255달러→3,356달러), 다른 업체들로부터의 수입가격은 약 9.1% 상승한 결과(톤당 평균 2,205달러→2,407달러) 한국의 수요업체들은 약 6년 동안 고가로 수입하는 데 따른 손해를 입었다.

2. 피고 공정거래위원회의 사건 조사 및 의결절차

피고 공정거래위원회는 2000. 11. 13. 원고와 소외 회사들에게 관련 자료의 송부를 요청하는 등 서면조사표를 발송하였고, 조사 완결 후 2001년과 2002년 2회에 걸쳐 국내 대리인의 선임을 요청하는 영문 통지서를 등기우편으로 발송하였으나, 원고는 그에 불응하였다. 그에 앞서 원고는 미국과 유럽연합의 경쟁당국으로부터 이미 독점금지법위반으로 벌금 등의 제재를 받은 바 있다. 피고는 사건을 전원회의 상정 후 2002년 2월 원고에게 심사보고서에 대한 의견요구와 회의개최를 알리는 내용의 영문 통지서 및 한국어 심사보고서[2]를 독일에 있는[3] 원고의 주소에 등기우편으로 발송하고, 정부과천청사 게시판 및 피고의 영문 인터넷 홈페이지에 게시하였다. 원고는 2002. 3. 20. 피고의 전원회의에 불참하였다.

피고는 2002. 4. 4. 원고가 구 공정거래법(제19조 제1항 제1호)에 정한 부당한 공동행위를 하였다는 이유로 시정명령 및 과징금 납부명령[4]을 하는 내용의 의결을 한 뒤, 의결 요지서의 영문번역[5]과 한국어 의결서 정본을 원

---

2) 피고는 심사보고서를 영문으로 번역하여 송부하지는 않았다.

3) 이는 원심판결을 따른 것이나 판결의 뒷 부분에는 일본에 있는 주소라고 기재되어 있다.

4) 시정명령의 내용은 "원고는 대한민국 시장에 흑연전극봉을 판매함에 있어 소외 회사들과 공동으로 흑연전극봉의 판매가격을 결정 · 유지 또는 변경하는 행위를 함으로써 대한민국 시장에서의 경쟁을 실질적으로 제한하는 행위를 다시는 하여서는 아니 된다"는 취지이고, 과징금납부명령은 4,396백만원의 과징금을 납부하라는 것이었다.

5) 피고는 의결의 요지만을 발췌하여 영문으로 번역하여 송부하였다. 의결서의 내용은 우선 이기수 · 유진희, 經濟法 제6판(2004), 319면 이하 참조. 전문은 공정거래위원회의 홈페이

고의 일본 주소로 등기우편으로 발송하고, 정부 과천청사 게시판 및 피고의 영문 인터넷 홈페이지에 게시하였다.

피고는 "… 외국법에 의하여 설립된 사업자들 간의 합의가 비록 외국에서 이루어졌더라도, 합의의 실행이 대한민국에서 이루어지고 대한민국시장에 영향을 미칠 경우에는 공정거래위원회는 이들 사업자에 대해 관할권을 행사할 수 있다"고 판단하였다. 또한 피고는 '공정거래위원회 회의운영 및 사건절차 등에 관한 규칙'(공정거래위원회 고시 제2001-8호)(이하 "운영규칙"이라 한다) 및 행정절차법에 따라 피고에게 등기우편으로 직접 송달하였고 원고가 이를 수령하였으므로 적법한 송달을 하였고, 그렇지 않더라도 공시송달을 하였으므로 적법한 송달을 하였다고 판단하였다.[6)]

[소송의 경과]

원고는 피고의 시정명령 및 과징금 납부명령에 대하여 주위적으로 무효확인을, 예비적으로 취소를 구하는 소를 서울고등법원에 제기하였다.[7)]

지(http://www.ftc.go.kr/)의 심결・법위반사실조회에서 찾을 수 있다.

6) 공정거래위원회는 유럽사법재판소가 *J.R. Geigy AG v. Commission* 사건(Case 52/69)과 *Europemballage and Continental Can v. Commission* 사건(Case 6/72)에서 EU 경쟁당국이 이의고지서 또는 경쟁법 위반결정을 외국사업자에게 우편으로 직접 송달한 것을 적법하다고 판시하였음을 원용하고 있다.

7) 이 사건과 별도로 일본 사업체인 에스이씨 코퍼레이션도 피고를 상대로 시정조치등명령의 취소를 구하는 소를 제기하였으나 서울고등법원 2003. 8. 26. 선고 2002누14647 판결은 청구를 기각하였고 대법원 2006. 3. 24. 선고 2003두11148 판결은 상고를 기각하였다. 즉 에스이씨 사건이 이 사건보다 후에 제소되었지만 그 원심판결은 이 사건 원심판결보다 먼저 선고되었고 대법원판결은 동일자로 선고되었다. 에스이씨 사건의 원심판결과 대법원판결은 청구가 전부 기각된 점 외에는 내용상으로는 이 사건과 별 차이가 없다. 공정거래위원회의 의결에 대하여는 우선 허선, "국제카르텔에 대한 공정거래법 역외적용의 경험과 논리—흑연전극봉 국제카르텔 사건을 중심으로—," 경쟁법연구 제9권(2003. 4.), 207면 이하; 장준혁, "흑연전극봉 카르텔 사건에서의 저촉법적 논점의 검토," 국제사법연구 제8호(2003. 8.), 451면 이하; 김형진・정영진, "공정거래법의 역외적용," 인권과 정의 통권 제332호(2004. 4.), 136면 이하; 서동원・이동미, "외국 사업자에 대한 공정거래법의 역외적용," 공법연구 33집 5호(2005. 6.), 577면 이하 참조. 후 2자의 글은 에스이씨 사건에 대한 서울고등법원 2003. 8. 26. 선고 2002누14647 판결에 대한 간단한 평석을 담고 있다. 대상판결에 대하여는 대법원판례해설 통권 제61호(2006 상반기), 231면 이하에 박평균 판사의 비교적 상세한 평석이 있다.

1. 원심판결[8)]

원심판결은 원고가 소외 회사들과 공동으로 흑연전극봉의 판매가격을 결정하는 등의 합의를 하였고, 그 영향이 국내시장에 미쳤으므로 그 한도 내에서 구 공정거래법이 적용된다고 보아 시정명령에 관한 원고의 청구를 기각하였으나, 피고가 원고에게만 과도한 과징금을 부과한 것은 재량권의 일탈·남용이라는 이유로 과징금 납부명령을 전부 취소하였다.[9)] 원고는 상고하였고, 과징금 납부명령을 취소한 데 대하여는 피고가 상고하였으나 대법원은 상고를 모두 기각하였다.

일본 정부는 우리 공정거래법의 섭외적 적용 및 송달의 적법성과 관련하여 이의를 제기하는 외교적 항의문서를 우리 외교통상부를 거쳐 공정거래위원회에 제출하였다고 한다.[10)]

2. 상고이유의 요지[11)]

[1] 공정거래법의 적용범위에 관한 법리오해 등

공정거래법의 역외적용을 인정할 법률적 근거가 없음에도 불구하고, 입법자의 의도에 반하여 역외적용을 인정하는 것은 일종의 확대해석 내지 유추해석인바, 과징금의 경우는 일종의 행정적 제재로서 재산권을 박탈하는 효과를 가져오므로, 죄형법정주의 혹은 엄격해석의 원칙이 준용되어 확대해석 내지 유추해석이 금지된다고 보아야 하고, 독일과 같이 별도의 명문조항이 없이는 공정거래법의 역외적용이 불가능하다. 미국 판례법상의 효과주의에 의하

---

8) 원심판결은 서울고등법원 2004. 8. 19. 선고 2002누6110 판결이다.

9) 과징금의 산정에 있어서, 피고는 과징금 부과기준을 공동행위자 전원에 대하여 매출액의 3%로 산정한 다음, 조사과정에서 협력한 회사의 경우 과징금부과율을 매출액의 1%로 감경하였고, 적극 협조한 유타의 경우 재차 1/2 감경하여 0.5%로 결정하였으나, 원고의 경우 최고의 매출액을 기록한 회사임에도 불구하고 조사과정에서 답변을 회피하거나 사실을 은폐하였고, 자료제출에 있어서도 가장 소극적이었으며, 국내대리인을 선임하지 않고, 전원회의에도 참석하지 않는 등 피고의 조사와 심의에 대하여 협조하지 않았다는 이유로 당초 과징금부과기준인 3%를 그대로 유지하였다.

10) 장준혁(註 7), 456면.

11) 저자는 상고이유서를 보지 못하였으므로 이 부분은 박평균(註 7), 246면 이하를 참조하였다. 그 밖에도 원고는 공정거래법 제49조 제4항에 따른 5년의 시효기간의 기산점에 관한 상고이유를 주장하였고, 피고는 과징금 부과율의 산정방법과 재량행위에 관한 법리오해를 상고이유로 주장하였다.

여 역외적용을 긍정하더라도, 이 사건 부당한 공동행위로 인하여 한국 내에서 현실적으로 그 효과가 실현되어야 할 것이고, 피고가 이를 입증하여야 할 것인바 이를 인정할 자료가 없다.

[2] 행정절차법의 적용범위 등에 관한 법리오해 등

행정절차법 제3조 제2항 제9호 및 같은 법 시행령 제2조 제6호에 의하여 공정거래사건에 관하여는 행정절차법의 적용을 배제하고 있으므로, 그보다 하위의 행정규칙에 불과한 운영규칙 제3조 제2항에 의해 행정절차법의 송달규정을 적용할 수 없다. 행정절차법의 역외적용을 위해서는 그 근거가 되는 국제조약 내지는 국내법상의 근거가 반드시 마련되어야 하고, 행정절차법 제14조는 송달이 한국 영토 내에서 이루어지는 경우에 적용된다고 보아야 함에도, 원심은 아무런 근거 없이 행정절차법을 적용하였다. 피고가 한 공시송달은 행정절차법 및 피고의 내부규정인 '외국사업자의 공정거래법 위반행위에 대한 조사 및 처리지침' 등의 요건을 충족하지 못했다. 외국 공시송달의 경우, 그 효력이 발생하기 위한 송달기간에 대하여는 민사소송법 제196조를 준용하여 2개월로 보아야 하고, 이 사건 처분은 2개월이 경과되지 않은 상태에서 이루어진 것으로서 위법하고, 원심은 이에 관한 원고의 주장에 대해 판단을 누락하였다.

3. 대법원판결의 요지

[1] 공정거래법의 역외적용

구 공정거래법은 사업자의 부당한 공동행위 등을 규제하여 공정하고 자유로운 경쟁을 촉진함으로써 창의적인 기업활동을 조장하고 소비자를 보호함과 아울러 국민경제의 균형 있는 발전을 도모함을 그 목적으로 하고 있고(제1조 참조), 부당한 공동행위의 주체인 사업자를 '제조업, 서비스업, 기타 사업을 행하는 자'로 규정하고 있을 뿐 내국사업자로 한정하고 있지 않은 점(제2조 참조), 외국사업자가 외국에서 부당한 공동행위를 함으로 인한 영향이 국내시장에 미치는 경우에도 구 공정거래법의 목적을 달성하기 위하여 이를 같은 법의 적용대상으로 삼을 필요성이 있는 점 등을 고려해 보면, 외국사업자가 외국에서 다른 사업자와 공동으로 경쟁을 제한하는 합의를 하였더라도, 그 합의의 대상에 국내시장이 포함되어 있어서 그로 인한 영향이 국내시장에 미쳤다면 그 합의가 국내시장에 영향을 미친 한도 내에서 구 공정거래법이 적용된다.

[2] 우편에 의한 송달[12)]

구 공정거래법 제55조의2 및 이에 근거한 운영규칙 제3조 제2항에 의하여 준용되는 구 행정절차법(2002. 12. 30. 법률 제6839호로 개정되기 전의 것) 제14조 제1항은 문서의 송달방법의 하나로 우편송달을 규정하고 있고, 같은 법 제16조 제2항은 외국에 거주 또는 체류하는 자에 대한 기간 및 기한은 행정청이 그 우편이나 통신에 소요되는 일수를 감안하여 정하여야 한다고 규정하고 있는 점 등에 비추어 보면, 공정거래위원회는 국내에 주소·거소·영업소 또는 사무소가 없는 외국사업자에 대하여도 우편송달의 방법으로 '의견제출요구 및 전원회의 개최 통지서' 등의 문서를 송달할 수 있다.[13)]

4. 대법원에 소송계속 중 입법에 의한 해결

이 사건이 대법원에 계속 중 국회는 2004. 12. 31. 법률 제7315호로써 구 공정거래법을 개정하여 역외적용과 관련한 문제를 입법적으로 해결하였는데 이는 2005. 4. 1.부터 발효되었다. 즉 국회는 "국외행위에 대한 적용"이라는 제목의 제2조의2를 신설하여 "이 법은 국외에서 이루어진 행위라도 국내시장에 영향을 미치는 경우에는 적용한다"고 명시함으로써 역외적용의 근거를 마련하였고, 나아가 제36조의2에서 공정거래위원회의 국제협력을 명시하였으며[14)] 제53조의3[15)]을 두어 송달규정을 정비하였다.

---

12) 원심판결과 달리 대상판결은 일관되게 '우편송달'이라는 표현을 사용하였고, 대법원 2006. 3. 24. 선고 2003두11148 판결도 동일하나, 이는 우편집배원이 하는 '우편에 의한 송달'이지 발송송달인 우편송달을 말하는 것은 아니다. 우리 민사소송법상 '우편송달'과 '우편에 의한 송달'은 구별해야 한다. 대상판결의 태도는 잘 이해되지 않는다.

13) 위에 언급한 바와 같이 그 밖에도 시효기간의 도과와 과징금의 부과에 관한 피고의 재량권의 일탈 또는 남용의 문제도 있는데, 그에 관하여는 박평균(註 7), 279면 이하 참조.

14) 조문은 아래와 같다.

"제36조의2(공정거래위원회의 국제협력) ① 정부는 대한민국의 법률 및 이익에 반하지 않는 범위 안에서 외국정부와 이 법의 집행을 위한 협정을 체결할 수 있다.

② 공정거래위원회는 제1항의 규정에 의하여 체결한 협정에 따라 외국정부의 법집행을 지원할 수 있다.

[평 석]

Ⅰ. 문제의 제기

구 공정거래법은 외국인이 외국에서 한 행위에 대하여 국내법을 적용하는 이른바 '역외적용'(extraterritorial application)을 명문으로 규정하지 않았지만, 피고 공정거래위원회는 2002. 4. 4. 구 공정거래법을 적용하여 원고 등에 대하여 시정명령과 함께 과징금을 부과하였다. 이는 공정거래위원회가 구 공정거래법을 역외적용한 최초의 사례인데, 공정거래위원회는 그 후 2003년에도 로슈와 바스프 등 비타민카르텔 사건에서도 동일한 조치를 취하였다.[16) 원고는 그에 대하여 소를 제기하였는데 원심법원과 대법원은 위와 같이 판단하였다.

대상판결은 부당한 공동행위를 금지한 구 공정거래법 제19조의 역외적용을 긍정하고, 공정거래위원회가 외국의 사업자에게 우편에 의한 송달을 한 것은 적법하다고 판단하였다. 이는 구 공정거래법의 역외적용을 긍정한 최초의 대법원판결로서 의미가 있다. 다만 대상판결의 선고 전에 역외적용을 명

---

③ 공정거래위원회는 제1항의 규정에 의한 협정이 체결되어 있지 않은 경우에도 외국정부의 법집행 요청 시 동일 또는 유사한 사항에 관하여 대한민국의 지원요청에 응한다는 요청국의 보증이 있는 경우에는 지원할 수 있다."

15) 조문은 다음과 같다.
"① 문서의 송달은 행정절차법 제14조 내지 제16조의 규정을 준용한다.
② 제1항의 규정에도 불구하고 국외에 주소를 두고 있는 사업자 또는 사업자단체에 대해서는 국내에 대리인을 지정하도록 하여 동 대리인에게 송달하고, 해당 사업자 또는 사업자단체가 국내 대리인을 지정하지 아니한 경우에는 관보·공보·게시판·일간신문 중 하나 이상에 공고하고 인터넷에도 공고하여야 한다."

16) 스위스 법인인 라 로슈는 공정거래위원회를 상대로 유사한 소를 제기하였는데 서울고등법원 2004. 11. 24. 선고 2003누9000 판결은 원고의 청구를 모두 기각하였고 동 판결은 확정되었다. 소개는 서동원·이동미(註 7), 592면 참조. 비타민카르텔 사건에서는 서울고등법원은 판결문 중에서 재판관할권이라는 용어를 사용하였으나 내용적으로는 규율관할권과 동일한 기준에 따라 판단한 것으로 보인다. 이 사건은 미국, 유럽연합, 호주, 캐나다와 우리나라에서 기록적인 금액의 제재를 받았다. 이 사건에 관하여는 Harry First, "The Vitamins Case: Cartel Prosecutions and the Coming of International Competition Law," 68 Antitrust L.J. 711, 712-22 (2001) 참조. 기타 우리나라의 경쟁법 역외적용 사례는 윤성윤·송준현, "경쟁법의 역외적용," 권오승(편), 독점규제법 30년(2011), 404면 이하 참조.

시한 조문이 공정거래법에 신설됨으로써 대상판결의 의의는 당초 예상보다 빛이 바랬다. 여기에서는 대상판결이 제기한 논점 중 다음을 검토한다.

첫째, 구 공정거래법의 역외적용의 여부(아래 Ⅱ.).

둘째, 절차법적 쟁점으로서 공정거래위원회의 국제재판관할권의 유무(아래 Ⅲ.).

셋째, 절차법적 쟁점으로서 공정거래위원회의 원고에 대한 우편에 의한 송달의 적법 여부(아래 Ⅳ.). 첫째는 국제행정법의 문제, 둘째와 셋째는 국제행정절차법 또는 광의의 국제행정법의 문제라고 할 수 있다. 이러한 국제행정법 및 국제행정절차법의 논점은 넓은 의미의 국제사법과 밀접한 관련이 있다.

넷째, 입법적 해결의 당부와 현행 공정거래법의 해석론(아래 Ⅴ.). 이는 논점만 간단히 언급한다.

다섯째, 관련문제로서 공정거래법과 유사하게 역외적용을 명시한 '자본시장과 금융투자업에 관한 법률', 이른바 자본시장통합법을 간단히 언급한다(아래 Ⅵ.).

국내법의 역외적용(extraterritorial application)이라 함은 다양하게 정의되고 있고, 행위주체에 관계없이 외국에서 한 행위에 착안함으로써 속지주의와 대비되는 개념으로 사용하기도 하나, 여기에서는 주로 문제가 되는 "외국인이 외국에서 한 행위에 대하여 국내법을 적용하는 것"이라는 의미로 사용한다.[17] 즉 그 경우 국제법상 전통적으로 인정되어 온 속인주의 또는 속지주의에 따르면 국내법을 적용할 수 없지만 그럼에도 불구하고 국내법을 적용하는 것을 말한다. 종래 국내법의 역외적용은 특히 미국에서 발전되었는데, 이는 공정거래법의 경우만이 아니라 증권거래법과 지적재산권법(특히 상표법)의 경우에도 논의되고 있다.[18] 경쟁법의 역외적용은 이제 국제관습법이 되었

---

17) 이기수·유진희(註 5), 317면도 동지. 석광현(註 1), 574면에서 그러한 의미로 사용한 바 있다. 박평균(註 7), 249면 이하는 "독점금지법의 역외적용이란 자국의 독점규제법을 자국의 주권이 미치는 영역을 초월하여 적용하는 것을 말한다"고 설명한다. 그러나 역외적용을 긍정한다면 그 경우에도 주권이 미친다고 보는 것이다. 신현윤, 경제법 2판(2007), 417면은 역외적용이라 함은 국가가 자국의 영토 외에 있는 사람, 재산 또는 행위에 대하여 국가관할권을 행사하는 것이라고 한다.

18) 전자는 우선 김건식·송옥렬, 미국의 증권규제(2001), 496면 이하, 후자는 우선 김석호, "美國 商標法의 域外適用—〈影響理論(Effect Doctrine)〉의 기원을 찾아서—," 통상법률 통권 제50호(2003. 4.), 41면 이하 참조.

다거나 사실상 국제관습법으로 발전하는 과정에 있다고 한다.[19]

Ⅱ. 구 공정거래법의 역외적용

이 사건에서 가장 큰 문제는 외국사업자들이 외국에서 합의한 부당한 공동행위에 대하여 우리 공정거래위원회가 관할권을 행사하여 우리 공정거래법을 적용할 수 있는지 여부였다. 구 공정거래법은 역외적용에 관한 조항을 두지 않았기 때문에 이 점이 크게 논란이 되었다. 역외적용의 문제는 첫째, 우리나라가 입법관할권을 가지는가와, 둘째, 입법자가 역외적용을 의도하였는가라는 문제로 구분해 볼 수 있다.

1. 문제의 성질—국제행정법의 문제

공정거래법상의 규제는 구법 하에서나 현행법 하에서나 그의 성질에 따라 ① 공법적(또는 행정법적) 규제를 내용으로 하는 행정규제, ② 공정거래법 또는 행정규제의 위반으로 인한 민사책임을 규율하는 민사책임규제와 ③ 공정거래법 또는 행정규제를 위반한 데 대한 형사처벌(엄밀하게는 행정형벌)을 내용으로 하는 형사책임규제로 구성된다. 따라서 국제공정거래법의 실체법 및 절차법의 체계를 세우는 데 있어서도 위 세 가지 분야로 구분할 필요가 있다.[20]

행정규제법의 분야에서는 주로 초개인적인 국가적·경제정책적인 공적인 이익에 봉사하는, 또는 공법적인 정치적 및 경제정책적인 규정의 성질을 가지는 국제적 강행규정(international zwingende Bestimmungen, internationally mandatory rules)[21]—이는 국제사법 제7조가 말하는 국제적 강행법

---

19) 윤성윤·송준현(註 16), 397면과 같은 곳 註 10에 인용된 문헌들 참조. Dietmar Baetge, Globalisierung des Wettbewerbsrechts (2009), S. 298도 동지(Jürgen Basedow, "Private Enforcement of Competition Law in Europe," 2012. 5. 30. 서울대학교 법과대학 Foreign Authority Forum 발표자료, p. 11 Fn. 34에서 재인용).

20) 독일에서는 대체로 이런 체제로 논의하는 것으로 보인다. 예컨대 Ulrich Loewenheim/Karl M. Meessen/Alexander Riesenkampff, Kartellrecht Band 2·GWB Kommentar (2006), §130 Rn. 39ff.; Ulrich Immenga/Ernst-Joachim Mestmäcker, GWE Kommtar zum Kartellgesetz 3. Auflage (2001), §130 Abs. 2 Rn. 244ff. 참조.

규이다―가 문제되므로 주어진 쟁점에 대해 어느 국가의 법이 적용되는가라는 형태가 아니라 예컨대 우리 공정거래법의 적용 여부를 묻는 형태로 문제가 제기된다. 미국의 연방독점금지법[22]의 역외적용도 이러한 형태의 문제제기이다. 이는 私法상의 법률관계의 준거법을 정하는 협의의 國際私法에 대비되는 국제행정법(internationales Verwaltungsrecht) 또는 涉外公法(internationales öffentliches Recht)의 문제이다. 이러한 국제행정법의 문제는 경제저촉법의 문제임과 동시에 國際(公)法의 문제라고 할 수 있다.[23]

반면에 민사책임의 문제는 國際私法의 문제이다. 특히 우리나라에서는 민사에 관한 한 국가의 규율관할권(또는 입법관할권)은 원칙적으로 제한이 없는 것으로 보면서, 문제된 법률관계 또는 쟁점과 가장 밀접한 관련이 있는 법을 탐구하는 접근방법을 취하므로 민사책임의 준거법의 결정은 규율관할권의 한계의 문제는 아니다.[24] 따라서 민사책임의 준거법결정에 관한 국제사법은 국내법이지 국제(공)법이 아니라고 본다.

---

21) 독일에서는 이를 干涉規範(Eingriffsnorm)이라 한다. 이를 '介入規範'이라고 번역할 수도 있다. 일본에서는 이를 '절대적 강행법규'라고 부르는 경향이 있다. 예컨대 櫻田嘉章, 國際私法 제5판(2007), 218면. 로마 I 규정(제9조)은 이를 '최우선 강행규정'(overriding mandatory provisions)이라 한다.

22) 이는 1890년에 제정된 셔먼법(Sherman Act)을 비롯하여 1914년의 클레이턴법(Clayton Act)과 연방거래위원회법 등 다수의 제정법과 연방법원이 위 제정법을 적용하는 과정에서 형성된 연방보통법을 의미하나, 통상은 셔먼법과 클레이턴법을 가리킨다. 장준혁, "法廷地 獨占禁止法의 屬地的 適用範圍―美國判例의 比較硏究―," 서울대학교 대학원 법학박사학위논문(2002), 65면.

23) Anton K. Schnyder, Wirtschaftskollisionsrecht (1990), Rn. 3. 저자는 국제사법 제7조가 규정하는 것은 국제적 강행법규가 私法的 法律關係에 미치는 효과에 한정되는 것이고 국제적 강행법규에 따른 공법적 규제는 국제행정법의 문제로 이해한다. 저자는 국제사법 제7조는 국제적 강행법규의 특별연결이론을 명시한 것으로 이해한다. 석광현, 2001년 개정 국제사법해설 2판(2003), 98면.

24) 小寺 彰, "獨禁法の域外適用·域外執行をめぐる最近の動向," ジュリスト, 2003. 10. 15. (No. 1254), 65면도 동지. 그러나 불법행위 등 통상의 국제사법(저촉법) 규범에 관하여도 법규로부터 출발하여 그의 적용범위를 획정하는 방향으로 접근하는 Currie의 견해에 따르면 국제사법을 입법관할권의 저촉과 한계의 문제로 파악할 수 있는데, 그 경우 국제행정법은 국제사법과 유사성을 가진다. 이런 관점에서 미국 판례는 결국 속지주의, 효과주의와 형량주의라는 세 개의 접근방법을 취하였고 각각은 기득권이론, 지역법이론(법정지법주의)과 가장 밀접한 관련이 있는 법이라는 저촉법상의 근거에 기초한 것이라는 견해도 있다. William S. Dodge, "Extraterritoriality and Conflict-of-Laws Theory: An Argument for Judicial Unilateralism," 39 Harv. Int'l L.J. 101, 121-134 (1998). Russel J. Weintraub, "An Inquiry into the Utility of a "Choice of Law" Approach," 국제거래법연구 제3집(1994), 289면; 장준혁(註 22), 235면 이하도 참조. 최공웅, "域外管轄權과 國際私法," 국제거래법연구 제3집(1994), 161면은 경제저촉법이 국제사법의 일부인가라는 의문을 제기하나 답은 명확히 제시하지 않는다.

2. 입법관할권의 유무와 구 공정거래법의 적용

이 사건에서 구 공정거래법이 적용되는가는 첫째, 그것이 국제(공)법상 우리나라의 입법관할권의 범위 내에 포함되는지와, 둘째, 만일 포함된다면 실제로 구 공정거래법에 나타난 우리 입법자들의 의사가 이를 규율하려는 것인지에 달려 있다. 전자는 일반적인 입법관할권의 한계의 문제이고, 후자는 구 공정거래법의 해석의 문제이다. 만일 국제(공)법상 입법관할권의 범위 내에 속하더라도 우리 입법자가 이를 규율하고자 하지 않았다면 적용될 수 없으므로 양자를 별도로 논의할 필요가 있다.[25]

가. 입법관할권에 대한 국제(공)법상의 제한

각국은 국제(공)법의 한계 내에서 자유로이 입법을 할 수 있고 특정한 규범을 역외적으로 적용할 수 있다.[26] '국가관할권'(state jurisdiction)의 분류는 논자에 따라 다양하나, 미국법률협회(ALI)의 Restatement of the Law (Third): The Foreign Relations Law of the United States (1987)(이하 "대외관계법 Restatement"라고 한다)의 분류가 설득력이 있다. 이는 국가관할권을 '규율관할권'(jurisdiction to prescribe), '재판관할권'(jurisdiction to adjudicate)과 '집행관할권'(jurisdiction to enforce)으로 3분하는데(이것이 '국가관할권 3분설'이다),[27] 그에 따르면 어느 국가가 규율관할권, 또는 입법관할권을 가지기 위하여는 그의 행사가 합리적이어야 하는바, 대외관계법 Restatement는 관할권의 행사의 합리성을 판단함에 있어 고려할 요소들을 열거하고,[28] 나아가 공정거래법에 관하여는 제415조에서 좀더 구체적인 원칙을 규정한다.

종래 외국인이 외국에서 행한 행위이더라도[29] 그의 효과 또는 영향이

---

25) 장준혁(註 7), 465-466면도 동지로 보인다. 우리 입법자가 국제(공)법상의 입법관할권의 한계를 넘는 사항을 규율하고자 하는 경우 그러한 입법의 국제(공)법적 효력이 문제될 수 있으나 그것이 헌법 위반이 아닌 한 우리 법원으로서는 이를 적용해야 할 것이다.

26) Jan Kropholler, Internationales Privatrecht 5. Auflage (2004), §52 Ⅸ 참조.

27) §401 Categories of Jurisdiction. 국가관할권의 분류와 결정원칙에 관한 일반이론은 우선 장준혁(註 22), 28면 이하; 고영국, "國家管轄權理論의 사이버공간에의 適用에 관한 硏究," 한양대학교 대학원 법학 박사학위논문(2005), 14면 이하 참조.

28) §403 제2항.

29) 위에서 언급한 바와 같이 국내법의 역외적용의 의미는 다양하게 정의되고 있으나, 대체로 한 국가의 법은 그 국가의 영역 내에서만 적용되는 것이 원칙이라는 전제 하에 예외적

국내에 미치는 경우 이를 근거로 규율할 수 있다는 이른바 '효과주의'(또는 효과이론)' 또는 '영향이론'(effect doctrine)이 입법관할권의 한계를 넘는지에 대하여 논란이 없지는 않지만 현재는 국제적으로 큰 저항 없이 받아들여지고 있다고 할 수 있다.[30] 효과이론은 아래 소개하는 1945년 Alcoa 사건 판결 등 미국의 판례에 의하여 발전되었다.[31]

미국 연방대법원은 1909년의 American Banana 사건 판결[32]에서 미국의 연방독점금지법은 미국 내에서 행해진 행위에 대하여만 적용된다고 판시함으로써 속지주의를 취하였다. 그러나 1945년 Alcoa 사건 판결[33]에서 제2순회구 연방항소법원은 외국인의 외국에서의 행위더라도 그 행위가 미국에 영향을 미치고 또한 영향을 미칠 의도 하에 행해진 경우에는 연방독점금지법을 적용할 수 있다고 판시하여 영향이론을 채택하였다. 이는 미국법의 적용범위를 지나치게 확대한다는 비판을 받았다. 그 후 미국 제9순회구 연방항소법원은 1975년의 Timberlane 사건 판결[34]에서 미국에 대한 영향만으로 연방독점금지법을 적용하는 것은 부당하고, 외국에서의 경쟁제한행위로 인하여 국내의 경쟁질서가 침해되는 정도와 국내법을 역외적용함으로써 외국의 주권이 제한되는 정도를 비교형량하여 전자가 큰 경우에만 국내법을 역외적용하는 '관할권상의 합리성의 원칙'(jurisdictional rule of reason)을 도입하였으며, 이는 국제적 예양과 공평(international comity and fairness)에 따라 요

으로 그 국가의 법이 영토 외에서 적용된다는 의미로 사용하는 것으로 보인다. 역외적용의 개념을 이렇게 이해하면 이는 속지주의와 대비된다. 그러나 역외적용이 실익을 가지는 것은 속인주의와 속지주의의 어느 것으로도 설명되지 않는 사안에서 국내법의 적용을 정당화하는 근거로 사용되는 경우이다.

30) 대외관계법 Restatement §402, Comment d: 김형진·정영진(註 7), 139면. 예컨대 독일의 경쟁제한금지법(Gesetz gegen Wettbewerbsbeschränkung. GWB) 제130조 제2항(과거의 제98조 제2항)은 영향이론을 명시하고, 유럽연합의 집행위원회와 유럽법원도 역외적용을 인정한다. 상세는 고영한, "獨占規制法의 域外適用," 경제법의 제문제(재판자료 제87집)(2000), 775면 이하; 이호영, 독점규제법—쟁점과 판례—(2005), 465면 이하; 서헌제, "公正去來法의 域外適用—實體規定의 域外適用을 중심으로—," 통상법률 통권 제23호(1998. 10.), 6면 이하; 신현윤, "현행 獨占規制法의 域外適用," 연세법학연구 제2집(1992), 502면 이하 참조. 그러나 국제(공)법상은 물론 미국의 판례법상으로도 확립되었다고 볼 수 없다는 지적도 있다. 최승환, 국제경제법 제3판(2006), 106면.

31) 미국 판례의 소개는 우선 장준혁(註 22), 65면 이하; 고영한(註 30), 780면 이하; 양명조, 국제독점금지법—미국법의 이론과 실제—(1986), 312면 이하 참조.

32) *American Banana Co. v. United Fruit Co.*, 213 U.S. 347 (1909).

33) *United States of America v. Aluminum Co. of America*, 148 F.2d 416 (2d Cir. 1945).

34) *Timberlane Lumber Co. v. Bank of America*, 549 F.2d 597 (9th Cir. 1976).

청된다고 판시하였다. 이러한 태도는 1979년의 Mannington Mills 사건 판결[35]에서 제3순회구 연방항소법원에 의하여 유지되었다. 그러나 1993년 Hartford Fire 사건 판결[36]에서 연방대법원의 Souter 대법관 등의 다수의견은 외국법과 미국법 간에 진정저촉(true conflict)이 있는 경우에만 제요소의 비교형량의 필요성을 긍정하고, 행동지인 외국법이 미국법의 위반을 요구하거나 양국법의 동시준수가 불가능한 경우에만 진정저촉이 있다고 보고, 당해 사건에서는 허위저촉(false conflict)이 있을 뿐이라는 이유로 영향이론을 따라 미국 연방독점금지법의 역외적용을 긍정하였다. Hartford Fire 사건 판결은 영향이론으로 회귀한 것으로 평가되는데, 그에 따라 미국 법무부와 연방거래위원회는 1995년 국제독점금지가이드라인을 공표하였고, 제1순회구 연방항소법원은 1997년 Nippon Papers 사건 판결[37]에서 위 판결의 태도를 형사책임에까지 확대하였다. 그러나 2004년 미국 연방대법원은 비타민카르텔에 관련된 Empagran 사건 판결[38]에서 예양을 중시하는 태도를 취하였다.[39]

나. 구 공정거래법에 나타난 입법자의 의사와 해석론

구 공정거래법의 문언만으로는 입법자가 이 사건과 같은 사안에 동 법의 역외적용을 의도하였는지는 분명하지 않아 논란의 여지가 있었고, 실제로 학설도 부정설과 긍정설이 대립하였는데 종래 주장된 각 설의 논거는 대체로

---

35) *Mannington Mills, Inc. v. Congoleum Corp.*, 595 F.2d 1287 (3d Cir. 1979).

36) *Hartford Fire Insurance Co. v. California*, 509 U.S. 764 (1993).

37) *United States of America v. Nippon Paper Industries Co., Ltd. et al.*, 109 F.3d. 1 (1997). 이 판결에 대한 소개는 왕상한, "美國 獨占規制法의 域外適用과 外國企業人의 刑事處罰," 통상법률 17호(1997. 10.), 13면 이하 참조.

38) *F. Hoffmann-La Roche Ltd v. Empagran S.A.*, 542 U.S. 155, 124 S.Ct. 2359 (2004). 이 판결은 국제적으로 논란의 대상이 되었는데 이에 대하여는 우선 Dietmar Baetge, "The Extraterritorial Reach of Antitrust Law between Legal Imperialism and Harmonious Coexistence: The Empagran Judgment of the U.S. Supreme Court form a European Perspective," Gottschalk *et al.*, Conflict of Laws in a Globalized World by Eckart (2007), p. 226 이하; Jens Adolphsen, "The Conflict of Law in Cartel Matters in a Globalised World: Alternatives to the Effects Doctrine," 1 J. Private Int'l L. 151 (2005); Chrisopher Springman, "Fix Prices Globally, Get Sued Locally? U.S. Jurisdiction over International Cartels," 72 U. Chi. L. Rev. 265 (2005) 참조.

39) 이는 Timberlane 사건 판결에서 말하는 법원이 행사하는 예양이 아니라 입법자가 입법시에 행사하는 예양, 즉 '규율적 예양'(prescriptive comity)을 의미하므로, 법원으로서는 포괄적인 이익의 비교형량을 할 필요는 없다. *F. Hoffmann-La Roche Ltd v. Empagran S.A.*, 542 U.S. 155, 165, 124 S.Ct. 2359, 2366 (2004).

다음과 같았다.[40] 이러한 학설의 대립을 살펴보는 것은, 입법에 의한 해결의 당부를 평가하는 데 있어 도움이 된다.

(1) 역외적용 부정설의 논거

역외적용 부정설의 논거로는 다음이 제시되었다.

① 구 공정거래법에는 역외적용을 허용하는 명문의 규정이 없다는 점, ② 헌법(제6조)은 국제법 준수의무를 규정하는데, 국제관습법상으로 속지주의가 일반적으로 승인되고 있으므로 효과주의에 입각한 역외적용은 곤란한 점, ③ 국내시장의 경쟁질서 저해라는 결과를 근거로 구 공정거래법을 역외적용할 경우 외국과 주권의 충돌이 발생하기 쉽고 국제협조에도 악영향을 줄 수 있으며, 우리나라가 공격적으로 국내법의 역외적용을 시도할 단계는 아니라는 점, ④ 구 공정거래법은 개별적인 금지규정에서 경쟁제한 '행위'를 규제대상으로 삼을 뿐, 행위의 결과인 '상태'를 대상으로 하지 않으므로 적어도 경쟁제한행위의 일부분이 한국 내에서 행해진 경우에만 역외적용이 가능하다는 점, ⑤ 구 공정거래법(제2조 제1호)은 사업자의 범위를 정함에 있어서 국내외를 언급하지 않지만 이는 당연히 국내사업자 또는 국내에 존재하는 국외사업자만을 지칭한다고 봄이 자연스러운 해석이라는 점, ⑥ 구 공정거래법(제32조)이 국제계약에 관하여 별도로 규정하는 것은 동 조항의 적용을 받지 않는 국제적인 계약 또는 협정에는 동 법이 적용되지 않는다는 의미라는 점과, ⑦ 구 공정거래법(제66조 제1항 제9호)은 동 법 위반행위에 대하여 형사처벌을 규정하는데, 형법에 의하면 다른 법령에 특별한 규정이 없는 경우 형법의 총칙규정이 적용되고, 형법은 속지주의와 속인주의를 기본으로 하고 예외적으로 일정한 경우 외국인이 외국에서 행한 범죄에 대하여 우리나라의 형벌권이 미치게 하는 점을 볼 때(형법 제5조, 제6조와 제8조) 구 공정거래법을 역외적용하는 것은 죄형법정주의와 관련하여 문제가 있다는 점 등이다.

(2) 역외적용 긍정설의 논거

반면에 역외적용 긍정설의 논거로는 다음이 제시되었다.

① 구 공정거래법(제1조)은 국내 경쟁질서의 보호를 입법목적으로 하는데, 동 법의 효력범위를 국내로 제한하여서는 국내 경쟁질서를 충분히 보호

40) 이 점은 입법적으로 해결되었으므로 여기에서는 상세한 논의는 생략한다. 아래의 소개는 대체로 박평균(註 7), 256면 이하의 정리를 따른 것이다. 학설은 그 밖에도 장준혁(註 22), 212면 이하; 서헌제(註 30), 17면 이하 참조.

할 수 없다는 점, ② 속지주의를 원칙으로 하는 국제관습법은 적어도 독점규제법의 적용에 관한 한 경제강국들에 의해 먼저 파기되고 있고, 경제법에 관한 한 속지주의가 일반적으로 승인된 국제관습법으로서 인정될 수 있는지도 의문이라는 점, ③ 효과주의를 취하면서도 국제예양을 충분히 고려한다면 다른 국가와의 주권충돌을 예방할 수 있고 국제법상의 주권존중원칙에 합치하는 점, ④ 구 공정거래법(제2조)이 동 법의 적용대상인 '사업자'를 국내사업자로 명백히 한정하고 있지 않으므로 외국사업자도 그에 포함되고, 제2조 제6항 및 각 실체규정상 '일정한 거래분야'라는 개념에는 국내시장 이외에 국내시장과 관계 있는 국제시장도 포함되기 때문에 우리나라와 외국 간의 상품, 기술, 자본 등의 수출입시장에 대해 경쟁제한효과를 갖는 행위에 대하여도 행위 주체에 관계없이 규제가 미치는 점, ⑤ 효과주의에 의하더라도 경쟁제한행위의 결과인 '상태'가 아니라 경쟁제한 '행위'를 규제하는 것이므로, 구 공정거래법이 개별적인 금지규정에서 경쟁제한 '행위'를 규제대상으로 삼는 입장과 모순되지 않는 점과, ⑥ 형법이 속지주의와 속인주의를 기본으로 한다고 하여 공정거래법의 적용범위가 속지주의와 속인주의에 한정된다고 볼 수는 없고, 공정거래법의 형사처벌조항이 외국인의 국외범에게도 적용되느냐 여부는 공정거래법에 특별한 규정이 없으므로 형법의 총칙규정(특히 제6조 등)이 적용되고 그 해석에 따라 결정되는 것이지, 죄형법정주의와 직접적인 관계가 있다고 보기 어려우며, 또한 죄형법정주의는 외국인에 대한 형사처벌을 하는 경우 문제될 수 있지만, 행정제재인 시정명령 및 과징금납부명령의 경우 특별히 문제가 된다고 보기 어렵다는 점 등이다.

3. 대상판결의 판단과 그에 대한 평가

대상판결은 구 공정거래법(제1조)의 목적, 부당한 공동행위의 주체인 사업자를 '제조업, 서비스업, 기타 사업을 행하는 자'로 규정하고 있을 뿐 내국사업자로 한정하고 있지 않는 점(제2조), 외국사업자가 외국에서 부당한 공동행위를 함으로 인한 영향이 국내시장에 미치는 경우에도 위 목적을 달성하기 위하여 구 공정거래법을 적용할 필요성이 있는 점 등을 고려하여, 외국사업자의 외국에서의 합의이더라도 그 합의의 대상에 국내시장이 포함되어 있어서 그로 인한 영향이 국내시장에 미쳤다면 그 한도 내에서 구 공정거래법이 적용된다고 판시하였다. 이는 대체로 위에서 언급한 논거 중 ①과 ④를 원용한 것으로 보인다.

구 공정거래법의 해석상 논란이 있었지만, 무엇보다도 기업활동의 국제화에 따라 각국 시장의 상호의존도가 높아졌으므로 외국인의 외국에서의 행위에 대하여도 그의 영향이 국내시장에 미치는 한 규제하여야 할 현실적 필요성이 있고, 또한 부당한 공동행위를 금지하는 구 공정거래법 제19조가 종래 역외적용의 필요성이 가장 큰 분야로 인식되었음[41]을 고려할 때 대상판결의 결론은 수긍할 수 있다. 다만 대상판결이 역외적용을 위한 요건을 좀더 명확히 설시하지 않은 것은 아쉽다. 특히 '영향'은 과연 무엇을 말하는지 또는 어느 정도의 영향으로 족한지 등에 대한 설시가 부족하다.

또한 위에서 언급한 바와 같이 공정거래위원회의 의결은, "… 외국법에 의하여 설립된 사업자들 간의 합의가 비록 외국에서 이루어졌더라도, 합의의 실행이 대한민국에서 이루어지고 대한민국시장에 영향을 미칠 경우에는 공정거래위원회는 이들 사업자에 대해 관할권을 행사할 수 있다"고 판단하였고 이는 영향이론만이 아니라 부당공동행위의 실행행위(implementation)가 한국에서 이루어졌다는 점도 근거로 삼은 것으로 보이는데—이를 '실행지주의'(또는 실행지이론)라고 부르기도 한다—, 유럽법원은 1988년 Wood Pulp 사건에서 이를 채택하였다.[42] 그러나 원심판결과 대상판결은 실행지에 대하여는 설시하지 않은 것으로 보이는데, 그 이유가 실행지주의에 반대하기 때문인지, 우리나라에서 실행행위가 없다고 본 것인지, 아니면 역외적용을 긍정하였으므로 굳이 이를 판단할 필요가 없다고 본 것인지는 분명하지 않다. 대법원이 이 점에 대하여도 판단하였더라면 하는 아쉬움이 있다.

더 나아가 대상판결은 ① 국가관할권(state jurisdiction)의 분류와 그 한계, ② 경제저촉법의 개념과 체계상의 지위, ③ 국제행정법과 國際私法의 관계 및 그 맥락에서의 國際私法 제7조의 의의와 기능, ④ 규율관할권과 國際私法의 관계 및 국제(공)법과 國際私法의 관계 그리고 ⑤ 국제행정절차법과 국제민사절차법의 관계 등 광의의 국제사법의 기본적인 논점들에 대하여 깊이 있는 검토를 요구하는 점에서 커다란 의의가 있다고 본다. 제2조의2가 신

41) 서헌제(註 30), 34면.
42) 이에 관하여는 우선 박평균(註 7), 254면; 고영한, "독점규제법의 역외적용," 권오승(편), 공정거래법강의Ⅱ(2000), 707면 이하.

설된 현재로서는 이러한 논점들은 현행법의 해석론으로서도 의미가 있다.

Ⅲ. 공정거래위원회의 국제재판관할권

1. 공정거래사건과 공정거래위원회의 국제재판관할권

주지하듯이 외국적인 요소가 있는 민사사건의 경우 우리 법원이 재판하기 위하여는 우리나라가 국제재판관할을 가져야 한다. 이와 유사하게 이 사건과 같은 행정사건의 경우에도 준사법기관인 공정거래위원회가 사건을 처리할 수 있는 관할권을 가져야 하는데, 이는 법원의 재판은 아니지만 넓은 의미의 재판에 포함시킬 수 있으므로 넓은 의미의 국제재판관할권의 문제라고 할 수 있다. 원심판결도 "… 공정거래법이 피고의 독립성을 보장하기 위하여 소속, 구성 및 위원의 신분보장 등을 규정하는 점이나, 처분에 대한 불복을 항소심인 서울고등법원에 하도록 하는 점 등에 비추어, 피고는 준사법기관으로서 기능하고 있으며 그 의결도 준사법적 판단의 성격을 띠므로 이를 단순히 행정처분으로 볼 것이 아니다"는 취지로 판시하였다.

종래 우리나라에서는 국가관할권을 '입법관할권'과 '절차관할권'으로 구분하고 절차관할권을 다시 재판관할권(또는 대인관할권), 조사관할권과 집행관할권을 구분하는 견해가 유력한 것으로 보인다.[43] 그러나 저자는 위에서 본 국가관할권 3분설을 따라 공정거래위원회의 관할권을 재판관할권의 문제로 보고, 조사관할권은 집행관할권의 일부로 파악한다. 국가의 재판관할권과 집행관할권(송달 및 증거조사 등에 관련된[44])의 범위는 다르므로 양자를 포괄하는 절차관할권의 유용성은 제한적이고, 민사소송의 경우 특히 그러하다. 또한 대인관할권과 대물관할권의 구분은 영미법의 개념이므로 우리 법상 사용하는 것은 부적절하다.[45]

---

43) 예컨대 신현윤(註 30), 513면; 오재창, "역외적용과 절차적 관할권," 권오승(편), 공정거래법강의Ⅱ(2000), 724면; 신현윤(註 17), 417면 이하 참조. 양명조(註 31), 310면은 국가관할권을 사물관할권, 대인관할권, 조사관할권과 집행관할권으로 분류한다. 미국법상의 사물관할권에 관하여는 이 책 [5](Ⅲ.2.나.) 참조.

44) 김대순, 국제법론 제13판(2008), 366면도 송달을 집행의 문제로 이해한다.

45) 석광현, 국제재판관할에 관한 연구(서울대출판부, 2001), 97면 이하 참조.

문제는 공정거래위원회의 국제재판관할권의 기준이다. 이 점에 관하여 독일에서는 행정사건의 경우 재판관할은 입법관할과 일치한다는 견해가 통설이다. 즉 당해 사건에 적용되는 준거법의 소속국이 국제재판관할을 가진다는 것인데, 이를 '국제행정법의 竝行原則'(Gleichlaufgrundsatz des internationalen Verwaltungsrechts)이라고 부른다.[46] 장차 광의의 국제행정법이 발전되면 좀더 정치한 법리가 형성될 여지도 없지는 않으나, 지금으로서는 이 견해가 설득력이 있어 보인다. 왜냐하면 私法의 영역에서는 어느 국가의 입법이 있으면 외국이 적용할 것을 기대할 수 있는 데 반하여, 공법의 영역에서는 어느 나라도 외국의 공법을 적용하여 조사를 하거나 시정조치를 명하지는 않으므로 결국 입법으로써 이를 규율하고자 하는 국가가 광의의 국제재판관할권을 행사할 수밖에 없기 때문이다.

그러나 공정거래법의 역외적용에 관한 종래 우리의 학설은 이와 다른 태도를 취하는 것으로 보인다. 예컨대 일부 견해[47]는 여기에서도 민사사건의 국제재판관할권의 법리를 원용하는가 하면, 다른 견해[48]는, 재판관할권은 입법관할권과 구별되므로 공정거래위원회는 입법관할권 외에 재판관할권을 가져야 한다고 하고, 국제사법 제2조에 따르면 실질적 관련이 있어야 하나 국제사법은 민사 및 상사사건에만 적용되므로 공정거래위원회의 재판관할권 행사에는 적용되지 않고 후자의 기준은 판례의 집적을 기다려야 할 것이라고 하면서도 민사 및 상사에 적용되는 재판관할의 원칙을 유추적용하여 국내에 영향이 미치는 경우 결국 입법관할권과 재판관할권을 모두 긍정한다.

2. 대상판결의 판단과 그에 대한 평가

원심판결이 "피고에게 대한민국의 공정거래법 규정을 적용하여 원고를

---

46) Jürgen Basedow, Weltkartellrecht (1998), S. 39; MünchKommBGB/Immenga, Band 11 IntWettbR/IntKartR 4. Auflage (2006), Rn. 82; Loewenheim/Meessen/Riesenkampff(註 20), §130 Rn. 80; Gerhard Kegel/Klaus Schurig, Internationales Privatrecht 9. Auflage (2004), S. 1134; Schnyder(註 23), Rn. 134. 이런 원칙은 형사사건에도 타당하다. 즉 어느 국가도 외국의 형법을 적용하여 범죄를 조사하거나 형사제재를 부과하지는 않고 오로지 자국의 형사법을 적용하여 재판하기 때문이다. 이성덕, "사이버공간에 대한 국가관할권의 문제—입법관할권을 중심으로 한 국제법적 조망—," 서울국제법연구 6권 2호(1999), 224면도 동지.

47) 고영한(註 30), 861면 이하.

48) 김형진·정영진(註 7), 144-145면.

조사하고 이 사건 처분을 할 관할권이 있는지 여부"라고 하고, 또한 공정거래위원회가 "심판할 관할권"이 있다고 판시한 것은 우리나라가 규율관할권과 함께 재판관할권을 가진다는 취지로 보인다.[49] 반면에 대상판결은 공정거래위원회의 재판관할권에 대하여는 판단을 하지 않았는데, 이는 공정거래위원회가 재판관할권을 가지는 것을 당연시하였기 때문인 것으로 짐작되기도 하나, 그 취지를 정확히 알기는 어렵다. 대상판결이 공정거래법위반사건에 관한 규율관할권과 재판관할권의 관계를 명확히 판단하지 않은 점은 아쉽다.[50]

Ⅳ. 우편에 의한 송달의 적법 여부—공정거래위원회의 집행관할권

1. 문제의 제기

공정거래위원회가 취급하는 사건에 관하여 외국에서 문서를 직접 송달을 하거나 증거조사를 하는 것은 외국의 주권침해가 되어 허용되지 않는다. 이 사건에서 문제된 것은 우편에 의한 송달이다.

구 공정거래법은 송달에 관하여 별도의 규정을 두지 않았다. 구 행정절차법(제3조 제2항 제9호)과 동법시행령(제2조 제6호)에 의하면 공정거래사건에 관하여는 원칙적으로 행정절차법이 적용되지 아니하였다. 그러나 공정거래위원회는 구 공정거래법 제55조의2에 따른 운영규칙(제3조 제2항)에서 행정절차법 제14조를 피고의 문서송달에 관하여 준용하도록 규정하였다. 즉 공정거래위원회는 행정절차법과 동법시행령이 배제한 규정을 운영규칙에 의하여 적용함으로써 결국 우편·교부 등의 방법에 의한 송달을 가능케 하였던 것이다.

이 사건의 경우 피고는 우편에 의한 송달과 공시송달을 병행함으로써 원고에게 심사보고서와, 시정명령 및 과징금 납부명령을 담은 의결서 등을 송달하였다. 원심판결은 우편에 의한 송달은 부적법하지만, 이 사건은 구 행정

49) 김형진·정영진(註 7), 145면도 동지.

50) 공정거래위원회도 의결에서 단순히 관할권을 행사할 수 있다고 하는데, 이는 규율관할권, 즉 입법관할권을 가지고 있다는 의미가 아니라 재판관할권을 가지고 있다는 의미로 이해된다.

절차법 제14조 제4항 제2호가 정한 "송달이 불가능한 경우"라고 보아 공시송달은 적법하다고 보았다.[51] 반면에 대상판결은 우편에 의한 송달이 적법하다고 보고, 그 점에서 원심판결은 잘못이지만, 적법한 송달이 이루어졌다고 본 원심판결의 결론은 정당하다고 판단하였다. 따라서 대상판결은 공시송달의 적법 여부는 논의하지 않았다.

흥미로운 것은, 원심판결과 달리 대상판결은 일관되게 '우편송달'이라는 표현을 사용하였고, 관련사건에 대한 대법원 2006. 3. 24. 선고 2003두11148 판결도 동일하다는 점이다. 그러나 여기에서 문제된 송달은 우편집배원이 하는 '우편에 의한 송달'이지 발송송달인 우편송달을 말하는 것은 아니다. 우리 민사소송법상 우편송달은, 교부송달과 보충송달은 물론 유치송달도 불가능한 경우, 또는 당사자 등이 송달장소의 변경신고의무를 이행하지 아니하고 또 기록에 현출된 자료만으로 달리 송달장소를 알 수 없는 경우 법원사무관 등이 하는 송달인데, 우편송달의 경우 등기우편 발송시에 송달이 완료된 것으로 본다(제185조 제2항, 제187조, 제189조). 송달의 방법을 정한 구 행정절차법 제14조 제1항은 "송달은 우편·교부 등의 방법에 의하되 송달받을 자의 주소·거소·영업소 또는 사무소로 한다. …"고 규정하였는데 이는 우편송달이 아니라 우편에 의한 송달을 의미한다.[52] 따라서 대상판결의 용어는 부정확하다.

그러나 위에서 본 것처럼 국회는 제2조의2를 신설하면서 제53조의3을 두어 서류의 송달에 관한 조항을 두고 행정절차법의 송달규정을 준용하면서 외국사업자에 대하여는 특칙을 두어 송달대리인을 지정하도록 하고 불응하면 공시송달하는 내용을 규정하였다.[53] 따라서 이 사건과 같은 사안에서 일정한 경우 공시송달을 할 수 있는 명문의 근거가 마련되었다. 하지만 이 사건과 같은 사안에서 헤이그송달협약의 적용 여부와 우편에 의한 송달의 적법 여부는 여전히 문제가 되므로 아래에서는 이 점을 검토한다.

---

51) 그러나 공정거래위원회로서는 외교경로를 통한 송달을 시도하지 않은 채 송달이 불가능하다고 판단할 근거는 없다. 장준혁(註 7), 484면도 동지. 김형진·정영진(註 7), 148면도 공시송달이 적법하다는 데 대해 비판적이다.

52) 박철우, 행정절차법(1998), 268면도 동지. 구 행정절차법 제15조는 송달은 송달받을 자에게 도달함으로써 효력이 발생한다고 규정한다. 그러나 김형진·정영진(註 7), 146면 주 43; 장준혁(註 7), 478면은 구 행정절차법의 송달을 우편송달이라고 한다.

53) 일본의 과거 독점금지법은 송달에 관하여 민사소송법을 준용하면서도 외국으로의 송달에 관한 제108조를 준용하지 않았으나 2003년 이를 준용하도록 개정함으로써 일정한 경우 공시송달을 할 수 있도록 하였다. 小寺 彰(註 24), 70면.

한 가지 먼저 지적해둘 사항은, 공정거래사건의 처리를 위한 송달이 문제되는 이 사건에서 송달의 적법 여부는 우리 법에 따라 판단할 사항이지만, 그것이 외국의 주권을 침해하는 것이 되어서는 아니 된다는 점이다.[54]

일부 견해는 우리 법상 송달의 문제를 대인관할권의 문제로 취급하나,[55] 저자는 이를 집행관할권, 즉 국가가 법의 준수를 유도하거나 강제하기 위하여 정부의 자원을 사용할 수 있는 권한을 의미하는 관할권의 문제로 이해한다.[56] 송달이 대인관할권을 취득하기 위한 전제가 되는 영미와 달리 우리 법상은 송달은 재판관할권의 구성요소가 아니므로, 이를 대인관할권 또는 우리 법상 대인관할권에 상응하는 국제재판관할권의 문제로 다룰 것은 아니다.

2. 헤이그송달협약의 적용 여부

우리나라와 일본은 헤이그국제사법회의의 1965년 "민사 또는 상사의 재판상 및 재판외 문서의 해외송달에 관한 협약"(Convention on the Service Abroad of Judicial and Extrajudicial Documents in Civil or Commercial Matters)(이하 "송달협약"이라 한다)의 당사국이다.[57] 그런데 송달협약은 민사 또는 상사에만 적용되나(제2조), 송달협약은 '민사 또는 상사'의 개념을 정의하지 않는다. 영미법계에서는 형사만을 송달협약의 적용범위로부터 제외하는 데 반해, 독일에서는 형사는 물론, 행정, 조세 등의 공법상의 사건도 제외된 것으로 본다. 1989년 개최된 헤이그국제사법회의 특별위원회는 ① 민사 또는 상사의 개념은 발신국 또는 수신국의 법이 아니라 협약의 독자적인 해석에 의해 결정되어야 하고, ② 애매한 분야에서는 가능한 한 넓게 해석할 것이나, ③ 대부분의 국가에서 공법분야로 인정되는 사건, 특히 조세사건은 제외되지만, ④ 그 경우에도 당사국에 의한 송달협약의 적용을 금지하는 것은 아니라는 견해를 채택한 바 있다.[58]

---

54) 장준혁(註 7), 473면 이하도 동지로 보이나 다소 애매하다. 민사소송의 경우 송달의 적법성은 첫째, 절차의 진행, 둘째, 사법공조와 셋째, 외국판결의 승인 및 집행이라는 3가지 관점에서 논의할 수 있다. 석광현, 국제사법과 국제소송 제1권(2001), 361면. 이 사건에서는 첫째의 관점이 문제된다.

55) 신현윤(註 30), 532면 이하.

56) 小寺 彰(註 24), 69면 이하도 동지.

57) 송달협약에 관해서는 우선 석광현, 국제사법과 국제소송 제2권(2001), 287면 이하 참조.

58) Hague Conference on Private International Law, Practical Handbook on the

이 사건과 같은 공정거래사건이 송달협약의 민사 또는 상사에 포함되는가에 관하여 국제적으로는 논란의 여지가 있지만, 우리로서는 긍정하기가 어려울 것이다.[59)]

원심판결은 ① 외국사업자에게 부작위 및 금전지불의무를 부과하고 불이행 시 형벌이나 강제처분이 수반되는 의결서 통지와 같은 일방적 통지는 외국의 주권을 침해하거나 국제예양에 반하는 점, ② 우리나라는 송달협약(제10조 a호)이 정한 우편에 의한 송달을 불허하며, 국제민사사법공조법에서도 이를 허용하지 않는 점, ③ 일본도 위의 서류를 등기우편으로 직접 통지하는 것을 허용한다고 인정할 자료가 없는 점 등에 비추어 볼 때 피고의 등기우편에 의한 통지는 효력을 인정하기 어렵다고 보았다. 위에서 언급한 바와 같이, 원심판결은 나아가 "위 통지는 행정청의 청문 통지나 처분 통지에 불과하다고 보아 완화된 방식으로도 가능하다고 볼 여지도 있으나, 공정거래법이 피고의 독립성을 보장하기 위하여 소속, 구성 및 위원의 신분보장 등을 규정하는 점이나, 처분에 대한 불복을 항소심인 서울고등법원에 하도록 하는 점 등에 비추어, 피고는 준사법기관으로서 기능하고 있으며 그 의결도 준사법적 판단의 성격을 띠므로 이를 단순히 행정처분으로 볼 것이 아니다"는 취지로 판시하였다.

이에 대해 우선 지적할 것은, 송달협약 제10조 a호는 우편에 의한 송달 또는 우편경로에 의한 송달에 관한 규정이지 우편송달에 관한 규정이 아니라는 점이다.[60)] 만일 이 사건에서 공정거래위원회가 우편송달을 한 것이라면 이는 송달협약 제10조 a호와 관련이 없다. 왜냐하면 우편송달의 경우 발송에 의하여 국내에서 송달이 이루어지므로, 해외로의 송달을 규율대상으로 하는 송달협약이 적용될 사안은 아니기 때문이다.

Operation of the Hague Convention of 15 November 1965 on the Service abroad of judicial and extrajudicial documents in civil or commercial matters, 3rd edition (2006), para. 55.

59) 허선(註 7), 233-234면도 동지로 보인다. 장준혁(註 7), 476면은 이 사건에서 송달협약의 유추적용 여부도 이론적으로는 문제될 수 있다고만 한다. 그러나 Heinrich Nagel/Peter Gottwald, Internationales Zivilprozeßrecht 6. Auflage (2007), §8 Rn. 29은 카르텔사건도 헤이그증거협약이 말하는 민사 또는 상사에 포함된다고 한다. 송달협약의 경우 증거협약과 비교할 때 상대적으로 민사 및 상사의 개념을 넓게 해석할 수 있다.

60) 석광현, 국제사법과 국제소송 제2권(2001), 299-300면; 임치용, "헤이그송달조약을 가입함에 있어," 국제사법연구 제2호(1997), 72면 참조; Hague Conference on Private International Law(註 58), para. 195 이하 참조.

또한 우리나라는 송달협약 제10조 a호의 우편에 의한 송달에 대해 이의하였으므로 동 조항은 적용되지 않는다는 견해[61]도 있으나, 우리나라가 이의한 것은 우리나라에로 우편에 의한 송달을 하는 데 대한 것이지, 우리나라가 외국으로 우편에 의한 송달을 하는 데 대한 것이 아니다. 참고로 일본은 우편에 의한 송달에 대하여 이의하지 않았다. 물론 우리 민사소송법상 법원이 외국으로 우편에 의한 송달을 하는 것이 가능한지는 논란이 있으나 이는 별개의 논점이다.

대상판결은 아래에서 보듯이 우편에 의한 송달이 허용된다고 보았으므로 송달협약의 적용 여부에 대하여는 판단하지 않았다.

3. 우편에 의한 송달의 적법 여부—대상판결의 판단과 그에 대한 평가

대상판결은 구 공정거래법 제55조의2와 운영규칙 제3조 제2항에 의하여 준용되는 구 행정절차법 제14조 제1항을 근거로 우편에 의한 송달을 적법하다고 본 것이고, 송달협약을 기초로 한 것은 아니다.

직권송달주의를 취하는 우리나라에서는 종래 민사사건에서의 송달을 주권의 행사로 보아 우리 법원이 외국의 당사자에게 우편에 의한 송달을 하는 것은 외국의 주권을 침해하는 것으로 이해하여 왔는데,[62] 행정사건인 이 사건에서 대상판결이 우리 국내법의 규정을 근거로 외국에 우편에 의한 송달을 할 수 있다고 본 점은 의외이다. 저자는 단순한 사실의 고지를 반드시 주권의 행사로 파악할 것은 아니라고 생각하지만,[63] 우리나라의 종래의 태도에 따르면, 원심판결이 지적한 바와 같이 외국사업자에게 시정 및 과징금의 납부를 명하고 그 불이행 시 형벌이나 체납처분과 같은 강제처분이 수반되는 이 사건 의결서의 통지의 경우는 주권의 행사이다. 따라서 종래의 우리의 학설에 따르면 의결서의 우편에 의한 송달은 일본의 주권을 침해하는 것으로서

61) 김형진·정영진(註 7), 146면.

62) 대법원 1992. 7. 14. 선고 92다2585 판결도 외국이 우리 법인에게 자국영사에 의한 직접실시방식으로 송달한 것은 우리나라의 '재판사무권'을 침해한 것이라고 판시하였다. 다만 재판사무권의 개념은 명확하지 않다.

63) 따라서 단순한 사실의 고지를 할 수 있고, 외국에 있는 증인에 대하여 불출석에 대한 제재를 고지하지 않는다면 출석요구서를 송달할 수 있다. 이런 의미에서 이 사건의 경우 송달된 문서의 종류에 따라 송달의 적법 여부를 달리 판단할 여지는 있을 것이다.

부적법하다고 보는 것이 일관성이 있다.[64] 운영규칙으로 외국의 주권을 침해하는 행위를 허용할 수는 없고, 가사 구 공정거래법상의 근거가 있더라도 이는 주권을 침해하지 않는 범위 내에서 가능할 뿐이다. 우리 국내법이 외국의 주권을 침해하는 행위를 정당화할 수는 없기 때문이다.

이에 대하여 "행정절차 단계에서 문서송달의 방법으로 외국으로의 우편송달을 허용할 것인지는 입법정책상의 문제로 보아야 할 것이고(특허법 등 개별 법률에 외국인에 대하여 우편송달을 허용하는 규정을 두고 있는 것도 이러한 관점에서 이해할 수 있다), 그 과정에서 국제예양(international comity)도 고려 요소는 될 수 있을 것이나, 외국인에 대한 우편송달 자체가 외국에 대한 주권침해라든지 국제예양에 반하는 것이라고 볼 수 없다"는 견해[65]도 있는데, 그러한 견해가 반드시 틀린 것은 아니지만 이는 민사사건에서의 송달을 주권행사라고 보는 종래 우리의 학설 및 판례와는 양립하지 않는다. 더욱이 이 사건에서는 모든 문서를 우편에 의하여 송달한 것으로 보이는데 이는 단순한 사실의 고지에 한정된 것은 아니라 심사보고서에 대한 의견제출요구와 나아가 외국사업자에게 의무를 부과하고 불이행 시 형벌이나 강제처분이 수반되는 의결서가 포함되어 있을 뿐만 아니라, 위에서 본 것처럼 공정거래위원회는 단순한 행정기관이 아니라 준사법기관의 지위를 가지고 있으므로 이 사건의 송달이 법원의 송달은 아니지만 그를 통상의 행정절차상의 송달과 동일시할 것은 아니다. 국내법에 외국으로의 송달에 관한 규정이 있는 것은 우리 국내법상 그러한 송달을 할 수 있다는 근거규정일 뿐이고 그것이 외국의 주권을 침해하는 것이어서는 아니 된다. 예컨대 민사소송법(제191조)은 외국에서 하는 송달의 방법을 정하고 있지만 그에 따랐다고 해서 우리가 외국의 주권을 침해해 가면서까지 송달할 수 있는 것은 아니다.

만일 위 견해를 따른다면, 우편에 의한 송달이 국제법적으로 문제를 야기하는 이유와 나아가 송달협약이 우편에 의한 송달에 대해 이의할 수 있도록 규정하는 이유를 이해할 수 없고, 또한 송달협약에 가입하지 않은 외국이

64) 영사를 통한 송달에 관한 대법원 1992. 7. 14. 선고 92다2585 판결은 이런 태도를 취한 것으로 이해된다. 그에 대한 평석은 석광현(註 54), 356면 이하 참조. 독일의 논의는 Gerhard Wiedeman, Handbuch des Kartellrechts (1999), §5 Rn. 60 참조.

65) 박평균(註 7), 277면. 이 견해는 나아가 대법원 1990. 10. 23. 선고 90누3393 판결과 대법원 1993. 12. 28. 선고 93누20535 판결을 소개하면서 판례는 납세고지서를 송달받을 자가 외국에 거주하면 내국인이든 외국인이든 우편송달이 가능함을 전제로 하는 것으로 보인다고 한다.

우리나라로 우편에 의한 송달을 하는 것이 적법한 것이 되어 송달협약에 가입한 외국이 오히려 불리하게 되는 결과가 되며, 나아가 민사소송에서 송달을 주권의 행사로 보는 견해와 일관성이 없다.

또한 이 사건에서 문제된 것은 우편에 의한 송달인데, 대상판결이 '우편송달'이라는 용어를 사용한 것은 적절하지 않다. 결국 우편에 의한 송달이 부적법하다고 본 점과, 용어의 면에서는 대상판결보다는 원심판결이 타당하다고 본다.

Ⅴ. 입법적 해결의 당부와 현행 공정거래법의 해석론

여기에서는 부당한 공동행위를 금지한 공정거래법 제19조의 위반과 관련하여 각 분야별로 실체법상의 문제와 절차법상의 문제를 간단히 논의하는데, 이는 넓은 의미의 '국제공정거래법'(국제독점금지법), 보다 정확히는 '국제카르텔법'[66]의 해석론이다. 단적으로 말하자면 구 공정거래법을 개정하여 역외적용을 명시한 것은 나름대로 수긍할 수 있으나, 개정은 주로 행정규제의 측면에 초점을 맞춘 것일 뿐이고, 민사책임과 형사책임의 측면은 상대적으로 소홀히 취급한 것으로 생각된다. 앞으로 해석론을 좀더 정치하게 전개할 필요가 있고, 입법론으로는 절차법적 측면을 좀더 보완할 필요가 있으며 국제협약 등의 방법으로 국제공조를 강화할 필요가 있다.

1. 행정규제의 문제

가. 실체법의 문제

행정규제에 관하여는 현행법상 제19조는 역외적으로 적용된다. 명문의 규정이 신설된 이상 이는 의문이 없다. 다만 효과주의를 관철할 경우 외국과의 마찰이 불가피하므로 그 요건을 명확히 함으로써 이를 합리적인 범위 내로 제한하는 것이 장래의 과제인데, 그 과정에서 예컨대 이를 '주된', '직접적' 및/또는 '실질적' 영향(또는 효과)으로 제한하거나, Timberlaine 사건 판결에

---

66) 우리 공정거래법은 '부당한 공동행위'라는 개념을 사용하나, 일반적으로는 '담합'이나 '카르텔'이라는 용어가 더 널리 사용되고 있다. 임영철, 공정거래법(2007), 209면.

서 보는 '관할권에 관한 합리성'의 원칙이나, 독일의 '국내문제불간섭'(Verbot der Einmischung in die inneren Angelegenheiten)의 원칙 또는 관할권 남용금지(Verbot des Rechtsmißbrauchs)의 원칙[67] 등과, Hartford Fire 사건 판결에서 보는 '진정저촉의 법리'를 참조할 필요가 있다.[68] 또한 어떤 주관적인 요건이 필요한지도 문제이다. 위에서 언급한 바와 같이 어느 국가도 규제의 차원에서 외국의 행정법규를 직접 적용하지는 않으므로,[69] 이는 특정 사안에 우리 공정거래법이 적용되는가라는 형태로 문제가 제기된다. 행정규제에 관한 공정거래법의 역외적용은 경제저촉법의 문제이며 동시에 국제(공)법의 문제이다. 이는 '국제카르텔행정법'의 문제이다.

주의할 것은 공정거래법의 역외적용을 판단함에 있어서는 일률적으로가 아니라 공정거래법의 개별조항별로 판단하여야 한다는 점인데,[70] 역외적용의 법리가 다른 유형의 공정거래법 위반행위, 특히 국제계약의 체결제한에 관한 공정거래법 제8장에도 동일하게 적용될 수 있는지는 상당히 의문이다. 공정거래법의 개정 시 이 점이 충분히 고려되었는지 모르겠다.

나. 절차법의 문제

행정규제에 관한 절차법적 쟁점으로는 공정거래위원회의 국제재판관할권, 송달과 증거조사 등 기타 절차법적 문제들이 있고, 이 경우 공정거래법 제36조의2가 정한 외국과의 공조도 중요하다.[71] 이는 국제행정절차법 또는

---

67) 상세는 Immenga/Mestmäcker(註 20), §130 Abs. 2 Rn. 21ff. 참조. 이는 '이익형량의 원칙'(Grundsatz des Interessenabwägung)도 언급한다. 우리 문헌은 장준혁(註 7), 59면 이하; 신현윤(註 30), 509면 이하 참조.

68) 영향은 외국사업자가 의도한 것이어야 하고, 그 결과가 직접적이고 실질적이며 예측가능한 것이어야 한다고 한다는 견해도 있다. 김석호, "경쟁법의 역외적용을 위한 논리적 근거—미국의 입장에 대한 비판적 고찰—," 국제법학회 논총 통권 제90호(제46권 제2호), 30면.

69) 예컨대 영향이론을 따른다고 가정한다면, 한국 기업이 미국 연방독점금지법을 위반하여 미국 시장에 영향을 미친 경우 공정거래위원회는 미국연방독점금지법을 적용하여 행정규제를 하지는 않는다는 것이다.

70) Immenga/Mestmäcker(註 20), §130 Abs. 2 Rn. 89ff.는 유형별로 검토한다. 고영한(註 30), 849면 이하와 서헌제(註 30), 23면 이하는 이러한 노력을 보여주고 있다.

71) 예컨대 송달의 경우도 유럽 국가들은 1982년에 행정사건 관련 문서의 송달에 관한 조약을 체결하였고, 미국과는 쌍무협정에 의하여 해결하는데(고영한(註 30), 864면), 우리도 유사한 노력을 할 필요가 있다. 이와 관련하여 외국에서의 경쟁제한행위가 자국에 부정적 영향을 미칠 때 외국에 경쟁법의 집행을 요구할 수 있다는 이른바 적극적 예양(positive comity)도 중요한 의미를 가진다. 우리나라가 2004년 4월 멕시코와 체결한 독점규제법분

넓은 의미의 국제행정법 또는 넓은 의미의 涉外公法의 문제라고 할 수 있다. 송달의 특례를 정한 제53조의3 제1항은 행정절차법 제14조를 준용하므로 대상판결의 논리를 따르면 현행법상 우편에 의한 송달도 가능할 것으로 보이나 그렇지 않다. 우편에 의한 송달은 주권침해가 될 수 있으므로, 외국사업자에 대한 송달은 제53조의3 제1항이 아니라 제2항에 의하여야 한다. 즉 필요한 요건이 구비되면 공시송달에 의하여야 한다. 일반적으로 말하자면, 행정규제의 경우 민사책임의 문제와 비교하여 보다 엄격한 잣대가 적용된다.

2. 민사책임의 문제

가. 실체법의 문제—민사책임의 준거법과 제2조의2의 의미

행정규제 외에도 민사책임의 문제가 있는데 이는 행정규제의 위반으로 인한 민사책임을 말한다. 종래 우리나라에서는 피해자들이 민사책임을 추궁하는 사례가 많지 않았으나, 만일 한국의 전기로방식 제강업체들을 비롯한 흑연전극봉 수요업체들이 원고 등 카르텔에 참여한 회사들의 부당공동행위로 입은 손해에 대하여 배상책임을 묻는 소를 우리 법원에 제기할 경우 민사책임의 준거법을 결정할 필요가 있다.72) 이는 '국제카르텔사법'의 문제이다. 구

야에 대한 협조를 목적으로 하는 약정은 적극적 예양을 규정하고 있다. 김원기, "국제카르텔과 독점규제법," 기업법연구 제19권 제1호(2005. 3.), 9면. 주목할 것은 2001년 한국, 미국과 유럽연합 등이 출범한 International Competition Network이다. 상세는 허선, "경쟁법집행의 국제적 수렴화—공정거래위원회와 외국경쟁당국 간의 협력현황—," 글로벌시대의 국제통상과 경쟁법(2005), 13면 이하 참조(서헌제, "한국 경제법의 세계화," 저스티스 통권 제92호(2006. 7.), 268면, 주 39에서 재인용). 과거 우리나라와 유럽 간에는 협력약정이 있었으나, 우리나라는 유럽연합과 FTA 협상을 계기로 2009년 5월 그와 별도의 양자간 협정인 "반경쟁적 행위에 관한 협력협정"(Agreement between the EU and the Republic of Korea concerning cooperation on anti-competitive activities)을 체결하였고 이는 2009. 7. 1.부터 발효되었다. 김봉철, "한—EU FTA와 경쟁분야의 법적 과제," 국제거래법연구 제18집 제2호(2009), 87-88면. 그 밖에도 우리나라는 다수의 외국(칠레, 캐나다, 호주, 멕시코 등)과 경쟁법분야의 협력협정을 체결하였다. 위 김봉철, 85면.

72) 사업자는 공정거래법의 규정을 위반함으로써 피해를 입은 자가 있는 경우에는 당해 피해자에 대하여 손해배상의 책임을 진다(제56조 제1항). 공정거래법의 규정을 위반한 행위로 인하여 손해가 발생된 것은 인정되나, 손해액을 입증하기 위하여 필요한 사실의 입증이 극히 곤란한 경우 법원은 변론 전체의 취지와 증거조사의 결과에 기초하여 상당한 손해액을 인정할 수 있다(제57조). 최근의 신문보도에 따르면 마이크로소프트는 2006년 공정거래위원회가 메신저 프로그램 등의 '끼워팔기'에 제동을 걸면서 약 325억원의 과징금 납부와 시정명령을 받은 바 있는데, 메신저 프로그램을 개발하는 우리나라의 메신저 프로그램 업체인 디지토닷컴은 끼워팔기로 인하여 손해를 입었다며 미국 워싱턴주에 있는 마이크로소프트 본사와 한국 마이크로소프트를 상대로 300억원의 손해배상 청구소송을 제기했다고

공정거래법상의 민사책임은 무과실책임이었으므로 그것과 민법에 따른 불법행위와의 관계가 다투어졌으나, 현행법 하에서는 민법에 따른 불법행위와 본질이 같은 것으로 이해된다.[73)]

종래 연방독점금지법위반에 대하여 셔먼법과 클레이튼법에 기하여 손해배상 등의 司法的 救濟(또는 사적 집행)도 병용하는 미국과 달리 우리나라는 주로 행정적 구제(또는 공적 집행)를 중심으로 하는 점에 차이가 있다.[74)] 특히 구 공정거래법(제57조 제1항)은 손해배상청구를 위한 시정조치 선확정제도를 두었으므로 행정적 구제가 선호되었다. 그러나 현행법은 이를 폐지하였고, 손해액 입증의 곤란을 완화하기 위한 손해액 인정제도를 도입함으로써 손해배상청구제도의 활성화를 위한 조치를 취하였으므로 앞으로는 우리나라에서도 손해배상청구가 늘어날 것으로 예상된다.[75)] 이 경우 민사책임의 준거법을 어떻게 결정할 것인가가 문제인데, 이는 공정거래법 제2조의2와, 불법행위의 준거법을 정한 국제사법(제32조 이하)의 관계를 어떻게 이해할지와 관련된다.[76)] 이에 관한 국내의 견해는 보지 못하였으나 사견으로는 우선 두 가지 견해가 가능할 것으로 보인다.

첫째는, 제2조의2를 근거로 민사책임의 연결원칙을 행정규제의 연결원칙과 통일적으로 구성하는 견해이다. 이에 의하면 행정규제에 관하여 우리 공

한다. 이를 보면 우리나라에서도 손해배상청구가 점차 문제되고 있는 것으로 보인다.

73) 임영철(註 66), 509면 이하 참조.

74) 미국에서는 손해배상청구, 금지청구 및 가처분 등의 私的 訴訟(private action)이 공정거래법의 대표적인 집행메커니즘이다. 윤세리, "미국 독점금지법상의 사소제도(私訴制度)," 경쟁법연구 제9권(2003. 4.), 9면. 유럽의 전통도 우리와 마찬가지이다. Emil Paulis, "Policy Issues in the Private Enforcement of EC Competition Law," Jürgen Basedow (ed.), Private Enforcement of EC Competition Law (2007), p. 8. 금지청구에 관하여는 우선 곽상현, "공정거래법의 집행과 금지청구제도—미국의 판례 및 도입과 관련된 쟁점을 중심으로—," 법조 통권 607호(2007. 4.), 80면 이하 참조. 사적 집행은 점차 우리 법학계의 관심의 대상이 되고 있다. 예컨대 민사판례연구 제31호(2009), 769면 이하에 수록된 "公正去來法의 民事的 諸問題"에 관한 논문들; 이선희, "독점규제법의 사적 집행," 권오승(편), 독점규제법 30년(2011), 584면 이하 참조. Jürgen Basedow/Stéphanie Francq/Laurence Idot (Eds.), International Antitrust Litigation: Conflict of Laws Coordination (2012)도 참조.

75) 이기종, "공정거래법상 손해배상청구소송에 있어서의 경제분석에 관한 연구," 상사법연구 제25권 제3호(통권 제52호)(2007), 293면도 동지. 독점규제법 위반을 원인으로 한 손해배상청구사건에 관한 대법원 판결은 모두 9건이었고, 군납유류 입찰담합사건이 2010년 12월 현재 대법원에 계속중이라고 한다. 권오승, "독점규제 및 공정거래관련법의 집행시스템," 서울대학교 법학 제51권 제4호(통권 제157호), 217면; 이선희, "독점규제법의 사적 집행," 권오승(편), 독점규제법 30년(2011), 584면 이하 참조.

76) 양자 중 어느 견해를 따르든 형사책임은 아래에서 보듯이 별개의 원칙에 따른다.

정거래법이 역외적용되는 사안에서는 민사책임에 대하여도 우리 공정거래법이 준거법이 된다. 역외적용의 근거규정인 제2조의2가 신설된 이상 이 견해가 자연스럽고 설득력이 있는 것으로 보인다.[77] 이에 따르면 부당한 공동행위를 불법행위로 성질결정하는가 아니면 카르텔법적으로 파악하는가는 결론에 영향을 미치지 않는다. 그러나 엄밀히는, 제2조의2는 국외에서 이루어진 행위라도 국내시장에 영향을 미치는 경우 우리 공정거래법을 적용한다고만 규정하므로, 가령 행위지인 외국의 공정거래법도 적용되는 사안처럼 법의 '적극적 저촉'이 발생하는 경우 외국법을 배제하고 우리 공정거래법을 적용한다는 것인지, 아니면 그 경우 저촉법적 분석을 통하여 준거법을 결정할지가 문제된다. 만일 후자를 따른다면 외국에서 한 공정거래법위반행위의 결과가 한국에도 미치는 경우 이는 격지불법행위에 해당하므로 국제사법상 격지불법행위의 연결원칙에 관한 논의가 어떤 의미를 가지는지가 문제된다. 즉 종래 우리 판례[78]는 격지불법행위를 행동지와 결과발생지에 선택적으로 연결하는데, 이는 피해자에게 유리한 법을 선택할 수 있게 허용함으로써 피해자를 두텁게 보호하기 위한 것이다. 그런데 첫째의 견해를 따르면 이 경우 격지불법행위에 관한 연결원칙을 포기하고 제2조의2에 따라 결과발생지법인 우리 법을 우선시켜야 하는지가 문제된다. 예컨대 우리나라에서 우리 공정거래법위반행위가 있었고 그 결과가 미국에 미치는 경우 그것이 미국의 연방독점금지법에 반하는 행위라면 우리 법원이 민사책임에 관하여 미국의 연방독점금지법을 적용할 수 있는가라는 문제가 제기된다.[79] 어쨌든 첫째의 견해를 취할 경우 우선 역외적용을 구체화하는 정치한 연결원칙을 도출할 필요가 있고,[80] 또한

77) MünchKommBGB/Immenga(註 46), Rn. 10ff. 참조. 그러나 우리 공정거래법의 적용에 관하여는 그렇게 이야기할 수 있지만 외국 공정거래법의 적용에 관하여도 그렇게 이야기하기는 어렵다. 행정규제에 관한 한 우리 공정거래위원회가 외국의 공정거래법을 적용하는 일은 없을 것이나, 민사책임을 묻는 경우 우리 법원이 외국의 공정거래법을 적용할 여지는 있다. 그 범위 내에서는 외국공법부적용의 원칙은 타당하지 않다. 석광현(註 23), 90면 참조.

78) 대법원 1983. 3. 22. 선고 82다카1533 전원합의체 판결; 대법원 1985. 5. 28. 선고 84다카966 판결. 석광현(註 23), 284면 참조.

79) 이 경우 우리나라에서 영향이 미치기 때문에 우리 법이 적용되는 경우 국제적 강행법규인 우리 공정거래법이 우선하여 적용된다고 해석할 여지가 있다.

80) 또한 제2조의2는 국외에서 이루어진 행위라도 그 효과가 국내에 미치는 경우에는 한국법을 적용한다. 더 정확히는 한국법을 적용할 수 있다는 의미이지, 행위주의에 따라 외국의 자본시장법을 적용할 가능성을 처음부터 배제하는 것은 아니라고 본다. 즉 그 경우 어느 법을 적용할지는 독점규제법의 취지에 비추어 우리 법원이 결정해야 하는 것이지, 반드시

복수 국가의 시장에서 영향이 미치는 경우 준거법을 어떻게 결정할지도 검토할 필요가 있다.[81] 나아가 일방적 저촉규정의 형식을 취하고 있는 제2조의2를 쌍방적 저촉규정으로 볼지도 문제된다.[82] 이 경우 국제사법 제33조에 따른 사후적 합의가 가능한지는 분명하지 않다.

한편 둘째는, 민사책임의 연결원칙을 행정규제의 연결원칙과 각각 별개로 구성하는 견해이다. 즉 제2조의2는 주로 행정규제의 측면에서 논의되고 검토되어 신설된 조문이므로 이를 행정규제에 한하여 적용되는 것으로 이해하고, 민사책임에 관하여는 종래의 국제사법의 해석론에 따르자는 것이다.[83] 이는 민사책임에 관한 한 국제사법의 접근방법과 일관성이 있다는 장점이 있다.[84] 특히 2001년 7월 개정된 국제사법의 개정을 위한 작업과정에서 제조물책임, 경쟁제한 등 불법행위의 유형별로 특별한 연결원칙을 둘 것인가에 대하여는 논란이 있었지만 결국 규정을 두지 않았는데,[85] 공정거래법의 개정과정에서 경쟁제한으로 인한 민사책임의 준거법에 관하여는 고려가 없었으므로

우리 독점규제법을 적용해야 한다는 취지는 아니라고 볼 수 있다. 다만 우리 감독당국의 경우 외국의 규제법을 적용하여 제재를 부과하지는 않으므로 그 때에는 효과주의 원칙에 따라 한국법을 적용하게 될 것이다.

81) '영향'을 어떻게 합리적으로 제한하여 해석할지는 위에서 언급하였다. 복수 국가의 시장에 영향이 미치는 경우, 특히 복수의 원고가 있는 경우 어려운 문제가 제기되는데 그에 관하여는 Jürgen Basedow, Jurisdiction and Choice of Law in the Private Enforcement of EC Competition Law, Basedow (ed.)(註 74), p. 250 이하 참조.

82) MünchKommBGB/Immenga(註 46), Rn. 22ff. 참조. 한국 기업이 미국 연방독점금지법을 위반하여 미국 시장에 영향을 미친 사안에서 영향이론을 따른다고 전제하자. 제2조의2를 쌍방적 저촉규정으로 보면 만일 미국 기업이 한국 기업을 상대로 미국 연방독점금지법 위반을 이유로 한국에서 손해배상청구를 한다면 우리 법원은 미국 연방독점금지법을 적용할 수 있다. 그 경우 우리 공정거래위원회가 미국 법에 기하여 제재를 부과하지 않는 점과는 차이가 있다.

83) 다만 자본시장통합법의 경우 특히 사기방지를 염두에 두었던 점을 고려하면 이렇게 설명하기가 어려울 것이다.

84) MünchKommBGB/Immenga(註 46), Rn. 10ff; Kegel/Schurig(註 46), S. 1134는 양자를 통일적으로 연결한다. Basedow(註 46), S. 39는 외국 공정거래법의 적용에 관하여 국제카르텔사법과 국제카르텔행정법을 구분하면서 양자의 차이를 지적한다.

85) 섭외사법개정연구반은 특수불법행위에 대한 특칙을 명문화하는 것이 어렵고 이미 총칙(제8조)에 예외조항이 있기 때문에 특칙을 두지 않더라도 무방하다는 입장(제1안), 다소 중복되는 감이 있더라도 특칙을 명문화하는 것이 바람직하다고 보아 조문을 제시하는 입장(제2안)과 조문은 제시하지 않았지만 스위스 국제사법이나 일본시안(제9조-제12조)과 같이 특수불법행위 분야에 관한 준거법 지정의 타당성을 담보하기 위하여 명문의 규정을 둘 필요가 있다는 입장(제3안)을 제시하였다. 석광현(註 23), 292면 참조. 2007년 1월 1일부터 시행된 일본의 "法의 適用에 관한 通則法"은 생산물책임(제18조)과 명예 또는 신용의 훼손(제19조)의 경우 특칙을 두면서도 공정거래법위반에 대하여는 특칙을 두지 않는다.

공정거래법 제2조의2를 국제사법에 대한 특칙으로 볼 것은 아니라는 것이다. 그러나 이 견해를 따르더라도 민사책임의 전제가 되는 공정거래법위반행위의 존재에 관하여는 행정규제에 관한 규정이 역외적용되는 점은 위 첫째 견해와 다를 바 없다.

만일 민사책임을 국제사법에 따라 연결하는 둘째의 견해를 따를 경우, 이를 불법행위로 성질결정한다면 예외조항(국제사법 제8조)을 고려하여 시장지에 연결할 수도 있을 것이다.[86] 또한 이 경우 격지불법행위에 관한 종래의 판례를 따라 행동지와 결과발생지에 선택적으로 연결할지가 매우 중요한 문제로 제기된다. 다만 어느 견해를 취하든 민사책임의 준거법이 외국법이 되는 경우 손해배상책임을 제한한 국제사법 제32조 제4항은 적용되어야 할 것으로 본다. 마찬가지로 준거법의 사후적 합의도 가능할 것이다(국제사법 제33조).

참고로 스위스 국제사법(제137조)은 효과이론을 명시하여[87] 경쟁방해에 기한 청구권은 그 국가의 시장에서 피해자가 방해에 의하여 직접 영향을 입은 국가의 법에 의한다고 규정한다. 그 근거는 경쟁제한에 의한 불법행위의 경우 경쟁자의 개인적인 이익만이 아니라 다른 시장참여자, 특히 소비자와 공중의 이익의 보호도 문제되기 때문에 종래부터 일반불법행위와는 달리 시장지의 법이 중요한 의미를 가진다는 데 있다. 문제는 과연 공정거래법 제2조의2가 스위스 국제사법의 위 조문과 유사한 국제특수불법행위에 관한 국제사법규칙을 정한 조문으로 볼 수 있는가라는 점이다. 조문만으로는 그렇게 볼 여지가 있으나, 과문한 탓인지는 몰라도 저자로서는 개정과정에서 제2조의2의 國際私法的 含意, 즉 동 조가 민사책임의 준거법 결정에서 가지는 의

86) 그 경우 공정거래법 제2조 제2항을 국제사법의 특칙으로 보아 시장지에 연결한 것과 동일한 결과가 된다. 저자는 국제사법의 해석론으로도 불법행위지법을 적용하는 것이 적절하지 않다고 판단되는 예외적인 경우에는 제8조(예외조항)를 활용함으로써 바람직한 연결원칙을 도입해야 할 것이라고 하고, 예컨대 부정경쟁 또는 경쟁제한으로 인한 불법행위의 경우 시장지법을 적용하는 것을 들 수 있을 것이라는 견해를 피력한 바 있다. 석광현(註 23), 293면.

87) 오스트리아 국제사법(제48조 제2항)도 유사한 규정을 두고 있다. 독일 공정거래법 제130조 제2항이 행정규제와 민사책임에 관한 연결연칙에서 가지는 의미는 Immenga/ Mestmäcker (註 20), §130 Abs. 2 Rn. 225ff. 참조. 주목할 것은, 2009. 1. 11. 발효한 "계약외채무의 준거법에 관한 이사회규정"(즉 로마Ⅱ) 제6조 제3항 a호가 경쟁제한으로 인하여 발생하는 계약외채무의 준거법은 그의 시장이 영향을 받거나 받을 가능성이 있는 국가의 법이 된다고 명시하는 점이다. 상세는 석광현, "계약외채무의 준거법에 관한 유럽연합 규정(로마Ⅱ)," 서울대학교 법학 통권 제160호(제52권 제3호(2011. 9.), 266면 이하 참조.

미, 특히 격지불법행위의 준거법결정에 관한 종래의 대법원판결과의 관련에 대한 논의가 있었음을 전혀 들은 바 없으므로 과연 일원적으로 연결하는 견해가 타당한지에 대해 의문이 제기될 수 있다.

만일 둘째의 견해를 취한다면, 가령 제2조의2가 신설되지 않았더라도 대상판결이 선고되었을 것이라고 가정한다면, 민사책임에 관한 한 제2조의2를 신설한 것이 올바른 입법적 해결이었는지에 대해 의문이 제기될 수 있다. 제2조의2의 적용범위를 행정규제에 한정하는 것도 고려할 여지가 있었을 것이다. 반면에 스위스 국제사법이나 로마Ⅱ처럼 시장지법을 준거법으로 본다면 제2조의2는 국제사법의 특칙을 정한 것으로서 적절한 조치였다고 평가할 수도 있다.

나. 절차법의 문제

민사책임의 절차법적 쟁점으로는 국제재판관할, 국제민사사법공조와 외국판결의 승인 및 집행 등의 문제가 있는데 이는 광의의 국제사법 또는 국제민사소송법의 문제이다. 따라서 그에 관한 일반적인 법리가 적용되며, 위에서 본 행정규제에 관한 절차법적 논점과는 차이가 있다.[88] 문제는 대상판결의 사안에서와 같이 우리나라에 효과가 미치는 것을 근거로 우리 공정거래법을 적용할 사안에서 우리나라의 국제재판관할을 긍정할 수 있는가인데, 효과가 미친다는 것은 결국 우리나라가 결과발생지라고 볼 수 있고, 당사자들이 우리나라에 효과가 미치는 것과 소가 제기될 것을 예견할 수 있는 통상의 경우라면 당해 사안이 우리나라와 실질적 관련이 있다고 할 수 있으므로 국제사법(제2조)에 따라 우리나라의 국제재판관할을 긍정할 수 있을 것이다.

3. 형사책임의 문제

가. 실체법의 문제

공정거래법위반에 따른 형사책임은 행정형벌의 문제이므로 그에 관하여는 공정거래법(특히 제66조 이하)에 특칙이 없으면 국제형법에 관한 형법총칙의 규정이 적용된다(형법 제8조). 형법은 속지주의(제2조)와 속인주의

88) Immenga/Mestmäcker(註 20), §130 Abs. 2 Rn. 244ff; MünchKommBGB/Immenga(註 46), Rn. 81.

(제3조)를 원칙으로 하고, 예외적으로 내란죄 등 일정한 범죄에 한하여 외국인의 국외범에 적용하며(제5조), 그 밖의 범죄에 대하여는 한국 또는 한국민에 대한 외국인의 국외범에 한하여 적용된다(제6조). 다만 공정거래법에 역외적용에 관한 규정이 신설되었으므로 이제는 외국인의 외국에서의 공정거래법위반도 형사처벌할 수 있는 근거가 마련되었다고 할 수도 있으나,[89] 제2조의2는 "국내시장에 영향을 미치는 경우"라는 애매한 구성요건을 규정하는 점에서 헌법(제13조)이 정한 죄형법정주의의 원칙상 문제가 있다고 본다. 왜냐하면 행정벌에도 적용되는 죄형법정주의는 구성요건의 명확성을 요구하기 때문이다.[90] 단지 사소한 영향만이 있는 경우에도 제2조의2의 요건을 구비한다고 볼 수는 없을 것이다.

나. 절차법의 문제

형사책임에 관하여도 절차법적 쟁점이 제기되는데 예컨대 국제재판관할의 문제는 형사소송법에 따라 또는 그를 참작하여 해결해야 할 것이다.[91] 그 밖에 국제형사사법공조의 문제가 제기된다.

Ⅵ. 관련문제—자본시장통합법의 경우

공정거래법의 역외적용, 특히 제2조의2와 관련하여 주목할 것은 2007. 8. 3. 법률 제8635호로 제정되어 2009. 2. 4. 시행된 "자본시장과 금융투자업에 관한 법률"(이른바 자본시장통합법)이다. 즉 동 법 제2조는 "국외행위에 대한 적용"이라는 제목 하에 "이 법은 국외에서 이루어진 행위로서 그 효과가 국내에 미치는 경우에도 적용한다"고 명시하는데 이는 공정거래법 제2조의2를 모범으로 삼은 것으로 보인다. 이러한 조항은, 그 경우 우리나라에 입법관

---

89) 김형진·정영진(註 7), 143면 참조.

90) 오영근, 형법총론(2005), §3-17 이하. 헌법재판소 1996. 12. 26. 93헌바65 결정; 동 1998. 10. 15. 98헌마168 전원재판부 결정은 "죄형법정주의의 명확성 원칙은 법률이 처벌하고자 하는 행위가 무엇이며 그에 대한 형벌이 어떠한 것인지를 누구나 예견할 수 있고, 그에 따라 자신의 행위를 결정할 수 있게끔 구성요건을 명확하게 규정할 것을 요구한다"고 판시하였다.

91) Kegel/Schurig(註 46), S. 1134는 형사책임에도 행정규제와 마찬가지로 병행원칙이 타당하다고 한다.

할권이 있음을 당연한 전제로 하면서, 우리 입법자가 이 문제를 적극적으로 규율하려는 것이다. 사기금지조항(anti-fraud provision)의 역외적용에 관하여 종래 미국의 판례는 효과기준과 행위기준을 종합적으로 고려하여 미국 연방증권법의 역외적용 여부를 결정하여 왔는데 동 법은 그 영향을 받은 것이라고 할 수 있다.

따라서 공정거래법의 역외적용에 관한 법리는, 자본시장통합법의 경우에도 유사하게 적용될 가능성이 있다. 하지만 역외적용이라고 하여 완전히 동일한 법리가 타당한 것은 아닌데, 특히 자본시장통합법의 경우 효과기준과 행위기준을 병용하는 미국의 태도를 고려하면 과연 역외적용만을 관철하는 것이 타당한지는 의문이다. 더욱이 자본시장규제의 역외적용에 관하여 가장 적극적인 태도를 취해온 미국의 연방대법원이 최근 증권법상 반사기조항의 역외적용에 대하여 제한적인 견해를 취한 것은 주목할 만하다. 최근 미국 연방대법원은 1934년 증권거래소법 제10조 및 SEC 규칙 10b-5의 적용범위를 (1) 미국 증권거래소에 상장된 증권의 매매나 (2) 미국 내에서의 다른 증권의 매매로 한정하였다.[92] 또한 공정거래법 제2조의2는 "국내시장에 영향을 미치는 경우"라고 하는 데 반하여, 자본시장통합법은 "효과가 국내에 미치는 경우"라고 함으로써 '영향' 대신 '효과'라는 용어를 사용하고 '시장'을 삭제한 점에 차이가 있는데 그것이 어떤 의미를 가지는지도 검토해야 할 것이다. 그에 관한 논의는 다른 기회로 미룬다.

Ⅶ. 맺 음 말

지금까지 대상판결이 제기한 두 가지 논점, 즉 구 공정거래법의 역외적용과, 외국으로의 우편에 의한 송달의 문제점을 중심으로 대상판결을 검토하였다. 대상판결은 종래 논란이 있었던 위 두 가지 논점에 관하여 대법원의 태도를 명확히 한 점에서 큰 의의가 있다. 특히 대상판결이 첫째의 논점에

92) 미국 연방대법원의 2010. 6. 24. *Morrison v. National Australia Bank Ltd.*, 130 S.Ct. 2869 (2010) 사건 판결. 국제자본시장법에 관한 논의는 우선 석광현, 국제사법과 국제소송 제4권(2007), 542면 이하; 석광현·정순섭, "국제자본시장법의 서론적 고찰—역외적용 및 역외투자자문업자등의 특례를 중심으로," 증권법연구 제11권 제2호(2010. 8.), 29면 이하 참조.

관하여 구 공정거래법의 해석상 역외적용을 긍정한 점은 큰 의의가 있으나, 둘째의 논점에 관하여 공정거래사건에서 우편에 의한 외국으로의 송달이 적법하다고 판시한 것은 부당하다고 본다. 다만 대상판결이 선고되기 전에 구 공정거래법이 개정됨으로써 두 가지 논점에 관한 문제가 입법적으로 해결되었다는 점에서 대상판결의 의의는 상당부분 퇴색한 것이 사실이다. 입법적인 해결을 달성한 현재로서는 행정규제, 민사책임과 형사책임의 측면에서 공정거래법 제2조의2가 가지는 의미에 관한 정치한 해석론을 발전시켜야 한다. 특히 공정거래법위반을 이유로 하는 민사책임과 관련하여 공정거래법 제2조의2가 국제사법(제32조)이 정한 불법행위에 관한 연결원칙에 대한 특칙으로서 가지는 의미를 체계적으로 분석할 필요가 있다.

[관련 법조문]

독점규제 및 공정거래에 관한 법률(발췌)

제1조(목적) 이 법은 사업자의 시장지배적지위의 남용과 과도한 경제력의 집중을 방지하고, 부당한 공동행위 및 불공정거래행위를 규제하여 공정하고 자유로운 경쟁을 촉진함으로써 창의적인 기업활동을 조장하고 소비자를 보호함과 아울러 국민경제의 균형있는 발전을 도모함을 목적으로 한다.

제2조(정의) 이 법에서 사용하는 용어의 정의는 다음과 같다.

1. "사업자"라 함은 제조업, 서비스업, 기타 사업을 행하는 자를 말한다. 사업자의 이익을 위한 행위를 하는 임원 · 종업원 · 대리인 기타의 자는 사업자단체에 관한 규정의 적용에 있어서는 이를 사업자로 본다.

제2조의2(국외행위에 대한 적용) 이 법은 국외에서 이루어진 행위라도 국내시장에 영향을 미치는 경우에는 적용한다.

제4장 부당한 공동행위의 제한

제19조(부당한 공동행위의 금지) ① 사업자는 계약 · 협정 · 결의 기타 어떠한 방법으로도 다른 사업자와 공동으로 부당하게 경쟁을 제한하는 다음 각 호의 어느 하나에 해당하는 행위를 할 것을 합의(이하 "부당한 공동행위"라 한다)하거나 다른 사업자로 하여금 이를 행하도록 하여서는 아니 된다.

1. 가격을 결정 · 유지 또는 변경하는 행위

2. 상품 또는 용역의 거래조건이나, 그 대금 또는 대가의 지급조건을 정하는 행위

제21조(시정조치) 공정거래위원회는 제19조(부당한 공동행위의 금지)제1항의 규정을 위반하는 행위가 있을 때에는 당해사업자에 대하여 당해행위의 중지, 시정명령을 받은 사실의 공표 기타 시정을 위한 필요한 조치를 명할 수 있다.

제22조(과징금) 공정거래위원회는 제19조(부당한 공동행위의 금지)제1항의 규정을 위반하는 행위가 있을 때에는 당해 사업자에 대하여 대통령령이

정하는 매출액에 100분의 10을 곱한 금액을 초과하지 아니하는 범위안에서 과징금을 부과할 수 있다. 다만, 매출액이 없는 경우등에는 20억원을 초과하지 아니하는 범위안에서 과징금을 부과할 수 있다.

제36조의2(공정거래위원회의 국제협력) ① 정부는 대한민국의 법률 및 이익에 반하지 않는 범위 안에서 외국정부와 이 법의 집행을 위한 협정을 체결할 수 있다.

② 공정거래위원회는 제1항의 규정에 의하여 체결한 협정에 따라 외국정부의 법집행을 지원할 수 있다.

③ 공정거래위원회는 제1항의 규정에 의한 협정이 체결되어 있지 않은 경우에도 외국정부의 법집행 요청 시 동일 또는 유사한 사항에 관하여 대한민국의 지원요청에 응한다는 요청국의 보증이 있는 경우에는 지원할 수 있다.

제53조의3(문서의 송달) ① 문서의 송달은 「행정절차법」 제14조 내지 제16조의 규정을 준용한다.

② 제1항의 규정에 불구하고 국외에 주소·영업소 또는 사무소(이하 "주소등"이라 한다)를 두고 있는 사업자 또는 사업자단체에 대해서는 국내에 대리인을 지정하도록 하여 동 대리인에게 송달한다.

③ 제2항에 따라 국내에 대리인을 지정하여야 하는 사업자 또는 사업자단체가 국내에 대리인을 지정하지 아니한 경우에는 제1항에 따른다.

제11장 손해배상

제56조(손해배상책임) ① 사업자 또는 사업자단체는 이 법의 규정을 위반함으로써 피해를 입은 자가 있는 경우에는 당해피해자에 대하여 손해배상의 책임을 진다. 다만, 사업자 또는 사업자단체가 고의 또는 과실이 없음을 입증한 경우에는 그러하지 아니하다.

제57조(손해액의 인정) 이 법의 규정을 위반한 행위로 인하여 손해가 발생된 것은 인정되나, 그 손해액을 입증하기 위하여 필요한 사실을 입증하는 것이 해당 사실의 성질상 극히 곤란한 경우에는, 법원은 변론 전체의 취지와 증거조사의 결과에 기초하여 상당한 손해액을 인정할 수 있다.

구 공정거래법 제57조(손해배상청구권의 재판상의 주장제한등) ① 제56조(손해배상책임)의 규정에 의한 손해배상청구권은 이 법의 규정에 의한 시정조치가 확정된 후가 아니면 이를 재판상 주장할 수 없다. 다만, 이는 민법 제750조

(불법행위의 내용)의 규정에 의한 손해배상청구의 소를 제한하지 아니한다.

② 제1항 본문의 손해배상청구권은 이를 행사할 수 있는 날부터 3년을 경과한 때에는 시효에 의하여 소멸된다.

[5] 경제법의 국제적 적용범위: 국제거래에서 소비자보호와 "독점규제 및 공정거래에 관한 법률"의 역외적용을 중심으로

前 記

이 글은 저자가 橫川李基秀先生停年紀念 논문집인 세계화시대의 기업법(2010), 550면 이하에 게재한 원고를 다소 수정·보완한 것이다. 약관규제법의 강행규정성을 부인한 2010년 대법원판결에 대하여 저자가 법률신문에 발표한 짧은 평석을 補論으로 첨부하였다.

Ⅰ. 머 리 말

경제법의 개념에 관하여는 다양한 견해가 있으나, 어떤 견해를 따르든 간에 우리 법상 경제법의 핵심적인 부분은 "독점규제 및 공정거래에 관한 법률"과 같이 공정한 경쟁을 보장하는 영역과, 소비자보호를 위한 영역을 포함한다는 데는 이견이 없을 것이다.[1] 우리 경제법의 일차적인 관심 대상은 한국인들이 한국 내에서 영위하는 거래와 경제활동에 있음은 명백하다. 그러나 현대사회에서 한국인들과 한국 기업은 국경을 넘어 활발한 활동을 하고 있다. 예컨대 개인, 특히 소비자가 직접 국제거래의 당사자가 되거나, 외국인이 외국에서 한 행위에 대하여도 그 행위의 효과가 우리 국내시장에 영향을 미친다면 우리 경제법을 적용하지 않을 경우 소기의 목적을 달성하지 못할 수도 있다. 국제적인 인적·물적 교류가 활발해짐에 따라 이러한 현상이 꾸준히 확대될 것으로 예상된다.

평소 국제거래법, 國際私法과 국제민사소송법을 연구하는 저자로서는, 경제법과 국제거래의 접점 및 경제법의 역외적용에 자연스럽게 관심을 가지게

1) 권오승, 경제법 제7판(2009), 4면 이하와 제2편 및 제3편; 이기수·유진희, 경제법 6판(2004), 7면 이하 참조.

되었으나, 우리나라의 경제법 전문가들은 종래 이런 논점에 대하여 관심이 크지 않은 것으로 보인다. 따라서 여기에서는 경제법 전문가들의 관심을 촉구하고자 아래 두 가지 논점을 다룬다.

첫째, 국제거래에서 소비자보호(아래 Ⅱ.).

둘째, 독점규제 및 공정거래에 관한 법률(이하 "공정거래법"이라 한다)의 역외적용(아래 Ⅲ.).

이처럼 경제법의 국제적 맥락에서의 적용범위를 편의상 경제법의 '국제적 적용범위'라고 부른다. 이러한 논의는 예컨대 아래와 같은 사안을 해결하기 위하여 필요하다.

[1] 한국 소비자 X가 인터넷으로 Amazon.com에 접속하여 책을 구입했는데 분쟁이 발생한다면

첫째, X는 우리 법원에 제소할 수 있나. 이는 국제재판관할(권)의 문제이다.

둘째, 우리나라의 약관의 규제에 관한 법률(이하 "약관규제법"이라 한다)이 적용되나, 또는 X는 약관규제법이 부여하는 보호를 받을 수 있나. 이는 준거법의 문제이다.

[2] 미국 회사 Y 등 외국사업자들이 미국에서 부당한 공동행위(담합)를 함으로써 한국으로 수출하는 특정상품의 가격을 일정 수준으로 결정·유지한 결과 한국 수요업체들이 손해를 입었고, 그 중 한국 회사 X는 Y를 상대로 공정거래법위반을 이유로 한국 법원에 손해배상을 구하는 소를 제기하고자 한다.

첫째, X는 우리 법원에 제소할 수 있나.

둘째, 손해배상액 산정의 준거법은 무엇인가. 위 담합행위가 공정거래법뿐만 아니라 미국 연방독점금지법 위반이 된다면 우리 법원은 공정거래법과 미국 연방독점금지법 중 어느 법을 적용해야 하나.

셋째, 이 사안에서 우리나라 공정거래위원회는 공정거래법 제2조의2에 근거하여 시정명령을 하고 과징금을 부과할 수 있는데, 공정거래위원회의 재판관할권(광의)과, 손해배상청구사건에서 우리 법원의 재판관할권 판단기준은 다른가, 규율관할권(또는 입법관할권)과 재판관할권의 관계는 무엇인가.

Ⅱ. 국제거래에서 소비자보호[2]

과거 섭외사법은 국제거래에서의 소비자보호를 위하여 별도의 규칙을 두

2) 상세는 석광현, "國際去來에서의 消費者保護—改正 國際私法을 중심으로—," 心堂宋相現先生 華甲紀念論文集, 이십일세기 한국상사법학의 과제와 전망(2002), 701-734면 참조. 이 부분(Ⅱ.)은 위 글을 요약하면서 최근의 논의를 반영하여 수정·보완한 것이다.

지 않았으나, 2001년 7월 1일부터 시행된 국제사법은 특칙을 두고 있다. 입법과정에서, 그에 대하여는, 우리 소비자만이 아니라 외국 소비자도 보호하게 되어 우리 기업의 대외 영업활동을 제약할 수 있다는 신중론이 있었지만, 외국에서 영업활동을 하는 우리 기업도 소비자보호를 규정한 외국법의 요건을 구비해야 한다는 이유로 규정을 두었다. 여기에서는 준거법(governing law)과 국제재판관할(international jurisdiction to adjudicate)을 중심으로 국제거래에서의 소비자보호를 논의한다.

물론 국제적인 차원에서 소비자를 보호하기 위한 수단으로서 반드시 법원에 호소하여야 하는 것은 아니고, 그에 앞서 또는 그와 병행하여 소비자단체나 또는 소비자보호를 담당하는 기구 간의 국제적 협력을 통한 해결방안도 활발히 모색할 필요가 있다. 그러나 최후의 수단으로서 법원에 의한 구제가 의미를 가진다.

1. 국제소비자계약의 준거법[3)]

국제계약의 준거법에 관하여 국제사법 제25조는 '당사자자치'(party autonomy)의 원칙을 명시하고, 제26조에서는 당사자가 준거법을 지정하지 않은 경우 객관적 준거법의 결정방법을 규정한다. 그에 이어 사회·경제적 약자인 소비자와 근로자를 보호하기 위한 특칙을 제27조(소비자계약)와 제28조(근로계약)에 두고 있다. 여기에서는 국제계약의 준거법 결정에 관한 일반원칙을 살펴 보고 소비자계약의 특칙을 논의한다.

가. 국제계약의 준거법

국제사법 제25조는 다음과 같다.

> 제25조(당사자자치)
> ① 계약은 당사자가 명시적 또는 묵시적으로 선택한 법에 의한다. 다만, 묵시적인 선택은 계약내용 그 밖에 모든 사정으로부터 합리적으로 인정할 수 있는 경우에 한한다.
> ② 당사자는 계약의 일부에 관하여도 준거법을 선택할 수 있다.
> ③ 당사자는 합의에 의하여 이 조 또는 제26조의 규정에 의한 준거법을 변경할 수 있다. 다만, 계약체결 후 이루어진 준거법의 변경은 계약의 방식의 유효성과 제3자의 권

3) 상세는 석광현, 2001년 개정 국제사법해설 제2판(2003), 198면 이하 참조.

> 리에 영향을 미치지 아니한다.
> ④ 모든 요소가 오로지 한 국가와 관련이 있음에도 불구하고 당사자가 그 외의 다른 국가의 법을 선택한 경우에 관련된 국가의 강행규정은 그 적용이 배제되지 아니한다.
> ⑤ 준거법 선택에 관한 당사자의 합의의 성립 및 유효성에 관하여는 제29조의 규정을 준용한다.

(1) 주관적 준거법—당사자자치(제25조)

국제사법은 당사자자치의 원칙을 선언하고(제1항), 주관적 준거법에 관하여 준거법의 분열, 준거법의 사후적 변경, 국내계약에 대한 외국 준거법 지정의 가부, 준거법 합의의 성립과 유효성에 대한 준거법 등 관련 논점들에 대하여 명문의 규정을 둔다.

국제사법에 따르면, 당사자는 당해 계약과 실질적인 관련이 있는 법에 한정되지 않고 중립적인 법을 계약의 준거법으로 선택할 수 있다. 국제사법은 묵시적 선택이 허용됨을 명확히 하였으나, 묵시적 선택이 부당하게 확대되는 것을 방지하고자 묵시적 선택은 계약내용 그 밖의 모든 사정으로부터 합리적으로 인정될 수 있는 경우로 제한하였다.

계약의 방식을 제외한 부분, 즉 계약의 실질(substance, Substanz, Inhalt)의 구성부분에 관하여 각기 다른 준거법을 지정하는 '준거법의 분열'(*dépeçage*. 또는 분할)의 허용 여부에 관하여는 종래 학설이 나뉘었으나, 당사자의 이익을 존중하고 대법원 1998. 7. 14. 선고 96다39707 판결도 이를 허용한 바 있다는 점과 국제적인 흐름을 고려하여 이를 허용하였다.

(2) 객관적 준거법(제26조)

> 제26조(준거법 결정시의 객관적 연결)
> ① 당사자가 준거법을 선택하지 아니한 경우에 계약은 그 계약과 가장 밀접한 관련이 있는 국가의 법에 의한다.
> ② 당사자가 계약에 따라 다음 각호 중 어느 하나에 해당하는 이행을 행하여야 하는 경우에는 계약체결 당시 그의 상거소지법(당사자가 법인 또는 단체인 경우에는 주된 사무소가 있는 국가의 법)이 가장 밀접한 관련이 있는 것으로 추정한다. 다만, 계약이 당사자의 직업 또는 영업활동으로 체결된 경우에는 당사자의 영업소가 있는 국가의 법이 가장 밀접한 관련이 있는 것으로 추정한다.
> 1. 양도계약의 경우에는 양도인의 이행
> 2. 이용계약의 경우에는 물건 또는 권리를 이용하도록 하는 당사자의 이행
> 3. 위임·도급계약 및 이와 유사한 용역제공계약의 경우에는 용역의 이행
>
> ③ …

우리 국제사법은 국제계약의 객관적 준거법에 관하여, "계약채무의 준거법에 관한 1980년 유럽공동체협약"(이하 "로마협약"이라 한다)[4] 및 "국제계약의 준거법에 관한 미주간 협약" 등 국제조약과 외국의 입법례를 따라, 섭외사법(제9조 단서)이 취했던 행위지법원칙을 버리고, 문제된 계약과 가장 밀접한 관련(또는 최밀접관련)이 있는 국가의 법을 준거법으로 지정한다(제26조 제1항). 이는 국제적으로 널리 인정되는 연결원칙이다.

나아가 국제사법은 로마협약과 스위스 국제사법[5]의 예를 따라 법관의 판단을 용이하게 하고자 '특징적 이행'(characteristic performance)[6]에 기한 추정규정을 두었다. 즉, 매매계약에서 매도인의 이행 등과 같이 계약의 특징적 이행을 해야 하는 당사자가 계약체결 시 그의 상거소(자연인의 경우), 주된 사무소(법인 또는 단체의 경우) 또는 영업소(직업상 또는 영업상 계약의 경우)를 가지는 국가가 당해 계약과 가장 밀접한 관련을 가지는 국가로 추정된다. 비판이 없지는 않지만, 특징적 이행은 계약을 그 계약이 그의 일부를 이루는 사회·경제적 환경과 본질적으로 연결짓는 기능을 하기 때문에 그를 통한 추정기능을 인정하는데, 밀접한 관련이라는 매우 애매한 개념을 보다 구체화하고 객관성을 부여함과 동시에 당사자들의 준거법 선택이 없는 경우의 준거법 결정을 단순화하는 장점이 있다.[7] 그 밖에도 특징적 이행을 하는 당사자가 통상 계약관계에서 반복적인 행위를 하는 사람(repeat player)이므로 만일 계약이 다양한 법질서에 의해 규율된다면 더 불리한 영향을 입게 되는 까닭에 그 법을 적용하는 것이 효율성을 제고할 수 있다고 설명하기도 한다.[8]

---

4) 로마협약에 관하여는 석광현, 국제사법과 국제소송 제1권(2001), 53면 이하 참조.

5) 스위스 국제사법에 관하여는 석광현(註 4), 479면 이하 참조.

6) 독일어로는 "charakteristische Leistung"(특징적 급부)이라는 표현을 사용한다.

7) 유럽연합에서는 로마협약의 해석상 영국 법원은 비교적 쉽게 추정을 깨뜨린 반면에 네덜란드와 독일 법원은 이를 엄격하게 적용하는 경향을 보였다. 그 결과 유럽연합의 입법자들은 로마Ⅰ규정에서 이 점을 개정하였다. 즉 로마협약은 로마Ⅰ규정으로 법형식이 변경되어 2009. 12. 17.부터 발효하였는데(덴마크는 제외), 로마Ⅰ규정(제4조)은 8개 유형의 계약에 관하여 추정규정이 아니라 고정된 규칙(fixed rules)을 규정하고 그 밖의 유형의 계약 또는 혼합계약의 경우 특징적 이행을 해야 하는 당사자의 상거소 소재지법이 준거법이 된다고 규정하면서, 다만 모든 사정에 비추어 그 계약이 그렇게 결정된 준거법 이외의 법과 명백히 더 밀접한 관련이 있는 것이 분명한 때에는 더 밀접한 법을 적용하도록 한다.

8) Dennis Solomon, The Private International Law of Contracts in Europe: Advances and Retreats, 82 Tulane Law Review, 1715 (2008).

(3) 계약의 방식(제17조)

국제사법은 법률행위의 방식에 관하여 법률행위의 실질의 준거법 또는 행위지법에 선택적으로 연결한다. 다만, 법률행위의 성립을 용이하게 하기 위해 격지자 간의 계약의 경우 어느 국가의 법에 의해도 무방한 것으로 하고, 대리인에 의한 법률행위의 경우에는 대리인을 기준으로 행위지를 결정한다.

나. 국제소비자계약의 특칙(제27조)

> 제27조(소비자계약)
> ① 소비자가 직업 또는 영업활동 외의 목적으로 체결하는 계약이 다음 각호 중 어느 하나에 해당하는 경우에는 당사자가 준거법을 선택하더라도 소비자의 상거소가 있는 국가의 강행규정에 의하여 소비자에게 부여되는 보호를 박탈할 수 없다.
> 1. 소비자의 상대방이 계약체결에 앞서 그 국가에서 광고에 의한 거래의 권유 등 직업 또는 영업활동을 행하거나 그 국가 외의 지역에서 그 국가로 광고에 의한 거래의 권유 등 직업 또는 영업활동을 행하고, 소비자가 그 국가에서 계약체결에 필요한 행위를 한 경우
> 2. 소비자의 상대방이 그 국가에서 소비자의 주문을 받은 경우
> 3. 소비자의 상대방이 소비자로 하여금 외국에 가서 주문을 하도록 유도한 경우
>
> ② 당사자가 준거법을 선택하지 아니한 경우에 제1항의 규정에 의한 계약은 제26조의 규정에 불구하고 소비자의 상거소지법에 의한다.
> ③ 제1항의 규정에 의한 계약의 방식은 제17조제1항 내지 제3항의 규정에 불구하고 소비자의 상거소지법에 의한다.

(1) 당사자자치의 제한

국제사법은 소비자계약의 경우에도 당사자자치를 허용하나, 당사자의 법의 선택은, 당사자가 준거법을 선택하지 않는 경우에 적용될 객관적 준거법 즉, 소비자의 상거소지법의 강행규정이 소비자에게 부여하는 보호를 박탈할 수 없다(제1항). 준거법 합의에도 불구하고, 소비자의 환경을 이루는 법의 강행규정이 부여하는 보호를 관철시키는 것이다. 이는 제27조가 당사자자치를 배제하는 스위스 국제사법이 아니라 더 유리한 법을 적용하는 로마협약을 따랐음을 의미한다.[9)]

여기의 "강행규정"(또는 강행법규. 이하 호환적으로 사용한다)은, "당사

9) 논자에 따라서는 전자를 'no choice approach', 후자를 'preferential law approach'라고 부른다. Jonathan Hill, Cross-Borer Consumer Contracts (2008), para. 12.12 이하.

자가 계약에 의하여 배제할 수 없는 법규," 즉 '국내적 강행법규'를 말하고, 국제사법 제7조의 '국제적 강행법규'(international zwingende Bestimmungen, internationally mandatory rules)와는 구별된다.[10] 소비자의 보호를 위한 강행법규는, 준거법에 관계없이 적용하고자 하는 입법자의 의도가 명백하게 표시되지 않는 한 국내적 강행법규인데, 이를 '보호적 강행법규'라고 부르기도 한다. 국내적 강행규정의 예로는 방문판매 등에 관한 법률(이하 "방문판매법"이라 한다), 할부거래에 관한 법률(이하 "할부거래법"이라 한다)과 약관규제법 등을 들 수 있다.

제27조 제1항에 따르면 준거법과 소비자의 상거소지법을 비교하여 어느 것이 소비자에게 보다 유리한지를 판단해야 한다. 특정논점에 관하여 입장이 상이한 경우 그 판단이 용이하지만, 동일한 사안에서 소비자에게 상이한 권리와 구제수단을 인정하는 경우에는 그의 판단이 어려울 수 있다. 다만, 소비자가 두 개의 법으로부터 논점별로 자기에게 유리한 요소들을 추출하여 이를 누적적으로 적용하여 최대의 보호를 받을 수는 없다.

제27조의 소비자는 '수동적 소비자'(passive consumer)에 한정되고 '능동적 소비자'(active consumer 또는 mobile consumer)는 포함되지 않는다.[11] 수동적 소비자가 되기 위해서는 제27조 제1항에 규정된 세 가지 조건 중 어느 하나가 구비되어야 한다. 제1호가 특히 문제가 되는데, 예컨대 외국의 사업자가 한국에서 광고에 의한 거래의 권유 등 영업활동을 하거나, 한국에서 그러한 활동을 하지는 않았더라도 통신수단을 통하여 한국을 향하여 광

10) 외국법이 준거법으로 지정되더라도, 그의 입법 목적에 비추어 준거법에 관계없이 적용되어야 하는 법정지인 대한민국의 강행법규는 여전히 적용된다(국제사법 제7조). 여기의 한국의 강행법규는 '국내적 강행법규'가 아니라, 당사자의 합의에 의해 적용을 배제할 수 없을 뿐만 아니라, 준거법이 외국법이라도 적용이 배제되지 않는 '국제적 강행법규'이다. 대외무역법과 외국환거래법이 그 예이다. 공정거래법도 이에 해당하나 그 구체적 범위는 논란이 있다. 이를 '간섭규범' (Eingriffsnorm. 또는 개입규범) 또는 '직접적용법'(*lois d'application immédiate*)이라고 부르나 엄밀한 개념에 관하여는 논란이 있다. 어떤 법규가 그에 해당하는가는 법규 자체로부터 명확한 경우도 있으나 그렇지 않으면 이는 당해 법규의 해석의 문제이다. 로마 I 규정(제9조)은 이를 '최우선 강행규정'(overriding mandatory provisions)으로 대체하였다.

11) 이처럼 수동적 소비자만을 보호하는 것은 2007. 1. 1. 발효한 일본의 "法의 適用에 관한 通則法"(제11조)도 같다. 반면에 2011. 4. 1. 발효한 중국 섭외민사관계법률적용법(제42조)은 소비자계약은 소비자의 상거소지 법률에 의하고, 소비자가 상품 또는 용역 제공지 법률을 선택하거나 또는 경영자가 소비자의 상거소지에서 관련된 경영활동을 하지 않는 경우에는 상품 또는 용역 제공지 법률에 의한다고 규정하여 당사자자치를 원칙적으로 배제한다.

고에 의한 거래의 권유 등 영업활동을 한 경우, 즉 통신판매에 의한 판매도 이에 해당될 수 있다. 소비자가 한국에서 "계약체결에 필요한 행위를 한 경우"이면 족하므로 반드시 계약체결지가 한국이어야 하는 것은 아니다. 그러나 한국인이 자발적으로 외국에 여행을 가서 현지에서 기념품을 구입한 경우에는 한국법이 적용될 여지가 없다. 전자상거래에서 소비자의 범위는 아래 ((3))에서 별도로 논의한다.

국제사법 하에서는 특히 소비자계약의 개념 내지는 범위가 문제된다. 로마협약(제5조 제1항)은 동산의 공급, 용역의 제공과 그러한 거래를 위하여 금융을 제공하기 위한 계약을 소비자계약이라고 하고, 스위스 국제사법(제120조 제1항)은 "소비자의 통상적인 소비의 급부에 관한 계약"이라고 함으로써 로마협약보다 더 넓게 규정하나, 국제사법은 이러한 정의를 두고 있지 않다. 국제사법의 해석론으로도 로마협약이 참고가 될 것이나, 국제사법이 이를 제한하지 않은 이상 스위스 국제사법의 경우와 마찬가지로 로마협약의 경우보다 소비자계약의 범위를 더 넓게 해석해야 한다.[12)]

참고로 소비자기본법(제2조 제1호)은 소비자를 "사업자가 제공하는 물품 또는 용역(시설물을 포함한다)을 소비생활을 위하여 사용(이용을 포함한다)하는 자 또는 생산활동을 위하여 사용하는 자로서 대통령령이 정하는 자"라고 정의한다. 그러나 국제사법 제27조는 소비자가 직업 또는 영업활동 외의 목적으로 체결하는 계약에 한하여 적용됨을 분명히 규정하므로, 소비자기본법의 위 정의 중 사업자가 제공하는 물품 또는 용역을 생산활동을 위하여 사용하거나 이용하는 자에게는 대체로 적용되지 않을 것이다.

요컨대 제27조의 소비자계약의 구체적인 범위는 국제사법상의 소비자의 보호라고 하는 입법취지를 고려해서 판단해야 한다.

이러한 소비자계약에는 보험계약이 포함됨은 별 의문이 없다. 보험계약은 채권계약이므로 성질상 로마협약에 의하여 규율될 사항이나 보험계약에 대하여는 유럽공동체의 지침이 준거법 결정에 관한 특별한 규정을 두고자 했

---

12) 예컨대 로마협약상으로는 금융계약이 소비자계약이 되기 위해서는 동산의 공급 또는 용역의 제공을 위하여 금융을 제공하기 위한 계약이어야 한다. 따라서 동산의 공급 또는 용역의 제공과 관계가 없는 소비자금융의 제공은 소비자계약이 아니라고 본다. 그러나 국제사법상으로는 반드시 그렇게 제한적으로 해석할 것은 아니다. 소비자계약의 개념을 동산의 공급, 용역의 제공과 그러한 거래를 위하여 금융을 제공하기 위한 계약에 한정하였던 로마협약과 달리 로마Ⅰ규정은 이를 모든 소비자계약으로 확대하면서(운송계약과 보험계약은 제외) 다만 제6조 제4항에 열거한 일정한 유형의 계약을 제외하고 있다.

기 때문에 로마협약(제1조 제3항, 제4항)은 유럽공동체 내에 소재하는 위험에 관한 보험계약을 적용범위로부터 배제하였다. 그러나 재보험계약과 기타 로마협약의 적용범위에 속하는 보험계약에 대해서는 소비자계약에 관한 원칙이 적용된다.[13] 위험의 소재지의 결정은 국내법에 따른다(로마협약 제1조 제3항).

국제사법이 명시하지는 않으나 조문의 취지를 볼 때 여기의 소비자는 자연인에 한하고 법인은 포함되지 않는다고 본다. 입법론적으로는 이 점을 명시했더라면 좋았을 것이다.

(2) 객관적 준거법의 결정

당사자가 준거법을 선택하지 않은 경우 소비자계약의 객관적 준거법은 일반원칙에 따르는 것이 아니라 소비자의 상거소지법이 된다. 만일 국제사법 제26조의 일반원칙에 따른다면 소비자의 상대방이 특징적 이행을 하는 당사자이므로 그의 영업소 소재지법이 준거법이 될 개연성이 크다. 따라서 소비자의 보호를 위해 그에 대한 특칙을 명시한 것이다.

(3) 전자상거래의 경우

가상공간에서 행해지는 국제적인 소비자거래에도 기본적으로 위의 논의가 타당하다. 그러나, 다음 사항을 고려할 필요가 있다.[14]

㈎ 제1호의 요건: 사업자의 지향된 활동과 소비자의 행위

1) 사업자의 지향된 활동 국제사법 제27조에 따르면, 동 조의 특칙이 적용되는 소비자계약이 되기 위하여는 위에서 본 바와 같이 ㉠ 소비자의 상대방이 계약체결에 앞서 소비자의 상거소지 국가에서 광고에 의한 거래의 권유 등 직업 또는 영업활동을 행하거나, ㉡ 그 국가 외의 지역에서 그 국가로, 즉 그 국가를 향하여 광고에 의한 거래의 권유 등 직업 또는 영업활동을 행하고, ㉢ 또한 소비자가 그 국가에서 계약체결에 필요한 행위를 한 경우여야 한다.[15]

13) 로마협약의 적용범위에서 제외되지 않는 보험계약은 제6조의 소비자계약으로 취급된다. 보고서, 23면. 스위스 국제사법상으로는 보험계약은 소비자계약으로 취급된다.

14) 유럽의 논의는 Zheng Sophia Tang, Electronic Consumer Contracts in the Conflict of Laws (2009), p. 169 이하 참조.

15) 참고로 중국 섭외민사관계법률적용법(제42조)에 따르면, 소비자계약은 소비자의 상거소지 법률에 의하고, 소비자가 상품 또는 용역 제공지 법률을 선택하거나 또는 경영자가 소비자의 상거소지에서 관련된 경영활동을 하지 않는 경우에는 상품 또는 용역 제공지 법률에 의한다.

여기에서 ⓛ의 요건은 인터넷에 의하여 체결되는(또는 전자거래에 의한) 소비자계약을 고려한 것으로 소비자의 상거소지 국가를 향한 "targeted activity criterion"(지향된 활동기준)을 도입한 것이다. 예컨대 소비자가 그에 들어가 클릭함으로써 주문할 수 있는 상호작용적 웹사이트를 개설한 것은 특정국가를 지향한 영업활동을 한 것으로 볼 수 있다. 그렇다면 한국에 상거소를 가지는 소비자가 스스로 사업자의 웹사이트를 방문하여 인터넷을 통하여 계약을 체결한 경우 능동적 소비자의 요소가 있기는 하지만, 여전히 제27조의 보호를 받을 수 있다는 것이 되므로 수동적 소비자와 능동적 소비자의 구분은 가상공간에서는 현실공간에서와 다른 의미를 가진다. 즉 제27조의 해석상 단순히 광고만을 게재하고 소비자가 접속할 수 있는 수동적 웹사이트를 개설한 것만으로는 영업활동의 '지향'(Ausrichtung, directing)에 해당하지는 않는다고 보지만, 예컨대 소비자가 그에 들어가 클릭함으로써 주문할 수 있는 상호작용적 웹사이트를 개설한 것은 특정국가를 지향한 영업활동을 한 것으로 본다는 것이다.[16] ⓛ이 규율하고자 하는 목적을 고려하면 그렇게 보아야 할 것이나,[17] '인터넷의 편재성'(Ubiquität des Internets)을 고려하면 이

---

16) 이에 관하여는 ① 웹사이트에 전 세계를 상대로 한 수동적인 광고(passive advertisement)를 게재한 것만으로는 특정국가를 향한 광고 등 영업활동을 한 것은 아니나, 예컨대 광고가 특정국의 언어를 사용하거나 특정국가 내의 연락처를 제시하는 등의 방법에 의하여 특정국가에로 향해진 경우에는 특정국가 내에서 광고 등 영업활동을 한 것은 아니지만 특정국가를 향하여 광고 등 영업활동을 한 것이라고 보는 견해가 있다. 반면에 ② 인터넷 상에 광고를 게재한 것만으로도 특정국가에서 광고를 한 것으로 보아야 한다는 견해도 있다. Magnus/Mankowski, Brussels Ⅰ Regulation (2007), Art. 17 no. 35, 36 (Nielsen 집필 부분)도 웹사이트만으로도 광고가 된다고 보고, 따라서 영어로 작성된 웹사이트의 경우 모든 국가를 향하여 영업을 한 것으로 볼 수 있다고 한다. 전자는 Zippo 사건 판결이 웹사이트를 운영하는 유형을 세 가지로 분류함으로써 그 운영자에 대한 다른 주의 대인관할권의 유무를 결정하는 것과 유사하다. 국제재판관할의 맥락에서 이에 관한 상세는 석광현, "인터넷거래의 국제재판관할과 지향된 활동," 남효순(편), 인터넷과 법률(Ⅲ) (2010), 770면 이하; 이 책 [9] 참조.

17) 유럽연합의 이사회와 위원회는 제15조가 적용되기 위하여는 웹사이트가 계약의 체결을 권유하고 또한 계약이 어떤 수단에 의하든 격지계약으로 체결되어야 함을 강조하였다. 즉, 소비자의 주소지에서 접속할 수 있는 상호작용적 웹사이트를 통하여 계약을 체결한 소비자를 보호하는 것이 브뤼셀규정의 목적이라는 것이다. European Commission, proposal, COM(1999) 348, p. 16. 또한 Joint Declaration concerning Article 15 of the Brussels Ⅰ Regulation of the Council and Commission 참조. Jan Kropholler, Europäisches Zivilprozessrecht 8. Auflage (2005), Art. 15 Rz. 25(여기에서 대체하지는 않았지만 이는 Jan von Hein이 함께 집필한 제9판(2011)이 있다). 유럽법원은 2010. 12. 7. *Peter Pammer v. Reederei Karl Schlüter GmbH & Co. KG* 사건(C-585/08)과 *Hotel Alpenhof GesmbH v. Oliver Heller* 사건(C-144/09) 판결에서 사업자의 지향을 인정하기 위하여 필요한 요건과 법원이 고려할 요소들을 설시하였다. 상세는 아래 [9] 참조.

경우 전 세계 모든 국가의 관할을 인정하는 것이 되어 소규모 온라인사업자에게는 예측불가능한 결과가 발생할 수 있다.[18] 또한 수동적 웹사이트와 능동적 웹사이트의 구별이 쉬운 것은 아닌데, 수동적 웹사이트더라도 정보를 담고 나아가 고객들에게 이메일, 우편, 팩스 또는 전화에 의한 주문을 권유하는 웹사이트는 능동적 웹사이트와 동일시할 수 있다는 견해도 있다.[19]

또한 문제되는 것은, 인터넷상에 광고를 한 것만으로도 소비자들이 컴퓨터를 통하여 그에 접속할 수 있는 모든 국가에서 광고를 한 것으로 보아 소비자를 보호한다면, 사업자는 모든 국가, 즉 전 세계에서 제소당할 위험에 노출된다는 점이다. 이러한 경우 사업자가 그의 위험을 합리적으로 통제하는 방안으로서 생각할 수 있는 것이 원하지 않는 특정국가 소비자와의 거래를 배제하는 취지의 '부인문구'(disclaimer)인데, 사업자가 웹사이트에 단순히 부인문구를 표시한 것만으로는 부족하고, 그에 추가하여 적어도 특정한 국가로부터 웹사이트에 접속하는 것을 차단하기 위한 기술적인 조치를 취하거나, 계약의 체결 전에 소비자의 상거소를 확인할 수 있도록 거래구조를 짜기 위한 조치 등을 취하여야 한다.[20]

요컨대 국제사법 제27조의 해석론으로는 앞으로 제1호의 요건을 좀더 구체화하고 사업자의 시각에서 이를 어떻게 적절히 제한할 수 있는지도 검토할 필요가 있다.

한편 우리 국제사법의 입법론과 관련하여 주목할 것은, 브뤼셀규정과 현행 루가노협약은 국제재판관할의 맥락에서 "targeted activity criterion"(지향된 활동기준)을 도입함으로써 소비자를 위한 보호적 관할이 능동적 소비자

---

18) Kropholler(註 17), Art. 15 Rz. 24. 이에 대하여는 어느 국가의 소비자보호관련법의 효력이 국경을 넘어 외국에까지 미치는 위험(이른바 "Overspill-Risiko")의 결과, 사업자가 소비자보호를 위한 다수의 법질서에 복종해야 하는 위험은 의도적으로 인터넷이라는 초국가적인 수단을 사용하는 자가 부담해야 한다는 반론도 있다. Abbo Junker, "Internationales Vertragsrecht im Internet," RIW 1999, S. 816 참조.

19) Kropholler(註 17), Art. 15 Rz. 24. Magnus/Mankowski/Nielsen(註 16), Art. 17 no. 34는 사업자가 사용한 기술적인 장치의 목적과 홈페이지의 언어 및 그가 그의 활동을 특정국가에 한정하기 위해 어떤 노력을 기울였는지 등의 사정을 고려해서 판단할 사항이라고 한다.

20) Dicey & Morris, The Conflict of Laws, Volume 2, 13th edition (2000) para. 33-011, n. 31 참조. 노태악, "전자거래의 재판관할과 준거법," 정보법학 제5권(2001), 19면도 인터넷상의 웹사이트에서 특정 언어를 사용하여 특정국가 또는 특정지역만을 상대로 한다는 문언을 두거나(targeting), 특정국가 또는 지역을 제외한다는 문구(disclaimer)를 둔 것만으로 당연히 관할배제의 효과가 생긴다고 보기는 어려울 것이라고 한다.

또는 이동소비자(mobile consumer)에도 적용되도록 개선한 점이다. 즉 브뤼셀규정(제15조 제1항(c)호)과 루가노협약(제15조 제1항(c)호)은 ㉠ 그 계약이 소비자의 주소지 국가에서 상업적 또는 직업적 활동을 추구하거나, ㉡ 어떠한 수단에 의하여든 그 국가 또는 그 국가를 포함한 수개의 국가를 지향하여 그러한 활동을 행하는 자와 체결되고, ㉢ 또한 그 계약이 그러한 활동의 범위 내에 포함되는 경우일 것을 요구함으로써, 사업자가 소비자의 주소지 국가를 지향하여 상업적 또는 직업적 활동을 한 경우 소비자가 사업자 소재지에서 계약이 체결되면 족한 것으로 수정함으로써 소비자보호를 위한 관할이 능동적 소비자 또는 이동소비자(mobile consumer)에도 적용되도록 규정한다. 이에 대하여는 전자거래업계의 격렬한 항의가 있었으나 받아들여지지 않았다. 그 이유는 소비자에게 절차적인 보호를 부여함으로써 오히려 소비자들은 전자거래에 더 참여할 의사를 가지게 되기 때문이다.[21]

2009. 12. 17.부터 발효한(덴마크는 제외) "계약채무의 준거법에 관한 유럽의회와 이사회의 2008. 6. 17. 규정(EC) 번호 593/2008"(로마Ⅰ) 제5조 제1항 b호도 "어떠한 수단에 의하여든 그러한 활동을 그 국가 또는 그 국가를 포함하는 복수의 국가로 지향하고, 그 계약이 그러한 활동의 범위 내에 속하는 경우" 소비자의 상거소지법이 소비자계약의 준거법이 되고, 나아가 당사자가 준거법을 합의한 경우 그 준거법은 소비자의 상거소지법의 강행법규가 부여하는 보호를 박탈하지 못한다고 규정함으로써 브뤼셀규정과 조화를 도모한다.

2) 소비자의 행위 국제사법(제27조)에 따르면 브뤼셀협약 및 구 루가노협약(제13조)처럼 소비자계약의 경우 소비자가 상거소를 가지는 국가에서 계약체결에 필요한 행위를 할 것이 요구된다. 따라서 소비자가 그 국가에서 사업자의 웹사이트에 접속하여 계약체결에 필요한 전자적인 의사표시를 발송하거나 클릭하였다면 이 요건을 구비한다고 볼 수 있다.[22] 그러나 전자거래에서는 소비자는 상거소지 국가 외의 국가에서도 컴퓨터를 통하여 계약을 체결할 수 있고, 그 경우에도 소비자를 보호할 필요성이 있으므로 위 요건의 타당성은 의문이다.

또한 인터넷에 의한 거래의 경우 소비자가 계약의 체결을 위하여 필요한

21) Magnus/Mankowski/Nielsen(註 16), no. 30.
22) Dicey & Morris(註 20), para. 33-013.

조치를 취한 곳의 결정이 어렵거나 불가능한 경우가 있고 또한 소비자의 주소지와 계약과의 연계를 창설하기 위한 요건으로서 이는 중요성이 없다. 이러한 이유로 브뤼셀규정과 루가노협약은 위 요건을 삭제하였다.[23] 따라서 현실공간에서도 그 적용범위가 확대되어 '수동적 소비자'만이 아니라 스스로 외국에 가서 계약을 체결한 능동적 소비자도 보호의 대상이 되는데, 주의할 것은, 그 전제로서 사업자가 통신수단 또는 인터넷을 통하여 소비자 상거소지 국가인 한국을 향하여 광고에 의한 거래의 권유 등 영업활동을 할 것이 필요하다는 점이다.

요컨대 우리 국제사법은 'targeted activity criterion'(지향된 활동기준)을 도입한 것이기는 하나 소비자가 상거소지 국가에서 "계약체결에 필요한 행위를 할 것"을 요구함으로써 그 의미를 반감시키고 있다는 비판을 면하기 어렵다. 이 점에서는 국제사법을 개정할 필요가 있다.

㈏ 제2호의 요건: 사업자의 소비자 상거소지 국가에서의 주문 수령

제27조 제1항 제2호의 전형적인 사례는 예컨대 한국에 있는 사업자의 영업소가 한국 소비자로부터 주문을 받거나, 사업자의 대리인이 한국에서 소비자로부터 주문을 받은 경우이다. 제2호의 경우 공급자가 한국에서 주문을 받았는지가 중요한데, 예컨대 미국 사업자가 미국 서버를 통해 미국에서 웹사이트를 개설하고, 한국 소비자가 그에 접속하여 주문을 한 경우 사업자는 미국에서 주문을 받았다고 보아야 할 것이므로 제2호의 요건이 구비되었다고 보기 어려울 것이다. 다만 전자상거래의 경우 주문 수령지의 결정이 어려운 사안이 있을 수 있다.

(4) 국제소비자계약과 약관규제법의 적용

국제사법의 개정을 통하여 소비자보호를 위한 국제사법 차원의 조치가 취해짐에 따라 국제거래에서의 소비자보호, 특히 약관의 사용과 관련한 소비자보호의 문제를 좀더 체계적으로 검토할 필요가 있다. 약관에 대한 통제는 첫째, 약관에 포함되어 있는 준거법합의, 즉 준거법조항 자체에 대한 통제와, 둘째, 계약의 내용으로 편입된 약관의 내용에 대한 통제로 나눌 수 있는데, 후자가 실무상 중요한 의미를 가진다.

다른 기회에 정리한 저자의 결론은 아래와 같은데, 상세한 논의는 생략

---

23) 국제사법(제27조 제1항 제1호)은 소비자가 상거소지/주소지 국가에서 계약체결에 필요한 행위를 할 것을 요구하는 점에서 브뤼셀규정이 아니라 브뤼셀협약과 동일하다.

한다.[24] 주목할 것은, 서울고등법원 2007. 10. 12. 선고 2007나16900 판결[25]도 저자와 같이 약관규제법의 국제적 강행법규성을 부정한 바 있고,[26] 근자에는 대법원 2010. 8. 26. 선고 2010다28185 판결도 같은 취지로 판단하였다는 점이다. 즉 위 대법원판결은 "국제사법 제27조에서 소비자 보호를 위하여 준거법 지정과 관련하여 소비자계약에 관한 강행규정을 별도로 마련해 두고 있는 점이나 약관규제법의 입법목적을 고려하면, 외국법을 준거법으로 하여 체결된 모든 계약에 관하여 당연히 약관규제법을 적용할 수 있는 것은 아니" 라고 판시하였다.[27] 후자의 대법원 판결은 국제거래에서 약관규제법이 준거법이 외국법임에도 불구하고 적용되는지를 정면으로 다룬 최초의 대법원판결로 보이는데, 동 판결이 이 쟁점을 비중 있게 다루지 않은 점은 매우 유감스럽다.[28] 이러한 태도는 국제거래에서 약관규제법의 적용이라는 중요한 쟁점에 대하여 대법원의 문제의식이 부족하다는 것을 드러내고 있다.[29]

---

24) 상세는 석광현, 국제사법과 국제소송 제3권(2004), 151면 이하 참조.

25) 위 판결은 확정되었다.

26) 즉 위 판결은, 외국법이 준거법인 경우에도 적용하여야 할 우리법의 강행규정이란, 국제사법 제7조가 규정하는 바와 같이 입법목적을 고려하여야 하고, 이는 그 법규정을 적용하지 않으면 우리의 법체계와 사회질서 및 거래안전 등에 비추어 현저하게 불합리한 결과가 야기될 가능성이 있어 이를 강제적으로 적용하는 것이 필요한 경우이거나, 법규정 자체에서 준거법과 관계없이 적용됨을 명시하고 있거나 혹은 자신의 국제적 또는 영토적 적용범위를 스스로 규율하고 있는 경우 등을 의미한다고 할 것인바, 원고가 주장하는 약관규제법 제3조의 명시·설명의무 규정이 위와 같은 강행규정에 해당한다고 보기 어렵다고 판시하였다.

27) 참고로 국제재판관할합의에 관한 대법원 1997. 9. 9. 선고 96다20093 판결은 한국 법원의 관할을 배제하고 외국법원을 관할법원으로 하는 전속적인 국제재판관할합의는 현저하게 불합리하고 불공정한 경우에는 공서양속에 반하는 법률행위에 해당하는 점에서도 무효라고 판시하였던바, 이러한 취지를 준거법합의에도 유추적용한다면, 준거법합의가 현저하게 불합리하고 불공정한 경우 공서양속에 반하는 법률행위로서 무효라고 볼 수 있을 것이다. 실제로 대법원 2010. 8. 26. 선고 2010다28185 판결은, 이 사건 계약이 캐나다 온타리오주법을 준거법으로 정함으로써 현저하게 불합리하거나 불공정한 결과가 초래된다고 볼 근거가 없어 그 준거법 약정은 유효하다고 본 원심판결을 지지하였다.

28) 간단한 평석은 석광현, "약관규제법은 국제적 강행규정인가," 법률신문 제3920호(2011. 3. 21.), 13면 참조. 저자는 위 판결이 판례공보에 게재되지 않은 것 같다고 했으나(橫川李基秀先生停年紀念 논문집인 세계화시대의 기업법, 563면) 이는 [공2010하, 1813]에 수록되었다. 잘못을 바로 잡는다.

29) 이처럼 약관규제법이 국제적 강행규정이 아니라고 본다면 공정거래위원회의 행정적 규제의 범위가 문제된다. 이는 석광현(註 28), 13면 참조.

《준거법이 외국법인 국제계약에 대한 약관규제법의 적용 여부와 약관규제법상의 보호의 부여 여부》

구 분	약관규제법이 적용되는 업종의 약관인 경우 (예컨대 국제매매)	약관규제법이 적용되지 않는 특정업종의 약관의 경우 (예컨대 국제금융)
제27조의 소비자계약인 경우	약관규제법 부적용 단, 약관규제법상의 보호 부여	약관규제법 부적용 약관규제법상의 보호 부여되지 않음([6], 7-14)*
제27조의 소비자계약이 아닌 경우	약관규제법 부적용 약관규제법상의 보호 부여되지 않음	약관규제법 부적용 약관규제법상의 보호 부여되지 않음([6], 7-14)*

* 표시는, 논란이 있는 부분임을 의미한다.

2. 국제소비자계약 사건의 국제재판관할

종래 영미에서는 '재판권'과 '국제재판관할'을 포괄하는 용어로 'jurisdiction'을 사용하나, 우리나라에서는 독일법의 영향을 받아 양자를 구별한다. 재판권은 재판에 의해 법적 쟁송사건을 해결할 수 있는 국가권력 또는 법질서의 실현을 위한 국가의 권능으로서 '사법권'이라고도 한다. 재판권은 통상은 문제되지 않으나, 피고가 국가인 경우 주권면제(sovereign immunity) 또는 국가면제(state immunity)의 문제로 다루어진다.

가. 일반관할과 특별관할

법원이 사건의 종류나 내용에 관계없이 피고에 대한 모든 소송에 관해 재판관할을 가지는 경우 '일반관할'(general jurisdiction)을 가진다고 하고, 법원이 예컨대 계약 또는 불법행위 등과 같이 일정한 종류나 내용에 기한 소송에 관하여만 재판관할을 가지는 경우 '특별관할'(special jurisdiction)을 가진다고 한다. 일반관할의 경우 피고와 법정지 간의 결합이 매우 강력하기 때문에 피고에 대한 모든 소송에 관하여 재판관할을 인정하는 것이다.

섭외사법은 국제재판관할에 관하여 규정을 거의 두지 않았으나, 2001년 7월 개정된 국제사법은 제1조에서 국제재판관할에 관한 원칙의 정립이 국제사법의 과제임을 선언하고 제2조에서 대원칙을 서언하며 제27조와 제28조에서 사회·경제적 약자인 소비자와 근로자를 보호하기 위한 특칙을 둔다.

나. 국제재판관할에 관한 대원칙(국제사법 제2조)

> 제2조(국제재판관할)
> ① 법원은 당사자 또는 분쟁이 된 사안이 대한민국과 실질적 관련이 있는 경우에 국제재판관할권을 가진다. 이 경우 법원은 실질적 관련의 유무를 판단함에 있어 국제재판관할 배분의 이념에 부합하는 합리적인 원칙에 따라야 한다.
> ② 법원은 국내법의 관할 규정을 참작하여 국제재판관할권의 유무를 판단하되, 제1항의 규정의 취지에 비추어 국제재판관할의 특수성을 충분히 고려하여야 한다.

과거 재산법상의 사건의 국제재판관할에 관하여 대법원 1992. 7. 28. 선고 91다41897 판결과 대법원 1995. 11. 21. 선고 93다39607 판결 등을 통하여 대법원은 국제재판관할의 결정에 관한 법리를 다음과 같은 4단계 구조로 설시하였다.

> ① 섭외사건의 국제재판관할에 관해 조약이나 일반적으로 승인된 국제법상의 원칙이 아직 확립되어 있지 않고 우리의 성문법규도 없다.
> ② 따라서, 섭외사건에 관한 법원의 국제재판관할 유무는 결국 당사자 간의 공평, 재판의 적정, 신속이라는 기본이념에 따라 조리에 의해 결정함이 상당하다.
> ③ 이 경우 민사소송법의 토지관할규정 또한 위 기본이념에 따라 제정된 것이므로 위 규정에 의한 재판적이 한국에 있을 때에는 한국법원에 국제재판관할이 있다고 봄이 상당하다.
> ④ 다만, 위 ③에 따라 국제재판관할을 긍정하는 것이 조리에 반한다는 특별한 사정이 있는 경우에는 한국법원은 국제재판관할이 없다.

국제사법 제2조는 이러한 대법원판결의 연장선상에 있는 것이나 다만「토지관할규칙=국제재판관할규칙」이라고 본 것이 아니라, 토지관할규칙 등 국내관할규칙을 참작하되 국제재판관할의 특수성을 고려하여 합리적인 규칙을 정립할 것으로 요청한다. 즉, 제2조 제2항은, 국내법의 관할 규정(민사 및 상사사건의 경우 토지관할 규정)을 참작하되 그에 얽매이지 말고 국제재판관할의 특수성을 충분히 고려함으로써 정치한 국제재판관할 규칙을 정립할 것을 요구하는 것인데, 제2조 제2항의 요체는 바로 여기에 있다.

따라서 모든 토지관할 규정에 대해 동등한 가치를 부여할 것이 아니라, 토지관할 규정들을 ① 그대로 국제재판관할 규칙으로 사용할 수 있는 것, ②

국제적인 고려에 의해 수정함으로써 비로소 국제재판관할 규칙으로 사용할 수 있는 것과 ③ 국제재판관할 규칙으로는 적절치 않아 아예 배제되어야 하는 것으로 구분해야 한다. 또한 ④ 토지관할 규정이 망라적인 것은 아니므로 그 밖에도 국제재판관할의 근거가 될 수 있는 사정의 유무와, 만일 이를 인정한다면 그 내용에 대한 검토가 필요하다. 더욱이 국제사법 제2조는 '실질적 관련'을 기초로 국제재판관할을 긍정하는 열린 구조를 취하므로 구체적인 사건에 대응하는 탄력적인 운용이 가능하다. 실제로 도메인이름에 관한 대법원 2005. 1. 27. 선고 2002다59788 판결은 국제사법이 시행되기 전의 사건임에도 불구하고 국제사법 제2조를 고려하여 탄력적인 접근을 하여 실질적 관련을 근거로 우리나라의 국제재판관할을 긍정한 바 있다.[30)]

국제재판관할을 가지는 국가가 복수 존재할 수 있으므로 원고는 자기에게 유리한 법정지를 선택하여 그곳에서 제소할 수 있게 된다. 이것이 이른바 forum shopping이다.

다. 국제계약 사건의 국제재판관할

(1) 국제계약 사건의 특별관할

민사소송법 제8조는 '거소지 또는 의무이행지의 특별재판적'이라는 제목하에 "재산권에 관한 소를 제기하는 경우에는 거소지 또는 의무이행지의 법원에 제기할 수 있다"고 규정한다. 대법원 1972. 4. 20. 선고 72다248 판결은 섭외적인 요소가 있는 사건에서도 그에 상응하는 구 민사소송법 제6조를 적용하여, 중개보수를 지급할 채무가 지참채무이고 따라서 그 이행지인 채권자 주소지가 한국임을 근거로 한국법원의 국제재판관할을 인정한 바 있다.

그러나 국제계약 사건의 의무이행지에 특별관할을 인정하는 데 대하여는 많은 비판이 있다. 특히 동 조를 적용하기 위해서는 우선 의무이행지를 결정해야 하므로 이행지에 관한 합의가 없는 경우 그의 결정이 문제된다. 위 1972년 대법원 판결은 법정지인 한국의 섭외사법을 적용하여 문제가 된 계약의 준거법을 지정하고 그에 따라 채무의 이행지를 결정하였으나 적정, 공평하고 능률적인 운영이라는 국제민사소송법상의 이념에 따라 합리적으로 의무이행지를 결정할 것이라는 견해가 유력하다. 의무이행지에 기한 특별관할의 가장 큰 문제점은 과연 그것이 통상적인 계약의 모든 경우에 타당한가라

---

30) 평석은 석광현, 국제사법과 국제소송 제4권(2007), 85면 이하 참조.

는 점이다. 특히, 이를 매매계약과 용역계약에 따라 실제로 이행이 행해진 곳으로 제한하자는 견해가 유력하다. 어쨌든 의무이행지 관할을 인정한다면 그것이 합리적인 범위 내로 제한되도록 해야 할 것이다.

주목할 것은 계약사건에 관한 대법원 2008. 5.29. 선고 2006다71908 판결이다. 이는 계약에 관한 사건에서 위 1972년 대법원 판결처럼 청구의 기초가 된 의무의 이행지에 기계적으로 국제재판관할을 긍정하는 태도를 취하지 않고, 사실관계를 고려하여 한국에도 당사자 또는 분쟁이 된 사안과 실질적 관련이 있다는 근거로 우리 법원의 국제재판관할을 인정하였다.[31] 이 판결을 보면, 섭외사법 하에서 토지관할규칙에 지나치게 구속되었던 대법원이 이제는 거꾸로 토지관할규칙을 과도하게 무시하는 것처럼 보인다. 그러나 실질적 관련을 법원의 恣意的 結論을 정당화하는 도구로 사용하는 것은 제2조에도 반하고 위험하기까지 하다.[32]

그러나, 그 후 선고된 항공사고로 인한 손해배상사건에 관한 대법원 2010. 7. 15. 선고 2010다18355 판결은 이러한 우려를 일부 완화하고 있다. 즉, 이는 근자에 한국에서 발생한 항공사고를 이유로 중국항공사의 승무원의 유족(부모)이 한국에서 사고를 낸 중국 항공사를 상대로 우리나라에서 계약위반 및 불법행위에 기한 손해배상청구의 소를 제기한 사건인데, 위 대법원 판결은 "당사자 또는 분쟁이 된 사안이 대한민국과 실질적 관련이 있는지를 판단하는 데 있어서 민사소송법상 토지관할권 유무가 여전히 중요한 요소가 됨을 부인할 수 없다"고 지적하면서 결국 사고 발생지인 우리나라의 국제재판관할을 긍정하였기 때문이다. 이는 위 2008년 대법원판결과 달리 토지관할규칙을 중요한 요소로 평가하고 있다.

따라서 앞으로 대법원판결의 추이를 좀더 지켜볼 필요가 있다.

---

31) 대법원 판결은 분쟁이 된 사안과 가장 실질적 관련이 있는 법원은 청어의 인도지로서 최종 검품 예정지였던 중국 법원이나 … 피고가 원고를 상대로 중국 법원에 제기한 소가 각하된 점, 청어에 포함된 성자(成子)의 비율을 확인할 수 있는 증거인 청어가 더 이상 존재하지 않으며, 피고가 청어를 인도받고 처분한 시점으로부터 약 5년이 경과하여 이제 와서 한국 법원의 국제재판관할을 부정한다면 당사자의 권리구제를 도외시하는 결과를 야기할 수 있는 점, 피고가 반소를 제기했으므로 원·피고 사이의 분쟁을 종국적으로 일거에 해결할 필요성이 있는 점, 원고가 한국에서 관련 서류를 팩스로 전송받는 방법으로 계약을 체결했고, 정산금을 송금받기로 한 곳이 한국인 점 등을 고려하여 위와 같은 결론을 내렸다.

32) 평석은 석광현, "계약사건의 국제재판관할에서 의무이행지와 실질적 관련," 법률신문 제3792호(2009. 11. 12.), 14면; 이 책 [8]의 보론 참조. 계약사건의 국제재판관할에 관한 상세는 이 책 [8] 참조.

(2) 피고주소지의 일반관할

민사소송법 제2조는 '보통재판적'이라는 제목 하에 "소는 피고의 보통재판적이 있는 곳의 법원이 관할한다"고 규정한다. 민사소송법은 이처럼 원고는 피고의 재판적 소재지의 법원에 소를 제기하여야 한다는 원칙을 정하고 있는데, 이는 '*actor sequitur forum rei*'(원고는 피고의 법정지를 따른다)라는 로마법 이래 대륙법의 원칙을 수용한 것이다. 민사소송법 제3조는 자연인의 경우, 원칙적으로 주소에 따라 보통재판적을 정하고, 민사소송법 제5조 제1항은 법인 기타 사단 또는 재단의 경우, 원칙적으로 그 주된 사무소 또는 영업소에 의하여 보통재판적을 정한다. 이는 국제재판관할에도 타당하다.

라. 국제소비자계약의 특칙(제27조)

> 제27조 …
> ④ 제1항의 규정에 의한 계약의 경우에 소비자는 그의 상거소가 있는 국가에서도 상대방에 대하여 소를 제기할 수 있다.
> ⑤ 제1항의 규정에 의한 계약의 경우에 소비자의 상대방이 소비자에 대하여 제기하는 소는 소비자의 상거소가 있는 국가에서만 제기할 수 있다.
> ⑥ 제1항의 규정에 의한 계약의 당사자는 서면에 의하여 국제재판관할에 관한 합의를 할 수 있다. 다만, 그 합의는 다음 각호 중 어느 하나에 해당하는 경우에 한하여 그 효력이 있다.
> 1. 분쟁이 이미 발생한 경우
> 2. 소비자에게 이 조에 의한 관할법원에 추가하여 다른 법원에 제소하는 것을 허용하는 경우

(1) 국내관할 규정에 기한 국제재판관할 규칙의 도출

민사소송법은 소비자보호를 위한 '보호적 관할'(protective jurisdiction)을 규정하지 않는다. 다만, 약관규제법 제14조는 "고객에 대하여 부당하게 불리한 재판관할의 합의조항은 이를 무효로 한다"는 취지의 규정을 둠으로써 약관에 의한 관할합의를 규제하고 있을 뿐이다. 우리나라에서도 일반적으로 국제재판관할 합의의 남용으로부터 상대방을 보호할 필요가 있음은 널리 인정되고 있으나, 약관규제법 제14조가 국제재판관할 합의와 관련하여 어떠한 의미를 가지는지에 관하여는 충분한 논의가 이루어지지 않고 있다.

다만, 방문판매법 제57조 본문과 할부거래법 제16조는 소비자의 매수인의 주소 또는 거소를 관할하는 지방법원의 전속관할을 인정하므로 이로부터

국제재판관할의 규칙을 도출한다면 그 경우 전속관할이 인정됨으로써 매우 강력한 소비자보호를 달성할 수 있다. 그러나 저자는 이러한 특별법의 조항은 국제재판관할을 적절히 고려한 것은 아니므로 단순히 토지관할만을 규정한 조항이라고 본다.[33)]

(2) 소비자가 제기하는 소(제4항)

제27조는 소비자계약 사건의 국제재판관할에 관한 특칙을 둔 것으로 다음과 같은 의미가 있다. 제1항의 규정에 의한(즉 제1항의 요건을 구비하는) 소비자계약의 경우 소비자는 그의 상거소지 국가에서도 상대방에 대하여 소를 제기할 수 있다(제4항). 이는 의무이행지 여부를 묻지 않고 소비자 상거소지국가의 국제재판관할을 인정하는 점에 존재의의가 있다. 문언으로부터 알 수 있듯이 이는 다른 관할에 추가적인 것이다. 그러나, 무엇보다도 제4항의 요체는, 소비자보호를 위하여, 로마법 이래 대륙법계 민사소송법의 기본원칙인 '원고는 피고의 법정지를 따른다'는 원칙에 정면으로 배치되는 국제재판관할규칙을 도입한 데 있다.

제27조의 보호적 관할이 적용되기 위해서는 당해 계약이 소비자가 직업 또는 영업활동 외의 목적으로 체결하는 계약이어야 하고, 그에 추가하여 동조 제1항에 규정된 요건 중의 하나가 구비되어야 한다. 제1항, 특히 제1호의 요건은 '수동적 소비자'만을 보호의 대상으로 함은 위에서 본 바와 같다. 이처럼 우리 국제사법은 준거법과 국제재판관할의 영역에서 공히 수동적 소비자만을 보호함으로써 준거법과 국제재판관할의 병행을 달성하고자 한다.[34)]

(3) 상대방이 제기하는 소(제5항)

한편, 제1항의 규정에 의한 소비자계약의 경우에 소비자의 상대방이 소비자에 대하여 제기하는 소는 소비자의 상거소지 국가에서만 제기할 수 있다(제5항). 상거소와 주소는 대부분 일치할 것이기 때문에 이는 '원고는 피고의 법정지를 따른다'는 원칙을 적용한 것과 큰 차이가 없으나, 연결점이 주소지가 아니라 상거소 소재지라는 점과 그것이 전속적이라는 점에 제5항의 존재의의가 있다.

---

33) 상세는 석광현(註 3), 241면 이하 참조.

34) 일본의 경우 위에서 본 것처럼 준거법의 결정에 관한 법의 적용에 관한 통칙법은 수동적 소비자에 한정하여 특칙을 적용하나, 2012년 4월 시행된 개정 민사소송법(제3조의4)은 국제재판관할의 맥락에서는 이런 제한을 두지 않으므로 양자 간에 부조화가 발생한다. 물론 국제재판관할의 경우 특별한 사정(민사소송법 제3조의9)에 의하여 제한할 가능성은 있다.

(4) 국제재판관할 합의의 제한(제6항)

나아가 제27조는 부당한 재판관할합의를 막기 위하여 당사자 간의 재판관할합의는 원칙적으로 사후적 합의만을 허용하고, 예외적으로 사전 합의일 경우 소비자에게 유리한 추가적 합의만을 인정한다.

(5) 약관규제법과 국제재판관할합의

제27조 제6항이 적용되는 소비자계약의 경우에는 그것으로 소비자보호가 족하고 약관규제법의 적용 여부는 별로 실익이 없다. 제6항은 약관인가의 여부에 관계없이 적용되기 때문이다. 따라서 약관규제법의 적용 여부가 실익을 가지는 것은 제6항이 적용되지 않는 경우이다. 약관규제법 제14조는 "고객에 대하여 부당하게 불리한 재판관할의 합의조항은 무효로 한다"는 취지의 규정을 둠으로써 약관에 의한 재판관할합의를 규제한다. 그러나, 약관규제법 제15조와 동법시행령 제3조는 국제적으로 통용되는 운송업, 금융업 및 보험업의 약관 등에 대하여는 약관규제법 제7조 내지 제14조의 적용을 배제하고, 대법원 1999. 12. 10. 선고 98다9038 판결은 위 업종의 약관 등에 대하여는 약관규제법 제14조와, 약관의 내용통제에 관한 일반원칙을 정한 제6조는 모두 적용되지 않는다고 보았다. 따라서, 제27조의 소비자계약이 아닌 경우로서 약관규제법의 적용대상이 아닌 때에는 아무런 보호가 없게 된다.

《준거법이 외국법인 국제계약의 국제재판관할합의 조항과 약관규제법의 적용 여부》

구 분	약관규제법이 적용되는 업종의 약관인 경우 (예컨대 국제매매)	약관규제법이 적용되지 않는 특정업종의 약관인 경우 (예컨대 국제금융)
제27조의 소비자계약인 경우	국제사법(제6항)의 보호로 충분 약관규제법 적용 여부(6, 14)[1]*	국제사법(제6항)의 보호로 충분 약관규제법 부적용([6], 14)**
제27조의 소비자계약이 아닌 경우	국제사법 적용 없음 약관규제법 적용 여부(6, 14)[2]*	국제사법 적용 없음. 약관규제법 부적용([6], 14)**

* 표시는, 관할합의의 유효요건(적법요건)의 준거법에 따라 적용 여부가 결정됨을 의미한다.

** 표시는, 제6조의 적용 여부는 대법원판결을 따르는가에 의하여 결정됨을 의미한다.

그렇다면 남은 문제는, 제27조의 소비자계약은 아니나 약관규제법의 적용대상인 경우(위의 표 [2]의 경우)라고 할 수 있다. 이 경우 약관규제법의 적용 여부는 위와 같다.[35)]

(6) 전자상거래의 문제[36)]

가상공간에서 행해지는 국제적인 소비자거래에도 기본적으로는 현실공간에 관한 위의 논의가 타당하다. 그러나, 전자상거래의 특수성으로 인한 문제점들이 제기될 수 있다. 위에서 준거법과 관련하여 논의한 문제점들이 국제재판관할과 관련해서도 마찬가지로 발생한다. 특히 문제되는 것은 전자상거래에서 보호되는 소비자의 범위인데 이에 관하여는 위에서 논의하였다.

3. 국제상사중재와 소비자의 보호

오늘날 실질법의 영역에 있어 계약자유의 원칙은 상당한 제한을 받게 되었고 이는 특히 사회·경제적 약자인 소비자를 보호하기 위한 법규에서 현저한데 이런 조항들은 당사자들이 합의에 의하여 적용을 배제할 수 없는 강행규정이다. 이러한 현상은 준거법뿐만 아니라 국제재판관할의 맥락에서도 의미가 있으므로 국제사법(제27조)은 위에서 본 바와 같이 소비자를 보호하기 위한 규정을 두고 있다. 이러한 소비자보호의 필요성은 중재합의의 경우에도 타당하나, 국제사법과 중재법은 국제중재의 맥락에서 소비자보호를 위한 규정을 두고 있지 않고 우리나라에서는 이에 대한 논의도 부족하다.

가. 약관규제법의 불충분성

여기에서 고려할 수 있는 것은 약관규제법이다. 불공정한 내용의 약관을 규제하여 건전한 거래질서를 확립함으로써 소비자를 보호하는 것을 목적으로 하는 약관규제법은 위에서 본 바와 같이 제14조에서 고객에게 부당하게 불리한 소제기의 금지조항을 무효라고 규정한다. 중재조항은 여기에서 말하는 "소제기의 금지조항"에 포함되므로 고객에게 불리한 중재합의는 무효이다. 문제는 '부당하게' 불리한이라는 기준이 매우 추상적이라는 점이다. 중재합의

35) 상세는 석광현(註 3), 243면 이하 참조.

36) 이에 관한 상세는 석광현, "인터넷거래의 국제재판관할과 지향된 활동," 남효순(편), 인터넷과 법률Ⅲ(2010), 732면 이하 참조. 유럽의 논의는 Tang(註 14), p. 39 이하 참조.

의 방식에 관하여는 약관규제법도 아무런 특칙을 두지 않는다.

약관에 의한 중재합의의 남용으로부터의 소비자보호라는 관점에서 보면 중재법과 약관규제법은 미흡하므로 국내거래와 국제거래를 모두 고려해서 적절한 규제의 수준과 방법을 강구해야 한다. 특히 대법원 판결[37]이, 위에서 본 바와 같이 국제적으로 통용되는 운송업, 금융업 및 보험업의 약관 등에 대하여 약관규제법 제14조는 물론, 나아가 약관의 내용통제에 관한 일반원칙을 정한 제6조도 적용되지 않는다고 보므로 그 필요성이 더욱 크다. 중재에 의한 분쟁해결이 확대되는 경향을 고려한다면 이는 시급한 문제이다.

특히 국제거래에서는 국제사법(제27조)에서 보듯이 소비자의 범위를 제한하고—예컨대 자연인이 직업 또는 영업활동 외의 목적으로 계약을 체결하는 경우로 한정하여—그에 대해 실효적인 보호를 부여하는 것이 국제거래에서의 소비자보호의 방향임에도 불구하고, 약관규제법이 그러한 소비자인가를 묻지 않고 '약관의 사용'이라는 거래형태만에 착안하여 매우 느슨한 보호를 부여하는 점은 타당하지 않다.

나. 국제중재에서 소비자 보호의 방향

종래 우리나라에서도 중재에서 소비자보호의 문제에 관한 논의가 있다. 예컨대 정선주 교수는 영국과 독일의 입법례를 소개하면서 중재합의의 시기, 중재합의의 방식, 정보제공의무와 소비자보호입법의 배제의 관점에서 소비자를 보호하는 방안을 검토한다.[38] 그러나 이는 주로 국내중재의 맥락에서의 논의이고 국제중재에 대한 고려는 부족하다.

독일 민사소송법(제1031조 제5항)은 "소비자가 관련된 중재합의는 반드시 당사자 중 1인의 자필서명이 있는 문서에 포함되어야 한다"고 규정함으로써 소비자의 보호를 위하여 중재합의의 방식에 관한 특칙을 두고 있는데

---

37) 위에서 언급한 대법원 1999. 12. 10. 선고 98다9038 판결.

38) 정선주, "소비자중재에서 소비자보호의 문제," 법학 제49권 제1호(통권 제146호)(2008. 3.), 236면 이하. 김광수, "국제소비자분쟁의 해결방안," 계간 중재(2008년 봄), 29면 이하는 국제소비자분쟁의 실태와 사례 등을 소개하나 국제소비자중재에 특유한 쟁점을 다루지는 않는다. 소비자계약에서 중재합의를 한 경우 분쟁의 실체에 적용할 준거법에 관하여 독일에서는 중재법이 정한 당사자자치의 원칙이 타당한지 아니면 국제사법의 특칙이 여전히 적용되어야 하는지에 관하여 견해가 나뉜다. Karl Heinz Schwab/Gerhard Walter, Schiedsgerichtsbarkeit 7. Auflage (2005), Kapitel 55 Rn. 6 참조. Rolf A. Schütze, Schiedssgericht und Schiedsverfahren 4. Auflage (2007), Rn. 197은 중재법이 특칙을 언급하지 않으므로 국제사법의 특칙은 적용되지 않는다고 한다.

이는 참고할 만하다.[39] 또한, 일본 중재법은 사회·경제적 약자인 소비자와 근로자를 보호하기 위한 특칙을 둔다. 즉 일본 중재법은 소비자가 체결한 중재합의를 해제할 수 있도록 규정한다(부칙 제3조).[40] 다만 이는 일본 중재법 시행 후 소비자 또는 근로자가 장래의 분쟁을 해결하기 위하여 체결한 중재합의에 적용되는 것으로 관련 법제가 정비될 때까지의 잠정적 조치이다.[41]

사견으로는, 국제중재의 맥락에서 소비자보호는 정선주 교수가 언급한 여러 가지 맥락을 어떻게 국제적 사안에 반영할 것인가의 문제이다. 그 경우 관할법원을 제한하는 국제사법처럼 중재지를 소비자의 상거소지 국가로 제한하는 방향도[42] 검토할 필요가 있다. 독일처럼 중재합의의 방식을 제한하는 방향을 도입할지도 문제인데, 그 경우 전자상거래도 고려할 필요가 있다.[43] 그러나 이처럼 중재합의의 방식의 규제로 접근하는 데 반대하면서 소비자의 보호는 유효성(validity)의 문제로 해결하려는 견해도 주장될 수 있다.[44]

다만 어느 경우이든 보호의 대상이 되는 소비자의 범위가 중요한데, 그에 관하여는 국제사법 제27조를 참조하여 제27조 제1항에 해당하는 소비자(수동적 소비자)는 물론이고 합리적인 범위의 능동적 소비자의 경우도 보호할 필요가 있다고 본다.[45] 그 구체적인 내용은 앞으로 더 검토할 사항이나, 한편으로는 소비자중재를 활성화하면서도 동시에 소비자의 정당한 이익을 보호해야 한다는 목적을 조화롭게 달성할 수 있는 방안을 강구해야 할 것이다.

---

39) 브라질 중재법도 부합계약의 경우 유사한 요건을 요구한다고 한다. Gary B. Born, International Commercial Arbitration, Volume Ⅱ(2009), p. 623.

40) 일본 중재법은 개별근로관계 분쟁에 관하여 근로자가 체결한 중재합의를 무효라고 규정한다(부칙 제4조).

41) 상세는 近藤昌昭 외 4인, 仲裁法コンメンタール(2003), 305면 이하 참조.

42) 현행법상 국제중재합의에 국제사법 제27조를 유추적용하여 분쟁 발생 후에 체결되는 중재부탁계약과 달리 분쟁발생 전에 중재합의를 하는 중재조항은 중재지가 소비자의 상거소 소재지인 경우에만 허용된다고 볼 수 있는지는 논란의 여지가 있다.

43) 예컨대 아마존의 사이트를 보면 소비자와의 분쟁은 워싱턴주법에 따르고, 분쟁은 워싱턴주 시애틀에서 American Arbitration Association의 중재규칙에 의하여 해결하도록 되어 있다.

44) 미국에서는 소비자중재에 대해 이런 식으로 접근하는 것으로 보인다. 소개는 하충룡, "소비자중재합의의 미국계약법상 항변," 중재연구 제20권 제2호(2010. 8.), 151면 이하; 강용찬박원형, "소비자중재합의의 효력에 관한 미국 법원의 태도와 함의," 중재연구 제21권 제1호(2011. 3.), 73면 이하 참조.

45) 위에서 본 바와 같이, 국제사법(제27조)은 수동적 소비자만 보호하지만 로마 I 규정(제6조)처럼 일정한 요건 하에 능동적 소비자를 포함할 필요가 있다는 말이다.

4. 소　결

소비자계약에 관한 국제사법의 규정을 보면, 준거법에 관하여는 로마협약을, 국제재판관할에 관하여는 브뤼셀 I 규정과 헤이그신협약의 예비초안[46]을 크게 참고한 것이다. 앞으로는 약관규제법과의 관계를 보다 명확히 하고, 전자상거래와 관련하여 국제사법의 정치한 해석론을 전개할 필요가 있다. 그리고 전자상거래소비자보호법과 같은 법을 제정하거나 개정함에 있어서는 국제거래의 맥락을 충분히 고려할 필요가 있다.[47] 또한 국제중재에 관하여는 소비자를 보호하기 위한 고려가 전혀 없으므로 이를 입법적으로 해결할 필요가 있다.

Ⅲ. 공정거래법의 역외적용

앞에 적은 바와 같이, 외국인이 외국에서 한 행위에 대하여도 우리 공정거래법을 적용하지 않으면 소기의 목적을 달성할 수 없는 경우도 있다. 2004년 12월 31일 개정되기 전의 구 독점규제 및 공정거래에 관한 법률("구 공정거래법")은 역외적용에 관한 규정을 두지 않았기에 과연 역외적용이 가능한지에 관하여 논란이 있었다. 그러던 중 공정거래위원회가 구 공정거래법을 역외적용하여 외국사업자들에게 시정명령과 함께 과징금을 부과한 사건(흑연전극봉 사건)이 있었고, 그에 대하여 일본 사업자가 서울고등법원에 소를 제기하여 사건이 대법원에 계속중 국회는 구 공정거래법을 개정하여 이른바 효과주의(또는 영향이론)에 입각한 역외적용의 명시적 근거를 마련하였다. 여기에서는 부당한 공동행위를 중심으로 공정거래법의 역외적용의 문제를 살펴본다.[48]

---

46) 이는 헤이그국제사법회의에서 작성한 "민사 및 상사사건의 국제재판관할과 외국재판에 관한 협약"의 1999년 예비초안을 말한다.

47) 전자상거래소비자보호법의 적용 여부도 결국 국제사법 제27조의 맥락에서 검토할 필요가 있다. 그런데, 예컨대 우리 사업자가 외국의 소비자를 상대로 거래한 경우까지 전자상거래소비자보호법의 적용을 고려하였는지는 의문이다.

48) 상세는 석광현, "독점규제 및 공정거래에 관한 법률의 域外適用," 판례연구 제21집(2)(서울지방변호사회, 2007. 12.), 9-49면; 이 책 [4]를 참조. 이 부분은 후자와 중복된다.

1. 공정거래법의 역외적용에 관한 기초이론

가. 역외적용의 개념

국내법의 역외적용(extraterritorial application)의 의미는 다양하게 정의되고 있으나, 대체로 한 국가의 법은 그 국가의 영역 내에서만 적용되는 것이 원칙이라는 전제 하에 경우에 따라 그 국가의 법이 영토 외에서 적용된다는 의미로 사용하는 것으로 보인다. 역외적용의 개념을 이렇게 이해하면 역외적용은 속지주의와 대비되는 개념이 된다. 다만 역외적용이 실익을 가지는 것은 속인주의와 속지주의의 어느 것으로도 설명되지 않는 사안에서 국내법의 적용을 정당화하는 근거로 사용되는 경우이다.[49] 즉 그 경우 국제법상 전통적으로 인정되어온 속인주의 또는 속지주의에 따르면 국내법을 적용할 수 없지만 그럼에도 불구하고 국내법을 적용할 수 있게 된다. 종래 국내법의 역외적용은 특히 미국에서 발전되었는데, 이는 독점금지법의 경우만이 아니라 증권거래법과 지적재산권법(특히 상표법)의 경우에도 논의되고 있다.

나. 구 공정거래법의 태도와 공정거래위원회의 역외적용

구 공정거래법은 역외적용을 명문으로 규정하지 않았기 때문에 역외적용 여부에 관하여 논란이 있었다. 그런데 구 공정거래법 하에서 공정거래위원회는 흑연전극봉(Graphite Electrodes) 사건에서 2002. 4. 4. 구 공정거래법을 적용하여 부당한 공동행위를 한 외국 기업들에 대하여 시정명령을 하고 동시에 과징금을 부과하였다. 이는 공정거래위원회가 구 공정거래법을 역외적용한 최초의 사례였다.[50] 흑연전극봉 사건에서 시정명령을 받은 기업들 중 일본기업인 쇼와 덴코 케이케이(昭和電工 株式會社)는 공정거래위원회를 상대로 주위적으로 시정명령 및 과징금 납부명령의 무효확인을, 예비적으로 취소를 구하는 소를 서울고등법원에 제기하였고, 원심판결과 대법원 2006. 3. 24. 선고 2004두11275 판결은 구 공정거래법의 역외적용은 타당하다고 판단하였

---

49) 저자는 이런 취지로 역외적용을 정의한 바 있다. 석광현, "독점규제 및 공정거래에 관한 법률의 域外適用," 서울지방변호사회 판례연구 제21집(2)(2007. 12.), 19면; 이 책 [4] 참조.

50) 공정거래위원회는 그 후 2003년에도 로슈와 바스프 등 비타민카르텔 사건에서도 유사한 조치를 취한 바 있다. 스위스 법인인 라 로슈는 공정거래위원회를 상대로 유사한 소를 제기하였는데 서울고등법원 2004. 11. 24. 선고 2003누9000 판결은 원고의 청구를 모두 기각하였고 동 판결은 확정되었다.

다. 즉 대법원판결은 부당한 공동행위를 금지한 구 공정거래법 제19조의 역외적용을 긍정하고, 공정거래위원회가 외국의 사업자에게 우편에 의한 송달을 한 것은 적법하다고 판단하였다. 이는 구 공정거래법의 역외적용을 긍정한 최초의 대법원판결이었다.

다. 구 공정거래법의 개정과 역외적용에 관한 규정의 신설

국회는 대법원판결의 선고에 앞서 2004. 12. 31. 법률 제7315호로써 구 공정거래법을 개정하여 역외적용을 명시한 조문을 신설하였다. 즉 국회는 "국외행위에 대한 적용"이라는 제목의 제2조의2를 신설하여 "이 법은 국외에서 이루어진 행위라도 국내시장에 영향을 미치는 경우에는 적용한다"고 명시함으로써 역외적용의 근거를 마련하였고, 나아가 제36조의2에서 공정거래위원회의 국제협력을 명시하였으며, 제53조의3을 두어 송달규정을 정비하였다. 이러한 구 공정거래법의 개정은 2005. 4. 1.부터 발효하였다.

라. 문제의 제기와 논의의 방향

공정거래법의 역외적용과 관련하여 저자가 가지는 문제의식은, 역외적용에 관한 제2조의2는 공정거래위원회의 행정적(또는 공법적) 규제를 주로 염두에 둔 것인데, 그것이 부당한 공동행위를 한 자의 민사책임의 맥락에서 어떤 의미를 가지는가라는 점이다.

공정거래법상의 규제는 그의 성질에 따라 ① 행정적(또는 공법적) 규제를 내용으로 하는 행정규제, ② 행정규제의 위반으로 인한 민사책임을 규율하는 민사책임규제와 ③ 행정규제를 위반한 데 대한 형사처벌(엄밀하게는 행정형벌)을 내용으로 하는 형사책임규제로 구성된다. 따라서 이른바 '국제공정거래법'의 실체법 및 절차법의 체계를 세우는 데 있어서도 위 세 가지 분야로 구분할 필요가 있다.

행정규제법의 분야에서는 주로 초개인적인 국가적·경제정책적인 공적인 이익에 봉사하는, 또는 공법적인 정치적 및 경제정책적인 규정의 성질을 가지는 국제적 강행규정이 문제되므로 주어진 쟁점에 대해 어느 국가의 법이 적용되는가라는 형태가 아니라, 예컨대 우리 공정거래법의 적용 여부를 묻는 형태로 문제가 제기된다. 미국의 연방독점금지법의 역외적용도 이러한 형태의 문제제기이다. 이는 사법상의 법률관계의 준거법을 정하는 협의의 국제사법에 대비되는 '국제행정법'(internationales Verwaltungsrecht) 또는 '섭외공법'(internationales öffentliches Recht)의 문제이다. 이는 경제저촉법의 문제임과 동시에 국제(공)법의 문제라고 할 수 있다.

반면에 민사책임의 문제는 國際私法의 문제이다. 특히 우리나라에서는 민사에 관한 한 국가의 규율관할권(또는 입법관할권)은 원칙적으로 제한이 없는 것으로 보면서, 문제된 법률관계(또는 쟁점)와 가장 밀접한 관련이 있는 법을 탐구하는 접근방법을 취하므로 민사책임의 준거법의 결정은 규율관할권의 한계의 문제는 아니다. 따라서 민사책임의 준거법결정에 관한 국제사법은 국내법이지 국제(공)법이 아니다.

여기에서는 부당한 공동행위를 금지한 공정거래법 제19조의 위반을 중심으로 각 분야별로 실체법상의 문제와 절차법상의 문제를 간단히 논의하는데, 이는 넓은 의미의 '국제공정거래법(국제독점금지법)', 보다 정확히는 '국제카르텔법'의 쟁점이다. 단적으로 말하자면 구 공정거래법을 개정하여 역외적용을 명시한 것은 나름대로 수긍할 수 있으나, 개정은 주로 행정규제의 측면에 초점을 맞춘 것일 뿐이고, 민사책임과 형사책임의 측면은 상대적으로 소홀히 취급한 것으로 생각된다. 다만 그런 논의에 앞서 조문의 취지를 간단히 검토한다.

마. 공정거래법 제2조의2의 취지

(1) 의 의

위에서 본 바와 같이 공정거래법 제2조의2는 "국외행위에 대한 적용"이라는 제목 하에 "이 법은 국외에서 이루어진 행위라도 국내시장에 영향을 미치는 경우에는 적용한다"고 규정한다. 그러나 이는 효과주의에 따라서 국외에서 이루어진 행위라도 그 효과가 국내에 미치는 경우에는 한국법을 적용한다는, 더 정확히는 한국법을 적용할 수 있다는 의미이지, 행위주의에 따라 외국의 공정거래법을 적용할 가능성을 처음부터 배제하는 것은 아니라고 본다.[51] 즉 그 경우 어느 법을 적용할지는 공정거래법의 취지에 비추어 우리 법원이 결정해야 하는 것이지, 반드시 우리 공정거래법을 적용해야 한다는

51) 이는 공정거래법 제2조의2와 유사한 자본시장법 제2조에 관하여 석광현·정순섭, "국제자본시장법의 서론적 고찰—역외적용 및 역외투자자문업자등의 특례를 중심으로—," 증권법연구 제11권 제2호(2010), 37면에 쓴 것과 같은 취지이다.

취지는 아니라는 것이다. 다만 민사책임에 관한 문제와 달리, 우리 감독당국의 경우 외국의 규제법을 적용하여 제재를 부과하지는 않으므로 공법적 규제에 관한 한 효과주의 원칙에 따라 한국법을 적용하게 될 것이다. 여기서 중요한 의미를 가지는 것은 "국외에서 이루어진 행위"와 "그 효과가 국내시장에 미치는 경우"의 해석이다.

(2) 적용기준

공정거래법 제2조의2에 따르면, 공정거래법의 역외적용을 위한 기준은 (i) 국외에서 이루어진 행위이고 (ii) 그 효과가 국내시장에 미치는 경우일 것, 즉 행위가 행해진 장소와 그 효과의 발생지가 다르고, 그 효과의 발생지가 국내시장인 경우를 말한다. 물론 그 효과는 국내에서만 발생할 필요는 없고 국내와 외국에서 모두 발생하더라도 무방하다.

"국외에서 이루어진 행위"에 대해서는 행위의 일부라도 국내에서 이루어지는 경우에는 이를 국내에서 행위가 이루어진 것으로 볼 수 있으므로 국내관련성이 전혀 없는 경우를 원칙적인 적용대상으로 한다고 볼 것이다. 행위주체는 명시하지 않으므로 외국인과 내국인이 모두 포함될 수 있지만 주로 외국인을 염두에 둔 것으로 보인다.

"국내시장에 영향을 미치는 경우"에서 핵심적인 기준은 "그 영향" 즉 국내시장에 미치는 영향의 정도인데, 이는 공정거래법 전반에 대하여 일률적으로 판단할 것이 아니라 문제된 규정의 성질에 따라 개별적으로 결정해야 할 문제라고 생각한다.

2. 행정규제의 문제

가. 실체법의 문제

행정규제에 관한 한 공정거래법 제19조는 역외적으로 적용된다. 제2조의2가 신설된 이상 이는 의문이 없다. 다만 효과주의를 관철할 경우 외국과의 마찰이 불가피하므로 그 요건을 명확히 함으로써 이를 합리적인 범위 내로 제한할 필요가 있다. 그 과정에서 예컨대 이를 '주된', '직접적' 또는 '실질적' 영향(또는 효과)으로 제한하거나, Timberlaine 사건 판결에서 보는 '관할권에 관한 합리성의 원칙'이나, 독일의 '국내문제불간섭의 원칙' 또는 '관할권 남용금지의 원칙' 등과, Hartford Fire 사건 판결에서 보는 '진정저촉의 법리'

를 널리 참조할 필요가 있다. 또한 어떤 주관적인 요건이 필요한지도 문제이다. 다만 어느 국가도, 국제조약 기타 국제적 합의가 없는 한 규제의 차원에서 외국의 행정법규를 직접 적용하지는 않으므로,[52] 이는 특정 사안에 우리 공정거래법이 역외적용되는가라는 형태로 문제가 제기된다.

나. 절차법의 문제

행정규제에 관한 절차법적 쟁점으로는 공정거래위원회의 국제재판관할권(광의), 송달과 증거조사 등 기타 절차법적 문제들이 있고, 이 경우 공정거래법 제36조의2가 정한 외국과의 공조도 중요하다. 이는 국제행정절차법(또는 광의의 국제행정법 또는 광의의 섭외공법)의 문제라고 할 수 있다.

종래 우리나라의 공정거래법 전문가들은 국가관할권을 '입법관할권'과 '절차관할권'으로 구분하고, 절차관할권을 '재판관할권(또는 대인관할권)', '조사관할권'과 '집행관할권'으로 구분하는 경향이 있다.[53] 그러나 저자는 미국법률협회(ALI)의 '국가관할권 3분설'[54]을 따라 국가관할권을 '규율관할권'(jurisdiction to prescribe), '재판관할권'(jurisdiction to adjudicate)과 '집행관할권'(jurisdiction to enforce)으로 3분하는 것을 전제로 공정거래위원회의 관할권을 재판관할권(넓은 의미)의 문제로 보고, 조사관할권은 집행관할권의 일부로 파악한다.

문제는 공정거래위원회의 국제재판관할권(광의)의 기준인데, 저자는 독일의 유력설을 따라 행정사건의 경우 재판관할은 입법관할과 일치한다고 본다. 즉 당해 사건에 적용되는 준거법의 소속국이 국제재판관할을 가진다는 것인데 이를 '국제행정법의 병행원칙'이라 부른다.[55] 즉, 제2조의2에 의하여 우리 공정거래법이 역외적용된다면 우리나라의 규율관할권(또는 입법관할권)이 미치므로 공정거래위원회는 국제재판관할권(광의)을 가진다는 것이다.[56]

---

52) 예컨대 영향이론을 따르는 것을 전제로, 만일 한국 기업이 미국 연방독점금지법을 위반하여 미국 시장에 영향을 미친 경우, 우리 공정거래위원회는 미국의 연방독점금지법을 적용하여 행정규제를 하지는 않는다.

53) 예컨대 오재창, "역외적용과 절차적 관할권," 권오승(편), 공정거래법강의Ⅱ(2000), 724면.

54) 미국법률협회의 Restatement of the Law (Third): The Foreign Relations Law of the United States (1987), §401 Categories of Jurisdiction 참조.

55) MünchKommBGB/Immenga, Band 11 IntWettbR/IntKartR 4. Auflage (2006), Rn. 82(여기에서 대체하지 않았지만 이는 제5판(2010)이 있다); Jürgen Basedow, Weltkartellrecht (1998), S. 39; Gerhard Kegel/Klaus Schurig, Internationales Privatrecht 9. Auflage (2004), S. 1134. 이것이 독일의 통설이다.

물론 국제재판관할권이 있더라도 이를 집행할 수 있는가는 집행관할권의 문제로서 별도로 검토해야 한다.

3. 민사책임의 문제

여기에서는 공정거래법 또는 행정규제의 위반으로 인한 민사책임과 관련된 준거법, 절차법과 국제중재법의 논점을 논의한다.57)

가. 실체법의 문제—민사책임의 준거법과 제2조의2의 의미

민사책임은 공정거래법 또는 행정규제의 위반으로 인한 민사책임을 말한다. 종래 우리나라에서는 피해자들이 민사책임을 추궁하는 사례가 많지 않았으나, 만일 위 사건에서 흑연전극봉 수요업체들이 카르텔에 참여한 외국회사들의 부당공동행위로 입은 손해에 대하여 배상책임을 묻는 소를 우리 법원에 제기한다면 민사책임의 준거법이 문제된다.58) 이는 '국제카르텔사법'의 문제

---

56) 미국에서는 민사소송을 담당하는 연방법원이 독점금지법이 역외적용되는 사안을 재판하기 위하여는 대인관할권(우리의 국제재판관할권에 상응)이 있어야 할 뿐만 아니라 일정한 유형의 사건을 취급할 수 있는 관할권, 즉 사물관할권(subject matter jurisdiction)이 있어야 하고 사물관할권이 없으면 법원은 소를 각하해야 한다. 이러한 개념을 알지 못하는 우리로서는 사물관할권의 개념을 정확히 이해하기는 어렵다. 미국에서도 입법관할권과 사물관할권의 구별은 역시 어려운 모양이다(미국법의 역외적용과 관련되는 경우). 예컨대 1993년 미국 연방대법원의 Hartford Fire 사건 판결(*Hartford Fire Insurance Co. v. California*, 509 U.S. 764)의 다수의견을 쓴 Souter 판사는 Sherman Act상 사물관할권과 입법관할권의 외연이 같은 것으로 보았으나, 반대의견을 쓴 Scalia 판사는 양자를 준별하면서 사물관할권이 없으면 각하, 입법관할권의 범위를 넘으면 기각할 것이라고 보았다. Gary Born/Peter B. Rutledge, International Civil Litigation in United States Courts 4th edition (2006), p. 661, p. 674 참조. 최근 1934년 증권거래소법 제10조 및 SEC 규칙 10b-5의 역외적용에 대하여 한정적인 입장을 취한 연방대법원의 2010. 6. 24. *Morrison v. National Australia Bank Ltd.*, 130 S.Ct. 2869 (2010) 사건에서도 하급심 판결은 사물관할권의 존재를 부정하였으나, 연방대법원 판결은 이를 당연히 존재하는 것으로 보았다. 미국식의 사물관할권 개념이 없는 우리 법하에서는 역외적용의 문제를 입법관할권의 한계 내지는 준거법의 문제로 이해하는 것이 적절하다. 김용진, "미국증권법의 역외적 적용에 관한 최근 동향과 미국 증권집단소송에 대한 국내기업의 대응전략," 2011년 동아대학교 법학연구소 춘계학술대회 자료(2011. 5. 13.), 72면도, Morrison 사건 판결은 미국 증권법의 역외적용을 부정하고 청구를 기각하였으므로 결국 역외적용의 문제를 준거법의 문제로 본 것이라고 한다.

57) 영국과 유럽에서의 논의는 Mihail Danov, Jurisdiction and Judgments in Relation to EU Competition Law Claims (2011); Jürgen Basedow/Stéphanie Francq/Laurence Idot (Eds.), International Antitrust Litigation: Conflict of Laws and Coordination (2011) 참조.

이다.

종래 연방 독점금지법위반에 대하여 셔먼법과 클레이튼법에 기하여 손해배상 등의 司法的 救濟(또는 사적 집행)를 주로 사용하거나 병용하는 미국과 달리 우리나라는 주로 행정적 구제(또는 공적 집행)를 중심으로 하는 점에 차이가 있다.[59] 특히 구 공정거래법(제57조 제1항)은 손해배상청구를 위한 시정조치 선확정제도를 두었으므로 행정적 구제가 선호되었다. 그러나 현행법은 이를 폐지하였고, 손해액 입증의 곤란을 완화하기 위한 손해액 인정제도를 도입함으로써 손해배상청구제도의 활성화를 위한 조치를 취하였으므로 앞으로는 우리나라에서도 사후적 구제수단인 손해배상제도가 활성화될 것으로 예상된다. 그와 함께 예방적 구제수단인 금지청구제도를 활성화함으로써 결국 私的 執行을 강화하려는 노력이 행해지고 있다. 이 경우 만일 그 사건이 외국적 요소가 있는 것이라면 민사책임의 준거법을 어떻게 결정할 것인가가 문제된다. 이는 공정거래법 제2조의2와, 불법행위의 준거법을 정한 국제사법(제32조 이하)의 관계를 어떻게 이해할지와 관련된다. 이에 관한 논의는 보지 못하였으나 사견으로는 우선 두 가지 견해가 가능할 것으로 보인다.

(1) 제2조의2를 국제사법의 특칙으로 보는 견해

이는 제2조의2를 근거로 민사책임의 연결원칙을 행정규제의 연결원칙과

58) 우리나라의 수요업체들이 전매를 통하여 손해를 제3자에게 전가하였다면 그 경우 담합행위자가 'passing-on(또는 passing on) defence'(손해전가의 항변)를 할 수 있는지, 나아가 그 사정이 손해액 산정 시 어떻게 참작되는가는 논란이 있다(당초 글에서는 손해배상청구는 불가하다고 썼으나 이렇게 변경한다). 미국 연방대법원(*Hanover Shoe v. United Shoe Machinery Corp.*, 392 U.S. 481 (1968))은 이런 항변을 허용하지 않으나 독일 연방대법원의 태도는 다소 불명확하다고 한다. Jürgen Basedow, "Private Enforcement of Competition Law in Europe," 2012. 5. 30. 서울대학교 법과대학 Foreign Authority Forum 발표자료, p. 6 참조. 우리 문헌은 이선희, "독점규제법의 사적 집행," 권오승(편), 독점규제법 30년(2011), 600면 참조. 이는 간접구매자가 원고로서 손해배상청구를 할 수 있는가의 문제와 관련되나 우리 법상 그의 원고적격을 부정할 이유는 없다.

59) 미국에서는 손해배상청구, 금지청구 및 가처분 등의 私的 訴訟(private action)이 공정거래법의 대표적인 집행메커니즘이다. 윤세리, "미국 독점금지법상의 사소제도(私訴制度)," 경쟁법연구 제9권(2003. 4.), 9면. 그러나 유럽의 전통은 우리와 마찬가지이다. Emil Paulis, "Policy Issues in the Private Enforcement of EC Competition Law," Jürgen Basedow (ed.), Private Enforcement of EC Competition Law (2007), p. 8. 금지청구에 관하여는 우선 곽상현, "공정거래법의 집행과 금지청구제도—미국의 판례 및 도입과 관련된 쟁점을 중심으로—," 법조 통권 607호(2007. 4.), 80면 이하 참조. 사적 집행은 점차 우리 법학계의 관심의 대상이 되고 있다. 예컨대 민사판례연구 제31호(2009), 769면 이하에 수록된 "공정거래법의 민사적 제문제"에 관한 논문들; 이선희(註 58), 584면 이하 참조.

통일적으로 구성하는 견해이다. 1설에 의하면 행정규제에 관하여 우리 공정거래법이 역외적용되는 사안에서는 민사책임에 대하여도 공정거래법이 준거법이 된다. 역외적용의 근거규정인 제2조의2가 신설된 이상 1설이 자연스럽고 설득력이 있다.[60] 이에 따르면 부당한 공동행위를 불법행위로 성질결정하는가 아니면 카르텔법적으로 파악하는가는 결론에 영향을 미치지 않는다.

그러나 엄밀하게 보면, 제2조의2는 국외에서 이루어진 행위라도 국내시장에 영향을 미치는 경우 우리 공정거래법을 적용한다고만 규정하므로, 위(Ⅲ.1.마.)에서 언급한 바와 같이, 가령 행위지인 외국 공정거래법도 적용되는 사안처럼 법의 '적극적 저촉'이 발생하는 경우 외국법을 배제하고 우리 공정거래법을 적용한다는 것인지, 아니면 그 경우 저촉법적 분석을 통하여 준거법을 결정할지가 문제된다. 만일 후자를 따른다면 외국에서 한 공정거래법 위반행위의 결과가 한국에도 미치는 경우 이는 전형적인 '격지불법행위'에 해당하므로 국제사법상 격지불법행위의 연결원칙에 관한 논의가 어떤 의미를 가지는지가 문제된다. 즉 종래 우리 판례[61]는 격지불법행위를 행동지와 결과발생지에 선택적으로 연결하는데, 이는 피해자에게 유리한 법을 선택할 수 있게 허용함으로써 피해자를 두텁게 보호하기 위한 것이다. 그런데 1설을 따르면 격지불법행위에 관한 연결원칙을 포기하고 제2조의2에 따라 결과발생지법인 우리 법을 우선시켜야 하는지가 문제된다.

어쨌든 1설을 따를 경우, 역외적용을 구체화하는 정치한 연결원칙을 도출할 필요가 있고, 또한 복수 국가의 시장에서 영향이 미치는 경우 준거법을 어떻게 결정할지도 검토할 필요가 있다.[62] 나아가 일방적 저촉규정의 형식을 취하고 있는 제2조의2를 쌍방적 저촉규정으로 볼지도 문제된다.[63] 예컨대 우리나라에서 우리 공정거래법위반행위가 있었고 그 결과가 미국에 미치는 경우 그것이 미국의 연방독점금지법에 반하는 행위라면 우리 법원이 민사책임

---

60) MünchKommBGB/Immenga(註 55), Rn. 10ff. 참조.

61) 대법원 1983. 3. 22. 선고 82다카1533 전원합의체 판결 등.

62) '영향'을 어떻게 합리적으로 제한하여 해석할지는 위에서 언급하였다. 복수 국가의 시장에 영향이 미치는 경우, 특히 복수의 원고가 있는 경우 어려운 문제가 제기된다.

63) MünchKommBGB/Immenga(註 55), Rn. 22ff. 참조. 한국 기업이 미국 연방독점금지법을 위반하여 미국 시장에 영향을 미친 사안에서 영향이론을 따른다고 전제하자. 제2조의2를 쌍방적 저촉규정으로 보면, 미국 기업이 한국 기업을 상대로 미국 연방독점금지법 위반을 이유로 한국에서 손해배상청구를 할 경우 우리 법원은 미국 연방독점금지법을 적용할 수 있다. 그 경우 우리 공정거래위원회가 미국 법에 기하여 제재를 부과하지 않는 점과는 차이가 있다.

에 관하여 미국의 연방독점금지법을 적용할 수 있는가라는 문제가 제기된다.

(2) 제2조의2를 행정규제에 한정하고, 민사책임에 관하여는 국제사법에 따르는 견해

한편 둘째는, 민사책임의 연결원칙을 행정규제의 연결원칙과 각각 별개로 구성하는 견해이다. 즉 제2조의2는 주로 행정규제의 측면에서 논의되고 검토되어 신설된 조문이므로 이를 행정규제에 한하여 적용되는 것으로 이해하고, 민사책임에 관하여는 종래의 국제사법의 해석론에 따르자는 것이다. 2설은 민사책임에 관한 한 국제사법의 접근방법과 일관성이 있다는 장점이 있다.[64] 특히 2001년 국제사법의 개정을 위한 작업과정에서 제조물책임, 경쟁제한 등 불법행위의 유형별로 특별한 연결원칙을 둘 것인가에 대하여는 논란이 있었지만 결국 규정을 두지 않았는데,[65] 공정거래법의 개정과정에서 동법 위반으로 인한 민사책임의 준거법은 고려하지 않았으므로 제2조의2를 국제사법에 대한 특칙으로 볼 것은 아니라는 것이다. 그러나 2설을 따르더라도 민사책임의 전제가 되는 공정거래법 위반 여부는, 선결문제로서 행정규제에 관한 공정거래법 규정의 역외적용에 의하여 결정된다.

만일 민사책임을 국제사법에 따라 연결하는 2설을 따를 경우에도, 이를 불법행위로 성질결정한다면[66] 불법행위의 연결원칙을 정한 국제사법 제32조와 예외조항을 정한 제8조를 묶어 시장지에 연결할 가능성도 있다.[67] 또한 이 경우 위에서 언급한 격지불법행위에 관한 판례를 따라 행동지와 결과발생지에 선택적으로 연결할지가 매우 중요하다.

다만 1설과 2설 중 어느 것을 취하든 간에, 민사책임의 준거법이 외국법이 되는 경우 손해배상책임을 제한한 국제사법 제32조 제4항이 적용된다. 준거법의 사후적 합의를 정한 국제사법 제33조의 적용 여부에 관하여는 어느

---

64) MünchKommBGB/Immenga(註 55), Rn. 10ff; Kegel/Schurig(註 55), S. 1134는 양자를 통일적으로 연결한다.

65) 일본의 "法의 適用에 관한 通則法"은 생산물책임(제18조)과 명예 또는 신용훼손(제19조)에 대한 특칙을 두면서도 공정거래법위반에 대하여는 특칙을 두지 않는다. 마찬가지로 중국의 "섭외민사관계법률적용법"도 제조물책임(제45조)과 인격권 침해(제46조)에 대한 특칙을 두면서도 공정거래법위반에 대하여는 특칙을 두지 않는다.

66) 구 공정거래법상의 민사책임은 무과실책임이었으므로 그것과 민법에 따른 불법행위와의 관계가 다투어졌으나, 현행법 하에서는 민법에 따른 불법행위와 본질이 같은 것으로 이해된다.

67) 그 경우 공정거래법 제2조 제2항을 국제사법의 특칙으로 보아 시장지에 연결한 것과 동일한 결과가 된다.

견해를 따르는가에 따라 결론이 달라질 여지가 있다.[68)]

주목할 것은, 2009. 1. 11. 발효된 "계약외 채무의 준거법에 관한 2007. 7. 11. 유럽의회 및 이사회의 No 864/2007 규정"(Regulation (EC) No 864/2007 of the European Parliament and of the Council of 11 July 2007 on the law applicable to non-contractual obligations)(즉 로마Ⅱ) 제6조 제3항(a)호는, 경쟁제한으로 인하여 발생하는 계약외채무의 준거법은 그의 시장이 영향을 받거나 받을 가능성이 있는 국가의 법이 된다고 명시하는 점이다.[69)] 영향을 받은 시장이 복수국가에 존재하는 경우에는 제3항(b)호에서 특칙을 두어 일정한 요건 하에 원고가 모든 시장에서 발생한 권리에 대해 법정지법을 선택하여 청구의 기초로 삼는 것을 허용한다.[70)]

참고로 스위스 국제사법(제137조)은 효과이론을 명시하여[71)] 경쟁방해에 기한 청구권은 그 국가의 시장에서 피해자가 방해에 의하여 직접 영향을 입은 국가의 법에 의한다고 규정한다. 그 근거는 경쟁제한에 의한 불법행위의 경우 경쟁자의 개인적인 이익만이 아니라 다른 시장참여자, 특히 소비자와 공중의 이익의 보호도 문제되기 때문에 일반불법행위와는 달리 시장지의 법이 중요하다는 데 있다.

문제는 공정거래법 제2조의2가 로마Ⅱ 또는 스위스 국제사법의 위 조문과 유사하게 특수불법행위에 관한 국제사법규칙을 정한 조문인가라는 점이다. 문면상 그렇게 보는 것이 유력할 것이나, 저자로서는 개정과정에서 제2조의2의 국제사법적 함의, 즉 동 조가 민사책임의 준거법 결정에서 가지는 의미, 특히 격지불법행위의 준거법결정에 관한 종래의 대법원판결과의 관련에 대한 논의가 있었음을 전혀 듣지 못하였으므로 과연 1설이 타당한지를 확신하기는 어렵다.

---

68) 아래에서 언급하는 로마Ⅱ규정(제6조 제4항)은 당사자자치를 명시적으로 배제한다.

69) 상세는 석광현, "계약외채무의 준거법에 관한 유럽연합 규정(로마Ⅱ)," 서울대학교 법학 통권 제160호(제52권 제3호(2011. 9.), 266면 이하 참조.

70) 제6조 제3항의 상세는 Andrew Dickinson, The Rome Ⅱ Regulation: The Law Applicable to Non-contractual Obligations (2008), para. 6.58 이하 참조.

71) 오스트리아 국제사법(제48조 제2항)도 유사하다. 독일 공정거래법 제130조 제2항이 행정규제와 민사책임에 관한 연결원칙에서 가지는 의미는 Ulrich Immenga/Ernst-Joachim Mestmäcker, GWE Kommentar zum Kartellgesetz 3. Auflage (2001), §130 Abs. 2 Rn. 225ff. 참조.

나. 절차법의 문제

민사책임의 절차법적 쟁점으로는 국제재판관할, 국제민사사법공조와 외국판결의 승인 및 집행 등의 문제가 있는데, 이는 광의의 국제사법(또는 국제민사소송법)의 문제이다. 따라서 그에 관한 일반적인 법리가 적용되고 특별한 것은 없을 것이다. 이는 위에서 본 행정규제에 관한 절차법적 논점과는 차이가 있다.[72] 즉 이 경우 재판관할권은 입법관할권(또는 규율관할권)과 별도의 기준에 의하여 결정되는 점에서, 행정규제의 경우와 다르다.

문제는 흑연전극봉 사건처럼 우리나라에 효과가 미치는 것을 근거로 우리 공정거래법을 적용한다면 우리나라의 소비자가 카르텔에 참여한 외국회사들을 상대로 제기하는 손해배상청구소송에 대하여 우리나라의 국제재판관할을 긍정할 수 있는가인데, 효과가 미친다는 것은 결국 우리나라가 결과발생지라고 볼 수 있고, 당사자들이 우리나라에 효과가 미치는 것과 소가 제기될 것을 예견할 수 있는 통상적인 상황이라면, 당해 사안이 우리나라와 실질적 관련이 있다고 보아 국제사법(제2조)에 따라 국제재판관할을 긍정할 수 있을 것이다.[73]

그러나 현실적인 문제로서 판매의 최종단계에 있는 소비자들 개개인이 입는 손해는 소액에 불과하므로 그들이 외국회사를 상대로 소를 제기할 가능성은 별로 크지 않다. 이를 해소하기 위한 방안의 하나는 집단적인 구제수단, 특히 미국식의 class action을 도입하는 것이다.[74] 근자에는 그 밖에도 경쟁법의 사적 집행을 가능하게 하는 새로운 수단이 도입되고 있다고 한다. 즉 벨기에의 *Société Anonyme* Cartel Damage Claims (CDC)가 설립되었는데, CDC의 비즈니스 모델은 카르텔에 의하여 피해를 입은 고객들로부터 일정한 보상을 대가로 손해배상채권을 취득하여 카르텔에 참가한 회사들을 상대로 손해 전체에 대하여 소를 제기하는 것이라고 한다.[75] 독일 민사소송법상 이러한 소송이 허용되는지에 관하여 의문이 있었지만 독일 연방대법원은

---

72) MünchKommBGB/Immenga(註 55), Rn. 81.

73) 독점금지법 위반으로 인한 민사청구의 국제재판관할에 관한 유럽의 논의는 Jürgen Basedow, "Jurisdiction and Choice of Law in the Private Enforcement of EC Competition Law," Basedow (ed.)(註 59) p. 231 이하 참조.

74) Basedow(註 58), p. 8.

75) Basedow(註 58), p. 8.

CDC가 원래의 채권자들을 위해서가 아니라 자신의 이익을 위하여 행위하는 것으로 인정함으로써 이를 적법한 것으로 판단하였다고 한다.[76]

다. 민사책임과 국제중재[77]

독점금지법 관련 분쟁의 중재가능성(또는 중재적격. arbitrability, *arbitrabilité*)은 미국 연방대법원 판결을 계기로 활발히 논의되었다. 1968년 *American Safety Equipment Corp. v. J. P. Maguire & Co.* 사건[78]에서 제2순회구 연방항소법원은 독점금지법 관련 분쟁의 중재가능성을 부정하였는데, 그 근거는 "독점금지법 위반은 수십만, 수백만의 사람들에게 영향을 줄 수 있고, 엄청난 경제적 손해를 끼치는 점에서 중재에 의한 실현에 부적절하며, 그러한 청구가 법원 외의 곳에서 해결되도록 의회가 의도했다고 믿을 수 없다"는 것이었다. 그러나 연방대법원은 1985년 *Mitsubishi Motors Corp. v. Soler Chrysler-Plymouth, Inc.* 사건 판결[79]에서 독점금지법 관련 분쟁의 중재가능성을 긍정하였다.

위에서 본 것처럼 미국은 독점금지법 위반 사건에 대하여 손해배상 등의 私的 救濟(즉 司法的 救濟)를 중시하나, 우리나라는 종래 행정적 구제를 중시하였으므로 우리나라에서는 공정거래법 위반으로 인한 손해배상사건의 중재가능성은 별로 문제되지 않았다. 그러나 현행 공정거래법은 손해배상청구제도의 활성화를 위한 전기를 마련한 결과 앞으로는 손해배상청구가 늘어날 것이므로 중재가능성이 문제될 수 있다. 우리 법체계상 공정거래법은 경제법에 속하는 법이므로 과연 그것이 중재법(제1조 및 제3조 제1호)이 정한 私法상의 분쟁인지는 논란의 여지가 있으나, 적어도 통상의 법원이 판단할 수 있는 사항 예컨대 공정거래법 위반을 이유로 하는 손해배상청구 등 私法的 救濟手段에 관하여는 중재가능성을 긍정할 수 있다고 본다.[80] 다만 공정거래

---

76) BGH 7. April 2009, WRP 2009, 745(Basedow(註 58), p. 9에서 재인용).

77) 독점금지법 또는 공정거래법상의 중재가능성에 관한 논의는 석광현, 국제상사중재법연구 제1권(2007), 29면 이하 참조. 강수미, "중재의 대상적격에 관한 고찰," 연세법학연구 제7집 제1권(2000), 553면은 중재법의 '사법상의 분쟁'을 '법률상의 분쟁'으로 확대하자고 하나 이는 너무 넓다.

78) 391 F.2d 821 (2d Cir. 1968).

79) 473 U.S. 614 (1985).

80) 그러나 강수미(註 77), 540면은 공정거래법 관계사건은 순수한 사법상 분쟁이라고 할 수 없을 뿐만 아니라 독점규제정책의 실현은 통상법원에 유보되어 있다고 보아야 한다는 이유로 중재가능성을 부정한다.

법위반 사건의 중재가능성을 논의함에 있어서는 공정거래법위반 사건의 유형에 따라 좀더 개별적으로 판단할 필요가 있다. 중재법이 구 중재법(제2조)과 달리 중재가능성의 구체적 기준을 제시하지 않는 것은 입법상의 잘못이다.

4. 형사책임의 문제

형사책임에 관하여도 실체법의 문제와 절차법의 문제가 제기된다. 전자로는 국제형법에 관한 형법 총칙(제8조)의 규정과 죄형법정주의의 관계에서 문제가 있고, 후자로는 형사사건의 국제재판관할의 문제와 국제형사사법공조의 문제 등이 있다. 이에 관한 논의는 생략한다.

5. 소 결

공정거래법의 역외적용을 입법적으로 해결한 현재로서는 행정규제, 민사책임과 형사책임의 측면에서 제2조의2에 관한 정치한 해석론을 발전시켜야 한다. 특히 공정거래법 위반을 이유로 하는 민사책임과 관련하여 제2조의2가 국제사법(제32조)이 정한 불법행위에 관한 연결원칙에 대한 특칙으로서 가지는 의미를 체계적으로 분석할 필요가 있다.

6. 관련문제

여기에서는 부당한 공동행위를 중심으로 공정거래법 제2조의2가 가지는 의미를 검토하였다. 그러나 그 밖에도 제2조의2가 공정거래법이 규율하는 다른 영역에서는 어떤 의미를 가지는가라는 점도 의문이 있다. 특히 신설된 제2조의2가 국제계약의 체결 제한에 관한 제8장에 대하여 미치는 영향을 입법과정에서 충분히 검토하였는지는 의문이다. 제8장은 그의 요건이 구비되는 한 제2조의2에 관계없이 적용되는 것으로 보이기 때문이다.[81] 다른 분야의 논의는 다른 기회로 미룬다.[82]

---

81) 이기수·유진희(註 1), 317면은 내국사업자의 섭외적 계약에 대한 독점규제법의 적용문제인 국제계약의 체결은 역외적용과는 별개라고 한다.

82) 시장지배적 지위의 남용금지와 기업결합의 제한 및 경제력집중의 억제, 불공정한 거래행위의 금지 등과 역외적용에 관하여는 우선 구 공정거래법 하의 입법론에 관한 서헌제,

Ⅳ. 맺 음 말

지금까지 공정거래법 영역에서의 국제사법적 쟁점, 즉 국제거래에서의 소비자보호와 공정거래법의 역외적용이라는 두 가지 논점을 간단히 검토하였다. 그 결과 국제거래에 참여하는 소비자를 실효적으로 보호하기 위하여는 국제사법의 논점을 제대로 알아야 한다는 점과, 공정거래법의 역외적용으로부터 발생하는 민사책임에 관하여도 국제사법에 대한 이해가 필요함을 확인하였다. 어느 경우든 준거법의 결정과 국제재판관할의 배분에 관한 법리를 검토해야 하는 점은 동일하나, 국제거래에서 소비자보호에 관하여는 국제사법과 국제민사소송법적 접근이 필요한 데 반하여, 공정거래법위반의 경우 역외적용을 명시한 제2조의2가 신설된 결과 우선 그 조항의 함의를 정확히 분석할 필요가 있다. 입법자들이 제2조의2를 신설하면서 그것이 민사책임에 미치는 영향을 충분히 검토하였는지는 매우 의문이다. 앞으로는 해석론에서는 물론 입법론에서도, 경제법의 전문가들이 경제법의 쟁점을 단순히 국내거래와 국내활동의 시각에서만 바라볼 것이 아니라, 국제거래와 국제적인 활동의 맥락에서도 검토해야 할 것이다.

"公正去來法의 域外適用을 위한 立法論," 인권과 정의 제265호(1998), 22면 이하 참조.

[補論]

약관규제법은 국제적 강행규정인가*

대상판결: 대법원 2010. 8. 26. 선고 2010다28185 판결

Ⅰ. 사안의 개요

⑴ 원고는 전자제품의 도소매 등을 영위하는 한국회사, 피고1은 반도체 제품의 제조·판매 등을 영위하는 캐나다 회사이며 다른 피고들은 피고1의 자회사들이다.

⑵ 원고는 2003. 8. 1. 피고들과간에 온타리오주법을 준거법으로 하는 배급·판매대리계약을 체결했다("이 사건 계약"). 위 계약상 원고는 한국내에서 주문을 받아 피고들 제품판매를 대리하고 피고들 제품을 구매하여 한국내에서 배급할 수 있는 비독점적 권한을 가진다.

⑶ 제21조에 따르면 일방당사자는 편의상 언제든지 60일 전 사전 통보로써 계약을 해지할 수 있다. 계약 해지시 어떤 당사자도 상대방의 손해에 대해 책임이 없다. 피고들은 2007. 3. 원고에게 제21조에 따라 통지일로부터 60일 후 계약을 해지한다고 통보하였다.

⑷ 원고는, 피고들의 부당계약파기로 인해 손해를 입었다면서 손해배상을 구하는 소를 제기하였다. 원고는 위 계약은 약관인바 피고1은 해지조항에 대해 설명의무를 이행하지 않았으므로 제21조는 '약관의 규제에 관한 법률'("약관규제법")상 계약내용으로 편입될 수 없고 또한 제21조는 고객에게 부당하게 불리한 조항으로서 무효이므로 피고들의 계약해지는 부적법하다고 주장했다.

---

* 이는 법률신문 제3920호(2011. 3. 21.), 13면 게재된 글이나 아래 註 1은 새로 추가한 것이다.

Ⅱ. 소송의 경과

1. 서울고등법원 2010. 2. 11. 선고 2009나31323 판결 요지

첫째, 원심법원은 위 계약이 약관이라고 보았으나 그 준거법은 온타리오주법이고, 우리 국제사법(제27조)에서 소비자보호를 위해 준거법지정과 관련하여 소비자계약에 관한 강행규정을 별도로 두는 점이나 약관규제법의 목적을 볼 때, 약관규제법이 국제적 강행규정이라고 볼 근거가 없으므로 동법은 위 계약에 적용되지 않는다. 둘째, 피고가 약관규제법의 적용을 피하기 위해 준거법을 온타리오주법으로 정하였다거나, 위 계약에 온타리오주법이 적용됨으로써 현저하게 불합리하거나 불공정한 결과가 초래된다고 볼 만한 근거도 없다.

2. 대상판결의 요지

첫째, 준거법을 온타리오주법으로 정함으로써 원고에게 현저하게 불합리하거나 불공정한 결과가 초래된다고 볼 근거가 없어 준거법약정은 유효하다고 본 원심판단을 수긍하였다. 둘째, 국제사법 제27조에서 소비자보호를 위해 준거법 지정과 관련하여 소비자계약에 관한 강행규정을 별도로 마련해 두는 점이나 약관규제법의 입법목적을 고려하면, 외국법을 준거법으로 하여 체결된 모든 계약에 관하여 당연히 약관규제법을 적용할 수 있는 것은 아니다.

Ⅲ. 연 구

1. 문제의 제기

약관은 국제거래에서도 널리 이용되므로 법률가들은 외국법을 준거법으로 지정하는 약관의 경우 ① 준거법지정이 유효한지, ② 그렇다면 준거법이 외국법이어도 약관규제법이 적용되는지에 관해 항상 의문을 가진다. 이를 해소하고자 저자는 2003년 한국국제사법학회지에 "國際去來와 약관의규제에관한법률의 적용"이라는 글을 썼다. 당시 이 쟁점을 다룬 대법원 판결은 없었다. 대상판결은 약관규제법의 국제적 강행규정성을 부정한 최초의 대법원판결이라는 점에서 환영하지만, 실무상 및 이론상 큰 의미가 있는 쟁점을 소홀히 취급한 탓에 뒷맛은 씁쓸하다.[1] 이는 국제사법의 중요성에 대한 대법원의 무관심을 여실히 보여준다. 더욱이 대상판결 직후 선고된 대법원 2010. 9. 9. 선고 2009다105383 판결은 대상판결에 반하는 것이 아닌가라는 의문을 제기한다. 이하 첫째, 약관에 의한 준거법지정의 유효요건과, 둘째 약관에 의한 계약의 준거법이 외국법인 경우 약관규제법의 적용 여부를 검토하고, 셋째 9월 판결의 취지를 소개한다. 마지막으로 약관규제법의 행정적 규제를 언급한다.

2. 약관에 의한 준거법 지정이 유효하기 위한 요건

대법원 1997. 9. 9. 선고 96다20093 판결은, 한국법원의 관할을 배제하고 외국법원을 관할법원으로 하는 전속적 국제재판관할합의는 현저하게 불합리하고 불공정한 경우 공서양속에 반하는 법률행위가 되어 무효라고 판시했다. 저자는 이를 원용하여 준거법합의가 현저하게 불합리하고 불공정한 경우 공서양속에 반하는 법률행위로서 무효라고 볼 수 있다는 견해를 피력했다. 원심판결은 이 법리를 따른 것이고 대상판결도 그 결론을 수용하였다.

3. 약관에 의한 계약의 준거법이 외국법인 경우 약관규제법의 적용 여부

약관에 의한 계약 준거법이 외국법인 데도 약관규제법이 적용되려면 동법이 당사자가 합의에 의하여 그 적용을 배제할 수 없는 국내적 강행규정일 뿐 아니라, 준거법이 외국법이더라도 그 적용이 관철되는 국제적 강행규정이어야 한다. 약관규제법의 국제적 강행규정성을 긍정하자면 입법자의 적용의

1) 저자는 위 판결이 판례공보에 게재되지 않은 것 같다고 했으나(橫川李基秀先生停年紀念논문집인 세계화시대의 기업법(2010), 563면) 이는 [공2010하, 1813]에 수록되었다. 잘못에 대해 정중히 사과드리며 바로 잡는다.

지가 표현되어야 하나 동법상 이를 간취할 수 없다. 특히 국제사법(제27조)이 소비자계약의 경우에도 준거법합의를 인정하면서 소비자 상거소지법의 보호를 관철하는 데 그치므로 약관규제법의 국제적 강행규정성을 긍정하는 것은 균형에 반한다. 가사 이를 긍정하더라도 약관이 사용되는 모든 국제거래에 약관규제법을 적용할 수는 없으므로 그 적용범위를 제한하는 기준(내국관련성 등)이 필요한데, 동법의 해석상 기준을 도출하기 어렵다. 서울고등법원 2007. 10. 12. 선고 2007나16900 판결도 강행규정은 그 법규정을 적용하지 않으면 우리 법체계와 사회질서 및 거래안전 등에 비추어 현저하게 불합리한 결과가 야기될 가능성이 있어 이를 강제적으로 적용할 필요가 있거나, 법규정 자체에서 준거법과 관계없이 적용됨을 명시하고 있거나 혹은 자신의 국제적 또는 영토적 적용범위를 스스로 규율하고 있는 경우 등을 의미하는데, 약관규제법 제3조의 명시·설명의무 규정이 그에 해당한다고 보기 어렵다며 동법의 국제적 강행규정성을 부정하였다.

국제적 강행규정에는 ① 초개인적인 국가적·경제정책적인 공적 이익에 봉사하는 간섭규범과, ② 계약당사자들 간의 유형적인 불균형상태의 조정, 즉 약자보호를 목적으로 하는 특별사법이 포함된다. 간섭규범의 개념은 로마 I 규정(제9조)에 반영되었다. 어떤 법규가 명시적으로 인적 또는 장소적 적용범위를 명시하는 경우 그로부터 국제적 강행규정성을 도출할 수 있다. 명시적 규정이 없으면, 법원이 당해 법규의 의미와 목적을 조사하여 입법자의 적용의지가 표현되었는지를 판단해야 한다. 어떤 법규가 간섭규범인가는 법규의 성질결정의 문제인데, 이를 위하여는 법규의 목적과 그의 언명을 우선 특정하고 분석해야 하며, 이 경우 문제된 규범의 언명을 개별적으로 검토해야지 하나의 법을 일률적으로 판단할 것은 아니다. 당해 법규가 행정법적 절차 내에서 전속적 관할을 가지는 관청을 통한 정규적 집행을 규정한다면 이는 비교적 확실한 간섭규범의 징표가 된다. 의문이 있으면 일반원칙으로 돌아가야 하므로 간섭규범이 아니라고 추정해야 한다. 특별사법인 국제적 강행규정의 경우도 국제적 강행규정성은 법의 문언 또는 목적으로부터 도출된다. 예컨대 과거 독일 약관규제법(AGBG)(제12조)은 외국법이 준거법으로 지정되더라도 당해 계약이 독일과 밀접한 관련을 가지는 경우 동법은 '고려되어야 한다'고 규정한 결과 동법은 국제적 강행규정인 특별사법으로 이해되었다. 영국의 1977년 불공정계약조건법(제27조 제2항)도 같다.

4. 대법원 2010년 9월 판결의 취지

9월 판결의 사안에서 리스이용자인 한국회사는 한국보험회사와 (한국선적의) 국내용 선박에 대해 보험계약의 준거법을 영국법으로 지정했다. 그 사건에서 약관규제법상의 설명의무의 존부가 다투어졌는데 대법원은 이를 긍정하였다. 그러나 대상판결에 따르면 보험계약의 준거법이 영국법인 경우 약관규제법은 적용되지 않으므로 9월 판결의 결론은 이해하기 어렵다. 물론 저자는 위 보험계약은 준거법지정 외에는 외국적 요소가 없는 순수 국내계약이어서 국제사법(제25조 제4항)에 따라 국내적 강행규정인 약관규제법이 적용된다고 보므로 9월 판결의 결론은 옳다. 하지만 대법원은 그런 법리를 채용한 적이 없으므로 9월 판결이 약관규제법을 적용한 근거는 이해할 수 없다(이정원, 저스티스 통권 제122호 평석 참조). 판결문을 읽어도 논거를 알 수 없다는 사실에 우리는 좌절한다.

5. 약관규제법과 행정적 규제

외국법이 약관에 의한 계약의 준거법으로 유효하게 지정될 경우 약관규제법의 司法的 統制가 대부분 적용되지 않는다면, 약관에 대한 공정거래위원회의 행정적 규제도 동일한 법리에 따르는가라는 의문이 제기된다. 두 가지 가능성이 있다. 첫째는 그 경우 약관규제법은 적용되지 않지만, 국제사법은 약관규제법이 한국에 상거소를 둔 소비자(자연인)에게 부여하는 보호를 관철하므로 공정거래위원회는 약관에 대한 행정적 규제를 할 필요가 있고 할 수 있다는 것이다. 둘째는 행정적 통제는 사법적 통제와 다르다는 것이나 이 경우 그 기준이 모호하다. 저자는 해석론으로는 전자를 지지한다.

6. 맺 음 말

대상판결의 결론은 사견과 같은 것으로서 타당하다. 종래 약관에 의해 불이익을 입은 당사자의 변호사들은 계약의 준거법을 불문하고 약관규제법에 의해 약관이 무효라고 주장해 왔음에도 불구하고 쟁점의 해결을 피해 왔던 대법원이 모처럼의 기회를 맞이해서도 깊이 논의하지 않은 채 결론만을 던진 것은 실망스럽다. 오히려 원심판결의 의지를 높이 평가한다. 더욱이 대법원이 대상판결 선고 직후 상충되는 듯한 판결을 선고한 것은 대단히 유감이다. 저자는 양자가 상충되지 않는다고 보나 종래 대법원판결을 보면 상충된다고 볼 여지가 다분하다. 앞으로는 대법원이 國際私法 爭點을 좀더 충실하게 다루어 줄 것을 간곡히 당부한다.

제 4 장 해사국제사법

[6] 海事國際私法의 몇 가지 문제점—준거법을 중심으로

前 記
이 글은 저자가 2009년 8월 28일 개최된 한국국제사법학회·한국해법학회 공동학술대회 발표자료를 수정·보완하여 한국해법학회지 제31권 제2호(2009. 11.), 89면 이하에 게재한 원고를 다소 수정·보완한 것이다. 순수한 국내사건에서 당사자들이 영국법을 준거법으로 선택하고, 분쟁을 영국법원이나 영국에서 중재로 해결하기로 합의하는 작금의 경향(이는 특히 해사관련사건에서 현저하다)에 경종을 울리고자 저자가 별도로 발표한 짧은 글을 補論으로 첨부하였다.

Ⅰ. 머 리 말

해상법은 '국제적 성격' 또는 '국제성'을 가지는 점에 특색이 있다. 따라서 해상법 분야는 가히 국제사법적 논점의 보고라고 할 만하다. 그러나 종래 우리나라의 해상법학자들은 국제성을 해상법의 특성의 하나로 인정하면서도[1] 정작 국제사법적 논점은 매우 소홀히 취급하였다. 또한 국제사법 교과서들도 해상법에 관하여는 단순히 조문을 소개하는 수준을 크게 넘지 못하였다. 하지만 해상법은 국제해상법이 되지 않는다면 진정한 해상법이 아니다. 이런 이유로 저자는 1999년 "船荷證券의 準據法에 관한 몇 가지 문제점—國際海上物件運送契約法의 序論的 考察"이라는 제목의 글을 발표한 바 있다.[2] 거기에서는 섭외사법 하에서 선하증권의 준거법에 관한 논점을 소개하고 개별

1) 송상현·김현, 해상법원론 제4판(2008), 6면. 미국 연방대법원은 *Lauritzen v. Larsen*, 345 U.S. 571 (1953) 사건 판결에서 "… the virtue and utility of sea-borne commerce lies in its frequent and important contacts with more than one country"(海商의 장점과 효용은 그것이 다수의 국가와 빈번하고도 중요한 접촉을 가지는 점에 있다)라고 판시하였다.
2) 법조 1999년 4월호(통권 제511호), 27-64면에 발표하였다. 이는 당초 저자가 무역상무학회, 무역상무연구 제12권(1999. 2), 297-325면에 게재한 글을 수정한 것이었다.

적 논점들을 다루었으며, 그 후 이를 보완하여 국제사법 하의 논의를 반영하였다.[3)]

2007년 개정된 해상법이 2008년 8월 4일부터 시행되고 있지만 국제사법적 논점에 관한 한 위 글에서의 논의는 대부분 지금도 타당하다. 저자의 문제 제기에 대해 관심을 보여준 해상법 전문가가 많지 않았음은 아쉬운데, 다만 몇 권의 저서[4)]가 간행된 점과 김진권 교수의 박사학위논문[5)]이 간행된 점은 주목할 만하다. 여기에서는 위 글의 연장선상에서, 해사국제사법[6)]의 제문제 중 준거법, 그것도 선하증권의 준거법에 관한 논점 중 중요한 논점에 대해 주의를 환기하고, 그 후 대법원판결을 통해서 제기된 몇 가지 쟁점을 소개한다. 구체적으로는 아래의 논점을 다룬다.

첫째, 국제계약의 준거법과 선하증권의 준거법(아래 Ⅱ.).

둘째, 국제적 강행법규와 상법 제799조 제1항(운송인의 책임경감금지)(아래 Ⅲ.).

셋째, 불법행위의 종속적 연결(akzessorische Anknüpfung)과 해사불법행위에의 적용(아래 Ⅳ.). 여기에서는 두 가지 쟁점, 즉 ① 선하증권의 준거법과 불법행위책임의 준거법의 관계와 ② 선하증권의 준거법과 보증도의 문제점을 논의한다.

넷째, 국제사법의 예외조항(제8조)과 편의치적(아래 Ⅴ.). 이는 통상의 경우 선적국법이 선박우선특권과 선원근로계약의 준거법이 되는데, 편의치적의 경우에도 그런 결론이 타당한지의 문제이다.

다섯째, 선박소유자의 책임제한과 범위에 대해 선적국법주의를 정한 것은 위헌인가(아래 Ⅵ.). 이에 관한 최근의 헌법재판소의 결정이 있으므로 동

---

3) 석광현, "船荷證券의 準據法에 관한 몇 가지 문제점—國際海上物件運送契約法의 序論的 考察—," 국제사법과 국제소송 제2권(2001)에서는 2001년 개정된 우리 국제사법을 반영하였다.

4) 예컨대 정해덕, 국제해상소송·중재(2007)와 서동희, 사례별로 본 실무해상법·해상보험법(2007) 등이 그런 예이다. 특히 주목할 것은 최종현, 海商法詳論(2009)이다. 이 책은 해상분쟁의 해결이라는 별도의 편(제5편)에서 해상법분야의 국제사법과 국제민사소송법적 논점을 별도로 다루고 있어 국제해상법의 모범을 보이고 있다.

5) 김진권, "海商法上의 準據法 決定에 관한 硏究," 한국해양대학교 대학원 법학박사학위논문(2003. 2.).

6) 해상법 분야의 국제사법을 총칭하여 '해사국제사법'이라고 부른다면 그에는 국제민사절차법적 논점과 협의의 국제사법적 논점이 포함된다. 더 넓게는 국제상사중재법의 논점도 포함된다.

결정을 간단히 소개한다.

여섯째, 순수한 국내사건과 외국준거법 지정의 효력(아래 Ⅶ.).

위의 각 논점을 검토함에 있어서는 먼저 국제사법의 일반이론을 설명한 뒤, 그것이 해사사건에서 어떻게 적용되는지를 살펴본다.

Ⅱ. 국제계약의 준거법과 선하증권의 준거법

여기에서는 우선 국제계약의 준거법에 관한 일반이론을 살펴보고, 선하증권의 준거법과 성질의 준거법을 논의한다.

1. 국제계약의 준거법

가. 주관적 준거법

(1) 당사자자치

국제계약의 준거법 결정에 관한 한 우리 국제사법은 "계약채무의 준거법에 관한 1980년 유럽공동체협약"("로마협약")(EC Convention on the Law Applicable to Contractual Obligations (Rome 1980))을 대폭 수용하였다. 국제계약의 준거법은 당사자자치(party autonomy)의 원칙에 따르는데, 당사자가 선택한 법을 주관적 준거법이라 한다.

여기에서 당사자의 준거법 지정은 '저촉법적 지정'(kollisionsrechtliche Verweisung)을 말한다. 이는 '실질법적 지정'(materiellrechtliche Verweisung)과는 구별해야 하는데, 후자는 준거법의 지정이 아니라, 당사자들이 특정 외국법을 언급함으로써 당해 외국법을 계약의 내용으로 편입하는 것으로 마치 계약의 내용에 약관을 편입하는 것과 유사하다. 이런 의미에서 저촉법적 지정과 실질법적 지정을 대비시키기보다는 '준거법의 지정'(choice of proper law)과 '외국법의 언급에 의한 편입'(incorporation of foreign law by reference)을 대비시키는 것이 이해하기 쉽다.

계약의 준거법을 외국법(예컨대 영국법)으로 지정한 경우(저촉법적 지정) 만일 준거법을 지정하지 않았더라면 적용되었을 객관적 준거법(예컨대 한국법)의 강행규정의 적용이 배제된다. 따라서 예컨대 통상의 각종 소비자

관련 법규와 근로기준법 기타 근로자의 보호를 목적으로 하는 각종 근로관련 법규도 그것이 국제적 강행법규가 아니라면 적용되지 않는다. 바로 여기에 당사자자치의 의의와 효용이 있다. 반면에 실질법적 지정의 경우, 당사자가 준거법을 선택하지 않으면 객관적 준거법의 적용을 받으면서, 즉 객관적 준거법의 강행규정이 허용하는 범위 내에서 계약에 편입한 외국법이 당해 계약의 내용이 된다. 그러나 아래(Ⅲ.)에서 논의하는 바와 같이, 외국법을 준거법으로 지정하더라도 법정지의 국제적 강행규정의 적용은 배제되지 않는다. 우리 국제사법 제7조는 이를 명시하는데 그런 규정이 없던 섭외사법 하에서도 결론은 동일하였다.

(2) 준거법이 될 수 있는 규범

우리 국제사법의 해석론으로는 당사자가 선택할 수 있는 준거법은 당해 계약과 실질적인 관련이 있는 법에 한정되지 않으며 당해 계약과 아무런 관련이 없는 중립적인 법의 선택도 가능하다. 국제사법 제25조도 이런 취지이고, 국제사법 제8조 제2항은 당사자가 준거법을 선택하는 경우에는 예외조항을 적용하지 않는다고 규정함으로써 이를 명확히 한다.[7]

주관적 준거법과 관련하여 준거법이 될 수 있는 것은 특정국가의 법에 한정되는지, 아니면 국제조약 또는 '상인법'(*lex mercatoria*)을 준거규범으로 합의할 수 있는지는 논란이 있다. 전통적인 국제사법이론에 따르면 계약의 준거법은 어느 국가의 법체계(national system of law)가 되는 것이 당연하였고, 그 밖의 규범의 선택은 준거법의 지정으로서 효력이 없다. 이는 어느 국가의 법만이 당사자들의 권리·의무와 그의 집행을 위한 구제수단을 망라적으로 규율할 수 있다는 점을 주된 근거로 한다.[8] 이에 따르면 예컨대 유엔물품매매협약(CISG)이 적용되지 않는 매매계약에 당사자들이 동 협약을 적용하기로 합의하는 경우 동 협약은 준거법이 아니라 계약의 내용이 된다. 중재의 경우도 유사한 논란이 있는데, 다만 중재의 경우는 국제조약이나 상인법이 준거규범이 될 수 있다고 보는 견해가 국제적으로 유력하고, 우리 중재법의 해석론으로도 그러하다는 점에서 차이가 있다.[9]

---

7) 따라서 전속적 국제재판관할합의에 관하여 한국 법원의 관할을 배제하고 외국법원을 관할법원으로 하는 전속적인 국제재판관할합의가 유효하기 위한 요건으로 당해 사건이 그 외국법원에 대하여 합리적인 관련성을 가질 것을 요구하는 대법원 1997. 9. 9. 선고 96다20093 판결의 태도와는 다르다.

8) Peter Nygh, Autonomy in International Contracts (1999), p. 61.

(3) 준거법의 분열(*dépeçage*. 또는 분할)

우리 국제사법(제25조)은 준거법의 분열을 명시적으로 허용한다(제2항·제3항). 섭외사법 하에서는 명문의 규정이 없었지만 학설과 판례는 이를 긍정하였다. 영국법준거약관을 포함하는 협회적하약관이 사용된 사안에서, 대법원 1991. 5. 14. 선고 90다카25314 판결은 영국법준거약관을 근거로 적하보험계약의 준거법이 영국법이라고 보았다. 반면에 대법원 1998. 7. 14. 선고 96다39707 판결은 보험계약에 따른 전보청구 및 결제에 관하여만 영국법을 준거법으로 보고, 보험계약의 성립에 관하여는 한국법을 준거법으로 보았다. 후자는 준거법의 부분지정을 인정한 것인데, 1991년 판결과 1998년 판결의 결론이 다른 것은 판례가 변경되었기 때문이 아니라 실제로 사용된 영국법준거약관의 문언에 차이가 있었기 때문이다.[10)]

나. 국제계약의 객관적 준거법—특징적 급부(이행)

국제사법(제26조)은 준거법 결정시의 객관적 연결원칙을 정한다. 그에 따르면, 당사자가 준거법을 선택하지 아니한 경우에 계약은 그 계약과 가장 밀접한 관련이 있는 국가의 법에 의한다(제1항). 국제사법은 준거법에 관한 법원과 당사자의 판단을 돕기 위하여 추정규정을 두고 있다. 즉, 계약은 계약에 따라 '특징적 이행'(또는 특징적 급부. characteristic performance)을 행하여야 하는 당사자의 계약체결 당시 상거소지법(당사자가 법인 또는 단체인 경우에는 주된 사무소가 있는 국가의 법)과 가장 밀접한 관련이 있는 것으로 추정한다. 다만, 계약이 당사자의 직업 또는 영업활동으로 체결된 경우에는 당사자의 영업소가 있는 국가의 법이 가장 밀접한 관련이 있는 것으로 추정한다. 특징적 이행이라 함은 양도계약의 경우에는 양도인의 이행, 이용계약의 경우에는 물건 또는 권리를 이용하도록 하는 당사자의 이행, 위임·도

---

9) 석광현, 국제상사중재법연구 제1권(2007), 155면 이하. 근자의 논문으로는 박세민, "해상보험에 있어서 영국법 준거조항의 유효성 인정문제와 그 적용범위에 대한 비판적 고찰," 해법학회지 제33권 제1호(2011. 4.), 189면 이하 참조.

10) 상세는 석광현, "海上積荷保險契約에 있어 英國法 準據約款과 관련한 國際私法上의 問題點—대법원 1991. 5. 14. 선고 90다카25314 판결에 대한 평석: 대법원 1998. 7. 14. 선고 96다39707 판결의 소개를 포함하여—," 국제사법과 국제소송 제2권(2001), 50면 이하; 석광현, "해상적하보험증권상의 영국법 준거약관에 따라 영국법이 규율하는 사항의 범위—대법원 1998. 7. 14. 선고 96다39707 판결—," 국제사법과 국제소송 제3권(2004), 189면 이하 참조.

급계약 및 이와 유사한 용역제공계약의 경우에는 용역의 제공과 같이 그 계약을 특징지우는 이행을 말한다. 제26조 제2항은 특징적 이행을 예시적으로 열거하나, 특징적 이행이라는 용어를 사용하지는 않는다. 실무상 문제는 어떤 경우에 과연 추정이 깨어지고 가장 밀접한 관련이 있는 국가의 법을 적용할 것인가인데 이를 비교적 쉽게 인정할지 아니면 예외적인 경우에만 인정할지이다.[11)]

2. 선하증권의 채권적 효력의 준거법

상법은 선하증권의 개념을 정의하지 않으나, 선하증권(bill of lading, Konnossement)은 해상운송인이 해상물건운송계약에 따른 운송물의 수령 또는 선적을 증명하고, 해상운송인에 대한 운송물의 인도청구권을 표창하는 유가증권이다.[12)] 선하증권의 효력을 채권적 효력과 물권적 효력으로 구분하는 것에 상응하여 선하증권에 따른 법률관계의 준거법을 논의함에 있어서도 채권적인 법률관계와 물권적인 법률관계를 나누어 보아야 한다.[13)] 선하증권의 채권적인 법률관계는 선하증권의 준거법(Konnossementsstatut)에 의하여 규율되는데, 이 법률관계에 속하는 사항에는 기본적으로 선하증권에 따른 운송인과 선하증권 소지인의 채권적인 권리와 의무(즉 선하증권의 효력)가 포함된다.[14)] 흥미로운 것은, 용선계약상 중재조항의 선하증권에의 편입에 관한

11) 유럽연합에서는 로마협약의 해석상 영국 법원은 비교적 쉽게 추정을 깨뜨린 반면에 네덜란드와 독일 법원은 이를 엄격하게 적용하였다. 그 결과 로마Ⅰ규정에서 이 점이 개정되었다. 즉 로마협약은 로마규정으로 법형식이 변경되어 2009. 12. 17.부터 발효되었는데(덴마크는 제외), 로마Ⅰ규정(제4조)은 8개 유형의 계약에 관하여 추정규정 대신 고정된 규칙(fixed rules)을 규정하고 그 밖의 유형의 계약 또는 혼합계약의 경우 특징적 이행을 해야 하는 당사자의 상거소 소재지법이 준거법이 된다고 규정하면서, 다만 모든 사정에 비추어 그 계약이 그렇게 결정된 준거법 이외의 법과 명백히 더 밀접한 관련이 있는 것이 분명한 때에는 더 밀접한 법을 적용하도록 한다. 우리로서는 엄격한 요건 하에서만 추정이 깨지는 것으로 운영함으로써 해석론으로 해결하는 것이 좋지 않을까 생각된다.

12) 상법 제852조 참조. 송상현·김현(註 1), 305-306면.

13) 상세는 석광현(註 3), 89면 이하 참조.

14) 채권적 효력의 준거법이 규율하는 사항은 예컨대 선하증권의 실질적 유효성, 선하증권 기재의 효력(상법 제854조 제1항), 부지약관의 유효성과 효력(상법 제854조 제2항. 이 점은 대법원 1987. 6. 23. 선고 85다카2666 판결 참조), 히말라야약관의 유효성과 효력(상법 제798조 제2항, 제4항 참조), 항해과실(또는 해기과실)에 대한 운송인의 면책 여부(상법 제795조 제2항 참조), 면책약관의 유효성과 효력, 운송인의 책임제한(예컨대 상법 제797조, 제798조에 규정된 바와 같은 운송인의 책임의 개별적 제한(포장당 책임한도)을 말하

대법원 2003. 1. 10. 선고 2000다70064 판결[15]이, 용선계약상의 중재조항이 선하증권에 편입되어 선하증권의 소지인과 운송인 사이에서도 효력을 가지는지 여부는 선하증권의 준거법에 의하여 판단할 사항이라고 본 점이다.[16]

선하증권의 준거법과 운송계약의 준거법은 반드시 일치하지는 않는다. 양자가 상이한 경우, 운송계약 당사자들의 법률관계는 운송계약에 의하여 규율되므로 그들 간의 법률관계는 운송계약의 준거법에 의한다. 우리 법상으로는 선하증권과 운송계약을 명확히 구분하는데, 선하증권은 유가증권일 뿐이고 선하증권 자체를 계약으로 파악하지는 않는다. 반면에 영국과 미국에서는 선하증권을 선하증권계약으로 부르는 경향이 있다.[17] 하지만, 영국에서도 선하증권 자체는 운송계약이 아니라는 점은 인정되고 있고, 선하증권계약(bill of lading contract)이라는 표현은 편의상의 것일 뿐이고 정확히는 선하증권에 포함되어 있거나 이에 의하여 증명되는 운송계약(contract of carriage contained in or evidenced by the bill of lading)을 의미한다.[18]

고 제769조 이하의 선주책임제한을 말하는 것은 아니다), 운송인의 책임의 단기소멸시효 또는 제소기간(대법원 1983. 10. 25. 선고 83다258 판결 참조), 운송인이 공권을 발행한 경우 또는 선하증권에 기재된 물건이 실제 운송물과 상이한 경우의 운송인의 선하증권 소지인에 대한 채무불이행책임(상법 제853조 참조)과 보증도에 의하여 운송물을 인도한 운송인의 선하증권 소지인에 대한 채무불이행책임 등이다. 따라서 이러한 사항에 관하여 국내법 간에 편차가 클수록 준거법 결정의 실익이 크다.

15) 평석은 석광현, "용선계약상 중재조항의 선하증권에의 편입—대법원 2003. 1. 10. 선고 2000다70064 판결에 대한 평석—," 국제사법과 국제소송 제4권(2007), 457면 이하 참조.

16) 저자는 네 가지 견해의 가능성을 지적하였다. 즉 ① 선하증권의 준거법에 따른다는 견해, ② 용선계약의 준거법에 의한다는 견해, ③ 중재합의의 성립의 준거법에 의한다는 견해와 ④ 독일처럼 편입요건을 중재합의의 방식으로 보아 방식의 준거법에 따른다는 견해가 그것이다.

17) 예컨대 심재두, 海上運送法(1997), 231면은 영국법상 해상운송계약은 크게 용선계약과 선하증권계약으로 나뉜다고 한다. 이런 관념상의 차이는 로마협약이 선하증권에 적용되는지에 관하여 차이를 가져온다. 로마협약 제1조 제2항 c)에 따르면, 환어음, 수표 및 약속어음으로부터 발생하는 채무와 기타 유가증권(other negotiable instruments)으로부터 발생하는 채무로서 그의 유가증권성(negotiable character)으로부터 발생하는 채무에는 로마협약이 적용되지 않는데 제외범위에 관하여 견해가 나뉜다. 즉 영국에서는 선하증권은 위 조항의 유가증권이 아니라고 보고 선하증권에 대하여는 협약이 적용된다고 보나, 독일에서는 선하증권은 위 조항의 유가증권임을 전제로 하되 구체적인 제외범위에 관하여는 견해가 나뉘었다. 그러나 로마 I 규정의 전문(9)은 "환어음, 수표와 약속어음 그리고 다른 유가증권에 따른 채무는, 선하증권에 따른 채무가 그의 유가증권성으로부터 발생하는 범위 내에서는 선하증권도 포함하여야 한다"고 규정한다(제1조 제2항 (d)호 참조). 즉 선하증권에 대하여는 로마 I 규정이 적용되지만, 유가증권성으로부터 발생하는 사항(예컨대 피배서인이 배서인보다 강력한 권리를 취득할 수 있는지의 여부)에 대하여는 적용되지 않는다는 것이다.

18) 심재두(註 17), 232면.

가. 당사자자치

우리 국제사법에 따르면 선하증권의 채권적 효력의 준거법은 채권적인 권리와 의무의 준거법의 문제이므로 운송계약의 준거법과 같이 명시적 또는 묵시적으로 지정될 수 있다. 이 경우 당사자가 선택하는 준거법이 당사자 또는 당해 운송과 어떤 관련이 있어야 하는 것은 아니다. 그런데 여기에서 주목할 것은, 우리나라의 대표적인 해상법 교과서의 다음과 같은 견해이다.[19)]

> 우리나라에서 발행되는 선하증권에 준거법 조항이 기재되어 있을 때에는 그 준거법이 당사자들 및 당해 운송과 밀접한 관련이 있고 법정지국의 공서양속에 위반되지 않는 한 유효하다고 한다(밑줄은 저자가 추가함).

이는 위 공저자들이 과거부터 유지하는 견해로서 우리 국제사법의 해석론으로 보인다. 하지만 위에서 밝힌 바와 같이, 우리 국제사법은 당사자가 선택한 준거법이 당사자 또는 당해 운송과 밀접한 관련이 있을 것이라는 요건을 요구하지 않으므로[20)] 위 견해는 우리 법의 해석론으로서는 타당하지 않다.

우리 선사들이 발행하는 선하증권은 대체로 준거법조항을 두고 있는 것으로 보이나, 선하증권의 발행인이 선하증권의 준거법을 지정하지 않고 단순히 지상약관만을 둔 경우 준거법을 결정할 필요가 있다. 이 경우 지상약관의 법적 성질이 문제되는데 이 점은 아래(나.)에서 살펴본다. 준거법을 지정하고 지상약관을 두는 경우에는 양자의 관계도 문제된다.

나. 至上約款을 둔 경우의 준거법[21)]—준거법의 분열

지상약관(paramount clause)은, 선하증권의 다른 조건에도 불구하고 선하증권에 따른 법률관계에 헤이그규칙 또는 헤이그-비스비규칙(이하 "헤이그-비스비규칙"만을 언급한다)이 직접 적용된다고 규정하거나, 또는 특정국가(선적항 또는 양륙항)에서 적용되는 헤이그-비스비규칙이 적용된다는 취지의 조항이다.[22)] 이는 헤이그-비스비규칙의 비체약국 법원에서 운송인이 선하증

19) 송상현·김현(註 1), 309면.
20) 최종현(註 4), 403면도 동지.
21) 상세는 석광현(註 3), 84면 이하; 석광현(註 15), 493면 이하 참조.
22) 선사에 따라 다양하나 헤이그규칙을 입법화한 선적지 또는 목적지의 국내법이 적용됨을

권의 이면약관에 기초하여 면책 주장을 하는 것을 봉쇄함으로써 동 규칙의 실효성을 확보하기 위한 것이다.[23] 선하증권이 지상약관을 둔 경우 지상약관이 선하증권의 전부 또는 일부의 준거법을 정한 것인지, 아니면 선하증권의 내용에 헤이그-비스비규칙을 편입한 것인지가 문제된다.

지상약관의 법적 성질의 논의 시 주의할 것은 헤이그-비스비규칙은 "선하증권에 관한 약간의 규칙의 통일을 위한 국제협약"(International Convention for the Unification of Certain Rules of Law relating to Bills of Lading, signed at Brussels on August 25, 1924)이라는 이름으로부터 보듯이 선하증권의 채권적 측면을 모두 규율하는 것이 아니라 일부 규칙만을 통일하는 것이라는 점이다. 즉 선하증권의 준거법이 주관적 또는 객관적으로 지정된 경우 지상약관은 준거법을 분할(*dépeçage*)한 것으로 보아야 한다.[24] 즉 '계약의 성립, 방식 및 효력' 등 일반적 문제에 대하여는 준거법조항에 기재된 법률을, '운송인의 책임이나 의무의 제한' 등 헤이그-비스비규칙이 규율하는 사항에 대하여는 지상약관에 기재된 법률을 각각 분할지정한 것으로 본다.[25]

그렇다면 문제는 분할지정이 저촉법적 지정(즉 준거법의 지정)인지, 아니면 외국법의 편입인가이다. 저자는 종래 지상약관의 법적 성질을 사안에 따라 다음과 같이 분류한다.[26]

규정한 지상약관의 예문은 다음과 같다. "Without prejudice to Article 30 hereof, this Bill of Lading shall have effect subject to the provisions of any maritime law, rules or regulations in force at the place of shipment, <u>which have been enacted in order to incorporate the rules of the International Convention for the Unification of Certain Rules relating to Bill of Lading at Brussels of August 25, 1924</u>, or subject to the provisions of such law, rules or regulations in force at the place of destination if no such law, rules or regulations exist at the place of shipment, if any such law, rules or regulation at the place of destination apply to inward shipment, the provisions thereof shall be paramount. …". 여기에서 제30조는 준거법조항을 가리킨다.

23) 서울지방법원, 국제거래·상사 소송의 실무(1997), 309면.

24) 高桑昭, "實質法的指定と抵觸法的指定—至上約款," 涉外判例百選 第3版, 別冊ジュリスト No. 38(1995), 78-79面. 사견으로는 선하증권이 준거법을 지정하지 않은 않은 경우에도 결론은 같다고 본다.

25) 平塚眞, "船荷證券," 涉外判例百選 第3版(1995), 82-83面; 서울지방법원(註 23), 309면도 동지. 이는 대체로 옳으나 엄밀하게는 선하증권은 계약은 아니므로 '계약의 성립'은 부적절하고, 또한 선하증권의 방식은 선택적으로 연결되므로 이를 함께 설명하는 것도 부적절하다.

26) 본문의 견해는 준거법조항과 지상약관이 병존하는 사안을 전제로 저자가 Peter Mankowski, Seerechtliche Vertragsverhältnisse im Internationalen Privatrecht (1995), S. 199-231을

① 헤이그-비스비규칙이 조약으로서 적용되지 않는 사안에서,[27] 지상약관이 헤이그-비스비규칙이 직접 적용된다고 규정하는 경우에는 실질법적 부분지정이다. 왜냐하면 논란이 있지만 우리 국제사법의 해석으로는 특정국가의 법만이 준거법이 될 수 있다고 보기 때문이다.

② 헤이그-비스비규칙을 입법화한 특정국가의 법이 적용된다고 규정하는 경우 그것이 당해 국가법의 적용요건을 구비한 때에는 저촉법적 부분지정으로 본다.

③ 헤이그-비스비규칙을 입법화한 특정국가의 법이 적용된다고 규정하더라도 그것이 당해 국가법의 적용요건을 구비하지 못한 때에는 실질법적 부분지정이다. 왜냐하면 당해 국가의 입법자의 의도에 반하여 특정국가의 법을 준거법으로 적용할 것은 아니기 때문이다.[28]

지상약관의 성질에 관한 위 논의를 정리하면 아래와 같다.

참조하여 제시한 것이다(석광현(註 3), 84면). 대법원 1999. 12. 10. 선고 98다9038 판결은 지상약관 및 멕시코책임조항이 포함된 선하증권의 준거법에 관하여, 지상약관을 준거법의 부분지정으로 보고, 멕시코 국내법을 적용하기로 한 준거법 약정이 유효한 이상, 우리 상법은 적용될 여지가 없어 상법 제790조, 제789조의2도 적용되지 않는다고 보았다. 채동헌, "용선계약상의 중재조항과 선하증권에의 편입," 대법원판례해설 통권 제44호(2003년 상반기), 261면 이하도 대체로 동지로 보인다.

27) 헤이그-비스비규칙이 조약으로서 적용되지는 사안이라 함은, 조약이 그 자체로서 효력을 가지는 경우를 말하지 우리 상법처럼 국내법에 편입한 경우를 포함하지 않는다. 멕시코책임조항에 관한 위 대법원 1999. 12. 10. 선고 98다9038 판결은 다음과 같이 설시하여 그런 취지를 명확히 하였다.

"선하증권 이면약관 제2조가 정하는 지상약관(Clause Paramount)이 '미합중국의 1936년 해상물건운송법'(The U. S. Carriage of Goods by Sea Act, 1936)과 함께 위 이면약관상 합의로부터 파생되는 분쟁에 관하여 관할권을 가지고 재판을 할 법원의 소재국에서 '효력을 가지는'(in effect) 헤이그규칙, 즉 1921년에 제정되고 1924년에 개정된 '선하증권에 관한 규정의 통일을 위한 국제협약'(International Convention for the Unification of Certain Rules of Law relating to Bills of Lading, signed at Brussels on August 25, 1924)을 운송계약에 따른 화물의 수령, 보관, 운송, 그리고 인도에 관한 준거법으로 지정하고 있는 경우, 위 재판을 할 법원의 소재국에서 효력을 가진다고 하는 취지는 결국 위 헤이그규칙이 그 자체로서 소재국에서 법규범으로서의 효력을 가지는 것을 의미한다고 해석함이 상당한데, 우리 헌법은 제6조 제1항에서 "헌법에 의하여 체결, 공포된 조약과 일반적으로 승인된 국제법규는 국내법과 같은 효력을 가진다"고 규정하고 있고 우리나라는 그 헤이그규칙의 당사자로 가입하지 않았음은 공지의 사실이므로, 헤이그규칙은 우리나라에서 법규범으로서의 효력을 갖지는 못한다고 할 것이고, 우리 상법이 위 헤이그규칙의 대부분을 수용하고 있는 것은 사실이지만 그러한 사정만으로 위 이면약관 제2조에 의하여 우리 상법이 곧바로 위 운송계약에 따른 법률관계의 준거법으로 된다고 할 수 없다."

28) 이 점은 Nygh(註 8), p. 215도 참조.

<table>
<tr><td>H-V 규칙 직접 적용</td><td colspan="2">실질법적 부분지정</td></tr>
<tr><td rowspan="2">H-V 규칙을 입법화한 특정국가의 국내법 적용</td><td>당해 국가법 적용요건의 구비 시</td><td>저촉법적 부분지정</td></tr>
<tr><td>당해 국가법 적용요건의 미구비 시</td><td>실질법적 부분지정</td></tr>
</table>

용선계약상 중재조항의 선하증권에의 편입에 관한 대법원 2003. 1. 10. 선고 2000다70064 판결은, "선적국에서 입법화된 헤이그규칙이 적용된다고 하면서 나아가 헤이그-비스비규칙이 적용되는 거래에서는 해당 조항이 이 선하증권에 규정된 것으로 본다"고 규정한 선하증권에 관하여 아래와 같이 판시하였다.

> "… 제1차 용선계약상의 중재조항이 선하증권에 편입되어 선하증권의 소지인과 운송인 사이에서도 효력을 가지는지 여부는 선하증권의 준거법에 의하여 판단하여야 할 것인데, … 이 사건 선하증권은 … 그 이면약관에서 선적국에서 입법화한 헤이그규칙 및 일정한 경우 헤이그-비스비규칙이 적용된다는 지상약관(paramount clause)을 담고 있는 외 달리 명시적으로 선하증권의 준거법을 정하지는 않았는바, 따라서 이 사건 선하증권에 대하여는 위 약관에 따라 먼저 이 사건 화물의 선적국인 미국에서 입법화된 헤이그규칙 및 일정한 경우 헤이그-비스비규칙이 적용되고, 나머지 사항에 대하여는 선하증권이 발행된 장소인 미국의 법과 관습이 적용된다(밑줄은 저자가 추가함)."

위 대법원판결은, "… 입법화된 헤이그규칙 및 … 헤이그-비스비규칙이 적용되고, 나머지 사항에 대하여는 … 미국의 법과 관습이 적용된다"고 할 뿐이고 그것이 준거법이라고 설시하지는 않았지만, 지상약관의 결과 일정한 범위 내에서 헤이그규칙을 입법화한 미국법이 준거법이 된다고 판단한 것이라고 본다. 즉 그 사건 선하증권의 경우 운송인의 책임과 의무 및 그 제한은 지상약관에 의하여 준거법으로 지정된 헤이그규칙을 입법화한 미국법(미국의 해상물건운송법. COGSA)에 따르나, 헤이그-비스비규칙은 계약의 내용을 이루며,[29] 그 밖의 선하증권의 채권적 효력(운송인의 책임이나 의무의 제한 이외의)은 선하증권의 객관적 준거법인 미국법(즉 Pomerene Bills of Lading Act of 1994와 보통법)에 따르므로 선하증권의 준거법의 분할(또는 분열)이

29) 이는 혹시 미국이 헤이그규칙은 비준하였지만 비스비규칙은 비준하지 않았기 때문에 전자는 적용된다고 함으로써 준거법으로 부분지정하고(저촉법적 부분지정), 후자는 선하증권에 규정된 것으로 본다고 함으로써 선하증권의 내용으로 삼은 것(실질법적 지정)은 아닌지 모르겠다.

발생한다는 것이다.[30] 위 대법원판결의 결론은 저자의 견해와 같은 것으로 보인다.

다. 선하증권의 객관적 준거법[31]

선하증권의 발행인이 준거법을 지정하지 않은 경우 선하증권의 객관적 준거법의 결정이 문제된다. 섭외사법(제9조)은 당사자가 법률행위의 준거법을 지정하지 않은 경우 행위지법원칙을 채택하고 있었으므로 그에 따르면 선하증권이 발행된 나라의 법이 준거법이 될 수 있었다. 실제로 위(나.)에 언급한 대법원 2003. 1. 10. 선고 2000다70064 판결은 추상적인 법률론으로서 섭외사법(제9조)에 따르면 선하증권의 준거법은 선하증권이 명시적으로 준거법을 정하고 있는 경우에는 그 정한 법률, 선하증권의 발행인이 선하증권의 준거법을 명시적 혹은 묵시적으로 지정하지 않은 경우에는 선하증권이 발행된 나라의 법이 된다고 보고 당해 사건 선하증권의 경우 선하증권의 발행지인 미국법이 준거법이 된다고 판시하였다.[32] 그러나 구체적인 사안에서 묵시적 지정을 찾아내기는 쉽지 않다.

(1) 운송계약의 준거법과 선하증권의 객관적 준거법

선하증권의 발행인이 선하증권의 준거법을 지정하지 않은 경우, 운송계약의 준거법이 선하증권의 준거법이 될 수 있는지가 문제된다.[33][34] 운송계약

---

30) 채동헌(註 26), 263면도 동지로 보인다.

31) 상세는 석광현(註 15), 496면 이하 참조.

32) 섭외사법의 문언에 충실한 견해는 행위지법, 즉 선하증권 발행지법을 준거법으로 본다. 서울지방법원(註 23), 315-316면; 平塚眞(註 25), 83면.

33) 그 밖에도 당사자들의 현실적인 합의는 없으나 만일 당사자들이 합의하였더라면 가졌을 것으로 생각되는 의사, 이른바 가정적 당사자의사(hypothetischer Parteiwille)(또는 추정적 당사자의사)에 의하여 준거법을 정할 수 있는지에 관하여 섭외사법상 견해가 나뉘었는데, 근자에 대법원은 이를 긍정하는 판결(예컨대 대법원 2004. 6. 25. 선고 2002다56130, 56147 판결)을 선고하고 있다. 그러나 국제사법상으로는 이는 허용되지 않는다. 석광현, "한국인 간에 일본에서 체결된 근로계약의 준거법," 민사판례연구 제31집(2009. 2.), 595면 이하; 이 책 [1] 참조.

34) 당사자가 운송계약의 준거법을 지정하지 않은 경우 그 객관적 준거법의 결정도 문제이다. 로마협약(제4조 제4항)은 물품운송계약에는 제2항의 추정규정을 적용하지 않는 대신 적하지, 양육지 또는 송하인의 주된 사무소가 운송인이 계약체결 시점에 주된 영업소를 가지는 국가에 있는 때에는 그 국가와 가장 밀접한 관련을 가지는 것으로 추정된다는 규정을 두고 있다. 그러나, 우리 국제사법은 이런 예외를 규정하지 않으므로 물품운송계약의 경우에도 원칙적으로 제26조 제2항의 추정규정이 적용되고, 반드시 로마협약처럼 연결점의 중첩을 근거로 추정해야 하는 것은 아니다. 그러나 모든 운송계약에 대해 그런 추정이 적절한지는 법관이 판단해야 할 것이고, 그 경우 로마협약의 조항을 참작할 여지는 있을

의 당사자가 아닌 선하증권의 적법한 소지인과 운송인 간에는 선하증권의 준거법은 별도의 원칙에 따라 객관적으로 연결하여야 한다는 견해가 설득력이 있는 것으로 보인다. 실제로 독일에서는 운송계약과 선하증권을 구별하고 선하증권의 객관적 준거법은 목적지국법이라는 견해가 유력하나,[35] 운송계약에 관한 원칙을 적용하려는 견해도 주장될 수 있을 것이다. 우리나라에서도 최근에는 선하증권에 의해 증명되는 운송계약과 가장 밀접한 관련이 있는 국가의 법이 준거법이 된다는 견해가 보인다.[36]

(2) 용선계약 선하증권의 객관적 준거법

그러나 용선계약 선하증권처럼 운송계약이 선하증권에 편입되는 경우에는 달리 볼 수 있다. 용선계약의 준거법과 선하증권의 준거법이 각각 결정되는 것이 원칙이나, 선하증권에 일반편입문구가 있는 경우 용선계약의 준거법이 선하증권의 준거법으로 편입되는지가 문제될 수 있다.[37]

독일의 유력한 견해[38]는 편입문구에 의하여 용선계약의 준거법이 선하증권의 준거법이 되는가에 관하여 첫째, 용선계약이 준거법을 명시적으로 지정한 경우 둘째, 용선계약이 준거법을 묵시적으로 지정한 경우와 셋째, 용선계약의 준거법이 객관적으로 결정되는 경우로 구분하여 논의한다. 이론구성에는 차이가 있지만 이 견해는 결과적으로 어느 경우에나 용선계약의 준거법이 묵시적으로 선하증권의 준거법이 된다고 한다.

용선계약상 중재조항의 선하증권에의 편입에 관한 대법원 2003. 1. 10. 선고 2000다70064 판결의 사건에서 각급법원의 판결문이 용선계약의 준거법을 언급하지 않는 것을 보면 용선계약에 명시적으로 지정된 준거법은 없었고, 아마도 묵시적으로 지정된 준거법도 없다고 본 듯하다. 그렇다면 용선계약의 객관적 준거법이 일반편입문구에 의하여 선하증권의 준거법이 되는지가

것이다. 참고로 로마 I 규정(제5조 제1항)은 "물품운송계약의 준거법이 합의되지 아니하는 한, 수령지, 인도지, 또는 송하인의 상거소가 운송인의 상거소 국가에 소재하고 있는 경우에는 그 국가의 법이 준거법이 된다. 이러한 요건들이 충족되지 않는 경우에는 당사자들에 의하여 합의된 인도지가 소재하는 국가의 법이 적용된다"고 규정한다.

35) Mankowski(註 26), S. 181.

36) 최종현(註 4), 403면.

37) 저자는 전에 용선계약 하에서 발행되는 선하증권의 경우, 운송인이 선하증권에 별도의 준거법조항을 두지 않고 용선계약을 편입하는 방식을 취한다면 용선계약과 선하증권의 준거법은 동일하게 될 것이라고 하였는데(석광현(註 3), 83면 註 6), 여기의 논의는 이를 좀 더 진전시킨 것이다.

38) Mankowski(註 26), S. 167-174.

문제되는데, 편입의 성질상 당사자의 합의가 아니라 법원에 의하여 결정되는 용선계약의 조건을 당사자들이 편입하였다고 보기는 어렵고, 특히 위 대법원 판결이 제시한 중재조항의 편입요건(선하증권의 양수인이 해당 조항의 존재를 알았거나 알 수 있었을 것)이 준거법조항의 편입에도 유사하게 요구될 것이라는 점에서[39] 이는 부정해야 할 것이다. 반면에 용선계약의 준거법이 명시적 또는 묵시적으로 지정된 경우 편입요건이 구비되면 용선계약의 준거법이 선하증권의 준거법이 된다고 볼 수 있을 것이다.

3. 선하증권의 성질과 종류

우리 국제사법은 명문의 규정을 두고 있지 않지만, 유가증권의 준거법을 논의함에 있어서는 '유가증권에 화체된 권리의 준거법'(Wertpapierrechtsstatut 또는 Hauptstatut)과 '유가증권 자체의 준거법'(Wertpapiersachstatut)을 구분해야 한다.[40] 전자는 유가증권에 화체된 권리(Recht aus dem Wertpapier)의 내용에 따라 상이하다. 국제사법 제23조는 이를 규정한 것이다. 반면에 후자는 유가증권 자체에 대한 소유권 기타 제한물권 등(Recht am Wertpapier)의 취득, 상실에 관한 준거법으로 이에 대하여는 동산에 준하여 증권 소재지법(*lex cartae sitae*)이 준거법이 된다.[41] 예컨대 만일 선하증권이 그 준거법상 지시증권이어서 선하증권상의 권리를 양도하기 위하여 배서 및 교부가 필요하다면, 선하증권의 교부가 있는지는 물건인 선하증권 자체의 소재지법에 의하여 판단할 사항이라는 것이다.

어떤 선하증권이 지시증권(또는 기명증권)인지는 선하증권에 화체된 권리의 준거법에 의한다. 즉 어떤 선하증권이 유가증권인지, 나아가 지시증권(또는 기명증권)인지는 선하증권에 화체된 권리의 준거법(즉 선하증권의 준거법)에 의한다. 실무적으로는 어떤 선하증권이 지시증권(또는 기명증권)인지는 선하증권의 기재에 의해 결정되므로 통상 문제되지 않지만, 예컨대 우

---

39) 실제로 서울중앙지방법원 2006. 1. 19. 선고 2003가합83073 판결은, 항해용선계약에 영국법을 준거법으로 한다는 특약사항이 있었으나 선하증권상에 항해용선계약의 일자와 당사자가 공란으로 되어 있어 용선계약이 특정되지 아니하였고 선하증권의 소지인인 원고가 항해용선계약의 존재와 준거법조항을 알았다고 인정할 자료가 없다는 이유로 항해용선계약의 준거법조항이 문제된 선하증권에 편입되었다고 볼 수 없다고 판시하였다.

40) 석광현, 2001년 개정 국제사법 해설 제2판(2003), 185면 註 307.

41) Staudinger/Stoll(1996), Int SachenR, Rn. 412ff. 참조.

리 상법에서 보는 바와 같이 기명식 선하증권이더라도 준거법에 따라 법률상 당연한 지시증권이 될 수 있다는 점에서 준거법 논의는 실익이 있다.[42] 실제로 위에서 본 대법원 2003. 1. 10. 선고 2000다70064 판결은 당해 사건 선하증권이 미국법이 준거법인 기명식 선하증권이었음에도 불구하고 구 상법(제820조, 제130조)(현행 상법 제861조, 제130조에 상응)을 근거로 이를 당연한 지시증권이라고 보았으나, 미국법상 기명식 선하증권이 당연한 지시증권은 아니라고 하므로[43] 위 결론은 근거가 없다.

다만 선하증권의 양도를 물품이 인도와 동일시할 수 있는지는 선하증권의 물권적 효력의 문제이므로 선하증권에 화체된 권리에 의할 것은 아니다. 이는 선하증권의 소재지법에 의한다는 견해도 있으나 선하증권이 발행되지 않은 경우와 동일하게 목적지법에 의한다고 보아야 할 것이다. 참고로 독일에서는 이처럼 선하증권의 인도증권성은 물품 자체에 적용되는 준거법(Warensachstatut)(이는 목적지법이다)에 의한다는 견해가 유력하였으나, 근자에는 선하증권의 준거법에 의한다는 견해도 점차 유력해지고 있는 것으로 보인다.[44] 후자는 인식하기 쉽고 연결점의 연속성이 있다는 장점이 있다. 다만 어느 법이든 대체로 인도증권성(또는 권원증권성)을 인정할 것이므로 그 범위 내에서는 별 차이가 없을 것이다.

42) 석광현(註 15), 465면 註 10 참조.

43) 김창준, "背書가 禁止된 記名式 船荷證券의 法的 性質," 한국해법학회지 제25권 제1호 (2003), 278면.

44) 독일의 학설은 Christoph Reithmann/Dieter Martiny, Das internationale Privatrecht der Schuldverträge 6. Auflage (2004) Rn. 1543 참조. 석광현(註 40), 173면, 주 294에서는 선하증권의 경우 선하증권의 준거법과 목적지법에 의한다는 견해 등이 있다고 썼으나, 정확히는 그것은 선하증권의 지시증권(또는 기명증권)성이 아니라 선하증권의 인도증권성의 문제이다. 이렇게 바로 잡는다.

Ⅲ. 국제적 강행규정과 상법 제799조 제1항(운송인의 책임 경감금지)

1. 국제사법과 국제적 강행규정

가. 국제적 강행규정의 개념

강행규정(또는 강행법규. 이하 양자를 호환적으로 사용한다)은 그 강행성의 정도에 따라 국내적 강행규정(단순한 또는 통상의 강행규정)과 국제적 강행규정(internationally mandatory rules)으로 분류할 수 있다.[45] 국제사법에서 말하는 국내적 강행규정은 당사자의 합의에 의해 그 적용을 배제할 수 없는 규정을 말하는데, 국제적 강행규정은 당사자의 합의에 의해 적용을 배제할 수 없을 뿐만 아니라, 더 나아가 준거법이 외국법이라도 그의 적용이 배제되지 않는 강행규정을 말한다.[46] 국제적 강행규정의 개념을 정면으로 도입한 국제사법 제7조는 아래와 같이 규정한다.

국제사법 제7조(대한민국 법의 강행적 적용) 입법목적에 비추어 준거법에 관계없이 해당 법률관계에 적용되어야 하는 대한민국의 강행규정은 이 법에 의하여 외국법이 준거법으로 지정되는 경우에도 이를 적용한다.

우리 국제사법상 국제적 강행법규에는 간섭규범과, 계약당사자들 간의 전형적인 불균형상태의 조정, 즉 약자의 보호를 목적으로 하는 특별사법(Sonderprivatrecht)이 포함될 수 있으며, 전자가 주를 이루고 후자는 예외적이다. 독일에서는 대체로 전자를 간섭규범(또는 개입규범. Eingriffsnorm), 프랑스에서는 직접적용법(*lois d'application immédiate*)이라고 한다.[47] 문제는 국제적 강행법규성의 판단 기준인데, 어떤 법규가 명시적으로 인적 또는

45) 국제적 강행규정에 관한 상세는 석광현, "국제거래에서의 代理商의 보호—商法 제92조의 2의 적용범위와 관련하여," 국제사법과 국제소송 제4권(2007), 30면 이하 참조.

46) 그 밖에 보호적 강행규정을 별도로 분류할 수도 있는데, 이는 소비자계약에 관한 제27조 제1항의 강행규정과 근로계약에 관한 제28조 제1항의 강행법규이다. 이도 당사자의 합의에 의해 배제할 수 없는 것이라는 점에서는 성질상 국내적 강행법규에 해당하나 국제사법상 특별하게 취급된다.

47) 로마 I 규정은 이를 '최우선강행규정'(overriding mandatory provisions)라고 한다.

장소적 적용범위를 명시하는 조문을 두고 있는 경우 그로부터 국제적 강행법규성을 쉽게 도출할 수 있다.[48] 그러나 명시적인 규정이 없으면, 법원이 당해 법규의 의미와 목적을 조사하여 그것이 입법자의 적용의지(Anwendungswille 또는 Geltungswille)를 가지는가를 검토하여 판단해야 한다. 구체적으로 법규의 목적과 그의 언명(Normaussage)을 우선 특정하고 분석해야 하며, 이 경우 문제된 규범의 언명을 개별적으로 검토해야 하지 하나의 법률을 일률적으로 판단할 것이 아니다. 당해 법규가 행정법적인 절차 내에서 전적으로 관할을 가지는 관청을 통한 정규적인 집행을 규정하는 경우 이는 상대적으로 확실한 간섭규범의 징표가 되지만, 의문이 있는 경우에는 일반원칙으로 돌아가 국제적 강행법규가 아니라고 추정해야 한다. 간섭규범에 해당하는 것으로는 대외무역법, 외국환거래법, 독점규제 및 공정거래에 관한 법률과 문화재호보법 등의 규정들을 들 수 있다. 한편 특별사법에 해당하는 것으로 약관의 규제에 관한 법률(이하 "약관규제법"이라 한다)과 대리상의 보호에 관한 상법 제92조의2가 거론될 수 있으나 저자는 양자의 국제적 강행규정성을 모두 부정한다.

나. 국제적 강행규정인지가 논란이 있는 사례

(1) 약관규제법

외국적 요소가 있는 국제계약의 준거법이 외국법인 경우 우리 약관규제법은 적용되는가. 이에 대해 저자는 약관에 의하여 계약의 준거법이 외국법으로 지정된 경우 그것이 예외적으로 무효가 아니라면, 우리 약관규제법은 적용되지 않고 편입통제와 내용통제는 당해 준거법에 의한다는 견해를 견지하고 있다.[49] 즉 저자는 약관규제법의 국제적 강행법규성을 부정한다. 대법원 2010. 8. 26. 선고 2010다28185 판결도 같은 취지로 판단하였다. 즉 위 판결은 "국제사법 제27조에서 소비자 보호를 위하여 준거법 지정과 관련하여 소비자계약에 관한 강행규정을 별도로 마련해 두고 있는 점이나 약관규제법의 입법목적을 고려하면, 외국법을 준거법으로 하여 체결된 모든 계약에 관

48) 예컨대 우리 대외무역법과 외국환거래법은 적용범위를 명시한다. 이와 같은 실질법을 '자기제한적인 실질규범'(selbstbegrenzte Sachnorm) 또는 '독자적인(일방적인) 저촉규범을 가진 실질규범'(Sachnorm mit eigener (einseitiger) Kollisionsnorm)이라고 부르기도 한다.

49) 상세는 석광현, "國際去來와 약관의규제에관한법률의 적용," 국제사법과 국제소송 제3권(2004), 151면 이하 참조.

하여 당연히 약관규제법을 적용할 수 있는 것은 아니다"라고 판시하였다.[50)]

(2) 대리상의 보상청구권[51)]

상법 제92조의2 제1항은 대리상을 보호하기 위하여 대리상의 보상청구권을 명시한다. 즉 "대리상의 활동으로 본인이 새로운 고객을 획득하거나 영업상의 거래가 현저하게 증가하고 이로 인하여 계약의 종료 후에도 본인이 이익을 얻고 있는 경우에는 대리상은 본인에 대하여 상당한 보상을 청구할 수 있다. 다만, 계약의 종료가 대리상의 책임 있는 사유로 인한 경우에는 그러하지 아니하다." 상법 제92조의2가 국내적 강행규정이라면[52)] 대리상계약의 준거법이 한국법일 경우 대리상은 보상청구권을 가지나, 당사자들이 보상청구권을 알지 못하는 외국법을 대리상계약의 준거법으로 지정하였다면 상법의 위 조항은 적용되지 않는다. 반면에 만일 제92조의2가 국제적 강행규정이라면 그 경우 준거법이 외국법이더라도 동 조가 적용된다. 대리상을 두텁게 보호할 필요성을 고려한다면 이를 국제적 강행규정으로 볼 필요가 있으나, 법문상 명확한 기준을 도출하기 어렵고, 종래 우리의 입법이 국제거래에 대한 합리적 고려 없이 이루어졌음을 생각한다면 원칙으로 돌아가 부정적으로 본다. 서울고등법원 2005. 1. 14. 선고 2004나14040 판결은 부정설을 취하였다.[53)]

2. 상법 제799조 제1항(운송인의 책임경감금지)의 국제적 강행규정성

상법 제799조 제1항[54)]은 제794조부터 제798조까지의 규정에 반하여 운

50) 간단한 평석은 석광현, "약관규제법은 국제적 강행규정인가," 법률신문 제3920호(2011. 3. 21.), 13면; 이 책 [5]의 보론 참조.

51) 상세는 석광현(註 40), 3면 이하 참조.

52) 이에 관하여 상법학자들 간에 견해가 나뉜다.

53) 위 판결은 "원고는 준거법에 관하여, 대리상의 보상청구권을 규정한 상법 제92조의2가 대기업 등으로부터 소규모 대리상들을 구제하기 위한 강행규정으로서 준거법이 대한민국의 법이 아닌 경우에도 적용되어야 한다고 주장하나, 상법 제92조의2가 규정하고 있는 대리상의 보상청구권은 대리상계약에 의한 당초의 보수에 부수하여 발생하는 계약상의 권리를 법에서 정하고 있는 것이어서 비록 그 입법취지에 일부 강행법규의 성격이 포함되어 있다 하더라도 공정거래, 소비자 보호 등과 같이 입법 목적에 비추어 준거법에 관계없이 해당 법률관계에 적용되어야 할 강행규정이라고 볼 수 없다"는 취지로 판시하였다. 위 판결은 확정되었다.

54) 과거에는 구 상법 제787조 내지 789조의3의 규정에 반하여 운송인의 의무 또는 책임을 경감 또는 면제하는 당사자의 특약은 효력이 없다고 하는 구 상법 제790조 제1항의 문제

송인의 의무 또는 책임을 경감 또는 면제하는 당사자의 특약은 효력이 없다고 규정한다.[55] 상법 제855조 제5항은 용선계약 하에서 선하증권이 발행된 경우 제799조를 위반하는 특약을 하지 못함을 명시한다. 문제는 제799조 제1항이 운송계약 또는 선하증권의 준거법이 한국법인 경우에만 적용되는지 아니면 준거법이 외국법인 경우에도 예컨대 선적지 또는 양륙지가 한국이면 적용되는가라는 점이다.[56] 이 쟁점은, 예컨대 멕시코책임조항이 문제되었던 대법원 1999. 12. 10. 선고 98다9038 판결의 사안과 같이 준거법이 외국법인 사안에서, 선하증권의 약관에 상법 799조 제1항에 반하여 운송인의 의무 또는 책임을 경감하는 특약이 포함된 경우 상법 제799조 제1항이 준거법에도 불구하고 국제적 강행규정으로서 적용될 수 있는가라는 문제이다. 이를 긍정한다면 준거법이 멕시코법이더라도 상법 제799조 제1항에 반하는 특약은 무효이다.

가. 저자가 1999년 피력한 해석론과 입법론

저자는 전에 쓴 글[57]에서, 구 상법 제790조 제1항이 국제적 강행법규의 성질을 가진다고 하려면 입법자의 의도로부터 준거법이 외국법인 경우에도 당해 조항을 적용하려는 적용의지가 표현되어 있어야 하나 상법상 이러한 의지가 표현되어 있지 않고, 나아가 위 조항이 모든 외국적인 요소를 가지는 선하증권에 적용될 수 없음은 의문이 없으므로 일반원칙으로 돌아가 구 상법 제790조 제1항은 국제적 강행법규는 아니라고 하였다. 그러면서도, 입법론으로는 운송계약 또는 선하증권의 준거법이 한국법이 아니더라도 일정한 요건이 구비되면[58] 선하증권의 준거법에 관계없이 상법상의 강행규정이 적용됨을 명시하는 방안을 검토할 필요가 있음을 지적하였다.

로 논의되었다.

55) 이는 헤이그-비스비규칙 제3조 제8호와 유사한 취지이다.

56) 만일 우리나라가 헤이그-비스비규칙에 가입하였더라면 그런 규칙의 적용범위에 관한 규정(제10조)이 적용될 것이나, 우리는 위 규칙의 내용을 상법에 편입하는 방법을 택하면서 그 적용범위에 관한 조항을 제외한 결과 원칙적으로는 제799조 제1항은 준거법이 한국법인 경우에 적용되고 그에 대한 예외를 인정하자면 동 규정이 국제적 강행규정이어야 한다는 것이다. 이는 입법자들의 국제사법적 사고의 빈곤을 보여주는 단적인 예이다.

57) 석광현(註 3), 105면. 이는 당초 1999년에 피력한 견해이다.

58) 예컨대 헤이그-비스비규칙(제10조)이 정하는 바와 같이 선하증권이 체약국에서 발행되거나 운송이 체약국의 어느 항고로부터 시작된 경우 등.

나. 대법원판결의 해석론

멕시코책임조항이 문제된 사건에서 상고이유 제2점은 원심판결의 구 상법 제790조 제1항, 제789조의2 적용에 관한 법리오해 및 판단유탈을 지적하면서 구 상법 제790조 제1항(운송인의 책임감경금지), 제789조의2(운송인의 책임의 한도)는 강행규정으로서 우리나라에서 화물이 선적되고 선하증권이 발행된 그 사건에서 강제적으로 적용되어야 한다고 주장하였다.

이에 대해 대법원 1999. 12. 10. 선고 98다9038 판결[59]은 "… 운송인의 배상책임을 법정 금액보다 제한하는 것을 금지하는 우리 (구) 상법 제790조 제1항, 제789조의2의 규정들이 모두 강행규정인 점은 논지가 주장하는 바와 같으나, 우리 (구) 상법이 이 사건 법률관계의 준거법이 아닌 이상 위 규정들이 당연히 이 사건에 적용될 수는 없으며"라고 설시함으로써 (구) 상법 제790조 제1항은 국제적 강행법규가 아님을 명확히 하였다. 위 사건은 멕시코법의 적용이 우리 공서에 반하는지 여부라는 관점에서 주목의 대상이 되었으나,[60] 그에 앞서 구 상법 제790조 제1항이 국제적 강행법규가 아니라고 판단한 점에서도 큰 의미가 있다.

다. 2005년 상법 개정안과 저자의 제안

법무부는 현행 상법으로 개정하는 작업의 일환으로 과거 2005년 6월 상법 해상편("해상법". 이 정의는 여기 Ⅲ.2.에서만 사용한다)을 개정하기 위하여 법무자문 특별분과위원회를 발족하여 작업을 추진한 결과 상법개정안("개정안")을 작성하였고, 2005. 9. 26. 공청회를 개최하였다. 개품운송계약에 관

59) 평석은 정해덕, "강도행위의 화물멸실과 해상운송인의 책임," 판례연구 제14집(서울지방변호사회, 2001), 285면 이하; 김인현, *海商法硏究*(2002), 690면 이하 참조.

60) 공서에 관한 부분의 설시는 아래와 같다.

"멕시코 국내법에 의하여 산정한 피고의 손해배상액이 상당히 근소한 액수인 사실은 원심이 인정한 바와 같고, 그와 같은 결과가 우리 상법의 위 규정들에서 정하고 있는 운송인의 책임제한액수에 미달되는 것임은 논지가 주장하는 바와 같으나, … 이 사건 선하증권상의 멕시코책임조항은 당사자가 멕시코 국내의 공로 및 고속도로 등에서 화물의 무장강탈사건 등 불법행위가 빈번하게 발생하는 사정을 감안하여 당초의 선하증권상의 약관과는 별도의 특약사항으로서 첨부하게 된 것인 점을 고려하면, 위와 같은 사정만으로 곧바로 피고의 손해배상책임을 정함에 있어서 멕시코 국내법이나 이를 준거법으로 정한 위 멕시코책임조항을 적용하는 것이 섭외사법 제5조가 규정하는 '선량한 풍속 기타 사회질서'에 반하는 것이 되어 그 적용을 배제하여야 한다고 할 수는 없다."

한 부분에 포함된 개정안 제817조(적용 범위)는 다음과 같이 규정하였다.

> 제817조(적용범위)
> ① 이 관의 규정은 운송물의 수령지, 선적지, 양륙지 및 인도지 중 어느 한 곳이 대한민국인 경우에 다른 곳이 대한민국이 아니라 하더라도 적용된다.
> ② 제1항이 적용될 운송의 경우, 운송인의 의무 또는 책임을 감경 또는 면제하는 효력을 가진 특약은 준거법을 지정하거나 기타 여하한 방식으로 하더라도 이 관의 규정에 의하여 허용되지 아니하는 범위 내에서는 이를 무효로 한다.

제817조는 선적지 등 일정한 연결점이 한국에 있는 때 적용되는데, 제1항은 그 경우 준거법에 관계없이 우리 법을 개품운송계약에 적용하려는 취지이고, 제2항은 그 경우 운송인의 의무 등을 감면하는 효력을 가진 특약은 제1관의 규정에 의해 허용되지 않는 범위 내에서는 무효라고 함으로써 해상법의 강행규정의 잠탈을 방지하려는 것이다.[61] 주목할 것은, 제817조는 운송인의 의무 또는 책임을 감면하는 특약을 금지하는 제799조의 연장선상에 있는 조항이라는 점이다. 즉 운송인의 책임경감금지를 규정한 개정안 제799조 제1항[62](현행법 제799조 제1항에 상응)은 국내적 강행규정인데, 제817조는 이를 국제적 강행규정으로 전환하려는 것이다. 위 개정안에 대해 저자는 법률신문에 "상법(해상편) 개정안과 國際私法的 思考의 빈곤"이라는 제목의 글을 발표하여 제817조에 다음과 같은 문제가 있음을 지적한 바 있다.[63]

첫째, 제1항의 취지이다. 즉 제1항이 선적지 등의 연결점이 한국에 있는 경우 당사자의 준거법선택을 아예 배제하고 한국법을 준거법으로 강제하는지, 아니면 양자를 모두 준거법으로 하는지가 애매하므로 취지를 명시해야 한다. 전자라면 이는 전세계적으로 인정되고 우리 국제사법(제25조)도 명시하는 국제계약의 연결원칙인 '당사자자치'(party autonomy)의 원칙을 합리적 근거 없이 배제하는 것이 되어 수용할 수 없다. 후자라면 당사자가 선택한 준거법과 한국법 간의 관계가 문제된다.[64] 특히 제1관은 헤이그-비스비규

61) 김현, 공청회자료, 15면.

62) 개정안 제799조 제1항은 아래와 같았다.
"제794조 내지 제798조의 규정에 반하여 운송인의 의무 또는 책임을 경감 또는 면제하는 당사자 사이의 특약은 효력이 없다. … "

63) 석광현, "상법(해상편) 개정안과 國際私法的 思考의 빈곤," 법률신문 제3415호(2005. 12. 1.), 22면

64) 이태종, 공청회자료, 83면도 동지.

칙과 달리 개품운송계약 전반을 규율하는데, 일정한 연결점이 한국에 있다는 이유로 한국법을 계약 전반에 대한 준거법으로 강제할 이유가 없다.

둘째, 제1항과 제2항의 단계적 구조의 문제이다. 개정안은 운송인의 의무 등을 감면하는 특약의 효력을 제한하는 강행규정을 두는데(제794조-제798조, 제799조 제1항), 제817조는 선적지 등의 연결점이 한국에 있는 경우 이러한 강행규정을 관철하고자 ① 한국법을 개품운송계약의 준거법으로 하고(제1항), ② 한국법 중 운송인의 의무 등의 감면에 관한 강행규정을 준거법에 관계없이 적용하는 2단계구조를 취한다(제2항). 그러나 그런 취지라면 선적지 등의 연결점이 한국에 있는 경우 해상법의 강행규정을 법정지의 국제적 강행규정으로서 개품운송계약의 준거법에 관계없이 적용하면 족하지(국제사법 제7조), 개품운송계약의 모든 측면에 대해(즉 운송인의 책임과 직접 관련이 없는 계약의 성립, 유효성의 문제 등에도) 해상법을 준거법으로 할 이유는 없다.[65] 그렇게 하면 제1항에서 본 것처럼 강행규정 이외의 우리 해상법의 적용 여부가 애매하다.

요컨대 저자는 개정안 제817조는 당사자자치에 대한 과도한 규제이고, 오히려 문제를 초래하므로 제1항과 제2항을 통합한 문언을 제안하였고, 그 후 법무부 개정안은 표현을 수정하여 아래와 같이 저자의 제안을 수용하였다.

[저자의 제안]
운송물의 수령지, 선적지, 양륙지 및 인도지 중 어느 한 곳이 대한민국인 경우, 운송인의 의무 또는 책임을 감경 또는 면제하는 것을 내용으로 하는 특약은 이 관의 규정에 의하여 허용되지 아니하는 범위 내에서는 무효이다. 이 조는 개품운송계약의 준거법에 관계없이 적용된다.
[법무부 개정안][66]
운송물의 수령지, 선적지, 양륙지 및 인도지 중 어느 한 곳이 대한민국인 경우, 운송인의 의무 또는 책임을 감경 또는 면제하는 것을 내용으로 하는 특약은 개품운송계약의 준거법에 관계없이 이 절의 규정에 의하여 허용되지 아니하는 범위 안에서는 이를 무효로 한다.

65) 예컨대 헤이그-비스비규칙 제3조 8호도 이런 취지이지 운송계약 또는 선하증권의 준거법을 정하는 것은 아니다.

66) 이는 김인현, "2007년 개정 상법 해상편의 개정 내용과 의의," 한국해법학회지 제31권 제1호(2009. 4.), 149면을 따른 것이다. 국회제출안에서는 "인도지"가 삭제되었다고 한다.

또한 저자는, 위 조문을 국제적 강행규정으로 할지는 우리 선사들과 하주들의 의견을 들은 뒤 정책적으로 판단할 사항이나, 만일 그렇게 하면, 상충되는 우리 해상법과 미국의 해상물건운송법(COGSA)이 동시에 강행적으로 적용되는 사안이 발생하는데,[67] 그 경우 소송에서는 결국 법정지법이 우선할 것이나, 중재의 경우 중재지법이 우선할지는 논란이 있다는 점을 지적하였다.

라. 논의의 정리

지금에 이르러 부연하자면, 위 제817조의 기초자들은 국제사법, 특히 국제적 강행법규에 대한 정확한 인식의 부족으로 그들이 의도한 내용을 문언으로 정확히 담아내지 못했다고 본다. 즉 기초자들의 목적을 달성하자면 운송계약(또는 선하증권)의 준거법을 한국법으로 할 필요는 없고, 당사자자치를 허용하면서 다만 선적지 등 일정한 연결점이 한국에 있는 경우 운송인의 책임경감금지를 명시한 상법조항이 국제적 강행법규로서 적용됨을 분명히 하면 족한 것이었다. 결국 저자의 제안과 거의 동일한 법무부 개정안은, 계약자유의 원칙에 대한 지나친 제한, 자체의 불균형, 한국관할사건의 축소를 근거로 하는 비판에 부딪쳐 삭제되었다고 한다.[68] 저자의 비판, 즉 당사자자치에 대한 과도한 제한이라는 것은 공청회에 제시된 당초 개정안에 대한 비판이었지 법무부 개정안에 대한 비판은 아니었다.

요컨대 지금 저자가 지적하고자 하는 것은, 멕시코책임조항에 관한 위 대법원판결에 따르면 상법 제799조는 국제적 강행규정이 아니고, 그 후 해상법 개정과정의 논의를 보면 개정안 제817조가 신설되지 않음으로써 상법 제799조는 국제적 강행규정이 아님이 더욱 명확하게 되었다는 점이다. 즉 운송인의 책임경감금지를 규정한 개정안 제799조 제1항(현행법 제799조 제1항에 상응)은 국내적 강행규정인데, 이를 국제적 강행규정으로 전환하기 위해 신설된 개정안 제817조가 채택되지 않은 결과 제799조 제1항은 국내적 강행규정에 그치게 되었다. 그럼에도 불구하고 대표적인 해상법 교과서가 상법 제

김인현, "2005년 법무부 상법 해상편 개정안에 대한 고찰," 경영법률 제16집 제2호(2006. 4.), 105면.

67) 최종현, 공청회자료, 33면; 김인현, 공청회자료, 57면; 이태종, 공청회자료, 83면도 동지.

68) 김인현, "2007년 개정 상법 해상편의 개정 내용과 의의," 한국해법학회지 제31권 제1호(2009. 4.), 150면. 상세는 김인현, "2005년 법무부 상법 해상편 개정안에 대한 고찰," 경영법률 제16집 제2호(2006. 4.), 103면 이하 참조.

799조 제1항을 국제적 강행규정이라고 주장하는 것은 유감이다. 즉 대표적인 해상법 교과서는 근거를 제시함이 없이 다음과 같이 적고 있다.[69)]

> 상법 제794조 내지 제798조의 규정에 반하여 운송인의 책임을 경감하는 특약은 무효라는 제799조 제1항은 국제적 강행법규로 보아야 할 것이다.

한 가지 첨언하자면, 개정안 제817조는 개정안 제799조 제1항과 별도로 규정하는 형식을 취하고 있으나 굳이 그렇게 할 이유가 없고, 양자를 묶어서 규정하는 것이 기술적으로 더 바람직하다. 그 경우 이를 개정안 제817조 또는 제799조 제1항에 통합할 수 있다. 만일 전자를 따른다면 개정안 제799조 제1항을 삭제하고 제817조의 문언을 다음과 같이 수정하면 될 것이다.

> 운송물의 수령지, 선적지, 양륙지 및 인도지 중 어느 한 곳이 대한민국인 경우, 제794조 내지 제798조의 규정에 반하여 운송인의 의무 또는 책임을 감경 또는 면제하는 것을 내용으로 하는 특약은 개품운송계약의 준거법에 관계없이 이를 무효로 한다.

Ⅳ. 불법행위의 종속적 연결[70)]과 해사불법행위에의 적용

여기에서는 국제사법상 불법행위의 준거법 결정원칙을 간단히 논의하고 종속적 연결을 살펴본 뒤 해사불법행위의 문제를 검토한다.

1. 불법행위의 준거법 결정과 종속적 연결의 도입

우리 국제사법상 불법행위의 준거법은 다음과 같이 결정된다.

첫째, 국제사법(제32조 제1항)은 불법행위지법(또는 행위지법)과 법정지법을 누적적용하는 섭외사법의 절충주의를 폐지하고 불법행위지법원칙을 일원화하였다. 다만 행동지와 결과발생지가 상이한 '격지불법행위'의 준거법에

69) 송상현·김현(註 1), 309면 주 1.

70) 이는 '부수적 또는 부종적 연결'이라고 번역할 수도 있다. 종속적 연결에 관한 근자의 우리 논문으로는 김인호, "從屬的 連結에 의한 不法行爲의 準據法," 인권과 정의 제392호 (2009. 4.), 90면 이하 참조.

관하여 별도 규정을 두지 않으므로 이는 판례와 학설에 의해 해결되어야 한다. 주목할 것은, 불법행위지의 개념에 관하여 대법원 1983. 3. 22. 선고 82다카1533 전원합의체 판결(대법원 1985. 5. 28. 선고 84다카966 판결도 동지)은 원인된 사실이 발생한 곳은 행동지뿐만 아니라 손해의 결과발생지도 포함한다고 판시한 점인데, 그것이 피해자에게 행동지와 결과발생지의 선택권을 인정한 것인지, 법원이 선택의무를 진다는 것인지, 아니면 행동지와 결과발생지 중 어느 하나가 한국인 경우에는 한국법이 준거법으로 된다는 취지인지는 분명하지 않다.[71]

결과발생지라 함은 보호되는 법익이 불법행위에 의하여 직접 침해된 장소, 환언하면 법익침해 당시 당해 법익의 소재지인데,[72] 사안에 따라서는 결과발생지의 결정이 어려운 경우가 있다. 결과발생지는 궁극적으로 손해가 발생한 장소인 손해발생지(Schadensort)와는 구별된다.[73] 그리고 여기의 결과발생지는 직접적인 법익침해지만을 말하는 것이지 그로부터 파생되는 이차적인 또는 간접적인 결과발생지는 포함되지 않는 것으로 이해되고 있다. 로마Ⅱ규정(제4조 제1항)은 이 점을 명시한다.[74] 이차적 결과발생지는 우연적이고 결과발생지를 부당하게 확장할 수 있기 때문이다.[75]

---

71) 그러나 고엽제소송에서 서울고등법원 2006. 1. 26. 선고 2002나32662 판결은, 섭외사법의 해석론으로서 불법행위의 행동지와 결과발생지가 상이한 경우에는 준거법으로 지정될 수 있는 행동지법과 결과발생지법은 각각 그 지정을 정당화하는 이익에 의하여 뒷받침되고 그 이익의 우열을 판단하기는 어렵다고 보아야 할 것이므로, 피해자인 원고는 더 유리한 법률을 준거법으로 선택할 수 있다는 취지로 판단하였다.

72) Jan Kropholler, Internationales Privatrecht 5. Auflage (2004), §53 Ⅳ 1 b.

73) 우리나라와 독일에서는 이것이 통설이다.

74) 조문은 "이 규정에 달리 규정되어 있지 않으면, 불법행위로부터 발생하는 계약외채무의 준거법은, 손해를 초래하는 사건이 발생한 곳에 관계없이 그리고 그 사건의 간접적 결과가 발생한 국가에 관계없이 손해가 발생한 국가의 법이다"라고 하여 '결과' 대신 '손해'라고 표현하는데, 그 이유는 프랑스법계의 책임법에는 '법익침해'라는 개념이 사용되지 않으므로 덜 정확하지만 손해발생지라는 개념을 사용했다고 한다(제1항). Kadner Graziano, "Das auf außervertragliche Schuldverhältnisse anzuwendende Recht nach Inkrafttreten der Rom Ⅱ-Verordnung," Rables Zeitschrift 73 (2009), S. 36 Fn. 114. 로마Ⅱ에 관하여는 석광현, "계약외채무의 준거법에 관한 유럽연합 규정(로마Ⅱ)," 서울대학교 법학 통권 제160호(제52권 제3호)(2011. 9.), 245면 이하 참조.

75) 결과발생지의 결정과 관련하여 흥미로운 것은 도메인이름에 관한 최근 대법원 2008. 4. 24. 선고 2005다75071 판결이다. 동 판결은 피고가 분쟁해결기관의 조정결과에 따라 도메인이름의 이전등록을 해감으로써 원고가 한국에서 도메인이름을 사용하지 못하게 되었으므로 불법행위의 성립 및 효력에 대하여는 한국법이 준거법이 된다고 판단하였다. 위 사건에서 문제된 것은 미국 버지니아주의 등록기관을 통하여 등록된 도메인이름이므로 그 도메인이름이라는 법익의 소재지가 결과발생지가 되어야 한다. 하지만 위 대법원판결은 도

둘째, 불법행위 당시 가해자와 피해자가 동일한 국가에 상거소를 가지는 때에는 그 국가의 법이 준거법이 된다(제32조 제2항). 이는 '공통의 속인법'이 준거법이 된다는 것인데 국제사법은 국적이 아니라 상거소를 기준으로 한다.

셋째, 국제사법(제32조 제3항)은 종속적 연결(akzessorische Anknüpfung)을 규정한다.[76] 이에 의하면 예컨대 당사자 간에 계약관계가 있는 경우 불법행위가 계약관계를 침해하는 때에는 불법행위책임과 함께 채무불이행책임이 인정될 것이나, 이 경우 불법행위는 불법행위지법이 아니라 계약의 준거법 소속국의 법에 따른다. 그 결과 계약의 준거법과 불법행위의 준거법이 동일 국가의 법이 되므로 실질법[77]의 모순 또는 저촉으로 인한 어려움을 피할 수 있는 장점이 있다. 이는 당사자의 기대에도 부합한다. 이 경우 청구권경합 여부는 종속적 연결에 의하여 결정된 준거법 소속국의 실질법이 정할 사항이다. 즉 그 국가가 불법행위책임과 계약책임의 관계에 관하여 법조경합설을 취한다면, 원고가 두 가지 책임을 모두 물었다고 가정할 경우 법원은 계약법을 적용하게 된다.

넷째, 당사자들은 불법행위의 발생 후 법정지법인 한국법을 불법행위의

메인이름 등록인의 주된 권리가 도메인이름의 등록·사용권이고, 위 사용권은 등록료를 납입하는 한 계속적인 권리임을 감안하면, 도메인이름의 사용이 원고의 주소지이자 주된 사무소 소재지인 한국을 중심으로 일어나고 있는 이상, 도메인이름의 사용수익권을 상실하게 되는 법익침해가 한국에서 일어난다고 할 수 있으므로 한국법이 준거법이 될 수 있다고 보았다. 다만 피고가 원고의 도메인이름의 등록·사용에 의하여 이 사건 상표에 대한 자신의 권리가 침해되었다는 이유로 분쟁해결정책에서 정한 바에 따라 분쟁해결기관에 분쟁조정신청을 하고서 그 조정결과에 따라 도메인이름을 이전받은 행위는 위법하다고 할 수 없다는 이유로 불법행위의 성립을 부정하였다. 도메인이름의 법적 성질은 좀더 검토할 사항인데, 위 판결은 불법행위로 인하여 경제적 손실을 입게 된 이차적 또는 간접적 결과발생지를 결과발생지에 포함시킨 것이라고 볼 수 있다. 김운호, "UDRP에 의한 조정결정에 따른 도메인 강제이전과 부당이득의 성립 여부," 대법원 판례해설 제75호(2008년 상권), 443-444면은 법익침해지가 한국이라고 본다. 다만 이런 법리를 불법행위 일반에 확장할 것은 아니다.

76) 조문은 다음과 같다.
"제32조(불법행위) ① 불법행위는 그 행위가 행하여진 곳의 법에 의한다. ② 불법행위가 행하여진 당시 동일한 국가안에 가해자와 피해자의 상거소가 있는 경우에는 제1항의 규정에 불구하고 그 국가의 법에 의한다. ③ 가해자와 피해자간에 존재하는 법률관계가 불법행위에 의하여 침해되는 경우에는 제1항 및 제2항의 규정에 불구하고 그 법률관계의 준거법에 의한다."

77) 실질법을 실체법과 혼동해서는 아니 된다. 실체법은 절차법에 대비되는 개념인 데 반하여, 실질법은 국제사법(또는 저촉법)에 대비되는 개념이다. 영어로는 적확한 표현이 없고 'substantive law' 또는 'domestic law'를 흔히 사용하므로 양자를 혼동하는 경우가 많다.

준거법으로 합의할 수 있다(제33조). 일방 당사자가 법정에서 한국법의 적용을 주장하는 데 대해 상대방이 이의를 제기하기 않고 변론하는 경우 묵시적 합의가 성립할 수 있다.

주의할 것은, 불법행위의 준거법에 관하여는 준거법의 사후적 합의(제33조)가 가장 우선하고, 그 다음이 종속적 연결(제32조 제3항), 그 다음이 공통의 속인법(제32조 제2항)이고 이러한 특칙이 적용되지 않는 경우 비로소 불법행위지원칙(제32조 제1항)이 적용된다는 점이다.

2. 선하증권의 준거법과 불법행위책임의 준거법

국내해상운송의 경우 운송인이 운송 도중 운송인이나 그 사용인 등의 고의 또는 과실로 인하여 운송물을 멸실 또는 훼손한 경우 운송인은 일반적으로 선하증권의 적법한 소지인에 대하여 운송계약상의 채무불이행책임과 화물에 대한 소유권(또는 담보권)의 침해로 인한 불법행위책임을 진다. 이처럼 동일한 하나의 급부를 지향하고 있는 복수의 청구권이 동일 당사자 간에 병존하는 경우 청구권의 단·복수의 문제와 적용규범의 문제가 제기되는데 이것이 청구권경합의 문제이다. 청구권경합에 관하여는 종래 민법학에서 청구권경합설, 법조경합설과 양자를 통합하는 이론(청구권규범경합설 등)이 주장되고 있다. 국제운송에서 사용되는 선하증권의 경우 양 책임의 관계를 어떻게 이해하는가는 실제로 상이한 법적 효과를 초래하는데, 이에 관하여는 국내에서도 종래 많은 논의가 있다. 이 경우 전통적인 청구권경합설에 의하면 채무불이행책임은 계약의 준거법에 따라, 불법행위책임은 불법행위의 준거법에 따라 각각 규율되어야 할 것이나, 문제는 양자의 관계를 어느 법에 따라 판단할 것인가이다. 과거 대법원 판결은 해상운송물의 멸실에 관하여 청구권경합설을 취하였고, 계약책임의 준거법이 영국법이고 불법행위책임의 준거법이 한국법인 사건에서 대법원 1983. 3. 22. 선고 82다카1533 전원합의체 판결[78]은 국제사법적 고려 없이 청구권경합설의 입장을 취하였다.

---

78) 위 판결은 1991. 12. 31. 상법 개정에 따라 선하증권에 기재된 면책약관은 운송계약상의 채무불이행책임뿐만 아니라 불법행위책임에도 적용된다는 상법 제789조의3 제1항이 신설되기 전에 구 상법 하의 것이다. 위 판결의 사안에서 원고들은 소외 포항제철과 포항제철이 유럽으로부터 도입하는 공장건설기자재에 대한 해상적하보험계약을 체결한 보험업자들로서, 운송인인 피고가 해상운송중 그 피용자의 과실로 운송물의 일부를 훼손하여 포항제

그러나, 국제사법(제32조 제3항)은 종속적 연결이론을 도입하였으므로 이제는 위 사건의 경우 불법행위의 준거법이 불법행위지원칙에 따라 한국법이 되는 것이 아니라, 계약의 준거법 소속국, 즉 영국의 불법행위법이 된다. 따라서 위 대법원 판결의 논리는 현행 국제사법 하에서는 유지될 수 없다.

3. 선하증권의 준거법과 보증도

선하증권이 발행된 경우 운송물의 인도는 선하증권과 상환하여 이루어지는 것이 원칙이나(상법 제861조, 제129조 참조), 운송물은 도착하였지만 수하인이 선하증권을 아직 수령하지 않은 경우 수하인의 편의를 위하여 운송인이, 은행이 발행한 화물선취보증서를 수령하고 선하증권을 받음이 없이 실수요자 등에게 운송물을 인도하는 것을 '보증도'라 한다. 이는 거래상의 편의를 위하여 광범위하게 행해지고 있는 상관습이다. 보증도가 행해진 뒤 선하증권의 적법한 소지인이 따로 있는 경우 운송인은 선하증권과 상환하지 않고 운송물을 인도한 데 대하여 소지인에게 손해배상책임을 진다. 이 경우 운송인은 소지인에게 운송물을 인도할 채무를 이행하지 못한 데 대하여 채무불이행책임을 부담하는데, 운송인이 소지인에게 불법행위로 인한 손해배상책임도 부담하는지는 논란이 있었다. 대법원[79]은 이를 긍정하고, 나아가 보증도로

철에게 보험금을 지급하였음을 이유로, 운송물의 수하인이며 선하증권 소지인인 포항제철을 대위하여 운송인인 피고를 상대로 불법행위로 인한 손해배상과 운송채무불이행으로 인한 손해배상을 선택적으로 청구하였는데, 선하증권의 준거법은 영국법이었고 불법행위의 준거법은 한국법이었던 것으로 보인다. 위 판결은 아래와 같이 판시하면서 청구권경합을 긍정하였다.

"해상운송인이 운송도중 운송인이나 그 사용인 등의 고의 또는 과실로 인하여 운송물을 멸실 또는 훼손시킨 경우에 운송계약상의 운송물 인도청구권과 그 운송물의 소유권을 아울러 가지고 있는 선하증권 소지인은 운송인에 대하여 운송계약상의 채무불이행으로 인한 손해배상청구권과 아울러 소유권 침해의 불법행위로 인한 손해배상청구권을 취득하며 이 두 청구권은 서로 경합하여 병존… 한다는 것이 당원의 판례이다. … 본래 채무불이행책임과 불법행위책임은 각각 요건과 효과를 달리하는 별개의 법률관계에서 발생하는 것이므로 하나의 행위가 계약상 채무불이행의 요건을 충족함과 동시에 불법행위의 요건도 충족하는 경우에는 두 개의 손해배상청구권이 경합하여 발생한다고 보는 것이 당연할 뿐 아니라, 두 개의 청구권의 병존을 인정하여 권리자로 하여금 그중 어느 것이든 선택하여 행사할 수 있게 하는 것이 피해자인 권리자를 두텁게 보호하는 길이라는 실제적인 이유에 비추어 보더라도 … 당원의 종전견해를 변경할 필요가 없다"고 판시하였다(밑줄은 저자가 추가함).

79) 대법원 1989. 3. 14. 선고 87다카1791 판결; 대법원 1991. 4. 26. 선고 90다카8098 판결; 대법원 1992. 1. 21. 선고 91다14994 판결 등.

운송물이 멸실된 경우에 채무불이행으로 인한 책임은 물론이고 불법행위로 인한 손해배상청구권도 선하증권에 화체되어 선하증권의 소지인에게 이전되므로, 운송물이 멸실된 후에 선하증권을 취득(양수)하였거나 배서를 받았다 하더라도 그 선하증권의 소지인은 손해배상청구권을 행사할 수 있고, 별도의 채권양도 통지는 불필요하다고 판시하였다.

저자가 주목하는 것은 보증도가 불법행위를 구성하는가라는 실질법상의 논점이 아니라 논리적으로 그에 선행하는 두 가지 국제사법적 논점이다.

첫째, 위 대법원 1991. 4. 26. 선고 90다카8098 판결이 선하증권의 소지인이 운송인에 대하여 가지는 보증도에 따른 불법행위로 인한 손해배상청구권도 선하증권에 화체되어 선하증권이 양도됨에 따라 선하증권의 소지인에게 이전된다고 판시한 것은 문제이다. 왜냐하면 위 사건에서는 관련된 선하증권의 준거법은 영국법이었기 때문이다.[80] 즉, 그 경우 섭외사법 하에서 불법행위의 준거법이 한국법이고 한국법상 보증도가 불법행위를 구성하더라도, 불법행위채권이 선하증권에 표창되는가는 선하증권에 화체된 권리의 준거법인 영국법이 결정할 사항이기 때문이다. 따라서, 대법원은 영국법상 불법행위로 인한 손해배상채권이 선하증권에 화체되는지를 검토했어야 하는데, 영국법상으로는 이를 긍정하기 어려울 것으로 보인다.[81] 대법원판결이 국제사법적 논점을 외면한 채 결론을 내린 것은 잘못이다.

둘째, 위에서 언급한 바와 같이 국제사법이 종속적 연결을 도입하였으므로 앞으로는 위 대법원판결의 결론은 유지될 수 없다. 즉 보증도의 경우 인도장소가 한국이므로 불법행위지는 한국이다. 그러나 선하증권의 준거법이 영국법이라면 불법행위의 준거법은 한국법이 아니라 계약의 준거법 소속국인 영국법, 즉 영국 불법행위법이 된다. 즉 당사자들이 별 생각 없이 선하증권의 준거법을 영국법으로 합의하면 과거와 달리 이제는 불법행위로 인한 손해배상책임의 준거법도 영국법이 되어버리는 강한 효과가 부여되므로 당사자들로서는 준거법 선택 시 좀더 신중할 필요가 있다.

---

80) 대법원판결은 이유에서 "… 소외 노라시아라인 발행의 선하증권 이면의 약관에 의하면 이 사건 선하증권으로 증명되거나 이에 포함된 계약은 영국법의 적용을 받는다고 규정되어 있으므로 이 사건의 준거법은 영국법이 되어야 한다는 것이다"고 설시하고 있다.

81) 심재두(註 17), 297면 참조. *Leigh and Sillivan v. Aliakmon Shipping(The Aliakmon)* [1986] A.C. 785 판결.

4. 영국 국제사법규칙의 변화(Rome Ⅱ)

위(1., 2.와 3.)의 논의는 우리 국제사법의 해석론이다. 즉 법정지가 한국인 경우에 타당하다. 그런데, 흥미로운 것은 영국 국제사법규칙의 변화이다. 과거 영국에서는 불법행위의 경우 준거법의 합의가 허용되는지는 분명하지 않았다.[82] 그러나 "계약외채무의 준거법에 관한 2007. 7. 11. 유럽의회 및 이사회의 No 864/2007 규정"(Rome Ⅱ)(로마Ⅱ)은 2009. 1. 11.부터 발효되었는데, 제14조는 당사자들이 (a) 손해를 발생시키는 사건 후에 체결된 합의 또는 (b) 모든 당사자들이 상업활동을 추구하는 경우에는 손해를 발생시키는 사건 전에 자유롭게 협상된 합의에 의하여도 불법행위의 준거법을 합의할 수 있도록 허용한다.[83] 따라서 선하증권상의 영국법준거약관의 문언이 계약에 한정되지 않고 그와 관련된 분쟁도 포함하도록 넓게 작성된다면, 영국 기타 유럽연합이 법정지가 될 경우 불법행위도 당사자자치에 의하여 영국법에 따르게 될 가능성이 있음을 주의해야 한다. 물론 당사자자치가 허용되지 않더라도 로마Ⅱ(제4조 제3항)의 종속적 연결원칙에 따라 동일한 결과가 될 수 있다.[84]

문제는 자유로운 협상 없이 일방이 작성한 약관에 의한 사전적 합의는 허용되지 않지만, 약관에 있는 사전적 합의도 만일 상대방이 그 조문에 대하여 별도로 서명을 하는 때에는 가능하다는 견해가 보이므로[85] 이 점에 관한 유럽법원의 판례와 학설의 추이를 지켜볼 필요가 있다. 우리 국제사법은 위에서 본 바와 같이 당사자의 사후적 합의, 그것도 법정지법인 우리 법의 선택만을 허용하는데, 섭외사법 하에서는 당사자자치는 전혀 허용되지 않았다.[86]

---

82) James Fawcett and Janeen M. Carruthers, Cheshire, North & Fawcett Private International Law Fourteenth Edition (2008), p. 838.

83) (b)의 영문은 아래와 같다.
"(b) where all the parties are pursuing a commercial activity, also by an agreement freely negotiated before the event giving rise to the damage occurred."

84) 조문은 아래와 같다.
"3. 사안의 모든 상황에 비추어 불법행위가 제1항 또는 제2항에 의하여 지정된 국가 이외의 다른 국가와 명백히 더 밀접한 관련이 있음이 명백한 경우에는 그 다른 국가의 법에 의한다. 그 다른 국가와의 명백히 더 밀접한 관련은 특히 문제된 불법행위와 밀접한 관련이 있는 계약과 같은 당사자 간에 존재하는 법률관계에 근거할 수 있다."

85) Graziano(註 74), S. 6.

86) 위에 언급한 대법원 1983. 3. 22. 선고 82다카1533 전원합의체 판결은, "선하증권 약관에 선하증권에 의하여 입증되는 계약의 준거법이 규정되어 있더라도 그런 규정이 운송계약상

Ⅴ. 국제사법의 예외조항(제8조)과 편의치적

국제사법 제60조 제1호와 제2호에 따르면, 선박의 소유권 및 저당권, 선박우선특권 그 밖의 선박에 관한 물권과, 선박에 관한 담보물권의 우선순위는 선적국법에 의한다.[87] 실제로 대법원 2007. 7. 12. 선고 2005다39617 판결[88]은 편의치적의 경우에도 선적국법주의를 적용하였다. 또한 국제사법에 따르면 선원근로계약의 준거법은 제28조에 의하여 결정되는데, 위 대법원 판결은 선적국을 선원이 일상적으로 노무를 제공하는 국가로 볼 수 있다는 이유로 선원근로계약에 의하여 발생하는 임금채권에 관한 사항에 대하여는 특별한 사정이 없는 한 선적국법이 준거법이 된다고 판시하였다. 위 판결의 사안에서 선적국은 세인트 빈센트 그래나딘(Saint Vincent and The Grenadines(이하 "세인트 빈센트"라고 한다)이라는 점에서 편의치적으로 보인다. 그러나 위 대법원판결은 편의치적이 준거법 결정에 미치는 영향에 관하여는 아무런 판시를 하지 않았다.

하지만 편의치적의 경우 선적국법이 과연 문제된 연결대상과 밀접한 관

의 채무불이행이 아니라 불법행위를 원인으로 한 손해배상 청구에 있어서도 영국법을 배타적으로 적용키로 한 취지라고는 해석되지 않는다"고 판시하였다. 그러나 가사 당사자의 의사가 그런 취지였더라도 섭외사법 하에서는 준거법의 선택은 허용되지 않았다.

87) 그 밖에도 국제사법(제60조)은 다양한 쟁점에 대해 선적국법주의를 취하는데 그 이유는, 선박의 특질을 고려할 때 선적국법이 가장 밀접한 관련이 있다고 보기 때문이다. 이는 무엇보다도 선박 물권관계를 하나의 법에 연결하는 점에서 선박에 관한 각종 물권의 발생, 효력 및 우선순위 등을 일관된 원칙 하에 규율하는 장점이 있다. 정병석, "국제해상법," 국제사법연구 4호(1999), 436-437면. 서동희, "선적국법주의의 타당성," 국제사법연구 제17호(2011), 402면 이하는 선적국법주의에 대하여 ① 편의치적의 출현에 따라 선적국법의 연결점으로서의 의미가 감소되었고, ② 일률적으로 선적국법을 적용하는 것은 불합리하며, ③ 편의치적의 부당성이 국제사법 제8조 제1항에 의하여 시정되는 데는 한계가 있고, ④ 선적국법의 조사의 어려움이 있으며, ⑤ 대체로 정비되지 않은 선적국법에 대해 우리 법정에서 논란을 벌이는 것은 희극적이고, ⑥ 이중국적과 무국적 선박의 경우 선적국법이 가지는 장점이 상실된다고 비판한다. 나아가 위 서동희, 405면 이하는 입법론으로 선적국법을 기국법으로 대체할 것과, 예컨대 선박소유자의 책임제한의 범위와 선박우선특권에 관한 법률관계에 있어서 법정지법을 적용함으로써 법정지법이 적용되는 범위를 확대하자고 제안한다. 국제사법이 선적국법에 과도하게 연결하는 점은 시정할 필요가 있으나 그 범위는 좀더 면밀한 검토를 요한다.

88) 평석은 석광현, "선박우선특권과 피담보채권(선원임금채권)의 준거법," 판례연구 제22집(1)(서울지방변호사회. 2008. 8.), 125면 이하; 김진권, "선박우선특권과 선원임금채권의 준거법에 대한 고찰," 한국해법학회지 제30권 제1호(통권 제42호)(2008. 4.), 139면 이하 참조.

련이 있는지는 의문이다. 특히 국제사법은 제8조에서 예외조항을 신설하여 가장 밀접한 관련이 있는 국가의 법의 적용을 관철하고자 하기 때문이다.

1. 편의치적

편의치적은 예컨대 내국인이 외국에서 선박을 매수하고도 우리나라에 등록하지 않고 등록절차, 조세, 금융면에서 유리하고 선원 노임이 저렴하며 사회보장 및 안전규정이 상대적으로 느슨한 제3의 국가에 서류상의 회사(paper company)를 만들어 그 회사 소유의 선박으로 등록하는 것을 말한다.[89] 편의치적에 이용되는 국가로는 파나마, 라이베리아, 바하마, 혼두라스, 벨리제와 세인트 빈센트 등이 있고, 실제로 세계의 60% 정도의 선대가 편의치적되어 있다고 한다.[90]

1958년 "공해에 관한 협약"은 국적부여 및 국기게양의 결정권을 각국에 인정하는 반면 새로이 기국과 선박 간에 '진정한 연계'(genuine link)의 존재를 요건으로 규정하였고(제5조), 또한 1986년 "선박등록에 관한 유엔협약"에 의하면 선박과 선적 간에 진정한 연계가 있어야 한다.[91] 이런 이유로 편의치적은 부적법한 것이라는 견해도 있다.[92] 그러나 편의치적은 실제로 빈번히 행해지고 있고,[93] 또한 국제사법에서도 편의치적이라는 이유만으로 선적이 연결점이 될 수 없는 것은 아니라는 주장이 유력하다.[94] 하지만, 위에서 언급한 바와 같이 선적국법주의를 취하는 근거는 선적국법이 문제된 연결대상과 가장 밀접한 관계에 있다고 보기 때문인데, 이런 근거가 편의치적의 경우

---

89) 헌법재판소 1998. 2. 5. 96헌바96 전원재판부 결정; 김진권(註 5), 104면 이하 참조.

90) 김인현, 해상법 제2판(2007), 74-75면. 해양한국 통권 제416호(2008. 5.), 80면을 보니, 1986년 미국의 신탁통치로부터 독립하고 1991년 유엔에 가입한 인구 6만 여명 규모의 '마샬 아일랜드'가 2007년 한국대표부를 설치하고 이른바 명품 또는 고품질 기국(quality flag)이라고 주장하면서 편의치적을 유치하려는 마케팅활동을 하고 있음을 알 수 있다.

91) 이호정, 국제사법(1983), 260면; 이한기, 국제법강의 신정판(1997), 461면.

92) 김인현(註 90), 75면.

93) 편의치적에 관하여는 윤윤수, "便宜置籍船(Ship under Flags of Convenience)," 외국사법연수논집[13] 재판자료 제73집(1996), 504면 이하 참조. 국제사법 논점에 관하여는 522면 이하 참조. 山内惟介, 海事國際私法の研究(1988) 제1장, 제2장은 주로 미국 판례를 소개한다.

94) Ulrich Drobnig/Jürgen Basedow/Rüdiger Wolfrum (Hrsg.), Recht der Flagge und „Billige Flaggen"—Neuere Entwicklungen im Internationalen Privatrecht und Völkerrecht (1990), S. 43ff. 참조.

에도 타당한가는 의문이다. 국제사법(제8조 제1항)은 예외조항을 둠으로써 가장 밀접한 관련이 있는 국가의 법의 적용을 관철하고자 하므로 더욱 그러하다.

2. 편의치적의 경우 선적국법주의의 관철 여부[95)]

섭외사법 및 국제사법 하에서 편의치적의 경우 선적국법주의를 완화하려는 해석론이 제시되고 있다. 이는 국제사법 제60조가 적용되는 모든 사항에 타당하나 주로 문제되는 것은 제60조 제1호와 제2호이다. 아래에서는 선박우선특권의 경우와 선원근로계약의 경우를 본다.

가. 선적국법주의를 관철하는 견해

편의치적이라고 하여 선적국이 아닌 것은 아니므로 국제사법 조문에 충실하게 선적국법을 적용하는 견해이다.[96)] 다만 이 견해를 취하더라도, 선적국법의 적용이 우리나라의 공서에 명백히 반하는 때에는 적용이 배제되고, 또한 준거법에도 불구하고 입법목적에 비추어 강행적으로 적용되어야 하는 우리나라의 국제적 강행규정이 있으면 그의 적용이 관철된다. 이는 국제사법 제10조와 제7조에 비추어 당연하다.[97)] 나아가 절차에 관한 사항은 법정지법에 따른다는 점은 의문이 없다.

나. 선적국법주의를 원칙으로 하되 예외를 인정함으로써 이를 완화하는 견해

그러나 종래 유력한 견해는 편의치적의 경우에도 원칙적으로 선적국법주의가 타당하지만 일정한 경우 그에 대한 예외를 인정하는데 그 근거와 내용은 다양하다.

(1) 근　거

예외를 인정하는 근거로는 국제사법 제8조 또는 국제사법 이론상 '법률

95) 상세는 석광현(註 88), 142면 이하, 153면 이하 참조. 이 부분은 이 글을 축약한 것이다.

96) 위 대법원 2007. 7. 12. 선고 2005다39617 판결은 이를 취한 것으로 보인다.

97) 이태종, "선박우선특권의 준거법 결정에 관한 국제사법 제60조 제1, 2호에 대한 비판적 검토," 사법논집 제38집(2004), 163면은, 선적국법주의의 부당성을 시정하기 위한 방안의 하나로 위 두 가지를 지적한다.

의 회피'를 든다.

첫째, 국제사법 제8조를 드는 견해는 아래와 같이 설명한다.[98] 편의치적이라는 이유만으로 당연히 예외조항이 적용되는 것은 아니지만, 당해 사안에서 선적이 선적국과 유일한 관련인 경우 국제사법 제8조의 예외조항에 의해 선적국법 대신 가장 밀접한 관련이 있는 다른 국가의 법이 준거법으로 적용될 수 있으나, 그의 배제는 엄격한 요건 하에 이루어져야 한다는 것이다.

> 제8조(준거법 지정의 예외)
> ① 이 법에 의하여 지정된 준거법이 해당 법률관계와 근소한 관련이 있을 뿐이고, 그 법률관계와 가장 밀접한 관련이 있는 다른 국가의 법이 명백히 존재하는 경우에는 그 다른 국가의 법에 의한다. ② …

둘째, 법률의 회피를 든다. 예컨대 당사자들이 국내법 또는 기타의 법을 회피하려는 목적으로 편의치적국법을 선적국법으로 채용한 때는 이를 무시할 수 있다는 견해[99]도 있고, 외국회사 등의 채권자도 실질적인 지배선주 측과 거래를 하였다는 등의 특별한 사정이 인정되지 않는 한 선적국법을 적용하는 것이 원칙이나, 당사자에 의한 악의의 준거법 회피가 있다고 인정되는 경우 법정지법인 우리 법을 적용할 것이라는 견해[100]도 있다.

(2) 구체적인 내용

선적국법주의의 예외를 인정할 경우 법정지법을 적용하자는 견해가 유력하다. 여기에도 전면적으로 법정지법을 적용하자는 견해와, 일정한 사항들에 대하여 법정지법을 적용하자는 견해가 있다. 예컨대, 위에서 언급한 바와 같이, 외국회사 등의 채권자도 실질적인 지배선주 측과 거래하였다는 등의 특별한 사정이 인정되지 아니하는 한 선적국법을 적용하는 것이 원칙이나, 당사자에 의한 악의의 준거법 회피가 있다고 인정되는 경우 명문의 규정에 반하기는 하지만 차라리 법정지로서 관할권을 가지는 우리 법을 적용할 것이라고 한다.[101]

반면에, 원칙적으로 선적국법을 준거법으로 삼아야 하지만, 선적국법주의의

---

98) 석광현(註 40), 401면 이하; 103면 참조. 김동진, "선박우선특권," 부산법조 22호(2005. 부산지방변호사회), 210면도 동지.

99) 이태종(註 97), 164면.

100) 윤윤수(註 93), 528면.

101) 윤윤수(註 93), 528면.

의 단점을 감안한다면 국제사법 제8조를 적극적으로 해석하여 '가장 밀접한 관련이 있는 법'을 찾는 노력을 해야 함을 전제로, 선박우선특권의 성립, 순위 및 실행에 관하여 법정지에 어느 정도 연결고리가 있는 경우에는 원칙적으로 법정지법이 가장 밀접한 관련이 있는 법이라고 보는 적극적인 해석도 가능하고, 그에 의하면 선적국법은 당해 채권들이 모두 법정지 이외에서 발생하였고 이해관계인들도 대부분 법정지 이외에 있는 경우에 한정하여 적용할 것이라고 한다.[102)]

(3) 사　　견

저자는 아래와 같은 잠정적인 의견을 제시하였다.[103)]

㈎ **예외인정의 근거—법률의 회피를 근거로 제시하는 데 대하여** 우리 국제사법이 선적국법주의를 명시함에도 불구하고 편의치적이라는 이유로 다른 법을 적용하는 것은 '법률의 회피'에 해당한다. 국제사법상 법률의 회피는 '법률사기'(*fraude à la loi*) 또는 '연결소(점)의 사기적 창설'(fraudulent creation of points of contact)이라고 하는데,[104)] 강학상 국제사법 총론에서 다루어진다. 이는 당사자가, 회피가 없었더라면 적용되었을 준거법의 적용을 회피할 의도로 연결점을 창설함으로써 다른 법이 준거법이 되게 하는 것이다. 주요 쟁점은 첫째, 어떤 경우 법률의 회피가 존재하는지와 둘째, 법률의 회피에 대한 대처방법이다. 프랑스에서는 법률의 회피를 독립적 제도로 보아 그에 대한 제재로서 그에 따른 국제사법적 효력을 부인함으로써 법률의 회피를 좌절시키고 법질서의 위신을 지키는 경향이 있다.[105)] 그러나 독일에서는 이를 저촉규범의 합목적적 해석의 문제로 보면서 비교적 관대한 태도를 취하므로 그 결과 많은 경우 법률의 회피에 의해 당사자가 의도한 목적이 달성된다.[106)] 저자는 편의치적 시 법률의 회피라는 이유로 선적국법주의를 배척하는 데는 부정적인 태도를 취한다.[107)] 특히 편의치적의 경우에만 법률의 회피를 인정할 것은 아니고, 법률의 회피 전반에 관한 좀더 깊이 있는 검토를

---

102) 김동진(註 98), 210면.

103) 석광현(註 88), 146면 이하.

104) 이호정(註 91), 197면.

105) 우선 Bernard Audit, *Droit International Privé Quatrième éditon* (2006), N. 241 이하 참조.

106) 상세는 이호정(註 91), 195면 이하.

107) 편의치적은 비교적 해악의 정도가 낮아 공적으로 수인되는 법률의 회피의 한 예라고 한다. Kropholler(註 72), S. 156.

한 뒤에 결론을 내려야 할 것이다.

(나) **편의치적에서 예외를 인정하는 경우 개별화의 필요성** 편의치적의 경우 예외조항의 적용 여부를 판단함에 있어서 일률적으로가 아니라 그 맥락을 고려할 필요가 있다.[108] 예컨대 선박에 관한 물권변동처럼 등록을 전제로 하는 사항은 등록지에서만 등록이 가능하므로 선적국법주의를 배척하고 실질선주의 소속국법인 한국법을 적용하는 것은 현실적으로 문제가 있다. 반면에, 선원근로계약의 준거법 결정 또는 공동해손의 경우와 같이 등록을 전제로 하지 않는 사항에 대해서는 실질선주의 법을 적용할 수 있으며, 선박충돌의 경우 또는 해양사고구조의 경우에도 마찬가지이다. 이런 작업과 병행하여 우리 국제사법처럼 다양한 쟁점에 대해 선적을 연결점으로 삼는 것이 과연 타당한지를 재검토할 필요가 있다. 선박우선특권의 경우 편의치적임을 이유로 실질선주의 법, 피담보채권의 준거법 또는 법정지법을 적용할 수 있는가가 문제인데 이는 항을 바꾸어 논의한다.

(다) 선박우선특권의 경우

1) 제8조를 적용하기 위한 요건 논리적으로는 편의치적의 경우 항상 국제사법 제8조가 적용된다고 볼 여지도 있다. 즉 편의치적의 경우 가장 밀접한 관련이 있는 국가는 실질선주의 국가이거나 다른 국가의 법일 것이기 때문이다. 그러나 저자는, 선적이 선적국과 유일한 관련인 경우에는 예외조항에 의해 선적국법 대신 가장 밀접한 관련이 있는 다른 국가의 법이 준거법으로 적용될 여지가 있으나, 예외조항에 의하여 국제사법이 지정한 연결원칙을 배제하는 것은 제8조가 정한 엄격한 요건 하에 매우 신중히 해야 함을 지적하였고, 특히 편의치적이라는 이유만으로 당연히 예외조항이 적용되는 것은 아니며 예외조항의 적용에 앞서 당해 사안에서 제8조의 요건의 구비 여부를 신중하게 검토해야 함을 지적하였다.[109]

즉 편의치적이라는 이유만으로 실질선주의 법(예컨대 한국법)을 적용할 수는 없고, 동 법을 적용하기 위한 요건이 필요한데, 문제는 이 요건을 어떻게 구체화할 것인가이다. 아직 이에 대한 단정적인 견해를 피력할 수 없지만[110] 첫째, 우리나라에서 담보권을 실행하는데(즉 법정지가 한국인데) 실질

---

108) 이는 석광현(註 40), 402면 이하에서 이미 지적하였다.

109) 김진권(註 88), 141면도 동지.

110) 이는 여전히 좀더 검토해야 할 문제이다. 물론 이는 연결점의 집중의 정도에 따라 판단할 사항이므로 공식화하기는 쉽지 않고 앞으로 좀더 많은 사안과 판결의 집적이 필요하다.

선주의 국가도 한국인 경우와, 둘째, 문제된 선박우선특권의 피담보채권의 준거법이 법정지국법인 경우에는 예외조항을 적용하여 법정지법을 선박우선특권의 준거법으로 볼 여지도 있지 않을까 생각된다.[111] 다만 그 경우에도 등록을 전제로 하는 선박의 소유권, 저당권과 그 밖의 선박에 관한 물권 및 선박에 관한 담보물권의 우선순위는 등록을 요하지 않는 선박우선특권과는 달라서 선적국법에 의하여야 할 것이다. 비록 선박우선특권의 준거법이 법정지법이 되더라도 다른 물권과의 우선순위가 여전히 문제되므로 적어도 선박우선특권의 선박에 대한 우선순위는 선적국법에 의하여야 할 것이다.

2) 법인격이 부인되는 경우   편의치적의 경우 예외조항을 적용하는 것은 법인격을 부인하는 것과는 논리적으로 구별된다. 즉 편의치적이라고 해서 항상 법인격이 부인되는 것은 아니다. 또한 예외조항을 적용하면 예컨대 선적국이 아닌 다른 연결점을 사용하지만, 법인격을 부인하는 것은 선적국을 연결점으로 사용하면서 그 배후자에게 책임을 묻는 것이다. 물론 편의치적 시 법인격부인이 될 수도 있다.[112] 그 경우 편의치적을 위해 외국에 설립한 특수목적회사의 법인격이 부인되고 배후자가 책임을 진다. 어쨌든 법인격부인을 원용하자면 그를 판단하는 준거법이 문제된다.[113] 하지만 법인격부인으로 해결될 수 있는 사안은 아무래도 제한적일 것이다.

3) 절차에 관한 사항   선박우선특권의 준거법이 선적국법이 되더라도 한국에서 그의 집행이 문제되는 경우 그 절차는 법정지법인 우리 법에 따른다. 이는 국제사법상 '절차는 법정지법에 따른다'(*forum regit processum*)

111) 이는 김동진(註 98), 210면의 견해와 유사한 면이 있으나 차이가 있다.

112) 김인현, "船舶國籍 부여조건으로서의 眞正한 連繫와 국제사회의 대응," 海事法硏究 제18권 제1호(2006. 3.), 88면은 "사법적으로는 편의치적선에 대하여 법인격부인론을 통하여 실질 선주에게 법적 책임을 인정하고 있다"고 한다.

113) 종래 우리 대법원판결은 법인격부인의 준거법을 전혀 고려하지 않았다. 그러나 회사의 사원이 배후자로서 회사의 채무에 대하여 책임을 지는지는 원칙적으로 회사의 속인법에 따를 사항이다. MünchKomm/Kindler, BGB Band 11 (2006) IntGesR, Rn. 610. 독일과 일본에서는 원칙적으로 회사의 속인법에 의한다는 견해와, 법인격부인의 유형별로 상이한 연결원칙을 적용하는 견해가 있는데 유형의 구분은 논자에 따라 다양하다. 개관은 석광현, "외국회사의 법인격 부인(否認)," 법률신문 제3680호(2008. 9. 8.), 15면. 독일과 일본 학설은 김태진, "법인격부인론에 관한 국제사법적 검토," 국제사법연구 제14호(2008), 216면 이하 참조. 그러나 부산지방법원 2008. 11. 13. 선고 2007가단105286 판결은 법인격의 부인에 의한 책임귀속의 문제는 법인의 속인법(屬人法)에 따라 결정되어야 한다고 판시하였고, 저자의 발표를 계기로 상법학자들이 법인격부인의 준거법을 소개하기 시작하였다. 예컨대 이철송, 회사법강의 제16판(2009), 48면 참조.

는 법정지법원칙이 확립되어 있기 때문이다.[114] 이는 편의치적인지의 여부에 관계없이 적용되는 법리이다. 무엇이 절차인가는 성질결정의 문제이다.

4) 국제조약 가입에 의한 해결 선박우선특권에 관한 한 만일 우리나라가 1993년 "선박우선특권 및 저당권에 관한 약간의 규칙을 통일하기 위한 국제협약"(International Convention on Maritime Liens and Mortgages)에 가입한다면 편의치적의 경우에도 선적국법주의를 관철함으로써 발생하는 부당함을 일부 해결할 수 있을 것이다. 우리나라도 위 협약에 가입하는 방안을 검토해야 할 것이다.[115]

㈑ 선원근로계약의 경우

1) 통상의 경우 국제사법 제28조는 근로계약의 준거법에 관하여 통상의 국제계약에 적용되는 원칙과 다른 특칙을 다음과 같이 규정하는데, 이는 사회·경제적 약자인 근로자를 국제사법 차원에서 보호하기 위한 것이다.

> 제28조(근로계약)
> ① 근로계약의 경우에 당사자가 준거법을 선택하더라도 제2항의 규정에 의하여 지정되는 준거법 소속 국가의 강행규정에 의하여 근로자에게 부여되는 보호를 박탈할 수 없다.
> ② 당사자가 준거법을 선택하지 아니한 경우에 근로계약은 제26조의 규정에 불구하고 근로자가 일상적으로 노무를 제공하는 국가의 법에 의하며, 근로자가 일상적으로 어느 한 국가 안에서 노무를 제공하지 아니하는 경우에는 사용자가 근로자를 고용한 영업소가 있는 국가의 법에 의한다.

한국법이 객관적 준거법인 경우 여기에서 말하는 강행규정에는 근로기준법뿐만 아니라 특별법인 선원법이 포함된다. 그런데 운송수단이라는 선박의 특수성 때문에 국제운송에 사용되는 선박의 경우 객관적 준거법의 결정이 문제된다. 저자는 이런 선원근로계약의 준거법에 관하여 첫째, 선적국이 근로자가 일상적으로 노무를 제공하는 국가이므로 선적국법이 준거법이라는 견해,[116] 둘째, 근로자가 일상적으로 노무를 제공하는 국가는 존재하지 않으므

---

114) 대법원 1994. 6. 28. 선고 93마1474 판결도 "… 해상우선특권이 우리나라에서 실행되는 경우에는 그 실행방법은 우리나라의 절차법에 의하여 규율되어야 한다. … 채권자가 우리나라의 해상우선특권(선박우선특권)에 기하여 채무명의 없이도 압류할 수 있는지의 여부는 우리나라의 법률에 의하여 결정해야 한다"고 판시하였다.

115) 위 협약에 관하여는 우선 정완용, "1993년 선박우선특권·저당권조약의 성립과 우리 상법상 선박담보제도," 한국해법회지 제15권 제1호(1993), 127면 이하; 김현, "1993년 선박우선특권 및 저당권조약," 법조 통권 478호(1996. 7.), 193면 이하 참조.

116) 선박은 '영토의 *浮動部分*'이라는 표현에서 보듯이 선원은 선적국의 영토인 선박에서 노무

로 사용자가 근로자를 고용한 영업소 소재지국법이 준거법이라는 견해와 셋째, 선적국법을 가장 밀접한 관련이 있는 국가로서 보는 견해가 주장될 수 있는데 첫째와 셋째의 견해가 설득력이 있다는 견해를 피력하였다.[117]

2) 편의치적의 경우 저자는 과거 편의치적의 경우 선원근로계약의 준거법은 선적국법이 아니라 가장 밀접한 관련이 있는 국가의 법이라고 보아야 하고, 그 경우 실질선주의 법(Reedereisitz)이 유력하다는 견해를 피력하였다.[118] 가장 밀접한 관련이 있는 국가를 결정함에 있어서는 당사자들의 국적, 사용자의 본거 또는 계약체결지 등 제반사정을 고려해야 하는데 그 경우 실질선주의 법이 유력하다는 것이었다.[119] 그 근거로는, 준거법 지정의 예외를 규정한 국제사법 제8조와, 근로자의 보호를 위해 준거법 결정상의 특칙을 규정한 국제사법 제28조의 취지를 들었다. 다만 이에 의하면, 편의치적을 하는 이유 중의 하나가 선원을 상대적으로 두텁게 보호하는 우리 선원법과 근로기준법 등의 적용을 배제하기 위한 것인데, 실질선주의 법으로서 한국법이 적용되므로 선주 측으로서는 편의치적을 한 본래의 목적의 일부가 좌절되는 문제가 있다. 어쨌든 위 대법원판결이 편의치적 여부에 관하여 판단하지 않은 것은 유감이다. 대법원도 문제의식이 없었던 것은 아니겠지만, 편의치적이라는 이유로 실질선주의 법을 선원근로계약의 준거법으로 볼 경우 그 파급효과가 매우 크므로 실행하기는 쉽지 않았을 것이다.[120]

를 제공한다고 주장할 여지도 있으나, 그보다는 선박은 선적국의 관할권에 복종하므로 국가주권의 행사와 그에 대한 복종이라는 관점에서 선박을 영토의 일부와 유사하게 볼 여지가 있다.

117) 상세는 석광현(註 40), 257면 이하 참조. 이는 유럽의 논의를 참조하여 저자가 제시한 것이다. Drobnig/Basedow/Wolfrum(註 94), S. 59f. 참조. 김지형, "국제적 근로계약관계의 준거법," 저스티스 68호(2002. 8.), 264면 이하도 참조.

118) 석광현(註 40), 258면 이하. 김인현, "[2007년 분야별 중요판례분석](17)해상법," 법률신문(2008. 7. 3), 13면도 동지.

119) Mankowski(註 26), S. 481, 494, 500; Drobnig/Basedow/Wolfrum(註 94), S. 62; MünchKommBGB/Martiny, Band 10, 4. Auflage (2006), Art. 30 Rn. 78; Kropholler(註 72), S. 482. 독일의 학설대립은 위 Mankowski(註 26), S. 466f.; 김지형(註 117), 264면 참조.

120) 국제사법의 맥락은 아니지만, 김인현, "船舶國籍 부여조건으로서의 眞正한 連繫와 국제사회의 대응," 海事法硏究 제18권 제1호(2006. 3.), 88면은 "우리나라 선박의 상당량이 편의치적이 되어 있고, 우리나라 선원들의 상당수가 편의치적된 선박에 근무하여 왔기 때문에 우리나라는 편의치적으로 인하여 경제적으로는 득실양면이 모두 평가되어 왔다. 그리하여 적극적으로 편의치적을 부인하는 정책을 펴기가 어려운 실정이다"라고 지적한다.

Ⅵ. 선박소유자의 책임제한과 범위에 대해 선적국법주의를 정한 것의 위헌 여부

흥미롭게도 수산업협동조합중앙회가 선박소유자의 책임제한—이는 이른바 총체적 책임제한(global limitation)을 말한다—과 범위를 선적국법에 의하도록 규정한 국제사법 제60조 제4호는 재산권과 평등권을 침해한다며 낸 헌법소원에서 헌법재판소는 2009. 5. 28. 2007헌바98 전원재판부 결정[121]에 의하여 재판관 8대 1의 의견으로 합헌결정을 한 바 있다. 이를 간단히 소개한다.

1. 선박소유자의 책임제한의 준거법(국제사법 제60조 제4호)

국제사법 제60조 제4호는 "선박소유자·용선자·선박관리인·선박운항자 그 밖의 선박사용인이 책임제한을 주장할 수 있는지 여부 및 그 책임제한의 범위"는 선적국법에 의한다고 규정한다.

2. 사 안

우리나라 선박인 97한동호는 전남 신안군 흑산면 만재도 남동방 약 22.5 마일 해상에서 어로작업 중 지난 2005. 11. 30. 말레이시아 법인인 엠아이에스씨 버하드(MISC Berhad)(이하 "버하드"라 한다)가 소유하는 말레이시아 국적의 컨테이너선박 붕가마스라판 (BUNGA MAS LAPAN)호와 충돌해 침몰하였다. 이후 버하드가 부산지방법원에 책임제한절차개시신청을 내자 법원은 국제사법 제60조 제4호에 따라 선적국법인 말레이시아 상선법을 적용해 책임제한절차개시결정을 하였다. 이 사건 사고로 97한동호는 5,958,792,030원 상당의 물적 손해를 입었는데, 우리 상법에 의할 경우 버하드가 배상할 물적 책임한도액은 1,864,177,560원이 되는데도 선적국법인 말레이시아 상선법이 적용될 경우 책임한도액이 295,062,368원에 그친다. 그러자 97한동호에 대한

121) 공보 제152호, 1160 16.

선체보험금을 지급한 수산업협동조합중앙회이 항고하면서 "국제사법 제60조 4호에 따라 책임제한범위를 정하는 것은 위헌"이라며 위헌법률심판 제청신청을 하였으나 법원이 받아들이지 않자 헌법소원을 냈다. 그 근거는 우리 선박이 충돌사고를 당한 경우 상대선이 어느 국적인가 하는 우연한 상황에 따라 배상받을 손해액이 크게 달라지는 것은 아무런 합리적 근거가 없는 자의적인 차별이고, 불법행위에 기한 손해배상 채권이라는 국민의 재산권에 대하여 제한의 한계를 넘어 그 본질적인 내용을 침해하는 것으로서 헌법에 위반된다는 것이었다.

3. 헌법재판소의 결정

가. 다수의견

다수의견은 다음과 같이 판시하였다.

(1) 국제사법 제60조 제4호 중 '선박소유자 부분'의 선박충돌로 인한 책임제한 여부와 관련한 당해 사건에서 재판의 전제성에 관하여

국제사법의 규정 형식과 법조문의 내용에 비추어 볼 때, 제60조 제4호의 '해상'이란 선박을 이용한 상행위만을 의미하는 것이 아니라 선박충돌이나 그로 인한 책임도 포함하는 것으로 보아야 하고, 따라서 국제사법은 선박충돌에 관한 책임의 존부와 범위에 대하여는 국제사법 제61조에 따라 준거법을 지정하도록 하면서 선박소유자가 책임제한을 주장할 수 있는지 여부와 그 책임제한의 범위에 대하여는 제60조 제4호에 따라 준거법을 지정하도록 규정한 것이라고 해석하여야 할 것이다. 따라서 제60조 제4호는 당해 사건에서 선박소유자의 책임제한 여부 및 그 범위에 관한 준거법 지정의 근거가 되는 법조항으로서, 그 재판에 적용될 뿐만 아니라 그 위헌 여부에 따라 재판의 주문이나 결론이 달라지는 경우에 해당하므로, 이 사건 법률조항의 위헌 여부는 당해 사건 재판의 전제가 된다.

(2) 제60조 제4호에 의하여 재산권이 제한되는지 여부에 관하여

이 사건에서 청구인들의 손해배상청구권이 제한되는 것은 제60조 제4호 그 자체 때문이 아니라 청구인들의 손해배상청구권에 관하여 준거법으로 선적국법이 적용된 결과에 불과하다. 즉 이 사건 사고에 말레이시아 상선법을 적용함으로써 선박소유자의 책임한도액이 우리 상법을 적용한 경우보다 현저하게 낮게 된다 하더라도 이는 이 사건 사고의 발생지, 해당 선박의 선적국, 채권자들의 국적 등이 상이하여 제60조 제4호에 따른 준거법을 적용한 반사적인 결과에 불과하므로, 제60조 제4호 자체로 인하여 청구인들의 재산권이 제한된다고 보기 어렵다.

(3) 제60조 제4호가 평등권을 침해하는지 여부에 관하여

제60조 제4호는 내·외국 선박을 불문하고 모두에게 적용되는 법률이므로 차별적 취급이 존재한다고 할 수 없고, 이 사건 선박에 말레이시아 상선법을 적용하여 선박소유자 등의 책임한도액이 우리 상법을 적용한 경우보다 현저히 낮다고 하더라도 이는 이 사건 사고의 발생지, 해당 선박의 선적국, 채권자의 국적 등이 상이하여 이 사건 법률조항에 따른 준거법을 적용한 결과에 불과하므로, 이를 들어 합리적인 근거가 없는 자의적인 차별이라고 할 수 없다.

나. 소수의견

반면에 조대현 재판관은 다음과 같은 반대의견을 개진하였다.

국제사법은 제60조 제4호로 "해상(海商)에 관하여 선박소유자가 책임제한을 주장할 수 있는지 여부 및 책임제한의 범위는 선적국법"에 의하고, 제61조에서 "영해에서의 선박충돌에 관한 책임은 그 충돌지법"에 의하며(제1항), "공해에서의 선박충돌에 관한 책임은 가해선박의 선적국법"에 의한다(제2항)고 규정하고 있는데, 해상(海商)이란 선박을 이용한 상행위(商行爲)를 의미하는 것으로서, 선박충돌이나 그로 인한 책임은 해상(海商)에 관한 것이라고 볼 수 없으므로, 선박충돌에 관한 책임에 관해서는 책임의 존부와 범위뿐만 아니라 책임제한을 주장할 수 있는지 여부 및 책임제한의 범위에 관해서도 국제사법 제60조 제4호가 아니라 제61조가 적용되어야 한다. 따라서 선박충돌에 관하여 책임의 존부와 범위에 대해서는 국제사법 제61조를 적용하고 각 선박당사자의 책임제한의 여부와 제한범위에 대해서는 제60조 제4호를 적용하여 각 선박의 선적국법에 의하여 결정한다고 해석하는 것은 국제사법 제60조 제4호와 제61조의 취지를 잘못 해석·적용하는 것이라고 할 것이고, 이처럼 법률의 취지를 잘못 해석하여 적용하는 것은 '법률에 의한 재판'을 하지 아니함으로써 헌법의 기본원리인 법치주의에 어긋나므로, 국제사법 제60조 제4호를 선박충돌의 경우에 적용하는 것은 헌법이 요구하는 법

률에 의한 재판의 원칙(법치주의의 원칙)에 위반된다고 선언하여야 한다.

다. 평 가

쟁점은 제60조 제4호를 선박을 이용한 상행위에 해당하지 않는 선박충돌에 적용하는 것이 국제사법상 옳은가이다. 그 원인은 '해상'의 의미에 있다. 다수의견이 타당하다고 본다. 해상(海商)이란 선박을 이용한 상행위(商行爲)를 의미하는 것으로 좁게 이해할 것이 아니라 다수의견이 적절히 지적한 바와 같이 선박충돌이나 그로 인한 책임도 포함하는 것으로 보아야 한다. 제9장의 제목도 '해상'이다.

흥미로운 것은 제60조 제4호가 평등권을 침해한다는 주장이다. 물론 다수의견은 위에 적은 바와 같이 제4호가 내·외국 선박을 불문하고 모두에게 적용되므로 차별적 취급이 존재한다고 할 수 없고, 이 사건 선박에 말레이시아 상선법을 적용하여 선박소유자 등의 책임한도액이 우리 상법을 적용한 경우보다 현저히 낮다고 하더라도 이는 제4호에 따른 준거법을 적용한 결과에 불과하므로 합리적 근거가 없는 자의적 차별이라고 할 수 없다고 보았다.

여기에서 저자가 주목하는 것은 외국법적용의 근거와 관련된 것이다. 즉 외국적 요소가 있는 사건에 대해 국제사법이 한국법을 적용하지 않고 일정한 연결원칙에 따라 준거법을 지정하여 외국법을 적용하도록 요구하는 근거는 헌법이 정한 평등의 원칙에 있다고 보는 유력한 견해가 있는데,[122] 그렇다면 국제사법에 의한 준거법 지정에 불만이 있는 당사자는 언제든지 그 연결원칙이 평등권을 침해한 것으로서 위헌이라고 주장할 수 있게 된다. 이 점에 생각이 미쳤더라면, 위 사건에서도 소수의견처럼 제60조 제4호가 아니라 제61조가 적용되어야 한다고만 주장하는 대신, 선적을 연결점으로 정한 제60조 제4호가 그 자체로서 평등의 원칙에 반한다고 주장할 여지가 있었을 것이다.[123] 물론 제60조 제4호를 포함하여 우리 국제사법의 연결원칙은 모두 우리가 수긍할 수 있는 합리적인 연결원칙을 정한 것이므로 위헌이 될 가능성은 별로 없겠지만, 앞으로는 국제사법을 적용하는 모든 사건에서 위헌 주장

122) 안춘수, "외국법 적용의 근거에 관하여," 국제사법연구 제3호(1998), 554면 이하 참조.

123) 선박소유자의 책임제한의 준거법을 선적국법으로 하는 데 대하여는 비판이 있고, 법정지법을 준거법으로 지정하자는 견해도 유력하다. 궁극적으로는 1976년 "런던 해사채권에 대한 책임제한조약"(Convention on Limitation of Liability for Maritime Claims)(LLMC)과 1996년 의정서에 가입하면 체약국 간에는 준거법의 문제가 해결될 것이다.

이 제기되는 것은 아닌지 모르겠다.

Ⅶ. 순수한 국내사건과 외국준거법의 지정의 효력—외국법으로의 도피

우리 국제사법상 당사자자치의 원칙이 널리 인정되는 결과, 국제거래의 실무상 당사자들은 객관적 준거법이 한국법인 사안에서도 영국법이나 뉴욕주법을 준거법으로 지정하기도 한다. 특히 근자에는 내국인 간에 체결하는 용선계약과 같은 순수한 국내계약의 경우에도 준거법을 외국법, 특히 영국법으로 지정하는 사례가 흔히 있는 것으로 보인다. 우리 국제사법상 이것이 법적으로 가능하지만 유감스러운 현상이다. 물론 당사자들이 영국법을 준거법으로 선택하는 합리적인 이유가 있다면 나무랄 일은 아니다. 하지만 준거법이 가지는 법적 및 실무적 함의를 정확히 모른 채 그렇게 하는 것은 경솔하다. 한-EU FTA가 발효되어 영국변호사들이 국내에 진출할 것이 예상되는 상황에서 이런 현상을 방치해서는 아니 된다. 이를 방치한다면 우리 법의 영향력과 우리 법률가의 경쟁력이 약화될 수밖에 없다. 실무상 국제계약의 준거법이 영국법인 경우 영국 변호사가 경쟁력을 가질 수밖에 없고 이는 자연히 그들의 일감(속되게 말하자면 밥그릇)이 된다. 이런 의미에서 우리 법률가의 국제경쟁력은 상당 부분 한국법의 국제경쟁력에 의하여 좌우된다.

물론 진정한 외국적 요소가 있는 거래에서 영국법과 영국의 법률가들이 그동안 형성한 선례를 신뢰하여 영국법을 준거법으로 선택하고 영국법정이나 영국중재를 합의하는 것은 충분히 수긍할 수 있고, 이를 위해 우리는 영국법에 대해 좀더 관심을 가지고 연구할 필요가 있음은 물론이다. 저자가 우려하는 것은 영국과는 아무런 관련이 없는 거래, 특히 우리의 순수한 국내거래에서조차 영국법을 준거법으로 선택하고 영국법정이나 영국중재를 합의하는 현상이다. 이는 우리 법률가들의 업무 위축을 가져올 뿐만 아니라 법률문화의 발전을 위해서도 바람직하지 않으므로 시정되어야 한다.[124] 준거법을 영국법으로 하면서 무심코 영국법, 특히 영국계약법도 한국 계약법과 별 차이가 없

---

124) 좀더 상세한 논의는 석광현, "외국법제로의 과도한 도피와 國際私法的 思考의 빈곤," 법률신문 제3926호(2011. 4. 11.), 13면; 이 책 [6] 보론 참조.

으려니 믿는 것은 큰 잘못이다. 영국법을 정확히 알고 적절한 계약서를 작성하자면 영국변호사의 도움을 받아야 한다. 순수한 국내거래에서 이런 수고와 비용을 들일 이유가 없다. 중요한 것은 계약의 준거법과 분쟁해결조항에 대한 우리 법률가들의 인식 전환이다. 준거법과 분쟁해결조항을 흔히 boiler-plate라고 치부하고 한국법이든 영국법이든 무방하다는 식의 사고는 버려야 한다. 우리 법률가들이 순수한 국내계약의 경우 한국법을 준거법으로 하고 한국에서 소송 또는 중재에 의하여 분쟁을 해결하는 방향으로 유도해야 한다.

특히 주의할 것은, 순수한 국내거래의 경우 당사자가 외국법을 준거법으로 합의하더라도 우리 법의 국내적 강행규정의 적용을 배제할 수 없다는 점이다. 이 점을 간과해서는 아니 된다. 즉 모든 요소가 오로지 한 국가와 관련이 있음에도 불구하고 당사자가 그 외의 다른 국가의 법을 선택한 경우에 관련된 국가의 강행규정은 그 적용이 배제되지 아니한다(국제사법 제25조 제4항). 예컨대 만일 준거법 합의(또는 그것과 관할합의) 외에 외국적 요소가 없다면 가사 준거법을 외국법으로 합의하더라도 약관규제법은 여전히 적용된다. 물론 국제적으로 통용되는 일부약관(예컨대 운송약관 등)의 경우에는 약관규제법상 내용통제에 관한 일부 조항의 적용이 배제되겠지만 편입통제에 관한 조항은 여전히 적용된다.[125)]

Ⅷ. 맺 음 말

지금까지 해사국제사법의 쟁점 중 준거법과 관련된 몇 가지 쟁점을 검토하였다. 법원, 특히 대법원이 학계의 지원을 별로 받지 못하면서 해사국제사법의 다양한 분쟁을 해결하면서 해사국제사법의 발전에 크게 기여한 점을 높이 평가한다. 하지만 위에서 본 바와 같이 대법원판결도 여러 가지 문제점을 드러내고 있는데, 학계가 법원 판결에 대한 평가와 체계적인 분석을 제대로 수행하지 못하는 것은 유감이다. 전에도 지적한 것처럼, 종래 선하증권에 관한 우리 판례와 학설은 많은 경우 아무런 근거 없이 사안의 외국적 요소를 捨象하고 우리 상법과 민법을 적용하고 있으나 그렇게 해서는 국제해상법을

125) 상세는 석광현(註 49), 153면 이하 참조.

제대로 이해할 수 없다. 또한 우리가 최근까지 그랬던 것처럼 해상법 분야의 국제조약에 가입하는 대신 조약의 내용을 상법에 편입할 경우 조약의 국제사법적 측면, 즉 당해 조항의 적용범위에 관한 규칙이 탈락되는 문제가 있는데 장래의 입법에서는 이 점을 유념하여야 한다. 예컨대 우리나라가 2008년 채택된 로테르담규칙 즉 "전부 또는 일부가 해상운송인 국제물품운송계약에 관한 국제연합협약"(United Nations Convention on Contracts for the International Carriage of Goods Wholly or Partly by Sea)을 받아들이는 경우 규칙 자체에 가입해야 하지 그 내용을 상법에 편입할 것은 아니고, 만에 하나 상법에 편입한다면 그 적용범위에도 신경을 써야 한다.

앞으로는 한편으로는 현행 국제사법을 정확히 해석하여 외국적 요소가 있는 해사사건에서 제기되는 쟁점들을 해결해 가면서, 다른 한편으로는 현행 국제사법의 문제점을 찾아[126] 입법적으로 개선하고자 노력해야 한다. 마지막으로 해상법 전문가들께 간곡하게 부탁드리고 싶은 것은, 해상법의 각 분야를 다룰 때 외국적 요소가 있는 사안에서 제기되는 국제사법적 쟁점을 간단하게라도 논의해주셨으면 하는 점이다. 그 안에는 운송계약 또는 선하증권의 채권적 효력의 준거법, 선원근로계약의 준거법 등 계약채권에 관한 논점과, 공동해손, 선박충돌 또는 해양사고구조로 인한 채권의 준거법 등 법정채권에 관한 논점 등 채권법적 논점이 있고, 또한 적하에 대한 물권의 준거법, 선박저당권, 선박우선특권 기타 선박에 대한 물권의 준거법에 관한 논점 등 물권법적 논점이 있다. 그 밖에도 선박소유자의 총체적 책임제한의 준거법 등 실로 다양한 논점들이 있다. 그렇게 함으로써 학생들은 해사국제사법의 쟁점을 접할 수 있고, 더욱 심화된 공부의 필요성을 깨닫게 될 것이기 때문이다. 그렇지 않으면 해상법은 모든 해상법 전문가들이 지향하는 '국제해상법'이 아니라, 국제성이 제거된 '동네해상법'으로 전락하게 될 것이다.[127]

---

126) 예컨대 국제사법 제60조 제3호는 "선장과 해원의 행위에 대한 선박소유자의 책임범위"도 선적국법에 의할 사항이라고 규정하나 이를 삭제해야 한다는 유력한 주장이 있다. 정해덕, 한국국제사법학회 제8차 연차학술대회《제7분과 토론자료》(2000), 6면.

127) 위에 언급한 최종현(註 4)은 저자의 요청을 충실하게 반영하고 있다. 최종현 변호사는 머리말에서 해상법이 물품의 국제운송을 다룬다는 점에서 국제거래법의 중요한 한 분야임을 적절히 지적한다.

[補論]

외국법제로의 과도한 도피와 國際私法的 思考의 빈곤*

Ⅰ. 머 리 말

한국은 2007년 알코올 도수 20도가 넘어 독주로 분류되는 스카치 위스키 330만 상자(1상자=9L)를 수입함으로써 우리보다 인구가 많은 독일(수입량 9위, 인구 8200만명)과 태국(수입량 8위, 인구 6500만명)을 제치고 세계 7위를 차지했는데 이는 폭탄주문화 때문이라고 한다(주간조선 2061호(2009. 6. 29.), 25면). 누구 말처럼 싱글몰트건 블렌디드건 간에 수입 위스키는 대부분 폭탄주의 뇌관으로 장렬하게 익사할 운명이나 위스키 수입을 통해 우리는 경제위기를 겪는 영국인들을 기쁘게 하고 있다. 그뿐이 아니다. 우리 법률가들과 기업인들은 국제거래는 물론이고 국내거래에서도 종종 영국법(English law)과 영국 법원(또는 중재기관)을 선택함으로써 영국 변호사들을 미소 짓게 하고 있다. 국제계약에서도 우리 기업이 관여하는 한 가급적 한국법을 준거법으로 하고 한국 법원(또는 중재기관)에서 분쟁해결을 꾀함이 바람직하나, 필요하면 영국법을 선택하여 영국에서 분쟁해결을 할 수 있다. 문제는 준거법선택 및/또는 관할합의 외에 외국적 요소가 없는 순수한 국내("순수 국내계약")에서도 그런 현상이 발생하는 점이다.

예컨대 한국 기업 간에 체결되는 적하(또는 선박)보험계약, 선박건조계약과 용선계약에서 영국법을 준거법으로 지정하고 분쟁해결을 위해 영국 법

* 이는 법률신문 제3926호(2011. 4. 11.), 13면에 게재된 글을 조금 수정한 것이다. 최근에는 해상법 분야의 분쟁에 관하여 저자의 지적에 공감하는 글이 발표되었다. 김인현, "한국 해사법정 및 한국 준거법 활용현황과 그 활성화 방안," 한국해법학회지 제34권 제1호(2012. 4.), 53면 이하 참조.

원(또는 중재기관)을 선택하는 경우(편의상 "외국법제로의 도피")가 종종 있다. 이는 영국법에 대한 우리 법률가들의 일반적 무관심에 비추어 전혀 뜻밖이다. 이런 일이 발생하는 이유는 우리 법이 기업의 기대에 부응하지 못한 탓도 있지만 영국법이 적용되는 국제계약에서 영국 법률가들이 작성한 약관과 계약서를 국내거래에 차용한 탓이나(해외 재보험의 필요도 있다), 근본원인은 우리 법률가들이 준거법과 분쟁해결 조항에 무관심하기 때문이다. 우리 법률가들은 대체로 국제사법, 국제민사소송법, 국제거래법과 국제상사중재법에는 관심이 없다. 전문화와 국제화를 부르대는 로스쿨 학생들도 별 다를 바 없어 보인다. 한-EU FTA의 발효로 법률시장 개방과 영국 로펌의 국내진출이 임박했는데 이대로 간다면 영미 변호사들에게 국제거래 관련 법률시장을 헌납하게 될 것이다. 이하 영국법제로의 도피의 법적 문제를 지적한다.

Ⅱ. 준거법합의의 효력

소송과 중재를 나누어 본다.

1. 소송의 경우

순수 국내계약에서도 당사자들은 영국법을 준거법으로 선택할 수 있다. 우리 국제사법은 당사자자치를 존중하여 이를 허용하나 그 경우에도 우리 강행규정의 적용을 관철한다(제25조 제4항). 예컨대 만일 준거법 합의(또는 그것과 관할합의/중재합의) 외에 외국적 요소가 없다면 영국법을 준거법으로 합의해도 "약관의 규제에 관한 법률"("약관규제법")은 여전히 적용된다. 국제적으로 통용되는 운송약관과 보험약관 등의 경우 내용통제는 대부분 배제되지만 편입통제는 가능하다. 한국에서 재판하면 그렇다는 말이나 영국법원도 그렇게 할 것이다(로마Ⅰ규정, 제3조 제3항). 외국법의 적용은 여러 가지 어려움을 수반한다. 외국법을 준거법으로 선택하는 많은 우리 법률가들은 그 含意를 정확히 알지 못한다. 외국법을 준거법으로 지정하면 외국법자문사의 업무범위도 그만큼 확대될 것이다.

2. 중재의 경우

국제사법은 순수 국내계약에서 당사자자치를 허용하면서 일정한 제한을 두는데, 중재법의 해석상 더 엄격한 태도를 취할 이유는 없지만 중재에서도 우리 강행법규는 여전히 적용된다고 본다. 중재지가 한국 내라면 그렇다는 말이다.

Ⅲ. 영국에서 분쟁을 해결하기로 하는 합의의 효력

소송과 중재를 나누어 본다.

1. 영국 법원을 위한 관할합의

순수 국내계약에서 외국법원을 관할법원으로 합의할 수 있는지는 논란이 있으나, 저자는 이는 허용되지 않으며 그런 관할합의는 무효라고 본다. 저자는 대법원판결과 달리, 외국법원을 관할법원으로 합의할 경우 그 법원과 당해 사건의 합리적 관련의 존재를 요구하지 않지만, 순수 국내계약에서 외국법원에 관할을 부여하는 것은 그것이 전속관할이든 부가적 관할이든 허용되지 않는다는 것이다. 당사자 또는 개인적 이익은 이를 정당화할 수 있으나 법원 내지 국가 이익에 비추어 이를 불허해야 한다. 대법원 판결에 따르면 위 사안에서 외국법원을 위한 전속관할합의는 무효이다. 물론 영국 법원이 효력을 인정하면 재판할 수 있지만 우리나라에서 그 판결의 승인 및 집행은 거부된다. 한영 간 상호보증의 존재는 영국에서는 명문으로 인정되지는 않고 우리 법원에서도 아직 제대로[1] 검증되지 않았다(저자는 긍정하고 싶지만).

2. 영국 중재기관을 위한 중재합의

당사자는 중재지의 선정 시 제한을 받지 않는다. 그렇더라도 순수 국내

---

1) 영국과의 상호보증을 인정한 하급심판결이 있다.

계약에서 발생하는 분쟁을 영국 중재기관에서(영국을 중재지로 해서) 해결할 이유는 없다. 만일 그렇게 한다면 영국 변호사로서는 좀 생뚱맞기는 하지만 환영할 것이다. 그러나 이에는 많은 시간, 비용과 노력이 소요된다. 순수 국내계약의 경우 영국에서 영국법을 적용하여 중재판정을 받더라도 아마도 한국에서 집행할 필요가 있을 텐데, 그 경우 '외국중재판정의 승인 및 집행에 관한 1958년 뉴욕협약'에 따라 승인·집행이 보장되지만 우리 법원의 집행판결을 받자면 상당한 시간, 비용과 노력이 필요하다. 더욱이 약관에 의해 중재합의를 하였다면 약관규제법상 그 효력이 부정될 가능성도 없지 않다.

Ⅳ. 순수 국내계약의 처리

순수 국내계약에서 영국법제로 도피하는 실무는 우리 법률가들의 업무를 박탈할 뿐 아니라 우리 법률문화의 발전을 저해한다. 영국법을 준거법으로 지정하면서 만연히 영국법, 특히 영국계약법도 한국 계약법과 비슷할 것으로 믿는다면 큰 잘못이다. 영국법을 정확히 알자면 영국 변호사의 도움이 필수적이다. 순수 국내계약에서 이런 수고와 비용을 들일 이유가 없다. 단적으로 순수 국내계약이라면 준거법을 한국법으로 하고 분쟁도 한국에서 소송(또는 중재)에 의해 해결해야 한다. 솔직히 우리가 2001년 시행된 국제사법 개정 시에는, 우리 기업들과 법률가들이 준거법이 가지는 含意를 충분히 깨닫고 합리적인 선택을 해줄 것을 기대했었다. 그러나 작금의 현실은 매우 실망스럽다. 우리 법률가들이 계속 이런 수준에 머문다면, 중국처럼 일정한 계약의 경우 중국법을 강행적으로 지정하고 중국법원을 위한 관할합의와 중국 중재기관을 위한 중재합의를 강제했어야 한다는 비판에 대해 할 말이 없다.

나아가 순수 국내계약, 금융이나 M&A거래에서 우리 변호사들이 준거법을 한국법으로 하면서도 영미법의 개념이나 기법을 도입하고 있다. 이것이 계약자유의 원칙상 허용됨은 물론이지만, 그런 개념이나 기법이 영미법 하에서와 완전히 동일한 법률효과를 달성할 수는 없다. 이런 국내거래의 지나친 영국화 또는 미국화 현상의 제문제를 충분히 검토해서 실무를 개선할 필요가 있는데, 이 과정에서 비교계약법적 연구가 요긴하다.

Ⅴ. 국제계약의 처리

외국적 요소가 있는 국제계약의 당사자들은 물론 영국법을 선택할 수 있다. 당사자의 합의를 존중하고, 신의성실의 원칙에 기초한 법원의 恣意的 介入을 차단함으로써 '형평보다 확실성'을 중시하는 영국계약법의 엄격성은 긴 협상과정을 거쳐 국제계약을 체결한 당사자에게는 큰 장점이다. 또한 영국법원이 오래 세월 동안 축적한 풍부한 국제거래의 판례는 영국법원을 선택할 충분한 근거가 된다(영국이 UN국제물품매매협약(CISG)에 가입하지 않은 데는 이런 이유도 있다). 영국 법률가와 이런 영국법제의 국제경쟁력을 생각하면 우리는 영국법을 더 연구해야 한다(따라서 저자는 법률가들의 해외연수의 지나친 미국 편중을 경계한다). 하지만 우리 법률가들은 한국 기업이 관여하는 국제계약에서는 한국법을 준거법으로 지정하고 한국 법원(또는 중재기관)에서 분쟁을 해결하도록 노력하고, 한국 기업의 협상력이 뒷받침될 경우 이를 관철해야 한다. 국제계약의 준거법을 영국법으로 하더라도 한국법이 규율하는 사항이 있으므로 각 준거법의 射程範圍를 정확히 파악해야 한다. 법률시장의 개방과 변호사들의 국제경쟁이 치열해지는 현실에서(근자에는 국내 M&A 법률시장을 두고 우리 로펌과 외국 로펌이 각축을 벌이고 있다고 한다). 준거법과 분쟁해결의 유치는 한국 법률가의 사활이 걸린 문제이다. 국제계약에서도 합리적인 범위를 넘어 영국법제로 도피한다면 영국 변호사는 웬 봉인가하며 좋아하겠지만 속으로는 비웃을 것이다.

과거에는 계약의 준거법은 계약만을 규율했으나, 우리 국제사법(제32조 제3항)에 따르면 불법행위에 의하여 계약관계가 침해되는 경우 불법행위도 계약 준거법 소속국법에 의한다. 더욱이 영국에서 재판할 경우 불법행위에서도 사전적 당사자자치가 허용된다. 즉 상업활동을 영위하는 당사자들이 자유로운 합의에 따라 계약 관련 분쟁의 준거법을 영국법으로 합의하면 영국법이 계약은 물론 당사자 간에 발생하는 불법행위를 규율한다(로마Ⅱ규정, 제14조 제1항). 이처럼 계약의 준거법 선택은 과거보다 큰 파급효과를 가짐을 유념해야 한다. 실무를 개선하자면 계약의 준거법과 분쟁해결조항에 대한 우리 법률가들의 인식이 전환되어야 한다. 준거법과 분쟁해결조항을 'boilerplate' 또는 'boilerplate clause'라고 소홀히 취급할 것이 아니라 순수 국내계약은 물론이고 국제계약에서도 가급적 한국법제에 의하도록 해야 한다.

Ⅵ. 맺 음 말

여기에서 다룬 쟁점은 우리 법의 적용범위와 우리 법원의 국제재판관할(권)의 범위에 관한 지식과 문제의식이 있어야 제대로 이해할 수 있다. 저자의 희망은, 우리 기업들의 국제적 위상이 향상됨에 따라 그들이 관여하는 국제계약에서 가급적 한국법을 준거법으로 지정하고, 한국 법원(중재기관)에서 분쟁을 해결하게 하는 것이다. 이를 위해서는 우리 법률가들이 국제사법, 국제민사소송법, 국제거래법과 국제상사중재법을 연구하고, 국제거래를 규율하기에 적합하도록 우리 법을 발전시켜야 하며(이를 위해 우리는 국제규범을 적극 수용해야 한다), 우리 법원(중재기관)의 국제분쟁 해결능력을 제고해야 한다. 그럼으로써 장래 한국을 국제분쟁해결의 허브로 육성하고, 중·일기업은 물론 미·중기업 간 분쟁을 한국에서 해결하려는 꿈이라도 꿔볼 수 있다. 그러나 이는 고사하고, 현재 우리 법률가들은 안마당인 국내계약에서 발생하는 외국법제로의 도피현상을 방조 내지 방치하고 있다. 이를 시정하려면 우리 변호사들의 실력을 키워야 함은 물론이나, 우리 기업들이 한국변호사를 신뢰하고 지원하지 않으면 아니된다. 또한 국가적 지원도 필요하다. 어쨌든 지금은 우리 법률가들이 총력을 기울여야 할 비상 시지 감투싸움이나 하고 있을 만큼 한가한 때가 아니다.

[7] 선박우선특권과 피담보채권(선원임금채권)의 준거법

前　記
이 글은 저자가 2008. 6. 4. 서울지방변호사회 판례연구회에서 발표한 원고를 수정·보완하여 서울지방변호사회 판례연구 제22집(1)(2008. 8.), 125면 이하에 게재한 원고를 다소 수정·보완한 것이다. 각주에 인용된 독일 문헌을 신판으로 대체하지는 않았다.

대상판결: 대법원 2007. 7. 12. 선고 2005다39617 판결*

[사안의 개요]

원심판결[1]이 확정한 사실관계는 대체로 다음과 같다.

가. 금융업에 종사하는 노르웨이국 법인인 원고(래드스투플라스 4 에이에스에이(Rådstuplass 4 ASA))[2]는 1998. 5. 19. 소외 글래샬 쉽핑 리미티드(Glacial Shipping LTD, 이하 "글래샬 쉽핑"이라고 한다)에게 미화 21,000,000달러를 대출하고 그 담보로 글래샬 쉽핑 소유의 선박인 캐롤라인 글래샬호, 크리스티나 글래샬호, 알리다 글래샬호(이하 이들 선박을 "위 선박"이라고 한다)에 관하여 1998. 5. 20. 각 1순위 우선저당권(first preferred mortgage) 설정등록을 하였다.[3] 위 선박의 선적국은 세인트 빈센트 그래나

* [공2007.8.15.(280),1241]. 관련 사건인 대법원 2007. 7. 12. 선고 2005다47949 판결도 동일한 취지의 판시를 담고 있다. 이는 본문 아래(다.)에 언급된 한국기업들을 포함한 다수의 원고들이 글래샬 쉽핑에게 선용품 공급대금, 선박수리비 등의 채권을 가지고 있음을 이유로 선박우선특권 있는 채권자임을 주장하면서, 이 사건의 원고와 피고를 상대로 배당이의의 소를 제기하여 그들에 대한 배당이 부적법하고, 선박우선특권 있는 원고들의 각 채권이 피고들의 채권보다 우선하여 배당받아야 한다며 배당표의 경정을 구한 사건이다.

1) 부산고등법원 2005. 6. 2. 선고 2004나10602 판결.

2) 변경 전 상호는 베르겐스방켄 에이에스에이(Bergensbanken ASA)이었다.

3) 피담보채무는 2001. 5. 28. 추가 대출에 따라 일화 2,929,562,500엔으로 각 변경 등록되

딘(Saint Vincent and The Grenadines)(이하 "세인트 빈센트"라고 한다) 이었다.

나. 저당권 설정 당시 소외 아그라크 리미티드(Aglakh LTD)는 글래샬 쉽핑으로부터 위 선박을 나용선(demise charter)한 다음 1998. 3. 17. 선박관리회사인 소외 글래샬 피셔리즈 리미티드(Glacial Fisheries LTD)와의 사이에 판매 및 대리점 관리에 관한 계약을 체결하였고, 글래샬 피셔리즈 리미티드는 소외 사피르 에이에스(Safig AS)에게, 후자는 소외 에르빅 마린 서비스(Ervik Marine Service)에게 각 하도급 관리계약을 통하여 위 선박에 대한 관리·운영을 맡긴 결과 에르빅 마린 서비스가 최종적으로 선박에 대한 관리·운영을 맡고 있었고, 위 선박의 선원들에게 임금을 지급할 책임도 부담하고 있었으며, 위 선박의 어획물을 판매함으로써 얻는 수입은 우선적으로 선원임금 및 위 각 선박의 기타 운항비용을 지급하는 데 사용하도록 되어 있었다.[4)]

다. 그런데 글래샬 쉽핑이 원고에게 대출금을 상환하지 않자, 원고는 위 선박에 관하여 부산지방법원 2002타경29403호로 임의경매를 신청하였고, 그에 따라 위 선박의 경락 후 경매법원은 배당기일인 2003. 4. 11. 실제 배당할 금액 12,982,468,806원 중 ① 1순위로 부산지방해양수산청에게 정박료 등 2,643,150원을, 소외 주식회사 미진해운에게 감수보존비용(알리다 글래샬호) 50,859,820원을, 소외 청아해운 주식회사에게 감수보존비용(캐롤라인 글래샬호, 크리스티나 글래샬호) 100,890,990원을, ② 2순위로 에르빅 마린 서비스를 대신하여 위 선박의 선원들에게 임금을 지급한[5)] 라브라도르 에이에스(Labrador AS. 이하 "라브라도르"라고 한다)에게 임금(선박우선특권) 386,469,684원을, 원고에게 임금(선박우선특권) 1,009,657,212원을, ③ 3순위로 선박저당권자인 원고에게 11,431,947,950원을 각 배당하는 내용의 배당표를 작성하였다.

라. 라브라도르와 에르빅 마린 서비스는 모두 피고 소속의 계열회사로서

었다.

4) 에르빅 마린 서비스가 경영상 어려움을 겪으면서 위 선박의 선원들에 대한 임금을 지급하지 못하자 선원들 일부는 2002. 9. 17. 위 선박에 대하여 부산지방법원에경매를 신청하였다가 원고로부터 임금 일부를 지급받고 2002. 9. 23. 이를 모두 취하한 바 있다.

5) 원고는 라브라도르의 변제사실을 다투었으나, 제1심법원은 라브라도르가 2002년 2월경부터 2002년 8월경까지 글래샬 쉽핑을 대신하여 위 선박의 선원들에게 임금 합계 노르웨이화 2,214,472.18크로네를 지급한 사실을 인정하였다.

원심법원이 소송 계속 중이던 2004. 11. 30. 피고(라브라도르의 소송수계인 에르빅 홀딩 에이에스(Ervik Holding AS))에게 흡수 합병되었다. 제1심에서는 라브라도르가 피고였으나 원심에서는 라브라도르의 소송수계인 에르빅 홀딩에이에스가 피고가 되었다.

마. 원고는, 피고가 해당 선원들의 권리를 대위 행사하기 위해서는 선원들에게 임금을 지급하기 전에 세인트 빈센트 법원의 허가를 받아야 하는데 이를 받지 않았기 때문에 피고는 선박우선특권 있는 채권자에 해당하지 않으므로 피고에 대한 배당이 부적법하다고 주장하며 배당이의의 소를 제기하여 라브라도르에 대한 배당액을 0으로 줄이고, 원고에 대한 배당액을 그만큼 증액된 금액으로 경정할 것을 요구하였다.

[소송의 경과]

1. 제1심판결[6]과 원심판결

제1심판결은 원고의 청구를 모두 기각하였고, 원심판결도 제1심판결의 결론이 타당하다고 보아 항소를 전부 기각하였다. 제1심판결은 원심판결과 유사하므로 원심판결만을 소개하는데 이를 준거법에 관한 판단 부분과 실질법,[7] 즉 세인트 빈센트의 상선법에 관한 판단 부분으로 나누어 본다.

가. 준거법에 관한 판단

원심판결은, 국제사법 제60조 제1호, 제2호에 의하면 선박우선특권의 준거법은 선적국법인데, 위 선박의 선적국은 세인트 빈센트이므로 1997. 11. 25. 개정된 세인트 빈센트 상선법(Merchant Shipping Act)이 그 준거법이 된다고 판단하였다. 원심판결은 선박우선특권의 발생의 준거법만을 판단하고,

6) 부산지방법원 2004. 6. 4. 선고 2003가합10158 판결.

7) '실질법'을 '실체법'과 혼동해서는 아니 된다. 실체법은 절차법에 대비되는 개념인 데 반하여, 실질법은 법적용규범(또는 간접규범)인 저촉법(또는 국제사법)에 대비되는 개념으로, 우리 민·상법과 같이 저촉법(또는 국제사법)에 의하여 준거법으로 지정되어 특정 법률관계 또는 쟁점을 직접 규율하는 규범을 말한다. 영어로는 후자를 위한 적확한 표현이 없고 'substantive law'를 흔히 사용하므로 양자를 혼동하는 경우가 많다.

선박우선특권의 대위변제의 준거법을 별도로 판단하지는 않았다. 이는 대위변제도 선적국법에 따른다고 본 것이다. 따라서 원심판결은 ① 피담보채권인 임금채권의 발생의 준거법, ② 피담보채권의 법률에 의한 이전(즉, 대위변제)의 준거법과, ③ 피담보채권의 이전 결과 선박우선특권도 이전되는지를 결정하는 준거법은 판단하지 않았다.

나. 세인트 빈센트의 상선법에 관한 판단

원고는, 세인트 빈센트 상선법상 선원들에게 임금을 지급하기 전에 법원의 허가를 받은 경우에만 선원들의 권리를 대위 행사할 수 있다고 주장하였다. 그러나 원심판결은 이를 배척하고, 피고는 법원의 허가 없이도 위 선박의 선원들에게 임금을 대위변제함으로써 선원들의 선박우선특권 있는 임금채권을 대위 행사할 수 있고, 이는 원고의 저당권에 우선하므로 경매법원의 피고에 대한 배당은 적법하다고 판단하였다.

즉 1997. 11. 25. 개정된 세인트 빈센트 상선법은 “선박우선특권 및 저당권에 관한 1993년 국제협약”(International Convention on Maritime Liens and Mortgages(Geneva, 6 May 1993))(이하 “1993년 국제협약”이라 한다) 제1조 내지 제16조를 세인트 상선법의 일부(First Schedule)로 도입하였고, 1993년 국제협약 제10조는 선박우선특권에 의하여 담보되는 채권의 양도 또는 대위변제는 그러한 선박우선특권의 양도 또는 대위를 수반한다고 규정하고 있을 뿐 1993년 국제협약이나 세인트 빈센트 상선법에는 선박우선특권의 대위에 법원의 허가를 요구하는 규정을 두고 있지 않으며, 1993년 국제협약 제4조와 제5조에는 선박의 소유자, 나용선자, 관리자 또는 운항자에 대한 선장, 항해사 및 기타 선박승무원에게 선박에서의 고용과 관련하여 지급해야 할 임금 및 기타 금전에 대한 채권은 선박우선특권 있는 채권에 해당하고 이는 등록된 저당권에 우선한다고 규정되어 있다. 따라서 피고에게 흡수 합병된 라브라도르가 위 선박의 선원들에게 임금을 대위변제함으로써 선원들의 선박우선특권 있는 임금채권을 대위 행사할 수 있고, 이는 원고의 저당권에 우선하므로, 경매법원의 라브라도르에 대한 배당은 적법하다는 것이었다. 이에 대하여 원고가 상고하였다.

2. 대상판결의 요지

대법원은 위 대상판결에서 원심판결을 파기하고 사건을 부산고등법원에 환송하였다.[8] 여기에서는 준거법에 관한 판단 부분과 실질법에 관한 판단 부분으로 나누어 본다.[9]

가. 준거법에 관한 판단

(1) 선박우선특권의 준거법이 규율하는 사항과 피담보채권의 준거법 및 그 채권의 대위의 준거법

선박우선특권은 일정한 종류의 채권을 담보하기 위하여 법률에 의하여 특별히 인정된 권리로서 일반적으로 그 피담보채권과 분리되어 독립적으로 존재하거나 이전되기는 어려우므로, 선박우선특권이 유효하게 이전되는지 여부는 그 선박우선특권이 담보하는 채권의 이전이 인정되는 경우에 비로소 논할 수 있는 것인바, 국제사법 제60조 제1호, 제2호에서 선적국법에 의하도록 규정하고 있는 사항은 선박우선특권의 성립 여부, 일정한 채권이 선박우선특권에 의하여 담보되는지 여부, 선박우선특권이 미치는 대상의 범위, 선박우선특권의 순위 등으로서 선박우선특권에 의하여 담보되는 채권 자체의 대위에 관한 사항은 포함되어 있지 않다고 해석되므로, 그 피담보채권의 대위에 관한 사항은 특별한 사정이 없는 한 국제사법 제35조 제2항에 의하여 그 피담보채권의 준거법에 의하여야 한다.

(2) 선원임금채권의 준거법과 그 채권의 대위에 관한 준거법

선박우선특권에 의하여 담보되는 채권이 선원근로계약에 의하여 발생되는 임금채권인 경우 그 임금채권에 관한 사항은 선원근로계약의 준거법에 의하여야 하고, 선원근로계약에 관하여는 선적국을 선원이 일상적으로 노무를 제공하는 국가로 볼 수 있어 선원근로계약에 의하여 발생하는 임금채권에 관한 사항에 대하여는 특별한 사정이 없는 한 국제사법 제28조 제2항에 의하여 선적국법이 준거법이 되므로, 결국 선원임금채권의 대위에 관한 사항은

---

8) 환송 후 원심판결인 부산고등법원 2008. 3. 28. 선고 2007나12630 판결은 제1심판결을 취소하고 원고의 청구를 전부 인용하였다.

9) 대상판결의 판시사항에는 그 밖에도 배당이의소송에서 배당이의사유에 관한 증명책임의 분배와, 외국적 요소가 있는 법률관계에 관하여 적용될 외국법의 내용 확인이 불가능한 경우의 법원이 취할 조치에 관한 설시가 있다.

그 선원임금채권을 담보하는 선박우선특권에 관한 사항과 마찬가지로 선적국법에 의한다.

나. 세인트 빈센트의 상선법에 관한 판단

대상판결은, 선박우선특권에 대한 사항은 세인트 빈센트 상선법이 준거법이 되고, 그 선박우선특권이 담보하고 있는 선원임금채권의 대위에 관한 사항도 세인트 빈센트의 관계 법령이 준거법이 되는 점, 1997. 11. 25. 개정된 세인트 빈센트 상선법은 1993년 국제협약 제1조 내지 제16조를 세인트 빈센트 상선법의 일부로 도입하였는데, 1993년 국제협약 제10조 제1항은 선박우선특권에 의하여 담보되는 채권의 양도 또는 대위는 그 선박우선특권의 양도 또는 대위를 수반한다고 규정하고 있는 점을 인정하였다. 나아가 대상판결은 다음과 같이 판단하고, 원심판결을 파기하였다.

세인트 빈센트의 영국법 적용법(Application of English Law Act) 제4조는, 영국에서 시행되는 보통법 및 형평법의 원칙은 세인트 빈센트의 상황에 맞추어 수정되는 한도에서 세인트 빈센트에서 시행되나, 세인트 빈센트 의회의 법률에 의하여 배제되는 경우에는 그러하지 아니하다고 규정하고 있고, 영국에서는 1917년 피톤(The Petone) 사건의 판례 이후 제3자가 자신의 권리를 보호하여야 할 부득이한 상황이나 필요 없이 법원의 허가를 받지 아니하고 자발적으로 선박우선특권에 의하여 담보되는 채권을 변제한 경우 그 제3자(이하 "자발적 제3자"라고 한다)는 그 채권자의 권리나 구제수단을 대위할 수 없다는 원칙이 확립되어 있다.

세인트 빈센트 상선법의 일부로 도입된 1993년 국제협약 제10조 제1항이 선박우선특권의 피담보채권의 양도 또는 대위는 그 선박우선특권의 양도 또는 대위를 수반한다고 규정할 뿐, 피담보채권 자체의 양도 또는 대위의 요건이나 절차에 관하여는 아무런 규정을 하지 않는 것은, 그러한 요건과 절차는 각국의 법제마다 달라 협약에 의하여 획일적으로 규정하기 어려우므로 각국의 국내법을 적용하도록 한 취지라고 해석된다. 따라서 자발적 제3자의 변제에 관하여 선례구속력을 갖고 있었던 1917년 피톤 사건의 판례가 세인트 빈센트 상선법 시행 이후 세인트 빈센트에서 효력을 상실하였다고 보기 위해서는 세인트 빈센트 의회의 법률에 의하여 그 판례의 선례구속력이 배제되었다거나 세인트 빈센트의 상황에 부합하지 않게 되었다고 볼 만한 특별한 사정이 있어야 하는데, 이를 인정할 자료가 없고, 오히려 원·피고의 요청에 따라 질의회신을 한 세인트 빈센트 변호사들은 모두 1917년 피톤 사건의 판례가 자발적 제3자의 대위에 관한 한 여전히 유효하다는 취지의 의견을 개진하고 있다.

원심으로서는 라브라도르가 자발적 제3자에 해당하는지, 만일 그렇다면 라브라도르가 위 선박의 선원들 일부에게 임금을 지급하기 전에 세인트 빈센트 관할 법원의 허가를 받았는지 등을 살펴본 다음 그 선원들의 임금채권을 적법하게 대위할 수 있는지 여부를 심리·판단하였어야 한다.

[연 구]

Ⅰ. 문제의 제기

이 사건은 1순위 선박저당권자인 원고가, 배당표상 선박우선특권자로 인정되어 원고에 앞서 배당을 받게 된 라브라도르(와 그의 승계인인 피고)에 대하여 선박우선특권의 부존재를 주장하여 배당이의의 소를 제기한 사건이다. 이 사건에서 쟁점은 피고가 세인트 빈센트 법상 선박우선특권을 가지는가, 좀더 상세히는 세인트 빈센트 법원의 허가 없이 선원들에게 임금을 대위변제한 피고가 선원들의 선박우선특권을 취득하였는지, 따라서 원고의 저당권에 우선하여 위 선박의 경매대금으로부터 배당을 받을 수 있는가였다. 이를 판단하는 과정에서 국제사법적 논점과 실질법적 논점이 제기되었는데, 여기에서는 국제사법적 논점을 중심으로 다음 순서에 따라 검토한다.

첫째, 선박우선특권의 준거법(아래 Ⅲ.) 선박우선특권의 준거법에 관하여 국제사법은 섭외사법과 마찬가지로 선적국법주의를 명시하고 있으나 섭외사법의 개정 과정에서 그 타당성에 관하여 논란이 있었다. 또한 이른바 편의치적(flag of convenience)의 경우 과연 선적국법주의를 관철하는 것이 타당한지에 대하여 논란이 있고, 해석론으로서 선적국법주의를 일부 제한하는 견해도 있으므로 이를 살펴본다.

둘째, 선박우선특권의 피담보채권의 발생과, 법률에 의한 이전(즉 대위변제)의 준거법(아래 Ⅳ.). 이 사건에서 피담보채권인 선원근로계약상의 임금채권의 준거법이 문제되었는데, 이 경우 국제사법 제28조가 근로계약의 준거법을 규정하고 있으므로 그에 따르면 될 것이나 상시 이동하는 선박에서 노무를 제공하는 선원근로계약의 특성을 고려할 필요가 있고, 또한 국제사법 제28조의 원칙을 편의치적의 경우에도 관철하는 것이 타당한지를 검토할 필요가 있다. 나아가 대상판결은 문제삼지 않은 것으로 보이지만, 강학상 확립된 선결문제의 준거법 결정을 살펴본다.

셋째, 세인트 빈센트 상선법의 해석상 피고가 선원들의 권리를 대위 행사하기 위하여 법원의 허가를 받아야 하는지 여부(아래 Ⅴ.).[10] 이는 실질법적 논점이므로 여기에서는 간단히 소개하는 데 그친다.

그에 앞서 선박우선특권을 개관한다(아래 Ⅱ.).

Ⅱ. 선박우선특권의 개관[11]

1. 개념, 존재이유 및 특성

선박우선특권(maritime lien)이라 함은, 법으로 정한 일정한 종류의 채권을 가지는 선박 관련 채권자가 당해 선박과 부속물 등에 대하여 다른 채권자보다 우선하여 변제를 받을 수 있도록 인정된 법정담보물권이다. 선박우선특권제도를 인정하는 이유는, 해상기업에 수반되는 위험성으로 인하여 해사채권자에게 확실한 담보를 제공할 필요가 있고, 또한 선박소유자의 책임을 제한하는 대신 해사채권자(또는 선박채권자)[12]를 두텁게 보호해야 한다는

---

10) 대상판결에 대하여는 김현, "선박우선특권의 준거법," 법률신문 제3614호(2007. 12. 27.), 15면과 김진권, "선박우선특권과 선원임금채권의 준거법에 대한 고찰," 한국해법학회지 제30권 제1호(통권 제42호)(2008. 4.), 139면 이하의 평석이 있다. 양자는 선결문제의 논점은 다루지 않고 있다. 저자는 이 글 중 선결문제에 관한 부분에 한정하여 법률신문에 간단한 평석을 게재하였다. 석광현, "국제사법상의 선결문제," 법률신문 제3665호(2008년 7월 14일), 15면 참조.

11) 이 부분은 주로 송상현·김현, 해상법원론 제3판(2005), 423면 이하(여기에서 대체하지는 않았지만 이는 제4판(2008)이 있다); 김인현, 해상법 제2판(2007), 314면 이하(여기에서 대체하지는 않았지만 이는 제3판(2011)이 있다)를 주로 참조하였다.

12) 선박채권은 선박에 의하여 담보되는 채권을 말하고, 그 채권자를 선박채권자라 한다. 김인현(註 11), 310면. 이기수, 보험법·해상법학 제5판(2000), 539면(여기에서 대체하지는

형평의 필요성 때문이다.[13] 선박우선특권은 법정담보물권으로 피담보채권은 법이 정한 것에 한정되고 공시방법이 없으며 약정담보물권인 선박저당권이나 질권에 우선하며,[14] 그 우선순위는 설정의 전후에 따르는 것이 아니라 국제조약 또는 국내법이 정한 바에 따른다는 점과 단기간의 제척기간에 걸리는 점에 특색이 있다. 그 밖에도 영미법상으로는 선박우선특권은 대물소송(action *in rem*)에 의하여 실행된다는 점에 특색이 있다.

2. 국제적 통일화경향

선박우선특권, 특히 피담보채권의 인정범위와 효과에 관하여는 각국의 법제가 상이하다.[15] 이러한 상태를 방치하면 해사금융수단으로서 중요한 지위를 가지는 선박저당권제도에 대한 중대한 위험이 되고 해사금융을 저해할 우려가 있으므로, 국제사회는 선박우선특권제도를 통일하기 위한 노력을 경주한 결과 1926년 선박우선특권 및 저당권협약을 채택하였고, 1967년 선박우선특권 및 저당권협약을 채택하였으며, 그 후 1993년 국제협약을 채택하였다. 우리 구 상법은 1926년 협약의 내용을 바탕으로 한 것이나, 선박저당권자의 이익보호에 소홀하다는 비판을 받아 1991년 상법 개정시 1967년 협약을 토대로 선박우선특권이 인정되는 피담보채권의 범위를 축소하였다.

3. 우리 상법상 피담보채권

어떤 종류의 해사채권(또는 선박채권)에 선박우선특권을 인정할지는 선박우선특권법의 발전과정과 각국의 해운국으로서의 입법정책에 달려 있다. 국제적으로 피담보채권은 ① 특별히 법에 의하여 인정되는 법정선박우선특권

않았지만 이는 이기수·최병규·김인현 공저가 된 제8판(2008)이 있다)은 해사채권자라는 개념을 사용한다.

13) 고용계약으로 인한 채권처럼 선원을 보호한다는 공익적 이유를 지적하기도 한다. 이기수(註 12), 539면.

14) 따라서 이 사건에서 보듯이 선박이라는 자산을 담보로 금융을 제공하는 금융업자의 권리의 보호와 선박우선특권자의 보호 간에 충돌이 발생한다.

15) 상세는 정완용, "선박우선특권의 피담보채권에 관한 고찰," 해법회지 제9권 1호(1987), 198면 이하; 유기준, "각국의 선박우선특권, 선박집행의 제문제," 부산지방법원(1999), 147면 이하. 정해덕, 국제해상소송·중재(2007), 519면 이하 참조.

(난파물제거채권, 해양오염손해배상채권 등), ② 전통적으로 인정되는 선박우선특권(소송비용·경매비용채권, 선장·선원의 임금채권, 구조료채권, 선박충돌손해 및 불행행위손해배상채권, 공동해손분담금 등)과 ③ 계약관계에 기하여 발생하는 선박우선특권(재화 및 용역 등 필요한 비용, 선박수리업자의 채권, 하역업자의 채권, 화물 손해배상채권 및 용선자의 선박우선특권, 운임 및 용선료에 대한 운송인의 선박우선특권, 운송주선인의 선박우선특권, 해상보험료채권 등)의 세 가지로 대별된다.[16] 해사금융수단으로서 중요한 의미를 가지는 선박저당권제도를 보호하기 위하여 선박우선특권을 발생시키는 피담보채권의 범위를 가급적 제한하는 것이 오늘날의 경향이다.[17]

2008년 8월 시행된 현행 상법상 선박우선특권의 대상이 되는 피담보채권은 다음과 같다(제777조 제1항, 제782조). 이는 2008년 7월 현재 상법(제861조, 제866조)과 다소 차이가 있지만 대체로 유사하다.

제1순위(유익비채권) 이는 채권자의 공동이익을 위한 소송비용, 항해에 관하여 선박에 과한 제세금, 도선료·예선료, 최후 입항 후의 선박과 그 속구의 보존비·검사비를 말한다.

제2순위(임금채권) 이는 선원과 그 밖의 선박사용인의 고용계약으로 인한 채권을 말한다.

제3순위(위급채권) 이는 구조자가 해난구조로 인하여 선박소유자에 대하여 가지는 구조료 채권과, 공동해손을 당한 화물의 소유자가 선박소유자에 대하여 가지는 공동해손 분담채권을 말한다.

제4순위(사고채권) 이는 선박의 충돌과 그 밖의 항해사고로 인한 손해, 항해시설·항만시설 및 항로에 대한 손해와 선원이나 여객의 생명·신체에 대한 손해의 배상채권을 말한다.[18]

과거에는 운송중인 적하 및 수하물의 손상으로 인한 손해배상채권에 대하여도 선박우선특권이 인정되었으나 1991년 상법 개정시 구 상법 제861조 제1항 제4호 후단이 삭제된 결과 이제는 그에 대하여 더 이상 선박우선특권이 인정되지 않는다. 이는 선박소유자에게는 유리하고 화주에게는 불리한 개정인데, 파나마와 일본은 지금도 이를 인정한다.

우리 상법의 열거는 제한적 열거이다. 왜냐하면 선박우선특권은 법률의

16) 송상현·김현(註 11), 437면. 비교법적 고찰은 송상현·김현(註 11), 437면 이하 참조.

17) 정완용(註 15), 211면.

18) 그 밖에도 유류오염손해배상보장법(제43조 제1항, 제2항)에 따르면, 동법상 유류오염 손해로 인한 채권을 가지는 자는 제5순위의 우선특권을 가진다.

규정에 의해서 비로소 인정되는 법정담보물권이고, 또한 다른 채권자들 특히 선박저당권자에게 현저한 불이익을 줄 우려가 있어 그 범위를 명확히 할 필요가 있기 때문이다.[19)]

4. 선박우선특권의 효력

우리 상법상 선박우선특권은 담보물권으로서 우선변제권과 추급권이 있다. 즉, 선박우선특권을 가지는 선박채권자는 상법과 그 밖의 법률의 규정에 따라 선박·그 속구, 그 채권이 생긴 항해의 운임, 그 선박과 운임에 부수한 채권에 대하여 다른 채권자보다 자기채권의 우선변제를 받을 권리가 있고, 이 경우 그 성질에 반하지 아니하는 한 민법의 저당권에 관한 규정이 준용된다(상법 제777조 제2항). 또한 선박채권자의 우선특권은 그 선박소유권의 이전으로 인하여 영향을 받지 아니한다(제785조). 이를 '우선특권의 추급권' 이라고 부른다. 나아가 선박우선특권자는 집행권원이 없이도 우선특권자임을 입증하면 선박 등 담보물을 경매할 수 있다.

Ⅲ. 선박우선특권의 준거법

라브라도르(와 이를 승계한 피고)가 대위에 의하여 선원들의 선박우선특권을 취득하기 위하여는, 그 논리적인 전제로서 선원들이 선박우선특권을 취득하였을 것이 요구된다. 따라서 선원들이 선박우선특권을 취득하였는지가 문제되는데, 이는 선박우선특권의 성립의 문제이다. 국제사법 제60조 제1호와 제2호에 따르면, 선박의 소유권 및 저당권, 선박우선특권 그 밖의 선박에 관한 물권과, 선박에 관한 담보물권의 우선순위는 선적국법에 의한다. 따라서 선원들의 선박우선특권 취득 여부의 준거법은 위 선박의 선적국법인 세인트 빈센트법이다. 그런데 1993년 국제협약을 받아들인 세인트 빈센트법에 따르면 선박우선특권이 발생하기 위하여는 동법이 정한 피담보채권이 존재하여야 함은 당연하다. 여기에서는 국제사법에 따른 선박우선특권의 준거법을 살펴본다.

---

19) 정완용(註 15), 211면.

1. 국제사법과 섭외사법의 비교

섭외사법	국제사법
第44条(해상) 해상에 관한 다음 각호의 사항은 선적국법에 의한다. 1. 선박소유권의 이전에 관한 공시의 방법 2. 선박이 양도된 경우에 선박소유자의 채권자로서 추급권 있는 자와 없는 자 3. 선박을 저당할 수 있는 여부와 해상에서 저당하는 경우의 공시방법 4. 해상우선특권에 의하여 담보될 채권의 종류와 선박에 대한 우선특권의 순위 5-8. 이하 생략	第60条(해상) 해상에 관한 다음 각호의 사항은 선적국법에 의한다. 1. 선박의 소유권 및 저당권, 선박우선특권 그 밖의 선박에 관한 물권 2. 선박에 관한 담보물권의 우선순위 3-6. 이하 생략

선박에 대한 물권에 관하여 섭외사법(제44조)은 선박소유권의 이전에 관한 공시의 방법, 선박이 양도된 경우에 선박소유자의 채권자로서 추급권 있는 자와 없는 자, 선박을 저당할 수 있는 여부와 해상에서 저당하는 경우의 공시방법과, 해상우선특권에 의하여 담보될 채권의 종류와 선박에 대한 우선특권의 순위를 구분하여 규정하였다. 섭외사법 하에서 대법원 1994. 6. 28. 선고 93마1474 판결은 "섭외사법 제44조 제4호에 따라 해상우선특권에 의하여 담보된 채권의 종류와 특권의 순위는 선적국법에 의해 결정할 것이"라고 판시한 바 있다.

섭외사법의 태도는 선박에 관한 물권과 관련한 논점 중 일부만을 규정한 것이었는데, 예컨대 "선박소유권" 및 "선박저당권" 일반에 관하여 규정하는 대신 선박소유권의 이전에 관한 공시의 방법과, 선박저당의 설정 가능 여부 및 공시방법만을 규정할 합리적 근거가 없었다. 따라서 국제사법에서는 선박에 관한 물권 일반에 관하여 좀더 명확히 규정하였다.

2. 선적국의 개념

여기에서 선적국이라 함은 선박이 소속하는 국가, 즉 선박이 국적을 가지고 있는 국가를 말한다.[20] 모든 국가는 선박이 자국국기를 게양하는 것을

20) 이호정, 국제사법(1983), 453면.

허가할 권한을 가지고 선박에 대한 국적을 부여하기 위한 요건을 결정할 수 있다.[21] 선적국은 대체로 기국 또는 등기국 · 등록국과 일치하나 항상 그렇지는 않다. 예컨대 이중등록의 경우 선적국과 기국이 다를 수 있고, 소형선박과 같이 등기되지 않은 선박의 경우 선적국은 있지만 등기국은 존재하지 않기 때문이다. 과거 섭외사법 이래 우리나라에서는 선적국의 개념에 관하여 ① 등록항(port of registry) 소재국이라는 견해와 ② 본거항 또는 본적항(home port) 소재국이라는 견해가 있었다.[22] 등록항은 선박소유자가 선박의 등기 및 등록을 하고 선박국적증서의 교부를 받은 곳을 말하고, 본적항은 선박이 상시 발항 또는 귀항하는 항해기지로서 기업경영의 중심이 되는 항을 말하는데 전자가 더 유력하였다.[23] 이는 대체로 타당하지만, 등록항 소재국 또는 등록국은, 당해 국가에 단순히 등록되었다는 의미가 아니라 등록된 결과 선박이 당해 국가의 국적을 취득하였다는 의미로 이해해야 한다. 즉 엄밀하게는, 선적국의 개념은 본거항 소재국, 기국, 등기국 또는 단순한 등록국과는 구별된다는 것이다. 따라서 선적국을 등록국이라고 할 경우 이는 당해 국가에 단순히 등록되었다는 의미가 아니라, 등록된 결과 선박이 당해 국가의 국적을 취득하였다는 의미로 이해해야 한다.[24]

3. 섭외사법 개정 과정에서의 논의[25]와 선적국법주의의 근거

섭외사법의 개정 과정에서의 논의를 살펴보면 아래와 같다. 즉, 섭외사법의 개정을 위하여 법무부가 1999년 4월 구성한 섭외사법개정연구반(이하 "개정연구반"이라 한다)은 섭외사법 제44조를 대체할 제64조의 초안을 다음과

---

21) 공해에 관한 협약 제6조 제1항; 유엔해양법협약 제91조 제1항. 송상현·김현(註 11), 46면. 우리의 경우 선박법 제2조와 제22조가 이 요건을 정한다. 선박의 국적제도에 관한 입법례는 윤윤수, "便宜置籍船(Ship under Flags of Convenience)," 외국사법연수논집[13] 재판자료 제73집(1996), 504면 이하 참조.

22) 이호정(註 20), 291면 참조.

23) 예컨대 이호정(註 20), 291면; 정병석, "해상법 분야에서의 국제사법적 고려," 법조 통권 536호(2001. 5.), 178면; 정해덕, 한국국제사법학회 제8차 연차학술대회《제7분과 토론자료》(2000), 4면; 정해덕, "船舶執行에 관한 硏究," 경희대학교 대학원 박사학위논문(2000), 131면, 132면.

24) 선적의 의의에 관한 근자의 논의는 서동희, "선적국법주의의 타당성," 국제사법연구 제17호(2011), 389면 이하 참조.

25) 섭외사법 개정 과정에서의 논의의 상세는 석광현, 2001년 개정 국제사법 해설 제2판(2003), 399면 이하 참조.

같이 제시하였다(밑줄은 저자가 추가함).[26]

제1안	제2안	제3안
해상에 관한 다음 각호의 사항은 선적국법에 의한다. 1. 선박에 대한 물권 2. 선장과 해원의 행위에 대한 선박소유자의 책임범위 3. 선박소유자, 용선자, 선박관리인, 선박운항자 기타 선박사용인이 책임제한을 할 수 있는지 여부 및 그 책임제한의 범위 4. 공동해손 5. 선장의 대리권	① 해상에 관한 다음 각호의 사항은 선적국법에 의한다. 1. 선박에 대한 물권 2. 선장과 해원의 행위에 대한 선박소유자의 책임범위 3. 공동해손 4. 선장의 대리권 ② 해상에 관한 다음 각호의 사항은 법정지법에 의한다. 1. 선박우선특권에 의해 담보될 채권의 종류 및 선박에 대한 우선순위 2. 선박소유자, 용선자, 선박관리인, 선박운항자, 기타 선박사용인이 책임제한을 주장할 수 있는지 여부 및 그 책임제한의 범위	① 해상에 관한 다음 각호의 사항은 선적국법에 의한다. 1. 선박에 대한 물권 2. 선장과 해원의 행위에 대한 선박소유자의 책임범위 3. 선박소유자, 용선자, 선박관리인, 선박운항자 기타 선박사용인이 책임제한을 주장할 수 있는지의 여부 및 그 책임제한의 범위 4. 공동해손 5. 선장의 대리권 ② 선박에 대한 법정담보물권은 피담보채권의 준거법에 의하고, 담보물권의 순위는 선박의 소재지법에 의한다.

제1안은 섭외사법 제44조를 유지하면서, 섭외사법의 제1호—제4호를 포괄하여 제1호에서 선박에 관한 물권은 선적국법에 의하도록 단순화하고 그 외 각호의 문안을 정리한 것이다. 제2안은 제1안과 같이 문안을 정리하면서, 선박우선특권과 선박소유자의 책임제한은 선적국법이 아닌 법정지법에 의하도록 한 것이다. 제3안은 제1안과 같이 문안을 정리하면서, 선박우선특권에 관하여 일률적으로 선적국법 또는 법정지법을 적용하는 대신, 법정담보물권의 준거법에 관한 일반적 원칙을 고려하여 피담보채권의 준거법에 의하고, 담보물권의 순위는 선박의 소재지법에 의하도록 한 것이다.[27]

---

26) 법무부, 섭외사법 개정시안(2000), 126면 이하 참조. 이는 법무부가 2000년 6월 개정연구반의 연구결과인 연구반초안의 내용을 발간한 책자이다.

27) 제1안, 제2안 및 제3안은 제1호에서 모두 "선박에 대한 물권"이라고 규정하고 있으나, 섭외사법개정특별분과위원회의 논의과정에서 이는 너무 단순하고 오히려 혼란을 초래할 가능성마저 있으므로 친절하게 "1. 선박의 소유권 및 저당권, 선박우선특권 그 밖의 선박에 관한 물권"과 "2. 선박에 관한 담보물권의 우선순위"를 제1호와 제2호로 규정하기로 하였다. 논리적으로는 "담보물권의 우선순위"는 "선박에 관한 물권"에 포함되는 사항이라고 할 수 있으나 보다 명확히 하기 위하여 별도로 명시하였다. 여기에서 섭외사법개정특

선박우선특권을 중심으로 연구반초안을 부연설명하면 다음과 같다. 즉 개정연구반의 논의 과정에서 선박에 관한 소유권, 저당권 등 물권의 준거법을 선적국법으로 하는 데 대해서는 이견이 없었으나, 해상에 특유한 제도로서 선박우선특권의 준거법을 선적국법으로 할 것인지, 법정지법으로 할 것인지 또는 피담보채권의 준거법에 따를 것인지에 관하여는 견해가 나뉘었다.[28] 따라서 연구반초안(제64조)은 ① 섭외사법 제44조와 마찬가지로 선적국법에 의하는 견해(제1안), ② 법정지법에 의하도록 하는 견해(제2안)와 ③ 피담보채권의 준거법에 의하되, 담보물권의 순위는 선박의 소재지법에 의하는 견해(제3안)를 제시하였다. 제1안과 제2안의 경우 일의적인 기준이 제시되므로 별 문제가 없으나, 제3안의 경우 피담보채권의 준거법이 구구할 수 있으므로 담보물권의 순위를 정하는 법이 필요하였고 이는 선박에 관한 물권법적 문제가 현실적으로 문제되는 장소인 선박소재지법, 즉 법정지법으로 정하였다.[29] 제3안은 독일 민법시행법(EGBGB)(제45조 제2항)의 태도를 참조한 것이다.

섭외사법개정특별분과위원회의 논의 결과, 어느 하나의 견해가 전적으로 타당하다고 하기 어려운 점, 제1안이 우리나라에서는 종래 실무상 어느 정도 정착된 것으로 보이는 점, 선박우선특권을 절차법적 개념으로 이해하는 영미와는 달리[30] 우리는 이를 실체법적인 개념으로 성질결정하므로 법정지법을 적용할 논리적 근거가 없고, 더욱이 법정지는 단순히 선박의 소재와 (가)압

별분과위원회라 함은 법무부가 2000. 6. 1. 본격적인 섭외사법 개정작업을 위하여 법무자문위원회 중 하나로 구성한 특별분과위원회를 말한다.

28) 선박우선특권의 준거법에 관한 종래의 입법례로서는 선박소재지법주의, 법정지법주의, 원인행위준거법주의(피담보채권준거법주의), 기국법주의 등이 있다. 손주찬, "섭외사법(섭외사법) 개정시안(제10장 해상)의 검토㊥," 해양한국 통권 제326호(2000. 11.), 102면.

29) 선박우선특권의 준거법에 관한 일본의 논의는 楢崎みどり, "船舶先取特權," 國際私法判例百選(2007), 56면; 谷川 久, "船舶先取特權," 섭외판례백선(제3판), 별책ジュリスト No. 133(1995), 68-69면; 이태종, "선박우선특권의 준거법 결정에 관한 국제사법 제60조 제1, 2호에 대한 비판적 검토," 사법논집 제38집(2004), 142면 이하 참조. 일본 최고재판소의 판결은 없으나 하급심판결로는 선박우선특권의 성립에 관하여는 피담보채권의 준거법과 선적국법을 누적적용하고, 그 효력과 우선순위에 관하여는 선적국법을 적용한 1987년 廣島 고등재판소 판결과, 성립과 효력에 대해 법정지법을 적용한 1992년 동경 지방재판소 판결 등이 있다.

30) 영국법상 maritime lien은 절차적인 개념으로 파악되며 법정지법에 따른다. D. R. Thomas, Maritime Liens (1980), para. 576; Staudinger/Stoll(1996) IntSachenR, Rn 330. 정해덕(註 23)(토론자료), 5면; 정해덕(註 23)(학위논문), 132-133면은 개정안 제2안에 따라 법정지법을 준거법으로 하자는 견해를 취하였다. 미국과 영국의 태도는 이태종(註 29), 128면 이하; 영국의 논의는 위 Thomas, para. 574 이하 참조.

류에 의하여 결정될 뿐이므로 제2안은 설득력이 약하다는 점과, 제3안을 취할 경우 피담보채권의 준거법 소속국이 인정하고 있는 선박우선특권이 소재지법에서 인정되지 아니할 경우 순위를 정할 수 없는 어려움이 있다는 점 등을 고려하여 결국 제1안을 채택하였다. 국제사법이 다양한 쟁점에 대해 선적국법주의를 취하는 이유는, 선박의 특질을 고려할 때 선적국법이 가장 밀접한 관련이 있다고 보기 때문인데, 이는 선박 물권관계를 하나의 법에 통일적으로 연결하는 점에서 선박에 관한 각종 물권의 발생, 효력 및 우선순위 등을 일관된 원칙 하에 규율하는 장점이 있다.[31] 국제사법은 이러한 원칙을 선박우선특권에도 적용하고자 하는 것이다. 나아가 선박우선특권의 준거법을 명시하지 않는다면, 준거법을 결정하는 과정에서 시간과 노력을 허비하게 되는데, 선적국법주의는 객관적으로 명백한 기준을 제공함으로써 이를 절약할 수 있게 하며, 또한 선박우선특권은 선박저당권보다 우선하는 경우가 많으므로, 선박금융을 제공하는 입장에서도 선박우선특권의 발생가능성을 신중히 고려하여야 하는데, 피담보채권의 준거법을 적용할 경우 선박우선특권의 준거법이 구구하게 되는 데 반하여 선적국법주의는 선박금융 제공자의 예측가능성을 제고하는 장점이 있다는 것이다.[32]

그러나 법정담보물권인 선박우선특권은 피담보채권의 변제를 확실하게 하기 위해 법이 인정하는 것이라는 점에서 피담보채권의 준거법을 무시하는 것은 비판의 여지가 있다. 독일에서는 선박우선특권은 피담보채권의 준거법에 의할 것이라는 견해가 유력하였고 1999년 6월부터 입법적으로 채택되었는데(민법시행법 제45조 제2항), 이는 선적국법에 비하여 첫째, 선적국이 변경되더라도 준거법이 변경되지 않고, 둘째, 실질법적으로 인정된 담보권의 부

31) 그 밖에도 선박우선특권의 경우 선박이 주가 되므로 이는 당해 선박의 기국법에 의하는 것이 합리적이라는 견해도 있다. 손주찬(註 28), 104면.

32) 정병석, "국제해상법," 국제사법연구 4호(1999), 436-437면. 서동희(註 24), 402면 이하는 선적국법주의에 대하여 ① 편의치적의 출현에 따라 선적국법의 연결점으로서의 의미가 감소되었고, ② 일률적으로 선적국법을 적용하는 것은 불합리하며, ③ 편의치적의 부당성이 국제사법 제8조 제1항에 의하여 시정되는 데는 한계가 있고, ④ 선적국법의 조사의 어려움이 있으며, ⑤ 대체로 정비되지 않은 선적국법에 대해 우리 법정에서 논란을 벌이는 것은 희극적이고, ⑥ 이중국적과 무국적 선박의 경우 선적국법이 가지는 장점이 상실된다고 비판한다. 나아가 서동희(註 24), 405면 이하는 입법론으로 선적국법을 기국법으로 대체할 것과, 예컨대 선박소유자의 책임제한의 범위와 선박우선특권에 관한 법률관계에 있어서 법정지법을 적용함으로써 법정지법이 적용되는 범위를 확대하자고 제안한다. 국제사법이 선적국법에 과도하게 연결하므로 이를 시정할 필요가 있다는 점은 수긍할 수 있으나 그 범위는 좀더 면밀한 검토를 요한다.

종성의 원칙을 실현하며, 셋째, 각 채권자가 기초가 되는 채권관계와 그의 준거법에 기하여 담보권의 존부를 쉽게 확인할 수 있다는 장점이 있다.[33]

주목할 것은, 섭외사법의 개정 과정에서 해상에 관한 장을 삭제하자는 견해가 있었다는 점이다.[34] 그러나 저자는 아래와 같은 취지로 그에 반대하는 견해를 피력한 바 있다.[35]

> "海商에 관하여 독립된 장(제9장)을 두는 섭외사법의 태도와 결별하고, 海商에 관한 규정을 분리하여 物權, 不法行爲 및 事務管理 등 각 해당 분야에서 규정하는 것도 논리적으로 가능하다. 海事國際私法의 관점으로부터 본다면 이는 '분리규정방식'이라 할 수 있다. 외국에도 海商에 관한 별도의 장을 두는 立法例가 별로 보이지 않고, 체계적인 우수성을 고려한다면 분리규정방식이 보다 설득력이 있다. 그러나 涉外私法이 통합규정방식을 취하였고, 이는 이미 우리 법의 특징이 되었다고 할 수 있으며, 실무적으로 편리한 점이 있음을 고려하여 국제사법에서도 통합규정방식을 유지하였다. 나아가 2000년 涉外私法의 개정작업에서는 海商에 관한 제9장이 다른 부분과 비교하여 상대적으로 가장 변경이 적었던 분야라고 할 수 있는데, 이는 海事國際私法에 관한 종래의 연구가 부족하여 涉外私法의 입장을 가능한 한 유지하고자 했기 때문이다. 장차 海事國際私法에 대한 보다 체계적인 연구가 절실히 요청된다. 물론 우리가 國際條約에 가입한다면 그에 의해 國際私法的 論點은 상당 부분 해결될 수 있을 것이다."

4. 선적국법주의에 대한 비판과 이견—편의치적의 경우를 중심으로

국제사법은 섭외사법과 마찬가지로 선박우선특권의 준거법에 관하여 선적국법주의를 취하는 데 그에 대하여 섭외사법 하에서부터 비판이 있었음은

33) Abbo Junker, "IPR-Reform 1999: Auswirkungen auf die Unternehmenspraxis," RIW 46 (2000), S. 254.

34) 국제사법 시행 후의 견해이기는 하나, 이태종(註 29), 165면은 위 조항을 삭제하고 해석에 맡기는 것이 좋았을 것이라고 한다.

35) 석광현(註 25), 397-398면. 흥미로운 것은 중국법의 태도이다. 즉 중화인민공화국 해상법(제14장)은 섭외관계적법률적용이라는 제목 아래에 준거법 결정에 관한 9개 조문을 두고 있다. 소개는 서동희(註 24), 399면 참조.

위에서 본 바와 같다. 국제사법의 해석론으로 선적국법주의를 완화하기 위한 다양한 시도가 이루어지고 있는데 이는 편의치적의 경우를 중심으로 논의되므로 이를 간단히 살펴본다.

가. 편의치적

편의치적은 예컨대 내국인이 외국에서 선박을 매수하고도 우리나라에 등록하지 않고 등록절차, 조세, 금융면에서 유리하고 선원 노임이 저렴하며 사회보장 및 안전규정이 상대적으로 느슨한 제3의 국가에 서류상의 회사(paper company)를 만들어 그 회사 소유의 선박으로 등록하는 것을 말한다.[36] 편의치적에 이용되는 국가로는 파나마, 라이베리아, 바하마, 온두라스, 벨리즈와 세인트 빈센트 등이 있고, 실제로 세계의 60% 정도의 선대가 편의치적되어 있다고 한다.[37]

국제적으로는, 1958년 "공해에 관한 협약"은 국적부여 및 국기게양의 결정권을 각국에 인정하는 반면 새로이 기국과 선박 간에 '진정한 연계'(genuine link)의 존재를 요건으로 규정하였고(제5조), 또한 1986년 "선박등록에 관한 유엔협약"에 의하면 선박과 선적 간에 진정한 연계가 있어야 한다.[38] 이런 이유로 편의치적은 부적법한 것이라는 견해도 있다.[39] 그러나 편의치적은 실제로 빈번히 행해지고 있고,[40] 또한 국제사법에서도 편의치적이

36) 헌법재판소 1998. 2. 5. 96헌바96 전원재판부 결정 참조. 김진권, "海商法上의 準據法 決定에 관한 研究," 한국해양대학교 대학원 법학박사학위논문(2003. 2.), 104면은, "편의치적(flag of convenience)이란 세무, 노동, 해운정책 등에 기한 국가의 각종 규제를 회피할 목적으로 규제가 느슨한 국가에 형식상의 회사를 설립한 후 회사명의로 선박의 소유권을 귀속시켜 동 국가의 국적을 유지하는 것으로 해운업계에 널리 활용되는 관행을 말한다"고 한다. 편의치적의 이점은 위 김진권, 105면 註 357 참조.

37) 김인현(註 11), 74-75면. 그 밖에도 해양한국 통권 제416호(2008. 5.), 80면을 보니, 1986년 미국의 신탁통치로부터 독립하고 1991년 유엔에 가입한 '마셜군도'가, 2007년 한국 대표부를 설치하고 명품 또는 고품질 기국(quality flag)이라고 주장하면서 편의치적을 유치하려는 마케팅활동을 하고 있음을 알 수 있다. 2010. 7. 3. 중앙일보 보도에 따르면, 2009년 우리나라가 가장 많은 흑자를 낸 나라는 중국, 홍콩과 마셜군도 순이었다고 한다. 그에 따르면, 마셜군도(정식명칭은 '마셜군도공화국')는 태평양 중서부에 있는 섬 30여 개로 이뤄진 나라로 면적은 서울의 3분의 1도 안 되는 181㎢인데, 이 나라에 100억 달러 가까운 흑자를 낸 건 선박 수출 때문이다. 대부분 선주(船主)들은 자기 명의가 아니라 특수목적법인(SPC)을 만들어 선박을 주문하기 때문이라는 것이다.

38) 이호정(註 20), 260면; 이한기, 국제법강의 신정판(1997), 461면. Genuine link의 의미에 관하여는 위 이한기, 462면.

39) 김인현(註 11), 75면.

40) 편의치적에 관하여는 윤윤수(註 21), 504면 이하 참조. 국제사법 논점에 관하여는 522면

라는 이유만으로 선적이 연결점이 될 수 없는 것은 아니라는 주장이 유력하다.[41] 반면에, 위에서 본 바와 같이 선적국법주의를 취하는 근거는 선적국법이 그와 가장 밀접한 관계에 있다고 보기 때문인데, 과연 이런 근거가 편의치적의 경우에도 타당한가는 의문이다. 더욱이 국제사법이 제8조 제1항은 예외조항을 둠으로써 가장 밀접한 관련이 있는 국가의 법의 적용을 관철하고자 하므로 그러한 의문은 더욱 커진다.

나. 편의치적의 경우 선적국법주의의 관철 여부

섭외사법 하에서는 물론이고 국제사법 하에서도 편의치적의 경우 선적국법주의를 완화하려는 해석론이 제시되고 있으므로 이를 간단히 언급한다. 이는 선박우선특권의 경우만이 아니라 국제사법 제60조가 적용되는 모든 사항에 타당한 것이나 주로 문제되는 것은 제60조 제1호와 제2호이다.

(1) 선적국법주의를 관철하는 견해

편의치적이라고 하여 선적국이 아닌 것은 아니므로 국제사법 조문에 충실하게 선적국법을 적용하자는 견해이다.[42] 다만 이 견해를 취하더라도, 선적국법의 적용이 우리나라의 공서에 명백히 반하는 때에는 적용이 배제되고, 또한 준거법에도 불구하고 입법목적에 비추어 강행적으로 적용되어야 하는 법정지인 우리나라의 국제적 강행규정이 있으면 그 때에는 우리 강행규정의 적용이 관철된다. 이는 국제사법 제10조와 제7조에 비추어 당연하다.[43] 나아가 절차에 관한 사항은 법정지법에 따른다.

(2) 선적국법주의를 원칙으로 하되 예외를 인정함으로써 이를 완화하는 견해

그러나 종래 유력한 견해는 편의치적의 경우에도 원칙적으로 선적국법주의가 타당하지만 일정한 경우 그에 대한 예외를 인정하는데 그 근거와 내용

이하 참조. 이태엽, "관세법상의 무신고수입죄를 둘러싼 쟁점연구—편의치적 선박 및 귀금속의 밀수입을 중심으로—," 법조 통권 621호(2008. 6.), 73면 이하도 참조. 山内惟介, 海事國際私法の研究(1988) 제1장, 제2장은 주로 미국 판례를 소개하고 있다.

41) Ulrich Drobnig/Jürgen Basedow/Rüdiger Wolfrum (Hrsg.), Recht der Flagge und „Billige Flaggen"—Neuere Entwicklungen im Internationalen Privatrecht und Völkerrecht (1990), S. 43ff. 참조.

42) 대상판결은 이러한 견해를 취한 것으로 보인다.

43) 이태종(註 29), 163면은, 선적국법주의의 부당성을 시정하기 위한 방안의 하나로 위 두 가지를 지적한다. 본문에 적은 것처럼 이는 당연한 것인데, 구체적으로 동 조항이 적용될 수 있는 사안을 언급하지 않으므로 다소 공허하다는 느낌을 준다.

은 다양하다.

㈎ 근 거 예외를 인정하는 근거로는 국제사법 제8조 또는 국제사법 이론상 '법률의 회피'를 든다.

첫째, 국제사법 제8조를 드는 견해는 아래와 같이 설명한다.[44] 구체적인 사안에서 선적이 선적국과 유일한 관련인 경우에는 국제사법 제8조의 예외조항에 의해 선적국법 대신 가장 밀접한 관련이 있는 다른 국가의 법이 준거법으로 적용될 수 있으나, 그의 배제는 엄격한 요건 하에 이루어져야 한다는 것이다. 즉 편의치적이라는 이유만으로 당연히 예외조항이 적용되는 것은 아니며, 예외조항의 적용에 앞서 당해 사안에서 제8조가 정한 엄격한 요건이 구비되는지의 여부를 신중하게 검토해야 한다.[45]

제8조(준거법 지정의 예외)
① 이 법에 의하여 지정된 준거법이 해당 법률관계와 근소한 관련이 있을 뿐이고, 그 법률관계와 가장 밀접한 관련이 있는 다른 국가의 법이 명백히 존재하는 경우에는 그 다른 국가의 법에 의한다.
② …

둘째, 법률의 회피를 들기도 한다. 예컨대 당사자들이 국내법 또는 기타의 법을 회피하려는 목적으로 편의치적국법을 선적국법으로 채용한 때는 이를 무시할 수 있다는 견해[46]도 있고, 외국회사 등의 채권자도 실질적인 지배선주 측과 거래를 하였다는 등의 특별한 사정이 인정되지 아니하는 한 선적국법을 적용하는 것이 원칙이지만, 당사자에 의한 악의의 준거법 회피가 있다고 인정되는 경우 법정지법인 우리 법을 적용할 것이라는 견해도 있다.[47]

㈏ **구체적인 내용** 선적국법주의의 예외를 인정할 경우 법정지법을 적용하자는 견해가 유력하다. 여기에도 전면적으로 법정지법을 적용하자는 견해와, 일정한 사항들에 대하여 법정지법을 적용하자는 견해가 있다.

예컨대, 위에서 언급한 바와 같이, 외국회사 등의 채권자도 실질적인 지

44) 석광현(註 25), 401면 이하, 103면 참조. 김동진, "선박우선특권," 부산법조 22호(2005. 부산지방변호사회), 210면도 동지. 정해덕(註 15), 518면은 입법론으로서 법정지법을 주장한다.
45) 이태종(註 29), 164면은 제8조를 언급하지는 않지만 결론은 유사하다.
46) 이태종(註 29), 164면.
47) 윤윤수(註 21), 528면.

배선주 측과 거래하였다는 등의 특별한 사정이 인정되지 아니하는 한 선적국법을 적용하는 것이 원칙이나, 당사자에 의한 악의의 준거법 회피가 있다고 인정되는 경우 명문의 규정에 반하기는 하지만 차라리 법정지로서 관할권을 가지는 우리 법을 적용할 것이라고 한다.[48]

반면에, 원칙적으로 선적국법을 준거법으로 삼아야 하지만, 선적국법주의의 단점을 감안한다면 국제사법 제8조를 적극적으로 해석하여 '가장 밀접한 관련이 있는 법'을 찾는 노력을 다하여야 함을 전제로, 선박우선특권의 성립, 순위 및 실행에 관련하여 법정지에 어느 정도 연결고리가 있는 경우에는 원칙적으로 법정지법이 가장 밀접한 관련이 있는 법이라고 보는 적극적인 해석도 가능하고, 그에 의하면 선적국법은 당해 채권들이 모두 법정지 이외에서 발생하였고 이해관계인들도 대부분 법정지 이외에 있는 경우에 한정하여 적용할 것이라고 한다.[49] 이 견해는 이 사건처럼 우리나라가 담보권의 실행지라는 이유만으로 법정지법을 적용하자는 것으로 보이지는 않는다.

선박우선특권의 준거법을 법정지법으로 보지는 않더라도, 국제사법이 명시하는 사항을 제외하고 여타의 문제들, 선박우선특권이 양도된 경우의 효력, 선박우선특권의 포기가능 여부, 선박우선특권의 대위행사, 제척기간의 적용, 집행절차에 있어서 이의권 등에 대하여는 법정지법인 우리나라의 법률을 원칙적으로 적용할 것이라는 견해도 있다.[50] 하지만, 사견으로는 국제사법이 명시하지 않더라도 위에 열거한 사항은 모두 선박우선특권의 준거법이 규율하는 사항이다. 즉 선박우선특권의 성립과 효력의 준거법을 선적국법으로 보는 한 위 사항들은 동일한 준거법에 따를 사항이다.[51] 대상판결도 선박우선특권의 대위행사가 선박우선특권의 발생과 동일한 선적국법에 따를 사항임을 명확히 하였다. 여기에서 지적해 둘 것은, 위 견해가 국제사법이 명시하지 않

---

48) 윤윤수(註 21), 528면. 이는 섭외사법 하의 해석론이나 국제사법 하에서도 동일하게 주장될 수 있다. 국제사법 제8조를 근거로 제시할 수 있으므로 좀더 부담이 덜할 것이다.

49) 김동진(註 44), 210면. 하지만 이 견해는 앞에서는 '실행'을 언급하면서도 뒤에서는 그렇지 않으므로 다소 애매하다.

50) 김동진(註 44), 211면. 김진권(註 10), 170면은 이 사건에서 대위행사의 준거법을 법정지법으로 볼 수 있을 것이라고 하여 김동진과 동지로 보인다. 그러나 편의치적에 따른 예외인정 여부를 논외로 한다면, 선박우선특권의 대위 여부를 판단함에 있어서 우선 선박우선특권의 준거법을 판단하고, 피담보채권의 준거법에 따라 채권의 대위가 있었는지를 판단한 대상판결의 논리가 옳다고 본다. 정해덕(註 15), 517면도 동지로 보인다.

51) 집행절차에 있어서 이의권이 무엇을 말하는지 애매하나 절차법적 쟁점을 말하는 것이라면 절차의 문제로서 법정지법에 따른다.

는 사항들을 가능한 한 선적국법의 적용대상으로부터 제외하려는 것은, 과거 섭외사법 제44조 제4항이 "해상우선특권에 의하여 담보될 채권의 종류와 선박에 대한 우선특권의 순위"만을 선적국법에 의할 사항으로 명시하였으므로 그 밖의 사항은 선전국법에 의하지 않는다는 이론구성을 했던 방식을 만연히 유지하려는 것이 아닌가 짐작된다.[52] 그러나 국제사법은 선박우선특권의 준거법을 선적국법이라고 명시하므로 그와 같이 제한할 근거는 없다. 국제사법의 해석론으로도, 어떤 채권이 선박우선특권에 의하여 담보되는지는 여전히 선적국법에 의할 사항이다.[53]

나아가, 소송절차에서 주장된 선박우선특권이나 기타 담보물권이 청구원인으로 주장된 것이 아니고, 선결문제로 주장된 때는 이를 실체가 아닌 절차의 문제로 보아 법정지법에 의해도 무방할 것이라는 견해도 있는데, 이는 선박우선특권이 경매절차가 아닌 일반 소송에서 선결문제로 제기된 경우를 사례로 든다.[54] 하지만, 선박우선특권을 절차로 성질결정하는 영미에서와 달리 우리 법상으로는 이는 법정담보물권으로서 실체로 성질결정되고, 또한 어떤 연결대상의 성질결정은 그것이 본문제인가 선결문제인가에 따라 달라질 것은 아니라는 점에서 이 견해는 부적절하다.

㈐ 사 견 앞으로 좀더 면밀한 검토를 해야 할 사항이지만 현재의 잠정적인 사견을 제시해본다. 이는 저자의 과거 사견을 좀더 진전시킨 것이다.

1) 법률의 회피를 근거로 제시하는 데 대하여 우리 국제사법이 선적국법주의를 명시하고 있음에도 불구하고 편의치적이라는 이유로 다른 법을 적용하는 것은, 좀더 거시적으로 보면 '법률의 회피'의 한 유형이라고 할 수 있다. 국제사법상 법률의 회피는 '법률사기'(*fraude à la loi*) 또는 '연결소(점)의 사기적 창설'(fraudulent creation of points of contact)이라고 하는데,[55] 강학상 국제사법 총론에서 다루어진다. 이는 당사자가, 만일 회피가 없었더라면 적용되었을 준거법의 적용을 피하기 위한 의도를 가지고 연결점을

52) 예컨대 정해덕(註 15), 517면은 국제사법의 조문 변경에도 불구하고 섭외사법 하의 해설을 그대로 사용한다.
53) 대상판결도 이 점을 명확히 판시하였다.
54) 이태종(註 29), 164면. 여기에서 청구원인이라는 것은 아마도 본문제를 말하는 것으로 보인다.
55) 이호정(註 20), 197면.

창설함으로써 다른 법이 준거법이 되게 하는 것으로, 특히 혼인과 이혼의 경우 문제된다. 그 주요 쟁점은 첫째, 어떠한 경우 법률의 회피가 존재하는지와, 둘째, 법률의 회피에 대해 어떻게 대처할 것인지이다. 프랑스에서는 법률의 회피를 독립적인 제도로 보아 그에 대한 제재로서 그에 따른 국제사법적 효력을 부인함으로써 법률의 회피를 좌절시키고 법질서의 위신을 지키는 경향이 있으나,[56] 독일에서는 이를 저촉규범의 합목적적 해석의 문제로 보면서 비교적 관대한 태도를 취하므로 그 결과 많은 경우 법률의 회피에 의해 당사자가 의도한 목적이 달성된다.[57] 저자는 편의치적의 경우 법률의 회피라는 이유로 선적국법주의를 배척하는 데 대하여는 다소 부정적으로 본다.[58] 특히 편의치적의 경우에만 법률의 회피를 인정할 것은 아니고, 법률의 회피 전반에 관한 좀더 깊이 있는 검토를 한 뒤에 결론을 내려야 할 것이다.

2) 편의치적에서 예외를 인정하는 경우 개별화의 필요성 주의할 것은, 편의치적의 경우 예외조항을 적용할지를 판단함에 있어서 편의치적이라고 하여 일률적으로 판단할 것이 아니라 그 맥락을 고려할 필요가 있다는 점이다.[59] 예컨대 선박에 관한 물권변동처럼 등록을 전제로 하는 사항은 등록지에서만 등록이 가능하므로 선적국법주의를 배척하고 실질선주의 소속국법인 한국법을 적용하는 것은 현실적으로 문제가 있다. 반면에, 선원근로계약의 준거법 결정 또는 공동해손의 경우와 같이 등록을 전제로 하지 않는 사항에 대해서는 실질선주의 법을 적용할 수 있으며, 선박충돌의 경우 또는 해양사고구조의 경우에도 마찬가지이다.

선박우선특권의 경우 편의치적임을 이유로 실질선주의 법, 피담보채권의 준거법 또는 법정지법을 적용할 수 있는가가 문제인데, 이는 항을 바꾸어 논의한다.

3) 선박우선특권의 경우

가) 제8조를 적용하기 위한 요건 논리적으로는 편의치적의 경우 항상 국제사법 제8조가 적용된다고 볼 여지도 있다. 즉 위에서 본 바와 같이,

56) 우선 Bernard Audit, *Droit International Privé*, *Quatrième éditon* (2006), N. 241 이하 참조. 독일, 프랑스와 스위스의 국제사법에서의 법률회피의 비교법적 검토는 Miachel Rütten, Gesetzesumgehung im internationalen Privatrecht (2003), S. 97ff. 참조.

57) 이는 석광현(註 25), 403면에서 이미 지적한 바이다. 상세는 이호정(註 20), 195면 이하.

58) 편의치적은 비교적 해악의 정도가 낮아 공적으로 수인되는 법률의 회피의 한 예라고 한다. Jan Kropholler, Internationales Privatrecht 6. Auflage (2006), S. 158.

59) 이는 석광현(註 25), 402면 이하에서 이미 지적한 바이다.

편의치적은 예컨대 내국인이 외국에서 선박을 매수하고도 우리나라에 등록하지 않고 등록절차, 조세, 금융면에서 유리하고 선원 노임이 저렴한 제3의 국가에 서류상의 회사를 만들어 그 회사 소유의 선박으로 등록하는 것이므로 가장 밀접한 관련이 있는 국가는 실질선주의 국가이거나 다른 국가의 법일 것이기 때문이다. 그러나 저자는 선적이 선적국과 유일한 관련인 경우에는 예외조항에 의해 선적국법 대신 가장 밀접한 관련이 있는 다른 국가의 법이 준거법으로 적용될 여지가 있으나 예외조항에 의하여 국제사법이 지정한 연결원칙을 배제하는 것은 제8조가 정한 엄격한 요건 하에 매우 신중히 해야 함을 지적하였고, 특히 편의치적이라는 이유만으로 당연히 예외조항이 적용되는 것은 아니며, 예외조항의 적용에 앞서 당해 사안에서 제8조의 요건의 구비 여부를 신중하게 검토해야 함을 지적하였다.[60)]

이는 편의치적이라는 이유만으로 실질선주의 법(예컨대 한국법)을 적용할 수는 없고, 우리 법을 적용하기 위한 요건이 필요하다는 점을 지적한 것인데, 문제는 이 요건을 어떻게 구체화할 것인가이다. 아직 이에 대한 단정적인 견해를 피력할 수는 없지만[61)] 첫째, 우리나라에서 담보권을 실행하는데(즉 법정지가 한국인데) 실질선주의 국가도 한국인 경우와, 둘째, 문제된 선박우선특권의 피담보채권의 준거법이 법정지국법인 경우에는 예외조항을 적용하여 법정지법을 선박우선특권의 준거법으로 볼 여지도 있지 않을까 생각된다.[62)] 즉, 편의치적에 의한 선적국도 선적국인 이상 일률적으로 이를 배제하고 법정지법을 선박우선특권의 준거법으로 볼 수는 없지만, 그 법정지법이 실질선주의 속인법 또는 피담보채권의 준거법과 일치하는 경우에는 제8조를 통하여 법정지법이 준거법이 될 가능성도 있다는 것이다.[63)] 다만 그러한 경

60) 석광현(註 25), 402-403면. 김진권(註 36), 141면도 동지.

61) 저자는 과거 석광현(註 25), 402-403면에서 이는 좀더 검토해야 하는 문제라는 점을 지적한 바 있으나 아직도 연구가 부족함을 고백한다. 물론 이는 연결점의 집중의 정도에 따라 판단할 사항이므로 공식화하기는 쉽지 않다. 참고로 김진권(註 36), 145면은 편의치적의 경우 선박의 소유권, 선박의 경영권 및 선원의 국적을 비롯하여 선박소유자의 실제국적, 선박소유자의 본거지 및 실질적 영업활동장소, 선적국법 등을 중요한 요소로 하고, 그 외 해당법률관계에 대한 불법행위지, 피해자의 관련성 또는 주소지, 고용계약 체결지, 외국법원의 이용곤란성 및 법정지법 등을 세부적 요소로 하여 국제사법 제8조가 말하는 가장 밀접한 관련이 있는 국가를 판단할 것이라고 한다. 이는 선박우선특권만이 아니라 선적국법이 적용되는 모든 사항에 대하여 편의치적의 경우 가장 밀접한 관련이 있는 국가를 결정하기 위한 일반원칙을 정립하려는 시도로 보인다.

62) 이는 김동진(註 44), 210면의 견해와 유사한 면이 있으나 차이가 있다.

63) 김진권(註 36), 143면은 편의치적의 경우 가장 밀접한 관련이 있는 국가의 법을 판단하

우에도 등록을 전제로 하는 선박의 소유권, 저당권과 그 밖의 선박에 관한 물권 및 선박에 관한 담보물권의 우선순위는, 등록을 요하지 않는 선박우선특권과는 달라서 선적국법에 의하여야 할 것이다. 이 경우 선박우선특권의 선박에 대한 우선순위도 법정지법에 의할 수 있을 것이다(당초 저자는 이 경우에도 우선순위는 여전히 선적국법에 의하여야 한다고 썼으나, 위 연구반 초안의 제2안과 제3안에서 보듯이 일의적인 기준을 제시하면 족하고 반드시 그래야 하는 것은 아니므로 이와 같이 견해를 변경한다).

나) 법인격이 부인되는 때 편의치적의 경우 예외조항을 적용하는 것은, 법인격을 부인하는 것과는 논리적으로 구별해야 한다. 즉 편의치적의 경우 예외조항을 적용한다면 외국에 설립한 특수목적회사에 대하여 실질선주의 준거법(예컨대 한국법)을 적용하게 되겠지만, 법인격부인에 따르면 특수목적회사가 외형상 별개의 법인격을 가짐에도 불구하고 배후자가 책임을 지게 된다. 이 경우 우선 법인격부인 여부를 판단하는 준거법을 결정해야 하는데,[64] 그 준거법에 의하여 법인격이 부인되는 때에는 당해 법인의 설립준거법인 선적국법을 적용할 근거가 상실된다는 취지의 견해가 있다.[65] 당초 저자도 이런 가능성을 인정하였지만, 법인격이 부인되더라도 회사의 법인격을 일반적으로 부정하는 것은 아니고, 문제된 특정사안에 한하여 사원과 회사의 법적 독립성을 부정함으로써 제3자로 하여금 배후자인 사원에게 회사 채무의 이행을 구할 수 있게 하는 것이다. 따라서 그 경우 회사의 채무가 부정되는

는 데 있어서 여러 가지 연결원칙 중 가중적·누적적으로 연결되는 국가의 법을 지정할 것이라고 하나, 어떤 취지인지 이해하기 어렵다.

64) 종래 우리 대법원판결을 보면 법인의 속인법에 관하여 아무런 고려를 하지 않는 것으로 보인다. 즉 문제된 법인이 한국 법인이든 외국법인이든 또 그 외국이 어디든 간에 구별없이 동일한 요건을 적용하고 있는데, 이는 잘못이다. 회사의 사원이 배후자로서 회사의 채무에 대하여 책임을 지는지는 회사의 속인법에 따를 사항이다. 물론 법인격부인의 유형을 구분하여 유형별로 상이한 연결원칙을 적용할지를 검토할 필요가 있지만 법인의 배후자에게 책임추궁을 위한 법인격부인의 경우 속인법에 따를 사항이다. 법인격부인은 법인과 그의 배후에 있는 사원 간의 법적 분리(이른바 Trennungsprinzip)를 부정하는 것이므로, 이는 문제된 단체의 유형에 대하여 법인—사원의 법인격 분리를 규정하고 그러한 단체를 위한 일정한 조건을 설정한 법질서만이 결정할 수 있는 사항이기 때문이다. MünchKomm/Kindler, Band 11 (2006) IntGesR, Rn. 610. 반면에 법적으로 중요한 사항의 귀속이 문제되는 귀속실체파악의 경우 당해 행위의 준거법에 따를 것이라는 견해가 설득력이 있다.

65) 이런 맥락의 논의는 김진권(註 36), 107면 참조. 참고로 이 사건에서도 원고 소송대리인은 라브라도르와 에르빅 마린 서비스가 사실상 독립한 회사가 아니라고 주장하고 대위는 불가능하다고 주장했다. 그러나 대상판결은 법인격을 부인할 만한 특별한 사정이 없다는 이유로 이를 배척하였다.

것은 아니고, 회사는 배후자인 사원과 함께 채무를 부담하는 점에 특색이 있다. 그렇다면 그 경우에도 선박우선특권 등의 준거법은 여전히 선적국법이 되어야 하는 것으로 보인다. 어쨌든 법인격부인으로 해결될 수 있는 사안은 아무래도 제한적일 것이다.

다) 절차에 관한 사항 선박우선특권의 준거법이 선적국법이 되더라도 한국에서 그의 집행이 문제되는 경우 그 절차는 법정지법인 우리 법에 따른다. 이는 국제사법 내지는 국제민사절차법상 '절차는 법정지법에 따른다'(*forum regit processum*)는 법정지법원칙이 확립되어 있기 때문이다.[66] 이는 편의치적인지의 여부에 관계없이 적용되는 법리이다.

라) 국제조약에의 가입에 의한 해결 선박우선특권에 관한 한 만일 우리나라가 1993년 국제협약에 가입한다면 편의치적의 경우에도 선적국법주의를 관철함으로써 발생하는 부당함을 일부 해결할 수 있을 것이다. 우리나라도 1993년 국제협약에 가입하는 방안을 검토해야 할 것이다.[67]

5. 대상판결의 판단과 그에 대한 평가

대상판결은, 선박우선특권의 준거법을 정한 국제사법 제60조 제1호와 제2호가 규율하는 사항은 선박우선특권의 성립 여부, 일정한 채권이 선박우선특권에 의하여 담보되는지 여부, 선박우선특권이 미치는 대상의 범위와 선박우선특권의 순위 등이라고 판단하고, 피담보채권 자체의 대위에 관한 사항은 포함되지 않는다고 판단하였다. 원심판결은 선박우선특권의 준거법인 선적국법이 대위의 준거법이 된다고 보았으나 대상판결이 정확히 지적한 바와 같이, 피담보채권의 대위변제와 선박우선특권의 대위의 준거법은 별도로 판단할 사항이다. 이는 아래(Ⅳ.와 Ⅴ.)에서 논의하는데, 이 점을 정확히 지적한

66) 대법원 1994. 6. 28. 선고 93마1474 판결은 "… 해상우선특권에 의하여 담보된 채권의 종류와 특권의 순위는 선적국법에 의해 결정할 것이지만, 그러한 해상우선특권이 우리나라에서 실행되는 경우에는 그 실행방법은 우리나라의 절차법에 의하여 규율되어야 한다. … 채권자가 우리나라의 해상우선특권(선박우선특권)에 기하여 채무명의 없이도 압류할 수 있는지의 여부는 우리나라의 법률에 의하여 결정해야 한다"고 판시함으로써 담보권의 실행방법은 절차의 문제임을 분명히 하였다. 법정지법원칙에 관하여는 장준혁, "법률행위의 방식과 절차 문제의 구별," 국제사법연구 제12호(2006), 249면 이하 참조.

67) 위 협약에 관하여는 우선 정완용, "1993년 선박우선특권·저당권조약의 성립과 우리 상법상 선박담보제도," 한국해법회지 제15권 제1호(1993), 127면 이하; 김현, "1993년 선박우선특권 및 저당권조약," 법조 통권 478호(1996. 7.), 193면 이하 참조.

대상판결의 판단을 높이 평가한다.[68]

다만, 이 사건에서의 선적도 편의치적인데 편의치적의 문제를 국제사법의 차원에서 어떻게 평가해야 하는지에 관하여 대상판결이 아무런 설시를 하지 않은 것은 아쉽다.[69] 소송대리인들도 그에 관하여 아무런 주장을 하지 않았던 모양이다.

Ⅳ. 피담보채권의 발생과 법률에 의한 이전의 준거법

세인트 빈센트법상 선박우선특권이 발생하기 위하여는 피담보채권인 선원임금채권이 존재해야 한다. 그런데 선원들은 세인트 빈센트가 아닌 외국의 국민들이었을 것이므로 세인트 빈센트의 관점에서 선원근로계약은 외국적 요소가 있는 법률관계일 것이다. 그러므로 피담보채권의 존재는 선박우선특권의 발생을 위한 선결문제이다. 우리의 관심사는, 이 사건에서 과연 피담보채권인 선원임금채권이 발생하였는지와, 그것이 대위변제에 의하여 라브라도르에게 이전되었는지의 여부이다. 대상판결은 선원임금채권의 발생과 이전의 준거법을 결정함에 있어서 모두 우리 국제사법을 적용하여 판단하였다. 여기에서는 피담보채권의 발생(아래 1.)과 법률에 의한 이전(즉, 대위변제)(아래 2.)으로 나누어 우리 국제사법의 해석론을 살펴보고 대상판결을 검토한다. 나아가 대상판결이 제대로 판단하지 않은 선결문제의 논점을 살펴본다(아래 3.).

1. 피담보채권의 발생의 준거법

가. 피담보채권의 발생은 선박우선특권의 준거법이 규율하는 사항인가

국제사법 제60조 제1호는 "선박의 소유권 및 저당권, 선박우선특권 그 밖의 선박에 관한 물권"의 준거법은 선적국법이라고 규정할 뿐이고 선적국법이 규율할 사항을 상세히 규정하지 않으나, 이는 선박우선특권의 성립과 효력을 규율한다는 데는 별 의문이 없다. 나아가 어떤 피담보채권에 대하여 선박우선특권이 인정되는가, 예컨대 선원임금채권에 대하여 선박우선특권이 인

---

68) 김현(註 10), 15면도 동지.

69) 김진권(註 10), 160면도 동지로 보인다.

정되는가도 선적국법이 규율한다.[70] 하지만 선박우선특권에 의하여 담보되는 피담보채권(예컨대 선원임금채권)의 발생 여부는 국제사법 제60조 제1호와 제2호가 규율하는 사항이 아니다. 즉 제60조 제1호와 제2호가 규율하는 것은 소유권 및 저당권, 선박우선특권 그 밖의 선박에 관한 물권이고, 어떤 피담보채권에 대해 선박우선특권이 인정되는가이지, 선박우선특권이 담보하는 채권의 발생, 효력 기타 소멸 등을 포함하지는 않는다. 후자는 채권 자체의 문제로서 계약에 의하여 또는 법정의 원인에 의하여 발생하고 그 채권 자체의 준거법에 따라 규율될 사항이다. 즉 세인트 빈센트의 법에 따르면(다른 법의 경우도 마찬가지겠지만), 선박우선특권이 성립하려면 일정한 종류의 피담보채권이 존재하여야 하는데, 이 경우 그러한 피담보채권의 발생은 선박우선특권의 준거법과는 별도로 판단할 사항이다.

요컨대 피담보채권의 발생과 소멸은 피담보채권의 준거법에 따르고, 선박우선특권의 발생과 소멸은 선박우선특권의 준거법에 따를 사항이라는 것이다.[71] 다만 피담보채권의 이전 또는 소멸이 선박우선특권에 미치는 결과는 물권인 선박우선특권의 준거법에 의할 사항이고, 부종성의 정도도 담보물권인 선박우선특권의 준거법에 따를 사항이라고 본다.[72]

다음으로 피담보채권인 선원임금채권의 발생의 준거법을 살펴본다.

나. 피담보채권인 선원임금채권의 발생의 준거법

이 사건에서 이전되는 채권은 선원들의 임금채권이므로 임금채권의 준거법을 결정해야 하는데 이는 선원근로계약의 준거법에 따른다. 선결문제인 선원임금채권의 준거법을 법정지인 우리나라 국제사법에 따라 결정한다는 견해를 따르면, 선원근로계약의 준거법은 우리 국제사법 제28조에 의하여 결정된다. 선원근로계약의 준거법을 통상의 경우와 편의치적의 경우로 나누어 본다.

(1) 선원근로계약의 준거법—통상의 경우

국제사법 제28조는 근로계약의 준거법에 관하여 통상의 국제계약에 적용되는 원칙과 다른 특칙을 두고 있다. 이는 사회·경제적 약자인 근로자를 국

70) 섭외사법 제44조 제4호는 "해상우선특권에 의하여 담보될 채권의 종류"를 선적국법에 의할 사항으로 명시한 데 반하여 국제사법은 이를 명시하지 않는다. 그러나 결론은 동일하다. 대상판결도 이를 긍정하였다.

71) MünchKommBGB/Wendehorst, Band 10 Art. 43 Rn. 87, Rn. 84도 동지.

72) MünchKommBGB/Wendehorst, Band 10 Art. 43 Rn. 87, Rn. 84도 동지.

제사법 차원에서 보호하기 위한 것이다. 제28조는 다음과 같다(밑줄은 저자가 추가함).

> 제28조(근로계약)
> ① 근로계약의 경우에 당사자가 준거법을 선택하더라도 제2항의 규정에 의하여 지정되는 준거법 소속 국가의 강행규정에 의하여 근로자에게 부여되는 보호를 박탈할 수 없다.
> ② 당사자가 준거법을 선택하지 아니한 경우에 근로계약은 제26조의 규정에 불구하고 근로자가 일상적으로 노무를 제공하는 국가의 법에 의하며, 근로자가 일상적으로 어느 한 국가 안에서 노무를 제공하지 아니하는 경우에는 사용자가 근로자를 고용한 영업소가 있는 국가의 법에 의한다.

선원근로계약의 경우에도 제28조가 적용되므로 원칙적으로 당사자자치의 원칙이 타당하나, 객관적 준거법의 강행법규가 부여하는 보호를 박탈할 수는 없다. 한국법이 객관적 준거법인 경우 그러한 강행법규에는 근로기준법뿐만 아니라 그에 대한 특별법인 선원법이 포함된다.73) 그런데 운송수단이라는 선박의 특수성 때문에 국제운송에 사용되는 선박의 경우 객관적 준거법의 결정이 문제된다. 이 경우 저자는 선원근로계약의 준거법에 관하여는 다음 세 가지 견해가 가능할 것이라는 견해를 피력한 바 있다.74)

첫째, 선적국이 근로자가 일상적으로 노무를 제공하는 국가이므로 선적국법이 준거법이라는 견해. 다만 그 근거에 관하여는 선박은 '영토의 浮動部分'이라는 표현에서 보는 바와 같이 선원은 선적국의 영토인 선박에서 노무를 제공한다고 주장할 여지가 있으나, 이는 비유적인 표현이지 법적으로 선박을 선적국의 영토라고 볼 수는 없으므로75) 선원이 선적국에서 일상적으로 노무를 제공한다고 보기는 어렵다. 그러나 선원이 지리적으로 선적국의 영토에서 노무를 제공하는 것은 아니더라도, 선박은 선적국의 관할권에 복종하므로 국가주권의 행사와 그에 대한 복종이라는 관점에서는 선박을 영토의 일부와 유사하게 볼 여지는 있다.

73) 선원법의 적용범위에 관한 논의는 권창영, "선원의 근로관계," 사법논집 33집(2001), 431면 이하 참조.

74) 상세는 석광현(註 25), 257면 이하 참조. 이는 유럽연합의 논의를 참조하여 저자가 제시한 것이다. Drobnig/Basedow/Wolfrum(註 41), S. 59f. 참조. 김지형, "국제적 근로계약관계의 준거법," 저스티스 68호(2002. 8.), 264면 이하도 참조. 후자는 民事裁判의 諸問題 11권(2002), 416면 이하에도 게재되었다.

75) 이한기(註 38), 366면.

둘째, 근로자가 일상적으로 노무를 제공하는 국가는 존재하지 않으므로 사용자가 근로자를 고용한 영업소 소재지국법이 준거법이라는 견해.[76]

셋째, 가장 밀접한 관련이 있는 국가를 판단해서 준거법을 결정할 것이라는 견해. 즉 모든 사정을 고려해서 가장 밀접한 관련이 있는 국가의 법을 결정해야 할 것이고, 그 경우 선적국에 중요한 비중을 부여함으로써 선적국법을 준거법으로 본다.

저자는 선적국을 일상적인 노무제공지라고 볼 여지도 있고, 그렇지 않더라도 가장 밀접한 관련이 있는 국가의 법으로 볼 수 있으므로 첫째와 셋째의 견해가 설득력이 있다고 하였다.

(2) 선원근로계약의 준거법—편의치적의 경우

저자는 위에 이은 논의에서, 편의치적의 경우 선원근로계약의 객관적 준거법은 선적국법이 아니라 가장 밀접한 관련이 있는 국가의 법을 준거법으로 보아야 하고, 그 경우 실질선주의 법(Reedereisitz)이 유력할 것이라는 견해를 피력하였다.[77] 전형적인 편의치적의 경우 즉, 선적이 당해 국가와 유일한 관련인 경우에는 선적국법이 아니라 가장 밀접한 관련이 있는 국가의 법을 준거법으로 보아야 하고, 가장 밀접한 관련이 있는 국가를 결정함에 있어서는 당사자들의 국적, 사용자의 본거 또는 계약체결지 등 제반사정을 고려해서 판단해야 할 것인데 그 경우 실질선주의 법이 유력하다는 것이었다.[78] 그 근거로는, 준거법 지정의 예외를 규정한 국제사법 제8조와, 근로자의 보호를 위해 준거법 결정상의 특칙을 규정한 국제사법 제28조의 취지를 들었다.

다만 이에 의하면, 편의치적을 하는 이유 중의 하나가 선원을 상대적으로 두텁게 보호하는 우리 선원법과 근로기준법 등의 적용을 배제하기 위한

76) 로마협약에 대한 Giuliano/Lagarde의 보고서는 이런 입장을 취한다. 최근 로마협약을 로마Ⅰ규정으로 개정하는 과정에서 선원근로계약의 준거법도 쟁점이 되었다. Max Planck Institute for Foreign Private and Private International Law, "Comments on the European Commission's Proposal for a Regulation of the European Parliament and the Council on the law applicable to contractual obligations (Rome Ⅰ)," Rabels Zeitschrift für ausländisches und internationales Privatrecht, Band 71 (2007), S. 291 이하 참조.

77) 석광현(註 25), 258면 이하.

78) Peter Mankowski, Seerechtliche Vertragsverhältnisse im Internationalen Privatrecht (1995), S. 481, 494, 500; Drobnig/Basedow/Wolfrum(註 41), S. 62; MünchKommBGB/Martiny, Band 10 Art. 30, Rn. 78; Kropholler(註 58), S. 482. 독일의 학설대립은 위 Mankowski, S. 466f.; 김지형(註 74), 264면 참조.

것인데, 실질선주의 법으로서 한국법이 적용되므로 선주 측에는 편의치적을 한 본래의 목적의 일부를 달성할 수 없게 된다. 이 점은 국제사법이 도입한 중요한 변화의 하나인데,[79] 편의치적의 경우 실질선주의 법을 적용한다면 업계의 실무에 미치는 파장이 매우 클 것이다. 다만 저자는 편의치적이라고 하여 당연히 그렇게 되는 것은 아니며[80] 사안에 따라 신중히 검토해야 할 것이라는 점을 분명히 지적하였으나,[81] 문제는 그 요건을 어떻게 정할 것인가이다.

우선 법인격이 부인되는 경우에는 실질선주의 법을 선원근로계약의 준거법으로 볼 여지가 있으나(다만 이도 위에서 언급한 것처럼 제한적이다), 그 밖의 경우 편의치적 중 어떤 사안에서 과연 제8조를 적용하여 실질선주의 법을 적용할지는 어려운 문제이다. 편의치적의 경우 선박우선특권의 준거법에 관한 위(4.나.(2))의 논의에서 보듯이, 앞으로는 그 구체적인 기준을 제시하기 위하여 노력해야 한다.

다. 대상판결의 판단과 그에 대한 평가

대상판결의 사안에서는 선원근로계약의 준거법을 지정하지 않은 것으로 보이는데,[82] 대상판결은 선적국을 선원이 일상적으로 노무를 제공하는 국가로 볼 수 있어 선원근로계약에 의하여 발생하는 임금채권에 관한 사항에 대하여는 특별한 사정이 없는 한 국제사법 제28조 제2항에 의하여 선적국법이 준거법이 된다고 판시하였다. 이는 위에 소개한 견해 중 첫째의 것을 지지한 것이므로 수긍할 수 있다.

다만 대상판결은 편의치적 여부에 관하여 판단하지 않았으므로, 편의치적에 해당하지 않는 것으로 보았는지 아니면 편의치적임에도 불구하고 통상

79) 물론 섭외사법의 해석론으로서도 동일한 결론을 도출하는 것이 불가능하지는 않았으나, 국제사법에서는 그 점이 보다 명확하게 되었다.

80) 그러나 김인현, "[2007년 분야별 중요판례분석] (17)해상법," 법률신문 제호(2008. 7. 3), 13면은 편의치적선(便宜置籍船)의 경우는 선적이란 지면에 지나지 않으므로 국제사법 제8조 예외조항에 의하여 선적국법이 아니라 가장 밀접한 관련이 있는 국가의 법을 준거법으로 보는 것이 합리적이라고 한다.

81) 석광현(註 25), 259면, 104면.

82) 대상판결이 제28조 제2항을 적용한 것으로부터 미루어 보면 그렇다. 만일 당사자들이 선원근로계약의 준거법을 합의하였다면 예외조항을 이유로 준거법을 달리 볼 수는 없다(국제사법 제8조 제2항). 그러나 그 경우에도 객관적 준거법에 의한 보호를 박탈할 수 없으므로 객관적 준거법의 결정에 있어 예외조항을 고려해야 한다.

의 선원근로계약의 경우와 동일한 연결원칙을 따른다고 본 것인지는 분명하지 않다. 대상판결이 이 점을 분명히 하지 않은 것은 아쉬우나[83] 아마도 후자일 것이다. 대법원도 문제의식이 없었던 것은 아니겠지만, 편의치적이라는 이유로 실질선주의 법을 선원근로계약의 준거법으로 보는 것은 그 파급효과가 매우 크므로 선뜻 취하기는 쉽지 않았을 것이다.

2. 피담보채권의 법률에 의한 이전의 준거법

위에서 본 바와 같이 이 사건에서 피담보채권인 선원임금채권의 발생은 선원근로계약의 준거법에 의할 사항이다. 그러나 피담보채권의 법률에 의한 이전, 즉 대위변제의 준거법은 별도로 검토할 사항이다.

가. 국제사법의 규정

구 채권자인 선원들과 신 채권자인 라브라도르(와 승계인인 피고) 간에 법률관계가 존재하지 않는다. 따라서 피담보채권인 선원임금채권이 법률에 의하여 라브라도르(와 승계인인 피고)에게 이전되는지는, 만일 그것이 우리 국제사법에 따를 사항이라면, 국제사법 제35조 제2항에 따라 '이전되는 채권'의 준거법에 의한다. 왜냐하면 국제사법 제35조는 다음과 같이 규정하기 때문이다. 국제사법이 그렇게 규정하는 이유는, 보험계약 또는 보증계약과 같은 이전의 원인이 된 구 채권자와 신 채권자 간의 법률관계가 없는 경우, 변제에 따른 채권의 이전은 채권 그 자체의 효력의 문제라고 볼 수 있기 때문이다.

第35조(법률에 의한 채권의 이전) ① 법률에 의한 채권의 이전은 그 이전의 원인이 된 구채권자와 신채권자 간의 법률관계의 준거법에 의한다. 다만, 이전되는 채권의 준거법에 채무자 보호를 위한 규정이 있는 경우에는 그 규정이 적용된다. ② 제1항과 같은 법률관계가 존재하지 아니하는 경우에는 이전되는 채권의 준거법에 의한다.

83) 김진권(註 10), 166면도 동지로 보인다.

나. 피담보채권이 이전된 경우 선박우선특권의 이전 여부의 준거법

위에서 언급한 바와 같이 피담보채권과 선박우선특권의 준거법은 각각 결정할 사항이지만, 피담보채권의 이전 또는 소멸이 선박우선특권에 미치는 결과는 물권인 선박우선특권의 준거법이 규율할 사항이고, 부종성의 정도도 담보물권인 선박우선특권의 준거법에 따를 사항이라고 본다.[84)]

다. 대상판결의 판단과 그에 대한 평가

대상판결은, 이 사건에서 피고가 구 채권자인 선원들에게 임금을 대위변제한 결과 그들의 임금채권을 취득하는지는 국제사법 제35조 제2항에 따라 '이전되는 채권'의 준거법에 의할 사항이라고 판시하였다. 국제사법의 해석론으로서는 이는 정당하다. 그러나 대상판결은, 피담보채권이 이전된 경우 그 결과 선박우선특권이 이전되는 것은 일반적으로 타당한 것으로 보고 그의 여부를 결정하는 준거법은 판단하지 않았다. 즉, 대상판결은 "선박우선특권은 일정한 채권을 담보하기 위하여 법률에 의하여 특별히 인정된 권리로서 일반적으로 그 피담보채권과 분리되어 독립적으로 존재하거나 이전되기는 어려우므로, 선박우선특권이 유효하게 이전되는지 여부는 그 선박우선특권이 담보하는 채권의 이전이 인정되는 경우에 비로소 논할 수 있는 것"이라고 판시하였다.

그러나 사견으로는, 피담보채권이 이전된 경우 그 결과 선박우선특권이 이전되는지의 여부는 피담보채권의 준거법에 따를 사항인지, 아니면 선박우선특권의 준거법에 따를 사항인지를 판단할 필요가 있었고, 이는 선박우선특권의 준거법에 따를 사항이라고 본다. 그런데 세인트 빈센트 상선법이 된 1993년 국제협약 제10조 제1항에 따르면, 선박우선특권의 피담보채권의 양도와 대위는 동시에 그러한 선박우선특권의 양도 또는 대위를 수반한다.[85)] 따라서 피담보채권인 선원임금채권이 대위변제에 의하여 이전되면, 세인트 빈센트법상 선박우선특권은 그에 수반하여 이전된다.

물론 대상판결은 선박우선특권과 피담보채권의 준거법이 모두 선적국법

84) MünchKommBGB/Wendehorst, Band 10 Art. 43 Rn. 87, Rn. 84도 동지.

85) 조문은 아래와 같다.
"The assignment of or subrogation to a claim secured by a maritime lien entails the simultaneous assignment of or subrogation to such a maritime lien."

이라고 보았으므로, 그 준거법이 양자 중 어느 것이든 간에 결론은 선적국법이 되었을 것이나, 논리적인 과정을 생략한 것은 적절하지 않다.

3. 국제사법에서 선결문제와 대상판결의 판단의 결여

위에서 본 바와 같이 라브라도르가 대위변제에 의하여 선박우선특권을 취득하려면, 논리적으로 우선 선원들이 선박우선특권을 취득하였어야 하고 그것이 라브라도르의 변제에 의하여 법률상 이전되었어야 한다. 그런데 선원들이 위 선박에 대하여 선박우선특권을 취득하였는지는 선적국법인 세인트 빈센트법에 따를 사항이다. 한편 세인트 빈센트는 1993년 국제협약의 제1조 내지 제16조를 개정 상선법의 일부로 도입하였는데, 1993년 국제협약 제4조에 따르면 선박우선특권이 발생하기 위하여는 일정한 종류의 피담보채권이 발생하였어야 한다. 따라서 이 사건의 피담보채권, 즉 선원임금채권의 준거법을 결정할 필요가 있는데, 대상판결은 별다른 문제의식 없이 우리 국제사법을 적용하였다. 즉 대상판결은, "선박우선특권의 피담보채권이 선원임금채권인 경우 그 임금채권에 관한 사항은 … 특별한 사정이 없는 한 국제사법 제28조 제2항에 의하여 선적국법이 준거법이 된다"는 취지로 판단하였다. 그러나 대상판결의 이러한 판단은 선결문제를 간과한 것으로 보인다. 그 이유는 아래와 같다.

가. 국제사법에서 선결문제

선박우선특권의 준거법이 요구하는 피담보채권의 존재는 국제사법상 '선박우선특권의 준거법'이라는 본문제(main question, Hauptfrage, *question principale*)의 준거법을 결정하는 과정에서 제기되는 '선결문제'(preliminary question, incidental question, Vorfrage, *question préalable*)에 해당한다. 선결문제라 함은, 국제사법에서 문제된 본래의 법률관계, 즉 본문제를 해결하는 과정에서 선결적으로 제기된 법률관계(또는 법적 쟁점)를 말하는데, 선결문제를 해결하기 위하여 그의 준거법을 어떻게 결정할지에 관하여는 종래 논란이 있다.[86] 이 사건에서 선결문제인 피담보채권의 존재를 판단하는 준거법을

86) 엄밀하게 말하자면, 선결적 문제(präjudizielle Frage)에는 ① 당해 문제가 저촉규범의 법률요건 중의 일부가 아니라, 저촉규범에 의하여 지정된 실질규범의 구성요건 안에 포함된

결정함에 있어서 법정지인 우리 국제사법을 적용할지, 아니면 본문제의 준거법 소속국인 세인트 빈센트의 국제사법을 적용할지라는 문제가 제기된다. 즉 세인트 빈센트법상 선박우선특권이 발생하여 이전되기 위하여는 그에 앞서 세인트 빈센트법이 정한 선원임금채권이 존재해야 하는데, 선결문제인 선원임금채권의 발생의 준거법을 어떻게 결정할지가 문제라는 것이다. 선박우선특권의 준거법에 관하여 법정지법설을 취하는 경우와 달리 선적국법설을 취하면 선결문제가 중요한 의미를 가진다.

선결문제의 준거법을 결정함에 있어서, 종래 우리나라에는 법정지법설(독립적 연결설), 본문제 준거법설(종속적 연결설. 또는 단순히 준거법설)(이하 "준거법설"이라 한다), 절충설과 실질법설 등이 주장되고 있다. 종래 실무상 선결문제가 별로 논의되지 않는 이유는 선결문제가 제기되더라도 그것이 실익이 있는 경우는 많지 않기 때문이다.[87)]

법률효과의 문제인 경우, 즉 국제사법에 의하여 지정된 실질법을 적용한 결과 비로소 발생하는 문제인 경우와, ② 당해 문제가 저촉규범의 구성요건 중에 규정된 법률효과인 경우, 즉 "계쟁 법률관계의 관념상 필연적 구성부분"인 경우가 있는데, 전자는 진정한 의미의 선결문제이나, 후자는 선행문제(Erstfrage)라고 하여 구별하는 견해가 유력하다. Kropholler(註 58), S. 113, 221f.; 신창선, 국제사법(1996), 173면 참조(제6판(2007)에서는 이 부분이 삭제되었다. 여기에서 대체하지는 않았지만 이는 제7판(2011)이 있다). 그런 의미에서 선행문제를 '저촉법적 선결문제'(kollisionsrechtliche Vorfrage), 선결문제를 '실질법적 선결문제'(materiellrechtliche Vorfrage)라고 부르기도 한다. 양자를 구별하는 실익은, 특히 선결문제의 경우 준거법설을 취하더라도 선행문제는 법정지법설을 취하는 데 있다. Kropholler(註 58), S. 221f. 선결문제의 예로는, 상속은 피상속인의 <u>본국법</u>에 의하는데(국제사법 제49조), 이 때 본국법을 적용하여 상속인을 결정하는 과정에서 혼인관계의 존부가 문제되는 경우를 들 수 있고, 선행문제의 예로는, 이혼은 원인된 사실이 발생한 당시의 <u>부의 본국법</u>에 의하였는데(섭외사법 제18조 제1문) 그 때 혼인관계의 존부가 문제되는 경우를 들 수 있다. 그러나, 그러한 구별에 대하여는 비판이 있다. 예컨대 만일 전자의 경우 "상속은 피상속인의 <u>본국법</u>에 의한다"고 규정하는 대신 "<u>배우자 기타 친족에 의한</u> 상속은 피상속인의 본국법에 의한다"라고 규정한다면, 혼인관계의 준거법을 판단하는 기준이 달라져야 하는데 그러한 구별이 용이하지 않고, 그러한 결론의 타당성은 의문이라는 것이다. 신창선, 국제사법(1996), 173면 참조(제6판(2007)에서는 이 부분이 삭제되었다). 그러나 그에 대하여는 이는 저촉법 문언의 우연한 표현(Formulierung)의 문제가 아니라, 오히려 저촉법의 구성요건을 형성함에 있어서 입법자의 의도적인 조종(Steurung)과 중요한 정도의 판정(Gewichtung)의 산물이라는 반론이 있다. Christian von Bar/Peter Mankowski, Internationales Privatrecht Band I Allgemeine Lehren, 2. Auflage (2003), §7 Rn. 186. 논자에 따라서는 선행문제를 부분문제라고 부르기도 하나, 그러나 부분문제(Teilfrage)라 함은 예컨대 계약의 방식, 성립과 효력의 준거법이 상이한 경우 각각의 준거법이 규율하는 대상을 가리키는 용어로 사용하는 것이 적절하다.

87) 그 이유는, 선결문제가 실익이 있기 위하여는 ① 본문제의 준거법이 외국법일 것, ② 본문제의 준거법 소속국의 국제사법이 선결문제에 관하여 법정지의 국제사법과 다른 준거법을 지정하고 있을 것과 ③ 선결문제의 준거법으로 지정된 두 개의 실질법의 내용이 다를

나. 선결문제의 준거법결정에 관한 학설

종래 이에 관하여 외국에서는 다양한 학설이 주장되었는데, 이제는 우리나라에서도 아래 적은 모든 학설이 주장되고 있다.

(1) 법정지법설(독립적 연결설)

이는 원칙적으로 본문제의 준거법 소속국에 관계없이 법정지의 국제사법에 따라 선결문제를 해결하는 견해이다.[88] 즉 본문제이건 선결문제이건 간에 섭외적 생활관계의 준거법을 결정할 경우 법정지의 국제사법에 따라 준거법을 결정하는 것은 당연하다고 본다. 이 견해의 장점은, 본문제가 무엇인가에 따라, 즉 그 맥락에 관계없이 선결문제의 준거법이 달라지지 않는다는 점이다. 만일 준거법설을 취하면, 예컨대 동일한 부부 간의 혼인관계의 존부라는 선결문제가, 본문제가 무엇인가에 따라 상이하게 판단될 수 있다는 것이다. 이는 '법적 정신분열증'(juristische Schizophrenie)을 초래하는데 이는 국제사법의 이상의 하나인 '내적 판결의 일치'에 반하게 되어 국제사법상 이익의 하나인 질서이익에 배치된다는 것이다.[89] 이것이 전통적인 견해이고 종래 독일의 다수설이자 주류적인 판례로 보인다.[90]

이에 대하여는, (본문제) 준거법 소속국법에 의하면 선결문제와 본문제가 상이한 국가의 법률에 따르게 되는 결과 판결의 국제적 불일치 또는 부조화를 초래한다는 비판이 있다.

(2) 준거법설(종속적 연결설)

이는 원칙적으로 본문제의 준거법 소속국의 국제사법에 따라 선결문제의 준거법을 결정하는 견해이다.[91] 선결문제는 본문제의 준거법적용의 결과로서

것이라는 요건이 구비되어야 하기 때문이다.

88) 이호정(註 20), 135면; 신창선, 국제사법 제6판(2007), 130면은 이를 지지한다.

89) 이호정(註 20), 134면. 법적 정신분열증이라는 표현은 Goldschmidt가 사용한 것이라고 한다.

90) Gerhard Kegel/Klaus Schurig, Internationales Privatrecht 9. Auflage (2004), S. 381. 판결은 BGHZ 43, 213; BGHZ 69, 387 등. 그러나 이 견해도 국적의 선결문제와 姓의 선결문제 등에 대하여는 종속적 연결을 인정한다(후자의 경우 독일에서는 본국법이 준거법이 되기 때문이다).

91) 이를 '비독립적 연결설'이라고도 한다. 그러나 이 견해도 본문제의 준거법 소속국의 국제사법에 따른 실질법과 법정지의 국제사법에 따른 실질법 간에 감내할 수 없는 저촉이 발생하는 때에는 예외적으로 독립적 연결을 허용한다. Kropholler(註 58), S. 223. 어쨌든 준거법설에 따르면, 법원은 법정지의 국제사법을 적용한다는 원칙에 대한 또 하나의 예외가 인정되는 셈이다. 대표적인 예외는 물론 反定(*renvoi*)이다. 국제적 판결의 일치를 논거로

발생하는 본문제의 준거법상의 문제인데, 본문제의 해결은 본문제의 준거법 소속국의 법질서가 행하는 선결문제의 판단을 전제로 해서만 이루어질 수 있으므로, 선결문제가 외국적 요소를 포함하는 경우 본문제의 준거법 소속국의 국제사법에 따를 것이라고 본다. 즉 법정지의 법원은 선결문제에 관하여 본문제의 준거법 소속국의 법원이 판결하는 것과 동일하게 판결해야 하며, 이렇게 함으로써 법정지법원과 외국법원 간에 국제적 판결의 일치를 달성할 수 있다고 본다.[92] 또한 본문제는 법정지의 국제사법보다 준거법 소속국의 국제사법과 더 밀접한 관련이 있다는 것이다.[93]

그러나 이에 따르면, 동일한 선결문제의 준거법이 항상 동일한 것이 아니라, 본문제가 무엇인가에 따라 즉 맥락에 따라 달라지는 폐단이 있다.[94] 또한 우리 국제사법은 일정한 법률관계 또는 쟁점의 연결원칙을 정하고 있는데, 준거법설은 이러한 실정 국제사법을 무시하는 결과가 되므로 다양한 국제사법 이익의 하나에 불과한 '국제적 판결의 일치'(또는 외적 판결의 일치) 만으로는 이를 정당화할 수 있는 근거가 되기에 부족하다는 비판이 있다.[95]

(3) 절 충 설

이는 일률적으로 법정지법설 또는 준거법설에 따르는 대신, 구체적 상황에 따라 국제사법적 이익을 고려하여 결정하자는 견해이다.[96] 이는 독일과 일본에서 점차 유력해지고 있다.[97] 이처럼 위 양자의 어느 견해도 모든 사안

제시하는 것도 반정과 유사한 면이 있다.

92) 김용한·조명래, 전정판 국제사법(1992), 158면 이하는 이를 지지한다. 선결문제의 발견자인 독일의 Melchior와 Wengler는 준거법설을 지지하였다고 한다. Kegel/Schurig(註 90), S. 378; Kropholler(註 58), S. 222. 따라서 선결문제의 논의는 독일에서 특히 활발한 것으로 보인다. 그러나 엄밀하게 말하자면 그 전에는 선결문제는 당연히 법정지법설에 의하는 것으로 이해되었고, 위 양인에 의하여 준거법설이 새로운 해결방안으로 제시된 것이라고 할 수 있다. 물론 프랑스에서도 선결문제를 논의한다. 예컨대 Audit(註 56), N. 255 이하 참조.

93) Kegel/Schurig(註 90), S. 379.

94) Kegel/Schurig(註 90), S. 380.

95) Kegel/Schurig(註 90), S. 379. 준거법설의 장단점은 Klaus Schurig, "Die Struktur des kollisionsrechtlichen Vorfragenproblems," Festschrift für Gerhard Kegel zum 75. Geburtstag (1987), S. 556ff., S. 573ff. 참조.

96) 서희원, 신고판 국제사법강의(1992), 117면은 이를 지지한다.

97) 일본에는, 법정지와 본문제의 준거법 소속국의 밀접관련성 등을 기준으로 하여, 준거법설을 원칙으로 하면서 예외를 인정하는 입장과, 법정지법설을 원칙으로 하면서 예외를 인정하는 견해가 나뉘고 있다고 한다. 김문숙, "일본 최고재판소판결을 계기로 본 국제사법에 있어서의 선결문제의 해결방법," 국제사법연구 제5호(2000), 617면 註 5. 木棚照一·松岡博·渡辺惺之, 國際私法概論 제5판(2007), 81면은, 근자에는 절충설 중 원칙적으로 법정지

에서 타당할 수는 없고 구체적인 사안에서 법관이 판단하여 타당한 결론을 끌어내야 할 것이라는 견해가 설득력이 있는 것으로 보인다.[98] 법정지법설은 내적 판결의 일치(실질적인 조화)에 적절하고 준거법설은 외적(또는 국제적) 판결의 일치에 적합하다. 따라서, 원칙적으로 전자(특히 사안이 내국관련이 큰 경우)에 따를 것이되, 예외적으로 사안의 외국관련이 큰 경우에는 국제적 판결의 일치를 존중하여 후자에 따를 것이라고 한다.

우리나라에도, 원칙적으로 법정지법설을 취하면서 선결문제와 법정지의 관련이 별로 없는 경우 예외적으로 본문제의 준거법 소속국의 국제사법을 적용할 것이라는 절충설이 있다.[99] 이처럼 선결문제는 어떤 국제사법적 이익을 존중할 것인가라는 가치판단을 요구하는 어려운 문제이나, 사견으로는 법정지법설을 원칙으로 하면서 사안에 따라 준거법설을 가미하는 절충설이 설득력이 있는 것으로 본다. 그러나 절충설에 대하여는 비용이 높고 법적 안정성을 해한다는 비판이 있다.[100]

(4) 실질법설

이는 선결문제는 본문제와 관련하여 발생한 문제이므로 본문제의 준거법 소속국의 실질법에 의하여 해결해야 한다는 견해이다.[101] 실질법설은 그 근거로서 법정지법설이나 준거법설을 따를 경우 복수의 준거법을 조사하여 정확한 내용을 파악하는 것은 법원에게 지나치게 부담이 되고, 또한 법정지의 법원이 국제사법을 적용하여 본문제의 준거법인 외국법을 확정하였다면, 이제 더 이상 선결문제를 준거법 소속국의 내국적 사안과 구별할 이유는 없으므로 그와 마찬가지로 준거법 소속국의 실질법을 적용할 것이라고 한다.[102] 그러나 이는 선결문제가 본문제 준거법 소속국의 입장에서 볼 때 순수한 국

법설을 취하면서, 구체적으로 이익형량을 하여 준거법설이 바람직한 결과를 얻을 수 있는 경우에만 예외적으로 준거법설을 취하는 견해가 유력하다고 한다. 이는 원칙으로서 판결의 국내적 조화의 이익을 중시하면서, 예외적으로 내국적 관련성이 희박하고 압도적으로 섭외적 요소가 강한 경우 등에 한정하여 판결의 국제적 조화의 이익을 중시하는 것이다. 일본 학설은 道垣内正人, "先決問題," 國際私法判例百選(2007), 7면 참조.

98) 예컨대 Kropholler(註 58), S. 222ff. 참조.

99) 서희원(註 96), 117면; 윤종진, 개정 현대 국제사법(2003), 168면.

100) von Bar/Mankowski(註 75), §7 Rn. 205ff. 이는 특히 부양권리자를 보호하기 위해 경우에 따라 법정지법설, 준거법설과 실질법설을 선택적으로 취하는 견해를 통렬하게 비판한다.

101) 신창섭, 국제사법(2007), 110-111면은 이를 지지한다.

102) 신창섭(註 101), 111면.

내적 문제일 때는 타당하지만, 그것이 외국적 요소를 포함하는 섭외적 법률관계인 때에는 부당하다는 비판이 있다. 왜냐하면 그 경우 본문제 준거법 소속국도 자신의 국내법, 즉 실질법을 적용하는 것이 아니라 자신의 국제사법을 적용하여 선결문제의 준거법을 결정할 것이기 때문이다.[103]

실질법설은 종래 영국과 미국의 일부 판례의 태도이나,[104] 영미에서는 각 사안마다 가장 좋은 결론에 도달하는 해결방법을 개별적으로 탐구해야 한다는 견해(이를 '이익형량설'이라 한다)도 유력한 것으로 보인다.[105]

(5) 기타 학설

그 밖에도 선결문제에 대한 저촉법규정을 통하는 복잡한 우회적 법선택을 피하고 목적론적으로 선결문제와 관련성을 분석하여 중요도와 집중도가 더 큰 법규정을 적용하여 해결하자는 견해도 있고,[106] 이와 유사하게 가장 중요한 관련이 있는 국가의 법을 준거법으로 선택할 수 있도록 신축성 있는 법선택 방식을 채택하자는 견해도 있다.[107]

다. 대상판결의 판단과 그에 대한 평가

선결문제의 준거법에 관한 종래 우리의 학설 대립을 고려한다면 대상판결이 피담보채권의 발생과 이전을 판단함에 있어서 이 점을 언급할 필요가 있었다. 즉 대상판결이 선결문제인 선원임금채권의 준거법을 판단함에 있어서, 법정지인 우리나라의 국제사법을 적용할지(물론 대상판결은 결론적으로 이런 태도를 취하였다), 본문제의 준거법 소속국인 세인트 빈센트의 국제사법을 적용할지, 아니면 세인트 빈센트의 실질법을 적용할지를 판단할 필요가 있었다는 것이다. 세인트 빈센트법이 정한 특정한 채권에 대하여만 선박우선특권이 인정되므로, 한 걸음 더 나아가면 그러한 특정한 채권의 존재 여부도 세인트 빈센트법(즉, 세인트 빈센트의 관점에서 외국적 요소가 있다면 세인트 빈센트의 국제사법에 의하여 결정된 준거법)에 따라 판단하여야 한다는

103) 신창선(註 88), 128면.

104) 서희원(註 96), 114면.

105) 김문숙(註 97), 616면; Cheshire and North, Private International Law 13th Edition (1999), 48면 이하.

106) 장문철, 국제사법총론(1996), 102면.

107) 김연·박정기·김인유, 국제사법 제2판(2006), 163면. 한복룡, 국제사법(2007), 198면도 동지로 보인다. 한편 박기갑, 국제사법총론(1996), 180면 이하는 학설을 소개할 뿐 자신의 견해를 피력하지는 않는다.

견해도 주장될 수 있다.

선해하자면, 대상판결이 우리 국제사법을 적용하였으므로 결국 법정지법설(독립적 연결설)을 취한 것이라고 볼 수 없는 것은 아니지만, 그 설시에 비추어 볼 때 아마도 진실은 대법원이 선결문제라는 문제를 의식하지 않았던 것이 아닐까 짐작된다. 즉, 대상판결은 피담보채권의 발생 및 이전의 결과 선박우선특권이 발생하고 이전되는지 여부의 준거법 판단을 생략하고 이를 실질법 차원에서 당연한 것으로 간주하였다. 또한 아무런 근거를 설시하지 않고 우리 국제사법을 적용하여 피담보채권인 선원임금채권의 준거법을 판단하였다.[108] 저자가 주목하는 것은 대상판결의 아래와 같은 논리구조이다.

> … 선박우선특권은 일정한 채권을 담보하기 위하여 법률에 의하여 특별히 인정된 권리로서 일반적으로 그 피담보채권과 분리되어 독립적으로 존재하거나 이전되기는 어려우므로, 선박우선특권이 유효하게 이전되는지 여부는 그 선박우선특권이 담보하는 채권의 이전이 인정되는 경우에 비로소 논할 수 있는 것인바, 국제사법 제60조 제1호, 제2호에서 선적국법에 의하도록 규정하고 있는 사항은 선박우선특권의 성립 여부, 일정한 채권이 선박우선특권에 의하여 담보되는지 여부, 선박우선특권이 미치는 대상의 범위, 선박우선특권의 순위 등으로서 선박우선특권에 의하여 담보되는 채권 자체의 대위에 관한 사항은 포함되어 있지 않다고 해석되므로, 그 피담보채권의 임의대위에 관한 사항은 특별한 사정이 없는 한 국제사법 제35조 제2항에 의하여 그 피담보채권의 준거법에 의하여야 한다.

여기에서 선결문제가 제기되는 전형적인 사안[109]을 보자.

예컨대 피상속인(A국인)이 배우자(B국인)를 남기고 사망한 사건에서, 우리 법원은 국제사법(제49조)을 적용하여 피상속인의 본국법(A국법)을 상속의 준거법으로 판단하고, A국의 상속법에 따라 배우자에게 상속권을 인정할 것이다. 위 사안에서 만일 피상속인과 배우자 간에 혼인관계의 존부가 다투어진다면, 선결문제를 독립적으로 연결할지 아니면 종속적으로 연결할지를

108) 그렇다고 하여 대상판결이 피담보채권인 선원임금채권의 발생을 위에서 언급한 선행문제(Erstfrage)로 파악한 것도 아니라고 본다. 만일 제60조 제1호가 "선원임금채권을 담보하기 위한 선박우선특권의 준거법은 선적국법"이라는 취지로 규정한다면 선행문제가 되었을 것이나 제1호는 그렇게 규정하지 않는다. 따라서 이를 선행문제로 파악할 것은 아니며, 대상판결이 그렇게 본 것도 아니라고 생각된다.

109) 이 사건은, 위와 같은 전형적인 선결문제의 사안과는 다소 차이가 있지만 법정지의 국제사법에 의하여 지정된 준거법을 적용하는 과정에서 제기되는 외국적 요소가 있는 연결대상의 준거법 결정이 문제되는 점에서 여전히 선결문제이다.

판단해야 한다. 만일 독립적으로 연결한다면(즉 법정지법설을 따른다면) 우리 국제사법 제36조에 따라 각 당사자의 본국법에 의하게 될 것이나, 종속적으로 연결한다면(즉 준거법설을 따른다면) 상속의 준거법 소속국인 A국의 국제사법에 따라 결정되는 혼인관계의 성립의 준거법에 의하게 될 것이다.

그러나 대상판결의 위 논리를 위 전형적인 사안에 대입해 보면 다음과 같이 될 것이다.

> 일반적으로 배우자로서 상속을 하기 위해서는 혼인관계가 존재해야 하는바, 혼인관계는 상속의 준거법을 정한 국제사법 제49조(상속은 사망 당시 피상속인의 본국법에 의한다)에 의할 사항이 아니고 국제사법 제36조(혼인의 성립)에 따라 혼인의 성립 및 방식의 준거법을 적용하여 판단할 사항이다.

이런 식으로 접근하면 국제사법에서 제기되는 선결문제는 항상 실질법적으로 해소되므로, 논리필연적으로 법정지법설(즉, 독립적 연결설)과 동일한 결론이 되고 준거법설과 절충설 등은 처음부터 배제된다. 준거법설을 취한다면 세인트 빈센트의 국제사법을 적용하여 피담보채권의 발생의 준거법을 결정하여야 하고, 나아가 이 사건의 경우 우리나라의 관련성은 법정지이자 경매지라는 것밖에 없는 것으로 보이므로 선원근로계약을 둘러싼 법률관계와 별로 관련성이 없다는 점에서 절충설을 취하더라도 준거법설과 동일한 결론이 되었을 것이다. 준거법설이나 절충설을 취한다면, 근로계약의 준거법을 정한 우리 국제사법 제28조를 적용할 필요는 없다. 마찬가지로, 준거법설과 절충설을 따른다면, 라브라도르의 변제에 의하여 피담보채권이 법률상 이전되는지의 문제도 우리 국제사법 제35조를 적용할 것이 아니라 세인트 빈센트의 국제사법을 적용하여 판단해야 한다. 요컨대, 선결문제의 준거법 결정에 관하여 국내에도 이미 다양한 학설이 있음에도 불구하고, 대상판결이 선결문제를 전혀 의식하지 않은 인상을 주는 것은 유감이다. 대상판결이 선결문제를 의식하지 않은 것은, 아마도 양측의 소송대리인들[110]이 그에 대해 주장을 하지 않았기 때문이 아닐까 짐작된다.

다만, 저자가 위 사항들에 관한 세인트 빈센트의 국제사법 규범을 알지

110) 원고 소송대리인은 김&장법률사무소 소속 변호사들이고, 피고 소송대리인은 법무법인 충정이었다. 소송대리인들은 세인트 빈센트의 변호사들로부터 법률의견을 받았으므로 쟁점을 인식했더라면 세인트 빈센트의 국제사법규칙을 쉽게 확인할 수 있었을 것이다.

못하므로 그에 따를 경우 결론이 달라지는지를 확인할 수 없다는 점은 유감이다. 어쩌면 결론은 동일할 수도 있고, 그렇다면 선결문제를 논의하는 실익이 없을 수도 있다. 특히, 세인트 빈센트는 편의치적을 유치하는 국가이므로 선원근로계약에 세인트 빈센트법을 적용할 가능성이 매우 클 것이다. 대법원이 선원임금채권의 발생 및 법률에 의한 이전(즉, 대위변제)의 준거법 결정에 관한 세인트 빈센트의 국제사법을 조사하여, 우리 국제사법을 적용한 것과 결론에 차이가 없다고 판단했었더라면 매우 훌륭한 판결이 되었을 것이다.

V. 실질법적 문제—세인트 빈센트의 상선법상 법원의 허가는 대위의 요건인가

저자는 해상법의 전문가가 아니므로 실질법상의 논점에 관하여는 원심판결과 대상판결의 태도만을 간단히 정리해 둔다.

실질법적 쟁점은, 세인트 상선법의 해석상 피고가 선원들의 권리를 대위행사하기 위하여 변제에 앞서 법원의 허가를 받아야 하는지이다. 원심판결은 피고가 임금지급 사실만에 의하여 곧바로 그 선원들의 임금채권을 적법하게 대위할 수 있다고 보았으나, 대상판결은 이와 달리 제3자가 자신의 권리를 보호하여야 할 부득이한 상황이나 필요 없이 법원의 허가를 받지 아니하고 자발적으로 선박우선특권에 의하여 담보되는 채권을 변제한 경우 그 제3자는 그 채권자의 권리나 구제수단을 대위할 수 없다고 보았다. 그 근거는, 세인트 빈센트의 영국법 적용법(Application of English Law Act) 제4조에 따르면, 영국에서 수시로 시행되는 보통법 및 형평법의 원칙은 세인트 빈센트 의회의 법률에 의하여 수정 또는 배제되지 않는 한 세인트 빈센트에서 시행될 수 있는데, 영국법상 1917년 피톤(The Petone) 사건의 판례 이후 선박우선특권에 의하여 담보되는 채권을 변제한 자발적 제3자는 그 채권자의 권리나 구제수단을 대위할 수 없다는 원칙이 확립되어 있고, 1917년 피톤 사건의 판례가 세인트 빈센트에서 선례구속력을 상실하였다고 보기 어렵다는 것이었다.

대상판결이 1917년 피톤(The Petone) 사건 판결의 법리가 유지되고 있다고 판단한 근거는, 원·피고로부터 질의회신을 의뢰받은 세인트 빈센트 변호사들이 모두 1917년 피톤 사건의 판례가 자발적 제3자의 대위에 관한 한

세인트 빈센트 개정 상선법 시행 이후에도 여전히 유효하다는 취지의 의견을 개진하였다는 데 있다.[111)]

Ⅵ. 맺 음 말

이 사건에서 관건은, 세인트 빈센트의 상선법상 법원의 허가 없이 선원들에게 임금을 지급한 라브라도르(와 승계인인 피고)가 선원들의 선박우선특권을 대위변제에 의하여 취득하였는가의 여부인데, 원심판결은 이를 긍정하였으나 대상판결은 부정하였다. 이러한 결론의 차이가 발생한 이유는, 세인트 빈센트의 상선법상 라브라도르가 대위변제에 의하여 선박우선특권을 취득하기 위하여 법원의 허가가 필요한지에 대한 해석이 달랐기 때문이다.

이 과정에서 원심판결은 선박우선특권의 준거법만을 판단하고, 선박우선특권의 대위변제도 국제사법 제60조 제1호가 정한 선박우선특권의 준거법에 따른다고 본 데 반하여, 대상판결은 선박우선특권의 피담보채권 자체의 발생과 대위변제는 국제사법 제60조 제1호가 규율하는 사항이 아님을 명확히 하였고, ① 피담보채권인 선원임금채권의 발생의 준거법은 국제사법 제28조를 적용하여 판단하였으며, ② 그 채권의 법률에 의한 이전의 준거법은 국제사법 제35조를 적용하여 각각 별도로 판단하였다. 이처럼 대상판결이 원심판결이 간과한 논점을 포착하여 정확히 판단한 점은 높이 평가한다.[112)] 그러나 대상판결도 ③ 피담보채권 이전의 결과 선박우선특권도 이전되는지를 결정하는 준거법을 명확히 판단하지는 않았다. 더욱이 대상판결이 선결문제의 준거법을 전혀 판단하지 않았거나 적어도 소홀히 취급한 것은 유감이다. 나아가 편의치적이 가지는 함의를 국제사법 차원에서 어떻게 평가해야 하는지에 관하여 아무런 문제의식도 보여주지 않은 것은 아쉽다. 이 사건은, 편의치적의 함의를 선박우선특권의 준거법과 선원근로계약의 준거법의 결정이라는 두 가

111) 솔직히 세인트 빈센트 변호사들의 의견을 보지 못한 저자로서는 이 점에 관하여 왜 원심판결과 대상판결의 결론이 다르게 되었는지를 정확히 이해하기는 어렵다.

112) 특히 근로계약의 준거법 결정에 관하여 과거 섭외사법 하에서 올바른 접근을 하지 못했던 대법원(예컨대 대법원 1970. 5. 26. 선고 70다523, 524 판결은 "… 근로기준법은 대한민국의 국민 간에서의 고용계약에 의한 근로인 이상 그 취업장소가 국내이거나 국외임을 가리지 않고 적용될 성질의 법률"이라고 판시하였다)이 국제사법의 시행을 계기로 정도를 걷고 있음은 다행이다. 이는 입법에 의한 문제 해결의 힘을 보여주는 사례이다.

지 맥락에서 판단할 수 있는 좋은 기회였는데, 대법원이 이를 놓친 것 같아 아쉬움이 크다.

외국적 요소가 있는 사건에서 국제사법의 논점을 정확히 파악하고 이를 올바로 해결하는 것은, 국제사법을 공부하지 않은 법률가들에게는 원천적으로 불가능하다. 아무쪼록 앞으로는 법원이 국제사법 논점에 대해 좀더 큰 관심을 가지고 적절히 해결해 줄 것을 기대해 본다.

제 5 장 국제민사소송법

[8] 개정 루가노협약에 따른 계약사건의 국제재판관할

> 前 記
> 이 글은 저자가 서울대학교 법학 제49권 제4호(통권 149호)(2008. 12.), 413면 이하에 게재한 원고를 다소 수정·보완한 것이다. 국제재판관할규칙을 신설한 일본의 개정 민사소송법도 소개하였다. 계약사건의 국제재판관할에 관하여 새로운 경향을 보여주는, 그러나 문제의 소지가 있는 2008년 대법원판결에 대한 간단한 평석을 補論으로 첨부하였다.

Ⅰ. 머 리 말

1. 논의의 배경

여기에서는 1988년 당시 유럽경제공동체(European Economic Community) 국가들과 자유무역연합(EFTA) 국가들 간에 1968년 체결된 유럽공동체의 "민사 및 상사사건의 재판관할과 재판의 집행에 관한 협약"[1](이하 "브뤼셀협약"이라 한다)의 병행협약으로 스위스 루가노[2]에서 체결된 "민사 및 상사사건의 재판관할과 판결의 집행에 관한 협약"[3] 즉, 일명 "루가노협약"과, 2007년 10월 30일 유럽공동체(European Community),[4] 덴마크[5]와

1) 영문 명칭은 "Convention on Jurisdiction and the Enforcement of Judgments in Civil and Commercial Matters"이다.

2) 루가노는 스위스 남부 이탈리아어권 칸톤인 티치노(Ticino)의 가장 큰 도시로 아름다운 풍광을 가진 호반도시이다.

3) 영문 명칭은 "Convention on jurisdiction and the enforcement of judgments in civil and commercial matters"이다.

4) 과거에는 유럽경제공동체였으나 이는 1993. 11. 1. 발효된 마스트리히트조약에 의하여 유럽공동체로 명칭이 변경되었다. 개정 루가노협약의 텍스트에서 보듯이 당사자는 유럽연합(European Union)이 아니라 'European Community'이다. 마스트리히트조약에 의하여 유럽연합이 창설되었는데, 이는 기존의 3개 공동체(제1기둥), 공동외교·안보정책(제2기둥)

EFTA 국가들에 의해 서명된 개정된 루가노협약[6](이하 이를 "개정 루가노협약"이라 한다) 제5조 제1호에 따른 특별관할 중 통상의 계약에 관한 사건(이하 "계약사건"이라 한다)의 국제재판관할(이하 "국제관할"이라 한다)을 검토한다.[7] 개정 루가노협약은 2010. 1. 1. 유럽연합국가들과 덴마크와 노르웨이에서 발효되었고 스위스에서는 2011. 1. 1.부터 발효되었으며 아이슬란드와 사이에서는 2011. 5. 1. 발효되었다.[8] 아래에서 언급하는 대부분의 학설과 판례는 2002. 3. 1. 발효된 유럽연합의 브뤼셀Ⅰ규정[9](Brussels Ⅰ Regulation)(이하 편의상 "브뤼셀규정"이라 한다)에 관한 것이나, 이는 개정 루가노협약과 거의 동일하고, 특히 계약사건의 국제관할에 관한 규정은 동일하므로(회원국이라는 표현의 사용 여부를 제외하면) 편의상 개정 루가노협약에 관한 것으로 보아 서술한다.

2. 개정 루가노협약에 관심을 가지는 이유

우리나라가 개정 루가노협약의 체약국이 아님에도 불구하고 우리가 동

과 사법·내무분야의 협력(제3기둥)으로 구성되는 복합개념이다. 김대순, 국제법론 제13판(2008), 1385면. 과거 유럽연합은 법인격이 없었지만 리스본조약(Treaty of Lisbon amending the Treaty on European Union and the Treaty establishing the European Community, signed at Lisbon, 13 December 2007)이 2009년 1월 발효됨으로써 법인격을 가지게 되었다.

5) 초기에는 브뤼셀규정은 덴마크에는 적용되지 않고 덴마크에 대한 관계에서는 브뤼셀협약이 적용되었다. 유럽공동체설립조약(제Ⅳ장)에 관하여 영국, 아일랜드와 덴마크에 대하여는 특별한 약정이 적용되는데, 브뤼셀규정의 채택과 적용에 참여한 영국과 아일랜드와는 달리 덴마크는 이를 거부하였기 때문이다. Jan Kropholler, Europäisches Zivilprozeßrecht: Kommentar zu EuGVO, Lugano-Übereinkommen und Europäischem Vollstreckungstitel, 8. Auflage (2005), Einl. Rz. 21ff.(이하 "Kropholler"라고 인용한다. 여기에서 대체하지는 않았지만 이는 Jan von Hein이 이어서 쓴 제9판(2011)이 있다). 그러나 덴마크는 2005. 10. 19. 유럽공동체와 조약을 체결하여 그 후 브뤼셀규정이 적용되나 개정 루가노협약에서 덴마크는 별도의 당사자이다.

6) 영문 명칭은 "Convention on jurisdiction and the recognition and enforcement of judgments in civil and commercial matters"이다. 텍스트는 http://www.ofj.admin.ch/etc/medialib/data/wirtschaft/ipr.Par.0022.File.tmp/260307_entw_lugano_convention-e.pdf 참조. 국문번역은 한국국제사법학회, 외국판결의 승인 집행에 관한 국제규범과 우리의 대응방안, 법원행정처 2008년 연구용역 보고서(2009. 5. 26.), 349면 이하 참조.

7) 소비자계약, 근로계약과 보험계약에 관한 사건에 관한 특별관할은 제외한다.

8) http://conflictoflaws.net/ 참조.

9) 영문 명칭은 "Council Regulation (EC) No 44/2001 of 22 December 2000 on Jurisdiction and the Enforcement of Judgments in Civil and Commercial Matters"이다. 이를 '규칙' 또는 '명령'이라고 번역하기도 한다.

협약에 관심을 가지는 이유는 다음과 같다.[10)]

첫째, 개정 루가노협약이 채택하고 있는 국제관할의 결정원칙과 그에 대한 유럽사법재판소(현재는 The Court of Justice of the European Union. CJEU. 저자는 과거 '유럽법원'이라 하였으나 여기에서는 국제법학자들의 표현을 따라 "유럽사법재판소"라고 한다) 및 체약국의 학설 및 판례는 대체로 브뤼셀규정을 따른 것으로서 우리 국제사법(제2조)의 해석론과 입법론상 국제관할규칙의 정립에 크게 참고가 된다.[11)] 주지하는 바와 같이 국제사법 제2조는 처음부터 과도기적인 입법으로 구상되었다.[12)]

둘째, 개정 루가노협약은 우리 기업이 동 협약의 체약국 기업과 거래에서 체약국의 법원이 국제관할의 유무를 판단하는 데 적용될 수 있고, 어느 체약국의 법원에서 선고된 재판은 다른 체약국에서 쉽게 승인 및 집행되므로 우리 기업들에게도 영향을 미칠 수 있다.

셋째, 유럽공동체의 회원국만이 가입할 수 있었던 브뤼셀협약과 달리, 개정 루가노협약은 유럽연합과 EFTA의 회원국이 아닌 제3국에게도 개방되어 있다.[13)] 우리나라가 당장 개정 루가노협약에 가입할 것은 아니지만 가입의 필요성은 검토할 여지가 있다. 즉 개정 루가노협약의 체약국이 우리 기업에 대해 부속서 I에 열거된 '과잉관할'(exorbitant jurisdiction)을 적용하여 판결하고 그것이 다른 체약국에서 승인 및 집행되는 사태가 빈번히 발생한다면 그 폐해를 막기 위하여[14)] 가입을 고려할 필요가 있다. 그것이 아니더라도 개

---

10) 본문 첫째와 둘째는 과거 저자가 밝힌, 우리가 브뤼셀협약에 관심을 가지는 이유와 거의 동일하나, 셋째는 브뤼셀협약에는 해당이 없고, 넷째는 시간의 경과로 의미가 달라졌다. 석광현, "民事 및 商事事件의 裁判管轄과 裁判의 執行에 관한 유럽공동체協約(브뤼셀협약)," 국제사법과 국제소송 제2권(2001), 322면 이하 참조.

11) 사회·경제적 약자를 보호하는 국제사법 제27조와 제28조는 브뤼셀협약과 브뤼셀규정을 참고한 것이므로 개정 루가노협약은 그의 해석에 직접 도움이 되고, 나아가 국제관할에 관한 대원칙을 선언한 국제사법 제2조에 따른 정치한 국제관할규칙을 정립하는 데 참고가 된다. 2001. 7. 1.자로 개정된 국제사법 제1조가 명시하는 바와 같이 국제관할규칙의 정립은 우리 국제사법의 과제이다.

12) 상세는 석광현, 2001년 개정 국제사법 해설 제2판(2003), 32면.

13) 개정 루가노협약에 따르면, 동 협약에 가입하고자 하는 국가는 신청에 필요한 정보와 제72조가 요구하는 정보, 특히 법관의 임명과 독립에 관한 정보를 포함한 사법제도, 민사소송과 판결의 집행에 관한 국내법 및 민사소송에 관한 국제사법에 관한 정보를 수탁국인 스위스에 제공하여야 한다.

14) 즉 개정 루가노협약(제4조)에 따르면, 체약국에 주소가 있는 피고에 대하여는 과잉관할을 관할근거로 삼을 수 없지만, 체약국에 주소가 없는 피고에 대하여는 그것이 가능하고, 또한 과잉관할에 근거한 판결도 다른 체약국에서 승인 및 집행이 보장되기 때문이다(제35

정 루가노협약의 체약국과 우리나라 간의 판결의 국제적 유통(circulation. 또는 이동)을 촉진하기 위해서도 가입을 고려할 수 있다. 그러나 개정 루가노협약에 가입할 경우 유럽사법재판소의 해석을 존중하지 않을 수 없는데, 우리나라가 유럽사법재판소 재판관의 구성에 관여하지 못하면서 그들의 판단에 구속되는 것은 수용할 수 없다. 어쨌거나 개정 루가노협약 가입은 시간여유를 가지고 좀더 지켜보면서 검토할 사항이다.[15)]

넷째, 아래에서 언급하듯이 1992년 이래 전세계적으로 적용될 것을 목표로 국제관할과 재판의 집행에 관한 국제협약을 작성하기 위한 준비작업이 헤이그국제사법회의 차원에서 진행되었으나 실패하였고 "관할합의에 관한 협약"만이 채택되었는데 관할합의협약의 적용범위를 확대하려는 시도가 있을 경우 개정 루가노협약/브뤼셀규정이 그 작업의 기초로서 의미를 가지게 될 것이다. 실제로 2012년 헤이그국제사법회의는 좌절되었던 위 작업을 재개하는 방안을 논의하고 있다.

3. 논의의 순서

여기에서는 개정 루가노협약의 성립과 개정의 경과(Ⅱ.), 개정 루가노협약의 국제관할규칙의 개관(Ⅲ.), 개정 루가노협약상 계약사건의 특별관할(Ⅳ.)과 우리 국제사법에의 시사점(Ⅴ.)의 순서로 논의한다.[16)] 여기에서는 계약사건의 국제관할을 둘러싼 다양한 논점과 문제의식을 제시함으로써 앞으로 우리나라의 국제관할규칙의 정립을 위한 해석론과 입법론에 기여하고자 한다.

조 참조). 상세는 석광현(註 10), 351-392면 참조.

15) 이런 맥락에서 한국국제사법학회는 산하에 루가노협약연구반을 두어 연구작업을 하였고 2009. 5. 26. 위(註 6)에 언급된 보고서를 법원행정처에 제출하였다.

16) 루가노협약, 브뤼셀협약과 브뤼셀규정에 관한 국내문헌은 석광현(註 10), 321면 이하; 석광현, "民事 및 商事事件의 裁判管轄과 裁判의 執行에 관한 유럽연합규정(브뤼셀규정) —브뤼셀협약과의 차이를 중심으로—," 국제사법과 국제소송 제3권(2004), 368면 이하; 김대순, "유럽공동체 내에서의 판결의 자유이동에 관한 연구: 브뤼셀 재판협약의 개관," EU법의 연구(2007), 187면 이하(당초 벽파 김정건 박사 화갑기념논문집(1993), 375면 이하 게재 논문임); 정규상, "루가노조약에 있어서 裁判管轄," 성균관법학 제9호(1998), 57면 이하; 노태악·김우진, "루가노협약과 브뤼셀규정에 관한 연구(Ⅰ)," 국제규범의 현황과 전망(법원행정처, 2007), 413면 이하; 이규호, "국제적 소송경합—1999년 헤이그협약 예비초안과 루가노협약을 중심으로—," 국제사법연구 제13호(2007), 187면 이하 참조.

Ⅱ. 개정 루가노협약의 성립과 개정의 경과

1. 브뤼셀협약과 루가노협약의 체결경위[17)]

유럽공동체 내에서의 판결의 자유로운 유통 또는 이동을 보장하기 위하여 서독(이하 "독일"이라 한다), 이탈리아 및 프랑스 등 당시 유럽공동체의 6개 회원국은 1968. 9. 27. 브뤼셀협약을 체결하였고 이는 1973. 2. 1. 발효되었다. 브뤼셀협약은 국제관할과, 재판의 승인 및 집행에 관한 통일된 원칙을 정한 것이라는 점에서 '이중협약'(convention double)의 성격[18)]을 가지는데, 이는 유럽연합 국제민사소송법의 가장 중요한 규범이다.[19)] 브뤼셀협약은 영국 등의 가입을 계기로 1978년 가입협약에 의하여 개정된 이래 브뤼셀규정으로 전환되기 전에 4차례에 걸쳐 개정되었다.

한편 1988년 당시 유럽공동체국가들과 EFTA 국가들[20)]은 판결의 승인 및 집행을 통한 유럽공동체와의 법적·경제적 협력을 강화하고자 1988. 9. 16. 루가노에서 당시 브뤼셀협약을 기초로 작성한 루가노협약을 체결하였는데 이를 '병행협약'(parallel convention)이라고 부른다. 루가노협약의 결과 브뤼셀협약의 원칙의 적용범위가 EFTA 국가로 확대되었다. 그 후 EFTA 국가 중 오스트리아, 핀란드 및 스웨덴이 1995. 1. 1. 유럽연합에 가입하였고 브뤼셀협약에 가입함에 따라 루가노협약의 중요성은 감소하였다.

---

17) 이 부분은 석광현(註 10), 324면 이하에서 논의하였다.

18) 반면에 국제관할원칙을 직접 규율하지 않고 외국재판의 승인 및 집행만을 규율하는 형식의 협약을 '*convention simple*'(단일협약)이라고 한다. 그 밖에도 아래에서 보듯이 혼합협약(*convention mixte*)이 있다.

19) Ulrich Magnus/Peter Mankowski (eds.), Brussels Ⅰ Regulation (2007), Introduction, no. 12 (Magnus 집필부분). Magnus 집필부분은 이하 "Mangnus"로 인용한다. 이를 가리켜 '유럽연합의 민사소송법'이라고 부르기도 한다. Kropholler는 브뤼셀규정에 대한 주석서의 표제를 "Europäisches Zivilprozeßrecht"(유럽민사소송법)라고 한다.

20) EFTA는 1960년에 결성되었다. 루가노협약 체결 당시 회원국은 오스트리아, 핀란드, 아이슬란드, 노르웨이, 스웨덴 및 스위스였으나 현재의 회원국은 아이슬란드, 리히텐슈타인, 노르웨이와 스위스이다.

2. 브뤼셀협약과 루가노협약의 관계

브뤼셀협약과 루가노협약의 관계를 명시하는 루가노협약 제54B조에 따르면, 루가노협약은 브뤼셀협약의 체약국들이 브뤼셀협약을 적용하는 데 원칙적으로 영향을 미치지 않는다. 그러나 일정한 경우 루가노협약이 적용된다.[21] 유럽연합 회원국의 확대에 따라 브뤼셀규정의 중요성이 커졌고 장래 그 중요성이 더욱 커질 것이다. 반면에 루가노협약의 중요성은 감소하였지만, 유럽연합의 회원국과, 유럽연합에 가입하지 않은 국가, 특히 스위스 등과의 관계에서 루가노협약은 큰 의미가 있다.[22] 루가노협약 제54B조는 개정 루가노협약에서는 제64조가 되었으나 내용은 별 차이가 없다. 따라서 위는 개정 루가노협약 상으로도 타당하다.

3. 브뤼셀규정의 제정과 루가노협약의 개정 작업

브뤼셀협약의 체약국들은 암스테르담조약[23]이 1999. 5. 1. 발효된 뒤 브뤼셀협약의 법형식을 이사회규정(Council Regulation, *Règlement du Conseil*, Verordnung des Rates)으로 전환하여 브뤼셀규정으로 개정하였는데 이는 2002. 3. 1. 발효되었다.[24] 규정의 형식은 ① 수정이 용이하고, ② 모든 회원국에서 동시에 발효되며, ③ 신규 회원국이 가입하더라도 가입협약을 체결하고

---

21) 정확히는 첫째, 법원의 관할에 관하여, 피고가 유럽연합 회원국이 아닌 루가노협약의 체약국에 주소를 가지는 경우, 또는 유럽연합 회원국이 아닌 루가노협약의 체약국이 루가노협약 제16조에 의하여 전속관할을 가지거나, 루가노협약 제17조에 의하여 합의관할을 가지는 경우, 둘째, 소송경합 및 관련소송에 관하여는, 소송이 유럽연합에 속하지 않는 루가노협약의 체약국과 유럽연합에 속하는 체약국에 계속한 경우 및 셋째, 재판의 승인 및 집행에 관하여는, 재판국 또는 승인국이 유럽연합의 회원국이 아닌 국가인 경우이다.

22) Kropholler, Einl. Rz. 58.

23) 암스테르담조약은 마스트리히트조약과 세 개의 공동체설립조약을 개정하기 위한 것이다.

24) 브뤼셀규정 외에도 유럽연합은 1998년 5월 "혼인사건과 부부의 공통의 자에 대한 부모의 책임에 관한 사건의 국제관할과 재판에 관한 협약"을 마련하였는데 이는 2001. 3. 1. 이사회규정으로 전환되었다("Brussels Ⅱ Regulation"). 이는 그 후 2003년 "혼인사건과 친권(부모책임)에 관한 사건의 국제관할과 재판의 승인 및 집행에 관한 이사회규정"으로 대체되었는데 이를 '브뤼셀Ⅱa규정' 또는 '브뤼셀Ⅱbis규정'이라고 부른다. 그 영문 명칭은 "Council Regulation (EC) No 2201/2003 of 27 November 2003 concerning Jurisdiction and the Recognition and Enforcement of Judgments in Matrimonial Matters and the Matters of Parental Responsibility, repealing Regulation (EC) No 1347/2000)"이다.

비준할 필요가 없다는 장점이 있다.[25)]

브뤼셀협약을 브뤼셀규정으로 대체함에 따라 루가노협약을 개정하기 위한 작업이 1998년과 1999년에 있었으나 성사되지 않았다가 마침내 개정 루가노협약이 유럽공동체, 덴마크와 EFTA 국가들(스위스, 노르웨이와 아이슬란드)에 의해 2007. 10. 30. 서명되었다.[26)] 개정 루가노협약은 위에서 언급한 바와 같이 유럽연합국가들과 덴마크, 노르웨이, 스위스와 아이슬란드 간에 이미 발효되었다.

4. 브뤼셀협약과 루가노협약의 해석

브뤼셀협약은 유럽공동체의 입법이 아니라 유럽공동체 회원국들 간의 협약이었기 때문에 유럽공동체의 기관인 유럽사법재판소[27)]가 브뤼셀협약을 해석할 권한을 당연히 가지지는 않았으나, 브뤼셀협약의 통일적인 해석과 적용을 보장하고자 체약국들은 1971. 6. 3. 의정서에 의하여 유럽사법재판소에 해석권한을 부여하였다. 한편 루가노협약은 유럽공동체의 입법이 아니므로 유럽사법재판소가 그에 대한 해석권한을 가질 수는 없다. 따라서 루가노협약의 통일적 해석을 확보하기 위하여 체약국들은 통일적 해석에 관한 의정서(제2의정서)를 채택하였다.

반면에 개정 루가노협약은 루가노협약과 달리 유럽공동체 규칙의 일부이므로 유럽사법재판소는 유럽연합 회원국의 법원이 개정 루가노협약을 적용하는 것과 관련하여 그 해석에 관한 결정을 할 권한을 가진다. 개정 루가노협약을 적용하는 모든 법원은 루가노협약과 브뤼셀협약/브뤼셀규정의 관련 또는 유사한 조문의 해석에 관하여 개정 루가노협약의 체약국 또는 유럽사법재판소가 선고한 판결을 적절히 고려하여야 한다(제2의정서 제1조).

---

25) Kropholler, Einl. Rz. 15.

26) http://www.conflictoflaws.net/ 참조. 텍스트는 http://www.ofj.admin.ch/etc/medialib/data/wirtschaft/ipr.Par.0022.File.tmp/260307_entw_lugano_convention-e.pdf 참조.

27) 이는 과거에는 The Court of Justice of the European Communities라고 하였다. 통상 'European Court of Justice' (ECJ)라고 부르는데, 이를 '유럽사법재판소'라고 번역하기도 한다. 그러나 리스본 조약이 2009년 발효하면서 위 법원의 명칭이 'Court of Justice of European Union'으로 변경되었고 Court of Justice, General Court와 Specialised Courts로 구성된다. 박덕영 외 14인, EU법 강의(2010), 138면 이하(이성덕 집필부분) 참조. Specialised Courts의 일환으로 2005년에 Civil Service Tribunal이 설립되어 EU와 그 공무원 간의 분쟁을 해결하고 있다.

5. 브뤼셀협약과 루가노협약의 세계적 확산의 시도

1992년 미국의 제안에 따라 헤이그국제사법회의 차원에서 민사 및 상사사건의 국제관할과 외국재판에 관한 전세계적인 협약을 채택하기 위한 작업이 진행된 결과, 1999년 10월 "민사 및 상사사건의 국제관할과 외국재판에 관한 협약의 예비초안"[28](이하 "예비초안"이라 한다)이 작성되었고, 2001년 6월 제1차 외교회의에서 예비초안을 수정한 텍스트(이는 엄밀하게는 초안이라고 할 수 없지만 편의상 "2001년 초안"이라 한다)가 혼합협약[29]으로서 작성되었으나[30] 이 작업은 결국 실패하였다. 그 대신 헤이그국제사법회의는 2005년 6월 위에 언급한 "관할합의에 관한 협약"(Convention on Choice of Court Agreements)을 채택하였는데 이는 국제소송에 관하여, 종래 국제중재에서 1958년 뉴욕협약이 수행하는 역할을 하도록 하기 위한 것이다.[31]

브뤼셀협약의 브뤼셀규정으로의 전환과 그에 따른 개정작업은, 당시 예비초안을 성안하기 위한 작업에 의하여 영향을 받았고, 또한 반대도 마찬가지이다. 예컨대 계약사건의 국제관할을 보면 「브뤼셀협약/루가노협약 → 브뤼셀규정/개정 루가노협약 → 예비초안」이라는 논리적인 진화과정을 볼 수 있다.[32] 물론 시간적으로 예비초안은 1999년에 작성되었고 브뤼셀규정/개정 루가노협약은 각 2002년/2007년에 채택되었으며, 예비초안은 결국 좌절되었으므로 위와 같이 진화하였다고 하기 어렵지만 논리의 전개라는 관점에서 그렇

---

28) 영문 명칭은 "Preliminary Draft Convention on Jurisdiction and Foreign Judgments in Civil and Commercial Matters adopted by the Special Commission on 30 October 1999"이다.

29) 이중협약의 경우 협약에 열거된 관할근거는 망라적이므로 체약국의 법원은 협약에 따라서만 국제관할을 가질 수 있다. 그러나 혼합협약(mixed convention)은 체약국이 자국법의 관할규칙을 근거로 직접관할을 인정할 수 있도록 허용하므로 예비초안에는 의무관할, 금지관할과 허용관할이라는 세 가지 유형의 국제관할이 존재한다.

30) 예비초안과 2001년 초안에 관한 국내문헌으로는 석광현, "헤이그국제사법회의의 「民事 및 商事事件의 國際裁判管轄과 外國裁判에 관한 협약」 예비초안," 국제사법과 국제소송 제2권(2001), 396면 이하; 석광현, "헤이그국제사법회의의 民事 및 商事事件의 國際裁判管轄과 外國裁判에 관한 협약 2001년 초안," 국제사법과 국제소송 제3권(2004), 429면 이하; 유영일, "國際裁判管轄의 實務運營에 관한 小考—改定 國際私法과 헤이그신협약의 논의를 중심으로—," 법조 통권 제554호(2002. 11), 49면 이하; 법조 통권 제555호(2002. 12.), 178면 이하 참조.

31) 관할합의협약에 관하여는 우선 석광현, "2005년 헤이그 재판관할합의협약의 소개," 국제사법연구 제11호(2005), 192면 이하 참조.

32) 그러나 아래에서 언급하는 2001년 초안은 그런 연장선 상에 있는 것이 아니다.

게 말할 수 있다는 것이다.

Ⅲ. 개정 루가노협약의 국제관할규칙의 개관

1. 관할규칙의 구성

법원이 피고에 대한 모든 소송에 대하여 관할을 가지는 경우 이를 '일반관할'(general jurisdiction)이라 하고, 법원이 일정한 범위의 한정된 소송에 대하여만 관할을 가지는 경우 이를 '특별관할'(special jurisdiction)이라 하는데,[33] 이는 우리 민사소송법상의 보통재판적과 특별재판적의 구분에 상응한다. 다만 재판적이 당사자와 사건의 관점에서 바라보는 개념인 데 반하여, 관할은 법원의 관점에서 바라보는 것이라는 점이 다르다.

개정 루가노협약의 국제관할규칙은 다음 세 가지 기본원칙으로 정리할 수 있다. 첫째, 피고가 법정지국가인 체약국에 주소를 가지는 경우 당해 국가가 관할을 가지는데(제2조 제1항) 이것이 일반관할이다. 둘째, 피고가 법정지국가 이외의 체약국에 주소를 가지는 경우에는, 법정지국가는 개정 루가노협약 제5조-제24조 또는 별도의 조약에 의하여 관할을 가지는 경우에 한하여 관할을 가지는데(제3조 제1항) 이것이 특별관할이다. 계약사건의 국제관할이 바로 그러한 특별관할의 예인데, 개정 루가노협약 제5조 제1호는 이를 명시한다. 셋째, 피고가 체약국에 주소를 가지지 않는 경우, 제22조와 제23조의 유보 하에 법정지국가는 자신의 국내법에 의하여 관할의 유무를 결정한다(제4조 제1항).

다만 위의 원칙에는 예외가 있다. 즉, 전속관할의 원칙(제22조)은 주소에 관계없이 적용된다. 또한, 관할합의(제23조)의 경우에는 피고가 체약국에 주소를 가지고 있을 것이 요구되지 않으며, 당사자들 중의 1인이 체약국에 주소를 가지는 것으로 족하다.

33) 미국에서는 특별관할을 'specific jurisdiction' 또는 'limited jurisdiction'이라 하는데, 우리와 달리 국제관할을 대인관할권(personal jurisdiction)과 대물관할자(in rem jurisdiction)의 문제로 다룬다.

2. 개정 루가노협약상 특별관할과 일반관할과의 관계

루가노협약/브뤼셀규정상 일반관할을 원칙, 특별관할을 예외로 보아 특별관할을 제한적으로 해석할 것이라는 견해가 있고 유럽사법재판소는 다수의 판결[34]에서 이런 취지를 되풀이하여 판시하고 있다. 영국에서는 이를 판결의 문언에 충실하게 받아들이는 경향이 있으나, 독일에서는 그에 대해 비판적인 견해가 유력하다. 제5조에 규정된 특별관할의 근거는 각각 그 나름의 추구하는 목적이 있는 것이지 제2조가 정한 일반관할에 열후한 것이 아니라는 것이다.[35] 즉 제2조는 피고를 보는 데 반하여, 제5조는 분쟁의 실체를 보는 것이라는 점에서 차이가 있으나, 양자는 대등한 관계에 있는 것이지 원칙과 예외의 관계는 아니라는 것이다.[36]

3. 개정 루가노협약과 루가노협약의 계약사건의 국제관할의 개관

개정 루가노협약은 브뤼셀협약과 마찬가지로 통상의 계약과 특수한 계약을 구별하여 상이한 관할원칙을 정하고 있다. 여기에서 '통상의 계약'이라 함은 (ㄱ) 제1조에 의하여 협약의 적용범위에서 배제되는 계약(예컨대 공법적 성질을 가지는 계약 등), (ㄴ) 제18-제14조의 의미의 보험계약, (ㄷ) 제15조-제17조의 의미의 소비자계약, (ㄹ) 제22조 제1항의 의미의 부동산에 대한 임차권을 목적으로 하는 계약과 (ㅁ) 제18조-제21조에서 특칙을 두고 있는 개별 근로계약을 제외한 계약을 의미한다. 이러한 계약들에 대하여는 특칙이 있으므로 제5조 제1호는 적용되지 아니한다.[37]

---

34) 1978. 11. 22. Somafer 사건 판결(C-33/78), 1988. 9. 27. Kalfelis 사건 판결(C-189/87) 등 참조.

35) Magnus/Mankowski (eds.), Brussels I Regulation (2007), Art. 5 no. 9 이하(Mankowski 집필부분), 특히 13은 이를 명확히 지적한다. Mankowski 집필부분은 이하 "Mankowski"라고 인용한다.

36) Mankowski, Art. 5 no. 13.

37) 이러한 기본구조는 루가노협약에서도 같으나, 개정 루가노협약은 개별근로계약에 관하여 제Ⅱ장 제5절을 신설하였다.

Ⅳ. 개정 루가노협약상 계약사건의 특별관할(제5조 제1호)

계약사건의 국제관할을 정한 제5조 제1호의 국문번역은 아래와 같다.[38)]

개정 루가노협약	루가노협약
제5조 이 협약에 의하여 구속되는 어느 국가에 주소를 가지는 자는 다음의 경우 이 협약에 의하여 구속되는 다른 국가에서 제소될 수 있다. 1. (a) 계약에 관한 사건의 경우에는 문제가 된 의무[39)]의 이행지[40)]의 법원에서 (b) 이 조항의 목적상 그리고 달리 합의되지 않으면 문제가 된 의무의 이행지는 다음과 같다. - 물품 매매의 경우, 계약에 따라 물품이 인도되었거나 인도되었어야 하는 이 협약에 의하여 구속되는 국가의 장소 - 용역[41)] 제공의 경우, 계약에 따라 용역이 제공되었거나 제공되었어야 하는 이 협약에 의하여 구속되는 국가의 장소 (c) 만일 (b)가 적용되지 않는 경우에는 (a)가 적용된다.	제5조 어느 체약국에 주소를 가지는 자는 다음의 경우 다른 체약국에서 제소될 수 있다. 1. 계약에 관한 사건의 경우에는 문제가 된 의무의 이행지의 법원; (개별 근로계약에 관한 부분은 생략)

위에서 언급한 바와 같이 개정 루가노협약 제5조 제1호는 계약사건의 국제관할을 특별관할의 예로 규정한다. 국제거래가 원칙적으로 국제계약을 통하여 이루어지는 점을 고려할 때, 당사자가 관할합의를 하는 경우를 제외한다면, 계약사건의 국제관할이 실무상 매우 중요하다는 점은 명백하다. 이는

38) 이는 저자의 번역으로 한국국제사법학회가 법원행정처에 제출한 보고서(註 6), 352면의 문언과는 다소 다르다.

39) 이는 'obligation'(영어), '*obligation*'(불어), 'Verpfllichtung'의 번역이다. 이를 "채무"라고 번역할 수도 있을 것이다.

40) 영어본은 "(a) in matters relating to a contract, in the courts for the place of performance of the obligation in question;"이라고 하여 위와 같이 규정하는 데 반하여, 독어본은 "(a) wenn ein Vertrag order Ansprüche aus einem Vertrag den Gegenstand des Verfahrens bilden, vor dem Gericht des Ortes, an dem die Verpflichung erfüllt worden ist oder zu erfullen ware;"라고 하여 문제된 채무가 이행되었거나 이행되어야 하는 장소의 법원에서라는 취지로 규정한다.

41) 이는 'services'(영어), '*services*'(불어), 'Dienstleistungen'의 번역인데, 이를 '역무'라고 번역하기도 한다.

루가노협약/브뤼셀협약의 규정을 개정한 것이므로 우선 루가노협약을 살펴보고 개정 루가노협약에 따른 개정을 검토한다.

루가노협약/브뤼셀협약 제5조 제1호에 따르면 계약에 관한 사건의 경우에는 '문제가 된 의무' 또는 '소의 기초가 된 의무'[42](이하 양자를 호환적으로 사용한다)의 이행지의 법원이 특별관할을 가진다. 이 조항은 독일 민사소송법(제29조)[43]에서 유래된 것이다. 제5조 제1호의 결과 계약에 관한 사건의 경우 원고는 자신의 선택에 따라 루가노협약/브뤼셀협약 제2조에 기하여 피고의 주소지 국가에서 제소할 수 있고, 또한 제5조 제1호에 기하여 소의 기초가 된 의무의 이행지 국가에서 제소할 수 있다. 위의 해석을 둘러싸고 첫째, 계약에 관한 사건의 의미, 둘째, 문제가 된 의무의 의미와 셋째, 이행지의 결정이 문제가 되었는데 아래에서는 이를 차례대로 검토한다.

1. 계약에 관한 사건

이행지관할의 근거는 이행지와 계약에 관한 사건 간에 밀접한 관련이 있다는 데 있다. 나아가 독일의 종래 통설은 실체법상 의무를 이행하여야 하는 곳에서 소를 제기할 수 있도록 함으로써 실체법상의 이행지와 소송법상의 이행지를 일치시킬 수 있다는 데 있다고 설명한다.[44] 또한 의무이행지가 명확하다면 당사자의 예측가능성을 제고함으로써 법적 안정성을 보장하는 장점이 있다.

---

42) the obligation in question, l'obligation qui sert de base à la demande, wenn ein Vertrag oder Ansprüche aus einem Vertrag den Gegenstand des Verfahrens bilden.

43) 제29조 제1항은 "Für Streitigkeiten aus einem Vertragsverhältnis und über dessen Bestehen ist das Gericht des Ortes zuständig, an dem die streitige Verpflichtung zu erfüllen ist."(계약관계로부터 발생하거나 그의 존재에 관한 쟁송에 대하여는 다툼이 있는 의무를 이행하여야 하는 장소의 법원이 관할을 가진다)라고 규정하는데, 이는 거소지 또는 의무이행지의 특별재판적을 정한 우리 민사소송법 제8조("재산권에 관한 소를 제기하는 경우에는 거소지 또는 의무이행지의 법원에 제기할 수 있다")와 유사하다. 다만 ① 독일은 계약관계로부터 발생하거나 그의 존재에 관한 쟁송에 한정하나, 우리는 넓게 재산권에 관한 소에 대해 규정하고, ② 독일은 관할의 기준이 되는 의무를 다툼이 있는 의무라고 명시하나 우리는 명시하지 않으며, ③ 독일은 거소지의 재판적을 규정하지 않으나 우리는 이를 규정하는 점에서 다르다.

44) Haimo Schack, Internationales Zivil Verfahrernsrecht, 5. Auflage (2010), Rz. 300 Fn. 2에 인용된 문헌 참조. 역사는 Jan Kropholler, Handbuch des Internationalen Zivilverfahrensrecht Band Ⅰ, Kapitel Ⅲ Internationale Zuständigkeit (1982), Rz. 345ff. 참조. 그러나 Schack는 이에 대해 비판적이다.

'계약에 관한 사건'(matters relating to a contract. 또는 계약에 관련된 사건 또는 계약사건)[45]의 개념은, 통일적인 적용을 위하여 체약국의 국내법과 독립된 루가노협약/개정 루가노협약 자체의 개념으로 이해하여야 하고, 그 경우 루가노협약/개정 루가노협약 규정의 체계와 목적에 비추어 해석해야 한다는 데 이견이 없다.[46] 그에 따르면 계약의 개념을 넓게 이해하여야 하는데,[47] 유럽사법재판소의 판결에 따르면 계약에 따른 의무는 "일방당사자가 상대방에 대하여 자유롭게(또는 자발적으로) 부담한 의무"[48]를 의미한다.

계약에 따른 의무의 이행을 구하는 분쟁, 즉 계약의 효력에 관한 분쟁이 이에 포함되는 것은 명백하고, 나아가 계약의 성립, 유효성에 관한 분쟁, 즉 계약의 무효, 취소, 부존재와 관련한 분쟁은 다소 논란의 여지가 있으나 포함된다고 본다.[49] 그 밖에 논란이 있는 사안을 보면 다음과 같다.[50]

첫째, 계약 전 의무(pre-contractual obligation)에 관련된 분쟁이 계약에 관한 사건에 포함되는가이다. 여기에서 특히 문제되는 것은 계약체결상의 과실책임(*culpa in contrahendo*)과, 협상의 부당파기에 따른 책임이다. 전자를 보면, 국내법상 독일에서는 계약체결상의 과실책임을 계약책임으로 성질결정하는 데 반하여 프랑스에서는 불법행위로 성질결정한다.[51] 브뤼셀협약/루가노협약상 이를 계약으로 성질결정하는 견해와 불법행위로 성질결정하는 견해가 나뉘고[52] 경우에 따라 구분하는 견해도 보인다.[53] 한편 후자에 관하

45) 독일어본은 "계약 또는 계약으로부터의 청구가 절차의 대상인 경우"(ein Vertrag oder Ansprüche aus einem Vertrag den Gegenstand des Verfahrens bilden)라고 한다.

46) 유럽사법재판소의 1983. 3. 22. *Peters v. Zuid Nederlandse Aannemers Vereikniging* 사건 판결(C-34/82) 등.

47) 계약의 성립 또는 체결을 전제로 하는지에 관하여는 제5조 제1호와 제15조의 경우 범위가 다를 수 있고, 전자가 더 넓다. 유럽사법재판소의 2005. 1. 20. *Petra Engler v. Janus Versand GmbH* 사건 판결(C-27/02) 참조.

48) "obligaiton freely assumed by one party towards another (Verpflichtungen, die eine Partei gegenüber der anderen freiwillig eingegangen ist)." 유럽사법재판소의 1992. 6. 17. *Handte v. Traitements* 사건 판결(C-26/91) 등 참조.

49) 유럽사법재판소의 1982. 3. 4. *Effer v. Kantner* 사건 판결(C-38/81)참조. Mankowski, Art. 5 no. 38, no. 42 이하.

50) 이에 관하여는 유형별로 철저한 검토가 필요하다. 유형별 검토는 우선 Reinhold Geimer/Rolf A. Schütze, Europäisches Zivilverfahrensrecht: Kommentar, 2. Auflage (2004), Art. 5. A. 1 Rz. 55(이하 이를 "Geimer/Schütze"라고 인용한다. 여기에서 대체하지는 않았지만 이는 제3판(2009)이 있다); Mankowski, Art. 5 no. 26 이하 참조.

51) Geimer/Schütze, A.1, Art. 5 Rz. 18.

52) Geimer/Schütze, A.1, Art. 5 Rz. 221; Schack(註 44), Rz. 293.

53) Mankowski, Art. 5 no. 54 이하 참조.

여도 견해가 나뉜다.

유럽사법재판소는 경우를 나누어 계약 체결 전 단계이더라도 당사자들이 자유롭게 부담한 의무를 위반한 경우에는 제1호가 적용되지만, 신의성실의 원칙에 따라 협상할 의무처럼 법적으로 부과된 의무를 위반한 경우에는 불법행위로 성질결정하는 것으로 보인다.[54)]

둘째, 계약이 해제 또는 취소되거나 무효인 경우 반환청구권에 관한 분쟁이 이에 포함되는가는 논란이 있다. 독일에서는 반환청구권의 경우 계약이 해제된 경우는 물론 계약이 취소되거나 무효이어서 부당이득반환으로 성질결정되더라도 계약에 관한 사건으로 본다.[55)] 계약의 유·무효를 판단하는 법원과 그의 결과로 인한 구제를 다른 법원의 관할에 귀속시키는 것은 바람직하지 않기 때문이다.[56)]

셋째, 제조물책임에 기한 손해배상청구는 계약에 관한 사건에 포함되지 않는다는 견해가 유력하나, 논란이 있는 것으로 보인다.

예비초안은 계약상 소송(action in contract)[57)]이라고 하여 루가노협약의 계약에 관한 사건보다는 범위를 제한하고 있는 것으로 보인다.

2. 문제가 된 의무

가. 문제가 된 의무의 개념

루가노협약(제5조 제1호)에 따르면, 계약사건의 관할은 '문제가 된 의무' 또는 '소(또는 청구)의 기초가 된 의무'(obligation forming the basis of the legal proceedings)의 이행지를 기준으로 판단한다. 즉 이는 계약관계를 특징짓는 의무가 아니라 구체적으로 다툼이 있는 의무이다. 따라서 동일한 매매

---

54) 2002. 9. 17. Tacconi 사건 판결(C-334/00): Kropholler, Art. 5 Rz. 18 참조.

55) Mankowski, Art. 5 no. 42 이하; Kropholler, Art. 5 Rz. 15; Geimer/Schütze, A.1, Art. 5 Rz. 63, 64 참조. 반면에 Kleinwort Benson 사건 판결에서 영국의 귀족원은 계약이 아니라 부당이득에 기한 청구는 제5조 제1호에 해당하지 않는 것으로 보았다. James Fawcett/Jonathan Harris/Michael Bridge, International Sale of Goods in the Conflict of Laws (2005), para. 3.77 참조.

56) Mankowski, Art. 5 no. 45.

57) 제6조는 아래와 같다.
"A plaintiff may bring an action in contract in the courts of a State in which -
a) in matters relating to the supply of goods, the goods were supplied in whole or in part;."

계약에 기한 소송이라고 하더라도, 매도인이 매수인을 상대로 대금지급을 구하는 경우와, 매수인이 매도인을 상대로 물품의 인도를 구하는 경우 문제가 된 의무가 상이하므로 각 의무의 이행지가 다를 경우 누가 원고인가에 따라 제1호에 따른 관할이 달라질 수 있다. 즉 하나의 계약으로부터 발생하는 분쟁에 대하여 관할이 분할되고 이를 집중할 수 없다.

나. 문제가 된 의무의 결정에 관한 몇 가지 논점

문제가 된 의무는 제1차적 의무(또는 기본적 의무)[58]를 기준으로 판단할 사항이지 제2차적 의무를 기준으로 판단할 사항이 아니다. 예컨대 상대방의 귀책사유를 이유로 계약의 해제를 주장하거나 또는 손해배상의무와 같은 제2차적 의무의 이행을 구하는 소의 경우, 문제가 된 의무는 손해배상의무가 아니라 그의 근거가 된 위반된 의무, 즉 제1차적 의무를 의미한다. 이는 유럽사법재판소가 1976. 10. 6. *De Bloos v. Bouyer* 사건 판결[59]에서 판시한 바이다. 이렇게 이해한다면 '문제가 된 의무' 또는 '청구의 기초가 된 의무'라는 표현은 부정확하다.

마찬가지로, 계약의 무효에 기한 원상회복청구의 경우 그 의무이행지는 반환의무의 이행지가 아니라 원래의 계약상의 의무의 이행지에 의하여 결정된다.[60]

또한 원고의 청구가 주된 의무와 부수의무[61]에 기초한 경우 문제가 된 의무는 주된 의무를 기초로 판단하여야 한다.[62] 그러나 양자를 구분할 수 없는 경우, 즉 문제가 된 의무가 수개의 주된 의무인 경우, 각 의무의 이행지가 관할을 가지며, 어느 의무의 이행지가 전체에 대하여 관할을 가질 수는 없다.[63] 따라서 그 경우 모든 의무위반에 대해 하나의 법원에서 재판을 받으

58) 우리 민법학에서는 '기본적 급부의무'(또는 '제1차적 급부의무')와 '제2차적 급부의무'라는 용어를 사용하기도 하나, 그 밖에 학자에 따라 다양한 용어를 사용한다.

59) C-14/76.

60) Mankowski, Art. 5 no. 135.

61) 우리 민법학에서는 '주된 급부의무'와 '부수의무'를 대비시키고, 후자를 다시 독립적 부수의무와 비독립적 부수의무로 분류하기도 하는데, 그 경우 '독립적 부수의무'는 이행청구권의 대상이 된다. 그러나 학자에 따라 다양한 용어가 사용되고 있다.

62) 그러나 이와 달리 판단한 우리 하급심판결도 있다. 장준혁, "계약사건에서의 의무이행지 관할—한국 판례의 비판적 검토," 진산 김문환총장정년기념논문집 제1권: 국제관계법의 새로운 지평(2011), 501면 이하 참조.

63) 유럽사법재판소의 1999. 10. 5. *Leathertex v. Bodetex* 사건 판결(C-420/97). 여기에서

려면 원고는 결국 피고 주소지의 국가에 제소하여야 한다.[64]

특정한 의무에 기한 청구가 아니라 계약 전체의 무효 확인을 구하는 소송의 경우 의무이행지의 결정이 문제되는데, 이 경우 원고의 주된 대상인 의무를 특정하고 그에 의하여 판단할 것이라는 견해와, 계약 전체를 특징짓는 의무에 착안하는 견해가 있다.[65]

다. 브뤼셀규정/개정 루가노협약에 의한 개선

브뤼셀협약/루가노협약이 정한 이러한 계약사건의 특별관할은 브뤼셀규정/개정 루가노협약에 의하여 개정되었는데, 개정 루가노협약(제5조 제1호)은 위에서 본 바와 같이 특징적 급부(이행)에 착안하여, 물품매매계약과 용역제공계약의 경우 문제가 된 의무가 무엇인가에 관계없이 통일적인 이행지를 정함으로써 통일적인 관할을 규정한다.[66] 즉 물품매매계약(또는 용역제공계약)에 관하여 의무이행지는 물품(또는 용역)이 계약에 따라 인도(또는 제공)되었거나 인도(또는 제공)되었어야 하는 체약국의 장소이다(제1호 b).[67] 따라서 매수인이 매도인을 상대로 매매계약에 따른 대금의 지급을 구하거나, 용역의 제공자가 제공을 받은 자를 상대로 용역제공계약에 따른 대금의 지급을 구하는 소의 경우에도 대금지급의무의 이행지가 아니라 물품(또는 용역)이 인도(또는 제공)되었거나 인도(또는 제공)되었어야 하는 체약국의 장소가 관할을 가진다.

루가노협약/개정 루가노협약은 물품의 매매를 정의하지 않는다. 물품의 매매는 루가노협약의 독자적 개념으로서 넓게 파악하여야 하는데,[68] 1980년

문제가 된 의무는 대리상계약에 따라 지급할 보수의 지급의무와, 계약의 종료를 위한 통지의무 및 그의 위반 시 통지에 갈음하는 보상의무(obligation to pay compensation in lieu of notice)였다.

64) Justin Newton, The Uniform Interpretation of the Brussels and Lugano Conventions (2002), para. 1.2.2는 주된 의무를 결정함에 있어 영국 법원은 주장된 청구 중 상대적인 중요성을 선호하는 데 반하여, 프랑스 법원은 원고에게 있어 상대적인 가치 또는 중요성이라는 보다 주관적인 접근방법을 취한다고 한다.

65) Mankowski, Art. 5 no. 137.

66) 이를 '집중해결방안'(Konzentrationslösung)이라고 부르기도 한다. 브뤼셀규정은 '협약에 의하여 구속되는 국가' 대신 '회원국'이라고 규정하는 점을 제외하고는 개정 루가노협약과 같다.

67) 위에서 본 바와 같이 영문은 단순히 이행지라고 규정하나, 독일어본은 문제된 채무가 이행되었거나 이행되어야 하는 장소의 법원이라는 취지를 명시한다.

68) Mankowski, Art. 5 no. 70.

"국제물품매매계약에 관한 국제연합협약"[69](CISG. 이하 "국제물품매매협약"이라 한다)의 물품매매는 대체로 이에 해당한다.[70]

루가노협약/개정 루가노협약은 용역의 제공도 정의하지 않는다. 용역의 제공도 루가노협약의 독자적 개념으로서 넓게 파악할 것이라고 한다.[71] 루가노협약/개정 루가노협약이 달리 요구하지 않는 한 유럽공동체의 설립을 위한 1957년 로마조약[72] 제49조와 제50조[73]가 참조가 되나, 물론 루가노협약이 별도의 규정을 두고 있는 보험계약과 근로계약은 포함되지 않는다.[74] 구체적으로는 도급계약, 사무처리계약(Geschäftsbesorgungsvertrag),[75] 운송계약, 물품, 여신 및 자본투자를 위한 중개계약, 자산관리를 위한 은행의 조언을 제공하는 계약 등 모든 종류의 서비스에 관한 계약이 이에 해당한다.[76] 그러나 단순히 물품, 기타 유체물 또는 부동산을 임대하는 계약은 용역계약이 아니라고 본다.[77]

용역의 제공에 포함되는지가 논란이 있는 것으로는 대출계약이 있다. 로마조약에는 자본이동에 관하여 특칙(제56조-제60조)이 있기 때문에 제49조의 용역에는 포함되지 않지만, 루가노협약/브뤼셀규정상으로는 용역계약에 해당한다고 본다.[78]

한편 물품(또는 용역)이 수개 국에서 인도(또는 제공)되었거나 인도(또

69) 영문 명칭은 "United Nations Convention on Contracts for the International Sale of Goods"이다. 동 협약에 관하여는 석광현, 국제물품매매계약의 법리: UN통일매매법(CISG) 해설(2010) 참조.

70) Kropholler, Art. 5 Rz. 37. 우선 한재필, "브뤼셀 규정 제5조 제1항에 관한 연구," 국제사법연구 제11권(2005), 179면 이하 참조.

71) Mankowski, Art. 5 no. 70. 우선 한재필(註 70), 181면 이하 참조.

72) 영문 명칭은 "Treaty Establishing the European Community"이다.

73) 제50조는 용역을 아래와 같이 정의한다.
"통상적으로 보상을 대가로 제공되는 용역은, 본 조약의 물품, 자본 및 노동력의 자유이동과 관련된 조항에 의하여 규율되지 않는 한, 본 조약에서 의미하는 용역으로 본다. 용역은 특히 (a) 산업적 성질의 활동, (b) 상업적 성질의 활동, (c) 장인(craftsmen)의 활동과 (d) 전문직 활동을 포함한다."

74) Mankowski, Art. 5 no. 70.

75) 독일 민법은 제675조 이하에서 사무처리계약에 관하여 규정을 두고 있다.

76) Kropholler, Art. 5 Rz. 37; Geimer/Schütze, A.1, Art. 5 Rz. 90.

77) Mankowski, Art. 5 no. 95. 참고로 우리 국제사법 제26조도 준거법의 맥락에서 '위임·도급계약 및 이와 유사한 용역제공계약'을 물건 또는 권리를 이용하도록 하는 '이용계약'과 구분한다.

78) Mankowski, Art. 5 no. 93, 94. 반면에 아래에서 보듯이 신용장 개설은행과 수익자 간의 관계는 용역제공계약에 해당되지 않는다.

는 제공)되었어야 하는 경우의 처리가 문제된다. 이 경우 논리적으로는 ① 가장 주된 인도(또는 제공)지에 전체에 대한 관할을 인정하는 방안,[79] ② 각 인도(또는 제공)지 국가에 전체에 대한 관할을 부여하는 방안, ③ (b)의 적용을 포기하고 (c)를 통하여 (a)를 적용하는 방안과, ④ 각 인도(또는 제공)지 국가에 관할을 배분하는 방안, ⑤ 제1호의 적용을 배제하고 피고의 주소지 국가에 소를 제기하는 방안과, ⑥ 인도(또는 제공)가 행위자의 주된 사무소에서 이루어졌다고 추정하고 그렇지 않은 경우 추정을 깨드리는 방안 등을 생각할 수 있다.[80] 참고로 유럽사법재판소는 2007. 5. 3. Color Drack 사건 판결[81]에서 특정국가 내에 수개의 인도지가 있는 사안에서, 일차적으로 경제적인 기준에 따라 주된 인도지에, 만일 그러한 것이 없이 대등한 인도지인 경우 원고의 선택에 따라 어느 인도지에서든 전체의 청구에 대하여 소를 제기할 수 있다고 보았는데,[82] 이러한 견해를 수개국이 인도지인 경우에까지 적용할 것인지에 관하여는 논란이 있다.[83]

3. 이행지의 결정

가. Tessili 공식(저촉법을 통한 우회)

당사자가 의무의 이행지를 합의한 경우에는 별 문제가 없으나 그러한 합의가 없는 경우 의무의 이행지의 결정이 문제된다. 유럽사법재판소는 1976. 10. 6. 브뤼셀협약의 해석에 관한 최초의 판결인 *Tessili v. Dunlop* 사건 판결에서, 법원은 우선 법정지의 저촉규범에 따라 의무의 준거법을 정하고 그 준거법에 따라 의무의 이행지를 결정할 것이라고 판시한 이래 이러한 태도를

79) Heinrich Nagel/Peter Gottwald, Internationales Zivilprozessrecht 6. Auflage (2007), §3 Rz. 51은 용역제공의 장소적인 重點이 있는 곳이 이행지가 된다고 본다.

80) Mankowski, Art. 5 no. 120; Jonathan Hill, International Commercial Disputes in English Courts (2005), para. 5.6.25 참조. Mankowski는 마지막 견해를 지지한다.

81) C-386/05. 판결문은 IPRax 2007, S. 444 참조. 평석은 Peter Mankowski, "Mehrere Lieferorte beim Erfüllungsortgerichtsstand unter Art. 5 N. 1 lit. b EuGVVO," Praxis des Internationalen Privat- und Verfahrensrechts (2007), S. 404 이하 참조.

82) 위에서 언급한 대등한 복수의 주된 의무가 있는 경우의 처리와 일관성이 있는 것은 셋째의 방안이나, 당해 계약으로부터 발생하는 모든 소에 대하여 하나의 관할을 결정해야 한다는 이유로 둘째 방안을 취하는 견해도 있다. Nagel/Gottwald(註 79), §3 Rz. 51.

83) 유럽사법재판소는 판결문(para. 26.)에서 위 판결은 당해 사건에만 적용되고, 수개국이 인도지인 경우에는 영향을 미치지 않음을 명확히 하고 있다.

견지하고 있다. 위에서 본 것처럼 의무이행지 관할의 근거를, 실체법상의 이행지와 소송법상의 이행지의 일치에서 구한다면 이런 접근방법은 논리적으로 자연스럽다. 그러나 이는 브뤼셀협약/루가노협약에 따른 국제관할배분이라는 절차법적 고려에 기한 독자적인 이행지 개념의 도출을 거부하는 것이다.

전자상거래에 의한 가상공간에서의 계약에도 개정 루가노협약/브뤼셀규정의 위 규정이 적용된다. 이른바 B2B의 경우 통상의 계약에 관한 제5조 제1호가 적용되어 '소의 기초가 된 의무'의 이행지 법원이 관할을 가진다.[84] 다만 예컨대 계약의 체결과 이행이 인터넷을 통하여 이루어지는 전자상거래의 경우 현실공간의 의무이행지는 존재하지 않는데, 그 경우에도 결국 준거법이 정하는 원칙(지참채무 또는 추심채무인지)에 따라 이행지를 결정하여야 한다는 견해도 주장될 수 있으나 이행지와 당해 사건의 밀접한 관련을 정당화하기는 어렵다. 따라서 이 경우 용역제공자의 uploading에 착안할지 아니면 고객의 downloaidng에 착안할지는 논란이 있다.[85] 나아가 헤이그국제사법회의의 2001년 초안[86]과 같이 피고가 그곳에서 관할의 발생을 차단하기 위하여 합리적인 조치를 취할 경우 관할을 부정하는 방안도 검토할 필요가 있다.

나. Tessili 공식에 대한 비판

'저촉법을 통한 우회'의 방법을 취하는 Tessili 공식에 대하여는 첫째, 이는 관할의 결정을 불필요하게 복잡하게 할 뿐만 아니라, 경우에 따라 외국의 실질법에 의존하게 함으로써 루가노협약의 통일적인 해석을 위하여 바람직하지 않다는 비판이 있다.[87] 둘째, 그에 의하면 결국 원고에게 유리한 법원이 관할을 가지게 된다는 점도 비판을 받고 있다. 국제물품매매협약(제57조 제1항)에 따르면 대금의 지급장소는 당사자들의 합의에 따르고, 합의가 없으면

---

84) B2C의 경우 소비자계약에 관한 제13조 이하가 적용되어 소비자는 보호를 받게 된다.

85) Mankowski, Art. 5 no. 123은 결과보다는 활동, 특히 uploading을 중시한다. 다만 사실상의 uploading이 아니라 용역제공자의 주된 영업소 또는 영업소 소재지로 추정하고 추정이 깨어질 수 있는 것으로 구성한다. 반면에 Fawcett/Harris/Bridge(註 55), para. 10.55 이하는 정보의 발신시, 수신지, 서비스제공자의 영업소 소재지와 수령자의 영업소 소재지라는 4가지를 검토하고 수령인의 영업소 소재지를 선호한다.

86) 계약 사건의 관할에 관한 A안 제6조 제3항은 다음과 같다.
"[3. 전 항들은 피고가 그 국가에서 계약의 체결 또는 의무의 이행을 피하기 위하여 합리적인 조치를 취한 경우에는 적용되지 않는다.]"

87) 예컨대 Schack(註 44), Rz. 301; James Fawcett/Janeen M. Carruthers, Cheshire, North & Fawcett Private International Law, 14th edition (2008), p. 244.

물품(또는 서류)의 교부와 상환하여 지급하는 경우 그 교부장소이며, 그 밖의 경우 매도인의 영업소이다(지참채무의 원칙). 청구의 기초가 된 의무의 이행지 관할을 인정한다면 매도인은 대금의 지급장소인 자신의 영업소 소재지에서 제소할 수 있게 된다. 실제로 과거 브뤼셀협약/루가노협약의 의무이행지 관할 규정이 적용된 사건 중 90%가 원고의 법원에 관할을 인정한 결과가 되었다고 한다.[88] 즉 브뤼셀협약/루가노협약은 '원고는 피고의 법정지를 따른다'(*actor sequitur forum rei*)라는 로마법 이래의 대륙법의 원칙을 수용하여 피고주소지에 일반관할을 부여하고 계약사건의 경우 의무이행지에 특별관할을 부여하는데, 이행지관할이 의무의 준거법과 결합할 경우 원고의 법정지(*forum actoris*)에 관할을 긍정함으로써 브뤼셀협약/루가노협약의 체제에 정면으로 반한다는 것이다.

프랑스의 파기원(*Cour de Cassation*)은 Tessili 공식에 대해 반기를 들고, 저촉법을 통한 우회에 의하여 이행지를 결정할 것이 아니라, 법률관계의 법적 성질 및 구체적인 사건의 상황을 고려하여 실제로 이행이 행해진 곳 또는 행해져야 했던 곳을 이행지로 보아야 한다는 견해를 취하였으나, 유럽사법재판소는 1999. 6. 17. GIE Groupe Concorde 사건 판결[89]에서 법적 안정성을 이유로 이를 배척하였고, 1999. 10. 5. Leatertex Divisione 사건 판결[90]에서 이러한 태도를 재확인하였다.[91]

다. 브뤼셀규정/개정 루가노협약에 의한 개선

위와 같은 비판을 고려하여, 이행지관할의 경우도 절차법적 이익에 봉사하는 통일된 절차법상의 이행지 개념을 도입해야 한다는 견해가 유력하게 주장되었고,[92] 이는 결국 개정 루가노협약/브뤼셀규정(제1호 (b))에서 상당부분 수용되었다. 그러나 후자는 루가노협약/브뤼셀협약의 태도를 완전히 포기하

---

88) 1997년 6월 헤이그국제사법회의 특별위원회 회의결과에 대하여 상설사무국이 배포한 Preliminary Document No. 8, No. 51.

89) C-440/97.

90) C-420/97.

91) 소개는 Newton(註 64), para. 1.3.8 이하 참조. 문헌은 Nagel/Gottwald(註 79), §3 Rz. 48, Fn. 129.

92) Schack(註 44), Rz. 303, 307; Nagel/Gottwald(註 79), §3 Rz. 49; Schack(註 44), Rz. 273과 Kropholler, Art. 5 Rz. 31은 절차적으로 독립된 완결된 이행지 개념을 찾아 모든 유형의 계약에 확장하는 것이 바람하다고 한다.

지는 않고 절충하는 데 그치고 있다.

위에서 본 바와 같이 개정 루가노협약/브뤼셀규정(제1호 (a)와 (c))도 브뤼셀협약의 원칙을 유지하고 있으나, (b)는 물품(즉 동산)의 물품매매계약(또는 용역제공계약)의 경우 하나의 통일적인 이행지의 개념을 독자적으로 정의함으로써 이를 개선하였다. 즉 계약에 따라 실제로 물품(동산)이 인도되었거나 용역이 제공된 경우 그 장소가 이행지가 되고, 아직 물품(또는 용역)이 인도(또는 제공)되지 않은 경우 계약에 따라 물품(또는 용역)이 인도(또는 제공)되었어야 하는 체약국/회원국의 장소가 이행지가 된다. 이는 '특징적 급부'(이행)(characteristic performance)에 착안하여 당해 계약의 준거법에 관계없이 독자적으로 사실상의 이행지를 정의한 것으로, 프랑스 신민사소송법(제46조)[93]의 태도를 반영한 것이다. 즉 이는 Tessili 공식에 대한 비판을 고려하여, 저촉법에 의한 중개를 거치지 아니하고 또한 실질법이 취하는 접근방법에 의하여 영향을 받지 않으면서 물품매매계약(또는 용역제공계약)의 관할을 집중하기 위한 것이다.[94]

따라서 물품매매계약(또는 용역제공계약)의 경우 금전채무는 물론이고 이차적 의무(또한 이차적 의무위반으로 인한 손해배상채무)에 대하여도 계약을 특징짓는 의무의 이행지가 관할을 결정하게 된다. 종전의 태도가 '계약법적 접근방법'임에 반하여 이는 '보다 절차법적인 접근방법'이라고 할 수 있는데, 후자는 절차 및 관할상의 당사자의 이익(예컨대 법정지와 사건의 근접성)의 공평한 균형을 중시하는 장점이 있다.[95][96]

---

93) 제46조는 원고는, 피고의 주소지 외에 그의 선택에 따라 일정한 법원에서 소를 제기할 수 있다고 규정하면서, 계약에 관한 사건의 경우 물품을 실제로 인도한 곳 또는 용역의 제공을 이행한 곳의 법원을 그러한 예로 규정한다. 프랑스어 문언은 아래와 같다.

"*Le demandeur peut saisir à son choix, outre la juridiction du lieu où demeure le défendeur:*

- en matière contractuelle, la juridiction du lieu de la livraison effective de la chose ou du lieu de l'exécution de la prestation de service;"

94) Mankowski, Art. 5 no. 96 이하. 하지만 이에 대하여는 금전채무를 무시함으로써 상인간의 무기대등의 원칙을 훼손한다는 비판이 있다. Schack(註 44), Rz. 306. 계약사건에서 의무이행지 관할을 인정하는 것은 의무이행지가 당해 계약과 밀접한 관련이 있기 때문이다. 그러나 계약의 준거법을 결정하는 맥락에서는 특징적 의무의 이행지가 아니라 특징적 이행을 하는 당사자의 주된 사무소(또는 상거소) 소재지가 가장 밀접한 관련을 가지는 것으로 추정되므로(로마협약 제4조 제2항), 국제관할과 준거법을 결정함에 있어서 밀접한 관련이 있는 국가가 상이하게 되는데 이는 흥미로운 점이다.

95) Burkhard Hess/Thomas Pfeiffer/Peter Schlosser, Report on the Application of the Regulation Brussels I in the Member States (2007), para. 200과 註 292에 인용된

주의할 것은, 실제로 물품(용역)이 인도(제공)된 장소가 기준이 되지만 이 경우 그 물품(용역)의 인도(제공)는 "계약에 따른"(under the contract) 것이어야 한다. 만일 매도인이 계약에 반하여 다른 곳으로 물품을 송부한 경우 이는 (b)에 따라 관할을 발생시키는 효력을 가지지 않고 계약위반이 된다. 다만 원래 계약에서 합의한 곳과 상이한 장소에서 실제로 물품(용역)의 인도(제공)가 이루어졌다면 이는 사안에 따라 당사자의 합의에 의하여 변경된 것으로 볼 수 있을 것이다.[97] 그러나 이 요건이 계약상 이행지에 관한 합의의 존재를 요구하는 것은 아니며 당사자가 이행지를 합의한 경우는 물론 합의하지 않은 경우 (b)가 적용된다.[98]

하지만 이러한 사실상의 이행지(즉 물품인도지 또는 용역제공지)의 결정이 항상 용이한 것은 아니다. 몇 가지 논란이 있는 사안은 다음과 같다.

첫째, 운송을 포함하는 물품의 매매계약의 경우[99] 물품의 인도지는 실제로 매수인이 물품의 점유를 취득한 목적지인가, 아니면 매도인이 매수인에게 전달하기 위하여 물품을 최초운송인에게 교부한 곳인가. 국제물품매매협약(CISG)이 적용되는 사안에서[100] 이 점은 종래 논란이 있다.[101] 매도인이 물

Opinion of General Advocate Yves Bot of 02/15/2007, C-386/05, Color Drack GmbH/LEXX International Vertriebs GmbH 참조. 위 보고서는 2008년 "The Brussels I Regulation 44/2001 Application and Enforcement in the EU"로 간행되었다. 저자가 참조한 것은 http://ec.europa.eu/civiljustice/news/docs/study_application_brussels_1_en.pdf에 있는 자료이다.

96) 그러나 개정 루가노협약상으로도 국제물품매매협약은 의미가 있다. 즉, 개정 루가노협약에 따르면 대금의 지급을 구하는 소송에 대하여도 물품이 인도되었거나 인도되었어야 하는 장소의 소재지 국가가 특별관할을 가지므로 대금의 지급장소를 정한 국제물품매매협약 제57조는 국제관할의 맥락에서는 의미가 없으나, 국제물품매매협약(제31조 c호)상 물품의 인도장소는 당사자의 합의가 없으면 매도인의 영업소이므로 매도인으로서는 여전히 자신의 영업소 소재지에서 제소할 수 있다. 따라서 원고의 법정지를 인정하는 부당한 결과가 불식된 것은 아니다.

97) 한재필(註 70), 185-186면.

98) Fawcett/Harris/Bridge(註 55), para. 3.196. Mankowski, Art. 5 no. 104는 당사자들이 이행지를 합의하지 않은 경우 과거처럼 준거법에 따라 이행지를 정하거나 a호로 돌아가는 것은 허용되지 않으며, '계약에 따른'은 단지 계약의 특징을 고려해야 한다는 점을 점잖게 암시하는 것에 불과하다고 한다.

99) 독일에서는 이를 송부매매로 논의하나 독일 민법(제447조)의 '송부매매'(Versendungskauf)라 함은 매도인이 매수인의 청구에 따라 목적물을 이행지인 매도인의 주소지 이외의 장소로 송부하는 매매를 가리키므로, 운송이 포함된다고 모두 송부매매가 되는 것은 아니다.

100) CISG(제31조)에 따르면 매매계약에 물품의 운송이 포함된 경우에는 매도인은 매수인에게 전달하기 위하여 물품을 제1운송인에게 교부함으로써 물품의 인도의무를 이행하는 것이 된다.

101) Mankowski, Art. 5 no. 100은 운송인에게 교부한 장소라고 보나, Hager/Bentele, "Der

품의 현실적 인도가 아니라 서류를 교부할 의무를 부담하는 CIF 매매의 경우 인도장소가 매도인이 물품을 운송인에게 인도하는 선적항인지 아니면 매도인이 매수인에게 서류를 교부하는 장소인지는 논란이 있다.[102] FOB의 경우는 인도장소는 선적항이다.

둘째, 매도인이 매수인으로부터 물품을 전매수한 제3자에게 직접 인도하기로 합의한 경우, 매도인과 매수인 간에 분쟁이 발생하여 소가 제기된다면, 논란의 여지가 있지만, 전매수인에게 사실상 인도한 장소를 이행지로 볼 것이 아니라 물품의 운송을 포함하는 매매계약상의 이행지(예컨대 국제물품매매협약 제31조가 정한)가 기준이 되어야 한다고 본다.[103]

셋째, 계약에 따라 부담하는 부작위의무의 이행지가 전세계적으로 확대되어 있거나, 지리적으로 제한되어 있지 않은 경우에는 구체적으로 이행지를 결정할 수 없으므로 이행지의 관할을 인정할 수 없다.[104] 이 점은 유럽사법재판소가 2002. 2. 19. *Besix v. Kretzschmar* 사건 판결[105]에서 판시한 바인데, 이에 대하여 유럽사법재판소는 개정 루가노협약/브뤼셀규정 독자적인 소송법상의 이행지를 결정한 것이라는 평가도 있다.[106]

넷째, 선하증권으로부터 발생하는 청구, 즉 물품의 손상으로 인한 선하증권 소지인의 운송인에 대한 손해배상청구는 여기의 계약에 포함되는 것으로

Lieferort als Gercihtsstand zur Auslegung des Art. 5 Nr. 1 lit. b EuGVO," IPRax (2004), S. 77은 매수인이 물품을 수령한 곳을 인도지로 보나, 저자는 당초 이 글에서 전자가 설득력이 있는 것으로 보았다(다양한 견해는 BGH, NJW (2008), S. 3004ff. 참조). 그러나 2010. 2. 25. *Car Trim GmbH v. Key Safety Systems Srl.* 사건 판결(C-381/08)에서 유럽사법재판소는, 물품의 인도장소는 계약의 준거법에 따를 것이 아니라 계약의 해석으로부터 도출해야 하고 그것이 불가능한 경우 매수인이 물품에 대한 사실상의 처분권을 취득한 장소, 즉 최종 목적지가 이행지라고 보았는데, 그 근거는 그 장소가 예견가능성이 높고 또한 계약과 법원 간의 밀접한 관련의 존재를 보장하며, 또한 매매계약의 주된 목적은 매도인으로부터 매수인에게 물품을 이전하는 것인데 이는 물품이 최종 목적지에 도달할 때까지는 충분히 완성되지 않는다는 것이다. 평석은 Axel Metzger, "Zum Erfüllungsortgerichtsstand bei Kauf- und Diesntleisungsverträgen gemäß der EuGVVO," IPRax (2010), S. 424ff. 기타 http://curia.europa.eu/juris/celex.jsf?celex=62008CJ0381&lang1=en&type=NOT&ancre=에 있는 문헌 참조.

102) Mankowski, Art. 5 no. 100은 선적항이라고 보는 데 반하여, Fawcett/Harris/Bridge(註 55), para. 3.185는 서류의 교부장소라고 본다.

103) Nagel/Gottwald(註 79), §3 Rz. 50.

104) 그러나 Mankowski, Art. 5 no. 141은 부작위의무의 경우에도 지참채무원칙인지 추심채무원칙인지에 따라 의무이행지를 결정할 수 있다고 본다.

105) C-256/00.

106) Schack(註 44), Rz. 309.

본다.[107] 그런데 선하증권에 따른 운송인의 의무의 이행지에 관하여 모든 의무의 이행지는 목적항이라는 견해와, 선하증권 소지인의 청구의 성질에 따라 위반된 의무의 유형별로 이행지를 달리 볼 것이라는 견해가 있다.[108] 그러나 위에서 본 것처럼 원고의 청구가 주된 의무와 부수의무에 기초한 경우 문제가 된 의무는 주된 의무를 기초로 판단하여야 하므로 운송인이 부담하는 의무의 상호관계(예컨대 대등한 관계인지 또는 부수의무인지)를 분석한 뒤 결정해야 할 것이다.

라. 이행지의 합의와 관할합의의 관계

계약에 따른 의무의 이행지는 당사자의 합의에 의하여 결정될 수 있는데, 합의된 이행지는 계약사건의 관할근거가 된다. 브뤼셀협약/루가노협약은 명시하지 않았으나, 브뤼셀규정/개정 루가노협약 제5조 제1호 (b)는 "이 조항의 목적상 달리 합의되지 않으면"이라고 규정함으로써 이행지의 합의가 관할근거가 됨을 명시한다. 한편 (a)에는 "달리 합의되지 않으면"이라는 문언이 없지만 그 경우에도 이행지의 합의가 가능하다.[109] 인도장소의 합의를 하는 대표적인 예로는 당사자가 인코텀즈를 적용하기로 합의하는 경우를 들 수 있다.[110] 그러나 여기에서 "달리 합의되지 않으면"(unless otherwise agreed)의 정확한 의미에 관하여는 논란이 있다.[111]

---

107) 실질법상 선하증권을 계약으로 파악하는 영국과 달리 이를 계약으로 보지 않은 독일에서는 선하증권 발행인인 해상운송인과 선하증권 소지인 간의 소송이 계약사건에 포함되는지에 논란이 있을 수 있지만 위와 같이 이해한다. Mankowski, Art. 5 no. 59. 반면에 Geimer/Schütze, A.1, Art. 5, Rz. 26은 부정적인 견해를 피력하고 계약에 관한 사건성을 부정한 유럽사법재판소의 1998. 10. 27. *Réunion européene SA v. Spliethoff's Bevrachtingskantoor* 사건 판결(C-51/97)을 인용한다. 그러나 이는 수하인이 선하증권상의 운송인이 아니라 실제 운송인에 대하여 손해배상을 청구한 사건이므로 처음부터 계약사건으로 인정되지 않은 경우이다. 따라서 이를 근거로 드는 것은 적절하지 않다.

108) Rix 판사는 The Sea Mass 사건 판결{[1999] 2 Lloyd's Rep 281}에서 예컨대 하역항에서 인도를 잘못하였다면 하역항이고, 처음부터 감항능력이 없었다면 의무이행지는 선적항이나, 양하중의 잘못이라면 목적항이고, 항해중의 운송 및 보관을 잘못한 경우라면 공해상이 된다는 견해를 피력하였다고 한다. Peter Stone, EU Private International Law (2006), p. 76 참조.

109) Kropholler, Art. 5 Rz. 35, Mankowski, Art. 5 no. 145.

110) 상세는 Fawcett/Harris/Bridge(註 55), para. 3.179 이하; Mankowski, Art. 5 no. 102 이하 참조. CIF에서 매도인이 매수인을 상대로 대금지급의 소를 제기하는 경우 물품의 인도장소는 선적항이라고 보는 견해(Mankowski, Art. 5 no. 100)와 물품이 아니라 서류의 교부장소에 착안하는 견해(Fawcett/Harris/Bridge(註 55), para. 3.185)가 있다. 반면에 FOB의 경우는 인도장소는 선적항이다.

당사자가 의무의 준거법에 따라 유효한 의무의 이행지를 합의한 경우 이는 관할합의와 구별되므로 브뤼셀협약/루가노협약(제17조)이 정한 관할합의의 방식요건을 구비해야 하는 것은 아니다.[112] 관할합의의 결과 합의된 법원은 원칙적으로 전속적 관할을 가지는 데 반하여, 의무이행지의 합의를 하더라도 의무이행지의 법원은 선택적인 것이고 전속적 관할을 발생시키는 것은 아니다. 그러나 관할을 근거짓는 이행지의 합의에 대하여 아무런 제한이 없는 것은 아니고, 합의된 이행지가 계약의 실재(reality)와 관련을 가져야 한다. 당사자들이 관련 있는 이행지를 합의한 경우 (b)에 정한 장소 이외의 장소, 즉 이행지의 법원이 관할을 가진다.[113] 유럽사법재판소는 1997. 2. 20. *MSG Mainschiffahrts-Genossenschaft eG v. Les Gravières Rhénanes SARL* 사건 판결[114]에서 계약의 실재와 아무런 관련이 없이(… having no real connection with the reality of the contract) 단순히 소송법적 효력을 가지는 이행지합의는 개정 루가노협약 제23조에 상응하는 브뤼셀협약/루가노협약 제17조에 따른 관할합의의 요건을 구비하여야 한다고 판시하였다.[115] 즉 이는 채무자로 하여금 실제로 그곳에서 이행하게 하려는 것이 아니라 단지 관할근거를 확정하기 위하여 추상적인 이행지합의를 하는 경우이다. 이행지관할을 인정하는 것은 분쟁과 법원 간의 밀접한 관련이 존재하기 때문인데, 만일 그러한 제한을 두지 않으면, 분쟁과 법원 간의 관련을 포기하는 대신 엄격한 방식요건의 준수 하에 관할합의를 허용하는 브뤼셀협약/루가노협약 제17조를 회피할 수 있게 되어 부당하다.[116] 하지만 위와 같은 관련의 유무를 판단하는 것은 항상 용이하지는 않으며, 특히 객관적 기준에 의할지(예컨대 계약의 대상과 실제의 관련이 있을 것) 아니면 주관적 기준(순전히 관

111) 그것이 당사자가 (b)의 적용을 합의로 배제할 수 있다는 것인지, 당사자가 계약과 실제적 관련이 있는 이행지를 합의한 경우 (b)가 아니라 (a)가 적용된다는 것인지 등에 관하여는 논란이 있다. Fawcett/Harris/Bridge(註 55), para. 3.227 이하 참조. 또한 (b)의 본문에 포함된 'unless otherwise agreed'와 그 아래의 'under the contract'의 관계도 논란이 있다. Mankowski, Art. 5 no. 101 이하 참조. 한재필(註 70), 183면도 참조.

112) 1980. 1. 17. 유럽사법재판소 *Zelger v. Salinitri* 사건 판결(C-56/79).

113) Geimer/Schütze, A.1, Art. 5 Rz. 92.

114) C-106/95.

115) 브뤼셀규정상 당사자가 계약 전부에 대하여만 이행지를 합의할 수 있는지 아니면 개별 의무에 대하여 각각 상이한 이행지를 합의할 수 있는지에 관하여는 논란이 있으나 독일의 다수설은 이를 긍정한다. Kropholler, Art. 5 Rz. 51, Fn. 129 참조.

116) Kropholler, Art. 5 Rz. 36.

할을 부여할 의도로 합의한 것인지)에 의할지도 논란이 있다.[117)]

이러한 태도는 개정 루가노협약/브뤼셀규정 하에서도 마찬가지다.

이행지관할을 긍정하는 근거를 실체법상의 이행지와 소송상의 이행지를 일치시키기 위한 것으로 이해한다면 이행지 합의에 관할근거로서의 기능을 인정할 수 있다. 하지만 이행지를 국제민사소송법의 관점에서 독자적으로 정의한다면 이는 의문이다. 실제로 독일에는 개정 루가노협약이 관할합의에 관하여 별도로 조항을 두므로, 입법론적으로 비밀의 관할합의를 인정할 소송상의 필요가 없다는 비판도 있다.[118)] 아래에서 보듯이 적어도 문면상 의무이행지의 개념과 결별한 예비초안은 당사자의 이행지합의에 관할근거로서의 효력을 주지 않는다.

4. 헤이그국제사법회의에서의 논의

가. 예비초안에 의한 개선의 시도

개정 루가노협약/브뤼셀규정이 도입한 이런 수정은 예비초안(제6조)과 2001년 초안의 B안(제6조)과도 유사하나 양 초안은 의무이행지 관할에 대해 좀더 비판적인 입장을 취한다. 즉 예비초안은 계약에 관한 사건 일반에 대한 국제관할을 규정하는 대신 가장 전형적인 매매계약과 용역제공계약에 관하여만 국제관할을 규정하는데, 구체적으로는 다음과 같다.

제6조 계약[119)]
원고는 아래의 국가의 법원에서 계약상 소송을 제기할 수 있다.
a) 물품의 공급에 관한 사건의 경우 물품의 전부 또는 일부가 공급된 장소
b) 용역의 제공에 관한 사건의 경우 용역의 전부 또는 일부가 제공된 장소
c) 물품의 공급과 용역의 제공 양자에 관한 사건의 경우 주된 의무의 전부 또는 일부의 이행이 행해진 장소

즉 예비초안(제6조)에 의하면 물품이 공급된 곳 또는 용역이 제공된 곳이 관할을 가진다. 물품공급과 용역제공 양자에 관한 계약의 경우 주된 의무의 이행이 행해진 곳이 관할을 가진다. 이는 의무이행지 관할의 적용범위를

117) Hill(註 80), para. 5.6.23 참조.
118) Schack(註 44), Rz. 312.
119) 이는 석광현, 국제사법과 국제소송 제2권(2001), 456면에 게재한 번역문을 수정한 것이다.

제한하려는 취지이다. 예비초안과 개정 루가노협약은 우선 네 가지 점에서 차이가 있는 것으로 보인다.[120)]

첫째, 제6조에 따르면, 물품매매계약(또는 용역제공계약)의 경우 의무이행지는 물품(또는 용역)이 계약에 따라 인도(제공)된 체약국인 점은 개정 루가노협약/브뤼셀규정과 같지만, 제6조는 계약 일반에 대하여가 아니라 가장 전형적인 매매계약(또는 용역제공계약 또는 양자의 혼합계약)에 관하여만 국제관할을 규정하므로, 다른 유형의 계약의 경우 의무이행지의 관할은 인정되지 않는다. 예컨대 대출계약의 경우 가사 대출금 상환의무의 이행지가 뉴욕주이더라도 뉴욕주에 제6조에 기한 의무이행지 관할을 인정할 수는 없다.

둘째, 제6조는 실제로 물품(또는 용역)이 계약에 따라 인도(제공)된 체약국의 국제관할만을 인정하므로 물품(또는 용역)의 인도(제공)가 없었다면, 즉 의무불이행의 경우는 적용되지 않는다.[121)]

셋째, 개정 루가노협약/브뤼셀규정은 여전히 '문제가 된 의무'의 이행지라는 개념을 사용하면서 통일적인 이행지를 정의하는 데 반하여, 양 초안은 그런 '문제가 된 의무'라는 개념을 사용하지 않고 곧바로 물품(또는 용역)의 제공(또는 공급)지에 관할을 인정한다. 결론에는 차이가 없지만 후자는 의무이행지와 결별한 것이다. 실체법상의 의무이행지를 연상시키는 용어를 사용하면서 양 당사자 중 어느 일방이 부담하는 의무만을 기준으로 하는 것은 부자연스럽다.

넷째, 둘째와 셋째의 연장선 상에서 예비초안은 의무이행지를 기초로 하지 않으므로, 의무불이행의 경우에는, 당사자가 의무이행지를 달리 합의하더라도 의미가 없다. 그러나 개정 루가노협약/브뤼셀규정상으로는 의무이행지 합의가 의미가 있다.

나. 2001년 초안에 의한 혼란

2001년 6월 개최된 제1차 외교회의에서는 의무이행지를 기초로 한 예비초안과, 미국측이 제안한 '활동에 근거한 관할'을 결합하여 통합된 초안을 작성하고자 노력하였으나 실패하였다. 그 결과 2001년 초안은 아래와 같이 활

120) 그 밖에도 물품을 "인도하다"(deliver)라고 하지 않고 "공급하다"(supply)라고 하는 점도 다른 점이다.

121) Peter Nygh/Fausto Pocar, Report of the Special Commission, Preliminary Document No. 11 (2000), p. 50.

동에 근거한 관할을 A안으로, 의무이행지에 기초한 예비초안을 B안으로 규정함으로써 양자를 병렬적으로 열거한다.

> 제6조 계약
> [A안
> 1. [제7조 및 제8조의 유보 하에], 원고는 계약에 관한 사건에 있어 아래의 국가의 법원에 소를 제기할 수 있다.
>   a) 피고가 그곳에서 빈번한 [그리고] [또는] 중대한 활동을 한 국가 [또는
>   b) 피고가 그곳을 향하여 빈번한 [그리고] [또는] 중대한 활동을 한 국가]
>   다만, 청구가 그 행위와 직접적으로 관련된 계약에 근거하고, [피고와 그 국가와의 전체적인 관계에 의하여 피고가 그 국가에서의 소송에 따르도록 하는 것이 합리적인 경우]
> [제1선택지
> 2. 전항의 목적상 '활동'은 다음의 하나 또는 그 이상을 의미한다.
>   a) 이러한 종류의 계약의 체결을 위한 피고의 상업적 또는 직업적 사업의 [규칙적이고 실질적인] 촉진
>   b) 이러한 종류의 계약을 협상할 목적의 피고의 규칙적 또는 지속적 존재. 다만 문제된 계약의 적어도 일부가 그 국가에서 이행된 것을 조건으로 한다. [이 호에서 이행이라 함은, 대출 또는 통화의 매매의 경우를 제외하고는, [오로지] 비금전적 이행을 말한다.]
>   c) 상품 또는 용역의 공급에 의한 계약의 전부 또는 중요부분의 이행]
> [제2선택지
> 2. 전항의 목적상 '활동'은 특히 계약의 촉진, 협상 및 이행을 포함한다.
> [3. 전 항들은 피고가 그 국가에서 계약의 체결 또는 의무의 이행을 피하기 위하여 합리적인 조치를 취한 경우에는 적용되지 않는다.]]
> [B안 예비초안과 같다.]

A안의 특징은 피고가 빈번한 [그리고][또는] 중대한(significant) 활동을 한 곳에서 계약사건의 국제관할을 인정하는 점이다. 그러나 그러한 활동을 그곳에서 하지 않고 그곳을 향하여 한 것으로 족한지에 관하여는 의견이 일치하지 않았다. 다만 어느 경우이든 청구가 그 활동과 직접 관련된 계약에 기초한 것이어야 한다. 또한 "피고와 당해 국가 간의 전체적인 관계에 의하여 피고를 당해 국가의 관할에 복종하도록 하는 것이 합리적이어야 한다"는 요건이 괄호 안에 추가되었다.

A안에는 '활동'의 개념을 정하는 방법에 따라 다시 두 개의 선택지가 있는데, 유럽측의 견해를 반영한 제1선택지는 활동의 정의를 제한적으로 규정

함으로써 법적 안정성을 확보하려는 것으로 활동을 사업의 촉진, 협상과 이행에 한정한다. 한편 미국측의 견해를 반영한 제2선택지는 활동을 정의하지 않고 단순히 "활동은 특히 계약의 촉진, 협상 및 이행을 포함한다"고만 규정함으로써 활동의 범위를 제한하지 않는다.

위 두 가지 중 어느 안을 따르든 간에, 피고가 그 국가에서 계약의 체결 또는 이행을 하는 것을 피하기 위해 합리적인 조치를 취한 경우 활동 또는 의무이행지임을 근거로 계약사건의 관할이 성립하지 않는다는 취지를 제3항에서 일단 괄호 안에 규정하였다. 이는 특히 전자상거래의 특수성을 고려하여 사업자인 당사자가 특정국가의 관할에 복종하는 것을 회피하기 위해 필요한 조치를 취한 경우 그를 보호하기 위한 것이다.

사실 예비초안은 상당한 논의 결과 달성된 대체적인 합의를 기초로 성안된 것임에 반하여 2001년 초안은 그에 반하는 제안들을 포함하는 것으로 초안이라기보다 하나의 작업용문서에 불과하다고 본다. 다만 2001년 초안의 의의를 찾자면, 이는 유럽연합 국가들과 미국이 선호하는 안을 병치함으로써 각각이 선호하는 바와, 그들 간에 쉽게 가교될 수 없는 커다란 편차가 있다는 점을 분명하게 보여주는 데 있다고 본다.

5. 개정 루가노협약/브뤼셀규정의 태도에 대한 비판

계약사건의 국제관할에 관한 개정 루가노협약/브뤼셀규정의 태도에 대하여는 여러 가지 비판이 있다.

첫째는 의무이행지 관할에 대한 접근방법상 논리적 일관성의 결여이다. 위에서 본 것처럼 개정 루가노협약/브뤼셀규정도 물품매매계약(또는 용역제공계약) 이외의 유형의 계약의 경우 소의 기초가 된 의무의 이행지 관할을 여전히 인정한다(제5조 제1호 (c)(a)). 따라서 제1호 (a)가 적용되는 경우에는 루가노협약/브뤼셀협약의 경우와 마찬가지로 문제가 된 의무를 기준으로 이행지를 결정한다. 또한 (b)는 인도(제공)되었거나 인도(제공)되었어야 하는 장소가 체약국인 경우에 적용되므로 그러한 장소가 비체약국에 있을 때에는 (c)와 (a)에 따라 소의 기초가 된 의무이행지가 관할을 가진다. 이처럼 (a)가 적용되는 한 루가노협약/브뤼셀협약 하의 Tessili 공식과 De Bloos 공식이 개정 루가노협약/브뤼셀규정 하에서도 여전히 타당하다. 개정 루가노협약/브뤼셀규정이 이처럼 (a)에서는 문제가 된 의무를 기준으로 하는 브뤼셀협약의 태도를 유지하면서, (b)에서는 그와 달리 특징적 이행을 기준으로 함으로써 개념의 분열을 초래하는 것은 전형적인 타협의 산물로서 객관적 근거가 없는데, 그런 태도를 취한 이유는 위에서 언급한 프랑스 신민사소송법(제46조)을 수용하면서도 유럽사법재판소의 종래의 판례와 전면적으로 결별할 수 없었기 때문이라고 한다.[122] 예비초안은 이런 점에서 제한된 범위 내에서 진일보한 것이라고 할 수 있다.

둘째, 제1호 (a)에 의하여 관할이 결정되는 계약의 예로는 부동산, 주식 또는 증권의 매매, 라이센스계약, 신용장과 환어음 등을 든다.[123] 신용장의 경우 의무이행지의 결정[124]은 용이하지 않고, 나아가 금전채무(또는 금전지급의무)의 경우 의무이행지의 결정도 어려운 문제를 제기한다.[125] 특히 금전채무의 경우에는 당사자가 이행지를 합의하지 않은 경우는 물론이고 가사 이행지를 합의하였더라도 이는 단순히 계좌이체를 위하여 필요하거나 편리한 곳이기 때문이므로 이행지의 법원에 국제관할을 인정하는 것은 합리적인 근

122) Schack(註 44), Rz. 303, 307; Nagel/Gottwald(註 79), §3 Rz. 49; Kropholler, Art. 5 Rz. 31; Mankowski, Art. 5 no. 138.

123) Mankowski, Art. 5 no. 129. Fawcett/Harris/Bridge(註 55), para. 10.53은 표준소프트웨어의 구매계약과 기타 인터넷으로 양도할 수 있는 디지털화한 제품의 구매도 (a)에 해당한다고 본다. 신용장에 따른 개설은행과 수익자(또는 매입은행)의 관계는 용역제공계약이 아니라는 것이다. 준거법의 맥락이기는 하나 대법원 2011. 1. 27. 선고 2009다10249 판결은, 매입은행인 한국의 은행이 신용장 개설은행인 일본의 은행을 상대로 신용장대금 및 이에 대한 지연손해금의 지급을 구하는 소를 제기한 사건에서, 매입은행은 개설은행의 수권에 의하여 매입하긴 하지만, 이는 어디까지나 자기의 계산에 따라 독자적인 영업행위로서 매입하는 것이고 개설은행을 위한 위임사무의 이행으로서 신용장을 매입하는 것은 아니므로, 개설은행과 매입은행 사이의 신용장대금 상환의 법률관계에 관한 준거법의 결정에는 위임사무의 이행에 관한 준거법의 추정규정인 국제사법 제26조 제2항 제3호를 적용할 수 없다고 판단하였다.

124) 신용장에 따른 의무에는 여러 가지가 있으나 대표적인 것은 개설은행이 수익자에게 신용장대금을 지급할 의무인데, 수익자가 개설은행을 상대로 신용장대금 청구의 소 제기 시 의무이행지의 결정이 문제된다. 이 경우 통상 서류의 제시와 상환하여 지급을 받을 수 있으므로 다른 합의가 없으면 서류를 제시하는 장소(또는 지급청구를 하는 곳)가 의무이행지가 될 것이라는 견해도 가능하나, 영국의 판결은 서류의 제시장소가 아니라 지급지가 의무이행지라고 보았다고 한다. Stone, p. 76에 소개된 *Chailease Finance Corp v. Crédit Agricole Indosuez* [2000] 1 Lloyd's Rep 348 (CA) 참조. 그러나 수익자가 특정한 계좌로 이체할 것을 요구하는 경우 그 계좌소재지를 이행지로 볼 수 있고, 지정은행을 통하여 지급이 이루어지는 경우 지정은행 소재지가 의무이행지가 될 것이다. 이러한 유형별 고찰은 Jaephil Hahn, European Private International Law on Documentary Credits and Autonomous Guarantees (2003), p. 116 이하 참조.

125) 금전채무의 이행지에 관한 논의는 Hill(註 80), para. 5.6.45도 참조.

거가 없다는 비판이 있다.[126] 이 점에서는 물품의 매매(또는 용역의 제공)를 수반하지 않는 계약상의 금전채무의 경우 의무이행지 관할을 인정하지 않는 예비초안이 진일보한 것이라고 할 수 있다.

셋째, (c)를 보면 일견 문면상 불필요하고 중복되는 것처럼 보인다. 이 점에서 부적절하다는 비판을 할 수 있다. 그러나 (c)의 의미는 (b)에 따라 체약국이 아니라 비체약국의 법원이 관할을 가지는 사안에서 (b)의 접근방법을 포기하고 (a)의 접근방법을 따르게 하는 데 있다고 보는 견해가 유력한데, 이에 따르면 (c)는 'catch-all clause'는 아니라고 한다.[127] 이에 대하여는 이는 비체약국에 대한 관계에서 균형이 잡힌 관할배분을 훼손한다는 비판이 있다.[128] 이런 차이를 두지 않는 예비초안이 좀더 진일보한 것이라고 할 수 있다.

Ⅴ. 우리 국제사법에의 시사점

위의 논의를 보면 지금으로서는 개체약국들 간에는 개정 루가노협약의 관할규칙에 대하여는 컨센서스가 이루어진 것으로 보이는데, 우리의 관점에서 이를 어떻게 평가할지가 문제된다. 우리로서는 우선 국제사법 제2조가 선언한 국제관할 결정의 추상적 대원칙을 구체화하여 정치한 국제관할규칙을 정립하고, 그 작업이 어느 정도 성취되면 그 후 정치한 국제관할규칙을 국제사법에 명시할 필요가 있다. 위에서 언급한 바와 같이 국제사법 제2조는 처음부터 과도기적인 입법으로 구상되었기 때문이다.[129] 계약사건에서의 국제관할도 그 일환으로 검토할 필요가 있다.

---

126) Preliminary Document No. 9, Nos. 67-69.

127) Mankowski, Art. 5 no. 143.

128) Schack(註 44), Rz. 303.

129) 참고로 과거 우리의 섭외사법은 일본의 法例를 모델로 한 것이었는데, 일본은 2007년 1월 1일부터 法例를 '法適用에 관한 通則法'으로 명칭을 변경하고 전면개정하였으며, 국제관할에 관하여도 입법적인 해결을 추진하였다. 國際裁判管轄研究會, 國際裁判管轄研究會報告書, NBL 제883호(2008. 6. 15.)부터 제888호(2008. 9. 1.)에 연재된 논문 참조. 의무이행지에 관한 부분은 제884호(2008. 7.1.), 64면 이하 참조. 위에서 언급한 것처럼 일본은 최근 "민사소송법 내지 민사보전법의 일부를 개정하는 법률"을 공표하여 민사소송법과 민사보전법을 개정하고 정치한 국제재판관할규칙을 도입하였는데 이는 2012. 4. 1. 발효하였다.

1. 우리 국제사법상 계약사건의 국제관할

가. 국제관할의 대원칙

과거 우리 대법원[130]은 국제관할의 결정에 관한 법리를 이른바 4단계 구조로 설시하였으나, 이는 아래 국제사법 제2조에 의하여 대체되었다. 따라서 이제 우리는 국제사법 제2조를 기초로 하되 국내법의 관할규정을 참작하여 정치한 국제관할규칙을 정립해야 한다.

> ① 법원은 당사자 또는 분쟁이 된 사안이 대한민국과 실질적 관련이 있는 경우에 국제재판관할권을 가진다. 이 경우 법원은 실질적 관련의 유무를 판단함에 있어 국제재판관할 배분의 이념에 부합하는 합리적인 원칙에 따라야 한다.
> ② 법원은 국내법의 관할 규정을 참작하여 국제재판관할권의 유무를 판단하되, 제1항의 규정의 취지에 비추어 국제재판관할의 특수성을 충분히 고려하여야 한다.

실무적으로는 민사소송법의 토지관할규정에 의한 재판적이 한국에 있으면 대체로 한국 법원에 국제관할이 있을 것이다. 그러나 모든 토지관할규정이 동등한 가치를 가지는 것은 아니므로 이를 ① 그대로 국제관할규칙으로 사용할 수 있는 것, ② 국제적인 고려에 의해 수정함으로써 비로소 국제관할규칙으로 사용할 수 있는 것과 ③ 국제관할규칙으로는 적절치 않아 아예 배제되어야 하는 것으로 구분해야 한다. 따라서 우리 국제사법 하에서 올바른 국제관할규칙을 정립하기 위해서는 특정 토지관할규정이 어느 유형에 속하는지를 판단하고, ②에 속하는 토지관할규정을 적절히 수정하는 것이 중요하다. 나아가 ④ 토지관할규정이 망라적인 것은 아니므로 그 밖에도 국제관할의 근거가 될 수 있는 사정의 유무와, 만일 이를 인정한다면 그 내용에 대한 검토가 필요하다.[131] 이러한 판단을 하는 과정에서 국제적으로 통용될 수 있는 국제관할규칙을 정립하기 위해서는 광범위한 비교법적 검토가 요청된다. 개정 루가노협약이 도입한 개정의 착안점을 고려하면 의무이행지의 특별재판적

---

130) 예컨대 대법원 1995. 11. 21. 선고 93다39607 판결.

131) 저자는 석광현, "國際裁判管轄의 몇 가지 문제점—종래의 논의에 대한 批判的 考察," 인권과 정의 제262호(1998. 6.), 38면에서 이런 견해를 밝힌 뒤 이를 견지하고 있다. 도메인 이름에 관한 대법원 2005. 1. 27. 선고 2002다59788 판결은 도메인분쟁을 직접 규율하는 토지관할규칙이 없었음에도 우리나라의 국제관할을 긍정하였던바 이는 ④에 해당하는 것으로 볼 수 있다.

을 정한 우리 민사소송법 제8조는 "② 국제적인 고려에 의해 수정함으로써 비로소 국제관할규칙으로 사용할 수 있는 조항"에 해당한다.

도메인이름에 관한 대법원 2005. 1. 27. 선고 2002다59788 판결은 국제관할을 결정함에 있어서는 당사자 간의 공평, 재판의 적정, 신속 및 경제를 기한다는 기본이념에 따라야 할 것이고, 구체적으로는 소송당사자들의 공평, 편의 그리고 예측가능성과 같은 개인적인 이익뿐만 아니라 재판의 적정, 신속, 효율 및 판결의 실효성 등과 같은 법원 내지 국가의 이익도 함께 고려하여야 할 것이며, 이러한 다양한 이익 중 어떠한 이익을 보호할 필요가 있을지 여부는 개별 사건에서 법정지와 당사자와의 실질적 관련성 및 법정지와 분쟁이 된 사안과의 실질적 관련성을 객관적인 기준으로 삼아 합리적으로 판단하여야 할 것이다고 판시하였는데, 위 판결의 사안은 국제사법이 적용되지는 않는 것이었지만 대법원은 국제사법의 취지를 충분히 고려하여 위와 같이 판시하였고 이는 대체로 적절하다.[132] 따라서 우리가 앞으로 국제사법 하에서 정립해야 하는 국제관할규칙의 타당성은 위 대법원판결이 제시한 바와 같은 국제관할의 판단기준이 되는 궁극적 잣대에 비추어 정당화될 수 있어야 한다.

나. 계약사건의 국제관할

위(Ⅳ.)에서 본 바와 같이 민사소송법 제8조는 '거소지 또는 의무이행지의 특별재판적'이라는 표제 하에 "재산권에 관한 소를 제기하는 경우에는 거소지 또는 의무이행지의 법원에 제기할 수 있다"고 규정하는데 그 중 거소지재판적은 독일 민사소송법(제20조)의 이른바 'Aufenthaltsort'(거소지)의 특별재판적을 계수한 것이고, 의무이행지 재판적은 독일 민사소송법(제29조 제1항)의 계약재판적을 확장하여 널리 재산법상의 청구권에 의한 소에 대하여 의무이행지의 특별재판적을 인정한 것이다. 민사소송법은 명시하지 않지만, 여기에서 의무라 함은 '문제가 된 의무' 또는 '청구의 기초가 된 의무'를 말한다는 견해가 유력하다. 실제로 위에서 본 대법원 1972. 4. 20. 선고 72다248 판결은 섭외적인 요소가 있는 사건에서도 민사소송법 제8조에 상응하는

132) 그러나 아쉬운 점도 있다. 상세는 석광현, "國際裁判管轄의 기초이론— 도메인이름에 관한 대법원 2005. 1. 27. 선고 2002다59788 판결의 의의," 국제사법과 국제소송 제4권(2007), 85면 이하 참조.

구 민사소송법 제6조를 적용하여, 중개보수를 지급할 채무가 지참채무이고 따라서 그 이행지인 채권자 주소지가 한국임을 근거로 한국법원의 국제관할을 인정하였다. 이는 청구의 기초가 된 금전채무의 이행지를 기준으로 국제관할을 결정하고, 이행지를 결정하기 위하여 법정지인 우리 국제사법을 적용하여 이행의무의 준거법을 판단한 점에서, 위에서 본 Tessili 공식을 따른 것이라고 할 수 있다. 하지만 우리나라에서는 아직 다양한 유형의 계약사건의 국제관할을 다룬 판결은 별로 보이지 않는다.

우리 민사소송법(제8조)과 1972년 대법원판결을 고려하면, 계약사건의 의무이행지 관할에 대한 거부감은 별로 없다.[133] 루가노협약, 개정 루가노협약과 예비초안을 고려하면, 적어도 예비초안의 수준을 따라 물품의 공급에 관한 사건에서 물품의 전부(또는 일부)가 공급된 장소와, 용역의 제공에 관한 사건에서 용역의 전부 (또는 일부)가 제공된 장소의 국제관할을 인정하는 데는 어려움이 없다. 나아가 기타 계약사건의 경우에도 의무이행지 관할을 긍정할 수는 있을 것이나, 이를 좀더 정치하게 다듬어 의무이행지 관할규칙을 정립해야 하고, 그런 규칙에 따라 국제관할을 긍정하더라도 국제관할의 판단기준이 되는 궁극적 잣대에 비추어 개별사건에서 좀더 엄격한 검토가 필요하며, 경우에 따라서는 부적절한 법정지의 법리를 원용하여 소송중지를 인정할 여지가 있다고 본다. 이런 전제 하에서 의무이행지 관할과 관련된 문제점은 아래에서 논의한다.

그리고 그 경우 일차적 의무(또는 기본적 의무)를 기준으로 의무이행지를 판단해야지 손해배상의무와 같은 이차적 의무를 기준으로 판단할 것은 아니라는 점은 수긍할 수 있다.[134]

2. 계약사건의 국제관할에 관한 검토—장래의 우리 국제사법의 해석론과 입법론을 위하여

여기에서는 제8조의 의무이행지 관할을 어떻게 수정할지에 초점을 맞추어 논의하는데, 우선 종래 우리나라의 논의를 소개하고, 예비초안과 개정 루가노협약을 참조하여 추가적인 고려사항을 지적한다.[135]

---

133) 물론 2001년 초안에서 보이는 미국의 제안을 고려하면 이에 비판이 있을 수 있다.
134) 장준혁(註 62), 504면도 동지.

가. 종래의 비판

우선 종래 의무이행지 관할에 대하여는 여러 가지 점에서 비판이 제기되고 있다.[136)]

첫째, 민사소송법의 해석상으로는 '재산권에 관한 소'에는 불법행위, 부당이득, 사무관리 등에 의한 채권적 청구권 등에 관한 소가 포함되나, 국제관할의 맥락에서 법정채무에 대해서까지 의무이행지 관할을 인정하는 것은 피고에게 예측하지 못한 곳에서의 응소를 강제하게 되어 공평에 반하므로 채권계약으로부터 발생하는 의무에 한정해야 할 것이다.[137)] 즉 실체법상의 의무이행지에 무조건 국제관할을 긍정한다면 몰라도, 도메인이름에 관한 대법원 판결이 설시한 바와 같이 국제관할배분의 궁극적 잣대를 적용하는 절차법적 고려를 중시한다면 그렇게 보아야 할 것이다.

둘째, 채권계약상의 의무로 한정하는 경우에도 당해 계약에 따른 본래의 의무에 관하여 의무이행지 관할이 인정됨은 다툼이 없으나 ① 계약의 무효, 취소, 부존재와 관련한 계약관계의 존부 확인이나 ② 계약상의 의무로부터 파생된 채무(채무불이행으로 인한 손해배상채무 또는 계약해제에 따른 원상회복채무)에 대하여도 의무이행지 관할을 인정할지에 관하여는 우리나라에서는 학설이 나뉜다.[138)] 독일 민사소송법은 계약의 존재에 관한 쟁송을 명시적으로 포함하므로 의무이행지 관할은 계약관계의 존부 확인에는 당연히 적용되고, 나아가 계약상의 채무로부터 파생된 채무에도 적용된다고 본다.[139)] 개정 루가노협약/브뤼셀규정의 해석상으로는 위에서 본 바와 같이 이도 대체로 포함된다는 본다. 그러나 예비초안에 따르면 실제 이행이 없었던 경우는 이에 포함되지 않을 것이다.

셋째, 제8조를 적용하기 위해서는 의무이행지를 결정해야 하는데 이행지

135) 근자의 논의는 장준혁(註 62), 475면 이하 참조.

136) 석광현(註 12), 53면 이하; 상세는 석광현, 국제재판관할에 관한 연구(서울대학교출판부, 2001), 277면 이하 참조(아래 소개하는 견해의 개별적 인용은 생략한다).

137) 다만 예컨대 계약의 무효, 취소나 해제로 인한 부당이득의 경우는 의무이행지 관할을 인정할 수 있다. 석광현(註 12), 278면 이하. 여기의 의무이행지는 부당이득반환의무의 이행지가 아니라 원래의 계약상의 의무이행지를 말한다. 그러나 그런 계약관계가 존재하지 않는 경우에까지 이를 인정할 것은 아니다.

138) 부정설은 최공웅, 국제소송(1994), 303면, 긍정설은 유재풍, "國際訴訟의 裁判管轄에 관한 硏究," 청주대학교 대학원 법학박사학위논문(1994), 108면.

139) Kropholler(註 44), Rz. 353.

에 관한 당사자의 합의가 없는 경우 그 결정이 문제된다. 1972년 대법원 판결은 법정지인 한국의 국제사법을 적용하여 문제된 계약의 준거법을 지정하고 그에 따라 채무의 이행지를 결정하였으나, 적정, 공평하고 능률적인 운영이라는 국제민사소송법상의 이념에 따라 합리적으로 의무이행지를 결정할 것이라는 견해가 유력하다.[140] 이는 루가노협약상의 Tessili 공식에 대한 비판과 궤를 같이 하는 것이다. 개정 루가노협약이 매매계약과 용역공급계약에 관하여 이를 시정하였으나 기타 계약의 경우 Tessili 공식을 유지하고 있음은 위에서 본 바와 같다.

넷째, '문제가 된' 또는 '다툼 있는' 의무의 이행지에 재판관할을 인정한다면, 의무이행지에 관한 당사자의 합의가 없는 경우 누가 어느 의무에 기하여 소를 제기하는 가에 따라 제8조에 따른 국제관할이 달라질 수 있다. 이는 루가노협약에 대한 비판이기도 하였다. 개정 루가노협약이 매매계약과 용역공급계약에 관하여 이를 시정하였으나, 기타 계약의 경우에는 이런 비판이 여전히 가능함은 위에서 본 바와 같다.

다섯째, 채권자인 원고는 피고의 보통재판적 소재지에 소를 제기하는 대신 의무이행지의 법원에 소를 제기할 수 있게 되므로 의무이행지 관할은, '원고는 피고의 법정지를 따른다'는 국제관할의 대원칙에 반하여 사실상 원고의 법정지(*forum actoris*)에 관할을 부여하게 되므로 부당하다는 비판이 있다. 이는 루가노협약에 대한 비판이기도 하였다. 이런 비판은 개정 루가노협약에 대하여도 여전히 타당하다. 원고의 법정지를 인정하게 되어 부당하다는 비판은 우리나라에서도 국제물품매매협약이 발효됨에 따라 실무상 더 큰 의미를 가지게 되었다. 즉 국제물품매매협약은 한국, 중국과 일본에서 이미 발효되었으므로 한·중 및 한·일간의 국제동산매매에 대규모로 적용된다. 그런데 위에서 본 바와 같이, 국제물품매매협약(제57조)에 따르면 달리 정함이 없으면 대금의 지급에 관하여는 지참채무의 원칙이 적용되므로 매도인은 자신의 영업소 소재지에서 제소할 수 있게 된다.

나. 예비초안과 개정 루가노협약을 참조한 고려사항

첫째, 물품매매계약과 용역제공계약의 경우 아직 이행이 없는 상태에서

140) 이런 취지의 하급심 판결들도 있다. 장준혁(註 62), 487면 이하 참조.

도 의무이행지 관할을 인정할 것인가. 즉 이는 실제의 이행지에만 착안할 것인가의 문제로서, 예비초안과 개정 루가노협약이 차이를 보이는 부분이다.

둘째, 물품매매계약과 용역제공계약의 경우 의무이행지 관할을 인정한다면, 그 밖의 유형의 계약의 경우에도 의무이행지 관할을 인정할 것인가. 의무이행지 관할의 가장 큰 문제점은 과연 그것이 통상적인 계약 일반에 그 유형에 관계없이 타당한가라는 점이다. 예비초안(제6조)은 의무이행지 관할을 물품매매계약과 용역제공계약에 따라 실제로 이행이 행해진 곳으로 제한함은 이미 지적하였다. 만일 그 범위를 확대한다면 그 경우 이행지의 결정이 문제되는데, 독일의 유력설[141]이 주장하듯이 절차적으로 독립되고 완결적인 이행지 개념을 찾아 모든 유형의 계약에 확장하는 것이 바람하다면, 과연 그것이 가능한가 또한 그것을 어떻게 구체화할 것인가라는 문제가 있다. 이는 1972년 대법원판결의 태도를 유지할 것인가, 아니면 그로부터 이탈할 것인가의 문제이다.[142] 참고로 일본은 최근 "민사소송법 내지 민사보전법의 일부를 개정하는 법률"을 공표하여 민사소송법과 민사보전법을 개정하고 정치한 국제재판관할규칙을 도입하였고 이는 2012. 4. 1. 발효하였다. 일본 민사소송법은 토지관할에 관한 조문(제4조 이하)에 앞서 국제재판관할에 관한 조항을 제3조의2 이하로 신설하였는데, 제3조의3 제1호는 종래 '계약에 관한 소'에 해당하는 사건을 유형화하여 그 범위를 좀더 명확히 규정한다. 제1호는 계약상 채무의 이행청구를 목적으로 하는 소, 계약상 채무에 관하여 행해진 사무관

141) 예컨대 Kropholler, Art. 5 Rz. 31.

142) 흥미로운 것은 대법원 2008. 5. 29. 선고 2006다71908, 71915 판결이다. 이는 계약에 관한 사건으로 만일 1972년 대법원판결을 따라 의무이행지의 관할을 인정하였더라면 쉽게 한국의 국제재판관할을 인정할 수 있었던 사안인데, 대법원은 의무이행지를 국제재판관할을 판단함에 있어서 고려할 요소 중의 하나로 열거하면서 실질적 관련을 근거로 국제재판관할을 인정하였다. 이에 대해 저자는 "법원은 국제사법 제2조에 따라 우선 토지관할규칙 등 국내관할규정을 참작하여 精緻한 국제재판관할규칙을 정립해야지, 단지 다양한 사정을 열거하고 법원이 원하는 결론을 내리는 것, 즉 실질적 관련을 법원의 恣意的 結論을 정당화하는 도구로 사용하는 것은 제2조에도 반하고 위험하기까지 하다. 앞으로는 아무쪼록 대법원이 제2조에 충실한 접근방법을 취해 줄 것을 기대해 본다"는 취지의 비판을 한 바 있다. 석광현, "계약사건의 국제재판관할에서 의무이행지와 실질적 관련," 법률신문 제3792호(2009. 11. 12.), 14면; 이 책 [8] 보론 참조. 그 후 한국에서 발생한 항공기추락사고를 이유로 중국인 승무원의 유가족이 중국항공사를 상대로 우리 법원에서 손해배상을 청구한 사건에서 대법원 2010. 7. 15. 선고 2010다18355 판결은 "당사자 또는 분쟁이 된 사안이 대한민국과 실질적 관련이 있는지를 판단하는 데 있어서 민사소송법상 토지관할권 유무가 여전히 중요한 요소가 됨을 부인할 수 없다"고 판시한 바 있다. 위 대법원 2008년 판결에 대한 비판과 기타 우리 판례에 대한 검토는 장준혁(註 62), 456면 이하 참조.

리 또는 발생한 부당이득에 관계된 청구, 계약상 채무의 불이행에 의한 손해배상청구와 기타 계약상의 채무에 관한 청구를 목적으로 하는 소를 구체적으로 열거하고, 그러한 소에 대하여는 ① 계약에서 정해진 당해 채무의 이행지가 일본국 내에 있는 때 또는 ② 계약에서 선택된 곳의 법에 의하면 당해 채무의 이행지가 일본국 내에 있는 때 일본에서 제기할 수 있다고 규정한다. 따라서 당사자들이 채무의 이행지와 준거법을 모두 선택하지 않은 경우 계약사건의 관할은 적용되지 않는데 이는 당사자의 예측가능성을 제고하기 위한 것이다.[143]

요컨대 계약의 유형이 매우 다양할 뿐만 아니라 혼합계약도 있는데, 도메인이름에 관한 2005년 대법원 판결이 설시한 국제관할을 결정하는 궁극적 잣대에 비추어 본다면 모든 유형의 계약에서 이행지관할이 항상 타당하다고 보기는 어렵지 않을까 생각된다. 혼합계약의 경우 당사자가 부담하는 복수의 의무가 존재하는데 만일 일방 당사자가 그 중 여러 개의 의무를 위반했다면 이는 일차적-이차적 의무의 관계가 아니라 동등한 지위를 가지므로 이행지관할을 기초로 이들을 병합할 수도 없다.[144]

셋째, 좀더 나아가면 의무이행지 관할에만 한정된 것은 아니지만, 부적절한 법정지의 법리를 도입할 여지는 없는가라는 의문이 제기된다. 만일 이를 긍정한다면, 특히 매매계약과 용역제공계약 이외의 계약이나 혼합계약의 경우 이행지가 당해 사안과 관련이 약한 경우에도 부적절한 법정지의 법리에 의하여 소송을 중지함으로써 부당한 결과를 시정할 수 있으므로 의무이행지 관할을 좀더 넓게 인정할 여지가 있다.[145] 특히 계약의 유형이 다양한 만큼

143) 일본 개정 민사소송법은 제3조의2(피고의 주소 등에 의한 관할권), 제3조의3(계약상의 채무에 관한 소등의 관할권), 제3조의4(소비자계약 내지 노동관계에 관한 소의 관할권), 제3조의5(관할권의 전속), 제3조의6(병합청구에서의 관할권), 제3조의7(관할권에 관한 합의), 제3조의8(응소에 의한 관할권), 제3조의9(특별한 사정에 의한 소의 각하), 제3조의10(관할권이 전속하는 경우의 적용제외), 제3조의11(직권증거조사)와 제3조의12(관할권의 표준시)를 두고 있다. 위 제3조의3은 계약상 채무이행의 청구 등(제1호)을 포함한 13개 국제재판관할근거를 명시한다. 일본 개정 법률안에 대한 소개는 한충수, "국제민사소송의 국제적인 흐름과 우리의 입법과제—일본의 국제재판관할 관련 민사소송법 개정법률안을 중심으로—," 민사소송 제14권 제2호(2010), 66면 이하 참조.

144) 만일 청구의 객관적 병합이 가능하다면 이를 병합할 수 있지만 개정 루가노협약은 이를 인정하지 않으며 우리 법상은 논란이 있다. 예비초안은 물품의 공급과 용역의 제공 양자에 관한 사건의 경우 주된 의무의 전부 또는 일부의 이행이 행해진 장소의 국제관할을 인정한다.

145) 이런 전제 하에서 저자는 과거 "현재로서는 의무이행지 관할을 어떻게 수정할 것인가에

과연 의무이행지 관할이 항상 국제관할 배분의 이념에 부합하는 결론에 이를 지는 의문이기 때문에 부적절한 법정지의 법리에 의한 시정가능성을 고려하는 것이다.

넷째, 우리나라를 포함한 대륙법계의 경우 종래 국제관할에서 특별관할의 유무를 판단하기 위해서는 우선 문제된 법률관계의 성질결정을 할 필요가 있고, 피고의 활동에 근거한 특별관할은 인정될 여지가 없었다. 그러나 당사자가 어느 국가에서 (상업적) 활동을 통하여 이득을 얻고 있다면 그로부터 발생하거나 그와 관련된 소송에 대하여 당해 국가의 특별관할을 인정하는 것이 불합리한 것만은 아니다. 이것이 피고의 '활동에 근거한 관할'(activity based jurisdiction)인데, 만일 이를 인정한다면 청구원인이 계약인가 불법행위인가라는 성질결정은 불필요하다. 다만 문제는 피고의 어떠한 성질, 빈도 또는 양의 활동을 근거로 특별관할을 긍정할 수 있는가라는 판단이 어려우므로 사소한 관련을 근거로 국제관할이 부당하게 확대될 위험성이 있다는 점이다. 어쨌든 이런 개념은 미국으로부터 연원한 것인데, 미국 판례는 '최소한의 접촉'(minimum contact)의 핵심개념인 '의도적 이용'(purposeful availment)을 인정하기 위한 요건으로 피고의 활동에 착안하므로 그에 기초한 국제관할을 자연스럽게 인정할 수 있다.

우리 국제사법상 계약사건에서 피고의 활동에 근거한 관할을 인정할 수 있는지도 고려할 필요가 있다.[146] 즉 우리 국제사법 하에서는, 분쟁이 된 활동이 한국과 실질적 관련이 있어서 관할을 인정하는 것이 국제관할 배분의 이념에 부합하고 합리적이면 피고의 활동에 근거한 특별관할을 인정할 수 있

관하여는 만족할 만한 대안이 없는 실정이라고 생각된다. 따라서 일단 의무이행지에 기한 국제관할을 인정하되, 국제관할 배분의 정의를 고려하여 그러한 결론이 합리적이라고 볼 수 없는 예외적인 사정이 있는 경우 부적절한 법정지의 법리에 따라 국제관할의 행사를 거부할 필요가 있을 것이다"라고 썼는데(석광현(註 12), 54면), 그 전제로서 저자는 우리 법의 해석론으로서도 엄격한 요건 하에 부적절한 법정지의 법리를 도입하여 소송을 중지할 수 있다는 견해를 피력하였다.

146) 특히 소비자계약의 경우는 국제사법 제27조가 소비자 상거소 소재지 국가를 지향한 활동에 근거한 관할을 인정한다. 손경한(편), 엔터테인먼트법(하)(2008), 465면(이규호 집필부분)은 서울중앙지방법원 2005. 6. 22. 선고 2003가합87723 판결(드림웍스 사건)이 의도적인 활동에 기한 국제관할을 인정한 것으로 보인다고 하나 동의하기 어렵다. 그 사건은 오히려 유럽연합의 Shevill 사건 판결과의 관련 및 청구의 객관적 병합과 관련하여 파악하는 것이 적절하다. 소개는 석광현, "한국에 있어서 知的財産權紛爭의 國際裁判管轄," 국제사법과 국제소송 제4권(2007), 617면 註 86; 손경한, "국제 저작권 분쟁의 국제재판관할," 법률신문 제3400호(2005. 10. 6.), 14-15면 참조.

다. 다만 여기에서 이를 인정하더라도 의무이행지 관할을 배척하는 것은 아니고 양자는 병존할 수 있다. 물론 이를 인정하기 전에 기존의 계약사건 또는 불법행위사건의 관할 외에 이를 별도로 긍정할 필요성과 실익을 검토하고, 그의 요건을 좀더 명확히 할 필요가 있다. 흥미로운 것은 일본의 개정 민사소송법이다. 즉 제3조의3 제5호는 일본에 있어서 사업을 행하는 자(일본에 있어서 거래를 계속하여 하는 외국회사, 즉 일본 회사법 제2조 제2호에 규정한 외국회사를 포함한다)에 대한 소에 관하여 일본에서의 업무와 관련된 것에 대해서 국제관할을 인정한다. 저자는 우리 국제사법의 해석상 종래 이에 대해 호의적이나, 일본에서 이를 받아들인 것은 다소 의외이다.

Ⅵ. 맺 음 말

지금까지 루가노협약/개정 루가노협약상 계약사건의 국제관할을 검토하고 우리 법에의 시사점을 살펴보았다. 개정 루가노협약은 루가노협약을 개선하였지만 논리적 일관성이 부족한데, 이는 절차법적 접근방법을 관철하지 못하였기 때문이다. 또한 제5조 제1호 (b)에서 "달리 합의되지 않으면"과 "계약에 따른"의 정확한 의미와 양자의 관계에 관하여도 논란의 여지를 내포하고 있다.[147] 반면에 예비초안은 절차법적 접근방법을 관철한다. 이상의 논의를 보면, 당연한 것으로 생각되었던 계약사건의 의무이행지 관할에 여러 쟁점이 있다는 점과, 의무이행지 관할, 특히 문제가 된 의무이행지에 기초한 관할의 설득력과 타당성에 대해 의문이 제기되고 있음을 본다. 그렇다면 국제관할을 결정하는 궁극적인 잣대에 비추어, 계약사건에서 의무이행지의 특별관할을 정당화하는 근거는 무엇인가라는 근본적인 의문으로 되돌아가게 된다. 우리 국제사법상 계약사건의 국제관할의 맥락에서 의무이행지를 정함에 있어서 이런 문제의식을 가지고 좀더 다양한 유형의 계약을 기초로 검토할 필요가 있는데, 그 과정에서 유럽연합의 논의가 참고가 된다. 계약사건의 국제관할에 관한 우리의 해석론과 입법론은 다른 기회에 좀더 논의할 생각이다.

국제관할 전반에 관하여 하나 지적할 것은, 국제사법 제2조가 비록 개방

147) 이 글에서 양자의 관계를 명확히 정리하지 못한 것은 아쉬운데 이는 다른 기회로 미룬다.

적인 성격의 일반조항이지만, 이것이 법원의 恣意的 判斷을 정당화하는 도구로 남용되어서는 아니 된다는 점이다. 국제사법 제2조는 국내관할 특히「토지관할규칙=국제관할규칙」이라고 보면서, 결론이 부당한 경우 특별한 사정이라는 도구를 사용하여 부당성을 교정하려는 종래 일본과 우리 법원의 태도를 바로잡고, 정치한 국제관할규칙을 정립하라는 취지를 명시한 것이다. 따라서 우선 국내관할규정을 참작하여 정치한 국제관할규칙을 정립하려는 노력을 해야지, 단순히 다양한 사정을 열거하고 법원이 원하는 결론을 내리는 방식은 바람직하지 않을 뿐만 아니라 위험하기까지 하다. 앞으로 우리 법원이 국제사법 제2조의 요청을 구체화함으로써 정치한 국제관할규칙을 정립해 줄 것을 기대한다.

[補論]

계약사건의 국제재판관할에서 의무이행지와 실질적 관련*

대상판결: 대법원 2008. 5. 29. 선고 2006다71908, 71915 판결

Ⅰ. 사안의 개요

한국 회사인 원고가 일본 회사인 피고에게 러시아에서 선적한 냉동청어를 중국에서 인도하기로 하고, 대금은 선적 당시의 임시검품 결과에 따라 임시로 정하여 지급하되 인도지에서 최종검품을 하여 최종가격을 정한 후 임시가격과의 차액을 정산하기로 하는 매매계약을 체결했다. 피고가 정산금을 미지급하자 원고는 정산금의 지급을 구하는 소를 제기했고, 피고는 적정 매매대금을 초과하여 지급했으므로 부당이득을 반환하라는 반소를 제기했다. 이에 앞서 피고는 원고를 상대로 중국에서 제소했으나 소가 각하되었다.

Ⅱ. 원심판결

원심판결(부산고등법원 2006. 10. 11. 선고 2006나2049(본소), 2006나2056(반소) 판결)은 과거 대법원판결의 추상적 법률론을 따라 "… 국내의 재판관할을 인정할지 여부는 … 우리나라의 성문법규도 없는 이상 결국 … 기본이념에 따라 조리에 의하여 결정함이 상당하고, … 민사소송법의 토지관

* 이는 법률신문 제3792호(2009. 11. 12.), 14면에 게재된 글을 조금 수정한 것이다.

할 규정 또한 위 기본이념에 따라 제정된 것이므로 기본적으로 위 규정에 의한 재판적이 국내에 있을 때에는 우리나라에 재판관할권이 있다"는 취지로 설시하고, 원고인 한국회사의 주소지가 대금지급의무의 이행지라고 보아 민사소송법 제8조를 근거로 한국의 국제재판관할을 긍정했다. 놀랍게도 원심판결과 1심판결은 국제사법의 개정을 몰랐다.

Ⅲ. 대상판결의 요지

대상판결은 "중국에서 이 사건 청어에 대하여 최종검품이 이루어졌는지 여부 및 그 결과가 무엇인지가 주로 문제되므로 분쟁이 된 사안과 가장 실질적 관련이 있는 법원은 청어의 인도지로서 최종 검품 예정지였던 중국 법원이나 … 피고가 원고를 상대로 중국 법원에 제기한 소가 각하된 점, 청어에 포함된 성자(成子)의 비율을 확인할 수 있는 증거인 청어가 더 이상 존재하지 않으며, 피고가 청어를 인도받고 처분한 시점으로부터 약 5년이 경과하여 이제 와서 한국 법원의 국제재판관할을 부정한다면 당사자의 권리구제를 도외시하는 결과를 야기할 수 있는 점, 피고가 반소를 제기했으므로 원·피고 사이의 분쟁을 종국적으로 일거에 해결할 필요성이 있는 점, 원고가 한국에서 관련 서류를 팩스로 전송받는 방법으로 계약을 체결했고, 정산금을 송금받기로 한 곳이 한국인 점 등을 고려할 때, 한국에도 당사자 또는 분쟁이 된 사안과 실질적 관련이 있다"는 근거로 우리 법원의 국제재판관할을 인정했다.

그러나 대상판결은 민사소송법 제8조와, 청구의 기초가 된 의무이행지의 관할을 인정할 수 있다는 설시는 하지 않았다.

Ⅳ. 연　　구

1. 문제의 제기

섭외사법 하의 과거 대법원판결에 따르면, 대상판결의 사안에서는 청구의 기초가 되는 의무, 즉 대금지급의무의 이행지인 한국의 국제재판관할을 긍정할 수 있다. 그러나 대상판결은 도메인이름에 관한 대법원 2005. 1. 27. 선고 2002다59788 판결을 인용하면서, 계약사건의 의무이행지관할에 관한 별다른 설시 없이 실질적 관련을 기초로 위와 같이 판시했다. 대상판결은 판례공보에 게재되지 않았는데 아래에서는 대상판결에 대해 간단히 논평한다.

2. 국제사법 하의 국제재판관할규칙

섭외사법 하에서 국제재판관할의 배분에 관하여는 逆推知說, 관할배분설과 수정역추지설 등이 있었으나 2001년 7월 개정 국제사법이 시행됨으로써 학설 대립은 의미를 상실했고, 이제는 국제사법에 따라 精緻한 국제재판관할규칙을 정립해야 한다.

국제사법은 소송원인인 분쟁이 된 사안 또는 당사자가 법정지인 한국과 '실질적 관련'을 가지는 경우 우리 법원에 국제재판관할을 인정하고, 국제재판관할 배분의 이념과 합리적인 원칙에 따라 실질적 관련의 유무를 결정해야 한다고 명시한다(제2조 제1항). 실질적 관련은 국제재판관할을 결정하는 궁극적 잣대로서 기능하는 매우 탄력적인 개념이다. 국제재판관할의 유무를 판단함에 있어서 법원은 민사소송법의 토지관할규정 등 국내법의 관할규정을 참작해야 하나, 재판적에 관한 규정은 국내적 관점에서 제정된 것이므로 국제재판관할의 특수성을 고려해야 한다(제2조 제2항). 따라서 과거 판례가 발전시킨, 토지관할규칙을 기초로 국제재판관할규칙을 정립하는 접근방법은 상당부분 유지될 수 있으나, 일단「국제재판관할규칙=토지관할규정」이라고 보고 그 결론이 부당한 경우 특별한 사정을 근거로 결론을 뒤집을 것이 아니라 국제재판관할의 특수성을 고려하여 올바른 국제재판관할규칙을 정립해야 한다. 구체적으로 토지관할규칙을 ① 국제재판관할규칙으로 삼을 수 없는 것, ② 곧바로 국제재판관할규칙으로 삼을 수 있는 것과 ③ 적절히 수정함으로써 국제재판관할규칙으로 삼을 수 있는 것으로 분류하고, ③의 유형을 어떻게 수정할지를 검토해야 한다. 나아가 ④ 토지관할규칙이 망라적이지 않으므로 그 밖의 국제재판관할의 근거를 검토할 필요가 있는데, 이는 물론 매우 신중하게 판단하여야 한다.

3. 계약사건에서 의무이행지에 기초한 국제재판관할—종래의 논의

특별재판적을 정한 민사소송법 제8조에 따르면 재산권에 관한 소는 의무이행지의 법원에 제기할 수 있다. 대법원 1972. 4. 20. 선고 72다248 판결은 섭외사법을 적용하여 문제된 국제계약의 객관적 준거법을 일본법이라고 판단하고 그에 따라 의무이행지를 결정한 뒤 구 민사소송법 제6조(민사소송법 제8조에 상응)를 적용하여 의무이행지인 한국의 국제재판관할을 인정했다. 문면상으로는 '재산권에 관한 소'에 법정채권에 관한 소도 포함되나, 그 경우까지 의무이행지관할을 인정하는 것은 불공평하다는 이유로 학설은 이를 채권계약으로부터 발생하는 채무에 한정한다. 요컨대 제8조는 위 ③의 유형에 속하는 토지관할규칙인데 이를 국제재판관할규칙화함에 있어서는 적절한 수정이 필요하다.

가. 청구의 기초가 된 의무

종래 학설은 제8조의 의무는 계약관계를 특징짓는 의무가 아니라 '청구(또는 소)의 기초가 된 계약상 의무'라고 본다. 이에 따르면 의무이행지에 관한 합의가 없는 한, 누가 어느 의무에 기하여 제소하는가에 따라 관할법원이 다르게 되어 한 계약으로부터 발생하는 분쟁의 관할을 집중할 수 없다. 따라서 유럽연합의 브뤼셀Ⅰ규정(제5조 제1호)은 특징적 급부의무에 착안하여, 물품매매계약과 용역제공계약의 경우 청구의 기초가 된 의무에 관계없이 통일적인 이행지를 규정하나, 다른 유형의 계약에 관하여는 여전히 청구의 기초가 된 의무에 착안한다. 나아가 1999년 헤이그 예비초안(제6조)은 브뤼셀Ⅰ규정과 유사하나 매매계약, 용역제공계약과 양자의 혼합계약에 관하여만 의무이행지관할을 인정한다.

나. 이행지의 결정

민사소송법 제8조를 참작하여 국제재판관할을 정하자면 의무의 '이행지'를 결정해야 한다. 문제는 당사자가 이행지를 합의하지 않은 경우인데, 이행지를 결정함에 있어서 종래 ① '저촉법을 통한 우회공식'을 따르는 견해와 ② 국제민사소송법 독자의 관점에서 이행지를 결정하는 견해가 있다. 전자는 국제사법에 의하여 결정되는 준거실체법상의 의무이행지에 착안하고, 후자는 절차법적 이익에 봉사하는 통일된 절차법적 이행지 개념을 도입한다. 위 대법원 1972년 판결은 우리 섭외사법에 따라 지정된 계약의 준거법을 정하고 그에 의하여 채무의 이행지를 결정함으로써 ①설을 따랐으나 학설은 ②설이 유력하다. ②설의 문제점은 절차법적 이행지 개념이 명확하지 않다는 점이다.

4. 대상판결에 대한 평가

첫째, 대상판결은 종래 학설 및 1972년 대법원판결과 같은 청구의 기초가 된 의무의 이행지에 착안하는 형태의 의무이행지관할규칙을 따르지 않았다. 둘째, 대상판결은 가장 실질적 관련이 있는 법원은 청어의 인도지이자 최종 검품 예정지인 중국 법원이라고 보았는데, 이는 청구의 기초가 된 정산금 지급의무가 아니라 계약의 특징적 급부의무를 중시한 점에서 종래 학설 및 1972년 대법원판결과 다르고, 결과적으로 브뤼셀Ⅰ규정 및 헤이그 예비초안과 유사하다. 그러나 대상판결이 특징적 급부의무에 착안한 것인지 아니면 실질적 관련의 판단과정에서 그런 결론에 이른 것인지는 알 수 없다. 셋째, 대상판결이 의무이행지관할규칙과 결별하고 실질적 관련만에 기하여 국제재판관할을 인정한 것인지도 애매하다. 대상판결이 원고가 정산금을 송금받기로 한 곳이 한국임을 언급하므로 청구의 기초가 된 의무이행지를 고려한 것으로 보이지만, 기타 제사정도 고려하면서 실질적 관련에 기하여 국제재판관할을 인정하였다. 의무이행지관할의 정당성에 대하여는 비판이 있고, 미국에서는 계약사건에서 의무이행지라는 이유만으로 국제재판관할을 인정하는 대신 적법절차의 맥락에서 법정지와의 어떤 접촉이 특별관할권을 정당화하는가에 관하여 다양한 판결이 있는데(Born/Rutledge, International Civil Litigation in United States Courts (2006), p. 151 이하), 대상판결은 여러 접촉(contacts)을 고려한 점에서 미국 판결을 연상시킨다. 그러나 국제사법 제2조 하에서 우리가 미국식 접근방법을 따르는 데는 한계가 있다.

사실 국내관할규정에 대한 고려없이 실질적 관련을 근거로 국제재판관할을 인정한 것은 도메인이름에 관한 위 2005년 대법원판결에서 비롯되었으나, 저자는 그것은 도메인이름의 특수성과, 결과발생지 결정의 어려움에 기인한 것으로 선해하였다. 하지만 전형적인 계약사건인 이 사건에서 대상판결의 설시는 수긍하기 어렵다. 브뤼셀Ⅰ규정(제5조 제1호)과 일본 국제재판관할연구회의 2009년 7월 중간시안(제2의 1)과 개정 민사소송법(제3조의3 제1호)은 의무이행지관할규칙을 유지하는데, 대상판결이 이를 배척할 의도라면 그 취지와 근거를 밝혔어야 한다. 대상판결은 제사정을 열거하고 한국에 국제재판관할이 있다는 결론만을 내렸을 뿐이고, 1972년 대법원판결 및 국제사법 제2조(특히 제2항)에 대해 어떤 견해를 가지고 어떤 논리적 과정을 거쳐서 결론에 이르렀는지를 제시하지 않는데 이는 유감이다. 국제사법상 법원은 국내관할규정을 참작해야 하므로 대상판결이 실질적 관련을 판단함에 있어서 대금지급의무의 이행지에 좀더 비중을 두고, 기타 사정을 부수적으로 설시했더라면 좋았을 것이다.

요컨대 대상판결은 대법원이 새로운 방향을 모색하고 있음을 보여주는 점에서 의미가 있으나 대법원의 입장이 아직 정리된 것 같지는 않다. 섭외사법 하에서 토지관할규칙에 지나치게 구속되었던 대법원이 이제는 거꾸로 토지관할규칙을 과도하게 무시하는 것은 아닌지 모르겠다. 비록 국제사법 제2조가 개방적인 일반조항이지만, 법원이 이것을 恣意的 判斷을 정당화하는 도구로 남용해서는 아니 된다. 법원은 제2조에 따라 우선 토지관할규칙 등 국내관할규정을 참작하여 精緻한 국제재판관할규칙을 정립해야지,[1] 단지 다양한 사정을 열거하고 법원이 원하는 결론을 내리는 것, 즉 실질적 관련을 법원의 恣意的 結論을 정당화하는 도구로 사용하는 것은 제2조에도 반하고 위험하기까지 하다. 앞으로는 아무쪼록 대법원이 제2조에 충실한 접근방법을 취해 줄 것을 기대해 본다.

---

1) 흥미로운 것은, 한국에서 발생한 항공기추락사고를 이유로 중국인 승무원의 유가족이 중국항공사를 상대로 우리 법원에서 손해배상을 청구한 사건에서 대법원 2010. 7. 15. 선고 2010다18355 판결은 "당사자 또는 분쟁이 된 사안이 대한민국과 실질적 관련이 있는지를 판단하는 데 있어서 민사소송법상 토지관할권 유무가 여전히 중요한 요소가 됨을 부인할 수 없다"고 판시한 점이다(이 주는 원래 발표한 글에는 없던 것이다).

[9] 인터넷거래의 국제재판관할과 지향된 활동

> 前 記
> 저자는 과거 남효순·정상조(공편), 인터넷과 법률(2002), 697면 이하에 "인터넷시대의 국제재판관할과 준거법"이라는 제목의 글을 게재한 바 있는데, 이는 위 글의 범위를 국제재판관할에 한정하면서 그 후의 발전을 반영하여, 서울대학교 법과대학이 개설한 전문분야 법학연구과정에서 2009년 10월 16일 행한 강의 자료를 수정·보완하여 남효순(편), 인터넷과 법률Ⅲ(2010), 732면 이하에 게재한 원고를 다시 수정·보완한 것이다.

Ⅰ. 머 리 말

인터넷을 이용한 가상공동체(virtual community) 또는 가상공간(cyberspace. 이하 "가상공간"이라 한다)에서 이루어지는 국제거래, 또는 달리 표현하자면 국제적인 전자상거래(이하 "국제전자(상)거래"라 한다)는 전통적인 국경 개념에 의해 구획되는 공간적 장애를 넘어 대량으로 이루어지는 특색이 있다.[1] 이처럼 '국제성'은 가상공간의 특색의 하나라고 할 수 있다.[2] '인터넷상의 거래' 또는 '전자(상)거래'(양자를 호환적으로 사용한다)는 국제물품매매처럼 계약의 체결만이 가상공간에서 이루어지고 이행은 현실공간에서 이루어지는 경우와, 컴퓨터소프트웨어를 인터넷을 통해 전자적으로 송신

---

1) 전자거래의 특성으로 의사전달의 호환성, 의사표시의 기술화, 의사결정의 자동화, 전자적 이행방법의 도입과 방식의 정형화를 들거나(오병철, 전자거래법(1999), 45면 이하), 불특정 다수인을 상대로 하는 거래, 비대면거래성, 다수대량거래성, 거래대상의 다양성, 컴퓨터 통신의 이용, 부합거래성, 거래이행확보의 필요성을 들기도 한다. 손경한, "전자상거래 분쟁의 해결," 중재 1999 봄(제291호), 70-71면. 또한 특성의 하나로 의사표시 형성과정의 즉시성을 들기도 한다.

2) 전자거래기본법 제29조도 아래와 같이 '전자거래의 국제화'에 관하여 규정한다.
"제29조(전자거래의 국제화) ① 정부는 전자거래에 관한 국제협력을 촉진하기 위하여 전자거래에 관한 정보·기술·인력의 교류, 공동조사·연구 및 기술협력, 국제표준화 등의 사업을 지원할 수 있다. ② 정부는 국제기구에서의 전자거래에 관련된 논의에 적극적으로 참여하여 대응하고, 전자거래사업자의 해외시장 진출을 활성화하기 위하여 노력하여야 한다."

하는 경우처럼 계약의 체결 및 이행이 가상공간에서 이루어지는 거래를 포함한다.[3] 국제전자거래와 인터넷 사용(또는 인터넷활동)의 급속한 확대에 따라 그와 관련된 사법적 분쟁을 해결하기 위한 법적·제도적 장치가 필요하다.[4] 현실공간의 국제거래분쟁 또는 국제민사분쟁[5]의 발생 시 광의의 國際私法 또는 국제민사소송법상의 문제가 제기되는데 특히 '국제재판관할'(international jurisdiction to adjudicate)의 배분과 '준거법(governing law)의 결정'이 중요하다. 가상공간에서는 당사자들이 의식하지 못하는 사이에 국제거래가 대량적으로 이루어지므로 문제가 증폭될 수 있고, 가상공간의 특성상 국경 개념에 의한 공간적인 구획이 무의미하거나 제한적이므로 이러한 구획을 전제로 발전되어 온 현실공간의 국제사법 내지 국제민사송법 법리의 타당성이 의문시될 수 있다.

어느 국가에서 재판을 하는가에 따라 소송 수행상의 난이도에 현저한 차이가 있고 소송절차에 적용되는 절차규범이 다르며, 분쟁의 실체에 적용되는 실질규범도 달라질 수 있으므로 법정지의 결정은 매우 중요한데, 국제재판관할에 관하여 전 세계적인 통일규범이 없는 현재로서는 국제재판관할을 가지는 국가가 복수 존재할 수 있으므로 원고로서는 자기에게 유리한 법정지를 선택하여 제소하는 이른바 forum shopping이 가능하게 된다.

결론부터 말하자면, 여기에서 논의의 핵심은 현실공간의 국제재판관할의 문제를 해결하기 위해 발전된 기존의 광의의 국제사법 또는 국제민사소송법의 법리가 과연 가상공간에 적합한가의 여부인데, 전 세계적으로 다양한 견해가 주장되고 있지만 아직 만족할 만한 해결방안이 제시되지는 못하였으며 다양한 해결방안이 모색되고 있는 상태이다. 여기에서는 우리 국제사법을 중심으로 국제재판관할의 문제를 검토한다.[6]

---

3) 전자를 '간접적 전자거래' 또는 '광의의 전자거래'라고 하고, 후자를 '직접적 전자거래' 또는 '협의의 전자거래'라고 하기로 한다. 박희주, "인터넷 이용상의 사법적 문제," 경북대학교 대학원 법학박사학위논문(1998), 54면; 오병철(註 1), 37면 이하 참조.

4) 전자거래와 관련해서는 조세, 전자지급 또는 전자화폐, 지적재산권 보호, 개인사생활 보호 및 전자서명과 보안, 음란물 등 다양한 논점이 제기된다. 왕상한, 전자상거래와 국제규범(2001)도 참조.

5) 예컨대 가상공간에서의 명예훼손 또는 지적재산권의 침해로부터 발생하는 불법행위는 엄밀하게는 전자거래로 인한 것은 아니나, 여기에서 '전자거래' 또는 '민사분쟁'이라고 할 때는 후자를 포함하는 넓은 의미로 사용한다.

6) 국제재판관할과 준거법 외에도 인터넷의 사용에 따라 외국에의 송달과 외국에서의 증거조사에 어떠한 변화와 적응이 필요한지도 문제된다. 준거법에 관하여는 석광현, "국제적인

인터넷상의 국제민사분쟁과 관련된 국제재판관할을 이해하기 위하여는 현실공간의 분쟁의 국제재판관할을 우선 이해해야 한다. 한편 인터넷상의 국제거래 분쟁에는 계약에 관한 것과, 명예훼손 또는 지적재산권의 침해와 같은 불법행위에 관한 것이 있고 양자는 상이한 국제재판관할규칙에 따르므로 양자를 구분할 필요가 있다. 또한 계약에 관한 분쟁은 거래주체에 따라 기업간 전자거래(이른바 B2B)와, 기업과 소비자간 전자거래(이른바 B2C)로 구분할 필요가 있다. 현실공간의 거래와 비교할 때 전자거래에서는 중간 유통단계가 생략되고 사업자와 최종 소비자가 직접 당사자가 되는 점에서 소비자에 대한 공격적 마케팅이 용이하므로 소비자보호의 필요성이 한층 크다. 아래에서는 현실공간에서의 국제재판관할의 법리를 우선 검토하고(Ⅲ.), 통상적인 계약의 국제재판관할(Ⅳ.), 불법행위에 대한 특별관할(Ⅴ.)을 논의한 뒤, 계약과 불법행위에 공통적으로 적용될 여지가 있는 피고의 활동에 근거한 특별관할(Ⅵ.)의 문제점을 검토하고, 국제재판관할합의를 살펴본 뒤(Ⅶ.),[7] 마지막으로 소비자를 위한 보호적 관할(Ⅷ.)을 논의하는데 각각에 관하여 현실공간에서 타당한 국제재판관할규칙을 보고 이어서 가상공간의 특수성을 검토한다. 다만 인터넷상의 국제거래분쟁에 대하여는 현실공간의 분쟁과 달리 전혀 새로운 접근방법을 도입해야 한다는 주장이 있으므로 논의에 앞서 이를 간단히 언급한다(Ⅱ.).

Ⅱ. 인터넷상의 분쟁해결에 대한 접근방법

인터넷상의 분쟁해결에 관하여는 첫째, 분쟁을 온라인상으로 해결할 것인가, 아니면 오프라인상으로 해결할 것인가의 문제(아래 1.)와, 오프라인상에서 해결하는 경우 전통적인 입장을 따를 것인지 아니면 새로운 접근방법을

전자거래와 분쟁해결—준거법을 중심으로—," 국제사법과 국제소송 제2권(2001), 152면 이하; 장준혁, "인터넷과 준거법," 남효순·정상조 공편, 인터넷과 법률Ⅱ(2005), 863면 이하 참조. 국제재판관할에 관하여는 우선 석광현, "국제적인 전자거래와 분쟁해결—국제재판관할을 중심으로—," 국제사법과 국제소송 제2권(2001), 111면 이하; 강영수, "인터넷과 國際裁判管轄," 남효순·정상조 공편, 인터넷과 법률Ⅱ(2005), 902면 이하 참조. 양자에 관하여는 노태악, "전자거래의 재판관할과 준거법: 개정 국제사법, 헤이그신협약 및 UCITA와 관련하여," 정보법학 제5권(2001), 20면 이하 참조.

7) 계약과 불법행위 외에도 재산소재지의 특별관할, 영업소소재지의 특별관할 등이 있다.

따를 것인지의 문제(아래 2.)가 있다. 이를 차례대로 살펴본다.

1. 온라인상의 분쟁해결과 오프라인상의 분쟁해결[8)]

가상공간에서의 거래 또는 기타 인터넷의 사용으로부터 발생하는 국제적 분쟁의 해결에 관하여는 두 가지 대비되는 접근방법이 있다.[9)]

첫째는, 가상공간에서의 분쟁을 전면적으로 또는 부분적으로 온라인에서 해결해야 한다는 접근방법인데, 이는 결국 온라인상의 중재 또는 조정과 같은 대안적 분쟁해결(Alternative Dispute Resolution on the Net)의 형태로 나타난다. 전자의 예는 BBBOnline, ClickNSettle, Cybercourt, Online Ombuds Office 등이고,[10)11)] 후자의 예는 세계지적재산권기구(WIPO)가 중재 및 조정센터(Arbitration and Mediation Center)를 설립하여 인터넷사이트를 통해 지적재산권분쟁을 온라인에서 해결하려는 것을 들 수 있다. 또한 ICANN (Internet Corporation for Assigned Names and Numbers)이 도메인이름 관련 분쟁을 온라인상에서 해결하는 것도 그러한 예이다.

둘째는, 가상공간에서의 분쟁을 오프라인에서 해결하려는 상대적으로 온건한 접근방법이다. 이는 전자거래와 인터넷활동에 대한 새로운 국제재판관할규범을 창설하는 대신 기존의 원칙, 규칙 및 절차가 적용될 수 있다고 본다. 헤이그국제사법회의는 제네바대학과 공동으로 1999년 9월 초에 개최한 전자거래와 국제사법에 관한 Geneva Roundtable에서 전자거래와 관련한 다양한 문제점을 논의하고 권고를 제시하였던바, 그 제1항은 전반적인 지침으로서, 가능한 한 전자거래와 인터넷활동에 대한 새로운 규범을 창설하는 대

8) 전자는 분쟁을 가상공간 내에서, 후자는 현실공간에서 해결하려는 것이라고 할 수 있겠다. 근자에 활성화되고 있는 클라우드 컴퓨팅으로 인해 제기되는 국제사법 쟁점은 석광현, "클라우드 컴퓨팅의 규제 및 관할권과 준거법," Law & Technology 제7권 제5호(2011. 9.), 25면 이하 참조.

9) 이에 관한 소개는 Catherine Kessedjian, Dispute Resolution On-Line, 32 The International Lawyer, p. 977 참조.

10) 근자의 소개는 정용균, "온라인 ADR(ODR): 발전현황과 시행상의 장단점," 중재 제328호(2009년 여름), 6면 참조.

11) 우리나라에도 전자거래기본법(제32조)에 따라 설립된 전자거래분정조정위원회도 온라인 분쟁조정제도를 운영하고 있다. 이는 2000. 4. 12. 한국전자거래진흥원 내에 설치되었으나 후자는 정보통신산업진흥원에 통합되었다. http://www.ecmc.or.kr/jsp/open/trouble_index.jsp 참조.

신 기존의 원칙, 규칙 및 절차가 특히 기능적 등가물의 사용을 포함하는 해석의 방법에 의하여 적용될 수 있고 또한 적용되어야 한다는 점을 지적하였다. 전자거래도 전신, 전화, 팩스, 라디오, TV 등이 초래한 것과 질적으로 다른 것이 아니고 기존의 법리가 그에 대응한 것처럼 전자거래에도 대응할 수 있다는 것이다.

생각건대, 위 두 가지 접근방법은 상호 보완적인 것으로 이해할 필요가 있다. 특히 당분간은 인터넷상의 분쟁 전반에 대하여 온라인상의 분쟁해결이 보편화되기는 어렵다. 인터넷상의 분쟁이 발생한 경우 그 거래가 가상공간에서 체결되고 이행된 것이더라도 분쟁 해결 자체는 현실공간에서 이루어질 수 있기 때문이다. 특히 현재로서는 온라인에서 해결하려는 접근방법에 대해서는 첫째, 중재지의 결정상의 어려움, 분쟁해결과 관련된 비밀보장의 어려움, 인간적 요소의 결여, 사실인정의 어려움과 결정의 집행의 어려움 등의 법적인 문제점이 지적되고 있다. 그러나 장차 제도의 독립성, 공평성 및 투명성이 보장되고, (대립)당사자주의, 절차적 효율성, 결정의 적법성과 당사자자치 및 대리인을 이용할 수 있는 권리 등의 보장되고, 암호화에 의하여 소송문서의 비밀을 보장하기 위한 방안이 강구되는 등의 기술적, 제도적 보완이 이루어진다면 온라인상의 분쟁해결은 신속한 분쟁해결 수단으로서 매우 중요한 역할을 할 수 있을 것이다.

2. 오프라인상의 분쟁해결 : 전통적인 입장과 새로운 접근방법

가상공간의 국제적인 분쟁을 오프라인에서 해결하는 경우에도, 전통적인 국제재판관할규칙에 따라 이를 해결할 수 있다는 온건한 접근방법이 있는가 하면, 전통적인 원칙을 버리고 가상공간에 적합한 새로운 국제재판관할규칙을 정립해야 한다는 급진적인 견해가 대립되고 있다. 위에서 본 Geneva Roundtable의 권고는 전자이나, 예컨대 재판관할권에 관하여 새로운 발상을 요구하며 인터넷 분야에서는 국가관할권인 '규율관할권', '재판관할권' 및 '집행관할권'을 사적인 net-based 기관들에게 맡겨야 하며 그 경우 카오스이론에서 보는 바와 같이 외관상 무질서하거나 무정부적인 체제의 자연스러운 상호작용으로부터 질서와 규칙의 준수가 달성될 수 있을 것이라는 급진적인 견해도 있고, 그 밖에 중도적인 입장도 있다. 또한 인터넷공간을 새로운 세계공간 또는 '인류공동유산'(Common Heritage of Mankind (CHM))으로 선언하고 국제공동체가 국제조약과 규범을 통하여 국제재판관할의 쟁점을 통일적으로 해결해야 한다는 태도를 취하기도 한다.

현재는 오프라인에서의 분쟁해결 시 전통적인 국제재판관할규칙을 다소 수정하거나 이를 탄력적으로 운영함으로써 문제에 대처하려는 견해가 유력한데, 아래의 논의를 통하여 인터넷상의 국제거래분쟁을 해결함에 있어서 전통적인 국제재판관할규칙의 효용과 한계를 좀더 명확히 알 수 있을 것이다. 다만 분쟁의 성격상 전문적인 지식을 필요로 하는 분야에서는 오프라인상의 분쟁해결기구로서 이를 전담하는 법원 또는 국제기구의 출현은 기대할 수 있으며, 이미 분야별로 그러한 기구가 존재한다. 특히 도메인이름에 관한 분쟁처럼 특정한 분야에 관하여는 법원에 의한 분쟁이 아니라 예컨대 WIPO 또는 ICANN과 같은 전문적인 기구에 의한 대체적 분쟁해결이 활성화되고 전문화되고 있다.

3. 소　　결

현재는 인터넷상의 분쟁을 해결함에 있어서 온라인상으로 해결하는 방법과 아니면 오프라인상으로 해결하는 방법이 병용되고 있는데, 후자 즉 오프라인상에서 해결하는 경우 주류적인 견해는 전통적인 입장을 기본으로 삼으면서 가상공간의 특수성을 고려한 다양한 변용을 모색하고 있다고 할 수 있다. 그러나 앞으로 가상공간의 거래를 규율하는 실질법으로서의 '가상공간법'(*lex cyberspace*) 또는 '인터넷법'(*lex internet*)이 다양한 형태로 발전될 것이므로 그의 발전을 예의, 주시할 필요가 있다.

Ⅲ. 우리 국제사법상 국제재판관할의 기초이론[12)]

여기에서는 우리 국제사법상 국제재판관할의 기초이론을 살펴본다. 특히 과거 판례의 태도 및 이를 시정하기 위하여 도입된 개정 국제사법 제2조의 취지를 밝힌 뒤(아래 2), 가상공간에서의 국제재판관할규칙의 기본 방향을

12) 상세는 석광현, 국제재판관할에 관한 연구(서울대학교출판부, 2001), 19면 이하 참조.

살펴본다.

1. 국제재판관할의 개념

국제재판관할은 통상 국가를 단위로 어느 국가의 법원이 법적 쟁송을 재판해야 하는가 또는 재판임무를 어느 국가에 배당할 것인가의 문제이므로, 국제재판관할규칙은 어느 국가가 그에 따라 자신의 재판권을 행사하고자 하는 범위의 확정 또는 자발적인 재판권의 제한에 관한 규칙을 의미한다. 따라서 재판권(*facultas jurisdictionis* 또는 Gerichtsbarkeit)은 국제(공)법상의 문제임에 반하여, 국제재판관할(권)은, 국제재판관할규칙을 정한 국제조약을 제외하면,[13] 각국이 스스로 결정할 사항으로서 국내법상의 문제라는 점에서 레벨을 달리 한다.

국제재판관할의 문제는 우리 법원에 국제사건에 관한 소가 제기된 경우 법원이 재판할 수 있는 관할을 가지는가라는 형태와, 외국 법원이 선고한 판결의 승인 및 집행이 우리 법원에서 문제되는 경우 판결을 선고한 당해 외국이 재판관할을 가지는가라는 두 가지 형태로 제기되는데, 전자를 '직접적 국제재판관할'(또는 직접관할) 또는 '심리관할', 후자를 '간접적 국제재판관할'(또는 간접관할) 또는 '승인관할'이라고 한다.[14]

---

13) 주요한 것으로는 브뤼셀규정과 루가노협약이 있다. 1968년 당시 유럽공동체국가들 간에 체결된 '민사 및 상사사건의 재판관할과 재판의 집행에 관한 협약', 즉 브뤼셀협약에 의하여 국제재판관할의 결정과 외국판결의 승인, 집행에 관한 주요 유럽연합 국가의 규범은 상당부분 통일되었고 그 적용범위는 병행협약인 루가노협약에 의하여 유럽자유무역연합으로 확대되었다. 1999. 5. 1. 발효된 암스테르담조약의 결과 브뤼셀협약의 법형식이 국제조약으로부터 유럽연합 이사회의 규정(Council Regulation), 즉 브뤼셀규정(또는 브뤼셀 I 규정)으로 전환되어 2002. 3. 1.부터 발효되었다. 이하 이들을 각각 "브뤼셀협약," "브뤼셀규정"(또는 브뤼셀 I 규정)과 "루가노협약"이라 한다. 2010. 1. 1. 유럽연합국가들과 덴마크와 노르웨이에서 발효한(스위스에서는 2011. 1. 1. 발효) 개정된 루가노협약은 "개정 루가노협약"이라 한다. 개정 루가노협약의 소개와 국문번역은 한국국제사법학회가 법원행정처에 2009. 5. 제출한 보고서인 "외국 판결의 승인·집행에 관한 국제규범과 우리의 대응방안," 31면 이하 참조. 한편 1992년 미국의 제안에 따라 헤이그국제사법회의 차원에서 민사 및 상사사건에 관한 국제재판관할과 외국판결에 관한 전 세계적인 협약을 채택하기 위한 작업이 진행되었고 1999년 10월 예비초안이 작성되었다. 이 작업은 결국 실패하였으나 2005년 6월 "관할합의에 관한 협약"(Convention on Choice of Court Agreements)이 채택되었다. 그에 관하여는 석광현, "2005년 헤이그 재판관할합의협약의 소개," 국제사법연구 제11호(2005), 192면 이하 참조.

14) 개정된 민사소송법 제217조 제1호는 후자를 명시한다.

국제재판관할은 특정국가가 가지는 권한의 범위에 따라 '일반관할'(general jurisdiction)과 '특별관할'(special jurisdiction)(또는 '특정관할'(specific jurisdiction))로 구분되는데, 전자는 법원이 사건의 종류나 내용에 관계없이 피고에 대한 모든 소송에 관해 재판관할을 가지는 경우를, 후자는 법원이 계약 또는 불법행위 등과 같이 일정한 종류나 내용에 기한 소송에 관하여만 재판관할을 가지는 경우를 말한다. 일반관할의 경우 피고와 법정지 간의 결합이 매우 강력하기 때문에 피고에 대한 모든 소송에 관해 재판관할을 인정하는 것이다. 독일 민사소송법을 계수한 우리 민사소송법은 '재판적'이라는 개념을 사용하면서 이를 보통재판적과 특별재판적으로 구분할 뿐이고 일반관할과 특별관할이라는 개념을 사용하지는 않지만, 국제적으로는 후자가 널리 사용되므로 여기에서는 그러한 개념을 사용한다.

2. 우리 법에 따른 국제재판관할의 배분

국제재판관할에 관한 우리의 학설, 판례는 2001. 7. 1.자 개정 국제사법의 발효 전후로 구분할 필요가 있다.

가. 섭외사법 하에서의 학설과 판례

섭외사법 하에서 국제재판관할의 배분에 관하여 학설은 ① 민사소송법의 토지관할규정에 의해 한국의 어느 법원이 토지관할을 가지면 한국이 국제재판관할을 가진다는 이른바 '逆推知說', ② 토지관할규정은 국내사건을 전제로 한 것이므로 국제사건에는 적절하지 않으며, 적정, 공평, 능률 등을 고려하여 국제사건에 적절한 관할배분원칙을 정해야 한다는 '관할배분설'과 ③ 원칙적으로는 逆推知說에 따르되, 우리나라에서 재판하는 것이 부당한 특별한 사정이 있을 때에는 관할배분설의 기준에 의한다는 '수정역추지설' 등이 있었다. 그러나 2001. 7. 1.자로 섭외사법이 개정됨으로써 이러한 학설대립은 의미를 상실하였다.

재산법상의 사건에 있어서 국제재판관할에 관한 대법원판결로서 주목할 것은 대법원 1992. 7. 28. 선고 91다41897 판결과 대법원 1995. 11. 21. 선고 93다39607 판결이었다. 이러한 판결과 위 1995년 판결과 그 후 일련의 하급심판결 및 직접관할에 관한 대법원 2000. 6. 9. 선고 98다35037 판결 등을

보면 판례는 국제재판관할의 결정에 관한 법리를 다음과 같은 4단계 구조로 파악하였다.15)

> ① 섭외사건의 국제재판관할에 관해 조약이나 일반적으로 승인된 국제법상의 원칙이 아직 확립되어 있지 않고 우리의 성문법규도 없다.
> ② 따라서 섭외사건에 관한 법원의 국제재판관할 유무는 결국 당사자간의 공평, 재판의 적정, 신속이라는 기본이념에 따라 조리에 의해 결정함이 상당하다.
> ③ 이 경우 민사소송법의 토지관할규정 또한 위 기본이념에 따라 제정된 것이므로 위 규정에 의한 재판적이 한국에 있을 때에는 한국 법원에 국제재판관할이 있다고 봄이 상당하다.
> ④ 다만 위 ③에 따라 국제재판관할을 긍정하는 것이 조리에 반한다는 특별한 사정이 있는 경우에는 한국 법원은 국제재판관할이 없다.

위 1995년 판결은 원칙적으로 「국제재판관할규칙=토지관할규정」이라고 보되, 그 결과 국제재판관할을 인정하는 것이 조리에 반한다는 특별한 사정이 있는 때에는 국제재판관할을 부정할 수 있다고 한다. 이는 「국제재판관할규칙=토지관할규정」이라는 공식을 항상 관철할 수 없음이 명백하므로 그러한 공식을 따를 경우 초래될 부당한 결론을 시정하는 이른바 '개별적 조정의 도구'로서 '특별한 사정'을 도입한 것이다. 그러나 특별한 사정이론은 정치한 국제재판관할규칙의 정립을 중도에서 포기하고 법원에게 지나치게 넓은 재량을 부여하는 것이 되어 정당화될 수 없다. 이러한 4단계 구조는 개정 국제사법 하에서는 유지될 수 없다.

나. 개정 국제사법의 취지

개정 국제사법 제2조는 다음과 같이 규정한다.16)

> 제2조(국제재판관할)
> ① 법원은 당사자 또는 분쟁이 된 사안이 대한민국과 실질적 관련이 있는 경우에 국제재판관할권을 가진다. 이 경우 법원은 실질적 관련의 유무를 판단함에 있어 국제재판관할 배분의 이념에 부합하는 합리적인 원칙에 따라야 한다.
> ② 법원은 국내법의 관할 규정을 참작하여 국제재판관할권의 유무를 판단하되, 제1항의 규정의 취지에 비추어 국제재판관할의 특수성을 충분히 고려하여야 한다.

---

15) 상세는 석광현(註 12), 157면 이하 참조.

16) 제2조에 관하여는 석광현(註 12), 328면 이하; 석광현, "개정 국제사법에 따른 국제재판관할의 법리," 국제사법과 국제소송 제2권(2001), 256면 이하 참조.

(1) 실질적 관련 원칙의 도입

국제사법은 소송원인인 분쟁이 된 사안 또는 당사자가 법정지인 대한민국과 '실질적 관련'을 가지는 경우 우리나라 법원에 국제재판관할권을 인정하고, 실질적 관련의 유무는 국제재판관할 배분의 이념과 합리적인 원칙에 따라 결정해야 함을 선언하고 있다(제1항). '실질적 관련'이라 함은 우리나라 법원이 재판관할권을 행사하는 것을 정당화할 수 있을 정도로 당사자 또는 분쟁대상이 우리나라와 관련성이 있음을 의미하며, 그 구체적인 인정 여부는 법원이 개별 사건마다 종합적인 사정을 고려하여 판단하게 될 것이다. 과거 대법원판결은 "당사자간의 공평, 재판의 적정, 신속"을 국제재판관할 배분의 이념으로 들었으나, 국제사법은 이를 명시하지 않은 채 단순히 국제재판관할 배분의 이념이라 할 뿐이고 합리성의 원칙을 추가하였다. 따라서 국제재판관할 배분의 이념은 논자에 따라 달리 파악될 수 있을 것이다.[17] 실질적 관련 원칙은 국제재판관할을 결정하는 궁극적인 잣대로서 기능하는 매우 탄력적인 원칙이라는 데 특색이 있다.

(2) 국내법의 관할규정의 참작

구체적인 관할의 유무를 판단함에 있어서는 민사소송법의 토지관할 규정 등 국내법의 관할규정을 참작하도록 하였다. 따라서 피고의 주소, 법인이나 단체의 주된 사무소 또는 영업소, 불법행위지 기타 민사소송법이 규정하는 재판적 중 어느 것이 한국 내에 있는 경우 피고에 대하여 일응 한국의 국제

17) 우리나라서는 종래 국제재판관할 배분의 이념만을 논의하는 경향이 있으나, 국제재판관할규칙의 정립은 물론이고, 개별사건에서 국제재판관할의 행사 여부도 항상 상호 대립하는 다양한 이익을 비교, 형량한 뒤에 결정하게 되므로 관할이익에 대한 분석을 하는 것이 좀 더 구체적이다. 관할이익은 우선 ① 사적 이익과 ② 공적 이익으로 구분할 수 있고, 구체적으로는 ① 당사자이익, ② 법원이익, ③ 국가이익과 ④ 질서이익으로 구분할 수 있다. 이러한 이익의 보호 필요 여부를 판단하기 위한 객관적 기준으로서 ① 당사자와의 밀접성, ② 사안과의 밀접성(또는 절차의 집중), ③ 준거법과의 밀접성과 ④ 판결의 유효성(또는 집행가능성)을 드는 견해도 있다. 상세는 석광현(註 12), 52면 이하 참조. 주목할 것은 도메인이름에 관한 대법원 2005. 1. 27. 선고 2002다59788 판결이다. 동 판결은 추상적 법률론으로 "국제재판관할을 결정함에 있어서는 당사자간의 공평, 재판의 적정, 신속 및 경제를 기한다는 기본이념에 따라야 할 것이고, 구체적으로는 소송당사자들의 공평, 편의 그리고 예측가능성과 같은 개인적인 이익뿐만 아니라 재판의 적정, 신속, 효율 및 판결의 실효성 등과 같은 법원 내지 국가의 이익도 함께 고려하여야 할 것이며, 이러한 다양한 이익 중 어떠한 이익을 보호할 필요가 있을지 여부는 개별 사건에서 법정지와 당사자와의 실질적 관련성 및 법정지와 분쟁이 된 사안과의 실질적 관련성을 객관적인 기준으로 삼아 합리적으로 판단하여야 할 것이다"라고 판시하였다. 평석은 석광현, "國際裁判管轄의 기초이론— 도메인이름에 관한 대법원 2005. 1. 27. 선고 2002다59788 판결의 의의," 국제사법과 국제소송 제4권(2007), 85면 이하 참조.

재판관할을 인정할 수 있을 것이다. 다만 재판적에 관한 규정은 국내적 관점에서 제정된 것이므로 국제재판관할의 특수성[18]을 고려하여야 한다(제2항). 즉 국제사법 제2조 제2항은 국내법의 관할규정(예컨대 민사소송법의 토지관할규정)을 참작하되 그에 얽매이지 말고 국제재판관할의 특수성을 충분히 고려함으로써 정치한 국제재판관할규칙을 정립할 것을 요구하는데, 제2조 제2항의 핵심은 바로 여기에 있다. 국제사법은 이처럼 단편적인 규정만을 두므로 판례에 의해 발전된 국제재판관할의 법리, 특히 토지관할규정을 기초로 국제재판관할 규칙을 정립하려는 노력은 상당 부분 유지될 수 있을 것이다. 그러나 종전과 같이 일단 「국제재판관할규칙＝토지관할규정」이라고 전제하고 그러한 결론이 부당한 경우 특별한 사정을 근거로 국제재판관할을 부인할 것이 아니라, 일차적으로 국내법의 관할규정을 참작하되 국제재판관할의 특수성을 함께 고려하여 올바른 정치한 국제재판관할 규칙을 정립해야 한다.

주의할 것은, 국제사법 제2조 제2항이 국내법의 관할규정을 참작하여 국제재판관할권의 유무를 판단하라는 것은 적절한 관할규정이 있는 경우를 가리킨다는 점이다. 따라서 국내법의 관할규정 또는 재판적이 없다는 이유로 국제재판관할을 부정해야 하는 것은 아니고, 그 경우에는 제2조 제1항의 원칙으로 돌아가 실질적 관련 원칙에 따라 국제재판관할의 유무를 판단해야 한다. 지금으로서는 피고의 활동에 근거한 관할을 그에 해당하는 예로 들 수 있고, 도메인이름 관련 분쟁도 고려할 필요가 있다.[19]

---

18) '국제재판관할의 특수성'이라 함은 국내관할, 특히 토지관할과 구별되는 특성을 말하는데, 토지관할의 경우 단순한 관할의 장소적 배분의 문제이나, 국제재판관할의 경우 그에 추가하여 법원의 조직, 법관과 변호사의 자격, 소송절차 및 실체의 준거법, 재판의 집행가능성 등에 차이를 초래할 수 있음을 의미한다.

19) 흥미로운 것은 도메인이름과 관련한 국제재판관할이 다루어진 사건이다. 사안은 다음과 같다. 한국의 자연인인 원고는 hpweb.com이라는 도메인이름을 미국의 NSI(Network Solution Inc.)에 등록하였다. 피고(Hewlett-Packard Comapny)는 원고를 상대로 ICANN이 승인한 분쟁조정기관 중의 하나인 미국의 국가중재위원회(National Arbitration Forum, NAF)에 위 도메인이름의 이전을 명하는 강제조정신청을 하였고, NAF는 이를 받아들여 원고에 대하여 위 도메인이름을 피고에게 이전하라는 결정을 하였으며, NSI는 위 도메인이름을 피고에게 이전하였다. 원고는 피고를 상대로 서울지방법원에 위 도메인이름을 원고에게 이전하고, 금 3천만원 및 이자의 지급을 명하는 소를 제기하였다. 피고는 이에 대해 우리나라는 국제재판관할이 없다는 본안전항변을 하였으나 서울지방법원 2001. 12. 14. 선고 2000가합67360 판결은 우리나라의 국제재판관할을 긍정하였다. 그러나 원심판결인 서울고등법원 2002. 9. 25. 선고 2002나4896 판결은 우리나라는 국제재판관할이 없다는 이유로 소를 각하하였다. 이에 대해 대법원 2005. 1. 27. 선고 2002다59788 판결은 실질적 관련 판단을 기초로 우리나라의 국제재판관할을 긍정하였다. 저자는 위 대법원판결의 추상적 법

(3) 부적절한 법정지의 법리

영미에서 인정되는 부적절한 법정지(*forum non conveniens*)의 법리라 함은, 국내 법원에 제기된 국제민사소송에 있어 국내 법원이 국제재판관할을 가지더라도, 국제재판관할을 가지고 있는 외국의 대체법정지(alternative forum)가 존재하고 나아가 그 외국 법원이 더 적절한 법정지임이 명백한 경우 소송을 중지하거나 소를 각하할 수 있다는 법리를 말한다. 동 법리는 국제재판관할의 존부와 행사 여부를 구분하는 것을 전제로 한다. 우리 국제사법 하에서 우리 법원이 위 법리를 제한적으로 도입하여 소송절차를 중지(또는 각하)함으로써 관할의 행사를 거부할 수 있는가는 논란의 여지가 있다.

(4) 국제재판관할규칙의 구체적인 검토[20]

일반관할에 관하여 민사소송법 제2조는 '보통재판적'이라는 표제 하에 "소(訴)는 피고의 보통재판적이 있는 곳의 법원이 관할한다"고 규정하는바, 이는 이른바 '*actor sequitur forum rei*'(원고는 피고의 법정지를 따른다)라는 로마법 이래 대륙법의 원칙을 수용한 것으로 국제재판관할규칙으로 사용할 수 있는 원칙이다. 한편 특별관할에 관하여는 민사소송법의 개별 토지관할규정을 모두 동등한 가치를 가지는 것으로 평가할 것이 아니라 ① 국제재판관할규칙으로 삼을 수 없는 것, ② 곧바로 국제재판관할규칙으로 삼을 수 있는 것과 ③ 적절히 수정함으로써 국제재판관할규칙으로 삼을 수 있는 것으로 구별하고, ③에 속하는 것에 대해서는 이를 어떻게 수정할 것인가를 검토해야 한다.[21] 아래(Ⅳ. 이하)의 논의는 이에 관한 것이다. 나아가 ④ 토지관할규정이 망라적인 것은 아니므로 그 밖에도 국제재판관할의 근거가 될 수 있는 사정의 유무와, 만일 이를 인정한다면 그 내용에 대한 검토가 필요하다. 이것이 가능한 것은 우리 국제사법은 '실질적 관련'을 기초로 국제재판관할을 긍정하는 열린 구조를 취하고 있기 때문이다. 만일 그런 규정이 없었다면 조

률론을 지지하는 평석을 쓴 바 있다. 석광현(註 17), 85면 이하 참조.

20) 개별적인 관할근거는 석광현, 2001년 개정 국제사법 해설 제2판(2003), 49면 이하 참조.

21) 이러한 접근방법은 석광현, "國際裁判管轄의 몇 가지 문제점—종래의 논의에 대한 批判的 考察" 인권과 정의(대한변호사협회지) 제262호(1998. 6.), 37-40면에서 처음 제시한 것이다. 상세는 석광현(註 12), 174면 이하 참조. 유영일, "2000년 헤이그 신협약이 가져올 변화와 우리의 대응—민·상사사건에 있어서 국재재판관할, 외국판결의 효력에 관한 헤이그 국제사법회의 특별위원회 논의를 중심으로—," 인권과 정의(대한변호사협회지) 제272호(1999. 4.), 77-78면과 이성호, "사이버 知的財産權 紛爭에 관한 國際裁判管轄과 準據法," 저스티스 72호(2003. 4.), 180면 이하도 저자와 유사한 접근을 한다.

리를 동원할 필요가 있을 것이다. 이처럼 국제적으로 통용될 수 있는 국제재판관할규칙을 정립하기 위해서는 광범위한 비교법적 검토가 요청된다.

(5) 실질적 관련으로부터 국제재판관할을 직접 도출하는 방법?

도메인이름에 관한 대법원 2005. 1. 27. 선고 2002다59788 판결[22]은, 국제사법이 시행되기 전의 사건임에도 불구하고 국제사법 제2조를 고려하여, "국제재판관할을 결정함에 있어서는 당사자 간의 공평, 재판의 적정, 신속 및 경제를 기한다는 기본이념에 따라야 할 것이고, 구체적으로는 소송당사자들의 공평, 편의 그리고 예측가능성과 같은 개인적인 이익뿐만 아니라 재판의 적정, 신속, 효율 및 판결의 실효성 등과 같은 법원 내지 국가의 이익도 함께 고려하여야 할 것이며, 이러한 다양한 이익 중 어떠한 이익을 보호할 필요가 있을지 여부는 개별 사건에서 법정지와 당사자와의 실질적 관련성 및 법정지와 분쟁이 된 사안과의 실질적 관련성을 객관적인 기준으로 삼아 합리적으로 판단하여야 할 것이다"라고 판시하였고, 그 후 이는 하급심판결[23]을 통해서 정착되어 가고 있는 것으로 보인다.

이러한 태도를 더욱 선명하게 드러낸 것은 최근 대법원 2008. 5. 29. 선고 2006다71908 판결이다. 이는 한국 회사인 원고가 일본 회사인 피고에게 러시아에서 선적한 냉동청어를 중국에서 인도하기로 하고 그 대금은 선적 당시의 임시 검품 결과에 따라 임시로 정하여 지급하되 인도지에서 최종 검품을 하여 최종가격을 정한 후 위 임시가격과의 차액을 정산하기로 한 매매계약에서 원고가 피고를 상대로 매매대금의 지급을 구한 사건이다.

따라서 과거의 대법원판결에 따르면 이는 원고가 주장하는 청구의 기초가 되는 의무, 즉 대금지급의무의 이행지를 판단하고 이행지에 국제재판관할을 긍정할 수 있는 사안이었다. 실제로 1심판결과 원심판결은 피고의 대금지급의무의 이행지가 한국임을 근거로 쉽게 우리나라의 국제재판관할을 긍정하였다.[24] 그러나 2008년 대법원판결은 위에서 본 2005년 대법원판결을 인용하

22) 이 사건에 대한 평석은 석광현(註 17), 85면 이하 참조.

23) 예컨대 서울고등법원 2007. 4. 12. 선고 2005나87779 판결.

24) 1심판결(부산지방법원 2005. 11. 24. 선고 2003가합21547(본소), 2004가합19893(반소) 판결)과 원심판결(부산고등법원 2006. 10. 11. 선고 2006나2049(본소), 2006나2056(반소) 판결)은 원고인 한국회사의 주소지가 대금지급의무의 이행지라고 판단하였다. 그 근거는 분명하지 않으나 이 사건 정산금을 한국에서 송금받기로 한 점을 근거로 삼은 것으로 짐작된다. 놀라운 점은 1심판결과 원심판결이 국제사법이 개정된 사실을 알지 못한 채 국제재판관할에 관한 과거 대법원판결의 설시를 답습한 점이다. 위 판결들은 "섭외사건에 관

면서 그의 추상적 법률론에 따라 국제재판관할 배분의 이념과 이익 및 보호할 이익의 결정기준을 설시한 뒤, 의무이행지관할을 전혀 언급하지 않은 채, 매매대금 차액 정산에 관한 분쟁은 최종 검품 여부 및 그 결과가 주로 문제되므로 인도지인 중국 법원이 분쟁이 된 사안과 가장 실질적 관련이 있는 법원이나, 대한민국 법원에도 당사자 또는 분쟁이 된 사안과 실질적 관련이 있다는 이유로 우리나라의 국제재판관할권을 인정하였다.

위 2008년 대법원판결이 계약 사건에서 실질적 관련 판단을 기초로 국제재판관할을 긍정한 점은, 비록 피고가 중국에서 제기하였한 소가 각하된 사실과 피고가 한국에서 반소를 제기한 사실을 언급했더라도 토지관할규칙을 지나치게 경시한 것으로서, 국내관할규정을 참작하라는 국제사법의 명령에 반한다. 더욱이 1심판결과 2심판결이 모두 「토지관할규칙=국제재판관할규칙」이라고 판단하였음에도 불구하고, 대법원판결이 의무이행지관할을 언급조차 하지 않은 점에서, 혹시 토지관할규칙과 관계없이 실질적 관련만을 판단하면 족하다고 본 것은 아닌지 우려된다.

사견으로는, 위 2008년 대법원판결이 실질적 관련 판단 과정에서 위와 같은 부수적 사정에 추가해서 청구의 기초가 된 의무, 즉 대금지급의무에 기한 의무이행지관할을 언급하였더라면 좋았을 것이다.[25)]

3. 가상공간에서의 국제재판관할규칙의 기본 방향

한 가지 주의할 것은, 간혹 가상공간의 분쟁을 오프라인에서 해결하고자 할 경우 토지관할과 구별되는 국제재판관할의 개념이 무용하다거나, 양자를 통합해야 한다는 견해도 있는 것으로 보이나, 이는 국제재판관할과 토지관할의 개념에 대한 오해에서 비롯된다는 점이다. 즉 오늘날 세계는 다수의 주권

하여 국내의 재판관할을 인정할 것인지의 여부는 조약이나 일반적으로 승인된 국제법상의 원칙이 아직 확립되어 있지 않고 이에 관한 우리나라의 성문법규도 없는 이상 결국 당사자 간의 공평, 재판의 적정, 신속을 기한다는 기본이념에 따라 조리에 의하여 이를 결정함이 상당하다 할 것이고, 이 경우 우리나라 민사소송법의 토지관할에 관한 규정 또한 위 기본이념에 따라 제정된 것이므로 기본적으로 위 규정에 의한 재판적이 국내에 있을 때에는 섭외사건에 관한 소송에 관하여도 우리나라에 재판관할권이 있다고 인정함이 상당하다고 할 것인바(대법원 1992. 7. 28. 선고 91다41897 판결 참조)"라고 판시하였다.

25) 이에 대한 간단한 평석은 석광현, "계약사건의 국제재판관할에서 의무이행지와 실질적 관련," 법률신문 제3792호(2009. 11. 12.), 15, 14면 참조.

국가로 구분되어 있고, 법원은 특정국가의 사법권을 행사하는 분쟁해결기구이다. 따라서, 가상공간의 분쟁의 경우도 그것을 오프라인에서, 특히 법원에서 해결하기 위하여는 우선 어느 국가의 법원이 분쟁을 재판할 것인가라는 문제를 해결하지 않으면 아니 된다. 바꾸어 말하면 논리적으로는 이것이 해결된 뒤에, 즉 어느 국가가 국제재판관할을 가지는지가 결정된 뒤에 비로소 당해 국가 내에서 어느 지역의 법원이 토지관할을 가지는가의 문제를 해결해야 한다.[26] 그러므로 가상공간의 분쟁의 경우, 경우에 따라 그것이 어느 국가에서 발생한 것인가를 판단하기가 용이하지 않고, 이것이 바로 가상공간의 분쟁의 특성이라는 사실을 충분히 인정하더라도, 그 분쟁을 법원이 해결하기 위해서 국제재판관할과 토지관할의 개념이 여전히 필요하다. 논리적으로 양자의 개념을 혼동해서는 아니 된다.

물론 가상공간의 분쟁을 현실공간의 법원이 아니라 가상공간 내에서 해결한다면 국제재판관할을 운위할 필요는 없을 것이다. 이는 가상공간법의 문제로서 해결될 수 있을 것이다.

요컨대 현재로서는 가상공간의 분쟁을 현실공간의 법원에서 해결한다면 여전히 국제재판관할의 개념이 필요하고 국제재판관할 배분의 원칙도 필요하다. 다만 가상공간의 분쟁의 특성을 고려하여 현실공간의 국제재판관할규칙을 적절히 수정할 필요가 있음을 인정하고 적절한 국제재판관할규칙을 정립하기 위해 노력해야 한다.

Ⅳ. 통상적인 계약사건에 대한 특별관할[27]

여기에서는 통상적인 계약사건에 대한 특별관할을 논의한다. 통상적인 계약사건이라 함은 소비자계약 또는 근로계약이 아닌 통상적인 채권계약에 관한 사건을 의미한다.

---

26) 이는 우리나라를 비롯한 대륙법계의 개념으로 말하면 '국제재판관할'과 '토지관할'의 구별의 문제이고, 영미법상으로는 'jurisdiction'과 'venue'의 구별의 문제이다.

27) 이에 관하여는 석광현(註 12), 276면 이하 참조.

1. 관할규칙

민사소송법 제8조는 '거소지 또는 의무이행지의 특별재판적'이라는 표제 하에 "재산권에 관한 소를 제기하는 경우에는 거소지 또는 의무이행지의 법원에 제기할 수 있다"고 규정한다. 대법원 1972. 4. 20. 선고 71다248 판결은 섭외적인 요소가 있는 사건에서도 우리 섭외사법을 적용하여 문제된 국제계약의 객관적 준거법을 일본법이라고 판단한 뒤 일본법에 따라 의무이행지를 결정하고 민사소송법 제8조에 상응하는 개정 전 민사소송법 제6조를 적용하여 의무이행지가 한국임을 근거로 한국법원의 국제재판관할을 인정한 바 있다.

민사소송법 제8조는 독일의 계약재판적을 확장하여 널리 재산권상의 소에 대하여 의무이행지의 특별재판적을 인정한 것인데 이는 종래 다음과 같은 비판을 받고 있다.

첫째, 민사소송법의 해석상으로는 '재산권에 관한 소'에는 불법행위, 부당이득, 사무관리 등에 의한 채권적 청구권 등에 관한 소가 포함되나, 법정채무에 대해서까지 의무이행지의 관할을 인정하는 것은 피고에게 예측하지 못한 곳에서의 응소를 강제하게 되어 공평에 반하므로 채권계약으로부터 발생하는 채무에 한정해야 한다는 비판이 유력하다.

둘째, 종래 학설에 따르면, 여기에서 의무라 함은 '청구의 기초가 된 의무' 또는 '소송상 다투어지는 의무'를 가리킨다. 즉 이는 계약관계를 특징짓는 의무가 아니라 청구의 기초가 된 계약상 의무를 말하는 것이고, 또한 본래의 의무를 말하는 것이지 그 의무를 불이행하여 발생한 손해배상의무를 말하는 것이 아니다. 그러나 이에 따르면 의무이행지에 관한 합의가 없는 한, 누가 어느 채무에 기하여 소를 제기하는가에 따라 관할법원이 달라진다는 폐단이 있다. 즉 동일한 매매계약에 기한 소송이더라도 원고가 누구인가에 따라 관할이 달라질 수 있고 그 결과 하나의 계약으로부터 발생하는 모든 분쟁의 관할을 집중할 수 없다는 폐단이 있다. 이런 폐단을 제거하기 위하여 브뤼셀 I 규정(제5조 제1호)은 원칙적으로 특징적 급부의무에 착안하여, 물품매매계약과 용역(또는 역무)제공계약의 경우 청구의 기초가 된 의무가 무엇인가에 관계없이 통일적인 이행지를 정함으로써 통일적인 관할을 규정한다. 한편 1999년 헤이그 예비초안(제6조)도 브뤼셀 I 규정과 유사한 접근방법을 취하는데, 이는 더 나아가 계약사건 일반이 아니라 가장 전형적인 매매계약과 용

역(또는 역무)제공계약 및 양자의 혼합계약에 관하여만 관할을 규정한다.[28)]

이와 관련하여 주목할 것은 위에서 언급한 대법원 2008. 5. 29. 선고 2006다71908 판결인데, 이는 "청구의 기초가 된 의무"를 기초로 의무이행지 관할을 판단하던 종래의 학설과 1972년 대법원판결의 태도와도 결별한 것인가라는 의문을 제기한다.

셋째, 동조를 적용하기 위해서는 우선 의무의 '이행지'를 결정할 필요가 있다. 당사자가 이행지를 합의하였다면 그에 따르는 데 대하여는 이견이 없으나, 문제는 당사자가 이행지를 합의하지 않은 경우이다. 이 경우 종래 ① '저촉법을 통한 우회공식'을 따르는 견해와 ② 국제민사소송법 독자의 관점에서 이행지를 결정하는 견해가 대립하는데, 전자는 법정지의 국제사법을 통하여 결정되는 준거실체법상의 의무이행지에 착안하고, 후자는 절차법적 이익에 봉사하는 통일된 절차법상의 이행지 개념을 도입하고자 한다. 위 대법원 1972. 4. 20. 판결은 법정지인 우리나라의 당시 섭외사법을 적용하여 문제된 계약의 준거법을 지정하고 그 준거법인 일본법에 따라 채무의 이행지를 결정함으로써 위 ①설을 따랐으나, 학설은 ②설이 유력하다.

2. 가상공간의 특수성

현실공간의 계약에 관하여 의무이행지관할을 긍정한다면 가상공간의 계약에 관하여도 원칙적으로 의무이행지관할을 긍정할 수 있을 것이다. 그러나 이는 계약 체결은 가상공간에서 이루어지더라도 물품의 인도 또는 용역의 제공과 같은 이행이 현실공간에서 이루어지는 광의의 전자거래의 경우 적용상 별 어려움이 없지만, 계약의 체결 및 이행이 모두 인터넷상으로 이루어지는 협의의 전자거래의 경우 현실공간의 채무이행지는 존재하지 않는다고 볼 여지가 있으므로 이행지의 결정이 어렵게 된다. 예컨대 컴퓨터소프트웨어를 인터넷을 통해 송부할 경우 소프트웨어를 인터넷에 올리거나(uploading), 인터넷으로부터 불러내는 것과 같은 현실공간의 행위를 기준으로 한다면 이행지

---

28) 아래에서 언급하는 일본의 개정 민사소송법은 '청구의 기초가 된 채무'를 기준으로 하는 접근방법을 유지하나, 브뤼셀 I 규정은 매매계약과 용역제공계약에 관하여는 '계약의 특징적 급부의무'를 기준으로 하면서 다른 유형의 계약에 대하여는 전자를 따르는 혼합적인 접근방법을 취한다. 한편 1999년 헤이그 예비초안은 매매계약과 용역제공계약에 관하여만 의무이행지관할을 인정하면서 후자를 따른다.

를 결정할 수 있지만, 가상공간 자체가 이행지라고 본다면 이행지관할을 결정할 수 없게 된다. 이와 같이 국제재판관할의 연결점이 이행지처럼 행위와 관련된 개념일 경우 가상공간에서는 어려움이 있게 된다.

후자의 경우 만일 아래(Ⅵ.)에서 논의하는 피고의 활동에 기한 특별관할을 인정한다면 문제해결에 도움이 될 것이다.

Ⅴ. 불법행위사건에 대한 특별관할[29)]

여기에서는 불법행위에 대한 특별관할을 논의하는데, 우선 현실공간에서의 관할규칙을 살펴본 뒤 가상공간에서의 불법행위의 특수성을 살펴본다.

1. 관할규칙

민사소송법 제18조 제1항은 "불법행위에 관한 소를 제기하는 경우에는 행위지의 법원에 제기할 수 있다"고 규정한다. 이는 원칙적으로 국제재판관할의 배분에도 적용될 수 있는 조항이라는 점은 일반적으로 승인되고 있다. 여기에서 '(불법)행위지'라 함은 격지불법행위의 경우 행동지와 결과발생지의 양자 모두를 의미하고, 원고는 그의 선택에 따라 어느 곳에서나 제소할 수 있다고 본다. 우리나라에서는 '불법행위지'의 개념은 민사소송법의 그것과 달리 국제민사소송법의 독자적인 입장에서 국제민사소송의 적정, 공평, 신속이라는 관점에서 합리적으로 결정할 것이라는 견해가 유력하다.[30)]

불법행위의 국제재판관할과 관련하여 특히 문제되는 것은 명예훼손, 제조물책임[31)]과 지적재산권의 침해이다.

---

29) 이에 관하여는 석광현(註 13), 287면 이하 참조.

30) 유재풍, "국제소송의 재판관할에 관한 연구," 청주대학교 대학원 법학박사학위논문(1994), 114면.

31) 제조물책임의 경우 손해발생지의 국제재판관할을 인정함에 있어서는 가해자가 예측할 수 있는 지역인가를 합리적으로 고려해야 한다. 제조물책임소송에 관한 위 대법원 1995. 11. 21. 선고 93다39607 판결은 실질적 관련을 판단함에 있어서는 … 당해 손해발생지 내에서의 거래에 따른 이익을 향유하려는 제조자의 의도적인 행위가 있었는지 여부가 고려될 수 있을 것이라고 하여 놀랍게도 미국의 판례가 사용한 '의도적 이용'(purposeful availment)이라는 개념을 사용하였다.

명예훼손에 의한 불법행위의 특별관할은, 예컨대 다수 국가에 배포되는 신문에 게재된 명예훼손적 기사의 경우 그 신문이 배포되는 국가가 결과발생지가 될 수 있다는 점이다. 그 경우 모든 결과발생지에 당해 국가에서 발생한 침해에 대해 국제재판관할을 인정한다면 극심한 *forum shopping*이 발생할 가능성이 존재한다. 이를 '모자이크방식'이라고도 부르는데, 이는 유럽법원(The Court of Justice of the European Communities)이 1995. 3. 7. 브뤼셀협약이 적용되는 신문에 의한 명예훼손사건인 *Fiona Shevill et al. v. Presse Alliance S. A.* 사건 판결에서 취한 견해이다.

이 사건에서 프랑스에서 발행되어 유럽 각국에 배포되는 신문에 의하여 명예가 훼손되었다고 주장하는 개인(Shevill)과 법인이 원고가 되어 프랑스 신문사인 피고를 상대로 피고가 프랑스에서 발행하여 유럽 각국에 배포하는 신문에서 원고들이 마약밀매조직을 위한 돈세탁에 연루되었음을 시사하는 기사를 게재함으로써 명예를 훼손하였다고 주장하면서 손해배상을 구하였고 피고는 영국의 국제재판관할을 다투었다. 이에 대해 유럽법원은 불법행위지의 특별관할을 규정한 브뤼셀협약 제5조 제3호의 해석에 관하여 신문사 소재지와 신문이 배포된 국가의 재판관할을 모두 인정하였으나, 전자에서는 모든 손해배상에 대해 재판관할이 있지만 후자에서는 당해 국가에서 발생한 손해배상에 대하여만 재판관할이 있다는 취지로 판결하였다.

그러나 Shevill 사건 판결에 대하여는 그 경우 피해자는, 피고에 대해 일반관할을 가지는 법원에서 소를 제기하지 않는 한 복수의 국가에서 소송을 수행하도록 강제당하는 결과가 되어(이를 '소송의 斷片化'(fragmentation of litigation)라고 부르기도 한다) 피해자에게 너무 부담스러워 그의 이익을 부당하게 침해하고 사실상 불법행위지의 재판관할을 폐지하는 것이라거나[32] 그 경우 특별관할이 쪼개지는데 이는 원·피고 모두 기대할 수 없는 것이고, 법원에게도 전손해 중 당해 국가에서 발생한 손해를 산정해야 하는 어려움을 준다는 비판이 있다.[33] 따라서 헤이그국제사법회의에서 작성한 1999년 예비

32) Karl Kreuzer/Paul Klötgen, "Die Shevill-Entscheidung des EuGH: Abschaffung des Deliktsortsgerichtsstands des Art. 5 Nr. 3 EuGVÜ für ehrverletzende Streudelikte," IPRax (1997), S. 94f.

33) Haimo Schack, Internationales Zivilverfahrensrecht, 5. Auflage (2010), Rn. 346. 그 밖에도 모자이크방식에 대하여는 여러 가지 비판이 있다. 예컨대 첫째, 상호 저촉되는 판결이 선고될 가능성이 있으며, 둘째, 각국에서 발생한 부분손해를 각각 산정하여 소를 제기하는 것은 비현실적이고, 셋째, 행동지와 결과발생지의 결정이 항상 명확하고 투명하게

초안은 Shevill 사건 판결의 결론을 일부 수정하여, 결과발생지가 동시에 피해자의 상거소지인 경우에는 그 국가에도 모든 침해에 대해 재판관할을 인정한다. 흥미로운 것은 유럽법원의 최근 판결인데, 이는 가상공간의 특수성(아래 2.)에서 논의한다.

한편 지적재산권침해소송에 대하여 Shevill 사건 판결처럼 모자이크방식을 원용하는 데 대하여 국제적으로는 지지설과 비판설이 나뉘는데, 한국에서는 아직 본격적인 논의가 없지만 그에 대해 호의적인 견해가 유력하다. 이에 따르면 지적재산권침해에서 원고의 상거소지국이 동시에 결과발생지인 경우 그 국가가 다른 국가에서 발생한 지적재산권침해에 대하여도 재판관할을 가지게 될 것이므로 원고에게 매우 유리하다. 그러나 서울중앙지방법원 2005. 6. 22. 선고 2003가합87723 판결은 시나리오 작가인 한국인 원고가 저작권침해를 주장한 사건에서 결과적으로 Shevill 사건 판결의 접근방법을 따르지 않았다.[34]

특허권의 침해에 기한 손해배상청구 소송의 국제재판관할에 대하여는 원

이루어질 수 있는 것이 아니라 종종 어려우며 모자이크방식은 부작위청구에는 적합하지 않다고 한다.

34) 자신이 창작한 시나리오를 스필버그 감독과 그가 속한 드림웍스(Dreamworks L.L.C.)에 송부한 바 있는 원고는, 스필버그 감독이 일본 공포 영화 '더링'을 리메이크하여 제작한 영화(The Ring)가 자신의 시나리오와 유사하다는 이유로 드림웍스 및 씨제이(CJ Entertainment)를 상대로 한국을 비롯한 전 세계 각국에서의 저작권 침해행위를 금지하고 각국에서의 저작권 침해로 인한 손해배상을 청구하는 소송을 서울중앙지방법원에 제기하였다. 외국회사인 피고 드림웍스에 대하여 우리나라의 재판관할권이 있는지가 문제되었다. 법원은 청구는 기각하였지만, 한국에서의 저작권침해에 대하여는 원고의 저작권 침해의 결과발생지는 한국이라는 이유로 우리나라의 국제재판관할을 긍정하고, 또한 외국에서의 저작권침해에 대하여도 피고 드림웍스가 한국에서의 피소를 합리적으로 예견할 수 있었던 점, 한국이 피해자인 원고의 상거소지인 점, 한국의 영화시장 규모가 비록 미국에 비해서는 작으나 일본, 캐나다에 비해서는 반드시 작다고 할 수 없어 한국에서 발생한 손해액이 전체 손해에 비하여 미미한 수준이라고 할 수는 없는 점, 피고가 응소하더라도 TRIPS협약과 베른협약이 공통적으로 적용되는 점과 국내 저작권침해 부분과 외국에서의 저작권침해 부분은 사실관계 및 쟁점이 동일하여 함께 재판함이 바람직하다는 점 등을 종합하여 국제재판관할을 긍정하였다. 이러한 결론은 Shevill 사건 판결의 태도와는 상이하고, 1999년 예비초안과 일치한다(위에서 본 것처럼 1999년 예비초안은 Shevill 사건 판결의 결론을 수정하여 결과발생지가 동시에 피해자의 상거소지인 경우 그 국가에 모든 침해에 대해 재판관할을 인정한다). 위 판결에 대한 평석은 손경한, "국제 저작권 분쟁의 국제재판관할," 법률신문 제3400호(2005. 10. 6.), 14-15면 참조. 손경한 교수는 위 판결은 결과적으로 원고의 청구들 간의 객관적 병합을 인정한 것이라고 한다. 위 판결은 피고가 응소하더라도 베른협약이 공통적으로 적용된다고 하였는데, 이는 옳지만 베른협약(제5조 제2항)은 보호국법주의를 취하므로 국내 저작권침해 부분에 대하여는 한국법이, 외국에서의 저작권침해 부분에 대하여는 당해 외국법이 적용된다. 이는 손해배상의 범위 등의 점에서 의미가 있다.

칙적으로 통상의 불법행위에 관한 논의가 타당하고, 특허권의 성립 내지 유효성을 다투는 소송에서처럼 등록국의 전속관할을 인정할 것은 아니다.[35)]

2. 가상공간의 특수성

가. 일반원칙

가상공간에서의 불법행위에도 현실공간에서의 불법행위에 관한 위 원칙이 적용되어 피해자는 그의 선택에 따라 행동지[36)]와 결과발생지의 어느 곳에서나 제소할 수 있다. 나아가 이 경우 격지불법행위와, 결과발생지가 확대되는 散在不法行爲(또는 확산형불법행위)의 문제가 더욱 까다로워진다. 예컨대 명예훼손의 내용을 담은 A국의 웹사이트에 접속할 수 있는 전 세계 160여 개국이 잠재적인 결과발생지가 될 수 있으므로 모든 결과발생지에 국제재판관할을 인정할 것인가가 문제된다.

가상공간의 불법행위에서도 현실공간에서와 마찬가지로 특히 명예훼손과 지적재산권의 침해가 문제가 될 것이다. 또한 인터넷을 어떻게 사용하는가에 따라 행동지와 결과발생지의 결정이 어려울 수 있다. 여기에서도 국제재판관할의 연결점이 불법행위지라는 행위와 관련된 개념이므로 가상공간에서는 어려움이 있게 된다.

문제는 이처럼 결과발생지가 확대되는 散在不法行爲(또는 확산형불법행위)의 경우 모든 결과발생지의 관할을 긍정하면서 Shevill 사건 판결에서와 같이 각 결과발생지의 재판관할을 양적으로 제한하는 것은 비현실적이므로 한편으로는 이를 적절히 제한할 필요성이 있는 것과 동시에, 다른 한편으로는 피고의 주소지 외에 어느 국가의 법원에 전체 법익침해에 대한 관할을 긍정할 필요성이 있다는 점이다. 이에 관하여는 아직 논의가 부족하지만, 아래 지적재산권의 침해에 관한 아래의 논의를 참조하면 그 경우에도 관할을 통합할 실제적 필요성이 크므로 유사한 이론구성이 가능할 것으로 생각된다.

---

35) 석광현, "국제적인 지적재산권 분쟁 해결의 문제점—국제사법적 논점에 관한 시론—," 국제사법과 국제소송 제2권(2001), 558면 참조. 상세는 석광현, "한국에 있어서 知的財産權紛爭의 國際裁判管轄," 국제사법과 국제소송 제4권(2007), 591면 이하 참조.

36) 행동지를 결정함에 있어 서버의 물리적 소재지가 중요한 의미를 가지는 것은 아니다. Peter Mankowski, "Internet und Internationales Vertragsrecht," Internationale Juristenvereigning Osnabrück, Jahresheft 1997/98 (1998), S. 91-92(계약 준거법의 맥락에서).

(1) 대법원판결의 사안과 판시

섭외사법 하의 것이기는 하나 인터넷에 의한 명예훼손의 국제재판관할(간접관할)을 다룬 사건으로는 대법원 2003. 9. 26. 선고 2003다29555 판결이 있으므로 이를 소개한다.[37)]

이 사안에서는 신한국당 국회의원이었던 원고 이 모 의원은 미국 캘리포니아주 로스앤젤레스 카운티 지방법원에 피고 새천년민주당, KTE (Korean Television Enterprises), 한국방송공사 영상사업단, 한국방송공사 등 50인을 공동피고로 하여 명예훼손에 기한 손해배상청구의 소를 제기하였다. 소장과 소송제기통지(Summons) 등은 피고에게 사법공조에 의하여 송달되었고, 피고 새천년민주당이 응소하지 아니한 결과 원고승소판결이 확정되었다. 원고는 피고 새천년민주당을 상대로 국내법원에서 집행판결 청구의 소를 제기하였는데 그 과정에서 캘리포니아주 법원의 국제재판관할(간접관할)이 다투어졌다.

대법원판결은 섭외사법 하에서의 국제재판관할의 일반적인 법리를 아래와 같이 설시한 뒤, 결국 캘리포니아주의 국제재판관할을 부정한 원심판결[38)]의 판단을 지지하였다.

> "섭외사건의 국제 재판관할에 관하여 일반적으로 승인된 국제법상의 원칙이 아직 확립되어 있지 아니하고 이에 관한 우리나라의 성문법규도 없는 이상, 섭외사건에 관한 외국 법원의 재판관할권 유무는 당사자간의 공평, 재판의 적정, 신속을 기한다는 기본이념에 따라 조리에 의하여 결정함이 상당하고, 이 경우 우리나라의 민사소송법의 토지관할에 관한 규정 또한 그 기본이념에 따라 제정된 것이므로, 그 규정에 의한 재판적이 외국에 있을 때에는 이에 따라 외국 법원에서 심리하는 것이 조리에 반한다는 특별한 사정이 없는 한 그 외국 법원에 재판관할권이 있다고 봄이 상당하고(대법원 1995. 11. 21. 선고 93다39607 판결 참조), …
>
> 원심은 … 원고가 청구한 손해라는 것이, 원고가 국회의원 선거에서 낙선

37) 이에 대한 평석은 김용석, "국제재판관할에서의 관련 재판적의 인정과 인터넷을 통한 불법행위의 결과발생지의 재판관할," 대법원판례해설 47호(2003 하반기)(2003. 7.), 107면 이하; 노태악, "인터넷 명예훼손행위와 국제재판관할," 민사재판의 제문제 13권(2004. 12.), 171면 이하 참조. 간단한 소개는 강영수, "인터넷과 국제재판관할," 남효순 · 정상조(공편), 인터넷과 법률Ⅱ(2005), 928면 이하 참조.

38) 이는 서울고등법원 2003. 5. 13. 선고 2002나57395 판결이다.

함에 따라 선거운동으로 투입한 비용 상당액과 국회의원으로서 4년간 일하여 받을 수 있었던 수입을 얻지 못하게 된 데 따른 손해라는 것이므로, 그 손해발생지도 한국 내라 할 것이어서 이 사건 미국법원의 관할이 이에 미치지 아니하고, 인터넷 사이트에 게재된 발표 내용을 캘리포니아주에 거주하는 150만 명의 한국어 사용자가 보고 이해할 수 있게 되었고, 원고가 캘리포니아 주립대학에서 교환연구원으로 체류하였으며, 그로 말미암아 미국 한인사회에서 원고의 평판이 악화되었다 하더라도, 원고는 미국 내 한인사회에서의 명예훼손에 따른 정신상 손해의 배상을 청구하는 것이 아니었으므로, 이 사건 미국법원에 원고가 청구한 그 손해배상에 관한 불법행위지로서의 특별재판적을 인정할 수는 없으며, 또한 피고의 발표 내용 중에 캘리포니아주 소재 이 사건 주택에 관한 부분이 있다 하더라도 이것이 피고의 가해행위의 장소나 손해발생의 장소가 되는 것은 아니므로, 그러한 이유만으로 이 사건 미국법원에 재판관할권이 있다고 볼 수도 없다고 판단하였다.

원심은 나아가, 한국에 사무소 주소를 가지고 있을 뿐, 미국 내에서의 활동 근거지가 없는 피고로서는 이 사건 미국법원에서 응소하는 데 어려움이 있는 반면, 한국 국민으로서 국내에 거주 기반을 가졌던 원고로서는 반드시 이 사건 미국법원에서 소송을 제기하고 수행하여야만 할 사정이 있다고 보기 어렵고, 청구의 내용이 우리나라 내에서 발생한 손해에 대한 것이어서 미국법원이 그 인과관계와 손해의 발생 여부 등을 판단하기도 어렵다 할 것이므로 이 사건 미국법원에 재판의 적정을 기대하기도 어려워 보이며, 다만 이 사건 미국법원이, 피고의 발표내용 중 원고가 이 사건 주택을 소유하고 있다는 부분에 대하여 그 진실 여부에 관한 증거 수집과 조사를 미국내 현지에서 하는 것이 용이하다 하더라도, 그와 같은 사정만으로 이 사건 미국법원이 이 사건 전체를 적정하고 신속하게 심리할 수 있다고 보이지는 아니할 뿐 아니라, 우리나라 민사소송법에 따라 재판적을 가지는 우리나라 법원에 의한 증거의 수집과 조사가 특히 어렵다는 사정도 보이지 않으므로 당사자 간의 공평, 재판의 적정, 신속이라는 민사소송의 기본이념에 비추어 보더라도 이 사건 미국법원이 이 사건에 관한 재판관할권을 가진다고 할 수 없다는 취지로 판단하였다.

원심의 판단에 국제재판관할에 있어서의 불법행위지에 관한 법리를 오해하였거나 판단을 유탈하였다는 위법사유는 없다.”

(2) 대법원판결에 대한 기존의 평가

위 판결은 인터넷을 통한 불법행위에 관하여 결과발생지의 관할을 다룬 최초의 대법원판결이자 국제재판관할에서의 주관적 병합에 기한 관련재판적에 관한 판단기준을 제시한 대법원판결이란 점에서 의의가 있다는 평가를 받고 있다.[39] 여기에서 다루는 전자의 논점에 관하여[40] 판례해설은 아래와 같이 설명하고 있다(밑줄은 저자가 추가함).

> "인터넷상에서 발생하는 제반 분쟁에 관한 관할의 문제는 가상적 공간을 대상으로 하는 인터넷의 특성상 여러 가지 복잡한 문제를 안고 있다. 그 중에서 인터넷상의 불법행위와 손해발생지 관할에 관하여 우리나라에서 본격적인 논의는 별로 없는 실정이나, <u>인터넷의 다국적 특성을 고려하여 손해발생지로서의 재판관할권 인정은 신중하게 하는 것이 오히려 인터넷 이용자를 두텁게 보호하고 인터넷의 장기적 발전에 긍정적이라고 보아야 한다.</u> 인터넷상의 불법행위는 대개 명예훼손이고, 사이트 개설자 또는 인터넷상의 행위를 한 자는 자신이 올린 정보가 전 세계로 퍼져나가는 것을 통제할 수 없기 때문에 관할을 넓게 인정한다면 세계 어느 국가 어느 법원에서 제소당할지 모르게 되어 대단히 불안한 지위에 처하게 된다. 또한 이용자로서는 자국의 언어만을 사용한다고 하여 이러한 위험을 피할 수 있는 것도 아니다. 따라서 <u>이러한 관할의 인정은 제한적이 될 수밖에 없고, 다만 정보제공자가 당초부터 특정국가 내에서의 효과를 목표로 삼고 있었다면 달리 판단할 여지도 있을 것이다.</u>[41] 결국 행위자의 의도, 예측가능성 등도 고려할 사항이 된다.
>
> 이 사건에서 피고의 행위는 자신의 사이트에 원고의 명예를 훼손하는 내

---

39) 김용석(註 37), 113면 이하. 나아가 위 판결에 대하여는, 일반적 법리를 설시한 것이기는 하지만 국제재판관할에서 객관적 병합에 의한 관련재판적을 긍정하는 입장을 시사한 것은 의미가 있다는 평가도 있다. 노태악(註 37), 191면. 그러나 위 판결은 오히려 주관적 병합에 관하여 판시한 것으로 보인다.

40) 관련재판적에 관하여 대상판결은 아래와 같이 판시하였다.
"또한 국제재판관할에서의 관련재판적은 피고의 입장에서 부당하게 응소를 강요당하지 않도록 청구의 견련성, 분쟁의 1회 해결 가능성, 피고의 현실적 응소가능성 등을 종합적으로 고려하여 신중하게 인정되어야 하며, 인터넷을 통한 불법행위에 있어서 불법행위의 결과발생지로서의 재판관할의 인정에는 피해자의 보호, 피해의 경중, 증거수집의 편의, 가해자의 의도와 예측가능성 등이 고려되어야 한다."

41) 이런 설명은 정보제공자가 당초부터 특정국가 내에서의 효과를 목표로 삼고 있었다면 달리 판단할 여지도 있음을 지적함으로써, 명시적이지는 않지만 "행위자의 의도적 지향"이라는 개념을 받아들이는 것으로 보인다.

용을 올린 것이고, 이러한 행위는 인터넷을 이용하고 한글을 이해할 수 있으며 원고를 알고 있는 모든 사람에게 영향을 미치는 행위가 될 수는 있으나, 이러한 논리를 확장하면 인터넷을 통한 불법행위는 대부분의 경우 전 세계 어디에서나 결과가 발생한다는 결론이 되는바, 이러한 결론은 법률적으로도 타당하지 아니하고 결과에 있어서도 바람직하지 아니하므로 적절한 제한을 요한다. 따라서 이러한 관할의 결정과 제한에 있어서는 피해자의 보호만 내세울 것이 아니라 증거수집의 편의, 가해자의 예측가능성 등 제반 사정을 고려하여 재판관할을 결정하여야 할 것이다.

이 사건에서 비록 원고가 미국의 한인사회와 일정 관련을 맺고 있었다고는 하나 피고가 과연 이러한 행위까지 예측하거나 할 수 있었는지에 관하여는 부정적일 수밖에 없다. 즉, 미국에서의 명예훼손이라는 결과가 실제 소송에서 배상액의 결정에 반영됨은 별론으로 하고, 그 자체로 불법행위의 결과발생지로서 독자적인 관할을 가질 정도로 전체 불법행위에서 주요한 부분을 점하고 있는지는 의문이다.[42]

결론적으로 인터넷을 통한 불법행위에 있어서 불법행위의 결과발생지로서의 재판관할의 인정은 피해자의 보호, 피해의 경중, 증거수집의 편의, 가해자의 의도와 예측가능성 등을 고려하여 신중히 판단하여야 할 것이다."

(3) 대법원판결의 의의와 그에 대한 비판

사견으로는 위 대법원 판결은 다음과 같은 세 가지 점에서 의의가 있다.

첫째, 위 대법원판결은 인터넷상의 불법행위의 경우도 현실공간에서의 불법행위에 적용되는 법리에서 출발하여야 한다는 태도를 취한다.[43]

둘째, 위 대법원판결은 인터넷상의 불법행위의 경우 결과발생지의 재판관할을 제한적으로 보아야 한다는 원심판결의 다음과 같은 판단을 수긍하였

42) 이런 해설은 아마도 캘리포니아주에서의 행위가 전체 불법행위에 대한 국제재판관할의 근거가 되기에는 부족하다는 취지로 보인다. 이런 이론에 따르면, 인터넷에 의해 결과발생지가 확산되는 散在不法行爲 또는 확산형불법행위에서 모든 결과발생지의 관할을 긍정하는 대신 관할을 통합한다고 할 경우 전체 불법행위에서 가장 주요한 부분을 점하는 국가에 전체 피해에 대한 관할을 인정한다는 이론구성이 가능하게 될 것이다. 하지만, 이런 견해에 대하여는 Shevill 사건 판결을 고려하면 캘리포니아주의 국제재판관할을 전면 부정할 것이 아니라 국제재판관할의 양적 제한을 할 여지가 있다는 점에서 비판을 할 수 있다. 물론 캘리포니아주에서의 명예훼손을 이유로 한 손해배상청구는 포함되어 있지 않기 때문에 그렇게 판단했는지는 알 수 없다.

43) 노태악(註 37), 194면.

다. 즉 인터넷의 다국적 특성을 고려하여 손해발생지로서의 재판관할권 인정은 신중하게 하는 것이 오히려 인터넷 이용자를 두텁게 보호하고 인터넷의 장기적 발전에 긍정적이라고 보아야 한다고 전제하고, 인터넷상의 불법행위는 대개 명예훼손이고, 사이트 개설자 또는 인터넷상의 행위를 한 자는 자신이 올린 정보가 전 세계로 퍼져나가는 것을 통제할 수 없기 때문에 관할을 넓게 인정한다면 세계 어느 국가 어느 법원에서 제소당할지 모르게 되어 대단히 불안한 지위에 처하게 된다고 보았다.

셋째, 위 대법원판결은 인터넷에 의한 불법행위에서 결과발생지의 재판관할을 판단함에 있어서 고려할 요소 내지는 판단기준을 제시하였다. 즉 불법행위의 결과발생지로서의 재판관할의 인정은 피해자의 보호, 피해의 경중, 증거수집의 편의, 가해자의 의도와 예측가능성 등을 고려하여야 한다고 판시하였다.44)

이 사건의 경우 문제가 된 피고의 행위 시에 원고가 미국에 주소를 두고 살고 있었던 모양이다. 그렇다면 원고의 명예가 훼손된 곳은 한국과 캘리포니아라고 할 수 있는데,45) 흥미로운 것은 원고가 미국 내 한인사회에서의 명예훼손에 따른 정신상 손해의 배상을 구하는 것이 아니라 원고가 한국 국회의원 선거에서 낙선함에 따라 선거운동으로 투입한 비용 상당액과 국회의원으로서 4년간 일하여 받을 수 있었던 수입을 얻지 못하게 된 데 따른 손해의 배상을 구하였다는 점이다. 그런 전제에 선다면 위 판결에 대하여는 다음과 같은 비판을 할 수 있다.

우선, 결과발생지와 손해발생지를 구별했더라면 하는 아쉬움이 있다. 즉 결과발생지는 보호되는 법익이 불법행위에 의하여 직접 침해된 장소, 환언하면 법익 침해 당시 당해 법익의 소재지인 데 반하여,46) 손해발생지(Schadens-

44) 여기에서 가해자의 의도와 예견가능성을 판단함에 있어 당해 명예훼손내용의 유포경위나 그 내용이 게재된 인터넷 웹사이트의 운영실태, 접속빈도와 첫수(횟수의 오타로 보임)나 사용언어 등으로 판단되어야 할 것이라는 견해가 있다. 노태악(註 37), 189면.

45) 김상훈, "인터넷상 명예훼손에 의한 손해배상청구소송의 국제재판관할: 불법행위 특별재판적과 관련하여," 한림법학 FORUM 16권(2005. 11.), 134면은 "대체로 침해된 명예가 있는 피해자의 주소지 또는 거소지(상거소지)가 결과발생지로 될 가능성이 높지만 명예훼손적 내용이 실린 웹사이트의 사용언어국과 그 웹사이트의 주대상고객국가, 접속자가 많은 국가, 가해자의 의도 등을 종합적으로 고려하여 당사자 및 사건과의 실질적인 관련성이 많은 결과발생지를 찾아야 할 것"이라고 한다. 김상훈, 위 글, 115면 이하에서는 각국의 인터넷상의 명예훼손소송 사례도 소개한다.

46) Jan Kropholler, Internationales Privatrecht, 6. Auflage (2006), §53 Ⅳ 1 b.

ort)는 법익이 침해된 장소가 아니라 그 밖의 손해가 발생한 장소를 말한다. 손해발생지는 국제재판관할을 결정함에 있어서는 무시되는 것이 원칙이지만,[47] 독일에서는 신체 또는 물건이 손상된 경우와 달리 예컨대 사기에 의해 재산을 처분한 경우와 같이 순전히 재산적 손해만이 있는 경우에는 손해발생지의 관할을 인정하는 것이 다수설과 판례이다.[48] 위 사건의 경우 명예훼손의 결과발생지는 한국과 미국이라고 볼 수 있다. 따라서 만일 원고가 미국에서의 명예훼손을 이유로 손해배상청구를 했더라면 아마도 캘리포니아주의 재판관할이 긍정될 여지가 있었지 않았을까 생각된다.[49] 다만 그 경우 Shevill 사건 판결의 이론구성을 따른다면 캘리포니아주의 재판관할은 양적으로 제한되어 미국에서 발생한 명예훼손에 한정되었을 것이다.

한편 손해발생지는 원심판결이 인정한 바와 같이 한국이 될 것이다. 왜냐하면 원고가 한국 국회의원 선거에서 낙선함에 따라 선거운동으로 투입한 비용 상당액과 국회의원으로서 4년간 일하여 받을 수 있었던 수입을 얻지 못하게 된 데 따른 손해의 배상을 구하였는데 그러한 손해는 원고의 한국에서의 활동과 관련하여 발생하는 것이라고 볼 수 있기 때문이다. 원심판결과 대법원판결은 모두 손해발생지와 결과발생지를 엄격하게 구분하지 않는 것으로 보인다.[50]

---

47) Kropholler(註 46), §53 Ⅳ 1c. Schack(註 33), Rn. 344.

48) 이 경우 결과발생지가 없으므로 행동지에 착안하는 소수설(예컨대 Schack(註 33), Rn. 305)도 있다. 그러나 다수설과 판례는 손해발생지의 관할을 긍정한다. Kropholler(註 46), §53 Ⅳ 1b 참조. 다수설에는 침해된 재산(또는 그의 부분)의 소재지에 관할을 긍정하는 견해와, 피해자의 재산적 이익의 중심지(Vermögenszentrale)(즉 그의 본거지) 또는 처분지에 관할을 긍정하는 견해 등이 있다. Jan von Hein, "Deliktischer Kapitalanlegerschutz im europäischen Zuständigkeitsrecth," IPRax (2005), S. 18-19; Jan von Hein, "Internationale Zuständigkeit und anwendbares Recht bei grenzüberschreitendem Kapitalanlagebetrug," IPRax (2006), S. 461f. 참조(다만 후자는 이를 결과발생지로 설명한다). 유럽법원의 2004. 6. 10. Kronhofer 사건 판결(C-168/02)은 전자의 견해를 취하였다.

49) 그러나 노태악(註 37), 188면은 "다만 원심에서 가정적으로 판단하는 바와 같이 미국 내 한인사회에서의 명예훼손에 따른 정신적 손해의 배상을 청구하는 것이었다면 어떻게 될 것인가. 가령 위 명예훼손행위로 인하여 원고의 평판이 악화되었다면 미국이 손해발생지가 될 수 있을 것인가. 여전히 그 결정에는 어려움이 있다. 구체적 사실관계에 의하여 판단되어야 되겠지만, 피고는 선거를 앞두고 원고에 대한 자격이나 자질 등을 문제 삼아 선거에 이용하려는 취지에서 게시하였던 것으로 보이고 미국 내 한인사회의 평판의 악화를 도모한 것이라고 보기는 어렵고, 또 피고가 위 게시행위로 인하여 위와 같은 손해가 발생할 것이라는 합리적 예견가능성이 있었다고 보기도 쉽지 않을까 생각한다"고 하여 부정적인 의견을 피력한다. 그러나 피고의 정치적 계산과 원고의 그 후의 정치적 활동의 재개 여부에 관계없이, 원고의 명예가 훼손되었다면 이는 캘리포니아주에서 발생하였다고 볼 수 있을 것이다.

50) 대법원판결이 수긍한 원심판결은 다음과 같이 설시하였다.

다음으로, 결과발생지와 손해발생지의 구별을 전제로, 이 사건에서는 이른바 순수한 경제적 손실을 이유로 하는 손해배상을 구하는 소송이므로, 독일의 논의를 참조하여 과연 그런 사건에서 손해발생지에 국제재판관할을 긍정할지 여부에 대해 판단하고, 나아가 손해발생지의 결정기준을 제시하였더라면 하는 아쉬움이 있다.

(4) 유럽법원의 최근 동향

흥미로운 것은 유럽법원의 최근 판결이다. 즉 유럽법원은 2011. 10. 25. eDate Advertising 사건과 Martinez 사건에 대한 판결[51]에서 인터넷에 의하여 명예가 훼손된 당사자가 책임을 묻는 소송을 제기할 경우 콘텐츠의 저자가 설립되어 있는 회원국 또는 피해자의 이익의 중심지가 있는 회원국(the Member State in which the centre of his interests is based)에서 전 손해에 대해 소를 제기하거나, 그 영토 내에서 명예훼손적 콘텐츠에 온라인으로 접속할 수 있는 각 회원국에서 소를 제기할 수 있는 선택권이 있는데, 후자의 경우 그 회원국은 당해 국가에서 초래된 손해에 관하여만 관할을 가진다고 판시하였다. 즉 유럽법원은 인터넷미디어에 의한 인격권 침해에도Shevill 사건 판결의 결론을 적용하였으나 피해자의 이익 중심지에 전 손해에 대한 관할을 인정함으로써 Shevill 사건 판결의 부당성을 제거하고 있다.[52] 이러한 결론은 1999년 예비초안과 유사한 것으로서 상당히 설득력이 있다.

나. 지적재산권침해의 경우의 특수성[53]

위에서 본 불법행위에 관한 국제재판관할규칙에 따라 행동지와 결과발생

"원심은 이 사건 판결에서 원고가 청구한 손해라는 것이, 원고가 대한민국 국회의원 선거에서 낙선함에 따라 선거운동으로 투입한 비용 상당액과 국회의원으로서 4년간 일하여 받을 수 있었던 수입을 얻지 못하게 된 데 따른 손해라는 것이므로, 그 손해발생지도 대한민국 내라 할 것이어서 이 사건 미국법원의 관할이 이에 미치지 아니하고."

51) *eDate Advertising GmbH v. X* (C-509/09) and *Olivier Martinez and Robert Martinez v. MGN Limited* (C-161/10). 유럽법원은 독일 연방대법원이 부탁한 전자와 프랑스 *Tribunal de grande instance de Paris*가 부탁한 후자를 병합하여 판단하였다.

52) 개관은 Heinz-Peter Mansel/Karsten Thorn/Rolf Wagner, "Europäisches Kollisionsrecht 2011: Gegenläufige Entwicklungen," IPRax (2012), S. 12; http://conflictoflaws.net/에 소개된 Gilles Cuniberti의 보고 참조.

53) 상세는 석광현, "한국에 있어서 知的財産權紛爭의 國際裁判管轄," 국제사법과 국제소송 제4권(2007), 591면 이하 참조. 지적재산권과 관련된 국제사법의 제문제는 강영수, "國際知的財産權侵害訴訟에 있어서 國際私法的 問題에 관한 研究—屬地主義 原則의 限界 및 그 修正을 中心으로—," 서울대학교 대학원 박사학위논문(2005) 참조. 일본의 논의는 우선 김언숙, 知的財産權と國際私法(2006) 참조.

지를 모두 연결점으로 인정한다면 양자, 특히 결과발생지가 복수 존재할 수 있는 경우, 예컨대 인터넷상의 불법행위의 경우 결과발생지가 전 세계에 존재할 수 있게 되므로 전 세계국가에 국제재판관할을 인정하게 된다. 이 경우 모자이크방식을 따라 각 국가에 대해 당해 국가에서 발생한 침해에 대해서만 관할을 인정한다면 합리적인 분쟁해결이 어렵다. 따라서 관할을 확대하거나 사건을 병합할 현실적인 필요가 있다.[54)]

주목할 것은 지적재산권을 둘러싼 국제분쟁의 해결을 위하여 국제관할, 준거법과 외국판결의 승인 및 집행을 함께 규율하는 국제규범을 성안하려는 근자의 노력이다. 미국법률협회(American Law Institute. ALI)와 독일의 막스플랑크연구소(Max Planck Institut. MPI) 등은 이런 작업을 추진하였다. 즉 미국법률협회는 "지적재산권: 초국가적 분쟁에서의 관할권, 준거법 및 재판을 규율하는 원칙"(ALI 원칙)을 2007년 5월 발표하였다.[55)] 또한 이에 대응하여 지적재산의 국제사법에 관한 유럽 막스플랑크그룹(European Max-Planck Group on Conflict of Laws in Intellectual Property. EMPG)도 2011년 8월 "지적재산의 국제사법 원칙"(Principles for Conflict of Laws in Intellectual Property)의 최종문언(이하 "CLIP 원칙"이라 한다)을 발표하였다.[56)] 우리나라의 일부 전문가들도 일본 木棚照一 교수의 주도 하에 작업을 추진하여 최근 공동제안을 발표하였다.[57)]

CLIP 원칙(제2:202조와 제2:203조)에 따르면 지적재산권의 침해지는

---

54) 뿐만 아니라 이 경우 행동지와 결과발생지를 모두 연결점으로 인정한다면 준거법이 지나치게 확산될 수 있다. 따라서 준거법을 어떻게 단순화할지도 장래의 과제이다.

55) 이 원칙은 지적재산권과 관련한 국제재판관할, 준거법과 외국 판결의 승인과 집행에 관한 규칙을 규정하고 있다. American Law Institute, Intellectual Property: Principles Governing Jurisdiction, Choice of Law and Judgments in Transnational Disputes 2007 (American Law Institute Publishers, 2008) 참조.

56) 텍스트는 http://www.cl-ip.eu/ 참조. 최종문언은 2011. 8. 31. 공표되었고 2012년에는 주석이 공표될 예정이다. ALI 원칙과 CLIP 원칙의 소개는 석광현, "국제지적재산권분쟁과 國際私法: ALI 원칙(2007)과 CLIP 원칙(2011)을 중심으로," 민사판례연구 제34집(2012), 1065면 이하 참조.

57) 木棚照一, 知的財産權に關する國際私法原則(日韓共同提案), 早稲田大學グローバルCOE《企業法制と法創造》綜合研究所, "企業と法創造" 제7권 제6호(통권 제28호)(2011. 3.), 65면 이하 참조. 조문은 국제사법연구 제17호(2011), "知的財産權에 관한 國際私法原則(韓日共同提案)," 533면 이하 참조. 과거 공동제안이 성사되지 못하여 한국측 참가자들은 독자적으로 작업을 마무리하여 최종안을 공표한 바 있으나(손경한, "國際知的財産訴訟原則의 定立—한국의 입장에서—," 성균관법학 제20권 제3호(2008), 1075면 이하 참조), 그 후 공동제안이 성사되었다.

그 국가에서 발생한 침해에 관하여 국제관할을 가지지만, 예외적으로 인터넷과 같은 유비쿼터스 미디어에 의하여 침해와 관련한 분쟁의 경우 침해지 국가의 법원은 다른 국가에서 발생한 침해에 대하여도 관할을 가진다. 다만 이는 두 가지 요건을 필요로 한다. 첫째, 침해를 야기한 활동이 침해자가 상거소를 가지는 국가에서 실질적 영향을 가지지 않고, 둘째, 침해를 조장하는 실질적 활동의 전부가 법원이 소재하는 국가의 영토 내에서 행해졌거나, 또는 법원이 소재하는 국가에서 침해에 의하여 야기된 손해가 침해 전체와 비교하여 실질적일 것을 조건으로 한다(즉 법정지에서의 침해자의 행동 또는 결과발생이 실질적일 것을 요구한다).[58]

ALI 원칙은 인터넷에 의한 지적재산권침해에 대하여 특칙을 두지 않지만 그에 적용될 수 있는 규정들을 두고 있다. 즉 지적재산권을 침해하였다고 주장된 실질적 행위를 하였거나 그를 위한 실질적 준비행위를 한 국가는 국제재판관할을 가지는데 이 경우 관할은 그 행위로 인한 모든 침해에 미친다(제204조 제1항). 한편, 다른 국가를 지향해서 그런 행위를 한 때에는 그 지향된 국가도 국제재판관할을 가지는데 그 경우 관할은 그 국가에서 발생한 침해에 한정된다(제204조 제2항).

Ⅵ. 피고의 활동에 근거한 특별관할

1. 관할규칙

우리나라를 포함한 대륙법계의 경우 특별관할에 관한 종래의 논의는 계약과 불법행위를 나누고 각각에 관하여 이루어졌으므로 국제재판관할의 유무를 판단하기 위해서는 우선 어떠한 법률관계가 계약인지 아니면 불법행위인지 성질결정을 할 필요가 있었고, 피고의 활동에 근거한 특별관할은 인정될 여지가 없었다. 그러나 당사자가 어느 국가 내에서 상업적 활동을 통하여 이득을 얻고 있다면 그러한 활동으로부터 발생하거나 그와 관련된 소송에 대해

58) 참고로 우리나라 전문가들의 제안(제204조)은 주된 침해행위를 한 국가의 법원이 모든 침해에 대해 관할을 가지는 것으로 규정한다. 또한 준거법의 경우에도 동 제안(제303조)은 "침해 전체에 대하여 가장 밀접한 관련을 가지는 국가의 법"을 준거법으로 본다.

서는 당해 국가의 특별관할을 인정하는 것이 불합리하다고 할 수만은 없다. 이러한 관할이 이른바 피고의 '활동에 근거한 관할'(activity based jurisdiction)이다. 피고가 국내에 영업소 또는 사무소를 설치하고 그를 통하여 국내에서 영업활동을 하는 경우에는 국내에서 그 사무소 또는 영업소의 업무와 관련이 있는 소를 제기할 수 있는 데 반하여, 사무소 또는 영업소가 없다는 이유만으로 국내에서 사업활동 또는 영업활동[59]을 하는 피고에 대하여 국제재판관할을 부정한다면 균형이 맞지 않는 면이 있다.

만일 피고의 활동에 근거한 국제재판관할을 인정한다면 당해 소송이 계약과 불법행위 중 어느 것인가라는 성질결정은 불필요하게 되는데, 그 경우 피고의 어떠한 성질, 빈도 또는 양의 활동이 있어야 하는지의 판단이 용이하지 않으므로 매우 사소한 관련을 근거로 국제재판관할이 부당하게 확대될 위험성이 존재한다는 문제가 있다. 어쨌든 이러한 개념은 미국으로부터 연원한 것인데, 미국의 판례는 최소한의 접촉(minimum contact)의 핵심적 개념인 법정지의 법이 제공하는 특권의 '의도적 이용'(purposeful availment)을 인정하기 위한 요건으로 피고의 활동에 착안하였으므로 피고의 활동에 기한 국제재판관할을 자연스럽게 인정할 수 있었다.

우리 국제사법 하에서는, 관할을 인정하는 것이 국제재판관할 배분의 이념에 부합하고 합리적이라면 피고의 활동에 근거한 특별관할을 인정할 수 있는 가능성이 열려 있다. 다만 이를 인정하기 전에 기존의 의무이행지관할 또는 불법행위지관할 외에 이를 별도로 긍정할 필요성과 실익을 검토하고, 그의 요건을 명확히 할 필요가 있다. 활동에 근거한 특별관할의 인정 여부도 앞으로 검토되어야 하지만, 만일 인정한다면 다른 관할들과의 관계를 어떻게 설정할지가 문제된다.

저자는 이를 긍정하는 적극적 견해를 피력하였으나[60] 이에 대해 활동에

---

59) 여기에서 사업활동(또는 영업활동)은 일반관할의 근거가 되는 'doing business'가 아니라 그에 미치지 않는 'transacting business'를 의미한다. 전자는 피고가 문제된 국가에서 규칙적이고 광범위하며 빈번한 활동을 하는 경우에 일반관할의 근거가 되는 데 반하여, 후자는 그 정도에 미치지 않는 활동을 하는 경우에 특별관할의 근거가 된다. 그러나 논자에 따라서는 양자를 동일한 의미로 사용하기도 한다. 예컨대 Gary B. Born/Peter B. Rutledge, International Civil Litigation in United States Courts, 4th edition (2006), p. 108 참조. 위 Born/Rutledge, p. 117 이하는 doing business를 구성하는 행위를 유형적으로 고찰하고 있다.

60) 이성호(註 21), 184면도 동지.

기한 관할이 국제적으로 널리 인정되는 것은 아니라는 이유로 부정적인 견해[61]도 있다.

주목할 것은 일본의 개정 민사소송법이다. 일본은 2007. 1. 1.부터 법례를 '법적용에 관한 통칙법'으로 명칭을 변경하고 전면개정하였으며,[62] 국제재판관할에 관하여는 별도의 법률 또는 민사소송법에 명문의 규정을 두기 위한 작업을 진행하였다. 그 과정에서 중간시안[63]을 공간하였고 그 후 2011년 5월 공포되고 2012. 4. 1. 시행된 일본의 개정 민사소송법(제3조의3 5호)은 "일본에 있어서 사업을 행하는 자에 대한 소는 당해 소가 그 자의 일본에 있어서의 업무에 관한 것인 때에는 일본에서 제기할 수 있다"고 규정하여 피고의 활동에 기한 관할을 긍정한다.

이처럼 현실공간에서 피고의 활동에 근거한 관할을 긍정한다면 전자거래에서 의도적 지향에 기한 관할을 긍정하기가 쉬울 것이다.

2. 가상공간의 특수성

가상공간의 특수성을 고려한 국제재판관할규칙을 논의함에 있어 미국에서의 논의가 도움이 되므로 이를 살펴본다. 다만 우리나라의 국제재판관할권에 관한 논의는 미국에서는 주로 대인관할권[64]의 문제로 다루어짐을 주의해야 한다.

---

61) 강영수(註 37), 915면.

62) 일본의 "법의 적용에 관한 통칙법"(단순히 법적용통칙법)을 소개한 우리 문헌으로는 김문숙, "일본의 법례개정과 남겨진 과제—법의 적용에 관한 통칙법의 제정에 관하여—," 국제사법연구 제12호(2006), 462면 이하 참조. 일본문헌으로는 우선 神田 貞, 解說 法の適用に關する通則法(2006) 참조.

63) 2009년 7월 공표된 중간시안의 조문과 보족설명은 http://search.e-gov.go.jp/servlet/Public?ANKEN_TYPE=2&CLASSNAME=Pcm1080&btnDownload=yes&hdnSeqno=0000055113 참조. 기타 국제재판관할연구회, 국제재판관할연구회보고서 (1)-(6) NBL 883호(2008. 6. 15.)-888호(2008. 9. 1.) 참조. 우리 문헌은 우선 정영수, "일본의 국제재판관할 법제화 동향과 미국 및 EU의 규범과의 비교—인터넷 분쟁의 국제재판관할권을 중심으로—," 단국대학교 법학논총 제33권 제2호(2009. 12.), 132면 이하 참조. 일본 개정 법률안에 대한 소개는 한충수, "국제민사소송의 국제적인 흐름과 우리의 입법과제—일본의 국제재판관할 관련 민사소송법 개정법률안을 중심으로—," 민사소송 제14권 제2호(2010), 6면 이하 참조.

64) 미국에서는 국제재판관할권은 대인관할권, 대물관할권 또는 준대물관할권의 형태로 나타난다.

가. 미국판례이론

(1) 관할규칙

미국의 경우 현실공간의 거래에서 어느 주가 국제재판관할권을 가지기 위해서는 첫째, 관할권확대법(long arm statute)에 의한 입법적인 수권이 있고, 둘째, 재판관할권의 행사가 헌법상의 적법절차조항(due process clause)에 부합해야 한다. 둘째 단계에서는 법원의 재판관할권을 긍정하는 것이 피고에게 기본적인 권리를 보장하는 연방헌법의 적법절차조항에 부합하는지의 여부를 심사한다. 이처럼 미국에서는 재판관할권을 연방헌법 차원의 문제로 이해하는 점에 특색이 있는데 적법절차분석은 바로 그의 핵심을 이룬다. 적법절차의 요건을 충족하기 위해서는 (1) 피고와 법정지 간에 '최소한의 접촉'(minimum contacts)이 있어야 하고, (2) 법정지의 재판관할권의 행사가 공평과 실질적 정의의 관념에 부합하는 합리적인 것이어야 한다. 따라서 최소한의 접촉의 존재를 인정하기 위한 요건이 문제되는데, 연방대법원은 *Hanson v. Denckla* 사건 판결[65]에서, 최소한의 접촉이 있기 위한 요건으로서 ① 법정지 내에서 피고의 행위가 있을 것, ② 그 행위가 의도적일 것과 ③ 피고가 법정지주법의 이익 및 보호를 향유할 것이라는 세 가지를 제시하였고, 그 결과 'purposeful availment'(의도적 이용)는 적법절차분석의 하나의 시금석이 되었다. 따라서 피고가 법정지주에서 의도적 이용행위를 한 때에는 법정지주의 재판관할이 인정된다.[66]

나아가, 미국 법원은 위 두 단계의 심사를 거쳐 국제재판관할권의 존재가 긍정되더라도, 관할권의 확대를 억제하는 수단으로서 부적절한 법정지(*forum non conveniens*)의 법리에 기초하여 재량으로 재판관할권의 행사를 거부할 수 있다고 함으로써 재판관할권의 유무 판단과 행사 여부 판단을 구별한다. 그 결과 미국에서는 구체적인 사건에서의 국제재판관할 배분의 정의가 상대적으로 충실하게 달성될 가능성이 크나, 당사자의 예측가능성 내지는

---

65) 357 U.S. 235 (1958).

66) 노태악(註 37), 179-180면은 i) 관할구역 안에서 이득을 얻을 목적으로 의도적인 행위(purposeful availment)를 하여야 하고 ii) 청구원인이 피고의 관할구역에서 접촉으로부터 또는 접촉과 관계있는 행위여야 하며 iii) 관할권의 행사가 '공정하고도 실질적인(fair and substantial) 정의'와 대등할 정도로 합리적이어야 한다는 요건은 미국법상 특별관할의 요건이라고 소개한다. 어쨌든 미국법상은 일반관할과 특별관할의 구별기준이 우리만큼 명쾌하지는 않은 것으로 보인다.

법적 안정성이 침해될 가능성 또한 상대적으로 크다. 이 원칙은 가상공간에서의 거래와 관련한 국제재판관할에도 적용된다.[67]

미국에서는 독일이나 브뤼셀협약에서처럼 계약의 의무이행지, 불법행위지 그 자체가 국제재판관할의 근거가 되지는 않으며, 피고와 당해 법정지주와의 접촉이 법정지의 관할권을 긍정하는 것을 공평하고 합리적이 되도록 하는가의 여부가 관건이 된다. 관할근거를 열거하는 방식을 취하는 각주의 관할권확대법은 계약과 불법행위에 관하여 상이한 연결점을 규정하고 있으나, 적법절차(due process) 분석에 관한 한, 관할의 긍정이 공평하고 합리적인가의 여부가 중요하지, 대륙법계처럼 계약과 불법행위라는 성질결정이 중요한 의미를 가지지는 않는다. 특히 피고의 거래행위, 즉 이른바 'transacting business'(영업거래) 내지는 위에서 언급한 피고의 '활동'(activity)이 특별관할의 근거가 되는 경우에는 적법절차 분석에서 당해 소송이 계약과 불법행위 중 어느 것으로 성질결정되는가는 별로 의미가 없다.

이와 같이 미국에서는 법원이 구체적인 사건의 관련 이익을 고려하여 재판관할권의 유무와, 부적절한 법정지의 법리에 기한 재판관할권의 행사 여부를 판단하므로, 현실공간에서는 물론이고 가상공간에서의 국제재판관할의 배분에 관한 기준이 상대적으로 불확실하다는 비판이 가능하다.[68]

(2) Zippo doctrine

근자에 미국의 판결들이 현실공간의 관할이론을 가상공간에 접목하여, 웹사이트를 운영하는 유형을 세 가지로 분류함으로써 그 운영자에 대한 다른 주의 대인관할권의 유무를 결정하는 경향이 있음은 주목할 만하다. 이는 *Zippo Manufacturing Co. v. Zippo Dot Com, Inc.* 사건 판결[69]에 의해 제

---

67) 전자거래 또는 국제재판관할에 관한 미국 판례를 소개한 국내문헌으로는 왕상한, "電子去來와 裁判管轄," 통상법률 통권 제27호(1999. 6.), 13면 이하; 왕상한(註 4), 205면 이하; 우지숙/민은주/석광현/권헌영, "인터넷상 국가간 법적 관할권과 준거법 및 시행에 관한 연구," 정보통신정책연구원 정책연구 99-07(1999), 67면 이하, 148면 이하; 김성진, "국제전자상거래상 소비자계약분쟁의 국제재판관할권에 관한 연구—미국의 타깃팅 재판관할권이론을 중심으로—," 국제거래법연구 제18집 제1호(2009), 107면 이하; 김용진, "지적재산권의 침해와 재판관할에 관한 연구," 한국법제연구원 디지털경제법 [10](2001) 참조. 일본문헌으로는 土谷喜輝 외 2인(編), インターネットをめぐる米國判例法律 100選 改訂版(2001) 참조.

68) 최소한의 접촉 원칙은 매우 추상적이어서 그것만으로는 구체적인 기준을 제시하지 못하며, 국제재판관할에 관한 법적 안정성과 당사자의 예견가능성을 침해한다. 최소한의 접촉은 부적절한 법정지의 법리에 의한 조정을 필요로 하나, 그에 의하여 법적 불안정성이 증폭된다.

시된 원칙인바, 동 판결은 가상공간에서의 국제재판관할권에 관하여 새롭고 포괄적인 기준을 제시한 매우 중요한 판결로 평가된다. 그 세 가지 유형은 ① 피고가 인터넷상에서 명백히 영업을 하는 경우(이 경우 대인관할권이 인정된다), ② 다른 관할지역의 이용자가 접근할 수 있는 인터넷 웹사이트에 피고가 단지 정보를 게시하는 수동적 웹사이트의 경우(이 경우 대인관할권이 인정되지 않는다)와 ③ 양자의 중간영역인데, 이 경우 웹사이트에서 행해지는 운영자와 이용자 간의 상호작용의 수준과 정보교환의 상업적 성격에 의하여 대인관할권의 유무가 결정된다.[70] ③의 유형에서는 재판관할이 긍정된 사례와 부정된 사례가 있다.[71]

Zippo Manufacturing Co. v. Zippo Dot Com, Inc. 사건에서 법원은 피고의 웹사이트는 ① 유형에 해당하므로 피고가 펜실베이니아주 법이 제공하는 이익을 의도적으로 이용했다고 보아 펜실베이니아주의 재판관할권을 긍정하였다. 위 판결이 제시한 원칙은 그 후 가상공간에서의 재판관할권에 관한 판결들에 의하여 널리 채택되었다. 이를 이른바 'sliding scale approach'라고

---

69) 952 F. Supp. 1119 (W.D. Pa. 1997). 펜실베이니아주 회사인 원고는 캘리포니아주 회사인 피고가 zippo.com, zippo.net 등의 도메인이름을 사용하는 것을 금지하기 위하여 피고에 대해 상표권침해와 상표권의 희석화 등을 근거로 소를 제기하였다. 펜실베이니아주 서부지구 연방지방법원은 위 판결에서 종래 하급심판결에 제시된 의견들을 정리하면서 다음과 같은 취지로 판시하였다. 즉 피고의 인터넷 관련 접촉에 근거한 대인관할권은 피고가 인터넷상에서 영위하는 상업적 활동의 성질과 질에 의존한다. 스펙트럼의 한 끝에는 피고가 인터넷상으로 명백히 영업을 하는 상황이 있다. 만일 피고가 다른 관할지역의 거주자들과 인터넷상으로 의식적이고 반복적인 컴퓨터 파일의 전송을 수반하는 계약을 체결하는 경우 대인관할권은 적절하다(예컨대 *CompuServe, Inc. v. Patterson*, 89 F. 3d 1257 (6th Cir. 1996). 스펙트럼의 반대편 끝에는 다른 관할지역의 이용자가 접근할 수 있는 인터넷 웹사이트에 피고가 단지 정보를 게시하는 상황이 있다. 관심이 있는 자들에게 정보를 제공하는 데 불과한 수동적 웹사이트는 대인관할권의 행사를 위한 근거가 되지 않는다(예컨대 *Bensusan Restaurant Corp. V. King*, 937 F. Supp. 295 (S.D.N.Y. 1996)). 그 중간 영역은 이용자가 호스트 컴퓨터와 정보를 교환할 수 있는 대화식 웹사이트가 차지한다. 이러한 사건들의 경우, 관할권의 행사는 웹사이트에서 행해지는 상호작용의 수준, 정보교환의 상업적 성격에 의하여 결정된다(예컨대 *Maritz Inc. v. Cybergold, Inc.*, 947 F. Supp. 1328 (E.D. Mo. 1996)).

70) 개관은 Brian D. Boone, "Bullseye!: Why A "Targeting" Approach to Personal Jurisdiction in the E-commerce Context makes Sense Internationally," 20 Emory Int'l L. Rev. 241, 255 (2006) 참조.

71) 강영수(註 37), 925면 참조. 상호작용적 웹사이트를 유지하면서 법정지주의 거주자와 규칙적인 상업활동을 하는 것을 근거로 일반관할을 긍정한 소수의 판례도 있으나 주류는 이를 인정하지 않는다. Born/Rutlege(註 59), p. 119 참조. 반면에 이는 의도적 이용의 요건을 구비하는 것으로서 특별관할의 근거가 될 수 있다. Born/Rutlege(註 59), p. 147 이하 참조.

부르는데 우리나라에서는 이를 대체로 '영역별분석방법'이라고 부른다.[72]

Zippo 접근방법에 대하여는, 능동적 사이트와 수동적 사이트를 구분하는 기준이 분명하지 않을 뿐만 아니라 오히려 대부분의 웹사이트가 중간영역에 속하고, 최근의 웹사이트들은 거의 단순한 정보의 일방적 제공에 그치는 대신 웹사이트에서 전자메일의 송·수신이 가능하고 자료에 대한 다운로드가 가능하도록 하는 등 interactive하게 운영되므로 그 접근방법에 의하면 웹사이트의 운영만으로 관할권의 행사가 가능하게 된다는 비판이 있다.[73]

(3) 타기팅(또는 의도적 지향) 접근방법

타기팅접근방법은 어떤 특정한 법정지를 지향한(또는 표적으로 삼은 또는 겨냥한) 행위자(통상 피고)의 의도와 활동 및 그 법정지에서의 활동을 피하기 위해 취한 조치를 평가하여 국제재판관할의 유무를 판단한다.[74] 이는 법정지주를 향한 명시적 지향(express aiming)에 착안한 것으로, 영역별분석방법이 웹사이트 자체의 상호작용성에만 초점을 두는 것과 다르다.[75] 이는 잡지에 의한 현실공간의 명예훼손에 관한 미국 연방대법원의 1984년 *Calder v. Jones* 사건 판결[76]에 의하여 제시된 것인데, 인터넷 관련 국제재판관할에 관한 이론 중 현재 미국에서 가장 설득력이 있는 이론이라고 한다.[77] 그에 따르면 행위자의 상대방이 행위자가 법정지를 지향하는 의도를 가지고 법정지에서 활동을 시작하는 조치를 취하였음을 입증해야 한다.[78] 미국의 학설은 특정한 법정지를 지향하였는지를 판단함에 있어서 법원은 전체적인 사안을

---

72) 그러나 이를 '연동척도방식'이라고 부르기도 한다. 강영수(註 38), 924면.

73) 노태악(註 37), 181면.

74) 이의 개관은 Boone(註 70), p. 262 이하 참조.

75) 김성진(註 67), 119면.

76) 465 U.S. 783 (1984). 이는 명예훼손소송인데, 노태악(註 37), 180면 주 27에 따르면 사안은 아래와 같다.

"National Enquirer 지는 플로리다주에서 발행되는 잡지인데, 캘리포니아주에서는 약 60만 부가 배포된다. 위 잡지는 캘리포니아주에 거주하는 원고가 술에 심하게 빠져 직업적 의무를 다하지 못하고 있다는 내용의 기사를 게재하였다. 캘리포니아주 법원은 캘리포니아 소식통(source)의 관심을 끌고 상대방에 대한 심리적 고통과 직업적 명성에 대한 훼손 등 손해의 예봉(the brunt of the harm)이 캘리포니아 주에서 발생하였다고 한 다음, 플로리다주에서의 행동 효과가 캘리포니아주에서 발생하였다는 이유로 위 잡지사, 편집인과 기사 작성자에 대한 캘리포니아주 법원의 재판관할권을 긍정하였다.

이에 대하여는, 적어도 명예훼손의 내용이 담긴 출판물이 어느 정도 배포가 된 곳이라면 어디서나 재판관할권이 인정되는 결과가 된다는 비판이 있다고 한다.

77) Kevin A. Meehan, "The Continuing Conundrum of International Internet Jurisdiction," 31 B.C. Int'l & Comp. L. Rev. 345, 364 (2008); 김성진(註 67), 119면 참조.

78) 김성진(註 67), 125면 참조.

고려하고, 예시적인 요소들의 목록(non-exhaustive lists of factors)을 개발해야 한다고 하면서, 사용된 언어, 지급통화, 부인문구, 위치탐색 기술의 사용과 사용된 최상위도메인, 그림에 의한 제안, 광고와 시장 참여 등을 그러한 요소로 파악한다.[79] 이러한 요소를 고려함으로써 유연하게 대응할 수 있다는 것이다.

상표권침해에 관한 *Cybersell, Inc. v. Cybersell, Inc.* 사건 판결[80]은 타기팅접근방법을 인터넷 관련 국제재판관할에 적용한 첫 번째 연방항소법원 판결이다.[81] 그 밖에도 타기팅접근방법을 수용한 판결로는 9순회구 연방항소법원의 상표권침해에 관한 *Bancroft & Masters v. Augusta National, Inc.* 사건 판결,[82] 메릴랜드 연방지방법원의 상표권침해에 관한 *American Information Corp. v. American Infometrics, Inc.* 사건 판결,[83] 펜실베이니아 연방지방법원의 명예훼손에 관한 *English Sports Betting v. Tostigan* 사건 판결[84] 등이 있다.[85]

타기팅접근방법에 대하여는 아래와 같은 비판이 있다.[86] 첫째, 피고가 법정지를 지향하였는지 여부의 판단기준이 모호하므로 여전히 과도한 유연성의 문제가 남는다. 둘째, 여과(filtering)[87]와 차단(blocking)은 지향 여부를

79) Meehan(註 77), p. 359 참조.

80) 130 F.3d 414 (9th Cir. 1997).

81) 원고인 Cybersell은 웹사이트를 통하여 인터넷 마케팅을 전문화한 애리조나주의 회사였고, 피고인 Cybersell은 웹사이트를 통하여 웹페이지구축서비스를 제공하는 플로리다주의 회사였다. 피고가 Cybersell이라는 원고와 같은 상호를 회사명으로 채택한 시점에, 원고의 웹사이트는 운영 중에 있지 않았고, 특허상표청에서 원고의 서비스마크도 승인되지 않았었다. 원고는 애리조나 지구 연방법원에 피고를 상대로 상표권 침해소송을 청구하였다. 피고는 최소한의 상호활동적 웹사이트를 운영하였으므로 피고에 대한 재판관할권을 인정하려면 법정지인 애리조나주의 관련성에 있어서 그 이상의 무엇(something more)이 필요하다고 판시하였다. 법원은, 그 이상의 무엇(something more)은 피고가 의도적으로(비록 전자적일지라도) 실질적 방법으로 자신의 활동을 법정지주로 지향하는 것을 의미한다(the defendant purposefully (albeit electronically) directed his activity in a substantial way to the forum state)고 판시하고, 피고의 웹사이트가 애리조나주에 피해를 발생시킬 것을 알고 의도적으로 지향한 것이 아니기 때문에 애리조나주 법원은 재판관할권을 가지지 않는다고 판단하였다. Boone(註 70), p. 262; 김성진(註 67), 118면 참조.

82) 223 F.3d 1082 (9th Cir. 2000).

83) 139 F. Supp. 2d 696 (D. Md. 2001).

84) 2002 U.S. Dist. LEXIS 5012 (E.D. Pa. 2002). 또는 2002 WL 461592.

85) 김성진(註 67), 118면 이하 참조.

86) 김성진(註 67), 119면.

87) Meehan(註 77), p. 360은 Tim Gerlach, "Note, Using Internet Content Filters to Create E-Borders to Aid International Choice of Law and Jurisdiction," 26 Whittier

판단함에 있어 필수적이지만, 소비자의 접속을 차단함으로써 소비자가 국제전자거래를 통해서 누릴 수 있는 혜택을 박탈할 수 있다. 셋째, 온라인 사업자는 특정국가를 지향할지 아니면 차단할지를 판단하기 위해서 전 세계의 모든 규제를 계속적으로 조사해야 하므로 많은 비용과 시간이 소요되어 큰 타격을 받게 된다. 넷째, 국제재판관할을 판단함에 있어 여과와 차단을 중시한다면 현실공간의 국경과 동일한 인터넷상의 국경이 창설된다는 폐해가 있다.

타기팅접근방법 외에도, 효과에 근거한 접근방법(이를 효과분석이론이라고 부르기도 한다)을 취한 판결도 있다. 이러한 접근방법도 위에 언급한 1984년 Calder 사건 판결에 근거한 것인데, 웹사이트의 성격과 영향보다는 웹사이트가 당해 법정지 내에서 실제적인 효과(actual effect)를 미쳤는지의 여부를 기준으로 재판관할의 유무를 판단한다.[88] 타기팅접근방법은 인터넷 활동을 법정지로 명백하게 지향하는 피고의 의도와 활동에 착안하는 반면에, 효과에 근거한 접근방법은 피고가 자신의 활동으로 인해 예상할 수 있었던 법정지에 대한 효과에 주목하는 점에서 차이가 있다.[89]

나. 미국 법리의 도입가능성

미국의 *Zippo Manufacturing Co. v. Zippo Dot Com, Inc.* 사건 판결은 웹사이트 운형형태를 유형화하여 재판관할권의 유무를 판단하는 점에서 나름대로 설득력 있고, 이 점은 타기팅 접근방법도 마찬가지이다. 따라서 우리 법상으로도 '실질적 관련'이라는 탄력적인 도구를 이용하여 위 기준을 도입해야 할 것이라는 견해가 주장될 여지도 있다. 그러나, 위 기준은 웹사이트를 운영하는 자가 다른 주의 법이 제공하는 특권과 이익을 의도적으로 이용하였는가에 착안한 것인데, 이러한 '의도적 이용'은 위에서 본 바와 같이 미국 판례에 의해 발전된 '최소한의 접촉'을 인정하기 위한 핵심적인 개념이라는 점에서,

---

L. Rev. 899, 916 (2005)을 인용하여 여과의 종류를 host name blocking; IP address blocking(또는 packet filtering); keyword blocking과 content-based image blocking의 4가지로 분류한다.

88) 노태악(註 37), 181면. 이는 나아가 효과에 근거한 접근방법은 대체로 ① 피고의 의도적인 이용행위와 ② 당해 관할에 대한 명시적인 지향 및 ③ 이러한 사실에 대한 피고의 인식이 있다면 인적관할권을 긍정한다고 한다고 하나, 그렇다면 타기팅접근방법과 별로 차이가 없어 보이는 점에서 의문이다.

89) 김성진(註 67), 119면. Boone(註 70), p. 259는 효과접근방법이 타기팅접근방법의 선구자(precursor)였다고 한다.

위 판결의 기준은 현실공간에서의 재판관할에 관한 판례의 연장선상에 있는 것이다. 반면에 우리 국제사법의 요체는 국내 관할규정을 참작하여 국제재판관할규칙을 정립하되 그의 특수성을 고려하라는 데 있다. 따라서, '최소한의 접촉', 나아가 '의도적 이용'을 국제재판관할의 기초로 삼지 않는[90] 우리 국제사법의 입장에서는 미국의 Zippo 사건 판결이 제시한 기준 또는 타기팅 접근방법에 따른 관할규칙을 도입하는 것은 체계상 용이하지 않다. 다만 과거와 비교한다면 개정 국제사법이 실질적 관련 원칙을 도입한 결과 그를 통하여 미국 판례이론을 도입하는 것이 상대적으로 용이하게 되었지만 현실공간에서의 국제재판관할규칙과의 일관성 내지는 정합성은 여전히 필요하다.

이와 관련하여 위에서 언급한 바와 같이 현실공간에서 피고의 활동에 기한 관할(activity based jurisdiction)은 종래의 우리 법이 알지 못하는 생소한 개념이기는 하지만 그러한 특별관할이 합리적인 근거가 전혀 없다고 할 수는 없는데, 만일 현실공간에서 피고의 활동에 기한 관할을 긍정한다면, 피

90) 과거 대법원 1995. 11. 21. 선고 93다39607 판결은 의도적 이용이라는 개념을 도입하였다. 즉 동 판결은 "… 특히 물품을 제조하여 판매하는 제조자의 불법행위로 인한 손해배상책임에 관한 제조물책임소송에 있어서 손해발생지의 외국법원에 국제재판관할이 있는지 여부는 제조자가 당해 손해발생지에서 사고가 발생하여 그 지역의 외국법원에 제소될 것임을 합리적으로 예견할 수 있을 정도로 제조자와 손해발생지와의 사이에 실질적 관련이 있는지 여부에 따라 결정함이 조리상 상당하다 할 것이고, 이와 같은 실질적 관련을 판단함에 있어서는 예컨대 당해 손해발생지의 시장을 위한 제품의 디자인, 그 지역에서의 상품광고, 그 지역 고객들을 위한 정기적인 구매상담, 그 지역 내에서의 판매대리점 개설등과 같이 당해 손해발생지 내에서의 거래에 따른 이익을 향유하려는 제조자의 의도적인 행위가 있었는지 여부가 고려될 수 있을 것이다"라고 하고 당해 사건에서는 제조자와 손해발생지와의 사이에 실질적 관련이 없다는 이유로 미국 플로리다주 법원의 국제재판관할을 부정하였다. 그러나 위 판결은 돌출적인 판결로 이해해야 한다. 첫째, '의도적 이용'은 미국 연방대법원이 *Hanson v. Denckla*, 357 U.S. 235 (1958) 사건 판결에서 제시한 이래 최소한의 접촉을 인정하기 위한 핵심적인 개념인데, 최소한의 접촉을 국제재판관할의 기초로 삼지 않는 우리 판례가 의도적 이용만을, 그것이 사용되는 맥락에 대한 충분한 고려 없이 도입할 것은 아니다. 둘째, 위 판결이 실질적 관련을 판단하기 위하여 동원한 개념들은 미국 연방대법원의 *Asahi Metal Indus. v. Superior Court*, 480 U.S. 102 (1987) 사건 판결로부터 차용한 것인데, 후자의 판결은 미국 연방대법원이 *World-Wide Volkswagen Corp. v. Woodson*, 444 U.S. 286 (1980) 사건 판결에서 제시한 유통과정이론(stream of commerce theory)의 연장선상에 있는 판결로서, 물품이 유통과정을 통하여 결과발생지에 도달할 수 있음을 인식하는 것이 과연 의도적 이용에 해당하는지에 관하여 대법원판사들의 견해가 나뉜 데서 보는 바와 같이 제조물책임소송의 국제재판관할의 근거로서 적절한지에 관하여 논란의 여지가 있다. 셋째, 가사 대법원판결의 추상적인 법률론이 타당하더라도 당해 사건에서 간접관할을 부인한 결론은 잘못이다. 플로리다주에 계속하여 물품을 수출해 온 한국의 제조자라면 플로리다주에서 사고가 발생하여 그 지역의 법원에 제소될 것을 합리적으로 예견할 수 있었다고 보아야 하기 때문이다. 이 점은 석광현(註 12), 161면 이하에서 지적한 바와 같다.

고가 한국에서 물리적으로 존재하면서 영업을 하는 것은 아니더라도 인터넷을 통하여 한국에서 영업을 하는 것으로 볼 여지가 있을 것이다. 즉, 국제사법 하에서 현실공간에서의 피고의 활동에 기한 특별관할을 인정할 수 있다면, 가상공간에서도 그에 준하는 사안(즉 Zippo 사건의 ①유형)에서 피고의 인터넷활동에 기한 특별관할을 큰 부담 없이 수용할 수 있게 될 것이다. 다만, 더 나아가 피고가 상호작용적 웹사이트를 통해서 한국으로 지향된 영업활동을 하는 경우(즉 Zippo 사건의 ③유형 또는 한국을 향한 타기팅이 이루어지는 경우)에까지 현행 국제사법상 국제재판관할을 긍정할 수 있는가인데, 명문의 근거가 있는 소비자계약에서는 이를 긍정할 수 있지만, 명문의 근거가 없는 통상의 계약의 경우 이는 원칙적으로는 긍정하기 어려울 것이다.[91] 즉, 피고의 인터넷을 통한 한국으로의 의도적 지향에 근거하여 특별관할을 인정하는 것은 불가능한 것은 아니지만 논란의 여지가 더 크다.[92] 물론 위 두 가지 유형의 경계 설정은 어려운 문제이다.

한편 만일 현실공간에서 활동에 기한 특별관할을 긍정할 수 없다면, 그럼에도 불구하고—즉 일관성 내지는 정합성을 포기하면서까지 가상공간에서는 이를 인정하기는 어렵다.

Ⅶ. 국제재판관할의 합의

여기에서는 국제재판관할합의에 관하여 현실공간에서의 규칙을 살펴본 뒤 가상공간의 특수성을 논의한다.

---

91) 김원, "정보통신망법 개정안 제101조, 제102조의 해외인터넷사업자 적용에 관한 검토," 인터넷미디어 선진화를 위한 릴레이 세미나(인터넷진흥원, 2009), 44면은 긍정하는 것으로 보인다.

92) 위에서 본 바와 같이 일본의 개정 민사소송법(제3조의3 5호)은 피고의 활동에 기한 관할을 긍정하는 것으로 보인다. 이에 따르면 일본국에 영업소를 두지 않은 채 일본국 내에서 사업을 계속하는 자에 대하여 일본의 특별관할이 인정된다. 예컨대 일본국 내에서 사업을 계속하는 자가 일본을 향해 웹사이트를 개설하여 일본 법인과 거래를 하는 경우 그 거래에 관하여 일본의 특별관할이 인정될 수 있다. 일본 법무성민사국참사관실, 중간시안의 보족설명(2009), 16면. 해석에 따라서는, 위 조항의 결과 소비자계약에 관한 우리 국제사법 제27조 제1항의 태도와 유사하게 될 수도 있다. 다만 이 사례는 인터넷거래만을 염두에 둔 것은 아니고 일본국 내에서 사업을 계속하는 것을 전제로 하므로 차이가 있는 것인지 불분명하다.

1. 관할규칙

민사소송법은 합의관할의 유효성을 명시하되 합의의 방식이 서면에 의할 것을 규정하는바(제29조), 국제재판관할에 관한 합의, 즉 국제관할을 부여하는 합의(prorogation)와 국제관할을 배제하는 합의(derogation)'가 허용됨은 의문이 없다.[93)]

대법원 1997. 9. 9 선고 96다20093 판결은, 한국법원의 관할을 배제하고 외국법원을 관할법원으로 하는 전속적인 국제재판관할의 합의가 유효하기 위해서는 ① 당해 사건이 한국법원의 전속관할에 속하지 아니하고, ② 지정된 외국법원이 그 외국법상 당해 사건에 대하여 관할권을 가져야 하는 외에, ③ 당해 사건이 그 외국법원에 대하여 합리적인 관련성을 가질 것이 요구된다고 하고, 나아가 전속적인 관할합의가 현저하게 불합리하고 불공정한 경우에는 그 관할합의는 공서양속에 반하는 법률행위에 해당되어 무효라고 판시하였다.

위 판결에 따르면 외국 법원이 당사자의 관할합의의 효력을 긍정하여 국제재판관할을 긍정하더라도 우리로서는 그 효력을 부정하겠다는 것이다. 그러나 위 ③의 요건에 대하여는 우리나라에서도 많은 비판이 있고, 국제적으로도 전속적인가의 여부를 불문하고 관할합의시 법정지와 당해 사건 간에 합리적인 관련을 요구하지 않는 견해가 유력하다. 위에서 언급한 헤이그국제사법회의의 2005년 6월 "관할합의에 관한 협약"(Convention on Choice of Court Agreements)도 ③의 요건을 요구하지 않는다. 동 협약은 원칙적으로 전속관할합의의 효력과 전속관할합의에 기한 외국판결의 승인 및 집행을 보장하기 위한 것으로, 국제소송에 관하여, 종래 국제중재에서 1958년 뉴욕협약이 수행하는 역할에 상응하는 역할을 하도록 하기 위한 것이다. 우리나라도 이에 가입할지를 신중히 고려할 필요가 있다.[94)]

국제적인 해상운송 또는 보험계약의 경우와 같이, 당사자들이 당해 분야에 관하여 국제적으로 명망 있는 영국법을 준거법으로 하고 영국 법원을 전속적 관할법원으로 합의하는 경우 위 ③의 구비 여부가 문제되는데, 사견으로는 이를 긍정해야 할 것이나, 준거법 외에 영국과 관련이 없는 경우 전속

93) 대법원 1992. 1. 21. 선고 91다14944 판결 참조.
94) 동 협약에 관하여는 석광현(註 13), 192면 이하 참조.

적 관할합의의 효력을 장담할 수 없으므로 실무적으로는 부가적 관할합의를 하는 것이 안전하다.

2. 가상공간의 특수성

가상공간에서의 거래에 관하여도 관할합의에 관한 위 원칙이 적용되므로 관할합의는 서면에 의한 것이어야 한다. 가상공간에서는 전자적인 수단, 즉 전자문서에 의하여 계약이 체결되기도 하는데, 그 안에 관할합의 조항이 포함되는 경우 과연 서면 요건을 구비하는가의 여부가 문제된다. 관할합의의 방식은 법정지법에 따라 판단할 사항이므로 만일 한국이 법정지가 된다면 전자거래기본법(제4조)에 의하여 전자문서는 서면요건을 구비하는 것으로 인정될 것이다.

Ⅷ. 소비자계약에 관한 국제재판관할규칙

우리 국제사법은 사회·경제적 약자를 보호하기 위한 관할(이를 "보호적 관할"(protective jurisdiction)이라고도 한다)에 관한 규칙을 두고 있는데, 하나는 소비자를 보호하기 위한 제27조이고, 다른 하나는 근로자를 보호하기 위한 제28조이다. 소비자를 보호하기 위한 보호적 관할의 핵심은 법정관할을 정함에 있어서 소비자의 상거소지의 관할을 인정하고, 관할합의를 제한하는 것이다. 아래에서는 현실공간의 경우(아래 1.)와 가상공간의 경우(아래 2.)를 나누어 소비자계약의 법정관할을 살펴보고 합의관할을 검토한다.

1. 관할규칙

소비자계약과 같이 국제사법이 명시적인 국제재판관할규칙을 규정한 경우에는 제2조 제2항의 일반원칙이 아니라 제27조의 특칙이 우선한다. 제27조는 다음과 같다.

제27조(소비자계약)
① 소비자가 직업 또는 영업활동 외의 목적으로 체결하는 계약이 다음 각호 중 어느 하나에 해당하는 경우에는 당사자가 준거법을 선택하더라도 소비자의 상거소가 있는 국가의 강행규정에 의하여 소비자에게 부여되는 보호를 박탈할 수 없다. 1. 소비자의 상대방이 계약체결에 앞서 그 국가에서 광고에 의한 거래의 권유 등 직업 또는 영업활동을 행하거나 그 국가 외의 지역에서 그 국가로 광고에 의한 거래의 권유 등 직업 또는 영업활동을 행하고, 소비자가 그 국가에서 계약체결에 필요한 행위를 한 경우 2. 소비자의 상대방이 그 국가에서 소비자의 주문을 받은 경우 3. 소비자의 상대방이 소비자로 하여금 외국에 가서 주문을 하도록 유도한 경우 ②, ③ (생략) ④ 제1항의 규정에 의한 계약의 경우에 소비자는 그의 상거소가 있는 국가에서도 상대방에 대하여 소를 제기할 수 있다. ⑤ 제1항의 규정에 의한 계약의 경우에 소비자의 상대방이 소비자에 대하여 제기하는 소는 소비자의 상거소가 있는 국가에서만 제기할 수 있다. ⑥ 제1항의 규정에 의한 계약의 당사자는 서면에 의하여 국제재판관할에 관한 합의를 할 수 있다. 다만, 그 합의는 다음 각호 중 어느 하나에 해당하는 경우에 한하여 그 효력이 있다. 1. 분쟁이 이미 발생한 경우 2. 소비자에게 이 조에 의한 관할법원에 추가하여 다른 법원에 제소하는 것을 허용하는 경우

국제사법 제27조는 브뤼셀협약(제13조), 브뤼셀규정(제15조), 루가노협약(제13조)과 헤이그신협약의 예비초안(제7조)을 참조한 것이다.[95] 제27조의 특칙이 적용되는 소비자는 '수동적 소비자'(passive consumer)에 한정되고, '능동적 소비자'(active consumer)는 포함되지 않는다.[96] 수동적 소비자가 되기 위해서는 제27조 제1항에 규정된 세 가지 조건 중 어느 하나가 구비되어야 하는데 특히 문제되는 것은 제1호이다.[97]

제1항의 규정에 의한 소비자계약의 경우 소비자는 그의 상거소가 있는

---

95) 소비자보호관할을 규정한 1999년 예비초안 제7조는 브뤼셀협약을 모델로 한 것으로서 유럽연합국가들의 지지를 받은 데 대하여 소비자거래에서도 경직된 관할원칙을 배제하고 당사자자치를 널리 인정하려는 미국, 호주 등 국가들의 사회·경제정책적인 가치관이 대립되는 영역이었다. 제1차 외교회의 동안의 노력에도 불구하고 합의가 이루어지지 않았기에 2001년 초안에서는 결국 복수의 방안이 괄호 안에 규정되었다.

96) 이러한 입장은 브뤼셀협약(제13조)을 따른 것이나 브뤼셀규정(제15조)은 능동적 소비자도 포함하는 방향으로 범위가 확대되었다.

97) 상세는 석광현(註 20), 237면 이하 참조.

국가에서도 상대방에 대하여 소를 제기할 수 있다(제4항). 이는 민사소송법이 알지 못하는 규정이므로 국내법의 관할규정을 참작하여 이러한 관할규칙을 도출하기는 용이하지 않다. 물론 소비자의 상거소 소재지가 계약의 의무이행지라면 의무이행지로서 국제재판관할이 인정될 가능성이 있으나, 제4항은 의무이행지 여부를 묻지 않고 소비자 상거소 소재지의 국제재판관할을 인정하는 점에 존재의의가 있다. "상거소지에서도"라는 문언으로부터 명백한 바와 같이 이는 제2조에 따라 정립되는 규칙에 따른 다른 관할에 추가적인 것이다. 따라서 소비자는 제4항에서 정한 상거소 소재지 외에 사용자의 주소지, 의무이행지 등 다른 곳에서도 소를 제기할 수 있다. 제4항의 요체는 소비자보호를 위하여 로마법 이래 대륙법계 민사소송법의 기본원칙인 원고는 피고의 법정지를 따른다라는 원칙에 정면으로 배치되는 국제재판관할규칙을 인정하는 데 있다.

한편 제1항의 규정에 의한 소비자계약의 경우에 상대방이 소비자에 대하여 제기하는 소는 소비자의 상거소가 있는 국가에서만 제기할 수 있다(제5항). 상거소와 주소는 대부분의 경우 일치할 것이기 때문에 이는 원고는 피고의 법정지를 따른다라는 원칙을 적용한 것과 큰 차이가 없으나, 연결점이 주소지가 아니라 상거소 소재지라는 점과, 그것이 전속적이라는 점에 제5항의 존재의의가 있다.

2. 가상공간의 특수성

여기에서는 제27조의 해석과 관련하여 제기되는 가상공간의 국제재판관할규칙에 관한 몇 가지 논점을 논의한다.

가. 사업자의 지향된 활동과 소비자의 행위(제1호)

(1) 사업자의 지향된 활동

국제사법 제27조에 따르면, 여기의 소비자계약이 되기 위하여는 ㉠ 소비자의 상대방이 계약체결에 앞서 소비자의 상거소지 국가에서 광고에 의한 거래의 권유 등 직업 또는 영업활동을 행하거나, ㉡ 그 국가 외의 지역에서 그 국가로, 즉 그 국가를 향하여 광고에 의한 거래의 권유 등 직업 또는 영업활동을 행하고, ㉢ 또한 소비자가 그 국가에서 계약체결에 필요한 행위를 한 경우여야 한다.

여기에서 ㉡의 요건은 인터넷에 의하여 체결되는(또는 전자거래에 의한) 소비자계약을 고려한 것으로 소비자의 상거소지 국가를 향한 'targeted activity criterion'(지향된 활동기준)을 도입한 것이다. 브뤼셀규정에 관한 아래 논의에서 보듯이, 예컨대 소비자가 그에 들어가 클릭함으로써 주문할 수 있는 상호작용적 웹사이트를 개설한 것은 특정국가를 지향한 영업활동을 한 것으로 볼 수 있다.[98] 그렇다면 한국에 상거소를 가지는 소비자가 스스로 사업자의 웹사이트를 방문하여 인터넷을 통하여 계약을 체결한 경우 능동적 소비자의 요소가 있기는 하지만, 여전히 제27조의 보호를 받을 수 있으므로 수동적 소비자와 능동적 소비자의 구분은 가상공간에서는 현실공간에서와 다른 의미를 가지게 된다. 즉 제27조의 해석상 단순히 광고만을 게재하고 소비자가 접속할 수 있는 수동적 웹사이트를 개설한 것만으로는 영업활동의 '지향'(Ausrichtung, directing)에 해당하지는 않는다고 보지만, 예컨대 소비자가 그에 들어가 클릭함으로써 주문할 수 있는 상호작용적 웹사이트를 개설한 것은 특정국가를 지향한 영업활동을 한 것으로 본다는 것이다.[99] ㉡이 규율하고자 하는 목적을 고려하면 그렇게 보아야 할 것이나,[100] '인터넷의 편재성'(Ubiquität des Internets)을 고려한다면 이 경우 전 세계 모든 국가의 관

98) 이러한 행위가 광고행위가 된다는 것이 다수설로 보인다. Jonathan Hill, Cross-Border Consumer Contracts (2008), para. 12.48 참조.

99) 이에 관하여는 ① 웹사이트에 전 세계를 상대로 한 수동적인 광고(passive advertisement)를 게재한 것만으로는 특정국가를 향한 광고 등 영업활동을 한 것은 아니나, 예컨대 광고가 특정국의 언어를 사용하거나 특정국가 내의 연락처를 제시하는 등의 방법에 의하여 특정국가에로 향해진 경우에는 특정국가에서 광고 등 영업활동을 한 것은 아니지만 특정국가를 향하여 광고 등 영업활동을 한 것이라고 보는 견해가 있다. 반면에 ② 인터넷상에 광고를 게재한 것만으로도 특정국가에서 광고를 한 것으로 보아야 한다는 견해도 있다. Magnus/Mankowski, Brussels Ⅰ Regulation (2007), Art. 17 no. 35, 36 (Nielsen 집필부분)도 웹사이트만으로도 광고가 된다고 보고, 따라서 영어로 작성된 웹사이트의 경우 모든 국가를 향하여 영업을 한 것으로 볼 수 있다고 한다. 전자는 Zippo 사건 판결이 웹사이트를 운영하는 유형을 세 가지로 분류함으로써 그 운영자에 대한 다른 주의 대인관할권의 유무를 결정하는 것과 유사하다.

100) 유럽연합의 이사회와 위원회는 제15조가 적용되기 위하여는 웹사이트가 계약의 체결을 권유하고 또한 계약이 어떤 수단에 의하든 격지계약으로 체결되어야 함을 강조하였다. 즉, 소비자의 주소지에서 접속할 수 있는 상호작용적 웹사이트를 통하여 계약을 체결한 소비자를 보호하는 것이 브뤼셀규정의 목적이라는 것이다. European Commission, proposal, COM(1999) 348, p. 16. 또한 Joint Declaration concerning Article 15 of the Brussels Ⅰ Regulation of the Council and Commission 참조. Jan Kropholler, Europäisches Zivilprozessrecht, 8. Auflage (2005), Art. 15 Rz. 25.

할을 인정하는 것이 되어 소규모 온라인사업자에게는 예측불가능한 결과가 발생할 수 있다.[101] 또한 수동적 웹사이트와 능동적 웹사이트의 구별이 쉬운 것은 아닌데, 수동적 웹사이트이더라도 정보를 담고 나아가 고객들에게 이메일, 우편, 팩스 또는 전화에 의한 주문을 권유하는 웹사이트는 능동적 웹사이트와 동일시할 수 있다는 견해도 주장될 수 있다.[102] 이런 논의는 위에서 본 미국에서의 논의와 유사한 바가 있다.

주목할 것은 유럽법원의 2010. 12. 7. *Peter Pammer v. Reederei Karl Schlüter GmbH & Co. KG* 사건과 *Hotel Alpenhof GesmbH v. Oliver Heller* 사건 판결[103]이다. 유럽법원은, 사업자의 지향을 인정하기 위하여는 소비자가 상거소에서 사업자 또는 중개인의 웹사이트에 접속할 수 있는 가능성만으로는 부족하고, 사업자의 설립지의 이메일 주소 기타 연락처의 상세에 대한 언급이나 사업자의 설립지의 언어 또는 통화의 사용만으로는 부족하며, 법원은 사안의 모든 사정을 고려하여 사업자가 그의 영업활동을 소비자의 상거소지 국가를 지향하여 하는지를 판단해야 한다고 하고, 중요한 판단요소로 특히 사업자의 활동의 국제적 성격, 사업자의 설립지 이외의 회원국의 언어와 통화의 사용 여부, 웹사이트의 내용, 사업자의 종래의 영업활동, 사용된 인터넷도메인의 종류와 인터넷을 통하거나 기타 방법에 의한 광고의 가능성을 이용하였는지 등을 열거하였다.

그럼에도 불구하고 제27조는 소비자가 상거소지 국가에서 계약체결에 필요한 행위를 할 것을 요구함으로써 능동적 소비자를 보호하기에는 여전히 부족하다.

또한 문제되는 것은 인터넷상에 광고를 한 것만으로도 소비자들이 컴퓨터를 통하여 그에 접속할 수 있는 모든 국가에서 광고를 한 것으로 보아 소비자를 보호한다면, 사업자는 모든 국가, 즉 전 세계에서 제소당할 위험에 노

101) Kropholler(註 100), Art. 15 Rz. 24. 이에 대하여는 어느 국가의 소비자보호관련법의 효력이 국경을 넘어 외국에까지 미치는 위험(이른바 “Overspill-Risiko”)의 결과, 사업자가 소비자보호를 위한 다수의 법질서에 복종해야 하는 위험은 의도적으로 인터넷이라는 초국가적인 수단을 사용하는 자가 부담해야 한다는 반론도 있다. Abbo Junker, “Internationales Vertragsrecht im Internet,” RIW 1999, S. 816 참조.

102) Kropholler(註 100), Art. 15 Rz. 24. Magnus/Mankowski/Nielsen(註 99), Art. 17 no. 34는 사업자가 사용한 기술적인 장치의 목적과 홈페이지의 언어 및 그가 그의 활동을 특정국가에 한정하기 위해 어떤 노력을 기울였는지 등의 사정을 고려해서 판단할 사항이라고 한다.

103) 전자는 C-585/08, 후자는 C-144/09인데 유럽법원은 양자를 병합하여 판단하였다.

출된다는 점이다. 이러한 경우 사업자가 그의 위험을 합리적으로 통제하는 방안으로서 생각할 수 있는 것이 원하지 않는 특정국가 소비자와의 거래를 배제하는 취지의 이른바 '부인문구'(disclaimer)인데, 사업자가 웹사이트에 단순히 부인문구를 표시한 것만으로는 부족하고, 그에 추가하여 적어도 특정한 국가로부터 웹사이트에 접속하는 것을 차단하기 위한 기술적인 조치(예컨대 위(Ⅵ.2.가.(3))에서 언급한 여과와 차단)를 취하거나(또는 기술적 장치의 설정), 계약의 체결 전에 소비자의 상거소를 확인할 수 있도록 거래구조를 짜기 위한 조치 등을 취하여야 할 것이다.[104]

요컨대 국제사법 제27조의 해석론으로는 앞으로 제1호의 요건을 좀더 구체화하고 사업자의 시각에서 이를 어떻게 적절히 제한할 수 있는지도 검토할 필요가 있다.

한편 우리 국제사법의 입법론과 관련하여 주목할 것은, 브뤼셀규정과 개정 루가노협약은 "targeted activity criterion"(지향된 활동기준)을 도입함으로써 소비자를 위한 보호적 관할이 능동적 소비자 또는 이동소비자(mobile consumer)에도 적용되도록 개선한 점이다.[105] 즉 브뤼셀규정(제15조 제1항(c)호)과 개정 루가노협약(제15조 제1항(c)호)은, ㉠ 그 계약이 소비자의 주소지 국가에서 상업적 또는 직업적 활동을 추구하거나, ㉡ 어떠한 수단에 의하여든 그 국가 또는 그 국가를 포함한 수개의 국가를 지향하여 그러한 활동을 행하는 자와 체결되고, ㉢ 또한 그 계약이 그러한 활동의 범위 내에 포함되는 경우일 것을 요구함으로써, 사업자가 소비자의 주소지 국가를 지향하여 상업적 또는 직업적 활동을 한 경우 소비자가 사업자 소재지에서 계약이 체결되면 족한 것으로 규정함으로써 브뤼셀협약 및 루가노협약과는 달리 소비자보호를 위한 관할이 능동적 소비자 또는 이동소비자(mobile consumer)

---

104) Dicey & Morris, The Conflict of Laws, Volume 2, 13th edition (2000) para. 33-011, n. 31 참조. 노태악, "전자거래의 재판관할과 준거법," 정보법학 제5권(2001), 19면도 인터넷상의 웹사이트에서 특정 언어를 사용하여 특정 국가 또는 특정 지역만을 상대로 한다는 문언을 두거나(targeting), 특정 국가 또는 지역을 제외한다는 문구(disclaimer)를 둔 것만으로 당연히 관할배제의 효과가 생긴다고 보기는 어려울 것이라고 한다.

105) 2009. 12. 17.부터 발효된(덴마크는 제외) 계약채무의 준거법에 관한 유럽의회와 이사회의 2008. 6. 17. 규정(EC) 번호 593/2008 (로마 Ⅰ) 제5조 제1항 b호도 "어떠한 수단에 의하여든 그러한 활동을 그 국가 또는 그 국가를 포함하는 복수의 국가로 지향하고, 그 계약이 그러한 활동의 범위 내에 속하는 경우" 소비자의 상거소지법이 소비자계약의 준거법이 되고, 나아가 당사자가 준거법을 합의한 경우 그 준거법은 소비자의 상거소지법의 강행법규가 부여하는 보호를 박탈하지 못한다고 규정함으로써 브뤼셀규정과 조화를 도모한다.

에도 적용된다. 이러한 개정에 대하여는 전자거래업계의 격렬한 항의가 있었으나 받아들여지지 않았다. 그 이유는 소비자에게 절차적인 보호를 부여함으로써 오히려 소비자들은 전자거래에 더 참여할 의사를 가지게 되기 때문이다.[106)]

(2) 소비자의 행위

우리 국제사법(제27조)에 따르면 브뤼셀협약 및 루가노협약(제13조)처럼 소비자계약의 경우 소비자가 상거소를 가지는 국가에서 계약체결에 필요한 행위를 할 것이 요구된다. 따라서 소비자가 그 국가에서 사업자의 웹사이트에 접속하여 계약체결에 필요한 전자적인 의사표시를 발송하거나 클릭하였다면 이 요건을 구비한다고 볼 수 있다.[107)] 그러나 전자거래에서는 소비자는 상거소지 국가 외의 국가에서도 컴퓨터를 통하여 계약을 체결할 수 있고, 그 경우에도 소비자를 보호할 필요성이 있으므로 위 요건의 타당성은 의문이다. 또한 인터넷에 의한 거래의 경우 소비자가 계약의 체결을 위하여 필요한 조치를 취한 곳의 결정이 어렵거나 불가능한 경우가 있고 또한 소비자의 주소지와 계약과의 연계를 창설하기 위한 요건으로서 이는 중요성이 없다. 이러한 이유로 브뤼셀규정과 개정루가노협약은 위 요건을 삭제하였다.[108)] 따라서 현실공간에서도 그 적용범위가 확대되어 '수동적 소비자'만이 아니라 스스로 외국에 가서 계약을 체결한 능동적 소비자도 보호의 대상이 되는데, 주의할 것은, 그 전제로서 사업자가 통신수단 또는 인터넷을 통하여 소비자 상거소지 국가인 한국을 향하여 광고에 의한 거래의 권유 등 영업활동을 할 것이 필요하다는 점이다.

요컨대 우리 국제사법은 'targeted activity criterion'(지향된 활동기준)을 도입한 것이기는 하나 소비자가 상거소지 국가에서 '계약체결에 필요한 행위를 할 것'을 요구함으로써 그 의미를 반감시키고 있다는 비판을 면하기 어려운데, 이 점은 개선할 필요가 있다.[109)]

---

106) Magnus/Mankowski/Nielsen(註 99), no. 30.

107) Dicey & Morris(註 104), para. 33-013.

108) 우리 국제사법(제27조 제1항 제1호)은 소비자가 상거소지/주소지 국가에서 계약체결에 필요한 행위를 할 것을 요구하는 점에서 브뤼셀규정이 아니라 브뤼셀협약과 동일하다.

109) 또한 사업자의 지향된 활동에 근거한 불법행위와 계약체결상의 과실책임(*cupla in contrahendo*)을 묻는 사건에 관하여 재판관할을 인정할 수 있는지가 문제된다. 논리적으로는 이를 인정해야 할 것이다. 지향된 활동에 근거한 관할을 인정한다면 그것이 계약 또는 불법행위로 성질결정되는가는 중요한 문제가 아니기 때문이다. 그러나 제27조 제4항과 제5

나. 사업자의 소비자 상거소지 국가에서의 주문 수령(제2호)

제27조 제1항 제2호의 전형적인 사례는 예컨대 한국에 있는 사업자의 영업소가 한국 소비자로부터 주문을 받거나, 사업자의 대리인이 한국에서 소비자로부터 주문을 받은 경우이다. 제2호의 경우 공급자가 한국에서 주문을 받았는지의 여부가 중요한데, 예컨대 미국의 사업자가 미국의 서버를 통해 미국에서 웹사이트를 개설하고, 한국의 소비자가 그 웹사이트에 접속하여 주문을 한 경우 사업자는 미국에서 주문을 받았다고 보아야 할 것이므로 제2호의 요건이 구비되었다고 보기 어려울 것이므로 제1호에 해당하지 않으면 한국의 국제재판관할이 인정되기는 어렵다. 다만 주문 수령지의 결정에 관하여는 논란의 여지가 있다.

3. 소비자계약과 관할합의

국제사법 제27조는 부당한 재판관할 합의를 막기 위하여 소비자계약의 경우 원칙적으로 사후적인 국제재판관할합의만을 허용하고, 예외적으로 사전 합의일 경우 소비자에게 유리한 추가적 합의만을 인정한다(제6항). 제27조는 계약에 관한 사건에서 일반적으로 국제재판관할 합의가 허용됨을 당연한 전제로 한다.

사업자가 약관에 의해 국제재판관할을 가지는 법원을 일방적으로 지정한 경우 소비자의 이익을 어떻게 보호할 것인가가 문제되는데, 약관의 규제에 관한 법률(이하 "약관규제법"이라 한다) 제14조가 "고객에 대하여 부당하게 불리한 재판관할의 합의조항은 무효로 한다"는 취지의 규정을 둠으로써 약관에 의한 재판관할합의를 규제하고 있으나, 동 조가 국제재판관할 합의와 관련하여 어떠한 의미를 가지는지는 활발히 논의되고 있지 않다.

국제재판관할합의가 약관에 의해 이루어졌다는 이유만으로 당연히 무효가 되지 않음은 물론이나, 문제는 사업자측의 우월적 지위의 남용으로부터 소비자 또는 고객을 어떻게 보호할 것인가이다. 학설은 대체로 고객을 보호해야 한다는 입장을 취하는데 그 근거에 관하여는 민법 제103조 또는 국제

항이 소비자계약을 전제로 하므로 해석론상 그런 결론을 도출할 수 있는지는 논란의 여지가 있다.

사법 제10조 내지는 그의 유추적용을 제시하는 견해가 있으나 논의가 충분하지 못하다. 국제사법 제27조의 요건을 구비하는 소비자계약의 경우 소비자의 관할이익은 그에 의해 보호될 수 있으나, 문제는 그에 해당되지 않는 경우이다. 약관에 의한 국제재판관할합의의 문제는 전자거래에 특유한 문제는 아닌데, 그에 관하여는 다른 기회에 논의하였다.[110]

4. 소비자보호를 위한 보호적 관할에 대한 비판

과거 우리나라에서는 소비자계약에 대한 특별관할에 대하여, 이를 인정함으로써 우리 소비자가 보호됨은 물론이지만, 반대로 외국의 소비자도 그에 의해 보호를 받게 되어 국제거래에 참여하는 우리 기업에 큰 부담을 줄 수 있고, 특히 전자거래의 경우 거래를 위축시킬 것이라는 우려가 있었다. 그러나 국제사법 제27조의 소비자계약에 관한 특별관할은 법정지가 우리나라인가를 묻지 않는 양면적 규정으로 되어 있는 것으로부터 알 수 있듯이 우리 기업 또는 우리 소비자의 일방에 유리하거나 불리한 것은 아니다. 다만 경직된 소비자보호가 거래의 자유를 제한하는 측면이 있음은 사실인데, 이는 국제재판관할의 배분에서의 사적 자치와 사회·경제적 약자인 소비자의 보호라는 대립되는 가치 중 어느 것을 우선할 것인가라는 사회·경제정책적인 가치판단에 귀결되는 문제이다. 결국 국제사법은 매우 제한적인 요건 하에 소비자보호를 우선시킨 것인데, 이는 브뤼셀협약(제13조) 내지는 브뤼셀규정(제15조)이 소비자에게 부여하는 수준의 보호와 유사하다. 다만 소비자보호가 지나치게 경직되는 것을 막기 위하여 위에서 언급한 부인문구에 의한 완화 등을 고려해야 하고, 보다 정치한 국제재판관할규칙을 정립하고자 노력할 필요가 있다.

위에서 본 바와 같이, 브뤼셀협약의 개정과정에서 소비자의 범위를 일정한 경우 능동적 소비자를 포함하도록 확대하는 데 대해 대하여 전자거래업계의 격렬한 항의가 있었지만 관철되지는 못하였다. 소비자에게 절차적인 보호를 부여함으로써 오히려 소비자들은 전자거래에 더 참여할 의사를 가지게 된다는 것인바 우리도 이 점을 이해할 필요가 있다.

---

110) 상세는 석광현(註 20), 243면 이하; 석광현, "國際去來와 약관의규제에관한법률의 적용," 국제사법과 국제소송 제3권(2004), 175면 이하 참조.

Ⅸ. 맺 음 말

현실공간과 구별되는 가상공간에서 발생하는 분쟁의 특수성을 지나치게 강조한 나머지 전통적인 국제재판관할규칙은 가상공간에서의 분쟁 해결에는 적절하지 않으며 가상공간에서의 국제재판관할규칙은 전혀 새로운 패러다임을 요구한다는 견해도 있으나, 현재의 주류적인 입장은 전통적인 현실공간의 국제재판관할규칙이 가상공간에서의 분쟁이 제기하는 국제재판관할의 과제를 해결할 능력을 가지고 있음을 확신하면서, 가상공간의 특성을 고려하여 전통적인 국제재판관할규칙의 부분적인 수정 내지는 탄력적인 운영을 통하여 도전에 대처하고자 한다. 위에서 언급한 대법원 2003. 9. 26. 선고 2003다29555 판결도 같은 태도를 취하고 있다.

그렇다면 우리의 과제는 가상공간의 적절한 국제재판관할규칙을 정립하기 위하여 현실공간의 국제재판관할규칙을 어떻게 수정할 것인가이다. 여기에서 우리의 주목을 끄는 것은, 책임이 있다고 주장된 자(통상 피고가 될 것이다)가 특정국가를 향하여 의도적 지향을 했는지라는 점이다. 그에 따르면, 가사 다른 국가에서도 인터넷에 접속하여 결과발생지가 될 수 있더라도 의도적 지향이 없다면 이는 특별관할의 근거가 될 수 없다는 것이다. 미국에서는 타기팅접근방법이라는 이름 하에 주로 불법행위의 경우 의도적 지향이 논의되고 있으나, 유럽연합과 우리나라에서는 소비자계약의 경우 소비자의 주소지/상거소지의 국제재판관할을 긍정하기 위한 도구로 이용됨을 보았다. 앞으로 판례의 축적과 사안의 유형화를 통하여 이런 기준을 좀더 구체화해 나가야 한다. 그렇게 함으로써 가상공간의 활발한 이용을 촉진하면서도 그의 남용을 막는 두 가지 목적을 달성할 수 있는 국제재판관할규칙을 정립해야 할 것이다. 우리 국제사법의 해석론으로서 현실공간에서 활동에 근거한 관할을 긍정할 수 있다면 그의 연장선 상에서 인터넷에 의한 불법행위의 경우 의도적 지향에 기초한 관할을 긍정할 가능성이 커질 것이다.

국제적으로 통용될 수 있는 가상공간의 국제재판관할규칙을 정립하기 위하여는 국제적 협력이 긴요하므로 이 분야에 관한 국제적 논의의 추이를 예의, 주시해야 한다. 또한 가상공간의 법률관계를 규율하는 실질법으로서의 가상공간법(*lex cyberspace*) 또는 인터넷법(*lex internet*)은 현재에도 진화중에 있으므로 그의 발전을 예의, 주시하면서 우리 목소리를 담고자 노력해야 한다. 이러한 맥락에서 지적재산권에 관한 것이지만 위에서 언급한 ALI 원칙과 CLIP 원칙에 대해서도 관심을 가져야 한다.

[10] 외국판결의 승인 및 집행: 2001년 이후의 판결을 중심으로

前 記

이 글은 진산 김문환총장정년기념논문집 제1권: 국제관계법의 새로운 지평(2011), 527면 이하에 수록한 글을 다소 수정·보완한 것이다. 승인대상인 외국판결의 개념에 관하여 2010년에 있었던 2개의 대법원재판의 상충을 지적한 짧은 글을 補論으로 첨부하였다. 승인대상인 외국판결의 개념에 관하여 2010년에 있었던 2개의 대법원재판의 상충을 지적한 짧은 글을 補論으로 첨부하였다.

Ⅰ. 머 리 말

1. 이 글의 배경

어느 국가의 법원의 재판은 재판권(또는 사법권), 즉 주권을 행사한 결과이므로 당해 국가에서 효력을 가지는 데 그치고 다른 국가에서 당연히 효력을 가지는 것은 아니다. 그러나 이러한 원칙을 고집한다면 섭외적 법률관계의 안정을 해하고 국제적인 민사분쟁의 신속한 해결을 저해하므로 오늘날 많은 국가들은, 외국재판이 일정한 요건을 구비하는 경우 그의 효력을 승인하고 집행을 허용한다. 구 민사소송법은 2002. 7. 1. 민사소송법과 민사집행법으로 분리되어 외국판결의 승인에 관한 조문은 민사소송법 제217조가 되었고 외국판결의 집행에 관한 조문은 민사집행법에 들어가게 되었다. 민사소송법 제217조의 승인요건(특히 송달요건)은 당시 유럽연합의 브뤼셀협약의 영향을 받은 것이다.[1] 저자는 2001년 간행한 책[2]에서 외국판결의 승인 및

1) 이는 유럽공동체의 1968년 민사 및 상사사건의 국제재판관할과 외국판결의 승인·집행에 관한 협약(Convention on Jurisdiction and the Enforcement of Judgments in Civil and Commercial Matters)을 말한다. 브뤼셀협약은 2002. 3. 1.자로 이사회규정(또는 규

집행에 대해 상세히 논의하였다. 여기에서는 2001년 이후에 선고된 우리 판결을 중심으로 위 글을 보충한다. 우선 외국판결의 승인 및 집행에 관한 논점을 개관하고 개별적인 논점은 아래(Ⅱ. 이하)에서 상세히 논의한다.

2. 외국판결의 승인 및 집행 개관

가. 외국판결의 승인—기판력의 자동적 확장

승인요건이 구비되면, 별도의 절차를 요하지 아니하고 자동적으로 기판력(*res judicata* effect)을 포함한 외국판결의 효력(집행력은 제외)이 우리나라에 확장된다. 이를 '자동승인'이라고 하는데, 이 점에서 외국판결의 집행이 집행판결을 요구하는 것과 대비된다.[3] 민사소송법 제217조는 외국판결을 승인하기 위한 요건을 명시하는데 이는 확정판결요건, 국제재판관할요건, 송달요건, 공서요건과 상호보증요건이다.

(1) 확정판결

조문은 확정판결일 것을 요구하나 이는 확정재판으로 해석된다. 또한 조문은 요구하지 않지만 종국적 재판일 것을 요구하는 것으로 보는 견해가 유력한데, 강학상 종국적 재판이라 함은 (종국적 판단을 함으로써) 사건을 완결하고 심급을 이탈시키는 재판을 말한다.[4] 저자는 당초 이 글에서 대법원 2010. 4. 29. 선고 2009다68910 판결이 이 점을 명확히 하였다고 적었다. 이는 동 판결이 집행판결의 대상인 외국판결을 "… 외국의 사법기관이 … <u>종국적으로 한 재판으로서</u> …"라고 판시하였는데 저자는 이를 강학상 의미의

칙)(Council Regulation), 즉 '브뤼셀 I' 또는 '브뤼셀 I 규정'으로 전환되었다. 1998년 11월 당초 법원행정처가 제시한 민사소송법 개정안과 민사집행법의 초안은 외국판결의 승인 및 집행에 관하여 거의 고려하지 않았다. 저자는 이를 시정하고자 1998년 12월 서둘러 "外國判決의 承認 및 執行—民事訴訟法 改正案(제217조)과 民事執行法 草案(제25조, 제26조)에 대한 管見"이라는 제목의 글을 작성하여 법원행정처에 제출하였고 그 중 일부가 법원행정처의 검토를 거쳐 입법에 반영된 것이다. 위 글은 그 후 국제사법과 국제소송 제1권(2001), 408면 이하에 수록되었다.

2) 석광현, "民事 및 商事事件에서의 外國裁判의 承認 및 執行," 국제사법과 국제소송 제1권(2001), 259면 이하.

3) 이는 외국중재판정의 경우에도 마찬가지이다.

4) 이시윤, 신민사소송법 제5판(2009), 534면; 호문혁, 민사소송법 제8판(2010), 559면은 소송사건에 대하여 그 심급을 마무리짓는 판단을 하는 재판이라고 보고, 김상원 외(편), (註釋)新民事訴訟法(Ⅲ)(2004)(민일영 집필부분), 159면도 종국적 재판은 사건 처리와의 관계에서 어느 심급의 절차를 완결할 것을 목적으로 하는 재판이라고 본다.

종국적 재판으로 이해하였기 때문이다.[5] 그러나 판결이 말하는 종국적으로 한 재판이 강학생의 종국적 재판과 다른 의미라면 이 점에 관한 대법원판결은 없다고 보아야 할 것이다. 외국의 가압류 또는 가처분을 명하는 결정 또는 명령은 잠정적인 재판으로서 확정재판이 아니거나, 분쟁을 최종적으로 해결하는 것이 아니므로 승인의 대상이 되지 않는다.[6]

(2) 국제재판관할의 존재

외국법원이 우리의 잣대에 비추어 국제재판관할을 가져야 한다. 이는 바로 간접관할(또는 승인관할)의 문제이다.[7] 종래 간접관할과 직접관할의 기준의 관계가 문제되었는데 양자를 동일한 원칙에 따라 판단하는 견해가 다수설이고 주류적인 판례[8]였다. 다수의 국가 간에 동일한 국제재판관할규칙을 적용할 수 있다는 점에서 이 견해가 타당하다. 민사소송법 제217조 제1호는 "대한민국의 법령 또는 조약에 따른 국제재판관할의 원칙상"이라고 규정하는데 여기에서 '국제재판관할'은 직접관할을 말하므로 이 문제는 입법에 의하여 해결되었다고 본다.

(3) 송달요건

송달은 적법성과 적시성을 구비하여야 한다. 외국의 소송에서 우리 당사자에게 우리나라로 하는 송달은 외교경로를 통하여야 하고, 우리나라도 가입한 "민사 또는 상사의 재판상 및 재판외 문서의 해외송달에 관한 1965년 11월 1일 협약"(이하 "송달협약"이라 한다)[9]의 체약국인 경우 중앙당국(central authority)을 경유하여야 한다. 따라서 외국의 법원 또는 당사자가 우편에 의하여 또는 DHL 등에 의하여 하는 송달은 부적법하고 그에 따라 이루어진

---

5) 권창영, "국제민사보전법상 국제재판관할," 민사집행법연구회, 김능환 대법관 화갑기념: 21세기 민사집행의 현황과 과제, 민사집행법실무연구 Ⅲ(통권 제5권)(2011), 317면은 '종국성'을 동일한 소송절차 내에서 통상의 방법으로 더 이상 불복할 수 없게 된 상태로 이해하나 이는 확정성이지 종국성이 아니다.

6) 다만 당해 사건의 심급을 이탈시킨다는 점에서는 이도 종국적 재판으로 볼 수 있기에, 종국적으로 해결한다고 하는 대신 최종적으로 해결한다는 표현을 사용하였으나 그 타당성은 좀더 고민할 필요가 있다.

7) 국제재판관할은, 우리 법원에 소가 제기된 경우 법원이 이를 재판할 것인가와, 외국법원이 선고한 판결의 승인 및 집행이 우리 법원에서 문제되는 경우 판결을 선고한 국가가 재판관할을 가지는가라는 두 가지 형태로 제기된다. 전자가 '직접관할(심리관할)', 후자가 '간접관할(승인관할)'의 문제이다.

8) 예컨대 나우정밀 사건 판결인 대법원 1995. 11. 21. 선고 93다39607 판결 등.

9) 송달협약에 관하여는 석광현, "헤이그送達協約에의 가입과 관련한 몇 가지 문제점," 국제사법과 국제소송 제2권(2001), 287면 이하 참조.

판결은 승인될 수 없다.

(4) 공서에 반하지 않을 것

이는 승인국(또는 집행국)의 기본적인 도덕적 신념과 사회질서를 보호하기 위한 것이다. 여기의 공서에는 절차적 공서와 실체적 공서가 있는데 실체적 공서와 관련하여 특히 문제되는 것은 불법행위를 이유로 징벌배상의 지급을 명한 미국 법원 판결의 승인 및 집행이다. 이 점을 정면으로 다룬 우리 판례는 아직 없는 것으로 보이지만, 징벌배상의 지급을 명한 미국 법원 판결의 승인 및 집행은 우리나라의 공서에 반하는 것으로 본다. 이를 짐작하게 하는 하급심판결들을 아래(Ⅵ.)에서 소개한다.

(5) 상호보증의 존재

대법원 2004. 10. 28. 선고 2002다74213 판결은 "… 우리나라와 외국 사이에 동종 판결의 승인요건이 현저히 균형을 상실하지 아니하고 외국에서 정한 요건이 우리나라에서 정한 그것보다 전체로서 과중하지 아니하며 중요한 점에서 실질적으로 거의 차이가 없는 정도라면 상호보증의 요건을 구비하였다고 봄이 상당하다"고 판시함으로써, 상호보증의 개념에 관한 종전의 태도를 사실상 변경하였다. 또한 이 판결은 상호보증의 존재의 판단의 기준은 '동종 판결'임을 명확히 하였다.

나. 외국판결의 집행

외국판결을 집행하기 위하여는 우리 법원의 집행판결(*exequatur*)을 받아야 한다(민사집행법 제26조 제1항). 집행판결청구의 소를 심리하는 법원은 승인요건의 구비 여부만을 조사할 수 있고, 재판의 옳고 그름을 조사할 수 없다(제27조 제1항). 이것이 실질재심사(*révision au fond*) 금지의 원칙이다. 집행판결 등에 의한 집행가능선언을 요구하는 것은 대륙법계의 접근방법이고, 영미법계에서는 제정법에 따라 등록(registration)에 의하거나, 제정법이 적용되지 않는 경우 전통적인 법리에 따라 외국판결에 기한 소(action upon the foreign judgment)에 의한다.

다. 외국판결의 승인과 집행의 관계

외국에서 승소한 원고가 한국에서 강제집행을 구할 경우 승인은 집행판결의 선결문제가 된다. 법원은 승인요건이 구비되면 별도의 승인판결 없이 집행판결만을 한다. 반면에 외국에서 패소한 당사자가 한국에서 소를 제기할 경우 집행은 문제되지 않고 승인만이 문제된다(예컨대 중국에서 패소한 수출보험공사가 한국에서 다시 소를 제기한 사건).

Ⅱ. 승인 및 집행의 대상: 외국판결의 개념

1. 캘리포니아 주법원의 confession judgment의 외국판결성을 부정한 판결

가. 판결의 소개

대법원 2010. 4. 29. 선고 2009다68910 판결은 아래와 같은 취지로 판시하였다.10)

> 미합중국 캘리포니아주 구 민사소송법(2002. 9. 22. 개정되어 2003. 1. 1. 효력발생되기 전의 것)에서 이른바 승인판결(confession judgment 또는 judgment by confession)에 대하여 규정하는 제1132조 내지 제1134조는, 피고가 특정 금액의 채무에 관하여 소송절차를 거치지 아니하고 판결로 등록하는 것을 서면으로 승인하고, 또한 피고의 대리인인 변호사가 그 제안된 판결내용을 검토하였다는 것과 피고에게 위 규정상의 절차를 이용함에 따라 포기하게 되는 소송법상의 권리 및 방어수단에 관하여 설명하고 그 절차를 이용하도록 조언하였다는 것을 서면으로 확인한 경우에, 당사자가 소송절차를 거치지 아니하고서도 피고의 채무승인진술서 및 피고의 대리인인 변호사의 확인진술서 등을 판결로 등록할 것을 신청할 수 있고, 이와 같은 신청이 있으면 법원서기(clerk)는 위 각 서류에 서명한 후 이를 판결로 등록하여야 한다고 규정하고 있다.
>
> 이와 같은 승인판결의 제도는 원고의 승인판결 신청이 있으면 법원서기가 사법기관이 관여하지 아니한 상태에서 작성된 피고의 채무승인진술서 및 피고의 대리인인 변호사의 확인진술서의 제출 여부만을 검토하여 이를 그대로 판결로 등록하는 것이고, 그 과정에서 당사자에 대한 상호간 심문의 기회 등이 보장되어 있다고 할 수 없다. 따라서 위와

10) 원심판결인 서울고등법원 2009. 8. 6. 선고 2007나117476 판결은 미국 법원의 승인판결이 민사집행법 제26조 제1항의 '외국법원의 판결'에 해당한다고 보고 그 강제집행의 적법함을 승인하는 집행판결을 하였다. 위 판결에 대한 해설은 구자헌, "집행판결의 대상이 되는 외국법원의 판결의 의미," 대법원판례해설 통권 제83호(2010년 상반기), 318면 이하 참조. 위 해설, 335면은 "캘리포니아주 민사소송법에 의한 승인판결은 ① 당사자 쌍방의 심문을 보장하는 대심적 소송절차 내에서 생성된 것으로 볼 수 없고, ② 법원서기가 제출된 문건만을 형식적으로 심사하여 판결로 등록하는 것에 불과하여 재판이라고도 볼 수 없으므로 민사집행법 제26조 제1항에서 규정하는 외국법원의 판결에 해당하지 않는다"는 취지로 설명한다.

> 같은 승인판결은, 비록 그 명칭이 '판결'이고 정식의 판결과 유사한 효력을 가진다고 하더라도, 또한 피고가 심문권 등 소송법상의 권리를 의도적·자발적으로 포기하기로 하고 승인판결절차를 이용하기로 사전에 동의하였다고 하더라도, 이를 법원이 당사자 상호간의 심문이 보장된 사법절차에서 종국적으로 한 재판이라고 할 수 없고, 그렇다면 이는 민사집행법 제26조 제1항에서 정하는 '외국법원의 판결'에 해당하지 아니한다.
>
> 민사집행법 제26조 제1항은 "외국법원의 판결에 기초한 강제집행은 대한민국 법원에서 집행판결로 그 적법함을 선고하여야 한다"라고 규정하고 있다. 여기서 정하여진 집행판결의 제도는, 재판권이 있는 외국의 법원에서 행하여진 판결에서 확인된 당사자의 권리를 우리나라에서 강제적으로 실현하고자 하는 경우에 다시 소를 제기하는 등 이중의 절차를 강요할 필요 없이 그 외국의 판결을 기초로 하되 단지 우리나라에서 그 판결 강제실현이 허용되는지 여부만을 심사하여 이를 승인하는 집행판결을 얻도록 함으로써 당사자의 원활한 권리실현의 요구를 국가의 독점적·배타적 강제집행권 행사와 조화시켜 그 사이에 적절한 균형을 도모하려는 취지에서 나온 것이다. 이러한 제도적 취지에 비추어 보면, 위 규정에서 정하는 <u>'외국법원의 판결'이라고 함은 재판권을 가지는 외국의 사법기관이 그 권한에 기하여 사법상(私法上)의 법률관계에 관하여 대립적 당사자에 대한 상호간의 심문이 보장된 절차에서 종국적으로 한 재판으로서 구체적 급부의 이행 등 그 강제적 실현에 적합한 내용을 가지는 것을 의미한다</u>고 할 것이고, 그 재판의 명칭이나 형식 등이 어떠한지는 문제되지 아니한다(밑줄은 저자가 추가함).

이는 집행판결의 대상인 외국판결의 개념 정의이나 승인대상인 외국판결에도 타당하다. 물론 "구체적 급부의 이행 등 그 강제적 실현에 적합한 내용을 가지는 것"이라는 부분은 승인의 맥락에서는 요구되지 않는다.

나. 판결에 대한 평가와 몇 가지 쟁점의 검토

아직 승인판결에 대한 저자의 연구가 부족하여 단정적인 견해를 말하기는 어렵지만, 대법원 판결이 판시한 바와 같이, "캘리포니아주 구 민사소송법 제1132조 내지 제1134조는, 피고가 특정 금액의 채무에 관하여 소송절차를 거치지 아니하고 판결로 등록하는 것을 서면으로 승인하고, 또한 피고의 대리인인 변호사가 그 제안된 판결내용을 검토하였다는 것과 피고에게 위 규정상의 절차를 이용함에 따라 포기하게 되는 소송법상의 권리 및 방어수단에 관하여 설명하고 그 절차를 이용하도록 조언하였다는 것을 서면으로 확인한 경우에, 당사자가 소송절차를 거치지 아니하고서도 피고의 채무승인진술서 및 피고의 대리인인 변호사의 확인진술서 등을 판결로 등록할 것을 신청할 수 있고, 이와 같은 신청이 있으면 법원서기(clerk)는 위 각 서류에 서명한 후 이를 판결로 등록하여야 한다고 규정한다. 이런 승인판결(confession judgment 또는 judgment by confession) 제도는 원고의 승인판결 신청이 있으면 법원서기가 사법기관이 관여하지 아니한 상태에서 작성된 피고의 채무승인진술서 및 피고의 대리인인 변호사의 확인진술서의 제출 여부만을 검토하여 이를 그대로 판결로 등록하는 것"으로 보인다.[11] 그런 의미에서 승인판결은 그 명칭에도 불구하고 소의 제기를 전제로 하지 않는 것으로 보인다.

그렇다면 그 명칭이 비록 판결이라고 하더라도 그것이 민사집행법 제26조 제1항이 말하는 외국판결의 요건을 구비하지 못한다는 결론은 타당하다. 대법원판결이 내린 집행판결의 대상이 되는 '외국법원의 판결'의 정의, 즉 "재판권을 가지는 외국의 사법기관이 그 권한에 기하여 사법상(私法上)의 법률관계에 관하여 대립적 당사자에 대한 상호간의 심문이 보장된 절차에서 종국적으로 한 재판으로서 구체적 급부의 이행 등 그 강제적 실현에 적합한 내용을 가지는 것"도 기본적으로는 타당하고[12] 종래 우리 학설과 유사하다.[13] 다만 다음 사항을 검토할 필요가 있다.

첫째, 대법원판결이 말하는 "대립적 당사자에 대한 상호간의 심문이 보장된 절차"라는 것은 상호 간의 심문이 실제로 보장되었을 것이 아니라 심문의 '기회'가 보장되었다는 의미이다. 판결문도 뒷부분에서 "그 과정에서 당사자에 대한 상호간 심문의 기회 등이 보장되어 있다고 할 수 없다"라고 설시함으로써 이 점을 명확히 하고 있다. 만일 전자를 요구한다면 결석판결도

---

11) 캘리포니아주법상의 승인판결에 관하여는 구자헌(註 10), 327면 이하 참조.

12) 물론 이는 집행판결의 대상인 외국판결의 개념이므로 승인의 대상인 외국판결의 개념보다 협소하다. 위 판결의 정의 중 "구체적 급부의 이행 등 그 강제적 실현에 적합한 내용을 가지는 것"이라는 부분은 승인대상에서는 문제되지 않는다.

13) 김주상, "외국판결의 승인과 집행—섭외사법 이론과 관련하여—," 사법논집 제6집(1975), 481면도 "외국의 확정판결이란 서로 대립하는 당사자 간의 사법상의 쟁송, 즉 일방으로부터 타방에 대한 권리주장에 관하여 당사자쌍방에 대한 심문(Gehör, hearing)을 보장하는 절차에 기하여 법원 그 밖에 국가의 사법기관에 의하여 실체의 관하여 선언된 형식적 확정력을 갖는 재판"(다만 형식적 확정력을 갖는다는 것은 확정성의 문제이므로 제외해야 할 것이다)이라 하고, 김상원 외(편), (註釋)民事執行法(Ⅱ)(2003)(서기석 집필부분), 115면과 유사하다. 이는 또한 1886. 6. 30. 독일 제국법원 판결(RGZ 16, 427, 428)이 정립한 외국판결의 정의(nur solche gerichtliche Entscheidungen verstanden, welche einen Rechtsstreit zwischen Parteien aufgrund eines beiden Parteien Gehör gewährenden, ordentlichen oder summarischen prozessualen Verfahrens erledigen)와 이를 따르는 독일 통설과도 유사하다. Dieter Martiny, Handbuch des Internationalen Zivilverfahrensrecht; Band Ⅲ/1 Kap. I (1984), Rn. 466; Heinrich Nagel/Peter Gottwald, Internationales Zivilprozeßrecht, 6. Auflage (2007), §11 Rn. 140; Haimo Schack, Internationales Zivilverfahrensrecht, 5. Auflage (2010), Rn. 900.

승인될 수 없게 되는 부당한 결과가 된다.

둘째, 대립적 당사자 간의 절차일 것을 요구하는 것은 문제가 없지만[14] 상호 간의 심문의 기회가 보장될 것이라는 요건은 너무 엄격하다. 즉, "상호 간의 심문의 기회가 보장된 절차"일 것은 외국판결의 개념요소라기보다는 별도의 방어권보장의 요건으로 이해하는 편이 적절하다. 그렇지 않으면 방어권보장의 요건을 제217조 제2호에서 별도로 규정할 필요가 거의 없다. 즉 방어권이 보장되지 않았다면 이는 제2호의 요건 결여로 승인될 수 없는 것이지 그것이 외국법원의 판결이 아니기 때문에 승인되지 않는다는 것은 아니다.[15][16]

셋째, 위 판결은 아래(2.)에서 소개하는 대법원 2010. 3. 25.자 2009마1600 결정과 상충되는 것으로 보인다.[17] 즉 위 판결이 내린 외국법원의 판결의 정의에 따르면 외국도산절차에서 외국법원의 회생계획 인가명령(또는 면책재판)은 종국적 재판(위 대법원판결은 "종국적으로 한 재판"이라는 표현을 사용하나 저자는 이를 강학상 의미의 종국적 재판으로 이해한다)[18]도 아

---

14) 이에 따르면 비송사건 중에서도 대립적 당사자 간의 분쟁이 아닌, 즉 비대심적 비송사건의 재판은 승인대상인 외국판결의 개념에 포함되지 않게 될 것이다. 그렇더라도 제217조의 유추적용 가능성을 검토할 필요가 있다. 김원태, "외국가사재판의 승인·집행에 관한 문제의 재검토," 국제사법연구 제6호(2001), 82면은 이의 유추적용을 긍정한다.

15) Reinhold Geimer, Internationales Zivilprozessrecht, 6. Auflage (2009), Rn. 2852도 이런 취지다. 다만 이는 독일에서도 소수설로 보인다.

16) 피고가 특정 금액의 채무에 관하여 소송절차를 거치지 아니하고 판결로 등록하는 것을 서면으로 승인하고, 또한 피고의 대리인인 변호사가 그 제안된 판결내용을 검토하였다는 것과 피고에게 위 규정상의 절차를 이용함에 따라 포기하게 되는 소송법상의 권리 및 방어수단에 관하여 설명하고 그 절차를 이용하도록 조언하였다는 것을 서면으로 확인하였다고 하므로 이 사건에서 피고의 방어권의 침해는 없다고 보인다.

17) 이 점은 석광현, "승인대상인 외국판결의 개념에 관한 대법원재판의 상충," 법률신문 제3976호(2011. 10. 20.), 11면에서 이미 지적한 바 있다.

18) '종국적으로 한 재판'이 종국적 재판이 아니라면 어떤 의미인지 불분명하다. 민사집행법 제27조 제2항 제1호로부터 그리고 강학상으로도 재판의 '확정성'과 '종국성'은 별개의 개념인데 종국적 재판도 확정재판도 아니라면 무엇인지 궁금하다. 흥미로운 것은, 김상원 외(편), (註釋)民事執行法(Ⅱ)(2003)(서기석 집필부분), 115면의 설명이다. 이는 일본 문헌을 인용하면서 "판결이라 함은 넓게 실체사법상의 청구권에 관하여 서로 대립하는 당사자 쌍방의 심문을 보장하는 절차에서 법원이 <u>최종적으로 한 재판</u>으로서 강제집행을 할 수 있는 구체적인 급부청구권을 표시하고 그 급부를 명하는 내용을 가지는 것"이어야 한다고 하고, 위 주석민사집행법(Ⅱ), 115면 주 17은 나아가 "<u>최종적인 재판</u>이라 함은 그 재판의 취소, 변경의 가능성이 통상의 절차로서는 예정되어 있지 않은 것을 말한다"고 한다. 여기에서 말하는 최종적인 재판은 결국 동일한 절차 내에서 통상의 불복방법에 의하여 다툴 수 없게 된 재판, 즉 '확정재판'을 말하는 것이다. 그러나 판결의 개념 속에 '확정성'을 포함시키는 것은 잘못이다. 민사소송법 제217조와 민사집행법 제27조 제2항에서 명백히 드

니고, 대립적 당사자에 대한 상호 간의 심문이 보장된 절차에서 한 재판도 아닐 것이나[19] 대법원 2010. 3. 25.자 2009마1600 결정은 이를 민사소송법 제217조의 외국법원의 판결에 해당한다고 보았기 때문이다.[20] 또한 위 대법원판결은 구 파산법 하에서 미국 파산관재인 선임재판의 효력을 외국판결 승인의 법리를 통하여 승인한 대법원 2003. 4. 25. 선고 2000다64359 판결의 취지에도 반한다. 즉 2003년 판결은 속지주의를 정한 구 파산법(제3조 제2항)의 해석론으로 동 조항은 외국에서 선고된 파산은 한국 내에 있는 재산에 대하여 파산선고의 본래적 효력인 포괄집행적 효력이 미치지 않음을 선언함에 그치고, 나아가 외국에서 파산선고가 내려진 사실 또는 그에 따라 파산관재인이 선임되었다는 사실 자체를 무시한다거나, 그 선고의 결과 파산선고를 한 해당 국가에서 선임된 파산관재인이 그 국가의 법률에 따라 한국 내에 있는 파산자의 재산에 대한 관리처분권을 취득하는 것까지 부정하는 것은 아니라고 하고, 미국 파산법원의 재판이 민사소송법 소정의 외국판결 승인요건을 갖춘 것으로 못 볼 바 아니라고 판시함으로써 외국법원의 파산선고를 승인대상인 외국판결로 보아 부분적으로 승인하였는데, 파산선고를 위 대법원판결이 정의한 외국판결의 개념에 포섭할 수는 없기 때문이다.[21] 이런 이유로 저자는 2003년 판결에 대해서도 민사소송법 제217조를 유추적용하는 것이 적절하다는 견해를 피력한 바 있다.[22]

러나는 것처럼 확정성은 판결의 개념요소가 아니라 별개의 승인 및 집행의 요건이다. 남아 있는 가능성은 종국적으로 한 재판을 분쟁을 종국적으로 해결하는 재판이라는 취지로 이해하는 것이다. 그러나 위 민사집행법을 고려하면 그렇게 선해하기도 어렵다.

19) 그러나 오영준, "채무자 회생 및 파산에 관한 법률하에서 외국도산절차에서 이루어진 외국법원의 면책재판 등의 승인," 대법원판례해설 통권 제83호(2010년 상반기), 630면은 대법원 결정이 정당하다고 하면서도 외국판결의 집행의 맥락에서의 판결이라 함은 "넓게 실체법상의 청구권에 관하여 서로 대립하는 당사자 쌍방이 심문을 보장하는 절차에서 법원이 최종적으로 한 재판 …"이라고 함으로써 대법원 2010. 4. 29. 선고 2009다68910 판결과 유사하게 정의하는데 판결을 이렇게 이해하면서 미국 법원의 회생계획 인가결정이 어떻게 그런 판결의 정의를 충족한다는 것인지 이해할 수 없다. 또한 오영준, "민사소송법상 승인대상인 '외국법원의 판결'의 의의," 법률신문 제3979호(2011. 10. 31.)은 저자의 지적을 심하게 비판하였으나 그 취지를 이해하기 어렵고 특히 종국적으로 한 재판의 의미를 설명하지 않는다.

20) 이 점은 석광현, "승인대상인 외국판결의 개념에 관한 대법원재판의 상충," 법률신문 제3976호(2011. 10. 20.), 11면 참조.

21) 통합도산법의 시행으로 인하여 이 판결이 의미를 상실하였다고 본다면 이는 더 이상 문제되지는 않을 것이다.

22) 석광현, "미국 파산법원의 재판의 효력과 破産法의 屬地主義— 대법원 2003. 4. 25. 선고 2000다64359 판결에 대한 평석," 국제사법과 국제소송 제4권(2007), 372면.

넷째, 만일 위 대법원판결을 따라 승인판결이 민사집행법 제26조 제1항의 외국법원의 판결이 아니라고 한다면, 우리의 관심은 그에 대해 민사소송법 제217조 또는 민사집행법 제26조를 유추적용할 수 있는가에 있다. 따라서 대법원이 그에 대해 판단을 했었더라면 하는 아쉬움이 있다. 아마도 이를 부정하는 취지가 암시된 것으로 생각되나 단정하기는 어렵다.

다섯째, 외국법원의 판결이 되기 위하여는 법원이 책임을 지는 어떤 판단이 포함되어야 하고, 법원의 역할이 단순히 증서화하는 활동(Urkundstätigkeit) 또는 공증적 기능(beurkundende Funktion)을 하는 데 그치는 것으로는 부족하다. 이 사건에서 미국 법원의 승인판결이 법원서기가 기계적으로 판결을 등록하는 데 불과하다면 이는 외국법원의 판결이라고 보기 어렵다.[23] 위 대법원판결이 이러한 취지를 분명히 밝히지는 않지만, 판례해설[24]을 보면 그런 취지가 담겨 있는 것으로 보인다. 대법원판결이 이 점을 좀더 분명히 설시했더라면 하는 아쉬움이 있다.

여섯째, 외국법원의 화해조서와 인낙조서는 그 자체로서 외국법원의 판결이라고 보기는 어렵지만, 외국법원의 화해판결과 인낙판결은, 만일 그것이 대립적 당사자에 대한 상호 간의 심문이 보장된 절차에서 행하여진 재판이고 그 나라 법상 통상의 판결과 같은 효력이 있는 것이라면 승인 및 집행의 대상이 될 수 있을 것이다(물론 제217조 제2호에 따라 패소한 피고의 방어 기회가 보장되었다면). 참고로, 위 대법원판결 선고 전 서울중앙지방법원 2010. 2. 5. 선고 2009가합39658 판결은, "피고들은, 뉴욕주법원이 선고한 이 사건 대상판결은 원고와 망인 사이의 재판상 화해로서 외국법원의 확정판결에 해당하지 않는다고 주장하므로 살피건대, 민사소송법 제217조에서 규정하는 '판결'이라 함은 재판의 외관을 가진 판결서에 한하지 아니하고 확정판결과 동일한 효력이 있는 재판상 화해·인낙까지 포함하는 것이고, 또한 미국 민사

---

23) 김우진, "승인판결과 외국판결의 승인·집행—대상판결: 대법원 2010. 4. 29. 선고 2009다68910 판결(공2010상, 980)—", 진산 김문환총장정년기념논문집 제1권: 국제관계법의 새로운 지평(2011), 607면; 구자헌(註 10), 335면; Geimer(註 15), Rn. 2860도 동지. 같은 맥락에서 Schack(註 13), Rn. 912는 소송상화해는 법원이 공증적 활동(beurkundende Tätigkeit)을 하는 데 불과하므로 승인대상이 아니지만, 법원이 화해판결 또는 인낙판결을 하는 때에는 승인대상이 된다고 본다. Geimer(註 15), Rn. 2860은 그러면서도 당사자의 합의가 법원에 의하여 창설적으로 확인되는 경우와 당사자의 합의가 법원에 의하여 인가되고 간략한 절차를 통하여 법원의 재판으로 마무리되는 경우에는 판결의 존재를 긍정한다.

24) 구자헌(註 10), 335면.

소송법령[Civil Practice Law and Rules(CPLR)] 3218조 (b)항에 의하면, 피고가 작성한 공증진술서에 의한 판결(Judgement by Confession) 역시 일반적인 판결과 동일한 효력을 가지고 있다고 규정하고 있으므로, 이 사건 대상판결은 외국법원의 확정판결에 해당하여 집행판결의 대상에 해당한다"고 판시한 바 있다.

위 서울중앙지방법원 판결에 따르면 그 사건에서 문제된 미국 법원의 판결은 대법원판결에서 다루어진 것과 같은 의미의 승인판결이 아니라 재판상 화해에 상응하는 것으로 보인다.[25] 위 판결문에 따르면 원고가 망인을 상대로 뉴욕주법원에 약속어음금 지급청구의 소(Index No. 102455/07)를 제기하였고, 망인이 소장을 송달받아 소송대리인을 선임하여 답변서를 제출하는 등 응소하였으며, 소송 진행중 원고와 망인 간에 합의조항(STIPULATION OF SETTLEMENT)과, 망인의 공증진술서에 대한 동의 및 합의서(AFFIDAVIT OF ACCEPTANCE & COMPROMISE)가 작성되었던 것으로 보이기 때문이다. 만일 그렇다면 이는 위 대법원판결에 배치되는 것은 아니다.

사견으로는 해석론으로 화해조서와 화해판결을 구별할 필요가 있다. 즉 재판상 화해에 따른 화해조서는 외국판결이 아니라고 보더라도 당사자의 화해를 기초로 법원이 선고한 화해판결은 승인 대상이 된다고 볼 수 있다는 것이다.[26] 그렇더라도 화해조서에 대하여는 제217조를 유추적용할 여지가 있다. 나아가 민사집행법(제27조)상 집행판결은 승인을 전제로 하지만 입법론적으로 집행판결의 대상을 확대하여 기판력이 없는 재판상 화해에 따른 화해조서와 제한된 범위의 공정증서 등을 포함할 필요가 있다.

일곱째, 보전처분은 일반적으로 확정재판이 아니거나 종국적 재판이 아니므로 승인 및 집행의 대상이 되지 않는 것으로 이해된다.[27] 그러나 근자에

25) 다만 캘리포니아의 승인판결과 그렇게 다른지는 더 검토할 필요가 있다.

26) Nagel/Gottwald, §11 Rn. 149도 동지. 그곳과 Fn. 266에 소개된 문헌 참조. 하지만 실질은 같은데도 화해와 인낙이 판결의 형식을 취하면 승인대상이 되고 조서의 형식을 취하면 승인대상이 되지 않는다고 보는 것이 과연 타당한지에 대해 의문이 남는다.

27) 석광현(註 2), 266면 참조. 김상원 외(편), (註釋)民事執行法(Ⅱ)(2003)(서기석 집필부분), 116면은 가압류, 가처분의 재판은 최종적인 재판이 아니라고 한다. 그러나 종국적 재판을 사건을 완결하여 심급을 이탈시키는 재판이라고 보면 보전처분도 종국적 재판이라 볼 여지가 있다. 그렇다면 보전처분이 승인대상이 되지 않는 이유를 종국적 재판이 아니라는 데서 구하기보다는 분쟁해결의 임시성, 잠정성으로 설명할 여지가 있지 않을까 생각된다. 즉 보전처분이 사건을 완결하여 심급을 이탈시킨다는 의미에서는 종국적 재판이더라

는 우리나라에서도 외국법원의 보전명령의 경우에도 권리실현의 필요성과 긴급성, 보전명령의 취소, 변경가능성, 채무자의 손해회복가능성 등을 종합적으로 고려하여 채무자보다 채권자를 보호할 가치가 훨씬 크다고 인정되는 경우 승인 및 집행할 수 있다는 견해가 있다.[28] 하지만 위 대법원판결의 결론을 따른다면 그런 전향적 견해를 취하더라도 대립적 당사자에 대한 상호 간의 심문이 보장된 절차에서 내려진 보전처분이 아니라면 승인 및 집행의 대상이 되지 못한다.

2. 외국의 면책재판은 민사소송법 제217조에 따라 승인되나

민사소송법 제217조의 확정판결에는 도산절차의 재판은 포함되지 않는다는 것이 과거의 통설이었다. 그런데 2006. 4. 1. 발효된 "채무자회생 및 파산에 관한 법률"("통합도산법")은 속지주의를 버리고 수정된 보편주의를 취한 결과 이제는 외국 도산절차의 재판은 통합도산법에 따라 승인대상이 된다. 승인대상인 도산절차의 재판은 확정재판일 필요도 없고 종국재판일 필요도 없다는 데 특색이 있다. 도산재판의 승인은 제217조에 의하여 승인되는 통상의 외국판결과 달리 승인요건이 구비된다고 해서 자동적으로 승인되는 것이 아니라 우리 법원의 승인결정을 필요로 한다(통합도산법 제632조). 이를 '결정승인제'라고 부른다.[29]

이와 관련하여 외국도산절차에서 내려진 면책재판, 회생계획 인가결정 또는 법률의 규정에 의한 면책(집합적으로 "외국도산절차에 다른 면책")의

도 '분쟁을 종국적으로 해결하는 재판'은 아니라는 것이다. 독일에서는 보전처분은 'endgültige Entscheidung'이 아니라거나(또는 die Streitsache endgültig erledigen) 확정재판이 아니라는 이유로 승인대상이 되지 않는다고 설명한다. 권창영(註 5), 319면 이하는 임시지위를 정하는 가처분에 관하여 설명하면서 ① 비록 채무자의 심문권이 보장되더라도 이는 확정재판이 아니거나 확정력이 있더라도 쉽게 배제될 수 있어 종국적인 재판이라고 보기 어렵고, ② 보전명령은 취소, 변경될 우려가 있는데 그 경우 혼란이 발생할 수 있으므로 이를 피할 필요가 있으며, ③ 다툼의 대상이 한국에 있다면 외국의 보전명령을 소명자료로 제출하여 가처분명령을 받을 수 있으므로 목적을 쉽게 달성할 수 있고, ④ 일반적으로 보전명령의 집행기간을 단기로 정한 취지에도 반한다는 등 여러 가지 이유를 묶어 보전명령은 승인대상이 될 수 없다고 한다.

28) 한충수, "外國保全處分의 承認 및 執行," 변호사 —회원연구논문집—(1999), 236면; 김수형, "外國判決의 執行," 국제사법연구 제4호(1999), 508면.

29) 국제도산법 전반은 석광현, "채무자회생 및 파산에 관한 법률(이른바 統合倒産法)에 따른 國際倒産法," 국제거래법연구 제15집 제2호(2006. 12.), 319면 이하; 이 책 [11-1] 참조.

효력이 한국에 미치는지가 논란이 되었다. 통합도산법 제5편은, UNCITRAL의 국제도산에 관한 모델법과 일본의 승인원조법을 따라 결정승인제를 취하나, EU의 도산절차에 관한 이사회규정과 독일 도산법(Insolvenzordnung)은 자동승인제를 취한다. 문제는 외국도산절차에 따른 면책이 우리나라에서 효력을 가지기 위하여 어느 경로가 옳은가, 만일 결정승인의 경로를 통한다면 우리 법원의 지원처분이 필요한가이다. 논의에 앞서 한 가지 분명히 할 것은, 외국재판이 승인되면 통상 외국재판의 기판력이 우리나라에 미치게 되나 효력의 확장은 기판력에 한정되는 것은 아니고 형성력 기타 형성적 효력도 미치게 된다는 점이다.

가. 결정의 소개

미국 도산절차에서 내려진 미국 법원의 회생계획안의 인가명령에 의하여 발생한 면책 효력(미국 연방파산법 제1141조)의 승인에 관하여 대법원 2010. 3. 25.자 2009마1600 결정은 아래의 취지로 판시하여 외국판결 승인의 경로를 취하였다.[30]

> 외국법원의 면책재판 등은 실체법상의 청구권 내지 집행력의 존부에 관한 것으로서 그에 의하여 발생하는 효과는, 채무자와 개별 채권자 사이의 채무 혹은 책임의 감면이라고 하는 단순하고 일의적인 것이고, 그 면책재판 등의 승인 여부를 둘러싼 분쟁은 면책 등의 대상이 된 채권에 기하여 제기된 이행소송이나 강제집행절차 혹은 파산절차 등에서 당해 채무자와 채권자 상호간의 공격방어를 통하여 개별적으로 해결함이 타당하므로, 이 점에서 외국법원의 면책재판 등의 승인은 그 면책재판 등이 비록 외국도산절차의 일환으로 이루어진 것이더라도 민사소송법 제217조가 규정하는 일반적인 외국판결의 승인과 다를 바 없다. 따라서 속지주의 원칙을 폐지한 채무자 회생 및 파산에 관한 법률 하에서 외국도산절차에서 이루어진 외국법원의 면책재판 등의 승인 여부는 그 면책재판 등이 제217조의 승인요건을 충족하고 있는지를 심리하여 개별적으로 판단함이 상당하고, 그 승인 여부를 통합도산법의 승인절차나 지원절차에 의하여 결정할 것은 아니다.

나. 결정에 대한 평가

저자는 아래의 이유로 외국판결의 승인의 경로를 취한 대법원결정에 반대한다.[31]

---

30) 해설은 오영준(註 19), 604면 이하 참조.

31) 쟁점은 석광현, "외국도산절차에 따른 면책 효력의 승인," 법률신문 제3763호(2009. 7.

첫째, 통합도산법이 외국도산절차를 승인대상으로 삼으면서 그의 승인에 관하여 결정승인제를 취하고, 승인결정에 지원처분을 할 수 있는 기초로서의 의미만을 부여한 이상, 외국도산절차를 구성하는 외국법원의 재판 중에서 회생계획 인가결정 또는 면책재판에 대하여만 예외를 인정하여 자동승인제를 취할 근거가 없고, 그런 예외의 인정은 통합도산법의 체계와 정합성이 없다. 둘째, 만일 외국도산절차의 승인결정이 불필요하다면, 면책재판 또는 회생계획 인가결정에 선행하는 다른 절차는 승인결정이 필요한데 유독 회생계획 인가결정 기타 면책만 승인 없이 그에 앞서 효력을 발생한다는 것은 균형이 맞지 않는다.

셋째, 외국판결 승인의 경로를 통하면 면책재판의 효력은 외국도산절차에서 면책의 효력이 발생한 시점으로 소급하는데, 이는 결정승인제와 일관성이 없고 외국도산절차 개시결정의 효력이 한국에 미치는 시점보다 앞서 면책의 효력이 발생하게 되어 논리적으로 수용할 수 없다. 더욱이 대법원의 태도는 회생계획 인가결정에 따른 면책 효력의 승인 시 어려움에 직면한다. 즉 아직 회생절차 개시결정의 효력이 한국에서 승인되지 않은 상태에서 회생절차의 일부를 구성하는 회생계획 인가결정에 대해서만 자동승인을 주장하는 것은 곤란하다. 넷째, 외국판결 승인의 경로를 통하면 외국도산법상 발생한 면책의 효력이 그대로 한국에 확장될 것이나, 면책의 효력은 대립당사자에게만 미치는 통상의 판결의 효력과 달리 그 파급효과가 크고 법제에 따른 편차도 심하므로 위 대법원판결이 설시하듯이 회생계획 인가결정에 의하여 발생하는 효과가 단순하고 일의적인 것이라고 보기는 어렵다.

다섯째, 위 대법원판결은 회생계획 인가결정 등의 승인 여부를 둘러싼 분쟁은 그 대상이 된 채권에 기하여 제기된 이행소송이나 강제집행절차 혹은 파산절차 등에서 당해 채무자와 채권자 상호 간의 공격방어를 통하여 개별적으로 해결함이 타당하다고 하나 이 점의 설득력도 의문이다. 실제로 과거 우리 법원이 외국도산재판을 승인하였던 파올로구찌 사건 판결(서울지방법원 1996. 6. 28. 선고 96가합27402 판결)과 구찌 사건 판결(대법원 2003. 4. 25. 선고 2000다64359 판결)에서도 분쟁의 대상은 이와 유사하게 개별적으로 해결할 수 있는 성질의 것이었다. 전자에서는 원고들이 채무자인 파올로구찌의

24.), 15면: 이 글 보론 참조. 저자는 위 판결 선고 전에 발표한 이 글에서 대법원판결과 달리 승인결정이 필요하다는 견해를 취하였다.

파산관재인 등에 대하여 제기한 소에서 그 파산관재인의 당사자적격이 있는지가 쟁점이었고, 후자에서는 미국 법원에 의하여 선임된 파올로구찌의 파산관재인이 우리나라에 등록된 상표권을 원고에게 양도한 것이 처분권자에 의한 것인가가 쟁점이었다. 나아가 외국도산절차의 개시에 따른 개별집행금지의 효력을 보더라도 예컨대 도산관재인이 우리나라 소재 재산에 대해 가압류를 한 개별채권자를 상대로 이의를 제기하는 형태로 분쟁이 제기될 것이고 이는 도산관재인과 당해 채권자 간에 해결될 수 있는 성질의 분쟁이다. 즉 승인 여부를 둘러싼 분쟁의 성질에 따라 승인경로를 결정할 것은 아니라는 것이다.

요컨대 외국도산절차가 진행 중이라면, 외국도산절차에 의한 면책의 효력이 한국에서 발생하기 위하여 외국도산절차의 승인결정이 필요하다. 외국도산절차에 따른 면책의 효력을 승인하는 재판을 제636조 제1항 제5호(그 밖에 채무자의 업무 및 재산을 보전하기 위하여 필요한 처분)의 지원처분으로 할 수 있다. 그를 기초로 통상적인 지원처분, 예컨대 한국 내에서 채권자의 조치에 대항하는 개별집행금지를 명할 수 있을 것이다.

반면에 만일 외국도산절차가 이미 끝났다면 이는 더 이상 승인의 대상이 될 수 없으므로 그 경우 외국도산절차의 승인과 그에 기초한 지원처분은 불가하다. 그러나 외국도산절차가 끝났더라도 그에 따른 면책의 효력이 발생하였다면 이를 한국에서 승인할 필요는 있다. 이 경우에도 자동승인제가 아니라 외국도산절차 승인에 준하는 경로가 필요하다고 본다. 즉 외국도산절차에 따른 면책의 효력을 승인하는 때에도 우리 법원의 승인결정이 요청된다. 다만 이는 통합도산법이 상정하는 외국도산절차의 승인이 아니라, 외국도산법에 따른 면책의 효력을 승인하는 것이므로 외국도산절차의 승인에 적용되는 법리를 수정할 필요가 있다. 예컨대 채무자의 승인 신청권한을 인정하고, 승인대상도 외국법원의 면책재판, 회생계획 인가결정 또는 외국법에 따른 면책의 효력이다. 이 경우 제636조 제1항의 지원처분은 불필요하나 승인결정을 기초로 한 지원처분, 예컨대 한국 내에서 채권자의 조치에 대항하는 개별집행금지를 명할 수는 있을 것이다. 통합도산법상 이런 해석론의 명문근거가 없으나 유추적용을 통하여 도출할 수 있고, 만일 유추적용의 범위를 넘는다면 입법으로 해결할 필요가 있다.

또한 외국법원의 회생계획 인가결정은 대립적 당사자에 대한 상호 간의 심문이 보장된 절차에서 한 재판도 아니고, 더욱이 강학상 확립된 바에 따른 종국적 재판도 아니므로[32] 승인대상인 외국 법원의 판결의 개념을 정의한 위 대법원 2010. 4. 29. 선고 2009다68910 판결에 따르면 승인대상인 외국판결에 해당하지 않는다. 그러므로 위 2010년 대법원결정은 외국판결의 개념을 정의한 위 2010년 대법원판결에도 반한다. 만일 저자와 달리 외국 법원의 회생계획 인가결정에 따른 면책의 효력이 자동승인된다는 결론을 취한다면 이를 민사소송법 제217조를 <u>유추적용</u>한 결과라고 설명하는 편이 바람직할 것이다.[33]

Ⅲ. 외국판결의 승인 및 집행의 요건으로서 (간접) 국제재판관할

실무상 민사소송법의 토지관할에 관한 조항에 따라 외국에 재판적이 있으면 외국의 국제재판관할이 인정될 가능성이 크다. 다만 직접관할규칙이 일의적이지 않기 때문에 그렇게 단정하기는 어렵다. 특히 실질적 관련을 중시한 계약사건에 관한 대법원 2008. 5. 29. 선고 2006다71908 판결과 그와 다른 방향을 가리킨 것으로 보이는 중국승무원의 유가족이 제기한 손해배상청구에 관한 대법원 2010. 7. 15. 선고 2010다18355 판결을 고려하면 더욱 그러하다. 또한 1997년 대법원판결을 보면 외국법원에 전속적 관할을 부여하는 합의를 한 경우도 합리적 관련의 유무에 따라 관할합의의 유효 여부를 판단해야 하므로 불확실성이 크다.

1. 직접관할의 기준

가. 과거 4단계설

재산법상의 사건의 국제재판관할에 관하여 대법원 1992. 7. 28. 선고 91

32) 위 대법원판결은 외국법원의 판결을 "구체적 급부의 이행 등 그 강제적 실현에 적합한 내용을 가지는 것을 의미한다고 하였으나 이는 집행판결의 대상이라는 맥락에서 포함된 것이므로 승인만이 문제되는 사안에는 해당되지 않는다. 따라서 여기에서 이 점을 지적하지는 않는다.

33) 이 점은 석광현, "미국 파산법원의 재판의 효력과 破産法의 屬地主義— 대법원 2003. 4. 25. 선고 2000다64359 판결에 대한 평석," 국제사법과 국제소송 제4권(2007), 390면 참조.

다41897 판결과 대법원 1995. 11. 21. 선고 93다39607 판결 등을 통하여 대법원은 국제재판관할의 결정에 관한 법리를 4단계 구조로 설시하였다.[34)]

> ① 섭외사건의 국제재판관할에 관해 조약이나 일반적으로 승인된 국제법상의 원칙이 아직 확립되어 있지 않고 우리의 성문법규도 없다.
> ② 따라서, 섭외사건에 관한 법원의 국제재판관할 유무는 결국 당사자간의 공평, 재판의 적정, 신속이라는 기본이념에 따라 조리에 의해 결정함이 상당하다.
> ③ 이 경우 민사소송법의 토지관할규정 또한 위 기본이념에 따라 제정된 것이므로 위 규정에 의한 재판적이 한국에 있을 때에는 한국 법원에 국제재판관할이 있다고 봄이 상당하다.
> ④ 다만, 위 ③에 따라 국제재판관할을 긍정하는 것이 조리에 반한다는 특별한 사정이 있는 경우에는 한국 법원은 국제재판관할이 없다.

나. 국제사법상의 국제재판관할규칙

국제사법 제2조는 아래와 같이 국제재판관할 배분의 추상적 기준을 명시한다.

> ① 법원은 당사자 또는 분쟁이 된 사안이 대한민국과 실질적 관련이 있는 경우에 국제재판관할권을 가진다. 이 경우 법원은 실질적 관련의 유무를 판단함에 있어 국제재판관할 배분의 이념에 부합하는 합리적인 원칙에 따라야 한다.
> ② 법원은 국내법의 관할 규정을 참작하여 국제재판관할권의 유무를 판단하되, 제1항의 규정의 취지에 비추어 국제재판관할의 특수성을 충분히 고려하여야 한다.

국제사법 제2조는 과거 대법원판결의 연장선상에 있는 것이나 「토지관할규칙=국제재판관할규칙」이라고 본 것이 아니라, 토지관할규칙 등 국내관할규칙을 참작하되 국제재판관할의 특수성을 고려하여 합리적인 규칙을 정립할 것으로 요청한다. 나아가 '실질적 관련'을 기초로 국제재판관할을 긍정하는 열린 구조를 취하므로 탄력적인 운용이 가능하다.

34) 우리 대법원의 4단계이론은 일본 판례의 태도를 따른 것이다. 과거 일본의 지도적 판결인 최고재판소 1981. 10. 16. 말레이시아항공 사건 판결(제2소법정판결(민집35권7호, 1224면))은 3단계 구조를 채택하였던바 그 후 하급심판결들이 '특단의 사정론'을 취함으로써 '4단계구조'를 취하였고 최고재판소 1997. 11. 11. 판결도 같은 입장을 채택하였다.

2. 새로운 경향을 보이는 근자의 대법원판결들

가. 도메인이름에 관한 대법원 2005. 1. 27. 선고 2002다59788 판결[35)]

한국 내에 주소를 두고 영업을 영위하는 원고가, 미국의 도메인이름 등록기관에 등록·보유하고 있는 도메인이름에 대한 NAF의 이전 판정에 불복하여 피고를 상대로 그 도메인이름을 원고에게 다시 이전하라고 청구하고, 손해배상을 구하는 소를 제기하였다.

위 판결은 국제사법 시행 전의 사건임에도 불구하고 국제사법 제2조를 고려하여, "국제재판관할을 결정함에 있어서는 당사자 간의 공평, 재판의 적정, 신속 및 경제를 기한다는 기본이념에 따라야 할 것이고, 구체적으로는 소송당사자들의 공평, 편의 그리고 예측가능성과 같은 개인적인 이익뿐만 아니라 재판의 적정, 신속, 효율 및 판결의 실효성 등과 같은 법원 내지 국가의 이익도 함께 고려하여야 할 것이며, 이러한 다양한 이익 중 어떠한 이익을 보호할 필요가 있을지 여부는 개별 사건에서 법정지와 당사자와의 실질적 관련성 및 법정지와 분쟁이 된 사안과의 실질적 관련성을 객관적인 기준으로 삼아 합리적으로 판단하여야 할 것이다"라고 판시하였다.

원심판결은, 원고 주장의 불법행위 또는 부당이득이 있었더라도 불법행위지(가해행위지 및 결과발생지)와 반환의무의 이행지는 모두 미국이고, 원고의 도메인이름에 관한 권리라는 재산의 소재지도 미국이므로 ① 불법행위지,[36)] ② 원상회복의무의 이행지, ③ 재산권 소재지에 근거한 한국의 국제재판관할 주장은 모두 근거가 없다고 판단하였다.

대법원판결은 토지관할에 근거한 국제재판관할에 관하여는 판단하지 않고, 실질적 관련에 근거한 국제재판관할을 인정하였다. 즉 대법원판결은 실체판단의 요체는 결국 도메인이름 선등록자의 등록·이용행위가 오프라인상의 피고의 기존 지적재산권을 부당하게 침해하는 위법한 것인지의 여부라고 정리하고, 분쟁의 내용이 한국과 실질적 관련성이 있다는 이유로 한국의 국제

35) 이 사건에 대한 평석은 석광현, "國際裁判管轄의 기초이론—도메인이름에 관한 대법원 2005. 1. 27. 선고 2002다59788 판결의 의의," 국제사법과 국제소송 제4권(2007), 85면 이하 참조.

36) 그러나 이 사건의 2차 환송판결인 대법원 2008. 4. 24. 선고 2005다75071 판결은 이 사건 도메인이름의 이전등록으로 인하여 원고는 대한민국에서 위 도메인이름을 사용하지 못하게 되었으므로 불법행위의 성립 및 효력에 대하여는 대한민국법이 준거법이 된다고 보았다. 그에 따르면 불법행위지 관할을 인정할 수 있다는 것이 된다.

재판관할권을 인정하였다.

나. 계약사건에 관한 대법원 2008. 5. 29. 선고 2006다71908 판결[37)]

(1) 사안의 개요

한국 회사인 원고와 일본 회사인 피고는, 원고가 피고에게 러시아에서 선적한 냉동청어를 중국에서 인도하기로 하고, 대금은 선적 당시의 임시검품 결과에 따라 임시로 정하여 지급하되 인도지에서 최종검품을 하여 최종가격을 정한 후 임시가격과의 차액을 정산하기로 하는 매매계약을 2003. 6. 2. 체결하였다. 피고가 정산금을 미지급하자 원고는 정산금의 지급을 구하는 소를 제기하였고, 피고는 적정 매매대금을 초과하여 지급했으므로 부당이득을 반환하라는 반소를 제기하였다. 이에 앞서 피고는 원고를 상대로 중국에서 제소했으나 소가 각하되었다.

(2) 원심판결

원심판결[38)]은 과거 대법원판결의 추상적 법률론을 따라 "… 국내의 재판관할을 인정할지 여부는 … 우리나라의 성문법규도 없는 이상 결국 … 기본이념에 따라 조리에 의하여 결정함이 상당하고, … 민사소송법의 토지관할 규정 또한 위 기본이념에 따라 제정된 것이므로 기본적으로 위 규정에 의한 재판적이 국내에 있을 때에는 우리나라에 재판관할권이 있다"고 설시하고, 원고인 한국회사의 주소지가 대금지급의무의 이행지라고 보아 민사소송법 제8조를 근거로 한국의 국제재판관할을 긍정했다. 놀랍게도 원심판결은 국제사법이 개정된 사실을 알지 못하였던 모양이다.

(3) 대법원판결의 요지

대법원판결은 다음과 같이 설시함으로써 우리 법원의 국제재판관할을 인정하였다.

> 중국에서 이 사건 청어에 대하여 최종검품이 이루어졌는지 여부 및 그 결과가 무엇인지가 주로 문제되므로 분쟁이 된 사안과 가장 실질적 관련이 있는 법원은 청어의 인도지로서 최종 검품 예정지였던 중국 법원이나 … 피고가 원고를 상대로 중국 법원에 제기한 소가 각하된 점, 청어에 포함된 성자(成子)의 비율을 확인할 수 있는 증거인 청어가 더 이상 존재하지 않으며, 피고가 청어를 인도받고 처분한 시점으로부터 약 5년이 경과

37) 상세는 법률신문 제3792호(2009. 11. 12.), 14면에 게재한 평석 참조.

38) 부산고등법원 2006. 10. 11. 선고 2006나2049(본소), 2006나2056(반소) 판결.

> 하여 이제 와서 한국 법원의 국제재판관할을 부정한다면 당사자의 권리구제를 도외시하는 결과를 야기할 수 있는 점, 피고가 반소를 제기했으므로 원·피고 사이의 분쟁을 종국적으로 일거에 해결할 필요성이 있는 점, 원고가 한국에서 관련 서류를 팩스로 전송받는 방법으로 계약을 체결했고, 정산금을 송금받기로 한 곳이 한국인 점 등을 고려할 때, 한국에도 당사자 또는 분쟁이 된 사안과 실질적 관련이 있다.

대법원판결은 민사소송법 제8조와, 청구의 기초가 된 의무이행지의 관할을 인정할 수 있다는 설시는 하지 않았다.

(4) 종래의 논의와 위 대법원판결에 대한 평가

민사소송법 제8조에 따르면 재산권에 관한 소는 의무이행지의 법원에 제기할 수 있다. 대법원 1972. 4. 20. 선고 72다248 판결은 섭외사법을 적용하여 문제된 국제계약의 객관적 준거법을 일본법이라고 판단하고 그에 따라 의무이행지를 결정한 뒤 구 민사소송법 제6조(민사소송법 제8조에 상응)를 적용하여 의무이행지인 한국의 국제재판관할을 인정하였다. 제8조는 수정함으로서 국제재판관할의 근거로 사용할 수 있는 토지관할규칙인데 이를 국제재판관할규칙화함에 있어서는 적절한 수정이 필요하다.

㈎ 종래의 논의 종래 학설은 제8조의 의무는 '청구의 기초가 된 계약상 의무'라고 보므로, 누가 어느 의무에 기하여 제소하는가에 따라 관할법원이 다르게 되어 동일한 계약으로부터 발생하는 분쟁의 관할을 집중할 수 없다. 한편 민사소송법 제8조를 참작하여 국제재판관할을 정하자면 의무의 '이행지'를 결정해야 한다. 문제는 당사자가 이행지를 합의하지 않은 경우인데, 이행지를 결정함에 있어서 종래 ① '저촉법을 통한 우회공식'을 따르는 견해와 ② 국제민사소송법 독자의 관점에서 이행지를 결정하는 견해가 있다. 전자는 국제사법에 의하여 결정되는 준거실체법상의 의무이행지에 착안하고, 후자는 절차법적 이익에 봉사하는 통일된 절차법적 이행지 개념을 도입한다. 위 대법원 1972년 판결은 우리 섭외사법에 따라 지정된 계약의 준거법을 정하고 그에 의하여 채무의 이행지를 결정함으로써 ①설을 따랐으나 학설은 ②설이 유력하다. ②설의 문제점은 절차법적 이행지 개념이 명확하지 않다는 점이다.

㈏ 위 대법원판결에 대한 평가 첫째, 대법원판결은 종래 학설 및 1972년 대법원판결과 같은 청구의 기초가 된 의무의 이행지에 착안하는 형태의 의무이행지관할규칙을 따르지 않았다.

둘째, 대법원판결은 가장 실질적 관련이 있는 법원은 청어의 인도지이자 최종 검품 예정지인 중국 법원이라고 보았는데, 이는 청구의 기초가 된 정산금지급의무가 아니라 계약의 특징적 급부의무를 중시한 점에서 종래 학설 및 1972년 대법원판결과 다르고, 결과적으로 브뤼셀Ⅰ규정과 유사하다.

셋째, 대법원판결이 의무이행지관할규칙과 결별하고 실질적 관련만에 기하여 국제재판관할을 인정한 것인지는 애매하다. 대법원판결이 원고가 정산금을 송금받기로 한 곳이 한국임을 언급하므로 청구의 기초가 된 의무이행지를 고려한 것으로 보이지만, 기타 제사정도 고려하면서 실질적 관련에 기하여 국제재판관할을 인정하였다. 의무이행지관할의 타당성에 대하여는 비판이 있고, 미국에서는 계약사건에서 의무이행지라는 이유만으로 국제재판관할을 인정하는 대신 적법절차의 맥락에서 법정지와의 어떤 접촉이 특별관할권을 정당화하는가에 관하여 다양한 판결이 있는데, 대법원판결은 다양한 접촉(contacts)을 고려한 점에서 미국 판결을 연상시키나, 국제사법 제2조 하에서 미국식 접근방법을 따르는 데는 한계가 있다.

국내관할규정에 대한 고려없이 실질적 관련을 근거로 국제재판관할을 인정한 것은 도메인이름에 관한 위 2005년 대법원판결에서 비롯되었으나, 저자는 그것은 도메인이름의 특수성과, 결과발생지 결정의 어려움에 기인한 것으로 선해하였다. 하지만 전형적인 계약사건인 위 사건에서 대법원판결의 설시는 수긍하기 어렵다. 대법원판결이 의무이행지관할규칙을 배척할 의도라면 그 취지와 근거를 밝혔어야 한다. 대법원판결은 제사정을 열거하고 한국에 국제재판관할이 있다는 결론만을 내렸을 뿐이고, 1972년 대법원판결 및 국제사법 제2조(특히 제2항)에 대해 어떤 견해를 가지고 어떤 논리적 과정을 거쳐서 결론에 이르렀는지를 제시하지 않는다. 국제사법상 법원은 국내관할규정을 참작해야 하므로 대법원판결이 실질적 관련을 판단함에 있어서 대금지급의무의 이행지에 좀더 비중을 두고, 기타 사정을 부수적으로 설시했더라면 좋았을 것이다.

요컨대 위 판결은 대법원이 새로운 방향을 모색하고 있음을 보여주는 점에서 의미가 있으나 아직 입장이 정리된 것 같지는 않다. 섭외사법 하에서 토지관할규칙에 지나치게 구속되었던 대법원이 이제는 거꾸로 토지관할규칙을 과도하게 무시하는 것은 아닌지 모르겠다. 비록 국제사법 제2조가 개방적인 일반조항이지만, 법원이 이것을 恣意的 判斷을 정당화하는 도구로 남용해서는 아니 된다. 법원은 제2조에 따라 우선 토지관할규칙 등 국내관할규정을 참작하여 精緻한 국제재판관할규칙을 정립해야지, 단지 다양한 사정을 열거하고 법원이 원하는 결론을 내리는 것, 즉 실질적 관련을 법원의 恣意的 結論을 정당화하는 도구로 사용하는 것은 제2조에도 반하고 위험하다. 대법원은 제2조에 충실한 접근방법을 취해야 한다.

다. 항공사고로 인한 손해배상사건에 관한 대법원 2010. 7. 15. 선고 2010다18355 판결

흥미로운 것은 한국에서 발생한 항공사고를 이유로 중국항공사의 승무원의 유족(부모)이 중국 항공사를 상대로 우리나라에서 계약위반 및 불법행위에 기한 손해배상청구의 소를 제기한 사건이다. 만일 중국에서 왕복을 위한 운송계약을 체결한 중국인 승객이 소를 제기하였다면 '국제항공운송에 있어서의 일부규칙의 통일에 관한 협약'(1929년 바르샤바협약)[39]과, '1929년 10월 12일 바르샤바에서 서명된 국제항공운송에 있어서의 일부규칙의 통일에 관한 협약을 개정하기 위한 의정서'(1955년 헤이그의정서)에 따라 국제재판관할이 결정되었을 것이지만,[40] 승무원에 대하여는 1929년 바르샤바협약, 1955년 헤이그의정서와 1999년 몬트리올협약이 적용되지 않는다. 양자는 운송계약의 존재를 전제로 하기 때문이다.

제1심판결은 우리나라의 토지관할을 긍정하면서도 여러 가지 요소를 고려하여 국제재판관할을 부정하였다. 즉 제1심판결[41]은 법인의 보통재판적에 관한 민사소송법 제5조와 불법행위에 관한 소의 특별재판적에 관한 제18조를 근거로 불법행위지(이 사건 사고의 행위지 및 결과발생지)이자 피고 회사의 영업소 소재지가 속한 한국 법원에 토지관할이 있다고 보면서도, 아래의 이유로 이 사건과 한국 사이의 실질적 관련을 부정하고 한국의 국제재판관할을 부정하였다.

① 중국에서 재판을 받을 것이라는 당사자의 기대, ② 이미 사고조사가

39) Convention for the Unification of Certain Rules Relating to International Carriage by Air.

40) 동 협약 제28조 제1항은 "손해배상에 관한 소는 원고의 선택에 따라 어느 1개의 체약국의 영역에 있어서 운송인의 주소지 또는 주된 영업소 소재지, 운송인이 계약을 체결한 영업소 소재지 또는 목적지의 법원에 제기되어야 한다"고 규정하므로 우리 법원의 국제재판관할이 부정되었을 것이다(목적지가 중국임을 전제로).

41) 부산지방법원 2009. 6. 17. 선고 2006가합12698 판결.

이루어져 사건의 실질적 쟁점은 결국 피고 회사의 손해배상책임의 범위만이라는 점, ③ 청구원인의 준거법인 중국법의 적용에 있어 중국법원이 손해배상책임의 범위를 심리·판단하고, 구제수단을 강구함에 있어서 중국 현지의 법감정이나 사회통념 및 근로계약관계에 기하여 발생한 유사사건의 처리관행 등을 더 충분히 고려할 수 있는 점, ④ 한국 법원의 재판권 행사가 원고들과 다른 피해승무원들 및 그 상속인 등과 사이의 실질적 공평을 해할 우려도 있고, 한국 법원이 판결을 선고하더라도 중국법에 의한 판결의 승인 및 집행의 문제가 남아 있는 점과 ⑤ 중국 법원의 재판권 행사가 자국민인 원고들의 피해구제를 외면하는 결과로 된다거나 또는 원고들의 피해구제에 있어 현저히 부당한 결과를 초래하게 된다고 볼 만한 사정도 없는 점 등을 근거로, 비록 사고가 한국 내에서 발생하였고 피고 회사의 영업소가 한국 내에 있더라도 그런 사정만으로 이 사건과 한국 사이에 실질적 관련이 있다고 보기 어렵다는 것이다.[42)]

그러나 대법원 2010. 7. 15. 선고 2010다18355 판결은 아래의 이유로 이 사건 소는 한국과 실질적 관련이 있다고 보고 한국의 국제재판관할을 긍정하였다.

① 원고들의 청구원인은 피고 회사의 불법행위 또는 근로계약상 채무불이행으로 인한 손해배상청구이므로, 불법행위지 및 피고 회사의 영업소 소재지가 속한 한국 법원에 민사소송법상 토지관할권이 존재하는데, 당사자 또는 분쟁이 된 사안이 한국과 실질적 관련이 있는지를 판단하는 데 있어서 토지관할권 유무가 여전히 중요한 요소가 된다.
② 국제재판관할권은 배타적인 것이 아니라 병존할 수 있으므로, 지리상, 언어상, 통신상의 편의 측면에서 중국 법원이 한국 법원보다 피고 회사에 더 편리하다는 것만으로 한국 법원의 재판관할권을 쉽게 부정하여서는 곤란하고, 원고가 한국 법원에서 재판 받겠다는 의사를 명백히 표명하여 재판을 청구하고 있는 점도 쉽사리 외면하여서는 아니된다. 그리고 피고 회사의 영업소가 한국에 존재하고 피고 회사 항공기가 한국에 취항하며 영리를 취득하고 있는 이상, 피고 회사가 그 영업 활동을 전개하는 과정에서 한국 영토에서 항공기가 추락하여 인신사고가 발생한 경우 피고 회사로서는 한국 법원의 재판관할권에 복속함이 상당하고, 피고 회사도 이러한 경우 한국 법원에 손해배상소송이 제기될 수 있음을 충분히 예측할 수 있다. 따라서 개인적인 이익 측면에서도 한국 법원의 재판관할권이 배제된다고 볼 수 없다.
③ 일반적으로 항공기 사고가 발생한 국가의 법원에 사안과 증거조사가 편리하다는 재

42) 원심판결인 부산고등법원 2010. 1. 28. 선고 2009나10959 판결은 별다른 설시 없이 제1심판결을 지지하였다.

판관할의 이익이 인정된다고 할 것인데, 관련사건에서 이미 증거조사가 마쳐졌다든지 당사자가 책임 자체를 인정하고 있다든지 하는 사정은 소송 제기 시점에 따라 좌우되는 우연적인 사정에 불과하므로 이러한 사정에 의하여 재판관할권 유무가 달라진다는 것은 합리적이라고 할 수 없다. 그리고 준거법은 어느 국가의 실질법 질서에 의하여 분쟁을 해결하는 것이 적절한가의 문제임에 반하여, 국제재판관할권은 어느 국가의 법원에서 재판하는 것이 재판의 적정, 공평을 기할 수 있는가 하는 서로 다른 이념에 의하여 지배되는 것이기 때문에, 국제재판관할권이 준거법에 따라서만 결정될 수는 없는 점, 더구나 오늘날 외국적 요소가 있는 법률관계에 관하여 재판관할과 별도로 준거법에 관한 합의를 하는 경우가 드물지 않은 점에 비추어 보면, 준거법이 중국법이라고 하더라도 그러한 사정만으로 이 사건 소와 한국 법원과의 실질적 관련성을 부정하는 근거로 삼기에 부족하다. 또한, 피고 회사의 영업소가 한국에 있음에 비추어 한국에 피고 회사의 재산이 소재하고 있거나 장차 재산이 형성될 가능성이 있고, 따라서 원고들은 한국에서 판결을 받아 이를 집행할 수도 있을 것이고, 원고들도 이러한 점을 고려하여 한국 법원에 제기한 것으로 볼 수 있다. 따라서 법원의 이익 측면에서도 한국 법원에 재판관할권을 인정할 여지가 충분하다.

④ 국제재판관할권은 주권이 미치는 범위에 관한 문제이므로, 형식적 이유를 들어 자국의 재판관할권을 부당하게 넓히려는 시도는 타당하지 않지만, 부차적 사정을 들어 국제재판관할권을 스스로 포기하는 것도 신중할 필요가 있다. 그리고 같은 항공기에 탑승하여 같은 사고를 당한 사람의 손해배상청구에 있어서 단지 탑승객의 국적과 탑승 근거가 다르다는 이유만으로 국제재판관할권을 달리하게 된다면 형평성에 있어서도 납득하기 어렵다.

라. 위 대법원판결에 대한 평가

제1심판결(원심판결도)과 대법원판결은 국제재판관할에 관하여 정반대의 결론을 내렸지만 국제재판관할의 유무를 판단함에 있어서 법원이 고려할 여러 가지 요소를 설득력 있게 제시하고자 노력한 점은 칭찬할 만하다. 이러한 판결들은 우리 법원이 국제재판관할의 문제를 진지하게 다루고 있음을 단적으로 보여주는 사례이다.

저자는 계약사건에 관한 위 대법원 2008. 5. 29. 판결에 대한 간단한 평석에서 섭외사법 하에서 토지관할규칙에 지나치게 구속되었던 대법원이 이제는 거꾸로 토지관할규칙을 과도하게 무시하는 것은 아닌지 모르겠다고 비판하였는데, 이제 대법원 2010. 7. 15. 판결이 "당사자 또는 분쟁이 된 사안이 대한민국과 실질적 관련이 있는지를 판단하는 데 있어서 민사소송법상 토지관할권 유무가 여전히 중요한 요소가 됨을 부인할 수 없다"고 밝힌 점을 환영한다. 제1심판결과 대법원판결를 비교해보면 아래와 같이 정리할 수 있다.

(○) 표시는 좀더 설득력이 있는 논거이다.

구　　분	제1심판결	대법원판결
관할합의 존재	부정	부정
토지관할	토지관할 긍정했으나 실질적 관련 판단 시 고려하지 않음	실질적 관련 판단 시 중요한 요소임을 확인(○)
영업소의 소재	토지관할의 맥락에서 긍정	국제재판관할 판단 시 의미 부여(○). 장래 재산 소재 가능성 고려
당사자의 기대와 의지	중국 재판에 대한 당사자 기대 고려—피고의 기대를 말하는 듯(○)	원고의 의지 고려
증거조사의 완료	의미 있다(○)	우연한 사정일 뿐이다
준거법	중국법이라는 점 의미 있다(○)	한국 관할 부정할 근거 아니다[43]
다른 사람과의 형평	다른 승무원과의 공평 고려 요(○)	다른 탑승객과의 형평 고려(○)
승인, 집행의 고려	한국 재판 시 중국 승인, 집행 고려 요(○)	언급 없음
포기 신중 요부	언급 없음	신중 요구(○)
국제항공운송협약상의 관할: 사고발생지 관할 인정하지 않음	고려하지 않음	고려하지 않음
중국에서 재판 가능성	가능	가능이라고 보는 듯 (관할 병존 언급)
실질적 관련	없다	있다(○)
국제재판관할	없다	있다(○)

이 사건은 사실 중국국제항공공사가 승무원들과 체결한 고용계약(또는 근로계약)에서 중국법원의 전속적 국제재판관할합의를 제대로 해두지 못했기 때문에 제기된 사건이다.[44] 바르샤바협약이나 헤이그의정서는 사고발생지의

43) 우리 대법원이 국제재판관할과 준거법의 관계에 관하여 이처럼 명시적으로 설시한 것은 처음이 아닐까 생각된다.

44) 저자가 확인하지는 않았지만 아마도 우리 항공사들도 회사와 승무원들 간의 계약에서 한

국제재판관할을 인정하지 않는데, 그 이유는 사고발생지는 우연히 결정되기 때문이다.[45] 따라서 대법원 판결이 "일반적으로 항공기 사고가 발생한 국가의 법원에 사안과 증거조사가 편리하다는 재판관할의 이익이 인정된다고 할 것인데"라고 판시한 것은 부적절한 것으로 생각된다. 즉 불법행위 일반에 관하여는 그럴 수 있겠지만 일반적인 항공기 사고의 특수성에 비추어 보면 그렇게 단정하기는 어렵다는 것이다. 다만 이 사건에서는 우리나라가 중간기항지인데, 대법원판결은 한국이 불법행위지라는 이유만으로 국제재판관할을 긍정한 것은 아니고 우리나라에 영업소가 있다는 점을 함께 고려한 것이므로 그런 결론은 수긍할 수 있다. 특히 대법원판결은 종래 영업소 소재를 근거로 국제재판관할을 긍정하는 대법원의 태도와도 일관성이 있다(다만 위 2010년 대법원판결은 영업소 소재를 우리나라의 일반관할을 인정하는 근거로 삼지는 않았는데 이 점은 주목할 만하다).

위 2008년 판결과 2010년 판결을 보면, 앞으로 우리 법원이 국제재판관할 유무를 판단함에 있어서 토지관할규칙과 실질적 관련이 어떤 기능을 할지는 좀더 두고 보아야 할 것이다.

마. 해석론의 과제: 특별한 사정이론의 처리와 관할권행사의 유보 가능성

아직 단정하기는 이르나, 우리 법원이 취하였던 특별한 사정이론은 2001년 개정된 국제사법이 명문의 국제재판관할규칙을 도입한 결과 배척된 것으로 보인다. 이런 전제 하에서 저자는 국제사법 하의 해석론으로 과거 두 가지 가능성을 제시하였다. 하나는 정치한 국제재판관할규칙을 정립하고 그에 대한 예외를 일체 인정하지 않는 견해이고, 다른 하나는 정치한 국제재판관할규칙을 정립하고 그에 따르면 국제재판관할이 있음에도 불구하고, 구체적인 사안에서 우리 법원이 국제재판관할을 행사하는 것이 적절하지 않은 예외

국법원에 전속적 국제재판관할을 부여하는 관할합의를 하고 있을 것으로 생각된다.

45) Giemulla/Schmid (Eds.), Warsaw Convention (2001), Art. 28 para. 1은 그 이유는 체약국이 아닌 사고 발생지(the place of the accident) 국가에서 제소되면 협약이 적용되지 않고 사고 발생지 국가의 우연한 제도(chance regime)에 맡길 가능성이 있기 때문이라고 설명한다. 한편 Giemulla/Schmid/Müller-Rostin/Dettling-Ott, Warschauer Abkommen, Frankfurter Kommentar zum Luftverkehrsrecht Band 3 (2001) Art. 28 Rn. 2는 사고발생지(Unfallort)는 우연히 결정되고, 당사자들과 아무런 관련이 없는 장소로서 체약국 이외의 장소가 될 수 있기 때문에 사고발생지의 관할을 규정하지 않는다고 한다.

적인(또는 특별한) 사정이 있는 경우 그의 행사를 거부하는 가능성을 인정하는 견해이다.[46] 후자는 부적절한 법정지(*forum non conveniens*)의 법리를 우리 법상 제한적으로 수용하는 것인데 저자는 후자를 지지하였다. 2001년 개정 국제사법을 기초함에 있어서 부적절한 법정지의 법리를 규정할지를 검토하였고 연구반초안(제2조 제안 3항)은 이를 명시하였으나 논란 끝에 규정을 두지 않기로 하였으므로 국제사법 하에서 이 문제는 학설, 판례에 맡겨진 것인데 저자는 이를 가능하다고 본다. 국제사법이 정한 관할규칙에 따라 우리나라에 국제재판관할이 인정되더라도 외국에 더 적절한 대체법정지가 있고, 모든 사정을 고려할 때 그곳에서 재판하는 것이 훨씬 더 적절하고 그것이 명백한 경우, 우리 법원이 소송절차를 중지함으로써 관할의 행사를 거부할 수 있다는 것이다. 이를 통하여 국제재판관할규칙의 경직성을 완화하고 구체적 사건에서 국제재판관할 배분의 정의를 보다 충실하게 구현할 수 있다.

반면에 만일 우리 판례가 특별한 사정이론을 배척한다면 특별한 사정이론은 이제 더 이상 허용되지 않는다. 국제사법 하에서는 법원은 실질적 관련이라는 탄력적인 개념을 이용하여 토지관할규칙에 얽매이지 않고 정치한 국제재판관할규칙을 정립할 수 있으므로 조야한 원칙을 수정하기 위한 도구로서 특별한 사정이론은 불필요하다.

흥미로운 것은, 위(Ⅲ.2.가.)에서 소개한 도메인이름에 관한 대법원 2005. 1. 27. 선고 2002다59788 판결이다. 동 판결은 대법원이 국제사법에 따른 국제재판관할규칙에 관한 추상적 법률론을 정립한 판결인데, "… 재판관할이라는 것은 얼마든지 중첩적으로 인정될 수 있는 것이고, … 분쟁의 실질적인 내용 기타 … 제반 사정에 비추어 볼 때 대한민국이 이 사건 분쟁에 관하여

46) 그러나 일본의 2012년 개정 민사소송법(제3조의9)을 보면, 일본은 상대적으로 정치한 국제재판관할규칙을 두면서도 특별한 사정이 있는 경우 법원이 소를 각하할 수 있다고 규정함으로써 특별한 사정이론을 여전히 유지한다. 논리적으로는 이런 접근도 불가능한 것은 아니지만 사실 이는 상당히 의외이다. 제3조의9에 따르면 일본 법원은 소를 각하할 수 있는데, 이는 일본의 국제관할권이 없기 때문인지 아니면 국제관할권이 있음에도 불구하고 각하하는 것인지 불분명하다. 미국 법원은 부적절한 법정지의 법리에 따라 dismiss 하기도 하므로, 일본 법원이 소를 각하하는 것이 국제관할권이 없기 때문이라고 단정할 수는 없다. 또한 제3조의9는 문언상, 특단의 사정이 있는 경우 일본의 국제관할권을 부정하던 최고재판소 판례와는 달리 일본 법원에게 재량을 인정하는 것으로 보이나 과연 그런지 의문이다. 더욱이 개정 민사소송법은 상세하고 구체적인 규칙을 명정하므로 제3조의9는 매우 예외적으로만 적용되어야 하나 제3조의9의 문면상으로는 일본 법원이 종래처럼 특단의 사정이론을 활용하는 것이 금지되지는 않으므로 장래 일본 법원의 실무가 중요한데, 입법기술적으로 제3조의9가 동조의 예외적 성격을 명정하지 않은 점은 이해하기 어렵다.

국제재판관할을 행사하기에 현저히 부적절한 법정지국이라고 인정되지도 아니한다"고 판시하였다(밑줄은 저자가 추가함). 위 판결이 부적절한 법정지의 법리를 도입한 것은 아니지만 장래 도입가능성을 열어둔 것이라고 볼 수 있다. 따라서 우리 법원이 부적절한 법정지의 법리에 대해 어떤 태도를 취할지는 좀더 두고 보아야 할 것 같다.

바. 장래의 과제: 입법적 해결의 필요성

위에 언급한 것처럼 국제재판관할에 관한 국제사법 규정은 단편적이고, 과도기적 성격을 가진다. 그 이유는 개정 작업 당시 헤이그국제사법회의에서 신협약을 추진중이었으므로 국제사법을 개정하면서 꼭 필요한 조항만을 신설하고 그 진전상황을 지켜보기 위한 것이었으나 그 작업이 관할합의협약을 만드는 데 그치고 포괄적인 관할규칙을 성안하는 데 실패한 이상 법률분야별로 국제재판관할에 관한 각칙을 정비해야 한다. 민사 및 상사뿐만 아니라, 가사사건 및 비송사건에 대해서도 적절한 국제재판관할규칙을 국제사법에 두어야 한다.[47] 그것은 2000년경 국제사법을 개정하면서 이미 내려진 입법적 결단이다. 이 과정에서 일본의 입법을 참고할 필요가 있다. 즉 일본은 최근 "민사소송법 내지 민사보전법의 일부를 개정하는 법률"을 공표하여 민사소송법과 민사보전법을 개정하고 정치한 국제재판관할규칙을 도입하였고 이는 2012. 4. 1. 발효하였다.[48] 일본 민사소송법은 토지관할에 관한 조문(제4조 이하)에 앞서 국제재판관할에 관한 조항을 제3조의2 이하로 신설하였다.[49]

---

47) 이에 관한 논의는 석광현, "중간시안을 중심으로 본 국제재판관할에 관한 일본의 입법 현황과 한국의 입법 방향," 한양대학교 국제소송법무 제1호(2010), 29면 이하 참조. 다만 가사사건 및 비송사건에 관한 관할규칙은 각각 가사소송법 또는 비송사건절차법에 둘 수도 있다.

48) 2009. 7. 28. 일본 법무성이 공표한 국제재판관할법제에 관한 중간시안, 2010년 1월 공표된 要綱 등도 도움이 된다. 일본 자료는 우선 道垣内正人, "일본의 새로운 국제재판관할입법에 대해서," 한양대학교 국제소송법무 제1호(2010), 67면 이하 참조. 영문자료는 Masato Dogauchi, "Forthcoming Rules on International Jurisdiction," 일본 國際私法 年報 12(2010), 212면 이하 참조. 일어 자료는 道垣内正人, "日本の新しい國際裁判管轄立法について," 일본 國際私法 年報 12(2010), 186면 이하 참조.

49) 일본 개정 민사소송법은 제3조의2(피고의 주소등에 의한 관할권), 제3조의3(계약상의 채무에 관한 소등의 관할권), 제3조의4(소비자계약 내지 노동관계에 관한 소의 관할권), 제3조의5(관할권의 전속), 제3조의6(병합청구에서의 관할권), 제3조의7(관할권에 관한 합의), 제3조의8(응소에 의한 관할권), 제3조의9(특별한 사정에 의한 소의 각하), 제3조의10(관할권이 전속하는 경우의 적용제외), 제3조의11(직권증거조사)와 제3조의12(관할권의 표준시)를 두고 있다. 위 제3조의3은 다음과 같은 13개의 국제재판관할근거를 명시한다. 계약

Ⅳ. 송달요건

위에서 본 것처럼 송달은 적법성과 적시성을 구비해야 하므로, 외국 소송에서 우리 당사자에게 우리나라로 하는 송달은 외교경로를 통하여야 하고, 송달협약 체약국인 경우 중앙당국을 경유하여야 한다.

대법원 2003. 9. 26. 선고 2003다29555 판결은 법문에 충실하게, '소장 또는 이에 준하는 서면 및 기일통지서나 명령의 송달'이라 함은 소장 및 소송개시에 필요한 소환장 등을 말하는 것으로서, 이러한 서류가 적법하게 송달된 이상 그 후의 소환 등의 절차가 우편송달이나 공시송달 등의 절차에 의하여 진행되었더라도 승인의 대상이 될 수 있다고 판시하였다. 그러나 위 판결은 비록 피고에게 기일통지가 된 적은 없으나 이는 피고에 대하여 기일이 열리지 않은 것에 기인할 뿐이고 피고가 소장과, 응소방법, 불응소 시의 불이익 등이 기재된 서면, 즉 소송제기통지(Summons)를 송달받은 이상 송달요건은 충족되었다고 판단하였다. 즉 반드시 기일통지서가 송달되어야 하는 것은 아니다.

흥미로운 것은 흑연전극봉 사건에서 대법원 2006. 3. 24. 선고 2004두11275 판결이 취한 태도이다. 이는 흑연전극봉을 생산하는 미국, 독일 및 일본의 업체들이 런던에서 최고책임자급 회합을 개최하여 세계시장에서 흑연전극봉 가격인상 등을 위한 공동행위의 기본원칙에 합의하였고, 그 후 1992년 5월부터 1998년 2월까지 외국에서 한국시장을 포함한 세계시장을 대상으로 하여 흑연전극봉의 가격을 결정, 유지하기로 합의하였으며 그러한 합의를 실행함으로써 흑연전극봉의 조달을 전량 수입에 의존하고 있던 한국 수입업체들에게 손해를 끼친 사건이다. 이 사건에서 공정거래위원회는 일본 회사에 대하여 공시송달과 함께 우편에 의한 송달을 하였다. 대법원판결은 구 공정

상 채무이행의 청구 등(제1호), 어음·수표금 청구(제2호), 재산권상의 소(제3호), 사무소·영업소의 업무에 관한 소(제4호), 일본에서 사업을 행하는 자에 대한 소(제5호), 선박채권 기타 선박을 담보하는 채권에 기한 소(제6호), 회사 기타 사단 또는 재단에 관한 소 중 일정한 것(제7호), 불법행위에 관한 소(제8호), 선박의 충돌 기타 해상의 사고에 기한 손해배상의 소(제9호), 해난구조에 관한 소(제10호), 부동산에 관한 소(제11호), 상속권 또는 유류분에 관한 소 또는 유증 기타 사망에 의하여 효력을 발생하는 행위에 관한 소(제12호), 상속채권 기타 상속재산의 부담에 관한 소로서 전호에 해당하지 않는 것(제13호)의 국제재판관할이 그것이다. 개정 민사보전법은 제11조(보전명령사건의 관할)를 두고 있다.

거래법 제55조의2와 운영규칙 제3조 제2항에 의하여 준용되는 구 행정절차법 제14조 제1항을 근거로 우편에 의한 송달을 적법하다고 보았다. 즉 직권송달주의를 취하는 우리나라에서는 종래 민사사건에서의 송달을 주권의 행사로 보아 우리 법원이 외국의 당사자에게 우편에 의한 송달을 하는 것은 외국의 주권을 침해하는 것으로 이해하여 왔는데,[50] 행정사건인 위 사건에서 대법원판결이 우리 국내법의 규정을 근거로 외국에 우편에 의한 송달을 할 수 있다고 본 점은 의외이다. 우리나라의 종래의 태도에 따르면, 준사법기관인 공정거래위원회가 외국사업자에게 시정 및 과징금의 납부를 명하고 그 불이행시 형벌이나 체납처분과 같은 강제처분이 수반되는 의결서의 통지의 경우는 주권의 행사로서 법원의 송달에 준하는 것으로 보아야 할 것이다. 따라서 종래의 우리의 학설에 따르면 위 사건에서 공정거래위원회의 우편에 의한 송달은 일본의 주권을 침해하는 것으로서 부적법하다.

최근 대법원 2010. 7. 22. 선고 2008다31089 판결은, 패소한 피고가 소환장 등을 적법한 방식에 따라 송달받았을 것을 요구하는 것은 소송에서 방어의 기회를 얻지 못하고 패소한 피고를 보호하려는 것에 그 목적이 있으므로 법정지인 판결국에서 피고에게 방어할 기회를 부여하기 위하여 규정한 송달에 관한 방식, 절차를 따르지 아니한 경우에는 적법한 방식에 따른 송달이 이루어졌다고 할 수 없다고 판시하였다. 구체적으로, 위 판결은 미합중국 워싱턴주의 개정법률(Revised Code of Washington) 제4.28.180조 및 민사규칙(Superior Court Civil Rules)(이하 'CR'이라고 한다) 제4조는 원고가 소송을 제기하는 경우 워싱턴주 밖에 주소를 둔 피고에게는 60일의 응소기간을 부여하고 그 기간 내에 답변 등 응소가 없으면 결석판결(Default judgment 또는 Judgment by default)이 선고될 수 있음을 고지하는 내용의 소환장(Summons)을 송달하도록 규정하고 있고, CR 55조는 피고가 소환장을 송달받고서도 소환장에서 부여된 응소기간 내에 답변 등 응소가 없는 경우에 원고는 법원에 결석재판명령(Default order), 결석판결의 선고 및 등

50) 대법원 1992. 7. 14. 선고 92다2585 판결도 외국이 우리 법인에게 자국영사에 의한 직접실시방식으로 송달한 것은 우리나라의 재판사무권을 침해한 것이라고 판시하였다. 이 판결에 대한 평석은 석광현, "外國判決 承認要件으로서의 送達— 대법원 1992. 7. 14. 선고 92다2585 판결에 대한 평석을 겸하여 —," 국제사법과 국제소송 제1권(2001), 356면 이하 참조. 본문의 위 2006년 대법원판결에 대한 평석은 석광현, "독점규제 및 공정거래에 관한 법률의 域外適用," 서울지방변호사회 판례연구 제21집(2)(2007. 12.), 9면 이하; 이 책 [4] 참조.

록을 신청할 수 있다고 규정하고 있다. 그런데 원고는 한국에 주소를 둔 피고를 상대로 미합중국 워싱턴주 클라크카운티 제1심법원에 소송을 제기하면서 피고에게 20일의 응소기간을 부여하는 소환장을 송달하였고, 피고는 2004년 3월경 소장 및 소환장 등을 송달받고서도 위 외국법원에 관할이 없다고 보아 응소하지 아니하였는데, 위 외국법원은 소환장의 응소기간에 관한 하자의 경정결정 없이 원고의 신청에 따라 결석재판명령을 하고 결석판결을 등록하였다는 것이다.

송달의 적법성을 판단하는 기준이 일차적으로 법정지법이라는 점은 올바른 판단이다. 송달이 이루어진 실제 경로를 살펴보고 피고의 방어권행사에 지장이 있었는지를 검토할 필요가 있다. 왜냐하면 송달이 비록 부적법한 것이더라도 피고가 이를 수령하여 실제로 방어권을 행사함에 지장이 없었다면, 그리고 부적법이 우리의 주권을 침해한 것이 아니라면, 제2호의 취지가 피고의 방어권 보장에 있다는 점을 고려할 때 외국판결의 승인 및 집행이 가능하다고 보는 것이 옳기 때문이다. 만일 위 사건에서 미국 법원이 60일의 응소기간이 경과하기 전에 결석판결을 하였다면 그 판결은 승인될 수 없지만, 미국 법원이 실제로 60일의 기간이 경과된 뒤에 결석판결을 하였다면 판결국법에 따른 피고의 방어권은 침해되지 않았다고 본다. 이 경우 부적법은 소환장 양식을 잘못 선택했다는 기술적 성질의 것에 불과하기 때문이다. 물론 피고가 만일 소환장에 응소기간이 60일이라고 제대로 기재되었더라면 응소했을 것이나 실제로는 20일이라고 기재되어 있었기 때문에 아예 응소하지 않았다고 인정되는 경우에는 달리 볼 수 있다. 만일 피고가 미국 법원에 국제재판관할이 없다고 판단하고 응소하지 않기로 결정하였다면 단순히 잘못된 소환장 양식을 사용한 것만으로는 승인을 거부할 이유가 되지 않는다고 본다. 물론 이와 달리 문면에 집착한다면 일체의 부적법을 승인거부사유로 볼 것이다. 그러나 중요한 것은 피고의 방어권이 침해되었는가의 여부이다. 따라서 단순한 기술적 부적법을 이유로 외국판결의 승인을 거부하는 것은 바람직하지 않다.

위 판결은 송달요건은 법원의 직권조사사항이라고 판시하였는데, 이는 종래 다수설이다.[51)]

---

51) 저자는 과거 이에 반대하고 피고가 송달요건을 다투는 경우에만 판단할 사항이라는 견해를 피력하였다. 석광현(註 2), 303-304면.

V. 상호보증의 개념의 완화

상호보증은 상호주의(reciprocity)의 존재가 보증된다는 의미인데, 문제는 어느 경우에 이를 인정할 수 있는가이다.

1. 과거 대법원 판결의 태도

상호보증의 개념 내지 상호보증의 존재를 인정하기 위한 요건에 관하여 대법원 1971. 10. 22. 선고 71다1393 판결이 "… 상호의 보증이 있는 일이라 함은 당해 외국이 조약에 의하여 또는 그 국내법에 의하여 대한민국 판결의 당부를 조사함이 없이 민사소송법 제203조의 규정과 같든가 또는 이보다도 관대한 조건 아래에서 대한민국의 판결의 효력을 인정하고 있는 경우를 말하는 것"이라고 판시한 이래 공식적으로는 이런 견해가 유지되었다. 이를 '동일 또는 관대조건설'이라고 부르기도 한다.

다만 한국인 피고의 성폭행 등을 이유로 50만불의 손해배상의 지급을 명한 미국 미네소타주 법원 판결의 승인 및 집행과 관련하여 서울지방법원동부지원 1995. 2. 10. 선고 93가합19069 판결이, "외국의 승인요건이 우리의 그것과 완전히 동일할 것을 요구하는 것은 지나치게 외국판결의 승인을 협소하게 하여 부당하므로 우리와 외국간에 승인요건이 현저히 균형을 상실하지 아니하고 중요한 점에서 상호 동일하거나 외국요건이 우리 요건보다 전체로서 과중하지 않고 실질적으로 거의 차이가 없는 정도라면 상호보증을 구비하였다고 봄이 상당하다"고 판시하였는데 동 판결이 대법원 1997. 9. 9. 선고 96다47517 판결에 의해 확정되었으므로 대법원은 사실상 판례를 변경한 것으로 평가되었다.

2. 현재 대법원 판결의 태도

그런데 위에서 언급한 대법원 2004. 10. 28. 선고 2002다74213 판결[52]은

52) 이에 대한 평석은 석광현, "詐欺에 의한 外國判決承認의 公序違反與否와 相互保證," 국제사법과 국제소송 제4권(2007), 263면 이하 참조.

과거의 판례를 폐기하지는 않았지만[53] "우리나라와 외국 사이에 동종 판결의 승인요건이 현저히 균형을 상실하지 아니하고 외국에서 정한 요건이 우리나라에서 정한 그것보다 전체로서 과중하지 아니하며 중요한 점에서 실질적으로 거의 차이가 없는 정도라면 민사소송법 제217조 제4호에서 정하는 상호보증의 요건을 구비하였다고 봄이 상당하고, … "라고 판시하여 명시적으로 완화된 견해를 취하였다.

금전판결에 관한 한 통일외국금전판결승인법(UFMJRA)을 채택한 미국의 다수의 주와 사이에 상호보증이 존재한다는 데는 별 문제가 없다.[54] 또한 독일 및 일본과 간에 상호보증이 존재하는 점도 별 의문이 없다. 문제는 영국과 간에 상호보증이 존재하는가인데, 단언하기는 어렵지만 위 대법원 판결의 결과 상호보증이 존재한다고 인정될 가능성이 상대적으로 커졌다. 실제로 창원지방법원 통영지원 2010. 6. 24. 선고 2009가합477 판결은 영국과 상호보증의 존재를 긍정하였다. 서울지방법원 1999. 11. 5. 선고 99가합26523 판결은 중국과 상호보증의 존재를 긍정하고 인민법원의 판결을 승인한 바 있다.[55] 나아가 근자의 하급심판결은 캐나다 알버트주,[56] 아르헨티나,[57] 홍콩[58]과 한국 사이에 상호보증이 존재한다고 판단한 바 있다. 캐나다 온타리오주와의 상호보증은 대법원판결[59]에 의하여도 확인된 바 있다.

53) 장상균, "외국판결의 집행요건"이라는 제목으로 대법원판례해설 51호(2004 하반기), 531면은 그 이유를 1971년 판결의 "'동일 또는 관대할 것'에서 '동일·관대'의 의미를 실질적·전체적으로 파악하여야 하고, 제2설이라는 것도 결국 그 점을 분명히 하는 수정의견이라는 정도로 이해하면, 전원합의체에서 위 판례를 폐기하지 않더라도 실무상의 혼선은 없을 것으로 생각된다(이 점은 이 사건의 원심판결을 비롯하여 대부분의 하급심 판결이 제2설을 따르고 있다는 사실로도 뒷받침된다)"고 설명한다.

54) UFMJRA는 2005년 통일외국금전판결승인법(Uniform Foreign-Country Money Judgments Recognition Act(UFCMJRA)로 개정되었으므로 상호보증의 유무를 판단함에 있어서 캘리포니아처럼 후자를 채택한 주와의 사이에서는 후자의 요건을 검토해야 한다.

55) 국가별 상호보증의 유무는 석광현(註 2), 326면 이하 참조. 그러나 최근 광동성 심천시 중급인민법원 2011. 9. 30. 심중법민일초자체45호 판결은, 원고인 한국의 회사(주식회사 스프링컴)가 중국에 거주하는 한국인인 피고를 상대로, 서울서부지방법원 2010. 12. 14. 선고 2009가합6806호 판결(이는 피고는 원고에게 손해배상으로서 일정 금원을 지급하라는 취지의 판결이다)에 기한 승인 및 강제집행을 구한 데 대하여 한중 간에 조약이 없다는 이유로 한국 판결의 집행을 거부하였는데 이는 매우 유감스럽다. 이 사실을 알려주고 판결문을 보내주신 정연호 변호사님께 감사드린다.

56) 서울중앙지방법원 2006. 12. 21. 선고 2006가합10625 판결.

57) 서울중앙지방법원 2009. 4. 23. 선고 2008가단363951 판결.

58) 서울중앙지방법원 2009. 3. 27. 선고 2008가합64831 판결.

59) 대법원 2009. 6. 25. 선고 2009다22952 판결.

3. 가사사건과 상호보증의 요부

구 민사소송법 제203조(민사소송법 제217조에 상응)가 가사에 관한 외국판결에도 적용되는지에 관하여 직접 적용된다는 견해와 이를 부정하면서 유추적용 또는 조리에 의하여 유사한 요건을 요구하되 상호보증 요건은 제외하는 견해 등이 있었으나,[60] 종래 판례[61]와 호적실무[62]는 제203조가 이혼판결을 제외한 가사에 관한 외국판결에도 적용되는 것을 전제로 상호보증이 필요하다고 보았다. 최근 대법원 2009. 6. 25. 선고 2009다22952 판결도 이를 전제로 한국과 캐나다 온타리오(Ontario)주 사이에 상호보증이 있다고 판단하였다.[63]

Ⅵ. 공서위반을 이유로 판결의 일부 승인 및 집행을 거부한 사례

1. 외국판결이 명한 손해배상액이 과다하다는 이유로 승인 및 집행을 거부한 사례

외국판결이 승인되기 위하여는 그 판결의 효력을 인정하는 것이 대한민국의 선량한 풍속이나 그 밖의 사회질서에 어긋나지 않아야 한다. 과도한 손해배상을 명하는 판결의 승인은 공서, 특히 실체적 공서에 반하는 것으로서 허용되지 않는다고 본다. 하급심판결들이 이런 태도를 취하고 있다. 아래 가.와 나. 판결은 2001년 전의 것이나 참고로 언급한다.

---

60) 학설은 강봉수, "섭외가사사건의 제문제," 섭외사건의 제문제(하), 재판자료 제34집(1986), 320-321면 참조.

61) 대법원 1971. 10. 22. 선고 71다1393 판결. 이혼, 위자료 및 양육비지급 등을 명한 뉴욕주 법원 판결의 승인과 관련하여 대법원 1989. 3. 14. 선고 88므184, 191 판결은 뉴욕주와 우리나라 간에 상호보증이 있음을 인정하였다.

62) 이에 관하여는 박동섭, 주석가사소송법(1998), 863-864면 참조.

63) 즉 이혼 및 가사비송사건인 양육자지정, 면접교섭권, 재산분할 및 부양료·양육비지급을 명한 캐나다 온타리오주 법원판결에 기하여 우리나라에서 집행판결을 구한 사건에서 위 대법원판결은 우리나라와 온타리오주 사이에 상호보증의 요건이 구비되었다고 판시하였다.

가. 서울동부지원 1995. 2. 10. 선고 93가합19069 판결[64)]

피고의 성폭행 등을 이유로 50만불의 손해배상의 지급을 명한 미국 미네소타주 법원 판결의 승인 및 집행과 관련하여 서울지방법원동부지원 1995. 2. 10. 선고 93가합19069 판결은, 우리 손해배상법의 기준에 비추어 우리나라에서 인정될 만한 상당한 금액을 현저히 초과하는 부분에 한하여는 공서양속에 반하므로 승인을 제한할 수 있다는 근거로 미국 법원이 명한 손해배상액의 50%만의 집행을 허가하였다. 위 판결은 "불법행위의 준거법이 외국법이더라도 한국법에 의하여 손해배상의 범위를 제한하고 있는 섭외사법 제13조 제3항[65)]은 한국 손해배상법의 지침적 기능(Leitbildfunktion)을 인정하고 있고, 헌법상의 법치국가원리로부터 파생되어 민사법질서에로 편입되어 있는 비례의 원칙에 따라 우리 손해배상법의 기준에 비추어 한국에서 인정될 만한 상당한 금액을 현저히 초과하는 부분에 한하여는 공서양속에 반한다"는 취지로 판시하였다.

나. 서울남부지원 2000. 10. 20. 선고 99가합14496 판결

우리나라 회사인 피고가 미국 회사인 원고의 디자인에 대한 저작권을 침해하였음을 이유로 미화 442,300.19달러의 지급을 명한 미국 뉴욕주 남부지방법원판결에 기한 집행판결청구소송에서 서울지방법원남부지원 2000. 10. 20. 선고 99가합14496 판결도 위 가. 판결과 유사한 논리로 그 50%만의 집행을 허가하였다.

다. 수원지방법원 평택지원 2009. 4. 24. 선고 2007가합1076 판결

원고들은, 미국의 소외 회사는 보상금 지급약정을 위반하고 고의적으로 보너스를 박탈하여 원고들에게 일정 금액(원고1, 2에게 각 210,000달러(각 약정보상금 70,000달러+징벌적 손해배상 140,000달러), 원고3, 4, 5에게 각 120,000달러(각 약정보상금 40,000달러+징벌적 손해배상 80,000달러)의 손해배상책임이 있는데, 피고(일진디스플레이 주식회사)는 소외 회사의 재산을

---

64) 평석은 석광현, "損害賠償을 명한 미국 미네소타주 법원 判決의 承認 및 執行에 관한 문제점 특히 相互保證과 公序의 문제를 중심으로—서울지방법원동부지원 1995. 2. 10. 선고 93가합19069 판결에 대한 평석—," 국제사법과 국제소송 제1권(2001), 381면 이하.

65) 이는 국제사법 제32조 제4항에 의해 대체되었다.

이전받은 승계법인이라는 이유로 피고를 상대로 위싱턴주 클라크 카운티 제1심법원에 제소하여 결석판결로 승소판결을 받았다.

평택지원 판결은, 약정보상금의 2배 상당의 징벌적 손해배상금은 원고들에게 추가적으로 발생한 손해의 전보를 위한 것이 아니라, 손해전보를 넘어서 고의적으로 위반행위를 한 자에 대하여 징계를 하거나 그러한 위반행위의 발생을 억제하기 위한 것인데, 이는 손해배상의무에 대하여 징벌적 성격을 부여하지 아니하고, 불법행위 또는 채무불이행에 의하여 야기된 결과에 대한 보상, 즉 손해발생 전의 상태로의 회복에 목적이 있는 우리나라의 손해배상제도와 근본이념이 다르고, 우리나라의 손해배상 체계에서 약정보상금의 2배 상당의 징벌적 손해배상금의 지급을 명하는 것은 원고들에 대한 적절한 배상을 위하여 필요한 정도를 넘는다고 보아 약정보상금의 2배 상당의 징벌적 손해배상금 및 이에 대한 지연이자의 지급을 명하는 부분은 집행을 불허하였다.

판결문상으로는 징벌배상을 직접 다룬 것처럼 보이나, 엄밀하게는 수배배상이지 불법행위로 인한 통상의 징벌배상을 명한 판결의 승인 및 집행이 문제된 사안은 아니다.

라. 부산고등법원 2009. 7. 23. 선고 2009나3067 판결(확정)

미국 캘리포니아주 샌디애고 카운티 슈피어리어 법원 북부지원 판결은 캘리포니아주 소재 공장에서 피고 회사가 제작한 사출성형기로 작업 도중 사고를 당하여 사망한 소외 망 S의 처와 자녀들인 원고들이 제기한 소송에서 미화 5,077,379.18달러(경제적 손해 : 미화 808,294달러, 비경제적 손해 : 미화 4,250,000달러)와 이에 대하여 2002. 1. 23.부터 다 갚는 날까지 연 10%의 이자를 지급을 명하는 배심재판 후 판결(judgement after jury trial)을 선고하였다.

제1심판결[66]은, 미국 판결이 명시적으로 징벌적 손해배상을 언급하지는 않지만, 원고들은 당초 엄격제조책임(strict product liability)을 근거로 하여 징벌적 손해배상청구를 하였고, 미국 판결에서는 엄격제조책임에 관한 변론만을 청취한 배심원들이 손해배상액을 결정하였으므로 손해액 결정과정에서

66) 부산지방법원 2009. 1. 22. 선고 2008가합309 판결.

징벌적 손해에 대한 고려를 포함시켰을 여지가 많은 점, 미국 판결이 경제적 손해와 비경제적 손해로 나누어 원고들의 손해액을 산정하면서 원고들에게 비경제적 손해액으로 미화 425만 달러라는 엄청난 금액의 손해배상을 인정하는 것이 합리적이라고 판단될 만한 아무런 이유도 제시하고 있지 않고 원고들이 제출한 자료에서도 이를 확인할 수 없는 점, 미국 판결에서 원고들의 경제적 손해액을 산출해내는 방식은 일응 합리적인 기준과 방법에 의한 것으로 보이지만, 비경제적 손해액을 그처럼 거액으로 인정한 것은 단지 판결의 편의나 피해자의 이익만을 지나치게 고려한 데 따른 것으로 보이고, 그 중 어느 정도의 금액을 정신적 고통에 대한 보상으로 볼 것인지 특정할 수도 없는 점 등을 종합하여 보면, 미국 판결에서 인정된 경제적 및 비경제적 손해액을 전부 승인하는 것은 손해의 공평·타당한 분담이라고 하는 우리 손해배상법의 기본원칙 내지 사회 일반의 법 감정상 도저히 참을 수 없는 가혹한 결과를 가져올 수 있고, 한국에서 인정될 만한 상당한 금액을 현저히 초과하는 부분에 한하여는 우리나라의 선량한 풍속 기타 사회질서에 반하므로 승인을 제한해야 한다고 판시하고 비경제적 손해액을 전부 배척하였다.

반면에 제2심판결은 비경제적 손해액에 대한 배상은 우리 손해배상법체계에 있어서 위자료에 해당하는데, 망인이 이 사건 사고로 사망에 이르게 되었고, 망인의 처와 자녀인 원고들이 이로 인하여 정신적인 고통을 입었을 것이라는 점을 경험칙상 충분히 인정할 수 있는데도 위자료를 전혀 인정하지 않는 것은 오히려 우리 손해배상법체계에 비추어 보아도 수긍할 수 없으므로, 미국 판결에서 인정한 손해액 중 경제적 손해액은 전액을 승인하고, 비경제적 손해액은 위자료의 조절적인 기능을 합리적으로 고려한 범위 내에서 미화 100,000달러만을 승인함이 타당하다고 보아 제1심판결을 변경하였다.

결국 미국 판결의 인용 원금은 5,077,379.18달러인데 제1심판결 인용 원금은 827,379.18달러였고 제2심판결 인용 원금은 미화 927,379.18달러였다. 제2심판결은 징벌배상을 명한 외국판결이더라도 위자료의 기능을 하는 범위 내에서는 승인할 수 있음을 인정한 데 의의가 있다.

여기에서 우리 법원이 집행을 허가하는 금액은 만일 우리 법원이 우리 법을 적용했었더라면 인용하였을 금액인가라는 의문이 제기된다. 또한 "불법행위의 준거법이 외국법인 경우에 불법행위로 인한 손해배상청구권은 그 성질이 명백히 피해자의 적절한 배상을 위한 것이 아니거나 또는 그 범위가 본질적으로 피해자의 적절한 배상을 위하여 필요한 정도를 넘는 때에는 이를 인정하지 아니한다"고 규정하는 국제사법 제32조 제4항의 의미도 좀더 생각하고 동항이 외국판결의 승인 및 집행의 맥락에서 가지는 의미를 더 검토할 필요가 있다.

주의할 것은 우리나라가 2011. 6. 30. 시행된 하도급거래 공정화에 관한 법률("하도급법")을 통하여 삼배배상제도를 도입한 이상[67] 삼배배상의 지급을 명한 외국판결의 승인이 당연히 우리의 공서에 반한다고 할 수는 없게 되었다는 점이다. 앞으로 동법이 외국판결의 승인 및 집행에 미칠 영향을 정확히 평가하는 것은 어려운 일이다. 나아가 위에서 언급한 국제사법 제32조 제4항의 개정도 고려해야 할 것이다.

2. 기타 사유로 인한 공서위반을 인정한 사례

가. 아르헨티나 법원의 채무부존재 확인 판결의 승인을 거부한 사례

원고(주식회사 동원)는 피고(주식회사 국민은행)의 부에노스아이레스 지점으로부터 미화 150만 달러를 차용하였다. 그 후 아르헨티나에 경제위기가 닥치자 의회는 경제위기를 극복하기 위하여 긴급경제법안을 통과시킴으로써 자유변동환율제로 전환하였고, 정부는 페소화의 가치가 급격히 하락하자 2002. 2. 3. 대통령령 제214/2002호(이하 "이 사건 대통령령"이라 한다)를 공포하였는데, 그 주된 내용은 아르헨티나의 은행 등 금융기관이 2002. 1. 6. 이전에 미국 달러 등 외화로 대출해 준 돈은 1:1(미국 달러 : 페소) 비율로 페소화하여 변제받고, 같은 기간 달러화로 예금받은 돈은 1:1.40 비율로 페소화하여 변제하도록 강제하는 것이었다. 이에 따라 원고는 원금의 일부만(3분의

67) 하도급법은 원사업자는 원칙적으로 수급사업자의 기술자료를 본인 또는 제3자에게 제공하도록 요구하여서는 아니 되지만, 예외적으로 정당한 사유를 입증하여 수급사업자에게 기술자료를 요구할 경우에는 요구목적 등 일정한 사항을 해당 수급사업자와 미리 협의하여 정한 후 그 내용을 적은 서면을 해당 수급사업자에게 주어야 하며, 원사업자는 취득한 기술자료를 자기 또는 제3자를 위하여 유용하여서는 아니 된다고 규정한다(제12조의3). 또한 하도급법은 그 위반에 대한 제재로서, 원사업자가 위 조항을 위반하여 취득한 기술자료를 유용함으로써 손해를 입은 자가 있는 경우에는 그 자에게 발생한 손해의 3배를 넘지 아니하는 범위에서 배상책임을 진다고 규정한다(제35조 제2항)(다만, 원사업자가 고의 또는 과실이 없음을 입증한 경우에는 그러하지 아니하다). 이는 우리 법상 처음으로 징벌배상제도를 도입한 것이라고 평가되기도 하나(법률신문 제3966호(2011. 9. 8.) 기사 참조) 엄밀히 말하자면 삼배배상제도를 도입한 것으로 보인다.

1에 조금 미달하는 금액)을 피고에게 변제하고 아르헨티나의 부에노스아이레스법원으로부터 그 지급이 채무 전액에 대한 변제로서 유효하므로 위 대출금과 관련된 채무가 존재하지 않는다고 인정한 판결을 받았다. 그러나 피고는 잔존 채무가 있음을 주장하면서 그 변제를 요구하고 원고가 이를 변제하지 않자 담보로 취득하였던 원고 예금의 반환을 거부하고 나아가 피고의 대출금채권과 원고의 예금채권을 상계하였다. 이에 원고는 피고를 상대로 예금반환청구의 소를 제기하였다. 이에 대하여 서울고등법원 2009. 3. 6. 선고 2007나122966 판결[68]은 아래 이유로 아르헨티나 법원의 채무부존재 확인 판결의 승인을 거부하였다.[69]

① 원고에 의한 이 사건 대출금의 변제는 실질적으로는 원금의 일부만을 지급하여도 유효한 변제가 되도록 강제한 이 사건 대통령령에 따른 것이고,[70] 아르헨티나 법원의 확정판결도 이 사건 대통령령에 따라 그 지급이 채무 전액에 대한 변제로서 유효하다고 보아 위 대출금과 관련된 채무가 존재하지 않는다고 인정한 판결인데, 위 판결은 아르헨티나의 관점에서는 법령에 따른 적법한 판결일 수도 있겠지만, 위 판결을 한국에서 그대로 승인할 경우 그에 따른 결과로서 채무자인 원고가 당연히 져야 할 부담을 채권자인 피고에게 일방적으로 전가하게 되어 피고의 재산권을 부당하게 침해하는 것을 용인하게 되는바, 이는 한국 헌법이 채택하고 있는 재산권보장의 기본원칙에 어긋나는 점, ② 원고와 피고가 모두 한국 법인이어서 아르헨티나의 경제위기를 극복하기 위해 공포된 이 사건 대통령령에 획일적으로 구속되어야 할 필요성이 상대적으로 크지 않은 점, ③ 아르헨티나 대법원도 2003년 3월경과 2006년 12월경 이 사건 대통령령이 사유재산 보호를 명시한 아르헨티나 헌법에 위반된다는 취지의 판결들을 내린 바 있는 등 아르헨티나 내에서도 위 대통령령에 대한 위헌 시비가 있었던 것으로 보이는 점, ④ 이 사건 대출계약 당시 불가항력 등의 사유가 발생하여 외화로 변제할 수 없는 경우에는 그 대출금 채무를 미화 150만 달러에 상응하는 국채 등으로 변제하기로 약정한 것은, 원고와 피고가 아르헨티나의 경제사정 및 정치상황 등을 고려하였던 것으로 보이는데, 이러한 당사자들의 인식에도 불구하고 그 이후 발생

---

68) 이는 대법원 2009. 6. 11. 2009다25944 판결에 의하여 심리불속행으로 확정되었다.

69) 노태악, "2009년 국제사법 주요 판결례 소개," 국제사법연구 제15호(2009), 568면 참조.

70) 실제 환율이 1:3에 달하는 상황에서 아르헨티나 대통령령은 달러화 대 페소 1:1 비율로 외화대출을 변제하도록 하였다고 한다. 2009. 3. 18.자 법률신문 참조.

한 경제관계법령의 변경을 들어 채무자인 원고가 그 채무의 감면을 주장하는 것은 신의칙상 허용될 수 없는 것인 점 등을 종합하여 보면, 이 사건 확정판결에 따른 결과를 그대로 승인하는 것은 한국의 선량한 풍속 기타 사회질서에 반한다.

나. 미국 파산법원의 회생계획 인가결정에 따른 면책적 효력의 승인을 거부한 사례

위에서 언급한 대법원 2010. 3. 25.자 2009마1600 결정은 미국 회생계획 인가결정에 따른 면책적 효력을 승인함에 있어서 저자와 달리 외국판결 승인의 법리를 적용하였다. 그러면서도 당해 사건에서 이를 승인할 경우 구 회사정리법이 정한 속지주의를 신뢰한 채권자의 권리를 현저히 부당하게 침해하는 것이 되어 공서에 반한다는 이유로 승인을 거부하였다. 이는 통합도산법의 시행에 따른 과도기에 발생한 이례적 현상인데 판시는 아래와 같은 취지이다.

> "미국 파산법원이 이 사건 미국 회생절차를 개시하고 채권신고절차를 거쳐 이 사건 회생계획인가결정을 할 때까지 속지주의를 취하고 있던 우리나라의 구 회사정리법 하에서는 이 사건 미국 회생절차의 개시에 따른 채권자의 권리행사 금지·제한의 효력과 이 사건 회생계획인가결정에 따른 면책의 효력은 채권자인 주식회사 고합이 재항고인 소유의 국내 소재 이 사건 상가 및 공장에 대하여 권리행사를 하는 데에는 미치지 아니하였고, 이 사건 미국 회생절차의 대표자는 국내에서 이 사건 상가 및 공장 또는 그 가압류해방공탁금이 이 사건 미국 회생절차의 도산재단에 편입된 것이라고 주장할 수 없었으며, 고합 역시 이러한 점 때문에 이 사건 미국 회생절차에 참가하지 아니하였던 것으로 볼 수 있다. 그런데 채무자회생법이 2006. 4. 1. 시행되면서 속지주의에 관한 규정을 폐지하는 한편 부칙에서 그에 관한 경과규정을 두지 않자, 재항고인이 미국의 파산법원으로부터 이미 종결된 회생절차의 재개결정을 받은 것을 기화로 이 사건 미국 회생절차에 속지주의를 폐지한 채무자회생법이 적용되고 이 사건 회생계획인가결정에 따른 면책적 효력이 국내에 미치게 되었다고 주장하면서 이 사건 상가 및 공장에 대한 가압류해방공탁금을 회수해 가려는 것을 허용하게 되면, 구 회사정리법의 속지주의 원칙을 신뢰하여 이 사건 미국 회생절차에 참가하지 않고 재항고인 소유의 이 사건 상가 및 공장에 대한 가압류를 마치고 강제집행이나 파산절차 등을 통하여 채권을 회수하려던 고합의 권리를 현저히 부당하게 침해하게 된다. 이는 미국 파산법원의 이 사건 회생계획인가결정에 따른 면책적 효력을 국내에서 인정하게 되면 그 구체적 결과가 우리나라의 선량한 풍속이나 그 밖의 사회질서에 어긋나는 경우에 해당한다고 할 것이므로, 미국 파산법원의 이 사건 회생계획인가결정은 민사소송법 제217조 제3호의 요건을 충족하지 못하여 승인될 수 없다."

3. 국제적 소송경합과 외국판결의 승인 및 집행이 문제된 사건: 부산지방법원 2007. 2. 2. 선고 2000가합7960 판결과 부산고등법원 2009. 2. 3. 선고 2007나4288 판결

부산지방법원 2007. 2. 2. 선고 2000가합7960 판결은, 일제시대 강제징용을 당했던 한국인들(또는 그의 후손들)이 일본 미쓰비시 중공업을 상대로 ① 강제연행 및 강제노동, 원자폭탄 투하 후 구호조치의 불이행과 안전귀국의무 위반을 이유로 하는 손해배상과 ② 강제노동기간 동안 지급받지 못한 임금 등의 지급을 구하는 전소를 일본 히로시마지방재판소에 제기하여 1999. 3. 25. 청구기각판결을 선고받은 뒤 일본에서 항소를 제기하여 항소심에 소송계속중 2000. 5. 1. 부산지방법원에 동일한 청구원인에 기하여 소를 제기한 사건에서, 외국법원에 소가 제기되어 있는 경우 외국법원의 판결이 장차 민사소송법 제217조에 의하여 승인받을 가능성이 예측되는 때에는 민사소송법 제259조에서 정한 소송계속으로 보아야 할 것이므로, 동일사건에 대하여 우리 법원에 제소한다면 중복제소에 해당한다는 것을 전제로 하면서도 당해 사건에서 일본 판결이 승인되지 않을 것이라는 예측을 기초로 중복제소라는 항변을 배척하고 본안에 관하여 판단하고 원고들의 청구를 기각하였다. 원고들은 히로시마지방재판소의 청구기각판결에 대하여 항소하였고 제2심법원인 히로시마고등재판소는 2005. 1. 19. 항소기각판결을 선고하였으며 일본 최고재판소는 2007. 11. 1. 상고를 기각하여 원고 패소판결이 확정되었다. 일본 법원들이 원고들의 청구를 기각한 가장 중요한 근거는 원고들의 권리가 있더라도 소멸시효 내지는 제척기간이 완성되었다는 점이다.

이에 부산고등법원 2009. 2. 3. 선고 2007나4288 판결은 일본 판결이 승인요건을 구비한다고 판단하고 원고들의 청구를 기각하였다.[71)]

부산지방법원 판결은 승인예측설을 따르면서도 일본 판결이 공서위반이 될 가능성이 크다는 이유로 승인이 되지 않을 것으로 판단하였기에 중복제소라는 항변을 배척하고 본안판단을 하였다. 그 결과 부산고등법원에 항소가 제기되었고 항소심 계속중 일본 판결이 확정됨으로써 국제적 소송경합의 문제가 외국판결의 승인의 문제로 전환되었다. 부산고등법원은 일본 판결이 승

---

71) 평석은 한충수, "國際的 訴訟競合을 둘러싼 몇 가지 問題點," 국제사법연구 제16호(2010), 306면 이하 참조.

인요건을 구비하였다고 판단하고 원고들의 청구를 기각하게 된 것이다. 이 사건의 중요한 쟁점은 피고가 일제의 침략전쟁에 가담하여 저지른 반인도적인 전쟁범죄로 인하여 발생한 손해배상의무와 임금지급의무가 제척기간(또는 소멸시효)에 의하여 소멸하였고, 그렇지 않더라도 한일 청구권협정과 일본의 재산권조치법에 의하여 소멸하였다고 판단하여 청구를 기각한 일본 판결의 승인이 우리의 공서에 반하는가의 여부이다. 이것이 공서에 반한다는 결론을 도출하자면, 만일 우리 법원이 위 사건을 재판한다면 ① 구 미쓰비시가 피고와 별개의 법인이라는 항변, ② 원고들의 권리가 한일 청구권협정에 의해 소멸되었다는 항변과 ③ 원고들의 권리가 제척기간(또는 소멸시효)의 경과에 의해 소멸하였다는 항변을 모두 배척할 것이 전제가 된다.[72)]

이에 대해 대법원 2012. 5. 24. 선고 2009다22549 판결은, 우선 일본판결 이유는 일제강점기의 강제동원 자체를 불법이라고 보고 있는 우리 헌법의 핵심적 가치와 정면으로 충돌하는 것이므로, 일본판결을 그대로 승인하는 결과는 그 자체로 우리의 선량한 풍속이나 그 밖의 사회질서에 위반되므로 이를 승인할 수 없다고 판시하고, 위 각각의 항변에 관하여 아래의 취지로 판단하였다. ①에 관하여는, 준거법인 일본법을 적용하면 원고들은 구 미쓰비시에 대한 채권을 피고에 대하여 주장할 수 없게 되는데, 구 미쓰비시가 피고로 변경되는 과정에서 피고가 구 미쓰비시의 영업재산, 임원, 종업원을 실질적으로 승계하여 회사의 인적, 물적 구성에는 기본적인 변화가 없었음에도, 전후처리 및 배상채무 해결을 위한 일본 국내의 특별한 목적 아래 제정된 기술적 입법을 이유로 구 미쓰비시의 원고들에 대한 채무가 면탈되는 것은 우리의 공서양속에 비추어 용인할 수 없다. ②에 관하여는, 한일 청구권협정은 일본의 식민지배 배상을 청구하기 위한 협상이 아니라 샌프란시스코 조약 제4조에 근거하여 한일 양국 간의 재정적·민사적 채권·채무관계를 정치적 합의에 의하여 해결하기 위한 것으로서, 한일 청구권협정 제1조에 의해 일본

72) 이에 관하여 저자는 2011. 9. 27. 비교법실무연구회에서 "일제강점기 강제징용된 노동자들의 손해배상 및 임금 청구를 기각한 일본 법원 확정판결의 승인 여부"라는 제목으로 발표한 바 있으나 이 글은 아직 공간되지 않았다. 이제는 대법원 판결이 선고되었으므로 평석을 발표해야 할 것으로 생각된다. 이러한 쟁점은 이처럼 우리 법원이 일본 판결의 승인을 거부하는 맥락에서도 검토되어야 할 뿐만 아니라, 원고들의 청구에 대하여 본안판단을 하는 맥락에서도 다시 검토되어야 한다. 전자는 외국판결의 승인이 공서에 반하는가를 판단하는 과정에서 문제되고, 후자는(단, 한일 청구권협정의 문제는 제외) 외국법의 적용이 우리 공서에 반하는가를 판단하는 과정에서 문제된다.

정부가 우리 정부에 지급한 경제협력자금은 제2조에 의한 권리문제의 해결과 법적 대가관계가 있다고 보이지 않는 점, 한일 청구권협정의 협상과정에서 일본 정부는 식민지배의 불법성을 인정하지 않은 채 강제동원피해의 법적 배상을 원천적으로 부인하였고, 이에 따라 양국 정부는 일제의 한반도 지배의 성격에 관하여 합의하지 못하였는데, 이러한 상황에서 일본의 국가권력이 관여한 반인도적 불법행위나 식민지배와 직결된 불법행위로 인한 손해배상청구권이 한일 청구권협정의 적용대상에 포함되었다고 보기 어려운 점 등에 비추어 보면, 원고들의 손해배상청구권에 대하여는 한일 청구권협정으로 개인청구권이 소멸하지 아니하였음은 물론이고, 대한민국의 외교적 보호권도 포기되지 아니하였다. ③에 관하여는, 적어도 원고 등이 이 사건 소를 제기할 시점인 2000. 5. 1.까지는 원고 등이 대한민국에서 객관적으로 권리를 사실상 행사할 수 없는 장애사유가 있었다고 봄이 상당하므로, 피고가 소멸시효의 완성을 주장하여 원고들에 대한 불법행위로 인한 손해배상채무 또는 임금지급채무의 이행을 거절하는 것은 현저히 부당하여 신의성실의 원칙에 반하는 권리남용으로서 허용될 수 없다.

4. 공서위반을 인정하지 않은 사례

중재판정에 관한 대법원 2005. 5. 27. 선고 2004다2649 판결은, 캐나다 중재판정이 자사주에 대한 의무예탁기간, 동시이행관계 및 이행지체에 대한 법리, 손해배상액 산정시기에 대한 법리, 상법에 규정된 주식양도제한금지규정, 원고의 매수대금 지급능력 등을 무시 또는 위반하거나 고려하지 않고 내려진 것이기 때문에 이를 그대로 승인·집행하는 것이 우리나라의 법체계, 사회통념 등 공공질서에 반한다는 피고의 주장에 대하여, 뉴욕협약 제5조 제2항 나호에 의하면, 중재판정의 승인이나 집행이 우리나라의 공서에 반하는 경우에는 우리 법원은 중재판정의 승인과 집행을 거부할 수 있지만, 이는 중재판정의 승인이나 집행이 집행국의 기본적인 도덕적 신념과 사회질서를 해하는 것을 방지하여 이를 보호하려는 데 그 취지가 있다고 할 것이므로, 그 판단에 있어서는 국내적인 사정뿐만 아니라 국제적인 거래질서의 안정이라는 측면도 함께 고려하여 제한적으로 해석하여야 할 것이고, 해당 중재판정을 인정할 경우 그 구체적 결과가 우리나라의 선량한 풍속 기타 사회질서에 반하여 사회적으로 도저히 용인할 수 없을 정도에 이르러야 비로소 승인이나 집행을 거부할 수 있다고 전제한 다음, 위 인정 사실에 나타난 원고와 피고의 관계, 분쟁경위, 피고가 위 주식을 처분하여 얻은 이익 등 여러 사정을 고려하면, 가사 위 중재판정의 내용에 피고의 주장과 같이 우리나라의 법규나 대법원 판례 등에 일부 어긋난 점이 있다고 하더라도, 그러한 사유만으로는 위 중재판정을 인정할 경우 그 구체적 결과가 우리나라의 선량한 풍속 기타 사회질서에 반할 정도에 이른다고 볼 수 없고, 달리 이를 인정할 증거도 없다는 이유로, 각 이를 배척하고, 결국 원고승소판결을 선고한 제1심판결을 그대로 유지한 원심판결을 지지하였다.[73)]

Ⅶ. 외국판결과 외국중재판정의 승인 및 집행에 공통된 몇 가지 논점

우리 법상 민사소송법 및 민사집행법에 따른 외국판결의 승인 및 집행과 뉴욕협약이 적용되는 외국중재판정의 승인 및 집행에 관한 논의는 상당 부분 parallel하게 전개된다. 여기에서는 그런 예로서 두 가지만을 언급한다.

1. 사기에 의하여 획득된 외국판결 및 외국중재판정의 승인과 공서위반 여부

가. 사기에 의하여 획득된 외국판결의 승인과 공서위반 여부

대법원 2004. 10. 28. 선고 2002다74213 판결[74)]은 다음과 같은 취지로 판시하였다.

> 민사집행법 제27조 제2항 제2호, 민사소송법 제217조 제3호에 의하면 외국법원의 확정판결의 효력을 인정하는 것이 한국의 공서에 어긋나지 않는다는 점이 외국판결의 승인 및 집행의 요건인바, 외국판결의 내용 자체뿐만 아니라 외국판결의 성립절차에 있어서 공서에 어긋나는 경우도 승인 및 집행의 거부사유에 포함될 것이나, 민사집행법 제27조 제1항이 "집행판결은 재판의 옳고 그름을 조사하지 아니하고 하여야 한다"고 규정

73) 이런 설시는 공서위반에 관한 판단으로서 큰 의미는 없지만 대법원 판결이라 소개한다.
74) 이에 대한 평석은 석광현(註 52), 239면 이하 참조.

> 할 뿐만 아니라 사기적인 방법으로 편취한 판결인지 여부를 심리한다는 명목으로 실질적으로 외국판결의 옳고 그름을 전면적으로 재심사하는 것은 외국판결에 대하여 별도의 집행판결제도를 둔 취지에도 반하므로, 위조·변조 내지는 폐기된 서류를 사용하였다거나 위증을 이용하는 것과 같은 사기적인 방법으로 외국판결을 얻었다는 사유는 원칙적으로 승인 및 집행의 거부사유가 될 수 없고, 다만 재심사유에 관한 민사소송법 제451조 제1항 제6호, 제7호, 제2항의 내용에 비추어 볼 때 피고가 판결국 법정에서 위와 같은 사기적인 사유를 주장할 수 없었고 또한 처벌받을 사기적인 행위에 대하여 유죄의 판결과 같은 고도의 증명이 있는 경우에 한하여 승인 또는 집행을 구하는 외국판결을 무효화하는 별도의 절차를 당해 판결국에서 거치지 아니하였다 할지라도 바로 우리나라에서 승인 내지 집행을 거부할 수는 있다.

나. 사기에 의하여 획득된 외국중재판정의 승인과 공서위반 여부

대법원 2009. 5. 28. 선고 2006다20290 판결[75)]은 다음과 같은 취지로 판시하였다.

> 외국중재판정의 승인 및 집행에 관한 협약("뉴욕협약")이 적용되는 외국중재판정에 대하여 집행국 법원은 뉴욕협약 제5조의 집행 거부사유의 유무를 판단하기 위하여 필요한 범위 내에서는 본안에서 판단된 사항에 관하여도 독자적으로 심리·판단할 수 있고, 제5조 제2항 (나)호의 집행 거부사유에는 중재판정이 사기적 방법에 의하여 편취된 경우가 포함될 수 있다. 그러나 집행국 법원이 당해 외국중재판정의 편취 여부를 심리한다는 명목으로 실질적으로 중재인의 사실인정과 법률적용 등 실체적 판단의 옳고 그름을 전면적으로 재심사한 후 그 외국중재판정이 사기적 방법에 의하여 편취되었다고 보아 집행을 거부하는 것은 허용되지 않는다. 다만, 그 외국중재판정의 집행을 신청하는 당사자가 중재절차에서 처벌받을 만한 사기적 행위를 하였다는 점이 명확한 증명력을 가진 객관적인 증거에 의하여 명백히 인정되고, 그 반대당사자가 과실 없이 신청당사자의 사기적인 행위를 알지 못하여 중재절차에서 이에 대하여 공격방어를 할 수 없었으며, 신청당사자의 사기적 행위가 중재판정의 쟁점과 중요한 관련이 있다는 요건이 모두 충족되는 경우에 한하여, 외국중재판정을 취소·정지하는 별도의 절차를 거치지 않더라도 바로 당해 외국중재판정의 집행을 거부할 수 있다.

저자는 위 2004년 대법원판결에 대하여 대법원이 지나치게 재심의 법리에 의존한 점을 비판하고, 유죄의 판결과 같은 고도의 증명이라는 개념에 대해 의문을 제기하였다.[76)] 이에 대해 2009년 대법원판결은 재심이나 그에 상

75) 평석은 석광현, "사기에 의하여 획득한 외국중재판정의 승인과 공서위반 여부," 서울지방변호사회 판례연구 제24집(2)(2011), 118면 이하 참조.

76) 석광현(註 52), 261면 이하 참조.

응하는 중재판정 취소의 법리를 언급하지 않고 '고도의 증명'이라는 표현도 사용하지 않는데 이 점은 환영할 만하다. 그러나 2009년 판결과 2004년 판결의 차이가 소송과 중재의 차이에 기인하는지 아니면 일관성의 결여 탓인지는 불분명하다. 2009년 판결은 중재판정 취소에 관한 미국 판결의 영향을 받은 것인데, 특히 사기적 행위를 하였다는 점이 "명확한 증명력을 가진 객관적인 증거에 의하여 명백히 인정"될 것이라는 요건은 미국에서 말하는 'clear and convincing evidence에 의한 입증'을 가리키는 것으로 이는 미국에서 통상 민사소송에서 요구되는 '우월한 증거에 의한 입증'보다 높은 정도의 입증을 요구한다. 그러나 우리 민사소송법상 '고도의 개연성에 의한 확신'이라는 '증명'의 개념이 확립되어 있으므로 그런 개념은 불필요하고 오히려 혼란을 초래하므로 바람직하지 않다. 이를 굳이 사용하자면 증명과의 관계를 밝혀야 할 것이다.

2. 집행판결청구의 소와 청구이의사유의 주장

외국중재판정의 승인 및 집행에 관한 대법원 2003. 4. 11. 선고 2001다20134 판결은 다음과 같은 취지로 판시하였다.

> 집행판결은 외국중재판정에 대하여 집행력을 부여하여 우리나라 법률상의 강제집행절차로 나아갈 수 있도록 허용하는 것으로서[77] 그 변론종결 시를 기준으로 하여 집행력의 유무를 판단하는 재판이므로,[78] 중재판정의 성립 이후 채무의 소멸과 같은 집행법상 청구이의의 사유가 발생하여 중재판정문에 터잡아 강제집행절차를 밟아 나가도록 허용하는 것이 우리 법의 기본적 원리에 반한다는 사정이 집행재판의 변론과정에서 드러난 경우에는, 법원은 외국중재판정의 승인 및 집행에 관한 뉴욕협약 제5조 제2항 (나)호의 공공질서 위반에 해당하는 것으로 보아 그 중재판정의 집행을 거부할 수 있다.

그러나, 저자는 뉴욕협약이 적용되는 외국중재판정에 기초한 집행판결청구의 소의 단계에서 피고의 청구이의사유의 주장을 허용한 대상판결의 결론

77) 집행판결 제도의 취지는 위(Ⅱ.1.가.) 참조.

78) 집행판결은 집행력을 부여하는 형성판결의 성질을 가지므로 여기에서 그 변론종결 시를 기준으로 집행력의 유무를 판단하는 재판이라는 설명은 적절하지 않다. 석광현, "外國仲裁判定에 기초한 執行判決과 청구이의사유의 주장—대법원 2003. 4. 11. 선고 2001다20134 판결에 대한 평석—," 국제상사중재법연구 제1권(2007), 394면.

은 지지하나, 집행을 거부하는 근거를 뉴욕협약의 공서위반으로 설명한 점은 지지하지 않는다는 견해를 피력한 바 있다.[79] 위 사건에서와 같이 뉴욕협약이 적용되는 외국중재판정이 내려진 후 피신청인의 변제에 의하여 중재판정의 기초가 된 채무의 일부가 소멸한 경우, 원고가 우리 법원으로부터 집행판결을 받은 뒤 피고가 청구이의의 소를 제기하여 집행력을 배제하는 것이 민사집행법에 충실한 견해라고 주장할 여지도 있으나, 번거로운 절차의 반복을 피하고 소송절차의 경제를 위하여, 집행판결청구의 소의 단계에서 피고의 청구이의사유의 주장을 허용하는 것이 바람직하다. 대상판결은 이를 정면에서 허용한 최초의 대법원판결이라는 점에서 의의가 크며 타당하다. 이러한 결론은 외국판결에 기초한 집행판결청구의 소에도 타당하다.

다만 위 대법원판결이 중재판정의 집행을 거부하는 근거를 뉴욕협약 제5조 제2항 제2호의 공서에서 구한 것은 옳지 않다. 집행판결청구의 소에서 청구이의사유를 주장할 수 있다고 보는 이상, 피고로서는 외국중재판정의 승인거부사유만이 아니라 일체의 청구이의사유도 주장할 수 있다고 보아야 한다.[80] 그렇지 않으면 피고가 집행판결청구의 소에서 청구이의사유를 주장할 수 있다는 것은 무의미하다. 뉴욕협약이 적용되는 외국중재판정에 기초한 집행판결청구의 소와, 외국판결에 기초한 집행판결청구의 소를 달리 취급할 근거는 없다. 물론 청구이의사유는 외국중재판정의 효력의 표준 시 후의 사유에 한정된다. 그 전의 사유를 근거로 집행을 배제하는 것은 원칙적으로 허용되지 않는다. 위 판결에 대한 논의는 외국판결의 변론종결 후 채무 변제가 아닌 다른 청구이의사유, 예컨대 상속인의 한정승인이 있는 경우에도 마찬가지로 타당하다.[81]

---

79) 상세는 석광현(註 75), 373면 이하 참조.

80) 오정후, "집행판결의 거부사유인 공공질서 위반에 관한 연구," 민사소송(한국민사소송법학회지) 제11권 제1호(2007), 323면 이하는 외국 중재판정에 기하여 집행판결을 받아 강제집행하는 것은 민사집행법에 따른 것이므로 비록 채무가 소멸하였더라도 우리 공서에 반하지 않는다고 한다.

81) 위에 언급한 서울중앙지방법원 2010. 2. 5. 선고 2009가합39658 판결은, 외국판결의 확정 후 상속인들이 한정승인을 한 뒤 외국에서 승소판결(화해판결로 보임은 위에서 언급)을 받은 채권자가 한국에서 집행판결 청구의 소를 제기한 사건에서, 망인의 상속인들인 피고들의 한정승인을 이유로 각 피고가 상속받은 재산의 범위 내에서만 집행을 허가하였다. 그 근거는 한정승인의 경우 상속채무는 상속인의 고유재산에 대해서는 강제집행을 할 수 없고, 상속재산의 한도 내에서만 집행이 가능하며, 상속인은 피상속인에 대한 채권자가 집행권원에 기하여 상속인의 재산에 대하여 집행을 하는 경우 그에 대하여 청구이의의 소로서 한정승인 사실을 주장할 수 있고, 또한 비록 확정된 외국판결이더라도 그 권리의 행사

Ⅷ. 2012년 국회에서 발의된 민사소송법 개정안과 민사집행법 개정안

이군현 의원을 비롯한 일부 국회의원들은 2012. 1. 9. 민사소송법 개정안(의안번호 1814511)과 민사집행법 개정안(의안번호 1814512)을 발의한 바 있다. 외국판결의 승인 및 집행에 관한 민사소송법과 민사집행법 개정안의 조문은 아래와 같은데, 이와 관련한 공청회가 2012. 1. 16. 국회에서 개최된 바 있다.[82] 이는 판결은 아니고 국회를 통과한 것은 아니지만 주목할 만한 사건이기에 간단히 소개한다.

1. 민사소송법 개정안

① …

3. 그 재판의 내용 및 소송절차에 비추어 보아 그 재판의 승인이 대한민국의 선량한 풍속이나 그 밖의 사회질서에 위반되지 아니할 것. 다만 손해전보의 범위를 초과하는 손해배상을 명한 외국재판은 그 초과범위 내에서 대한민국의 선량한 풍속이나 그 밖의 사회질서에 위반한 것으로 본다.
4. 대한민국과 그 외국법원이 속하는 국가에 있어 외국재판의 승인요건이 중요한 점에서 실질적으로 차이가 없을 것.

② 외국 법원이 인용한 변호사보수를 비롯한 소송비용이 과도하다고 판단한 경우에는 그 범위 내에서 승인을 거부할 수 있다.

③ 외국 법원이 인용한 손해배상이 소송과 관련된 비용과 경비를 전보하는지 여부와 그 범위를 고려하여야 한다.

④ 법원은 제1항의 요건이 충족되었는지 여부에 관하여 직권으로 조사하여야 한다.

는 신의에 좇아 성실히 행사되어야 하고 그 판결에 기한 집행이 권리남용이 되는 경우에는 허용되지 않는다고 할 것인바, 외국판결의 성립경위, 외국판결의 성립 후 집행에 이르기까지의 사정, 그 집행이 당사자들에게 미치는 영향, 소송경제 등을 고려할 때, 피고들이 한정승인을 한 이상 원고가 외국판결에 기하여 상속재산의 범위를 벗어나서 집행을 하는 것은 권리남용에 해당하므로, 외국판결 중 상속재산의 범위를 벗어나는 부분에 대한 집행의 승인을 제한해야 한다"는 것이다. 이는 위 대법원판결의 원심판결인 서울고등법원 2001. 2. 27. 선고 2000나23725 판결의 영향을 받은 것이다.

82) 개정안의 주요내용은 공청회 자료집, 이규호, "국제민사소송절차의 개선방안—관련 법안의 검토를 중심으로—," 40면 이하 참조.

이에 대하여 저자는 아래와 같은 취지로 간단한 코멘트를 한 바 있다.[83)]

제1항 제3호 단서와 제2항, 제3항은 전보배상이 아닌 징벌배상 또는 수배배상을 명한 외국재판과 과도한 손해배상을 명한 외국재판의 승인 및 집행을 적정한 범위로 제한하려는 것이다. 사실 이는 별도의 명시적 조문이 없더라도 제1항 제3호에 의하여 해결할 수 있는 성질의 것이지만 그 취지를 명확히 함으로써 법적 안정성을 제고하기 위한 것으로 보인다. 과거 유사한 제안을 했던 저자로서는 기본적으로 이런 제안을 지지한다. 다만 위 3개 조문의 체계를 재구성할 필요가 있다. 즉 ① 전보배상이 아닌 손해배상을 명한 외국재판과 ② 전보배상이기는 하나 우리 기준에 비추어 과도한 전보배상을 명한 외국재판을 나누어 규정하고, ③ 위 양자의 승인을 제한함에 있어서 재판국의 법원이 선고한 손해배상이 비용과 경비의 전보를 목적으로 하는지와 그 범위를 고려한다는 취지를 규정하자는 것이다.

개정안은 위 ①과 ②를 묶어서 규정한 셈인데 이렇게 할 경우, 문면상 위 ② 즉 우리의 기준에 비추어 과도하기는 하지만 전보배상을 명한 외국재판의 승인을 통제하기가 어렵게 된다. 또한 저자의 제안처럼 하는 것이 1999년 헤이그국제사법회의의 1999년 예비초안(제33조)의 체계와 정합성이 있고, 우리 법원이 준거법인 외국법을 적용하는 데 관한 것이기는 하나 우리 국제사법(제32조 제4항)[84)]과도 정합성이 있다.

문제는 앞으로 예컨대 삼배배상을 명한 미국판결을 어떻게 처리할 것인가라는 점이다. 과거 우리 법제가 삼배배상제도를 인정하지 않았던 시절에는 우리 법원이 삼배배상을 정한 외국법을 준거법으로 하여 재판하는 경우 위 국제사법 조문(제32조 제4항)에 따라 실손해를 넘은 부분에 관한 한 손해배상을 인정하지 않고, 삼배배상을 명한 외국재판의 승인 및 집행의 경우에도 그 부분의 승인 및 집행을 거부할 수 있었다.

그러나 우리나라가 2011. 6. 30. 시행된 하도급법을 통하여 삼배배상제도를 도입한 이상 우리 법원이 재판하는 단계와 외국재판을 승인 및 집행하는

---

83) 위 공청회 자료집, 155면 이하 참조.

84) 조문은 아래와 같다.

"④ 제1항 내지 제3항의 규정에 의하여 외국법이 적용되는 경우에 불법행위로 인한 손해배상청구권은 그 성질이 명백히 피해자의 적절한 배상을 위한 것이 아니거나 또는 그 범위가 본질적으로 피해자의 적절한 배상을 위하여 필요한 정도를 넘는 때에는 이를 인정하지 아니한다." 위 조문의 취지는 석광현, 2001년 개정 국제사법 해설, 제2판(2003), 290면 이하 참조.

단계에서 각각 외국법의 적용과 삼배배상의 지급을 명한 외국재판의 승인 및 집행이 당연히 우리의 공서에 반한다고 할 수는 없게 되었다. 따라서 국제사법도 이와 관련하여 개정하는 방안을 검토해야 하며, 민사소송법 개정안에서도 이 점을 고려하여야 적절한 해결방안을 모색해야 한다.

특히 지적해 둘 것은 외국재판이 과도한 손해배상을 명하였음을 이유로 승인을 제한할 경우, 과도한지의 여부를 판단함에 있어서는 동일한 사안에서 우리 법원이 우리 법을 적용하여 재판하였을 경우 인용되었을 금액을 기준으로 기계적으로 판단해서는 곤란하다는 점이다. 우리 법원으로서는 제반사정을 고려해서 "위 금액+쿠션"을 인정할 여지가 있기 때문이다. 헤이그국제사법회의의 1999년 예비초안 제33조 제2항은 이런 취지를 잘 보여준다. 또한 우리 법원의 외국법 적용단계에서 우리 국제사법(제32조 제4항)이 "그 범위가 피해자의 적절한 배상을 위하여 필요한 정도를 넘는 때에는 이를 인정하지 아니한다"고 하지 않고 "그 범위가 본질적으로 피해자의 적절한 배상을 위하여 필요한 정도를 넘는 때에는 이를 인정하지 아니한다"라고 한 것은 이러한 점을 고려했기 때문이다. 우리 법을 적용한 것과 차이가 있더라도 그것이 본질적인 것이 아니라면 受忍하겠다, 즉 받아들이겠다는 취지이다.

개정안에는 이러한 고민이 반영되어 있지 않은 것으로 보인다.

한편, 제4호의 개정안은 상호보증의 개념을 입법적으로 정의하려는 것이다. 그러나 상호보증의 개념을 제4호의 개정안과 유사하게 정의한 대법원 2004. 10. 28. 선고 2002다74213 판결이 선고됨으로써 판례가 사실상 변경된 이상 이런 개정은 하지 않아도 무방한 것으로 생각한다.

한편 제4항에 대한 의견은 아래와 같다. 제4항은 승인요건을 법원이 직권으로 조사하도록 명시하는 취지이나 굳이 명시하지 않더라도 우리 법원이 그렇게 판단할 것으로 생각된다는 점에서 굳이 명시하지 않아도 좋다.[85] 그러나 규정을 두는 데 반대할 생각은 없다.

85) 저자는 과거 승인요건 중 송달요건에 관하여 피고의 항변이 있는 경우에 판단하면 족하다는 견해를 피력하였으나, 위에서 본 바와 같이 대법원 2010. 4. 29. 선고 2009다68910 판결은 이를 직권으로 조사해야 한다고 판시하였다.

2. 민사집행법 개정안

第26조(외국재판의 강제집행) ① 외국법원의 재판에 기초한 강제집행은 대한민국 법원이 집행판결로 그 강제집행을 허가하여야 할 수 있다. 第27조(집행판결) ② (현재와 동일) 1. 외국법원의 재판이 확정된 것을 증명하지 아니한 때 2. 외국법원의 재판이 민사소송법 제217조의 요건을 갖추지 아니한 때

제26조와 제27조 개정안에 대하여는 큰 이의가 없다.

다만 제27조 제2항이 ② 집행판결을 청구하는 소는 다음 각호 가운데 어느 하나에 해당하면 각하하여야 한다고 규정하는 데 대하여, 학설로는 청구기각을 할 것이라는 견해가 유력하므로 이 점을 고려할 필요가 있다. 또한 제27조 제2항 제1호는 "외국법원의 재판이 확정된 것을 증명하지 아니한 때" 소를 각하하도록 규정하는데 이것이 법원이 승인요건을 직권으로 조사해야 한다는 것(개정안 민사소송법 제217조 제4항)과 일관성이 있는지도 검토할 필요가 있다.

Ⅸ. 맺 음 말

지금까지 주로 2001년 이후에 선고된 우리 판결을 중심으로 외국판결의 승인 및 집행에 관한 법리를 검토하였다. 그 결과 우리 법원이 대체로 외국판결의 승인 및 집행과 관련된 여러 가지 논점을 올바른 방향으로 정리해 가고 있음을 확인할 수 있었지만 몇 가지 아쉬운 점들이 있는 것도 사실이다. 예컨대 승인의 대상인 외국법원 판결의 개념에 관하여 대법원 2010. 4. 29. 선고 2009다68910 판결은 외국판결의 개념을 너무 좁게 정의하면서 유추적용 가능성을 언급하지 않았고 또한 "종국적으로 한 재판"이라는 용어를 사용함으로써 이것이 강학상 확립된 개념인 '종국적 재판'과 동일한 의미인지 다른 의미인지 혼란을 초래하였으며, 반대로 외국법원의 회생계획 인가결정의 외국판결성을 긍정한 대법원 2010. 3. 25.자 2009마1600 결정은 외국판결의 개념을 너무 넓게 인정하였다. 무엇보다도 큰 문제는 양자가 상충되는 것으로 보인다는 점이다. 또한 집행판결청구의 소에서 대법원이 청구이의의 사유의 주장을 허용한 것은 타당하지만 집행을 거부하는 근거를 공서위반으로 설명한 점은 적절하지 않다.

[補論]

승인대상인 외국판결의 개념에 관한 대법원재판의 상충*

Ⅰ. 머 리 말

근자에 우리 국민과 기업의 국제적 활동이 활발해지면서 외국법원의 판결("외국판결")의 승인 및 집행의 문제가 우리 법원에서 전보다 더 빈번하게 제기되고 있다. 2010년에는 승인대상인 외국판결의 개념에 관하여 주목할 만한 대법원재판이 2개 선고되었다. 하나는 미국법원의 회생계획 인가결정이 민사소송법 제217조가 정한 승인대상인 외국판결이라고 인정한 대법원결정이고, 다른 하나는 캘리포니아주 법원의 confession judgment("승인판결". 이는 외국판결을 승인하는 판결로 오해될 여지가 있지만 대판을 따라 이를 사용한다)는 집행대상인 외국판결이 아니라고 본 대법원판결이다. 전자는 3월 말, 후자는 4월 말 선고되었는데 대법원이 이렇듯 국제사법 내지 국제민사소송법의 쟁점을 정면으로 다룬 것은 환영할 일이나 문제는 양자가 상충된다는 것이다.

Ⅱ. 대법원판결과 결정의 논리전개

후에 선고되었지만 외국판결의 개념을 정의한 4월 판결을 먼저 보고 3월 결정을 살펴본다.

---

* 이 글은 당초 법률신문 제3976호(2011. 10. 20.), 11면에 게재된 것이다.

1. 캘리포니아 주법원의 승인판결의 외국판결성을 부정한 대법원 2010. 4. 29. 선고 2009다68910 판결("제1판결")

집행판결의 대상인 외국판결의 개념에 관하여 제1판결은 아래와 같은 취지로 판시하였다(밑줄은 저자가 추가함).

"민사집행법 제26조 제1항은 "외국법원의 판결에 기초한 강제집행은 한국 법원에서 집행판결로 그 적법함을 선고하여야 한다"라고 규정한다. 집행판결 제도는, 재판권이 있는 외국 법원에서 행하여진 판결에서 확인된 당사자의 권리를 한국에서 강제적으로 실현하고자 하는 경우에 다시 소를 제기하는 등 이중의 절차를 강요할 필요 없이 그 외국의 판결을 기초로 하되 단지 한국에서 그 판결의 강제실현이 허용되는지 여부만을 심사하여 이를 승인하는 집행판결을 얻도록 함으로써 당사자의 원활한 권리실현의 요구를 국가의 독점적·배타적 강제집행권 행사와 조화시켜 그 사이에 적절한 균형을 도모하려는 취지에서 나온 것이다. 이러한 취지에 비추어 보면, 위 규정에서 정하는 '외국법원의 판결'이라고 함은 재판권을 가지는 외국의 사법기관이 그 권한에 기하여 사법상(私法上)의 법률관계에 관하여 대립적 당사자에 대한 상호간의 심문이 보장된 절차에서 종국적으로 한 재판으로서 구체적 급부의 이행 등 그 강제적 실현에 적합한 내용을 가지는 것을 의미하고, 그 재판의 명칭이나 형식 등이 어떠한지는 문제되지 아니한다. … 캘리포니아주 구 민사소송법에서 승인판결(confession judgment 또는 judgment by confession)에 대하여 규정하는 제1132조 내지 제1134조는, 피고가 특정 금액의 채무에 관하여 소송절차를 거치지 아니하고 판결로 등록하는 것을 서면으로 승인하고, 또한 피고의 대리인인 변호사가 그 제안된 판결내용을 검토하였다는 것과 피고에게 위 규정상의 절차를 이용함에 따라 포기하게 되는 소송법상의 권리 및 방어수단에 관하여 설명하고 그 절차를 이용하도록 조언하였다는 것을 서면으로 확인한 경우에, 당사자가 소송절차를 거치지 아니하고서도 피고의 채무승인진술서 및 피고의 대리인인 변호사의 확인진술서 등을 판결로 등록할 것을 신청할 수 있고, 이런 신청이 있으면 법원서기(clerk)는 위 각 서류에 서명한 후 이를 판결로 등록하여야 한다고 규정한다. 이런 승인판결 제도는 원고의 승인판결 신청이 있으면 법원서기가 사법기관이 관여하지 아니한 상태에서 작성된 피고의 채무승인진술서 및 피고의 대리인인 변호사의 확인진술서의 제출 여부만을 검토하여 이를 그대로 판결로 등록하는 것이고, 그 과정에서 당사자에 대한 상호간 심문의 기회 등이 보장되어 있다고 할 수 없다. 따라서 승인판결은, 비록 그 명칭이 '판결'이고 정식의 판결과 유사한 효력을 가지더라도 또한 피고가 심문권 등 소송법상의 권리를 의도적·자발적으로 포기하기로 하고 승인판결절차를 이용하기로 사전에 동의하였다고 하더라도, 이를 법원이 당사자 상호간의 심문이 보장된 사법절차에서 종국적으로 한 재판이라고 할 수 없고, 그렇다면 민사집행법 제26조 제1항이 정한 '외국법원의 판결'에 해당하지 아니한다."

이는 집행판결의 대상인 외국판결의 개념 정의지만 "구체적 급부의 이행 등 그 강제적 실현에 적합한 내용을 가지는 것"이라는 부분처럼 집행에 특유한 부분을 제외한다면 대체로 승인대상인 외국판결의 정의에도 타당하다(캘리포니아주법상의 승인판결에 관하여는 구자헌, 대법원판례해설 제83호(2010년 상반기), 327면 이하 참조).

2. 외국법원의 회생계획 인가결정의 외국판결성을 긍정한 대법원 2010. 3. 25.자 2009마1600 결정("제2결정")

과거 민사소송법상 승인대상인 외국판결에는 도산절차의 재판은 포함되지 않는다는 것이 통설이었으나, 2006. 4. 1. 발효된 "채무자회생 및 파산에 관한 법률"("통합도산법")이 수정된 보편주의를 취한 결과 외국 도산절차 또는 그를 구성하는 재판("도산재판")은 이제는 통합도산법에 따라 승인대상이 된다. 도산재판의 승인은 민사소송법 제217조에 의하여 승인되는 외국판결과 달리 승인요건이 구비된다고 하여 자동승인되는 것이 아니라 우리 법원의 승인결정을 필요로 하는데(통합도산법 제632조) 이것이 결정승인제이다. 이 사건의 쟁점은 미국 법원의 회생계획 인가결정에 의한 면책효력이 제217조에 따라 한국에서 자동승인되는지 아니면 우리 법원의 승인결정이 필요한지, 만일 후자라면 우리 법원의 지원처분도 필요한가라는 점이었다.

제2결정은 아래의 취지로 판시하여 외국판결 승인 경로를 취하였다.

"외국법원의 회생계획 인가결정("인가결정". 원문은 면책결정과 인가결정을 포괄하여 '면책재판 등'이라 하나 여기에서는 인가결정이 문제되었으므로 인가결정이라 한다)은 실체법상의 청구권 내지 집행력의 존부에 관한 것으로서 그에 의하여 발생하는 효과는, 채무자와 개별 채권자 사이의 채무 혹은 책임의 감면이라고 하는 단순하고 일의적인 것이고, 그 인가결정 등의 승인 여부를 둘러싼 분쟁은 면책 등의 대상이 된 채권에 기하여 제기된 이행소송이나 강제집행절차 혹은 파산절차 등에서 당해 채무자와 채권자 상호간의 공격방어를 통하여 개별적으로 해결함이 타당하므로, 이 점에서 외국법원의 인가결정의 승인은 그 인가결정이 비록 외국도산절차의 일환으로 이루어진 것이더라도 민사소송법 제217조가 규정하는 일반적인 외국판결의 승인과 다를 바 없다. 따라서 속지주의 원칙을 폐지한 통합도산법 하에서 외국도산절차에서 이루어진 외국법원의 인가결정의 승인 여부는 그 인가결정이 제217조의 승인요건을 충족하고 있는지를 심리하여 개별적으로 판단함이 상당하고, 그 승인 여부를 통합도산법의 승인절차나 지원절차에 의하여 결정할 것은 아니다."

Ⅲ. 대법원재판들에 대한 비판

1. 제1판결에 대한 비판

제1판결의 결론은 수긍할 수 있다. 특히 승인 및 집행대상인 외국판결의 개념을 정의함으로써 법적 안정성을 제고하려는 제1판결의 시도는 치하할 만하다. 그러나 제1판결은 ① 외국판결의 개념을 너무 좁게 파악한 점(상호간 심문이 보장된 절차일 것은 방어권보장이라는 별도 요건으로 볼 수 있다), ② 무엇보다도 그에 앞선 제2결정과 상충되는 점과 ③ 외국법원의 승인판결이 외국판결의 개념에 포함되지 않더라도 민사집행법 제26조의 유추적용 여부를 고려하지 않은 점에서 아쉬움이 있다. 민사집행법(제27조)상 집행판결은 승인을 전제로 하지만, 해석론 및 입법론상 집행판결의 대상을 확대하여 재판상 화해와 제한된 범위의 공정증서 등을 포함할 필요가 있다.

제1판결의 결과 외국의 재판상 화해조서와 인낙조서는 비록 그것이 외국에서 판결과 동일한 효력이 있더라도 한국에서 외국판결로서 승인 및 집행되기는 어렵다. 이런 이유로 제1판결이 제26조의 유추적용까지도 배제하는 것인지를 명확히 하지 않은 점이 아쉽다. 외국법원의 화해판결과 인낙판결이 승인 및 집행대상인지도 불분명하다. 그렇다면 제1판결이 추구하는 법적 안정성의 제고라는 목적이 과연 달성될 수 있는지 의문이다.

2. 제2결정에 대한 비판

저자는 과거 제2결정의 원심결정에 대해 인가결정의 승인에 관하여 외국판결의 승인 경로를 채택한 것은 부적절하다고 비판했다(법률신문 제3763호(2009. 7. 24.), 15면). 가장 큰 이유는 인가결정은 외국의 회생절차를 구성하는 재판의 하나인데 회생절차 개시재판이 아직 한국에서 승인되지 않은 상태에서, 시간적으로 그 후일 뿐만 아니라 논리적으로 개시재판의 존재를 전제로 하는 인가결정만이 먼저 자동승인되는 것은 수용할 수 없기 때문이었다. 더욱이 당해 사건에서 자동승인을 인정할 경우 통합도산법이 시행되기 전에 한국에서 인가결정의 효력이 발생하는 결과가 되었다(견해대립은 오영준, 대법원판례해설 제83호(2010년 상반기), 632면 이하 참조). 여기에서 논의를 반복하지는 않지만 추가로 지적할 것은, 미국 법원의 인가결정은 대립적 당사자에 대한 상호 간의 심문이 보장된 절차에서 한 재판도 아니고, 종국적 재판(즉 종국적 판단을 하고 심급을 이탈시키는 종국적 재판)도 아니므로 제1판결이 정의한 승인대상인 외국판결에 해당하지 않는다는 점이다. 따라서 인가결정에 제217조를 곧바로 적용한 제2결정은 명백히 제1판결에 반한다.

저자와 달리 만일 자동승인이 타당하다고 본다면 적어도 제217조를 '유추적용'해야 한다. 그것이 인가결정의 성질, 승인요건과 승인효과의 측면에서도 더 적절하다. 예컨대 제217조가 정한 승인요건 중 판결의 확정성, 패소한 피고의 방어권보장 및 상호보증과, 제1판결이 요구한 종국성 요건은 인가결정의 승인에서는 불필요하고 단지 관할요건과 공서요건만이 요구되기 때문이다. 어떻게 이것이 제217조를 적용한 결과라고 강변할 수 있을까.

제1판결은 집행판결의 대상인 외국판결의 개념 정의이므로 인가결정의 승인이 문제된 제2결정과 상충되지 않는다고 주장할지 모르겠으나 위에서 본 것처럼, 집행과 관련된 부분을 제외하면 제1판결의 정의는 승인대상인 외국판결의 정의로서도 타당하므로 이는 옳지 않다.

Ⅳ. 맺 음 말

제1판결이 외국판결의 개념을 정의하고, 제2결정이 인가결정의 승인에 관한 다툼을 정리한 점은 높이 평가한다. 그러나 제1판결은 외국판결의 개념을 너무 좁게 정의하면서 유추적용 가능성을 언급하지 않았고, 반대로 제2결정은 외국판결의 개념을 너무 넓게 인정했다. 양자를 떼어놓고 보면 각자 나름대로 설득력이 없는 것은 아니지만 상충되는 점은 문제이다. 그 후 간행된 판례해설을 보아도 양 재판의 저촉에 대한 인식이 없음은 유감이다. 이는 대법관들 간에, 그리고 재판연구관들 간에 좀더 활발한 의견교환이 필요함을 보여주는 사례가 아닌가 생각된다.

[후 기]

이 글에서 저자가 지적한 바의 핵심은, 미국 법원의 회생계획 인가결정은 첫째, 대립적 당사자 간의 재판이 아니고, 둘째, 종국적 재판도 아니라는 것이며, 셋째, 대법원의 제2결정처럼 회생계획 인가결정에 따른 면책 효력을 외국판결 승인의 경로를 통하여 승인하자면 민사소송법 제217조를 유추적용하여야(적용이 아니라) 한다는 것이다. 만일 대법원의 제1판결이 말하는 '종국적으로 한 재판'이 강학상의 '종국적 재판'을 의미하는 것이 아니라면 둘째 지적은 의미를 상실하겠지만, 그렇다면 종국적으로 한 재판의 의미는 무엇인지 묻고 싶다.

제 6 장 국제도산법

[11] "채무자 회생 및 파산에 관한 법률" (이른바 통합도산법)에 따른 국제도산법

前 記
이 글은 "채무자 회생 및 파산에 관한 법률(이른바 統合倒産法)에 따른 國際倒産法" 이라는 제목으로 국제거래법연구 제15집 제2호(2006. 12.), 319면 이하에 수록한 글을 다소 수정·보완한 것이다. 위 글을 절반으로 축약한 글은 "채무자 회생 및 파산에 관한 법률(이른바 統合倒産法)에 따른 國際倒産法의 개관"이라는 제목으로 민사소송 제10권 제2호(2006. 12.), 326면 이하에 게재한 바 있다. 저자가 법률신문에 발표한 "외국도산절차에 따른 면책 효력의 승인"은 補論으로 첨부하였다.

Ⅰ. 머 리 말

1. 국제도산법의 쟁점

과거 개인과 회사가 주로 어느 하나의 국가 내에서 재산을 소유하거나 영업을 하던 시대에는 이른바 '국제도산'(cross-border insolvency, Internationale Insolvenz)의 문제가 제기되지 않았으나, 개인이나 회사가 다수의 국가에 재산을 가지고 있거나 국제적으로 영업활동을 하는 것이 보편화된 오늘날 그러한 개인이나 특히 회사에 대하여 어느 국가에서 파산, 회생 및 기타 이와 유사한 절차(이하 집합적으로 "도산절차"라 한다)가 개시된 경우 순수한 국내도산사건에서는 볼 수 없는, 예컨대 아래와 같은 다양한 법적 쟁점들이 제기된다. 이처럼 외국적 요소가 있는 도산사건에서 제기되는 법적 제문제를 규율하는 규범의 총체를 '국제도산법'이라 부른다.

① 외국에서 도산절차가 개시됨으로써 당해 도산(절차)개시국(state of the opening of proceedings)[1]에서 개별집행을 금지하는 효력(또는 포괄집

1) 도산절차가 개시된 국가의 법을 '도산(절차)개시국법' 또는 '도산법정지법'(*lex fori con-*

행적 효력. 이하 양자를 호환적으로 사용한다)이 발생한 경우 그 효력이 한국 내에 있는 재산에도 미치는가(이는 채권자가 외국도산절차의 개시에도 불구하고 한국 내 재산에 대하여 강제집행을 할 수 있는지의 문제이다), ② 외국도산절차에 의하여 외국의 채무자가 한국 내 재산에 대한 관리처분권을 잃고 외국법원에 의하여 선임된 외국도산절차의 관재인(이하 "(도산)관재인," "(도산)관리인"과 "대표자"를 호환적으로 사용한다)이 관리처분권을 취득하는가, ③ 그 결과 외국의 관재인이 한국 내 재산에 관한 국내의 소송에서 소송수행권(Prozeßführungsbefugnis), 즉 당사자적격을 가지는가, ④ 면책재판 등 외국도산절차에서 외국법원이 한 각종 재판이 한국 내에서 효력을 가지는가, ⑤ 파산의 경우 파산재단(bankruptcy estate)의 범위에 한국 내에 있는 재산도 포함되는가, 또는 회생절차의 경우 '회생절차에 따르는 재산의 범위'에 한국 내 재산도 포함되는가[2)]— 후자는 회생절차 개시원인 및 회사의 회생가능성의 유무를 판단함에 있어서 한국 내에 있는 재산도 고려할 수 있는가와 관련된다 —, ⑥ 우리나라의 도산법원 또는 도산관재인과 외국의 도산법원 또는 도산관재인과의 공조, ⑦ 동일 채무자에 대하여 복수의 국가에서 병행하는 도산절차 간의 조정 및 ⑧ 도산국제사법(또는 도산저촉법)의 문제 등이 그것이다.

2. 논의의 범위

과거 우리나라의 파산법, 회사정리법 및 화의법(이하 위 3자 및 기타 도산관련법을 집합적으로 "도산법"이라 한다)을 통합하여 2006. 4. 1. 발효된 "채무자 회생 및 파산에 관한 법률"(이하 "통합도산법"이라 한다)에 대한 우리 사회의 관심은 지대하지만 국제도산법은 그 중요성에도 불구하고 개정 전이나 개정 후나 크게 주목을 받지 못했던 것 같다.[3)] 그러나 우리 입법자들

cursus)이라 한다.

2) 통합도산법은 회생절차에서는 회생재단이라는 개념을 사용하지 않으므로 본문과 같이 표현하였다. 입법기술적으로는 파산절차와 회생절차에 공통되는 '도산재단'이라는 개념을 정면으로 규정하는 것이 바람직할 것이다. 물론 이는 고정주의 또는 팽창주의를 따르는가와 관련하여 검토할 사항이다.

3) 통합도산법의 국제도산에 관한 글로는 임치용, 파산법연구 2(2006), 299면 이하에 수록된 "채무자 회생 및 파산에 관한 법률 중 제5편 국제도산에 대한 해설" 참조(이는 임치용, "새로운 국제파산법제," 남효순·김재형(공편), 統合倒産法(2006), 155면 이하에 게재된

은 통합도산법에서 국제도산에 관하여 제5편(제628조-제642조)을 두어 구도산법이 취하였던 극단적 속지주의를 폐지하고 수정된 보편주의로 전환하였다. 국제도산법은 국제연합 국제무역법위원회(UNCITRAL)가 1997년 5월 채택한 "국제도산에 관한 모델법"(Model Law on Cross-Border Insolvency)(이하 "모델법"이라 한다)[4]과, 일본이 모델법을 기초로 작성하여 2001. 4. 1. 발효시킨 외국도산처리절차의 승인원조에 관한 법률(外國倒産處理手續の承認援助に關する法律)(이하 "승인원조법"이라 한다)[5]의 영향을 많이 받은 것이다. 기업활동의 국제화에 따라 앞으로 국제도산법의 중요성이 점차 커질 것인데, 실제로 근자에 국제해운경기의 침체로 인해 국제적인 파산사건이 증가하는 가운데 최근에는 (주)삼선로직스 사건에서 보듯이 우리 법원의 회생절차가 외국에서 승인되는 사례도 있었다. 전부터 국제도산법제에 관심을 가지고 글을 발표한 바 있는 저자로서는 개정작업에 참여하신 분들의 노고를 다시 한번 치하하고,[6] 여기에서는 모델법, 승인원조법과 2002.

글을 다소 수정한 것이다). 여기에서는 전자를 "임치용"이라 인용한다. 그 밖에도 서울중앙지방법원 파산부 실무연구회, 회생사건실무(하) 제3판(2011), 291면 이하(이하 "실무연구회"라 인용한다); 김인호, "國際倒産節次의 效力에 관한 연구—한·중·일 사법공조안을 겸하여—," 충남대학교 대학원 법학박사학위논문(2007) 참조. 그 전의 글로는 임치용, 파산법연구(2004), 572면 이하; 임치용, "통합도산법改正案 중 國際破産法에 대한 檢討," 사법논집 제39집(2004), 5면 이하가 있다. 개인채무자회생법도 통합도산법에 통합되었으나 이는 2004년 3월 제정되었던 것이라 위에서는 대표적인 법률 3개만을 언급하였다.

4) 모델법에 관하여는 석광현, "國際倒産法에 관한 연구—立法論을 중심으로," 국제사법과 국제소송 제3권(2004), 255면 이하(이는 통상법률 통권 제39호(2001. 6.), 62면 이하의 글을 보완한 것이다); 한충수, "UNCITRAL의 국제도산절차 Model Law 연구," 민사소송 제7권 제2호(2003), 526면 이하 참조. UNCITRAL의 사무국은 모델법의 입법에 관한 지침(Guide to Enactment of the UNCITRAL Model Law on Cross-Border Insolvency)을 공표하였다. 이하 이를 "UNCITRAL Guide"라 인용한다.

5) 승인원조법과 모델법의 비교는 山本和彦, 國際倒産法制(2002), 191면 이하 참조. 山本和彦은 일본대표단의 일원으로 UNCITRAL 회의에 지속적으로 참가하여 회의결과를 일본잡지(NBL)에 연재하였고 연재물을 묶어 위 책자로 간행하였다. 우리나라에서는 이성덕 교수와 장문철 교수 등이 참가한 것으로 기억된다. 장문철 교수는 "UNCITRAL 국제도산 모델법안의 최근 동향," 중재학회지 제6권(1996), 407면 이하에 보고서를 발표한 바 있다. 승인원조법의 상세는 그 밖에 深山卓也, 新しい國際倒産法制(2001) 참조. 田頭章一, "國際倒産管轄과 倒産節次의 國際的 效力," 국제사법연구 제7호(2002), 173면 이하; 竹內康二, "外國倒産節次의 承認," 국제사법연구 제7호(2002), 207면 이하 참조. 국제도산법에 관한 정리된 자료로는 山本克己＝山本和彦＝坂井秀行(編), 國際倒産法制の新展開—理論と實務—, 金融·商事判例 增刊号 No. 1112(2001)가 유용하다(이를 이하 "山＝山＝坂(編)"이라 인용한다). 승인원조법에 관한 간단한 우리 문헌은 윤창술, "국제도산제도의 동향," 인권과 정의 통권 제327호(2003. 11.), 107면 이하 참조.

6) 법무부는 2006년 채무자 회생 및 파산에 관한 법률해설을 간행하였으나 국제도산에 관하여는 별 도움이 되지 않는다. 저자는 개정작업에 공식적으로 참여하지는 않았으나, 참여자

5. 31. 발효된 유럽연합의 "도산절차에 관한 이사회규정"[7](이하 "EU도산규정"이라 한다)[8] 등을 참조하여 통합도산법에 따른 국제도산법의 제논점을 검토한다. 구체적인 논점은 구 도산법[9]의 태도와 국제적인 입법동향(Ⅱ.), 통합도산법에 따른 국제도산법제의 개관(Ⅲ.), 외국인에 대한 우리나라에서의 도산절차(Ⅳ.)—위(1.)에서 국제도산법의 쟁점으로 열거하지 않았으나 여기에서는 도산사건에서의 국제재판관할, 즉 국제도산관할의 쟁점이 제기되는데, 이는 우리 법원이 도산사건을 심리하기 위한 전제로서 요구되는 직접관할의 문제이다—, 외국도산절차의 대표자[10] 및 외국채권자의 내국도산절차에 대한 접근(Ⅴ.), 외국도산절차의 대내적 효력—외국도산절차의 승인(Ⅵ.), 내국도산절차의 대외적 효력(Ⅶ.), 병행도산절차 상호 간의 조정(Ⅷ.), 외국법원 및 외국도산절차의 대표자와의 공조(Ⅸ.), 도산국제사법(도산저촉법)(Ⅹ.)과 통합도산법의 경과규정(Ⅺ.) 등이다.

다만, 이런 논의에 앞서 도산절차의 효력이 미치는 범위와 동일 채무자에 대해 복수 도산절차의 인정 여부에 관한 대립되는 시각을 살펴본다(아래 3.). 참고로 말미에 모델법과 통합도산법(제5편)의 조문대비표를 첨부하였고, 제5편의 조문은 말미에 별첨으로 수록하였다.

3. 도산절차의 구성과 복수 도산절차의 인정 여부

도산절차의 효력이 미치는 범위, 보다 정확히는 국제적으로 활동하거나

들의 국제도산에 관한 초기 구상에 대하여 의견을 개진할 기회를 가졌고, 개정작업에 주도적으로 참여한 오수근 교수의 요청에 따라 2000. 11. 29. 이화여대에서 개최된 워크숍에 참가하여 국제도산법에 관하여 의견을 개진한 바 있다.

7) 이는 2000. 5. 29. 채택된 "Council Regulation (EC) No 1346/2000 on insolvency proceedings"를 말한다.

8) EU도산규정에 관하여는 Christoph G. Paulus, Europäische Insolvenzverordnung: Kommentar, 2. Auflage (2007); MünchKommBGB/Kindler, Band 11 Einführungsgesetz, Internationales Privatrecht, 4. Auflage (2006), IntInsR Rn. 24ff.(여기에서 대체하지는 않았지만 이는 제5판(2010)이 있다); Klaus Pannen (Ed.), European Insolvency Regulation (2007) 참조. 우리 문헌으로는 석광현, "유럽연합의 國際倒産法制," 국제사법과 국제소송 제3권(2004), 309면 이하 참조. 'regulation'을 '명령', '규칙', '規程' 또는 '규약'으로 번역하기도 한다.

9) 통합도산법에 의하여 폐지된 과거 개인채무자회생법은 국제도산에 관한 규정을 두지 않았다.

10) 이는 외국법원에 의하여 외국도산절차의 관리자 또는 대표자로 인정된 자를 말한다(통합도산법 제628조 제5호).

자산을 가지고 있는 채무자에 대하여 국제적으로 도산절차를 어떻게 구성할 것인가에 관하여는 보편주의(principle of universality, Universalitätsprinzip)와 속지주의(principle of territoriality, Territorialitätsprinzip)가 있다. 보편주의는 채무자의 본국(home country)의 법원이 도산절차를 개시하여 하나의 법에 따라 도산절차를 진행하는 원칙을 말하고, 속지주의는 채무자의 자산이 소재하는 국가에서 각각 당해 국가의 도산법에 따라 도산절차를 개시하여 진행하는 원칙을 말한다.[11] 보편주의에 따르면 채무자의 본국에서 개시된 도산절차의 효력은 전세계에 있는 채무자의 모든 재산과 권리에 미치고, 속지주의에 따르면 도산절차의 효력은 도산절차를 개시한 국가의 영토에 소재하는 재산에 한정된다. 보편주의를 따르면 채무자의 본국의 도산법이 도산절차 전체를 규율하는 데 반하여, 속지주의를 따르면 복수의 도산절차가 그것이 개시된 각 국가의 도산법에 따르게 된다. 속지주의의 단점을 극복하고자 기업(특히 다국적기업)의 자산 소재지에서 복수 도산절차의 개시를 허용하고 각 도산재단 관재인 간의 계약을 통한 국제적 협력을 강조하는 '협력적 속지주의'(cooperative territoriality)도 있다.[12]

또한 국제도산은 동일한 채무자의 동일한 재산에 대하여는 그것이 수 개의 국가에 소재하더라도 하나의 통일된 도산절차만을 인정하는 '단일주의'

11) 보편주의를 지지하는 견해는 Andrew T. Guzman, "International Bankruptcy : In Defense of Universalism," 98 Mich. L. Rev. 2177 (2000) 참조. 보편주의에 대하여는 ① 본국을 결정하는 기준이 불확실하고, ② 기업집단의 도산 시 본국의 관할권의 범위가 분명하지 않으며, ③ 여신 제공 후 채무자가 기회주의적으로 그의 본국을 변경할 가능성이 있고, ④ 국내채권자와 채무자의 관계가 외국의 도산법과 외국법원의 관할권에 복종하게 되므로 주권의 손상이 있으며 그 경우 외국에 넘어가는 관할권의 범위가 분명하지 않다는 점 등의 비판이 있다. Lynn M. LoPucki, "The Case for Cooperative Territoriality," 98 Mich. L. Rev. 2216, 2223 이하 (2000) 참조. 견해의 소개와 비판은 Jay Lawrence Westbrook, "A Global Solution to Multinatioinal Default," 98 Mich. L. Rev. 2276 (2000) 참조. Westbrook 교수는 장기적으로는 보편주의로 가야 할 것이라고 하면서도 단기적으로는 '수정된 보편주의'(modified universalism)를 지지한다. 위 Westbrook, p. 2282. 일본에서는 보편주의를 '普及主義'라고 한다. 보편주의와 속지주의를 비교한 우리 문헌은 박훤일, "국제도산절차와 포럼 쇼핑 문제," 국제거래법연구 제16집 제1호(2007. 7.), 281면 이하 참조.

12) LoPucki(註 11) 참조. 이렇게 본다면 이는 수정된 보편주의에 접근한다. 그러나 완화된 보편주의는 전세계적인 관점을 유지하면서 하나의 법원의 하나의 법에 따라 도산을 해결한다는 보편주의의 이상에 가급적 충실하고자 하는 데 반하여, 협력적 속지주의(또는 수정된 속지주의)는 현지 채권자들은 도산이 가까운 시점에서 현지 채권자들은 그들의 법원이 압류할 수 있는 재산에 대하여 기득권을 가진다는 확신을 버리지 않는다고 한다. Westbrook(註 11), p. 2301. 그러나 협력적 속지주의는 외국도산절차의 승인을 인정하지 않는 것으로 보인다.

(Einheitsprinzip)와 수 개의 도산절차를 인정하는 '복수주의'(Mehrheitsprinzip)로 구별된다.

순수한 보편주의에 의하면 전세계적으로 하나의 도산절차만이 인정되어야 하므로 이는 논리적으로 단일주의와 결합하고, 반면에 속지주의는 복수주의와 결부된다. 그러나 복수의 도산절차의 개시를 인정하면서도, 외국 도산절차의 승인과 종절차의 병행을 허용함으로써 보편주의의 이상을 실현하는 것도 가능하므로 보편주의와 단일주의가 반드시 일치하는 것은 아니다. 이러한 입장을 '수정된 보편주의'(principle of modified universality)라고 한다.[13]

Ⅱ. 구 도산법의 태도와 국제적인 입법동향

1. 구 도산법의 태도

구 도산법은 도산의 효력에 관하여 엄격한 속지주의를 취하였다. 즉 외국에서 선고한 파산은 한국 내에 있는 재산에 대하여는 효력이 없었고(파산법 제3조 제2항), 마찬가지로 외국에서 개시한 정리절차는 한국 내에 있는 재산에 대하여는 효력이 없었다(회사정리법 제4조 제2항). 또한 내국도산절차(통합도산법(제628조 제2호)은 이를 '국내도산절차'라고 하는데, 이하 '내국도산절차'와 '국내도산절차'를 호환적으로 사용한다)의 대외적 효력에 관하여도 파산은 채무자의 재산으로서 한국 내에 있는 것에 대하여만 효력이 있었고(파산법 제3조 제1항), 한국 내에서 개시한 정리절차는 한국 내에 있는 회사의 재산에 대하여만 효력이 있었다(회사정리법 제4조 제1항). 따라서 이를 문언대로 해석한다면 과거 파산법[14]과 회사정리법상 외국의 파산절차 및 외국의 정리절차의 효력은 한국 내에 있는 재산(엄밀하게는 자산)에 대하여는 미치지 않고, 내국파산절차 및 내국정리절차의 효력은 한국 내에 있는 채무자의 재산에만 미친다는 '극단적 속지주의'를 채용한 것으로 해석될 수 있었다.

---

13) Anne Nielsen *et al.*, "The Cross-Border Insolvency Concordat: Principles to Facilitate the Resolution of International Insolvencies," 70 Am. Bankr. L.J. 533, 534 (1996).

14) 화의절차는 파산절차와 동일한 원칙에 따랐다. 구 화의법 제11조 제1항 참조.

2. 속지주의를 완화하기 위한 우리 판례의 노력

그러나 채권자의 평등취급이라는 국제도산법의 정의와 채무자자산의 공평한 분배 또는 채무자의 효율적인 갱생이라는 도산의 목적에 비추어 극단적 속지주의를 관철할 수 없었기 때문에 우리나라의 하급심들과 대법원은 해석론에 의하여 속지주의를 완화하고자 노력하였다. 특히 대법원 2003. 4. 25. 선고 2000다64359 판결[15](이른바 "구찌 사건 판결)은, 당사자적격이 아니라 미국 법원에 의하여 선임된 파올로 구찌의 파산관재인이 우리나라에 등록된 상표권을 원고에게 양도한 것이 과연 처분권자에 의한 것인가가 다투어진 사안에서 이를 긍정하였다. 위 판결은 첫째, 미국 파산법원의 파산선고에 따라 파올로 구찌의 재산에 대한 관리처분권이 미국 파산관재인에게 이전되는 것을 긍정하였는데, 그 근거로는 미국 파산관재인 선임재판을 승인하는 절차법적 접근방법을 취하였고, 둘째, 미국 파산관재인의 권한이 한국에 있는 재산인 당해 상표권에 미친다는 점을 긍정하였다. 둘째의 점에 관한 한 위 판결은 외국 파산선고의 효력을 포괄집행적 효력과 관리처분권 이전의 효력으로 나누어, 구 파산법(제3조 제2항)이 명시한 속지주의의 적용범위를 전자에 한정하고, 후자에 관하여는 우리나라에서 효력을 인정함으로써 속지주의를 완화한 것이다. 이 점에서 위 판결은 당사자적격이 문제되었던 서울지방법원 1996. 6. 28. 선고 96가합27402 판결(이른바 "파올로 구찌 사건 판결")과 동경고등재판소의 1981. 1. 30. 결정과 동일한 취지이나, 더 나아가 첫째의 점의 근거를 밝힌 점에 의의가 있다.[16]

또한 과거 우리 법원은 회사정리절차의 실무에서도 관리인이 국내영업뿐만 아니라 해외영업까지 관장하는 것을 전제로 전세계적인 영업망을 통하여 얻을 수 있는 수익을 기초로 계획안을 수립하였다.[17]

---

15) 구찌 사건 판결에 대한 평석은 석광현, "미국 파산법원의 재판의 효력과 破産法의 屬地主義," 판례연구 제18집(1)(서울지방변호사회, 2004), 201면 이하; 석광현, 국제사법과 국제소송 제4권(2007), 363면 이하 참조. 위 판결과 기타 국제도산법에 관한 우리 판례는 임치용, "판례를 통하여 본 국제도산법의 쟁점," BFL 제38호(2009. 11.), 95면 이하 참조.

16) 파올로 구찌 사건 판결에 대한 평석은 석광현, "國際倒産法의 몇 가지 問題點," 국제사법과 국제소송 제1권(2001), 450면 이하 참조.

17) 임치용, "외국파산절차가 국내에 미치는 영향," 저스티스 통권 제79호(2004. 6.), 187면. 동아건설의 파산사건에서도 관재인이 리비아에 있는 재산과 대수로사업에 대하여도 관리처분권을 가지는 것을 전제로 업무를 수행하였다고 한다. 권광중, "파산법과 파산실무―동아건설산업주식회사의 파산관재업무 경험을 중심으로―," 도산법연구회 발표자료, 위 임치

위 구찌 사건 판결의 연장선 상에서 대법원 2009. 4. 23. 선고 2006다28782 판결은 독일에서 개시된 회사정리절차에 따른 상계금지의 효력은 도산절차의 본래적 효력인데 이는 속지주의의 결과 한국 내에 있는 채권에는 미치지 아니하므로 이를 수동채권으로 하는 한국 기업인 피고의 상계는 금지되지 않는다는 취지로 판단하였다.[18)]

용, 187면 註 38에서 재인용.

18) 이는 구 회사정리법 하에서 대우독일법인(채무자)에 관하여 개시된 독일 도산절차의 국내적 효력이 문제된 사건이다. 한국자산관리공사(이하 "공사")와 대우자동차는 독일 도산절차에 채권자로서 참가하였다. 그 후 독일 법원이 인가한 도산정리계획안에 따르면 공사는 제1순위 채권자로 분류되어 변제받되 그 지급방법은 채무자가 도산절차 개시 후 대우자동차로부터 취득할 보증수리대금채권을 공사에 양도하는 것으로 갈음할 수 있었다. 원고인 공사는 보증수리대금채권의 양수 후 서울중앙지방법원에 대우자동차의 관리인(대우자동차도 회사정리절차에 들어가 있었다)을 피고로 하여 보증수리대금채권의 지급을 구하는 소를 제기하였다. 이에 대해 대우자동차의 관리인이 채무자의 독일 도산절차에서 정리채권으로 신고한 수출대금채권을 자동채권으로 하여 상계 의사표시를 하자, 공사는 독일 도산절차 개시의 결과 대우자동차의 상계는 금지된다고 주장하였다.

원심인 서울고등법원 2006. 4. 19. 선고 2004나89525 판결은 "대우자동차의 관리인이 수출대금채권을 자동채권으로 하여 공사가 양수한 채무자의 보증수리대금채권과 상계하는 것은 채무자의 국내 재산에 대한 개별적 강제집행이 가능한지가 문제된 것이 아니어서 구 회사정리법 제4조 제2항, 제3항이 적용될 여지가 없으므로 상계의 허용 여부는 독일 도산법에 의하여 판단해야 한다"면서, 독일 도산법 제96조 제1항 제1호(도산채권자가 도산절차 개시 후 도산재단에 대하여 어떤 채무를 부담한 경우 정리채권을 자동채권으로 하여 상계할 수 없다는 취지)에서 상계를 금지하고 있음을 근거로 상계의 효력을 부인하고 원고 승소 판결을 하였다.

그러나 대법원판결은 ① 정리회사의 본점이 한국 내에 있으므로 채무자가 독일 도산절차 개시 후 정리회사에 대하여 취득한 보증수리대금의 지급을 구하는 소의 국제재판관할권이 한국 법원에 있고, ② 이처럼 한국 법원에 재판상 청구할 수 있는 채권인 이상, 구 회사정리법 제4조 제3항에 의하여 한국에 있는 재산으로 봄이 상당하므로, ③ 구 회사정리법 제4조 제2항에 의하여 국내에 있는 채권에 대하여는 독일 도산절차의 본래적 효력이 미치지 아니하고, ④ 따라서 위 독일 도산법 제96조 제1항 제1호는 한국에 그 효력이 미치지 아니하므로 피고의 상계는 금지되지 않는다는 취지로 판단하고 파기환송하였다.

이에 대하여는 상계금지 효력이 외국도산절차에서 연유하는 도산절차 고유의 본래적 효력에 속한다면 구 회사정리법 제4조가 적용되지 않는다고 볼 수 없고, 따라서 위 법 제4조가 적용되지 않음을 전제로 결론을 도출한 원심의 논리는 부당하고 대법원 판결이 옳다는 견해가 있다. 반면에 ① 외국파산절차의 효력을 개별집행금지의 효력(본래적 효력)과 관리처분권 이전의 효력으로 나누어 해석하는 것 자체가 불합리하고, ② 가사 그렇지 않더라도, 위 사안에서 국제사법상 상계의 준거법을 판단했어야 하는데 수동채권준거법설을 따를 경우는 독일 도산법이 적용되어 상계가 금지되어야 하며, ③ 그럼에도 불구하고 대법원 판결의 결론을 도출하려면, 독일 도산법의 적용이 공서에 반하는 근거를 판시해야 했다는 비판도 있다. 임치용, "채권양도 및 상계의 준거법—외국파산절차의 국내적 효력과 관련하여—대법원 2009. 4. 23. 선고 2006다28782 판결—," 진산 김문환총장정년기념논문집 제1권: 국제관계법의 새로운 지평(2011), 337면 이하; 임치용, "국제도산사건의 실무상 문제," BFL 제53호(2012. 5.), 56면 이하 참조. 소개는 김영석, "국제도산에서 주된 이익의 중심지(COMI)를 둘러싼 제문제," 서울대학교 대학원 법학석사학위논문(2012. 2.),

3. 국제적인 입법동향

사실 국제도산법의 제문제는 1974년의 Herstaat 은행 사건, 1991년의 BCCI 은행 사건 및 1991년의 Maxwell 사건[19] 등을 계기로 전세계적으로 활발히 논의되었다. 그런데 위에서 언급한 바와 같이 1997년 5월 모델법이 채택됨으로써 이러한 논의는 상당 부분 결실을 맺었고, 국제도산에 관한 규범의 국제적인 통일 내지는 조화가 상당한 추진력을 얻게 되었다.[20]

한편 유럽연합에서는 오랜 기간 동안의 노력에도 불구하고 "도산절차에 관한 협약"(Convention on Insolvency Proceedings)이 체결되지 못하였으

135면 이하 참조. 대법원판결이 말하는 본래적 효력의 범위는 다소 애매하다.

위 판결은 속지주의를 취한 구 회사정리법 하에서 외국도산절차의 효력 중 개별집행금지의 효력(포괄집행적 효력)은 국내에 미치지 않는다는 기존 판례의 태도를 상계금지에도 관철한 것인데, 그 결과 속지주의의 폐해가 확대되었다고 할 수 있다. 원심판결과 대법원판결이 논점을 정면으로 다룬 것은 환영할 만한 일이다. 대법원판결처럼 채권의 소재지를 한국이라고 보는 것은 통합도산법(제3조 제3항)에 근거가 있으나, 이는 매우 의제적이고, 피고 주소지만이 아니라 의무이행지에서도 재판상 청구를 할 수 있으므로 경우에 따라서는 독일도 재산 소재지가 될 여지도 있는데 그 경우 속지주의를 어떻게 이해할지 의문이다. 위 사건에서 대법원이 상계의 준거법을 검토했어야 한다는 임치용 변호사의 지적은 타당하다. 다만 독일 도산법에 따른 상계금지의 효력이 우리나라에 미치려면 독일도산절차가 우리나라에서 승인되어야 하는데(Reinhold Geimer, Internationales Zivilprozessrecht, 6. Aulage (2009), Rz. 3537) 속지주의를 취한 구 회사정리법 하에서는 독일도산절차가 우리나라에서 승인될 수 없었으므로 대법원판결의 결론이 틀렸다고 보기는 어렵다. 그러나 대법원판결은 상계의 준거법을 판단하지 않은 점과, 도산법정지법원칙의 적용은 외국도산절차의 승인을 전제로 한다는 점을 설시하지 않은 점에서 문제가 있다.

19) *Maxwell Communication Corp. plc v. Societe Generale (In re Maxwell Communication Corp.)*, 93 F.3d 1036 (2d Cir. 1996). 이 사건을 포함한 주요 국제도산사건의 소개는 임치용, "국제파산절차와 사법공조," 파산법연구(2004), 483면 이하 참조. 이는 임치용, "國際破産節次에 있어서 司法共助," 세계화 시대의 법·법률가, 제3회 한국법률가대회 논문집(2002), 676면 이하와 사법논집 제34집(2001), 231-302면을 정리한 글로 보인다. 이하 위 파산법연구를 인용한다.

20) 세계변호사협회(IBA)의 Business Law 분과도 1996년 Cross-Border Insolvency Concordat를 발표한 바 있다. 이에 관하여는 우선 Nielsen/Sigal/Wagner, "The Cross-Border Insolvency Concordat: Principles To Facilitate The Resolution Of International Insolvencies," 70 Am. Bank. L. J. 533, 557 (1996) 참조. 우리 변호사들도 종래 IBA 총회에 참가하여 친목을 도모하고 마케팅활동을 하고 있는데 물론 그것도 중요하지만, 이제는 각종분과에서 이루어지는 좀더 전문적인 활동에도 눈을 돌릴 때가 되었다고 본다. 예컨대 IBA는 국제유가증권거래와 관련하여 1996년 Modernizing Securities Ownership, Transfer and Pledging Laws: A Discussion Paper on the Need for International Harmonization을 발표하였고, 1999년에도 국제상사중재에서의 증거조사에 관한 국제적인 기준으로서 Rules on the Taking of Evidence in International Commercial Arbitration을 발표하였고 2010년 이를 개정함으로써 관련 분야의 새로운 규범의 창설과정에서 주도적인 역할을 하거나 크게 기여하고 있다.

나 결국 위에서 언급한 EU도산규정이 2002. 5. 31. 발효되었다.

이와 병행하여 독일, 일본, 영국, 미국 등 선진국들은 입법에 의하여 국제도산법의 문제를 해결하려는 노력을 기울였고 최근 그 노력이 결실을 맺었다.

우선 독일은 파산법과 화의법으로 이원화되어 있는 도산법체계가 경제현실에 부응하지 못한다고 판단하고 1994. 10. 5. 도산법(Insolvenzordnung)을 제정함으로써 파산, 화의, 회사정리를 포함하는 통일적인 도산절차를 도입하였다. 즉 독일에서는 1999. 1. 1.자로 도산법과 도산법시행법(Einführungsgesetz zur Insolvenzordnung)이 발효되었고 파산법과 화의법은 폐지되었다(동법 제110조). 1991. 11. 21. 도산법의 정부초안[21]은 제9장(제379조-제399조)에서 국제도산에 관한 상세한 조항을 두었으나, 독일은 당시 EU도산협약의 체결이 기대됨에 따라 입법화를 보류하고 종래 학설, 판례에 의하여 발전된 원칙만을 도산법시행법 제102조에 명시하였다.[22] 그 후 독일은 2003. 3. 14. "국제도산의 신규율을 위한 법률"(Gesetz zur Neuregelung des Internationalen Insolvenzrechts)에 의하여 도산법시행법 제102조를 개정하고 도산법에 국제도산에 관한 제11장을 신설하였다. 제11장(제335조-제358조)은 EU도산규정이 적용되지 않는 국제도산에 적용되는데, 이는 총칙(제335조-제342조), 외국도산절차(제343조-제352조)와 내국재산에 관한 지역절차(또는 종절차)(제353조-제358조)의 3개 절로 구성된다.[23]

한편 일본의 구 도산법은 과거 우리나라와 마찬가지로 극단적 속지주의를 취하였으나 그로 인한 여러 가지 문제가 노정되자 판례와 학설에 의하여 속지주의를 완화하기 위한 다양한 노력이 행해졌다.[24] 그 후 입법에 의하여 국제도산법제가 정비되었는데 이는 2단계로 이루어졌다. 우선 1999년에는 구 화의법을 대체한 민사재생법의 제정을 계기로 비록 외국절차의 대내적 효력은 인정하지 않았으나, 일본의 국내절차에 대하여 대외적 효력을 인정함으로

---

21) 위 초안에 대하여는 Hans Stoll (Hrsg.), Stellungnahmen und Gutachten zur Reform des deutschen Internationalen Insolvenzrechts (1992)를 참조.

22) 당시 독일 국제도산법에 관한 소개는 Gottwald, Peter/김용진(역), "유럽의 재편과 독일의 國際倒産法," 민사소송(Ⅲ)(2000), 435면 이하 참조.

23) 이에 관하여는 우선 한충수, "독일 國際倒産法 개정과 우리에의 시사점," 민사소송(제9권 제1호)(2005), 280면 이하 참조.

24) 그 계기가 되었던 것은 1978년의 一成汽船 사건이다. 소개는 임치용(註 19), 494면 참조. 과거 일본의 판례와 학설의 소개는 임치용(註 19), 549면 이하; 박준, "國際的 會社整理를 둘러싼 諸問題," 민사판례연구 [XVI](1994), 596면 이하 참조. 우리의 국제도산법에 관한 본격적인 논의는 후자의 글로부터 비롯된 것이라고 할 수 있다.

써 부분적으로나마 보편주의로 전환하였고, 이어서 2000년에는 민사재생법 등의 일부를 개정하는 법률(民事再生法等の一部を改正する法律)에 의하여 민사재생법을 개정하면서 파산법과 회사갱생법의 국제도산 관련규정을 개정하여 개정된 민사재생법의 규정을 일반화함으로써 극단적 속지주의를 철폐하였고, 그와 함께 승인원조법을 제정하였다.[25] 이 과정에서 일본의 도산절차는 일본에 있는 재산에만 효력이 있다는 취지의 조항들(즉 구 파산법 제3조 제1항과 구회사갱생법 제4조 제1항)이 삭제되었으므로, 파산법(제6조 제1항)과 회사갱생법(제40조 제1항, 제53조)에 의하여 일본의 도산절차는 채무자의 모든 재산에 효력이 미치게 되었다. 반면에 외국에서 개시된 도산절차는 일본에서는 효력이 없다는 조항은 여전히 남아 있으나(파산법 제3조 제1항, 회사갱생법 제4조 제1항), 승인원조법에 의하여 승인되면 그에 따른 효력을 가진다. 요컨대 일본에서 개시된 도산절차의 효력은 채무자의 외국에 있는 재산에도 미치고, 외국도산절차는 승인원조법에 따라 일본에서 효력을 가진다.

영국은 2006년 국제도산규정(Cross-Border Insolvency Regulations 2006)을 제정함으로써 모델법을 받아들였다. 영국 의회는 2000년 신설된 도산법(Insolvency Act 2000) 제14조에 의하여 국무장관(Secretary of State)에게 모델법에 따라 국제도산규정을 제정할 권한을 부여하였고 그에 따라 국무장관이 제정한 국제도산규정은 2006. 4. 4. 발효하였다.[26]

한편 과거 미국의 연방파산법(제303조-제306조)은 외국의 도산관재인에게 제7장에 따른 파산절차 또는 제11장에 따른 회생절차와 같은 전면절차(full proceeding. 이를 '본절차'라 번역하기도 한다)를 개시하거나, 아니면 보조절차(ancillary proceedings)를 개시할 수 있는 선택권을 부여하였다.[27] 그

---

25) 그와 함께 外國倒産處理手續の承認援助に關する規則과 민사재생규칙도 제정 또는 개정되었다. 그러나 엄격히는 일본의 민사재생법, 파산법과 회사갱생법이 동일한 규정방법을 취하지는 않는다. 민사재생법에 관하여는 박승두, "일본 민사재생법의 이념과 기본구조," 청주법학 제32권 제1호(2010. 5.), 203면 이하 참조.

26) Look Chan Ho (ed.), Cross-Border Insolvency: A Commentary on the UNCITRAL Model Law, Second Edition (2009), p. 99(Look Chan Ho 집필부분)(여기에서 대체하지는 않았지만 이는 제3판(2011)이 있다). 이 책은 모델법을 받아들인 국가들의 국제도산 법제에 관한 보고서(country report)이므로 그런 국가법의 태도를 이해하는 데 도움이 되지만 제목처럼 모델법에 대한 주석은 아니다.

27) 과거 미국 연방파산법상 보조적 도산절차는 제304조에 의하여 인정되었다. 이에 관하여는 우선 Thomas F. Blakemore, "Effect of Foreign Bankruptcy Procedure in the U.S.," 국제사법연구 제2호(1997), 687면 이하; 임치용(註 19), 525면 이하 참조.

러나 미국의 전국파산검토위원회(National Bankruptcy Review Commission. NBRC)는 소비자파산을 제외하고는 모델법을 채택할 것을 권고하였고 미국 의회는 2005년 "파산남용방지 및 소비자보호에 관한 법률"(The Bankruptcy Abuse Prevention and Consumer Protection Act of 2005. BAPCPA)의 일부로 미국 파산법에 제15장을 신설함으로써 모델법을 채택하였으며 이는 2005년 10월 발효되었다.[28] 이제는 제304조가 폐지되었으므로 외국의 도산관재인은 제304조가 아니라 제15장에 따른 승인신청을 함으로써 보조절차를 개시할 수 있다.

이상에서 본 바와 같이 이제 국제도산법에 관한 주요 국가들의 입법은 어느 정도 정비되었는데, 크게는 우리나라를 포함하여 모델법을 받아들인 국가들과 EU도산규정이 적용되는 국가들이라는 진영으로 양분할 수 있다. 지금으로서는 양 진영 모두 비교적 새로운 규범의 해석론에 주력하되, 모델법을 받아들인 국가들에서는 좀더 세부적인 논의(예컨대 '채무자의 주된 이익의 중심'(COMI)을 어떻게 결정할 것인가)에 관심을 가지고 있고, EU회원국들은 EU도산규정을 어떻게 개선할 것인가에 관심을 가지고 있는 것으로 보인다.[29]

4. 우리나라의 통합도산법에 의한 입법적 해결

위에서 언급한 바와 같이 우리 입법자들은 2006. 4. 1. 발효된 통합도산법에서 국제도산에 관한 제5편(제628조-제642조)을 두어 속지주의를 폐지하고 수정된 보편주의로 전환함으로써 국제도산법의 문제를 입법적으로 해결하였다.

---

28) 11 U.S.C. §1501 *et seq*., 제15장의 제목은 '보조사건과 기타 국제도산사건'(Ancillary and Other Cross-Border Cases)이다. Chapter 15를 설명한 글로는 공표 전의 Jay Lawrence Westbrook, "Multinational Enterprises in General Default: Chapter 15, The ALI Principles, and the EU Insolvency Regulation," 76 Am. Bankr. L.J. 1, 18 (2002); 공표 후의 Samuel L. Bufford, "INTERNATIONAL ACCORD Included in the New Bankruptcy Law are Provisions Adopting the U.N. Model Law on International Insolvencies," 29-AUG LALAW 33 (2006); Samuel L. Bufford, United States International Insolvency Law 2008-2009 (2009) p. 72 이하 참조.

29) 장래 과제와 근자의 동향은 현재 진행중인 UNCITRAL의 작업과 예컨대 2010년 독일에서 창간된 International Insolvency Law Review (IILR)에 발표되는 논문들을 참조(이는 International Insolvency Review와는 별개이다).

Ⅲ. 통합도산법에 따른 국제도산법제의 개관

1. 통합도산법의 일부인 국제도산법제

우리나라는 여러 개의 개별도산법들로 분리되었던 구 도산법체제를 통합하면서 모델법을 받아들여 통합도산법에 국제도산법을 하나의 편(제5편)으로 편입하였다. 이러한 체제는 적절하다. 흥미로운 것은 일본의 국제도산법제인데, 일본은 파산법, 민사재생법과 회사갱생법 등에 의하여 내국도산절차와 함께 당해 절차의 국제적 측면을 규율하는 한편, 외국도산절차를 승인하고 그에 대해 원조를 제공하기 위하여 승인원조법이라는 단행법을 두어 이를 통합적으로 규율하고 있다.[30] 과거 일본의 국제도산법은 우리와 동일하였는데, 그 후 일본이 승인원조법을 제정함에 따라 차이가 발생하였으나, 우리가 통합도산법의 제정을 계기로 국제도산법제를 개정한 결과 다시 유사하게 되었고 다만 체제상의 차이가 있을 뿐이라고 할 수 있다.

승인원조법은 69개의 조문을 두는 데 반하여 통합도산법 제5편은 15개의 조문을 두는 점에서 훨씬 간결하나,[31] 우리 법상으로도 국제도산법이 통합도산법 제5편에 망라된 것은 아니고, 도산외인법이나 국제도산관할에 관한 조항 등은 통합도산법의 여기저기에 散在한다.

통합도산법은 앞부분에서 극단적 속지주의를 취한 구 도산법의 조문들(파산법 제3조, 회사정리법 제4조)을 삭제하여 수정된 보편주의를 지향하고, 국제도산에 관한 제5편에서는 다음 네 가지 사항을 규율한다(제629조 제1항).

첫째, 외국도산절차의 승인과 지원(제630조-제633조, 제635조-제637조).

둘째, 외국도산절차의 대표자의 한국에서의 국내도산절차의 신청 또는 참가(제634조).

셋째, 국내도산관재인의 대외적 활동(제640조).

---

30) 花村良一, "UNCITRALモデル法とわが國の國際倒産法制," 山=山=坂(編), 61면. 승인원조법은 총칙(제1장), 외국도산처리절차의 승인(제2장), 외국도산처리절차에 대한 원조의 처분(제3장), 외국도산처리절차의 승인의 취소(제4장), 다른 도산처리절차가 있는 경우의 취급(제5장)과 벌칙(제6장) 등 6개장과 69개의 조문으로 구성된다.

31) 그러나 통합도산법의 국제도산편에 필요한 조문이 망라되었는지는 좀더 검토할 필요가 있다.

넷째, 병행도산 시 법원 및 관재인 간의 공조 및 조정(제638조, 제639조, 제641조, 제642조).

통합도산법은 국제도산에 관하여 수정된 보편주의를 지향하고 결정승인제를 취하는 등 모델법을 수용하였지만 이를 충실하게 따른 것은 아니다. 예컨대 모델법은 외국도산절차의 승인 시 주절차와 종절차를 구분하여 주절차에는 자동적 효력(제20조)과 재량적 효력(제21조)을, 종절차에는 재량적 효력(제21조)만을 인정하나, 통합도산법 제5편은 양자를 구별하지 아니하고 우리 법원이 승인결정과는 별도의 결정에 의하여 지원하도록 한다. '지원'이라는 개념은 승인원조법의 '원조'를 도입한 것이다. 다만 승인원조법은 주절차와 종절차의 개념 자체를 다소 수정하여 채택하였으나, 통합도산법은 이를 정면으로 채택하지는 않았다. 요컨대 통합도산법은 기본적으로는 모델법을 따른 것이지만, 외국도산절차의 대내적 효력에 관한 한 승인원조법에 의하여 변형된 형태의 모델법(또는 '일본판 모델법')을 따른 것이라고 할 수 있다. 상세는 아래에서 논의한다.

2. 국제도산법의 적용범위

통합도산법이 적용되는 외국도산절차는 외국법원(이에 준하는 당국을 포함한다)에 신청된 회생절차·파산절차 또는 개인회생절차 및 이와 유사한 절차를 말하며, 임시절차를 포함한다(제628조 제1호). 모델법[32]은 동법이 적용되는 도산절차의 유형을 개별적으로 열거하는 대신 포괄적으로 정의하고 있으나, 통합도산법은 모델법과 달리 회생절차·파산절차 또는 개인회생절차 및 이와 유사한 절차를 열거한다. 또한 통합도산법은 채무자가 자연인인가 법인인가에 관계없이 적용되고, 그 절차가 청산형인가 갱생형(또는 재건형)인가에 관계없이 적용된다.

위의 요건이 구비되는 한 채무자의 성질 또는 지위에 관계없이 통합도산법이 적용된다. 모델법은, 입법국이 예컨대 은행, 보험회사와 같은 특별도산제도가 적용되는 주체들[33]에 관한 절차에는 모델법의 적용을 배제할 수 있

---

32) 모델법 제1조, 제2조 a호 참조.

33) 우리나라의 경우 일정한 금융기관들에 대하여는 금융산업의 구조개선에 관한 법률이 적용된다. 그 밖에도 예금자보호법 제4장에 따른 부실금융기관의 정리와 공적자금관리특별법 제3장에 따른 공적자금 관리가 적용된다. 그러나 기업구조조정촉진법은 금융회사에는 적용

음을 명시하는데(제1조 제2항), 전기, 수도, 가스 등을 공급하는 공익기업체들(public utility companies)도 그에 포함되는 것으로 이해된다.[34] 그러나 통합도산법은 이 점을 고려하여 적용범위를 특별히 제한하지는 않는다.

또한 모델법이 명시하지는 않으나, 입법국은 그 밖에도 자연인인 소비자의 도산에 대해서는 모델법의 적용을 배제할 수 있고, 나아가 채무자의 채무의 총액이 일정한 금액에 미달하는 경우 모델법의 적용을 배제할 수 있음도 논의되고 있다.[35] 통합도산법(제4편)은 개인채무자에 대하여 별도로 개인회생절차를 두고 있고, 개인회생절차도 외국도산절차와 국내도산절차에 명시적으로 포함시키고 있다.[36] 실제로 개인채무자의 국제도산이 문제되는 사례는 많지 않겠지만, 구찌 사건이나 파올로 구찌 사건에서 보듯이 없는 것은 아니다.

일본의 승인원조법(제2조 제1항 제1호)은 외국도산처리절차에 적용되는데, 이는 외국에서 신청된 절차로 파산절차, 재생절차, 갱생절차, 정리절차 또는 특별청산절차에 상당하는 것을 말한다고 하여 외국도산절차의 유형을 개별적으로 열거하는 방식을 취한다. 승인원조법이 청산형과 갱생형 모두에 적용됨은 명백하고, 나아가 자연인 내지 소비자도 사정범위에 넣고 있다.[37]

EU도산규정(제1조)은 채무자의 관리처분권의 전부 또는 일부의 박탈과 관재인의 임명을 수반하는 집단적인 도산절차에 적용되나 보험회사, 여신기관, 투자기업 및 증권투자회사 등에는 적용되지 않는다. EU도산규정의 특색은 그러한 도산절차의 목록을 구체적으로 동 규정에 첨부하고 있는 점인데, 이는 동 규정의 지리적 적용범위가 유럽연합의 회원국들로 제한되기 때문에 가능한 것이다. EU도산규정은 채무자가 자연인이든 법인이든 관계없이 적용된다.

되지 않는 것으로 해석되고 있다고 한다. 상세는 정순섭, "국제은행정리제도의 법적 연구—국제은행규제법적 관점을 중심으로—," BFL 제50호(2011. 11), 93면 이하 참조. 금융기관의 국제도산에 관하여는 우선 Eva H. G. Hüpkes, The Legal Aspects of Bank Insolvency: A Comparative Analysis of Western Europe, the United States and Canada (2000); Rosa Lastra (ed.), Cross-Border Bank Insolvency (2011) 참조.

34) UNCITRAL Guide, para. 62.

35) UNCITRAL Guide, para. 66.

36) 과거 개인채무자회생법은 국제도산을 고려한 조항을 전혀 두지 않았는데 그럼에도 불구하고 통합도산법이 개인회생절차도 외국도산절차와 국내도산절차에 포함시키는 것은 일관성이 없어 보인다.

37) 이 점에서 승인원조법은 주로 기업 등 영업자, 즉 상인을 염두에 둔 모델법과 차이가 있다고 한다. 山本和彦(註 5), 372면.

Ⅳ. 외국인에 대한 우리나라에서의 도산절차—국제도산관할을 포함하여

1. 주절차와 종절차

통합도산법은 주절차와 종절차의 개념을 정의하지 않는다. 다만 통합도산법은 병행절차 간의 조정에 관하여, 복수의 외국도산절차가 승인된 경우 법원은 승인 및 지원절차[38]의 효율적 진행을 위하여 채무자의 주된 영업소 소재지 또는 채권자보호조치의 정도 등을 고려하여 '주된 외국도산절차'를 결정할 수 있고, 이 경우 주된 외국도산절차를 중심으로 제636조의 규정에 의한 지원을 결정하거나 변경할 수 있다고 규정하므로(제639조 제2항 · 제3항) 주절차와 종절차의 개념을 도외시하지는 않지만, EU도산규정, 모델법이나 모델법을 채택한 일본과 미국 등의 입법과는 차이가 있고 그 개념에도 차이가 있게 되었다. 어쨌든 주요한 국제규범과 외국의 도산법을 이해하기 위하여는 주절차와 종절차의 개념을 이해할 필요가 있으므로 이를 살펴본다.

모델법은 외국도산절차의 승인의 맥락에서, 본사와 같은 채무자의 '주된 이익의 중심'(center of main interests, COMI)[39]이 있는 국가의 국제도산관할을 인정하고 그곳에서 개시된 절차를 '주절차'(main proceeding)라 하며, 본사 이외의 영업소[40] 소재지와 같은 그 밖의 국가에서 개시된 도산절차를 '종절차' 또는 '비주절차'(non-main proceeding)라 한다(제2조 b호, c호).

---

38) 통합도산법상 지원절차라 함은 이 편에서 정하는 바에 의하여 외국도산절차의 승인신청에 관한 재판과 채무자의 대한민국 내에 있어서의 업무 및 재산에 관하여 당해 외국도산절차를 지원하기 위한 처분을 하는 절차를 말한다. 제628조 제4호.

39) 주된 이익의 중심(COMI)에 관한 논의는 김영석(註 18) 참조. UNCITRAL은 COMI의 해석과 적용에 관한 지침을 제공하기 위한 작업을 진행하고 있다. 제5작업반의 2012년 5월 논의는 A/CN.9/WG.V/WP.103—Interpretation and application of selected concepts of the UNCITRAL Model Law on Cross-Border Insolvency relating to centre of main interests (COMI)와 보고서인 A/CN.9/742 참조. 이는 http://www.uncitral.org/uncitral/en/commission/working_groups/5Insolvency.html에서 볼 수 있다. 작업반은 COMI를 판단함에 있어 고려되는 주요 요소들은 채권자들이 중심지로서 쉽게 인식할 수 있는 장소인지, 채무자의 주요자산 소재지이거나 운영(operation)이 이루어지는 장소인지와 채무자의 경영이 행해지는 장소인지라고 한다. A/CN.9/742, para. 52.

40) 여기에서 '영업소'란 채무자가 인적 수단과 재화 또는 용역을 가지고 일시적이 아닌 경제활동을 영위하는 영업장소를 말한다. 제2조 f호.

따라서 모델법상 승인의 대상이 될 수 있는 종절차는 채무자가 제2조 f호에 따른 영업소를 가진 국가에서 개시된 도산절차에 한정된다. 이러한 종절차의 개념은 1990년 유럽평의회(Council of Europe)의 "파산의 일부 국제적 측면에 관한 유럽협약"(European Convention on Certain International Aspects of Bankruptcy)("이스탄불협약")[41]에 의하여 도입된 혁신 중의 하나이다. 종절차의 개시는, 지역채권자(local creditors)들이 그 지역의 법에 따라 가지는 우월한 지위 또는 비용상의 이점을 보호하기 위한 것이다.[42]

저자는 과거 통합도산법의 입법과정에서 주절차와 종절차의 일의적인 개념을 정의할 필요가 있음을 지적하였으나[43] 반영되지 않았다. 따라서 통합도산법의 해석상 모델법에서와 같은 주절차와 종절차의 개념이 인정될 수 있는지, 그 실익이 무엇인지는 논란의 여지가 있다.[44]

일본의 경우 직접관할, 즉 일본 법원이 도산사건을 심리하기 위한 전제로서 요구되는 국제도산관할에 관하여는 개별도산법(파산법 제4조, 민사재생법 제4조)이 규정하나, 간접관할, 즉 일본 법원이 외국도산절차를 승인하기 위한 요건으로서 요구되는 외국법원의 국제도산관할에 관하여는 승인원조법(제17조 제1항)이 규정한다. 직접관할에 관하여는 채무자가 자연인인 경우 일본에 영업소, 주소, 거소 또는 재산이 있는 때, 법인의 경우에는 영업소, 사무소 또는 재산이 있는 때에 관할을 인정하나(민사재생법 제4조, 파산법 제4조 제1항), 간접관할의 경우에는 당해 외국에 채무자의 주소, 거소, 영업소 또는 사무소가 있는 경우에 관할을 인정한다(승인원조법 제17조 제1항). 후자는 주된 영업소 또는 사무소로 제한하지 않으므로 모델법과 마찬가지로

---

41) 이는 아직 발효되지 않았다. 소개는 박준(註 24), 624면 이하: Ian F. Fletcher, Insolvency in Private International Law (1999)(여기에서 대체하지는 않았지만 이는 제2판(2005)이 있다), p. 302 *et seq.* 참조.

42) 그러나 주절차의 관재인으로서도 현지법에 따라 보다 강력한 지위를 가지고 부인권을 행사하는 등의 장점이 있을 수 있으므로 종절차를 개시할 필요가 인정될 수도 있다. Fletcher(註 41), p. 290 이하 참조.

43) 석광현, "2002년 통합도산법시안 중 國際倒産法에 대한 의견," 법률신문 2003. 2. 20.(제3148호), 15면. 그 후 발표된 한충수(註 4), 545면도 동지였다. 법원도 그러한 견해를 피력하였다고 한다. 임치용, 304면.

44) 사견으로는 통합도산법의 해석론으로도 법원이 지원절차에서 어떤 조치를 취할지를 결정함에 있어서 외국도산절차가 주절차인지 종절차인지를 고려할 필요가 있고, 우리나라에서 복수의 외국도산절차가 승인된 경우 법원은 주된 외국도산절차를 중심으로 지원을 결정하거나 변경할 수 있으므로 양자의 구별은 여전히 의미가 있다. 장기적으로는 우리도 승인의 맥락에서 모델법을 따라 주절차와 종절차의 구분을 도입할 필요가 있다. 나아가 해석론과 입법론으로 직접관할의 맥락에서도 주된 이익의 중심(COMI)을 고려할 필요가 있다.

외국주절차뿐만 아니라 종절차도 승인대상이 됨을 의미한다. 그 결과 직접관할의 경우 재산 소재지 관할을 인정하나, 간접관할의 경우에는 이를 인정하지 않는다는 점에서 차이가 있다.

간접관할만을 규정하는 이스탄불협약(제4조)이나 모델법과 달리 EU도산규정은 직접관할을 규정한다. EU도산규정(제3조)은 모델법과 마찬가지로 주절차(main proceeding)와 종절차(secondary proceeding)[45]를 구분하는데, 채무자의 주된 이익의 중심지가 있는 회원국은 주절차를 개시할 수 있는 관할을 가지고, 다른 회원국은 채무자의 영업소가 있는 경우 종절차를 개시할 수 있는 관할을 가진다. EU도산규정은 종절차의 효력을 당해 회원국 내에 있는 재산에 한정하고,[46] 주절차 개시 후의 종절차는 반드시 청산절차일 것을 요구하는 점에 특색이 있다. 유럽연합의 어느 회원국에서 주절차가 개시된 경우 이는 아래에서 보듯이 다른 회원국에서 자동적으로 효력을 가지므로 먼저 주절차를 개시하려는 경쟁, 즉 '주절차 개시를 위한 경주'가 있게 되는데, 이는 특히 국제적 기업집단 또는 그에 속하는 자회사가 도산한 경우 현저하다.[47]

---

45) '이차적 절차'라고 할 것이나 여기에서는 편의상 '종절차'라 한다. 이를 '부수적 절차'라고 하기도 한다.

46) 그러나 승인의 대상이 되지 않는 것은 아니다. 예컨대 관재인이 외국에서 행위할 필요성이 있는 경우 그의 권한을 승인할 필요가 있다. 즉 도산절차의 승인에 관한 제16조는 주절차와 종절차를 구분하지 않는다. Fletcher(註 41), p. 284는 이를 명확히 지적한다.

47) 문제점과 사례는 한충수(註 23), 302면 이하; Irit Mevorach, Insolvency within Multinational Enterprise Groups (2009) 참조. UNCITRAL은 도산에서의 기업집단의 취급(treatment of corporate groups in insolvency)에 관한 작업을 진행하였고 그 결과 도산법입법지침의 제3부로서 'Treatment of enterprise groups in insolvency'가 작성되었다. 자료는 http://www.uncitral.org/pdf/english/texts/insolven/pre-leg-guide-part-three.pdf 참조. 우리 문헌은 이제정, "UNCITRAL 도산법분야(제5실무그룹) 제38차 실무작업반회의 참가보고서," 국제규범의 현황과 전망—2010년 국제규범연구반 연구보고 및 국제회의 참가보고—(법원행정처, 2011), 131면 이하 참조. 기업집단 또는 그에 속하는 회사의 도산절차에서 유럽연합에서는 과거 영국법원의 Daisytek 판결 이래 명령과 통제(command and control) 등 의사결정기능에 착안했었으나 유럽(사법)법원의 Eurofood 판결(Eurofood IFSC Ltd, Case C-341/04)은 객관성과 제3자의 확인가능성에 주목하였다. 즉 기업집단 전체의 관점에서 COMI를 결정하는 것이 아니라 별개의 법인인 당해 회사만을 독립적으로 판단하여 COMI를 결정해야 한다는 것이다. 위 판결에 대하여는 "ECJ 판결은 COMI가 제3채권자들 기타 이해관계인들의 관점에서 결정되어야 한다는 법리를 확립하고, 자회사에 대한 COMI를 결정함에 있어서 명령과 통제(command and control)가 이루어지는 모회사 소재지를 고려하던 견해를 명시적으로 거부한 것"이라고 평가한다. Samuel L. Bufford, "International Insolvency Case Venue in the European Union: The Parmalat and Daisytek Controversies," 12 Columbia Journal of European Law, 429 (2006). 상세는 김영석(註 18), 69면 참조. Pannen (Ed.)(註 8), Art. 3 para. 50 이하(Pannen 집필 부분)는 기업집단의 COMI 결정에 관하여 세 가지 접근방법, 즉 본사기능

한편 종절차와 구별되는 개념으로 '보조절차'(ancillary proceeding)가 있는데, 위에서 언급한 것처럼 이는 과거 미국 연방파산법(제304조)에서 보듯이 외국에서 개시된 주된 도산절차를 지원하기 위하여 미국 내 재산의 산일을 방지하고 그의 관리, 환가, 배당 등을 하기 위한 절차로서 '전면절차'(full proceeding)에 대비되는 개념이다.[48] 보조절차는 외국의 주된 도산절차의 관재인만이 신청할 수 있고, 그 절차에 대한 지원 여부만을 결정하는 데 반하여, 종절차는 주절차가 없더라도 채무자나 채권자가 신청할 수 있고, 주절차와 동일한 방법으로 진행되는 점에서 차이가 있다.[49] 또한 과거 미국 내 보조절차에서는 별도의 관리인 선임과 계획안의 작성 등을 하지 아니하며 파산재단이 구성되지 않고[50] 자동중지의 효력도 없다. 아래에서 보는 통합도산법상의 지원절차는 보조절차에 해당한다.

2. 통합도산법상의 국제도산관할규칙—직접관할을 중심으로

위에서 언급한 것처럼 국제도산관할은 국제재판관할에서와 마찬가지로 직접적 국제도산관할(또는 직접관할)과 간접적 국제도산관할(또는 간접관할 또는 승인관할)로 구분할 수 있다. 간접관할은 외국도산절차의 승인에 관한 아래의 논의에서 보기로 하고 여기에서는 직접관할만을 논의한다.

국제도산절차에서는 흔히 도산신청과 함께 제기하는 보전처분의 허용 여부에 의하여 사건의 성패가 좌우되고 관할위반을 이유로 한 이송제도가 없으므로 국제도산관할이 매우 중요한 의미를 가진다. 그러나 통합도산법(제3조 제1항, 제2항)은 직접관할에 관하여는 규정을 두지 않고 단지 토지관할만을 규정하는데,[51] 그에 의하면 외국법인의 회생사건 및 파산사건의 경우 채무자의 주된 사무소 또는 영업소(외국에 주된 사무소 또는 영업소가 있는 때에는 한국에 있는 주된 사무소 또는 영업소를 말한다)(이하 사무소 또는 영업

에 착안하는 방법, 영업활동에 착안하는 견해와 그룹의 조직을 분석하여 집중된 그룹의 경우 모회사의 소재지에 COMI를 인정하고 집중되지 않은 그룹의 경우 각 자회별로 COMI를 결정하는 견해를 소개한다.

48) Westbrook(註 28), p. 10; 임치용, 303면.

49) 세종/Orrick, Herrington & Sutcliffe LLP, 도산법 최종 권고안(2000), 260면 이하 참조.

50) 임치용, 303면.

51) 실무연구회(註 3), 295면은 통합도산법이 직접관할을 규정하는지에 관하여 견해가 나뉠 수 있다고만 하고 견해를 밝히지는 않는다.

소를 편의상 "영업소"라고만 한다)의 소재지를 관할하는 지방법원본원 합의부가 전속관할을 가진다(제3조 제1항).[52] 그리고 그러한 관할법원이 없는 때에는 채무자 재산의 소재지를 관할하는 지방법원본원이 전속관할을 가진다(제3조 제3항). 채권의 경우에는 재판상의 청구를 할 수 있는 곳을 그 소재지로 본다.

그런데 국제사법(제2조)에 따르면 법원은 당사자 또는 분쟁이 된 사안이 우리나라와 실질적 관련이 있는 경우에 국제재판관할권을 가지는데, 이 경우 법원은 실질적 관련의 유무를 판단함에 있어 국제재판관할 배분의 이념에 부합하는 합리적인 원칙에 따라야 하는바, 법원은 국내법의 관할규정을 참작하여 국제재판관할권의 유무를 판단하되, 위의 취지에 비추어 국제재판관할의 특수성을 충분히 고려하여야 한다.

우선 우리나라에 주된 영업소를 가지는 우리 법인의 경우 우리나라에 국제도산관할이 있음은 의문이 없고, 주로 문제되는 것은 외국법에 따라 설립된 외국법인이다. 그 경우 직접관할을 판단함에 있어서 통합도산법의 토지관할 규정을 참작하면 다음과 같은 국제도산관할의 원칙을 도출할 수 있을 것이다.

가. 외국법인이 외국에 주된 영업소를 가지고 한국에 종된 영업소를 가지는 경우

이 경우 주된 영업소가 있는 외국이 도산절차를 개시할 수 있음은 의문이 없는데 이는 주절차이다. 또한 우리나라도 영업소의 소재를 근거로 도산절차를 개시할 수 있는데 이는 종절차이다. 통합도산법(제3조 제1항)은 외국에 주된 영업소가 있는 때에는 한국에 있는 주된 영업소의 소재지를 관할하는 지방법원본원 합의부가 전속관할을 가진다고 규정하는데 이 조항은 이 경우 토지관할을 정한 것이므로, 이를 참작하면 우리나라의 국제도산관할을 긍정할 수 있다. 외국에서 주절차가 개시되기 전에 우리나라에서 종절차를 개시할 수 있고, 나아가 외국에서 주절차가 개시되었더라도 우리나라에서 병행절차로서 종절차를 개시할 수 있다. 특히 이 경우 우리나라에 근로자들이 존재하고 담보권자도 존재할 수 있으며, 부인권을 행사할 필요도 있을 수 있으므로 종절차를 개시할 실익도 있다.[53]

---

52) 다만, 채무자가 개인이거나 채무자의 사무소 또는 영업소가 없는 때에는 채무자의 보통재판적 소재지를 관할하는 지방법원본원이 전속관할을 가진다.

문제는 외국에서 주절차가 개시되고 그것이 아래에서 보듯이 우리나라에서 승인된 경우에도 우리나라에서 종절차를 개시할 수 있는가인데, 이는 아래(Ⅷ.) 병행도산절차 상호 간의 조정에서 논의한다.

나. 외국법인이 외국에 주된 영업소를 가지고 한국에는 단순히 재산만 가지는 경우

통합도산법 제3조 제1항은 회생사건 및 파산사건의 경우 채무자의 주된 영업소 소재지에 관할을 인정하고, 제3항은 채무자 재산 소재지의 관할을 인정한다. 즉 위에서 본 바와 같이 통합도산법(제3조 제3항)에 따르면 외국법인이 외국에 주된 영업소를 가지고 한국에 영업소를 가지지 않아서 우리나라에 제3조 제1항에 따른 관할법원이 없는 때에도 채무자 재산의 소재지를 관할하는 지방법원본원이 전속적 토지관할을 가진다. 이는 구 파산법(제98조)의 취지를 따른 것이다. 구 파산법과 달리 회사정리법은 재산 소재지 관할을 인정하지 않았는데 이는 한국에 아무런 영업소가 없고 단순히 재산만을 가지고 있는 때에는 갱생할 영업이 없으므로 한국에서 회사정리절차를 개시할 의미가 없기 때문이라고 설명되었다.[54] 그러나 통합도산법은 재산의 소재에 근거한 관할을 인정하므로 법문상 구법 하에서와 달리 회생절차와 파산절차를 모두 개시할 수 있다. 이를 국제도산관할에 참조하면, 외국법인이 우리나라에 영업소를 가지고 있지 않더라도 우리나라에 재산이 있으면 모델법의 경우와 달리 그를 근거로 외국법인에 대하여 종절차를 개시할 수 있게 된다.[55] 다만

53) 片山英二, "竝行倒産の意義," 山＝山＝坂(編), 106면 참조.

54) 山本克己, "涉外性のある內國倒産手續の諸問題," 民商法雜誌(1995), 173-174면 참조.

55) 실무연구회(註 3), 295면도 동지. 모델법상은 이는 종절차가 아니지만, 위에서 밝힌 바와 같이 여기에서는 종절차를 넓은 의미로 사용한다. 이 점에 대해 저자는 과거 "모델법(제28조)과 일본의 승인원조법에서 보듯이 자산 소재를 근거로 국제도산절차의 개시를 허용할 필요도 있을 것이다. 통상은 그 경우 도산절차를 개시하지 않더라도 외국주절차의 효력을 승인함으로써 지역채권자 등 이해관계인을 보호할 수 있을 것이라는 점에서 이를 인정하지 않아도 무방하지 않을까 생각되나, 관할 자체는 일단 긍정하되, 도산절차의 개시 여부에 대한 판단을 법원에 맡기자는 견해도 가능할 것"이라는 견해를 피력한 바 있다. 석광현(註 4), 267면. 통합도산법 시행 후 서울중앙지방법원 2008하합20 사건에서 법원은 미국에 거주하는 채무자에 대하여 파산선고를 하였는데, 관할근거는 아마도 미국에 주소를 가진 개인인 채무자가 한국 내에 재산을 가지고 있었던 사실로 보인다. 또한 서울중앙지방법원 2008하합8 사건에서 법원은 주된 영업소가 네덜란드에 있는 외국법인에 대하여 파산선고를 하였는데, 관할근거는 한국회사가 채무자에게 발행한 사채를 ABN AMRO 은행이 서울지점에서 보관하고 있었다는 사실, 즉 한국 내 재산의 소재였던 것으로 보인다.

이 경우 종절차의 개시보다는 외국도산절차에 대한 지원절차에 의하는 것이 적절한 경우가 많을 것이고, 다만 국내의 자산수가 많다거나 그의 처분이 국내의 도산절차에 의하는 편이 용이한 경우에는 청산형의 종절차가 개시될 수 있지만, 국내채권자의 채권액이 작은 경우 별도의 화해에 의하여 간편하게 처리될 수 있을 것이라고 한다.[56)]

이처럼 재산의 소재에 근거한 직접관할을 긍정할 경우, 아래에서 보듯이 간접관할에서는 이를 인정하지 않으므로 양자 간에 차이가 있게 된다. 마찬가지로 우리나라에서 채무자의 재산 소재만에 근거하여 도산절차를 개시하더라도, 만일 어떤 외국이 모델법을 따랐다면 이 국내도산절차는 모델법상의 종절차는 아니므로 그 외국에서는 승인되지 않는다.

국제도산관할에 관한 외국의 입법례는 위(1.)에서 언급하였다.

다. 외국에 주된 영업소를 가진 외국법인에 대한 우리나라의 종절차와 관련된 몇 가지 문제점

외국에 주된 영업소를 가진 외국법인에 대하여 우리나라에서 종된 영업소의 소재 또는 재산의 소재를 근거로 종절차를 개시하는 경우 다음과 같은 의문들이 제기된다.

(1) 종절차의 효력이 미치는 재산의 범위

구 도산법하의 극단적 속지주의에 따르면 국내도산절차의 효력은, 주절차이든 종절차이든 간에 우리나라에 있는 재산에 한정되었다. 그러나 극단적 속지주의와 결별한 통합도산법의 해석론으로는, 적어도 법적으로는 우리나라에서 종절차[57)]가 개시되었다고 하여 그의 효력이 우리나라에 있는 재산에 한정되는 것은 아니다.[58)] 물론 종절차의 효력은 기본적으로 입법정책의 문제인데, 통합도산법의 해석상 모델법의 경우와 마찬가지로 그렇게 해석된다는 것이고, 이는 단순히 채무자의 재산 소재에 근거하여 우리나라에서 도산절차가 개시된 경우에도 마찬가지이다.[59)] 이 점에 관하여 일본에서는 입법과정에

---

56) 片山英二(註 53), 108면; 제강호 · 이재한, "외국 회사의 파산 관련 제문제," BFL 제42호 (2010. 7.), 40면. 다만 후자는 국제도산관할의 특수성을 별로 고려하지 않는 것으로 보인다.

57) 통합도산법은 從節次를 정의하지 않는데, 여기에서는 우리나라에 종된 영업소가 있거나 재산이 있음을 근거로 개시된 도산절차를 의미하는 용어로 從節次를 사용한다. 단순한 재산의 소재에 기한 도산절차는 모델법의 정의에 따르면 從節次가 아니다.

58) 실무연구회(註 3), 292면도 동지로 보인다.

59) 임치용, 312면.

서 대외적 효력을 제한하자는 견해도 있었으나 채택되지 않았는데, 다만 수정된 보편주의를 취하는 통합도산법 하에서도 국내도산절차는 사실상 속지주의적으로 수행될 수 있을 것이다.[60] 특히 아래에서 보듯이 외국의 주절차와 내국의 종절차가 병행하는 경우 양 절차의 관재인들이 법원의 허가를 받아 도산관리계약(protocol)에서 달리 합의할 가능성이 있을 것으로 생각된다.

엄밀한 의미에서 영업소만의 파산 또는 회생, 즉 우리나라에 있는 영업소의 자산과, 상대방이 그 영업소와의 거래로부터 발생하는 채권에 효력이 제한되는 의미의 파산 또는 회생은 가능하지 않고 이는 영업소의 청산이라고 보아야 할 것이다.[61] 실제로는 우리나라에서 영업소의 도산절차가 개시되면 종절차의 도산관재인은 주된 영업소가 있는 외국에서 주절차의 개시를 위한 신청을 함으로써 주절차가 개시되고 종절차와 병행하도록 할 것이나, 그렇지 않은 경우 주된 영업소의 자산과, 주된 영업소에 대한 채권자들이 종절차에 참가하지 않은 채 도산절차가 진행된다면 이는 파산절차 또는 회생절차의 목적을 달성할 수 없다.

(2) 종절차에 참가할 수 있는 채권자의 범위[62]

적어도 법적으로는 국내 영업소와 거래관계가 있는 채권자들만이 한국의 종절차에 참가할 수 있는 것은 아니고 모든 채권자들이 종절차에 채권자로서 참가할 수 있다. 이를 'ring-fencing'이라고 부르기도 한다. 이와 관련하여 은행법(제62조 제2항)[63]과 자본시장과 금융투자업에 관한 법률(제65조 제3항)[64]이 외국은행 또는 외국투자업자의 영업소의 파산 시 내국채권자의 우

---

60) 坂井秀行, "外國管財人の地位," 山=山=坂(編), 113면.

61) 아래에서 보는 은행법(제62조 제2항)과 자본시장과 금융투자업에 관한 법률(제65조 제3항)이 언급하는 외국은행 또는 외국투자업자의 지점 등의 파산은 지점 등만의 파산이 아니라 외국에서 주절차와 함께 진행되는 종절차로서의 파산을 의미하는 것으로 생각된다.

62) 이 점은 석광현(註 15), 462면 이하에서 논의한 바 있다.

63) 조문은 아래와 같다.
"외국금융기관의 지점 또는 대리점이 청산을 하거나 파산한 때에는 그 자산·자본금·적립금 기타 잉여금은 대한민국 국민과 대한민국 내에 주소 또는 거소가 있는 외국인에 대한 채무변제에 우선 충당되어야 한다."

64) 조문은 아래와 같다.
"외국 금융투자업자의 지점, 그 밖의 영업소가 청산 또는 파산하는 경우 그 국내에 두는 자산은 국내에 주소 또는 거소가 있는 자에 대한 채무의 변제에 우선 충당하여야 한다." 이는 채권자가 국민인가의 여부에 따른 차이를 두지 않고 기준시점을 명시하지 않는다. 그러나 이 조항이 과연 이러한 차이점들을 인식하고 그 결과의 차이를 검토해서 작성된 것인지는 의문이다. 참고로 자본시장법에 의하여 폐지된 증권거래법과 간접투자자산운용업법은 첫째, 우리 국민의 포함 여부와, 둘째, 국내에 주소 또는 거소가 있는 채무자에게 우

선권을 규정하고 있음을 주목할 필요가 있다. 위의 조항들은 국내지점의 거래상대방이 아닌 다른 외국채권자들이 국내종절차에 참가할 수 있음을 전제로 하는 조항이다. 다만 위에서 본 바와 같이 국내종절차가 사실상 속지주의적으로 수행되는 경우 국내영업소와 관련 있는 채권자들이 참가하게 될 것이다. 통합도산법이 도산관재인의 교차신고를 규정하지 않으므로 더욱 그러할 것으로 생각된다.

(3) 주절차가 없는 종절차만의 진행의 가부

외국에서 주절차가 개시되지 않더라도 우리나라에서 종절차를 개시하여 진행할 수 있다. 이 경우 청산형의 종절차는 별 문제가 없지만, 갱생형의 종절차만을 진행할 수 있는가는 문제가 있다. 주절차와 함께 병행절차로서 갱생형의 종절차를 진행하는 것은 가능하지만,[65] 주절차 없이 갱생형의 종절차만을 진행하는 것은 현실적으로 어려울 것으로 생각된다. 특히 재산의 소재에 근거한 종절차의 경우 더욱 그러하다. 따라서 종절차의 도산관재인은 주된 영업소가 있는 외국에서 주절차의 개시를 위한 신청을 함으로써 주절차와 종절차가 병행하도록 할 필요가 있다.

선권을 인정함에 있어 그 기준시점에 차이를 보이고 있었다.

과거 증권거래법 제28조의2 제5항은 아래와 같이 규정하였다.

"외국증권업자의 국내지점 기타 영업소가 청산 또는 파산하는 때에는 그 국내보유자산은 증권거래행위의 상대방으로서 그 거래 당시 국내에 주소 또는 거소가 있는 자에 대한 채권 변제에 우선 충당하여야 한다. 이 경우 국내보유자산의 범위는 대통령령으로 정한다."

한편 과거 간접투자자산운용업법 제156조 제5항은 아래와 같이 규정하였다.

"외국자산운용회사의 국내지점 그 밖의 영업소가 청산 또는 파산하는 때에는 그 국내보유자산은 국내에 주소 또는 거소가 있는 자의 채무변제에 우선 충당하여야 한다. 이 경우 국내보유자산의 범위는 대통령령으로 정한다."

65) 예컨대 외국에서도 갱생형의 도산절차가 개시되고 국내의 채무자 재산도 그에 필요한 재산이어서 내국채권자에게도 청산절차보다 유리한 변제를 받을 수 있는 경우 실익이 있고, 그 밖에도 도산채권에 기한 강제집행의 중지, 담보권의 실행의 중지, 임금채권의 우선순위 등을 확보하기 위하여 국내도산절차를 이용할 실익이 있다고 한다. 이 경우 국내갱생절차를 신청할지 외국도산절차의 승인절차를 신청할지는 외국도산절차의 관재인이 정할 사항이라고 한다. 실무연구회(註 3)(제1판)(2006), 261면.

Ⅴ. 외국도산절차의 대표자 및 외국채권자의 내국도산절차에 대한 접근

1. 외국도산절차의 대표자의 지위

외국도산절차의 대표자의 관점에서 볼 때 채무자의 내국에 있는 자산의 산일을 방지하기 위한 가장 강력한 무기는 내국도산절차를 개시하는 것이다. 이를 위하여 모델법(제9조)은 외국도산절차의 대표자에게 내국법원에 직접 접근할 수 있는 권리를 부여한다. 즉 외국도산절차의 대표자는 승인에 관계 없이 내국도산절차의 개시를 신청할 수 있고(제11조), 외국도산절차가 승인된 때에는 내국도산절차에 참가할 수 있다(제12조).[66] 양자 모두 외국도산절차가 주절차인지 종절차인지는 묻지 않는다. 후자, 즉 외국도산절차의 대표자의 참가(participation)는 집단적 절차인 도산절차에서 신청, 요구 및 제출을 할 수 있는 절차적 지위를 보장하는 것[67]이라는 점에서, 제24조에서 말하는 개별소송에의 참가(intervention)와는 구별된다.[68] 실제로 제24조가 적용되는 것은 외국도산절차의 승인에도 불구하고 내국소송이 중단되지 않은 때에 외국관재인이 보조참가를 하는 경우이다.[69]

그런데 통합도산법(제634조)은 "외국도산절차가 승인된 때에는 외국도산절차의 대표자는 국내도산절차의 개시를 신청하거나 진행 중인 국내도산절차에 참가할 수 있다"고 규정한다. 그러나 국내도산절차의 개시신청을 하기 위한 전제로서 외국도산절차가 우리나라에서 승인되어야 한다는 것은 바람직하지 않다. 외국도산절차의 대표자로서는 우리나라에서 국내도산절차의 개시

66) 모델법에 따른 승인신청을 하는 것이 입법국이 채무자의 자산과 업무에 대해 국제도산관할을 가지는 근거가 되지는 않는다(제10조). 제12조는 승인을 전제로 하는 점에서 제2절에 규정되었어야 한다는 견해가 있다. Fletcher(註 41), p. 351. 모델법과 달리 통합도산법이 외국도산절차의 대표자의 국내도산절차 개시신청에 대하여도 승인을 요구하는 것은, 국내도산절차에의 참가와 국내도산절차의 개시신청 간에 균형을 맞출 필요가 있다고 생각한 탓인지 모르겠다.

67) UNCITRAL Guide, para. 100은 이를 'procedural legitimation'이라 한다.

68) UNCITRAL Guide, para. 102. 제24조의 참가도 승인을 전제로 한다. 따라서 국문번역으로서도 양자를 구별하는 것이 바람직할 것이나, 적절한 용어가 없어 일단 모두 참가라고 하였다.

69) 山本和彦(註 5), 300면.

를 신청함으로써 채무자의 국내재산에 대한 강제집행을 저지할 긴급한 필요가 있다. 위에서 언급한 것처럼 모델법(제11조)도 사전승인을 요하지 않고, 일본의 개별도산법(예컨대 파산법 제246조, 회사갱생법 제244조, 민사재생법 제209조)도 승인을 전제로 하지 않는다. 다만 외국도산절차의 대표자로서는 아래에서 보듯이 외국도산절차의 승인신청을 하고 우리 법원의 승인전 명령을 받음으로써 부분적으로나마 긴급한 필요에 대처할 수 있을 것이다.

2. 외국채권자의 지위—도산외인법

외국인 또는 외국법인은 통합도산법의 적용에 있어서 대한민국 국민 또는 대한민국 법인과 동일한 지위를 가진다(제2조). 이것이 '무차별원칙'(principle of equal treatment)이다. 따라서 외국인 또는 외국법인은 도산능력에 관하여는 물론이고 내국도산절차의 신청 및 절차의 참가와 관련하여 내국채권자와 동일한 지위를 가지며 이 경우 상호주의는 요구되지 않는다.[70]

외국인 또는 외국법인이 가지는 채권의 순위는 당연히 내국법에 따른다. 모델법은 무차별원칙이 공동화되는 것을 막기 위해 외국채권자의 채권에 대해 일반적인 비우선채권으로서의 최소한의 순위를 보장하나(제13조 제2항),[71] 통합도산법은 이런 조항을 두지 않는다. 나아가 외국채권자의 권리를 보장하고자 모델법은 내국도산법에 따라 외국채권자에게 통지할 것을 요구하는데(제14조), 이런 원칙은 도산절차의 개시와 채권신고기간의 통지뿐만 아니라 입법국법상 채권자에게 하는 모든 통지에 적용된다.[72] 통합도산법은 외국채권자를 위한 절차적 특례를 규정하지는 않지만 외국채권자도 채권자에 포함되어 내국채권자와 동일하게 통지를 받을 수 있으므로 실제로는 별 차이는 없을 것이다. 다만 통합도산법(제10조 제1항)에 따르면 송달하여야 하는 경우 송달장소를 알기 어렵거나 대법원규칙이 정하는 사유가 있는 때에는 공고로써 송달을 갈음할 수 있는데, 국내에서 송달받을 수 있는 장소를 가지지

70) 과거 파산법 제2조 단서와 화의법 제11조는 상호주의를 규정하였으나 회사정리법 제3조는 상호주의를 규정하지 않았다. 상호주의를 요구할 경우 비상인인 외국인에 대하여 국내에서 도산절차를 개시할 수 없게 되므로 파산절차의 상호주의를 폐지하고 회생절차와 같이 내외국인 완전평등주의로 통일한 것이라고 한다. 실무연구회(註 3), 296면.

71) UNCITRAL Guide, para. 104.

72) UNCITRAL Guide, para. 106.

않은 해외 소재 채권자에게는 대법원규칙에 해당하는 것으로 보아 공고로써 송달을 갈음할 수 있다.[73] 다만 앞으로 외국의 채권자들에게 신속한 통지를 하기 위하여 영미법상의 사적인 송달, 전자우편과 팩스 등에 의한 직접적 통지방식을 강구할 필요가 있다는 지적이 있다.[74] 이는 타당하나 그런 필요성은 국제도산에 한정된 문제는 아니며 국제송달 전반에 관한 문제이다. 앞으로는 우리나라도 국제송달에 대해 좀더 개방적인 태도를 취할 필요가 있다.

이러한 외국채권자의 내국인과의 평등대우는 '도산외인법'의 문제로 논의되기도 한다.[75]

Ⅵ. 외국도산절차의 대내적 효력—외국도산절차의 승인

1. 승인의 대상

가. 외국도산절차인가, 외국도산절차를 구성하는 재판인가

국제도산에서 승인의 대상이 '도산절차'인지, 아니면 '도산절차를 구성하는 개개의 재판'인지에 관하여는 국제적으로 논란이 있다. 독일에서는 후자로 이해하는 것으로 보이나,[76] 모델법은 법원의 재판이 아니라 도산절차 자체를 승인의 대상으로 취급한다(제15조 이하). 통합도산법은 모델법을 따르므로 통합도산법상 승인의 대상은 '외국도산절차'이다. 즉, 결정승인제를 취하면서 승인결정과 지원결정을 구분하는 통합도산법 하에서는 승인의 대상은 외국도

---

73) 서울중앙지방법원 파산부 실무연구회, 회생사건실무(상) 제3판(2011), 34면.

74) 임치용(註 19), 502면. 도산에 따른 송달은 재판상 문서로서 헤이그송달협약의 적용대상이 된다. 1989년 4월 개최된 헤이그국제사법회의 특별위원회의 결의 참조. Permanent Bureau of the Hague Conference on Private International Law, Practical Handbook on the Operation of the Hague Service Convention, 3rd edition (2006), para. 55.

75) 花村良一(註 30), 63면.

76) Alexander Trunk, Internationales Insolvenzrecht: Systematische Darstellung des deutschen Rechts mit rechtsvergleichenden Bezügen (1998), S. 267. Trunk, S. 267f.는 승인의 대상을 도산절차를 개시하는 재판과, 그 이후의 재판으로 구분하여 논의한다. 임채웅, "外國倒産節次가 國內에 미치는 影響에 관한 硏究—外國倒産節次의 承認 및 並行倒産을 중심으로—," 법원행정처, 파산법의 제문제[상], 재판자료 제82집(1999), 26면 이하는 승인의 대상으로 도산절차와 파생판결을 들고, 후자를 다시 절차 내 파생판결과 절차 외 파생판결로 구분할 수 있다고 한다. 승인의 대상의 문제는 그의 실익과 관련하여 좀더 검토를 할 필요가 있다.

산절차라고 볼 수 있다. 그러나 실제로는 도산절차를 개시하고, 도산관재인 등 도산기관을 선임하는 것과 같은 개시단계에서의 재판뿐만 아니라 도산절차에서 내려지는 그 후의 재판이 승인의 대상이 될 것이다.[77] 도산절차가 승인의 대상이라면 논리적으로는 예컨대 채무자가 외국에서 도산절차의 개시를 신청하고 그 결과 자동적인 중지가 있게 되면 비록 아직 외국법원의 재판이 없더라도 이는 우리나라에서 승인될 수 있고 승인되면 통합도산법이 정한 효력이 발생할 여지가 있다. 그러나 결정승인제를 취하면서 외국 외국도산절차의 대표자가 승인신청을 할 것을 요구하고 별도의 지원절차를 두고 있는 통합도산법 하에서는 실제로 그러한 효력이 발생할 수는 없을 것이다.

일본의 승인원조법(제2장)은 승인의 대상을 '외국도산처리절차'로 표현한다.

EU도산규정(제16조)은 도산절차의 승인이라는 표현 대신 '도산절차를 개시하는 재판'(any judgment opening insolvency proceedings)의 승인이라는 표현을 사용하고, 그 후의 재판[78]의 승인 및 집행에 관하여는 별도의 규정(제25조)을 둔다.[79] EU도산규정에 따르면 주절차는 모든 체약국에서 대외적 효력을 가지나 종절차는 절차가 개시된 국가에서만 효력을 가지는데(제3조 제1항·제2항), 주절차 개시 후에 개시되는 절차는 종절차이고 청산절차여야 한다.

나. 주절차와 종절차의 구별 여부

위에서 본 바와 같이 모델법은 주절차와 종절차를 구분하고 있고, 일본의 승인원조법(제2조)도 이와 유사하게 양자의 정의규정을 두고 있다.[80] 모

---

77) 대법원 2010. 3. 25.자 2009마1600 결정은 "채무자 회생 및 파산에 관한 법률상의 '외국도산절차의 승인'은 민사소송법 제217조가 규정하는 '외국판결의 승인'과는 달리 외국법원의 '재판'을 승인하는 것이 아니라 당해 '외국도산절차'를 승인하는 것으로서 그 법적 효과는 외국도산절차가 지원결정을 하기 위한 적격을 갖추고 있음을 확인하는 것에 그치는 것이고, 그 승인에 의하여 외국도산절차의 효력이 직접 대한민국 내에서 확장되거나 국내에서 개시된 도산절차와 동일한 효력을 갖게 되는 것은 아니"라고 판시함으로써 이를 분명히 하였다. 승인의 효력이 이렇게 된 것은, 유감스럽게도 우리가 모델법을 충실히 따르지 않고 모델법을 변형한 일본 승인원조법의 체제를 수입하였기 때문이다.

78) 이에는 도산계획의 승인, 자동중지의 부과 및 취소, 면책결정, 부인의 재판 등이 포함된다. Manfred Balz, "The European Uniform Convention on Insolvency Proceedings," 70 Am. Bankr. L.J. 485, 519 (1996).

79) 그러나, 이러한 조항을 두고 있는 제2장의 제목은 '도산절차의 승인'(Recognition of Insolvency Proceedings)이다.

델법상 승인의 대상이 되는 외국도산절차에는 외국주절차뿐만 아니라 외국종절차도 포함되지만(제17조 제2항, 제20조, 제21조, 제2조). 주절차와 종절차는 승인의 효력에 차이가 있다. 승인원조법(제17조)도 주절차와 종절차를 모두 승인의 대상으로 인정한다.

그러나 통합도산법은 승인의 대상인 외국도산절차를 주절차·종절차로 구분하지 않고 그런 개념을 정의하지도 않는다. 하지만 승인대상인 외국도산절차에 주절차와 종절차가 모두 포함되는 점은 의문이 없다. 그리고 제631조 제1항은 "외국도산절차의 대표자는 외국도산절차가 신청된 국가에 채무자의 영업소·사무소 또는 주소가 있는 경우에 … 법원에 외국도산절차의 승인을 신청할 수 있다"고 규정하므로 통합도산법상 승인의 대상이 될 수 있는 것은 그러한 외국도산절차에 한정되고, 나아가 외국도산절차가 신청된 국가에 채무자의 영업소·사무소 또는 주소가 있어야 한다. 예컨대 채무자의 재산 소재에 근거하여 개시된 외국도산절차는 승인의 대상이 될 수 없다. 이는 우회적인 방법으로 승인대상인 외국도산절차의 간접관할을 규율하는 것인데, 위에서 본 바와 같이 재산 소재에 근거한 직접관할이 인정되는 것과는 차이가 있다.

하지만 통합도산법상으로도 동일 채무자에 대하여 절차의 주종을 불문하고 여러 개의 외국도산절차의 승인신청이 있는 때에는 법원은 이를 병합심리하여야 하고(제639조 제1항), 복수의 외국도산절차가 승인된 경우 법원은 승인 및 지원절차의 효율적 진행을 위하여 채무자의 주된 영업소 소재지 또는 채권자보호조치의 정도 등을 고려하여 주된 외국도산절차를 결정할 수 있으며, 이 경우 주된 외국도산절차를 중심으로 제636조의 규정에 의한 지원을 결정하거나 변경할 수 있다(제639조 제2항·제3항). 따라서 통합도산법이 주절차와 종절차의 개념을 완전히 도외시하는 것은 아니다.

모델법이 주절차와 종절차를 구분하는 가장 큰 이유는 승인시 상이한 효력을 부여하기 때문인데, 통합도산법은 주절차와 종절차를 구분하여 상이한 효력을 부여하는 태도를 취하지 않으므로 굳이 양자를 구별할 필요는 없다고 볼 여지도 있다. 하지만 통합도산법에 따르더라도 위에서 언급한 바와 같이 법원이 실무상 외국도산절차를 승인하고 나아가 구체적인 지원조치를 결정함

---

80) 정확히는 외국주절차를 정의함에 있어서 주된 이익의 중심지라는 표현 대신 '주된 영업소가 있는 국가'에서 신청된 외국도산절차를 말한다고 한다.

에 있어서 양자의 차이를 고려할 필요가 있고, 복수의 외국도산절차 병행시 양자를 구별할 실익이 있으므로 일의적인 주절차와 종절차의 개념은 필요하다고 본다. 통합도산법처럼 승인의 효력에 관하여 주절차와 종절차를 구별하지 않는 승인원조법이 양자의 개념을 정의하는 것은 이 때문이다(물론 승인원조법은 그 밖에도 병행절차의 조정에 관하여 주절차와 종절차의 개념을 요긴하게 이용한다). 통합도산법은 이를 정의하지 않고, 주된 영업소 소재지와 채권자보호조치의 정도 등을 고려하여 주절차를 결정하는데, 이는 외국병행도산절차 간의 공조의 맥락에서 채권자보호조치의 정도 등을 고려하라는 취지라고 생각되므로, 다른 맥락에서는 채무자의 주된 영업소 소재지가 중요한 판단기준이 될 것으로 생각된다. 그러나 명문의 규정이 없는 이상 그의 판단이 애매하게 될 수밖에 없다.[81)]

다. 외국도산절차일 것

통합도산법상 승인의 대상은 외국도산절차인데 외국도산절차가 승인되기 위하여는 ① 외국의 당해 절차가 구조와 목적에 비추어 외국법원(이에 준하는 당국을 포함한다)에 신청된 회생절차·파산절차 또는 개인회생절차 및 이와 유사한 절차(임시절차를 포함한다)로 성질결정되어야 하고, ② 외국의 도산절차를 구성하는 개별 재판이 당해 국가에서 효력이 있어야 한다(다만 외국도산절차가 승인대상이라고 본다면 이런 요건은 불필요할 것이다). 그러나 외국의 재판이 형식적 확정력을 가져야 하는 것은 아니다. 만일 이를 요구하면 확정될 때까지의 기간 동안 채무자의 재산을 보전하기 어렵기 때문이다. 우리 통합도산법(제311조)상으로도 파산은 결정의 확정을 기다리지 않고 선고를 한 때부터 효력을 가진다.

또한 위에서 본 바와 같이 도산절차 개시국이 우리 법의 관점에서 보아 간접관할을 가져야 하는데, 통합도산법(제631조 제1항)에 따르면 외국도산절차가 개시된 국가에 채무자의 영업소·사무소 또는 주소가 있어야 한다.

81) 주절차와 종절차의 개념을 정의하더라도 그의 불확실성으로 인하여 과연 어느 곳의 절차가 주절차인가에 관하여 종종 다툼이 발생한다. 특히 유럽연합에서는 기업집단의 경우 주절차를 먼저 개시하기 위한 경주가 벌어졌고 많은 경우 명령과 통제(command and control)를 기초로 COMI를 판단한 영국법원이 주절차를 선점할 수 있었다. 각국의 태도는 Philipp M. Reuss, 》Forum Shopping《 in der Insolvenz (2011), S. 123ff. 참조.

2. 승인의 요건

가. 승인의 적극적 요건—승인신청과 제출서류

승인신청의 제출 및 승인결정에 관한 공시와 관련한 절차적 사항에 대하여는 모델법은 규정을 두지 않는바, 이는 승인국법에 따를 사항이다.[82] 통합도산법에 따르면, 외국도산절차의 대표자는 ① 외국도산절차 일반에 대한 법적 근거 및 개요에 대한 진술서, ② 외국도산절차의 개시 증명서, ③ 외국도산절차의 대표자의 자격과 권한 증명서, ④ 승인의 대상인 외국도산절차의 주요내용에 대한 진술서(채권자·채무자 및 이해당사자에 대한 서술 포함)와 ⑤ 외국도산절차의 대표자가 알고 있는 그 채무자에 대한 다른 모든 외국도산절차에 대한 진술서를 첨부하여 법원에 외국도산절차의 승인을 신청할 수 있는데, 이 경우 외국어로 작성된 서면에는 번역문을 붙여야 한다(제631조 제1항). 또한 외국도산절차의 승인을 신청한 후 위 각호의 내용이 변경된 때에는 신청인은 지체 없이 변경된 사항을 기재한 서면을 법원에 제출하여야 한다(제631조 제2항).

외국도산절차의 승인신청이 있는 때에는 법원은 지체 없이 그 요지를 공고하여야 하고, 외국도산절차의 승인 신청에 관한 서류를 이해관계인의 열람을 위하여 법원에 비치하여야 한다(제631조 제3항, 제4항, 제37조). 외국도산절차의 승인 신청을 하는 신청인은 절차의 비용을 미리 납부하여야 하는데, 이 경우 기타 비용의 예납에 관한 제39조가 준용된다(제631조 제4항).

모델법은 승인요건의 충족 여부에 관한 판단을 용이하게 하고자 추정규정을 둔다. 즉 제15조 제2항 소정의 서류에 외국도산절차가 제2조 (a)호에 정의된 절차라는 것과, 외국도산절차의 대표자가 제2조 (d)호에 정의된 사람 또는 기구라는 것이 나타나 있으면 법원은 이를 추정할 수 있고, 나아가 승인신청을 뒷받침하기 위해 제출된 문서를 인증 여부에 관계없이 진정한 것으로 추정할 수 있다(제16조 제1항·제2항). 통합도산법에는 이런 규정이 없다.

나. 승인의 소극적 요건—승인거부사유

법원은 승인거부사유의 하나가 있는 경우 외국도산절차의 승인신청을 기

82) UNCITRAL Guide, para. 30.

각하여야 한다. 승인거부사유는 ① 법원이 정한 비용을 미리 납부하지 아니한 경우, ② 제631조 제1항 각호의 서면을 제출하지 아니하거나 그 성립 또는 내용의 진정을 인정하기에 부족한 경우와 ③ 외국도산절차의 승인이 한국의 선량한 풍속 그 밖에 사회질서, 즉 공서에 반하는 경우이다(제632조 제2항).

통합도산법은 명시하지 않지만, 외국의 도산법이 자국도산절차의 대외적 효력을 부인하지 않아야 한다. 만일 외국의 도산법이 우리의 구 파산법이나 회사정리법처럼 속지주의를 취함으로써 자국도산절차의 대외적 효력을 스스로 제한한다면 그의 효력은 우리나라에서 승인될 수 없다. 외국 입법자의 의사에 반해서까지 그의 효력을 승인할 이유는 없기 때문이다. 승인원조법(제21조)은 이 점을 명시한다.

우리 법원은 외국도산재판의 승인 여부 판단 시 위 요건의 구비 여부만을 심사할 수 있을 뿐이고, 증거의 평가를 포함하여 외국법원이 행한 사실인정과 그에 기초한 법률의 적용을 재심사하여 그의 옳고 그름을 판단할 수 없다. 즉 이 경우에도 실질재심사(*révision au fond*) 금지의 원칙이 타당하다.

통합도산법의 승인거부사유와 관련하여 주목할 점은 다음과 같다.

첫째, 민사소송법(제217조)에 따른 외국판결의 승인의 경우와는 달리, 패소한 피고의 방어권을 보장하기 위한 송달요건의 미비는 승인거부사유가 아니다. 대립하는 당사자 간의 소송이 아닌 도산절차에서는 패소한 피고에 대한 송달은 문제되지 않으며, 굳이 유사한 것을 찾자면 채무자에의 송달이 문제될 것이다. 따라서 제3자가 파산신청을 한 경우 채무자의 법적인 심문(rechtliches Gehör)이 보장되어야 하고 그렇지 않으면 공서위반이 될 수 있다.

둘째, 외국판결의 승인의 경우와는 달리 상호보증의 부존재는 승인거부사유가 아니다.[83] 물론, 외국판결의 승인 및 집행에 관하여 민사소송법(제217조)은 상호보증을 요구하고 있지만, 대립당사자 간의 일회적인 분쟁해결이 아니라, 다수의 이해관계인이 관여하는 일련의 절차라고 하는 도산절차의 특성상 외국도산절차의 승인 시 상호보증을 요구하는 것은 적절하지 않다. 모델법, EU도산규정과 승인원조법은 물론이고,[84] 독일의 통설과 판례도 상

83) 과거 김용진, "國際倒産法의 현황과 문제점," 인권과 정의 통권 제284호(2000. 4.), 139면은 입법론으로서 상호주의를 요구하였다.

84) 물론 EU도산규정이 상호주의를 요구하지 않는 것은 유럽연합 회원국 간에 동일한 규정이 적용되는 것이 전제가 된다는 점에서 어느 국가의 국내법이 상호주의를 요구하지 않는

호보증을 요구하지 않는다. 그러나 스위스 국제사법(제166조 제1항 c호)은 상호보증을 요구한다.[85)]

셋째, 모델법은 외국도산절차의 승인이 입법국의 공서양속에 명백히 반하는 경우를 승인거부사유로 삼고 있으나 통합도산법은 '명백히'를 삭제하였다. 명백히는 공서에 의한 예외가 매우 제한적으로 해석되어야 하고, 입법국법에 대해 근본적인 중요성을 가지는 사항에 대해서만 적용되어야 함을 나타내기 위한 것이므로[86)] 이를 규정하는 것이 좋았을 것으로 생각한다. 아마도 외국판결의 승인에 관한 민사소송법 제217조가 명백히를 규정하지 않음을 고려하여 이와 일치시키려 한 때문인지 모르겠다.[87)88)]

공서위반에 관하여, 구 파산법의 해석상 파산제도는 그 개시요건, 절차의 유형, 관재인의 유무 및 권한, 배당 순위 등을 달리하기 때문에 외국 파산재판을 승인하는 것은 우리의 공서에 반한다는 견해[89)]가 있었지만, 공서를 그렇게 넓게 보아서는 아니 된다. 예컨대 외국도산절차에서 성립한 도산계획이

것과는 의미가 다르다.

85) 스위스 국제사법은 외국판결의 승인 및 집행에 관하여는 상호보증을 요구하지 않으면서도(제27조) 외국도산의 승인에 관하여 상호보증을 요구하는 점에서 특색이 있다.

86) UNCITRAL Guide, para. 89.

87) 민사소송법 제217조는 외국판결의 승인요건의 하나로 "그 판결의 효력을 인정하는 것이 대한민국의 선량한 풍속이나 그 밖의 사회질서에 어긋나지 아니할 것"을 든다. 저자는 민사소송법의 입법론으로서도 명백히를 규정할 것을 요구한 바 있다. 공서에 관한 국제사법 제10조는 "외국법에 의하여야 하는 경우에 그 규정의 적용이 대한민국의 선량한 풍속 그 밖의 사회질서에 명백히 위반되는 때에는 이를 적용하지 아니한다"고 하여 명백히를 넣고 있다.

88) 흥미로운 것은 대법원 2010. 3. 25.자 2009마1600 결정이다. 이는 미국 파산법원의 회생계획인가결정의 승인은 민사소송법 제217조에 의하는 것임을 전제로 하면서, "대한민국의 선량한 풍속이나 그 밖의 사회질서에 어긋나는 경우라 함은, 국내 채권자의 외국도산절차에 대한 적법한 절차 참가권이 침해되는 등 외국법원의 면책재판 등의 성립절차가 선량한 풍속이나 그 밖의 사회질서에 어긋나는 경우나 외국법원의 면책재판 등의 내용이 선량한 풍속이나 그 밖의 사회질서에 어긋나는 경우뿐만 아니라, 외국법원의 면책재판 등에 따른 면책적 효력을 국내에서 인정하게 되면 국내 채권자의 권리나 이익을 부당하게 침해하는 등 그 구체적 결과가 선량한 풍속이나 그 밖의 사회질서에 어긋나는 경우 등도 포함된다"고 하고, 비록 통합도산법상 속지주의가 폐지되었지만 이를 그대로 적용하면 "구 회사정리법의 속지주의 원칙을 신뢰하여 미국도산절차에 참가하지 않고 채무자(토드오) 소유의 이 사건 상가 및 공장에 대한 가압류를 마치고 강제집행이나 파산절차 등을 통하여 채권을 회수하려던 채권자(고합)의 권리를 현저히 부당하게 침해하게 된다"면서 그 구체적 결과가 우리나라의 선량한 풍속이나 그 밖의 사회질서에 어긋나는 경우에 해당하므로 미국 파산법원의 회생계획인가결정은 민사소송법 제217조 제3호의 요건을 충족하지 못하여 승인될 수 없다고 판단하였다.

89) 임종헌, "파산절차의 개시요건에 관한 실무적 고찰," 법조 통권 509호(1999. 2.), 220면; 임채웅(註 76), 22면도 유사하다.

일부 채권자들의 참여를 제한하고 이루어졌거나 그 내용이 명백한 근거 없이 일부 채권자들을 다른 채권자들보다 불리하게 취급하는 경우, 또는 채권자들에게 그들의 이익을 보호하기 위하여 필요한 통지를 하지 않은 경우 공서위반의 문제가 있을 수 있지만,[90] 위와 같이 도산법제에 차이가 있다고 하여 곧바로 공서위반이 되는 것은 아니다. 만일 그런 견해를 따른다면 외국도산절차는 아예 승인의 대상이 될 수 없을 것이다. 외국도산절차를 승인함으로써 한국 내 채권자들이 불이익을 받을 위험성이 있는 경우에는 우리나라에서 통합도산법에 따른 도산절차를 개시하여 병행함으로써 그들을 부분적으로 보호할 수 있을 것이다. 물론 병행절차의 가능성이 있다고 해서 외국도산절차의 승인이 공서위반이 되는 것을 부정하는 것은 아니다.

승인원조법(제21조, 제22조)에 따르면, 외국도산절차의 승인요건은 간접관할의 존재, 승인신청기각사유의 부존재[91]와 외국도산절차가 개시되었을 것이다.[92] 상호보증은 승인의 요건이 아니다.

한편 EU도산규정(제16조)에 따르면 동 규정에 따른 국제도산관할을 가지는 국가에서 개시된 외국도산절차는 다른 회원국에서 별도의 절차 없이 자동적으로 승인되는데, 외국도산절차를 개시하는 재판은 유효해야 함은 물론이나 최종적일(final) 필요는 없다. 다만 승인 또는 집행이 승인국의 공서에 명백히 반하는 경우에는 승인 또는 집행은 거부될 수 있다(제26조).

---

90) 전자는 Geimer(註 18), Rz. 3517; 한충수, "外國倒産節次의 承認과 執行," 변호사—회원연구논문집—(서울지방변호사회, 2001), 357면, 後者는 Matthew T. Cronin, "UNCITRAL Model Law on Cross-Border Insolvency: Procedural Approach to a Substantive Problem," The Journal of Corporation Law (1999), p. 721 참조. 실무연구회(註 3), 304면은 채권의 우선순위가 국내법과 현저한 차이가 있는 경우(단순히 채권순위가 다른 정도만으로는 이에 해당하지 않지만 예컨대 임금채권자를 일반채권자로 취급하는 경우에는 이에 해당될 수 있다) 또는 외국도산절차가 우리 과세관청의 체납처분을 정지하는 효력이 있는 경우 실체법상의 공서위반이 될 수 있고, 채권자의 절차참가가 실질적으로 보장되지 않는 경우 절차법상의 공서위반이 될 수 있다고 한다. 구체적인 사건에서 외국도산절차의 승인이 과연 실체적 공서위반이 되는가라는 판단은 까다로운 문제이나 앞으로 판례가 축적됨에 따라 좀더 구체화될 수 있을 것이다. EU도산규정에 관한 것이기는 하나 근자의 Björn Laukemann: "Der *ordre public* im europäischen Insolvenzverfahren," IPRax (2012), S. 207ff.도 참조.

91) 승인원조법 제21조에 열거된 기각사유는, 비용불예납, 공서위반과 부당한 목적으로 신청이 이루어진 것 기타 신청이 성실히 행해진 것이 아님이 분명한 것 등이다. 또한, 예컨대 우리 구 도산법과 같이, 해당 외국도산절차가 명백히 속지주의를 취하는 것도 기각사유의 하나이다.

92) 상세는 山本和彦, "承認の要件・手續," 山=山=坂(編), 126면 이하 참조.

다. 구 도산법 하의 승인요건과의 비교

구 파산법은 명시적인 규정을 두지 않았지만, 저자는 대법원 2003. 4. 25. 선고 2000다64359 판결처럼 외국판결의 승인에 관한 민사소송법 규정을 (유추)적용하여 외국의 파산재판을 승인할 수 있다고 볼 경우 외국법원의 파산재판의 승인요건을 제시한 바 있다.93) 이는 위에서 본 통합도산법의 승인요건과 대체로 유사하다.

3. 승인의 절차적 측면

가. 승인 사건의 토지관할

외국도산절차의 승인 및 지원에 관한 사건은 서울중앙지방법원 합의부의 관할에 전속하는데, 다만 절차의 효율적인 진행이나 이해당사자의 권리보호를 위하여 필요한 때에는 서울중앙지방법원은 당사자의 신청에 의하거나 직권으로 외국도산절차의 승인결정과 동시에 또는 그 결정 후에 제3조가 규정하는 관할법원으로 사건을 이송할 수 있다(제630조). 이 경우 이송받은 법원이 지원절차를 담당하게 된다.

나. 승인의 신청권자

외국도산절차의 승인신청권자는 외국도산절차의 대표자인데, 이는 외국법원에 의하여 외국도산절차의 관리자 또는 대표자로 인정된 자를 말한다(제628조 제5호).

다. 승인의 절차—결정승인제의 채택

외국도산절차의 승인에는, 민사소송법 제217조가 정한 외국판결 승인의 경우처럼 일정요건이 구비되면 별도의 절차 없이 자동으로 그 효력을 인정하는 방법과, 법원의 재판에 의하여 승인하는 방법이 있다. 전자를 '자동승인제', 후자를 '결정승인제'라고 부르기도 하는데, 통합도산법은 결정승인제를 채택하였다. 모델법(제17조), 승인원조법(제22조)과 스위스 국제사법(제167조)은 결정승인제를 취하나, EU도산규정(제16조, 제17조)과 독일 도산법 제

93) 상세는 석광현(註 15), 201면 이하 참조.

11장(제335조-제358조)은 자동승인제를 취한다.

외국도산절차의 승인은, 대립하는 당사자 간의 일회적인 분쟁해결을 목적으로 하는 외국판결의 효력을 인정하는 것[94]이 아니라 도산절차 내지는 도산절차를 구성하는 일련의 재판을 대상으로 하는 점에서 파급효과가 더 크고, 외국판결의 경우와 비교할 때 그 효력이 매우 다양할 뿐만 아니라 그 효력이 미치는 범위도 광범위하며, 나아가 승인시점을 명확히 함으로써 법적 안정성을 보장할 필요가 크므로 통합도산법의 접근방법은 타당하다고 본다.[95]

자동승인제를 취하는 이유는, 만일 결정승인제를 취할 경우 절차비용이 증가하고, 장기간의 절차가 진행되는 도중에 채무자가 재산을 반출하거나, 채권자가 경쟁적으로 개별집행을 시도한다는 단점이 있기 때문이다.[96] 자동승인제를 취할 때에는, EU도산규정(제24조 참조)의 예에서 보듯이 외국도산절차의 개시를 알지 못하는 제3자가 채무자에게 변제한 경우 변제가 유효한 것으로 취급할 필요가 있다. 위에 언급한 바와 같이, EU도산규정(제16조, 제17조)은 자동승인제를 취하는데, 더욱이 외국의 도산절차 개시결정은 발효 즉시 최종적(final)인지 여부에 관계없이 승인된다.[97]

승인원조법도 결정승인제를 취한다. 그러나 승인결정은 장래 원조처분을 할 가치가 있다는 판단으로서 단순히 원조처분의 기초에 그치고 그 자체로서는 특별한 법적 효과를 가지지 않는다.[98] 이 점은 아래(4.)에서 보듯이 우리 법상의 그것과 유사하다. 나아가 승인원조법(제56조)은 승인결정의 필요적 취소사유와 재량적 취소사유를 규정하는 점에 특색이 있다.

주목할 것은, 위에서 언급한 대법원 2003. 4. 25. 선고 2000다64359 판결

---

94) 우리나라에서도 외국판결의 승인의 본질은 외국판결의 효력의 확장에 있다고 보며, 이는 자동적인 승인이라는 것이 다수설이다. 석광현, "民事 및 商事事件에서의 外國裁判의 承認 및 執行," 국제사법과 국제소송 제1권(2001), 377면 참조.

95) EU도산규정은 유럽연합이라고 하는 지역적 경제통합기구 내에서 타당한 國際倒産法制이고, 브뤼셀규정을 보충하는 기능을 수행하므로 이를 우리의 國際倒産法濟에 관한 입법에 그대로 가져다 쓸 수 있는 것은 아니다. 과거 한충수(註 90), 358면은 입법론으로 자동승인제를 지지하였다. 임채웅(註 76), 33면은 외국도산절차에 대해 집행판결을 받아야 효력을 인정할 수 있다고 하나, 이는 자동승인제가 아니라 결정승인제를 지지하는 점에서는 타당하지만 집행판결을 요구하는 것은 적절하지 않다.

96) 김용진(註 83), 138면; Geimer(註 18), Rz. 3526 Fn. 279.

97) EU도산규정 제2조 f호.

98) 山本和彦(註 92), 130면; 松下淳一, "承認の効果," 山=山=坂(編), 134면.

(이른바 구찌 사건 판결)은 속지주의를 취한 구 도산법의 해석론으로서, 미국 파산법원의 파산선고의 효력을 관재인에의 관리처분권의 이전과 포괄집행적 효력으로 나누어 전자에 관하여 미국 파산법원의 재판이 민사소송법의 외국판결 승인요건을 갖춘 것으로 못 볼 바 아니라고 하여 효력을 승인한 점인데, 이는 관리처분권의 이전은 자동승인된다는 것이다. 그러나 통합도산법에 의하면 관리처분권의 이전도 우리 법원의 승인결정을 거쳐야 하므로, 외국도산절차가 개시되었으나 아직 우리 법원의 승인결정이 없는 경우 만일 한국 내 재산과 관련하여 제소하거나 계약을 체결할 경우 누구를 상대로 해야 하는지가 문제된다(외국도산절차의 대표자와 채무자 양인과 계약을 체결하거나, 양자를 예비적으로 병합하여 소를 제기해야 하는지). 더욱이 아래에서 보듯이 외국도산절차가 한국에서 포괄집행적 효력을 가지려면 우리 법원의 승인결정과 별도의 지원결정이 필요하므로 절차가 더욱 번거롭다.

결국 통합도산법에 따르면 외국도산절차의 대표자가 외국도산절차의 승인신청을 한 경우 비록 승인의 적극적 요건과 소극적 요건이 모두 구비되었더라도 승인의 효력이 자동적으로 발생하는 것이 아니라 우리 법원의 승인결정이 있는 때에 비로소 승인의 효력이 발생한다. 법원은 외국도산절차의 승인신청이 있는 때에는 신청일부터 1월 이내에 승인 여부를 결정하여야 하는데(제632조 제1항) 이는 법원의 신속히 결정하도록 하기 위한 것이다. 법원은 외국도산절차의 승인결정이 있는 때에는 그 주문과 이유의 요지를 공고하고 그 결정서를 신청인에게 송달하여야 한다(제632조 제3항). 외국도산절차의 승인신청에 관한 결정에 대하여는 즉시항고를 할 수 있지만 즉시항고는 집행정지의 효력이 없다(제632조 제4항, 제5항).

4. 승인의 효력

가. 승인의 효력에 관한 통합도산법의 태도와 그에 대한 비판

통합도산법은 우리 법원의 승인결정에 의하여 외국도산절차의 효력의 전부 또는 일부가 우리나라에 미치는 것으로 하는 대신 우리 법원이 재량으로 개별적 지원결정을 하도록 한다. 즉 통합도산법상 외국도산절차의 승인이라 함은 외국도산절차에 대하여 우리나라 내에서 통합도산법 제5편의 지원처분을 할 수 있는 기초로서 승인하는 것을 말하고, 국제도산편에서 정하는 바에 의하여 외국도산절차의 승인신청에 관한 재판과 채무자의 우리나라 내에 있어서의 업무 및 재산에 관하여 당해 외국도산절차를 지원하기 위한 처분을 하는 절차를 '지원절차'라고 한다(통합도산법 제628조 제3호, 제4호).[99] 지원절차는 위에서 언급한 '보조절차'(ancillary proceeding)에 해당하는 것으로서 우리나라 내에 있어서의 업무 및 재산에 관한 것이라는 점에서 속지적 효력을 가진다. 법원은 지원신청이 우리나라의 선량한 풍속 그 밖의 사회질서에 반하는 때에는 신청을 기각하여야 한다(제636조 제3항). 통합도산법이 이러한 태도를 취한 것은 외국도산법이 정한 외국도산절차의 효력이 우리나라에 그대로 유입되는 것을 막기 위한 것이다. 즉 통합도산법(제636조)에 따르면, 승인결정에 의하여 외국도산절차 개시국법상의 효력이 우리나라에 확장되거나 통합도산법상의 국내도산절차의 효력이 발생하는 것이 아니라, 우리 법원이 승인결정을 기초로 지원결정을 하는 체제인데 이는 승인원조법을 추종한 것이다. 승인원조법은 기본적으로 모델법을 수용한 것이지만 승인의 효력에 관하여는 이렇듯 모델법과 커다란 차이가 있다.[100]

하지만 사견으로는 모델법처럼 외국주절차의 승인에 의하여 통합도산법이 정한 도산절차개시의 기본적 효력을 자동적으로 부여하는 것이 바람직하고 승인의 본질에 부합한다.[101] 또한 통합도산법에 따를 경우 외국의 면책재판(또는 회생계획에 따른 면책)에 대해 지원이 필요한지, 필요하다면 어떤

---

99) 대법원 2010. 3. 25.자 2009마1600 결정은, 첫째 "외국도산절차의 승인은 민사소송법 제217조가 규정하는 외국판결의 승인과는 달리 외국법원의 재판을 승인하는 것이 아니라 당해 외국도산절차를 승인하는 것으로서 그 법적 효과는 외국도산절차가 지원결정을 하기 위한 적격을 갖추고 있음을 확인하는 것에 그치고, 그 승인에 의하여 외국도산절차의 효력이 직접 한국 내에서 확장되거나 국내에서 개시된 도산절차와 동일한 효력을 갖게 되는 것은 아니라"는 취지로 판시하였고, 둘째, 지원결정에 관하여는 "국내에서 진행되고 있는 채무자의 업무 및 재산에 대한 소송 등의 중지와 강제집행, 담보권실행을 위한 경매, 보전절차 등의 금지 또는 중지, 채무자의 변제금지 또는 채무자 재산의 처분금지 등 외국도산절차의 대표자가 외국도산절차에 필요한 배당·변제재원을 국내에서 보전·확보하고 이를 기초로 배당·변제계획을 수립하거나 그 계획을 수행할 수 있도록 절차적인 지원을 하는 것"이라는 취지로 판시하였다.

100) 논리적으로는 승인의 경우 도산재단의 범위, 관재인의 권한, 우선권자의 범위와 지위 등 도산법의 쟁점은 승인국법이 달리 정하지 않는 한 원칙적으로 도산법정지법인 외국도산법에 따를 사항이다.

101) 다만 국제도산법 하에서도 법원이 승인결정 시 직권으로 지원조치를 하면 별 차이는 없겠다. 솔직히 저자는 우리 법원이 이렇게 해 줄 것을 기대했었으나 실무는 그렇게 되지 않았다. 지원조치가 없으면 승인결정만으로는 의미가 없는 통합도산법 하에서 우리 법원이 승인결정을 하는 데도 긴 시간이 걸렸던 현실은 우리를 좌절하게 한다. 임치용(註 15), 117면 참조.

지원이 가능한지, 아니면 이 경우는 예외적으로 자동승인이 가능한지가 불명확하다는 문제가 있는데, 이는 아래(마.(2))에서 논의한다. 어쨌든 통합도산법상으로는 승인결정이 있더라도 법원의 지원조치가 없는 한 채무자는 여전히 한국 내 재산을 관리처분할 수 있고 채권자는 강제집행을 할 수 있다.

더욱이 위에서 언급한 2003년 대법원판결은 속지주의를 규정한 파산법(제3조 제2항)의 결과 외국에서 선고된 파산은 한국 내 재산에 대하여 파산선고의 포괄집행적 효력이 미치지 않는다고 보면서도, 미국 파산관재인에의 관리처분권의 이전은 당연히 승인된다고 보는 전향적인 태도를 취하였는데, 통합도산법은 관리처분권의 이전과 포괄집행적 효력을 모두 우리 법원의 승인결정과 지원결정에 의하여 비로소 부여하므로 외국도산절차의 효력이 한국에 무분별하게 유입되는 것을 두려워할 이유는 없다. 2003년 대법원판결에 충실하자면 관리처분권의 이전에 관하여는 자동승인제를 취할 수도 있으나, 양자를 달리 취급하는 것은 부적절하므로 통합도산법은 그에 대해서도 승인결정을 요구한다. 외국도산절차에 포괄집행적 효력을 인정하기 위하여는, 외국판결의 집행을 위하여 집행판결이 필요한 것처럼 법원이 승인요건의 구비여부를 스크린하는 절차가 필요하다고 볼 수 있는데, 통합도산법의 승인결정은 바로 그런 기능을 하는 셈이다(물론 개별적인 집행을 위하여는 별도의 집행판결이 필요할 수 있다). 그래도 불안하면, 외국주절차의 승인 시 기본적 효력의 자동적인 부여는 당해 외국에서 그러한 효력이 인정되는 때로 한정하면 될 것이다. 기본적 효력조차 부여할 수 없는 외국주절차라면 승인의 대상인 외국도산절차라고 볼 수 없을 것이다. 어쨌든 통합도산법에 따르면 우리 법원의 승인결정이 있어도 관리처분권의 이전과 포괄집행적 효력 모두 발생하지 않게 되므로 구 도산법 하의 법상태로부터 지나친 후퇴이며 정당화하기 어렵다. 통합도산법제를 개정하는 이유가, 속지주의를 버리고 외국도산절차의 효력을 한국 내에서 승인하는 데 있으므로 승인을 지나치게 어렵게 할 것은 아니라고 본다.

요컨대 통합도산법은 외국주절차와 외국종절차를 정의하지 않고[102] 또한 승인의 효력의 면에서 양자를 구별하지 않으나, 저자는 입법과정에서 모델법처럼 외국주절차와 외국종절차를 정의하고, 외국주절차에는 승인결정에 의하

---

102) 그러나 통합도산법 제649조 제2항도 '주된 외국도산절차'라는 표현을 사용하는 것은 위에서 본 바와 같다.

여 기본적 효력을 자동적으로 부여하고, 법원이 재량으로 기타 지원을 할 수 있도록 하며, 외국종절차에는 후자, 즉 재량적 효력만을 인정하자는 취지의 비판을 하였고 구체적인 문안을 제시하였지만[103] 아쉽게도 채택되지 않았다. 참고로 다른 입법례를 간단히 살펴본다.

모델법에 따르면 외국도산절차의 승인의 효력은 외국주절차와 외국종절차에 따라 상이하다. 즉, 외국주절차에는 제20조의 자동적 효력과 제21조의 재량적 효력을 인정하나, 외국종절차에는 제21조의 재량적 효력만을 인정한다. 특히 법원이 외국주절차를 승인한 때에는 핵심적인 효력으로서 개별채권자의 채무자에 대한 소송 또는 절차의 개시 또는 계속과 채무자의 자산에 대한 집행절차는 중지되고, 채무자의 자산의 처분권은 정지되는 등의 구제조치가 부여되며(제20조), 이는 우리 통합도산법상 도산절차 개시에 따른 개별집행의 금지와 관리처분권의 이전에 상응하는 것인데, 이러한 효력은 강행적 내지는 자동적이다.[104]

한편 외국도산절차를 승인하는 경우—그것이 주절차이든 종절차이든 간에—법원은 재량에 의하여 개별채권자의 채무자에 대한 소송 또는 절차의 개시 또는 계속과 채무자의 자산에 대한 집행절차를 중지하고, 채무자의 자산의 처분권을 정지하거나, 입법국에 있는 채무자 자산의 관리 또는 환가권한을 외국도산절차의 대표자 또는 법원이 지명하는 자에게 위임하거나, 기타 내국법에 따른 구제조치를 부여할 수 있다(제21조 제1항). 나아가, 법원은 입법국 내의 채권자의 이익이 적절히 보호되어 있음을 확인하는 경우, 외국도산절차의 대표자의 요구에 따라 입법국에 있는 채무자의 자산을 분배할 권한을 외국도산절차의 대표자 또는 법원이 지명하는 자에게 부여할 수 있다(제21조 제2항).[105]

승인원조법은 결정승인제를 취하고, 나아가 외국도산절차의 효력이 일본에 그대로 유입되는 것을 막기 위하여 승인결정 후에 일본 법원이 재량에 따라 개별적인 원조를 위한 처분을 하도록 하는 접근방법을 취한다.[106] 이처

103) 문언은 석광현, "채무자회생및파산에관한법률안 중 國際倒産에 대한 의견," 법률신문 2004. 10. 11.(제3305호), 15면 참조. 또한 외국주절차의 승인 시 우리 법이 정한 기본적 효력을 자동적으로 부여하는 데 대해 두려움이 있다면 이는 당해 외국에서 그러한 효력이 인정되는 때로 한정하면 될 것이라는 점도 지적한 바 있다.

104) UNCITRAL Guide, para. 32.

105) 이것이 외국도산절차의 대표자(또는 제3자)에게의 자산의 'turn over'이다. UNCITRAL Guide, para 157.

럼 승인원조법상 외국도산절차의 승인이라 함은, 외국도산절차에 따른 관리처분권의 이전과 포괄집행적 효력을 인정하는 것이 아니라, 일본 내에서 승인원조법에 따른 원조처분을 할 수 있는 기초로서 인정하는 것이므로 승인결정과는 별도로 그에 기초한 원조처분을 하는 절차가 필요하게 된다.[107] 채권자 및 채무자의 권리의 제한은 승인결정을 전제로 하는 개개의 원조처분에 의하여 비로소 발생한다. 원조처분에는 채권자의 개별적인 권리행사를 금지하는 것과, 채무자의 재산관리처분권(또는 업무수행권)을 제한하는 것이 있다. 전자는 강제집행 등의 중지명령, 담보권의 실행으로서의 경매절차등의 중지명령과 강제집행 등 금지명령(제25조, 제27조, 제28조)이고, 후자는 처분금지, 변제금지 기타 처분과 관리명령이다(제26조, 제32조).

EU도산규정(제17조, 제18조)은 모델법과는 달리, 그러나 독일법과 마찬가지로 승인의 결과 절차개시국법에 따른 효력의 확장을 인정한다. 이는 외국판결의 승인의 경우와 마찬가지로 효력확장설의 입장에 선 것이다. 이처럼 유럽연합에서는 어느 국가에서 주절차가 개시된 경우 그의 효력이 자동적으로 효력을 가지므로 주절차 개시를 위한 경주가 발생함은 위에서 언급한 바와 같다. 다만 EU도산규정은 두 가지 예외를 인정하는데, 하나는 도산규정이 달리 정하는 경우이고, 다른 하나는 이차적 절차가 개시된 경우이다.

나. 당사자적격

구 파산법(제152조)에 따르면, 파산선고가 있는 때에는 파산채무자는 소송수행권을 상실하고 파산관재인이 소송수행권을 가졌다. 정리절차가 개시된 경우에도 마찬가지로 관리인이 소송수행권을 가졌다(회사정리법 제96조). 이러한 도산관재인의 소송수행권을 어떻게 이론구성하는가는 법계에 따라 차이가 있다. 그런데 채무자에 대하여 외국법원에서 파산선고가 있거나 회생절차가 개시된 경우 도산절차개시국에서는 도산관재인이 소송수행권을 가지는데, 과연 우리나라에서는 누가 소송수행권을 가지는지가 문제된다. 이 점에 대하

106) 승인의 효과의 차이가 모델법과 가장 큰 차이라는 견해도 있다. 松下淳一(註 98), 133면.

107) 山本和彦(註 92), 128면. 외국도산절차에 원조를 제공한 실적이 없고 이제 제도를 정비하는 만큼 신중을 기하기 위한 것이라고 하면서도, 실무상으로는 문제가 없다고 보이는 절차에 관하여는 가급적 협력조치를 적시에 제공하는 운용이 매우 바람직할 것이라고 한다. 山本和彦(註 5), 185면. 松下淳一은 이는 일본이 외국도산절차의 승인에 대해 소극적 태도를 나타내는 것은 아니라고 한다.

여 도산절차의 효력이 미치는 범위에 관하여 속지주의를 취한 구 도산법과, 수정된 보편주의를 취하는 통합도산법의 태도는 상이하다. 통합도산법은 외국도산관재인의 권한에 관하여 명시적인 규정을 두고 있기 때문이다.

속지주의를 철저히 따른다면 외국에서 개시된 도산절차의 관재인은 한국에 있는 재산에 대하여는 관리처분권을 가지지 않으므로 그에 관한 소송에서는 당사자적격을 가지지 않아야 할 것이다. 그러나 과거 일부 하급심판결들[108]은 속지주의에도 불구하고 한국 내 재산에 관한 소송에서 외국의 도산관재인에게 당사자적격을 인정하였고, 이러한 태도는 결국 위에서 언급한 대법원 2003. 4. 25. 선고 2000다64359 판결에 의하여 승인되었다. 즉 위 대법원판결은 구 파산법의 해석론으로서, 미국 파산법원의 파산선고의 효력을 관재인에의 관리처분권의 이전과 포괄집행적 효력으로 나누어, 전자에 관하여 미국 파산법원의 재판이 민사소송법의 외국판결 승인요건을 갖춘 것으로 못볼 바 아니라고 하여 효력을 승인한 바 있다. 이는 도산관재인의 권한은 외국판결 승인요건을 구비하면 외국판결의 승인과 유사하게 우리 법원의 별도의 절차 없이 자동적으로 승인된다는 것을 의미한다.

그러나 통합도산법상으로는 외국의 도산재판 또는 도산절차가 자동적으로 승인되어 외국의 도산관재인이 한국 내 재산에 관한 소송에서 당연히 당사자적격을 가지는 것은 아니다. 통합도산법에 따르면 외국의 도산관재인이 우리나라에서 관재인으로서의 권한, 나아가 당사자적격을 가지기 위하여는 우선 당해 외국의 도산법상 그가 대외적으로 권한을 가져야 하고, 우리 법원에 외국도산절차의 승인신청을 해서 승인결정을 받아야 하며(제632조), 나아가 우리 법원에 의하여 국제도산관리인으로 선임되어야 한다(제636조 제1항 제4호). 국제도산관리인이라 함은 외국도산절차의 지원을 위하여 법원이 채무자의 재산에 대한 환가 및 배당 또는 채무자의 업무 및 재산에 대한 관리 및 처분권한의 전부 또는 일부를 부여한 자인데(제628조 제6호), 국제도산관리인이 선임되면 채무자의 업무의 수행 및 재산에 대한 관리·처분권한은 그에게 전속한다(제637조 제1항). 법원은 국제도산관리인으로 외국도산절차의 대표자 또는 그 밖에 국제도산관리인으로서의 직무를 수행함에 적절한 사람(법인을 포함한다)을 선임하여야 한다(채무자 회생 및 파산에 관한 대법원

108) 서울지방법원 1996. 6. 28. 선고 96가합27402 판결, 서울지방법원 2002. 9. 4. 선고 2001가합79063 판결.

규칙 제102조 제2항). 여기에서 “채무자의 업무의 수행 및 재산에 관한 관리·처분권한”이라 함은 채무자의 ‘한국에서의’ 업무수행 및 ‘한국 내’ 재산에 관한 관리처분권한을 의미하는 것으로 해석하여야 한다. 외국에서의 업무수행과 외국 내 재산에 대하여는 외국도산관재인이 외국법에 따른 권한을 가지고 우리나라에서의 승인 및 집행의 문제는 발생하지 않기 때문이다. 통합도산법 제628조 제4호가, “지원절차”라 함은 국제도산편에서 정하는 바에 의하여 외국도산절차의 승인신청에 관한 재판과 채무자의 한국 내에 있어서의 업무 및 재산에 관하여 당해 외국도산절차를 지원하기 위한 처분을 하는 절차를 말한다고 정의하는 것과의 균형상으로도 이를 명시하는 것이 좋았을 것이다. 저자는 입법과정에서 이를 명시할 것을 제안하였으나[109] 채택되지 않았다. 참고로 승인원조법(제2조 제1항 제9호)은 이 점을 명확히 규정한다. 국제도산관리인과 외국도산절차의 대표자는 외국도산절차에 대한 지원절차의 원활한 진행 및 채무자의 한국 내에서의 업무의 수행과 재산의 관리 및 처분의 공정성을 도모하기 위하여 상호 긴밀히 협조하여야 한다(채무자 회생 및 파산에 관한 대법원규칙 제103조 제1항).

속지주의를 취한 구 도산법 하에서는 해석론상 우리 법원의 재판이 없이도 외국 도산관재인의 당사자적격이 인정될 수 있었으나, 통합도산법 하에서는 우리 법원의 승인결정과, 국제도산관리인의 선임에 의하여 비로소 당사자적격이 인정될 수 있다는 점에서 오히려 불편하게 된 측면이 있다. 이는 통합도산법이 모델법을 따라 결정승인제를 도입한 결과이다. 따라서 이제는 대법원 2003. 4. 25. 선고 2000다64359 판결은 더 이상 타당할 수 없다.[110]

이처럼 통합도산법에 의하면 한국 내 재산에 관한 외국의 도산관재인의 관리처분권의 취득도 우리 법원의 승인결정을 거쳐야 하므로, 외국도산절차가 개시되었으나 승인결정이 아직 내려지지 않은 상태에서는, 한국 내 재산에 관하여 한국의 원고가 외국의 채무자를 제소할 경우[111] 외국의 도산관재인을 피고로 할 수는 없다.[112] 그렇다면 외국의 도산관재인과 채무자 양인을

109) 석광현(註 43), 15면.

110) 임치용, 325면도 동지. 일본의 해석론은 임치용, 324면 주 65를 참조.

111) 한국 내 재산에 관한 계약을 체결하고자 하는 경우에도 문제가 있다.

112) 이에 대하여 외국관재인이 적극적 당사자(또는 능동당사자)가 되어 제소하는 경우 그가 먼저 외국도산절차의 승인신청을 하고 제소하겠지만, 외국관재인이 수동당사자가 되는 경우에도 승인절차가 선행되어야 한다는 것은 어색하다는 지적이 있지만 이는 불가피한 결론으로 보인다. 임치용(註 17), 195면은 외국관재인을 상대로 제소하는 경우 미리 승인재판

예비적으로 병합하는 방안도 고려할 수 있을 것이나, 승인결정이 있을 때까지는 채무자가 여전히 한국 내에 있는 재산에 대한 관리처분권을 가지므로 결국 채무자가 피고가 되어야 할 것으로 보인다. 그러나 외국의 도산법이 도산관재인의 대외적 권한을 인정한다면, 당해 외국에 있는 재산과, 자동승인제를 취하는 국가에 있는 재산에 대하여 관리처분권을 이미 상실한 채무자를 피고로 하여 소송수행을 하도록 하는 것이 과연 바람직한지는 의문이다.

만일 한국의 원고가 도산절차개시국에서 도산관재인을 상대로 소를 제기하면 당사자적격이 문제될 것은 없다. 또한 우리 법원의 승인결정이 있고 국제도산관리인이 선임되었다면 그를 상대로 제소하면 된다.

다. 승인 전 명령(보전처분)

통합도산법처럼 결정승인제를 취할 경우, 법원은 승인 결정 전에도 필요한 때에는 임시조치(또는 보전처분)를 취할 수 있도록 할 필요가 있다. 통합도산법(제635조 제1항)은, 법원은 외국도산절차의 대표자의 신청에 의하거나 직권으로 외국도산절차의 승인신청 후 그 결정이 있을 때까지 제636조 제1항 제1호-제3호의 조치를 명할 수 있도록 한다.[113] 외국도산절차의 승인신청을 기각하는 결정에 대하여 즉시항고가 제기된 경우에도 동일하고, 법원은 제1항 및 제2항의 규정에 의한 처분을 변경하거나 취소할 수 있다(제635조

을 신청해야 한다는 것은 소송법이론상 상정할 수 없으므로 그럴 필요가 없도록 입법적으로 해결할 필요성을 지적한다. 근자에는 통합도산법의 해석론으로도 승인절차가 불필요하다는 견해도 있다. 제강호·이재한(註 56), 44면 이하. 이 견해는 구 도산법 하에서의 대법원 2003. 4. 25. 선고 2000다64359 판결(구찌 사건 판결)을 원용하면서 외국관재인은 능동당사자인가 수동당사자인가에 관계없이 당사자적격을 가진다고 본다. 참고로 외국도산절차의 대표자의 직접 접근권을 정한 미국 연방도산법 제1509조 b항 1호는, 외국도산절차의 대표자가 미국 내 소송에서 원고 및 피고 적격을 가지기 위해서는 외국도산절차가 미국에서 승인될 것을 전제로 한다(다만 제1509조 f항은, 외국도산절차가 승인되지 않더라도, 외국도산절차의 대표자가 미국 법원에 채무자의 채권을 추심하기 위한 소송을 제기할 수 있는 권한을 가지는 경우 그 권한은 영향을 받지 않는다고 규정한다).

113) 이는 모델법(제19조)을 따르면서 그 범위를 제한한 것이다. 즉 모델법은, 법원은 채무자의 자산 또는 채권자의 이익을 보호하기 위하여 구제조치가 긴급히 필요한 경우, 외국도산절차의 대표자의 요청에 따라 채무자 자산에 대한 집행의 중지, 또는 입법국에 있는 채무자 자산의 관리 또는 환가권한을 외국도산절차의 대표자 등에게 위임하는 등 임시적인 구제조치를 취할 수 있다고 규정한다. 그러나 통합도산법은 아래 세 가지만을 명시한다.
"1. 채무자의 업무 및 재산에 대한 소송 또는 행정청에 계속하는 절차의 중지
2. 채무자의 업무 및 재산에 대한 강제집행, 담보권실행을 위한 경매, 가압류·가처분 등 보전절차의 금지 또는 중지
3. 채무자의 변제금지 또는 채무자 재산의 처분금지."

제2항, 제3항). 법원의 승인 전 명령에 대하여는 즉시항고를 할 수 있으나, 즉시항고는 집행정지의 효력이 없다(제635조 제4항, 제5항). 이처럼 제635조 제1항은 제636조 제1항 제1호-제3호의 조치만을 명시하므로 제4호와 제5호의 조치, 즉 보전관리명령과 기타 채무자의 업무 및 재산을 보전하거나 채권자의 이익을 보호하기 위하여 필요한 처분을 할 수는 없다고 한다.114) 이는 법문에 충실한 해석이지만 그의 타당성은 의문이며, 제5호의 조치도 허용되지 않는다는 것은 더욱 그러하다. 위에서 본 것처럼 모델법(제19조 제1항 b호)은 긴급한 필요가 있는 경우 입법국에 있는 채무자 자산의 관리 또는 환가권한을 외국도산절차의 대표자 등에게 위임하는 등 임시적인 구제조치를 취할 수 있다고 규정하고, 승인원조법(제51조)도 보전관리인에 의한 관리를 명할 수 있도록 명시한다.

라. 승인결정에 기초한 법원의 지원

외국주절차를 승인하면 일정한 효력이 자동적으로 부여되는 구조를 취하는 모델법과 달리, 통합도산법상으로는 우리 법원이 외국도산절차를 승인하고 이를 기초로 별도의 지원결정을 하게 된다. 이처럼 통합도산법의 제5편에서 정하는 바에 의하여 외국도산절차의 승인신청에 관한 재판과, 채무자의 한국 내에 있어서의 업무 및 재산에 관하여 당해 외국도산절차를 지원하기 위한 처분을 하는 절차를 지원절차라 한다(제628조 제4호).

(1) 법원의 지원의 내용

외국도산절차에 대한 지원으로 우리 법원은 외국도산절차를 승인함과 동시에 또는 승인한 후 이해관계인의 신청에 의하거나 직권으로 채무자의 업무 및 재산이나 채권자의 이익을 보호하기 위하여 다음 각호의 결정을 할 수 있다(제636조 제1항).

① 채무자의 업무 및 재산에 대한 소송 또는 행정청에 계속하는 절차의 중지

② 채무자의 업무 및 재산에 대한 강제집행, 담보권실행을 위한 경매, 가압류·가처분 등 보전절차의 금지 또는 중지

③ 채무자의 변제금지 또는 채무자 재산의 처분금지

114) 법무부, 채무자 회생 및 파산에 관한 법률 해설(2006), 202면; 실무연구회(註 3), 307면.

④ 국제도산관리인의 선임

⑤ 그 밖에 채무자의 업무 및 재산을 보전하거나 채권자의 이익을 보호하기 위하여 필요한 처분. 이에 해당하는 것으로는 신청 또는 직권에 의한 국내의 중재절차의 중단을 생각할 수 있다.[115)]

법원은 지원 결정을 하는 때에는 채권자·채무자 그 밖의 이해관계인의 이익을 고려하여야 하는데, 지원신청이 대한민국의 선량한 풍속 그 밖의 사회질서에 반하는 때에는 그 신청을 기각하여야 한다(제636조 제2항, 제3항).

법원은 제1항 제2호의 금지명령 및 이를 변경하거나 취소하는 결정을 한 때에는 주문을 공고하고 결정서를 외국도산절차의 대표자나 신청인에게 송달하여야 한다(제636조 제4항). 제1항의 규정에 의한 금지명령이 있는 때에는 그 명령의 효력이 상실된 날의 다음 날부터 2월이 경과하는 날까지 채무자에 대한 채권의 시효는 완성되지 아니한다(제636조 제5항). 법원은 필요한 경우 이해관계인의 신청에 의하거나 직권으로 제1항의 규정에 의한 결정을 변경하거나 취소할 수 있고(제636조 제6항), 특히 필요하다고 인정하는 때에는 이해관계인의 신청에 의하거나 직권으로 제1항 제2호의 규정에 의하여 중지된 절차의 취소를 명할 수 있는데 그 경우 법원은 담보를 제공하게 할 수 있다(제636조 제7항). 제636조 제1항에 따른 법원의 지원결정, 지원결

115) 도산절차의 개시에 의하여 중재절차가 어떤 영향을 받는지와 중재합의가 미이행쌍무계약인가 등이 논의된다. 상세는 우선 오창석, "파산절차에 있어서의 중재합의의 효력과 중재절차," 중재연구 제15권 1호(2005), 113면 이하; 임치용, "파산절차의 개시가 중재절차에 미치는 효력" 파산법연구2(2006), 82면 이하(이는 임치용, "파산절차의 개시가 중재절차에 미치는 영향," 사법논집 제41집(2005), 261면 이하를 보완한 것으로 보인다); 김경욱, "중재당사자의 파산이 중재절차에 미치는 영향: 국내 중재·파산절차에 한정하여," 민사소송 제10권 제2호(2006), 292면 이하; Vesna Lazić, Insolvency Proceedings and Commercial Arbitration (1998) 참조. 그러나 중재지가 아닌 외국에서 일방당사자의 도산절차가 개시된 경우 첫째, 도산절차의 승인 여부와 둘째, 만일 승인된다면 도산절차의 개시가 당사자 관계에 미치는 영향의 준거법(즉 도산 법정지법인지 아니면 중재지법인지)과 같은 국제사법쟁점이 제기된다. 유럽연합에서는 도산절차가 중재절차에 미치는 영향은 주로 EU도산규정(제15조)의 해석을 둘러싸고 논의된다. 이런 쟁점에 관하여는 우선 Stefan Kröll, "Arbitration and Insolvency—Selected Conflict of Laws Problems," Franco Ferrari/Stefan Kröll (eds.), Conflict of Laws in International Arbitration (2011), p. 211 이하; Diederich Eckardt, Internationale Handesschiedsgerichtsbarkeit und Insolvenzverfahren: Die Bestimmuing des maßgeblichen Rechts, Herbert Kronke/Karsten Thorn (Hrsgs.) Grenzen überwinden—Prinzipien bewahren, Festschrift für Bernd von Hoffmann zum 70. Geburtstag (2012), S. 934ff. 참조. 근자에 우리 해운회사의 회생사건과 관련하여 제기된 영국 중재의 문제는 임치용, "국제도산사건의 실무상 문제," BFL 제53호(2012. 5.), 70면 이하 참조.

정의 변경 또는 취소결정과 법원의 채무자의 업무 및 재산에 대한 강제집행, 담보권실행을 위한 경매, 가압류·가처분 등 보전절차의 금지 또는 중지된 절차의 취소를 명하는 결정에 대하여 즉시항고를 할 수 있지만 즉시항고는 집행정지의 효력이 없다(제636조 제8항, 제9항).

(2) 국제도산관리인

우리 법원의 지원처분 중 주목할 것으로는 위에서 언급한 국제도산관리인의 선임이 있는데, 여기에서 '국제도산관리인'이라 함은 외국도산절차의 지원을 위하여 법원이 채무자의 재산에 대한 환가 및 배당 또는 채무자의 업무 및 재산에 대한 관리 및 처분권한의 전부 또는 일부를 부여한 자를 말한다(제628조 제6호). 따라서 우리 법원이 지원의 일환으로 국제도산관리인을 선임한 경우 채무자의 업무의 수행 및 재산에 대한 관리·처분권한은 국제도산관리인에게 전속한다(제637조 제1항). 위에서 본 것처럼 여기에서 말하는 채무자의 업무의 수행 및 재산에 대한 관리·처분은 우리나라에서의 업무의 수행과 우리나라에 있는 재산에 관한 것이어야 하고, 그 밖의 경우에는 외국도산절차의 대표자가 권한을 가진다. 국제도산관리인은 한국 내에 있는 채무자의 재산을 처분 또는 국외로의 반출, 환가·배당 그 밖에 법원이 정하는 행위를 하는 경우에는 법원의 허가를 받아야 한다(제637조 제2항). 통합도산법 중 관리인에 관한 제2편 제2장 제1절(제74조-제84조)과 파산관재인에 관한 제3편 제2장 제1절(제355조-제366조)에 관한 규정은 국제도산관리인에 관하여 준용된다(제637조 제3항).

승인원조법은 승인원조절차라는 개념을 두고 그 절차의 목적 달성을 위하여 필요한 경우 채무자의 일본 내의 업무 내지 재산에 관하여 '승인관재인'에 의한 관리를 명할 수 있도록 한다. 이러한 관리명령은 모델법 제21조 제1항 (e)호[116]에 따른 조치라고 할 수 있는데, 승인원조법은 제32조부터 제50조에 걸쳐 승인관재인의 권한, 감독, 승인관재인대리, 보고의무 등 관리명령에 관한 매우 상세한 규정을 둔다. 관리명령이 있으면 채무자의 일본에서의 업무 수행 내지 재산의 관리처분권한은 승인관재인에게 전속하고(제34조), 채무자의 일본 내 재산에 관한 소에 대하여는 승인관재인이 당사자적격을 가

116) 모델법 제21조 제1항 (e)호에 따르면, 절차의 주종을 불문하고 외국절차를 승인할 때에는, 법원은 채무자의 자산 또는 채권자의 이익을 보호하기 위하여 필요한 경우, 외국도산절차의 대표자의 요구에 따라 입법국에 있는 채무자의 자산의 전부 또는 일부를 관리 또는 환가할 권한을 외국도산절차의 대표자 또는 법원이 지명하는 자에게 위임할 수 있다.

진다.[117)]

국제도산관리인은 승인원조법상의 승인관재인을 수용한 것인데 용어상으로는 후자가 더 나은 것으로 보인다. 입법론적으로는 일본처럼 국제도산관리인에 관하여 좀더 상세한 규정을 두는 방안을 고려할 필요가 있다.

마. 외국도산절차의 승인의 효력 또는 지원과 관련한 몇 가지 논점

여기에서는 외국도산절차의 승인의 효력 또는 지원과 관련한 몇 가지 논점을 검토한다.

(1) 외국도산절차의 승인과 내국도산절차의 개시 및 진행

외국도산절차의 승인결정은 통합도산법에 의한 절차의 개시 또는 진행에 영향을 미치지 아니한다(제633조). 따라서 외국도산절차의 승인 후에도 내국도산절차를 개시할 수 있다. 그 경우 직접관할에 관하여 본 바와 같이 우리나라에 채무자의 재산이 있으면 족하다. 모델법도 외국주절차의 승인은 입법국법에 따른 절차의 개시를 요구할 권리 또는 그 절차에서 채권을 신고할 권리에 영향을 주지 아니한다고 규정하고(제20조 제4항), 나아가 외국주절차가 승인된 후에도 내국도산절차를 개시할 수 있음을 명시하는데 여기의 내국도산절차의 효력은 내국에 있는 자산에 한정되는 것이 원칙이고, 예외적인 경우에만 외국에 있는 자산에도 미칠 수 있다. 이 점에서 통상의 종절차와는 효력에 차이가 있다(제28조). 그러나 통합도산법은 제28조와 같은 규정을 두지 않으므로 외국주절차가 승인된 후에 개시되는 내국도산절차의 효력의 범위가 문제된다. 이는 아래(Ⅷ. 1.)에서 논의한다.

(2) 외국도산절차의 승인과 외국의 면책재판(또는 회생계획에 따른 면책)[118)]의 관계

외국의 면책재판(또는 회생계획에 따른 면책)에 관하여는 다음과 같은 여러 가지 문제가 제기된다.

첫째, 외국의 면책재판이 우리나라에서 어떤 효력을 가지는지, 그에 대하

---

117) 따라서 승인원조법 하에서는 외국관재인이 관리명령에 의하여 스스로 승인관재인이 되지 않는 한, 과거와 같이 일본에서 당사자적격을 가진다는 해석은 허용되지 않는다. 深山卓也, "國際倒産法制整備の概要," 山=山=坂(編), 9면.

118) 미국법상 회생계획인가결정에 관하여는 오영준, "채무자 회생 및 파산에 관한 법률하에서 외국도산절차에서 이루어진 외국법원의 면책재판 등의 승인," 대법원판례해설 통권 제83호(2010년 상반기), 650면 이하 참조.

여 우리 법원이 어떤 형태의 지원을 할 수 있는지가 문제된다. 예컨대 채무자인 한국인이 미국에서 미국 파산법상의 면책재판을 받은 뒤, 채권자들이 채무자를 상대로 우리 법원에서 이행의 소를 제기하거나 강제집행을 구하고 이에 대하여 채무자가 면책항변을 하는 경우 미국법원의 면책재판이 한국에서 효력을 가지는지가 문제된다.

EU도산규정이나 독일 도산법과 같이 자동승인제를 취한다면 문제될 것이 없지만, 통합도산법은 결정승인제를 취하고 지원처분을 상정하고 있으므로 면책재판이 ① 우리 법원의 승인결정만으로 효력이 있는지, ② 우리 법원의 승인결정과 지원처분이 필요한지, ③ 아니면 승인결정 또는 기타 아무런 재판이 없이 민사소송법에 따른 외국판결의 승인에 준하여 효력을 가질 수 있는지가 문제된다.[119] 이에 대하여 일본에서는 승인원조법이 별도의 규정을 두지 않았으므로 면책재판의 효력은 민사소송법의 외국판결의 승인의 문제로 해결하라는 견해[120]가 있고, 통합도산법의 해석론으로도 이를 따르는 견해[121]가 보이며 대법원 2010. 3. 25.자 2009마1600 결정도 같다.[122] 즉 위에서 언급한 바와 같이 외국의 면책재판은, 채권자들이 채무자를 상대로 우리 법원에서 이행의 소를 제기하거나 강제집행을 구하는 데 대하여 채무자가 항변으로 면책을 주장하거나, 채무자가 적극적으로 채무부존재확인의 소송을 구하는 경우 그 효력이 문제되는데, 위 견해는 그 경우까지 채무자에게 승인신청을 요구하는 것은 절차상의 부담이 크고 외국도산절차의 승인신청권한을 외국도산절차의 대표자에게 한정한 법체계에도 반한다고 한다.[123]

그러나 다음의 이유로 이에 찬성하기는 어렵다.

첫째, 통합도산법이 결정승인제를 취하고, 모델법과 달리 승인결정 자체에 단순히 지원처분을 할 수 있는 기초로서의 의미만을 부여한 이상, 외국도산절차를 구성하는 외국법원의 재판들 중에서 면책재판에 대하여만 예외를 인정하여 승인결정과 지원처분이 모두 불필요하다고 보아 자동승인제를 취할

---

119) 저자는 입법과정에서 이 점을 지적하였다. 석광현, 국제사법과 국제소송 제3권(2004), 293면.

120) 深山卓也(註 5), 288면 이하.

121) 실무연구회(註 3), 312면.

122) 이를 지지하는 해설은 오영준(註 118), 604면 이하 참조. 김효선, "외국 도산절차상 면책재판의 국내적 효력," 이화여자대학교 대학원 법학석사학위논문(2011)은 학설대립을 소개한다.

123) 실무연구회(註 3), 312면.

근거가 없고, 오히려 그러한 예외를 인정하는 것이 통합도산법의 체계와 정합성이 없다.[124] 물론 통합도산법(제636조 제1항)의 해석상 지원처분이 필요한지 또한 가능한지와 어떤 형태의 지원처분이 필요한지에 관하여 논란이 있을 수 있으나 적어도 외국도산절차의 승인결정은 있어야 한다. 만일 면책재판에 대하여 자동승인제를 취할 의도였다면 통합도산법에 명문의 규정을 두었어야 할 것이다.[125]

둘째, 이와 관련하여 채무의 준거법상 채무 자체가 면책재판에 의하여 소멸하는 경우 우리 법원의 승인결정 또는 지원처분이 없어도 채무가 소멸되는가는 논란의 여지가 있다. 그러나 그 경우에도 채무의 소멸이 법원의 면책재판에 의한 것이라면 재판의 승인이 전제되지 않는 한 우리나라에서 그 채무가 소멸된 것으로 취급할 수는 없다. 이는 형성력을 가지는 외국법원의 이혼판결도 우리 민사소송법상의 승인요건을 구비하지 않는 한 우리나라에서는 효력이 없는 것과 마찬가지이다.

셋째, 외국 파산법원이 면책재판(예컨대 영미법계 국가의 order of discharge)을 하는 경우에는 위에서 본 것처럼 재판의 승인이 문제되지만, 예컨대 스위스의 경우와 같이 재판이 없이 법률에 의하여 면책의 효력이 발생하는 경우[126]의 처리가 문제된다. 독일의 유력한 견해는 이 경우 면책재판이

124) 흥미로운 것은 일본의 과거 논의이다. 즉 과거 속지주의 하에서 독일의 학설, 판례는 면책재판은 승인요건을 구비하면 집행판결 없이 독일에서 효력이 있다고 보았지만(1993. 5. 27. 독일 연방대법원 판결), 일본에는 엄격한 속지주의에 입각하여 면책재판의 대내적 효력을 부정한 明治 35. 6. 17. 대심원판결이 있었고, 그 후에는 독일에서와 같은 견해도 있었지만 면책재판도 집행판결을 받으면 대내적 효력을 가진다는 견해가 있었고, 후자는 다시 외국 파산선고에 포괄적인 집행판결을 부여하여 모든 채권자에 대하여 전면적으로 면책의 구속력을 미치게 할 것인가의 여부에 관하여 견해가 나뉘었다. 齋藤秀夫外, 注解破産法 改訂第二版(1993), 48면 참조. 과거 집행판결이 필요하다고 보았다면 승인원조법 하에서 면책재판에 대하여 자동승인제를 취할 수는 없을 것이다.

125) 상세는 석광현, "외국도산절차에 따른 면책 효력의 승인," 법률신문 제3763호(2009. 7. 24.), 15면; 이 글 보론 참조. 이 글에서 저자는 외국도산절차 진행 중에는 ① 외국도산절차의 승인결정과 ② 외국도산절차에 따른 면책(사안별로 외국법원의 면책재판, 회생계획 인가결정 또는 외국법률의 규정에 의한 면책)의 효력을 승인하는 재판이라는 지원처분이 필요하나, 외국도산절차가 끝난 뒤에는 외국도산절차에 따른 면책(사안별로 외국법원의 면책재판, 회생계획 인가결정 또는 외국법률의 규정에 의한 면책)의 효력을 승인하는 승인결정만이 필요하고 지원처분은 불필요하다는 견해를 피력하였다. 위에서 언급한 바와 같이 대법원 2010. 3. 25.자 2009마1600 결정은 미국 회생계획 인가결정에 따른 면책적 효력을 승인함에 있어서 저자와 달리 외국판결 승인의 법리를 적용하였다.

126) 이에 관하여는 Hans Hanisch, "Schweizerische Konkursverlustscheine vor österreichischen Gerichten," IPRax (1998), S. 505ff. 참조.

존재하지 않으므로 재판의 승인이 아니라 도산법정지법에 따른 결과를 승인하는 것으로 본다.[127] 그러나 통합도산법은 자동승인제를 취하는 독일 도산법과 달리 결정승인제를 취하므로 이 경우에도 우리 법원의 외국도산절차의 승인결정은 필요하다고 본다. 이처럼 외국도산의 승인은 도산절차 자체(또는 도산절차를 구성하는 개개의 재판)의 승인만으로 해결되는 것은 아니며, 도산법정지법에 따른 결과의 승인, 즉 도산저촉법적 해결을 포함하는 것임을 유념할 필요가 있다.

넷째, 미국 법원의 면책재판은 특수한 문제를 제기한다. 즉 미국의 면책재판이 있는 경우, 미국의 대인관할권(personal jurisdiction)에 복종하는 외국채권자가 이를 무시하고 자국 내 재산에 대하여 집행을 하는 것은 그 자체로서 법정모독이 되어 미국 내에서 민·형사상의 제재를 받게 된다는 점을 주의하지 않으면 아니 된다.[128] 또한 미국 내에서 파산절차가 개시됨으로써 자동중지(automatic stay)가 있게 되면 이에 위반하여 외국채권자가 자국에서 소를 제기하는 것도 법정모독이 된다.[129] 이는 면책재판의 승인의 문제는 아니지만, 미국 파산법의 강력한 효력을 이유로, 내국도산절차의 대외적 효력에 관하여 속지주의를 취하는 국가의 채무자도 전세계에 산재하는 자신의 자산을 동결하기 위한 전략으로서 가능한 한 미국 법원에 파산신청을 하거나 보전처분을 신청하는 방안을 이용한다.[130]

다섯째, 일부 견해는 행정청이 절차를 주재하는 경우 면책재판은 공서위반을 이유로 효력을 부정할 수 있다고 한다.[131] 그러나 이는 의문이다. 모델법(제2조 a호)에서 보듯이 외국도산절차란 외국에서 도산관련 법률에 따라 진행되는 집단적인 사법 또는 행정절차로서, 갱생 또는 청산을 목적으로 채

---

127) Geimer(註 18), Rz. 3565 참조.

128) 임치용, 326-327면.

129) 미국 연방파산법(제362조)은 자동중지를 규정한다. 외국채권자가 미국 파산법에 따른 자동중지의 효력에 반하여 강제집행을 하거나 소를 제기하면 법정모독에 따른 제재를 받을 수 있다. 高木新二郎, アメリカ連邦倒産法(1996), 81면; 임치용, 327면; Elizabeth Warren/김현석(역), 미국 기업파산법(2005), 263면. 자동중지에 대하여는 이제정, "美國 聯邦倒産法의 自動停止 制度에 관한 小考," 저스티스 통권 제122호(2011. 2.), 127면 이하

130) 근자의 사례로는 예컨대 In re Yukos Oil Co., S.D.N.Y. Case No. 06-B-10775 (RDD), Docket No. 1 (chapter 15 petition)이 있다고 한다. 소개는 Kurt A. Mayr, "A Tale of Two Proceedings: "Turnabout is Fair Play" in the Yukos U.S. Bankruptcy Cases, 25-AUG Am. Bankr. Inst. J. 24 (2006) 참조.

131) 실무연구회(註 3)(1판)(2006), 273면.

무자의 자산 및 업무가 외국법원의 통제 또는 감독을 받는 절차를 말하기 때문이다. 물론 우리 통합도산법(제628조 제1호)은, 외국도산절차라 함은 외국법원(이에 준하는 당국을 포함한다)에 신청된 회생절차·파산절차 또는 개인회생절차 및 이와 유사한 절차를 말하며, 임시절차를 포함한다고 정의하므로, 가사 외국법원의 통제 또는 감독을 받더라도 행정절차는 승인의 대상이 되는 외국도산절차가 아니라고 본다면 이는 승인의 대상이 아닐 것이다. 그렇더라도 이는 공서의 문제는 아니다. 반면에 외국법원에 준하는 당국을 넓게 해석하여 외국행정절차를 포함한다고 본다면, 그 절차 내에서 내려진 면책재판의 승인을 공서에 반한다고 볼 이유는 없다.

(3) 외국도산재판에 기한 집행

외국도산절차의 승인이 우리 법원의 승인결정과 지원에 의하여 이루어지지만, 외국파산선고 또는 파산절차의 진행과정에서 선고된 재판이 관재인의 집행행위를 요하는 경우 관재인이 이를 집행하기 위하여는, 외국재판의 집행에 준하여 우리 법원의 집행판결을 받아야 한다. 외국법상 파산선고가 관재인이 채무자에게 파산재단에 속하는 재산의 인도를 요구할 수 있는 집행권원(Schuldtitel)이 되는 경우가 그러한 예이다.[132]

(4) 외국도산절차의 승인과 부인권의 행사

부인권에 관하여는 우선 외국도산절차의 대표자가 우리나라에서 부인권을 행사할 수 있는지가 문제된다.[133] 모델법은 부인권에 관하여 각국의 법제의 다양성과 시간적인 제약으로 인하여 결국 일종의 타협안으로서, 승인의 결과 외국도산절차의 대표자에게 입법국법에 따라 채권자를 해하는 행위를 부인할 수 있는 지위, 즉 당사자적격(standing)[134]을 인정하는 규정(제23조)[135]만을 두었다. 즉 제23조에 따르면, 승인의 결과 외국도산절차의 대표자는 입법국법에 따라 채권자를 해하는 행위, 이른바 국제적인 사해행위(또는

---

132) Geimer(註 18), Rz. 3524. 독일 도산법(제353조 제1항)은 이를 명시한다.

133) 그 밖에도 부인권의 준거법이 문제되는데, 여기에서는 전자만을 논의하고 후자는 아래 (Ⅹ.2.) 도산국제사법에서 논의한다.

134) 이를 'active procedural legitimation', 'active legitimation' 또는 'legitimation'이라고 한다. UNCITRAL Guide, para. 166.

135) 제1항은 "외국도산절차가 승인된 때에는, 외국도산절차의 대표자는 [입법국에서 갱생 또는 청산을 관리하는 사람 또는 기구가 채권자를 해치는 행위를 부인하거나 그 밖에 이를 실효시키기 위하여 이용할 수 있는 조치의 유형을 언급]을 개시할 적격을 가진다"고 규정한다.

편파행위)를 부인하기 위하여 소를 제기할 수 있는 권한이 있다. 이는 부인권이 채무자 자산의 통일성을 보호하기 위해 필수적인 제도이기 때문에 그러한 권리가 외국도산절차의 대표자라는 이유만으로 거부되지 않도록 하기 위한 것이다.[136] 이러한 권한은 주절차와 종절차에 모두 인정되나, 종절차의 경우 법원은 외국도산절차의 대표자의 조치가 입법국의 법률상 외국종절차에서 관리되어야 할 자산과 관련이 있음을 확인해야 한다. 이러한 권한은 우리 법의 개념을 빌리자면, 도산법에 의하여 규율되는 부인권에만 적용되고, 민법에 의하여 규율되는 채권자취소권에는 미치지 않는다.[137]

승인원조법은 외국도산절차의 관재인에게 일본에서 부인권의 행사를 인정하는 규정을 두지 않는다. 그 이유는 부인권에 관한 규정을 두자면 준거법에 관한 규정을 함께 두어야 하는데 부인권의 준거법은 논란이 있는 분야로서 입법에 의한 해결은 시기상조이고, 준거법을 제외하고 승인의 효과로서 규정하는 것은 적당하지 않기 때문이었다고 한다.[138]

통합도산법도 승인원조법과 마찬가지로 부인권의 행사에 관하여 규정을 두지 않는다. 따라서 우리나라에서는 도산절차가 개시되지 않았지만 외국도산절차의 승인결정만 있는 경우 외국도산절차의 대표자가 우리 법원에 부인의 소를 제기하거나 기타 부인권을 행사할 수 있는지가 문제된다. 참고로 일본에서는 모델법의 조항을 받아들여 명문의 규정을 두지는 않았지만 그것이 모델법의 취지에 반하는 것은 아니라는 견해도 있는데, 부인소송을 급부소송(이행소송)으로 이해하는 일본의 도산법에서는 부인권의 행사를 주장하는 외국도산관재인의 당사자적격이 당연히 인정될 것이기 때문이라는 견해도 있다.[139] 그러나 이는 지지하기 어렵다. 부인소송의 법적 성질에 관하여는 우리나라에서는 논란이 있는데,[140] 이를 이행소송으로 보더라도 도산관재인의 당사자적격은 제3자소송담당, 특히 법정소송담당의 경우이므로 당사자의 주장만을 기초로 당사자적격을 인정할 수는 없기 때문이다.[141]

---

136) UNCITRAL Guide, para. 167.

137) UNCITRAL Guide, para. 165.

138) 山本和彦(註 5), 396면; 松下淳一(註 98), 139면.

139) 山本和彦(註 5), 396면.

140) 실무연구회(註 3), 285면에 따르면, 일본의 통설과 최고재판소의 판결은 이행소송설을 취하지만, 우리 대법원판결과 하급심법원의 실무는 형성소송설과 이행소송설로 나뉘어 있다고 한다.

141) 상세는 석광현, "國際訴訟의 外國人當事者에 관한 몇 가지 문제점," 변호사—회원연구논

통합도산법의 해석론으로는 첫째, 외국도산절차가 우리나라에서 승인되어야 하고, 둘째, 외국도산절차의 대표자가 국내도산관리인으로 선임된다면 그는 부인권을 행사할 수 있으나 그렇지 않으면 소송 또는 기타의 방법에 의하여 부인권을 행사할 수 없을 것이다. 또한 그 경우 부인권의 행사를 위하여 우리 법원이 별도의 지원처분을 해야 하는지가 문제이나 불필요할 것으로 생각된다. 다만 부인권의 행사를 위하여 보전처분이 필요하다면 지원처분으로서 처분금지가처분을 할 필요는 있을 것이다.

(5) 외국도산절차의 승인과 외국도산관재인의 소송절차 참가

모델법(제24조)에 따르면 승인의 결과 외국도산절차의 대표자는 채무자가 당사자인 내국의 소송절차에 참가할 수 있다. 그러나 통합도산법은 외국도산절차의 대표자의 국내 도산절차 참가에 관하여는 규정을 두지만 국내 소송절차 참가에 관하여 규정을 두지 않는데, 이 점은 승인원조법과 동일하다. 통합도산법의 해석상 외국도산절차의 대표자가 우리나라의 소송절차에 참가하기 위하여는 첫째, 외국도산절차가 우리나라에서 승인되어야 하고, 둘째, 외국도산절차의 대표자가 국내도산관리인으로 선임되어야 하며, 셋째, 민사소송법 기타 관련 법이 정한 참가의 요건을 구비해야 할 것이다.[142] 예컨대 보조참가를 하기 위하여는 민사소송법(제71조)이 정한 참가의 이익이 있어야 한다.

(6) 외국도산절차의 승인과 채무자의 지급불능의 추정

통합도산법상 외국도산절차가 있는 때에는 채무자에게 파산의 원인된 사실이 있는 것으로 추정된다. 즉 통합도산법 제38조 제1항에 따르면, 회생절차개시의 신청을 하는 자는 회생절차개시의 원인인 사실을 소명하여야 하는데, 이 경우 채무자에 대하여 제628조 제1호의 규정에 의한 외국도산절차가 진행되고 있는 때에는 그 채무자에게 파산의 원인인 사실이 있는 것으로 추정한다. 또한 제301조에 따르면, 파산신청 당시 채무자에 대하여 이미 외국에서 파산선고가 있은 때에는 파산의 원인인 사실이 존재하는 것으로 추정한다.[143] 모델법도 외국주절차가 승인되면 채무자의 지급불능이 추정된다고 규정한다(제31조). 다만 통합도산법은 외국의 주절차와 종절차를 구별하지 않

문집 제36집(서울지방변호사회, 2006), 280면 이하 참조.

142) 셋째의 점은 山本和彦(註 5), 396-397면도 동지.

143) 통합도산법에는, 주식회사에 관하여 외국도산절차가 개시되면 내국의 갱생절차개시의 원인된 사실이 있는 것으로 추정된다는 일본 회사갱생법 제243조와 같은 조문은 없으나 제38조 제1항을 유추적용할 여지가 있을 것이다.

고, 외국도산절차가 진행되고 있거나 외국에서 파산선고가 있으면 족하고 외국도산절차가 우리나라에서 승인될 것을 요구하지 않는 점에서 차이가 있다.

(7) 외국도산절차의 승인과 내국에 있는 재산에 대한 우리 법에 따른 담보권의 효력

구 도산법 하에서는 회사정리법이 속지주의를 취하였으므로 외국기업이 담보로 제공한 담보물이 한국에 있는 경우 외국의 채권자는 외국의 회사정리절차에 관계없이 우리나라에서 담보권을 실행할 수 있었다. 그러나 특히 담보권의 준거법이 한국법인 경우 과연 통합도산법에 따른 외국도산절차(특히 회생절차)의 대내적 효력을 주장하여 담보권의 효력 또는 실행을 제한할 수 있는지라는 까다로운 도산국제사법의 문제가 제기된다. 독일 도산법(§351)은 이에 관하여 명문의 규정을 두고 있으니 우리 법은 규정을 두고 있지 않은데, 이에 관하여는 아래(Ⅶ.(2)) 외국에 있는 재산에 대한 담보권의 효력에서 논의한다.

(8) 외국도산절차의 승인이 필요한 범위

이상의 논의는 외국도산관재인이 '한국에 있는 재산'을 처분하거나 한국에 있는 재산과 관련하여 우리나라에서 소송당사자가 되는 경우에 관한 것이다. 반면에 '외국에 있는 재산'에 관하여 외국도산관재인이 한국에서 행위하는 경우, 예컨대 외국에 있는 재산에 관하여 외국도산관재인이 ① 한국인 또는 외국인을 상대로 한국 법원에서 소를 제기하는 경우 당사자적격을 가지기 위하여, 또는 ② 한국에서[144] (계약을 체결함으로써) 처분행위를 하는 경우 우리 법원의 승인결정이 필요한가라는 의문이 제기된다. 통합도산법 제628조 제4호는 "'지원절차'라 함은 제5편에서 정하는 바에 의하여 외국도산절차의 승인신청에 관한 재판과 채무자의 대한민국 내에 있어서의 업무 및 재산에 관하여 당해 외국도산절차를 지원하기 위한 처분을 하는 절차를 말한다"고 하는데, 과연 위의 경우 외국에 있는 재산에 관한 것이지만 한국 내에서의 업무이므로 여전히 지원절차에 해당하고 따라서 우리 법원의 승인결정을 필요로 하는가, 만일 불필요하다면 그 근거는 무엇인가라는 의문이 제기된다. 사견으로는 이에 관하여는 다음과 같이 견해가 나뉠 수 있을 것으로 보인다.

첫째, 외국도산절차의 승인결정이 불필요하다는 견해.

144) 한국에서 소를 제기하는 경우와 달리 이 경우에는 행위지의 결정 기준을 명확히 할 필요가 있다.

이 견해는 그 이론적 근거에 따라 다시 국제사법적 접근방법, 도산저촉법적 접근방법과 외국판결의 승인으로 설명하는 방법 등으로 구분해 볼 수 있는데 이를 간단히 검토한다.

① 국제사법적 접근방법 　　외국법인에 관하여 설립준거법국에서 관리인이 선임된 경우 이를 대표자의 변경으로 보아 한국에 있는 재산이나 영업과의 관계에서 관리인을 대표자로 볼 수 있다는 견해가 주장될 수 있다. 그러나 이에 대하여는 우리 통합도산법(특히 과거 회사정리법)처럼 대표이사가 여전히 있고 관리인이 선임되는 경우는 이를 내부조직의 변경, 특히 그 대표자의 변경으로 볼 수 없으므로 국내의 대표자는 여전히 대표이사라는 견해가 설득력이 있다. 왜냐하면 관리인이 회사의 대표권을 가지는 것은 사실이지만, 재산의 관리처분권이 여전히 회사에 귀속하되 관리인이 대외적으로 회사를 대표하여 관리처분권을 행사하는 것이 아니라, 도산절차의 개시 결과 관리처분권 자체가 관리인에게 귀속하는 점에서 이를 단순한 대표자의 변경으로 보고 국제회사법의 법리에 따라 회사의 속인법이 규율한다고 보는 것은 부적절하기 때문이다.[145] 더욱이 외국도산관리인이 항상 채무자의 설립준거법 소속국에서 선임되는 것은 아니므로, 예컨대 설립준거법 소속국은 아니지만 채무자의 주된 이익의 중심지에서 주절차가 개시된 경우 그러한 설명을 관철할 수도 없다. 이런 견해는 예컨대 미국 파산법에 의한 자연인의 파산의 경우 파산재단이 법인으로 성립하므로 파산관재인의 권한은 파산재단의 속인법에 따른다는 식으로 설명하고자 할 것이나, 파산재단에 법인격을 인정하지 않는 법제의 경우까지 그렇게 설명할 수는 없을 것이다.

② 도산저촉법적 접근방법 　　아래에서 보듯이 외국도산절차가 개시되면 일정한 사항들은 도산법정지법(*lex fori concursus*)에 따라 규율되므로 위의 사안을 도산법정지법의 적용으로 설명하면 족하고 외국도산절차의 승인결정은 불필요하다는 견해도 주장될 수도 있다. 예컨대 외국도산절차의 효력으로서 면책의 효과가 발생하는 경우 우리나라에서 그의 효력을 인정하는 것을 도산법정지법의 적용에 따른 효과로 설명하는 것과 유사한 방법이다. 그러나 외국도산절차가 개시된 도산법정지법이 일정한 사항을 규율하는 것은 사실이지만, 그러기 위하여는 외국도산절차의 승인은 여전히 필요하다. 예컨

145) 이 점은 과거 석광현(註 15), 444-445면에서 지적하였다.

대 외국에서 당해 국가의 국제도산관할의 기준에 따라 도산절차가 개시되었더라도 그것이 우리의 기준에 따를 경우 국제도산관할이 없는 국가라면, 그 경우에까지 도산법정지법이 일정한 사항을 규율할 수는 없기 때문이다. 즉 이 경우에도 외국도산절차의 승인결정이 필요하다.

③ 외국판결의 승인으로 설명하는 견해 　　이는 외국도산절차에서 내려지는 면책재판에 대하여 외국도산절차의 승인이 아니라 민사소송법 제217조에 따라 자동적으로 이루어지는 외국판결의 승인이 필요하다고 보는 것처럼 이 경우 도산관재인의 권한을 외국판결의 승인으로 설명하는 견해이다. 그러나 통합도산법 제628조 제4호가 정한 지원절차는 '한국 내에 있어서의 업무'에 관한 것도 포함하므로 그에 해당되는 한 자동승인제를 취할 근거가 없고, 오히려 그러한 예외를 인정하는 것이 통합도산법의 체계와 정합성이 없다.

둘째, 외국도산절차의 승인결정이 필요하다는 견해.

이는 위의 견해가 모두 설득력이 없고, 또한 제628조 제4호가 정한 지원절차는 반드시 한국에 있는 재산에 관한 것만이 아니라 한국 내에 있어서의 업무에 관한 것도 포함하므로 이는 지원절차에 해당하며 외국도산절차의 승인결정이 필요하다고 본다. 이렇게 본다면 외국도산관재인이 한국에 있는 재산에 관하여 처분행위를 하거나 한국에서 소송을 제기하는 경우는 물론, 외국에 있는 재산에 관하여 한국에서 처분행위를 하거나 한국에서 소송을 제기하는 경우에도 우리 법원으로부터 외국도산절차의 승인결정을 받아야 할 것이다. 이런 결론은 다소 어색한 면이 있으나 결정승인제를 취하는 한 부득이하고 바로 그 점에서 결정승인제의 단점이 드러나는 것이 아닌가라는 생각이 들기도 한다. 자동승인제를 취하면 이 경우 자동적인 승인의 결과 외국도산관재인이 당연히 당사자적격을 가지고 처분권한을 가지므로 자연스럽게 설명이 된다. 지금으로서는 외국도산절차의 승인결정이 필요하다는 견해가 유력하게 주장될 여지가 있으나, 소를 제기하는 경우와 일회적인 처분을 구분하여 전자는 승인결정을 요하지만 후자는 한국 내에서의 업무는 아니므로 승인결정을 요하지 않는다고 볼 수도 있고, 더 나아가 양자는 모두 한국 내에서의 업무는 아니라고 볼 여지도 있다. 최후의 견해를 따르면 승인결정은 불필요한데, 실무적으로는 이 견해가 받아들여질 가능성이 큰 것으로 생각된다. 일단 사견은 유보하지만, 이는 구체적으로 '한국 내에서의 업무'의 범위를 어떻게 획정할지와 관련하여 좀더 연구할 필요가 있다. 앞으로 이 점에 관하여

학설과 판례가 어떤 태도를 취할지는 지켜볼 일이다.[146)]

(9) 외국도산절차의 일부 승인의 가부

외국도산절차를 승인함에 있어서 일부의 승인만이 가능한가라는 의문이 제기된다. 통합도산법상 명문의 규정은 없지만 외국도산절차를 구성하는 재판의 일부 또는 그 효력의 일부만이 승인될 수도 있다고 본다. 특히 그것이 우리나라의 공서에 반하는 경우에 그럴 가능성이 있다.[147)] 그러나 통합도산법의 해석상으로는 대법원 2003. 4. 25. 선고 2000다64359 판결처럼 외국 파산선고의 효력을 관재인에의 관리처분권의 이전과 포괄집행적 효력으로 나누어 그 중 하나만을 승인하는 것은 허용되지 않는다고 본다.

Ⅶ. 내국도산절차의 대외적 효력

1. 통합도산법의 태도

파산선고를 받은 자가 파산선고 당시에 가진 모든 재산은 파산재단에 속하는데(통합도산법 제382조 제1항) 통합도산법은 속지주의를 정한 구 파산법 제3조 제1항을 삭제하였으므로 위 재산은 소재지에 관계없이 파산재단을 구성한다. 회생절차에 관하여도 마찬가지로 속지주의를 정한 과거 회사정리법 제4조 제1항이 삭제되었다.

나아가 통합도산법은 제629조 제1항 제3호에서 내국도산절차와 관련하여 관리인·파산관재인·채무자 그 밖에 법원의 허가를 받은 자 등이 외국법

146) 저자는 구 도산법 하의 구찌 사건판결에 대한 평석에서 아래의 취지로 썼다. "즉 외국파산재판의 승인과 속지주의와는 논리적으로 구별해야 한다. 만일 이 사건에서 미국에 있는 재산에 관한 처분이 문제되었다면—물론 그렇다면 아마도 우리나라에서 다툴 이유는 별로 없겠지만—단지 미국 파산재판의 승인만이 문제되었을 것이다. 즉 우리 파산법이 외국파산의 대내적 효력에 관하여 속지주의를 취하더라도 그 이유만으로 우리나라에서 외국 파산재판의 승인이 문제되지 않는 것은 아니다. 예컨대 일본의 파산선고와 파산관재인을 선임하는 재판의 한국에서의 승인이 문제될 수 있다. 실제로 서울지방법원 2002. 9. 4. 선고 2001가합79063 판결(이른바 기창정공전자주식회사 사건)에서는 문제된 재산이 한국 내 재산인지 아니면 일본 내 재산인지가 논의되었는데, 법원은 그 경우 한국 내 재산과 달리 일본 내 재산에 대하여는 우리나라에서의 소송에서도 일본의 파산관재인이 관리처분권을 가지는 것은 당연한 것으로 보았다". 석광현(註 15), 220면 참조.

147) Geimer(註 18), Rz. 3511은 독일 도산법(제343조 제1항 제2호 2목)의 해석상 이를 긍정한다.

원의 절차에 참가하거나 외국법원의 승인 및 지원을 구하는 등 외국에서 활동하는 경우 국제도산에 관한 제5편의 규정이 적용됨을 명시하고, 제640조에서는 "국내도산절차의 관리인·파산관재인 그 밖에 법원의 허가를 받은 자 등은 외국법이 허용하는 바에 따라 국내도산절차를 위하여 외국에서 활동할 권한이 있다"고 함으로써 보편주의를 지향한다. 이는 모델법 제1조 제1항 b호와 제5조를 충실히 수용한 것이다.[148] 미국에서는 도산절차의 대외적 효력을 역외적 효력(extraterritorial effect)의 문제로 논의하기도 한다.[149]

이는 내국도산절차가 주절차인 경우는 물론이고, 종절차인 경우에도 마찬가지이다.[150] 그 이유는 구 도산법과 같이 내국도산절차의 대외적 효력에 관하여 속지주의를 취함으로써 도산관재인의 대외적 권한을 스스로 제한할 경우 국제도산에서의 효율적인 국제공조에 대한 장애가 되기 때문에 도산관재인의 대외적 권한을 명시하기 위한 것이다.[151]

물론 우리 통합도산법이 내국도산절차의 대외적 효력을 인정하더라도 외국이 그 효력을 인정할 것인가의 여부는 당해 외국법이 결정할 문제이고, 특히 종절차의 경우 그 효력이 제한될 가능성도 있으나, 우리가 스스로 그 효력을 제한할 것은 아니므로 통합도산법의 태도는 타당하다. 외국도산법이 우리 구 도산법처럼 속지주의를 취하면 통합도산법의 보편주의가 실익이 없겠지만, 만일 우리 도산절차의 효력을 승인한다면 이는 실익이 있다. 실제로 한국 회사인 (주)삼선로직스에 대하여 2009. 3. 6. 우리 법원의 회생절차 개시

148) 즉 모델법(제1조 제1항 b호)은 입법국의 도산법에 따른 절차와 관련하여 외국에 지원을 구하는 경우에 모델법이 적용됨을 명시하고, 나아가 제5조는 "입법국의 법률상 갱생 또는 청산을 관리하는 사람 또는 기구는 관련 외국법이 허용하는 바에 따라 입법국의 도산법에 따른 절차를 위하여 외국에서 행위할 권한을 가진다"고 규정한다. 모델법은 외국도산절차의 대내적 효력에 관하여 별도의 장을 두어 상세히 규정하는 것과는 달리, 입법국 도산절차의 대외적 효력에 관하여는 단지 몇 개의 조항을 두고 있다. 모델법은 내국도산절차의 대외적 효력을 직접적인 규율대상으로 하지는 않는다는 견해도 있으나(花村良一(註 30), 61면), 본문에서 보는 바와 같이 이는 정확한 것은 아니다. UNCITRAL Guide, para. 22도 입법국에서 개시된 절차의 대외적(outward-bound) 승인 신청에 대해 모델법이 적용됨을 명확히 하고 있다. Fletcher(註 41), p. 354도 참조.

149) Samuel L Bufford, United States International Insolvency Law 2008-2009 (2009) p. 26 참조.

150) 그러나 과거 입법론으로서 세종(註 49), 267면은 속지주의조항을 삭제하고 대외적 효력을 인정하되, 예외적 관할에 기한 내국절차의 효력이 외국에까지 미치지 않도록 할 것이라고 하고, 다만 외국의 주절차가 외국의 사정으로 개시될 수 없는 때에는 효력이 미치도록 할 것이라는 견해를 피력하였다.

151) UNCITRAL Guide, para. 84.

결정이 난 뒤 영국 법원은 영국 국제도산규정에 따라 3. 12. 승인결정을 하였고 영국에서 진행중인 중재절차의 중지를 명하였으며, 호주 법원도 2009. 4. 17. 한국의 회생절차를 승인하였고, 미국 파산법원도 2009. 9. 24. 회생절차를 승인하였다고 한다.[152)]

일본의 경우 위에서 본 바와 같이 개별도산법에서 내국도산절차의 대외적 효력을 인정하는 규정방식을 취한다.

2. 외국에 있는 재산에 대한 담보권의 효력

한편 구 도산법 하에서는 외국채권자가 한국기업이 담보로 제공한 담보물을 외국에서 보유하는 경우 회사정리법이 속지주의를 취하였므로 채권자는 회사정리절차에 관계없이 담보권을 실행할 수 있었다. 그러나 통합도산법에 따르면 특히 담보권의 준거법이 외국법인 경우 과연 통합도산법의 대외적 효력을 주장하여 담보권의 효력 또는 실행을 제한할 수 있는지라는 까다로운 문제가 제기된다.

이에 관한 우리 학설은 아직 보지 못하였지만 독일에는 ① 보편주의를 중시하여 도산법정지법을 우선하는 견해, ② 담보권자를 보호하기 위하여 도산법정지법의 적용을 부인하고 결과적으로 속지주의와 동일한 결론을 취하는 견해, ③ 절충설로서 도산법정지법의 적용을 긍정하여 도산재단에 포함시키되, 담보물의 소재지법 소속국의 도산법을 적용하는 견해와, ④ 절충설을 따라 도산재단에 포함시키되, 담보물의 소재지법 소속국의 도산법과 도산법정지법 중 담보권자에게 유리한 법을 적용하는 견해 등이 있는 것으로 보인다.[153)] ②를 제외한 나머지 견해는 담보물의 소재지법이 외국도산절차의 효력의 확장을 긍정하는 경우에 한할 것인데, 이 문제는 좀더 체계적으로 검토할 필요가 있다.

---

152) 임치용(註 15), 116-117면. 상세는 김철만, "삼선로직스사건에 대한 실무노트," 도산법연구 제3권(2011), 88면 이하. 이는 오수근·한민·김성용·정영진, 도산법(2012), 414면 이하에도 전재되어 있다.

153) 상세는 Ulrich Drobnig, "Secured Credit in International Insolvency Proceedings," 33 Tex. Int'l L.J. 53, 67 (1998) 참조. 저자는 당초 위와 같이 견해를 소개하였으나, 그 후 EU규정과 독일 도산법은 ⑤ 절충설을 따라 도산법정지법을 적용하여 도산재단에 포함시키되, 담보물의 소재지법 소속국의 도산법과 도산법정지법의 어느 것도 적용하지 않고 담보권자의 자유로운 처분을 허용하는 견해라고 분류하였다. 상세는 이 책 [12] 참조.

Ⅷ. 병행도산절차 상호 간의 조정

동일한 채무자에 대하여 복수의 국가에서 도산절차가 진행되는 이른바 병행도산의 문제는 아래(Ⅸ.)에서 논의하는 도산절차에서의 공조의 논리적 연장 선상에 있으나, 병행도산의 경우 도산절차가 행해지는 상이한 법질서가 더욱 깊이 관련되기 때문에 특별히 취급할 필요가 있다. 각국의 도산법질서의 기초를 이루는 정책적 고려와 접근방법의 근본적인 차이로 인하여 병행도산은 채무자 자산과 그의 분배방법을 지배하기 위한 권력투쟁이 될 가능성이 있다.[154]

모델법은 병행도산을 해결하기 위해 미리 마련된 해결책을 강요하는 대신 협력과 대화의 과정을 통해 조정할 것을 규정하는 점에 특색이 있는데,[155] 구체적으로 내외국도산절차가 병행하는 경우(제29조)와, 복수의 외국도산절차가 병행하는 경우(제30조)를 나누어 규정한다. 모델법의 경우 내국도산절차→외국주절차→외국종절차의 순서로 우위를 인정하고, 복수의 절차가 동시에 승인되는 경우에는 법원의 적절한 재량권의 행사에 의하여 적절한 구제만을 부여하는 방식으로 상호 조절을 도모하고 있다고 할 수 있다.

통합도산법도 대체로 모델법을 따라 양자를 구분하나 규정내용이 좀더 간단하다. 복수도산절차 간의 조정은 첫째, 복수 국가에서 도산절차가 개시되어 각각 진행하는 경우와,[156] 둘째, 외국도산절차가 국내에서 승인되고 (또는 결정승인제를 취하는 국가에서는 적어도 승인신청을 하고) 국내에서 도산절차가 개시되는 경우 또는 그와 반대로 국내도산절차가 개시된 뒤 외국도산절차가 국내에서 승인되는 경우에 발생하기도 한다. 둘째는 엄밀하게 말하면 주로 지원절차와 국내도산절차 간의 병행의 문제이다.

1. 국내도산절차와 외국도산절차 상호 간의 조정

가. 병행도산절차 상호 간의 조정

승인원조법(제57조 이하)은 '1채무자 1절차원칙'이라는 단일도산주의의

154) Fletcher(註 41), p. 357.
155) Fletcher(註 41), p. 357.
156) 예컨대 아래에서 보는 hotchpot rule은 이 경우에도 적용된다.

이념에 따라 승인원조절차와 국내도산절차 중 어느 하나의 절차를 택일하여 진행하고 다른 절차를 중지하는 태도를 취하나,[157] 통합도산법은 국내도산절차와 외국도산절차의 동시진행을 전제로 주절차를 중심으로 처리하도록 법원에 재량권을 부여한다.

통합도산법상으로는 ① 우리나라에서 외국도산절차의 승인에 따른 지원절차와 통합도산법에 따른 국내도산절차가 병행할 수 있는가와 ② 이것이 가능하다면 양자를 어떻게 조정할 것인가라는 문제가 제기된다.

(1) 지원절차와 국내도산절차의 병행

이는 절차의 선후에 따라 다음 두 가지로 구분할 수 있다.

첫째, 외국도산절차가 개시되고 우리나라에서 승인결정이 있은 뒤에 우리나라에서 내국도산절차[158]가 개시될 수 있는가. 승인원조법(제59조, 제60조 제1항)에 따르면 외국도산절차가 개시되고 일본에서 승인결정이 있은 뒤에 일본에서 내국도산절차가 개시될 수 있으나, 일정한 조건[159]이 충족된 경우 법원은 내국도산절차를 중지해야 한다. 통합도산법에 이를 금지하는 규정이 없고, 제633조가 "외국도산절차의 승인결정은 이 법에 의한 절차의 개시 또는 진행에 영향을 미치지 아니한다"고 명시하므로 이를 긍정해야 할 것이다.[160] 외국에서 개시된 주절차가 우리나라에서 승인된 경우에도 종절차를

157) 山本克己, "國內倒産處理手續や他の承認援助手續との競合," 山=山=坂(編), 142, 146면; 이성용, "국제도산사건에서의 이중절차의 위험성통제 방안 연구," 사법논집 제51집(2010), 203면 이하 참조. 미국 연방파산법(제305조)은 법원에게 자제할 수 있는 권한을 부여하는 점에 특색이 있다. 이는 위 이성용, 197면 이하 참조.

158) 외국에서 주절차(또는 종절차)가 개시된 경우 국내도산절차는 종절차(또는 주절차)가 될 것이다.

159) 이는 ① 당해 외국도산절차가 주절차일 것, ② 당해 외국도산절차에 관하여 원조처분을 하는 것이 채권자 일반의 이익에 적합하다고 인정될 것과 ③ 이러한 원조처분을 하는 것이 일본국 내에서 채권자의 이익을 부당하게 침해할 우려가 없을 것이다.

160) 실제로 우리 법원도 그와 같이 판단하였다. 네덜란드 법인인 채무자 LG Philips Display Holding BV(이하 "LPD 홀딩스")는 2006. 1. 30. 네덜란드 법원에서 파산선고를 받았다. LPD 홀딩스의 채권자인 비키 카를로는 채무자가 제3채무자에 대하여 가지고 있는 채권에 관하여 2007년 5월과 6월 대구지방법원 김천지원과 서울중앙지방법원으로부터 각각 채권가압류결정을 받았다. LPD 홀딩스의 파산관재인은 채권가압류를 취소하고자 2007. 9. 19. 서울중앙지방법원에 외국도산절차에 관한 국제도산 승인신청(2007국승1)을 하여 국제도산 승인결정과, 채권가압류결정을 취소하는 취지의 국제도산지원결정을 받았다. 그 후 비키 까를로는 한국 내 LPD 홀딩스의 재산에 관하여는 한국 법원에서 파산절차를 진행해 줄 것을 요구하면서 2008. 2. 28. 서울중앙지방법원에 국내파산절차(2008하합8)를 신청하여 2009. 2. 20. 파산선고 결정을 받았다. 이는 통합도산법상 외국파산절차, 그 승인 및 지원절차와 국내파산절차가 병행하는 최초의 사례로 주목 받고 있다. 상세는 김영석, "외국도산절차의 처리에 관한 국제적 동향—COMI에 관한 최근 논의를 중심으로—," 2012. 6. 29. 개

개시할 실익이 있음은 위에서 언급한 바와 같다.

주목할 것은 모델법(제28조)은 외국주절차가 승인된 후에도 내국도산절차, 즉 지역도산절차(local proceeding)를 개시할 수 있음을 명시하는데,[161] —물론 이는 국내에 자산 또는 영업소의 소재를 전제로 한다—, 그 경우 내국도산절차의 효력은 원칙적으로 내국에 있는 자산에 한정되고, 예외적인 경우에만 외국에 있는 자산에도 미칠 수 있음을 명시하는 점이다. 그런데 통합도산법은 이런 규정을 두지 않으므로 외국에서 개시된 주절차가 우리나라에서 승인된 경우 우리나라에서 개시된 내국도산절차의 효력이 내국에 있는 재산에 한정되는가라는 문제가 제기된다.[162] 명문의 규정을 두지 않은 통합도산법의 해석론으로는 종절차의 효력이 제한된다고 보기는 어렵다.

둘째, 우리나라에서 내국도산절차가 개시된 뒤에 외국에서 도산절차[163]가 개시되고 후자가 우리나라에서 승인될 수 있는가. 승인원조법(제57조 제1항)에 따르면 이 경우 원칙적으로 승인신청을 기각해야 하지만 예외적으로 위에 언급한 일정한 조건이 충족되는 경우 승인결정을 할 수 있다. 통합도산법은 모델법과 마찬가지로 승인원조법과 같은 규정을 두지 않으므로 승인이 가능하나 그 경우 이미 내국도산절차가 존재하므로 지원절차는 별 의미가 없지 않을까 생각된다.

결국 저자는 위 두 가지 경우 모두 지원절차와 국내도산절차의 병행이 가능하다고 본다.

최된 국제거래법학회·대법원 국제거래법연구회 공동세미나 발표자료, 37면 이하 참조.

161) UNCITRAL Guide, para. 73. 물론 이에 대한 예외가 인정된다. 즉 예외적으로 입법국의 자산과 외국의 자산을 계속기업(going concern)으로 매각해야 하는 경우 또는 자산이 사기적으로(fraudulently) 외국으로 이전된 경우에는 자산에 근거한 도산절차의 효율적 관리를 위해 지역도산절차의 효력이 외국에 미치는 것을 인정할 것이라고 한다. UNCITRAL Guide, para. 187. 물론 이를 인정하기 위해서는 제28조가 명시하는 바와 같이, 첫째, 제25조, 제26조 및 제27조에 따른 공조 및 조정을 행하는 데 필요해야 하고, 둘째, 채무자의 자산이 입법국의 법률상 그 절차에서 관리되어야 하는 경우이어야 한다. 그러나, 입법국은 지역도산절차의 개시를 위하여 자산의 소재가 아니라 영업소의 소재를 요구하는 것으로 요건을 엄격히 할 수 있으며, 그렇게 하더라도 모델법의 철학에 반하지는 않는다. UNCITRAL Guide, para. 186. 왜냐하면 입법국에 있는 자산이 영업소의 일부를 구성하지 않는다면 입법국에서의 도산절차의 개시는 대체로 입법국의 현지 채권자들을 포함한 채권자들의 보호를 위한 가장 효율적인 방법이 아니기 때문이다.

162) 반면에 외국의 종절차 후에 우리나라에서 주절차가 개시된 경우에는 그와 같이 제한할 근거가 없으므로 문제되지 않을 것이다.

163) 우리나라에서 주절차(또는 종절차)가 개시된 경우 외국도산절차는 종절차(또는 주절차)가 될 것이다. 이에는 국내도산절차가 선행한 경우와 외국도산절차가 선행한 경우가 있다.

(2) 지원절차와 국내도산절차 간의 조정

모델법(제29조)은 내외국 도산절차가 병행하는 경우에는 내국도산절차가 우선함을 명확히 규정한다. 즉 내국도산절차가 선행하는 경우에는, 외국도산절차에 부여되는 재량적 구제조치는 내국도산절차에 합치해야 하고, 외국도산절차가 주절차인 경우 자동적 구제조치는 부여되지 않는다.[164] 반면에 외국도산절차의 승인 또는 승인신청이 선행하는 경우에는, 법원은 외국도산절차에 부여한 재량적 구제조치를 재심사 및 변경·종료해야 한다. 또한 법원은 외국도산절차가 주절차이더라도 내국도산절차에 저촉되는 자동적 구제조치를 내국법에 따라 변경·종료해야 하며, 외국도산절차가 종절차인 경우 부여된 구제조치가 대상 자산 또는 그 절차에서 필요한 정보와 관련됨을 확인해야 한다.

승인원조법(제57조-제60조)에 따르면 내국도산절차와 승인원조절차가 병행할 수 있으나 경우에 따라 법원은 내국도산절차를 중지하거나 승인원조절차를 중지해야 한다.[165]

통합도산법상으로는 외국도산절차를 승인하더라도 자동적 구제조치는 인정되지 않고 법원의 재량으로 지원이 부여될 수 있을 뿐이므로 국내도산절차와 외국도산절차 상호 간의 조정도 모델법의 경우와 동일할 수는 없다. 통합도산법(제638조 제1항)은 채무자를 공통으로 하는 외국도산절차와 국내도산절차가 동시에 진행하는 경우 법원은 국내도산절차를 중심으로 제635조(승인 전 명령 등) 및 제636조(외국도산절차에 대한 지원)의 규정에 의한 지원을 결정하거나 이를 변경 또는 취소할 수 있다고 규정한다.[166] 문제는 여기에서 '국내도산절차를 중심으로'의 의미인데, 이는 국내도산절차에 우선권을 주되 법원의 재량의 여지가 있다는 취지가 아닐까 생각된다. 그렇게 이해한다면 대체로 다음과 같이 볼 수 있을 것이다.

---

164) 이로부터 내국도산절차가 개시되었더라도 외국주절차 또는 외국종절차의 승인이 배제되지 않음을 알 수 있다. Fletcher(註 41), p. 358.

165) 경합하는 병행절차가 있는 경우 어느 절차가 우선하는지는 일의적이지 않은데, 이처럼 복잡한 규정을 두는 것이 승인원조법의 하나의 특색이다. 花村良一(註 30), 62면; 山本克己(註 157), 141면.

166) 통합도산법은 이 경우 국내도산절차 또는 지원절차의 중지를 규정하지 않으므로 우리 법원은 이 경우 국내도산절차의 중지를 허용하지 않을 것으로 생각된다. 국내도산절차와 외국도산절차의 승인·지원절차의 조정에 관한 통지 등 절차적 사항은 채무자 회생 및 파산에 관한 대법원규칙 제104조 참조.

즉 국내도산절차가 선행하는 경우에는 국내도산절차의 주종을 묻지 않고 외국도산절차에 부여하는 지원은 국내도산절차에 합치해야 한다. 따라서 우리나라에서 종절차가 개시되어 도산관재인이 선임되어 절차가 진행중이라면 그 후 외국에서 주절차가 개시되어 우리나라에서 승인되더라도 외국도산절차의 관리인을 국제도산관리인으로 선임하기 위하여 국내 도산관재인을 해임할 수 있다고 보기는 어려울 것이다.[167)]

반면에 외국도산절차의 승인 또는 승인신청이 선행하는 경우에는, 법원은 외국도산절차에 대하여 한 지원이 내국도산절차에 저촉되는 경우 내국도산절차의 주종을 묻지 않고 내국법에 따라 변경 또는 취소해야 한다. 예컨대 외국에서 종절차가 개시되어 우리나라에서 승인되고 국제노산관리인이 선임된 경우 국내도산절차가 개시된 때는 국제도산관리인을 해임하고 국내도산절차의 관재인을 선임할 수 있다.[168)]

법원의 지원결정 또는 이를 변경 또는 취소하는 결정에 대하여는 즉시항고를 할 수 있지만 즉시항고에는 집행정지의 효력이 없다(제638조 제2항, 제3항).

한편 EU도산규정(제31조)에 따르면, 주절차와 종절차의 관재인은 채무자 자산의 가치를 극대화하고, 채무자기업을 계속기업으로 판매하거나 채무자의 갱생을 달성하기 위하여 필요한 범위 내에서 정보를 교환하고 공조하여야 한다. 주절차의 도산관재인은 주절차의 채권자들에게 이익이 되는 경우 종절차에서의 환가의 중지를 요구할 수 있는데, 중지는 3개월 동안 가능하며 연장될 수 있다(제33조). 이 경우 종절차를 개시한 법원은 동 절차에 참가한 채권자들의 이익을 보호하기 위하여 주절차의 도산관재인에게 적절한 조치를 요구할 수 있다.

나. 교차신고

통합도산법은 병행절차가 진행되는 경우 어느 절차의 도산관재인이 그의 도산절차에 채권을 신고한 채권자를 대리하여 다른 도산절차에서 채권을 교차신고하는 제도를 두고 있지 않다. 이는 모델법과 동일한데, 모델법상으로는 외국도산절차의 대표자가 외국도산절차에 신고된 모든 채권자들을 위해 내국

167) 그러나 법원의 재량을 넓게 인정한다면 가능할 것이다.
168) 실무연구회(註 3), 315면도 동지.

도산절차에서 채권신고를 하는 권한은 인정되지 않는다.[169)]

그러나 일본의 개별도산법은 모델법과 달리 외국도산절차의 관재인이 그의 절차에서 신고된 채권자들의 채권을 국내도산절차에서 집단적으로 신고할 수 있음을 명시한다.[170)] 이것이 이른바 '교차신고'(cross-filing)이다. 이는 글로벌한 관점에서 채권자평등의 원칙이 실효적으로 실현되도록 배려하고, 국내의 약소채권자로 하여금 관재인에 의한 대리에 의하여 외국도산절차에 참가할 수 있게 하고 외국의 약소채권자에게도 절차참가를 도모하기 위한 것이라고 한다.[171)]

또한 EU도산규정(제32조 제2항)에 따르면 주절차 또는 종절차의 도산관재인은 일정한 요건 하에 교차신고를 해야 하는데, 다만 교차신고는 그것이 도산관재인을 선임한 절차의 채권자들에게 이익이 되는 경우에 한정된다. 도산관재인의 채권신고의 효력은 채권자의 신고와 동일한데, 교차신고를 허용하는 목적은 채권자들의 권리행사를 용이하게 하고, 그렇게 함으로써 도산관재인이 다른 도산절차에서 가지는 영향력을 증대하기 위한 것이다.[172)]

다. 채권자 간의 공평한 배당의 준칙(hotchpot rule)[173)]

통합도산법(제642조)은 병행절차 간의 조정을 위하여 '배당의 준칙'이라는 제목 하에, 채무자를 공통으로 하는 국내도산절차와 외국도산절차 또는 복수의 외국도산절차가 있는 경우 외국도산절차 또는 채무자의 국외재산으로부터 변제받은 채권자는 국내도산절차에서 그와 같은 조 및 순위에 속하는 다른 채권자가 동일한 비율의 변제를 받을 때까지 국내도산절차에서 배당 또는 변제를 받을 수 없다고 규정한다. 이는 모델법(제32조)을 따른 것으로,[174)]

---

169) Fletcher(註 41), p. 351.

170) 민사재생법 제210조, 파산법 제357조의2, 제357조의4, 회사갱생법 제289조의2, 제289조의5. 위 조문들은 도산관재인의 교차신고에 관하여 비교적 상세한 규정을 두고 있다.

171) 花村良一(註 30), 63면; 山本和彦(註 5), 411면.

172) 과거 1995년 유럽연합도산협약 초안에 대한 Miguel Virgós and Etienne Schmit, Report on the Convention on Insolvency Proceeding, para. 236.

173) 상세는 한민, "국제금융과 국제도산법에 관한 소고 2," BFL 제28호(2008. 3.), 111면 이하 참조. 구체적 산정방법의 사례는 우선 EU도산협약에 관한 보고서로서 작성되었던 Miguel Virgós/Etienne Schmit, Explanatory Report on the Convention on Insolvency Proceedings, para. 175 이하 참조.

174) 조문은 다음과 같다.
"제32조 병행절차에서의 배당의 준칙 외국에서 도산관련 법률에 따른 절차에서 채권의 일부 변제를 받은 채권자는, 동일한 채무자에 대하여 [입법국의 도산관련 법률을 특정]에 동 순위 채권자들간의 공평한 배당을 달성하기 위한 방법으로 보통법상 널리 인정되고 있는 이른바 'hotchpot rule'[175]을 명시한 것이다.

제642조는 단순히 "외국도산절차 또는 채무자의 국외재산으로부터 변제받은 채권자"라고 하므로 채권자가 외국도산절차에서 변제받은 경우가 그에 해당됨은 명백하나, 그가 외국도산절차에 의하지 아니하고 외국에서 채무자로부터 임의변제를 받거나 개별적인 강제집행절차에서 채권의 변제를 받은 경우도 그에 포함되는지가 문제된다. 모델법은 제32조는 도산절차에서 변제를 받은 경우만을 가리키고, 아래에서 보는 승인원조법은 강제집행의 경우도 포함하는 데 반하여 제642조의 문언은 다소 애매하다. 채권자가 채무자의 국외재산으로부터 임의변제를 받은 경우는 문면상 그에 포함될 것으로 보이지만, 개별적인 강제집행을 통하여 또는 담보권의 실행을 통하여 채권변제를 받은 경우 채권자의 노력을 평가하여 hotchpot rule의 예외를 인정할 여지도 있으므로 논란의 여지가 있다. 해석론으로는 전자의 경우, 즉 개별적인 강제집행을 통하여 변제를 받은 경우는 포함되어 hotchpot rule의 적용대상이 된다고 본다.[176] 반면에 채권자가 외국에서 담보권의 실행을 통하여 변제를 받은 경우 같은 조 및 순위에 있는 담보권자들과의 사이에서 hotchpot rule의 적용대상이 되는지는 논란의 여지가 있으나 그 경우에도 제642조를 적용하여 배당조정에 포함시키는 것이 자연스럽다. 다만 엄밀하게는 채권자가 외국에서 가지는 담보권 내지는 담보부채권의 성질을 어떻게 볼지, 도산절차가 파산절차인지 또는 회생절차인지, 국내도산절차가 외국에서 승인되었는지 여부에 따라 경우를 나누어 봐야 하는 까다로운 문제이다.[177] 입법론적으로는 모델법을 충실히 따르는 편이 간명했을 것이다.

이 경우 외국도산절차가 우리나라에서 승인된 경우에 한정되는가도 문제될 수 있으나, 이는 채권자들 간의 공평한 배당을 달성하기 위한 제도이므로

따른 도산절차에서는 그 절차상 동일한 조에 속하는 다른 채권자들에 대한 배당액이 자신이 이미 받은 배당액보다 비례적으로 적은 한 동일한 채권에 대하여 배당을 받을 수 없다. 다만 담보부채권 또는 물권에 대하여는 그러하지 아니하다."

175) 영국에서 위 원칙이 다루어진 사건은 House of Lords의 *Banco de Portugal v. Waddell* [1880] 5 App. Cas. 161. 사건이다. 이 사건 판결의 소개는 우선 Philip St. J. Smart, CrossBorder Insolvency (1991), p. 174 이하 참조.

176) 한민(註 173), 116면은 이에 반대한다.

177) 상세는 한민(註 173), 120면 이하 참조. 한민 교수는 제642조가 적용되지 않는 것으로 본다.

외국도산절차의 승인을 전제로 할 이유는 없을 것으로 생각된다.

다만 어느 채권자가 외국도산절차에서 또는 도산절차에 의하지 아니하고 다른 채권자들의 우리 도산절차에서의 배당률보다 높은 비율의 배당을 받았더라도, 통합도산법의 해석론으로는 그는 소극적으로 배당에 참가할 수 없을 뿐이지 더 나아가 초과부분을 우리나라의 도산관재인에게 반환해야 하는 것은 아니다.[178] 또한 제642조에 따르더라도 담보권을 가지는 채권자는 담보권이 없는 자보다 높은 비율의 배당을 받을 수 있음은 당연하다.

일본의 경우 모델법과 달리 외국에서의 배당수령이 도산절차에 의한 경우에 한하지 않고 개별적인 강제집행에 의한 경우도 배당조정의 대상으로 함으로써 보다 철저한 입장을 취하는 것으로 해석되는데[179] 이는 EU도산규정과 마찬가지이다. 즉 EU도산규정(제20조)도 hotchpot rule을 규정하는데, 정확히는 EU도산규정은 채권자가 외국도산절차에서 채권의 변제를 받은 경우 동 원칙을 적용하고(제20조 제2항), 더 나아가 채권자가 도산절차에 의하지 아니하고(즉 외국에 있는 자산에 대한 강제집행을 통하거나 또는 채무자의 임의변제에 의하여) 채권의 변제를 받은 경우 이를 주절차의 도산관재인에게 반환할 것을 규정한다(제20조 제1항).

2. 복수의 외국도산절차 상호 간의 조정

동일한 채무자에 대하여[180] 복수의 외국도산절차의 승인신청이 있는 때

178) 이 경우 부당이득이 성립하는지에 관하여 논란이 있다. 실무연구회(註 3), 300면 참조. 이는 입법정책의 문제이므로 통합도산법의 해석론의 문제이다. EU도산규정(제20조)은 채권자가 외국도산절차에서 채권의 변제를 받은 경우 hotpot rule을 적용하고, 나아가 채권자가 도산절차에 의하지 아니하고(즉 외국에 있는 자산에 대한 강제집행을 통하거나 또는 채무자의 임의변제에 의하여) 채권의 변제를 받은 경우 이를 주절차의 도산관재인에게 반환할 것을 규정하는 데 반하여 통합도산법은 다른 채권자가 동일한 비율의 변제를 받을 때까지 국내도산절차에서 배당 또는 변제를 받지 못하도록 규정할 뿐이므로 위의 경우 부당이득의 성립을 부정하는 것이 설득력이 있어 보인다. 요컨대 통합도산법이 정하는 범위를 넘어 일반 부당이득법의 법리에 의하여 해결할 사항은 아니다. Pannen (Ed.)(註 8), Art. 21 para. 34 이하(Riedemann 집필부분)도 참조.

179) 파산법 제265조2, 제306조의2, 회사갱생법 제118조의2, 제124조의3. 花村良一(註 30), 63면. 예컨대 회사갱생법 제118조의2에 의하면, 갱생채권자가, 갱생절차개시의 결정이 있은 후에 회사의 재산으로서 외국에 있는 것에 대하여 권리를 행사함으로써 갱생채권에 관하여 변제를 받은 경우 hotchpot rule이 적용된다. 이처럼 권리를 행사한 경우에 적용되므로 강제집행의 경우도 포함된다.

180) 법문은 "채무자를 공통으로 하는"이라고 하나 본문의 취지라고 생각된다. 법문이 경우에

에는 법원은 이를 병합심리하여야 한다(제639조 제1항). 동일한 채무자에 대하여 복수의 외국도산절차가 승인된 때에는 법원은 지원절차의 효율적 진행을 위하여 채무자의 주된 영업소 소재지 또는 채권자보호조치의 정도 등을 고려하여 주된 외국도산절차를 결정할 수 있고(제639조 제2항), 나아가 필요한 경우 제2항의 규정에 의한 주된 외국도산절차를 변경할 수 있다(제639조 제4항). 법원은 주된 외국도산절차를 중심으로 제636조의 규정에 의한 지원을 결정하거나 변경할 수 있다(제639조 제3항). 병합심리를 정한 제639조 제1항은 승인신청이 경합하는 경우에만 적용되나, 제2항 이하는 어느 외국도산절차에 대하여 승인결정이 된 후 다른 외국도산절차의 승인신청이 있는 경우에도 적용됨은 문면상 명백하다. 이러한 조항을 보면 복수의 외국도산절차가 우리나라에서 승인될 수 있다. 다만 실제로 동일한 채무자에 대하여 우리나라에서 복수의 외국도산절차의 승인을 구하는 사례는 많지 않을 것이다.

모델법(제30조)에 따르면, 복수의 외국도산절차가 병행하는 경우 주절차가 우선하므로 외국주절차의 승인 이후에 외국종절차에게 부여하는 재량적 구제조치는 외국주절차에 합치해야 하고, 외국종절차의 승인 후 또는 승인신청 후 외국주절차가 승인되는 경우 종절차에 부여한 재량적 구제조치를 재심사 및 변경·종료해야 하며, 외국종절차 상호 간에는 승인의 선후를 불문하고 법원은 재량으로 조정을 촉진하기 위하여 구제조치를 부여, 변경 또는 종료해야 한다.

모델법의 취지를 고려하면 통합도산법의 해석상으로도 복수의 외국도산절차가 병행하는 경우 주된 외국도산절차를 우선시켜야 하고, 주된 외국도산절차의 승인과 지원 후에 외국의 종절차에게 지원을 하는 경우 그것은 주된 외국도산절차의 지원에 합치해야 하며, 반대로 외국의 종절차의 승인과 지원 후 주된 외국도산절차가 승인되는 경우 이를 위하여 필요한 범위 내에서는 외국의 종절차에 대한 지원을 변경 또는 취소해야 하고,[181] 외국의 종절차 상호 간에는 적절한 지원을 하는 것이 타당할 것이다.

따라 "채무자를 공통으로 하는"이라는 표현(제639조 제1항, 제2항)과 동일한 채무자라는 표현(제641조 제1항)을 혼용하는 것이 의도적인지는 불분명하다.

181) 실무연구회(註 3), 316-317면은 예컨대 어느 외국종절차를 승인하고 강제집행의 중지를 명한 후 새로이 외국주절차가 승인된 경우라면 지원처분으로 국제도산관리인을 선임하여 강제집행이 중지된 국내재산을 환가처분하거나 국외로 반출하면 되고 굳이 종전 종절차의 승인재판이니 지원처분을 취소할 필요가 없다고 한다. 그러나 종절차의 승인결정을 취소할 필요는 없지만 지원처분은 취소할 필요가 있을 것으로 생각된다.

법원의 주된 외국도산절차의 결정과 그의 변경 및 법원의 외국도산절차에 대한 지원결정 또는 그의 변경결정에 대하여는 즉시항고를 할 수 있으나 즉시항고에는 집행정지의 효력이 없다(제639조 제5항, 제6항).

승인원조법은 동일한 채무자에 관하여 복수의 승인원조절차의 병행은 인정하지 않는데, 이는 명확성과 예측가능성을 높이기 위한 것이라고 한다.[182)]

Ⅸ. 외국법원 및 외국도산절차의 대표자와의 공조

외국법원 및 외국도산절차의 대표자와의 공조는 채무자 자산의 산일을 방지하고, 그의 가치를 극대화하여 국제도산을 효율적으로 수행함으로써 최상의 결과를 달성하기 위한 가장 현실적인 방법이다.[183)] 공조는 외국도산절차의 승인을 전제로 하는 것은 아니며, 병행절차의 존재를 전제로 하는 것도 아니나, 특히 복수국가에서 별개의 도산절차가 개시되어 거의 동시에 병행절차가 진행되는 경우 공조가 중요한 의미를 가진다. 공조에는 법원 간의 공조와 도산관재인 간의 공조가 있다. 국제도산에서의 공조는 '넓은 의미의 민사사법공조'의 일환으로서[184)] 일회적인 것이 아니라 도산절차의 종료 시까지 지속할 필요가 있고 그 내용도 복잡하므로 외국에서의 송달 또는 증거조사를 중심으로 하는 좁은 의미의 사법공조와는 질적으로나 양적으로나 차원을 달리한다고 할 수 있다.

1. 법원 간의 공조

법원은 동일한 채무자 또는 상호 관련이 있는 채무자에 대하여 진행 중인 국내도산절차 및 외국도산절차나 복수의 외국도산절차 간의 원활하고 공정한 집행을 위하여 외국법원 및 외국도산절차의 대표자와 ① 의견교환, ②

182) 병행절차는 片山英二(註 53), 103면 이하, 국내도산절차와 승인절차의 경합은 山本克己(註 157), 141면 이하 각 참조.
183) UNCITRAL Guide, para. 173.
184) 민사사법공조의 관점에서 국제도산을 검토하는 문헌으로는 Peter Schlosser, Jurisdiction and International Judicial and Administrative Cooperation, *Recueil des Cours* 2000 Tome 284 (2001), p. 227 *et seq.* 참조.

채무자의 업무 및 재산에 관한 관리 및 감독, ③ 복수절차의 진행에 관한 조정과 ④ 그 밖에 필요한 사항에 관하여 공조하여야 한다(제641조 제1항). 이는 법원—법원 간뿐만 아니라 법원—관재인 간의 공조를 포함한다.

통합도산법은 '공조할 수 있다'가 아니라 '공조하여야 한다'고 규정하는데 이는 모델법과 같다.[185] 통합도산법은 모델법(제25조)과 동일하게, 법원은 위의 공조를 위하여 외국법원 또는 외국도산절차의 대표자와 직접 정보 및 의견을 교환할 수 있다고 규정하는데(제641조 제2항), 이는 국제민사사법공조의 분야에서 전통적으로 사용되었던, 많은 시간을 요하는 '촉탁서(letters rogatory. 또는 요청서)'의 요건을 배제하기 위한 것이다.[186]

공조의 구체적 형태로서 모델법(제27조)은 사람 또는 기구의 임명, 정보교환, 채무자의 자산 및 업무에 관한 관리, 감독의 조정, 절차의 조정에 관한 합의에 대한 법원의 승인 및 시행, 동일 채무자에 대한 병행절차의 조정 등을 예시하면서 입법국은 기타 공조의 형태를 정할 수 있음을 명시하나, 통합도산법은 위에 언급한 4가지 사항을 열거한다.

이처럼 통합도산법(제641조)은 도산절차의 병행 시 우리 법원(도산사건의 담당재판부)이 외국 법원과 직접 공조할 것을 규정하는데, 이는 종래의 법원행정처를 통한 국제민사사법공조법상의 공조 수준에 비하면 획기적이다. 궁극적으로는 공조범위를 넓혀야 할 것이라는 점에서 통합도산법의 태도를 이해할 수 있지만 실무상으로는 어려움이 예상된다. 다만 실무상으로는 법원 간에 도산관리계약을 체결하는 것이 아니라 도산관재인 간에 계약을 체결하고 법원은 이를 승인하는 형태를 취할 것이다. 일본의 승인원조법은 법원 간 및 관재인 간의 공조를 규정하지 않고 단지 개별도산법[187]에서 관재인 간의 협력만을 규정한다.

2. 도산관재인 간의 공조

법원과 마찬가지로 국내도산절차의 관재인은 법원의 감독 하에 외국법원

185) 모델법이 그처럼 규정한 것은 대륙법계처럼, 법의 명시적인 수권이 없는 영역에서 법관의 재량의 범위가 제한적인 법계에서 특히 중요하다. UNCITRAL Guide, para. 174.

186) UNCITRAL Guide, para. 179. 우리 국제민사사법공조법도 촉탁서에 기한 공조방식을 규정한다.

187) 민사재생법 제207조, 파산법 제357조의2, 회사갱생법 제289조의 2.

또는 외국도산절차의 대표자와 직접 정보 및 의견을 교환할 수 있다(제641조 제3항). 이는 모델법(제26조)을 따른 것이다. 즉 이는 관재인—관재인 간뿐만 아니라 관재인—법원 간의 공조를 포함한다.

국내도산절차의 관재인은 법원의 허가를 받아 외국법원 또는 외국도산절차의 대표자와 도산절차의 조정에 관한 합의를 할 수 있다(제641조 제4항). 여기에서 '도산절차의 조정에 관한 합의'라 함은 주로 영미법계국가의 도산관재인들 간에 체결되는 도산관리계약(protocol 또는 insolvency administration agreement)을 가리킨다.[188] 이는 위에 언급한 Maxwell Communication 사건을 계기로 병행도산을 조화롭게 운영하는 절차로써 국제적으로 널리 활용되고 있다. 이는 '공조 및 화해계약'(coordination and compromise agreement) 또는 '양해각서'(memorandum of understanding)라고도 하는데 UNCTIRAL 문서는 '국제계약'(cross-border agreement)이라는 용어를 사용한다.[189] 도산법 전문가들의 모임인 INSOL Europe은 2007년 10월 '국제도산을 위한 유럽 교신 및 공조지침'(European Communication and Cooperation Guidelines For Cross-border Insolvency. 일명 'CoCo Guidelines')을 공표하였는데 이는 도산관재인 간의 협력을 제고하기 위한 것으로 구속력이 있는 것은 아니며 연성법(soft law)에 해당한다.[190] 앞으로 우리나

188) 영미법계국가와 대륙법계국가 간에 또한 대륙법계 국가 간에 체결된 사례도 있다. 도산관리계약의 주요내용과 사례는 Draft UNCITRAL Notes on cooperation, communication and coordination in cross-border insolvency proceedings(A/CN.9/WG.V/WP.86)(www.uncitral.org/uncitral/en/commis sion/working_groups/5Insolvency.html) 참조. 그에 따르면 도산관리계약은 전문, 용어와 해석규칙, 법원, 절차의 관리, 당사자들 간의 책임분배, 교신, 계약의 발효, 수정과 종료, 비용과 경비, 보호조치(safeguards) 등으로 구성된다. 위 자료의 부록(Annex)은 Maxwell Communication 사건을 포함하여 37개 protocol의 사례를 소개한다. 위 자료의 소개는 오수근·송희종, "국제도산절차의 공조—UNCITRAL 국제도산절차 협조 실무 지침 소개—," 통상법률 통권 제88호(2009. 8.), 126면 이하 참조. Protocol에 관한 기타 우리 문헌은 임치용(註 18), 532면 이하; 한충수(註 90), 408-409면 참조. 전자는 protocol을 '의정서', 후자는 '규약'이라고 번역한다.

189) 독일에서는 '도산관리계약'(Insolvenzverwaltungsvertrag)이라는 용어가 점차 받아들여지고 있다. Horst Eidenmüller, "Der nationale und internationale Insolvenzverwaltungsvertrag," Zeitschrift für Zivilprozeß 114 (2001), S. 3ff.는 기업집단이 도산한 경우 국내도산의 맥락에서의 도산관리계약과 국제도산의 경우 국내외 도산절차 간의 도산관리계약의 논점을 다루는데, 후자의 맥락에서 도산관리계약의 준거법(성질결정), 계약의 당사자, 계약체결의 의무, 특별협력규칙의 우위와 도산법원 및 도산관재인에 의한 조정 등의 논점을 취급한다. Protocol을 소개한 독일 문헌은 Mathias A. Wittinghofer, Der nationale und internationale Insolvenzverwaltungsvertrag—Koordination paralleler Insolvenzverfahren durch ad hoc-Vereinbarungen (2004) 참조.

190) Heinz Vallender, "Judicial cooperation within the EC Insolvency Regulation," Inter-

라에서도 도산관리계약에 대한 좀더 체계적인 연구를 할 필요가 있다.

통합도산법도 모델법을 따라 공조의 시기와 방법 등에 관한 결정을 법원과 도산관재인에게(법원의 감독 하에) 맡기고 있는데 그 이유는 법원에게 유연성과 재량을 부여하는 것이 실무적으로 매우 중요하기 때문이다.[191]

Ⅹ. 도산국제사법(도산저촉법)[192]

1. 도산법정지법원칙

국제도산사건의 경우 국내도산사건과는 달리 준거법의 결정이 문제된다. 예컨대 도산재단의 범위, 도산절차의 준거법, 도산절차에서 우선적인 권리를 가지는 자의 범위, 미이행쌍무계약에 대해 도산절차가 미치는 영향, 상계의 허용 여부, 부인권의 행사 등을 판단함에 있어 준거법을 결정해야 하기 때문이다. 이러한 문제는 우리나라에서 도산절차가 개시된 경우에는 물론이고 외국도산절차를 우리나라에서 승인하는 경우에도 제기된다.[193] 그러나 통합도산법은 국제도산에서 제기되는 준거법 결정의 문제에 관하여 아무런 규정을 두고 있지 않으므로 이는 판례와 학설에 의하여 해결되어야 한다. 아래의 논의는 이에 관한 것이다.

도산법은 절차법적 규정과 실체법적 규정으로 구성되므로 국제도산법도 '국제도산절차법'과 '도산저촉법'(또는 도산국제사법)으로 나눌 수 있다.[194]

우선 '절차는 법정지법에 따른다'(*forum regit processum*)는 법정지법원

---

national Insolvency Law Review (2011), p. 309 참조. CoCo Guidelines는 18개의 지침으로 구성된다. 이에 관하여는 우선 Bob Wessels/Miguel Virgós, European Communication and Cooperation Guidelines for Cross-border Insolvency (2007) 참조.

191) 이러한 중요성은 국제도산에 관한 제2차 UNCITRAL—INSOL Multinational Judicial Colloquium에서도 강조되었다. 그곳에서 제출된 보고서는 국제도산에 관한 사법공조의 실무상의 중요한 지침을 제시하였다. UNCITRAL Guide, para. 178을 참조.

192) 상세는 석광현, "倒産國際私法의 제문제: 우리 법의 해석론의 방향," 사법발전재단 사법 제4호(2008. 6.), 109면 이하; 이 책 [12] 참조.

193) 위에서 언급한 바와 같이 승인의 경우 도산재단의 범위, 관재인의 권한, 우선권자의 범위와 지위 등 도산법의 쟁점은 승인국법이 달리 정하지 않는 한 원칙적으로 도산법정지법인 외국도산법에 따른다.

194) Geimer(註 18), Rz. 3363 이하. 물론 양자의 구별이 반드시 용이한 것은 아니다.

칙(*lex fori*-Prinzip)은 국제도산법에서도 타당하며, 도산절차에 있어 법정지법이라 함은 도산법정지법(*lex fori concursus*)을 의미한다. 따라서 도산절차에서의 국제도산관할, 도산절차의 개시, 관재인의 선임, 권한과 의무는 물론 도산채권의 신고, 확정, 배당 등 도산절차의 진행과 종료, 나아가 외국도산절차의 승인 등 절차법적인 사항은 도산법정지법에 의한다.

한편 도산저촉법은 외국관련이 있는 도산사건의 실체법적 사항 또는 측면에 적용될 준거법을 결정한다. 우리나라에서는 이 점에 관한 논의가 별로 없으나, 외국의 국제도산 저촉법이론에 따르면 국제도산의 실체법적 사항도 원칙적으로 도산법정지법에 의하는 것으로 이해되고 있는데, 보다 정확히 말하자면 도산사건의 모든 실체법적 사항이 아니라 그 중 도산절차의 개시 또는 도산절차에 속하는, 즉 도산절차에 내재하는 구성요건에 의하여 발생하고, 나아가 도산절차의 목적에 봉사하는 '도산전형적인 법률효과'(insolvenz-typische Rechtsfolge) 또는 '도산법에 특유한 효력'(spezifisch insolvenz-rechtlichen Wirkungen)만이 도산저촉법에 따라 도산법정지법의 규율을 받는다고 한다.[195] 따라서 예컨대 매수인인 한국 기업과 매도인인 독일 기업 간에 국제물품매매계약이 체결된 뒤 우리나라에서 매수인의 파산선고가 있었다면, 그 매매계약의 성립 및 효력의 문제는 법정지인 우리나라의 국제사법에 따라 결정되는 당해 계약의 준거법(예컨대 CISG 또는 독일법)에 따르지만, 매수인의 파산관재인이 미이행쌍무계약이라는 이유로 위 매매계약을 해제할 수 있는지는 도산전형적인 법률효과의 문제로서 도산법정지인 우리 통합도산법에 따른다.

이처럼 도산사건의 실체법적 사항에 도산법정지법을 적용하는 근거로는 도산절차에서는 절차(procedure)와 실체(substance)가 밀접하게 관련되어 있다는 점과, 도산법정지법을 적용함으로써 채권자들의 평등취급이라는 국제

---

195) Geimer(註 18), Rz. 3373f.; Jaeger/Jahr, Konkursordnung 2. Band (1973), §§237, 238, Rn. 11-25, Rn. 173-177; MünchKommBGB/Kindler(註 8), Rn. 948. 竹下守夫(編), 國際倒産法: 企業の國際化と主要國の倒産法(1991), 26면은 "실체적 사항 중 총채권자의 평등, 공평한 만족 내지 도산적 사법질서의 유지라고 하는 도산제도의 목적을 실현하기 위하여 도산법이 특별히 규율하고 있는 사항, 즉 도산제도의 목적에 의하여 지배되는 사항은 도산개시국의 공서로서 도산법정지법의 적용을 받으나, 그 밖의 사항은 국제사법에 의하여 결정되는 준거법의 적용을 받는다"고 설명한다. 반면에 도산법규는 법정지의 절대적 강행법규(즉 국제적 강행법규)라는 것을 근거로 드는 견해도 있다. 石黑一憲, 國際民事訴訟法(1996), 298-299면; Kröll(註 115), p. 252에 소개된 견해 참조.

도산의 이념과 정의에 보다 충실할 수 있다는 점을 든다.[196] 이에 의하면 국제도산의 절차법적 사항과 실체법적 사항이 모두 도산법정지법에 의하여 규율되므로 절차와 실체의 구별이라는 어려운 문제를 피할 수 있는 장점이 있다. 그러나 위 원칙에 대한 예외로서 당해 법률관계의 특성을 고려하여 실체법적 사항 중에도 도산법정지법이 아니라 국제사법의 연결원칙에 따르는 사항들이 있을 수 있는데, 앞으로 이를 구체화할 필요가 있다.

대법원 2001. 12. 24. 선고 2001다30469 판결은 준거법이 영국법인 차관계약상 우리나라 은행인 대주가 파산한 경우 파산관재인은 파산법 제50조에 따라 이행 여부를 선택할 수 있다고 하였던바,[197] 이는 위 법리가 적용된 예이다. 흥미로운 것은, 위 사건에서 파산관재인이 구 파산법 제50조에 따라 해제 또는 이행의 선택권을 가지는가의 문제는 도산절차의 목적에 봉사하는 도산전형적인 법률효과인 데 반하여, 일방당사자의 파산을 이유로 한 소비대차계약의 실효를 정한 민법(제599조)[198]은 당사자간의 신뢰관계의 파괴를 고려한 규정이므로 도산전형적인 법률효과는 아니라고 볼 수 있다는 점이다. 따라서 우리나라에서 파산선고를 받은 자의 파산절차가 개시된 이상, 각 차관계약의 준거법이 영국법임에도 불구하고 우리 파산법(제50조)이 적용되어 파산선고를 받은 자는 각 차관계약의 해제 또는 이행을 선택할 수 있지만, 준거법이 영국법이므로 민법 제599조는 적용되지 않는다고 본다.[199]

모델법은 아래에서 언급하는 부인권에 관한 조문을 제외하고는 도산저촉법에 관하여 아무런 규정을 두지 않는다.

한편 일본의 승인원조법은 도산저촉법에 관하여 아무런 규정을 두고 있지 않다. 그 이유는 도산저촉법은 실체규범과 절차규범이 교착하는 매우 어려운 분야인데, 일본의 개정작업이 1년 정도의 준비기간에 걸쳐 이루어졌기 때문에 이 문제를 해결할 시간적 여유가 없어서 부득이 장래의 검토에 위임되었기 때문이라고 한다.[200]

---

196) Peter Gottwald, in Peter Gottwald (Hrsg.), Insolvenzrechts-Handbuch (2001), §129 Rn. 6; Geimer(註 18), Rz. 3373.

197) 위 대법원판결에 대한 평석은 석광현, "국제적인 신디케이티드 론 거래와 어느 대주은행의 파산," 국제사법과 국제소송 제3권(2004), 543면 이하 참조.

198) 조문은 다음과 같다.
"대주가 목적물을 차주에게 인도하기 전에 당사자 일방이 파산선고를 받은 때에는 소비대차는 그 효력을 잃는다."

199) 당해 사건에서 민법 제599조의 적용 여부는 전혀 논의되지 않았다.

200) 花村良一(註 30), 63면. 일본의 논의는 河野俊行, 山＝山＝坂(編), 147면 이하 참조. 스위

반면에 EU도산규정(제4조 이하)은 도산저촉법에 관하여 상세한 규정을 두고 있다. 즉 도산규정 제4조 제1항은 도산절차와 그의 효력은 도산절차개시국의 법에 의하여 규율된다는 원칙을 선언하고, 제2항에서 도산절차개시국법에 의하여 규율되는 사항을 예시적으로 열거한다. 도산절차를 개시할 수 있는 채무자, 재단을 구성하는 재산, 채무자와 관재인의 권한, 상계를 할 수 있는 요건, 도산절차가 개별 채권자가 제기한 소에 미치는 영향, 권리의 신고, 확인 및 시인에 관한 규칙, 재산의 분배에 관한 규칙 및 권리의 순위, 절차종료 후의 채권자의 권리 및 부인권에 관한 규칙 등이 그것이다.[201] 또한 독일 도산법도 제11장 총칙(제335조-제342조)에서 도산국제사법에 관하여 규정을 두고 있는데, 우선 제335조에서 도산법정지법원칙을 선언하고 그 이하의 조문에서 특칙이 적용되는 사항을 열거하고 있다.[202]

나아가 EU도산규정은 도산법정지법의 적용에 대한 예외를 명시한다(제5조-제15조). 예컨대 도산절차가 부동산 관련 계약에 미치는 효력은 부동산 소재지법에 의하고(제8조), 도산절차가 근로계약에 미치는 효력은 근로계약의 준거법에 의한다(제10조).[203] 이는 우리 법상의 해석론과 입법론에 도움이 될 수 있을 것이다.

2. 부인권의 문제

위에서 언급한 바와 같이 모델법은 승인의 결과 외국도산절차의 대표자에게 입법국법에 따라 채권자를 해하는 행위를 부인할 수 있는 지위, 즉 당사자적격(standing)을 인정하는 규정(제23조)만을 두고 준거법에 관하여는

스 국제사법도 도산저촉법에 관하여는 규정을 두지 않는다.

201) 단 상계에 대하여는 제6조가 별도의 조항을 둔다. 또한 부인권에 관하여 EU도산규정(제13조)은 문제된 행위의 준거법이 도산법정지법 이외의 법이고 동법에 의하면 부인할 수 없는 경우에는 제4조 제2항 m호의 적용을 배제한다. EU도산규정의 국제도산저촉법에 관하여는 석광현(註 192); Ian F. Fletcher, "The European Union Convention on Insolvency Proceedings: Choice-of-Law Provisions," 33 Tex. Int'l L.J. 119 (1998) 참조. 양자는 모두 EU도산협약에 관한 글이나 도산협약과 EU도산규정 간에 별 차이는 없다.

202) 이의 소개는 한충수(註 23), 284면 이하.

203) 그 밖의 것으로는 제3자의 물권(제5조), 상계(제6조), 소유권의 유보(제7조), 결제기구 및 금융시장 관련 계약(제9조), 등기 또는 등록할 수 있는 권리(제11조), 공동체 특허권 또는 상표권(제12조), 부동산 등의 제3취득자의 보호(제14조) 및 계속중인 소송에의 효력(제15조) 등이 있다.

규정을 두지 않았다.

EU도산규정(제13조)은 도산법정지법을 원칙으로 하되, 거래의 안전을 보호하기 위한 규정을 두고 있다. 즉 EU도산규정에 따르면 사해행위의 부인에 관하여는 원칙적으로 도산법정지법이 적용되므로(제4조 제2항 m호) 부인권을 행사하기 위한 요건, 방법과 효과는 모두 도산법정지법에 의한다. 그러나 EU도산규정은 일종의 타협으로서, 그 행위로 인하여 이득을 얻은 자가 사해행위인가의 여부가 문제되는 당해 행위(예컨대 계약)의 준거법이 도산법정지법 이외의 법이고 또한 그 준거법이 관련 사안에서 그러한 행위에 대해 어떠한 이의수단도 허용하지 않음을 증명하는 경우에는 제4조 제2항 m호의 적용을 배제한다(제13조). 즉 제13조는 도산법정지법에 의한 무효에 대해 'veto'의 작용을 하는 것으로, 요건과 효과의 점에서 두 개의 법을 중첩적으로 적용하는 중첩설과는 차이가 있는데, 제13조의 규정방식이 좀더 적용하기 쉽다고 한다.[204)]

통합도산법은 모델법 제23조 제1항과 같은 규정을 두지 않고 나아가 준거법에 관하여도 규정을 두지 않으므로, 위에서 본 바와 같이 만일 통합도산법의 해석론으로서는 외국도산절차가 우리나라에서 승인되고 외국도산절차의 대표자가 국제도산관리인으로 선임되어 우리나라에서 부인권을 행사할 수 있다고 본다면 그의 준거법이 문제된다.[205)] 통합도산법의 해석론으로는, 부인권의 준거법에 관하여는 과거 독일에서와 같이 도산법정지법(이는 도산절차가 개시된 외국의 도산법을 말한다)만을 적용하는 견해, 도산법정지법과 사해행위라고 주장된 문제의 행위의 준거법을 중첩적으로 적용하는 견해 등이 주장될 수 있을 것이다.[206)]

위에서 본 것은 지원절차에서 외국도산절차의 대표자가 부인권을 행사하는 경우의 준거법이나, 그 밖에도 병행도산절차에서도 부인권의 준거법이 문제된다. 실제로 위에 언급한 Maxwell Communication 사건에서 부인권의 준거법이 문제되었는데 미국 제2순회구 연방항소법원은, 도산법정지법인 미국법을 적용하는 대신 영국법이 사안과 가장 밀접한 관련이 있고 결과에 대해 더 강력한 이해관계를 가진다는 이유로 전통적인 국제사법원칙에 따라 부

204) 상세는 석광현(註 8), 327면 이하 참조.

205) 외국도산절차의 대표자가 우리나라에서 부인권을 행사할 수 있는지에 관하여는 위(Ⅵ.4.마.(4))에서 논의하였다.

206) 이에 관하여는 우선 Geimer(註 18), Rz. 355ff. 참조.

인권의 준거법은 영국법이라고 판단하였다.[207] 이러한 해결방법은 원칙적으로 도산법정지법을 적용하는 독일의 학설과는 차이가 있다.

XI. 통합도산법의 경과규정

통합도산법의 부칙 제1조는 통합도산법은 공포 후 1년이 경과한 날부터 시행한다고 명시하고, 제2조에서 과거의 회사정리법, 화의법, 파산법 및 개인채무자회생법을 폐지한 뒤 제3조에서 위 구법들의 폐지에 따른 경과조치를 규정한다. 즉 통합도산법 시행 당시 종전의 회사정리법에 의하여 정리절차개시의 신청을 한 정리사건, 종전의 화의법에 의하여 화의개시신청을 한 화의사건, 종전의 파산법에 의하여 파산신청을 한 파산사건과 종전의 개인채무자회생법에 의하여 개인회생절차개시신청을 한 개인회생사건은 각각 종전의 회사정리법, 화의법, 파산법 및 개인채무자회생법에 의한다고 하여 도산신청시를 기준으로 한다.

그러나 위의 규정들은 우리나라에서 도산절차의 신청이 있는 경우만을 염두에 두고 있는 것으로 보이고 외국도산절차에 관하여는 규정을 두지 않은 것으로 보인다. 통합도산법이 결정승인제를 취하고 있으므로 우선 외국도산절차의 관재인이 승인신청을 하는 경우에는 승인신청 시를 기준으로 통합도산법의 적용 여부를 결정해야 할 것이다.[208] 그러나 그것만으로 문제가 모두

207) 사안은 다음과 같다. 영국에서 채권자들이 파산신청을 하자 영국의 채무자는 미국에서 파산신청을 하여 파산절차가 개시되었고 영국에서도 병행절차가 개시되었다. 양자는 모두 주절차로서 진행되었다. 채무자는 절차 개시 전에 영국과 프랑스 은행에 대한 채무를 변제하기 위하여 두 개의 미국 자회사를 매각하고 그 대금을 영국은행 계좌에 송금하였다. 미국법상으로는 관리인은 변제행위를 부인할 수 있었는데 미국에서 이른바 debtor in possession 형태로 관리처분권을 가지고 있던 채무자는 미국 파산법상의 부인권을 주장하였으나 미국 제2순회구 연방항소법원은 영국법이 사안과 가장 밀접한 관련이 있고 결과에 대해 더 강력한 이해관계를 가진다는 이유로 미국의 종래 국제사법원칙에 따라 부인권의 준거법은 영국법이라고 판단하였다. *In re Maxwell Communication Corp.*, 93 F.3d. 1036 (2d Cir. 1996). 임치용(註 18), 496-497면도 참조. 위에서 언급한 바와 같이 이 사건은 도산관리계약이 체결된 점과 부인권의 준거법이 다투어진 점으로 널리 알려졌다.

208) 임치용(註 15), 102면도 동지. 실제로 서울중앙지방법원 2008. 2. 12. 자 2007국승2 결정과 서울고등법원 2009. 8. 31.자 2008라592 결정은 2006. 4. 1. 전에 개시된 외국도산절차의 승인에 통합도산법을 적용하였다. 또한 채권자인 주식회사 고합이 외국도산절차에서 면책된 채무자를 상대로 그의 재산이 있는 국내에서 파산신청을 한 사건에서 서울중앙지방법원 2008. 7. 9.자 2008하합20 결정은 통합도산법이 적용된다고 보았다. 임치용, "외국 도산절

해결되는 것은 아니다.

예컨대 외국의 도산관재인이 도산재단에 관하여 우리나라에서 소를 제기하는 경우를 생각해보자. 과거 대법원판결에 따르면 외국의 도산관재인의 당사자적격이 인정될 것이나, 통합도산법 하에서는 그가 국제도산관리인으로 선임되지 않는 한 당사자적격이 부정된다. 이 경우 제소 시를 기준으로 그것이 통합도산법의 시행일 이후이면 통합도산법을 적용할 것이라는 견해가 주장될 수 있을 것이나, 명확한 규정을 두었더라면 하는 아쉬움이 있다.[209]

이는 비단 외국도산절차의 관재인의 당사자적격만이 아니라 그의 관리처분권 전반에 관련되는 사항이다. 과거 판례에 따르면 한국 내에 있는 채무자의 재산에 대한 도산관재인의 관리처분권이 인정되었을 것이나 통합도산법 하에서는 승인결정이 없으면 이는 인정되지 않기 때문이다. 예컨대 통합도산법의 시행일 전에 외국도산절차에서 도산관재인이 선임되었는데, 그가 위 시행일 후 우리나라에 있는 채무자의 재산을 처분할 수 있는지가 문제된다. 과거의 대법원 판결에 따르면 그는 관리처분권이 있었지만, 통합도산법에 따르면 관리처분권이 없기 때문이다. 이 경우 처분행위 시를 기준으로 그것이 통합도산법의 시행일 이후이면 통합도산법을 적용할 것이라는 견해가 주장될 수 있을 것이나 명확한 규정을 두는 편이 바람직하였을 것이다.

XII. 맺 음 말

채권자평등이라는 도산법의 정의와 도산절차의 목적을 달성하기 위해서는 극단적 속지주의를 고집할 수 없고 속지주의를 완화하지 않을 수 없다. 통합도산법은 이런 방향으로 국제도산법의 쟁점을 입법적으로 해결한 것으로

차 대표자의 국내에서의 지위," 법률신문 제3700호(2008. 11. 24.), 14면은 가능한 견해를 제시한다. 즉 부정설은 통합도산법 시행 전에는 속지주의를 취하였으므로 속지주의를 신뢰하고 외국도산절차에 참가하지 않고 국내재산에 대하여 강제집행할 수 있다고 믿은 국내채권자의 신뢰를 보호해야 한다고 보나, 긍정설은 통합도산법 시행 이후에 외국도산절차가 개시된 때부터 적용한다는 명문의 규정을 두지 아니한 이상 외국도산절차가 시행 전에 개시되어도 승인이 가능하다고 본다. 더구나 2006. 4. 1. 이전에 개시되어 동일 현재 외국도산절차가 계속 중인 경우마저도 승인대상에서 제외한다면 속지주의를 폐지하고 국제적 기준에 맞는 국제도산편을 속히 입법한 입법취지에 어긋난다는 것이다.

209) 또한 예컨대 외국의 채무자를 피고로 한 소송이 우리 법원에 계속중 채무자가 외국에서 파산선고를 받은 경우의 처리도 문제된다.

서 대체로 타당하다. 저자는 입법작업에 직접 관여하지는 않았지만, 국제도산법에 관한 글들을 꾸준히 발표함으로써[210] 우리나라가 모델법을 받아들이고 수정된 보편주의를 채택하는 데 작은 기여를 했다고 믿고 그것을 큰 보람으로 생각한다. 그러나 외국도산절차의 승인의 효력에 관한 한 통합도산법은 모델법을 거부하고 승인원조법을 따른 점에서 바람직하지 않다. 그의 타당성도 의문일 뿐 아니라 지나치게 일본법에 의존하는 것이라는 비판을 피할 수 없다.[211] 이 점은 적절한 시기에 통합도산법을 개정함으로써 해결해야 한다. 또한 위에서 본 것처럼 통합도산법의 해석상 여러 가지 의문이 있는데 통합도산법이 법원에 상당한 재량을 부여하므로 법원의 실제의 운용이 매우 중요하다. 우리나라에서는 과거 국제도산에 관한 실무가 축적되지 못하였고 통합도산법 시행을 계기로 실무가 형성되고 있는 중인데, 앞으로 국제도산법의 제논점에 대한 논의가 활발히 이루어져서 통합도산법에 따른 법원의 실무가 축적되어 가는 과정에서 여러 가지 의문이 올바른 방향으로 해소될 수 있기

210) 저자는 파올로 구찌 사건을 소개하는 글과 구찌 사건 판결에 대해 평석을 썼으며, 특히 입법작업을 위한 자료로서 "國際倒産法에 관한 연구—立法論을 중심으로—"를 통상법률 통권 제39호(2001. 6.), 62면 이하에 발표하였고, "유럽연합의 國際倒産法制"를 국제사법연구 제7호(2002. 12.), 81면 이하에 발표한 바 있다.

211) 저자는 이에 대해 입법과정에서 과거 다음과 같이 지적한 바 있다.
"외국도산절차의 승인의 효력(효과)에 관한 한 법률안은 모델법을 거부하고 승인원조법을 따른 것이다. UNCITRAL의 여러 모임에 참가하는 필자로서는 법률안이 통과될 경우 우리의 국제도산법제를 대외적으로 어떻게 설명할지 난감하다. 모델법은 미덥지 않거나 너무 선진적이어서 우리 도산법의 모법인 일본법을 따랐다고 해야 할까. 그 경우 세계는 과연 한국을 어떻게 바라볼까. 우리끼리 살 때는 의식하지 못했지만, 외국인들과 교류하면서 우리 법의 일부가 일본법과 거의 같다는 점을 시인할 때마다 부끄러움을 느끼곤 했음을 고백하지 않을 수 없다. 현행법의 극단적 속지주의도 일본법을 따른 것이고, 2003년 대법원판결도 1981. 1. 30. 동경고등재판소 결정을 충실하게 따른 것인데, 이제 국제도산법제를 개정하면서, 세계적인 논의를 거쳐 채택된 모델법에도 불구하고 여전히 일본법을 따라야 하는가를 묻고 싶다. 기초자들은 승인원조법이 타당하다고 보았기 때문에 따랐을 터이고(법률안이 일본법보다 전향적인 면도 있다), 그런 생각이 근거가 없는 것은 아니다. 어쩌면 장래 일본의 판례·학설을 차용할 수 있다는 점도 고려했을지 모른다. 그러나 승인원조법은 지나치게 소극적이어서 승인의 본질에 현저히 반하고, 절차의 번잡을 초래하며 2003년 대법원판결의 취지에도 반한다(상응하는 최고재판소 판결은 없다). 요컨대 필자의 주장은 큰 차이가 없다면 모델법을 따르자는 것이다. 그것이 세계적으로 국제도산법제를 조화하려는 모델법의 취지에도 부합한다. 우리 법제를 국제화하고 그의 보편타당성을 제고하기 위하여, 또한 일본법에의 종속 내지 편향을 극복하는 수단으로서 국제규범을 적극 활용해야 한다고 믿는 필자로서는 합리적인 이유 없이 모델법 대신 일본법을 추종하는 것은 수용하기 어렵다(일본법과 일본법학에 대한 연구의 필요성을 부정하는 것은 물론 아니다). 법률안이 모델법의 수용에 있어 나쁜 선례를 남길까 우려된다." 석광현, "채무자회생및파산에관한법률안 중 국제도산에 대한 의견," 법률신문 제3305호(2004. 10. 11.), 15면.

를 기대한다. 국제도산법은 도산법과 국제사법 및 국제민사소송법이 교착하는 영역이므로 이들 영역에 대한 선행연구가 없이는 이해하기 어려운 분야이다. 종래 도산법은 물론 국제사법과 국제민사소송법 분야의 연구와 교육을 소홀히 해온 우리나라에서 국제도산법의 중요성이 제대로 인식되고 있지 못한 것은 당연한 논리적 결과이다.

주의할 것은, 국제도산에 관한 한 통합도산법은 모델법을 받아들인 것이므로 모델법(제8조)이 명시하는 바와 같이 통합도산법을 해석함에 있어서는 그의 국제적 연원과 적용상의 통일성을 증진할 필요성을 고려하여야 한다는 점이다. 모델법의 채택은 그만큼 우리 법의 해석과 운용에 있어 국제적인 고려를 요청한다. 이는 21세기를 살아가는 우리 법률가들이 피할 수 없는 과제이다.

모델법과 통합도산법(제5편)의 조문대비

모 델 법	통합도산법	비 고
제Ⅰ장	제5편	
제1조[적용범위]	제629조	
제2조[정의]	제628조	통합도산법은 주절차와 종절차를 정의하지 않는다.
제3조[입법국의 국제적 의무]		통합도산법에는 규정이 없다.
제4조[관할법원 또는 당국]	제630조	
제5조[도산관재인]	제640조	
제6조[공서위반]	제632조 제2항 제3호, 제636조 제3항	
제7조[추가지원]		통합도산법에는 규정이 없다.
제8조[해석]		통합도산법에는 규정이 없으나 그 취지를 고려해야 한다.
제Ⅱ장		
제9조[직접접근권]	제634조	
제10조[제한된 재판관할권]		통합도산법에는 규정이 없다.
제11조[외국도산절차의 대표자의 도산절차 개시신청]	제634조	통합도산법은 외국도산절차의 승인을 전제로 한다.
제12조[외국도산절차의 대표자의 도산절차 참가]	제634조	
제13조[도산절차에 대한 외국채권자의 접근] 제1항	제2조	
제2항		통합도산법에는 규정이 없다.
제14조[외국채권자에 대한 통지]		통합도산법에는 규정이 없으나 채권자로 취급된다.
제Ⅲ장		
제15조[외국도산절차의 승인신청]	제631조	
제16조[승인에 관한 추정]		통합도산법에는 규정이 없다.

모 델 법	통합도산법	비 고
제17조[외국도산절차의 승인결정]	제632조	
제18조[사후정보]	제631조 제2항	
제19조[승인신청시 구제조치]	제635조 제637조	모델법보다 구제조치가 제한적이다.
제20조[승인의 효력]	제633조 제636조 제637조	모델법은 주절차와 종절차를 구분하여 승인의 효력에 차이를 두나, 통합도산법은 양자를 구분하지 않고 우리 법원이 개별적 지원처분을 하도록 한다.
제21조[외국도산절차 승인시 구제조치]		
제22조[채권자 등의 보호]	제636조 제2항	
제23조[부인권]		통합도산법에는 규정이 없다.
제24조[외국도산절차의 대표자의 기타절차 참가]		통합도산법에는 규정이 없다.
제Ⅳ장		
제25조[법원 또는 대표자간의 공조]	제641조 제1항, 제2항	
제26조[도산관재인과 외국법원 및 외국대표자간의 공조]	제641조 제3항, 제4항	
제27조[공조의 형태]	제641조 제1항	
제Ⅴ장		
제28조[외국주절차 승인후의 국내도산절차의 개시]	[제633조]	통합도산법에는 직접적인 규정은 없다.
제29조[국내도산절차와 외국도산절차의 조정]	제638조	
제30조[복수의 외국도산절차의 조정]	제639조	
제31조[외국주절차의 승인에 기한 지급불능 추정]	제38조, 제301조	통합도산법은 외국의 주절차와 종절차를 구별하지 않고, 절차의 승인을 전제로 하지 않는다.
제32조[병행절차에서의 배당준칙]	제642조	

별첨

제5편 국제도산

제628조(정의) 이 편에서 사용하는 용어의 정의는 다음 각호와 같다.

1. "외국도산절차"라 함은 외국법원(이에 준하는 당국을 포함한다. 이하 같다)에 신청된 회생절차·파산절차 또는 개인회생절차 및 이와 유사한 절차를 말하며, 임시절차를 포함한다.
2. "국내도산절차"라 함은 대한민국 법원에 신청된 회생절차·파산절차 또는 개인회생절차를 말한다.
3. "외국도산절차의 승인"이라 함은 외국도산절차에 대하여 대한민국 내에 이 편의 지원처분을 할 수 있는 기초로서 승인하는 것을 말한다.
4. "지원절차"라 함은 이 편에서 정하는 바에 의하여 외국도산절차의 승인신청에 관한 재판과 채무자의 대한민국 내에 있어서의 업무 및 재산에 관하여 당해 외국도산절차를 지원하기 위한 처분을 하는 절차를 말한다.
5. "외국도산절차의 대표자"라 함은 외국법원에 의하여 외국도산절차의 관리자 또는 대표자로 인정된 자를 말한다.
6. "국제도산관리인"이라 함은 외국도산절차의 지원을 위하여 법원이 채무자의 재산에 대한 환가 및 배당 또는 채무자의 업무 및 재산에 대한 관리 및 처분권한의 전부 또는 일부를 부여한 자를 말한다.

제629조(적용범위) ① 이 편의 규정은 다음 각호의 경우에 적용한다.

1. 외국도산절차의 대표자가 외국도산절차와 관련하여 대한민국 법원에 승인이나 지원을 구하는 경우
2. 외국도산절차의 대표자가 대한민국 법원에서 국내도산절차를 신청하거나 진행 중인 국내도산절차에 참가하는 경우
3. 국내도산절차와 관련하여 관리인·파산관재인·채무자 그 밖에 법원의 허가를 받은 자 등이 외국법원의 절차에 참가하거나 외국법원의 승인 및 지원을 구하는 등 외국에서 활동하는 경우
4. 채무자를 공통으로 하는 국내도산절차 및 외국도산절차가 대한민국법원과 외국법원에서 동시에 진행되어 관련절차 간에 공조가 필요한 경우

② 이 편에서 따로 규정하지 아니한 사항은 이 법 중 다른 편의 규정에 따른다.

제630조(관할) 외국도산절차의 승인 및 지원에 관한 사건은 서울중앙지방법원 합의부의 관할에 전속한다. 다만, 절차의 효율적인 진행이나 이해당사자의 권리보호를 위하여 필요한 때에는 서울중앙지방법원은 당사자의 신청에 의하거나 직권으로 외국도산절차의 승인결정과 동시에 또는 그 결정 후에 제3조가 규정하는 관할법원으로 사건을 이송할 수 있다.

제631조(외국도산절차의 승인신청) ① 외국도산절차의 대표자는 외국도산절차가 신청된 국가에 채무자의 영업소·사무소 또는 주소가 있는 경우에 다음 각호의 서면을 첨부하여 법원에 외국도산절차의 승인을 신청할 수 있다. 이 경우 외국어로 작성된 서면에는 번역문을 붙여야 한다.

1. 외국도산절차 일반에 대한 법적 근거 및 개요에 대한 진술서
2. 외국도산절차의 개시를 증명하는 서면
3. 외국도산절차의 대표자의 자격과 권한을 증명하는 서면
4. 승인을 신청하는 그 외국도산절차의 주요내용에 대한 진술서(채권자·채무자 및 이해당사자에 대한 서술을 포함한다)
5. 외국도산절차의 대표자가 알고 있는 그 채무자에 대한 다른 모든 외국도산절차에 대한 진술서

② 외국도산절차의 승인을 신청한 후 제1항 각호의 내용이 변경된 때에는 신청인은 지체 없이 변경된 사항을 기재한 서면을 법원에 제출하여야 한다.

③ 제1항의 규정에 의한 신청이 있는 때에는 법원은 지체 없이 그 요지를 공고하여야 한다.

④ 제37조 및 제39조의 규정은 제1항의 규정에 의한 신청에 관하여 준용한다.

제632조(외국도산절차의 승인결정) ① 법원은 외국도산절차의 승인신청이 있는 때에는 신청일부터 1월 이내에 승인 여부를 결정하여야 한다.

② 법원은 다음 각호의 어느 하나에 해당하는 경우에는 외국도산절차의 승인신청을 기각하여야 한다.

1. 법원이 정한 비용을 미리 납부하지 아니한 경우
2. 제631조 제1항 각호의 서면을 제출하지 아니하거나 그 성립 또는 내용의 진정을 인정하기에 부족한 경우
3. 외국도산절차를 승인하는 것이 대한민국의 선량한 풍속 그 밖에 사회질서에 반하는 경우

③ 법원은 외국도산절차의 승인결정이 있는 때에는 그 주문과 이유의 요지를 공고하고 그 결정서를 신청인에게 송달하여야 한다.

④ 외국도산절차의 승인신청에 관한 결정에 대하여는 즉시항고를 할 수 있다.

⑤ 제4항의 규정에 의한 즉시항고는 집행정지의 효력이 없다.

제633조(외국도산절차승인의 효력) 외국도산절차의 승인결정은 이 법에 의한 절차의 개시 또는 진행에 영향을 미치지 아니한다.

제634조(외국도산절차의 대표자의 국내도산절차개시신청 등) 외국도산절차가 승인된 때에는 외국도산절차의 대표자는 국내도산절차의 개시를 신청하거나 진행 중인 국내도산절차에 참가할 수 있다.

제635조(승인 전 명령 등) ① 법원은 외국도산절차의 대표자의 신청에 의하거나 직권으로 외국도산절차의 승인신청이 있은 후 그 결정이 있을 때까지 제636조 제1항

제1호 내지 제3호의 조치를 명할 수 있다.

② 제1항의 규정은 외국도산절차의 승인신청을 기각하는 결정에 대하여 즉시항고가 제기된 경우에 준용한다.

③ 법원은 제1항 및 제2항의 규정에 의한 처분을 변경하거나 취소할 수 있다.

④ 제1항 내지 제3항의 결정에 대하여는 즉시항고를 할 수 있다.

⑤ 제4항의 규정에 의한 즉시항고는 집행정지의 효력이 없다.

第636條(외국도산절차에 대한 지원) ① 법원은 외국도산절차를 승인함과 동시에 또는 승인한 후 이해관계인의 신청에 의하거나 직권으로 채무자의 업무 및 재산이나 채권자의 이익을 보호하기 위하여 다음 각호의 결정을 할 수 있다.

1. 채무자의 업무 및 재산에 대한 소송 또는 행정청에 계속하는 절차의 중지
2. 채무자의 업무 및 재산에 대한 강제집행, 담보권실행을 위한 경매, 가압류·가처분 등 보전절차의 금지 또는 중지
3. 채무자의 변제금지 또는 채무자 재산의 처분금지
4. 국제도산관리인의 선임
5. 그 밖에 채무자의 업무 및 재산을 보전하거나 채권자의 이익을 보호하기 위하여 필요한 처분

② 법원은 제1항의 규정에 의한 결정을 하는 때에는 채권자·채무자 그 밖의 이해관계인의 이익을 고려하여야 한다.

③ 법원은 제1항의 규정에 의한 지원신청이 대한민국의 선량한 풍속 그 밖의 사회질서에 반하는 때에는 그 신청을 기각하여야 한다.

④ 법원은 제1항 제2호의 금지명령 및 이를 변경하거나 취소하는 결정을 한 때에는 그 주문을 공고하고 그 결정서를 외국도산절차의 대표자나 신청인에게 송달하여야 한다.

⑤ 제1항의 규정에 의한 금지명령이 있는 때에는 그 명령의 효력이 상실된 날의 다음 날부터 2월이 경과하는 날까지 채무자에 대한 채권의 시효는 완성되지 아니한다.

⑥ 법원은 필요한 경우 이해관계인의 신청에 의하거나 직권으로 제1항의 규정에 의한 결정을 변경하거나 취소할 수 있다.

⑦ 법원은 특히 필요하다고 인정하는 때에는 이해관계인의 신청에 의하거나 직권으로 제1항 제2호의 규정에 의하여 중지된 절차의 취소를 명할 수 있다. 이 경우 법원은 담보를 제공하게 할 수 있다.

⑧ 제1항·제6항 및 제7항의 결정에 대하여는 즉시항고를 할 수 있다.

⑨ 제8항의 규정에 의한 즉시항고는 집행정지의 효력이 없다.

第637條(국제도산관리인) ① 국제도산관리인이 선임된 경우 채무자의 업무의 수행 및 재산에 대한 관리·처분권한은 국제도산관리인에게 전속한다.

② 국제도산관리인은 대한민국 내에 있는 채무자의 재산을 처분 또는 국외로의 반

출, 환가·배당 그 밖에 법원이 정하는 행위를 하는 경우에는 법원의 허가를 받아야 한다.

③ 제2편 제2장 제1절(관리인) 및 제3편 제2장 제1절(파산관재인)에 관한 규정은 국제도산관리인에 관하여 준용한다.

제638조(국내도산절차와 외국도산절차의 동시진행) ① 채무자를 공통으로 하는 외국도산절차와 국내도산절차가 동시에 진행하는 경우 법원은 국내도산절차를 중심으로 제635조(승인 전 명령 등) 및 제636조(외국도산절차에 대한 지원)의 규정에 의한 지원을 결정하거나 이를 변경 또는 취소할 수 있다.

② 제1항의 결정에 대하여는 즉시항고를 할 수 있다.

③ 제2항의 즉시항고에는 집행정지의 효력이 없다.

제639조(복수의 외국도산절차) ① 채무자를 공통으로 하는 여러 개의 외국도산절차의 승인신청이 있는 때에는 법원은 이를 병합심리하여야 한다.

② 채무자를 공통으로 하는 여러 개의 외국도산절차가 승인된 때에는 법원은 승인 및 지원절차의 효율적 진행을 위하여 채무자의 주된 영업소 소재지 또는 채권자보호조치의 정도 등을 고려하여 주된 외국도산절차를 결정할 수 있다.

③ 법원은 주된 외국도산절차를 중심으로 제636조의 규정에 의한 지원을 결정하거나 변경할 수 있다.

④ 법원은 필요한 경우 제2항의 규정에 의한 주된 외국도산절차를 변경할 수 있다.

⑤ 제2항 내지 제4항의 결정에 대하여는 즉시항고를 할 수 있다.

⑥ 제5항의 즉시항고에는 집행정지의 효력이 없다.

제640조(관리인 등이 외국에서 활동할 권한) 국내도산절차의 관리인·파산관재인 그 밖에 법원의 허가를 받은 자 등은 외국법이 허용하는 바에 따라 국내도산절차를 위하여 외국에서 활동할 권한이 있다.

제641조(공조) ① 법원은 동일한 채무자 또는 상호 관련이 있는 채무자에 대하여 진행 중인 국내도산절차 및 외국도산절차나 복수의 외국도산절차 간의 원활하고 공정한 집행을 위하여 외국법원 및 외국도산절차의 대표자와 다음 각호의 사항에 관하여 공조하여야 한다.

1. 의견교환
2. 채무자의 업무 및 재산에 관한 관리 및 감독
3. 복수 절차의 진행에 관한 조정
4. 그 밖에 필요한 사항

② 법원은 제1항의 규정에 의한 공조를 위하여 외국법원 또는 외국도산절차의 대표자와 직접 정보 및 의견을 교환할 수 있다.

③ 국내도산절차의 관리인 또는 파산관재인은 법원의 감독하에 외국법원 또는 외국도산절차의 대표자와 직접 정보 및 의견을 교환할 수 있다.

④ 국내도산절차의 관리인 또는 파산관재인은 법원의 허가를 받아 외국법원 또는

외국도산절차의 대표자와 도산절차의 조정에 관한 합의를 할 수 있다.

제642조(배당의 준칙) 채무자를 공통으로 하는 국내도산절차와 외국도산절차 또는 복수의 외국도산절차가 있는 경우 외국도산절차 또는 채무자의 국외재산으로부터 변제받은 채권자는 국내도산절차에서 그와 같은 조 및 순위에 속하는 다른 채권자가 동일한 비율의 변제를 받을 때까지 국내도산절차에서 배당 또는 변제를 받을 수 없다.

[補論]

외국도산절차에 따른 면책 효력의 승인*

Ⅰ. 머리말—외국도산절차의 승인 v. 외국판결의 승인

개인이나 회사가 다수 국가에 재산을 가지거나 국제적 영업활동을 하는 것이 보편화된 오늘날 어느 국가에서 채무자의 파산, 회생 및 기타 유사한 절차("도산절차")가 개시되면 다양한 국제도산의 쟁점들이 제기된다. 여기에서는 국제도산법의 쟁점 중 외국도산절차에서 내려진 면책재판, 회생계획 인가결정 또는 법률의 규정에 의한 면책(집합적으로 "외국도산절차에 따른 면책")의 효력이 한국에 미치는지를 살펴본다. 민사소송법상 외국판결(정확히는 외국재판)은 일정요건이 구비되면 별도 절차 없이 한국에서 당연히 효력을 가지는데 이것이 자동승인이다. 반면에 외국도산절차의 승인에 관하여 채무자 회생 및 파산에 관한 법률("통합도산법") 제5편은, UNCITRAL의 국제도산에 관한 모델법과 일본의 승인원조법을 따라 결정승인제를 취하나, EU의 도산절차에 관한 이사회규정("EU규정")과 독일 도산법은 자동승인제를 취한다. 문제는 외국도산절차에 따른 면책이 우리나라에서 효력을 가지기 위하여 어느 경로가 적절한가, 만일 결정승인의 경로를 통한다면 우리 법원의 지원처분이 필요한가이다. 외국도산절차가 진행중인 경우와 이미 종결 또는 종료된 경우("끝난 경우")를 나누어 살펴본다. 실체법적 접근방법은 부당하므로 제외한다.[1)]

---

* 이 글은 당초 법률신문 제3763호(2009. 7. 20.), 15면에 게재된 것이나 본문에 있던 내용의 일부를 주로 전환하고 후기를 추가하였다.

1) 국제도산법 전반은 석광현, "채무자 회생 및 파산에 관한 법률(이른바 統合倒産法)에 따

Ⅱ. 외국도산절차 진행중

이 경우 외국도산절차에 따른 면책의 효력이 우리나라에서 발생하기 위하여는 ① 우리 법원의 승인결정과 지원처분이 필요하다는 견해, ② 민사소송법(제217조)에 따른 외국판결 승인의 경로를 통하여 효력을 가진다는 견해와 ③ 우리 법원의 승인결정만으로 족하다는 견해가 주장될 수 있다. 통합도산법의 해석론으로 ②설이 주장되고 있다. 이는 외국의 면책재판은, 채권자들이 채무자를 상대로 우리 법원에서 이행의 소를 제기하거나 강제집행을 구하는 데 대해 채무자가 항변으로 면책을 주장하거나, 채무자가 적극적으로 채무부존재확인의 소송을 구하는 경우 문제되는데, 그 경우에까지 채무자에게 승인신청을 요구하는 것은 절차상 부담이 크고 외국도산절차의 승인신청 권한을 외국도산절차의 대표자에게 한정한 법체계에도 반한다고 한다.[2)]

그러나 저자는 다음 이유로 ①설을 선호한다. 첫째, 통합도산법이 외국도산절차를 승인대상으로 삼으면서 그의 승인에 관하여 결정승인제를 취하고, 모델법과 달리 승인결정에 지원처분을 할 수 있는 기초로서의 의미만을 부여한 이상, 외국도산절차를 구성하는 외국법원의 재판 중에서 면책재판에 대하여만 예외를 인정하여 자동승인제를 취할 근거가 없고, 그런 예외의 인정은 통합도산법의 체계와 정합성이 없다. 둘째, 외국도산절차의 승인결정이 불필요하다면, 면책재판 또는 회생계획 인가결정에 선행하는 다른 절차는 승인결정이 필요한데 유독 면책만 승인 없이 그에 앞서 효력을 발생한다는 것은 균형이 맞지 않는다. 만일 면책재판에 대하여 자동승인제를 취할 의도였다면 통합도산법에 명문의 규정을 두었어야 한다. 셋째, 외국판결 승인의 경로를 통하면 우리나라에서 면책의 효력은 외국도산절차에서 면책의 효력이 발생한 시점으로 소급하는데, 이는 결정승인제와 일관성이 없고 외국도산절차 개시결정의 효력이 한국에 미치는 시점보다 앞서 면책의 효력이 발생하게 되어 논리적으로 수용할 수 없다. 더욱이 ②설은 회생계획 인가결정에 따른 면책효력의 승인시 어려움에 직면한다. 즉 아직 회생절차 개시결정의 효력이 한국에서 승인되지 않은 상태에서 회생절차의 일부를 구성하는 회생계획 인가

른 國際倒産法," 국제거래법연구 제15집 제2호(2006. 12.), 319면 이하; 이 책 [11] 참조.

2) 서울중앙지방법원 파산부 실무연구회, 회생사건실무(하) 제2판(2008), 279면.

결정에 대해서만 자동승인을 주장하는 것은 곤란하다. 넷째, 외국판결 승인의 경로를 통하면 외국도산법상 발생한 면책의 효력이 그대로 한국에 확장될 것이나, 면책의 효력은 판결의 기판력보다 파급효과가 크고 법제에 따른 편차도 심하다.

요컨대 외국도산절차가 진행 중이라면, 외국도산절차에 의한 면책의 효력이 한국에서 발생하기 위하여 외국도산절차의 승인결정이 필요하다. 한편 통합도산법상 승인결정만으로는 아무런 효력이 없고 외국도산절차 승인의 경로를 통하는 한 어떤 형태로든 지원처분이 필요하므로 ③설을 취하기 어려운데, 부자연스럽기는 하지만 외국의 면책재판, 회생계획 인가결정 또는 외국법률의 규정에 의한 면책의 효력을 승인하는 재판을 제636조 제1항 제5호(그 밖에 채무자의 업무 및 재산을 보전하기 위하여 필요한 처분)의 지원처분으로 할 수 있다. 그를 기초로 통상적인 지원처분, 예컨대 한국 내에서 채권자의 조치에 대항하는 개별집행금지를 명할 수 있을 것이다.

Ⅲ. 외국도산절차가 끝난 뒤

외국도산절차에 따른 면책이 문제되는 것은, 통상은 채무자인 한국인이 외국 도산법상의 면책재판 또는 회생계획 인가결정을 받고 외국도산절차가 끝난 뒤, 채권자들이 채무자를 상대로 한국 법원에서 이행의 소를 제기하거나 강제집행을 구하고, 이에 대해 채무자가 면책항변을 하여 외국 면책재판 또는 회생계획 인가결정의 효력이 한국에서 다투어지는 때이다.

우선 외국도산절차가 끝났다면 그 절차는 더 이상 승인의 대상이 될 수 없으므로 그 경우 외국도산절차의 승인과 그에 기초한 지원처분은 불가능하다. 외국도산절차에 따른 개별집행금지와 관리처분권의 이전의 승인도 불필요하다. 그러나 외국도산절차가 끝났더라도 그에 따른 면책의 효력이 발생하였다면 이를 한국에서 승인할 필요는 있다. 문제는 이론구성인데 여기에서는 ① 외국도산절차 승인에 준하는 경로를 통하는 견해와 ② 외국판결 승인의 경로를 통하는 견해를 생각할 수 있다.

①설은 아래와 같다. 즉 외국도산절차 또는 그를 구성하는 재판의 승인을 외국판결의 승인과 준별하는 이유는, 도산절차는 대립당사자 간의 일회적

분쟁이 아니라 다수의 이해관계인이 있어 법률관계를 명확히 할 필요가 있기 때문인데, 이 점은 외국도산절차가 끝난 때에도 같다. 그렇다면 외국도산절차에 따른 면책의 효력을 승인하는 때에도 우리 법원의 승인결정이 필요하다. 다만 이는 통합도산법이 상정하는 외국도산절차의 승인이 아니라, 외국도산법에 따른 면책 효력의 승인이므로 외국도산절차의 승인에 적용되는 법리를 수정할 필요가 있다. 예컨대 채무자의 승인 신청권한을 인정하고, 승인대상도 외국법원의 면책재판, 회생계획 인가결정 또는 외국법에 따른 면책의 효력이며, 외국도산절차의 승인을 전제로 하는 제636조 제1항의 지원처분은 불필요하나 승인결정을 기초로 한 지원처분, 예컨대 한국 내에서 채권자의 조치에 대항하는 개별집행금지를 명할 수는 있을 것이다.[3] 서울중앙지방법원 합의부의 전속관할은 논란의 여지가 있다. 통합도산법상 이런 해석론의 명문근거가 없으나 유추적용을 통하여 도출할 수 있고, 만일 유추적용의 범위를 넘는다면 입법으로 해결할 필요가 있다.

반면에 ②설을 따라 면책재판의 승인을 외국판결의 승인으로 보면 승인요건을 적절히 수정할 필요가 있다. 즉 민사소송법(제217조)의 승인요건 중 승인관할이 있고 공서위반이 아니어야 하나, 확정재판이어야 하는지는 불분명하고 세부적으로 검토할 논점들이 있다. 그러나 면책재판의 경우 혹시 외국판결 승인의 경로가 가능할지 몰라도, 회생계획 인가결정(또는 명령. 아래 토드 오 사건의 경우) 또는 법률의 규정에 의해 면책 효력 발생시 외국판결 승인의 경로를 통하기는 어렵다(그렇다면 경우를 나누어야 한다). 또한 외국도산법에 따른 면책의 효력범위를 그대로 받아들일지도 문제이다.

사견으로는 외국도산절차에 따른 면책 효력의 승인은, 외국도산절차와 외국판결 승인의 중간형태인데, 양자의 결정적 차이는 우리 법원의 승인결정의 요부, 면책 효력이 외국에서의 효력발생 시로 소급하는가와, 외국도산법에 따른 면책의 효력범위가 그대로 한국에 확장되는가에 있다. 통합도산법은 외국도산절차와 외국판결의 승인을 준별하므로 저자는 ①설을 선호한다. 이 경우 외국법원의 면책재판, 회생계획 인가결정 또는 외국법률의 규정에 의한 면책의 효력을 승인하는 승인결정이 필요하고 지원처분은 불필요하다. 면책의 효력이 소급하면 위에서 보듯이 면책의 승인이 외국도산절차 개시결정의

3) 이 부분은 오해의 소지가 있어 다소 수정하였다.

승인보다 앞서는 문제가 있다. 외국도산절차가 진행중인 경우 위에서 본 것처럼 자동승인제를 취할 수는 없는데, 절차가 끝난 즉시 면책의 효력이 소급적으로 한국에 미칠 수는 없다. 외국도산절차를 구성하는 재판의 자동승인제를 취하는 EU규정 하에서도 면책재판과 같은 후속재판의 승인은 외국도산절차 개시재판의 승인을 전제로 함을 주목해야 한다(제25조 제1항). 더욱이 아래 토드 오 사건에서처럼 외국도산절차가 끝난 뒤 재개될 수 있다면 ②설을 취하기는 어렵다.

Ⅳ. 외국도산절차에 따른 면책의 승인에 관한 우리 법원의 판단

서울중앙지방법원은 미국도산절차의 승인신청에 대해 당해 절차가 미국에서 이미 종결되었음을 이유로 승인신청을 각하했으나[4] 그 후 신청인이 미국도산절차를 재개시킨 뒤 다시 승인신청을 하자 승인결정을 한 바 있다(2006국승2호).

흥미로운 것은 서울중앙지방법원 2008. 7. 9.자 2008하합20 결정(토드 오 사건)이다. 이는 채권자인 주식회사 고합이, 미국 회생절차에서 면책된 채무자인 미국인 토드 오의 재산이 한국에 있음을 이유로 파산신청을 한 사건이다. 고합은 채무자 소유의 재산에 대해 가압류를 하였고 미국 절차에는 참가하지 않았다. 채무자는 미국 회생절차에서 면책된 결과 고합의 채권은 실효되었으므로 채권자임을 전제로 한 고합의 파산신청은 기각되어야 한다고 주장하였으나, 서울중앙지방법원은 민사소송법(제217조)의 외국판결 승인요건을 검토한 뒤 미국 회생절차의 승인은 공서에 반하여 승인할 수 없다고 보고, 외국도산절차의 승인 및 지원의 관점에서 보더라도, 국내의 승인결정은 아직 미확정일 뿐 아니라 어떠한 지원결정도 없으므로(미국 회생절차는 일단 끝났으나 재개되었기에 승인결정이 가능했다) 미국 회생절차상의 면책의 효력이 국내 채권자에게도 미치는 것으로 보기 어렵다고 보고 파산선고를 하였다.

이 결정은 첫째, 승인대상은 무엇인가, 둘째, 승인근거는 민사소송법(제

4) 2007. 1. 22.자 2006국승1호 결정.

217조)인가 아니면 통합도산법(제632조)인가, 셋째, 위 사건에서 면책 효력의 승인이 공서위반인가라는 의문을 제기한다(이는 경과규정과도 관련된다). 이 결정은 첫째와 둘째의 점에 대해 민사소송법과 통합도산법을 함께 언급한 점에서 어느 하나를 취한 것 같지는 않다. 그러나 만일 외국판결 승인의 경로를 통하여 면책의 효력이 발생한다면, 미국의 회생절차 개시결정의 효력이 한국 내에서 발생하기 전에 면책의 효력만이 발생하는 기이한 결과가 된다. 더욱이 미국 연방파산법은 면책절차를 파산절차의 내부에 포섭하므로 회생절차 개시결정에 대한 승인 없이 면책의 효력을 승인할 수는 없다. 위 사건에서 면책 효력은 회생계획안의 인가명령에 의하여 발생한 것으로 보이는데(미국 연방파산법 제1141조) 그 때는 통합도산법이 발효되지도 않았다. 위 사건에서 외국판결 승인의 경로를 따를 경우 구 도산법 하에서도 외국도산절차에 따른 면책의 효력이 자동승인된다는 것인데 이는 과거 다수설도 아니었다.[5]

V. 맺 음 말

요컨대 외국도산절차에 따른 면책의 효력이 한국에서 발생하기 위하여는 외국도산절차 진행중에는 ① 외국도산절차의 승인결정과 ② 외국도산절차에 따른 면책(사안별로 외국법원의 면책재판, 회생계획 인가결정 또는 외국법률의 규정에 의한 면책)의 효력을 승인하는 재판이라는 지원처분이 필요하나, 외국도산절차가 끝난 뒤에는 외국도산절차에 따른 면책(사안별로 외국법원의 면책재판, 회생계획 인가결정 또는 외국법률의 규정에 의한 면책)의 효력을 승인하는 승인결정만이 필요하고 지원처분은 불필요하다.[6] 저자는 이처럼 양자의 설명을 달리 하는데 어쩌면 여기가 결정승인제의 단점이 드러나는 부분

5) 저자가 이 글을 발표한 뒤 대법원 2010. 3. 25.자 2009마1600 결정은 미국 회생계획 인가결정에 따른 면책적 효력을 승인함에 있어서 저자와 달리 민사소송법 제217조에 따른 외국판결 승인의 법리를 적용하였다. 그러면서도 당해 사건에서 이를 승인할 경우 구 회사정리법이 정한 속지주의를 신뢰한 채권자의 권리를 현저히 부당하게 침해한다는 이유로 승인을 거부하였다.

6) 여기에서 다룬 면책의 효력의 승인에 대한 미국 법원의 태도를 소개한 글로는 임치용, "국제도산사건의 실무상 문제," BFL 제53호(2012. 5.), 66면 이하 참조. 그에 따르면, 미국 법원들은 연방파산법(제1507조)에 의한 구제와 외국판결 승인의 경로를 상호 배타적 관계에 있다고 보는 것 같지는 않다.

이다. 반면에 외국판결 승인의 경로를 통하면 외국도산절차가 진행중인지에 관계없이 외국법원의 면책재판과 회생계획 인가결정의 효력이 한국에서 발생할 것이다. 이 경우 자동승인의 대상과, 면책 효력의 물적 범위(예컨대 비면책채권)와 인적 범위를 명확히 해야 한다. 이런 문제점에 대한 진지한 고민 없이 외국판결 승인의 경로를 따르는 것은 위험하다. 그 맥락에서 면책과 지원처분의 개념 내지 본질에 대한 연구도 필요하다. 유례없는 경제위기를 맞이하여 전세계적인 도산사건의 증가에 따라 국내외적으로 국제도산법에 대한 관심이 커지고 있다. 따라서 국제도산법에 대한 체계적 연구가 시급한데, 국제도산법은 도산법과 國際私法 및 국제민사소송법이 교착하는 영역이므로 이들 영역에 대한 선행연구가 절실히 요청된다.

[12] 도산국제사법의 제문제: 우리 법의 해석론의 방향

前 記
이 글은 사법발전재단에서 간행하는 사법 제4호(2008. 6.), 109면 이하에 수록한 글을 수정·보완한 것이다.

Ⅰ. 머 리 말

1. 국제도산법의 제문제와 도산국제사법

과거 개인과 회사가 어느 하나의 국가 내에서 재산을 소유하거나 영업하던 시대에는 '국제도산'(cross-border insolvency, Internationale Insolvenz)의 문제가 제기되지 않았으나, 개인이나 회사가 다수 국가에 재산을 가지고 있거나 국제적으로 영업활동을 하는 것이 보편화된 오늘날 그러한 개인, 특히 회사에 대하여 어느 국가에서 파산, 회생 및 기타 이와 유사한 절차(이하 "도산절차"라 한다)가 개시된 경우 국내도산사건에서는 볼 수 없는, 아래와 같은 다양한 법적 쟁점들이 제기된다. 이처럼 외국적 요소(foreign element)가 있는 도산사건에서 제기되는 법적 제문제를 규율하는 규범의 총체가 '국제도산법'이다.

① 도산절차개시국'(또는 도산법정지국)[1]의 법, 즉 '도산절차개시국법(또는 '도산법정지법)(*lex fori concursus*)[2]상 외국도산절차의 개시에 따른 개별집행금지의 효력[3]이 한국 내 재산에도 미치는가, ② 외국도산절차에 의하여

1) 이를 '도산개시국'이라고도 한다.
2) 이를 '*lex concursus*'라고도 한다. 이는 도산절차가 개시된 국가의 도산법을 말한다.
3) 이를 '포괄집행적 효력'이라고도 한다.

외국도산절차의 관재인(이하 "관재인" 또는 "대표자"라 한다)이 한국 내 재산에 대한 관리처분권을 취득하는가,[4)] ③ 위에 대응하는 것으로, 한국 도산절차의 효력이 대외적으로 미치는가, ④ 한국의 도산법원 또는 도산관재인과 외국의 도산법원 또는 도산관재인의 공조, ⑤ 복수국가에서 병행하는 도산절차 간의 조정 및 ⑥ 도산국제사법(또는 도산저촉법. 이하 양자를 호환적으로 사용한다)의 문제 등이 그것이다. 여기에서는 ⑥ 도산국제사법의 문제를 논의한다. 이는 국제도산사건에서 제기되는 절차와 실체의 준거법 결정의 문제이다.

2. 논의의 배경과 방향

도산절차의 효력이 미치는 범위, 보다 정확히는 국제적으로 활동하거나 자산을 가지고 있는 채무자에 대하여 국제적으로 도산절차를 어떻게 구성할 것인가에 관하여는 보편주의(principle of universality)와 속지주의(principle of territoriality)가 있다. 보편주의는 관할을 가지는 어느 국가에서 적법하게 개시된 도산절차의 효력은 채무자의 전세계 모든 재산과 권리에 미친다는 원칙이고, 속지주의는 도산절차의 효력을 도산절차를 개시한 국가의 영토에 제한하는 원칙이다. 구 도산법은 엄격한(또는 극단적) 속지주의를 취하였다.[5)] 그러나 채권자의 평등취급이라는 도산법의 정의와, 채무자자산의 공평한 분배 또는 채무자의 효율적인 회생이라는 도산의 목적에 비추어 극단적 속지주의를 관철할 수 없었기에 우리 법원은 해석론으로써 이를 완화하였다.[6)]

과거 우리나라의 파산법, 회사정리법 및 화의법(이하 포괄적으로 "도산법"이라 한다)을 통합한 "채무자 회생 및 파산에 관한 법률"(이하 "통합도산법"이라 한다)이 2006. 4. 1. 발효되었다. 개인채무자회생법도 통합도산법

4) 국제도산관할 기타 절차적 쟁점은 석광현, "채무자 회생 및 파산에 관한 법률(이른바 통합도산법)에 따른 국제도산법," 국제거래법연구 제15집 제2호(2006. 12.), 320-321면 참조.

5) 파산법 제3조와 회사정리법 제4조 참조.

6) 대법원 2003. 4. 25. 선고 2000다64359 판결("구찌 사건 판결")은 외국 파산선고의 효력을 포괄집행적 효력과 관리처분권 이전의 효력으로 나누어, 속지주의의 적용범위를 전자에 한정하고, 후자에 관하여는 속지주의를 완화하였다. 위 판결은 당사자적격이 문제된 서울지방법원 1996. 6. 28. 선고 96가합27402 판결("파올로 구찌 사건 판결")과 동일한 취지이다. 전자의 평석은 석광현, 국제사법과 국제소송 제4권(2007), 363면 이하, 후자의 평석은 석광현, 국제사법과 국제소송 제1권(2001), 450면 이하 참조.

에 통합되었으나 이는 2004년 3월 제정되어 단기간 존재했던 것이라 여기에서는 대표적인 법률 3개만을 언급하였다. 입법자들은 속지주의를 규정한 구 회사정리법 및 구 파산법의 규정들을 삭제함과 동시에, 국제도산에 관하여 제5편(제628조-제642조)을 두어 속지주의를 폐지하고 수정된 보편주의로 전환하였는데, 이는 국제연합 국제무역법위원회(UNCITRAL)가 1997년 5월 채택한 "국제도산에 관한 모델법"(Model Law on Cross-Border Insolvency)(이하 "모델법"이라 한다)[7]과, 일본이 모델법을 기초로 작성하여 2001. 4. 1. 발효시킨 外國倒産處理手續の承認援助に關する法律(외국도산절차의 승인원조에 관한 법률. 이하 "승인원조법"이라 한다)의 영향을 받았다.[8]

통합도산법은 모델법이나 승인원조법과 동일하게 도산국제사법에 관한 규정을 두고 있지 않다.[9] 실무적으로는, 도산절차가 우리나라에서 개시된 경우 절차는 물론 실체에 관하여도 우리 도산법을 적용하였으나, 그의 정확한 범위, 특히 실체의 범위에 관하여는 별로 논의가 없었다. 반면에 2000년 5월 채택되어 2002. 5. 31. 발효된 유럽연합의 "도산절차에 관한 이사회규정"[10](이하 "EU도산규정"이라 한다)은 도산국제사법에 관하여 상세히 규정하고, 2003년 개정된 독일 도산법(Insolvenzordnung)도 국제도산에 관한 제11장(제335조-제358조)을 신설하여 대체로 EU도산규정을 따르는데, 도산국제사법에 관한 규정은 대체로 총칙인 제335조-제342조에 있다.[11]

---

7) 모델법에 관하여는 석광현, 국제사법과 국제소송 제3권(2004), 255면 이하 참조. 2008년 3월에 이르러 UNCITRAL 홈페이지는 한국을 모델법을 수용한 나라에 포함시켰다.

8) 승인원조법의 상세는 深山卓也, 新しい國際倒産法制(2001) 참조. 과거 일본의 도산법은 극단적 속지주의를 취하였으나 판례와 학설은 속지주의를 완화하고자 노력하였다. 그 후 2단계의 입법으로 국제도산법제를 정비한 결과 일본도산절차의 효력은 채무자의 외국 소재 재산에도 미친다. 즉 일본은 파산법, 민사재생법과 회사갱생법 등에 의하여 내국도산절차와 함께 당해 절차의 국제적 측면을 규율하면서, 외국도산절차를 승인하고 그에 대해 원조를 제공하고자 승인원조법을 제정하였다. 花村良一, "UNCITRALモデル法とわが國の國際倒産法制," 山本克己＝山本和彦＝坂井秀行(編), 國際倒産法制の新展開—理論と實務—, 金融・商事判例 增刊号 No. 1112 (2001), 61면 이하. 위 책을 "山＝山＝坂(編)"이라 인용한다. 우리 구 도산법의 태도와 국제적인 입법동향의 상세는 석광현(註 4), 323면 이하 참조.

9) 스위스 국제사법도 도산저촉법에 관한 규정을 두지 않는다.

10) 이것이 "Council Regulation (EC) No 1346/2000 on insolvency proceedings"이다. 텍스트는 http://eur-lex.europa.eu/LexUriServ/LexUriServ.do?uri=OJ:L:2007:159:0001:0013:EN:PDF 참조. Regulation을 '명령', '규칙', '規程' 또는 '規定'으로 번역한다.

11) 독일은 1994년 도산법을 제정하여 통일적인 도산절차를 도입하였고, 2003. 3. 14. "국제도산의 신규율을 위한 법률"(Gesetz zur Neuregelung des Internationalen Insolvenzrechts)에 의하여 제11장을 신설하였는데, 이는 2003. 3. 20. 발효되었다. 독일 도산법에 따른 국제도산 전반의 소개는 한충수, "독일 國際倒産法 개정과 우리에의 시사점," 민사소

한편 미국도 2005년 파산남용방지 및 소비자보호에 관한 법률(The Bankruptcy Abuse Prevention and Consumer Protectin Act of 2005. BAPCPA)의 일부로 연방파산법에 제15장을 신설함으로써 모델법을 채택하였고 이는 2005년 10월 발효되었다.[12)]

저자는 국제도산법의 제논점을 다룬 글들을 발표하였고,[13)] 2002년 발표한 EU도산규정에 관한 글[14)]에서 EU도산협약에 대한 Virgós/Schmit 보고서(이하 "보고서"라 한다)[15)]를 참조하여 도산국제사법을 소개하였으나, 그 후 EU도산규정에 관한 문헌들이 다수 발표되었고 독일 도산법도 개정되었으며 통합도산법도 시행되었으므로, 아래에서는 EU도산규정(제4조-제15조)과 그에 상응하는 독일 도산법의 규정을 검토하고 우리 법의 해석론의 방향을 모색해본다. 정치한 해석론의 전개와 입법론의 제시는 후일의 과제이다.[16)]

논의에 앞서, 도산국제사법을 논의하기 위하여 필요한 범위 내에서, 통합도산법상의 국제도산법제의 기본구조(아래 Ⅱ.)를 일별한다. 도산국제사법에 관한 EU도산규정과 독일 도산법의 조문의 국문시역을 말미에 첨부하였다.

Ⅱ. 통합도산법상의 국제도산법제의 기본구조와 도산국제사법에 관한 규정의 결여

우리나라는 도산법체제를 통합하면서 국제도산법을 통합도산법 제5편에

송(제9권 제1호)(2005), 280면 이하 참조.

12) 11 U.S.C. §1501 이하.

13) 포괄적인 글로는 석광현(註 4), 319면 이하; 임치용, 파산법연구2(2006), 299면 이하 참조. 국제도산법에 관한 우리 판례의 소개는 임치용, "판례를 통하여 본 국제도산법의 쟁점," BFL 제38호(2009. 11.), 95면 이하 참조.

14) 석광현, "유럽연합의 國際倒産法制," 국제사법연구 제7호(2002), 81면 이하 참조. 이는 일부 수정을 거쳐 석광현, 국제사법과 국제소송 제3권(2004), 309면 이하에 수록되었다.

15) 이는 과거 EU도산협약에 대하여 Miguel Virgós와 Etienne Schmit가 1996년 공동으로 작성한 'Report on the Convention on Insolvency Proceedings'인데, EU도산협약의 체결이 무산된 결과 공식적으로 채택되거나 공간을 위한 인가를 받거나 공식적으로 공적 영역에 제공된 바는 없다고 한다.

16) 앞으로는 모델법을 채택한 일본과 미국의 논의가 도움이 될 것이므로 그에 대한 검토가 필요하나, 당분간은 구 파산법 하의 독일 도산국제사법의 해석론이 도움이 된다. 상세는 Peter Gottwald, in Peter Gottwald (Hrsg.), Insolvenzrechts-Handbuch, 2. Auflage (2001), §129 참조.

편입하였다. 69개의 조문을 둔 승인원조법에 비하여 통합도산법 제5편은 15개 조문을 두는 점에서 훨씬 간결하나, 우리 법상 국제도산법이 제5편에 망라된 것은 아니고 도산외인법이나 국제도산관할에 관한 조항 등은 산재한다. 통합도산법은 극단적 속지주의를 취한 구 도산법의 조문들[17]을 삭제하여 수정된 보편주의를 지향하고, 제5편에서는 ① 외국도산절차의 승인과 지원, ② 외국도산대표자의 한국에서의 국내도산절차의 신청 또는 참가, ③ 국내도산관재인 등의 대외적 활동과 ④ 병행도산 시 법원 간 및 관재인 간의 공조 및 조정을 규율한다. 통합도산법(제636조)을 보면, 우리 법원의 승인결정에 의해 외국도산법정지법상의 효력이 한국에 확장되거나, 또는 통합도산법에 따른 국내도산절차의 효력이 발생하는 것이 아니라, 우리 법원이 승인결정을 기초로 지원결정을 하는 체제를 취한다. 따라서 외국도산절차의 승인은, 외국도산절차에 따른 관리처분권의 이전과 포괄집행적 효력을 곧바로 인정하는 것이 아니라, 한국 내에서 통합도산법에 따른 지원처분을 할 수 있는 기초로서 인정하는 것에 불과하다. 통합도산법은 기본적으로 모델법을 따랐지만, 외국도산절차의 대내적 효력에 관한 한 승인원조법에 의하여 변형된 형태의 모델법을 따랐다. 통합도산법 하에서 외국도산절차를 승인한 국제도산승인결정도 이미 나와 있다.[18]

모델법은 부인권에 관한 당사자적격을 정한 조문(제23조)을 제외하고는 도산저촉법에 관하여 규정하지 않는다. 일본의 승인원조법은 동일하나, 부인권에 관한 조문도 두지 않는다.[19] 도산저촉법은 실체규범과 절차규범이 교착

---

17) 예컨대 파산법 제3조, 회사정리법 제4조 등.

18) 법률신문 제3637호(2008. 3. 27.), 7면에 따르면, 미국 도산절차를 승인한 2007국승2 사건이 최초의 승인결정이라고 하나, 사실은 네덜란드 도산절차를 승인한 서울중앙지법 2007. 10. 18.자 2007국승1 결정이 최초의 것이다. 2007국승2 사건에서 법원의 승인결정에 대해 '즉시항고'가 제기되었고 어느 정도의 기간 경과 후 비로소 지원조치가 있었다고 한다. 과거 저자는 입법론으로 우리가 모델법을 충실히 따르지 않고 승인원조법을 따른 것을 비판하였고, 해석론으로 법원이 승인결정과 함께 최소한의 지원조치(모델법 제20조에 따라 승인시 자동적으로 인정되는 효력을 부여하는)를 하는 것이 바람직하다는 견해를 피력하였다. 국승2 결정처럼 지원조치 없이 승인결정만 한다면 승인결정은 거의 무의미하다. 국승1 결정은 외국도산절차 승인과 함께 지원조치로써 '채권가압류취소'를 한 점에서 좀 낫지만, 이도 모델법 제20조에 따른 자동적 효력을 부여하지는 않았다. 그에 따르면, 승인결정이 있더라도 개별집행 금지의 효력이 우리나라에서 발생하는 것은 아니고, 필요에 따라 우리 법원이 이해관계인의 신청에 의하거나 직권으로 단편적인 지원조치를 함으로써 개별집행을 금지 또는 취소한다. 이는 '왜곡된 형태의 승인'과 그에 기초한 '땜질식 처방'으로서의 지원조치를 결합하는 방식이다.

19) 그 이유는 부인권에 관한 규정을 두자면 준거법에 관한 규정을 함께 두어야 하는데 부인

하는 매우 어려운 분야인데, 일본의 도산법 개정작업이 약 1년의 기간에 걸쳐 이루어졌기 때문에 시간적 여유가 없어서 부득이 장래의 검토에 위임되었다고 한다.[20]

Ⅲ. 도산국제사법의 기본원칙—도산법정지법원칙

국제도산사건에서는 국내도산사건과는 달리 준거법의 결정이 문제된다.

첫째, 우리나라에서 도산절차[21]가 개시된 경우, 외국 소재 재산이 도산재단에 포함되는지, 외국 소재 재산에 대하여 외국법에 따라 설정된 담보권의 실행의 가부, 준거법이 외국법인 쌍방미이행 쌍무계약에 대해 도산절차가 미치는 영향, 상계의 허용 여부와 부인권의 행사 여부 등을 판단하기 위하여 준거법을 정할 필요가 있다. 둘째, 외국도산절차가 개시된 경우, 한국 소재 재산도 도산재단의 범위에 포함되는지, 한국 소재 재산에 대하여도 외국관재인의 권한이 미치는지, 한국 소재 재산에 대한 담보권의 실행이 외국도산절차에 의해 제한되는지 등을 판단하기 위하여 준거법을 정할 필요가 있다. 그런데 우리 국제사법과 통합도산법은 도산국제사법에 관하여 아무런 규정을 두고 있지 않으므로 이는 판례와 학설에 의하여 해결되어야 한다. 결론을 먼저 말하자면, 첫째와 둘째의 경우 모두 원칙적으로 각 도산법정지법에 따른다. 다만 둘째의 경우 원칙적으로 외국도산절차가 우리나라에서 승인될 것을 전제로 한다.

여기에서는 EU도산규정과 독일 도산법의 규정을 검토하고 우리 법의 해석론의 방향을 모색해본다. 상세는 아래와 같다.

권의 준거법은 논란이 있는 분야로서 입법에 의한 해결은 시기상조이고, 준거법을 제외하고 승인의 효과로서 규정하는 것은 적당하지 않기 때문이었다고 한다. 山本和彦, 國際倒産法制(2002), 396面; 松下淳一, "承認の効果," 山＝山＝坂(編), 139면.

20) 花村良一(註 8), 63면. 도산국제사법에 관한 일본의 논의는 河野俊行, 倒産國際私法, 山＝山＝坂(編), 147면 이하 참조.

21) 이에는 주절차와 종절차가 포함되나, 주절차가 주로 문제될 것이다. 통합도산법은 주절차와 종절차의 개념을 정의하지 않는다. 저자는 통합도산법에 주절차와 종절차의 개념을 명시할 것을 제안하였으나 유감스럽게도 채택되지 않았다.

1. EU도산규정

EU도산규정(제4조 제1항)은 도산절차와 그의 효력은 도산법정지법에 의하여 규율된다는 원칙을 선언한다. 이는 절차이건 실체이건 간에 관련된 사람과 법률관계에 대한 도산절차의 효력과, 도산절차의 개시, 진행 및 종료의 모든 요건은 도산법정지법에 의해 규율된다는 널리 인정된 원칙을 재확인하는 것이다.[22] 도산법정지법원칙의 타당근거는, 그것만이 채권자평등의 원칙에 부합하고 국제도산절차에서 법적 안정성을 보장할 수 있다는 데 있다.[23]

이어서 EU도산규정은 제4조 제2항에서 도산법정지법에 의하여 규율되는 특정한 사항 13가지를 예시적으로[24] 열거한다. 이와 같이 다수의 논점에 관하여 도산법정지법이 준거법이 되므로, 국제도산법에서도 광의의 국제사법의 영역에서와 마찬가지로 절차법적 고찰방법이 준거법적 접근방법에 앞서 우선적으로 관철되고 있다.[25] 결국 실제로는 도산법정지의 결정, 즉 어느 국가가 국제도산관할을 가지는가가 중요하다.

저촉법규정은 주절차와 이차적 절차 및 독립적인 속지적 절차에 모두 적용된다.[26] 제4조 제2항이 도산절차개시국법에 의할 사항으로서 열거하는 사항은 다음과 같다.

(a) 도산절차가 허용되는 채무자의 자격

(b) 재단(estate, Masse)을 구성하는 자산 및 도산절차의 개시 후 채무자가 취득하였거나 그에게 귀속되는 자산의 취급. 따라서 도산재단의 범위에 관하여 고정주의와 팽창주의 중 어느 것이 적용되는지도 도산법정지법에 따른다.

---

22) Ian F. Fletcher, Insolvency in Private International Law, Second Edition (2005), para. 7.80; 보고서, para. 90. 그 밖에도 Ian F. Fletcher, "The European Union Convention on Insolvency Proceedings: Choice-of-Law Provisions," 33 Tex. Int'l L.J. 119 (1998) 참조. 이는 EU도산협약에 관한 글이나 EU도산규정에 대하여도 타당하다.

23) Alexander Trunk, Internationales Insolvenzrecht: Systematische Darstellung des deutschen Rechts mit rechtsvergleichenden Bezügen (1998), S. 88f.; Christoph Reithmann/Dieter Martiny (Hrsgs.), Das Internationale Vertragsrecht, 6. Auflage (2004), Rz. 2605 (Rainer Hausmann 집필부분). 이하 "Reithmann/Martiny/Hausmann"이라고 인용한다(여기에서 대체하지는 않았지만 이는 제7판(2010)이 있다).

24) 보고서, para. 91.

25) Haimo Schack, Internationales Verfahrensrecht, 5. Auflage (2010), Rz. 1189, 24.

26) 보고서, paras. 89, 225. 제28조는 이차적 절차에 관하여 이를 명시한다.

(c) 채무자 및 도산관재인의 권한
(d) 상계를 원용할 수 있는 요건
(e) 채무자가 당사자인 미이행쌍무계약(current contract, laufende Verträge, *contrats en cours*)에 대하여 도산절차가 미치는 효력
(f) 소송이 계속한 경우를 제외하고, 개별채권자들이 제기한 절차에 대한 도산절차의 효력
(g) 채무자의 재단에 대해 신고해야 하는 채권의 종류 및 도산절차의 개시 후 발생하는 채권의 취급
(h) 채권의 신고, 조사 및 확정을 규율하는 규칙
(i) 자산의 환가금의 배당, 채권의 순위 및 도산절차 개시 후 물권 또는 상계에 의하여 일부 만족을 얻은 채권자들의 권리
(j) 도산절차의 종료의 요건과 그 효과, 특히 화의(composition)에 의한 경우
(k) 도산절차의 종료 후의 채권자들의 권리. 따라서 도산절차 종료 후 채무자의 면책 여부도 채무의 준거법에 관계없이 도산법정지법에 의한다.
(l) 도산절차에서 발생하는 비용과 경비를 부담할 자
(m) 모든 채권자들에게 해가 되는 법적 행위의 무효, 부인 또는 상대적 무효와 관련되는 규칙

2. 독일 도산법

독일 도산법도 주로 제11장 총칙(제335조-제342조)에서 도산국제사법에 관한 규정을 두는데, 우선 제335조에서 도산법정지법원칙을 선언하고 이하 조문에서 그의 예외를 열거한다. 위에서 본 것처럼 도산법정지법원칙의 타당근거는, 그것만이 채권자평등의 원칙에 부합하고 국제도산절차에서 법적 안정성을 보장할 수 있다는 데 있으므로 그에 대한 예외는 이를 정당화할 수 있는 고도의 근거가 있어야 한다.[27] 독일 도산법은 EU도산규정과 달리 도산법정지법이 규율하는 사항을 열거하지는 않지만, 해석상 위 사항들은 모두 도산법정지법에 의할 사항이라고 본다.[28] EU도산규정(제11장)의 적용범위가

27) Schack(註 25), Rz. 1189.
28) Reithmann/Martiny/Hausmann, Rz. 2605; MünchKommBGB/Kindler, 4. Auflage

장소적 또는 인적으로 제한되므로 그것이 적용되지 않는 경우 독일 도산법이 적용되는데, 그 정확한 범위는 개별조항별로 검토할 필요가 있다.[29] 외국도산절차의 도산법정지법에 따른 효력이 독일에서 발생하려면 외국도산절차가 독일에서 승인되는 것을 전제로 한다.[30] 독일 도산법은 통합도산법과 달리 당연승인제를 취하므로 외국도산절차는 승인요건이 구비되면 자동적으로 독일에서 효력을 발생하는 것이지,[31] 통합도산법에서처럼 법원의 승인결정을 필요로 하지는 않는다.

3. 우리 법의 해석론의 방향

종래 우리나라에서는, 도산절차가 우리나라에서 개시된 경우 절차는 물론 실체에 관하여도 우리 도산법이 당연히 적용되는 것으로 실무상 인식되었으나, 그 경우 우리 도산법이 규율하는 실체의 범위에 관하여는 충분한 논의가 없었다. 여기에서는 우리 법의 해석론의 방향을 제시해본다.

가. 도산법정지법원칙과 근거

도산국제사법의 원칙에 관하여 우리 통합도산법과 국제사법에 아무런 규정이 없다. 따라서 이는 도산법의 특수성을 고려하면서 우리 국제사법의 기초를 이루는 원칙(이를 종래와 마찬가지로 국제사법의 '조리'라고 부를 수도 있다)으로부터 도출해야 하는데, 그에 따르면 당해 법률관계와 가장 밀접한 관련이 있는 국가의 법이 준거법이 된다.[32] 국제사법은 예외조항에 관한 국제사법 제8조 제1항을 통하여 그러한 취지를 소극적으로 밝히고 있다.[33] 도산국제사법에서도, 국제사법의 다른 영역에서와 마찬가지로 당사자이익, 거래

Band 11 IntInsR, Rn. 947(여기에서 대체하지는 않았지만 이는 제5판(2010)이 있다).

29) EU도산규정의 장소적 적용범위에 관하여는 논란이 있다. MünchKommBGB/Kindler, IntInsR, Rn. 76ff. 참조.

30) Reinhold Geimer, Internationales Zivilprozeßrecht, 6. Aulage (2009), Rz. 3537.

31) Geimer(註 30), Rz. 3526.

32) Hans Hanisch, "Allgemeine kollisionsrechtliche Grundsätze im internationalen Insolvenzrecht, Michael Martinek/Jürgen Schmidt/Elmar Wadle (Hrsgs.) Festschrift für Günther Jahr zum siebzigsten Geburtstag (1993), S. 458.

33) 즉 국제사법에 의하여 지정된 준거법이 해당 법률관계와 근소한 관련이 있을 뿐이고, 그 법률관계와 가장 밀접한 관련이 있는 다른 국가의 법이 명백히 존재하는 경우에는 그 다른 국가의 법에 의한다.

이익과 질서이익 등을 교량해서 연결원칙을 정할 것이나,[34] 채권자평등의 원칙과 국제도산절차에서 법적 안정성의 보장이라는 이익이 강조된다.[35] 이를 좀더 부연하면 아래와 같다.

도산법은 절차법적 규정과 실체법적 규정으로 구성되므로 국제도산법도 일응 '국제도산절차법'과, 도산법의 국제사법인 '도산저촉법(또는 도산국제사법)'으로 나눌 수 있다.[36]

'절차는 법정지법에 따른다'(*forum regit processum*)는 국제사법원칙, 즉 '법정지법원칙'(*lex fori* principle)[37]은 국제도산법의 영역에서도 타당한데, 도산절차에서 법정지법이라 함은 도산법정지법(*lex fori concursus*) 또는 도산절차개시국법을 의미한다. 따라서 도산절차에서의 국제도산관할, 도산절차의 개시, 관재인의 선임, 권한과 의무는 물론 도산채권의 신고, 확정, 배당 등 도산절차의 진행과 종료, 나아가 외국도산절차의 승인 등 절차법적인 사항은 도산법정지법에 의한다.

한편 외국관련이 있는 도산사건의 실체법적 사항에 대하여도 도산법정지법이 준거법이 된다. 정확히는, 도산사건의 모든 실체법적 사항이 아니라 그 중 도산절차에 내재하는 구성요건에 의하여 발생하고, 나아가 도산절차의 목적에 봉사하는 '도산전형적인 법률효과'(insolvenztypische Rechtsfolge) 또는 '도산법에 특유한 효력'(spezifisch insolvenzrechtlichen Wirkungen)만이 도산법정지법에 따른다.[38] 그 구별이 항상 쉽지는 않지만, 예컨대 매수인인 한국 기업과 매도인인 독일 기업 간에 국제물품매매계약이 체결된 뒤 우리나라에서 매수인의 파산선고가 있었다면, 그 매매계약의 성립 및 효력의 문제는 법정지인 한국의 국제사법에 따라 결정되는 준거법에 따르지만, 매수인의 파

34) 이는 이호정, 국제사법(1983), 19면 이하 참조.

35) 河野俊行(註 20), 148면도 동지. 다만 총채권자의 예견가능성만을 강조하면 채무자의 설립준거법을 준거법으로 하자는 견해도 불가능한 것은 아니다.

36) Gottwald(註 16), §127 Rn. 12; Geimer(註 30), Rz. 3363 이하. 물론 양자가 상호 얽혀 있어 구별이 쉽지만은 않고, 저촉법적 문제가 절차법에 의하여 해결되기도 한다.

37) 근거는 Geimer(註 30), Rz. 319ff.; Schack(註 25), Rz. 48ff. 참조.

38) Trunk(註 23), S. 89; Geimer(註 30), Rz. 3373f.; Jaeger/Jahr, Konkursordnung 2. Band (1973), §§237-238, Rn. 11-25, 173-177; MünchKommBGB/Kindler, IntInsR, Rn. 948. 竹下守夫(編), 國際倒産法: 企業の國際化と主要國の倒産法(1991), 26면도 동지(다만 이를 공서로 설명하는 것은 부적절하다). 도산법규는 법정지의 절대적 강행법규(즉, 국제적 강행법규)임을 근거로 들기도 한다. 石黑一憲, 國際民事訴訟法(1996), 298-299면 참조. 그러나 도산실체법의 준거법은 국제사법 일반원칙에 따라 결정해야 한다는 견해도 있다. 전병서, 도산법 제2판(2007), 538면.

산관재인이 쌍방미이행 쌍무계약임을 이유로 매매계약을 해제할 수 있는지는 도산전형적인 법률효과의 문제이므로 도산법정지인 한국의 통합도산법에 따른다. 이처럼 도산전형적인 법률효과와 관련이 없는 사항은 도산절차의 맥락에서도 통상의 국제사법의 연결원칙에 따른다는 점을 유념해야 한다.

도산사건의 실체법적 사항에 도산법정지법을 적용하는 근거는, 도산절차에서는 절차(procedure)와 실체(substance)가 밀접하게 관련되어 있다는 점과, 도산법정지법을 적용함으로써 채권자들의 평등취급이라는 국제도산의 이념과 정의(正義)에 보다 충실할 수 있고,[39] 국제도산절차에서 법적 안정성을 보장할 수 있다는 데 있다.[40] 또한 절차법적 및 실체법적 사항이 모두 도산법정지법에 따르므로 절차와 실체의 구별이라는 어려움을 피할 수 있다.[41]

대법원 2001. 12. 24. 선고 2001다30469 판결은, 준거법이 영국법인 차관계약상의 대주인 우리나라 은행이 파산한 사안에서 동 은행의 파산관재인은 구 파산법 제50조에 따라 이행 여부를 선택할 수 있다고 하였는데, 이는 준거법에 관계없이 우리 파산법에 따른 관재인의 선택권을 긍정함으로써 도산법정지법원칙을 따랐다. 다만, 위 판결은 국제도산법의 논점을 언급하지 않았고 그러한 결론을 당연시한 것으로 보인다.[42]

나. 도산법정지법원칙에 따르는 사항

위에서 본 바와 같이 EU도산규정(제4조 제2항)은 도산법정지법이 규율하는 사항을 예시적으로 열거하나, 독일 도산법은 이를 명시하지 않는다. 우리 법도 명시하지 않지만, EU도산규정과 유사하게 해석하는 것이 타당할 것이다. 따라서 한국에서 도산절차가 개시된 경우 그에 열거된 사항은 원칙적

---

39) Gottwald(註 16), §129 Rn. 6; Geimer(註 30), Rz. 3373.

40) Reithmann/Martiny/Hausmann, Rz. 2605.

41) 영국에서도 전통적으로 절차와 실체가 모두 도산법정지법에 의한다. Fletcher(註 22), paras. 2.78, 2.79, 3.72. 영국의 국제도산법에 관하여는 우선 Fletcher(註 22), para. 2.77 이하 참조.

42) 위 대법원판결에 대한 평석은 석광현, 국제사법과 국제소송 제3권(2004), 543면 이하 참조. 반면에, 위 사건에서 일방당사자의 파산을 이유로 한 소비대차계약의 실효를 정한 민법(제599조)("대주가 목적물을 차주에게 인도하기 전에 당사자 일방이 파산선고를 받은 때에는 소비대차는 그 효력을 잃는다")은 당사자 간의 신뢰관계의 파괴를 고려한 규정으로 도산전형적인 법률효과는 아니므로 제599조는 적용되지 않는다고 본다. 실제로는 이 점은 전혀 다루어지지지 않았다. 유사한 문제는 임대차에 관한 민법 제637조의 경우에도 제기된다.

으로 모두 통합도산법에 따르고, 외국도산절차가 개시된 경우 그에 열거된 사항은 원칙적으로 모두 외국도산법에 따른다. 주의할 것은, 후자의 경우(즉 외국도산절차가 개시된 경우) 한국내 재산 또는 업무와 관련하여 우리 법원이 외국 도산법정지법을 적용하기 위하여는 원칙적으로 외국도산절차가 승인되어야 한다는 점인데,[43] 이를 위하여는 우리 법원의 승인결정이 필요하다.

EU도산규정에 따르면, 도산절차 종료 후 채무자의 면책 여부도 도산법정지법에 의하나(제4조 제2항 k호), 우리 법상은 까다로운 문제가 있다. 만일 외국 도산법원이 면책재판(예컨대 영미법계 국가의 order of discharge)을 하는 경우 외국도산재판 승인의 문제가 되지만,[44] 예컨대 스위스와 같이 재판 없이 법률에 의하여 면책의 효력이 발생하는 경우[45] 이의 처리가 문제된다. 이 문제는, 채무자인 한국인이 외국에서 외국 파산법에 따라 면책된 뒤, 채권자들이 채무자를 상대로 우리 법원에서 이행의 소를 제기하거나 강제집행을 구하고 이에 대하여 채무자가 면책항변을 하는 형태로 제기된다.[46] 자동승인제를 취하는 독일의 유력설은 이 경우 면책재판이 존재하지 않으므로 재판의 승인이 아니라 도산법정지법에 따른 결과를 승인하는 것으로 본다.[47] 그러나 통합도산법은 결정승인제를 취하므로 이 경우에도 우리 법원의

---

43) Geimer(註 30), Rz. 3537. 대법원 2009. 4. 23. 선고 2006다28782 판결은, 외국에서 회사정리절차가 개시되었더라도 구 회사정리법이 속지주의를 취한 결과 우리나라에서 효력을 가질 수 없으므로 외국 회사정리절차법에 따른 상계금지의 효력도 우리나라에서 미치지 않는다고 보았는데, 본문의 취지를 고려하면 그러한 결론 자체를 비난하기는 어렵다. 다만 대법원판결이 이를 속지주의의 문제로만 접근하였을 뿐이고, 도산법정지법이 우리나라에서 적용되기 위한 전제로서 외국도산절차의 승인을 요구한다는 점과 상계의 준거법을 고려하지 않은 점은 아쉽다. 다만 어떤 경우 본문의 원칙의 예외를 인정할지는 문제인데, 예컨대 hotchpot rule의 적용에 있어서 예외를 인정할 여지가 있다.

44) 이 경우 면책재판이 ① 우리 법원의 승인결정만으로 효력이 있는지, ② 우리 법원의 승인결정과 지원처분이 필요한지, ③ 아니면 승인결정 또는 기타 아무런 재판이 없이 민사소송법에 따른 외국판결의 승인에 준하여 효력을 가지는지가 문제된다. 상세는 석광현(註 4), 355면 이하 참조. 저자는 당초 위와 같은 취지로 썼으나 그 후 외국도산절차 진행 중에는 ① 외국도산절차의 승인결정과 ② 외국도산절차에 따른 면책(사안별로 외국법원의 면책재판, 회생계획 인가결정 또는 외국법률의 규정에 의한 면책)의 효력을 승인하는 재판이라는 지원처분이 필요하나, 외국도산절차가 끝난 뒤에는 외국도산절차에 따른 면책(사안별로 외국법원의 면책재판, 회생계획 인가결정 또는 외국법률의 규정에 의한 면책)의 효력을 승인하는 승인결정만이 필요하고 지원처분은 불필요하다는 견해를 피력하였다. 대법원 2010. 3. 25.자 2009마1600 결정은 미국 회생계획 인가결정에 따른 면책적 효력을 승인함에 있어서 저자와 달리 외국판결 승인의 법리를 적용하였다.

45) 이에 관하여는 Hans Hanisch, "Schweizerische Konkursverlustscheine vor österreichischen Gerichten," IPRax (1998), S. 505ff. 참조.

46) 상세는 석광현(註 4), 355면 이하 참조.

외국도산절차의 승인결정이 필요하다. 승인요건이 구비되면 족하고 승인결정은 불필요하다는 견해도 주장될 수 있지만, 통합도산법이 예외를 명시하지 않는 이상 결정승인제의 원칙을 포기할 수는 없다고 본다.[48] 또한, 채무의 준거법상 면책재판에 의하여 채무가 소멸하거나 자연채무가 된다면 실체법적 접근을 고려할 수 있으나, 그렇게 할 경우 정당한 근거 없이 채권자평등의 원칙을 깨뜨리게 되어 부당하므로 여전히 절차법적 접근이 타당하다.[49]

다. 도산법정지법원칙의 예외

이처럼 도산절차의 대부분의 실체법적 측면과 모든 절차법적 측면은 도산법정지법에 의하지만, 도산법정지국 외 국가의 당사자들의 정당한 기대와 거래의 확실성을 보호하기 위하여 EU도산규정과 독일 도산법은 다양한 예외를 규정하거나 동 원칙을 완화하고 있다. 아래에서는 그러한 예외를 살펴보고[50] 우리 법의 해석론으로서, 도산법정지법원칙에 대한 예외의 인정 여부와 그 범위에 관한 試論을 전개해본다.

Ⅳ. 물 권

1. 제3자의 물권(제5조)

제5조는 제3자의 물권에 관하여 규정하는데 이는 특히 담보권에 관하여 의미가 있다. 도산절차에서 담보권의 취급은 국제도산에서 가장 까다로운 문제에 속한다.[51]

---

47) Geimer(註 30), Rz. 3569; Reithmann/Martiny/Hausmann, Rz. 2637ff.; Schack(註 25), Rz. 1190, Rz. 1211.

48) 이 점은 석광현(註 4) 356면에서 밝힌 바 있다. 다만 도산절차가 이미 종결되었다면 도산절차를 승인하기는 어렵지만 그 경우에도 도산절차에 따른 효력의 승인으로 파악할 수 있을 것이다.

49) Schack(註 25), Rz. 1212.

50) 그 밖에도 EU도산규정 제12조는 공동체 특허, 공동체 상표 또는 공동체 법에 의해 창설된 이와 유사한 권리는 주절차에만 포함될 수 있음을 명시한다. 이는 저촉규범이 아니라 그러한 권리의 소재지를 확정하는 규범으로서 자산의 소재지를 정의한 EU도산규정(제2조 g호)의 특칙이다. MünchKommBGB/Kindler, IntInsR, Rn. 356.

51) Reithmann/Martiny/Hausmann, Rz. 2609.

가. EU도산규정

도산절차의 개시는 절차 개시 당시 도산절차개시국 이외의 회원국에 소재하는[52] 채무자의 유체자산 또는 무체자산, 동산 또는 부동산—특정 자산 및 수시로 그 구성이 변하는 확정되지 아니한 자산의 집합의 총체—[53]에 관한 채권자들 또는 제3자들의 물권(rights *in rem*)에 영향을 미치지 아니한다(제5조 제1항). 대상인 자산은 유체자산, 무체자산, 동산, 부동산인가를 불문하며, 물권은 도산절차 개시 전에 설정된 것에 한정된다.[54] 자산 소재지의 결정은 EU도산규정 제2조 g호에 따른다.[55] EU도산규정은 물권을 정의하지 않지만 담보물권을 포함함은 명백하다. 공부에 등록되고 제3자에 대해 유효하며, 그에 따라 제1항의 의미에서의 물권을 취득할 수 있는 권리는 물권으로 간주한다(제5조 제3항). 제5조 제2항은 회원국의 국내법상 물권으로 간주되는 권리의 유형을 열거하는데, 이는 관련 자산에 대한 직접적인 관계라는 점과, 권리자에 대한 권리귀속의 절대성이라는 두 가지 특징을 가진다.[56]

이처럼 도산절차의 개시는 채권자와 제3자의 물권에 영향을 미치지 않으므로, 담보권을 가지는 채권자는 도산절차개시국 외에 소재하는 재산에 대해서는 도산절차에 관계없이 담보를 실행할 수 있다.[57] 제5조는, 채무자의 도산에 대비하여 담보물의 소재지법에 따라 유효한 담보권을 취득한 담보권자의 기대를 보호하기 위한 것이다.[58] 다만 제5조의 법적 성질에 관하여는 논란이 있다. 저촉규범설[59]에 따르면 담보권은 소재지법에 의한다는 것이 되지

---

52) 자산이 비회원국에 소재하는 경우에는 제5조는 적용되지 않는다. 보고서, para. 94.

53) 이를 언급하는 것은, EU 내의 영국법계국가(영국과 아일랜드)에서 인정되는 부동담보(floating charge)와 사후취득재산(after-acquired property)에 대한 담보를 포함하려는 것이다. Ian Fletcher, Chapter 43 European Union Regulation on Insolvency Proceedings, Collier International Business Insolvency Guide (2001), p. 43-33; 보고서, para. 104.

54) 보고서, para. 96.

55) 그에 따르면 ① 유체재산의 경우 그것이 소재하는 회원국, ② 항공기, 선박에 대한 권리 또는 무체재산권 또는 유가증권과 같이 공부에 등록되어야 하는 재산과 권리의 경우 공부를 관리하는 권한을 가진 회원국, ③ 채권의 경우 채무를 이행해야 하는 채무자가 주된 이익의 중심지를 가지는 회원국이 소재지가 된다.

56) 상세는 보고서, para. 103.

57) 보고서, para. 95. 국제적인 담보거래와 도산에 관한 영국, 독일, 프랑스 및 미국의 실질법과 국제사법에 관하여는 우선 Michael Bridge and Robert Stevens (eds.), Cross-Border Security and Insolvency (2001)를 참조.

58) Fletcher(註 53), p. 43-33.

만, 다수설인 실질규범설[60]에 따르면, 담보권은 도산절차의 개시에 의하여 아무런 영향을 받지 않는다는 것, 즉 담보권은 도산법정지의 도산법은 물론 소재지의 도산법에 의한 제한도 받지 않는다는 것을 의미한다. 다만 피담보채권은 도산절차에 따라 감액될 수 있다. 다수설에 따르면, 채무자의 회생절차가 있더라도 담보권자는 영향을 받지 않고 담보권을 실행할 수 있다는 점에서 속지주의를 따른 결과와 유사하지만 속지주의가 타당한 것은 아니다. 즉, 제5조에 따르면, 도산절차는 "채무자의 자산에 대한 채권자들 또는 제3자들의 물권"에 영향을 미치지 아니할 뿐이지 그 자산에 영향을 미치지 않는 것은 아니므로 담보물은 도산재단에 속하고, 채권자는 담보를 실행하여 변제 충당 후 잔액이 있으면 이를 도산관재인에게 지급하여야 한다.[61]

그러므로 제5조는 채무자의 재건 또는 회생에 대하여는 중대한 장애가 된다.[62] 즉, 제5조는 담보물 소재지의 도산법에 의한 제한도 배제함으로써 담보권자를 지나치게 보호하는 결과가 된다. 나아가, 아래에서 보듯이 담보권적 기능을 가지는 상계의 경우 상계의 준거법 소속국의 민·상법과 같은 도산법 이외의 국내법(이를 이하 "일반법"이라고 한다)과 도산법의 상계제한을 고려하는 데 반하여, 담보권의 경우 담보물 소재지의 도산법상의 제한도 배제하는 것이 일관성이 있는지 의문이다.[63] 따라서 채무자의 회생을 위하여 담보목적물에 대한 처분을 제한할 필요가 있는 경우 주절차의 도산관재인은, 담보목적물 소재지에서 이차적 절차를 신청할 필요가 있다.[64]

제5조 제1항이 적용되는 경우에도 부인권에 관한 조문(제4조 제2항 m호)의 적용은 배제되지 않는다(제5조 제4항).

---

59) 예컨대 Axel Flessner, Dingliche Sicherungsrechte nach dem Europäischen Insolvenzübereinkommen, FS Drobnig (1998), S. 282ff.

60) MünchKommInsO/Reinhart Band 3 (2003), Art. 5 Rn. 1; MünchKommBGB/Kindler, IntInsR, Rn. 275는 이 점을 분명히 하고 있다. Reithmann/Martiny/Hausmann, Rz. 2610, 2611; Schack(註 25), Rz. 1199도 동지.

61) 보고서, para. 90.

62) 독일 도산법 제351조에 관한 Eberhard Braun (Hrsg.), Insolvenzordnung (InsO) Kommentar, 2. Auflage (2004), §351, Rz. 12 (Liersch 집필부분). 이하 "Braun/Liersch"라고 인용한다.

63) 제5조가 정한 예외를 상계에도 확대하는 견해도 있으나, 명문의 규정이 없고 보편주의에 반한다는 이유로 반대하는 견해가 유력하다. MünchKommBGB/Kindler, IntInsR, Rn. 501.

64) 보고서, paras. 23, 98.

나. 독일 도산법

독일 도산법(제351조 제1항)은 "외국도산절차의 개시 당시에 국내에 있었던 도산재단의 대상에 대한 제3자의 권리는, 그것이 국내법에 따라 환취 또는 우선적 변제를 요구할 수 있는 권리인 경우, 외국도산절차의 개시에 의하여 영향을 받지 아니한다"고 규정한다. 이는 대체로 EU도산규정(제5조 제1항)과 유사하다.[65] 그 결과 외국도산절차가 승인되더라도, 국내에 있는 담보물에 대한 담보권에 관한 한, 승인의 대상인 외국도산절차에 의한 제한이 국내에까지 확장되지 않는다.[66] 그렇지만 속지주의가 타당한 것이 아님은 EU규정의 경우와 같다.

다만 독일 도산법은 제351조에서 외국도산절차가 내국 소재 재산에 대한 담보권에 미치는 효력에 관한 규정만을 두고, 반대의 경우, 즉 국내도산절차가 외국 소재 재산에 대한 담보권에 미치는 효력에 관하여는 규정하지 않는 점에서 EU규정과 다른데, 제351조를 양면적 저촉규정으로 볼지에 관하여는 견해가 나뉜다.[67]

다. 우리 법의 해석론의 방향

우리 도산절차가 외국에 있는 재산에 대한 담보권에 미치는 효력과, 반대의 경우, 즉 외국도산절차가 한국에 있는 재산에 대한 담보권에 미치는 효력으로 나누어 살펴본다. 물론 이는 도산절차에 앞서서 담보권이 존재할 것을 당연한 전제로 하는데 그것은 법정지의 국제사법에 의하여 결정되는 담보권의 준거법이 규율하는 사항이다. 아래의 논의는 도산전형적인 법률효과에 관한 것이다.

(1) 우리 도산절차가 외국에 있는 재산에 대한 담보권에 미치는 효력

과거 회사정리법은 속지주의를 취하였으므로, 외국채권자가 한국기업이 제공한 담보물을 외국에서 보유하는 경우(이 경우 담보권의 준거법은 통상 외국법일 것이다) 채권자는 한국의 회사정리절차에 관계없이 담보권을 실행할

65) Reithmann/Martiny/Hausmann, Rz. 2614; MünchKommBGB/Kindler, IntInsR, Rn. 1139. 따라서 이도 실질규범으로 본다. Braun/Liersch, §351, Rz. 1.

66) MünchKommBGB/Kindler, IntInsR, 1139.

67) Reithmann/Martiny/Hausmann, Rz. 2616은 이를 긍정하나, Schack(註 25), Rz. 1201은 대외적 효력에 관하여는 독일 도산법에 따른 제한을 존중해야 한다고 한다.

수 있었다. 그러나 현재는 그처럼 회생절차가 개시된 경우 통합도산법의 대외적 효력을 주장하여 담보권의 실행을 제한할 수 있는지가 문제된다. 파산절차에서는 담보권자의 별제권이 인정되므로 큰 문제는 없다.

우리 학설은 보지 못하였지만 ① 통합도산법이 수정된 보편주의를 취한 점을 중시하여 도산법정지법을 관철하는 견해, ② 담보권자를 보호하기 위하여 속지주의와 동일한 결론을 취하는 견해, ③ 절충설로서 도산법정지법을 적용하여 도산재단에 포함시키되, 담보권의 준거법[68] 소속국의 도산법을 적용하는 견해와, ④ 절충설을 따라 도산법정지법을 적용하여 도산재단에 포함시키되, 담보권의 준거법 소속국의 도산법과 도산법정지법 중 담보권자에게 유리한 법을 적용하는 견해가 주장될 수 있다.[69] 나아가 EU도산규정과 독일 도산법을 참조하여 ⑤ 절충설을 따라 도산법정지법을 적용하여 도산재단에 포함시키되, 담보물의 소재지법 소속국의 도산법과 도산법정지법의 어느 것도 적용하지 않고 담보권자의 자유로운 처분을 허용하는 견해도 생각할 수 있다.[70] 이는 담보권자의 보호에는 유리하지만 채무자의 회생에는 도움이 되지 않는다.

사견으로는 통합도산법은 속지주의와 결별하였으므로 외국에 있는 재산도 도산재단의 범위에 포함된다는 점에서 ②는 제외되고, 다른 견해는 논리적으로 가능하나, ①은 담보권자의 보호에 문제가 있고, 해석론으로서 ⑤를 취하기는 주저된다. 담보권자도 국내회생절차 개시 시 담보권의 행사가 제한됨을 알고 있으므로 외국회생절차가 개시되면 유사한 제한이 미칠 수 있음을 예상할 수 있다. 따라서, 외국 소재 담보물의 관리가 어렵다는 현실적인 문제는 있지만, 해석론상 ③과 ④가 설득력이 있는데 이 경우 담보권자의 권리는 도산법정지의 회생절차의 효력이 외국에서 승인된다면 회생담보권으로 보아야 한다.[71] 다만 입법론으로는 ⑤의 도입을 고려할 필요가 있다.[72][73] 물론

---

68) 동산의 경우 담보물의 소재지법(*lex rei sitae*)이 담보권의 준거법이 된다.

69) 이는 명문규정이 없던 과거 독일의 논의를 참조한 것이다. 상세는 Ulrich Drobnig, "Secured Credit in International Insolvency Proceedings," 33 Tex. Int'l L.J. 53, 67-69 (1998); Flessner(註 59), S. 279 참조. 종전의 견해는 앞의 세 개이고 ④는 Drobnig의 견해이다.

70) Drobnig(註 69), p. 68 Fn. 55는 ②가 당시 유럽도산협약의 태도라고 하나, 저자는 EU 규정의 태도를 그와 구별하여 ⑤로 분류한다.

71) 통합도산법 제141조가 유치권, 질권 등을 열거함으로써 회생담보권을 정의하고 있으나, 이는 외국법에 따른 담보권을 배제할 근거가 되지 못한다. 그에 상응하는 외국법상의 담보권도 당연히 포함하는 것으로 보아야 한다. 이렇게 본다면, 한국 채무자의 회생절차가

우리 법상 그렇더라도, 담보물의 소재지법인 외국법이 우리 도산절차의 효력을 승인할지는 당해 외국법이 결정할 사항인데, 만일 외국이 승인하지 않는다면 회생담보권이 될 수는 없고, 결과적으로 ②에 따라 처리될 것이다.

통합도산법의 해석상 이처럼 우리 도산절차가 외국에 있는 재산에 대한 담보권에 미치는 효력에 관한 원칙은, 아래(2.)에서 논의하는 외국도산절차가 한국에 있는 재산에 대한 담보권에 미치는 효력에도 동일하게 적용되어야 할 것이다.[74)]

(2) 외국도산절차가 한국에 있는 재산에 대한 담보권에 미치는 효력

과거 회사정리법이 취한 속지주의의 결과, 외국기업이 담보로 제공한 담

한국에서 개시된 경우 그의 효력이 외국에서 승인된 때에는 담보권자는 회생절차에 의하지 아니하고 외국에 있는 담보물을 실행할 수 없다. 담보권자로서는 이를 피하려면 통합도산법상 상계가 가능하도록 구성할 필요가 있는데, ISDA Master Agreement에 의하는 스왑거래의 경우 이를 가능하게 하고자 유가증권의 「소비대차+상계예약」 방식이 사용된다. 석광현, 국제사법과 국제소송 제4권(2007), 522면 이하 참조. 실무의 상세는 박준·홍선경·김장호, "채무자회생 및 파산에 관한 법률 제120조의 해석—지급결제제도, 청산결제제도 및 적격금융거래에 대한 특칙의 적용범위," BFL 제22호(2007), 77면; 박준·정순섭(편저), 파생금융거래와 법(제1권), BFL 총서[6](2012), 270면 이하 참조.

72) 영국과 네덜란드도 판례 또는 국내도산법에서 ⑤와 같은 태도를 취한 것으로 보인다. Philip R. Wood, Principles of International Insolvency, 2nd edition (2007), para. 29-015 참조.

73) 국내도산절차가 외국 소재 재산에 대한 담보권에 미치는 효력에 대해 어떤 태도를 취하는가는 hotchpot rule의 적용범위에 영향을 미칠 수 있다. 예컨대 외국 내 자산에 담보권을 설정해 준 한국 채무자의 회생절차가 한국에서 개시된 경우, 만일 EU도산규정처럼 회생절차에 관계없이 담보권의 실행을 허용한다면, 첫째, 담보권을 실행하여 변제를 받은 채권자에 대하여 도산관재인의 부당이득반환청구를 부정하고, 둘째, 담보권자가 잔존채권으로 국내회생절차에 참가하면 제642조는 적용되지 않는다고 보는 것이 논리적이다(EU도산규정은 그렇다). 그러나 사견은 위 담보권에 대하여도 통합도산법에 따른 제한을 적용하므로, 입법론으로서는 몰라도 해석론으로서는 담보권자가 외국에서 담보권을 실행하여 변제 받은 경우 제642조를 적용하여 배당조정에 포함시키는 것이 자연스럽다. 모델법(제32조)이 담보부채권을 배당조정에서 제외하는데 우리가 모델법을 채택하면서도 이를 따르지 않은 것은 의도적인 것이기 때문이다. 그러나 한민, "국제금융과 국제도산법에 관한 소고2—Hotchpot Rule에 관하여—," BFL 제28호(2008. 3.), 122면 이하는 그 경우 담보권자의 권리를 '회생채권'으로 보면서 모델법과 동일하게 담보권 실행의 경우를 배당조정 대상에서 제외하되 다만 채권자는 우선 국외담보로부터 채권을 회수해야 하고 잔액에 대해서만 국내도산절차에서 채권을 행사할 수 있다고 본다. 여기에서 담보권의 개념을 어느 법에 따라 파악할지는 논란이 있다(위 한민, 125면, 註 84 참조). 이처럼 도산저촉법은 hotchpot rule과 밀접한 관련이 있다. 견해에 따라서는 한국 채무자의 회생절차가 외국에서 승인되지 않는 경우 담보권자는 회생절차에 의하지 아니하고 외국에서 담보권을 실행할 수 있으므로 제642조는 적용되지 않는다고 볼 수 있으나, hotchpot rule은 채권자들 간의 공평한 배당을 달성하기 위한 제도이므로 도산절차의 승인에 관계없이 적용되어야 한다.

74) Reithmann/Martiny/Hausmann, Rz. 2616도 동지.

보물이 한국에 있는 경우(이 경우 담보권의 준거법은 통상 한국법일 것이다) 채권자는 외국의 회사정리절차에 관계없이 한국에서 담보권을 실행할 수 있었다. 그러나 현재는, 그처럼 외국회생절차가 개시된 경우 만일 한국에서 승인결정이 있었다면, 그의 대내적 효력을 주장하여 담보권의 실행을 제한할 수 있는가가 문제된다. 파산절차에서는 별제권이 인정될 것이므로 큰 문제는 없다.

통합도산법은 이 점을 직접 다루고 있지 않으므로 이 경우 위(가.)에서처럼 ① 통합도산법이 수정된 보편주의를 취한 점을 중시하여 도산법정지법을 관철하는 견해, ② 속지주의와 동일한 결론을 취하는 견해, ③ 도산재단에 포함시키되, 담보권의 준거법 소속국의 도산법을 적용하는 견해, ④ 도산재단에 포함시키되, 담보권의 준거법 소속국의 도산법과 도산법정지법 중 담보권자에게 유리한 법을 적용하는 견해와, ⑤ 도산재단에 포함시키되, 담보권자의 처분을 허용하는 견해를 생각할 수 있다. 이 경우에도 사견으로는 통합도산법은 속지주의와 결별하였으므로, 우리 법원의 외국도산절차 승인결정이 있다면 ②는 적절하지 않고,[75] 다른 견해는 가능하나, ①은 담보권자의 보호에 문제가 있고, 명문의 규정이 없는 우리 법의 해석론으로 ⑤를 취하기는 주저된다.[76] ⑤를 실질규범으로 보면 더욱 그렇다. 결국 해석론으로서는 ③과 ④이 설득력이 있다. 통합도산법상 이는 우리 법원이 지원처분을 하는 단계에서 문제된다.

물론 외국 도산관재인으로서는 한국에서 종절차(회생절차)의 개시를 신청함으로써 통합도산법에 따라 담보권의 실행을 저지할 수 있을 것이다.

2. 부동산 등에 관한 등록하여야 하는 권리

가. 부동산 등에 관한 등록하여야 하는 권리에 대한 도산절차의 효력 (제11조)

(1) EU도산규정

공부에 등록되어야 하는 부동산, 선박 또는 항공기에 관한 채무자의 권

75) 통합도산법(제636조 제1항 제2호)도 지원조치의 하나로, 법원은 외국도산절차를 승인함과 동시에 또는 승인한 후 채무자의 재산이나 채권자의 이익을 보호하기 위하여 채무자의 재산에 대한 담보권실행을 위한 경매의 금지 또는 중지를 명할 수 있다고 규정하는데, 이는 속지주의와 양립하지 않는다.

76) 담보권자를 두텁게 보호하자면 입법론으로서는 ⑤를 고려할 수는 있다.

리에 대한 도산절차의 효력은 그 등록부(또는 등기부. 이하 양자를 호환적으로 사용한다)를 관리하는 권한을 가진 회원국("등록국")의 법에 따른다. 이는 그러한 권리의 공시방법인 공부[77]의 내용과 결과에 대한 신뢰를 강화함으로써 거래와 법적 안정성을 제고하기 위한 것이다.[78] 각 회원국은 상이한 등록제도를 가지고 있고, 또한 등기하여야 할 권리가 물권인 경우 '물권법정주의'가 타당하므로, 만일 등록하여야 하는 권리에 대하여 도산법정지법을 고집한다면, 도산법정지법상 등기해야 하지만 등록국에서는 알지 못하거나 등록할 수 없는 상황이 발생할 수 있으므로 이를 피하기 위한 것이다.[79] 그러나 제11조의 결과 상이한 회원국에 소재하는 부동산 등의 재산에 대한 도산절차의 효력이 복잡하게 되어 도산관재인에 의한 도산절차의 관리가 복잡하게 된다는 비판이 있다.[80]

제11조는 등록을 하여야 하는 부동산 등에 대한 '채무자'의 권리에만 영향을 미치고, 제3자 또는 채권자의 권리에는 영향을 미치지 아니하며 그러한 권리는 제5조에 따른다.

다만 제11조는, 제8조 내지 제10조와 달리, 이러한 권리가 '전적으로' 등록국법에 따른다고 규정하지는 않으므로 제4조에 따른 도산절차개시국법과 등록국법('*lex libri siti*')이 누적적으로 적용된다.[81] 그 결과 등록기관은 우선 도산법정지의 등록에 상응하는 등록이 등록국법상 가능한지를 검토하여 만일 가능하면 등록하지만 없으면 등록할 수 없고, 동일하지는 않지만 유사한 것이 있으면 등록국법에 따른 조정을 거쳐 등록하고 그에 따른 법적 효과가 발생한다.[82] 이것이 국제사법학에서 말하는 적응(adaptation), 특히 '대용의 원칙'이다.[83]

---

77) 여기의 공부의 성질을 가지는지를 판단함에 있어서는, 행정청 또는 법원이 공부를 등록을 담당할 필요는 없고, 공중의 접근이 가능한 공부로서 그에의 기재가 제3자에 대한 효력을 발생하는지가 중요하다. 보고서, para. 69. 따라서 각국이 승인하는 사적 장부도 포함된다.

78) 보고서, para. 130.

79) 보고서, para. 129; MünchKommBGB/Kindler, IntInsR, Rn. 347.

80) 보고서, para. 130. MünchKommBGB/Kindler, IntInsR, Rn. 348도, 그 결과 관재인으로서는 낯선 상이한 등록제도에 직면해야 하는 실무적인 문제가 있다고 지적한다.

81) 보고서, para. 130. '전적으로'의 누락은 기술적인 것으로 보아 누적적용을 부정하는 소수설도 있다. 예컨대 MünchKommInsO/Reinhart Band 3 (2003), Art. 11 Rn. 1.

82) 보고서, para. 130.

83) 국제사법에서 적응(또는 조정)이라 함은, 국제사법이 적용되는 사건에서 준거법의 모순 또는 저촉으로부터 발생하는 문제를 해결하기 위하여 법질서를 수정하여 적용하는 법리를

(2) 독일 도산법

독일 도산법(제351조 제2항)도 EU도산규정(제11조)과 동일한 규정을 두고 있다. 즉 그에 따르면, 독일에 소재하는 부동산에 대한 외국도산절차의 효력은 독일법에 따른다. 이렇게 함으로써 예컨대 외국도산절차의 개시에 의하여 부동산에 대하여 법정담보권이 발생하더라도 독일에 소재하는 부동산에 대하여는 그러한 권리가 발생하지 않는다.[84)]

(3) 우리 법의 해석론의 방향

우리 법의 해석론으로서도 EU도산규정의 태도를 따라야 할 것이다. 외국도산절차가 개시된 경우 우리 법원은 승인결정에 이은 지원조치를 함에 있어서 이 점을 인식해야 할 것이다.

나. 부동산 등에 관한 등록하여야 하는 권리의 처분과 제3취득자의 보호(제14조)

(1) EU도산규정

도산절차의 개시 후 채무자가 대가를 받고 부동산, 공부에 등록되어야 하는 선박 또는 항공기 또는 법에 규정된 등록부에의 등록을 필요로 하는 유가증권(이는 무권화된 유가증권을 말한다[85)])을 처분한 경우, 그 행위의 유효성은 부동산 소재지 국가 또는 등록국의 법에 의한다(제14조). 외국도산절차의 개시에 의해 채무자는 자산의 관리처분권을 상실하므로 그 후 채무자의 처분은 효력이 없으나, 거래의 안전과 등록제도에 대한 선의의 제3자의 신뢰를 보호하고자 예외를 인정하는 것이다. 제14조는 부동산 소재지 또는 등록국이 회원국일 것을 요하지 않는다. 여기의 처분은 재산의 소유권의 이전뿐만 아니라 그에 관한 물권의 설정도 포함한다.[86)] 그러나 제14조는 동산의 처분에는 적용되지 않는다.

말한다. 이호정(註 34), 123면. 대용(代用)이라 함은, 조정의 한 유형으로, 본문제의 준거법과 선결문제의 준거법의 관계에서 발생하는 모순과 부조화를 조정하는 문제를 말한다. 신창선, 국제사법 제6판(2007), 121면 참조.

84) Peter Gottwald, Peter Gottwald (Hrsg.), Insolvenzrechts-Handbuch, 3. Auflage (2006), §131 Rz. 12; Geimer(註 30), Rz. 3541.

85) 보고서, para. 141. 유가증권의 무권화는 중앙예탁기관이 관리하는 장부상에 유가증권을 기재함으로써 유가증권의 실물 발행 없이 실물을 발행하여 교부한 것과 동일한 법적 효과를 발생케 하는 것을 가리킨다.

86) 보고서, para. 141; MünchKommInsO/Reinhart Band 3 (2003), Art. 15 Rn. 2.

(2) 독일 도산법

독일 도산법(제349조 제1항)은 부동산의 처분에 관하여 EU도산규정(제14조)과 유사한 규정을 두고 있다. 독일 도산법은 유가증권을 명시하지는 않고, EU도산규정처럼 대가를 받은 경우로 제한하지 않는다. 제349조 제1항은 동산의 처분에는 적용되지 않는다.

(3) 우리 법의 해석론의 방향

우리 법의 해석론으로서도 도산절차의 개시 후 채무자가 대가를 받고 부동산, 공부에 등록되어야 하는 선박 또는 항공기 등을 처분한 경우, 그 행위의 유효성은 부동산 소재지 국가 또는 등록국의 법에 의한다고 볼 필요가 있다. 다만, 외국도산절차가 개시되면 외국도산법상 외국의 채무자는 한국에 소재하는 부동산 기타 등록되어야 하는 자산에 대한 관리처분권을 상실할 것이나, 통합도산법은 결정승인제를 취하므로 우리 법원의 승인결정이 있기까지는 관리처분권을 당연히 상실하지 않는다. 따라서 우리나라에서 등기부를 신뢰하고 채무자와 거래를 한 상대방은 보호될 것이므로 우리는 EU도산규정이나 독일 도산법과 같은 저촉규범이 없더라도 문제가 해결된다. 그러나 반대의 경우, 즉 국내도산절차가 개시되어 우리 채무자가 관리처분권을 상실함에도 불구하고 외국에 소재하는 부동산 기타 등록되어야 하는 자산을 처분한 경우 위와 같은 저촉규범이 필요하다.

3. 환취권과 별제권

가. EU규정과 독일 도산법

도산절차는 채무자에게 속하는 재산에만 미친다. 환취권(Aussonderungsrecht)은 도산재단의 범위의 확정의 이면이므로 환취권의 인정 여부는 도산법정지법이 규율할 사항이다. 그러나 환취권과 별제권의 근거가 되는 물권은 목적물 소재지법에 의한다.[87] 특히 환취권은 도산재단에 속하지 않는 재산을 대상으로 하므로 어떤 물건이 채무자에게 속하는지의 여부는 물건 소재지법(*lex rei sitae*)에 의할 사항이다.[88] 한편 도산철차에 의하지 아니하고 우선적 변제를 받을 수 있는지의 여부(즉, 별제권의 유무)와, 담보권자가 이를

87) Reithmann/Martiny/Hausmann, Rz. 2615.

88) 예컨대 우리 국제사법 제19조 참조.

환가하기 위한 요건은 원칙적으로 도산법정지법에 따를 사항이다.[89] 그러나 위에서 본 바와 같이 EU도산규정(제5조 제1항)과 독일 도산법(제351조 제1항)은, 국내에 있는 담보권은 외국도산절차에 의하여 영향을 받지 않는 것으로 규정함으로써 그에 대한 예외를 인정한다.[90]

나. 우리 법의 해석론

우리 법의 해석론으로도 EU도산규정과 독일 도산법에 관한 위의 논의가 원칙적으로 타당하다.[91] 물론 도산법정지법이 적용되기 위하여는 도산절차의 승인이 전제가 된다. 다만, 담보권에 관한 논의에서 본 것처럼 우리나라에는 EU도산규정(제5조 제1항)과 독일 도산법(제351조 제1항)과 같은 담보권자를 보호하는 규정이 없으므로, 담보권자는 위 ③ 또는 ④의 견해에 따른 제약을 받는 점에서 EU도산규정이나 독일 도산법과 다르다.[92] 이는 외국도산절차가 개시된 경우에 관한 설명이나, 반대의 경우, 즉 우리나라에서 도산절차가 개시된 경우에도 동일한 연결원칙이 적용되어야 할 것이다.

4. 소유권유보부매매(제7조)

가. EU도산규정

소유권유보부매매의 경우 지급을 받지 못한 매도인의 권리의 취급은 회원국에 따라 상이하므로[93] EU도산규정은 일방 당사자가 도산에 빠진 때에도 소유권유보부매매[94]에 따른 권리를 행사하는 데 대한 상대방의 신뢰를 보호하기 위한 특칙을 둔다.[95] 즉 EU도산규정(제7조)은 두 가지 특칙을 둔

---

89) Reithmann/Martiny/Hausmann, Rz. 2615. 과거 독일의 학설은 Trunk(註 23), S. 138ff. 참조.

90) Gottwald(註 84), §131 Rz. 18ff.

91) 일본에는 학설이 나뉜다. 河野俊行(註 20), 150, 157면 註 17 참조.

92) Gottwald(註 16), §129 Rz. 23 참조.

93) Fletcher(註 53), p. 43-35.

94) 이는 연장된 소유권유보와 확대된 소유권유보에는 적용되지 않는다. Münch KommBGB/Kindler, IntInsR, Rn. 295, 310. 연장된 소유권유보라 함은 소유권유보 하에 매도된 물건을 매수인이 판매하거나 가공한 경우 그 대금에 대하여도 매도인의 소유권이 미치는 것으로 하는 합의를 말하고, 확대된 소유권유보라 함은 매매대금 채권 외에 매도인의 매수인에 대한 다른 채권을 함께 담보하는 소유권유보부 매매를 말한다.

95) MünchKommBGB/Kindler, IntInsR, Rn. 294.

다.[96)]

우선, 소유권유보부매매의 매수인의 도산절차의 개시는, 개시 당시 자산이 도산절차개시국 외의 회원국에 소재하는 경우 소유권유보에 기인한 매도인의 권리에 영향을 미치지 아니한다(제7조 제1항). 그러나 물건 자체는 도산재단의 일부를 구성한다. 이는 제5조 제1항과 유사한 구조라는 점에서, 매도인의 지위를 담보권자의 그것과 유사하게 취급하는 것이다.[97)]

반면에, 자산의 인도 후 매도인의 도산절차가 개시된 때에는, 개시 당시 자산이 도산절차개시국 외의 회원국에 소재하는 경우 도산절차의 개시는 매매를 취소 또는 해제할 근거가 되지 않고, 매수인의 소유권 취득을 방해하지 아니한다(제7조 제2항). 이 경우 매도인의 도산관재인은 계약을 해제하고 자산을 회수할 수 없다. 이는 도산절차가 쌍방미이행 쌍무계약에 미치는 영향은 도산법정지법에 의한다는 원칙(제4조 제2항 e호)에 대한 예외를 인정함으로써, 매수인의 기대권을 보호하는 것이다.[98)]

그러나 제7조 제1항과 제2항이 적용되는 경우에도 부인권에 관한 조문(제4조 제2항 m호)의 적용은 배제되지 않는다(제7조 제3항).[99)] 따라서 예컨대 소유권유보부매매가 총채권자를 해하는 사해행위인 경우 도산법정지법이 적용되는데, 그 경우 제13조에 따른 항변이 가능하다. 다만 소유권유보부매매의 경우 당사자들은 상응하는 의무를 부담하므로 그것은 통상 사해행위가 되지 않는 까닭에 제7조 제3항의 실무상 의미는 크지 않다.[100)]

나. 독일 도산법

독일 도산법은 EU도산규정(제5조)에 상응하는 제351조만 두고 소유권유보부매매를 별도로 규율하지 않는다. 그러나 EU도산규정(제7조 제1항)에 상응하는 원칙은 독일 도산법(제351조 제1항)으로부터 도출되고, 제7조 제2

---

96) 소유권유보부매매에 대하여 제5조와 별도의 규칙을 두는 것은, 이를 물권이 아니라 매매계약의 부속물로 본다는 것을 의미한다고 한다. MünchKommBGB/Kindler, IntInsR, Rn. 292. 그러나 아래에서 보듯이 매도인의 지위에 관하여는 담보권자의 그것과 유사하게 취급한다.

97) 이것이 실질규범인지 저촉규범인지는 논란이 있다. MünchKommBGB/Kindler, IntInsR, Rn. 300.

98) Schack(註 25), Rz. 1199. Reithmann/Martiny/Hausmann, Rz. 2613은 이를 '실질 유럽통일법'(materielles europäisches Einheitsrecht)이라고 한다.

99) 이는 제5조 제4항 및 제6조 제2항과 유사하다.

100) MünchKommBGB/Kindler, IntInsR, Rn. 313.

항은 독일 도산법 제107조 제1항에 상응한다.[101)]

다. 우리 법의 해석론의 방향

통합도산법상 논란이 있으나 소유권유보부매매에서 매도인의 지위를 담보권자의 그것과 유사하게 보아야 할 것이므로, 매수인의 도산절차가 개시된 경우의 취급에 관하여는 담보권에 관한 위의 논의가 타당할 것으로 생각한다. 즉, 소유권유보부매매의 매수인의 도산절차가 개시된 경우, 그것이 외국도산절차이든 국내도산절차이든 간에(물론 전자의 경우는 승인됨을 전제로), 위 ③과 ④가 유력하고, ⑤와 같은 EU도산규정의 결론을 도출하기는 주저된다.

한편, 자산 인도 후 소유권유보부매매의 매도인의 외국(또는 한국)도산절차가 개시된 때에는, 개시 당시 자산이 한국(또는 외국)에 있는 경우 외국도산절차의 개시는(그것이 한국에서 승인되더라도)(또는 국내도산절차의 개시는) 매매를 해제할 근거가 되지 않고, 매수인의 소유권 취득을 방해하지 않는다고 봄으로써 매수인의 기대를 보호할 필요가 있다.[102)]

그러나 만일 소유권유보부매매를 쌍방미이행 쌍무계약으로 본다면[103)] 아래(Ⅴ.)에 따라야 할 것이다. 한국에서 도산절차가 개시된 경우 성질결정은 기본적으로 우리 통합도산법에 따른다.

Ⅴ. 쌍방미이행 쌍무계약(제8조, 제10조)

1. 일반원칙

가. EU도산규정

도산절차 개시 당시 당사자 쌍방이 아직 그 이행을 완료하지 않은 쌍무계약, 이른바 '쌍방미이행 쌍무계약'(executory contract)의 경우 많은 도산

101) Gottwald(註 84), §131 Rz. 39, Rz. 41.

102) 다만 그 경우에도 부인권의 준거법에 따른 부인권의 행사를 제한하지 않는다고 본다. 통합도산법의 해석으로는 부동산의 경우 등기의무가 남아 있다면 쌍방미이행 쌍무계약으로 보는 견해도 있다.

103) 예컨대 대법원 2005. 5. 26. 선고 2004다61211 판결 참조. 서울중앙지방법원 파산부 실무연구회, 회생사건실무(상)(2006), 352면 註 45 참조.

법제는 도산관재인에게 이행하거나 또는 이행을 거절할 수 있는 권리를 부여한다.[104] 도산절차가 쌍방미이행 쌍무계약에 미치는 영향은 원칙적으로 도산법정지법에 의한다(제4조 제2항 e호). 그러나, EU도산규정은 부동산에 관한 계약(제8조), 근로계약(제10조)과 소유권유보부매매계약(제7조)의 경우 예외를 규정한다.

나. 독일 도산법

독일 도산법(제103조)에 따르더라도 미이행쌍무계약의 경우 도산관재인은 계약을 이행하거나 이행을 거절할 수 있다.[105] 도산절차가 미이행쌍무계약에 미치는 영향은 원칙적으로 도산법정지법에 의한다. 독일 도산법의 해석도 동일하다.[106] 도산관재인이 이행거절을 선택한 경우 도산법정지법이 상대방에게 손해배상청구권을 인정하는 때에는, 그 손해배상의 범위는 계약의 준거법에 따를 사항이다.[107] 그러나, 독일 도산법도 EU도산규정과 마찬가지로 부동산에 관한 계약(제336조)과 근로계약(제337조)의 경우 그에 대한 예외를 명시한다.

다. 우리 법의 해석론의 방향

통합도산법(제119조, 제335조)도 쌍방미이행 쌍무계약의 경우 관리인 또는 파산관재인에게 계약을 해제 또는 해지하거나 채무자의 채무를 이행하고 상대방의 채무이행을 청구할 수 있는 선택권을 부여한다. 우리 법의 해석론으로도 도산절차가 쌍방미이행 쌍무계약에 미치는 영향은 원칙적으로 도산법정지법에 의할 사항이다. 준거법이 영국법인 차관계약상의 대주인 우리나라 은행이 파산한 경우 파산관재인은 파산법 제50조에 따라 선택권을 가진다고 판시한 대법원 2001. 12. 24. 선고 2001다30469 판결도 이를 따른 것이다.

나아가 서울중앙지방법원 2010. 1. 11.자 2009회확562 결정은 주목할 만

104) 우리 통합도산법 제119조(회생절차의 경우)와 제335조(파산의 경우)는 더 나아가 관리인에게 계약을 해제(해지)할 수 있는 선택권을 인정한다. 미국 파산법은 해지가 아니라 이행거절을 명시한다. 오수근, "도산법의 개정방향," BFL 제34호(2009. 3.), 19면 참조. 미이행쌍무계약의 처리를 둘러싼 문제점은 한민, "미이행쌍무계약에 관한 우리 도산법제의 개선방안," 선진상사법률연구 통권 제53호(2011. 1.), 57면 이하 참조.

105) 당초에는 도산관재인은 해제(또는 해지)할 수 있다고 적었으나 보다 정확히는 본문이 옳다.

106) Geimer(註 30), Rz. 3538; Schack(註 25), Rz. 1193.

107) Reithmann/Martiny/Hausmann, Rz. 2619.

하다. 이 사건에서 한국회사는 영국회사와 정기용선계약을 체결하여 선박을 인도받았고 그 준거법은 영국법이었다. 영국회사는 한국회사의 회생절차에 참가하여 회생채권을 신고하였고 이에 대해 관리인이 이의하자 회생채권조사확정의 소를 제기하였다. 신청인인 영국회사는, 채무자의 일련의 행위는 용선계약을 이행할 의사가 없음을 나타내는 것으로서 영국법상 이행거절에 해당하므로 채무자는 신청인에게 위 이행거절로 인한 손해를 배상할 책임이 있다는 취지로 주장하였다.[108] 이에 대해 법원은 회생절차 개시 후에 계약상대방이 계약의 준거법인 영국법을 근거로 하여 관리인의 계약불이행을 이유로 계약을 해지할 수 있는지 여부를 검토한 뒤 아래와 같이 설시하고 이를 부정하였다.[109]

> "회생절차에서 미이행쌍무계약의 이행 또는 해지의 선택은 도산전형적 법률효과를 가져오는 내용으로서 이에 관하여는 도산법정지법이 적용되어야 하는데, 미이행쌍무계약에 관하여 도산법정지법이 적용되는 범위는 채권자평등의 원칙 등에 비추어보면 단순히 관리인이 이행 또는 해지를 선택하는 경우뿐만 아니라 관리인의 위와 같은 선택권을 보장하기 위하여 계약상대방이 채무자의 채무불이행을 이유로 계약을 해지하거나 손해배상을 구하는 것을 제한하는 경우까지 포함한다. 그런데 한국법에 의하면 미이행쌍무계약의 운명은 관리인의 이행 또는 해지 선택권 행사에 관한 재량에 따르게 되어 있고, 그 계약상대방은 관리인이 계약의 이행을 선택하거나 계약의 해지권이 포기된 것으로 간주되기까지는 임의로 변제를 하는 등 계약을 이행하거나 관리인에게 계약의 이행을 청구할 수 없으므로(대법원 1992. 2. 28. 선고 91다30149 판결 참조) 계약상대방은 (계약해지권 자체가 개시 전에 발생한 경우를 제외하고는) 회생절차 개시 후에는 관리인이 이행 또는 해지를 선택할 때까지는 채무불이행을 이유로 계약해지를 하거나, 그 선택 시까지의 계약불이행을 이유로 손해배상을 구할 수는 없다고 할 것이다.
>
> 이 사건을 보건대, 설사 회생절차가 개시 후에 채무자가 미이행쌍무계약인 용선계약의 이행 또는 해지의 선택에 앞서 용선료를 지급하지 아니한 행

---

108) 정기용선계약은 용선자의 회생절차 개시신청을 계약해지사유로 규정하고 있지는 않았던 것으로 보인다.

109) 이와 비슷한 취지의 결정들과 판결들이 있다. 예컨대 서울중앙지방법원 2009. 12. 14.자 200회확559 결정 등.

위 등이 영국법상 이행거절에 해당한다고 할지라도 신청인이 상대방을 상대로 이를 이유로 손해배상을 구하는 것은 도산법정지법인 한국법에서 보장하고 있는 관리인의 미이행쌍무계약의 해지 또는 이행 선택권을 침해하는 것으로서 허용될 수 없다."

위 결정에 대해 신청인(영국회사)이 이의한 결과 서울중앙지방법원 2011. 5. 26. 선고 2010가합16910 판결은 채무자의 이행거절의 존재를 부정하였다. 사견으로는 만일 채무자에 대한 회생절차개시결정이 내려지기 이전에 채무자가 영국법상 이행거절에 해당하는 일련의 행위를 하였다면 위 결정이 내려지기 이전에 원고는 이 사건 정기용선계약을 해지할 수 있는 해지권을 취득하였다고 보아야 하고, 따라서 이 사건 회생절차개시결정 이후라도 원고는 해지권을 행사함으로써 채무자에 대하여 손해배상청구를 할 수 있어야 할 것이다. 계약의 준거법과 도산법정지법이 규율하는 사항의 경계획정과 상호작용은 좀더 검토할 필요가 있다. 물론 영국법상 이행거절의 법리도 정확히 파악해야 할 것이다.

참고로 서울중앙지법 2010. 7. 15. 선고 2010가합16071 판결은, 도산법정지법인 한국의 통합도산법이 적용된다고 하더라도 회생채무자인 삼선로직스의 관리인인 피고가 그 사건 정기용선계약의 해지를 선택한 것으로 인정된다면 이는 통합도산법 제119조 제1항에 저촉되지 않음과 동시에 영국법상 이행거절로 볼 수 있으므로, 그 사건 정기용선계약의 해지 선택 여부에 관한 준거법에 따라 그 사건의 결론이 좌우되지는 않는다고 하고, 그 사건에서 채무자의 직원으로부터 간접적으로 해지의사를 확인하고 피고가 법원에 해지의사를 표시한 이후에 피고에게 해지를 통보한 사정에 비추어 피고의 해지 또는 이행 선택권을 침해하지 않는다고 보고 따라서 원고는 그 사건 정기용선계약의 해제로 인한 손해배상에 관하여 회생채권자로서 권리를 행사할 수 있다고 판단하였다. 위 판결이 통합도산법 제119조 제1항을 적용한 것은 관리인이 용선계약을 해지하였음을 전제로 하는 것인데, 위 판결이 과연 그런 취지인지 아니면 원고가 영국법에 따라 용선계약을 해지한 것인지는 분명하지 않하다.

만일 용선계약에 용선자의 재산상태가 장래 악화될 때에 대비하여 지급정지, 회생절차의 개시신청, 회생절차의 개시와 같이 도산에 이르는 과정상의 일정한 사실이 그 회사에 발생하는 것을 당해 계약의 해지권의 발생원인으로 정하거나 또는 계약의 당연 해지사유로 정하는 특약, 이른바 '도산해지조항'(또는 '도산신청해지조항')이 있다면 그 조항이 유효한지에 따라 결론이 달라진다. 그 조항이 비록 영국법상 유효하더라도 우리 도산법상 효력이 없으면 우리나라에서는 그 조항은 효력이 없다. 참고로 정리회사 진로의 합작투자계약에 포함된 도산해지조항에 관하여 대법원 2007. 9. 6. 선고 2005다38263 판결은, "도산해지조항을 일률적으로 무효로 보는 것은 계약자유의 원칙을 심각하게 침해하는 결과를 낳을 수 있고, 상대방 당사자가 채권자의 입장에서 채무자의 도산으로 초래될 법적 불안정에 대비할 보호가치 있는 정당한 이익을 무시하는 것이 될 수 있으므로 무효라고 할 수는 없다고 하고, 다만 도산해지조항이 부인권의 대상이 되거나 공서양속에 위배되는 경우 예외를 인정할 수 있다"는 취지로 판시한 바 있다.[110)]

2. 매매계약

매매계약에 대하여는 일반원칙이 타당하다. 다만 소유권유보부매매의 경우 소유권유보의 측면에 관하여 EU도산규정은 특칙을 두고 있고, 독일 도산법은 EU도산규정만큼 명확하지는 않지만 동일한 결론을 도출한다. 그러나 부동산 매매계약에 대하여는 도산법정지법원칙이 아니라 부동산 소재지법이 적용된다. 이는 EU도산규정(제8조)과 독일 도산법(제336조 제1항)이 명시하기 때문이다.

---

110) 당해 사건에서 위 대법원 판결은, 도산해지조항이 문제된 합작투자계약은 본질적으로 조합계약에 해당하고, 계약당사자들로서는 상호 출자하여 회사를 설립함으로써 조합 구성에 관한 채무의 이행을 마쳤으며 그에 따라 계약에서 정한 바에 의하여 설립된 회사에 관한 의결권의 행사 또는 이사회의 구성 등을 위하여 서로 협조하여야 하는 의무 등이 남게 되었는바, 이러한 의무는 성립·이행·존속상 법률적·경제적으로 견련성을 갖고 있어서 서로 담보로서 기능한다고 할 수 없어 서로 대등한 대가관계에 있다고 보기 어려우므로 회사정리법 제103조가 적용된다고 할 수 없고, 또한 일반적인 재산상의 계약과는 달리 서로 간의 고도의 신뢰관계를 전제로 하므로 일방 당사자에게 지급정지 등의 사유가 발생하고 회사정리절차가 개시되어 장차 계약 당사자가 아닌 제3자인 관리인이 상대방으로 될 것으로 예상되는 경우에는 다른 당사자로서는 그로 인하여 초래될 상황에 대비할 정당한 이익을 갖는다고 보아야 할 것이며, 따라서 위와 같은 사유에 의한 도산해지조항을 약정한 경우에는 이를 무효라고 단정하기 어렵다고 판시하였다. 평석은 김성용, "도산조항의 효력," 사법 4호(사법발전재단, 2008. 6.), 215면 이하; 오수근, "도산해지조항의 유효성: 도산실효조항의 유효성," 판례실무연구 Ⅸ(2010), 439면 이하 참조.

가. EU도산규정(제8조)

도산절차가 부동산에 관한 미이행쌍무계약에 미치는 영향은 전적으로 부동산 소재지인 회원국의 법(제8조)에 의한다. 여기에는 부동산의 취득을 목적으로 하는 계약, 예컨대 매매계약이 포함된다.[111] 문면상 부동산 소재지법이 적용되는 것은 소재지가 회원국인 경우에 한한다.[112] 예외를 인정하는 것은, 채권자평등의 원칙보다 부동산 소재지법을 적용함으로써 달성할 수 있는 이익을 더 중시하는 것인데, 그 이유는, 모든 회원국들이 부동산 소재지국이 가지는 일반적인 이익을 고려하여 준거법과 국제재판관할의 결정 시 부동산 소재지를 기준으로 삼기 때문이다.[113] 즉 부동산에 대한 특별한 취급을 국제도산에까지 확대한 것이다.

나. 독일 도산법(제336조)

독일 도산법(제336조)은 “부동산에 대한 물권 또는 부동산에 대한 용익권에 관한 계약에 대한 도산절차의 효력은 그 부동산이 소재하는 국가의 법에 따른다. …”고 규정한다. 독일에서는 도산법이 명시의 규정을 두기 전에는 부동산매매계약의 경우 부동산 소재지법이 아니라 도산법정지법을 적용하는 견해가 다수설이었다.[114]

다. 우리 법의 해석론의 방향

우리 법의 해석론상 부동산 매매계약의 경우 도산법정지법원칙에 대한 예외로서 부동산 소재지법을 적용할 수 있는지가 문제되나, 명문의 규정이 없으므로 긍정설과 부정설이 나뉠 수 있을 것으로 본다. 이는 양면적 저촉규정의 문제이다.

---

111) 보고서, para. 119.

112) 부동산이 비회원국에 소재하는 경우 EU도산규정의 반대해석으로 도산법정지법이 적용되는 것은 아니고 회원국은 적절하다고 판단하는 법을 적용할 수 있다고 한다. 보고서, para. 93.

113) 보고서, para. 118.

114) Trunk(註 23), S. 176; Gottwald(註 16), §129 Rz. 39.

3. 부동산 임대차계약

가. EU도산규정

위에서 본 바와 같이 도산절차가 부동산에 관한 쌍방미이행 쌍무계약에 미치는 영향은 전적으로 부동산 소재지인 회원국의 법(제8조)에 의한다. 부동산에 관한 계약에는 임대차계약이 포함된다.[115] 이는, 채권자평등의 원칙보다 부동산 소재지법을 적용함으로써 달성할 수 있는 이익을 더 중시하는 것인데, 그 이유는 부동산에 관하여는 모든 회원국들이, 예컨대 임차인과 같은 당사자의 이익과, 부동산 소재지국이 보호하는 일반적인 이익을 고려하여 준거법의 결정과 국제재판관할에서 특칙을 두고 있기 때문이다.[116]

나. 독일 도산법

위에서 본 독일 도산법(제336조)에서 말하는 "부동산에 대한 물권 또는 부동산에 대한 용익권에 관한 계약"에는 부동산 임대차계약이 포함된다. 독일 도산법은 EU도산규정과 달리 '전적으로'라는 표현은 포함하지 않으나 동일한 해석이 유력하다.[117]

다. 우리 법의 해석론의 방향

우리 법의 해석론상으로도 부동산임대차계약의 경우 도산법정지법원칙을 고집할 것이 아니라 부동산 소재지법의 준거법에 특별연결할 필요성이 있고, 해석론으로서도 이를 도입할 수 있다. 이는 임차인의 보호를 위한 것이다.[118] 통합도산법(제124조와 제340조)은 임대인의 회생절차 개시 시 또는 파산선고 시 임차인을 보호하기 위한 특칙을 둔다.

4. 근로계약

가. EU도산규정

도산절차가 쌍방미이행 쌍무계약인 근로계약에 미치는 영향은 전적으로

115) 보고서, para. 119.
116) 보고서, para. 118.
117) Gottwald(註 84), §131 Rz. 49; Stephan in HK-InsO, 3. Auflage (2003), §340 Rn. 8.
118) 河野俊行(註 20), 153면도 동지.

당해 계약의 준거법인 회원국의 법에 의한다(제10조). 유럽연합의 경우 근로계약의 준거법은 1980년 "계약채무의 준거법에 관한 협약"(이른바 로마협약)에 의하여 결정되는데, 로마협약은 근로자를 보호하기 위한 연결원칙을 두고 있다.[119] 제10조가 규율하는 사항은 예컨대 도산절차에 의한 근로계약의 종료와 같이 도산절차가 근로계약에 미치는 영향에 한하고, 그 밖의 논점, 예컨대 근로자의 임금채권이 우선권에 의해 보호되는지 여부, 보호의 범위와 그의 순위, 임금채권의 신고, 조사 및 확정 등은 도산법정지법에 의한다.[120] 제10조를 둔 것은, 외국도산절차가 개시된 경우 근로계약의 준거법, 따라서 근로자가 친숙한 법을 적용함으로써 근로자를 보호하기 위한 것이다.[121] 이를 통하여 근로자는 사용자의 도산절차가 근로자의 직장에 미치는 영향을 알 수 있는데, 이러한 투명성은 도산법적 효력이 근로계약에 미치는 영향을 근로계약의 준거법에 따르도록 할 때 가장 잘 보장될 수 있다는 것이다.[122] 여기의 근로계약의 준거법은 그 국가의 도산법을 포함한다.[123]

나. 독일 도산법

독일 도산법(제337조)은 "근로관계에 대한 도산절차의 효력은 민법시행법에 따라 근로관계에 적용되는 법에 따른다"고 규정한다. 이는 EU도산규정(제10조)과 유사하다. 독일 도산법은 EU도산규정과 달리 '전적으로'라는 표현은 포함하지 않는다.

---

119) 따라서 근로자의 보호라는 실질법적 가치가 국제사법과 倒産國際私法의 영역으로 도입된 것이다. 로마협약에 관하여는 석광현, "계약상 채무의 준거법에 관한 유럽공동체 협약(로마협약)," 국제사법과 국제소송 제1권(2001), 53면 이하 참조. 로마협약은 그 후 로마규정(또는 로마Ⅰ규정), 즉 "계약채무의 준거법에 관한 2008. 6. 17. 유럽의회 및 유럽이사회의 (EC) No 593/2008 규정"에 의하여 대체되었다. 로마Ⅰ규정은 2009. 12. 17. 발효되었다(덴마크 제외).

120) 보고서, paras. 125, 128; Fletcher(註 53), p. 43-37.

121) Reithmann/Martiny/Hausmann, Rz. 2622.

122) Reithmann/Martiny/Hausmann, Rz. 2622; 보고서, para. 125. 이에 대하여는 근로계약의 준거법을 통한 우회적 접근보다 노무제공지법을 준거법으로 규정하는 편이 더 낫다는 의견도 있었지만(Schack(註 25), Rz. 1195), 그렇게 할 경우 도산법정지법과 근로계약의 준거법도 아닌 제3의 법이 준거법이 된다는 비판이 있어 독일 도산법도 이를 채택하지 않았다고 한다.

123) 보고서, para. 125.

다. 우리 법의 해석론의 방향

문제는 우리 법의 해석론상 근로계약의 경우 도산법정지법원칙에 대한 예외의 인정 여부인데, 그 경우 도산법정지법원칙을 고집할 것이 아니라 근로계약의 준거법에 특별연결할 필요성을 충분히 수긍할 수 있고, 해석론으로서도 도입할 수 있다고 본다. 과거 섭외사법 하에서라면 이런 결론의 도출은 어려웠겠지만, 근로계약의 준거법에 관한 특칙(제28조)을 도입함으로써 사회·경제적 약자인 근로자의 보호라는 실질법적 가치를 도입한 국제사법 하에서는 가능하다고 본다. 통합도산법에 따르면 근로계약에도 원칙적으로 미이행쌍무계약에 관한 제119조(회생의 경우)와 제335조(파산의 경우)가 적용되나, 단체협약에 관한 특칙(제119조 제4항)이 있고, 민법 제663조[124]에도 특칙이 있다. 민법의 조항은 근로계약의 준거법이 한국법인 경우 또는 국제사법(제28조)에 의하여 준거법에도 불구하고 한국법이 적용되는 경우에 적용된다고 보아야 할 것이다.

5. 지급제도와 금융시장(제9조)

가. EU도산규정

지급(또는 결제)제도 또는 금융시장의 당사자의 권리 및 의무에 대한 도산절차의 효력은 전적으로 그 제도 또는 시장에 적용되는 회원국의 법에 의한다(제9조 제1항). 그렇지 않으면 지급(또는 결제)제도와 금융시장이 제대로 기능을 발휘할 수 없기 때문이다. 즉, 제9조는 지급(또는 결제)제도 또는 금융시장 당사자의 권리 및 의무에 대한 도산절차의 효력의 준거법을 그 제도 또는 시장지법으로 고정함으로써 지급(또는 결제)제도 등에 대한 일반의 신뢰를 보호하고, 그의 원활한 운용과 안전을 보장하기 위한 것으로 특별한 저촉규범이다.[125] 또한 그렇게 함으로써 그 제도 또는 시장의 어느 참가자의 도산 시 도산법정지법을 적용할 경우 발생할 수 있는 제도 또는 시장

124) 그에 따르면 사용자가 파산선고를 받은 때에는 노무자와 파산관재인은 계약을 해지할 수 있다.

125) 보고서, para. 120. 제9조는 EU의 1998년 "지급 및 증권결제제도에서의 결제최종성에 관한 지침"(Directive on Settlement Finality in Payment and Securities Settlement Systems) (98/26/EC) 제8조와 유사하다.

의 메커니즘의 변경을 피하기 위한 것이다.[126)]

이러한 제도는 계약의 일괄정산(closing-out. 또는 일괄청산)과 네팅(netting)을 포함하고, 담보가 당해 회원국에 소재하는 경우 담보의 환가를 포함한다.[127)] EU도산규정(제5조)에 따르면 도산절차는 절차 개시 당시 도산절차개시국 이외의 회원국에 있는 채무자의 자산에 대한 제3자의 물권에 영향을 미치지 않는데, 제9조 제1항은 제5조가 제9조에 의하여 영향을 받지 않음을 명시한다.

EU도산규정은 금융시장을 정의하지 않으나, 이는 금융수단(financial instrument), 기타 금융자산 또는 상품선물(commodity futures) 및 상품옵션 등이 거래되는 회원국의 시장을 말하는 것으로, 규칙적인 거래, 운영 및 접근의 조건을 가지는 점과, 감독당국의 적절한 감독을 받으며 회원국의 법에 의해 규율되는 점에 특색이 있는 것으로 이해되고 있다.[128)]

제1항은 당해 지급(또는 결제)제도 또는 금융시장에 적용되는 법에 따른 사해행위의 무효, 부인 또는 상대적 무효를 배제하지 않는다(제9조 제2항). 따라서 제5조 제4항, 제6조 제2항 및 제7조 제3항의 경우와 달리, 그러한 제도 또는 시장에서 이루어진 사해행위의 부인권에 관하여 도산법정지법이 적용되는 것이 아니라 지급제도 또는 금융시장의 준거법이 적용된다. 그만큼 지급제도 또는 금융시장법에의 특별연결의 강도가 강하다. 이 경우에는 제13조에 따른 항변의 주장도 배제된다.[129)] 왜냐하면 제13조가 적용되기 위하여는 그 전제로서 제4조 제2항 m호가 적용되어야 하는데, 이 경우는 그러한 전제가 성립하지 않기 때문이다.[130)]

나. 독일 도산법

독일 도산법도 EU도산규정(제9조)과 유사한 취지의 특별한 연결규범을 두고 있다.[131)] 즉, 제340조 제1항은 "증권거래법(Wertpapierhandelsgesetz)

126) MünchKommBGB/Kindler, IntInsR, Rn. 325.

127) 보고서, para. 120.

128) 보고서, para. 120. 지급 및 결제제도의 정의는 최종성지침(제2조)의 정의를 따를 것이라고 한다. MünchKommBGB/Kindler, IntInsR, Rn. 327.

129) MünchKommBGB/Kindler, IntInsR, Rn. 334.

130) 지급제도 또는 금융시장에 참가하는 자는 보험회사 또는 여신기관 등인데, 그에 대하여는 도산규정이 적용되지 않으므로(EU도산규정 제1조 제2항), 제9조의 실제 효용은 제한적이다.

131) MünchKommBGB/Kindler, IntInsR, Rn. 982.

제2조 제5항에 따른 '조직된 시장'에 참가하는 자들의 권리와 의무에 대하여 도산절차가 미치는 효력은 당해 시장에 적용되는 국가의 법에 따른다"고 규정한다. 따라서 위 사항에 대하여는 도산법정지법원칙이 아니라 시장지법이 적용된다. 또한 "상법 제340b조의 환매조건부매매(Pensionsgeschäft) 및 경개계약(Schuldumwandlungsverträge) 및 상계계약(Aufrechnungsvereinbarung)에 대하여 도산절차가 미치는 효력은 이들 계약을 규율하는 국가의 법에 따른다"(제340조 2항).[132] 제2항의 상계계약 등의 준거법이 준거법 소속국의 일반법(예컨대 민·상법)인지, 아니면 도산법을 포함하는지, 나아가 제2항이 저촉규범인지 실질규범인지는 논란이 있다. 당사자가 계약의 준거법으로 선택한 국가의 도산법이 그 계약의 준거법이 된다는 저촉규범설이 다수설인데, 그에 의하면 당사자들은 적용될 도산법을 선택할 수 있게 된다.[133] 제340조 제2항은, 도산절차에서 환매계약과 네팅계약의 효력은 그의 준거법에 의하도록 규정하는 금융기관의 회생 및 청산에 관한 EU지침[134](제26조와 제25조)을 따른 것이다. 여기에서 경개계약과 상계계약은 전적으로 네팅계약을 의미한다고 한다.[135]

다. 우리 법의 해석론의 방향

과거 우리나라 지급(또는 청산)결제제도의 참가자의 도산절차가 개시된 경우의 처리에 관하여 실질규범이 없었다. 그러나 통합도산법(제120조 제1항)에 따르면, … 지급결제제도의 참가자에 대하여 회생절차가 개시된 경우, 그 참가자에 관련된 이체지시 또는 지급 및 이와 관련된 이행, 정산, 차감, 증거금 등 담보의 제공·처분·충당 그 밖의 결제에 관하여는 통합도산법의 규정에 불구하고 그 지급결제제도를 운영하는 자가 정한 바에 따라 효력이 발생하며 해제, 해지, 취소 및 부인의 대상이 되지 아니한다. 또한 제120조 제2항은 청산결제제도의 참가자에 관하여 유사한 조문을 둠으로써 청산결제제도의 완결성을 보장하고자 한다. 통합도산법(제336조)은 제120조를 파산에

---

132) 한편 결제제도에 참가하는 회원들에 대하여는 제340조 제1항이 준용된다(제340조 제3항).

133) 예컨대 Stephan in HK-InsO, §340 Rn. 5.

134) 이는 'Directive 2001/24/EC of the European Parliament and of the Council of 4 April 2001 on the reorganisation and winding up of credit institutions'을 말한다.

135) Braun/Liersch, §351 Rz. 3, 4; Gottwald(註 84), §131 Rz. 64.

도 준용한다.

그러나 우리나라에는 EU도산규정(제9조)과 같은 규정이 없으므로 예컨대 우리나라의 지급결제제도에 참가하는 외국회사가 외국법원에서 파산선고를 받은 경우 도산국제사법의 문제가 제기된다. 생각건대 비록 명문의 규정은 없지만, EU도산규정(제9조)과 같이 지급결제제도에 참가하는 당사자의 권리 및 의무에 대한 도산절차의 효력은 전적으로, 지급결제제도에 적용되는 우리 법에 의한다고 본다.[136] 그렇지 않으면 지급결제제도 자체의 운영이 불가능하기 때문이다.[137]

통합도산법에는 독일 도산법(제340조 제2항)에 상응하는 조항도 없다. 그러나 도산법정지법이 우리 법인 때에는 장외파생금융거래 등 기본계약에 근거하여 제120조 제3항이 정한 적격금융거래의 종료 및 정산은 통합도산법에 불구하고 기본계약에서 정한 바에 따라 효력이 발생하고 해제, 해지, 취소 및 부인의 대상이 되지 아니한다. 기본계약의 효력은 기본계약 자체와 그의 준거법인 외국법(예컨대 영국법 또는 뉴욕주법)에 의하여 결정될 사항이다.[138]

Ⅵ. 상계(제6조)

1. EU도산규정

상계의 허용 여부는 도산법정지법에 따를 사항이다(제4조 제2항 d호).

---

136) 김이수, "證券去來 淸算시스템에서 淸算會員 破産의 法律關係에 관한 考察," 상사판례연구 제20집 제4권(2007), 110, 117면은 도산국제사법의 원칙으로 도산법정지법원칙을 취하면서, 동 원칙이 지급결제제도에까지 적용되는 것을 막고자 통합도산법상 외국도산절차의 승인거부사유인 공서양속 위반을 근거로 그 적용을 배제한다. 그러나 이 경우 해석론으로서 지급결제제도에 적용되는 우리 법에 의한다고 보는 것이 적절하지, 도산법정지법원칙을 고집하고, 그에 대한 모든 예외를 공서위반으로 볼 것은 아니다. 더욱이 준거법의 문제를 외국도산절차의 승인거부사유인 공서위반으로 설명할 것은 아니다. 공서를 적용하자면 그 근거는 국제사법 제10조를 드는 편이 낫다. 다만 규정을 두자는 김이수 교수의 제안은 입법론으로서 고려할 필요가 있다.

137) 다만 통합도산법의 미비점은 개선해야 할 것인데, 이는 도산국제사법의 문제는 아니고 실질법의 문제이다.

138) 제120조 제3항은 적격금융거래의 당사자인 한국 기업의 도산절차가 한국에서 개시된 경우를 상정한 것이다. 제120조 제3항은 실질법적 접근을 하는 데 반하여, 독일 도산법(제340조 제2항)은 저촉법적 접근을 하는 점은 흥미롭다.

따라서 도산법정지법상 상계가 허용되지 않으면 상계는 불가능하다. 그러나, 채무자가 채권자에 대해 가지는 채권(즉, 채권자의 관점에서 수동채권)의 준거법에 따라 상계가 허용되는 경우 도산절차에도 불구하고 채권자는 상계할 수 있다(EU규정 제6조 제1항).[139] 제6조의 근거는, 상계의 준거법과 상계를 할 수 있는 지위에 대한 채권자의 신뢰를 보호하는 데 있다.[140] 제6조가 적용되기 위하여는 도산절차 개시 전에 양 당사자의 채권이 발생하였어야 하고, 채권자가 상계할 수 있는 상태, 즉 상계적상에 있어야 한다.[141] 제6조가 규율하는 것은 국제도산에서의 상계의 허용 여부이고, 도산 외에서의 상계적상의 존부는 통상의 상계의 준거법에 따른다.[142]

제6조 제1항에서 '채무자가 채권자에 대하여 가지는 채권의 준거법'이 일반법(즉 실체법)상의 상계의 준거법만인지, 그 국가의 도산법의 제한도 고려해야 하는지에 관하여는 견해가 나뉜다. 전자를 따르면 준거법 소속국의 도산법의 제한에도 불구하고 상계가 가능하여 채권자를 과도하게 보호하는 것이 되어 부당하고, 제6조 제1항도 채무자의 "채권의 준거법"이라고 하므로 도산법도 포함된다는 견해가 독일의 다수설이고 타당하다.[143] 결국 상계는 도산법정지법과 상계의 준거법(다만 이에는 일반법과 도산법이 포함된다) 중 상계에 더 호의적인 법에 의하여 가능하다.

종래 각국의 국제사법상 도산 외에서 상계의 준거법에 관하여는 견해가 나뉘고 있으나, EU도산규정은 도산절차 내에서는 누적적용을 배제하고, 채권자의 관점에서 볼 때 수동채권의 준거법에 따른다고 규정하는 것이다.[144]

139) 제4조에서 도산법정지법원칙을 규정하고, 제6조 제1항에서 통상적인 상계의 준거법에 의한 채권자의 상계권은 도산절차의 개시에 의하여 영향을 받지 않는다고 규정하는 점에서 제6조 제1항의 규정방식은 제5조와 동일하다. 보고서, para. 107. 제6조의 성질에 관하여는, 도산법정지법과 상계의 준거법에 선택적으로 연결한다는 견해, 실질규범(도산법정지법이 허용하면 상계할 수 있다는 점)과 저촉규범(도산법정지법이 불허하면 보충적으로 상계의 준거법을 적용하는 점)을 결합한 것이라는 견해와, 실질규범으로 보는 견해 등이 있다. MünchKommBGB/Kindler, IntInsR, Rn. 288.

140) 보고서, paras. 107, 109.

141) 보고서, para. 110; MünchKommBGB/Kindler, IntInsR, Rn. 285.

142) Stephan in HK-InsO, §339 Rn. 5

143) 보고서, para. 109도 '도산상계(insolvency set-off)를 위한 조건에 따라 허용되는 것'이라고 설명한다. Reithmann/Martiny/Hausmann, Rz. 2626, Chrisoph Jeremias, Internationale Insolvenzaufrechnung (2005), S. 259도 동지. 독일의 학설은 위 Jeremias, S. 259, Fn. 1455 참조.

144) 보고서, paras. 108-109. 2009년 12월 발효된 로마 I 규정(제17조)은 수동채권 준거법설을 채택하고 있다.

EU도산규정이 적용되기 위하여 수동채권의 준거법이 회원국법이어야 한다.[145]

제6조는 자동채권과 수동채권이 도산절차 개시 전에 발생한 경우에 적용되고, '상계계약'은 로마협약(지금은 로마 I 규정)에 의해 결정되는 당해 계약의 준거법에 의할 사항이지 제6조가 규율하는 사항이 아니다.[146] 상계가 예외적으로 허용되는 경우에도 부인권에 관한 조문(제4조 제2항 m호)의 적용은 배제되지 않는다(제6조 제2항).

2. 독일 도산법

독일 도산법(제338조)은 "도산절차 개시 당시에 도산채권자가 채무자의 채권의 준거법에 따라 상계할 수 있는 경우에는, 도산채권자의 상계할 수 있는 권리는 도산절차의 개시에 의하여 영향을 받지 아니한다"고 규정한다. 그 취지는 EU도산규정(제6조)과 유사하다.

3. 우리 법의 해석론의 방향

우리 법의 해석론으로도 상계의 허용 여부는 도산법정지법에 따를 사항이므로, 도산법정지법상 상계가 허용되지 않으면 상계는 불가능하다. 그러나, 도산절차 개시 당시에 도산채무자가 상계의 준거법(일반법과 도산법을 포함)에 따라 이미 상계적상에 있었다면, 채권자의 기대를 보호하기 위하여 도산절차에도 불구하고 상계를 허용해야 한다는 견해가 가능하다.[147] 이는 EU도산규정 및 독일 도산법과 같지만, 통상적인 상계의 준거법(즉 상계의 성립 및 효력)에 관하여 우리나라에서는 누적설이 유력하므로[148] 그 점은 다를 수

145) 보고서, para 93. 그러나 이에 반대하는 소수설도 있다.

146) 보고서, para. 110.

147) 다만 그 경우에도 부인권의 준거법에 따른 부인권의 행사를 제한하지 않는다고 본다.

148) 신창선(註 83), 316면; 김연·박정기·김인유, 국제사법 제2판(2006), 333면; 임치용, "채권양도 및 상계의 준거법—외국파산절차의 국내적 효력과 관련하여," 진산 김문환총장 정년기념논문집 제1권: 국제관계법의 새로운 지평(2011), 363면 이하. 그러나 우리나라에서도 근자에는 수동채권 준거법설을 취하는 견해(박영복, "매매협약(CISG) 적용 사안에 있어서의 상계," 국제거래법연구 제29집 제1호(2010), 138면)와 수동채권의 준거법이 원칙적으로 상계의 준거법이 되고, 예외적으로 채무자가 채무의 존속에 대하여 이익을 갖고 있다는 점에 대하여 주장·입증에 성공한다면 자동채권과 수동채권의 준거법이 중첩적으로 적용된다는 견해(이헌묵, "국제적 상계에 대한 준거법," 국제거래법연구 제18집 제1호(2009),

있다. 그러나, 명문의 근거 없이 해석론으로 EU도산규정이나 독일 도산법과 같은 결론을 도출할 수 있는지는 논란의 여지가 있다. 상계의 담보적 기능을 고려하면 담보권에서와 같은 예외적 취급을 할 필요가 있다는 주장도 가능하지만, 채권자평등의 원칙을 깨뜨리는 것이 정당화될 수 있는지는 논란의 여지가 있다. 실제로 명문 규정이 없던 과거 독일의 통설·판례는 도산법정지법원칙을 따랐고,[149] 채권자를 두텁게 보호하는 독일 도산법에 대하여는 입법론적 비판이 있다.[150] 어느 견해를 따르든 위에서 본 것처럼 상계가 성립하기 위한 요건, 즉 양 채권이 상계적상에 있어야 하고 상계의 의사표시가 있어야 한다는 점과 상계의 효력 등은 통상적인 상계의 준거법에 따를 사항이다. 근자의 하급심 판결(서울중앙지법 2012. 2. 2. 선고 2011가합4761 판결)에서는 상계의 준거법이 다투어진 것으로 보인다.

Ⅶ. 부인권(제13조)

1. EU도산규정

사해행위의 처리에 관한 EU국가들의 법제는 매우 다양한데,[151] 사해행위의 부인에 관하여는 원칙적으로 도산법정지법이 적용된다(제4조 제2항 m호). 따라서 부인권을 행사하기 위한 요건, 방법과 효과는 모두 도산법정지법에 의하여 규율된다.[152]

138면)도 있다.

149) 판례는 1985. 7. 11. 연방대법원 판결(BGHZ 95, 256 (273)), 학설은 Trunk(註 23), S. 180f. 참조. 즉, 위 판결은 도산절차에서 상계의 실체법적 유효성과 효력은 상계의 준거법에 따르는 데 반하여, 상계의 허용성(또는 적법성. Zulässigkeit)은 도산법정지법에 따른다는 견해를 취하였고 다수설도 이를 지지하였다. Gottwald(註 16), §129 Rz. 55; Jeremias(註 143), S. 275f. 참조.

150) Braun/Liersch, §338 Rz. 6. 참고로 河野俊行(註 20), 153-154면은 도산법정지법원칙을 충실하게 따르는데 이것이 일본의 통설로 보인다. 한민, "국제금융과 국제도산법에 관한 소고1—실무상의 문제점 분석을 중심으로," BFL 제27호(2008. 1.), 109면도 동지. 그에 따르면 우리 도산절차에서 채권자가 상계를 하기 위하여는 상계의 준거법상 상계가 가능해야 하고 우리 통합도산법상으로도 상계가 허용되어야 한다. 이는 위에 언급한 독일연방대법원의 1985. 7. 11. 판결과 같은 태도이다.

151) 입법례는 Manfred Balz, "The European Uniform Convention on Insolvency Proceedings," 70 Am. Bankr. L.J. 485, 511 (1996) 참조.

그러나, EU도산규정(제13조)은 일종의 타협으로서, 그 행위로 인하여 이득을 얻은 자가, 사해행위인가의 여부가 문제되는 당해 행위(예컨대 계약)의 준거법이 도산법정지법 이외의 회원국의 법이고, 또한 그 준거법이 관련 사안에서 그러한 행위에 대해 어떠한 이의수단도 허용하지 않음을 증명하는 경우에는 제4조 제2항 m호의 적용을 배제한다. 어떠한 이의수단도 허용하지 않는다는 것은 그 준거법 소속국의 도산법과 일반법(예컨대 민·상법) 양자의 어느 것에 의하여도 부인하거나 효력을 다툴 수 없음을 의미한다.153) 제13조는 도산법정지법에 의한 무효에 대해 'veto'의 효력(즉, 거부하는 효력)만을 부여하는 것이므로, 요건과 효과의 점에서 양법을 누적적으로 적용하는 중첩설과는 다른데, 제13조의 규정방식이 더 적용하기 쉽다.154) 이처럼 제13조는 통상적인 준거법에 따라 유효한 행위를 신뢰한 제3자의 정당한 기대를 보호하므로 이는 도산절차 개시 전에 행해진 행위에 한하여 적용되고 도산절차 개시 후의 행위에는 적용되지 않는다.155)

그러나 EU도산규정에 대하여는 많은 비판이 있다. 특히 제3자가 특정한 저촉규범에 대하여 신뢰를 가지는 것은 드문 일이고, 이런 방식의 도산법과 효력준거법의 결합은 규범의 충돌을 초래하여 결국 관재인의 부인가능성을 지나치게 제한할 것이라는 비판이 있다.156)

2. 독일 도산법

독일 도산법(제339조)은 "도산절차개시국의 법에 따른 부인권의 요건이 구비된 경우에는 그 법적 행위는 부인될 수 있다. 다만 도산 상대방이 그 법적 행위에 대하여 다른 국가의 법이 준거법이고 그 법에 따르면 어떤 방법으로도 다툴 수 없는 경우에는 그러하지 아니하다"고 규정한다. 이는 EU도산규정(제13조)을 그대로 따른 것이다.157) 관재인의 제소권한, 제소기간, 반환의 방법과 도산재단으로부터의 반대급부의 반환 등 절차법적인 측면은 도

---

152) 보고서, para. 135.
153) 보고서, para. 137. MünchKommBGB/Kindler, IntInsR, Rn. 377.
154) 보고서, para. 136.
155) 보고서, para. 138.
156) Reithmann/Martiny/Hausmann, Rz. 2633.
157) 과거 도산법시행법(EGInsO) 제102조 제2항은 누적적용을 명시하였다.

산법정지법에 따르고, 상대방에 대한 도산관재인의 반환청구권의 행사는 그 권리의 준거법에 따른다.[158] 그러나 독일에는 입법론으로서 누적적용에 반대하고 양자에 선택적 연결을 함으로써 채권자의 보호를 위하여 부인권의 행사를 용이하게 해야 한다는 견해[159]도 있다.

3. 우리 법의 해석론의 방향

우리나라에서 도산절차가 개시된 경우를 보면, 우리 법의 해석론으로도 부인권은 원칙적으로 도산법정지법에 따를 사항이지만, 제3자의 신뢰를 어떻게 보호할지는 논란의 여지가 있고, 또한 외국에서 이를 어떻게 받아들일지도 검토해야 할 것이다.

한편 외국도산절차의 승인에 관하여 보면, 위에서 본 것처럼 모델법은 승인의 결과 외국도산대표자에게 입법국법에 따라 채권자를 해하는 행위를 부인할 수 있는 당사자적격을 인정하는 규정(제23조)만을 두고 준거법은 규정하지 않는다. 통합도산법도 부인권의 준거법을 규정하지 않음은 물론 모델법 제23조 제1항에 상응하는 규정도 두지 않으므로 문제의 해결이 더욱 어렵다. 만일 외국도산절차가 한국에서 승인되고, 외국도산관재인이 국제도산관리인으로 선임되어 한국에서 부인권을 행사할 수 있다면[160] 그의 준거법이 문제된다. 그 경우 과거 독일에서처럼 도산법정지법을 적용하는 견해, 도산법정지법 및 사해행위라고 주장된 문제의 행위의 준거법[161]을 중첩적으로 적용하는 견해와, EU도산규정이나 독일 도산법처럼 문제된 행위의 준거법에 Veto 권한을 긍정하는 견해 등이 주장될 수 있을 것이다.[162]

도산법상의 부인권은 민법의 채권자취소권과 연원이 같은데,[163] 채권자

---

158) Reithmann/Martiny/Hausmann, Rz. 2633.

159) Sebastian Zeeck, Das internatinale Anfechtungsrecht in der Insolvenz (2003), S. 71ff.

160) 이 요건이 필요함은 석광현(註 4), 378면에서 밝힌 바와 같다.

161) 사해행위의 준거법은 그 준거법 소속국의 일반법과 도산법을 포함한다고 본다.

162) 이에 관하여는 우선 Geimer(註 30), Rz. 3555ff. 참조. Trunk(註 23), S. 186ff.는 도산법정지법을 원칙으로 하면서, 개별적인 검토를 통하여 그에 대한 예외를 인정하는 접근방법을 취한다. 예컨대 사해행위가 부동산 기타 등록을 필요로 하는 재산에 관한 행위인 경우 신뢰보호를 위해 소재지 기타 등록지법을 적용하고, 회사에 대한 출자인 경우 회사의 속인법을 적용한다. 이 점은 河野俊行(註 20), 154면도 동일하다. Trunk가 더 포괄적인 설명을 하고 있다.

취소권의 준거법에 관하여 우리나라에서는, 채권자와 채무자의 이익뿐만 아니라 거래의 안전도 함께 고려할 필요가 있다는 이유로 채권의 준거법과 사해행위의 준거법을 누적적용하는 견해가 유력하다.[164] 독일에서는 채권자취소권의 준거법은 사해행위의 준거법에 따르므로[165] 부인권에 대하여도 도산법정지법과 사해행위의 준거법만을 문제삼으나, 우리 법의 해석론으로는 사해행위의 준거법에 추가하여 채권 자체의 준거법도 누적적용해야 한다는 견해도 가능하다.[166]

이상은 지원절차에서 외국도산관재인이 부인권을 행사하는 경우의 준거법에 관한 논의이나,[167] 병행도산절차에서도 부인권의 준거법이 문제된다. 그 경우에도 기본적으로 도산법정지법이 타당하나, 위에서 본 바와 같이 문제된 행위의 준거법과 채권 자체의 준거법을 누적적용하는 견해가 주장될 수 있다. Maxwell Communication 사건[168]에서 미국 제2순회구 연방항소법원은, 도산법정지법인 미국법을 적용하는 대신 병행절차가 진행중인 영국법이 사안과 가장 밀접한 관련이 있고 결과에 대해 더 강한 이해관계를 가진다는 이유로 전통 국제사법원칙에 따라 영국법을 부인권의 준거법이라고 보았는데[169] 이러한 유연한 처리의 가능성도 검토할 필요가 있다.

---

163) 임채웅, "倒産法上 否認權의 行使對象에 關한 硏究," 서울대학교 대학원 법학박사학위논문(2007. 3.), 3.

164) 신창선(註 83), 311면; 김연·박정기, 김인유(註 148), 329면.

165) 독일에서는 과거 견해가 나뉘었으나 1999. 9. 1. 개정된 채권자취소권법(AnfG) 제19조의 결과 사해행위의 효력의 준거법에 따른다고 한다. Schack(註 25), Rz. 1097f.

166) 일본에는 부인권을 채권자취소권으로 성질결정하여, 부인권의 준거법을 채권자취소권의 준거법과 동일하게 보는 견해도 있는데, 다만 그 국가의 평시용의 법(예컨대 민법)이 아니라 도산시용의 법(예컨대 파산법)이라고 한다. 河野俊行(註 20), 154면과 158면 註 36에 소개된 학설 참조. 이것이 도산법정지법을 배제하는 취지라면 찬성할 수 없다.

167) 물론 반대의 경우, 즉 우리 도산절차의 관재인이 외국에서 부인권을 행사하는 경우에도 동일한 연결원칙이 적용되어야 할 것이다.

168) 93 F.3d. 1036 (2d Cir. 1996).

169) 사안은 다음과 같다. 영국에서 채권자들이 파산신청을 하자 영국의 채무자인 Maxwell Communication Corp.는 미국에서 파산신청을 하여 파산절차가 개시되었고 영국에서도 병행절차가 개시되었다. 회사의 자산은 대부분 미국에 있었으나 영업활동은 주로 영국에서 이루어졌다. 채무자는 절차 개시 전에 영국과 프랑스 은행에 대한 채무를 변제하기 위하여 두 개의 미국 자회사를 매각하고 그 대금을 영국은행 계좌에 송금하였다. 미국 파산법(제547조)상으로는 관리인은 변제행위를 부인할 수 있었는데, 미국에서 이른바 debtor in possession 형태로 관리처분권을 가지고 있던 채무자는 영국과 프랑스 은행을 상대로 미국 파산법(제547조)의 부인의 소를 제기하였으나, 미국 제2순회법원은 영국법이 사안과 가장 밀접한 관련이 있고 결과에 대해 더 강력한 이해관계를 가진다는 이유로 부인권의 준거법은 영국도산법(제239조)이라고 판단하였다. *In re Maxwell Communication Corp.*, 93

Ⅷ. EU도산규정의 기타조항, 공서와 반정

1. 계속중인 소송에의 효력(제15조)

가. EU도산규정

채무자가 관리처분권을 상실한 자산 또는 권리에 관하여 계속중인 소송에 대한 도산절차의 효력은 전적으로 소송절차의 법정지법에 의한다(제15조). 이는 절차와 관련된 사항이기 때문이다. 따라서 소송절차의 중지 또는 도산관재인에 의한 참가, 중단 또는 수계 등은 소송절차의 법정지법에 의한다. EU도산규정은 이처럼 계속중인 소송과, 채권자들의 개별집행절차를 구별하여 달리 취급하는데, 후자는 도산법정지법에 의한다(제4조 제2항 f호).[170)]

나. 독일 도산법

독일 도산법에는 EU도산규정(제15조)에 상응하는 저촉규정은 없지만 이는 절차적인 사항으로서 법정지법에 의할 사항이므로 결론은 동일하다.[171)]

다. 우리 법의 해석론의 방향

우리 법의 해석론으로도 채무자가 관리처분권을 상실한 자산 또는 권리에 관하여 계속중인 소송에 대한 도산절차의 효력은 전적으로 소송절차의 법

F.3d. 1036 (2d Cir. 1996); Fletcher(註 22), para. 2.83 참조. 임치용, "국제파산절차와 사법공조," 파산법연구(2004), 496-497면도 참조.

170) EU도산규정은 '개별채권자들이 제기한 절차'(proceedings brought by individual creditors)라고 하나, 보고서, para. 142는 이를 개별적인 집행절차 또는 집행소송이라고 설명한다. 독어본은 '권리추행조치'(Rechtsverfolgungsmassnahmen)라고 한다. 제15조는 계속중인 소송만을 언급하나 이는 중재에도 적용되는 것으로 해석되고 있다. *Vivendi v. Elektrim* 사건에서 영국의 1심법원인 High Court와 항소법원(2009. 7. 9. 판결)은 이를 전제로, 영국법상 당사자의 도산은 중재합의를 무효로 만들지 않는다고 보고 따라서 영국의 중재판정부는 여전히 권한이 있다고 판단하였다. Stefan Kröll, "Arbitration and Insolvency-Selected Conflict of Laws Problems," Franco Ferrari/Stefan Kröll (eds.), Conflict of Laws in International Arbitration (2011) p. 227. 그러나 이와 달리, 유사한 사건에서 스위스의 중재판정부는 폴란드 당사자(Elektrim)는 파산절차가 개시됨으로서 능력(capacity)을 상실하였다고 판단하였고, 이에 대하여 Vivendi가 제기한 중재판정 취소의 소에서 스위스 연방대법원 2009. 3. 31. 판결은 3:2로 중재판정을 지지하고 청구를 기각하였다고 한다. 위 Kröll, p. 228 이하.

171) MünchKommInsO/Reinhart Band 3 (2003), Art. 15 Rn. 1.

정지법에 의할 사항이다. 회생절차의 경우 통합도산법(제59조)이, 파산의 경우 민사소송법(제239조)과 통합도산법(제347조)은 소송의 중단 및 수계에 관하여 규정을 두고 있다.

다만, 통합도산법상 외국도산관재인이 한국에서 당연히 당사자적격을 가지는 것은 아니다. 외국도산관재인이 우리나라 소송에서 당사자적격을 가지려면 외국도산법상 그가 대외적으로 권한을 가져야 하고, 우리 법원의 승인결정을 받아야 하며(제632조), 우리 법원에 의하여 국제도산관리인으로 선임되어야 한다(제636조 제1항 제4호). 채무자의 업무의 수행 및 재산에 대한 관리·처분권한은 국제도산관리인에게 전속한다(제637조 제1항).

2. 공 서

가. EU도산규정

EU도산규정(제26조)은 외국도산절차의 승인 또는 집행의 거부사유의 하나로 공서위반을 규정한다. 그러나 도산국제사법의 맥락에서 도산법정지법 또는 기타 외국법의 적용을 배제하는 근거로서 공서를 명시하지는 않는다. 하지만 이론적으로는 이를 배척할 이유가 없다.

나. 독일 도산법

독일 도산법(제343조 제1항 제2호)도 외국도산절차의 승인의 거부사유의 하나로 공서위반을 규정하나, 도산국제사법의 맥락에서 도산법정지법 또는 기타 외국법의 적용을 배제하는 근거로서 공서위반을 명시하지는 않는다. 그러나 이론적으로는 이를 배척할 이유가 없다. 그 근거로는 독일 민법시행법(제6조)의 공서조항을 들 수 있다.[172)]

다. 우리 법의 해석론의 방향

우리 법의 해석론으로서도 공서를 배척할 이유는 없다. 따라서, 도산법정지법인 외국법에 의하여야 하는 경우에 그 규정을 적용한 결과가 우리의 선

---

172) Ulrich Spellenberg, "Der *ordre public* im Internationalen Insolvenzrecht," Hans Stoll (Hrsg.), Stellungnahmen und Gutachten zur Reform des deutschen Internationalen Insolvenzrechts (1992), S. 185ff.; Hanisch(註 32), S. 472.

량한 풍속 기타 사회질서에 '명백히' 위반되는 때에는 이를 적용하지 아니한다(국제사법 제10조).[173] 구 파산법 하에서 외국파산의 승인의 맥락에서 주장된 것이기는 하나, 파산제도는 그 개시요건, 절차의 유형, 관재인의 유무 및 권한, 배당순위 등을 달리하기 때문에 외국파산재판을 승인하는 것은 우리의 공서에 반한다는 견해[174]가 있었지만, 도산법제의 차이를 이유로 당연히 공서위반이 되는 것은 아니다. 그렇지 않으면 도산국제사법에 따라 도산법정지법을 적용하는 것은 아예 불가능하다. 반대의 사안에서 외국 법원이 도산법정지법인 우리 도산법의 적용을 공서에 의하여 배척할지는 당해 외국의 법이 결정할 사항이다.

3. 反 定

가. EU도산규정

EU도산규정의 저촉법규정에 의해 지정되는 법은 회원국의 실질법을 의미한다. 즉 반정(*renvoi*)은 배제된다. EU도산규정은 이를 명시하지 않지만, 도산저촉규범의 통일을 목적으로 하는 EU도산규정의 성질상 이는 당연하다.[175]

나. 독일 도산법

명시적인 규정은 없다. EU도산규정을 따른 대부분의 조문에서 동일한 취지로 해석해야 할 것이라는 견해도 가능하나, 독일에서는 독일 민법시행법(제4조 제1항)에 따라 원칙적으로 총괄지정으로 보면서 개별적인 검토를 하는 견해가 유력한 것으로 보인다.[176] 이는 독일 민법시행법이 반정을 널리 인정하고 있기 때문이다.

---

173) 통합도산법(제632조 제2항)은 모델법(제26조)과 달리 외국도산절차의 승인거부사유인 공서에서 '명백히'를 요구하지 않으나 여기에서는 국제사법을 따라 '명백히'가 필요하다.

174) 임종헌, "파산절차의 개시요건에 관한 실무적 고찰," 법조 통권 509호(1999. 2.), 220면; 임채웅, "外國倒産節次가 國內에 미치는 影響에 관한 硏究—外國倒産節次의 承認 및 並行倒産을 중심으로—," 破産法의 제문제[상], 재판자료 제82집(1999), 22면도 유사하다.

175) 보고서, para. 87; Fletcher(註 22), para. 7.79; Reithmann/Martiny/Hausmann, Rz. 2607.

176) Geimer(註 30), Rz. 3375; Reithmann/Martiny/Hausmann, Rz. 2607. 그러나 과거 Hanisch(註 32), S. 467은 도산법정지법원칙은 실질법을 지정하는 것으로 보았다. 반면에 Trunk(註 23), S. 91f.는 개별적으로 검토한다.

다. 우리 법의 해석론의 방향

우리 법의 해석론으로서도, EU도산규정을 따르는 범위 내에서는 국제적인 연결원칙의 조화를 도모하는 취지를 고려하여 반정을 불허하는 것이 바람직하다. 그러나 독일에서처럼 개별적으로 검토하여 판단할 것이라는 견해도 가능하다. 그 경우 문제는 반정의 허용이 국제사법의 지정 취지에 반하는지 여부인데 가사 허용되더라도 직접반정만이 허용된다(국제사법 제9조).

Ⅸ. 우리 법상의 해석론에 관한 논의의 정리와 장래의 과제

이상의 논의를 정리하면, 우리 법상의 도산국제사법 원칙의 방향은 아래와 같다.

1. 도산법정지법원칙의 채택과 그에 대한 예외

우리 법의 해석론으로서도 도산국제사법의 연결원칙으로서는 도산법정지법을 적용하는 것이 타당하다. 그러나 EU도산규정과 독일 도산법에서 보듯이, 상대방 또는 제3자의 신뢰 또는 거래의 안전을 보호하기 위하여 필요한 범위 내에서 도산법정지법원칙에 대한 예외를 인정할 필요가 있다. 우리 법의 해석론으로도 대체로 EU도산규정의 태도를 따르는 것이 설득력이 있지만, 위에서 본 바와 같이 명문의 근거가 없으므로 액면 그대로 수용할 수는 없다.

2. 장래의 과제와 고려사항

현재로서는 우리 국제사법의 대원칙을 기초로 하되, 통합도산법의 맥락에서 다양한 이익의 형량을 통하여 연결원칙을 도출해야 한다. 어느 범위 내에서 도산법정지법의 예외를 인정하고, 그 경우 어떤 연결원칙을 채용할지는 다양한 법익을 고려하여 결정할 사항이다. 이 때 다음 사항을 유념할 필요가 있다.

첫째, 해석론을 통하여 EU도산규정을 수용함에 있어서 저촉규범의 성질을 가지는 조항은 상대적으로 받아들이기 쉽지만, 실질규범 또는 양자의 성질을 겸유하는 것은 받아들이기가 상대적으로 어렵다.

둘째, 외국도산절차의 승인과 도산법정지법원칙의 상관관계를 유념해야 한다. 즉 도산법정지법원칙은, 국내도산절차가 개시된 경우와, 외국도산절차를 한국에서 승인한 경우 모두 적용된다. 그런데 후자의 경우 통합도산법은 우리 법원의 승인결정을 전제로 지원조치를 상정하므로, 법원이 지원조치를 함에 있어서 ① 도산법정지법에 따른 효력을 그대로 확장할지, ② 통합도산법에 상응하는 효력을 인정할지,[177] ③ 통합도산법에 따른 효력을 최대한으로 보고 그 범위 내에서 도산법정지법에 따른 효력을 확장할지, 아니면 ④ 도산법정지법에 따른 효력을 확장하되 우리 법원이 재량으로 적절한 제한을 부과할지가 문제된다. 이는 자동승인제를 취하는 외국판결의 승인에서도 제기되므로[178] 결정승인제에 특유한 문제는 아니지만, 자동승인제 하에서는 ①설이 설득력이 있는 데 반하여, 결정승인제 하에서는 다른 견해, 특히 ④설이 설득력이 크다.[179] 이는 종래 절차법적 측면에서 주로 논의되었으나 실체법적 측면에서도 고려해야 한다.[180] 즉 외국도산절차의 승인 시 우리 법원으로서는 적절한 지원조치를 하는 것이 앞으로의 과제인바, 그 경우 도산국제사법의 관점도 충분히 고려해야 한다.

셋째, 도산법정지법원칙은 주절차이건 종절차이건 간에 적용된다.[181] 외

177) 스위스 국제사법(제170조 제1항)은 이런 태도를 취한다.

178) 외국판결의 승인의 본질에 관하여 위 ①, ②, ③에 상응하는 견해가 있다. 석광현, 국제사법과 국제소송 제1권(2001), 338 이하 참조. 도산절차의 승인의 경우 ④설이 가능할 뿐만 아니라 상당히 설득력이 있다. 河野俊行(註 20), 156면은 ④설을 취한다.

179) 외국판결의 승인 시 효력확장설을 따르더라도 승인국법이 알지 못하는 유형의 효력까지 확장할 수는 없다는 견해가 유력하다(이른바 '수정효력확장설'). 다만 그것이 승인국법이 알지 못하는 것으로 족한지, 아니면 '본질상 상이한'(wesensfremd) 것으로서 그의 승인이 승인국의 공서에 반하는 정도에 이르러야 하는지는 논란이 있다. 공서위반 시 지원조치에 대한 제한을 명시한 제636조 제3항을 보면, 공서위반이 아닌 한 우리 법원이 재량으로 도산법정지법의 효력을 제한 또는 변경할 수 없다고 볼 여지가 있으나, 모델법 제20조가 명시하는 바와 같이 외국주절차에 대해 일정한 효력을 부여하더라도 그 범위, 변경 및 종료는 승인국법에 따라 달라질 수 있으므로 그렇게 보기는 어렵다. 승인 자체에 별 효력을 부여하지 않는 통합도산법의 해석으로는 더욱 그럴 것이다.

180) 예컨대 파산재단의 범위에 관한 외국도산법정지법의 효력은 절차의 문제이고, 외국의 면책재판이 아니라 도산법에 따른 면책의 효력은 실체의 문제라고 볼 수 있다. 물론 후자도 절차적 접근을 하면 양자는 동일한 법리에 따르게 될 것이다.

181) 종절차는 특히 현지 채권자들이 현지 도산법에 따른 우선권을 주장함으로써 보호를 받고

국에서 주절차(또는 종절차)가 개시되고 그것이 우리나라에서 승인된 경우 원칙적으로 도산법정지법원칙이 타당하다. 외국도산절차에 추가하여 우리나라에서 종절차(또는 주절차)가 개시된 경우, 국내절차에는 통합도산법이 적용되지만, 외국도산절차에는 외국도산법이 적용된다. 통합도산법(제638조 제1항)에 따르면, 그 경우 법원은 '국내도산절차를 중심으로' 지원을 결정하거나 이를 변경·취소할 수 있는데, 외국도산법과, 우리 통합도산법 간의 모순·저촉이 발생한다면, 준거법의 맥락에서도 통합도산법에 우위를 인정해야 할 것이다. 예컨대 외국도산절차가 한국 내 재산에 대한 담보권에 미치는 효력에 관하여 위 ⑤의 견해를 따르더라도 국내에서 종절차가 개시되면 담보권의 실행은 통합도산법에 따라 제한될 수 있다. 다만 Maxwell Communication 사건에서 보는 바와 같은 유연한 접근방법도 고려할 필요가 있다.

넷째, EU도산규정은 유럽연합의 입법을 반영한 것이거나 EU 내의 특수한 고려에 기한 것일 수도 있으므로 이를 충분히 참작해야 한다. 이 점을 좀 더 정밀하게 검토할 필요가 있다.

다섯째, 저자가 우려하는 사태는, 우리 법원이 국내도산절차가 개시된 경우 도산법정지법원칙을 취하면서 예외를 전혀 인정하지 않거나 매우 제한적으로 인정하는 반면에, 외국도산절차가 개시된 경우 승인결정과 지원조치를 통하여 도산법정지법원칙을 과도하게 제한하는 것이다. 우리 법원으로서는 양 방향의 경우 동일한 연결원칙을 적용해야 할 것이다.

여섯째, 도산국제사법의 문제를 입법에 의하여 해결하는 방안도 고려할 필요가 있다. 즉 판례와 학설을 통하여 유연하게 해결함으로써, 다소의 법적 불안정성을 감수하더라도 구체적인 사안에 적절한 해결을 모색할지, 아니면 입법에 의하여 확실하고 신속한 규칙을 도입함으로써 유연성의 일부 상실을 감수하고 법적 안정성을 확보할지가 문제되는데, 이는 모든 법분야에서 입법에 의한 문제해결 방법에 내재하는 어려움이다. 사견으로는 지금으로서는 입법은 시기상조이고, 당분간 해석론을 정립하는 노력을 하되 그의 한계가 드러나서 입법의 필요성이 명확해지고, 입법의 내용이 구체화되면, 그 때 입법을 고려할 수 있다고 본다. 입법을 한다면 가능한 한 양방적 저촉규정을 두는 것이 바람직하다.

자 신청하는 경우가 많다. Trunk(註 23), S. 234.

X. 맺 음 말

지금까지 주로 EU도산규정과 독일 도산법의 도산국제사법규칙을 검토하고 우리 법상의 해석론의 방향을 모색해보았다. 여기의 논의는 試論일 뿐이고 앞으로 좀더 정치한 해석론을 전개하여야 하는데, 그 과정에서 미국과 일본의 논의도 좀더 검토할 필요가 있음은 물론이다. 기업활동의 국제화의 결과 기업의 도산사건은 예외없이 국제도산법의 문제를 제기하는데, 도산국제사법의 쟁점도 그 중의 하나로서 실무상 현재 우리가 직면하고 있는 문제이므로 속히 올바른 해결방안을 마련하지 않으면 아니 된다. 특히 종래 우리나라에서는 이 분야에 대한 논의와 연구가 태부족한 것이 사실이므로 연구가 시급한데, 이를 제대로 해결하기 위해서는 도산법은 물론 국제민사소송법과 특히 협의의 국제사법에 대한 이해가 필수적이라는 점을 지적해둔다. 앞으로는 우선 법원이 구체적인 사안을 처리해 가는 과정에서 도산국제사법의 정치한 법리를 발전시켜 나가야 할 텐데, 그러기 위하여는 무엇보다도 법원이 도산국제사법의 쟁점을 회피할 것이 아니라 이를 정면에서 해결하려는 의지를 가져야 한다. 준거법이 영국법인 용선계약의 해지와 관련하여 근자의 하급심 판결들이 보여준 태도는 매우 바람직하다. 이 글이 국제도산법, 특히 도산국제사법의 중요성에 대한 우리 법률가들의 인식을 일깨우는 데 도움이 되기를 희망한다.

《EU도산규정과 독일 도산법의 대비표》[1)]

EU도산규정	독일 도산법
제4조 준거법 1. 본 규정에서 달리 규정한 경우를 제외하고, 도산절차 및 그 효력에 적용되는 법은 그의 영토 내에서 그러한 절차가 개시(이하 "절차개시국"이라 한다)된 회원국의 법이다. 2. 절차개시국의 법은 그러한 절차 개시의 요건, 도산절차의 진행 및 종료를 결정한다. 특히 이는 다음의 사항을 정한다. (a) 그의 자격을 이유로 어떤 채무자에 대해 도산절차가 허용되는지 (b) 재단을 구성하는 자산 및 도산절차의 개시 후 채무자가 취득하였거나 그에게 귀속되는 자산의 취급 (c) 채무자 및 도산관재인 각각의 권한 (d) 상계를 원용할 수 있는 요건 (e) 채무자가 당사자인 미이행쌍무계약에 대한 도산절차의 효력 (f) 소송이 계속한 경우를 제외하고, 개별 채권자들이 제기하는 절차에 대한 도산절차의 효력 (g) 채무자의 재단에 대해 신고하여야 하는 채권의 종류 및 도산절차의 개시 후 발생하는 채권의 취급 (h) 채권의 신고, 조사 및 확정을 규율하는 규칙 (i) 자산의 환가금의 배당, 채권의 순위 및 도산절차 개시 후 물권 또는 상계에 의하여 일부 만족을 얻은 채권자들의 권리 (j) 도산절차의 종료의 요건과 그 효과, 특히 화의에 의한 경우 (k) 도산절차의 종료 후의 채권자들의 권리 (l) 도산절차에서 발생하는 비용과 경비를 부담할 자	**제335조 원칙** 도산절차와 그의 효력은, 달리 정함이 없는 한 절차가 개시된 국가의 법에 따른다.

1) EU도산규정은 영문본을, 독일 도산법은 독일어본을 번역한 탓에 다소 일관성이 부족할 수 있다. 전자는 대체로 석광현, 국제사법과 국제소송 제3권(2004), 348면 이하의 번역문을 따랐다.

(m) 모든 채권자들에게 해가 되는 법적 행위의 무효, 부인 또는 상대적 무효와 관련되는 규칙

제5조 제3자의 물권

1. 도산절차의 개시는 절차 개시 당시 절차 개시국 이외의 회원국의 영토 내에 소재하는 채무자의 유체자산 또는 무체자산, 동산 또는 부동산—특정 자산 및 수시로 그 구성이 변하는 확정되지 아니한 자산의 집합의 총체—에 관한 채권자들 또는 제3자들의 물권에 영향을 미치지 아니한다.
2. 제1항에 언급된 권리는 특히 다음을 의미한다.
   (a) 자산을 처분하거나 또는 그들을 처분하게 하여 당해 자산의 환가금 또는 소득으로부터 만족을 얻을 수 있는 권리, 특히 질권 또는 저당권에 의한 경우
   (b) 채권의 변제를 요구할 수 있는 배타적 권리, 특히 채권에 관한 질권 또는 채권양도에 의해 담보되는 경우
   (c) 권리자의 의사에 반하여 자산을 점유 또는 사용하고 있는 자에게 그 자산의 요구 및/또는 반환을 요구하는 권리
   (d) 자산의 과실을 수취하는 물권
3. 공부에 등록되고 제3자에 대해 유효하며, 그에 따라 제1항의 의미에서의 물권을 취득할 수 있는 권리는 물권으로 간주한다.
4. 제1항은 제4조 제2항 m호에 의한 법적 행위의 무효, 부인 또는 상대적 무효를 제한하지 않는다.

제351조 물권

1. 외국도산절차의 개시 당시 국내에 있었던 도산재단에 속하는 대상에 대한 제3자의 권리는, 그것이 국내법에 따라 환취 또는 우선적 변제를 요구할 수 있는 권리인 경우, 외국도산절차의 개시에 의하여 영향을 받지 아니한다.

제6조 상계

1. 도산절차의 개시는 지급불능인 채무자의 채권에 적용되는 법에 따라 상계가 허용되는 경우에는, 채무자의 채권에 대해 자기의 채권으로 상계하는 채권자들의 권리에 영향을 미치지 아니한다.

제338조 상계

도산절차 개시 당시 도산채권자가 채무자의 채권의 준거법에 따라 상계할 수 있는 경우에는, 도산채권자의 상계할 수 있는 권리는 도산절차의 개시에 의하여 영향을 받지 아니한다.

2. 제1항은 제4조 제2항 m호에 의한 법적 행위의 무효, 부인 또는 상대적 무효를 제한하지 않는다.

제7조 소유권의 유보

1. 자산의 매수인에 대한 도산절차의 개시는 절차 개시 당시 절차개시국 이외의 회원국의 영토 내에 자산이 소재하는 경우에는 소유권유보에 기인한 매도인의 권리에 영향을 미치지 아니한다.
2. 자산의 매도인에 대한 도산절차의 개시는, 자산의 인도 후에는 절차 개시 당시의 매도된 자산이 절차개시국 이외의 회원국의 영토 내에 소재하는 경우에는 매매를 취소하거나 해제하는 근거가 되지 아니하며, 매수인에 의한 소유권의 취득을 방해하지 아니한다.
3. 제1항과 2항은 제4조 제2항 m호에 의한 법적 행위의 무효, 부인 또는 상대적 무효를 제한하지 아니한다.

제8조 부동산에 관한 계약 부동산의 취득 또는 사용을 목적으로 하는 계약에 대한 도산절차의 효력은 전적으로 그의 영토 내에 부동산이 소재하는 회원국의 법에 따라 규율된다.	**제336조 부동산에 관한 권리** 부동산에 대한 물권 또는 부동산에 대한 용익권에 관한 계약에 대한 도산절차의 효력은 그 부동산이 소재하는 국가의 법에 따른다. 선박등기부, 선박건조등기부 또는 항공기질권등기부에 등기된 목적물에 있어서는 등기부를 감독하는 국가의 법에 따른다.
제9조 지급제도와 금융시장 1. 제5조에 영향을 미치지 않고, 지급 또는 결제제도 또는 금융시장의 당사자의 권리 및 의무에 대한 도산절차의 효력은 전적으로 그 제도 또는 시장에 적용되는 회원국의 법에 의한다. 2. 제1항은 당해 지급제도 또는 금융시장에 적용되는 법에 따라 지급 또는 거래를 부인할 수 있는 무효, 부인 또는 상대적 무효를 배제하지 않는다.	**제340조 조직된 시장과 환매조건부매매** 1. 증권거래법 제2조 제5항에 따른 '조직된 시장'에 참가하는 자들의 권리와 의무에 대하여 도산절차가 미치는 효력은 당해 시장에 적용되는 국가의 법에 따른다. 2. 상법 제340b조의 환매조건부매매, 경개계약 및 상계계약에 대하여 도산절차가 미치는 효력은 이들 계약을 규율하는 국가의 법에 따른다. 3. 금융기관법 제1조 제16항의 의미의 제도에 참가하는 회원들에 대하여는 제1항을 준용한다.
제10조 근로계약 근로계약 및 그 관계에 대한 도산절차의	**제337조 근로계약관계** 근로관계에 대한 도산절차의 효력은 민법

효력은 전적으로 근로계약에 적용되는 회원국의 법에 의하여 규율된다.	시행법에 따라 근로관계에 적용되는 법에 따른다.
제11조 등록하여야 하는 권리에 대한 효력 공부에 등록되어야 하는 부동산, 선박 또는 항공기에 관한 채무자의 권리에 대한 도산절차의 효력은 그 등록부를 관리하는 권한을 가진 회원국의 법에 따라 결정된다.	**제351조 물권** 2. 국내에 있는 부동산에 대한 채무자의 권리에 대한 외국도산절차의 효력은, 제336조 2문에 영향을 미치지 아니하고 독일법에 따른다.
제12조 공동체 특허 및 상표 본 규정의 목적상 공동체 특허, 공동체 상표 또는 공동체 법에 의해 창설된 이와 유사한 권리는 제3조 제1항에 의한 절차에만 포함될 수 있다.	
제13조 사해행위 제4조 제2항 m호는 모든 채권자에게 해가 되는 행위에 의해 이득을 얻은 자가 다음의 사항을 증명하는 경우에는 적용되지 아니한다. - 당해 행위가 절차개시국 법 이외의 회원국의 법에 따르고 또한 - 그 준거법이 관련 사안에서 그러한 행위에 대해 어떠한 이의수단도 허용하지 않는 경우	**제339조 부인권** 도산절차개시국의 법에 따른 부인권의 요건이 구비된 경우에는 그 법적 행위는 부인될 수 있다. 다만 도산 상대방이 그 법적 행위에 대하여 다른 국가의 법이 준거법이고 그 법에 따르면 어떤 방법으로도 다툴 수 없는 경우에는 그러하지 아니하다.
제14조 제3취득자의 보호 도산절차의 개시 후 행해진 행위에 의하여 채무자가 대가를 받고 - 부동산 또는 - 공부에 등록되어야 하는 선박 또는 항공기 또는 - 법에 규정된 등록부에의 등록이 그 존재의 전제요건이 되는 유가증권을 처분한 경우에는, 그 행위의 유효성은 그의 영토 내에 부동산이 소재하는 국가 또는 등록부를 관리하는 권한을 가진 국가의 법에 의하여 규율된다.	**제349조 부동산에 관한 처분** (1) 채무자가 도산재단에 속하는 대상으로서 토지등기부, 선박등기부, 선박건조등기부 또는 항공기질권등기부에 등기된 목적물, 또는 그러한 대상에 대한 권리를 처분한 경우, 민법 제878조, 제892조와 제893조와, 등기된 선박과 건조중의 선박에 관한 법률 제3조 제3항, 제16조와 제17조 및 항공기에 대한 권리에 관한 법률 제5조 제3항, 제16조와 제17조가 적용된다. (2) 청구권의 보전을 위하여 국내에서 토지등기부, 선박등기부, 선박건조등기부 또는 항공기질권등기부에 가등기를 한 경우 제106조는 영향을 받지 않는다.
제15조 계속중인 소송에 대한 도산절차의 효력 채무자가 관리처분권을 상실한 자산 또는 권리에 관하여 계속중인 소송에 대한 도산절차의 효력은 전적으로 소송이 계속한 회원국의 법에 의하여 규율된다.	

제 7 장 국제상사중재법

[13] 국제상사중재에서 중재합의와 訴訟留止命令(anti-suit injunction)

前 記
이 글은 선진상사법률연구 통권 제50호(2010. 4.), 3면 이하에 수록한 글을 수정·보완한 것이다.

Ⅰ. 머 리 말

1. 문제의 소재

중재라 함은 당사자 간의 합의로 당사자 간의 분쟁을 법원의 재판에 의하지 아니하고 중재인의 판정(즉 중재판정)에 의하여 해결하는 절차이다. 중재는 私的 紛爭解決手段으로서 대표적인 대체적 분쟁해결[1]의 수단이다. 일방당사자가, 중재합의를 한 사항에 관하여 제소하는 경우 법원은 상대방의 청구에 따라 당사자들을 중재에 회부하여야 하고,[2] 또한 중재합의에 의하여 당사자는 분쟁을 중재절차에 회부할 수 있으며 중재인은 중재절차를 진행하여 중재판정을 내릴 수 있다. 문제는 일방당사자가 중재합의를 위반하여 외국에 제소할 가능성이 있거나 실제로 제소한 경우 법원, 특히 중재지 법원이 상대방의 신청에 따라 중재합의에 반하는 소의 제기 및 수행을 금지하는 '訴訟留止命令'(anti-suit injunction)[3]을 발할 수 있는가이다. 당사자 간에 특정국가

1) 이를 '대안적 분쟁해결'이라고 부르기도 한다.
2) 뉴욕협약은 법원이 취할 조치를 명시하지 않고 각국의 입법에 일임한다. 국가에 따라서는 소송절차를 중지하고 중재판정을 기다리게 하거나 소를 각하한다. 중지하는 예는 미국 연방중재법(제1장 제3조)과 영국 중재법(제9조)이고, 각하하는 예는 우리 중재법(제9조)이다.
3) 국문번역으로는 '소송유지명령' 또는 '소송금지명령'이 적절하나, '再訴禁止假處分'(유영일, "國際民事司法共助에 관한 硏究," 서울대학교 대학원 법학박사학위논문(1995), 35-36면)

에서만 제소할 수 있다는 전속적 국제재판관할합의가 있는 경우에도 유사한 문제가 제기된다. 우리나라에서는 소송유지명령이라는 개념 자체가 생소하지만, 실제로 영미법계 국가의 법원은 소송유지명령을 발하고 있고 근자에는 우리 기업이 영국과 미국법원으로부터 소송유지명령을 받아 소를 취하한 사례도 보고되고 있다.[4)]

근자에 세계적으로 소송유지명령에 관한 논의가 활발하게 된 것은, 영국법원이 종래 런던을 중재지로 하는 중재합의(또는 법정지로 하는 전속관할합의)를 보장하기 위한 실효적인 도구로 소송유지명령을 활용하였는데,[5)] 그것이 브뤼셀협약과 브뤼셀Ⅰ규정(또는 브뤼셀규정)으로 구축된 브뤼셀체제(Brussels Regime)와 양립할 수 있는지를 둘러싸고 종래 논란이 있었던바 마침내 유럽사법재판소(ECJ)[6)]가 이는 브뤼셀체제와 양립하지 않는다는 판결[7)]을 선고했기 때문이다. 브뤼셀체제에 속하지 않는 우리로서도 유럽연합의 논의를 살펴봄으로써 중재합의의 본질을 파악하고 우리가 영국법원의 소송유지명령에 대처함에 있어서 시사점을 얻을 수 있다.

2. 국제소송경합, 부적절한 법정지의 법리와 소송유지명령

국내법원에 국제재판관할(권)(이하 "재판관할(권)" 또는 "관할(권)"이라 한다)이 있더라도 외국법원도 국제재판관할을 가지고 외국법원에서 재판하는

또는 '二重訴訟 停止命令'이라고도 한다. 김용진, 國際民事訴訟戰略—國際訴訟實務 가이드—(1997), 164면. 일본에서는 '妨訴的 差止命令' 또는 '訴訟差止命令' 등의 표현이 보인다. 古田啓昌, 國際訴訟競合(1997), 96면. 저자가 소송유지명령이라고 한 이유는 상법 제402조의 유지청구권(留止請求權)을 참조했기 때문이다.

4) *China Trade and Development Corp. v. M.V. Choong Yong*, 837 F.2d 33 (2d Cir. 1987). 김용진(註 3), 164면 참조. 다만 위 명령은 쌍용해운이 항소하여 취소되었다. 근자의 사례로는 United States District Court Southern District of New York Index No. 97 Civ 9052 (Ro)가 있다고 한다. 정해덕, "미국해사소송에 있어서의 대한민국법상의 소멸시효와 소송중지명령," 한국해법학회지 제31권 제2호(2009. 11.), 80면 이하(이 사건에서는 한국 법원의 소를 취하하지 않았고 오히려 항소에 의하여 미국 법원의 소송유지명령이 취소되었다). 영국법원의 사례는 저자가 개인적으로 전문한 바이다.

5) 이는 최종적(final) 명령일 수도 있고 잠정적(interim 또는 interlocutory) 명령일 수도 있다. Thomas Raphael, *The Anti-suit injunction* (2008), para. 13.01. 이 책을 이하 "Raphael"이라 인용한다.

6) 저자는 종래 "유럽법원"이라고 번역하나, 흔히들 "유럽사법재판소"라고 번역하므로 여기에서는 이를 따랐다.

7) 이는 아래(Ⅲ.)에서 소개하는 2004. 4. 27. *Turner v. Grovit* 사건 판결과 2009. 2. 10. *Allianz v. West Tankers* 사건 판결이다.

것이 정의의 요청에 부합하는 경우 법원이 재량으로 국내법원의 소를 중지하거나 각하하는 소극적 방법이 부적절한 법정지(*forum non conveniens*)의 법리이다. 나아가 X와 Y 간에 국제적 분쟁이 발생한 경우 X는 자국인 A국에서 전소를 제기하고 국제소송경합(*lis (alibi) pendens*)의 법리를 활용함으로써 Y의 B국에서의 소송을 중지(또는 각하)시키거나, 그것에 실패하더라도 장래 B국 법원 판결이 A국에서 승인 및 집행되는 것을 차단할 수 있다. 그러나 국제소송경합만으로는 Y가 B국에서 제소하는 것 자체를 봉쇄할 수는 없다. 이 경우 장래 Y가 B국 법원에서 소를 제기하거나 소송을 수행하는 것을 금지하기 위하여는 X는 A국 법원에서 Y를 상대로 소송유지명령을 받는 적극적 수단을 취할 필요가 있다. 소송유지명령은 주로 영미법계국가에서 인정되는데 그에 의하여 외국 소송을 배제하고 국내법원의 배타적 관할권을 확보할 수 있게 된다. 위의 사례에서 X는 A국 법원에 소극적 확인의 소를 제기하고, A국 법원으로부터 Y를 상대로 소송유지명령을 받음으로써 A국 법원에서만 소송절차를 진행하는 이점을 가질 수 있다. 따라서 당사자들은 국제거래 분쟁을 해결하는 과정에서 다양한 소송전략을 구사할 수 있고 좀더 동태적인 접근이 가능하게 된다.

부적절한 법정지의 법리는 성근 국제재판관할규칙을 가진 영미법계의 법원이 개별사건에서 구체적 타당성이 있는 정의로운 국제재판관할의 배분을 실현하기 위한 유연한 수단이다. 이런 의미에서 위 법리는 국제재판관할배분시 '미세조정'(fine-tuning)을 위한 도구라고 할 수 있다. 소송유지명령도 구체적 타당성을 위한 것으로 부적절한 법정지의 법리와 상호 보완적 기능을 한다.[8)]

3. 논의의 방향

여기에서는 우선 영국법상 법원의 소송유지명령제도를 소개하고(Ⅱ.), 소송유지명령이 브뤼셀체제와 양립할 수 있는지에 관한 최근 유럽사법재판소

8) Ingrid Naumann, Englische anti-suit injunctions zur Durchsetzung von Schiedsvereinbarungen (2008), S. 105. 이 책을 이하 "Naumann"이라 인용한다. 영국 귀족원의 Lord Goff of Chieveley는 브뤼셀협약으로 대표되는 대륙법계 국제재판관할규칙과 영국법의 국제재판관할규칙의 차이를 '문화적 차이'(cultural differences)의 문제라고 지적한 바 있다. *Airbus Industrie v Patel* [1999] 1 A.C. (H.L.) 119, 131.

판결을 살펴본 뒤(Ⅲ.), 중재판정부의 소송유지명령의 가부와, 중재합의 위반과 손해배상의 문제를 일별한다(Ⅳ.). 마지막으로 한국법상 중재합의에 기초한 법원과 중재판정부의 소송유지명령의 가부, 중재합의의 위반과 손해배상의 문제를 간단히 논의한다(Ⅴ.).

아래에서 보는 바와 같이 영국법원의 소송유지명령은 첫째, 영국법원이 더 적절한 법정지이고 외국 법원에서의 제소가 상대방을 괴롭히거나 억압적인 것인 경우와, 둘째 당사자 간에 분쟁해결합의(dispute-resolution agreement), 즉 전속적 국제재판관할합의(이하 "전속관할합의"라 한다) 또는 중재합의가 있는 경우에 가능한데, 아래(Ⅱ.와 Ⅲ.)에서는 양자에 공통되는 법리를 다룰 것이나 그 이하에서는 영국법상의 소송중지명령, 그것도 중재합의에 기초한 소송유지명령을 중심으로 논의한다.[9] 미국법상의 소송유지명령[10]에 대하여는 별도의 기회에 논의할 생각이다.

Ⅱ. 영국법상 법원의 소송유지명령

영국법상 원래 소송유지명령은 형평법법원이 보통법법원에서 병행소송을 추구하는 것을 중지함으로써 형평법법원의 우위를 확립하기 위하여 가지는 특권이었다. 오늘날에는 소송유지명령은 Senior Court Act 1981 제37조 제1항에 근거를 두고 있다. 그에 따르면 "High Court는 법원이 보기에 그렇게

9) 다만 중재합의의 경우에 관한 논의는 전속관할합의가 있는 경우에도 대체로 타당하다.

10) 최근까지 미국 연방대법원 판결은 없으나 연방항소법원 판결은 완화된 접근방법과 엄격한 접근방법을 취하는 것이 나뉜다. Lawrence Collins, "The *Institut de droit international* and anti-suit injunction," Festschrift für Erik Jayme Band Ⅰ (2004), p. 135 이하. 이규호, "국제상사중재와 국제소송의 경합," 국제사법연구 제16권(2010), 81면 이하는 그에 중도적 접근방법을 추가한다. 김동진, "국제재판관할의 경합에 있어 영미법상의 소송금지명령(Anti Suit Injunction)에 대한 검토," 해상·보험연구 제4호(2004. 3.), 103면 이하; Born/Rutledge, International Civil Litigation in United States Courts (2006), p. 540 이하; Andrew N. Vollmer, "U.S. Federal Court Use of the Antisuit Injunction to Control International Forum Selection," Jack L. Goldsmith (ed.), International Dispute Resolution: The Regulation of Forum Selection, Fourteenth Sokol Colloquium (1997), p. 237 이하도 참조. 소송유지명령에 관한 영국, 독일과 미국의 비교법적 논의는 Markus Lenenbach, "Antisuit Injunctions in England, Germany and the United States: Their Treatment under European Civil Procedure and the Hague Convention," 20 Loyola of Los Angeles Int'l & Comparative Law Journal 257 (1998) 참조.

하는 것이 공정하고 편리한 모든 경우에 명령에 의하여 (잠정적 또는 최종적이든 간에) 부작위를 명할 수 있다."(The High Court may by order (whether interlocutory or final) grant an injunction [···] in all cases in which it appears to the court to be just and convenient to do so.)

1. 소송유지명령의 요건

영국법상 소송유지명령은 판례에 의하여 발전된 제도이므로 외국소송을 금지하는 유지명령을 하기 위한 요건이 다소 애매하고 그 설명 방법도 논자에 따라 다양하나, 대체로 ① 피고에 대하여 영국 법원에 대인관할권이 있고, ② 원고가 외국에서 제소되지 않을 권리(right not to be sued abroad)를 가져야 하며, ③ 소송유지명령을 발하는 것이 정의의 목적에 부합하여야 하고, ④ 소송유지명령을 발하는 것이 예양의 원칙에 반하지 않아야 한다. 이를 부연하면 아래와 같다.

가. 영국법원의 국제재판관할권

영국법원이 소송유지명령을 하기 위하여는 우선 영국법원이 피고에 대하여 대인관할권(우리 법의 개념으로는 국제재판관할권)을 가져야 한다. 영국법원이 대인소송에 있어 국제재판관할권을 취득하는 근거는 다음 세 가지이다. 즉 ① 피고가 영국에 현존하는 동안 피고에게 소환장(writ)이 송달된 경우, ② 피고가 영국의 재판관할권에 복종한 경우[11]와 ③ 영국법원이 1999년 민사소송규칙(Civil Procedure Rules)[12] Rule 6.20에 따라 외국에 있는 피고에게 소환장을 송달한 경우이다.[13] 이러한 세 가지 근거는 대인소송에 있어

---

11) 여기에는 피고가 송달을 받은 경우, 피고가 본안에 관하여 변론한 경우, 당사자들이 관할합의를 한 경우와 외국에 있는 원고가 영국에서 소를 제기한 경우가 있다.

12) UK SI 1998/3132. 이는 과거에는 Order 11 of the Rules of the Supreme Court에 의하여 규율되었으나 1999년 민사소송규칙(CPR)에 의하여 대체되었다. 과거 Supreme Court는 High Court of Justice, Crown Court 및 Court of Appeal을 말하였으나 2009. 10. 1. 구성된 The Supreme Court는 영국의 최고법원, 즉 대법원을 말하는 것이 되었고, 과거 Supreme Court는 Senior Courts로 명칭이 변경되었다. 본문에서 언급한 Senior Court Act 1981은 전에는 Supreme Court Act 1981이었다. 그러나 2005년 헌법개혁법(The Constitutional Reform Act 2005)에 의하여 2009. 10. 1. 영국 대법원이 설립됨에 따라 혼동을 피할 목적으로 그 명칭이 변경되었다.

13) 석광현, 國際裁判管轄에 관한 研究—民事 및 商事事件에서의 國際裁判管轄의 基礎理論과

국제재판관할권에 관한 영국 보통법 원칙의 순전히 절차적인 성격, 즉 피고가 소환장 또는 그에 상응하는 서면(예컨대 originating summons)을 송달받기만 하면 누구든지 영국법원의 국제재판관할권을 획득할 수 있다는 성격으로부터 비롯된 것인데 이는 동 원칙의 가장 큰 특징이다.[14] 위 ③과 관련하여 민사소송규칙 Rule. 6.20은 특정한 관할근거를 열거하고 있는데, 중재합의에 위반한 외국소송을 금지하기 위한 소송유지명령의 경우 제1항, 제3항과 제5항이 의미가 있다.[15] 즉 민사소송규칙 Rule 6.20에 소송유지명령이 포함되어 있지는 않으나 소송유지명령이 분쟁해결합의 위반에 기초한 것인 때에는 계약상의 부작위청구 나아가 계약에 관한 청구라는 이유로 원고는 Rule 6.20 제5항 d호를 원용하여 외국으로 송달할 수 있다고 한다.[16]

나. 금지되는 당사자가 비양심적 방법으로 행동하거나 외국에서의 제소가 분쟁해결합의를 위반한 경우

이와 같이 비양심적 행동의 경우와 분쟁해결합의 위반으로 이원화하기도 하나,[17] 논자에 따라서는 ① 외국에서의 제소가 원고를 괴롭히거나 억압적인 경우와 ② 원고의 법률상 또는 형평법상의 권리를 보호할 필요가 있는 경우로 구분하여 설명하거나,[18] 양자를 묶어 "원고가 외국에서 제소되지 않을 권리(right not to be sued abroad)를 가지는 경우"로 보면서, 외국의 제소가 원고를 괴롭히거나 억압적인 경우 원고는 형평법상의 권리를 가진다고 보고, 반면에 분쟁해결합의 위반의 경우 원고는 법률상의 권리를 가진다고 설명하기도 한다.[19] 영국 법원이 발하는 소송금지명령의 다수는 분쟁해결합의를 위

一般管轄을 중심으로—(2001), 128면; Christian A. Heinze/Anatol Dutta, "Enforcement of Arbitration Agreements by Anti-suit Injunctions in Europe—From Turner to West Tankers," Yearbook of Private International Law Vol. Ⅸ 2007 (2008), p. 418.

14) James Fawcett and Janeen M. Carruthers, Cheshire, North & Fawcett Private International Law, Fourteenth Edition (2008), p. 354. 이하 "Cheshire, North & Fawcett" 라고 인용한다.

15) Raphael, para. 18.16. 상세는 Raphael, para. 18.18 이하 참조.

16) 이는 Raphael, para. 18.24 이하와 Naumann, S. 17을 따른 것이다. Rules. 6.20이 개정되지 않고 현재도 타당한지는 확인하지 못하였다.

17) Cheshire, North & Fawcett, p. 458.

18) Raphael, para. 4.01. Jonathan Hill, International Commercial Disputes in English Courts (2005), para. 11.2.1은 둘째 사유로 외국에서의 제소가 당사자의 법률상 또는 형평법상의 권리를 침해하는 경우를 든다.

19) Heinze/Dutta(註 13), p. 419 이하. 그러나 Raphael, para. 4.21 이하는 원고를 괴롭히거

반한 경우이므로 실무상 이것이 더 중요하다.[20] 여기에서는 ① 당사자가 비양심적 방법으로 행동한 경우와 ② 외국에서의 제소가 당사자 간의 분쟁해결합의를 위반하는 경우로 나누어 검토한다.

한 가지 의문은, 분쟁해결합의가 외국에서 제소되지 않을 권리의 근거가 된다고 하는 경우 그의 준거법이 무엇인가라는 점이다. 아래에서 보듯이 영국법상 그러한 권리가 있더라도 분쟁해결합의를 소송계약으로 보는 독일의 통설에 따르면 그러한 권리가 인정되지 않기 때문에 준거법의 결정은 실익이 있다.[21]

(1) 당사자가 비양심적 방법으로 행동한 경우

이에 해당하는 사례의 분류는 논자에 따라 다양하나[22] 유력한 견해에 따르면,[23] 비양심적 행동(unconscionable conduct)임을 근거로 소송중지명령을 하는 경우는 다시 두 가지로 분류된다. 하나는 외국소송절차가 피고[24]를 괴롭히거나[25] 억압적인(vexatious or oppressive) 경우이고,[26] 다른 하나는 기타 비양심적 행동이 있는 경우이다. 전자의 경우 외국에서 제소되지 않을 권리는 외국법정의 부적절성으로부터 도출되는 데 반하여,[27] 후자의 경우 외

나 억압적인 경우를 형평법상의 권리를 가지는 경우와 구별한다.

20) 김동진(註 10), 102면. Naumann, S. 44.

21) Heinze/Dutta(註 13), p. 420. 이는 법정지법, 중재절차의 준거법(통상 중재지법)과 중재합의의 준거법을 논의한 뒤 중재합의의 준거법에 따른다고 본다. 그 이유는 중재합의의 법적 효과의 문제라는 것이다. 저자도 이를 지지한다. 다만 중재합의가 중재조항의 형식을 취하는 경우 주된 계약의 준거법이 중재합의의 준거법이 되는지 아니면 중재지법인지는 논란이 있다. 저자도 후자를 지지하나(석광현, 국제상사중재법연구 제1권(2007), 117면. 다만 당사자가 주된 계약의 준거법을 선택한 경우 전자를 지지), Heinze/Dutta(註 13), p. 421은 영국에서는 후자를 취한다고 한다. Raphael, para. 7.06 이하는 중재지가 영국이면 영국법을 적용한다는 취지로 보인다. Peter Mankowski, "Ist eine vertragliche Absicherung von Gerichtsstandsvereinbarungen möglich?," IPRax (2009), S. 28ff.는 전속관할합의의 맥락에서 관할합의의 실효성 보장과 관련된 다양한 쟁점을 다루고 있다.

22) Naumann, S. 29ff. 참조.

23) Cheshire, North & Fawcett, p. 458.

24) 피고라 함은 외국소송의 피고를 말하므로 그는 소송유지명령을 구하는 소의 원고가 된다.

25) 이를 "남용적으로 괴롭히고"라고 번역하기도 한다. 이호정, "英國에 있어서의 *forum non conveniens*를 理由로 하는 訴訟의 停止," 서울대학교 법학 제36권 3·4호(통권 99호)(1995), 30-31면.

26) 이 경우를 외국 소송절차의 계속을 허용하는 것이 적극적 부정의를 초래한다고 설명하기도 한다. Hill(註 18), para. 11.2.2. Haimo Schack, Internationales Zivilverfahrensrecht, 5. Auflage (2010), Rn. 860은 양자를 묶어서 "권리남용적인" 경우라고 한다.

27) 즉 이는 국제재판관할의 맥락에서 부적절한 법정지라는 의미이므로 적어도 전자에 관한 한 소송유지명령은 부적절한 법정지의 법리와 밀접하게 관련된다.

국법정의 부적절성으로부터가 아니라 그 행위 자체로부터 도출된다.[28)]

(가) **외국소송절차가 피고를 괴롭히거나 억압적인 경우** 이는 전통적으로 소송유지명령을 하기 위한 중요한 근거이다. 괴롭히거나 억압적이라는 표현은 비양심적 행동을 비판하는 데 사용되는 다른 문구로서 기본적 정의원칙에 근거한 것이다.[29)] 영국과 외국에 이용가능한 법정지가 존재하는 경우(alternative forum case) 외국소송절차가 괴롭히거나 억압적이고(vexatious or oppressive) 또한 영국법정이 자연적 법정이라면 소송유지명령이 허용되는 데 반하여, 외국에만 이용가능한 법정지가 존재하는 경우(single forum case) 비록 외국소송절차가 괴롭히거나 억압적인 것이더라도 소송유지명령은 원칙적으로 허용되지 않고 예외적인 경우에 한하여 허용된다.[30)] 즉 1999년 *Airbus Industrie GIE v Patel* 사건 판결에서 귀족원은 영국 법원이 자연적 법정지가 아닌 경우에도 소송유지명령을 발할 수 있는 가능성을 열어 두었는데, Lord Goff of Chieveley는 '극단적인 경우' 예컨대 관할권을 행사하는 외국의 행동이 국제예양상 영국 법원에 통상 요구되는 존경을 박탈하는 사안이라면 영국법원이 당사자 간의 분쟁에 관하여 재판관할권이 없더라도 소송중지명령을 발할 수 있다고 판시하였다.[31)]

여기에서 소송유지명령에 관한 영국 판례는 부적절한 법정지에 관한 판례의 발전과 관련된다는 점을 주목할 필요가 있다.

영국에서는 부적절한 법정지의 법리가 인정되므로 가사 영국의 기준에

---

28) Cheshire, North & Fawcett, p. 459.

29) Cheshire, North & Fawcett, p. 459.

30) Cheshire, North & Fawcett, p. 459. 양자는 1999년 *Airbus Industrie GIE v Patel* 사건 판결에서 Lord Goff of Chieveley가 구분한 것이다.

31) *Airbus Industrie v Patel* [1999] 1 A.C. (H.L.) 119, 140. 그러나 과연 어떤 사안이 그에 해당하는지는 분명하지 않다. 널리 알려진 Laker 항공사 사건에서 영국 항공회사인 레이커사의 파산관재인은 미국, 영국 및 유럽대륙의 항공사들이 미국 독점금지법에 반하는 담합행위에 의하여 레이커사가 파산했다고 주장하면서 위 항공사들을 상대로 미국 연방법원에서 손해배상을 구하는 소를 제기하였다. 영국법상으로는, 담합행위를 이유로 미국법에 상응하는 손해배상은 인정되지 않았으므로 이는 single forum case에 해당한다. 당시에는 아직 미국 소송의 당사자가 아니었던 레이커사의 은행인 Midland Bank의 신청에 따라 영국의 High Court는 레이커사가 미국의 소송을 Midland Bank에게까지 확장하는 것을 금지하는 소송유지명령을 발하였다. *Laker Airways Limited v. Sabena, Belgian World Airways*, 731 F.2d 909 (DC. Cir. 1984) 등. 이를 계기로 영국법원과 미국법원이 상호 상대방 국가에서의 소송유지를 명하는 일련의 소송유지명령과 유지명령에 대한 유지명령이 발해졌다. Naumann, S. 40. 결국은 영국 귀족원이 영국 법원의 소송유지명령을 취소함으로써 사태가 해결되었다.

의하여 국제재판관할이 있더라도, 국제재판관할권을 가지는 대체법정지가 있고 그곳이 소송을 심리하기에 적절한 법정이라는 점, 즉 당해 사건이 모든 당사자들의 이익과 정의(justice)의 목적을 위하여 그곳에서 보다 적절하게 심리될 수 있음을 확신하는 때에는 법원은 부적절한 법정지의 법리에 기하여 소송절차를 중지함으로써 재판관할권의 행사를 거부할 수 있다. 즉 영국의 전통적인 재판관할원칙은, 원고가 영국법원에 소를 제기한 경우 피고가 당해 소송이 피고에 대해 'vexatious and oppressive 한'(피고를 괴롭히고 억압적인) 예외적인 경우에 한하여 재판관할권의 행사를 거부하는 것이었다. 그러나 영국은 그 후 귀족원의 1973년 *The Atlantic Star* 사건 판결, 1978년 *MacShannon v Rockware Glass Ltd.* 사건 판결을 통하여 'vexatious and oppressive test'를 버리고 보다 완화된 입장을 취하였으며, 1984년 *The Abidin Daver* 사건 판결에서 스코틀랜드와 동일한 법리를 받아들였고 마침내 지도적 판결인 1987년 *Spiliada Maritime Corporations v Cansulex Ltd.* 사건 판결에서 Lord Goff of Chieveley는 'more appropriate forum test'를 채택하였다. *Spiliada Maritime Corporations v Cansulex Ltd.* 사건 판결에서 Lord Goff of Chieveley는 법정지의 적절성을 판단함에 있어 분쟁이 법정지와 얼마나 실재적이고(real) 실질적인 관련을 가지는지를—이런 관련을 가지는 법정지가 자연적 법정지이다—결정해야 하고, 그를 위해서는 증인의 편의, 쟁점에 대한 준거법, 당사자들이 거주하거나 영업을 영위하고 있는 장소 등을 고려해야 한다고 판시하였다.[32]

1981년 *Castanho v Brown & Root (U.K.) Ltd.* 사건 판결에서 Lord Scarman은 *MacShannon v Rockware Glass Ltd.* 사건 판결에 설시된 부적절한 법정지의 기준을 그대로 소송유지명령에 적용하였으나, 1987년 SNI *Aérospatiale v Lee Kui Jak* 사건 판결에서 Lord Goff of Chieveley는 부적절한 법정지의 법리에 따라 영국 소송을 중지하기 위한 기준을 그대로 소송유지명령에 적용할 수 없다고 설시하였는데,[33] 그렇지 않으면 영국법원이 판단하기에 영국법원이 자연적 법정지라는 이유만으로 당사자의 외국 소송수행을 금지할 수 있게 되어 소송유지명령의 범위가 확대될 우려가 있기 때문

32) 영국의 부적절한 법정지의 법리에 관하여는 우선 석광현(註 13), 132면 이하; 이호정(註 25), 28면 이하 참조.

33) SNI *Aérospatiale v Lee Kui Jak* [1987] A.C. 871, 895-6 (P.C.). 영국 판결의 전개는 Raphael, para. 4.36 Fn. 136 참조. SNI는 *Société Nationale Industrielle*의 약자이다.

이다.[34] 즉 영국법원이 소송유지명령을 발하기 위하여는 영국법원이 자연적 법정지여야 하고, 더 나아가 외국에서의 소송이 피고를 괴롭히거나 억압적인 것이어야 한다.[35]

과연 어느 경우에 외국소송절차가 괴롭히고 억압적인지를 판단하는 것은 어려운데, 영국법원은 유지명령이 내려지지 않을 경우 외국절차에서 피고에게 발생될 부정의와, 명령이 내려질 경우 외국절차의 원고에게 발생될 부정의 간의 균형을 찾기 위해 노력해야 하고, 결국 소송중지명령의 발령 여부는 분쟁과 외국법정지 간의 관련성의 강도에 달려 있는 것으로 보인다.[36] 즉 외국법정지가 적절한 법정지이거나, 또는 최소한 부적절한 법정지가 아닌 경우에는 영국법원은 통상적으로 소송중지명령을 통하여 간섭하지 않을 것이다.

(나) 기타 비양심적 행동이 있는 경우 위의 사안 외에도 피고의 비양심적 행동이 있는 경우 소송유지명령이 허용되는데, 이에 해당하는 사례로 1985년 *British Airways Board v Laker Airways Ltd.* 사건 판결[37]에서 Lord Diplock은 피고가 영국법상 예컨대 공시행위에 의한 금반언(*estoppel in pais*), 약속에 의한 금반언, 선정(election), 포기, 실효와 같은 항변을 가지기 때문에 외국에서 제소되지 않을 권리를 가지는 경우를 언급하였다. 또한 1987년 *South Carolina Insurance Co. v Assurantie N.V.* 사건 판결[38]에서 법원은 법원의 적법절차에 간섭하는 행동도 비양심적 행동에 포함한다고 판시하였다. 예컨대 귀족원의 2004년 *Turner v Grovit* 사건 판결에서 보듯이, 영국 소송의 당사자인 피고가 기존 영국 소송절차를 좌절시키거나 방해할 목적으로 외국에서 악의적으로 소송을 추구하는 경우가 이에 해당한다고 한다.[39] *Turner v Grovit* 사건 판결에서 Lord Hobhouse는, 금지되는 당사자의 비양심적 행동뿐만 아니라, 원고가 그러한 행동에 대해 이의할 수 있는 권리가 있고 나아가 그 행동을 금지하기 위하여 정당한 이익을 가져야 할 필요성을 강조하였는데, 이 경우 이미 진행중인 영국 소송절차를 보호할

---

34) Naumann, S. 35.

35) 위에서 본 바와 같이 외국에서의 소송이 괴롭히거나 억압적이어야 한다는 요건은 부적절한 법정지의 법리에서는 폐기되었으나, 소송유지명령에서는 alternative forum case의 경우 여전히 필요하다는 것이다.

36) Hill(註 18), para. 11.2.8.

37) [1985] A.C. 58, 81. Cheshire, North & Fawcett, p. 465도 참조.

38) [1987] A.C. 24, 41 HL. Cheshire, North & Fawcett, p. 465도 참조.

39) Cheshire, North & Fawcett, p. 466.

필요가 있으므로 원고는 소송유지명령에 의하여 보호 받을 정당한 이익(legitimate interest)을 가진다고 판단하였다.[40]

(2) 외국에서의 제소가 당사자 간의 분쟁해결합의를 위반한 경우

외국에서의 제소가 당사자 간에 체결된 분쟁해결합의(dispute-resolution agreement), 즉 영국법원에 관할을 부여하는 전속관할합의 또는 영국을 중재지로 하는 중재합의에 위반한 경우 영국법원은 소송유지명령을 할 수 있다. 이 경우 소송유지명령을 하는 근거는, 만일 이를 허용하지 않으면 원고는 그의 계약상의 권리를 박탈당하게 되는데 그 경우 손해배상은 명백히 부적절한 구제수단이기 때문이다.[41]

분쟁해결합의 위반은 위에서 언급한 비양심적 행동의 경우와 비교할 때 다음과 같은 차이가 있다.[42] 분쟁해결합의가 있는 경우 첫째, 당사자는 외국에서 제소되지 않을 계약상 권리를 가지므로 상대방에 대하여 그 권리를 강제할 정당한 이익이 있고, 이를 위반하는 당사자의 행위는 그 자체로 비양심적 행동이 된다. 둘째, 당사자는 분쟁해결합의를 강제할 수 있는 권리를 가지므로 이를 배제하기 위하여는 상대방이 소송유지명령을 허용하지 말아야 할 강력한 이유를 증명해야 한다. 셋째, 분쟁해결합의 위반의 경우 소송유지명령을 조심스럽게 발해야 한다는 원칙은 적용되지 않는다. 넷째, 분쟁해결합의 위반의 경우 합의 위반이 아닌 경우와 동일한 정도로 예양원칙을 고려할 필요가 없다.

전속관할합의위반을 이유로 영국법원이 소송유지명령을 한 사례는 예컨대 *Donohue v Armco Inc.* 사건 판결을 들 수 있는데, 이 판결에서 Lord Bingham은 당사자가 특정한 법원에 전속관할을 부여하는 합의를 한 경우 그 합의의 범위에 속하는 청구에 관하여 합의한 법원 이외의 법원에서 제소한 때에는, 합의되지 않은 법원에서 소를 제기하는 당사자가 그 법정에서 제소하는 강력한 이유를 증명하지 않는 한, 계약상 거래의 준수(compliance with the contractual bargain)를 보장하기 위하여 영국 법원은 (합의되지 않은 외국에서의 제소를 금지하거나 기타 그 상황에서 적절한 절차에 의하여) 통상적으로(ordinarily) 재량을 행사한다고 판시하였다.[43]

---

40) *Turner v Grovit* [2001] UKHL 65 at [24].
41) Cheshire, North & Fawcett, p. 475.
42) Cheshire, North & Fawcett, p. 470.
43) *Donohue v Armco Inc.* [2002] 1 All ER 749, 759 (at [24]).

한편 일방당사자가 중재합의에 위반하여 제소하거나 소송을 수행하는 것을 금지하기 위하여 영국법원이 소송유지명령을 허용한 지도적 판결은 *Aggeliki Charis Compania Maritima SA v Pagnan SpA (The Angelic Grace)* 사건 판결이다.[44] 사안의 개요는 다음과 같다.[45]

선박소유자와 용선자 간에 분쟁이 발생하였다. 소유자들은, 문제된 사건으로부터 발생하는 청구와 반대청구는 런던에서 중재에 의하여 적절히 해결될 수 있고, 용선자들이 그 청구에 관하여 런던 중재 이외의 방법으로 제소하는 것을 금지하는 소를 런던에서 제기하였다. 그 후 소유자들은 런던에서 중재를 개시하였다. 이탈리아에 있는 용선자들에게 송달이 행해진 뒤 용선자들은 이탈리아 법원에 제소하였다. 용선자들은 중재조항의 범위에 관한 결정과 모든 청구와 반대청구가 중재가능성이 있는가라는 문제에 관한 결정을 목적으로 영국법원의 관할에 복종하였고 영국법원은 이를 긍정하였다. 그럼에도 불구하고 용선자들은 정당한 근거를 제시함이 없이 이탈리아 법원의 소송을 계속하였다.

1심법원의 Rix 판사는 이탈리아 소송에 대해 유지명령을 발하였다. 항소법원의 Millett 판사도 당사자 간에 유효한 중재합의가 있고 외국법원에 소송이 계속중인 경우 이는 '계약위반'(breach of contract)이 되므로 영국법원은 외국소송절차를 계속하는 것을 금지할 수 있는 본래적 권한이 있고, 그 경우 법원으로서는 소송유지명령에 대한 신청이 신속하게 그리고 외국소송이 상당히 진행되기 전에 제기되었다면 주저할 필요가 없다고 판시하였다.

이처럼 영국법상으로는 분쟁해결합의의 경우 통상의 채권계약의 경우와 마찬가지로 당사자는 계약상의 권리를 가지며 상대방은 그에 따른 의무를 부담한다.[46] 즉 그러한 계약상의 권리는 절차의 문제와 관련되지만 영국법상은 다른 계약상의 권리와 마찬가지로 실체법상의 권리라고 한다.[47] 분쟁해결합의 위반에 기한 소송유지명령의 근거는 "계약은 지켜져야 한다"(*pacta sunt*

---

44) *Aggeliki Charis Compania Maritima SA v Pagnan SpA (The Angelic Grace)* [1995] 1 Lloyd's Rep. 87 (C.A.)(Cheshire, North & Fawcett, p. 474 참조).

45) Sir Peter Gross, "Anti-suit injunctions and arbitration," [2005] Lloyd's Maritime and Commercial Law Quarterly 1, 12 참조.

46) Raphael, para. 14.02. 나아가 합의를 위반한 당사자가 아직 제소하지 않았으나 합의된 절차에서 협력을 거부한 것만으로도 손해배상책임이 있다고 한다.

47) Males, [1998] Lloyd's Maritime and Commercial Law Quarterly 543, 552(Naumann, S. 67에서 재인용).

servanda)는 원칙에 있다는 것이다.

The Angelic Grace 사건 판결과 달리 좀더 엄격한 요건 하에 소송유지명령을 할 것이라는 태도를 취한 영국법원 판결들도 있으나 이는 소수이고 그 후의 판결들은 전자를 따른다.[48)]

영국 법원들은 브뤼셀체제의 회원국인 다른 국가 법원에 제기된 소송에 대하여도 중재합의위반을 이유로 소송유지명령을 발하였고, 심지어 국제재판관할의 맥락에서 유럽사법재판소의 2004년 *Turner v Grovit* 사건 판결이 선고된 뒤에도 그렇게 하였다.[49)] 그러나 중재합의를 다룬 2009년 *Allianz v West Tankers* 사건 판결이 선고된 이후로는 이는 허용되지 않는다.

다. 소송유지명령이 정의의 목적에 부합할 것

소송유지명령의 유래가 형평법에 있다는 사실로부터 알 수 있듯이, 그리고 이제는 Senior Court Act 1981이 명시하듯이, 영국법원이 소송유지명령을 내리기 위하여는 '정의의 목적'(ends of justice)이 이를 요구하여야 한다.[50)] 여기의 정의라 함은 영국의 관념에 따른 정의를 의미하는데, 법원은 이를 판단함에 있어서 장래 소송이 어떤 형태로 어느 곳에서 제기되어야 하는지에 주목해야 한다.[51)] 여기에서 법원의 재량이 개입하게 된다.

분쟁해결합의 위반의 경우에는, 합의 위반이 확인되면 법원은 단지 소송유지명령을 발해서는 아니 되는 중요한 이유가 있는지만을 심사한다.[52)] 드문 경우이지만 소송유지명령이 아니라 손해배상으로 족한 경우가 있다.

또 다른 기준은 당사자가 소송유지명령을 지체없이 신청하였는가이다. *Toepfer v Molino Boschi* 사건 판결[53)]에서는 이탈리아 소송이 상당히 진행되었고 원고가 그의 책임 있는 사유로 영국법원에 늦게 신청하였기 때문에 소송유지명령이 거부되었다.[54)] 이는 분쟁해결합의 위반에 기한 소송유지명령

---

48) Naumann, S. 54ff. 온건한 태도를 취한 판결로는 *Philip Alexander Securities & Futures Ltd. v Bamberger* [1996] CLC 1757 (C.A.) 사건 판결과 *Toepfer International GmbH v Cargill* France SA [1998] 1 Lloyd's Rep. 379 (C.A.) 사건 판결을 들 수 있다. 상세는 Gross(註 45), p. 15 이하; Naumann, S. 55ff. 참조.

49) Cheshire, North & Fawcett, p. 475.

50) Raphael, para. 4.01.

51) Raphael, para. 4.11.

52) Naumann, S. 47.

53) [1996] 1 Lloyd's Rep. 510 (Q.B.D.).

54) Naumann, S. 47.

의 경우에도 타당하며 법원은 그 판단 시 재량을 가진다.[55]

라. 소송유지명령이 예양의 원칙에 반하지 않을 것

소송유지명령이 대인적인 것이기는 하나 이는 "외국법원에 대한 간접적인 간섭"(indirect interference with the foreign court)[56]이 된다. 따라서 법원은 소송유지명령을 하는 권한을 조심스럽게 행사해야 한다. 외국의 소송절차의 진행정도와, 당사자와 법원이 그의 수행과 관리에 투입한 노력의 정도가 클수록 예양에 대한 고려의 중요성이 증대되고, 예양의 원칙에 반할 정도에 이르는 경우 소송유지명령은 허용되지 않는다.[57] 그런데 위에서 본 것처럼 영국법원이 소송유지명령을 하는 두 가지 상황은, 첫째 당사자의 비양심적 행동이 있는 경우이고 둘째, 외국에서의 제소가 당사자의 분쟁해결합의를 위반한 경우인데, 후자의 경우 전자와 달리 예양의 원칙은 문제되지 않거나 문제되더라도 전자의 경우보다 훨씬 약하게 작용한다.[58]

예양이라 함은 일반적으로 상이한 국가, 특히 그의 법원과 법제는 적절한 경우 서로에게 상호 존중, 공감과 존경을 나타내는 것을 의미한다.[59] 즉 예양의 원칙으로부터, 소송유지명령을 하는 법원은 외국의 이해관계를 고려하여야 하고 외국의 주권을 침해하거나 간섭하여서는 아니 된다는 원칙이 도출되며, 이는 소송유지명령을 발할지를 결정하는 법원의 재량권을 제약하는 기능을 한다.[60]

이와 관련하여 소송유지명령을 발하는 것인 국제법에 반하는 것은 아닌가라는 의문이 제기되나, 영미에서는 소송유지명령은 외국의 법원에 대하여

---

55) Hill(註 18), para. 11.2.25.

56) *Airbus Industrie GIE v Patel* 사건 판결에서 Goff 경은 그와 같이 언급하였다(Cheshire, North & Fawcett, p. 457 참조). Cheshire, North & Fawcett, p. 456은 "외국법원의 관할권에 대한 묵시적 간섭"(implicit interference with the jurisdiction of a foreign court)이라 한다.

57) Cheshire, North & Fawcett, p. 456-457.

58) Cheshire, North & Fawcett, p. 457.

59) Raphael, para. 1.11.

60) Naumann, S. 205; Raphael, para. 1.12. Raphael은 소송유지명령의 맥락에서 예양은 그 밖에도 외국 법원의 재판과 재판과정상의 독립성은 기판력과 외국판결의 승인의 규칙을 넘어서 존중되어야 한다는 승인, 각국 법체계는 그의 자연적 영향범위를 가지는데 그 안에서는 다른 국가 법원이 간섭할 수 없으나 그 밖에서는 존중의 정도가 약하다는 관념과, 반대로 법원은 그 자신의 자연적 영향범위 안에 속하는 사항에 관하여는 간섭할 여지가 크다는 관념을 포함한다고 한다.

가 아니라 국내법원의 관할에 복종하는 당사자에 대한 것이므로 그러한 명령이 외국의 사법권에 개입하거나 국제법에 반하는 것은 아니라고 한다.61) 국제법협회(*Institut de Droit International*)도 영국법의 그것과 크게 다르지 않은 제한적인 상황 하에서 내려지는 소송유지명령은 국제법에 위반되지 않는다는 취지의 결의를 2003년 채택한 바 있다.62)

2. 소송유지명령의 효과

소송유지명령은 대인적인 구제수단이므로 소송유지명령이 있다고 해서 외국법원에 계속중인 소송이 직접 중지되지는 않으며, 외국법원도 그 명령을 따라야 하는 것은 아니다. 그러나 피고가 소송유지명령을 위반한 경우 이는 법정모욕이 되므로 그에 따른 제재가 부과되는데, 이는 심한 경우 징역 또는 영국 소재 자산의 몰수를 초래할 수도 있다.63) 또한 법정모욕을 범한 자의 신청은 그가 혐의를 벗거나 속죄하기 전에는 영국법원에 의하여 받아들여지지 않는다.64) 물론 피고가 영국 법원의 관할권이 미치는 영역 내에 소재하지 않고 자산도 가지고 있지 않은 경우 법정모욕은 실효성이 없겠지만, 그 경우에도 소송유지명령에 반하여 선고된 외국 법원의 판결은 영국에서 승인 또는 집행될 수 없다.

또한 영국법원의 소송유지명령은 독일이나 우리나라에서 승인 및 집행되지 않는다.65) 나아가 소송유지명령의 송달의 허용 여부도 논란이 있을 수 있다. 실제로 독일 뒤셀도르프 고등법원(OLG Düsseldorf)의 1996. 1. 10. 결정은 독일 당사자에 대하여 독일 법원에서의 소송을 금지하는 영국법원의 소송

---

61) Raphael, para. 1.48.

62) 상세는 Collins(註 10), S. 131 이하. 결의의 원칙 5는 아래와 같다.
"Court which grant anti-suit injunctions should be sensitive to the demands of comity, and in particular should refrain from granting such injunctions in cases other than (a) a breach of a choice of court agreement or arbitration agreement; (b) unreasonable or oppressive conduct by a plaintiff in a foreign jurisdiction; or (c) the protection of their own jurisdiction in such matters as the adminstration of estate and insolvency."

63) Eady D. and Smith A.T.H., Arlidge, Eadey & Smith on Contempt, 3rd ed. (2005), para. 14-1. Heinze/Dutta(註 13), p. 426, Fn. 64에서 재인용.

64) Heinze/Dutta(註 13), p. 426, Fn. 66에 인용된 문헌들 참조.

65) Schack(註 26), Rn. 863; Reinhold Geimer, Internationales Zivilprozessrecht, 6. Auflage (2009), Rn. 1014.

유지명령을 독일에서 송달하는 것은 헤이그송달협약(제13조 제1항)[66]에 따른 독일의 주권을 침해하는 것으로 보아 중당당국은 그 송달을 거부할 수 있다고 판단하였다.[67] 우리 법상의 취급은 아래(Ⅴ.4.)에서 논의한다.

Ⅲ. 브뤼셀체제와 소송유지명령의 관계

위에서 언급한 것처럼, 영국법원이 발하는 소송유지명령이 브뤼셀체제와 양립할 수 있는지를 둘러싸고 논란이 있었던바, 유럽사법재판소(ECJ)는 2004. 4. 27. *Turner v Grovit* 사건 판결과 2009. 2. 10. *Allianz v West Tankers* 사건 판결로써 소송유지명령은 브뤼셀체제와 양립하지 않는다는 결론을 내렸다. 이를 가리켜 영국이 발전시켜 온 '보통법 소송원칙의 체계적 해체'(systematic dismantling of the common law principles of procedure)[68]를 보여주는 사례라고 평가하기도 한다. 여기에서는 브뤼셀체제를 소개하고 위 두 개의 판결을 간단히 살펴본다.

1. 브뤼셀체제

민사 및 상사사건의 재판관할과 재판의 집행에 관한 유럽공동체협약(이하 "브뤼셀협약"이라 한다)[69]은 1968년 체결되고 1973년 발효된 이래 체약국[70]이 확대됨에 따라 여러 차례 개정되었는데, 브뤼셀협약의 법형식이 국제

66) 이는 민사 또는 상사의 재판상 및 재판외 문서의 해외송달에 관한 1965. 11. 1. 협약을 말하는데, 제13조 제1항은 "송달요청서가 이 협약의 규정과 일치할 때, 피촉탁국은 이를 이행하는 것이 자국의 주권 또는 안보를 침해할 것이라고 판단하는 경우에 한하여서만 이를 거부할 수 있다"고 규정한다. 송달협약에 관하여는 석광현, "헤이그送達協約에의 가입과 관련한 몇 가지 문제점," 국제사법과 국제소송 제2권(2001), 287면 이하 참조.

67) 이는 영국이 중재지인 중재합의에 위반한 독일에서의 제소를 이유로 영국법원이 소송유지명령을 발한 사건이다. 판결문은 IPRax (1997), S. 260ff.; Lenenbach(註 10), p. 317 참조. 김동진(註 10), 109면에도 간단한 소개가 있다.

68) Trevor C. Hartley, "The European Union and the Systematic Dismantling of the Common Law of Conflict of Laws," 54 International and Comparative Law Quarterly (2005), p. 813; Heinze/Dutta(註 13), p. 438.

69) 브뤼셀협약에 관하여는 석광현, "民事 및 商事事件의 裁判管轄과 裁判의 執行에 관한 유럽공동체協約(일명 "브뤼셀협약")," 국제사법과 국제소송 제2권 (2001), 321면 이하 참조.

70) 엄밀하게는 브뤼셀협약의 경우 체약국이고 브뤼셀규정의 경우 회원국이다. 이하 양자를 호환적으로 사용한다.

조약으로부터 이사회규정(Council Regulation)(이것이 "브뤼셀 I 규정"이다. 이하 "브뤼셀규정"이라 한다)[71]으로 전환되면서도 개정되었다. 브뤼셀규정은 2000년 12월 공포되어 2002. 3. 1.부터 발효되었으나, 덴마크에는 적용되지 않으므로 덴마크에 대한 관계에서는 여전히 브뤼셀협약이 적용된다(이하 양자를 묶어서 '브뤼셀체제'라고 한다). 브뤼셀체제에 의하여 유럽연합의 국제재판관할의 결정과 다른 회원국의 법원이 선고한 재판의 승인 및 집행에 관한 주요 유럽연합국가의 규범이 상당부분 통일되었다. 더욱이 유럽공동체국가들은 자유무역연합 국가들과 1988년 '루가노협약'을 체결함으로써 브뤼셀협약에 의하여 달성된 국제관할의 결정과 다른 체약국 재판의 승인 및 집행에 관한 규범을 확대하였고, 브뤼셀규정의 채택을 계기로 2007년 10월 개정 루가노협약을 체결하였다.[72]

브뤼셀체제의 국제관할규칙은 다음과 같다. 첫째, 피고가 법정지국가인 회원국에 주소를 가지는 경우 당해 국가가 관할을 가진다. 이것이 일반관할이다. 둘째, 피고가 법정지국가 이외의 회원국에 주소를 가지는 경우, 법정지국가는 브뤼셀협약 또는 브뤼셀규정의 다른 조문에 의하여 특별관할을 가지는 경우에 한하여 관할을 가진다. 셋째, 피고가 회원국에 주소를 가지지 않는 경우 법정지국가는 그 자신의 국내법에 의하여 관할의 유무를 결정한다.

한편 동일한 청구에 관하여 동일한 당사자들 간에 상이한 체약국들의 법원에 소송이 계속한 때에는, 후에 소송이 계속한 법원은 전소가 제기된 법원의 관할이 확정될 때까지 직권으로 소송을 중지하여야 하고, 전소가 제기된 법원의 관할이 확정된 때에는 관할 없음을 선고하여야 한다. 당사자들이 전속관할합의를 한 경우에도 전소가 계속한 법원이 관할합의의 유효 여부를 판단해야 하고, 다른 법원은 비록 당사자들이 국제재판관할을 부여한 법원이더라도 그 때까지 소송을 중지해야 한다.

---

71) 브뤼셀규정에 관하여는 석광현, "民事 및 商事事件의 裁判管轄과 裁判의 執行에 관한 유럽연합규정(브뤼셀규정)—브뤼셀협약과의 차이를 중심으로—," 국제사법과 국제소송 제3권(2007), 368면 이하 참조.

72) 개정 루가노협약은 유럽연합국가들과 덴마크와 노르웨이 사이에서는 2010. 1. 1., 스위스와 사이에서는 2011. 1. 1. 그리고 아이슬란드와 사이에서는 2011. 5. 1. 발효되었다. 개정 루가노협약의 소개와 국문번역은 한국국제사법학회가 법원행정처에 2009년 5월 제출한 보고서인 "외국 판결의 승인·집행에 관한 국제규범과 우리의 대응방안," 31면 이하 참조.

2. *Turner v Grovit* 사건 판결: 국제재판관할의 맥락

브뤼셀협약에도 불구하고 영국법원은 자연적 법정인 영국법원의 관할을 보호하기 위하여 브뤼셀체제의 회원국에서 계속중이거나 개시될 소송에 대해 유지명령을 발하였다. 그러나 이에 대해 다른 회원국들의 비판이 있었다. 영국 귀족원은 *Turner v Grovit* 사건에서 유럽사법재판소의 선결적 판단을 요구하였고, 유럽사법재판소는 2004. 4. 27. 판결[73]에서 영국법원이 다른 회원국에서의 소송절차를 개시 또는 계속하는 것을 금지하는 명령을 하는 것은 브뤼셀체제와 양립할 수 없다고 판단하였다.

가. 사안의 개요

영국에 주소를 둔 영국인인 터너는 1990년 Chequepoint Group의 사무변호사로 고용되었다. 위 그룹은 Grovit에 의하여 운영되고 주업무는 환전사무소의 운영이었으며, 터너를 고용한 China Security Ltd., 터너의 계약을 승계한 Chequepoint UK Ltd., 영국에 설립된 Harada와 스페인에 설립된 Changepoint로 구성되었다. 터너는 런던에서 업무를 수행하였으나 1997년 5월 마드리드로 전근되었고, 1997년 12월 계약을 승계한 Harada에 사직서를 제출하였다. 1998년 3월 터너는 런던에서 Harada를 상대로 고용법원(Employment Tribunal)에서 제소하여 부당해고로 인한 손해배상을 청구하였고 고용법원과 항소법원은 이를 인용하였다. 1998년 7월 Changepoint는 터너를 상대로 손해배상을 구하는 소를 마드리드 1심법원에 제기하였고, 터너는 송달된 소환장을 수령하지 않고 스페인 법원의 관할권을 다투었다.

터너는 1998년 12월 영국의 High Court에 Grovit, Harada와 Changepoint가 스페인에서 개시된 소송을 수행하는 것을 금지하는 소송유지명령을 (위반 시 penalty를 부과하는 조건으로) 신청하였고 High Court는 임시적 금지명령을 발하였으나 그 연장을 거부하였다. 터너가 항소하자 항소법원은 1999. 5. 28. 피고들에게 스페인 소송을 계속하지 말 것 등을 명하는 소송유지명령을 발하였다. 항소법원은 판결 이유에서, 스페인 소송은 고용법원에서의 그의 청구를 추구하는 데 있어서 터너를 괴롭히기(to vex) 위하여 악의

---

73) C-159/02.

로 제기되었다고 판시하였다. Grovit, Harada와 Changepoint는 영국법원은 브뤼셀협약이 적용되는 외국에서 소송 계속을 금지하는 명령을 할 권한이 없다고 주장하면서 귀족원에 상고하였다. 귀족원은 유럽사법재판소의 선결적 판단을 받기 위해 2001년 12월 아래 질문을 회부하였다.

> "다른 협약 국가에서 소송절차를 개시하거나 계속할 우려가 있는 피고에 대하여, 그들이 영국법원의 적절한 소송을 좌절시키거나 방해할 의도와 목적으로 악의로 행위하는 때에, 이를 금지하는 명령을 하는 것이 브뤼셀협약에 저촉되는지."

나. 유럽사법재판소의 판결

유럽사법재판소는 영국법원이 다른 체약국에서 소송절차를 개시 또는 계속하는 것을 금지하는 명령을 발하는 것은 브뤼셀체제와 양립할 수 없다고 판단하였다. 그 근거로 유럽사법재판소는 ① 상호신뢰의 원칙과 ② 중복제소에 관한 브뤼셀체제와 저촉되는 재판의 위험을 제시하였다. 상세는 아래와 같다.

(1) 상호신뢰(mutual trust)[74)]

가장 중요한 근거는 브뤼셀체제의 근저를 이루는 원칙, 즉 체약국이 다른 체약국의 법제와 사법제도에 대한 상호신뢰의 원칙에 있다. 브뤼셀규정의 전문 16항과 17항은 상호신뢰를 언급하고 있고, 일부 예외를 제외하고는(예컨대 제35조 제1항) 체약국의 관할권은 다른 체약국의 심사의 대상이 되지 않는다. 소송유지명령은 분쟁을 결정할 외국법원의 관할권을 침해하고, 외국법원의 관할권에 대한 간섭이 되므로 브뤼셀체제의 기초를 이루는 상호신뢰의 원칙과 외국의 관할권 재심사금지의 원칙에 반한다. 그러한 간섭은 소송유지명령이 당사자에 대하여만, 즉 대인적 효력만을 가진다는 사실과, 상대방에 의한 절차의 남용을 방지할 의도를 가지고 있었다는 사실에 의해 정당화될 수 없다. 왜냐하면 피고의 행위의 남용적 성격에 대한 판결은 다른 체약국 법원에 제기한 소송절차의 적정성에 대한 평가를 암시하는데, 그 평가는 외국판결의 승인과 집행의 단계에서만 발생하는 특별한 사안들을 제외하고는, 브뤼셀협약의 기초를 구성하는, 법원이 다른 체약국 법원의 관할권 심사

74) 판결문, para. 24.

를 금지하는 상호신뢰의 원칙에 반한다.

(2) 저촉되는 재판[75]

소송유지명령이 복수의 소송 그리고 저촉되는 재판의 위험을 최소화할 것이라는 주장은 수용할 수 없다. 첫째, 소송유지명령은 소송경합과 관련소송에 관한 브뤼셀협약의 기제(mechanism)를 위험에 빠뜨리고, 둘째, 소송유지명령에도 불구하고 다른 체약국에서 재판이 선고되거나 또는 저촉하는 소송유지명령들이 선고되어 브뤼셀체제가 그 해결방안을 두고 있지 않는 문제를 발생시킬 수 있다.

3. *Allianz v West Tankers* 사건 판결: 중재합의의 맥락

유럽사법재판소는 2009. 2. 10. *Allianz v West Tankers* 사건 판결[76]에서, 회원국의 법원이 어느 사람에게 다른 회원국에서의 소송절차가 중재합의를 위반하는 것이라는 근거로 소송유지명령을 발하는 것은 브뤼셀체제와 양립하지 않는다고 판시하였다.

가. 사안의 개요

West Tankers가 소유하고 Erg Petroli SpA ("Erg")가 용선한 선박(Front Comor)은 이탈리아 시라쿠사에서 Erg 소유의 jetty[突堤]와 충돌하여 손해를 발생시켰다. 용선계약은 영국법을 준거법으로 지정하고 중재지를 런던으로 하는 중재조항을 두고 있었다. Erg는 보험자(Allianz and Generali)에 대해 보험한도까지 보상을 청구하였고, 초과분에 대하여는 West Tankers를 상대로 런던에서 중재절차를 개시하였다. West Tankers는 손해배상책임을 부정하였다. Erg의 보험자는 보험금을 지급한 뒤 법률상의 대위를 이유로 2003년 7월 West Tankers를 상대로 Erg에게 지급한 금원의 지급을 구하는 소를 시라쿠사 법원에 제기하였다. 즉 보험자가 중재지가 런던인 중재합의에도 불구하고 선박소유자인 West Tankers를 상대로 이탈리아 법원에 제소한 것이다. West Tankers는 2004년 9월 High Court[77]에서 보

75) 판결문, para. 30.

76) C-185/07. Nigel Blackaby and Constantine Partasides with Alan Redfern and Martin Hunter, Redfern and Hunter on International Arbitration, Fifth Edition (2009), para. 5.133 이하의 소개도 참조.

험자가 중재합의에 반하여 시라쿠사 법원에서 개시한 절차를 중지할 것을 요구하는 소송유지명령을 구하였다. 2005년 3월 High Court는 청구를 인용하고 보험자에게 소송유지명령을 발하였고, 보험자는 귀족원에 상고하면서 소송유지명령은 브뤼셀규정에 반한다고 주장하였다. 귀족원은 유럽사법재판소의 선결적 판단을 받기 위해 아래 질문을 회부하였다.

> "회원국의 법원이 어느 사람에게 다른 회원국에서의 소송절차가 중재합의를 위반하는 것이라는 근거로 소송절차를 개시 또는 계속하는 것을 금지하는 명령을 하는 것이 브뤼셀규정과 양립하는지."

만일 중재합의가 없었더라면 West Tankers는 브뤼셀규정 제5조 제3호에 따라, 가해적 사건이 발생한 이탈리아에서 제소될 수 있었다. 그러나 브뤼셀규정 제1조 제2항 d호는 브뤼셀규정은 중재에는 적용되지 않는다고 규정한다. 문제는 브뤼셀규정의 적용범위로부터 배제되는 사건의 범위이다. 귀족원은 소송유지명령은, 비록 그것이 브뤼셀규정상 관할권을 가지는 법원에 의하여 내려진 것이더라도 브뤼셀규정이 확립한 체제와 양립할 수 없다고 실질적으로 결정한 2003년 Gasser 사건 판결[78]과 *Turner v. Grovit* 사건 판결을 언급하면서도, 그 원칙은 브뤼셀규정의 범위로부터 완전히 배제되는 중재에까지 확대될 수 없다고 판단하였다. 즉 중재합의를 이유로 하는 소송유지명령은 브뤼셀규정과 양립한다는 것이다.[79]

나. 유럽사법재판소의 판결

유럽사법재판소는, 회원국의 법원이 어느 사람에게 다른 회원국에서의 소송절차가 중재합의를 위반하는 것이라는 근거로 소송절차를 개시 또는 계속하는 것을 금지하는 명령을 발하는 것은 브뤼셀규정과 양립하지 않는다고

---

77) 정확히는 High Court of Justice of England and Wales, Queens Bench Division (Commercial Court)이다.

78) C-116/02. 이는 전속적 관할합의에 반하는 전소가 다른 체약국에 계속중인 경우, 전속관할합의에 의하여 관할권이 부여된 체약국의 법원이더라도 전속관할합의를 근거로 소송을 진행할 수 없고 여전히 소송경합의 처리에 관한 브뤼셀협약 제21조에 따라서 전소 법원이 관할 없음을 선고 때까지 소송을 중지해야 한다고 판시한 판결이다. 이는 얼핏 이상하게 보이지만 그 경우에도 후소가 계속한 법원은 전소가 계속한 법원이 전속관할합의의 존재를 근거로 관할권이 없다고 판단할 것을 믿고 기다려야 한다는 것이다.

79) 판결문, para. 21.

판단하였는데 그 근거는 아래와 같다. 우선 유럽사법재판소는 ① 중재합의에 기하여 소송유지명령을 위한 절차와 ② 그에 의하여 금지되는 소송절차를 구분하였다. 만일 전자가 브뤼셀규정의 적용범위에 포함된다면 터너 사건 판결에 의하여 이는 브뤼셀규정과 양립할 수 없다. 유럽사법재판소는 어떤 분쟁이 브뤼셀규정의 범위에 포함되는지 여부는 오로지 소송, 보다 구체적으로 문제된 소송이 보호하고자 하는 권리의 성질을 참조해서 결정해야 한다고 보고 소송유지명령에 이르는 소송절차는 브뤼셀규정의 대상에 포함될 수 없다고 판단하였다.[80)]

그럼에도 불구하고, 유럽사법재판소는 소송유지명령을 구하는 절차는 민사 및 상사의 재판관할의 충돌에 관한 규칙을 통일하고 재판의 자유로운 이동이라는 목적을 달성하려는 브뤼셀규정의 효력을 약화시키는 효과를 가질 수 있고, 그러한 소송절차가 다른 회원국 법원이 브뤼셀규정에 의하여 부여된 관할권을 행사하는 것을 방지하는 경우 그렇다고 보았다.

유럽사법재판소는 이 사건에서 분쟁의 대상, 즉 그 소송절차에서 보호하고자 하는 권리의 성질이 손해배상이고 따라서 브뤼셀규정의 대상에 포함되므로, 중재합의의 유효성을 포함한 중재합의의 적용가능성에 관한 선결문제도 그 적용범위에 포함된다고 보았다. 즉 중재합의를 이유로 시라쿠사 법원이 관할권이 없다는 항변은, 중재합의의 유효성의 문제를 포함하여 브뤼셀규정의 적용범위에 포함되고 따라서 제1조 제2항 d호와 제5조 제3호에 따라 그 항변과 그 자신의 관할권에 대하여는 전적으로 시라쿠사 법원이 판단하여야 하는데, 만일 영국법원이 소송유지명령을 발할 수 있다면 이는 필연적으로 시라쿠사 법원으로부터 브뤼셀규정에 따라 그 자신의 관할권에 대하여 판단하는 권한을 박탈하는 것이 된다. 또한, 다른 회원국 법원이 브뤼셀규정에 의하여 그에게 부여된 권한을 행사하는 것, 즉 브뤼셀규정의 적용 여부를 결정하는 것을 좌절시킴으로써, 소송유지명령은 회원국들이 다른 회원국의 법제도와 사법제도에 부여하고, 브뤼셀규정에 따른 관할권의 기초를 이루는 신뢰에도 반한다.[81)]

---

80) Martin Illmer: "Anti-suit injunctions zur Durchsetzung von Schiedsvereinbarungen in Europa—der letzte Vorhang ist gefallen—," IPRax (2009), S. 313은 소송유지명령은 엄연히 소송절차이고 중재를 대상으로 하지 않기 때문에 이러한 결론은 부당하다고 비판한다.

81) 유럽사법재판소는 나아가 위 결론은, 당사자가 중재합의를 한 사항에 관하여 소가 제기

이처럼 유럽사법재판소는 중재합의에 대하여도 재판관할의 맥락에서와 동일한 접근방법을 취함으로써, 금지되는 소송이 유럽연합의 다른 회원국의 소송인 경우라면 영국이 중재지라는 이유로 소송유지명령을 통하여 중재합의의 실효성을 보장하는 영국법원의 능력을 박탈하였다. 법리적인 면이 아니더라도, 예컨대 국제중재의 또 다른 중심지인 프랑스의 법원은 소송유지명령 제도를 알지 못하는 데 반하여 영국법원만이 소송유지명령을 발할 수 있는 상황을 다른 회원국들에게 받아들이라고 설득하기는 어려웠을 것이다.

그 결과 중재합의의 유효성에 관하여 영국법원과, 소송이 계속한 다른 회원국 법원이 상이한 결론에 이를 가능성이 존재한다. 이러한 상태를 개선하기 위한 입법론으로 브뤼셀규정을 개정하여 중재합의의 유효성에 관하여 중재지 법원에 전속관할을 인정하자는 견해 등이 주장되고 있다.[82] 앞으로 브뤼셀규정에서 소송과 중재의 관계가 어떻게 정리되는가는 국제거래의 실무에 커다란 영향을 미치게 될 것이므로 이에 대해 관심을 가지고 지켜볼 필요가 있다.

Ⅳ. 영국법상의 기타 논점

1. 중재판정부의 소송유지명령

위의 논의는 법원의 소송유지명령에 관한 것인데, 만일 중재판정부가 이미 구성되었다면 중재판정부가 소송유지명령을 발할 수 있는지도 문제된다.

된 경우 중재합의가 무효, 실효 또는 이행불능이라고 인정하는 경우를 제외하고 일방당사자의 청구에 따라서 당사자를 중재에 회부하여야 하는 것은 체약국 법원이라는 뉴욕협약 제2조 제3항에 의하여도 뒷받침된다는 점을 지적하였다.

82) Burkhard Hess, Thomas Pfeiffer, und Peter Schlosser, The Brussels I Regulation 44/2001: The Heidelberg Report on the Application of Regulation Brussels I in 25 Member States (Study Jls/C4/2005/03)(2008), para. 114 이하, 특히 para. 131. 이러한 사정을 고려하여 유럽연합은 광범위한 논의를 위하여 녹서(Green Paper)(COM (2009) 175)를 발표한 바 있다. Redfern/Hunter(註 76), para. 5.138 참조. 그 후 2010년 12월 위원회는 개정안을 제안하였다. European Commission, "Proposal for a Regulation of the European Parliament and of the Council on jurisdiction and the recognition and enforcement of judgments in civil and commercial matters" COM(2010) 748 final/2. 참조. 조문은 http://ec.europa.eu/justice/policies/civil/docs/com_2010_748_en.pdf 참조.

영국에서도 과거 중재판정부의 소송유지명령은 별로 관심의 대상이 아니었는데, 그 이유는 첫째, 법정모욕에 의하여 뒷받침되는 법원의 소송유지명령과 달리 중재판정부의 소송유지명령은 제재수단이 없어 무용하고, 둘째, 법원이 아니라 중재판정부가 외국 사법제도에 간접적으로 간섭하는 것은 부적절하다는 생각이 남아 있었으며, 셋째, 대륙법계의 교육을 받은 사람에게는 소송유지명령은 낯선 구제수단이었다는 데 이유가 있다고 한다.[83] 그러나 근자에는 상황이 달라져서 중재판정부의 소송유지명령의 사례가 증가하고 있고, 특히 West Tankers 사건에서 유럽사법재판소가 중재합의의 실효성을 보장하기 위한 영국법원의 소송유지명령이 브뤼셀체제와 양립하지 않는다고 판시한 결과 중재판정부의 소송소유지명령이 증가할 것이라고 한다.[84]

2. 중재합의 위반과 손해배상

영국에서는 중재합의에 위반한 제소에 따른 손해배상책임을 인정한다. 즉, 중재합의 위반 시 당사자는 외국에서 소송을 방어하는 데 발생하는 합리적인 비용을 손해배상으로 청구할 수 있다. 영국에는 이를 긍정한 판결들이 여럿 있다.[85] 이 경우 손해배상의 범위와, 분쟁해결합의를 위반한 당사자가 외국소송에서 승소한 경우 손해배상의 가부 등에 관하여는 논란이 있다.[86] 비양심적 행동에 기한 손해배상의 경우 불법행위로 성질결정할 수 있지만, 중재합의 위반에 기한 손해배상은 계약위반으로 성질결정될 것이다.

근자에는 분쟁해결합의를 위반한 당사자의 손해배상책임을 계약서에 명시하거나 더 나아가 손해배상의 예정을 하기도 한다.[87]

83) Raphael, para. 7.40.

84) Raphael, para. 7.41.

85) Cheshire, North & Fawcett, p. 470.

86) Raphael, para. 14.05 이하 참조. 예컨대 신뢰이익의 배상은 용이하나 이행이익의 배상은 어려운 문제를 제기한다. Gross(註 45), p. 54; Mankowski(註 21), S. 29.

87) 전속관할합의의 경우도 같다. 이에 관하여는 Mankowski(註 21), S. 23ff.; Koji Takahashi, "Damages for Breach of Choice of Court Agreements" Yearbook of Private International Law Vol. X 2008 (2009), p. 57 이하 참조.

V. 한국법상 소송유지명령에 관한 試論

여기에서는 한국법상 법원에 의한 소송유지명령(아래 1.), 중재인에 의한 소송유지명령(아래 2.)과 중재합의 위반과 손해배상(아래 3.)을 살펴본다. 종래 우리나라에서는 이 점에 관한 논의가 별로 없으므로 독일에서의 논의를 참조하여 논점과 장래의 논의 방향을 정리한다. 좀더 깊이 있는 검토는 추후의 과제로 미룬다.

1. 법원의 소송유지명령—특히 보전처분으로서

당사자가 합의한 중재지가 한국 안에 있는 경우 우리 법원이 외국 당사자에 대하여 중재합의에 반하는 소의 제기 및 수행을 금지하는 소송유지명령을 할 수 있는가가 문제된다. 우리 법원이 외국에서 제소하였거나 제소하려는 당사자에 대하여 소송유지명령을 하는 것은 통상 가처분의 형태로 제기될 것이다. 우리 민사집행법 제300조 제2항의 임시지위를 정하는 가처분의 일종으로 피고의 외국법원에 대한 소송제기의 금지 및 소송중단을 명하는 가처분의 발령이 가능한 것으로 적극적으로 해석해야 한다는 견해가 있다.[88] 반면에 우리 법제상 외국에서의 소송 자체의 중지를 청구하는 소를 제기할 수 있는 실체법적 근거가 없다는 견해도 있는데, 이는 우리 법상 재판관할권이 없는 외국법원에서 소추당하지 않는다는 일반적인 권리는 없다고 한다.[89]

우리 민사집행법상 보전처분의 형식으로 소송유지명령을 하기 위하여는 첫째, 우리 법원에 국제재판관할이 있어야 하고, 둘째, 피보전권리가 있어야 하며 셋째, 보전의 필요성이 있어야 한다. 이를 부연하면 아래와 같다.

가. 국제재판관할의 존재

이는 가처분사건의 국제재판관할의 문제이다. 우리 국제사법의 해석으로는 다른 국제재판관할의 경우와 마찬가지로 민사집행법의 보전처분에 관한

88) 김동진(註 10), 112면. 정해덕(註 4), 86면도 우리 법원도 가처분의 방법으로 외국소송에 대한 소송중지명령을 내릴 수 있다는 결론만 언급한다.

89) 김용진(註 3), 162면.

토지관할규정(제278조와 제303조)[90]을 참작하여 국제재판관할규칙을 도출하므로, 가처분의 경우 본안관할을 가지는 국가의 법원에 국제재판관할을 긍정하고 예외적으로 다툼의 대상(계쟁물) 소재지의 국제재판관할을 긍정할 수 있다.[91] 따라서 이런 일반원칙에 따라 외국에서의 소송이 불법행위를 구성한다면 한국이 불법행위지인 경우 국제재판관할을 긍정할 수 있고, 전속관할합의 위반을 근거로 하는 가처분이라면 전속관할법원이 한국 법원이라는 점을 근거로 우리 법원의 국제재판관할을 긍정할 수 있을 것이다.

한편 중재합의 위반을 근거로 하는 가처분의 경우 달리 국제재판관할근거가 없다면 위의 법리에 따라 한국의 국제재판관할을 긍정하기는 어려울 것이다. 아래에서 보듯이 중재합의를 이행할 의무, 즉 중재절차의 실행을 가능하게 하고 촉진하기 위하여 필요한 행위를 하고, 중재인의 판정 또는 기타 분쟁의 해결을 위태롭게 하는 행위를 하지 않을 실체법상의 의무의 이행지는 한국이므로 한국의 국제재판관할을 인정할 수 있다는 주장이 제기될 수 있으나, 중재지는 중재판정에 중재지라고 기재된 장소에 불과하며 '형식적인 법적 주소 또는 본거'[92] 또는 '순전히 법적인 개념'[93]일 뿐이고 중재지에서 어떤 행위가 행해져야 하는 것은 아니므로 중재지를 의무이행지로 보기는 어렵다. 더욱이 외국에서 일정한 행위를 해서는 아니 되는 부작위의무의 이행지에 착안하기는 어렵고 이는 한국도 아니다. 또한 의무이행지관할을 인정하는 경우, 원고의 청구가 주된 의무와 부수의무에 기초한 경우 문제가 된 의무는 주된 의무를 기초로 판단하여야 한다는 점도 고려할 필요가 있다.[94]

---

90) 이는 구 민사소송법 제698조, 제717조 제1항, 제721조에 상응하는 조문이다.

91) 한충수, "국제보전소송의 재판관할권—직접관할을 중심으로—," 국제사법연구 제4호(1999), 74면 이하; 김용진, "국제보전처분의 현황과 과제—집행을 위한 한·일간 협력방안 제시를 겸하여," 저스티스 34권 1호(2001. 2.), 220면 이하; 권창영, "국제민사보전법상 국제재판관할," 민사집행법연구회, 김능환 대법관 화갑기념: 21세기 민사집행의 현황과 과제, 민사집행법실무연구 Ⅲ(통권 제5권)(2011), 280면 이하 참조. 마찬가지로 가압류의 경우도 본안관할을 가지는 국가의 법원에 국제재판관할을 긍정하고, 가압류 목적물 소재지의 국제재판관할을 긍정한다. 새로운 해석론의 가능성은 1999년 초안과 2001년 초안(각 제13조)을 참조할 필요가 있다.

92) Karl Heinz Schwab/Gerhard Walter, Schiedsgerichtsbarkeit, 7. Auflage (2005), Kapitel 15 Rn. 39.

93) Howard M. Holtzmann and Joseph E. Neuhaus, A Guide To The UNCITRAL Model Law On International Commercial Arbitration: Legislative History and Commentary (1989), p. 839.

94) 석광현, "개정루가노협약에 따른 계약사건의 국제재판관할," 서울대학교 법학 제49권 제4호(2008. 12.), 427면; 이 책 [8] 참조.

다만 현실적 필요성을 고려하면, 중재지가 한국 안이므로 국제사법 제2조에 따라 한국이 실질적 관련이 있다고 보아 국제재판관할을 긍정할 여지는 있지 않을까 생각된다.

나. 피보전권리의 존재

보전처분의 형식으로 소송유지명령을 구할 경우 신청인의 피보전권리가 있어야 하고,[95] 본안의 형식으로 소송유지명령을 구할 경우에도 원고가 피고에 대해 부작위를 요구할 수 있는 권리가 있어야 한다.[96] 따라서 문제는 일방당사자가 중재합의에 반하여 외국에서 소를 제기하려는 상대방에 대하여 소의 제기를 금지하거나 이미 소를 제기하였다면 그 소송의 수행을 하지 말 것을 요구하는 권리가 있는가이다. 분쟁해결합의가 없는 경우에도 피보전권리가 있어야 하므로 경우를 나누어 본다.

(1) 분쟁해결합의가 없는 경우

우선 분쟁해결합의가 없는 경우 우리 법상으로는 일방당사자가 외국법에 따라 국제재판관할이 있는 외국에서 소를 제기하는 것은 그의 권리행사로서 허용되며 이는 원칙적으로 적법하다. 외국법원의 판결이 한국에서 승인 및 집행되지 않더라도 그 이유만으로 외국에서의 소송이 위법한 것은 아니다.[97] 문제는 외국에서의 제소가 권리남용에 해당하는 경우 위 이론에 대한 예외를 인정할 수 있는가, 인정한다면 그 범위는 무엇인가이다.[98]

(2) 중재합의 위반의 경우

위에서 본 바와 같이 우리 법상으로는 독일에서와 마찬가지로[99] 외국에

---

95) 이시윤, 신민사집행법(2004), 427면; 법원행정처, 법원실무제요 민사집행[Ⅳ]—보전처분—(2003), 40면; 김상원 외(편집대표), 주석 민사집행법(Ⅵ)(조관행 집필부분)(2004), 378면 이하, 부작위의 가처분에 관하여는 388면 이하 참조.

96) 독일에서는 예컨대 독일 민법 제826조(제249조 제1항과 결합하여)에 근거한 부작위청구권이 있어야 한다고 한다. 독일 제국재판소(RGZ 157, 136)는 라트비아에서의 이혼소송이 독일법을 회피하기 위한 것이라는 이유로 라트비아에 계속한 이혼소송의 중지를 명한 바 있다. 상세는 Schack(註 26), Rn. 772, Rn. 489; 김동진(註 10), 113면 주 46. Rolf A. Schütze, Deutsches Internationales Zivilprozessrecht unter Einschluss des Europäischen Zivilprozessrechts, 2. Auflage (2005), Rn. 179는 이를 '관할의 편취'의 사례로 설명한다.

97) Schack(註 26), Rn. 862.

98) 김동진(註 10), 113면은 이 경우에도 허용할 수 있을 것이라고 하는 것 같다.

99) Schack(註 26), Rn. 230, 771; Geimer(註 65), Rz. 1717; Jan Kropholler, Handbuch des Internationalen Zivilverfahrensrecht Band Ⅰ, Kapitel Ⅲ, 1982, Rz. 168. 그러나 예

서 소송을 하지 말 것을 요구할 수 있는 실체법상의 부작위청구권이 있는 경우에 한하여 소송유지명령이 가능하고, 영미에서와 같은 광범위한 소송유지명령 또는 소송금지를 청구하는 소송은 허용되지 않는다고 본다. 그렇다면 문제는 중재합의로부터 과연 실체법상의 부작위청구권이 도출되는가이다. 이런 배경 하에서 아래에서는 중재합의의 효력, 법적 성질과 실체법상 의무의 준거법 및 뉴욕협약의 영향을 살펴본다.

㈎ **중재합의의 효력** 중재합의는 소극적 효력과 적극적 효력을 가진다.[100] 중재합의가 있으면 이는 소극적 소송요건(또는 소송장애)이 되어 법원은 피고의 신청에 따라 소를 각하해야 하는데(중재법 제9조 제1항), 이처럼 중재합의가 소송절차의 진행을 배제하고 법원으로 하여금 중재절차에 회부하도록 하는 효력을 중재합의의 소극적 효력(또는 직소금지의 효력)이라 한다. 한편 중재합의에 의하여 당사자는 분쟁을 중재절차에 회부할 수 있고 중재인은 분쟁을 해결할 권한을 가지며 중재판정을 내릴 수 있는데, 이는 중재합의의 적극적 효력이다.

나아가 당사자는 중재합의의 내용에 따라 신속한 중재절차의 진행을 위하여 협력할 의무를 부담하는데 이것이 당사자의 협력의무[101] 또는 촉진의무(Förderungspflicht)이다. 문제는 이러한 협력의무 또는 촉진의무가 실체법상 의무인가, 따라서 일방당사자가 협력의무를 이행하지 않을 경우 법원이 이를 강제할 수 있는가, 나아가 이를 위반한 경우 손해배상의무가 발행하는지가 문제된다. 우리나라에는 논의가 많지는 않지만 독일에서처럼 견해가 나뉜다. 즉 긍정설[102]은 중재합의의 당사자들은 중재합의를 이행할 의무, 즉 중재절차의 실행을 가능하게 하고 촉진하기 위하여 필요한 행위를 하고, 중재인의 판정 또는 기타 분쟁의 해결을 위태롭게 하는 행위를 하지 않을 실체법상의 의무를 부담하므로,[103] 일방당사자가 중재합의의 이행을 거부하면 상

외적인 경우 실체법상의 부작위청구권이 인정되는데, 예컨대 당사자들이 그런 취지의 합의를 하거나, 외국의 소를 취하하기로 합의하거나 또는 화해한 경우이다. Schütze(註 96), Rn. 179는 관할의 편취의 경우에도 이를 인정한다.

100) 독일에서는 이를 소극적 처분효(또는 처분적 효력)와 적극적 처분효라 부른다. Naumann, S. 99 참조.

101) 독일 연방대법원 판결(BGH NJW 1988, 1215)도 협력의무를 긍정하였다. 정선주, "당사자의 무자력과 중재합의관계의 해소," 중재연구 제12권 1호(2002. 8.), 256면도 이를 긍정한다.

102) 목영준, 상사중재법(2011), 59면; 정선주(註 101), 256면, 264면; Rolf A. Schütze, Schiedsgericht und Schiedverfahren, 4. Auflage (2007), Rn. 143.

103) 소송법상의 의무를 부담한다는 견해도 있다. 예컨대 Geimer(註 65), Rn. 1716은 당사자

대방은 법원에 강제이행을 구할 수 있고 의무위반에 대한 손해배상을 청구할 수 있다고 본다. 이에 따르면 중재합의 위반 시 당사자는 외국에서 소송을 방어하는 데 발생하는 일정한 비용을 손해배상으로 청구할 수 있다. 반면에 독일의 다수설은 중재합의는 관할합의처럼 처분행위로서 처분적 효력(Verfügungswirking)만을 가질 뿐이고 의무를 부담시키는 효력(Verpflichtungswirkung)은 없다고 하면서 외국에서 소송을 하지 말 것을 요구할 수 있는 실체법상의 부작위청구권의 존재를 부정하므로 결국 소송유지명령은 원칙적으로 허용되지 않는다고 본다.[104] 부정설은 위와 같은 협력의무는 국가법원에 의해 이행이 강제될 수 없는 성질의 것이라는 점에서 엄밀하게는 의무가 아니라, 소송상 필요하기는 하지만 그 행위를 할 것인지 여부는 당사자의 재량에 맡겨져 있는 '소송상의 부담'(prozessuale Lasten)일 뿐이라고 한다.[105] 부정설은 당사자가 중재합의에 따른 협력의무를 위반하더라도 이를 굳이 강제할 필요는 없으며, 중재인으로서는 협력하지 않은 데 따른 효과를 부여하면 족하다고 한다.[106]

(나) **중재합의의 법적 성질** 위의 논의는 보다 근본적으로는 중재합의의 법적 성질이 무엇인가와 관련된다. 독일에서는 학설상 중재합의의 법적 성질을 소송계약(Prozessvertrag)으로 보는 견해[107]가 유력하나, 연방대법원은

가 전속관할합의를 체결하면 그의 유효성에 관하여 합리적인 의심이 없는 한 관할이 배제된 법원에서 제소하지 않을 소송법상의 의무가 있고, 이를 위반한 경우 제소를 금지할 수는 없지만 손해배상책임은 있다고 한다. 미국에서는 더 나아가 침해를 받은 당사자는 중재를 강제하는 소를 법원에 제기할 수 있다. 미국 연방중재법 제2장 제206조(9. U.S.C. § 206). 반면에 영국에서는 중재합의의 경우 특정이행명령은 실제적이지 않다고 보고 간접적인 강제만을 허용한다. Redfern/Hunter(註 76), paras. 1.54, 1.55.

104) Kropholler(註 99), Rz. 168; Schack(註 26), Rn. 861; Naumann, S. 98-99. 또한 전속관할합의의 경우 각 법원은 자신의 관할권이 유효하게 배제되었는지를 스스로 심사할 수 있어야 하는데 관할권이 부여된 법원이 소송유지명령을 한다면 그러한 심사권한이 무의미하게 된다. Schack(註 26), Rn. 862.

105) 오창석, "파산절차에 있어서의 중재합의의 효력과 중재절차," 중재연구 제12권 1호(2002. 8.), 131면. 독일은 Schwab/Walter(註 92), Kapitel 7 Rn. 20과 Fn. 85에 인용된 문헌들. 소송상의 부담은 실체법상의 간접의무(또는 책무)에 유사한 개념이다. Hans-Joachim Musielak, Zivilprozessordnung, 4. Auflage (2005), Einleitung, Rn. 56. 예컨대 당사자는 소송에서 사실을 주장하고 입증할 필요가 있지만 이를 하지 않고 그로 인한 불이익을 감수할 수 있다.

106) 다만 부정설도 중재비용을 예납할 당사자의 의무는 진정한 의무라고 본다.

107) Heinrich Nagel/Peter Gottwald, Internationales Zivilprozessrecht, 6. Auflage (2007), §16 Rz. 8; Geimer(註 65), Rn. 3786. 독일 학설은 Schwab/Walter(註 92), Kapitel 7 Rn. 37, Fn. 133 참조. 영국에서는 이런 소송계약의 개념을 알지 못하는 것으로 보인다.

관할합의의 경우와 마찬가지로 소송법적 효력을 가지는 실체법적 계약으로 본다.[108] 이처럼 중재합의를 순전한 소송행위로 보아 처분효만을 인정하는 독일 이론에 따르면 그로부터 실체법적 효력을 도출하기는 어렵다. 즉 중재합의가 있더라도 중재에 의하지 않고 소를 제기하지 않을 의무가 발생하는 것은 아니다. 전속관할합의의 경우도 같다. 이 점에서 중재합의도 다른 채권계약과 같이 당사자의 실체법상의 의무를 발생시킨다고 보는 영국법과 다르다.

독일에서 소송유지명령에 대해 부정적 태도를 취하는 또 다른 근거는, 소송유지명령은 내국의 법관이 외국의 관할질서, 따라서 외국의 주권에 대하여 간섭하는 것이라는 데 있다.[109]

㈐ **실체법상 의무의 준거법** 중재합의에 따라 당사자가 협력의무(또는 촉진의무)를 부담하는가는 중재합의의 준거법, 즉 중재합의의 성립 및 유효성의 준거법에 따를 사항이라고 본다. 저자는 전에 중재합의의 효력의 준거법에 관하여 아래와 같이 썼다.[110]

> "중재합의의 적극적 효력의 준거법은 두 가지를 구분할 필요가 있다고 본다. 첫째, 중재인이 중재절차를 진행할 수 있는 효력에 관한 적극적 효력은 중재지법에 따를 사항이다. 둘째, 당사자가 법원을 통하여 중재합의를 강제할 수 있는가는 법정지법에 따라 판단할 사항이다. 그러므로 예컨대 중재지가 뉴욕이고 중재합의의 준거법이 뉴욕주법이더라도 우리 법원에 소가 제기되었다면, <u>만일 우리 중재법상 중재절차를 강제할 수 없다는 해석론을 취할 경우, 우리 법원은 중재절차를 강제할 수는 없다. 하지만 만일 실체법상의 의무를 긍정한다면 결과적으로 그 범위 내에서는 중재합의의 준거법에 따른다고 볼 여지도 있다.</u>"

여기에서는 실체법상의 의무를 긍정하므로 당사자의 협력의무 위반의 준거법은 중재합의의 준거법으로 보는 데 어려움이 없을 것이다.[111]

㈑ **뉴욕협약의 영향** 위에서 언급한 바와 같이 뉴욕협약 제2조 제3

108) 1963. 11. 28. 독일 연방대법원 판결. BGHZ 40, 320. 소송법상 합의의 법적 성질에 관하여는 김홍엽, 민사소송법(2011) 447면 이하 참조.
109) Schütze(註 96), Rn. 179.
110) 석광현(註 21), 127면.
111) 본문의 결론에 따르면 당사자가 법원을 통하여 중재합의를 강제할 수 있는가도 법정지법이 아니라 중재합의의 준거법에 따른다는 주장이 가능하다.

항은, "당사자들이 본조에서 의미하는 합의를 한 사항에 관한 소송이 제기되었을 때에는 체약국의 법원은 … 일방당사자의 청구에 따라서 중재에 부탁할 것을 당사자에게 명하여야 한다"고 규정한다. 여기에서 소송유지명령은 위 제2조 제3항의 취지에 반한다는 견해가 있다. 그 근거는 중재합의의 유효성에 대해 심사할 수 있는 권한은 위 제2조 제3항에 따라 소가 제기된 법원에 전속하므로, 영국법원이 중재지 법원이라는 이유로 소송유지명령을 내리는 것은 그 국가 소송절차의 완결성에 대한 간접적인 간섭이고 그 주권을 무시하는 것이며, 또한 영국법원과 법정지법원의 판단이 상충될 위험성도 있기 때문이라고 한다.[112] 그러나 영국에서는 위 제2조 제3항은 중재합의의 대상인 분쟁의 실체에 관한 소송에 적용될 뿐이고, 소송유지명령과 같이 중재절차를 지원하기 위한 부수적 소송에는 적용되지 않는다고 한다.[113]

생각건대, 뉴욕협약의 위 조항은 브뤼셀체제의 그것과 달리 소송유지명령의 가부와 직접 관련은 없다고 본다. 위에서 언급한 유럽사법재판소의 2003년 Gasser 사건 판결에서 보듯이 브뤼셀체제에서는 전속적 관할합의에 반하는 전소가 다른 체약국에 계속중인 경우, 전속관할합의에 의하여 관할권이 부여된 체약국의 법원도 전속관할합의를 근거로 소송을 진행할 수 없고 여전히 전소 법원이 관할 없음을 선고 때까지 소송을 중지해야 하지만, 뉴욕협약의 체약국 간에는 그 정도의 강력한 상호신뢰가 존재하는 것은 아니다. 그렇지 않다면 당사자들이 중재합의와는 별도로 다른 곳에서 소송을 제기하지 않을 의무를 부담한다는 취지의 합의를 하는 것도 허용되지 않을 것이기 때문이다.

(마) **소 결** 우리나라에서는 중재합의를 소송계약으로 보는 독일의 통설과 달리 이를 "절차법적 법률관계에 관한 실체법(사법)상의 계약"[114] 또는 "소송상의 관계에 대한 실체법상의 계약"[115]이라거나 "소송법적 효과를 수반하는 특수한 私法上의 계약"[116]이라고 본다. 이에 따르면 당사자들이 중재합의를 체결한 경우 주된 효력은 소송법의 영역에서 발생하지만, 중재합의에 위반하여 소를 제기하지 않겠다는 부수적인 합의의 존재를 인정할 여지가

112) Naumann, S. 121f.

113) *Toepfer International GmbH v Cargill* France SA [1998] 1 Lloyd's Rep. 379 (C.A.) 385 (Heinze/Dutta(註 13), p. 418 Fn. 26에서 재인용).

114) 김홍규, "중재법원(중재판정부)의 자기의 관할권을 판정하는 권한," 중재 제298호(2000), 6면.

115) 오창석(註 105), 126면, 주 34.

116) 손경한, "중재합의," 사법연구 1: 계약법의 특수문제(1983), 123면.

있다. 당사자들이 중재합의와 별도로 중재합의에 반하여 외국 법원에 제소하지 않을 것을 합의할 수 있다면, 다른 합의가 없는 경우 중재합의 속에 그런 취지가 이미 포함되어 있다고 보는 편이 당사자의 의사와 상식에 부합할 것이다.[117] 따라서 당사자 간에 중재지를 한국 안에 두는 중재합의가 있다면, 일방당사자는 '외국에서 제소되지 않을 권리'(right not to be sued abroad)를 가지고 상대방은 이를 재판상 청구하거나 기타 이러한 권리의 침해를 막기 위하여 필요한 조치를 취할 수 있게 될 것이다.[118] 실무적으로 중재인이 중재합의에 기하여 소송유지명령을 할 가능성이 점증하고 있고, 예컨대 당사자가 중재지를 서울로 합의하면서 국제상업회의소 중재규칙(Rules of Arbitration of the International Chamber of Commerce)을 적용하기로 한 경우, 중재인은 소송유지명령을 할 수 있는 데 반하여 우리 법원은 이를 할 수 없다는 것은 문제가 있으므로 이를 긍정할 실제적 필요가 있다. 다만 우리 법원의 소송유지명령을 허용한다면, 실제 중재합의에 반하는 소송이 계속한 외국 법원의 판단과의 저촉이 발생할 수 있고, 소송유지명령에 대한 소송유지명령(anti-anti-suit injunction)[119]의 가능성도 배제할 수 없다는 문제가 발생한다.

(3) 전속관할합의 위반의 경우

독일의 소수설은 전속관할합의의 경우 관할권이 부여된 법원 이외의 법원에서는 제소하지 않겠다는 실체법상의 합의를 포함하는 것으로 보나,[120]

---

117) 예컨대 Peter Schlosser, "Anti-suit injunctions zur Unterstützung von internationalen Schiedsverfahren," Recht der Internationalen Wirtschaft (2006), S. 486ff.도 중재합의 결과 당사자는 법원에 제소하지 않을 실체법상의 부작위의무를 부담하고, 이는 별소 또는 가처분에 의하여 관철될 수 있다고 본다. 그러나 다수설은 이를 부정한다. 예컨대 Geimer (註 65), Rn. 250d.

118) Peter Schlosser, Justizkonflikt zwischen USA und Europa (1985), S. 37; Jochen Schröder, "The Right not to be Sued Abroad," Festschrift für Gerhard Kegel zum 75. Geburtstag (1987), S. 532와 같은 독일 소수설은 전속관할합의에 관하여 이런 견해를 취한다. 전자는 후자에서 재인용. 이러한 의무를 부수의무라고 본다면 이는 소구가능성이 있는 이른바 '독립적 부수의무'라고 볼 수 있다는 것이다. 지원림, 민법강의 제7판 (2009), [4-20]. 즉 부수의무의 존재를 인정하면 그 위반시 손해배상책임이 발생하지만, 그렇더라도 이를 반드시 강제할 수 있는 것은 아니고 부수의무의 종류에 따라 구별해야 한다는 것이다. 이는 채권총론 일반의 논의이다.

119) 이에 관하여는 Raphael, para. 5.47 이하 참조.

120) Schröder(註 118), S. 531ff. Schröder는 그런 합의는 묵시적으로도 체결될 수 있다고 본다. Kropholler(註 99), Rz. 168 Fn. 348은 명시적 합의가 필요하다고 한다. Kropholler (註 99), Rn. 175는 민소법 제888조에 기한 강제와 손해배상청구는 명백히 남용적인 사안에 한정해야 한다고 한다.

통설은 소송법적 효력 외에 이러한 실체법상의 의무를 부정한다.[121] 통설에 따르면 관할합의는 처분행위(Verfügungsakt)일 뿐이고 의무를 부담시키지는 않는데, 이렇게 이해한다면 관할합의를 이행하라는 소 또는 위반 시 손해배상을 구하는 소를 제기하는 것은 불가능하게 된다.[122] 또한 실제적인 필요가 없다는 견해도 있다.

다. 보전의 필요성의 존재

보전처분을 하기 위하여는 다툼 있는 권리관계에 대하여 채권자에게 생길 현저한 손해 또는 급박한 위험을 피하기 위한 필요성, 즉 보전의 필요성이 있어야 한다(민사집행법 제300조 제2항). 중재합의에 위반하여 외국에서 소송이 제기되고 그곳에서 패소하더라도 그 외국판결은 한국에서 승인 및 집행되지 않을 것이므로 소송유지명령을 위한 보전의 필요성이 없다고 주장할지 모르겠으나 이는 근거가 없다. 비록 중재합의에 위반하여 제소되더라도 피고가 중재합의에 기한 항변을 제출하지 않으면 외국법원이 당사자를 중재에 회부하지 않을 가능성이 크므로(뉴욕협약 제2조 제3항) 당사자는 외국소송에 출석하여 중재합의의 항변을 제출할 필요가 있다. 요컨대 중재합의가 있더라도 피고로서는 실제로 외국의 소송에 출석해서 방어하지 않을 수 없고 그에 따른 시간, 노력과 비용이 소요되고 명성에 손상이 발생할 수 있으므로 외국에서의 소송을 금지할 실제적 필요성이 있다고 할 수 있다.[123]

이처럼 중재합의가 있으면 일방당사자는 그에 반하여 외국에서 제소하지 않을 의무가 있고, 외국에서의 소송을 금지할 필요성이 있다고 본다면, 중재합의가 있기만 하면 가처분형식의 소송유지명령은 항상 허용되는가라는 의문이 제기된다. 뉴욕협약 제2조 제3항과 중재법 제9조에서 보듯이 중재합의가 있더라도 그것이 부존재·무효이거나 효력을 상실하였거나 그 이행이 불가능한 경우에는 당사자는 중재합의에 구속되지 않는다. 따라서 우리 법원으로서는 이런 가능성을 검토할 필요가 있다. 나아가 영국법원이 소송유지명령을 발하기 위하여 고려하는 요건 중 소송유지명령이 정의의 목적에 부합할 것과 예양의 원칙에 반하지 않을 것이라는 요건[124]은 결국 우리 법원이 보전의 필

121) Schack(註 26), Rn. 861. 그러나 소송법상의 의무를 인정하는 견해도 있음은 위에서 본 바와 같다. Geimer(註 65), Rn. 1716.

122) Schröder(註 118), S. 531은 이 점을 지적한다.

123) Lenenbach(註 10), p. 303도 동지.

요성을 판단하는 과정에서 적절히 고려해야 한다.[125] 예컨대 외국에서의 소송절차가 상당히 진행되어 판결의 선고가 임박한 때에 비로소 소송유지명령을 신청한다면 그 경우에까지 소송유지명령을 발할 것을 아니라고 본다. 다만 비양심적 행동의 경우에 비하여 그 강도가 약할 수밖에 없다.

라. 소송유지명령의 실효성

우리 법상 우리 법원이 소송유지명령을 할 수 있더라도 그 실효성을 확보할 수 있는 수단이 없다면 이는 유명무실하다. 우리 법상은 영국에서와 같이 소송유지명령 위반을 이유로 법정모욕에 따른 제재를 부과하는 것은 불가능하다. 하지만 우리 법원이 소송유지명령을 발하고 피신청인이 그에 반하여 예컨대 외국 법원에 제기한 소를 취하하지 않는 경우 하루에 일정금액의 손해배상을 부과함으로써 간접강제를 하는 것은 가능하므로 실효성이 전혀 없는 것은 아니다.[126] 물론 간접강제를 집행할 현실적 수단이 있어야 할 것이다. 또한 우리 법원의 소송유지명령에 반하는 외국법원의 판결은 우리 나라에서 승인 및 집행을 거부해야 할 것이다. 예컨대 전속관할합의 또는 중재합의에 반하는 외국판결은 관할권의 결여 또는 재판권의 결여 또는 공서에 반하는 것으로서 승인될 수 없다.

2. 중재판정부의 소송유지명령[127]

가. 중재법의 해석

국제상사중재에서 내려지는 임시적 처분의 유형에는 그 목적에 따라 첫째 손해를 회피하기 위하여 하는 처분(현상유지를 위한 임시적 처분도 이에

124) Raphael, para. 8.03 이하는 영국법원이 소송유지명령을 발하지 않을 강력한 이유를 판단하기 위하여 고려할 요소로 분쟁해결합의조항의 성질, 소송의 성질에 관한 요소, 소송유지명령을 신청하는 원고의 행위에 관한 고려와 예양의 원칙을 고려한다.

125) 우리 대법원 판결 중에도 '국제예양'이라는 개념을 쓴 것이 있다. 즉, 대법원 1992. 7. 14. 선고 92다2585 판결은 "… 우리나라와 영사관계가 있더라도 송달을 받을 자가 자국민이 아닌 경우에는 영사에 의한 직접실시방식을 취하지 않는 것이 국제예양이며 …"라고 판시하였다. 또한, 과거 민사사법공조에 관한 법적인 근거가 없을 당시에도 우리 법원은 사법공조를 제공한 바 있는데 그 근거를 국제예양으로 설명하는 경향이 있었다. 우리 법상 국제예양에 어떠한 지위를 부여할 것인가는 좀더 검토를 요하는 문제이다.

126) 김동진(註 10), 113면.

127) 상세는 석광현(註 21), 440면 이하 참조.

포함된다), 둘째 장래의 중재판정의 집행을 촉진하기 위한 처분(자산동결처분도 이에 포함된다)과, 셋째 중재절차의 진행을 촉진하기 위한 처분이 있다.[128] 중재판정부에 의한 임시적 처분에 관하여 침묵하였던 구 중재법과 달리, 중재법(제18조 제1항 제1문)은 국제연합 국제거래법위원회(UNCITRAL)가 1985년 채택한 "국제상사중재에 관한 모델법"(이하 "모델법"이라 한다)(제17조 1문)을 따라 임시적 처분을 할 수 있는 중재판정부의 권한을 명시한다. 다만 중재법 제18조 제1항은 "중재판정부는 … 분쟁의 대상에 관하여 … 임시적 처분을 내릴 수 있다"고 규정하므로 중재판정부가 할 수 있는 임시적 처분은 분쟁의 대상에 관한 것에 한정된다. 따라서 예컨대 다툼의 대상(즉 계쟁물)에 관한 처분금지가처분이나 점유이전금지가처분 등을 할 수는 있으나, 중재의 대상이 아닌 피신청인의 다른 재산에 대한 가압류 기타의 처분을 할 수는 없고, 소송유지명령 기타 중재절차의 진행을 촉진하기 위한 임시적 처분을 할 수는 없다.

또한 우리 중재법상으로는 중재판정부는 위 셋째의 유형, 즉 소송유지명령 기타 중재절차의 진행을 촉진하기 위한 임시적 처분을 할 수는 없다. 하지만 중재법상 당사자는 합의에 의하여 중재판정부가 할 수 있는 임시적 처분의 범위를 제한하거나 확장할 수 있고, 이는 중재규칙의 지정에 의하여도 가능하다. 예컨대 ICC 중재규칙(제23조 제1항)은 당사자가 달리 합의하지 않는 한 중재판정부는 당사자의 신청에 따라 적절하다고 간주되는 임시적 처분을 취할 수 있다고 하여 중재법보다 광범위한 권한을 중재판정부에 부여하는데, 당사자가 ICC 중재규칙을 적용하기로 하였다면 중재판정부는 그에 따른 임시적 처분을 할 수 있다.

나. 모델법 개정안

2006년 6월과 7월에 개최된 UNCITRAL 제39차 본회의에서 채택된 모델법 개정안은 제4장의2(Chapter Ⅳ bis)로 '임시적 처분과 사전명령'이라는 장을 신설하여 그에 관한 상세한 규정을 둔다.[129] 임시적 처분(interim meas-

128) A/CN.9/WG.II/WP.119, paras. 16-18, A/CN.9/468, para. 81 참조.

129) 상세는 노태악 · 구자헌, "최근 UNCITRAL 모델 仲裁法의 개정논의 결과와 國內法에의 示唆 —仲裁合意의 書面性과 仲裁判定部의 臨時的 處分을 중심으로," 국제규범의 현황과 전망 —2006년 국제규범연구반 연구보고— (2006), 491면 이하; 한민오, "국제상사중재에 있어서 중재판정부의 임시적 처분에 관한 연구," 서울대학교 대학원 법학석사학위논문(2012.

ures)은 상대방에 대한 통지 후에 내려지는 것으로, 관할법원에 집행을 신청할 수 있고 법원은 승인거부사유가 없는 한 이를 승인하고 집행해야 한다. 반면에 사전명령(preliminary orders)은 임시적 처분의 집행을 확보하기 위하여 일방당사자의 신청에 의하여 내려질 수 있으나 20일 동안만 효력이 있으며 집행의 대상이 되지 않는다. 개정안(제17조 제2항)은 현상유지를 위한 임시적 처분과 소송유지명령도 내릴 수 있음을 명시한다(물론 법원의 소송유지명령이 더 실효적이다). 즉 제17조 제2항은 b호는 “중재절차 자체에 현재의 또는 임박한 해를 끼치거나 영향을 미칠 행위를 방지 또는 금지하는 행위를 취하는 것”을 임시적 처분에 포함시킴으로써 중재판정부에 의한 소송유지명령이 가능함을 밝히고 있다.[130] 우리도 모델법의 개정내용을 중재법에 반영하는 방안을 검토할 필요가 있다.[131]

3. 중재합의 위반과 손해배상

이에 대하여는 피보전권리에 관하여 위에서 본 바가 대체로 타당하다. 그러나 손해배상책임을 인정한다고 해서 당연히 소송유지명령을 허용하는 것은 아니다.[132]

즉, 중재합의의 결과 당사자가 실체법상의 의무를 부담한다고 보는 견해는 당사자는 중재합의를 이행할 의무, 즉 중재절차의 실행을 가능하게 하고 촉진하기 위하여 필요한 행위를 하고, 중재인의 판정 또는 기타 분쟁의 해결을 위태롭게 하는 행위를 하지 않을 실체법상의 의무를 부담한다고 보므로, 일방당사자가 중재합의의 이행을 거부하면 상대방은 의무위반에 대한 손해배상을 청구할 수 있다고 본다. 이 경우 일방당사자는 외국에서 소송을 방어하는 데 발생하는 합리적인 비용과 그 소송에서 부담한 소송비용을 손해배상으로 청구할 수 있다. 이 견해가 설득력이 있다. 손해배상 청구는 중재에 의하여 해결해야 할 것이다.

2.), 42면 이하 참조. 문언은 http://www.uncitral.org/uncitral/en/uncitral_texts/arbitration/1985 Model_arbitration.html 참조.

130) 노태악·구자헌(註 129), 494면.

131) 이에 관한 구체적 검토는 한민오(註 129), 103면 이하 참조.

132) 예컨대 Schack(註 26), Rn. 863; Geimer(註 65), Rn. 1717은 소송유지명령은 불허하면서도 피해자에게 손해배상청구는 허용한다.

그러나 부정설은 이러한 협력의무는 국가법원에 의해 이행이 강제될 수 없는 성질의 것이라는 점에서 엄밀하게는 의무가 아니라, 소송상 필요하기는 하지만 그 행위를 할 것인지의 여부는 당사자의 재량에 맡겨져 있는 소송상의 부담이라고 보는데, 이런 견해는 대체로 손해배상의무를 부정하게 된다.

이처럼 논란이 있으므로 실무적인 해결방안으로서는 당사자들이 계약서에서 중재합의 위반에 대한 손해배상책임을 명기하는 방안을 고려할 수 있다.[133] 더 나아가 그 경우 손해배상액의 예정을 할 수도 있을 것이다.

4. 영국법원의 소송중지명령에 대한 대응

영국법원의 소송유지명령이 있더라도 이는 당사자에 대한 것이고 우리 법원에 대한 것은 아니므로 우리 법원은 그에 구속되지 않는다. 나아가 우리 민사소송법 제217조에 따라 승인의 대상이 되는 재판은 본안에 관한 외국재판, 그 중에서도 종국적 재판과 확정재판에 한정되므로,[134] 잠정적인 소송유지명령은 물론이고 최종적인 소송유지명령도 승인의 대상이 되지 않는다. 따라서 영국법원의 소송유지명령은 우리나라에서 효력을 가지지 아니한다.

영국을 중재지로 하는 중재합의가 있음에도 불구하고 우리 법원에 소가 제기되었음을 이유로 영국법원이 소송유지명령을 발할 경우에는 우리 법원으로서는 뉴욕협약 제2조 제3항과 중재법 제9조 제1항에 따라 중재합의의 효력을 판단하고 예외사유가 없으면 소를 각하하면 되고, 예외사유가 있으면 소송을 진행하면 된다. 그렇더라도 실무상 영국에 재산을 두고 있거나 영국에서 영업을 하는 당사자는 소송유지명령 위반에 따른 제재를 두려워하여 우리 법원의 소를 취하할 것이다.[135]

---

133) 당사자가 전속관할합의에 위반하여 제소한 경우 손해배상을 하기로 하는 문언과 해설은 Adrian Briggs, Agreements on Jurisdiction and Choice of Law (2008), paras. 5.17과 5.51 이하 참조.

134) 석광현, "민사 및 상사사건에서의 외국재판의 승인 및 집행," 국제사법과 국제소송 제1권(2001), 265면 이하.

135) 한편, 분쟁해결합의 위반이 아니라 비양심적 행동을 이유로 영국법원이 소송유지명령을 하는 경우의 처리는 아래와 같다. 우리 법원에 전소가 그리고 영국법원에 후소가 계속중인데 영국법원이 소송유지명령을 발한 경우 우리 법원은 전소를 진행하면 된다. 영국법원에 전소가 그리고 우리 법원에 후소가 계속중인데 영국법원이 소송유지명령을 발한 경우 우리 법원은 소송유지명령을 고려할 필요 없이 국제소송경합에 관한 법리에 따라 처리하면 된다. 석광현, "國際的 訴訟競合," 국제사법과 국제소송 제4권(2007), 182면 이하 참조. 다만

영국법원이 소송유지명령의 송달을 헤이그송달협약에 따라 우리나라에 촉탁하는 경우의 처리는, 우리 법원이 소송유지명령을 할 수 있는가에 따라 다르다. 만일 독일처럼 이것이 불가능하다는 태도를 취한다면 우리 법원도 독일법원처럼 촉탁을 거부할 수 있을 것이나, 사견처럼 분쟁해결합의 위반의 경우 소송유지명령의 가능성을 열어 둔다면 그에 상응하는 사안에서 영국 당국의 촉탁을 거부할 수는 없을 것이다.[136)]

Ⅵ. 맺 음 말

지금까지 영국의 소송유지명령과 관련된 쟁점들은 논의하였다. 우리에게는 생소하지만 영국법원과 미국법원은 소송유지명령을 발하고 있으며 이는 국제거래에 참가하는 우리 기업들에게 직접적으로, 그리고 소송이 계속한 우리 법원에도 간접적으로 영향을 미치고 있으므로 우리 법률가들도 소송유지명령제도에 대해 좀더 관심을 가지지 않으면 아니 된다. 소송유지명령에 대한 영국과 독일 및 유럽연합의 논의를 보면서 국제재판관할, 나아가 부적절한 법정지의 법리와 국제적 소송경합의 처리, 소송행위의 개념과 분쟁해결에서의 법원의 역할을 바라보는 법계의 대립을 다시 확인한다. 이 점에서 소송유지명령을 이해하기 위하여는 비교민사소송법적 연구가 필요함을 알 수 있다. 브뤼셀체제 하에서 독일 등 유럽연합 국가들은 영국법원의 소송유지명령으로부터 보호를 받을 수 있지만 우리로서는 영국법원과 나아가 미국법원의 소송유지명령에 대처하기 위해 좀더 체계적으로 연구할 필요가 있다. 사견으로는, 우리 법상으로는 당사자가 외국법에 따라 국제재판관할을 가지는 외국에서 소를 제기하는 것은 적법한 권리의 행사이므로 원칙적으로 외국법원의 소송절차에 간접적으로 간섭하는 소송유지명령을 허용할 근거는 없다.[137)] 반

어느 경우든 영국에 재산을 두고 있거나 영국에서 영업을 하는 당사자는 실무상 소송유지명령 위반에 따른 제재를 두려워하여 우리 법원의 소를 취하할 것이다.

136) 김동진(註 10), 109면 이하는 우리 법원도 소송유지명령을 할 수 있다고 하면서도(저자처럼 분쟁해결합의 위반의 경우로 한정하지 않는다), 영국법원이 발령한 소송금지명령의 송달요청에 대하여는 독일법원과 마찬가지로, 상대방이 한국민인 경우 우리 헌법상 인정되는 국민의 재판 받을 권리를 침해하는 것이 되며 공서에 반하므로 송달에 협조할 의무는 없다고 한다. 그러나 우리 법원의 소송유지명령을 허용하는 범위 내에서는 그렇게 볼 수는 없다.

137) 다만 당사자의 외국에서의 제소가 소권의 남용이거나 명백한 신의칙위반에 해당하는 매

면에 전속관할합의와 중재합의와 같은 분쟁해결합의 위반의 경우에는 그의 주된 효력이 비록 소송법상의 효력이라고 하더라도, 그에 포함된 또는 그와 함께 체결된 것으로 볼 수 있는 부수적 합의를 근거로 소송유지명령을 허용할 여지가 있지 않을까 생각된다. 물론 이를 뒷받침하기 위한 정치한 논리를 개발해야겠지만, 전속관할합의와 중재합의의 법적 성질이 소송계약이라는 도그마에 빠져 상식적 접근방법을 외면하고, 더 나아가 소송유지명령을 할 법원의 권한을 부정하고 그 권한을 중재인에게 넘겨주는 것은 어리석은 일이다. 앞으로 우리나라에서도 소송유지명령과 관련한 논의가 좀더 활성화되기를 기대한다.

우 예외적인 사안에서는 소송유지명령을 허용할 여지도 있지 않을까 생각된다. 영국법상 비양심적 행동은 우리가 말하는 소권남용보다는 범위가 넓으므로 비양심적 행동을 이유로 하는 소송유지명령을 "극히 예외적인 경우인 소권남용에 해당하여 발령되는 소송금지명령"이라고 묘사하는 데(김동진(註 10), 110면)는 동의하기 어렵다.

[14] 외국중재판정의 승인 · 집행제도의 개선방안*

前 記
이 글은 2010. 10. 29. 한국국제사법학회의 연차학술대회에서 저자가 발표한 원고를 다소 수정·보완하여 국제사법연구 제16권(2010), 151면 이하에 게재한 글을 다시 수정·보완한 것이다.

Ⅰ. 머 리 말

1. 논점의 정리

중재라 함은 당사자 간의 합의로 분쟁을 법원의 재판에 의하지 아니하고 중재인의 판정에 의하여 해결하는 절차이다(중재법 제3조 제1호). 중재판정은 중재인이 당사자의 중재합의에 의하여 부여받은 권한에 기하여 중재의 대상, 즉 당사자 간의 법률관계에 관한 분쟁의 해결을 위하여 하는 판단행위를 의미한다. 외국중재판정은 "외국중재판정의 승인 및 집행에 관한 1958년 국제연합협약"(United Nations Convention on the Recognition and Enforcement of Foreign Arbitral Awards)(이하 "뉴욕협약"이라 한다)에 의하여 승인 및 집행이 국제적으로 널리 보장되는데, 이는 종래 통일된 국제규범이 없어 승인 및 집행이 보장되지 않고, 그것이 가능하더라도 그 요건이 국가에 따라 구구한 국제소송[1]과 비교할 때 크게 다르다. 최근 2012년 6월 현재 146

* 이 책의 교정이 끝나가는 단계에서 김갑유(대표집필), 중재실무강의(2012)가 간행되었다. 아쉽지만, 위 책의 간행이 늦은 탓에 여기에서는 인용하지 못하였다.

1) 2005년 6월 개최된 헤이그국제사법회의의 제20차 회기에서 채택된 "전속적 관할합의에 관한 협약"을 주목할 필요가 있다. 만일 발효된다면 이는 국제소송에서 뉴욕협약에 상응하는 기능을 할 것이다. 상세는 2007년 간행된 Trevor Hartley & Masato Dogauchi, Explanatory Report on the Hague Convention on Choice of Court Agreements; 석광현, "2005

개국[2)]이 뉴욕협약에 가입함으로써 분쟁해결의 실효성을 확보할 수 있다는 점이 국제상거래의 분쟁해결수단으로 중재가 선호되는 큰 이유 중의 하나이다.[3)]

1999년 12월 말 전문개정된 우리 중재법은, 국제연합 국제무역법위원회(UNCITRAL)[4)]의 1985년 "국제상사중재에 관한 모델법"(Model Law on International Commercial Arbitration)(이하 "모델법"이라 한다)을 전면 수용하되, 국제중재와 국내중재를 함께 규율하는데,[5)] 최근 2010. 3. 31. 법률 제10207호로써 한글화를 위하여 일부 개정되었다(이하 현행 중재법을 "중재법"이라 한다). 1999년 중재법 개정에 의하여 우리나라도 국제적으로 검증된 중재규범을 가지게 되었다. 독일은 1998. 1. 1. 신 민사소송법에 의하여, 일본은 2004. 3. 1. 시행된 중재법에 의하여 각각 모델법을 받아들였고 양국도 우리처럼 국제중재와 국내중재를 함께 규율하므로, 독일이 민사소송법의 일부로 다루는 점을 제외하면, 3국의 중재법은 매우 유사하다.[6)] 또한 독·일은 우리와 민사소송법제가 유사하므로 양국의 중재법제에 대한 연구는 우리에게 많은 시사점을 준다. 외국판결의 집행을 위하여 3국은 모두 집행판결을 요구하고 있고 외국중재판정의 집행을 위하여 우리는 집행판결을 요구하나 독일과 일본은 집행결정을 요구한다.[7)]

년 헤이그 재판관할합의협약의 소개," 국제사법연구 제11호(2005. 12.), 192면 이하 참조.

2) 우리나라는 1973년 가입하였다. 가입국 현황은 http://www.uncitral.org/uncitral/en/uncitral_texts/arbitration/NYConvention_status.html 참조.

3) 석광현, 국제상사중재법연구 제1권(2007), 5면. 이하 이 책을 "석광현"이라 인용한다.

4) 이는 '국제상거래법위원회' 또는 '국제거래법위원회'라고도 번역한다.

5) 국제상사중재의 관점에서 중재법을 다룬 글로는 석광현, "改正仲裁法의 몇 가지 문제점—國際商事仲裁를 중심으로—," 국제사법과 국제소송 제2권(2001), 471면 이하 참조. 중재법 개관은 장문철, "改正仲裁法 해설," 인권과 정의 제284호(2000. 4.), 99면 이하; 하용득, "仲裁法의 改正經過 및 主要內容," 중재 통권 제295호(2000년 봄), 6면 이하; 이호원, "개정 중재법에 관한 소고," 중재 302호(2001. 12.), 5면 이하; 이호원, "改正仲裁法에 관한 小考," 二十一世紀 韓國民事法學의 課題와 展望: 心堂宋相現教授華甲紀念論文集(2002), 442면 이하 참조.

6) 독일은 '중재절차의 신규율을 위한 법률'(SchiedsVfG)에 의해 독일 민사소송법(ZPO) 중 중재편(제10편 제1025조—제1066조)을 개정하였다. 일본 중재법에 관하여는 상세는 近藤昌昭 외 4인, 仲裁法コンメンタール(2003); 三木浩一/山本和彦 編, 新仲裁法の理論と實務(2006) 참조.

7) 영국에서는 뉴욕협약이 적용되는 외국중재판정의 승인 및 집행은 1996년 중재법(Arbitration Act 1996) 제3부에 의하여 규율되고, 미국에서는 연방중재법(Federal Arbitration Act) 제2장에 의하여 규율된다. 2011. 5. 1. 발효한 개정 프랑스 민사소송법(제1516조)에 따르면, 집행가능선언(*exequatur*)절차는 당사자의 신청에 따라 대심적 절차에 의하지 않고(*n'est pas contradictoire*) 진행된다. 개정 프랑스 민사소송법 중재편의 소개는 안

1999년 개정 전의 구 중재법은 외국중재판정의 승인 및 집행에 관하여 규정하지 않았으나, 중재법은 별도의 장(제7장)을 두어 국내중재판정과 외국중재판정을 구별하고, 후자를 다시 뉴욕협약이 적용되는 것과 아닌 것으로 구분한다. 뉴욕협약이 적용되는 외국중재판정의 승인 및 집행은 동 협약에 의하므로 중재법의 개정에 의하여 달라진 것이 없으나 법적 근거가 명시된 데 의의가 있다. 저자는 전에 뉴욕협약에 따른 외국중재판정의 승인 및 집행에 관하여 상세한 글을 발표한 바 있는데,[8] 여기에서는 저자에게 주어진 주제, 즉 "외국중재판정의 승인·집행제도의 개선방안"에 초점을 맞추어 우리나라가 법정지인 것을 전제로 뉴욕협약이 적용되는 경우를 중심으로 검토하고 마지막으로 뉴욕협약이 적용되지 않는 경우를 검토한다. 구체적인 쟁점과 논의 순서는 아래와 같다.[9]

첫째, 외국중재판정의 승인·집행의 개념과 양자의 관계(Ⅱ.).

둘째, 현행법상 외국중재판정의 승인과 개선방안(Ⅲ.).

셋째, 현행법상 외국중재판정의 집행과 개선방안(Ⅳ.).

넷째, 현행법상 외국중재판정의 승인·집행을 위하여 제출할 서류와 개선방안(Ⅴ.).

다섯째, 뉴욕협약이 적용되지 않는 외국중재판정의 승인·집행에 관한 현행 법제와 개선방안(Ⅵ.)

외국중재판정의 승인·집행제도의 개선방안이라면 뉴욕협약과 중재법의 개선을 생각할 수 있으나, 우리가 뉴욕협약을 개정할 수는 없으므로 여기에서는 뉴욕협약을 구체적으로 실행하는 과정에서 제기되는 중재법의 문제점을 지적하고 이를 개선하는 방안을 제시한다.

건형·유병욱, "프랑스 개정 민사소송법의 주요내용과 시사점," 민사소송 제15권 제2호(2011), 110면 참조.

8) 저자는 그곳에서 특히 중재법의 개정에 따라 뉴욕협약의 해석이 달라져야 하는 점을 지적하였다. 즉, 중재법이 영토주의를 취한 결과 중재판정의 국적 판단기준이 달라져야 하고, 중재지가 한국 안인 경우 당사자는 외국법을 중재절차의 준거법으로 지정할 수 없으며, 중재법이 승인판결의 개념을 도입함으로써 체계상의 혼란을 초래한 점 등을 지적하였다.

9) 우리나라의 중재법제에서 중요한 의미를 가지는 것은 뉴욕협약, 중재법과 대한상사중재원의 국내중재규칙과 국제중재규칙이다. 특히 중재절차의 진행단계에 있어서는 중재법과 국제중재규칙의 중층구조를 이해하기 않으면 아니 된다. 하지만 외국중재판정의 승인 및 집행에 관한 한 국제중재규칙은 의미가 없으므로 여기에서는 뉴욕협약과 중재법을 중심으로 논의한다. 2007년 2월 시행된 '국제중재규칙'은 기존의 중재규칙과 병존하였으나, 대한상사중재원이 2011. 9. 1. 양자를 개정하여 기존의 중재규칙을 국내중재규칙으로 전환한 결과 국제중재에는 국제중재규칙만이 적용된다.

모델법의 개정과 뉴욕협약상의 서면요건을 완화하여 해석하기 위한 UNCITRAL의 권고가 있으나,[10] 이는 다른 발표에서 고려될 것이므로 여기에서는 논의하지 않는다.

2. 중재법의 규정과 모델법과의 異同

제2조(적용 범위) ① 이 법은 제21조에 따른 중재지(仲裁地)가 대한민국인 경우에 적용한다. 다만, 제9조와 제10조는 중재지가 아직 정해지지 아니하였거나 대한민국이 아닌 경우에도 적용하며, 제37조와 제39조는 중재지가 대한민국이 아닌 경우에도 적용한다.

② 이 법은 중재절차를 인정하지 아니하거나 이 법의 중재절차와는 다른 절차에 따라 중재에 부칠 수 있도록 정한 법률과 대한민국에서 발효(發效) 중인 조약에 대하여는 영향을 미치지 아니한다.

제6장 중재판정의 효력 및 불복

제35조(중재판정의 효력) 중재판정은 양쪽 당사자 간에 법원의 확정판결과 동일한 효력을 가진다.

…

제7장 중재판정의 승인과 집행

제37조(중재판정의 승인과 집행) ① 중재판정의 승인 또는 집행은 법원의 승인 또는 집행판결에 따라 한다.

② (생략)[11]

제38조(국내 중재판정) 대한민국에서 내려진 중재판정은 제36조 제2항의 사유가 없으면 승인되거나 집행되어야 한다.

제39조(외국 중재판정) ①「외국 중재판정의 승인 및 집행에 관한 협약」을 적용받는 외국 중재판정의 승인 또는 집행은 같은 협약에 따라 한다.

②「외국 중재판정의 승인 및 집행에 관한 협약」을 적용받지 아니하는 외국 중재판정의 승인 또는 집행에 관하여는「민사소송법」제217조,「민사집행법」제26조 제1항 및 제27조를 준용한다.

모델법(제35조 제1항)은 내국(또는 국내)[12]중재판정인가 외국중재판정인가에 관계없이 동일한 요건과 절차에 따라 중재판정을 승인 · 집행하도록 규정한다. 모델법의 성안과정에서, 성공적인 뉴욕협약의 존재에도 불구하고 중재판정, 특히 외국중재판정의 집행에 관한 규정을 둘 필요가 있는지는 논

10) 권고의 내용은 석광현, 586면 이하 참조.
11) 제37조 제2항의 조문은 아래(Ⅴ.2.가.)에 있다.
12) 이하 양자를 호환적으로 사용한다.

란이 있었으나 결국 규정을 두었는데, 가장 큰 이유는 국제상사중재에서 중재지의 중요성을 약화하려는 것이었다.[13] 또한 뉴욕협약이 적용되지 않는 외국중재판정에 관하여 규정하지 않으면 모델법이 불완전하고,[14] 뉴욕협약의 비당사국들로서는 뉴욕협약에 가입하는 것보다 모델법의 채택이 더 용이할 것이라는 점도 고려되었다. 일본 중재법(제45조)은 모델법을 따르나, 중재법은 이와 달리 독일 민사소송법처럼 ① 내국중재판정과 ② 외국중재판정을 구분하여 전자는 중재판정 취소사유가 없는 한 승인·집행하고(제38조), 후자는 경우를 나누어 ②-A 뉴욕협약이 적용되는 외국중재판정에 대하여는 동 협약을 적용하고, ②-B 뉴욕협약이 적용되지 않는 외국중재판정에 대하여는 외국판결의 승인·집행에 관한 민사소송법 제217조, 민사집행법 제26조 제1항 및 제27조를 준용한다(제39조).

Ⅱ. 외국중재판정의 승인·집행의 개념 및 양자의 관계

일정한 요건이 구비되면 외국중재판정은 우리나라에서 자동적으로 효력을 가진다. 이 점은 외국판결과 같다. 즉 외국중재판정의 '승인'(recognition)이란 우리 법원이 외국중재판정에 대하여 적법하게 내려진 것으로서 그 효력을 인정하는 것인데, 뉴욕협약상 외국중재판정의 효력은 승인의 거부사유(이하 "승인거부사유"라 한다)가 없으면 우리나라에서 자동적으로 인정된다.[15] 그런데 중재판정에서 진 자가 중재판정을 자발적으로 이행하지 않으면, 이긴 자는 우선 상업적 또는 기타 압력을 행사할 수 있고, 그럼에도 불구하고 이행하지 않으면 상대방의 재산소재지에서 중재판정을 집행할 필요가 있는데, 우리나라에서는 우리 법원의 집행판결이 있는 때에 한하여 집행할 수 있다. 즉 외국중재판정의 '집행'(enforcement)이란 중재판정에서 이긴 자가 중재판정의 내용을 법적으로 실현시키는 행위를 말한다.[16] 이 점은 외국판결의 집행

---

13) Howard M. Holtzmann and Joseph E. Neuhaus, A Guide To The UNCITRAL Model Law On International Commercial Arbitration: Legislative History and Commentary (1989), p. 1007. 이하 위 책을 "Holtzmann/Neuhaus"라고 인용한다.

14) Holtzmann/Neuhaus, p. 1007.

15) 중재법 제37조의 해석상 논란은 아래(Ⅲ.)에서 논의한다.

16) 목영준, 상사중재법(2011), 271면. 이하 이 책을 "목영준"이라 인용한다.

의 경우에도 마찬가지다.[17] 다만 엄밀하게는 외국중재판정의 집행은 외국중재판정의 집행가능 선언 절차와, 그에 기한 실제의 강제집행절차로 구성된다.

중재에서 이긴 자는 통상 집행판결(또는 상응하는 재판)을 구하는데, 중재판정의 집행은 논리적으로 승인을 전제로 한다. 그러나 승인과 집행이 항상 함께 문제되는 것은 아니고 승인만이 문제될 수 있다.[18] 예컨대 외국중재판정에서 패한 자가 한국에서 다시 중재신청을 하는 경우, 상대방은 중재판정의 승인, 즉 기판력의 확장을 통하여 중재절차의 진행을 막을 수 있다. 이런 이유로 집행은 '검'의 기능을 하는 데 반하여 승인은 '방패'의 기능을 한다고 비유하기도 한다.

Ⅲ. 현행법상 외국중재판정의 승인과 개선방안[19]

1. 쟁 점

문제는 승인거부사유가 없는 경우 뉴욕협약이 적용되는 외국중재판정이 우리 법원의 재판 없이 한국에서 자동적으로 효력을 발생하는가이다. 위에서 저자는 자동승인된다고 했으나 근자에 다른 견해가 있기 때문이다. 민사소송법 제217조에 따른 외국판결의 승인은 승인요건이 구비되는 한 우리 법원의 재판 없이 자동적으로 이루어지는 반면에, UNCITRAL이 1997년 5월 채택한 "국제도산에 관한 모델법"(Model Law on Cross-Border Insolvency)과 일본의 승인원조법을 따른 "채무자 회생 및 파산에 관한 법률"(제5편)에 의

---

17) 대법원 2010. 4. 29. 선고 2009다68910 판결은 "민사집행법 제26조 제1항에서 정한 집행판결 제도는, 재판권이 있는 외국의 법원에서 행하여진 판결에서 확인된 당사자의 권리를 우리나라에서 강제적으로 실현하고자 하는 경우에 다시 소를 제기하는 등 이중의 절차를 강요할 필요 없이 그 외국의 판결을 기초로 하되 단지 우리나라에서 그 판결의 강제실현이 허용되는지 여부만을 심사하여 이를 승인하는 집행판결을 얻도록 함으로써 당사자의 원활한 권리실현의 요구를 국가의 독점적·배타적 강제집행권 행사와 조화시켜 그 사이에 적절한 균형을 도모하려는 취지에서 나온 것"이라고 판시하였다.

18) Emmanuel Gaillard and John Savage (eds.), Fouchard, Gaillard, Goldman, On International Commercial Arbitration (1999), para. 1667 이하 참조. 이하 이 책을 "Fouchard/Gaillard/Goldman"이라 인용한다.

19) 이 점은 석광현, "사기에 의하여 획득한 외국중재판정의 승인과 공서위반 여부," 2010. 9. 29. 서울지방변호사회 판례연구회 발표용 초안, 9면 이하에서 주장한 바 있다.

한 외국도산절차의 승인은 우리 법원의 승인결정에 의하여 비로소 행해진다.[20] 전자를 '자동승인제', 후자를 '결정승인제'라고 부른다.

중재법 제37조 제1항에 따르면, 중재판정의 승인을 위하여 '승인'이 필요한지 아니면 '승인판결'이 필요한지가 다소 애매하나, 중재판정의 집행은 법원의 집행판결에 의하므로 그것과의 균형상 중재판정의 승인은 법원의 '승인판결'에 의한다는 취지로 보인다. 그렇다면 중재판정의 승인은 우리 법원의 승인판결을 요하고, 중재판정의 집행은 우리 법원의 집행판결을 요한다는 것이 된다. 예컨대 중재판정에 의하여 기판력이 발생한 후에 소송절차(또는 다른 중재절차)에서 동일한 분쟁의 대상이 다투어지는 경우, 승인요건이 구비된다면, 법원(또는 중재판정부)은 선행 중재판정의 기판력을 인정하지 않을 수 없는데, 이것이 바로 중재판정의 승인이다. 그런데 제37조 제1항 위와 같이 해석하면, 이 경우 선행 중재판정의 기판력을 인정하기 위해서는 먼저 중재법 제7조 제4항에 따른 관할법원의 승인판결을 받아야 한다는 것이 된다. 근자에는 중재법의 해석론으로서 그런 견해가 실제로 주장되고 있다.[21]

2. 중재법의 해석론

가. 자동적 승인의 타당성

중재법 제35조에 따르면 내국중재판정은 우리 법원의 확정판결과 같은 효력을 가진다. 한편 외국중재판정에 대하여 중재법은 명시적으로 규정하지 않으나, 외국중재판정은 승인요건을 구비하면 당연히 효력을 발생하는 것이지, 법원의 승인을 요하는 것이 아니고 법원의 승인판결을 요하는 것은 더더

20) 통합도산법 제628조 제3호는 "외국도산절차의 승인"이라 함은 외국도산절차에 대하여 대한민국 내에 이 편의 지원처분을 할 수 있는 기초로서 승인하는 것을 말한다"고 명시하고, 제631조 이하에서는 외국도산절차의 승인신청과 승인결정에 관하여 규정한다. 다만 외국법원의 면책재판 또는 회생계획인가결정에 따른 면책의 효력이 외국판결 승인경로와 외국도산절차의 승인경로 중 어느 것을 통하여 승인되는지는 종래 논란이 있으나 대법원 2010. 3. 25.자 2009마1600 결정은 전자를 취하였다. 저자는 후자를 지지한 바 있다.

21) Beomsu Kim and Benjamin Hughes, "South Korea: Receptive to Foreign Arbitration Awards?," Asian-Counsel Special Report on Dispute Resolution, December 2009/January 2010, p. 35는 "It should be noted that Section 37(1) of the Act clearly provides that the recognition or enforcement of a foreign arbitral award shall be granted by the judgment of a court. Thus, absent a judgment from a Korean court granting enforcement, a foreign arbitral award may have no practical legal effect in Korea."

욱 아니라고 이해되었다. 즉, 중재판정의 승인의 효력발생 시기를 포함한 승인의 절차적 문제는 법정지법에 따를 사항인데[22] 종래 그와 같이 이해되었다. 구 중재법(제14조 제1항)과 독일 민사소송법(제1060조 제1항)이 승인에 관하여 침묵한 채 집행만을 규정하는 것은 그 때문이다. 이 점은 일본의 현행 중재법도 같다.[23] 물론 우리 중재법상으로도 확인의 이익이 있으면 당사자가 중재판정의 승인을 구하기 위하여 확인의 소를 제기할 수 있으나(그 경우 법원은 '승인판결'을 할 것이다),[24] 외국중재판정의 효력을 인정받기 위해 승인판결을 받아야 하는 것은 아니라는 말이다.

이처럼 승인요건을 구비한 외국중재판정은 우리나라에서 법원의 확인절차 없이 승인되는데, 이를 '자동적 승인'(automatische Anerkennung)이라고 한다. 이것이 위에서 언급한 자동승인제이다. 따라서 승인요건을 구비한 외국중재판정은 당해 외국에서 효력을 발생한 시점에서 한국 내에서도 효력을 발생한다고 보는 것이 논리적이다. 우리 법원 또는 행정관청이 승인요건의 구비 여부를 확인하더라도 이는 단지 선언적인 의미를 가질 뿐이고 그 때에 비로소 국내에서 효력을 발생하는 것은 아니다.

외국판결의 승인이 자동승인의 원칙에 따른다는 점은 위에서 언급하였는데, 중재법 제39조 제2항을 보면 뉴욕협약이 적용되지 않는 외국중재판정의 승인에 대하여는 민사소송법 제217조가 준용되므로 그러한 외국중재판정도 자동승인됨을 알 수 있다. 물론 이 경우에도 제37조 제1항의 문언을 강조하면서 승인판결이 필요하다고 주장할 여지도 없는 것은 아니겠으나, 외국판결의 승인에 관한 민사소송법 제217조를 준용하면서 외국판결의 승인보다 어렵게 할 이유는 없다. 그렇다면 중재법이, 뉴욕협약이 적용되지 않는 외국중재판정의 승인보다 뉴욕협약이 적용되는 외국중재판정의 승인을 어렵게 만들 이유는 없으므로 결국 제37조 제1항의 문언에도 불구하고 뉴욕협약이 적용되는 외국중재판정은 승인요건이 구비되면 자동승인된다고 보아야 한다. 이

---

22) Albert Jan van den Berg, The New York Arbitration Convention of 1958 (1981), p. 244. 이하 이 책을 "van den Berg"라 인용한다.

23) 중재판정의 승인에 관한 일본 중재법 제45조와 집행결정에 관한 제46조를 보더라도 확인은 아무런 절차를 요하지 않는다.

24) 독립된 판결에 의하여 중재판정을 승인하게 할지는 입법론의 문제인데, 우리 중재법은 항변으로서 중재판정의 승인을 주장하는 것과 함께 법원에 중재판정의 승인판결을 구할 수 있게 한 것이라고 한다. 목영준, 271면; 이호원, "仲裁判定의 執行判決節次," 민사소송 제9권 제1호(2005), 265면.

런 이유로 제37조 제1항의 문언은 잘못이다. 저자는 1999년 중재법 개정 전이 점을 지적함으로써[25] 제37조가 현재와 같이 입법되는 것을 막고자 하였으나 받아들여지지 않았다. 반면에 제37조 제1항의 문언을 옹호하는 논자는 중재판정의 승인이 집행을 위한 필수요건일 뿐만 아니라 중재판정을 다른 절차에서 원용하는 경우 승인에 독자적 존재가치가 있음에 비추어 저자의 비판은 부당하다고 반론하나,[26] 저자는 승인의 독자적 존재가치를 부정하는 것이 아니라, 중재법 제37조 제1항이, 외국중재판정의 집행을 위하여 집행판결이 필요하듯이, 마치 외국중재판정의 승인도 승인판결을 받아야 하는 것처럼 규정하는 것이 잘못이라는 것이다. 위에서 언급한 바와 같은 제37조 제1항의 해석론이 실제로 주장되고 있음을 보면 저자가 우려했던 이유를 이해할 수 있을 것이다.

나. 승인의 효력

중재판정의 승인은 개념적으로는 판결의 승인과 유사하다. 승인의 결과 중재판정의 가장 중요한 효력인 기판력(*res judicata* effect, *l'autorité de chose jugée*)이 우리나라에까지 확장되는 것이 승인의 효력 또는 효과이다.[27] 다만 외국중재판정이 외국에서 집행력이 있더라도 이는 우리나라에 당연히 미치는 것은 아니고 국내에서 집행판결을 받아야 비로소 발생한다. 이런 의미에서 집행판결은 우리나라에서 집행력을 부여하는 형성판결이다.

문제는 기판력의 판단기준이다.

중재법 제35조는 중재판정은 법원의 확정판결과 동일한 효력을 가진다고 규정하는데 이 조문은 모델법에는 없다. 제35조는 내국중재판정에 관한 조항이고 외국중재판정에는 적용되지 않는다.[28] 반면에 외국중재판정의 효력은 제37조 이하에 따른다. 일부 논자는, 승인은 "법원이 중재판정에 대해 우리법원의 확정판결과 같은 효력을 인정하여 주는 것"이라고 하나[29] 이는 근거가 없다. 외국중재판정을 승인함으로써 그 효력이 우리나라에까지 미치지만

25) 석광현, "중재법 개정안에 대한 관견," 법률신문 제2822호(1999. 9. 20.), 14면.
26) 이호원(註 24), 266면.
27) van den Berg, p. 244.
28) 중재법 제2조 제1항 참조. 이 점은 독일 민사소송법 제1055조도 같다.
29) 목영준, 270면; 양병회 외, 주석중재법(이호원 집필부분)(2005), 229면 참조. 이 책은 이하 "주석중재법/집필자"로 인용한다.

그 효력이 우리 확정판결과 동일하여야 한다는 근거는 없다. 우리나라에서 승인된 외국중재판정의 효력(특히 기판력)의 판단기준에 관하여는 ① 외국판결의 경우처럼 중재지국법에 의할 것이라는 견해, ② 승인국법에 의할 것이라는 견해와 ③ 중재지국법을 원칙으로 하되 승인국법에 의한 제한을 인정하는 견해 등이 가능하다. ①설에서는, 중재지국법상 중재판정이 당해 국가의 판결과 동일한 효력이 있다면 그것이 우리나라에 확장되는 것이라고 설명하고, ②설에서는, 외국중재판정에 대해 우리 중재판정에 상응하는 효력을 부여한다고 설명할 수 있을 것이다. 외국판결의 경우 종래의 다수설은 효력확장설을 취하므로[30] 동일한 법리를 외국중재판정에 적용한다면 외국에서 가지는 효력이 우리나라에 확장된다는 것이 된다.[31]

일본 중재법(제45조 제1항 본문)은 중재지가 일본 내에 있는지 여부를 묻지 않고 중재판정은 확정판결과 동일한 효력을 가진다고 함으로써 외국중재판정에 대하여도 확정판결과 동일한 효력을 부여하는데, 그것이 일본의 확정판결인지 아니면 중재지인 외국의 확정판결인지는 문면상으로는 분명하지 않다. 당분간 이 문제는 해석론에 맡겨둘 사항이라고 본다.

3. 자동승인에 관한 대법원 판결의 태도

최근 대법원 2009. 5. 28. 선고 2006다20290 판결은 "뉴욕협약이 적용되는 외국중재판정의 일방 당사자에 대하여 외국중재판정 후에 구 회사정리법[32]에 의한 회사정리절차가 개시되고 채권조사기일에서 그 외국중재판정에 기하여 신고한 정리채권에 대하여 이의가 제기되어 정리채권확정소송이 제기된 경우, 외국중재판정은 확정판결과 동일한 효력이 있어 기판력이 있으므로, 정리채권확정소송의 관할 법원은 위 협약 제5조에서 정한 승인 및 집행의 거부사유가 인정되지 않는 한 외국중재판정의 판정주문에 따라 정리채권 및 의결권을 확정하는 판결을 하여야 한다"고 판시하였다.

---

30) Peter Schlosser, Das Recht der Internationalen Privaten Schiedsgerichtsbarkeit, 2. Auflage (1989), Rn. 903. 외국판결의 승인의 경우는 석광현, "民事 및 商事事件에서의 外國裁判의 承認 및 執行," 국제사법과 국제소송 제1권(2001), 338면 이하 참조.

31) 독일에서는 효력확장설이 다수설로 보인다. Reinhold Geimer, Internationales Zivilprozessrecht, 6. Auflage (2009), Rz. 3879.

32) 2005. 3. 31. 법률 제7428호 채무자 회생 및 파산에 관한 법률 부칙 제2조로 폐지된 회사정리법을 말한다.

즉 당해 사건에서 홍콩중재판정에 대한 우리 법원의 별도의 승인판결은 없었는데, 위 대법원판결은 그럼에도 불구하고 홍콩중재판정은 뉴욕협약의 승인거부사유가 없는 한 우리 법원의 승인판결이 없이도 기판력이 있다고 판시한 것이다. 즉 위 대법원판결은 그러한 외국중재판정에 대하여는 자동승인제가 타당함을 분명히 판시한 것으로서 타당하다. 위 대법원 판결이 '확정판결'이라고 한 것은 아마도 우리 법원의 확정판결을 지칭하는 것으로 짐작된다. 만일 그렇다면 홍콩 중재판정이 우리 법원의 판결과 같은 효력을 가지는지 근거가 무엇인지 궁금하다. 위 판결이 그 근거를 제시하지 않는 점은 유감이다.

4. 개선방안

입법론으로서도 이를 개정하여 그 취지를 명확히 하는 것이 바람직하다. 따라서 제37조 제1항은 "중재판정의 승인 또는 집행은 법원의 승인 또는 집행판결에 의한다"고 하나, 여기에서 '승인'을 삭제하고 "중재판정의 집행은 법원의 집행판결에 의한다"고 수정하는 것이 옳다.

Ⅳ. 현행법상 외국중재판정의 집행과 개선방안

뉴욕협약(제3조)은 "각 체약국은 중재판정을 다음 조항에 규정한 조건하에서 구속력 있는 것으로 승인하고 그 판정이 원용될 영토의 절차 규칙에 따라서 그것을 집행하여야 한다"고 규정한다. 그런데 외국중재판정의 집행은 논리적으로 두 단계로 구분된다. 하나는 집행국에서 외국중재판정을 집행할 수 있다고 선언 또는 확인하는(예컨대 집행허가) 절차이고, 다른 하나는 그에 기해서 실제로 강제집행을 하는 절차이다.[33] 후자, 즉 외국중재판정에 기한 실제의 강제집행절차는 민사집행법이 정한 바에 따르므로 국내판결 또는 국내중재판정에 기한 강제집행과 다를 바 없다. 문제는 전자인데, 중재법(제37조 제1항)에 따르면 외국중재판정을 집행하기 위해서는 우리 법원의 집행

33) Mauro Rubino-Smmartano, International Arbitration Law and Practice, Second revised edition (2001), para. 34.6.

판결을 받아야 한다. 집행판결 또는 집행가능선언(*exequatur*)은 대륙법계의 제도로 외국판결의 집행 시에도 필요하다.[34] 이는 중재판정부에게는 강제력이 없기 때문이다. 집행력은 관념적인 것이 아니라 중재판정의 내용을 실제로 실현하므로 이를 집행기관의 판단에 맡기는 대신 신중을 기하여 소로써 주장하게 하고, 법원이 심사 후 판결로써 집행을 허가하도록 하는 것이다.[35]

1. 집행판결제도[36]

집행판결에 관하여는 다양한 절차법적 문제가 있는데 이는 민사집행법에 의하여 규율되지만 중재법이 특칙을 두는 범위 내에서는 후자가 우선한다.

가. 집행판결의 법적 성질

집행판결 청구의 소의 법적 성질에 관하여 이행소송설, 확인소송설과 형성소송설 등이 있는데,[37] 외국에서 집행력을 가지는 외국중재판정이 한국에서 승인되더라도 그 집행력이 한국 내에까지 확장되는 것이 아니라, 우리 법원의 집행판결에 의해 비로소 부여된다고 볼 것이므로 형성소송설이 타당하다.[38] 따라서 현행법상으로는 집행판결은 형성판결이다.

민사집행법상 강제집행을 하기 위해서는 근거가 되는 권리의 존재와 범

34) 외국판결의 집행에 관하여 영미법계는 상대적으로 완화된 '등록제도'(registration system)를 취하나, 대륙법계는 보다 엄격한 '집행판결제도'(*exequatur* system)를 취한다. 그 밖에도 법원의 허가에 따라 바로 집행하거나, 중재판정에 기하여 새로운 소를 제기하도록 하는 등 다양한 제도가 있다.

35) 외국판결의 집행의 맥락에서 선고된 것이기는 하나 집행판결의 취지는 위(註 17)에 언급한 대법원 2010. 4. 29. 선고 2009다68910 판결 참조.

36) 상세는 석광현(註 30), 346면 이하 참조.

37) 그 밖에 확인기능과 형성기능을 함께 갖는 판결을 구하는 것이라는 구제소송설도 있다. 이시윤, 신민사집행법(2004), 103면(여기에서 대체하지는 않았지만 이는 5판(2009)이 있다). 대법원 2003. 4. 11. 선고 2001다20134 판결은 "… 집행판결은 외국중재판정에 대하여 <u>집행력을 부여하여</u> 우리나라 법률상의 강제집행절차로 나아갈 수 있도록 허용하는 것으로서 그 <u>변론종결 시를 기준으로 하여 집행력의 유무를 판단하는 재판</u>이므로"라고 판시하였다(밑줄은 저자가 추가함). 앞의 밑줄 부분은 집행판결에 의하여 새로이 집행력을 부여하는 것처럼 설시하여 형성판결설을 취한 것으로 보이나, 뒤의 밑줄 부분은 이미 존재하는 집행력의 유무를 판단하는 재판이라고 함으로써 확인판결설을 취한 듯한 인상을 준다. 대법원판결이 후자를 "… 그 <u>변론종결 시를 기준으로 하여 집행력을 부여할지를 판단하는 재판</u>이므로"라고 설시했더라면 좋았을 것이다. 평석은 석광현, 373면 이하 참조.

38) 이시윤(註 37), 103면; 김봉석, "仲裁判定에 의한 執行判決의 節次와 그 問題點," 중재연구 제13권 제1호(2003), 185면도 동지.

위를 밝힌 공적 증서인 집행권원(Volstreckungstitle, Schuldtitel)이 필요하다. 집행판결은 집행의 기본인 청구권의 존부와 범위를 확정하는 것은 아니라는 이유로 종래 다수설은 집행판결과 외국중재판정이 일체로서 집행권원이 된다고 본다.39) 집행판결은 가집행선고가 있거나, 확정되어야 집행권원이 되고, 집행을 하기 위하여는 집행문을 받아야 한다.

나. 집행판결의 요건과 절차

집행판결절차는 집행판결청구의 소를 제기함으로써 개시된다. 집행판결절차는 강제집행절차가 아니고 특별한 종류의 판결절차이므로 그에 의해 강제집행이 개시되지는 않는다. 외국중재판정에 기한 집행판결청구의 소의 토지관할에 관하여는 중재법이 특칙을 두므로 그에 따른다. 중재법(제7조 제4항)에 따르면 중재판정의 집행청구의 소는 ① 중재합의에서 지정한 법원, ② 중재지를 관할하는 법원, ③ 피고 소유의 재산소재지를 관할하는 법원, ④ 피고의 주소 또는 영업소, 이를 알 수 없는 경우에는 거소, 거소도 알 수 없는 경우에는 최후로 알려진 주소 또는 영업소를 관할하는 법원이 관할한다. 따라서 원고는 위 관할법원 중 하나를 선택하여 제소할 수 있다.40) 외국중재판정의 경우에는 ③과 ④가 주로 적용될 것이다. 위 조항에 따라 우리나라의 어느 법원이 토지관할을 가지면 우리나라가 국제재판관할을 가지는 점은 별 의문이 없다(국제사법 제2조 참조). 문제는 위 조문에 근거가 없더라도 국제사법 제2조를 기초로 국제재판관할이 인정될 수 있는가인데, 당사자 또는 분쟁이 된 사안이 한국과 실질적 관련이 있다면 우리나라의 국제재판관할을 긍정해야 할 것이다.

2. 집행판결제도에 대한 비판

외국중재판정의 집행을 허가하는 재판의 형식을 어떻게 정할지는 입법정책의 문제이다. 중재법(제37조 제1항)은 구 중재법과 같이, 내국중재판정과 외국중재판정의 집행은 우리 법원의 집행판결, 즉 변론을 거친 판결의 형식

---

39) 김상원 외(편집대표), 주석 민사집행법(Ⅱ)(2004)(서기석 집필부분), 135면(이는 외국판결에 관한 설명이다). 다만 실제로는 집행판결의 주문에 집행할 청구권이 표시되어 있으면 집행판결만이 집행권원이 된다고 봐도 무방하다.

40) 목영준, 305면.

에 의하도록 요구한다. 집행판결을 받기 위하여 변론절차가 필수적이고 제1심판결 전에는 집행절차로 나아갈 수 없다. 이처럼 중재절차와 집행판결절차를 이중으로 요구하는 것은 당사자의 부담을 가중시키고 중재판정만은 무용하다는 좌절감을 줄 수 있다는 비판은 설득력이 있다.41)

우리 법원은 종래 외국중재판정의 승인 및 집행에 있어서 매우 우호적인 태도를 보여주고 있다. 그러나 실제로 외국중재판정 후 집행판결을 받는 데까지 너무 오랜 기간이 걸린 사안도 있다. 국내 통계자료는 보지 못하였지만42) 비근한 예로 두 개의 사례를 들 수 있다.

하나는 베트남 중재판정의 집행을 구한 사건이다.

베트남 회사인 원고가 한국 회사인 제조사를 상대로 손해배상 등을 구하는 중재신청을 하여 1999. 2. 6. 베트남 상공회의소 내 베트남 국제중재원(이하 "베트남 상사중재원"이라)의 중재판정을 받았다. 이에 기하여 원고는 한국 법원에 집행판결 청구의 소를 제기하였다. 이에 대해 제1심판결과 제2심판결이 있었는데 후자인 서울고등법원 2001. 2. 27. 선고 2000나23725 판결은 청구이의사유가 있다고 보아 공서위반을 이유로 중재판정의 일부만 집행을 허가하였다. 그러나 대법원 2003. 4. 11. 선고 2001다20134 판결43)은 청구이의사유가 없다고 보아 파기 환송하였다. 이에 대해 서울고등법원 2004. 3. 26. 선고 2003나29311 판결은 원고는 뉴욕협약 제4조가 정한 서류들을 반드시 제출해야 함에도 불구하고 정당하게 인증된 중재판정의 원본(베트남어로 작성된 것)만을 제출했을 뿐이고 그 번역문과, 중재합의의 원본 또는 등본 및 그 번역문 등을 전혀 제출하지 못했다는 이유로 원고의 청구를 기각하였다. 다만 위 서울고등법원판결은 원고가 중재판정을 신청하고 이에 대해

---

41) 이태희, "중재판정의 효율적 집행과 취소사유에 대한 고찰," 중재 제314호(2004 겨울), 8면.

42) 세계은행의 통계에 따르면 우리나라에서는 국내중재판정의 집행판결은 173일(약 25주) 걸리는 데 반하여 외국중재판정의 집행판결은 평균 162.4일(약 23주) 정도 걸린다고 한다. 위 사이트를 보면 이는 상소하지 않은 경우 그렇다고 한다. 세계은행의 사이트(http://iab.worldbank.org/Data/Explore%20Economies/Korea#/Arbitratingdisputes)는 "from filing an application to a writ of execution attaching assets"까지의 기간을 말하는데 이는 집행판결청구의 소의 1심 접수시부터 집행문 부여시까지라고 한다. 이준상, "우리법원에서의 중재판정의 승인, 집행재판의 실무와 개선장안—월드뱅크그룹의 2010년 IAB 보고서의 검토를 겸하여—," 국제규범의 현황과 전망—2010년 국제규범연구반 연구보고 및 국제회의 참가보고—(2011), 58면. 그러나 국내중재판정보다 외국중재판정의 집행판결이 더 짧은 기간에 이루어진다는 점은 이해하기 어렵다.

43) 평석은 석광현, 373면 이하 참조.

피고가 아무런 이의를 제기하지 않은 점에 비추어 볼 때, 적어도 중재판정 시에는 당사자 간에는 중재합의가 있었다고 보았다. 그러나 대법원 2004. 12. 10. 선고 2004다20180 판결[44]은 원심판결과 달리 엄격한 형식에 따른 번역문이 제출되지 않았다는 이유만으로 집행판결청구를 배척할 수는 없다고 보면서도, 원고가 중재판정을 신청하고 이에 대하여 피고가 중재 당시 아무런 이의를 제기하지 아니함으로써 일종의 묵시적인 중재합의가 이루어졌다 한들 뉴욕협약 제2조에 정한 유효한 중재합의가 있었다고 볼 수는 없다는 이유로 원심판결을 파기하였다. 그 후 제2차 환송 후 원심판결이 선고되었고 이에 대해 상고가 있었으나 마침내 대법원 2006. 10. 13. 선고 2005다69342, 69359 판결로 상고가 기각되었다. 이 사건을 보면 베트남에서 중재판정을 받아 집행판결 청구의 소를 제기한 원고는 7년 8개월의 세월을 기다렸음에도 불구하고 결국 목적을 달성하지 못하였다. 저자는 대법원이 위 사건에서 중재합의의 서면성을 부정한 것은 뉴욕협약에 금반언의 법리가 포함되어 있음을 간과한 것으로서 잘못이라고 비판하였다.[45] 판례의 태도는 시정되어야 마땅하다.

다른 하나는 홍콩중재판정의 승인이 문제되었던 사건으로 위에서 언급한 사건이다.

이 사건에서 홍콩중재판정이 우리나라에서 기판력이 있다는 점이 대법원에서 확정되는 데 약 12년이 걸렸다. 대법원 2009. 5. 28. 선고 2006다20290 판결에서 원고는 피고를 상대로 홍콩에서 ICC 중재에 따른 중재판정을 받았다. 그 후 원고는 피고의 정리절차가 개시되자 채권을 신고하였으나 관리인이 이를 부인함에 따라 정리채권확정의 소를 제기하였다. 여기에서 우리 법원이 정리채권 및 의결권을 확정하는 판결을 함에 있어서, 홍콩중재판정에 구속되는지가 문제가 되었다. 그 사건에서 원고가 중재신청을 한 것은 1996. 3. 28.이고 최종 중재판정이 내려진 것은 1998. 7. 14.인데, 그 사건은 거의 12년이 지난 대법원 2010. 4. 29. 선고 2010다3148 판결에 의하여 비로소 확정되었다. 이 사건은 회사정리절차 및 관련 당사자의 형사사건이 개재되었던 매우 이례적 사건이었던 탓에 일반화할 것은 아니지만, 국제상사중재가 과연 최종적이고 신속한 분쟁해결수단인지를 의심하게 하는 사건이다.

44) 평석은 석광현, 343면 이하 참조.
45) 석광현, 366면 이하 참조.

3. 독일과 일본의 입법례

우리나라처럼 외국중재판정의 집행을 위하여 집행판결제도를 두고 있던 독일과 일본의 입법례를 살펴본 뒤 우리 중재법상의 개정방향을 논의한다. 저자가 주목하는 논점은 ① 절차의 개시방법, ② 재판의 형식, ③ 구술변론[46]의 요부, ④ 집행력과 기판력의 유무, ⑤ 불복방법, ⑥ 가집행의 가부와 ⑦ 외국판결의 집행과의 異同이다.

가. 독일 민사소송법

1998년 개정된 독일 민사소송법 제10편 제8장(중재판정의 승인과 집행의 요건)은 아래와 같다.[47] 여기에서 인용하는 조문은 달리 표시가 없으면 독일 민사소송법을 가리킨다.

제1060조 국내중재판정
(생략)
제1061조 외국중재판정
(1) 외국중재판정의 승인과 집행은 1958. 6. 10.자 외국중재판정의 승인과 집행에 관한 협약(연방관보 1961년 Ⅱ, 121면)에 따른다. 중재판정의 승인과 집행에 관한 기타 다른 국가 간 조약규정은 그대로 존속한다.
(2) 집행가능선언(Vollstreckbarerklärung)을 기각함으로써 법원은 당해 중재판정이 국내에서 승인될 수 없다는 사실을 확정한다.
(3) 집행가능선언 후 외국에서 중재판정이 취소된 때에는 집행가능선언의 취소를 신청할 수 있다.
제1062조 관할
(1) 중재합의에서 지정한 고등법원이나 그러한 합의가 없는 때에는 중재절차가 행해지는 지역을 관할하는 고등법원은 다음의 신청에 관하여 재판관할권을 가진다.
1-2 (생략)
3. 중재판정부의 임시적 혹은 보전적 처분의 집행, 취소 또는 변경(제1041조)
4. 중재판정의 취소(제1059조)나 집행가능선언(제1060조 이하) 또는 집행가능선언의 취소(제1061조)

46) 우리 민사소송법상 변론은 구술변론을 의미하므로 여기에서는 '구술변론'과 '변론'을 호환적으로 사용한다.

47) 독일 조문의 국문번역은 장문철·정선주·강병근·서정일, UNCITRAL모델중재법의 수용론(1999), 105면 이하; 대한상사중재원, 외국중재법규집 제1집(2005), 175면 이하 참조. 위 번역은 대체로 전자를 따랐으나 '집행선고'를 '집행가능선언'이라고 변경하였다. 초안의 번역은 정선주, "독일의 仲裁法 改正案에 관하여," 중재학회지 제6권(1996), 186면 이하 참조. 영문번역은 목영준, 475면 이하 참조.

(2) 전항 제1호 전단, 제3호 또는 제4호에서 독일의 중재지가 없는 때에는 피신청인의 주소나 거소 또는 피신청인의 재산소재지나 중재의 소로써 청구하려고 하는 대상물 또는 처분과 관련된 대상물의 소재지를 관할하는 고등법원(또는 Kammergereicht[48]) 이 관할한다.

(3) (생략)

(4) 증거조사를 지원하거나 기타 다른 법원의 행위(제1050조)에 대해서는 그 행위가 행해질 지역의 구법원이 관할권을 가진다.

(5) (생략)

제1063조 총칙규정

(1) 법원은 구술변론 없이 결정으로 재판한다. 재판전 상대방은 심문되어야 한다.

(2) 법원은 중재판정의 취소신청이 있거나 중재판정의 승인과 집행가능선언 신청에 대해 제1059조 제2항의 취소사유가 고려되는 때에는 구술변론을 명하여야 한다.

(3) 민사부의 재판장은 상대방에 대한 사전심문 없이, 신청인으로 하여금 신청에 대한 재판이 행해질 때까지 중재판정에 근거하여 강제집행을 행하거나 제1041조에 따라 중재판정부의 임시적 혹은 보전척 처분(die vorläufige oder sichernde Maßnahme)을 집행하도록 명할 수 있다. 중재판정에 의한 강제집행은 보전을 위한 처분의 범위를 넘어서는 아니 된다. 신청상대방은 신청인이 집행하려고 하는 수액에 상당하는 담보를 제공함으로써 강제집행을 면할 수 있다.

(4) 구술변론이 명하여지지 아니하면, 신청과 진술은 법원사무관 등의 면전에서 구술로 행해져 조서에 작성될 수 있다.

제1064조 중재판정의 집행의 특수성

(1) 중재판정에 대한 집행가능선언의 신청에는 중재판정서 원본이나 증명된 등본을 함께 제출하여야 한다. 증명은 법원의 재판절차를 대리할 수 있는 변호사에 의해서도 행해질 수 있다.

(2) 중재판정의 집행을 선고한 결정은 가집행될 수 있다.

(3) 국가간 조약에서 달리 합의하지 않는 한 제1항과 제2항은 외국의 중재판정에도 적용한다.

제1065조 상소

(1) 연방대법원에 대한 특별항고는 제1062조 제1항 제2호와 제4호의 재판에 불복하는 경우에 허용된다. 그 밖에는 제1062조의 절차에서 행해진 재판에 대하여는 불복할 수 없다.[49]

(2) (생략)

독일 민사소송법(제1061조)은 모든 외국중재판정에 대하여 뉴욕협약을

48) 이는 베를린의 고등법원을 가리킨다.

49) 장문철 · 정선주 · 강병근 · 서정일(註 47), 122면의 번역은 아래와 같다.
"(1) 연방대법원에 대한 특별항고는 제1062조 제1항 제2호와 제4호의 재판에 불복하는 경우에 허용되는데, 이는 이들 재판이 종국판결로 행해졌더라면 상고가 허용될 수 있는 때에 한한다. 제1062조의 절차에서 행해진 재판에 대하여는 불복될 수 없다."

적용한다.

① 절차의 개시 방법　　외국중재판정의 집행을 허가하는 절차는 집행판결청구의 소가 아니라 집행결정을 구하는 신청에 의하여 개시된다. 신청에 대하여는 소장의 요건이 유추적용되지만 소가 아니므로, 원고의 주소 또는 거소가 독일에 없다는 이유로 민사소송법 제110조에 따라 소송비용담보를 요구할 수 없다.[50)]

② 재판의 형식　　민사소송법(제1063조 제1항 1문)에 따르면 법원은 외국중재판정의 집행을 허가하는 재판을 결정으로 해야 한다. 법원이 구술변론을 연 때에도 결정으로 재판하는 점은 다를 바 없다.[51)] 집행결정에는 이유를 기재하여야 하고,[52)] 민사소송법 제91조 이하에 따라 비용부담에 관하여 판단하여야 한다.[53)] 집행결정은 양 당사자에게 송달하여야 하고(민사소송법 제329조 제3항),[54)] 송달에 의하여 비로소 효력을 발생한다.[55)]

③ 구술변론의 요부　　집행결정을 하는 법원은 반드시 구술변론을 해야 하는 것은 아니지만, 재판에 앞서 상대방을 심문하여야 한다(제1063조 제1항 2문). 그러나 중재판정 취소의 소가 제기되거나, 또는 중재판정의 승인 또는 집행의 신청 시 중재판정 취소사유가 고려되는 때(in Betracht kommen), 즉 근거 있게 주장되는 때에는 법원은 반드시 구술변론을 명하여야 한다(제1063조 제2항).

④ 집행력과 기판력의 유무　　집행결정은 실질적 확정력, 즉 기판력을 가진다.[56)] 결정의 형식으로 내려지는 재판이지만 기판력을 가지므로 집행결정 신청이 기각되었음에도 불구하고 다시 집행결정 신청을 하면 기판력에 저촉된다.[57)] 집행결정은 당연히 집행력을 가진다.

---

50) MünchKomm ZPO, 3. Auflage (2008), §1063 Rn. 1.

51) Karl Heinz Schwab/Gerhard Walter, Schiedsgerichtsbarkeit, 7. Auflage (2005), Kapitel 28 S. 298(이하 "Schwab/Walter"라고 인용한다); Stein/Jonas/Schlosser, Kommentar zur Zivilprozessordnung, 22. Auflage Band 9 (Ⅱ/2002), Anhang § 1063 Rn. 1, 11. 독일에서도 과거에는 구술변론을 열지 않는 경우에는 결정에 의하여, 구술변론을 여는 경우에는 판결에 의하여 집행을 허가하였다(이하 "Stein/Jonas/Schlosser"라고 인용한다). Schwab/Walter, Kapitel 28 Rn. 14.

52) Stein/Jonas/Schlosser, §1063 Rn. 12.

53) Stein/Jonas/Schlosser, §1063 Rn. 13; Schwab/Walter, Kapitel 28 Rn. 12.

54) Musielak, ZPO, 7. Aulage (2009), §1063 Rn. 8.

55) Schwab/Walter, Kapitel 28 Rn. 9.

56) Schwab/Walter, Kapitel 30 Rn. 30; Kapitel 28 Rn. 15.

57) Stein/Jonas/Schlosser, §1063 Rn. 12.

⑤ 불복방법 법원의 집행결정에 대하여 당사자는 연방대법원에 법의 위반을 이유로 하는 항고(Rechtsbeschwerde)[58]를 제기할 수 있다(제1065조 제1항). 집행결정 신청에 대하여는 고등법원이 관할을 가지므로 그런 항고를 연방대법원에 하는 것은 자연스럽다.[59] 조문은 명시하지 않지만 이는 구 민사소송법 하에서 집행결정이 종국판결에 의하여 선고되었더라면 연방대법원에 상고가 가능하였을 경우에만 가능하다고 한다.[60]

⑥ 가집행의 가부 집행결정은 가집행될 수 있다(제1064조 제2항). 이것이 누락되면 제321조와 제716조에 의하여 보충된다. 나아가 집행결정을 하기 전에라도 민사부의 재판장은 상대방에 대한 사전심문 없이, 신청인으로 하여금 신청에 대한 재판이 행해질 때까지 중재판정에 근거하여 강제집행을 행하도록 명할 수 있다(제1063조 제3항). 다만 후자는 임시적 혹은 보전적 처분(die vorläufige oder sichernde Maßnahme)에 한정된다.

⑦ 외국판결의 집행 외국중재판정의 경우와 달리, 외국판결의 집행을 위하여는 여전히 집행판결이 필요하다(민사소송법 제328조).

나. 일본 중재법

일본 중재법의 관련 조문은 아래와 같다.[61] 여기에서 인용하는 조문은 달리 표시가 없으면 일본 중재법을 가리킨다.

> **제8장 중재판정의 승인 및 집행결정**
> 제45조(중재판정의 승인)
> ① 중재판정(중재지가 일본국 내에 있는지 여부를 묻지 않는다. 이하 이 장에서 같다)은 확정판결과 동일한 효력을 가진다. 단, 당해 중재판정에 기하여 민사집행을 하기 위하여는 다음 조의 규정에 의한 집행결정이 없으면 아니 된다.
> ② 전항의 규정은, 다음에 드는 사유 중 어느 것이 있는 경우(제1호부터 제7호까지에서 드는 사유에서는 당사자 중 일방이 당해 사유의 존재를 증명한 경우에 한한다)에는 적용하지 않는다.
> 1-9. (생략)
> ③ (중재판정의 일부 승인에 관한 조문. 번역 생략)

58) 장문철・정선주・강병근・서정일(註 47), 122면은 이를 '특별항고'라고 번역한다.
59) 상세는 Schwab/Walter, Kapitel 28 Rn. 15; Kapitel 31 Rn. 19.
60) Stein/Jonas/Schlosser, §1065 Rn. 1.
61) 영문번역은 목영준, 507면 이하 참조. 이는 일본상사중재협회(JCAA)의 홈페이지(http://www.jcaa.or.jp), 보다 정확히는 http://www.jcaa.or.jp/e/arbitration/civil.html에 수록된 번역이다.

제46조(중재판정의 집행결정)
① 중재판정에 기하여 민사집행을 하고자 하는 당사자는 채무자를 피신청인으로 하여 법원에 대해 집행결정(중재판정에 기하여 민사집행을 허락하는 취지의 결정을 말한다. 이하 같다)을 요구하는 신청을 할 수 있다.
② 전항의 신청을 할 때는 중재판정서의 사본, 당해 사본의 내용이 중재판정서와 동일한 것을 증명하는 문서 및 중재판정서(일본어로 작성된 것을 제외한다)의 일본어에 의한 번역문을 제출해야 한다.
③-⑤ (생략)
⑥ 제1항의 신청과 관련되는 사건에 대한 제5조 제3항 또는 전항의 규정에 의한 결정에 대해서는 즉시항고를 할 수 있다.
⑦ 법원은 다음 항 또는 제9항의 규정에 의해 제1항의 신청을 각하하는 경우를 제외하고 집행결정을 해야 한다.
⑧ 법원은 제1항의 신청이 있는 경우에 대해 전조 제2항 각호에서 드는 사유 중 어느 것이 있다고 인정하는 경우(동항 제1호부터 제7호까지에서 드는 사유에서는 피신청인이 당해 사유의 존재를 증명한 경우에 한정한다)에 한하여 당해 신청을 각하할 수 있다.
⑨ (중재판정의 일부 집행에 관한 조문. 번역 생략)
⑩ 제44조 제5항 및 제8항의 규정[62]은 제1항의 신청에 대한 결정에 대해 준용한다.

① 절차의 개시 방법　　중재판정에 기하여 민사집행을 하고자 하는 당사자는 채무자를 피신청인으로 하여 법원에 대해 집행결정을 요구하는 신청을 할 수 있다(제46조). 그러나 이것이 반드시 소가 아니라 신청인지는 명확하지 않다.

② 재판의 형식　　집행을 허가하는 재판은 집행결정에 의한다(제45조 제1항, 제46조 제1항). 법원이 구술변론을 열거나 당사자에게 심문의 기회를 준 경우에도 결정으로 재판한다는 취지로 보인다. 중재법은 명시하지 않으나 특히 불복신청권을 보장하기 위한 취지에서 중재결정을 당사자에게 고지하는 경우 결정에 관한 통례인 '상당하다고 인정하는 방법'(민사소송법 제119조)이 아니라 판결과 마찬가지로 송달을 필요로 한다는 견해가 있다.[63]

---

62) 제44조 1. 당사자는 다음에서 드는 사유가 있을 때는 법원에 대해 중재판정의 취소신청을 할 수 있다(이하 제1항 생략).
2.-4.(생략)
5. 법원은 구술변론 또는 당사자 쌍방이 입회할 수 있는 심문의 기일을 거치지 않으면, 제1항의 신청에 대한 결정을 할 수 없다.
6.-7.(생략)
8. 제1항의 신청에 대한 결정에 대해서는 즉시항고를 할 수 있다.

63) 安達榮司, "外國仲裁判斷の取消, 承認・執行," 國際私法學會シンポジウム(2004. 5.), JCA

③ 구술변론의 요부 법원은 구술변론 또는 당사자 쌍방이 입회할 수 있는 심문[64]의 기일을 거쳐야만 집행신청에 대하여 결정할 수 있다(제46조 제10항, 제44조 제5항). 즉, 법원은 반드시 구술변론을 해야 하는 것은 아니나 당사자에게 심문의 기회를 주어야 한다.

④ 집행력과 기판력의 유무 집행결정은 당연히 집행력이 있을 것이고, 나아가 조문에서 명시하지는 않으나 당연히 기판력이 인정될 것이다. 즉 집행결정이 있게 되면 승인요건의 구비에 대해 법원의 기판력이 인정되어야 할 것이다.

⑤ 불복방법 집행결정 신청에 대한 법원의 결정에 대하여 당사자는 즉시항고를 할 수 있다(제46조 제10항, 제44조 제8항). 이 경우 즉시항고의 기간은 통상의 경우(1주간)와 달리 2주간으로 연장되어 있다(제7조).

⑥ 가집행의 가부 이에 관한 조문은 잘 보이지 않는다.

⑦ 외국판결의 집행 외국중재판정의 경우와 달리, 외국판결의 집행을 위하여는 여전히 집행판결이 필요하다(민사집행법 제24조).

이러한 이유로 일본에서는 집행결정은, 법원에 의한 소송지휘로서 민사소송절차의 정서를 위하여 발령하는 통상의 부수적 결정이 아니라, 독립하여 당사자 간의 권리의무관계를 형성 또는 심사하고, 또한 집행력을 창조하는 이른바 '독립적 결정'이라고 설명한다.[65]

4. 우리나라에서의 제안과 사견

가. 기존의 제안

(1) 1992년 제안

우리나라에서도 종래 집행판결제도를 완화하자는 주장이 있다. 실제로 1992년 작성된 중재법개정시안(제27조)[66]은 중재판정의 집행을 용이하게 하

ジヤーナル 제51권 12호(2004. 12.), 69면.

64) 일본어 조문은 '審尋'이다.

65) 安達榮司(註 63), 69면. 집행판결절차에서 청구이의의 사유를 주장할 수 있다는 것이 종래 우리의 학설과 판례이고 저자도 이를 지지한다(상세는 석광현, 373면 이하 참조). 다만 집행결정절차를 도입할 경우 그런 법리를 유지할 수 있을지는 좀더 검토할 필요가 있다. 安達榮司(註 63), 70면 이하는 채무자에게 선택권을 인정한다.

66) 조문은 아래와 같았다.

"제27조(중재판정의 집행) ① 중재판정에 의하여 하는 강제집행은 법원의 집행결정으로

고자 원칙적으로 법원의 집행결정에 의하도록 하고, 법원이 특히 필요하다고 인정하거나 또는 집행결정에 대하여 이의가 제기된 경우 예외적으로 판결절차에 의하도록 하였다. 그러나 이는 채택되지 않았다.

(2) 1999년 중재법 개정과정의 제안

1999년 중재법의 개정과정에서 집행판결절차를 단순화하고자 결정의 형식으로 하자는 견해도 있었지만 아래(나.) 기재한 이유로 채택되지 않았다고 한다.

(3) 1999년 개정 중재법 하의 제안

이태희 변호사는 집행력을 부여하는 단계에서는 독일처럼 서면심리에 의한 간이한 절차에 의하여 집행명령을 하고, 다만 집행명령 신청 자체에서 집행취소사유가 발견되거나, 상대방이 집행취소의 소를 제기하는 경우에만 변론절차를 거쳐 판결의 형식으로 집행력을 부여하며, 집행취소사유가 사후에 발견되어 상대방이 회복할 수 없는 손해를 입을 것에 대비하여 담보를 제공받는 방안을 검토하자고 제안한 바 있다.[67]

김봉석 박사는, 중재판정 자체를 집행권원으로 인정하지 않고 집행판결과 집행문을 받도록 하는 것은 논리적으로 모순이고 중재제도의 활성화를 저해하므로, 중재법을 개정하여 집행판결 없이 집행문을 받을 수 있게 하자는 견해를 피력한다.[68] 그러나 私人인 중재인의 중재판정 그 자체에 집행력을 인정하는 것은 너무 나간 것이며,[69] 외국의 입법례에서 보지 못하였다.

나. 집행결정의 도입에 대한 비판

위에서 언급한 바와 같이 1999년 중재법의 개정과정에서 집행판결절차를 단순화하고자 결정의 형식으로 하자는 견해도 있었지만, ① '결정의 집행력'의 처리에 어려움이 있고, ② 또한 결정에는 기판력이 없으므로 또 다른 문제를 야기할 소지가 있으며, ③ 판결로 하더라도 실무상 결정으로 하는 경우

그 적법함을 선고한 때에 한하여 할 수 있다. 이 경우에 재판 전에 상대방을 심문하여야 한다. 다만 법원이 특히 필요하다고 인정하여 구술변론을 경유한 경우에는 집행판결에 의하여야 한다." 해설은 김홍규, "仲裁法 改正試案 및 解說," 중재학회지 2권(1992), 1면 이하 참조.

67) 이태희(註 41), 8면. 여기의 집행취소사유는 민사집행법(제49조)의 집행취소사유를 말하는 것으로 보인다.

68) 김봉석(註 38), 171면.

69) 이태희(註 41), 8면도 동지.

와 별다른 차이가 없다는 점을 고려하여 판결의 형식을 취하였다고 한다.[70]

다. 사견: 집행판결 제도의 완화를 위한 입법방향

앞으로 좀더 철저하게 검토를 해야겠지만, 집행판결제도의 요건을 완화함으로써 집행을 촉진하기 위하여 저자가 잠정적으로 구상하는 입법방향은 아래와 같다. 이는 전에 하였던 제안[71]을 좀더 구체화한 것이다.

① 절차의 개시 방법 우리 중재법(제37조 제2항)은 중재판정의 승인 또는 집행을 신청하는 당사자라는 표현을 사용하나 실무상 당사자는 집행판결청구의 소를 제기하고 있고, 위에서 언급한 바와 같이 집행판결절차는 강제집행절차가 아니고 특별한 종류의 판결절차이므로 이는 소의 제기이다. 그러나 집행결정제도로 전환한다면 소의 제기가 아니라 신청으로 전환할 수 있을 것이다.

② 재판의 형식 필요적 구술변론을 열어야 하는 집행판결을 고집할 것이 아니라 집행결정으로 전환한다.[72] 집행명령에 의하자는 견해도 있으나,[73] 법관에 의한 명령이 아니라 법원의 재판형식으로 하는 것이 옳다는 점에서 결정의 형식이 바람직하다. 또한 일부 견해는 구술변론을 연 경우에는 집행판결을 해야 한다고 하고,[74] 1992년 제안된 개정안도 마찬가지인데 그것이 판결과 결정에 관한 일반이론에 부합하는 것이기는 하나 독일 민사소송법을 보면 반드시 그렇게 해야 하는 것은 아니다. 물론 구술변론을 거친다면 재판의 형식이 판결인지 결정인지가 가지는 의미는 반감된다.

③ 구술변론의 요부 법원은 원칙적으로 서면심리를 기초로 재판할 수도 있도록 하면서도 반드시 심문(審問)을 거치도록 함으로써 심문심리를 하게 해야 한다(민사소송법 제134조 제2항 참조). 심문이라 함은, 서면심리를 보충하기 위하여 당사자·이해관계인·그 밖의 참고인에게 특별히 방식없이 적당한 방법으로 서면 또는 말로 개별적으로 진술할 기회를 주는 절차

---

70) 하용득(註 5), 23면.

71) 석광현, 339-340면.

72) 집행결정 외에도 단순히 법원의 허가를 받자거나 등록제도를 도입하자는 견해도 주장될 수 있으나 집행판결제도에 익숙한 우리로서는 쉽게 수용하기 어렵다. 장문철, "중재법의 개정방향," 계간중재 2011년 봄, 9면은 법원의 결정 또는 허가가 적절하다고 하나 그 허가가 어떤 성질의 것인지는 논의하지 않는다.

73) 이태희(註 41), 8면.

74) 이태희(註 41), 8면.

를 말하는데, 반드시 공개법정에서 행할 것을 요하지 않고 심문실에서 할 수 있으며, 변론처럼 반드시 당사자 쌍방에 진술의 기회를 주어야 하는 것도 아니다.[75] 여기에서는 필요적 심문을 요구하면서, 법원이 승인거부사유가 존재한다는 합리적인 의심이 있는 경우 재량에 따라 구술변론을 열 수 있도록 한다. 심리는 서면심리, 심문심리와 변론심리로 구분되는데, 변론심리가 심문심리와 다른 점은 법정변론기일에 양 당사자를 불러 쌍방에게 진술의 기회를 주고 변론기일에 구술로 진술한 자료만을 재판으로 기초로 하여야 한다는 점이다.[76]

④ 집행력과 기판력의 유무 　　집행결정에 의하여 우리나라에서 집행력이 부여되어야 하고, 승인요건의 구비 여부에 대한 판단에는 기판력이 인정되어야 한다. 민사소송법상 결정은 원칙적으로 기판력이 없지만, 예컨대 소송비용에 관한 결정(제110조, 제114조)과 간접강제 수단으로 하는 배상금의 지급결정(민사집행법 제261조)과 같이 실체관계를 종국적으로 해결하는 결정은 예외적으로 기판력이 있다.[77] 이 점에서 집행결정은 특수한 결정이 되어야 한다.

⑤ 불복방법 　　집행결정에 대하여는 즉시항고에 의하여 불복할 수 있도록 해야 한다.[78]

⑥ 가집행의 가부 　　중재판정의 집행판결에 대하여는 가집행을 붙일 수 있고 실제로 가집행을 붙일 필요성이 크다는 점이 인정되고 있다.[79] 그런데 민사소송법 이론이 따르면 결정은 즉시 집행력이 발생하므로 원칙적으로 가집행선고를 붙일 수 없다.[80] 그러나 여기에서 말하는 결정이 집행력이 있다고 하더라도, 집행결정이 즉시 외국중재판정에 대해 집행력을 발생시키는

75) 이시윤, 신민사소송법 제4판(2008), 270면(여기에서 대체하지는 않았지만 이는 5판(2009)이 있다); 이시윤(註 37), 392면.

76) 이시윤(註 37), 392-393면.

77) 이시윤(註 75), 559면.

78) 민사집행법 제15조 제6항에 따르면 집행절차에 관한 집행법원의 재판에 대한 즉시항고는 원칙적으로 집행정지의 효력이 없고, 다만 항고법원(재판기록이 원심법원에 남아 있는 때에는 원심법원)은 즉시항고에 대한 결정이 있을 때까지 담보를 제공하게 하거나 담보를 제공하게 하지 아니하고 원심재판의 집행을 정지하거나 집행절차의 전부 또는 일부를 정지하도록 명할 수 있으며, 담보를 제공하게 하고 그 집행을 계속하도록 명할 수 있다. 반면에 민사소송법 제447조에 따르면 즉시항고는 집행을 정지시키는 효력을 가진다.

79) 주석중재법/이호원, 243면. 이는 대판 2004. 12. 20. 선고 2003다62019도 동지라고 소개한다.

80) 이시윤(註 75), 597면.

것은 아니라고 본다. 그렇다면 집행결정에 가집행을 붙일 수 있어야 하고, 원칙적으로 가집행을 붙이는 방향으로 실무처리를 해야 한다. 다만 집행결정 후 승인거부사유가 발견되어 상대방이 회복할 수 없는 손해를 입을 것에 대비하여, 일부 논자의 제안처럼[81] 변론을 열지 않은 경우에는 반드시 담보를 제공하도록 하는 방안도 고려할 수 있다. 아니면 가집행선고에 관한 일반이론에 따라 담보부가집행선고를 할지 무담보부가집행선고를 할지는 법원의 재량에 속하므로[82] 법원의 결정에 맡길 수도 있을 것이다.

⑦ 외국판결의 집행 외국중재판정의 집행에 대해 집행결정제도를 도입하더라도 당분간 외국판결에 대하여는 현행 민사집행법상의 집행판결제도를 유지한다. 외국판결과 비교할 때 외국중재판정의 집행을 용이하게 할 필요성이 크고, 무엇보다도 외국중재판정, 특히 뉴욕협약이 적용되는 외국중재판정의 집행은 승인거부사유가 없는 한 집행할 조약상의 의무를 지기 때문이다. 나아가 중재에 대해 우호적인 태도를 취한다는 관점에서 중재판정에 관하여는, 그것이 내국중재판정이든 외국중재판정이든 간에 원칙적으로 집행결정에 의하는 방안이 바람직하다.[83] 이런 태도를 취한다면, 장차 우리나라가 외국판결의 집행에 관하여 양자조약 또는 다자조약을 체결할 경우 그런 조약에 기한 외국판결의 집행 시 집행결정을 자연스럽게 받아들일 수 있을 것이다.

라. 집행결정의 도입에 대한 과거 비판의 검토

위(나.)에서 본 것처럼 1999년 중재법의 개정과정에서 집행판결절차를 결정으로 단순화하자는 제안이 있었으나 비판이 제기되어 관철되지 못하였는데, 여기에서는 그 비판을 검토한다.

---

81) 이태희(註 41), 8면.

82) 이시윤(註 75), 598면.

83) 이태희(註 41), 8면도 동지(다만 이 글은 국내중재판정에 관한 글로 보인다). 이에 대해 토론과정에서 정선주 교수는 사인이 내린 중재판정보다는 외국법원의 판결을 더 존중해야 하는 것이 아닌가라는 의문을 표시하였다. 하지만 저자로서는 뉴욕협약이 적용되는 경우는 물론이고 그렇지 않은 경우 나아가 국내중재판정의 경우에도 중재에 대해 우호적인 태도를 취한다는 관점에서 모두 집행결정제도를 도입해야 할 것으로 본다. 외국판결은 외국의 주권행사의 산물이라는 점에서 그 효력을 승인하는 데 거부감이 클 수 있지만 중재판정은 私人의 판단이라는 점에서 거부감이 작다고 할 수 있기 때문이다. 외국판결의 경우 집행판결제도를 유지하되 조약에 의하여 승인과 집행을 보장해야 할 때에는 집행결정제도를 도입할 수 있을 것이다.

(1) 집행결정의 결정이라는 성질로 인한 비판

첫째 비판은 집행결정이 결정이라는 데서 비롯되는 것이다. 즉 ① '결정의 집행력'의 처리에 어려움이 있고, ② 또한 결정에는 기판력이 없으므로 또 다른 문제를 야기할 소지가 있다는 것이다. 이런 비판은 집행결정을 통상의 결정으로 본다면 타당하다. 그러나 저자의 주장은, 집행결정을 통상의 결정으로 구성할 것이 아니라 중재법에 특별규정을 둠으로써 통상의 결정과 달리 취급하자는 것이다. 즉 현재의 집행판결을 집행결정으로 대체하더라도 그에 대해 민사소송법학상 결정에 관한 법리를 전면적으로 적용할 것이 아니라[84] 특칙을 도입할 필요가 있다는 것이다. 예컨대 결정이므로 임의적 변론에 의한다는 점과, 즉시항고에 의하여 불복하도록 하는 점은 결정에 관한 통상의 법리에 따라도 좋지만, 소송비용 부담자를 정할 필요가 있고, 이유를 기재한 결정서를 작성하여 고지하고 이를 송달할 필요가 있으며, 법원에 대한 기속력뿐만 아니라 기판력도 있어야 하고 그에 의하여 외국중재판정에 대해 집행력을 부여해야 한다는 점에서 결정에 관한 통상의 법리를 따를 수 없다는 것이다.

결국 새로 도입할 집행결정은 판결과 결정의 합성물(hybrid)의 성질을 가져야 한다. 일본 중재법은, 집행결정에 기판력과 집행력을 부여하면서도 결정의 법리를 가급적 유지하려는 데 반하여, 독일 민사소송법은 정치한 규칙을 두면서 집행결정이 판결과 결정의 합성물이라는 점을 좀더 선명하게 드러내고 있다고 본다. 이러한 집행결정 제도를 중재법에 도입함에 있어서는 민사소송법·민사집행법 전문가의 역할이 중요하다고 본다.

(2) 실무상 차이가 없다는 비판

둘째 비판은, 집행재판을 판결로 하든 결정으로 하든 실무상 별 차이가 없다는 점이다. 그렇더라도, 판결로 하도록 하면 항상 판결에 의해야 하고 구술변론을 거쳐야 하므로 결정에 의할 가능성이 원천적으로 봉쇄되지만, 결정에 의할 수 있는 길을 열어둔다면 일정한 제한된 범위의 사건에서나마 결정으로 할 수 있는 가능성이 열리는 점에서 실익이 있다. 결정으로 하더라도 별 차이가 없다면 오히려 결정으로 변경하는 데 반대할 이유는 없지 않을까 생각된다. 즉 법원이 사안에 따라 탄력적으로 운영하되 필요적 심문심리의

84) 판결과 결정은 여러 가지 점에서 차이가 있다. 상세는 이시윤(註 75), 534면; 호문혁, 민사소송법 제8판(2010), 558면 이하 참조.

방법에 의함으로써 운용의 묘를 살릴 수 있을 것으로 생각된다.

이처럼 법원이 사안에 따라 심문심리를 하거나 구술변론을 열 수 있다면, 실무상 중요한 것은 외국중재판정에 기한 집행재판을 하거나 외국중재판정을 승인하는 우리 법원의 인식의 전환이다. 즉 법원의 역할은 외국중재판정에 대한 실질재심사를 하는 것이 아니라 승인요건의 구비 여부만을 심사하는 것인데, 그 경우 실질재심사를 할 수 있지만 실질재심사도 전면적인 것이 아니라 제한적인 것이라는 점을 법원이 분명히 인식해야 한다는 점이다. 아래 사건은 법원의 인식이 중요함을 보여준다.

위에서 언급한 대법원 2009. 5. 28. 선고 2006다20290 판결에서 원고는 피고를 상대로 홍콩에서 ICC 중재신청을 하여 유리한 중재판정을 받았다. 그 후 원고는 피고의 회사정리절차가 개시되자 채권을 신고하였으나 관리인이 부인함에 따라 정리채권확정의 소를 제기하였다. 법원이 정리채권 및 의결권을 확정하는 판결을 함에 있어서 홍콩중재판정에 구속되는가의 여부가 문제가 되었다. 그 사건에서 원고의 중재신청 시점과 대법원 판결 확정 시까지는 약 12년이 경과되었다. 특히 원심판결은 독자적으로 증거를 종합하여 전면적으로 사실인정을 하고 법률적 판단을 한 다음, 그에 터잡아 원고가 허위의 주장과 증거를 제출하여 이에 속은 중재인으로부터 중재판정을 편취하였으므로 뉴욕협약상 승인거부사유가 존재한다고 보았다. 그러나 이는 잘못이고, 대법원 판결처럼 외국중재판정에 대한 실질재심사를 합리적인 범위로 제한하여야 하는데, 위 대법원 판결은 바로 이 점을 보여주는 판결로서 큰 의의가 있다. 중요한 것은 법제의 정비와 함께, 국제상사중재를 바라보는 법관의 인식 전환이라는 것이다.

또한 법원이 집행재판의 심리를 신속하게 해야 한다는 점을 강조하기 위하여, 비록 중국처럼 고정기간을 명시할 것은 아니지만,[85] "법원은 사건을 신속하게 처리해야 한다"는 취지의 조문을 중재법에 두는 방안도 고려할 수 있다.

---

85) 중국 최고인민법원의 1998년 중국의 외국 중재판정 승인과 집행의 비용수취 및 심사기간 문제에 관한 규정(關于承認和執行外國仲裁裁決收費及審査期限問題的規定)은, 외국중재판정을 승인 및 집행할 경우 승인 및 집행신청을 수리한 날부터 2개월 내에 결정을 내려야 하고, 특수사정이 없는 한 결정을 내린 후 6개월 내에 집행을 완료하여야 하며, 승인과 집행을 거절할 경우 '외국중재판정 사법해석'에 따라 수리한 날부터 2개월 내에 최고인민법원에 보고할 것을 규정한다고 한다. 최광호, "중국 국제사법상의 쟁점—국제투자를 중심으로—," 국제사법연구 제16호(2010), 296면.

이와 함께 중재사건, 특히 국제상사중재사건을 다루는 법관의 전문성을 제고하기 위하여 외국중재판정에 대하여 관할을 서울중앙지방법원 또는 국제사건전담재판부를 두고 있는 법원으로 집중시켜 관련 전담부에서 소송진행을 신속하게 하는 방안도 검토할 필요가 있다.[86)]

V. 현행법상 외국중재판정의 승인·집행을 위하여 제출할 서류와 개선방안

뉴욕협약(제4조)은 외국중재판정의 승인·집행을 구하는 당사자가 제출할 서류를 열거하는데, 중재법 제37조 제2항도 그와 유사하지만 다소 차이가 있는 규정을 두고 있다.

1. 뉴욕협약상 외국중재판정의 승인·집행을 위하여 제출할 서류

가. 제출할 서류와 제출시기

외국중재판정의 승인·집행을 구하는 당사자는 신청 시에[87)] ① 정당하게 인증된 중재판정 원본(또는 정당하게 증명된 그 등본)과 ② 중재합의의 원본(또는 정당하게 증명된 그 등본)을 제출해야 한다(제4조 제1항).[88)] '인증'(authentication)은 문서의 서명(signature)이 진정한 것임을 증명하는 것이고, '증명'(certification)은 등본(즉 원본 전부의 사본)이 원본의 진정한 사본임을 증명하는 것이므로, 인증은 서명에 관한 것이고 증명은 전체로서의 문서에 관한 것이다.[89)] 서류 제출은 집행판결청구의 소의 소송요건이 아니라 법원이 승인하거나 집행판결을 하기 위한 요건이므로 위 서류는 제소 후 소송절차에서 제출해도 된다.

---

86) 이준상(註 42), 77면도 참조.

87) 뉴욕협약의 표현을 따른 것이다. 우리 법만을 생각하면 청구 시가 될 것이나 법제가 다양하므로 이런 표현을 사용한다. 다만 우리 국문번역에서는 '신청서'라고 잘못 번역되어 있다.

88) 모델법(제35조 제2항)도 중재합의서의 제출을 요구하나 2006년 개정된 모델법은 이 요건을 폐지하였다. 독일 민사소송법(제1064조)과 일본 중재법(제46조)은 중재합의서의 제출요건을 이미 폐지하였다.

89) van den Berg, p. 251.

나. 인증 또는 증명의 준거법과 주체

중재지 또는 집행신청을 받은 국가 중 어느 국가의 법에 따라 권한 있는 기관이 인증 또는 증명을 하면 된다. 인증 또는 증명의 주체는 국가에 따라 상이하나 대체로 법원공무원, 공증인 또는 외교관(또는 영사관)이다. 실무상으로는 중재판정지국에 있는 집행신청을 받은 국가의 외교관(또는 영사관)에 의한 인증 또는 증명을 받는 것이 안전하다. 중재판정부가 중재판정의 원본을 인증하거나 중재판정의 등본을 증명하는 경우 또는 의장중재인(또는 중재기관 사무국)이 중재판정의 등본을 증명하는 경우 그것으로 족하다. 중재합의의 경우, 당사자들이 대부분 계약서원본을 보유하므로 증명된 등본을 제출할 실제적인 필요는 작으나, 당사자들이 원본의 제출을 원치 않는 경우 증명된 등본을 제출할 필요가 있다. 중재판정의 등본을 증명할 수 있는 자는 중재합의의 등본을 증명할 수 있고, 중재합의의 등본은 공증인도 증명할 수 있는데, 공증인은 중재판정지든 우리나라 공증인이든 관계없다.[90)]

다. 뉴욕협약에 따른 번역문의 증명 주체와 증명 대상

뉴욕협약(제4조 제2항)에 따르면, 중재판정이나 중재합의가 한국어로 작성되지 않은 경우 중재판정의 집행을 구하는 당사자는 한국어 번역문을 제출해야 한다. 제2항은, 번역문은 '공적인 또는 선서한 번역관'(an official or sworn translator) 또는 외교관(또는 영사관)에 의하여 증명되어야 한다고 하여 신청 당사자의 의무를 경감한다. 우리나라에는 '공적인 번역관'(official translator) 또는 '선서한 번역관'(sworn translator)제도가 없는데, 종래 실무상 중재판정지국에 있는 우리 외교관(또는 영사관)에 의한 확인 또는 우리 공증인의 번역공증의 방법을 취하는 것으로 보이나, 뉴욕협약상 공증인은 번역문을 증명할 수 있는 자가 아니다.

제4조 제2항이 번역문의 증명을 요구하는 취지는 번역문의 정확성을 증명하라는 것이다. 그러나 대법원 1995. 2. 14. 선고 93다53054 판결은 "제4조 제2항의 취지는 번역관 또는 외교관들에 의해서 중재판정 등이 직접 번역되어야 한다는 것은 아니고, 그들에 의해서 당해 중재판정의 번역문임이 증명

90) 서동희, "外國仲裁判定의 한국내 집행과 관련된 몇가지 문제," 중재 제298호(2000년 겨울호), 66면.

되면 족하고, 위 규정에서 증명이란 당해 중재판정을 번역한 번역문이라는 사실확인일 뿐 외교관(또는 영사관)의 서명이 반드시 필요한 것은 아니고, 또한 그 번역의 정확성까지 증명하여야 하는 것은 아니라"(밑줄은 저자가 추가)는 취지로 판시하였다. 위 대법원판결은 뉴욕협약의 요건을 완화한 것으로 번역에 관한 한국의 특수한 상황을 고려한 것이나,[91] 뉴욕협약의 취지에는 반한다. 이는 궁극적으로 번역문의 정확성을 확인하는 제도를 도입함으로써 해결해야 한다.

2. 중재법상 외국중재판정의 승인·집행을 위하여 제출할 서류

위에서 본 것처럼 외국중재판정의 승인·집행을 구하는 당사자가 제출할 서류요건은 뉴욕협약에 따르는데, 중재법 제37조 제2항은 서류요건을 뉴욕협약과 다소 달리 규정한다. 여기에서 첫째, 중재법의 문언이 적절한지와, 둘째, 뉴욕협약과 중재법의 관계가 문제된다.

가. 중재법(제37조 제2항)의 문언의 적절성

중재법(제37조 제2항)은 다음과 같다.

> ② 중재판정의 승인 또는 집행을 신청하는 당사자는 다음 각호의 서류를 제출하여야 한다. 다만, 중재판정 또는 중재합의가 외국어로 작성되어 있는 경우에는 정당하게 인증된 한국어 번역문을 첨부하여야 한다.
> 1. 중재판정의 정본 또는 정당하게 인증된 그 등본
> 2. 중재합의의 원본 또는 정당하게 인증된 그 등본

중재법(제37조 제2항)의 기초가 모델법(제35조 제2항)은 "the duly authenticated original award or a duly certified copy thereof, and the original arbitration agreement referred to in article 7 or a duly certified copy thereof"라고 하여 뉴욕협약(제4조 제1항)과 거의 동일하다. 중재법(제37조 제2항)을 뉴욕협약의 국문본과 비교하면 다음과 같은 차이가 있다.

91) 서동희(註 90), 66면, 註 9도 동지.

뉴욕협약(제4조)	중재법(제37조 제2항)
정당하게 인증된 판정 원본 또는 정당하게 증명된 그 등본	중재판정 정본 또는 정당하게 인증된 그 등본
중재합의 원본 또는 정당하게 증명된 그 등본	중재합의 원본 또는 정당하게 인증된 그 등본
(중재판정/중재합의) 증명된 번역문	(중재판정/중재합의) 정당하게 인증된 한국어 번역문

그런데 '정본'이란 특히 정본이라고 표시한 문서의 등본으로서 원본과 같은 효력이 인정되는 것이고[92] 그 자체는 원본은 아니다. 그리고 중재법(제37조 제2항)의 "정당하게 인증된 그 등본"을 "정당하게 증명된 그 등본"으로 수정하는 것이 뉴욕협약의 국문번역과도 일관되고, 영문에 충실할 뿐만 아니라 위에서 본 인증과 증명의 개념에도 부합한다.[93] "정당하게 인증된 한국어 번역문"도 마찬가지로 "정당하게 증명된 한국어 번역문"이 적절하다. 번역문의 경우 그 서명이 진정한 것임을 인증하는 것이 아니라 번역의 정확성(뉴욕협약의 원래의 취지를 따를 경우) 또는 번역문이라는 사실(대법원 판결을 따를 경우)을 증명하는 것이기 때문이다.

중재법은 뉴욕협약과 비교하여, 첫째, 정당하게 인증된 중재판정의 원본이 아니라 중재판정의 정본을 요구하는 점과, 번역문의 경우 정당하게 인증되면 족하고 번역의 주체를 제한하지 않는 점에서 뉴욕협약보다 완화되어 있다. 중재법의 문언상으로는 외국중재판정의 승인 및 집행의 경우에도 제37조가 적용되는데, 중재법 제39조 제1항이 "외국중재판정의 승인 및 집행에 관한 협약의 적용을 받는 외국중재판정의 승인 또는 집행은 동 협약에 의한다"고 규정하므로 뉴욕협약이 적용되는 외국중재판정의 승인 및 집행에도 중재법 제37조 제2항이 적용되는지가 문제된다.

저자로서는, 뉴욕협약과 거의 동일한 내용을 정한 모델법에 기초한 중재법의 문언이 왜 뉴욕협약의 국문본과 다르게 된 경위를 잘 알지 못하지만, 제39조 제1항의 문언을 고려할 때 아마도 입법자들이 뉴욕협약의 요건을 완화할 의도를 가진 것은 아니고, 이러한 차이는 단순히 번역상의 문제가 아닐

92) 이시윤(註 75), 448면.

93) 이호원(註 24), 269면 註 17도 그렇게 해석한다. 그러나 실무상 '인증등본'이라는 표현도 사용하므로 인증된 등본이라는 표현이 틀렸다는 말은 아니다.

까 생각된다. 만일 그렇다면, 뉴욕협약이 적용되는 외국중재판정의 승인 및 집행의 경우에는 제39조 제1항의 결과 뉴욕협약에 따라야 하고 중재법 제37조 제2항을 적용할 것은 아니다.[94] 그렇다면 1999년 12월 중재법 개정 시 뉴욕협약이 우선 적용됨을 명확히 했었더라면 좋았을 것이다.[95]

그러나, 만일 입법자가 이런 차이를 의도하였다면 뉴욕협약 제7조 제1항에 따라 완화된 중재법(제37조 제2항)이 적용될 수 있으므로 뉴욕협약 제7조 제1항을 검토할 필요가 있다.

나. 뉴욕협약과 더 유리한 권리조항(more favorable right provision)[96]

뉴욕협약(제7조 제1항)은, 뉴욕협약의 규정들은 체약국이 체결한 중재판정의 집행에 관한 다른 다자 또는 양자협정의 효력에 영향을 미치지 않으며, 또한 어떠한 관계당사자가 집행국의 법령이나 조약에 의하여 허용된 방법과 범위 내에서 그 판정을 원용할 수 있는 권리를 박탈하지 아니한다고 규정한다. 이는 뉴욕협약의 요건이 미비되더라도 보다 유리한 국내법령이나 조약에 따른 승인·집행을 가능케 하는 것으로 외국중재판정의 승인·집행을 촉진하려는 뉴욕협약의 목적상 당연한 것이다.[97] 그러나 뉴욕협약과 국내법(또는 다른 국제조약)을 비교하여 그 중 유리한 것을 적용할 수 있을 뿐이지, 일부에 관하여는 뉴욕협약을, 다른 부분에 관하여는 국내법(또는 다른 국제조약)을 취하여 합성된 규범을 적용할 수는 없다.[98] 제7조가 승인·집행을 구하는 당사자에게 보다 유리한 법령이나 조약에 따라 집행을 신청할 수 있도록 선택권을 부여하는지, 아니면 법원이 당사자에게 유리한 법령 등을 적용할 의무를 지는지는 논란의 여지가 있으나 전자가 타당하다.[99]

94) 이호원(註 24), 268면.

95) 참고로 독일 민사소송법(제1064조 제1항)도 중재판정의 승인 및 집행을 구하는 당사자가 제출할 서류를 열거하는 점은 중재법 제37조 제2항과 유사하나, 소송대리인인 변호사가 증명할 수 있음을 명시한다. 나아가 제1064조 제3항은 국제협약이 우선하여 적용됨을 명시하는데 다만 그 취지에 관하여는 논란이 있다. Stein/Jonas/Schlosser, § 1065 Rn. 4 Fn. 3.

96) 이하는 석광현, 335면 이하 참조. 일본의 논의는 김언숙, "일본법상 외국중재판정의 승인 집행—적용법규와 승인거부사유를 중심으로—," 중재연구 제20권 제3호(2010. 12.), 25면 이하 참조.

97) van den Berg, p. 82.

98) van den Berg, pp. 85-86; Schwab/Walter, Kapitel 42 Rn. 25.

99) 목영준, 287면; 주석중재법/이호원, 404면도 동지.

3. 중재법의 개정방안

이상의 논의를 정리하면 아래와 같은 중재법의 개정방안이 도출된다.

첫째, 제37조 제2항에서 "정당하게 인증된 한국어 번역문"은 "… 정당하게 증명된 한국어 번역문"으로 수정하여야 한다. 마찬가지로 제37조 제2항 1호와 2호의 "정당하게 인증된 그 등본"은 "정당하게 증명된 그 등본"으로 수정하는 것이 바람직하다.

둘째, 입법자의 의도가 중재법을 통하여 뉴욕협약의 요건을 완화하고자 하는 것이 아니었다면, 중재법 제37조 제2항보다 뉴욕협약이 우선함을 명시하는 것이 바람직하다.

셋째, 반면에 만일 입법자가 뉴욕협약 제4조의 요건을 완화하고자 의도한 것이었다면 뉴욕협약 제7조 제1항에 따라 완화된 중재법(제37조 제2항)이 적용될 수 있다. 2006년 개정 모델법(제35조)은 중재판정 원본의 인증요건과, 중재합의서의 제출요건을 폐지하였는데, 독일 민사소송법(제1064조)과 일본 중재법(제46조)도 중재합의서의 제출요건을 폐지하였다. 또한 개정된 모델법(제35조 제2항)은 법원이 중재판정의 번역문을 요구할 수 있다고만 규정하고 그 증명을 요구하지 않으며 일본 중재법(제46조 제2항)도 같다. 우리도 이런 태도를 따르기 위해 중재법을 전향적으로 개정하는 방안을 고려할 필요가 있다.[100] 만일 그렇게 완화한다면 중재법 조문이 보다 유리한 법으로서 적용될 것이다.

100) 대법원 2004. 12. 10. 선고 2004다20180 판결이 뉴욕협약 제4조 제1항은 당사자들 간에 중재판정이나 중재합의의 존재 및 내용에 관한 다툼이 있는 경우에 증거방법을 제한한 규정이고, 원고가 문서의 원본 또는 등본 대신 사본을 제출하더라도 상대방이 이의하지 않고 성립을 인정하면 적법한 원본이나 등본의 제출에 해당한다고 판시하고, 제4조 제2항은 중재판정과 중재합의의 엄격한 형식의 번역문을 요구하나 이는 그에 한정하는 것은 아니며, 만약 당사자가 형식을 불비한 부실한 번역문을 제출한 경우 제출자의 비용부담으로 전문번역인에게 번역을 의뢰함으로써 이를 보완시킬 수도 있다고 판시한 점도 고려할 필요가 있다.

Ⅵ. 뉴욕협약이 적용되지 않는 외국중재판정의 승인·집행에 관한 현행 법제와 개선방안[101)]

1999년 개정 전 구 중재법에는 규정이 없었으나[102)] 중재법 제39조 제2항은 뉴욕협약이 적용되지 않는 외국중재판정의 승인·집행에 관하여 민사소송법 제217조, 민사집행법 제26조 제1항 및 제27조를 준용한다. 이와 관련하여 다음을 검토할 필요가 있다.

1. 외국중재판정의 법적 성질

중재법 제39조와 같은 명문의 규정이 없던 과거에는 외국중재판정의 법적 성질이 무엇인가를 결정하고 그로부터 그의 승인 및 집행에 법원칙을 도출하려는 시도가 있었다. 외국중재판정의 법적 성질을 외국판결이라거나 그에 준하는 것으로 볼 수 있다면 외국판결의 승인 및 집행에 관한 원칙을 적용하거나 유추적용할 수 있기 때문이었다. 이에 관하여는 중재합의를 소송계약으로 보고 중재판정을 판결에 유사한 소송행위로 보는 견해와, 중재합의를 사법상의 채권계약의 일종으로 보아 중재판정도 이 계약으로 발생한 당사자 사이의 실체법상 법률행위로 보는 견해가 대립하였다.[103)] 그러나 1999년 개정 중재법은 제39조를 두고 있으므로 견해의 대립은 대부분 의미를 상실하였다.

2. 민사소송법과 민사집행법의 준용의 문제점

첫째, 민사집행법 제26조 제1항은 중재법 제37조 제1항에 의하여 이미 대체되었으므로 이를 준용할 이유가 없다. 즉, 민사집행법 제26조 제1항은

101) 이는 석광현, 95면 이하를 다소 줄이면서 보완한 것이다.

102) 따라서 구 중재법 하에서 뉴욕협약이 적용되지 않는 외국중재판정의 경우 이를 ① 외국판결로 보는 견해, ② 구 민사소송법 제203조를 준용하여 조리에 의해 해결할 것이라는 견해, ③ 국제사법과 국제민사소송법에 기초한 조리에 의할 것이라는 견해, ④ 국내중재판정에 관한 규정을 유추적용하는 견해와 ⑤ 뉴욕협약을 유추적용하는 견해 등이 있었다. 학설의 소개는 장문철, 국제사법총론(1996), 217면 이하 참조.

103) 견해의 소개는 이호원, "외국중재판정의 승인과 집행: 뉴욕협약을 중심으로," 재판자료 제34집(1986), 659면 이하 참조.

"외국법원의 판결에 기초한 강제집행은 대한민국 법원에서 집행판결로 그 적법함을 선고하여야 할 수 있다"고 규정하는데, 중재법 제37조 제1항은 "중재판정의 승인 또는 집행은 법원의 승인 또는 집행판결에 따라 한다"고 규정하므로 민사집행법 제26조 제1항을 다시 준용할 이유가 없다는 것이다.

둘째, 입법기술적으로 중재법이 정하는 내용은 준용의 범위를 명백히 벗어나는 것이다. 민사소송법 제217조는 외국판결의 승인을 위하여 다음 요건을 요구한다. 즉 ① 확정판결일 것, ② 판결국이 국제재판관할을 가질 것, ③ 패소한 피고가 송달을 받았을 것, ④ 판결의 승인이 한국의 공서에 반하지 아니할 것과 ⑤ 외국과 한국 간에 상호보증이 있을 것이 그것이다. 중재법 제39조 제2항의 기초자들은 중재법에서 민사소송법 제217조를 준용할 경우, 제217조 제1호가 정한 ② '판결국이 국제재판관할을 가질 것'이라는 요건은 아마도 ① 유효한 중재합의가 존재할 것, ② 중재판정이 중재합의의 범위에 속할 것과 ③ 분쟁의 대상이 중재가능성(또는 중재적격)이 있을 것이라는 취지로 해석하기를 기대하였을 것이다. 그러나 이러한 복잡한 해석상의 변형을 요구하는 것은 입법기술로서의 준용의 범위를 명백히 넘는다.[104]

3. 중재법의 개정방안

사견으로는 민사소송법을 준용할 것이 아니라 다음과 같이 개선할 필요가 있다.

첫째, 중재법은 뉴욕협약이 적용되는 외국중재판정과 그 밖의 외국중재판정을 구별하여 달리 취급하나, 상호주의유보를 철회함으로써 비체약국의 외국중재판정에 대하여도 뉴욕협약을 적용하는 것이 바람직하다. 상호주의를 요구할 경우, 외국중재판정이 승인거부사유가 없더라도 비체약국의 중재판정이라는 이유만으로 승인·집행을 거절하게 되므로, 정당한 권리를 가지고 중재판정에서 이긴 당사자의 이익을 침해하는 것이 되어 불합리하기 때문이다. 외국판결의 승인·집행에서 상호주의를 요구하는 것은, 우리나라만이 입을 수 있는 불이익을 방지하고 국제관계에서 형평을 도모하며[105] 판결국에 대한

104) 이호원, "改正仲裁法에 관한 小考," 二十一世紀 韓國民事法學의 課題와 展望: 心堂宋相現敎授華甲紀念論文集(2002), 458면도 동지.
105) 대법원 2009. 6. 25. 선고 2009다22952 판결.

보복을 가하여 당해 외국으로 하여금 우리나라의 재판의 승인·집행요건을 완화하도록 함으로써 국제관계에서 형평을 도모한다는 정책적인 고려에 기초한 것인데, 중재지국에 그런 의미를 부여하기는 어렵다. 특히 중재지는 중재판정에 중재지라고 기재된 장소로서 순전히 법적인 개념이기 때문이다. 참고로 독일은 1998년 민사소송법의 개정을 계기로 상호주의유보를 철회하였고, 일본은 이를 철회하지는 않았지만 내국중재판정인가 외국중재판정인가에 관계없이 동일한 요건과 절차에 따라 중재판정을 집행하도록 규정하는 모델법을 따르므로 사실상 상호주의유보를 철회한 것으로 볼 수 있다.[106)]

둘째, 이 경우에도 뉴욕협약이 적용되는 외국중재판정의 경우처럼 외국중재판정의 집행을 위하여 집행판결을 요구할 것이 아니라 집행결정제도로 전환하는 것이 옳다.

위 두 가지 방안을 수용하자면 중재법 제39조 제2항을 삭제하고 제1항과 통합하되 이를 독일 민사소송법 제1061조 제1항과 유사하게 아래처럼 수정하면 될 것이다.

제39조(외국 중재판정) 외국 중재판정의 승인 또는 집행은 「외국 중재판정의 승인 및 집행에 관한 협약」에 따라 한다.

Ⅶ. 뉴욕협약의 국문번역문의 수정

다른 기회에도 지적하였지만 뉴욕협약의 국문번역은 잘못을 포함하고 있으므로 바로 잡아야 한다. 외교통상부가 이 작업을 게을리하고 있는 것은 이해할 수 없다. 잘못된 번역문은 뉴욕협약을 처음 접하는 국민들을 오도한다.

제4조 제1항: 외국중재판정의 집행을 구하는 당사자는 신청 시에(at the time of the application) ① 정당하게 인증된 중재판정의 원본(또는 정당하게 증명된 그 등본)과 ② 중재합의의 원본(또는 정당하게 증명된 그 등본)을 제출하여야 한다(제4조 제1항). 우리 국문번역은 신청 시에를 '신청서에' 라고 잘못 번역하고 있다.

---

106) Shunichiro Nakano, International Commercial Arbitration under the New Arbitration Law of Japan, The Japanese Annual of International Law No. 47 (2004), p. 114.

제4조 제2항: 중재판정이나 중재합의가 원용된 국가의 공용어로 작성되지 않은 경우 중재판정의 집행을 구하는 당사자는 공용어 번역문을 제출하여야 한다. 제2항은, 번역문은 공적인 또는 선서한 번역관(an official or sworn translator) 또는 외교관(또는 영사관)에 의하여 증명되어야 한다고 하는데, 우리 국문번역은 이를 "공증인 또는 선서한 번역관"이라고 잘못 번역하고 있다. 즉 'official translator'는 공적인 번역관이지 공증인이 아니다. 대법원 2004. 12. 10. 선고 2004다20180 판결과 대법원 1995. 2. 14. 선고 93다53054 판결은 '공적 기관인 번역관'이라고 번역한 바 있다.

제5조 제1항 e호(또는 마호): 이는 "the award has not yet become binding on the parties, or has been set aside or suspended by a competent authority of the country in which, or under the law of which, that award was made"인데, 정부가 공포한 번역문은 "판정이 당사자에 대한 구속력을 아직 발생하지 아니하였거나 또는 판정이 내려진 국가의 권한 있는 기관이나 또는 그 국가의 법령에 의거하여 취소 또는 정지된 경우"이다. 그러나 밑줄 부분은 "판정이 중재판정의 기초가 된 법령이 속하는 국가의 권한 있는 기관에 의하여"라고 수정해야 한다. 즉, 중재판정을 취소할 수 있는 국가는 중재판정지국만이 아니라 중재절차의 준거법 소속국이라는 의미이다. 대법원 2003. 2. 26. 선고 2001다77840 판결도 이 점을 정확히 지적한 바 있다.

제6조: 판정의 취소 또는 정지를 요구하는 신청이 제5조 1항의 (마)에 규정된 권한 있는 기관에 제기되었을 경우에는 판정의 원용이 요구된 기관은 그것이 적절하다고 인정될 때에는 판정의 집행에 관한 판결을 연기할 수 있고 또한 판정의 집행을 요구하는 당사자의 신청에 의하여 타방당사자에 대하여 적당한 보장을 제공할 것을 명할 수 있다. 본문 중 밑줄 친 '판결'을 '재판'으로 번역하는 것이 정확하다는 지적이 있다.[107] 영문은 'decision'인데, 우리는 집행판결제도를 가지고 있지만 집행결정제도를 가지고 있는 국가도 있으므로 판결을 고집할 이유가 없다. 저자도 위 지적에 동의한다. 공식언어는 아니지만 참고로 독일어 번역은 이를 'Entscheidung'이라고 하여 재판이라는 용어를 사용한다.

107) 주석중재법/이호원, 403면, 註 112.

Ⅷ. 맺 음 말

지금까지 중재법을 중심으로 외국중재판정의 승인·집행제도의 개선방안을 검토하였다. 중재법이 모델법을 받아들인 것이라는 점에서 상대적으로 입법작업이 쉬웠다고 할 수 있다. 그럼에도 불구하고 중재법의 기초자들과 입법자들이 의도적으로 모델법과 달리 규정한 것도 있고, 모델법을 국문으로 옮기는 과정에서 몇 가지 문제점이 발생한 것도 사실이다. 또한 무엇보다도 중요한 것은, 우리의 집행판결제도를 집행결정제도로 완화함으로써 외국중재판정의 승인·집행을 촉진하고 나아가 국제상사중재가 국제거래분쟁의 효율적인 해결수단으로서 기능할 수 있도록 개선할 필요가 있다는 점이다. 물론 이는 중재법제의 개선만으로 가능한 것이 아니고, 우리 법원이 실질재심사는 원칙적으로 금지되며, 승인요건의 구비 여부를 심사하기 위하여 필요한 범위 내에서 실질재심사가 허용되더라도 실질재심사는 제한적으로 이루어져야 함을 충분히 인식하면서 국제상사중재의 지원자 또는 후견자로서의 역할을 신속하게 제대로 수행할 때 비로소 달성될 수 있다는 점을 강조하고자 한다.

제 8 장　외국법의 적용: 중국법이 준거법인 경우

[15] 한국법원에서 제기된 중국법의 쟁점: 계약법, 불법행위법, 혼인법과 외국 판결의 승인 · 집행을 중심으로

[15] 한국법원에서 제기된 중국법의 쟁점: 계약법, 불법행위법, 혼인법과 외국판결의 승인·집행을 중심으로

前 記
이 글은 저자가 서울대학교 법학 제51권 제3호(통권 제156호)(2010. 9.), 181면 이하에 수록한 글을 다소 수정·보완한 것이다.

Ⅰ. 머리말—한국 국제사법에 따른 중국법 적용사례의 증가

대한민국(이하 "한국"이라 한다)과 중화인민공화국(이하 "중국"이라 한다)이 1992년 8월 수교한 이래 양국의 교역규모가 점증하였고 중국은 한국의 최대교역국이 되었다.[1] 양국 간에 인적 교류도 활발하다. 그에 따라 한국법원이 중국법을 적용하여 재판하는 사례가 늘고 있다. 우리가 외국법을 연구하는 이유에는 여러 가지가 있지만, 종래 우리 법률가들은 한국법의 해석론 또는 입법론을 위하여 직접 도움이 되는 독일법, 프랑스법, 미국법과 일본법에 주로 관심을 두었고, 중국법에는 상대적으로 큰 비중을 두지 않았다. 하지만 현실적으로 제기되는 법적 쟁점을 해결하기 위하여 한국법원은 중국법에 대한 지식이 필요하게 되었다. 이는 위에서 언급한 독일법, 프랑스법 등에 대한 관심방향과는 다른, 구체적 사건을 해결하기 위한 현실적 필요, 즉 국제사법의 요청에 따른 것이다.

이러한 배경 하에서 여기에서는 우선 한국법원이 재판하는 경우 국제사

1) 중국은 2009년 한국 수출의 24%와 수입의 17%를 차지하였다. http://kr. news.yahoo.com/service/news/shellview.htm?articleid=2010040617444574098&linkid=4&newssetid=1352 참조. 기타 한중무역에 관한 각종 자료는 전윤종, "한중간 국제거래분쟁의 현황과 해결과제," 국제사법연구 제13호(2008), 3면 이하 참조.

법에 따라 준거법으로 지정된 외국법의 해석과 적용에 관한 일반적인 논점을 개관하고(아래 Ⅱ.), 한국법원이 중국의 실질법,[2] 특히 중국의 계약법, 불법행위법과 혼인법을 적용한 사례와 중국판결을 승인한 사례를 소개한다(아래 Ⅲ.). 그렇게 함으로써 한국법원이 국제사법에 따라 특정법률관계의 준거법으로 지정된 외국법, 특히 중국법을 어떻게 적용하는지와, 문제된 사건을 제대로 해결하기 위하여 중국법에 대한 지식이 필요함을 논증하고자 한다. 이를 통하여 한국법률가들에게 중국법이 가지는 의미를 알고, 한국법률가들이 앞으로 중국법에 대해 어떤 자세를 가져야 하는지를 깨닫게 될 것이다. 다만 여기에서 소개하는 사건은 여러 경로로 저자가 알게 된 사건들이라는 점에서 대표성을 가지는 사건이라고 평가하기는 어렵다. 여기에서는 현황을 소개하는 데 중점을 두었고, 한국법원이 중국법을 제대로 해석·적용하였는지에 대한 평가는 중국법률가의 도움을 필요로 하므로 뒤로 미룬다.

Ⅱ. 한국 국제사법상 외국법의 지위와 외국법의 적용

2001. 7. 1.자로 전문개정된 한국 국제사법에 의하여 준거법으로 한국법이 지정되면 한국법원은 한국법을 적용하여 판단하면 된다. 이는 국내사건에 관하여 법원이 늘 하는 업무이므로 특별히 어려울 것이 없다. 반면에 국제사법에 의하여 외국법이 준거법으로 지정되면 법원은 외국법을 적용해야 하며 그런 의미에서 준거법인 외국법을 어떻게 주장하고 증명하는가는 '국제사법의 가장 중요한 부분'(crux of the conflict of laws)이다.[3] 이와 관련하여 아래와 같은 다양한 의문이 제기된다.[4]

---

2) 실질법은 실체법과 구별해야 한다. 실체법은 절차법에 대비되는 개념인 데 반하여, 실질법은 국제사법(또는 저촉법)에 대비되는 개념이다. 영어로는 실질법을 위한 的確한 표현이 없고 'substantive law' 또는 'domestic law'를 흔히 사용하므로 실체법과 혼동하는 경우가 많다.

3) Richard Fentiman, Foreign Law in English Courts: Pleading, Proof and Choice of Law (1998), p. 1.

4) 외국법의 적용과 관련된 간략한 비교법적 검토는 Trevor C. Hartley, Pleading and Proof of Foreign Law: The Major European Systems Compared, Int'l & Comparative Law Quarterly; Vol. 45 (1996), p. 271 이하; Fentiman(註 3), p. 265 이하; Sofie Geeroms, Foreign Law in Civil Litigation: A Comparative and Functional Analysis (2004); Maarit Jänterä-Jareborg, Foreign Law in National Courts: A Comparative Per-

1. 외국법의 성질

학설에는 외국법을 법으로 보는 외국법법률설과 사실로 보는 외국법사실설 등이 소개되고 있으나 한국에서는 외국법법률설이 통설이다.[5] 아래(2.)에서 보듯이 외국법법률설은 법원이 외국법을 직권으로 조사하여 적용하여야 한다는 견해를 취하고, 외국법사실설은 당사자가 외국법을 주장·입증해야 하고 그렇지 않으면 법원은 그 외국법을 적용할 수 없다고 보는 경향이 있다. 외국법을 법률로 볼 경우 '법원은 법을 알고 있다'(*Iura novit curia*)는 명제를 자연스럽게 받아들일 수 있다. 그러나, 외국법의 법적 성질론과 법원의 직권조사·적용의무가 반드시 논리적으로 결합되는 것은 아니다. 즉 외국법을 법으로 보더라도 내국법과 동일시하지 않으며, 사실로 보더라도 특수한 사실로 볼 수 있기 때문이다. 실제로 독일에서는 외국법을 법으로 보면서도 독일 민사소송법(제549조)은 외국법적용의 오류를 상고이유로 인정하지 않는 데 반하여,[6] 영국은 외국법을 사실로 보면서도 상고에 관한 한 거의 영국법과 유사하게 취급한다.[7] 흥미로운 것은 현대 국제상사중재에서는 외국법은 법으로 취급된다는 점이다.[8]

---

spective, *Recueil des Cours* Vol. 304 (2003) 참조. 독일법의 논의는 MünckKommBGB/Sonnenberger, 4. Auflage (2006), Einl. IPR Rn. 628ff.(여기에서 대체하지는 않았지만 이는 5판(2010)이 있다) 참조. 중국법의 논의는 郭玉军, "近年中国有关外国法查明与适用的理论与实践," 국제사법연구 제12호(2006), 347면 이하(국문 번역문은 370면 이하) 참조.

5) 신창선, 국제사법 제6판(2007), 167면(여기에서 대체하지는 않았으나 이는 제7판(2011)이 있다).

6) 그러나 이런 태도는 근자에 달라졌다는 견해가 있다. 아래 註 37 참조.

7) Fentiman(註 3), p. 4. 미국의 연방법원에서는 외국법은 법률문제로 취급된다. 연방민사소송규칙(FRCP) Rule 44.1은 이 점을 명시한다. 상세는 임치용, "법정보공조," 국제사법연구 제4권(1999), 474면 이하 참조. 한편 이인재, "외국법의 적용과 조사," 재판자료 제34집 섭외사건의 제문제(下)(1986), 547면 이하에 따르면 주법원의 태도는 다양한데, 미국통일주법위원회(NCCUSL)가 1936년에 성안한 '타주법의 재판상 확지에 관한 통일법'(Uniform Judicial Notice of Foreign Law Act)을 채택한 주와 1962년에 성안된 "통일 주제 및 국제절차법"(Uniform Interstate and International Procedure Act)을 채택한 주는 그에 따른다.

8) Nigel Blackaby and Constantine Partasides with Alan Redfern and Martin Hunter, Redfern and Hunter on International Arbitration, Fifth Edition (2009), para. 6.172.

2. 법원의 준거법 직권조사 · 적용의무

한국 국제사법(제5조)에 따르면, 국제사법에 의하여 외국법이 준거법으로 지정된 경우 법원은 당사자의 주장 · 입증이 없더라도 외국법을 직권으로 조사 · 확정하고 적용하여야 하나,[9] 다만 입증의 편의를 위하여 법원은 당사자에게 협력을 요구할 수 있다.

가. 직권에 의한 준거법의 조사·적용

제5조의 취지는, 외국법은 법으로서 취급되어야 하므로 법원은 당사자가 제출한 자료에 한정됨이 없이, 사용가능한 모든 인식수단을 이용하여 외국법을 조사하고 인식하여야 하지만, 법원은 당사자에게 법원이 접근하기 어려운 法源 또는 판례를 제공하거나, 또는 쟁점에 대해 정통한 관청 또는 전문가를 알려줄 것을 요구할 수 있다는 것이다. 이런 의미에서 외국법은 당사자의 증거신청 여부에 불구하고 법원이 직권으로 증거조사를 할 책임을 지는 사항이며, 직권탐지주의가 타당한 영역에 속한다. '직권탐지주의'(Untersuchungs-maxime)는 변론주의(Verhandlungsmaxime)에 대비되는 개념으로 사실과 증거와 같은 소송자료의 수집 · 제출의 책임을 당사자가 아니라 법원이 지는 태도를 말한다.[10]

그러나 판례는 직권탐지주의를 취하는 것으로 보이지는 않는다.[11] 예컨대 대법원 2001. 12. 24. 선고 2001다30469 판결은 "차관계약에서 그 준거법

9) 그에 앞서 사안에 외국적 요소가 있으면 한국법원은 당사자의 주장이 없더라도 국제사법을 직권으로 적용하여야 한다. 대법원 1982. 8. 24. 선고 81다684 판결도 같은 취지이다.

10) 이시윤, 신민사소송법 제5판(2009) 285면. 대법원 1997. 12. 26 선고 96므1076 판결은 "재산분할에 관한 처분은 가사비송 사건이고 그 절차에 관하여 비송사건절차법 제1편의 규정이 준용되어 민사소송의 경우와 달리 당사자의 변론에만 의존하는 것이 아니라 법원이 자기의 권능과 책임으로 재판의 기초가 되는 자료를 수집하는"(밑줄은 저자가 추가) 것이라고 직권탐지주의의 개념을 설시한 바 있다.

11) 참고로 이인재(註 7), 550-551면은 대법원 1981. 2. 10. 선고 80다2189 판결이 직권탐지주의를 취하는 것처럼 설명하고 있으나, 위 판결은 "원래 법원은 법규의 적용을 직책으로 하는 것인 만큼 법규의 존재여부에 관하여는 당사자의 입증을 기다릴 것이 아니라 직권으로 이를 탐지하여야 할 것이다(당원 1956. 1. 31. 선고 1955행상110 판결은 외국인의 토지소유에 관한 법령의 적용여부는 직권조사 사항이라고 판시하고 있다). 다만 외국법규나 관습법 등은 그 법원이 분명하지 못하여 법원이 간과하는 수가 있을 것을 염려하여 당사자가 스스로 입증하여 그런 위협이나 불이익을 배제할 수는 있다"고 하므로 이것이 외국법규에 대해 직권탐지주의를 적용한 것인지는 분명하지 않다. 당해 사안에서 문제된 것은 한국의 외국인토지법이었다.

을 영국법으로 정하고 있으나, 영국법에 관한 자료가 제출되지 아니하여 그 내용의 확인이 불가능하고, 영국법과 그 해석이 한국법이나 일반적인 법해석의 기준과 다르다고 볼 자료도 없다 하여, 한국법과 일반 법원리를 토대로 이 사건 차관계약의 내용을 해석한 것은 옳다"는 취지로 판시하였다. 이는 직권탐지주의가 아니라 직권조사주의에 입각한 것으로 보인다. 왜냐하면 직권탐지주의에 따른다면, 영국법에 관한 자료가 제출되지 않은 경우 법원은 영국법을 조사하여 그 내용을 확인해야 하기 때문이다. 즉 직권탐지주의가 적용되는 영역에서는 법원이 자료를 수집하고 제출할 책임을 부담한다. 외국법이 법으로 취급되어야 한다면, 직권탐지주의에 따를 경우 법원은 당사자가 제출한 자료에 한정되지 않고 사용가능한 모든 인식수단을 이용하여 외국법을 조사하고 인식할 의무가 있다는 것이다.[12)] 대법원이 직권조사의무를 인정하는 데 그친다면 우리나라에서는 외국법에 관한 한 '법원은 법을 알고 있다'(*Iura novit curia*)는 명제는 관철되지 못하는 셈이다.

위의 논의가 타당한 통상의 소송절차와 달리, 신속하게 처리할 필요가 있는 보전처분의 경우 외국법의 처리는 논란이 있다. 독일에서는 이 경우 법정지법을 적용할 것이라는 견해가 유력하나,[13)] 원칙적으로는 준거법인 외국법을 조사하여 적용하되 실무상의 필요에 의하여 이를 다소 완화할 수 있다고 본다.

나. 당사자의 협력의무

제5조에서 말하는 '협력'이라 함은, 예컨대 법원이 접근하기 어려운 법원 또는 판례를 법원에 제공하거나, 특별히 쟁점에 대해 정통한 관청 또는 전문가를 알려주는 것 등을 들 수 있다.[14)] 섭외사법의 개정을 위하여 1999년 구성되었던 개정연구반의 논의과정에서 당사자가 협력하지 않는 경우의 처리에 관하여 규정을 두어야 하고, 만일 그렇지 않다면 협력의무를 규정할 필요가 없다는 견해도 있었으나, 외국법의 조사·확정은 법원의 의무이므로 당사자

---

12) Stein/Jonas/Leipold, Kommentar zur Zivilprozeßordnung, 21. Auflage (1997), §293 Rn. 31ff.; Reinhold Geimer, Internationales Zivilprozessrecht, 6. Auflage (2009), Rn. 2579, Rn. 2588. 물론 독일 민사소송법(제293조)은 이런 취지를 명시적으로 규정하는 점에서 국제사법과는 차이가 있다.

13) MünckKommBGB/Sonnenberger, 4. Auflage (2006), Einl. IPR Rn. 631.

14) Daniel Girsberger *et al.* (Hrsgs.), Zürcher Kommentar zum IPRG, 2. Auflage (2004), Art. 16 Rn. 21.

가 협력을 제대로 하지 않는다고 하여 그에 대한 입증책임을 부담시키는 등의 불이익을 줄 수는 없고, 종래 실무상으로도 당사자에게 협력을 요구하고 있다는 점을 고려하여 일단 협력을 요구할 수 있다는 취지의 규정만을 두었다. 이는 스위스 국제사법 제16조 제1항 제2문과 같은 취지이다. 당사자가 협력하지 않는 경우 법원이 결국 외국법의 내용을 확정하지 못함으로써 대체법을 적용하게 된다는 불이익을 입게 될 것이다.

나아가 스위스 국제사법(제16조 제1항 제3문)의 예를 따라 "재산법상의(또는 재산권상의) 청구의 경우 당사자들에게 (외국법의 내용에 관한) 증명(Nachweis)[15]을 부담시킬 수 있다"는 조항을 두는 것을 고려했으나, 그 취지가 분명하지 않고 특히 입증책임과의 관계가 불명하다는 이유로 두지 않았다. 당초 국제사법의 문언은 "조사·확정"이었는데[16] 법제처의 심의를 거치는 과정에서 "조사·적용"으로 변경되었으나 이는 외국법의 내용을 조사, 확정하고 나아가 적용하라는 취지이므로 의미의 변경을 의도한 것은 아니라고 생각된다.

흥미로운 것은 2011. 4. 1. 발효한 중국의 국제사법인 섭외민사관계법률적용법[17]의 태도이다. 즉 스위스 국제사법학의 영향을 받은 것으로 보이는 동법 제10조는[18] 다음과 같이 규정함으로써 당사자의 준거법 선택 여부에 따라 당사자의 의무를 달리 취급한다.

---

15) 이는 본래 의미의 증명, 즉 사실의 증명(Beweis)과 구별하기 위한 용어이다. Girsberger *et al.* (Hrsgs.)(註 14), Rn. 33.

16) 국제사법의 개정과정에서 작성된 연구반초안 제5조 제1항, 개정시안 제5조.

17) 중국어 조문과 국문번역은 국제사법연구 제16호(2010), 435면 이하 참조. 중국 국제사법의 상세는 국제사법연구 제17호(2011)에 수록된 논문들 참조(앞의 6편은 2011. 12. 12. 한중 양국의 국제사법학회가 공동 개최한 제1회 국제세미나에서 발표된 것이다). 비판적 검토는 Kwang Hyun SUK, "Some Observations on the Chinese Private International Law Act: Korean Law Perspective," Zeitschrift für Chinesisches Recht (2011), p. 105 이하; Knut Pissler, "The New Private International Law of the People's Republic of China: Cross the River by Feeling the Stones," Rabels Zeitschrift Band 76 (2012), S. 1ff.; Zhengxin Huo, "An Imperfect Improvement: The New Conflict of Laws Act of the People's Republic of China," Int'l & Comparative Law Quarterly, Vol 60 (2011) p. 1065 이하 참조.

18) 스위스 국제사법(제16조 제1항)은 "외국법의 내용은 직권으로 확정되어야 한다. 이를 위하여 당사자들의 협력이 요구될 수 있다. 재산권상의 청구권에 있어서는 당사자들에게 증명을 부담시킬 수 있다"고 규정하여 재산권상의 청구인지 여부에 따라 구분하는데 입법과정에서는 중국 국제사법과 유사한 견해도 있었다. Anton K. Schnyder, Das neude IPR-Gesetz (1990), S. 32 Fn. 22. 다만 재산권상의 청구의 경우 법원의 직권탐지의무가 존재하는지에 관하여는 논란이 있다. Girsberger *et al.* (Hrsgs.)(註 14), Rn. 18 참조.

섭외민사관계에서 적용되는 외국법은 인민법원과 중재기구 또는 행정기관이 사명(査明)한다.[19] 다만 당사자가 외국법의 적용을 선택하는 경우에는 해당국가의 법률을 제공해야 한다. 외국법을 사명(査明)할 수 없거나 해당국가의 법률에 규정이 없는 경우에는 중화인민공화국의 법률을 적용한다.

3. 외국법조사의 방법

국제사법은 명시하지 않지만, 종래 한국법원은 외국법을 조사함에 있어서 법원이 합리적이라고 판단하는 방법에 의하여 조사하면 충분하고, 반드시 감정인의 감정이나 전문가의 증언 또는 국내의 공무소, 학교 등에 감정을 촉탁하거나 사실조회를 하는 등의 방법만에 의하여야 할 필요는 없다.[20] 실무적으로는 한국법원은 독일처럼 자국의 법학교수에게 감정의견(Gutachten)을 요청하는 것이 아니라, 당사자가 준거법 소속국의 법률전문가로부터 선서진술서(affidavit)를 받아 법원에 제출하는 영미식 방법을 많이 사용하는 것으로 보인다. 후자는 외국의 현행법을 정확히 파악하는 데 우월하다는 장점이 있으나, 당사자가 자신에게 유리한 법률의견만을 제출함으로써 법원을 誤導할 가능성이 있고, 또한 쟁점에 따라서는 저촉되는 법률의견이 제출됨으로써 비용이 많이 발생할 뿐만 아니라 법원의 최종판단이 어렵게 된다는 단점이 있다.[21] 또한 독일에서는 감정의견을 모아 단행본으로 공간함으로써[22] 외국법에 대한 연구결과를 학계와 사회가 공유할 수 있으나, 한국에서는 선서진술서는 공간되지 않으며, 법원은 판결문 중에서 외국법에 대한 판단을 간단히 설시할 뿐이므로 외국법에 대한 정보가 사회의 자산으로 축적되지 못하고 사장되는 경향이 있다. 이런 문제점을 고려하면 외국법 일반이 아니라 재판의 전제가 되는 외국법의 조사를 위한 소규모 외국법연구센터를 대법원에 설치하는 방안을 검토할 필요가 있다.

---

19) 사명한다는 것은 "직권으로 조사하여 밝힌다"는 취지로 보인다.

20) 대법원 1990. 4. 10. 선고 89다카20252 판결은 이 점을 명확히 설시하였다.

21) 참고로 미국 제7순회구 연방항소법원의 2010. 9. 2. *Bodum USA, Inc., v. La Cafetière, Inc.* 사건 판결(621 F.3D 624 (7th Cir 2010))에서 Easterbrook과 Posner 판사가 그런 방법이 연방민사소송규칙상 허용되는 실무지만 이는 숙고의 결과가 아니라 습관적으로 반복되는 'bad practice'라고 평가하고 법관이 직접 영문 번역자료를 조사하는 것이 더 나은 방법이라고 판시한 점은 흥미롭다.

22) 예컨대 Jürgen Basedow/Dagmar Coester-Waltjen/Heinz-Peter Mansel, Gutachten zum internationalen und ausländiischen Privatrecht (IPG) 2007/2008 (2010) 참조.

다만 법정보공조에 관한 협약이 있으면 그에 의할 수 있다. 실제로 한국은 2003년 7월 중국과 "대한민국과 중화인민공화국 간의 민사 및 상사사법공조조약"(이하 "한중조약"이라 한다)을 체결하였고 이는 2005. 4. 27. 발효되었는데 제26조는 법정보공조에 관한 규정을 두고 있다.[23] 그에 따르면 중국의 중앙당국(사법부)은, 한국의 중앙당국인 법원행정처가 요청하는 경우, 한국의 중앙당국에 한국의 소송절차와 관련된 중국의 법령 및 사법실무에 관한 정보를 제공한다.[24] 그러나 아직 이 조항이 제대로 활용되고 있지는 않은 것으로 보인다.

4. 외국법 불명 시의 처리

1999년과 2000년에 걸쳐 진행된, 한국 국제사법의 전신인 섭외사법의 개정과정에서, 법원이 상당한 기간 동안 합리적인 노력을 기울였음에도 불구하고[25] 외국법의 내용을 확정할 수 없는 때에는[26] 한국법을 적용한다는 취지의 조항을 두자는 견해가 있었고, 실제로 스위스 국제사법(제16조 제2항)과 오스트리아 국제사법(제4조 제2항)은 그러한 취지의 규정을 두고 있다. 그러나 그렇게 할 경우 자칫 법원으로 하여금 너무 안이하게 한국법을 적용하도록 조장하는 결과가 될 것을 우려하여 조항을 두지 않았다. 특히 종래 한국

---

23) 참고로 유럽에는 외국법에 관한 정보제공을 위한 국제조약이 있다. 1968. 6. 7.의 "외국법정보에 관한 유럽협약"(European Convention on Information on Foreign Law)이 그것이다.

24) 제26조의 조문은 아래와 같다.
"제26조 법률정보 또는 소송기록의 제공
1. 수탁국의 중앙당국은, 요청이 있는 경우, 촉탁국의 중앙당국에 촉탁국의 소송절차와 관련된 수탁국의 법령 및 사법실무에 관한 정보를 제공한다.
2. 수탁국의 중앙당국은, 요청이 있는 경우, 촉탁국의 중앙당국에 촉탁국의 국민이 관계된 수탁국의 소송절차에 관하여 공개적으로 이용가능한 소송기록의 초록을 제공한다."
한중조약에 관하여는 배형원, "한·중민사사법공조조약," 국제사법연구 제10호(2004), 297면; 黃進·曾濤, "중국과 한국 간 사법공조의 현황 및 미래," 국제사법연구 제15호(2009), 21면 이하(번역문); 배형원 외, 다자협약 및 양자조약 연구(사법발전재단, 2010), 262면 이하 참조.

25) 본문에서는 법원이 상당한 기간 동안 합리적인 노력을 기울일 것을 요구하였으나, 외국법의 내용을 파악하기 위하여 어느 정도의 노력을 한 뒤 외국법 불명으로 처리할 수 있는가는 논란이 있다.

26) 외국법이 어느 정도로 입증되어야 하는가, 즉 증명도도 문제이다. Jänterä-Jareborg(註 4), p. 310 이하는 완전한 증명(full proof)과 어느 정도의 증명(some proof)으로 구분한다.

법원의 판례가 외국법의 내용이 불명한 경우 조리를 적용할 것이라는 견해를 취하였으므로 그러한 조항을 두는 데 대해 반대의견이 강하였다. 종래 학설로는 조리적용설과 근사법적용설이 유력하다.[27] 최대개연성의 원칙(Grundsatz der größten Wahrscheinlichkeit)에 따라 준거법인 외국법의 진정한 내용에 가장 근사한 실질법을 탐색하여야 할 것인데,[28] 우리나라와 일본의 다수설이 취하는 조리적용설이나 근사법적용설도 최대개연성이 있는 법을 찾는 한 방법으로 볼 수 있다.[29]

대법원 1988. 2. 9. 선고 87다카1427 판결은 외국법 불명 시 법정지법인 한국법을 적용하였으나, 대법원은 근자에는 조리설을 취하면서 근사법을 조리의 내용을 보는 것으로 이해된다(이를 광의의 조리적용설이라고 부르기도 한다). 예컨대 대법원 2000. 6. 9. 선고 98다35037 판결은 소송과정에서 적용될 외국법규에 흠결이 있거나 그 존재에 관한 자료가 제출되지 아니하여 그 내용의 확인이 불가능한 경우 법원으로서는 法源에 관한 민사상의 대원칙에 따라 외국관습법에 의할 것이고, 외국관습법도 그 내용의 확인이 불가능하면 조리에 의하여 재판할 수밖에 없는바, 그러한 조리의 내용은 가능하면 원래 적용되어야 할 외국법에 의한 해결과 가장 가까운 해결방법을 취하기 위해서 그 외국법의 전체계적인 질서에 의해 보충 유추되어야 하고, 그러한 의미에서 그 외국법과 가장 유사하다고 생각되는 법이 조리의 내용으로 유추될 수도 있을 것이다라고 판시하였다.

대법원이 외국법의 내용 불명 시 조리를 적용하고, 나아가 근사법을 조리의 내용을 파악하는 점은 저자도 지지한다. 그러나 대법원이 한국 민법(제1조)[30]이 정한 성문법, 관습법과 조리의 3단계구조를 法源에 관한 민사상의 대원칙으로 파악하여 외국법질서에도 타당한 원칙으로 파악하는 것은 잘못이다. 위 판결에서 다루어졌던 사안에서는 중국법이 준거법이 되었다. 그런데 중국에서는 최고인민법원의 사법해석이 法源인지가 논란이 있는데 가사 法源이 아니라고 보더라도 사법해석이 있으면 법원은 그에 따라야 하므로 우리

27) 신창섭, 국제사법(2007), 118-119면(여기에서 대체하지는 않았지만 이는 제2판(2011)이 있다). 조리의 내용을 어떻게 이해하는가에 따라 양 설은 동일한 것일 수도 있다.
28) 이호정, 국제사법(1981), 216면.
29) 이인재(註 7), 568면.
30) 法源을 정한 한국 민법 제1조는 다음과 같다.
"민사에 관하여 법률에 규정이 없으면 관습법에 의하고 관습법이 없으면 조리에 의한다."

법의 3단계구조를 중국법에 적용하는 것은 적절하지 않다.[31] 또한 영미법계 국가에서는 판례도 法源이므로 추상적 법률론으로 3단계구조를 法源에 관한 민사상의 대원칙이라고 단정하는 것은 옳지 않다. 그러나 대법원 2003. 1. 10. 선고 2000다70064 판결은 준거법이 미국법인 사건에서 위와 같은 취지로 판시하였다. 즉 위 판결은 "선하증권의 법률관계에 대한 미국의 법과 관습에 대한 자료가 전혀 제출되어 있지 아니하는바, 소송과정에서 적용될 외국법규에 흠결이 있거나 그 존재에 관한 자료가 제출되지 아니하여 그 내용의 확인이 불가능한 경우 법원으로서는 法源에 관한 민사상의 대원칙에 따라 외국관습법에 의할 것이고, 외국관습법도 그 내용의 확인이 불가능하면 조리에 의하여 재판할 수밖에 없다"고 판시하였다.

요컨대 대법원이 외국법 불명 시 조리에 의하여 근사법을 적용하는 것은 최대개연성의 원칙에 부합하는 것으로서 좋지만, 너무 안이하게 우리 민법의 法源理論을 외국법에도 적용하는 것은 잘못이다. 그런 결론을 내리기에 앞서 과연 그것이 국제적으로 통용되는 대원칙인지를 확인해야 한다.[32] 저자는 대법원의 위와 같은 논리전개는 잘못이라는 점을 지적한 바 있는데, 근자에는 이런 식의 설시는 잘 보이지 않는 것은 다행이다.

---

31) 마광, "중국법의 연원에 대한 연구," 인권과 정의 통권 제395호(2009. 7.), 191면은 사법해석은 매우 중요하기는 하지만 법원은 아니라고 하면서도 최고인민법원의 사법해석은 법적 효력이 있다고 한다. 그러나 채성국, "중국 "合同法"(계약법)에서의 계약책임," 저스티스 통권 제119호(2010. 10.), 126면과 전대규, "중국의 사법해석에 관한 연구," 사법 제14호(2010. 12.), 143면은 사법해석을 중국법의 法源으로 든다. 오일환, "중국법의 특질과 접근방법—한국 로스쿨생들을 위한 강론—," 법학논총(한양대학교) 제28집 제4호(2011. 12.), 191면은 사법해석은 정식적인 法源은 아니지만 실질적으로 法源의 역할을 한다고 한다. 위 사건에서 대법원판결은 신용장 거래에 부수하여 이루어지는 환어음 인수인의 어음법상 의무에 관한 준거법이 환어음 지급지 소재지인 중국의 법이지만 환어음이 지급제시되고 인수될 당시 중국에 어음관계를 규율하는 법이 존재하지 않았던 경우, 그 후 시행된 중국의 어음수표법을 유추적용하는 것이 조리에 부합한다고 판단하였다.

32) 미국의 경우 논란이 있으나 최소한 연방헌법, 연방법률, 연방행정규칙, 연방조약, 연방법원의 판결, 주헌법, 주법률, 주행정규칙과 주법원판결의 9종을 法源으로 열거할 수 있고, 주헌법에 근거를 둔 국민발안 또는 국민표결에 의해 채택된 법률을 독립된 法源으로 추가할 수 있다고 한다(밑줄은 저자가 추가). 안경환, "영국법과 미국법의 비교연구(Ⅳ)—법원의 정립과 구체적 적용—," 서울대학교 법학 통권 제90호(제33권 2호)(1992), 227면. 반면에 영국의 法源은 제정법, 위임입법과 판결의 3종류뿐이라고 한다. 위 안경환, 226면.

5. 외국법의 해석 · 적용

외국법이 준거법인 경우 법원은 그 외국법을 해석 · 적용하여야 하는데, 외국법이 법으로서 적용되어야 하는 것인 이상 외국법의 해석은 우리 법원의 입장에서가 아니라 당해 외국법원의 입장에서 당해 외국 법원이 해석하는 것과 마찬가지로 해석하여야 한다.

대법원 1996. 2. 9. 선고 94다30041, 30058 판결도 그와 같은 취지로 판시하였다. 즉 동 판결은 "섭외적 사건에 관하여 적용될 외국법규의 내용을 확정하고 그 의미를 해석함에 있어서는 그 외국법이 그 본국에서 현실로 해석 · 적용되고 있는 의미 · 내용대로 해석 · 적용되어야 하는 것"이라는 취지로 판시하였다.

만일 그 본국의 해석이 없다면 우리 법원이 외국법을 어떤 기준에 따라 해석할지가 문제되는데, 법원으로서는 당해 준거법 소속국가의 법해석기준에 따라야 할 것이다. 그러나 위 대법원 1996. 2. 9. 선고 94다30041, 30058 판결은, "… 그 소송 과정에서 그 외국의 판례나 해석기준에 관한 자료가 제출되지 아니하여 그 내용의 확인이 불가능한 경우 법원으로서는 일반적인 법해석기준에 따라 법의 의미 · 내용을 확정할 수밖에 없다(대법원 1991. 2. 22. 선고 90다카19470 판결 참조)"는 취지로 판시하였다(밑줄은 저자가 추가함).

대법원판결이 말하는 '일반적인 법해석기준'이 무엇인지는 불분명하지만, 아마도 한국법상의 법해석기준을 의미하는 것으로 짐작된다. 그러나 일반적으로 법률(또는 법)의 해석에 관하여 국제적으로 통일된 방법은 없고 법계에 따른 차이가 있지만,[33] 종래 법률의 해석방법에 관하여 대륙법계에서는 Savigny가 문법적 해석, 논리적 해석, 역사적 해석과 체계적 해석이라는 4개 해석기준(Die vier Auslegungskanones)을 제시한 이래[34] 대체로 그에 따르거나 이를 다소 수정하여 문리적(또는 문언적) 해석, 체계적 해석, 역사적 해석과 목적론적 해석이 타당하다고 보는 경향이 있다.[35] 한국 대법원이 검

33) 법률의 해석방법에 관하여는 종래 영미법계와 대륙법계 간에 차이가 있다. 상세는 Patrick Melin, Gesetzesauslegung in den USA und in Deutschland (2005), S. 53ff. 참조. 미국의 경우 특히 법경제학의 발전에 따라 좀더 다양한 관점이 제시되고 있다. 박세일, 법경제학(2006), 757면 이하 참조.

34) Melin(註 33), S. 186f.

35) 근자에는 논리적 해석 대신 목적론적 해석을 든다. Melin(註 33), S. 185ff., 특히 S. 253; 김영환, 법철학의 근본문제(2007), 244면, 250면 이하 참조.

증되지 않은 기준을 너무 안이하게 일반적 기준이라고 믿는 듯한 인상을 준다.[36)]

6. 외국법 적용의 잘못과 상고이유

한국 민사소송법(제423조)에 따르면, 대법원에의 상고는 판결에 영향을 미친 헌법·법률·명령 또는 규칙의 위반이 있는 때에만 가능하다. 이는 한국의 대법원은 법률심이기 때문이다. 따라서 한국법원이 준거법의 적용을 잘못한 경우 상고이유가 되는지가 문제된다. 여기에서는 사안을 구별할 필요가 있다.

첫째, 한국법원이 한국 국제사법을 잘못 적용한 경우, 즉 국제사법에 따르면 A국법을 적용해야 하는데 국제사법을 잘못 적용한 결과 B국법을 준거법으로 판단하여 적용한 경우에는 한국 국제사법의 위반이므로 당연히 상고이유가 된다. 반면에 둘째, 법원이 한국 국제사법은 제대로 적용하였으나 준거법인 외국법을 잘못 적용한 경우에도 상고이유가 되는지는 논란의 여지가 있으나 긍정설이 통설이다.[37)] 상고이유로 보지 않는 이유는 외국법해석의 어

---

36) 이런 설시는 최근 대법원판결에서도 유지되고 있다. 대법원 2010. 3. 25. 선고 2008다88375 판결은 "섭외적 사건에 관하여 적용될 준거법인 외국법의 내용을 확정하고 그 의미를 해석함에 있어서는 그 외국법이 본국에서 현실로 해석·적용되고 있는 의미 또는 내용에 좇아야 하고, <u>소송과정에서 그 외국의 판례 등 해석기준에 관한 자료가 제출되지 아니하여 그 내용이 확인이 불가능한 경우에만 일반적인 법해석기준에 따라</u> 법의 의미·내용을 확정할 수 있는 것이다"고 판시하였다(밑줄은 저자가 추가함). 대법원 2010. 8. 26. 선고 2010다28185 판결도 같다. 판례법 국가의 경우 외국 판례의 해석에 관한 일반적인 해석기준이 무엇인지 궁금하다.

37) 신창선(註 5), 174면. 우리 판례도 동지로 보인다. 즉 대법원 2007. 6. 29. 선고 2006다5130 판결은 판결에 영향을 미친 외국법령 해석에 관한 법리오해 등의 위법이 있다는 이유로 원심판결을 파기하였다. 이런 태도는 독일의 종래 해석론과는 다르다. 즉, 독일 민사소송법(제549조 제1항)에 따르면 상고는 재판이 연방법 또는 그 타당범위가 고등법원의 지역을 넘어서 미치는 규정의 위반에 기초한 경우에만 허용되므로 외국법위반은 상고이유가 되지 않는다. 그러나 이런 태도는 2009. 9. 1. 발효된 비송사건절차법 개혁법률(FGG-Reformgesetz)에 의하여 위 제549조 제1항의 문언이 "상고는 재판이 법률의 위반에 기초한 경우에만 허용된다"로 개정됨에 따라 변경되었다는 주장이 있다. 즉 이제는 외국법의 위반도 상고이유가 된다는 것이다. 그러나 일부 논자는 이는 입법상의 과오이고 입법자의 의도는 연방법이 아니라 주법에 위반한 경우에도 상고를 허용하려는 것이었을 뿐 외국법의 위반에 기한 상고를 허용하려는 것은 아니었다고 지적한다. 특히 입법과정에서 외국법위반을 달리 취급하려는 의도는 전혀 언급되지 않았다는 것이다. Florian Eichel, Die Revisibilität ausländischen Rechts nach der Neufassung von §545 Abs. 1 ZPO, IPRax (2009), S. 389ff.; Carlos Esplugue, José Luis Iglesias and Guillermo Palao (Heraus-

려움과 외국법의 해석과정에서 최고법원의 권위가 실추될 것에 대한 우려에 있으나, 그렇더라도 우리나라에서는 최고법원이 외국법을 가장 잘 적용할 능력이 있고, 국제교류의 증가를 고려할 때 최고법원이 국제적 사안을 통제할 필요가 있으며,[38] 나아가 한국 내에서의 외국법적용의 통일을 기할 필요가 있다는 점을 들 수 있다. 따라서 한국법원은 준거법인 중국법을 정확히 적용하기 위하여 노력하여야 하고 만일 이를 잘못 적용한 때에는 상고이유가 된다고 본다. 중국에서는 상황이 다르다. 즉 중국은 민사사건에서 2심제를 취하고 있고 법률심과 사실심의 구별이 없으므로 외국법적용의 잘못은 당연히 상소이유가 되기 때문이다.[39]

7. 외국법 적용에 관한 쟁점의 해결을 위한 국제적 노력

외국법을 적용하는 과정에서 생기는 여러 가지 쟁점을 해결하기 위한 국제적 노력이 행해지고 있다. 우선 유럽연합은 로마Ⅰ(계약채무의 준거법에 관한 유럽의회 및 이사회규정), 로마Ⅱ(계약외채무의 준거법에 관한 유럽의회 및 이사회규정)와 로마Ⅲ(이혼과 별거의 준거법 영역에서 제고된 협력을 시행하기 위한 이사회규정) 등 다양한 분야에서 통일적인 국제사법규칙을 정립해가고 있으나, 외국법의 적용에 관한 절차규칙이 국가에 따라 상이하고 외국법의 내용을 확정하는 과정이 국가에 따라 다양하므로 그것만으로는 실제로 통일적인 준거법의 적용이라는 목적을 달성할 수 없다.[40] 로마Ⅱ를 성안하는 과정에서도 이런 문제점이 제기되었고 그 결과 로마Ⅱ(제30조 참조)에서는 로마Ⅱ의 심사절차의 일환으로서 유럽연합 위원회가 2011. 8. 20.까지 유럽연합 이사회와 의회 등에 보고서를 제출하기로 확약하는 선에서 타협이 이루어졌다. 유럽연합의 전문가들은 회원국의 법원이 외국법을 적용할 때 따라야 하는 원칙("Principles for a Future EU Regulation on the Application of Foreign Law")을 작성하였는데 이것이 '마드리드원칙'이다.[41] 이와

geber), Allication of Foreign Law (2011), p. 111 참조.

38) 신창선(註 5), 174면.

39) 郭玉军(註 4), 384면.

40) Urs Peter Gruber/Ivo Bach, "The Application of Foreign Law: A Progress Report on a New European Project," Yearbook of Private International Law, Volume XI (2009), p. 158.

41) 원칙의 문언은 Esplugues/Iglesias/Palao(註 37), p. 95 이하 참조. 마드리드원칙의 내용

병행하여 헤이그국제사법회의 차원에서도 작업이 이루어지고 있다. 예컨대 헤이그국제사법회의 상설사무국은 2009년 "Accessing the content of foreign law and the need for the development of a global instrument in this area—a possible way ahead"라는 보고서[42]를 공표하였는데, 여기에서 장래의 문서를 개발함에 있어서 따라야 할 지도원칙을 제시하고 있다. 2010년 일반업무 및 정책에 관한 이사회에서 채택된 결론과 권고는 외국법의 조사와 이를 위한 세계적 문서를 성안할 필요성을 장래의 과제로 확인하고 있으므로 앞으로 헤이그국제사법회의 차원에서 그러한 문서를 성안하기 위한 작업이 진행될 것으로 기대된다. 2012년 2월 중순 브뤼셀에서 개최된 '민사 및 상사에서 외국법에의 접근'(access to foreign law in civil and commercial matters)에 관한 유럽연합 위원회와 헤이그국제사법회의의 공동세미나는 이 문제에 대한 국제사회의 관심을 잘 보여준다.

Ⅲ. 한국법원에서 중국법이 적용된 몇 가지 사례

여기에서는 한국법원이 외국적 요소가 있는 법률관계의 준거법이 중국법

은 아래와 같다.

"외국법의 내용과 적용에 관한 일반적인 유럽의 문서가 필요하고 유럽연합의 규정이 적절한 수단이다(제Ⅰ조). 동 원칙은 광범위한 적용범위를 규정해야 하며 사법당국과 비사법당국에 적용되어야 한다(제Ⅱ조). 제3국법이 적용될 수 있는 경우에도 동 원칙은 적용되어야 한다(제Ⅲ조). 국내당국은 직권으로 외국법을 적용해야 하고 외국법의 내용을 확정하기 위해 최선의 노력을 해야 한다(제Ⅳ조). 국내당국은 외국법의 내용을 확정함에 있어 모든 가능한 수단을 강구해야 하고, 다른 국가의 국내당국 및/또는 당사자와의 협력을 권장하여야 한다(제Ⅴ조). 외국법의 내용은 각국의 국내절차법에 따라 확정되어야 하고, 국내당국은 특히 국제조약이 정한 수단에 추가하여 국내 또는 외국의 공적 당국에 의하여 획득된 정보를 사용할 수 있고, 전문가와 특수기관의 조력을 요구할 수 있으며 유럽사법네트워크 및 유사 네트워크의 사용은 권장되어야 한다(제Ⅵ조). 외국법의 확정은 공서를 이유로 하는 외국법의 부적용을 배제하지 않는다(제Ⅶ조). 당사자들이 국내법에 따라 법률구제를 받을 자격이 있는 경우에는 외국법의 증명과 관련된 비용에도 미쳐야 한다(제Ⅷ조). 국내당국이 판단하기에 합리적 시간 내에 외국법의 내용에 대한 적절한 확정이 없거나 외국법의 확정 결과 문제된 쟁점을 다루기에 부적절한 경우 국내법을 적용한다(제Ⅸ조). 외국법의 내용에 대한 결정 또는 판정은 국내법이 정한 재심사의 대상이 되고 구체적 근거는 국내법으로 정할 것이다(제Ⅹ조). 외국법의 내용 확정에 관한 제3국과의 협정 체결은 권장되어야 하고, 특히 헤이그국제사법회의와 같은 정부간 조직과의 공조는 지지되어야 한다(제XI조). 그 경위는 Gruber/Bach(註 40), p. 157 이하 참조.

42) 이는 http://www.hcch.net/upload/wop/genaff_pd11a2009e.pdf에서 볼 수 있다.

이라고 판단하여 중국법을 적용한 사례를 소개한다. 첫째는 한중기업 간의 물품매매계약에 관한 사건이고, 둘째는 중국에서 발생한 불법행위를 다룬 사건이며, 셋째는 한중 간의 국제혼인과 관련된 가족법 사건이고, 넷째는 한국에서의 중국판결의 승인에 관한 사건이다. 이를 통하여 한국법원에서 다루어진 중국법의 쟁점을 단편적으로나마 소개할 수 있기를 희망한다. 보다 체계적이고 포괄적인 논의는 다른 기회로 미룬다.

1. 국제물품매매와 관련된 계약법의 쟁점

국제물품매매계약에 관한 국제연합협약(United Nations Convention on Contracts for the International Sale of Goods)("CISG" 또는 매매협약)은 중국에서는 1988. 1. 1.부터 발효하였고 한국에서는 2005. 3. 1.부터 발효되었으므로 한중기업 간의 국제물품매매는, 당사자가 매매협약의 적용을 배제하지 않으면 매매협약에 의하여 규율된다. 따라서 앞으로 엄청난 규모의 국제물품매매거래에 매매협약이 적용될 것이다.[43)]

여기에서 소개하는 서울동부지방법원 2007. 11. 16. 선고 2006가합6384 판결("제1심판결")은 저자가 아는 한 매매협약을 본격적으로 적용한 최초의 한국법원 판결이었다. 저자는 제1심 판결에 대해 간단한 평석을 발표하여, 동 판결이 문제된 매매계약에 매매협약을 적용하고, 본질적 계약위반의 개념과 손해배상의 발생요건과 범위 등에 관해 정확히 설시한 점을 높이 평가하면서도 문제점을 지적하였는데,[44)] 제2심판결인 서울고등법원 2009. 7. 23. 선고 2008나14857 판결은 저자가 지적한 논점 전부에 대해 견해를 표명하고 보다 충실히 판단하였다. 저자는 제2심판결에 대하여도 소견을 제시한 바 있다. 제2심판결은 확정되었다.

아래에서는 이 사건의 사안과 쟁점, 특히 중국법과 관련된 쟁점을 살펴본다.

---

43) 매매협약은 일본에서도 2009. 8. 1.부터 발효되었으므로 이제는 당사자들이 배제하지 않으면 한일기업 간 또는 중일기업 간의 국제물품매매에도 마찬가지로 매매협약이 적용된다. 이제 동북아시아의 국제물품매매계약은 대부분 매매협약에 의하여 규율될 것이라는 점에서 매매협약은 실무적으로 매우 중요한 의미를 가지게 되었다.

44) 석광현, "국제물품매매협약(CISG)을 다룬 최초의 우리 판결," 법률신문 제3754호(2009. 6. 15.), 15면.

가. 사안의 개요

중국회사인 매도인(원고)과 한국회사인 매수인(피고)은 2005. 6. 11. 매도인이 매수인에게 여러 차례에 걸쳐 오리털을 공급하기로 하는 계약("이 사건 계약")을 체결하였다. 피고는 제3자에게 오리털을 전매하는 계약을 체결하였고 원고도 계약 체결 시 그 사실을 알았다. 원고는 일정 기간에 걸쳐 피고에게 오리털을 공급했으나 그 중 일부는 선박운항회사의 실수로 환적되지 않아 싱가포르항에 묶이고 도착 예정일이 지나도록 공급되지 않았다. 이를 이유로 피고는 이 사건 계약을 해제하고 대금의 지급을 거부하였다. 원고는 미지급대금의 지급을 구하는 소를 서울동부지방법원에 제기하였고, 피고는 ① 원고가 일부 공급의무를 이행하지 않았다는 이유로 이 사건 계약을 해제하였다고 주장하고, ② 소송중에, 가사 원고의 미지급대금채권이 있더라도 피고가 원고에 대하여 가지는 계약위반으로 인한 손해배상채권(또는 손해배상청구권. 이하 양자를 호환적으로 사용한다)에 기하여 상계한다는 항변을 제출하였다.

나. 사건의 쟁점

위 사건의 쟁점은 아래와 같다.[45)]

(1) 잔대금지급채권과 손해배상채권의 상계

제1심판결은, 준거법에 관하여 언급하지 않은 채, 피고의 손해배상채권과 원고의 미지급대금채권은 피고의 상계에 의하여 대등액 범위에서 소멸했다고 보았다. 원고와 피고의 채권은 모두 이 사건 계약으로부터 발생하였는데, 매매협약은 상계를 규율하지 않으므로 상계의 준거법을 결정할 필요가 있다. 저자는, 제1심판결이 상계의 준거법을 한국법으로 보았다면 잘못이라는 점을 지적하고, 상계를 규율하는 매매협약의 내재적 메커니즘을 인정할 수 있는지,[46)] 만일 이를 부정한다면 결국 준거법에 따라 상계를 판단할 수밖에 없는

---

45) 여기에서 언급하는 외에도 분할인도계약의 일부, 즉 분할인도부분의 해제사유가 존재하는지와 손해배상의 범위가 중요한 쟁점이나 이는 중국법과는 직접 관련이 없으므로 그에 대한 논의는 생략한다.

46) Staudinger/Magnus, Kommentar zum Bürgerlichen Gesetzbuch mit Einführungsgesetz und Nebengesetzen Wiener UN-Kaufrecht (CISG)(2005), Art. 4 Rn. 47. 그 근거로는 예컨대 매매계약의 해제 시 매도인은 대금을 반환해야 하고, 매수인은 그에 상응하여 물품으로부터 발생된 이익을 지급해야 함을 규정한 제84조와, 물품을 매각한 당사자

데 한국 국제사법(제26조)에 따르면 이 사건 매매계약의 보충적 준거법은 중국법일 개연성이 크므로 상계적상의 존부는 중국법에 의하여 판단해야 한다는 견해를 피력하였다. 제2심판결은 이러한 지적을 받아들여 이 사건 매매계약의 준거법은 국제사법 제26조에 의하여 중국법이므로 상계의 준거법도 중국법이라고 보고, 중국합동법상 상계에 해당하는 '저소'(抵銷)의 법리에 따라 피고의 손해배상채권과 원고의 대금채권은 상계적상에 있었으므로 원고의 채권은 피고의 상계의 의사표시에 의하여 상계적상일에 소급하여 소멸하였다고 판단하였다.

또한 저자는 제1심판결에 대해 매매협약상(또는 중국법상) 피고의 손해배상채권의 통화가 미달러화인지도 문제된다(한국의 판례에 따르면 민법상 손해배상채권의 통화는 원칙적으로 원화이다)는 점을 지적하고, 만일 이 사건에서 매매협약상(또는 중국법상) 피고의 손해배상채권의 통화가 미달러화가 아니라면 그럼에도 불구하고 채무자의 대용급부권이 인정되어 상계적상에 있었는지를 검토해야 한다는 점을 지적하였다. 그러나 제2심판결이 이 점을 판단하지 않은 점은 아쉽다.

(2) 외화채권과 채권자의 대용급부청구권

이 사건 매매계약에서 원고의 대금채권은 미달러화채권인데 원고는 이 사건 소송에서 한국의 원화(Korean Won)로 지급할 것을 청구하였다. 제1심판결은 한국 민법 제378조[47]의 해석상 채권자인 원고가 본래의 급부에 갈음하여 대용급부를 청구할 수 있는 권리, 즉 대용급부청구권을 가진다고 보아 원화지급을 명하였다. 이에 대해 저자는 ① 매매협약의 해석상 채권자가 대용급부청구권을 가지는지, ② 만일 부정된다면, 그럼에도 불구하고 민법 제378조가 이 사건 계약에 적용되는 근거를 밝혔어야 한다는 점과, 그 맥락에서 의무이행지도 판단해야 한다고 지적하였다. 이에 대해 제2심판결은 대용급부는 채무의 내용의 구체적인 이행방법에 관한 것이고 환산의 시기 및 환산율은 채무의 실질적 내용에 영향을 미치는 것으로 보기 어려우므로, 원고

는 매각대금에서 물품의 보관 및 매각 비용을 공제하고 차액을 상대방에게 반환해야 한다고 규정하는 제88조 나아가 당사자 간의 의무이행의 동시이행을 규정한 제58조, 제81조 제2항 등을 든다. 그 밖에 대금감액권을 정한 제50조를 들기도 한다. James Fawcett/Jonathan Harris/Michael Bridge, International Sale of Goods in the Conflict of Laws (2005), para. 16.58. 만일 이 견해를 따른다면 상계의 준거법을 별도로 판단할 필요가 없다.

47) 한국 민법 제378조는 "채권액이 다른 나라 통화로 지정된 때에는 채무자는 지급할 때에 있어서의 이행지의 환금시가에 의하여 우리나라 통화로 변제할 수 있다"고 규정한다.

의 대금채권이 실제로 이행되는 장소 혹은 그 이행을 구하는 소가 제기된 장소인 한국법이 준거법이라 보고 대용급부청구권을 긍정하였다.

한국 민법 제378조에 따른 채무자의 대용급부권은 연혁적으로 채무자의 채무변제의 편의를 위하여 인정된 것으로[48] 그 경우 채무의 성질은 내국통화로 지급할 수 있는 대용급부권이 허용된 임의채무라는 것이 판례와 통설인데,[49] 대법원 1991. 3. 12. 선고 90다2147 전원합의체 판결의 다수의견은 채권자도 대용급부청구권을 가진다는 점을 긍정하였으므로, 문제는 민법 제378조가 채무의 준거법이 한국법이 경우에만 적용되는가, 아니면 이행지가 한국 내인 한 채무의 준거법에 관계없이 적용되는가라는 점이다. 저자는 제2심판결이 논거를 제시한 점은 높이 평가하나, 우선 환산의 기준시기 및 환율은 채무의 실질적 내용에 영향을 미치는 것이 명백하고(제1심은 미화 1달러당 916.6원으로, 제2심은 1236.7원으로 각 환산하였다), 현행 한국 국제사법상 채무이행의 방법에 대해 이행지법을 적용할 근거를 제시할 필요가 있음을 지적하였다. 예컨대 한국 민법 제378조의 '이행지'는 법률(또는 계약)상 이행지인지, 사실상 이행지인지 논란의 여지가 있는데, 한국법원이 지급을 명하면 이행지가 한국이 되는지, 나아가 한국에서 제소되었다는 이유로 한국법을 적용할 근거가 되는지는 의문이다.

중국법상 한국 민법 제378조와 같은 조문이 있는지, 나아가 중국법상 채권자의 대용급부청구권이 인정되는지도 검토할 필요가 있을 것이다.

(3) 판결선고일까지의 지연손해금

매매협약(제78조)은 당사자가 대금 그 밖의 연체된 금액을 지급하지 아니하는 경우 지연이자를 지급할 의무가 있다고 규정하고 있으나 이자율에 관하여는 규정하지 않는다. 지연이자(즉 지연손해금)의 이율을 어떻게 결정할지에 관하여는 다양한 견해가 있다. 우선 매매협약 제7조 제2항이 말하는 "매매협약의 기초를 이루는 일반원칙"을 적용하는 견해가 있고,[50] 그에는 이자를 불법행위법적으로 성질결정하여 채권자국가의 이자율을 적용하는 견해

48) 양승태, "외국금전채권의 이행에 따르는 제문제," 재판자료 제34집, 섭외사건의 제문제(하)(1986), 37면. 보다 멀리는 대용급부권의 연원은 환어음의 지급에 관한 대륙의 상사관행에 있는데(어음법 제41조 참조) 그것이 발전되어 일반화된 것이다.

49) 곽윤직(편), 민법주해[Ⅷ] 채권(1)(1995), 181면(이공현 집필부분) 참조.

50) 매매협약 제7조 제2항은 "이 협약에 의하여 규율되는 사항으로서 협약에서 명시적으로 해결되지 아니하는 문제는, 이 협약이 기초하고 있는 일반원칙, 그 원칙이 없는 경우에는 국제사법 규칙에 의하여 적용되는 법에 따라 해결되어야 한다"고 규정한다.

와, 이를 부당이득법적으로 성질결정하여 채무자국가의 이자율을 적용하는 견해가 있으나, 일반원칙의 존재를 부정하고 법정지 국제사법에 의하여 결정되는 매매계약의 보충적 준거법에 의할 것이라는 견해도 유력하다.

여기에서 지연손해금은 두 가지를 구분할 필요가 있다. 하나는 판결선고일까지의 지연손해금이고, 다른 하나는 그 익일부터 완제 시까지의 소송촉진 등에 관한 특례법("특례법")에 따른 지연손해금이다. 한국의 특례법은 소송을 촉진하기 위하여, 원고가 구하는 이행의무의 존부 및 범위에 관하여 피고가 항쟁함이 상당한 이유가 없는 경우에는 연 20%의 각 비율에 의한 지연손해금의 지급을 명할 수 있기 때문이다. 여기에서는 전자만 논의하고 후자는 아래((4))에서 별도로 논의한다.

제1심판결은 피고에게 판결선고일까지 상법소정의 연 6%의 비율에 의한 지연손해금의 지급을 명하였다. 반면에 제2심판결은 원고의 대금채권에 관한 지연손해금의 준거법은 중국법이라고 판단하고 중국의 합동법(제207조), 민사소송법(제229조), 중국최고인민법원의 "중국 민사소송법의 적용에 관한 약간의 문제점에 관한 의견"(제293 및 제294) 등을 적용하여 상계적상일의 다음날부터 판결선고일까지 중국인민은행의 금융기관대출 최고이율인 연 5.22%의 비율에 의한 지연손해금의 지급을 명하였다. 저자는 제1심판결에 대해 연 6%의 지급을 명한 것은 한국 상법을 적용한 것으로 짐작되나 매매협약이 적용되고 보충적으로 중국법이 적용될 개연성이 큰 사건에서 상법을 적용할 근거가 없다고 비판하였는데 제2심판결은 저자의 지적을 전면 반영한 것이다.

(4) 판결선고일 후의 지연손해금

제1심판결은, 피고에게 판결선고일 익일부터 완제 시까지는 특례법 소정의 연 20%의 비율에 의한 지연손해금의 지급을 명하였다. 한편 제2심판결은 판결선고일 익일부터 완제일까지는 그 기간에 대한 최고이율인 연 5.76%의 2배인 연 11.52%의 비율에 의한 지연손해금의 지급을 명하였다. 저자는 제1심판결에 대해 개인적으로는 그러한 결론을 지지하지만, 이는 지연손해금은 준거법에 따라 판단할 사항이라고 보는 대법원판례에 위반됨을 지적하였다. 제2심판결은 저자의 지적을 반영하여 대법원판결을 따랐다.

주요 쟁점에 관한 제1심판결과 제2심판결의 태도를 정리하면 아래와 같다.

쟁 점	제1심 판결	제2심 판결
매도인의 본질적 계약위반[51]	매매협약 적용하면서 부정	매매협약 적용하면서 긍정
매매계약의 보충적 준거법	판단 없음	중국법
상계의 요건과 효과	한국법 전제	중국법
채권자의 대용급부청구권	한국법 전제	한국법(민법 제378조를 근거로)
판결선고일까지의 지연손해금	한국법(상법)	중국법: 중국인민은행 금융기관대출 최고이율인 연 5.22%의 비율에 의한 지연손해금
판결선고일 후의 지연손해금	한국법(특례법)	중국법: 최고이율인 연 5.76%의 2배인 연 11.52%의 비율에 의한 지연손해금

(5) 기타 매매협약의 흠결과 보충

매매협약은 국제물품매매계약의 성립 및 그 계약으로부터 발생하는 매도인과 매수인의 권리의무만을 규율하고, 원칙적으로 계약이나 그 조항의 유효성(validity)과 관련이 없다(제4조). 이처럼 매매협약이 규율하지 않는 사항을 가리켜 매매협약의 '외적 흠결'이라고 부르는데 그 중 계약법적 쟁점은 매매계약의 준거법에 의해 규율된다. 정확히 말하자면, 매매협약은 당사자의 능력, 임의대리, 소멸시효, 계약체결상의 과실책임, 채권양도, 채무인수 등을 규율하지 않는데, 이런 사항들은 법정지의 국제사법에 의하여 결정되는 각 관련 쟁점의 준거법에 의한다. 나아가, 매매협약에 의하여 규율되는 사항으로서 매매협약에서 명시적으로 해결되지 아니하는 문제가 있으면 협약의 '내적 흠결'이 있게 되는데, 이는 매매협약의 기초를 이루는 일반원칙을 탐구해서 그에 의해 해결하고 일반원칙을 찾을 수 없는 경우에 비로소 매매계약의 준거법에 따라 해결해야 한다(제7조). 이에 해당하는 것으로 위에서 본 대용급부권과 대용급부청구권, 이자율 등의 쟁점이 있다. 또한 매매협약(제11조, 제29조)은 계약의 방식 특히 서면요건을 요구하지 않으면서도 체약국의 유보를 허용하는데 중국은 유보를 하였다. 따라서 당사자가 중국에 영업소를 가지고 있는 경우에는 매매협약 제11조, 제29조는 적용되지 않는다. 그러므로 한중기업 간에 매매계약을 체결하는 경우 법정지가 한국이라면 매매계약의 방식의 준거법은 한국 국제사법에 의하여 결정되는데, 만일 중국법이 방식의 준

51) 이는 매매협약 제25조의 'fundamental breach of contract'를 의미한다.

거법이 된다면 당사자들은 중국법이 정한 방식요건을 구비해야 하는 것으로 보인다(이는 논란의 여지가 있다). 중국이 매매협약에 가입한 뒤 1999년 개정된 중국 계약법에 따르면 과거와 달리 계약은 서면을 요구하지 않는다.[52)]

이런 사정을 고려하면, 앞으로 한중기업 간의 물품매매계약은 일차적으로는 매매협약에 의하여 규율되더라도, 위에서 언급한 쟁점들 중 계약법적 쟁점은 매매계약의 보충적 준거법에 의하여 규율된다. 한국기업이 중국기업으로부터 물품을 수입하는 거래의 경우 중국법이 매매계약의 보충적 준거법이 될 개연성이 크다.

2. 항공사고로 인한 손해배상채권에 관련된 불법행위법의 쟁점

이 사건은 중국북방항공공사와 중국 내 항공운송계약을 체결하고 탑승한 한국인 승객이 중국에서 발생한 사고로 사망하여 유가족인 배우자와 자녀들이 중국 항공사를 상대로 한국에서 불법행위에 기한 손해배상청구의 소를 제기한 사건이다. 이는 사망사고 시 중국 불법행위법을 적용한 사건으로서 의미가 있다. 제1심판결은 서울중앙지방법원 2005. 12. 23. 선고 2002가합78265 판결이고, 제2심판결은 서울고등법원 2009. 6. 19. 선고 2006나30787 판결이다. 제2심판결은 확정되었다.

가. 사안의 개요

망 김○○는 한국국민으로서 사고 당시 OTIS LG 엘리베이터 유한회사 중국지사에서의 근무를 위하여 중국에 거주하고 있었다. 원고 X1은 김○○의 처이고 원고 X2, 원고 X3, 원고 X4는 김○○의 자녀들이며 원고들은 모두 한국국민이다. 피고 중국북방항공공사는 중국법에 의하여 설립된 중국법인으로서 주된 사무소를 중국 내에 두고 있고 서울 중구에 영업소를 두고 있다. 김○○는 2002. 5. 7. 피고가 운항하는 중국 북경발 대련행 6163편 중국 국내선 항공기에 탑승하여 북경에서 대련으로 향하던 중, 탑승자 장○○의 방화로 항공기 뒷부분에서부터 불이 나 주요 전원선로가 소훼되었고 비행

52) 張濡劍, "한 · 중무역간 CISG의 적용," 국제사법연구 제13호(2003), 106면(번역문을 인용한다)에 따르면, 중국법원에서 재판 시 유보의 결과 한중기업 간의 매매계약은 서면으로 체결되어야 한다는 것으로 보인다.

시설의 대부분이 정상적으로 작동할 수 없게 되어 항공기가 대련 근처에서 추락함에 따라 탑승객 103명 및 승무원 전원이 사망하였다. 피고는 이 사건 항공기 내에서 탑승객의 방화를 막고 화재를 조기 진화하거나 그 피해를 예방하기 위한 어떠한 안전조치도 취한 바 없다.

원고들은 피고를 상대로 서울중앙지방법원에 불법행위로 인한 손해배상을 구하는 소를 제기하였다.

나. 사건의 쟁점

(1) 국제재판관할

국제재판관할은 중국법이 문제된 쟁점은 아니나 간단히 소개한다.

항공사고가 중국에서 발생하였음에도 불구하고 제1심판결과 제2심판결은 모두 한국의 국제재판관할을 긍정하였다. 가장 큰 근거는 한국 민사소송법 제5조[53]이다. 즉 그에 따르면 외국회사의 사무소가 한국에 있는 경우 비록 그 사무소가 당해 거래와 아무런 관련이 없더라도 한국의 토지관할이 인정되는데 이를 국제재판관할규칙으로 인정한 것이다. 저자는 종래 이에 대해 비판적이지만 그런 태도를 취할 경우 원고에게 여러 모로 편리한 것은 사실이고 대법원판례[54]도 이를 인정하는 태도를 취하고 있다.

제1심판결은 국제사법 제2조 제1항과 제2항[55]과 민사소송법 제5조를 설시한 뒤, 이 사건 사고가 중국 대련 부근에서 발생하였으나, 한편 피고는 서울에 영업소를 두고 있으므로 이 사건 소는 한국 민사소송법 제5조의 규정에 비추어 한국과 실질적 관련이 있고, 증거수집의 용이성이나 소송수행의 부담 정도 등 구체적인 사정을 고려할 때 응소를 강제하는 것이 민사소송의

---

53) 조문은 아래와 같다.
"제5조(법인 등의 보통재판적)
① 법인, 그 밖의 사단 또는 재단의 보통재판적은 이들의 주된 사무소 또는 영업소가 있는 곳에 따라 정하고 사무소와 영업소가 없는 경우에는 주된 업무담당자의 주소에 따라 정한다. ② 제1항의 규정을 외국법인, 그 밖의 사단 또는 재단에 적용하는 경우 보통재판적은 대한민국에 있는 이들의 사무소, 영업소 또는 업무담당자의 주소에 따라 정한다."

54) 예컨대 대법원 2000. 6. 9. 선고 98다35037 판결.

55) 조문은 아래와 같다.
"제2조(국제재판관할) ① 법원은 당사자 또는 분쟁이 된 사안이 대한민국과 실질적 관련이 있는 경우에 국제재판관할권을 가진다. 이 경우 법원은 실질적 관련의 유무를 판단함에 있어 국제재판관할 배분의 이념에 부합하는 합리적인 원칙에 따라야 한다. ② 법원은 국내법의 관할규정을 참작하여 국제재판관할권의 유무를 판단하되, 제1항의 규정의 취지에 비추어 국제재판관할의 특수성을 충분히 고려하여야 한다."

이념에 비추어 보아 심히 부당한 결과에 이르게 될 만한 특별한 사정도 없다는 이유로 한국법원의 국제재판관할권을 인정하였다. 제2심판결도 결론은 같으나, 국제재판관할을 판단함에 있어서 한국 민사소송법의 의무이행지재판적보다 실질적 관련에 좀더 비중을 둔 최근 대법원 2008. 5. 29. 선고 2006다71908, 71915 판결을 인용하고, 재산소재지의 관할을 정한 한국 민사소송법 제8조도 언급하였고, 나아가 김○○와 가족인 원고들은 원래 한국에서 거주하다가 망인의 지사 근무를 위해 일시적으로 중국에 거주하게 된 것일 뿐이고 원고들은 사고 후 재판 시까지 한국에 주소를 두고 거주하고 있는바, 피고의 손해배상채무의 이행지는 원고들의 주소지인 한국인 점을 추가로 언급하였다.[56]

(2) 불법행위의 준거법

피해자인 사망자 본인과, 유가족인 원고들이 불법행위에 기하여 피고에 대하여 가지는 손해배상청구권의 준거법을 판단할 필요가 있다.

이에 대해 제1심판결은 한국 국제사법 제32조에 따라 불법행위의 준거법은 불법행위지법이 될 것이나 사망자와 피고 간에 이 사건 항공운송계약이 존재하였고 이 사건 불법행위로 말미암아 위 계약관계가 침해된 것이 명백하므로 국제사법 제32조 제3항에 따라 이 사건 항공운송계약의 준거법에 의하여야 한다고 판시하였다.[57] 이는 종속적 연결원칙을 따른 것으로서 국제사법 제32조에 충실한 해석이다.

이러한 전제에서 제1심판결은 이 사건 항공운송계약의 준거법을 판단하였는데, 그 과정에서 한국 국제사법 제26조에 따라 이 사건 항공운송계약의 준거법은 그 계약과 가장 밀접한 관련이 있는 국가의 법이 되어야 하고, 이 사건 항공운송계약과 같은 도급계약의 경우 항공사의 주된 사무소가 있는 국가의 법이 가장 밀접한 관련이 있는 것으로 추정된다고 보고[58] 중국법이 항

---

56) 참고로 의무이행지가 한국인지는 의무의 준거법에 따라 판단할 사항이다. 한국 민법(제467조 제2항)은 금전채무의 변제장소에 관하여 지참채무원칙을 취한다.

57) 제32조(불법행위) 제3항은 "가해자와 피해자간에 존재하는 법률관계가 불법행위에 의하여 침해되는 경우에는 제1항 및 제2항의 규정에 불구하고 그 법률관계의 준거법에 의한다"고 규정한다.

58) 한국 국제사법 제26조는 아래와 같다.

"제26조(준거법 결정시의 객관적 연결) ① 당사자가 준거법을 선택하지 아니한 경우에 계약은 그 계약과 가장 밀접한 관련이 있는 국가의 법에 의한다. ② 당사자가 계약에 따라 다음 각호 중 어느 하나에 해당하는 이행을 행하여야 하는 경우에는 계약체결당시 그의 상거소지법(당사자가 법인 또는 단체인 경우에는 주된 사무소가 있는 국가의 법)이 가

공운송계약의 준거법이 되고 결국 불법행위의 준거법도 중국법이라고 판단하였다. 그러나 사견으로는 이 사건에서 당사자들이 중국법을 항공운송계약의 준거법으로 묵시적으로 선택한 것으로 볼 여지가 있다고 생각된다.

제2심판결도 제1심판결과 동일한 견해를 취하였다. 다만 제2심판결은 제1심 판결이 언급한 '최고인민법원 인신손해배상안건심리 적용법률 약간 문제에 관한 해석'을 '인신손해배상사건을 심리하는 데 적용하는 법률의 약간의 문제에 대한 최고법원의 해석(最高人民法院关于审理人身损害赔偿案件适用法律若干问题的解释)(이하 "최고법원해석1"이라 한다)'으로 수정하였다.

약간의 평가: 이 사건 항공운송계약은 국내운송을 위한 것이었으므로 한국법원이 한중이 모두 가입한 헤이그의정서에 의하여 개정된 바르샤바협약(이하 "개정협약"이라 한다)이 적용되는 사안은 아니었다. 따라서 개정협약을 적용하지 않은 한국법원의 판단은 타당하다.[59] 개정협약(제1조 제2항)에 의하면 동 협약이 적용되는 국제운송(international carriage)이라 함은 출발지 및 도착지가 2개의 체약국의 영역 내에 있거나 또는 출발지 및 도착지가 단일 체약국의 영역 내에 있더라도 타국의 영역 내에 예정기항지가 있는 경우의 운송을 말하기 때문이다.

한국법원들이 중국법을 불법행위의 준거법으로 판단한 것도 타당하다.[60]

장 밀접한 관련이 있는 것으로 추정한다. 다만, 계약이 당사자의 직업 또는 영업활동으로 체결된 경우에는 당사자의 영업소가 있는 국가의 법이 가장 밀접한 관련이 있는 것으로 추정한다.

1-2. 생략

3. 위임·도급계약 및 이와 유사한 용역제공계약의 경우에는 용역의 이행."

59) 한국은 1967년 1월 "1929. 10. 12. 바르샤바에서 서명된 국제항공운송에 있어서의 일부 규칙의 통일에 관한 협약"(일명 "바르샤바협약")에는 가입하지 않았으나 바르샤바협약을 개정하기 위한 1955년 의정서(Protocol to Amend the Convention for the Unification of Certain Rules Relating to International Carriage by Air signed at Warsaw on 12 October 1929. "헤이그의정서")에 가입하고 1967. 10. 11. 조약 제259호로 이를 공포하였는데, 이에 따라 개정협약은 국내법과 동일한 효력을 가지고 국제항공운송에 관한 법률관계에 대하여는 일반법인 민법에 대한 특별법으로 우선 적용된다. 중국도 바르샤바협약에 가입하지 않고 헤이그의정서의 체약국이 되었다. 한국은 2007년에 비로소 1999년 몬트리올협약(Convention for the Unification of Certain Rules for International Carriage by Air Done at Montreal on 28 May 1999)에 가입하여 이는 2007. 12. 29. 발효되었다. 중국에서는 그에 앞서 2005. 7. 31. 발효되었다.

60) 중국 국제사법원칙에 따르더라도 불법행위지법이 준거법이 되므로 반정은 문제되지 않는다. 沈涓, "중국 국제사법의 개관," 국제사법연구 제9호(2003), 154면(이하 번역문을 인용한다). 나아가 제1심법원이 소비자계약에 관한 국제사법 제27조를 적용하지 않은 점은 의미가 있다.

한국 국제사법 제32조 제1항이 정한 불법행위지법원칙에 따르더라도 중국법이 준거법이 되었을 텐데, 한국법원들은 종속적 연결원칙을 적용하여 항공운송계약의 준거법인 중국법(즉 중국의 불법행위법)을 불법행위의 준거법으로 보았다. 이러한 결론은 타당하다. 다만, 불법행위의 준거법을 판단함에 있어서, 일단 망인이 손해배상채권을 취득하고 유가족인 원고들이 이를 상속하는 상속구성을 취한 제1심판결에 따르면 망인과 피고 간에 체결된 항공운송계약의 준거법을 결정하고 불법행위의 준거법을 종속적으로 연결한 것은 자연스럽다. 반면에 제2심판결처럼 부양구성을 취할 경우 원·피고 간에 계약관계가 존재하지 않으므로 종속적 연결에 대해 논란의 여지가 있을 수 있다. 위에서 본 바와 같이 국제사법(제32조 제3항)이 원·피고가 아니라 가해자와 피해자 간에 존재하는 법률관계에 착안하는데, 여기의 피해자는 망인이 아니라 부양청구권을 침해당한 피해자라고 본다면 종속적 연결에 의문을 가질 수도 있다. 하지만 이 경우에도 종속적 연결의 취지, 즉 당사자의 신뢰를 보호하고 불법행위와 계약을 통일적으로 연결한다는 취지를 고려한다면 종속적 연결을 긍정하는 것이 옳다고 본다.[61]

(3) 불법행위의 성립

제1심판결은 다음의 이유로 피고의 불법행위가 성립한다고 보았다.

항공기는 대량의 인원을 태운 채 공중을 운항하기 때문에 항공기의 운항 중 기내에서 방화와 같은 사고가 발생하는 경우 이는 곧 대량참사로 이어지기 쉬우므로 항공사로서는 기내에서 발생할 수도 있는 방화와 같은 사고를 막기 위하여 고도의 주의의무를 부담한다. 그러므로 피고는 그에 대비하여 탑승 전에 미리 탑승자의 휴대품을 검색하여 탑승자가 인화성물질 등을 가지고 탑승하지 못하게 하여야 하고 항공기 내에는 일정한 자격을 갖춘 안전요원을 배치하여 탑승자가 기내에서 방화를 시도하지 못하도록 막아야 하며 항공기내부는 방열제 등을 사용하여 불이 쉽게 번지지 못하도록 하는 한편 소화기 등을 충분히 설치하여 불이 일어난 경우에도 쉽게 소화할 수 있도록 하는 등의 조치를 취할 의무가 있다. 그러나 피고는 탑승객의 방화를 막기 위하여 어떠한 안전조치도 취한 사실이 없는바 이는 통상 항공사에게 요구되는 주의의무에 현저히 위반하는 것으로 거의 고의에 가까운 정도로 주의를

61) 종속적 연결을 규정한 스위스 국제사법(제133조 제3항)에 관한 Girsberger *et al.*(註 14), Art. 133 Rn. 22 참조.

결한 것이므로, 이 사건 사고는 피고의 중대한 과실로 인하여 발생되었다고 보아야 한다. 따라서, 피고는 김○○의 상속인들인 원고들에게 발생한 손해를 배상할 책임이 있다.

제2심 판결은 제1심 판결 이유를 그대로 인용하였다.

(4) 피고의 면책 또는 책임제한의 항변

피고는 불가항력에 기한 면책항변과, 피고의 국내여객운송약관에 의한 책임제한의 항변을 제출하였다.

첫째, 불가항력에 기한 면책항변.

피고는, 이 사건 사고는 장○○의 방화로 인한 불가항력적인 사고이고 피고에게는 과실이 없으므로 면책되어야 한다고 주장하였다. 제1심판결은, 이 사건 사고에 관하여 피고에게 중대한 과실이 인정된다고 보아 이를 배척하였다. 제2심판결도 이를 지지하였다.

둘째, 피고의 국내여객운송약관에 의한 책임제한의 항변.

피고는, 피고의 국내여객운송약관에 의하여 그 책임이 중국화 70,000위안으로 제한된다고 주장하였다. 제1심판결은 중국의 민용항공법 제128조에 따라 1993. 11. 29. 국무원령 제132호 제6조은 운송인의 배상책임한도액을 승객당 최고 중국화 70,000위안으로 정하였고, 피고는 그를 기초로 제18장 제99조에 약관을 작성하여 1998. 1. 25. 민용항공총국 운송관리처의 비준을 받았으므로 중국의 국내여객운송 중 발생한 여행자의 사망, 부상에 대한 피고의 배상한도는 승객 당 중국화 70,000위안으로 제한되어 있음을 인정하였다. 그러나 제1심판결은 고의나 중대한 과실로 상대방의 재산상 손실을 초래한 경우 약관의 면책조항은 무효라는 중국 계약법 제53조에 따라 피고의 중대한 과실에 의하여 발생한 이 사건 사고에는 위 책임제한규정은 적용되지 않는다고 보았다. 제2심판결도 이를 지지하였다.

제2심판결은 나아가 피고의 책임제한 주장을 받아들이는 것은 한국 국제사법 제10조의 공서에 반한다고 판단하였다. 그 이유는 아래와 같은 취지이다.

> 국제사법 제10조는 "외국법에 의하여야 하는 경우에 그 규정의 적용이 대한민국의 선량한 풍속 그 밖의 사회질서에 명백히 위반되는 때에는 이를 적용하지 아니한다"고 규정하는바, 뒤에서 보듯이 원고들에 대한 손해배상범위는 중국의 법규정인 최고법원해석1에 의해 정해지는데 그에 의하면 사망사

고의 경우 피해자 본인인 망인은 어떠한 권리도 취득할 수 없고, 그 가족에게 사망배상금 청구권과 피부양인[62] 생활비 청구권이 발생하는데 이는 사망사고로 인한 손해배상의 주안점을 유족의 생계유지에 두는 것으로(오지용, '새로운 손해배상 산정방식의 모색—중국의 손해배상 산정방식과 우리 법제에서의 시사점—', 법조 626호(2008. 11.), 22면, 26면) 사망배상금은 수소법원 소재지 주민의 평균가처분소득에 의해, 피부양인 생활비는 수소법원 소재지 주민의 평균생활비에 의해 정해지는데, 그 취지에 비추어 보면 원고들의 손해배상액은 수소법원 소재지이자 원고들의 거주지인 서울 거주자들의 평균 생활수준을 유지할 수 있을 정도의 금액이 되어야 한다. 그런데, 피고가 주장하는 책임제한금액인 70,000위안은 변론종결 무렵의 환율로 환산하면 12,785,500원[63] 정도로서 아래에서 원고들에게 인정되는 손해배상금액의 합계 397,681,899원[64]의 3.2% 정도에 불과한 점을 감안하면, 책임제한규정을 적용할 경우 원고들이 한국에 거주하면서 생계를 유지할 수 있는 실질적인 배상은 사실상 불가능하다. 따라서 신체손해배상잠정규정을 이 사건에 적용하는 것은 사실상 원고들의 손해배상청구권을 부정하게 되는바, 이는 한국의 선량한 풍속 그 밖의 사회질서에 명백히 위반된다."

위 설시의 취지는 다소 애매하다. 왜냐하면, 국제사법 제10조에 의해 중국법규정인 신체손해배상잠정규정의 적용을 배제한다면 법상 책임제한이 없게 되는데 그렇더라도 피고의 책임제한약관이 당연무효는 아니기 때문이다. 위 설시의 취지는 아마도 중국의 신체손해배상잠정규정은 국제사법 제10조에 의하여 적용이 배제되고 한국법이 적용되는데 그런 내용을 담은 피고의 약관은 한국법상 무효라고 판단한 것으로 짐작된다.

(5) 손해배상청구권자, 손해배상의 범위와 산정

㈎ 한국법의 태도 사망사고의 경우 한국 민법에 따르면 이른바 손해 3분설이 적용된다. 즉 불법행위로 인한 손해는 ① 장례비와 같은 적극적 재산적 손해, ② 일실임금과 퇴직금과 같은 일실이익의 상실에 따른 소극적 재산적 손해 및 ③ 정신적 고통에 따른 정신적 손해의 3가지로 구분된다.[65]

---

62) 제2심판결은 피부양인과 피부양자를 혼용하므로 여기에서도 양자를 호환적으로 사용한다.

63) 이 사건 변론종결일인 2009. 5. 22. 당시의 중국 위안화에 대한 원화환율은 182.65로서, 70,000위안을 원화로 환산하면 12,785,500원(70,000×182.65)이 된다.

64) 원고 X1 103,935,284원+원고 X2, X3에게 각 79,832,673원+원고 X4 134,081,269원.

65) 지원림, 민법강의 10판(2012), 5-322.

한국에서는 이들 3개의 손해항목은 민사소송법상으로도 별개의 소송물로 취급된다.[66] 좀더 구체적으로, 피해자의 사망으로 인한 일실수익을 산정함에 있어서 법원은, 우선 불법행위가 없었더라면 피해자가 얼마 동안 일할 수 있었는지를 가동연한과 평균여명을 고려하여 판단하고, 그 기간 동안 어느 정도의 수입을 올릴 수 있었는지를 산정한 뒤 그로부터 피해자가 사망함으로써 지출할 필요가 없게 된 생활비 등을 공제하고, 다시 통상 單利에 의하여 중간이자를 공제함으로써 그의 現價를 계산하는데, 이 과정에서 피해자의 불법행위 당시의 연령, 건강상태, 직업, 거주지역 등 제반사정을 참작하여 개연성을 제고한다.[67]

㈏ **제1심판결의 판시** 제1심판결은 불법행위의 준거법이 중국법이라고 보고, 중국의 '최고인민법원 인신손해배상안건심리 적용법률 약간 문제에 관한 해석'과 '민법통칙' 제106, 121, 122조를 적용하여 피해자가 인신손해를 입어 진찰·치료에 지출한 비용 및 노동손실로 감소한 수입은 의료비, 일실수입, 개호비, 교통비, 숙박비, 입원식사보조비, 필요영양비를 포함하여 모두 배상의무자가 이를 배상하여야 하며, 특히 피해자가 사망한 경우 가해자는 응급처치비용 외에 장례비, 사망자가 생전에 부양한 가족의 필요생활비, 피해자 가족에 대한 정신적인 위로금을 지불해야 한다고 파악하면서도, 손해배상의 산정에 관한 손해 3분설과 마찬가지로 ① 피해자인 김○○의 소극적 손해인 일실이익, 즉 일실임금(282,680,381원)과 일실퇴직금(34,801,697원)의 합계인 317,482,078원, ② 배우자의 적극적 손해인 장례비(3,000,000원)와 ③ 배우자(18,333,333원)와 자녀(각 10,555,556원)의 위자료를 산정하고,[68] 위 ①의 소극적 손해에 대한 배상청구권을 원고들이 각 상속지분에 따라 상속하는 것으로 구성하였다. 즉 이러한 접근이 중국법상으로도 허용된다고 파악한 것으로 보인다.

한편 지연손해금에 관하여 제1심판결은, 원고들에게 지급할 금액에 대하여 사고일인 2002. 5. 7.부터 다 갚는 날까지 연 5%의 비율에 의한 지연손

66) 대법원 2002. 9. 10. 선고 2002다34581 판결.

67) 지원림(註 65), 5-323 참조.

68) 제1심 판결이 별도로 설시하지는 않았으나 사망자 본인의 위자료는 인정하지 않았다. 우리 판례에 따르면, 불법행위로 인하여 피해자가 사망한 경우 정신적 손해에 대한 배상(위자료)청구권은 피해자가 이를 포기하거나 면제하였다고 볼 수 있는 특별한 사정이 없는 한 생전에 청구의 의사를 표시할 필요 없이 원칙적으로 상속된다. 대법원 1966. 10. 18. 선고 66다1335 판결 등. 우리 다수설도 이러한 당연상속설을 지지한다.

해금을 지급할 의무가 있다고 판단하였다. 제1심판결은 지연손해금은 중국법에 의할 사항이라고 보면서도 입증자료가 없다는 이유로 조리라고 인정한 한국 민법을 적용하였다.[69)]

㈐ **제2심판결의 판시** 제2심판결도 불법행위의 준거법을 중국법이라고 보면서 최고법원해석1을 검토하여 원고들이 구하는 피부양자 생활비, 사망보상비,[70)] 장례비와 위자료를 산정하였다.[71)]

피부양자 생활비에 관하여는 아래와 같이 판시하였다.

최고법원해석1 제28조에 따르면, 피부양자의 생활비는 부양자의 노동능력상실정도에 따라 수소법원 소재지 도시 주민 1년간의 평균 소비성지출을 표준으로 계산한다. 피부양자가 미성년자인 경우 18세까지 계산한다. 피부양자라 함은 피해자가 법에 따라 부양의무를 지는 미성년자 또는 노동능력을 상실하고 다른 수입원이 없는 성년의 근친족을 말한다. 피부양자 생활비의 기초가 되는 소비성지출액은 수입 중 생활비로 사용되는 지출액을 의미하는 것으로 서울의 1인당 월 평균 소비성지출액은 2004년 695,934.83원이고, 미성년자인 원고 X2, X3와 X4만이 피부양자로서 사고 당시부터 18세가 될 때까지의 생활비를 청구할 수 있는데,[72)] 피부양자가 수인인 경우에는 연 배상총액의 누계가 전년도 도시 주민의 평균 소비성지출액을 초과하지 못하는 점을 감안하여, 피고는 원고 X2와 X3에게 각 16,336,353원(49,009,059원/3), 원고 X4에게 70,584,949원(16,336,353원+54,248,596원)을 지급할 의무가 있다.[73)]

---

69) 즉 제1심판결은, 이 사건 손해배상채무의 지급을 지체함으로 인하여 발생하는 지연손해금은 준거법인 중국법에 의하여야 할 것이나(대법원 1997. 5. 9. 선고 95다34385 판결 참조) 이를 규율하고 있는 법규나 관습법에 관한 자료가 제출되지 아니하여 그 내용의 확인이 불가능하므로, 조리에 따라 한국 민법소정의 연 5%의 비율에 의한 지연손해금을 인정하였다.

70) 이는 제2심판결이 언급한 사망배상금과 같은 의미로 보인다.

71) 제2심판결의 판단순서를 제1심 판결과 같은 순서가 되도록 편의상 다소 변경하였다.

72) 제2심판결은 배우자인 원고 X1은 사고 당시 38세 남짓의 성인으로서 노동능력을 상실하지 않았으므로 피부양자에 포함되지 않는다고 판단하였다.

73) 상세한 산정근거는 아래와 같다.

○ X1, X2, X3는 사고일(2002. 5. 7.)부터 18세가 될 때까지 각 월 695,934.83원의 생활비를 청구할 수 있는바, 원고 X1, X2가 18세가 되는 2008. 3. 17.까지의 X1, X2, X3의 연 평균 소비성 지출액 합계는 25,053,653원(695,934.83원×3×12개월)으로서, 2004년 도시 주민의 연 평균 소비성 지출액 8,351,217원을 초과하므로, 2008. 3. 17.까지는 원고들의 생활비 청구액을 연 8,351,217원으로 제한한다.

49,009,059원{8,351,217원×2,142일(2002. 5. 7.부터 2008. 3. 17.까지)/365일}

한편 사망배상금에 관하여는 아래와 같이 판시하였다.

최고법원해석1 제29조에 따르면, 사망배상금은 수소법원 소재지의 전년도 도시 주민의 지배수입을 표준으로 하여 20년분으로 계산한다. 여기에서 '지배수입'은 소득에서 세금 등의 비소비지출을 제외하고 실제로 소비나 저축 등에 자유롭게 사용할 수 있는 소득으로서 이른바 가처분소득에 해당하는바, 서울의 1인당 월 평균 가처분소득은 2004년 808,272원이다. 따라서 사망배상금은 193,985,282원(808,272원×12개월×20년)인데, 이는 망인 가족의 생활안정을 목적으로 하므로 그 청구권은 망인의 가족에게 직접 귀속되고(오지용, 위 논문 27쪽), 중국에서는 각 상속인의 상속지분이 균등한 점에(중국 계승법 제13조(오지용, 위 논문 28쪽) 비추어 사망배상금은 사망자의 상속인들에게 균분하여 배정함이 상당하므로,[74] 피고는 원고들에게 각 48,496,320원(193,985,282원/4)을 지급할 의무가 있다.

장례비에 관하여는 아래와 같이 판시하였다.

최고법원해석1에 따르면, 장례비는 수소법원 소재지 직공의 전년도 평균임금을 표준으로 6개월의 총액으로 계산하며(제27조), 여기의 "직공 평균임금" 등은 정부통계부문이 공포한 각 성 등의 전년도 관련 통계숫자로 확정하고, "전년도"라 함은 제1심 법정변론 종결 시를 기준으로 직전 통계연도를 말한다(제35조). 이 사건 제1심 변론종결일을 기준으로 수소법원인 서울의 2004년 직공 1인당 평균임금은 월 906,494원이므로, 장례비는 5,438,964원(906,494원×6개월)이 되므로 피고는 장례비를 지출한 원고 X1에게 위 금액을 지급할 의무가 있다.

나아가 위자료에 관하여 제2심판결은, 인신손해와 관련한 정신적 손해에 대해서는 '불법행위로 인한 정신적 손해배상 책임을 확정하는 데 있어서의 약간의 문제에 관한 최고법원의 해석(最高人民法院关于确定民事侵权精神损

○ 2008. 3. 18.부터 원고 X3이 18세가 되는 2014. 9. 13.까지의 생활비 54,248,596원{1인당 월 평균 생활비 695,934.83×12개월×2,371일(2008. 3. 18.부터 2014. 9. 13.까지)/365일}

○ 그 결과 피고는 피부양자 생활비로 X1, X2에게 각 16,336,353원, 49,009,059원, X3에게 70,584,949원(16,336,353원+54,248,596원)을 지급할 의무가 있다.

74) 상속구성을 취하면 한국 국제사법상 상속의 준거법은 피상속인의 본국법인 한국법이므로 상속지분은 제1심판결처럼 한국 민법에 따라 판단할 사항이다. 불법행위채권의 상속가능성은 불법행위의 준거법이 결정하지만 상속권자와 상속지분은 상속의 준거법에 따른다. 상속구성을 취하지 않은 제2심판결이 상속지분을 언급한 것은 오해의 소지가 있다.

害赔偿责任若干问题的解释)(이하 "최고법원해석2"라 한다)에 따라 판단하였다. 최고법원해석2 제7조에 따르면, 자연인은 위법한 인격권[75)]침해를 이유로 정신적 손해배상을 청구할 수 있는데, 불법행위로 인한 자연인의 사망 시 배우자, 부모와 자녀가 원고로서 정신적 손해배상을 청구할 수 있다. 이에 따라 제2심판결은 위자료 청구권은 사망자의 배우자와 자녀에 대해서만 인정하고 사망자 본인의 위자료 청구권을 부정하였으며, 김○○의 나이, 원고들과의 인적 관계, 사고 경위 등을 참작하여 원고 X1에 대해서는 50,000,000원, 원고 X2, X3, X4에 대하여는 각 15,000,000원을 위자료로 인정하였다.

한편 지연손해금에 관하여 제2심판결은, 중국법에서는 손해배상금에 대한 지연손해금은 일반적으로 인정되지 않으므로 판결에서 지연손해금지급을 명하지 않으며, 다만 법원에서 최종적으로 손해배상금액을 확정하였음에도 불구하고 당사자가 판결에서 정한 기간 내에 지급하지 않을 경우 중국 민사소송법 제232조에 따라 지연기간 동안 이자(통상 중국인민은행이 공포한 대출이율)를 지급하도록 하고 있고 구체적인 지연손해금액은 강제집행단계에서 확정되므로 판결에는 지급기일만을 정한다고 보아, 원고들의 지연손해금청구는 배척하되 손해배상금을 판결확정일로부터 1개월 이내에 지급할 것을 명하였다. 이는 위 계약법사건의 제2심 판결의 태도와는 다른데, 그것이 사건의 성질의 차이에 기인하는 것인지 의문이다.[76)]

구분	제1심 판결	제2심 판결
구성 방식	상속구성[77)] 사망자의 일실이익 산정하고 원고들이 상속하는 것으로 구성 (미국의 survival statute와 유사)	부양구성이나[78)] 상속구성적 요소도 있음. 사망자의 일실이익 산정하지 않고 원고 각자의 손해배상 산정(미국의 survival statute와 wrongful death statute의 결합으로 보임)

75) 이는 (1) 생명권, 건강권, 신체권, (2) 성명권, 초상권, 명예권, 영예권, (3) 인격존엄권, 인신자유권을 말한다(최고법원해석 2 제1조).

76) 토론자였던 오재성 부장판사는 중국법에 따른 이율을 주문에 명기한 위 계약법사건의 서울고등법원의 판결태도를 지지한다. 한국법과 중국법의 교류(2010. 6. 11. 서울대학교 법학연구소에서 개최한 한국법과 중국법의 교류에 관한 국제학술회의 발표자료), 233면.

77) 이는 한국법의 접근방법인데 제1심판결은 중국법을 준거법으로 보면서도 이렇게 판단했다.

78) 상속구성과 대비되는 방식이 부양구성인데, 한국과 일본만이 상속구성을 취하고 미국, 영국, 독일, 프랑스 등은 부양구성을 취한다. 오지용, "새로운 손해배상 산정방식의 모색—중국의 손해배상 산정방식과 우리 법제에서의 시사점—," 법조 626호(2008. 11.), 16면 註

재산적 손해	① 사망자의 일실이익 317,482,078원(일실임금 282,680,381원 +일실퇴직금 34,801,697원) 상속지분에 따라 위 금액 상속 X1: 3/9, 자녀 각 2/9	① 피부양자생활비와 사망배상금 X1: 48,496,320원(사망배상금) X2, X3: 각 64,832,673원(피부양자생활비+사망배상금) X4: 119,081,269원(피부양자생활비+사망배상금)
	② 장례비(3,000,000). X1 주장 금액 중 입증된 금액	② X1: 장례비(5,438,964원). 수소법원 소재지 직공의 전년도 평균임금을 표준으로 6개월 총액(최고법원해석1 제27조)
위자료	③ X1(배우자): 18,333,333원 X2-X4(자녀): 각 10,555,556원[79]	③ 배우자(5천만원)와 자녀(각 1.5천만원)의 위자료만 인정하고 사망자 본인 위자료 배제
원본 합계	④ 합계 370,482,076원 X1: 127,160,692원(상속분+장례비+위자료), X2, X3, X4: 각 81,107,128원(상속분+위자료)	④ 합계 397,681,899원 (X1: 103,935,284원+X2, X3: 각 79,832,673원+X4: 134,081,269원)
지연 손해금	⑤ 사고일부터 완제 시까지 연5%(중국법 입증 없음을 이유로)	⑤ 판결선고 전에는 없고, 판결확정 후 1개월 경과 후에만 가능하나 명시 않음

참고로, 항공기 승객의 사망으로 인한 손해배상청구소송의 경우, 국가에 따라서는 ① 상속구성을 취하지 아니하고 유족이 상실된 부양료를 자신의 고유한 손해로 구성하여 직접 배상을 구하는 방식(미국에서는 이런 소송을 'wrongful death action'이라 한다), ② 유족이 사망자의 손해배상청구권을 상속하거나 상속재산을 위하여 손해가 배상되는 방법으로 소송이 이루어지는 방식(미국에서는 이런 소송을 'survival action'이라 한다) 또는 ③ 위 두 가지를 혼용하는 방식 등이 있다고 한다.[80] 피해자의 사망 시 중국의 손해배상

17. 상세는 정귀호, "損害賠償法理의 再構成—扶養構成理論에 관하여—," 자동사사고로 인한 손해배상(상) 재판자료 제20집(1984), 403면 이하 참조. 독일 민법 제844조 제2항은 부양구성을 명시한다. 미국법의 태도는 김종배, "逸失利益의 算出方法과 算定基準—서울民事地方法院交通部의 裁判實務傾向을 中心으로—," 재판자료 제21집(1984), 5면 이하 참조. 참고로 북한법도 부양구성을 취한다. 임성택, "남북한 주민간 불법행위 손해배상에 관한 연구," 통일과 법률 제2호(2010. 5.), 70면 이하 참조.

79) 위자료의 산정근거는 분명하지 않다. 설시하지는 않았으나 제1심판결도 사망자 본인의 위자료는 인정하지 않았다.

80) 서울고등법원 1998. 8. 27. 선고 96나37321 판결은 이 점을 지적하였다. 하집1998-2, 310. 미국의 경우 생명침해에 의하여 발생되는 손해의 구체적인 포착방법은 survival statute와 wrongful death statute를 어떤 형태로 수용하였는가에 따라서 각주마다 다르나, 일반적

산정방식은 일차적으로 부양구성을 취하는 것으로 보이나 부양구성만을 취한 것은 아니고 상속구성을 고려하여 사망배상금을 인정함으로써 부양구성의 문제점을 해결한 것이라고 하면서 우리도 눈여겨 볼 필요가 있다는 견해가 있다.[81)]

약간의 평가: 중국법 하에서 인정되는 사망배상금은 망인의 상속인(중국에서는 계승인)이 미래에 상속함으로써 취득할 수 있는 수입이므로 상속인이 미래의 가득수입을 상실한 부분에 대한 배상이라고 설명하는 것으로 보인다.[82)] 그러나 상속인이 취득할 수 있다고 하면서도 상속지분에 관계없이 균분하여 받을 수 있다고 하므로 그 성질이 애매하다. 상속인이 사망배상금을 수령할 수 있다면 이는 결국 상속구성적 요소라고 보이는 점에서, 상속구성을 비판하면서 사망배상금을 인정하자는 주장은 선뜻 수긍하기 어렵다. 또한 최고법원해석1의 취지와 관련하여 몇 가지 의문이 있다. 최고법원해석1이 외국거주 외국인이 손해배상을 청구하는 경우에도 적용될 것을 의도한 것인지 의문이다. 또한 만일 원고들이 중국법원에서 제소하였다면 중국법원은 사망배상금은 수소법원 소재지 주민의 평균가처분소득에 의해, 피부양자 생활비는 수소법원 소재지 주민의 평균생활비에 의해 산정했을 텐데, 한국법원이 국제재판관할이 있다는 이유로 재판하면서 수소법원 소재지를 한국으로 보아 중국법원이 재판했을 경우와 비교하여 상당한 고액의 손해배상을 산정하는 것이 최고법원해석에 부합하는지, 즉 과연 최고법원해석이 외국법원에 의해 적용될 것을 상정하였는지는 의문이다.[83)]

㈑ **손해배상청구권자, 손해배상의 범위 및 산정과 헤이그의정서** 얼핏 생각하기에는 국제운송에서 승객의 사망사고가 발생하는 경우 손해배상청구

으로는 이 손해를 재산상 손해로 국한하고 유가족의 감정이익의 상실(sentimental loss)에 대한 위자료는 따로 인정하지 않는 것이 원칙이나 재산상손해의 명목으로 실질상으로는 비재산적 손해의 배상을 허용하는 경향이 있다고 한다. 김종배(註 78), 33-34면.

81) 오지용(註 78), 23면.

82) 오지용(註 78), 28면.

83) 만일 본문처럼 본다면 중국인 승무원이 중국 항공사로부터 고액의 손해배상을 받을 목적으로 한국 법원에 소를 제기할 유인을 가지게 된다(중국법원에 전속관할을 부여하는 합의가 없다면). 왜냐하면 승객은 바르샤바협약에 따라 국제재판관할이 있는 법원에 제소해야 하지만, 승무원에 대하여는 바르샤바협약이 적용되지 않고 법정지의 국제재판관할규칙이 적용되기 때문이다. 실제로 이런 사건이 발생하였다. 중국인 승무원이 한국에서 사고를 낸 중국 항공사를 상대로 우리 법원에 소를 제기하였던바 제1심판결과 제2심판결은 한국의 국제재판관할을 부정하였으나 대법원 2010. 7. 15. 선고 2010다18355 판결은 이를 긍정하였다.

권자, 손해배상의 범위 및 산정은 헤이그의정서라는 통일규범에 의하여 전적으로 규율될 것처럼 보인다. 그러나 바르샤바협약은(개정협약도) 국제항공사고로 인한 손해배상의 모든 측면을 규율하지는 않는데, 특히 제24조의 제2항의 해석은 논란이 있다. 왜냐하면 "제18조 및 제19조에 정하여진 경우에는, 책임에 관한 소는 명의의 여하를 불문하고 본 협약에 정하여진 조건 및 제한 하에서만 제기할 수 있고"(제24조 제1항), "전항의 규정은 제17조에 정하여진 경우에도 적용된다. 다만 소를 제기하는 권리를 가진 자의 결정 및 이러한 자가 각자 가지는 권리의 결정에 영향을 미치지 않기"(제2항) 때문이다(밑줄은 저자가 추가함). 즉 바르샤바협약은(개정협약도) 승객의 사망 또는 신체상해로 인한 손해에서 손해배상청구권자와 손해배상의 종류, 범위 등을 규율하지 않는데, 이는 항공사에 대해 누가, 어떤 손해배상청구권을 가지는지는 규율하지 않는다는 것이다. 그렇게 규정한 이유는 바르샤바협약을 채택할 1929년 당시 많은 국가에서, 특히 영미법계국가에서 승객 사망 시 손해배상규칙이 발전하지 못했고 있더라도 크게 달랐기 때문이다.

따라서 개정협약이 적용되는 사건에서도 승객의 사망을 이유로 손해배상청구를 하는 경우에도 여전히 피해자와 유족들의 손해배상의 종류와 범위의 준거법이 문제되는데, 구체적으로 법정지 국제사법설(미국 연방대법원의 지도적인 *Zicherman v. Korean Air Lines* 사건 판결[84])과 법정지 실질법설이 대립하고 있다. 이 쟁점은 한중 간의 항공운송에 적용되는 1999년 몬트리올협약에서도 여전히 문제된다.[85]

요컨대, 여기에서 논의하는 항공운송중 발생하는 사망사고 시 중국법에 따른 손해배상청구권자, 손해배상의 범위 및 산정의 문제는 중국 내 항공운송의 경우만이 아니라 몬트리올협약에 의하여 규율되는 한중 간의 국제항공운송의 경우에도 불법행위의 준거법이 중국법이라면 여전히 의미를 가진다는 점을 유념하여야 한다. 실제로는 운송계약의 준거법이 중국법인 경우 불법행위는 종속적 연결에 의하여 중국법이 될 개연성이 크다(적어도 한국법원에서

84) 516 U.S. 217, 229 (1996).

85) 종래 우리나라에서는 이 점이 별로 논의되고 있지 않다. 이에 관하여는 석광현, "국제항공운송사고로 인한 손해배상과 국제사법적 사고의 빈곤," 법률신문 제3816호(2010. 2. 8.), 14면 참조. 이 글은 헤이그의정서를 적용한 대법원 2009. 12. 24. 선고 2008다3527 판결, 서울고등법원 2007. 12. 4. 선고 2006나112603 판결과 서울중앙지방법원 2006. 10. 27. 선고 2003가합13708 판결에 대한 비판이다.

재판하는 경우 그렇다). 따라서 반드시 사고 발생지에 의하여 좌우되는 것은 아니다.

3. 혼인의사의 흠결과 혼인무효에 관한 쟁점

한국인과 중국인 간의 혼인사건과 관련하여서는, 중국인 여자, 특히 조선족여자가 한국에 입국하기 위한 방편으로 혼인할 의사(즉 혼인의사)가 없음에도 불구하고 위장혼인을 하고 혼인신고를 한 뒤 한국에 입국한 뒤 가출한 경우 남편이 부인을 상대로 혼인의사의 흠결을 이유로 중국인 부인을 상대로 혼인무효소송을 제기하는 사례가 많이 보인다. 아래에서는 이러한 사례를 소개하고 법적 쟁점을 언급한다.

가. 사안의 개요

예컨대 서울가정법원 2010. 1. 28. 선고 2009드단66283 사건 판결의 사안은 아래와 같다.

원고와 피고는 위장혼인의 방법으로 피고를 한국에 입국시키기로 결의한 후, 2004. 10. 25. ○○민원봉사실 호적계에서, 사실은 원고가 피고와 진정으로 혼인을 한 사실이 없음에도 불구하고, 마치 진정하게 혼인을 한 것처럼 혼인신고서를 작성하여 부속서류와 함께 제출하여, 그 정을 모르는 호적 담당 공무원으로 하여금 원고와 피고가 진정하게 혼인한 것으로 원고의 공전자기록인 호적부에 입력하게 하고 불실의 사실이 기재된 공전자기록을 그곳에 비치하게 하여 이를 행사하였다고 인정되어 2008. 6. 24. 전주지방법원 ○○호로 공전자기록등불실기재죄 등으로 벌금 300만원을 선고 받았다.

원고는 혼인 성립 당시 원고와 피고에게 혼인의사가 없었다고 주장하면서 피고를 상대로 혼인이 무효임을 확인하는 소를 제기하였다.

나. 사건의 쟁점

(1) 준 거 법

㈎ **혼인의 효력의 준거법을 적용한 판결** 일부 판결은 혼인의 성립의 문제를 혼인의 효력의 문제와 혼동하여 한국법만을 적용하여 혼인무효를 판단하고 있다. 예컨대 항소심인 춘천지방법원 2009. 7. 9. 선고 2009르114

판결은 한국인인 원고가 중국인인 피고를 상대로 혼인무효를 주장한 사건에서, 원·피고의 동일한 상거소지가 한국인 점 등을 고려하여 원·피고 사이의 혼인이 실질적 성립요건을 구비한 것으로서 유효한지 여부는 원고의 본국법인 한국법에 의해 정하는 것이 타당하다(대법원 1996. 11. 22. 선고 96도2049 판결 참조)고 판시하였다. 그러나 이 판결이 인용하는 대법원 1996년 판결은, 혼인의사 없이 혼인한 한국남자와 중국여자 사이의 혼인의 효력에 관하여 구 섭외사법 제15조 제1항(혼인의 성립)에 따라 준거법을 지정하지 않고 구 섭외사법 제16조(혼인의 효력)의 규정에 따라 남자의 본국법인 한국 민법을 준거법으로 적용한 잘못된 판결인데 이를 답습한 것은 유감이다.[86]

㈏ **배분적 연결원칙을 취한 판결** 위에서 본 서울가정법원 2010년 판결은 준거법에 관하여 아래와 같이 설시하였다.

원고는 혼인 성립 당시 원고와 피고에게 혼인의사가 없었다고 주장하면서 그 무효확인을 구하고 있는바, 국제사법 제36조 1항에 의하면 혼인성립의 실질적 요건에 관하여는 각 혼인당사자에 관하여 그 본국법이 준거법이 되므로, 이 사건의 준거법은 원고에 대하여는 그의 본국법인 한국 민법, 피고에 대하여는 피고의 본국법인 중국의 혼인관계법령이다. 이러한 태도를 취하는 것이 서울가정법원의 다수 실무례이다.[87]

㈐ **배분적 연결원칙을 취하면서도 한국법만을 적용하는 견해** 학설로서는 국제사법 제36조 제1항을 적용하면서도 혼인의사의 결여를 당사자 쌍방에게 요구되는 쌍면적 혼인장애사유로 보아 중국법을 고려함이 없이 한국 민법만을 적용하더라도 혼인무효라는 결론을 도출할 수 있다는 견해도 있다.[88]

㈑ **사 견** 위에서 언급한 것처럼 (가)의 판결이 혼인의 성립에 관한 국제사법(제36조 제1항)에 상응하는 구 섭외사법 제15조 제1항을 적용하지 않고 혼인의 효력의 준거법을 적용한 것은 잘못이며 근거가 없다. 한편 (나)의 판결은 국제사법 제36조 제1항이 배분적 연결원칙을 정한 것으로 이해하고 혼인의사의 결여를 일면적 혼인장애사유로 본 것으로 생각된다. 이는

---

86) 유승룡, "섭외 혼인사건에서의 준거법의 지정," 재판자료 제101집(2003), 550면 註 78도 동지.

87) 전연숙, "국제가사소송사건의 실태분석 및 개성방안—서울가정법원 가사5단독(국제가사소송사건 전담재판부) 실무례를 중심으로—," 국제사법연구 제12호(2006), 69면.

88) 유승룡(註 86), 550면; 전연숙(註 87), 70면.

결국 혼인의사의 결여가 일면적 혼인장애사유인지 아니면 쌍면적 혼인장애사유인지의 문제이다.

우리 학설은 혼인장애의 일면성·쌍면성의 구별은 국제사법 해석의 문제라고 보는 경향이 있으나,[89] 외국에서는 이는 실질규정의 해석의 문제라고 본다.[90] 국제사법으로부터는 아무런 원칙을 도출할 수 없으므로 외국의 유력설이 타당하다. 그러나 이렇게 보더라도, 종래 우리 다수설처럼 당사자의 혼인의사를 일면적 요건으로 보고 일방당사자의 혼인의사에 하자가 있는 경우 그 효과는 문제되는 당사자의 본국법에 따를 사항이라고 볼 수 있다.[91] 혼인합의를 생각하면 합의의 부존재는 쌍면적 혼인장애사유처럼 보이나, 각 당사자의 혼인의사에 착안하면 혼인의사의 부존재가 일면적 혼인장애사유임을 인정할 수 있을 것이다.

(2) 중국법에 따른 위장혼인의 효력

위 서울가정법원 2010년 판결은 실질법에 따른 위장혼인의 효력에 관하여 다음과 설시하였다.

> "우리 민법 제815조 제1호는 '당사자 간에 혼인의 합의가 없는 때'를 혼인의 무효사유로 규정하고 있고, 중국의 혼인관계법령은 남녀쌍방의 자유의사에 의한 혼인의 원칙을 천명하고, 자원적(自願的)이 아닌 혼인의 등기를 금지하는 규정(중국혼인법 5조, 혼인등기판법 6조)을 두고 있는바, 위 규정의 취지에 비추어 볼 때, 혼인당사자의 혼인의사의 흠결은 혼인무효사유에 해당한다."[92]

춘천지방법원 2009. 7. 9. 선고 2009르114 판결도 동일한 결론을 취하였으나 그 이유를 아래와 같이 좀더 상세히 설시하였다.

---

89) 신창섭, 국제사법(2007), 284-285면.

90) 横山 潤, 國際親族法(1997), 52면. Marianne Andrae, Internationales Familienrecht, 2. Auflage (2006), §1 Rn. 35; Jan Kropholler, Internationales Privatrecht, 6. Aulage (2006), §44 I, S. 331.

91) 신창선(註 5), 323면; 김연·박정기·김인유, 국제사법 제2판(2006), 339면.

92) 예컨대 서울가정법원 2007. 9. 14. 선고 2007드단7976 판결도 동일한 취지의 설시를 하였다. 최승록, "한·중 섭외혼인관계 소송의 심리," 가사조정 제5호(2002년), 132면은 중국 혼인법 제5조는 "결혼은 반드시 남녀쌍방의 완전한 자유의사에 의하여야 하며 일방이 상대방에 강요하거나 제3자가 이에 간섭할 수 없다"고 규정하고 있으나 이를 혼인의 무효사유로는 정하고 있지 않고 있다고 한다.

"민법 제815조 제1호는 '당사자 간에 혼인의 합의가 없는 때'에는 그 혼인은 무효로 한다고 규정하고 있는데, 이는 당사자 간에 사회통념상 부부라고 인정되는 정신적·육체적 결합을 생기게 할 의사를 갖고 있지 않은 경우를 말한다(위 대법원 96도2049 판결 참조). 그런데 원고와 피고의 동거기간이 약 15일 정도에 불과하고, 동거기간 중에도 피고가 원고와의 성관계를 계속 거부한 점, 피고는 그 후 일방적으로 가출하여 약 13개월이 지난 현재까지 귀가를 거부하면서 원고에게 자신의 거주지와 직장조차 알려주지 않고 있는 점에다가, 피고가 이 사건 항소를 제기한 지 3개월 이상이 지나도록 원고의 주장을 탄핵하거나 피고에게 유리한 증거를 전혀 제출하지 않은 채 아무런 소명자료도 없이 변론기일 변경신청을 하는 등 시간만 끌고 있는 점 등 제반 사정을 종합해 보면, 피고는 원고와 사이에 사회통념상 부부라고 인정될 만한 정신적·육체적 결합을 이룰 의사 없이 취업 등 다른 목적을 달성하기 위한 방편으로 형식상 혼인한 것에 불과하다고 봄이 타당하다. 따라서 원·피고 사이에는 참다운 부부관계의 설정을 바라는 효과의사의 합치를 인정할 수 없어 그 혼인은 민법 제815조 제1호의 규정에 따라 무효이다. 즉 혼인의 실질적 성립요건으로서 중요한 것은 혼인의사이지 혼인신고의사가 아니라는 것이다."[93]

그러나 혼인의사의 부존재를 확정하기는 어려우므로 대부분 간접사실에 의하여 추정할 수밖에 없는데, 실무상으로는 외국인이 상당한 금원을 송금받은 뒤 한국에 입국하지 않은 채 행방을 감추거나 입국을 거부하는 경우, 입국하여 바로 자취를 감추거나 외국인등록증을 받자마자 별다른 사유 없이 가출한 경우와 위장혼인의 의심된다는 이유로 비자가 기각된 경우 등에 있어서는 혼인의사의 결여를 추정하여 혼인무효청구를 받아들이고 그 외의 경우에는 청구취지를 이혼으로 변경하도록 한 뒤 이혼청구를 받아들이고 있다고 한다.[94]

---

93) 최근 대법원 2010. 6. 10. 선고 2010므574 판결도 "당사자 일방에게만 부부관계의 설정을 바라는 효과의사가 있고 상대방에게는 그러한 의사가 결여됐다면 비록 당사자 사이에 혼인신고 자체에 관해 의사의 합치가 있어 법률상 부부라는 신분관계를 설정할 의사는 있었다고 해도 그 혼인은 당사자 간에 혼인의 합의가 없는 것이어서 무효라고 판시하였다.

94) 전연숙(註 87), 79면; 한숙희, "국제혼인의 파탄사유에 관한 실증적 고찰," 국제가족법의 최근 쟁점(2009. 12. 19. 개최된 한국국제사법학회·한국가족법학회 공동세미나 발표자료), 59면. 다만 공정증서원본불실기재 및 동 행사 등의 형사유죄판결이 확정된 경우에는 사실인정이 수월할 것이다.

(3) 법원의 실무에 대한 의문

위((2))에서 언급한 국제사법원칙에 관하여 의문이 있다. 즉 중국 민법총칙(제147조)에 따르면 혼인의 형식적 요건과 실질적 요건은 모두 혼인거행지법에 따르는 것으로 보인다.[95] 통상의 위장혼인 사건의 경우 혼인거행지는 아마도 한국일 텐데, 그렇다면 한국 국제사법에 의하면 중국인 배우자의 혼인의사의 존재라는 요건은 중국법에 따를 사항이지만 중국 민법총칙에 따라 한국법으로 反定이 있게 되는 것이 아닌가 생각된다. 만일 그렇다면 중국법을 고려할 필요 없이 한국법만을 적용하면 된다는 결론이 된다. 따라서 이 점에 관한 중국의 국제사법원칙을 재확인할 필요가 있다.[96]

4. 외국재판의 승인 및 집행[97]

가. 서 언

어느 국가의 법원의 재판(또는 판결. 이하 양자를 호환적으로 사용한다)은 재판권(Gerichtsbarkeit, *facultas jurisdictionis*), 즉 주권을 행사한 결과이므로 당해 국가에서 효력을 가지는 데 그치고 다른 국가에서 당연히 효력을 가지는 것은 아니다. 그러나, 이러한 원칙을 고집한다면 섭외적 법률관계의 안정을 해하고 국제적인 민사분쟁의 신속한 해결을 저해한다. 이런 이유로 오늘날 한국과 중국을 포함한 많은 국가들은, 외국판결이 당해 국가의 국내법이 정한 일정한 요건을 구비하는 경우 그의 효력을 승인하고 집행을 허용하는 입장을 취하고 있다.[98] 외국재판의 승인 및 집행의 이론적 근거로는

95) 沈涓(註 60), 155면; HUO Zhengxin, China's Codification of Conflicts Law: Latest Efforts, 2010. 6. 11. 서울대학교 법학연구소에서 개최한 한국법과 중국법의 교류에 관한 국제학술회의자료, p. 109.

96) 공전자기록등불실기재와 불실기재공전자기록등행사가 문제된 형사사건에서 대전지방법원 2011. 8. 26. 선고 2010고정936 판결은, 중국 민법통칙 제147조가 중국공민과 외국인의 결혼은 결혼체결지의 법률에 의한다고 규정하고 있으므로 결혼체결지인 우리나라의 국제사법 제9조 제1항(반정)에 따라 피고인에 대하여도 우리나라의 법에 의하여 판단하여야 할 것이라고 판시하였다. 그러나 2011. 4. 1. 발효한 중국 섭외민사관계법률적용법 제22조는 결혼의 절차는 혼인체결지 법률, 일방 당사자의 상거소지 법률 또는 국적 소속국 법률에 부합하는 경우 모두 유효하다고 규정하므로 그에 따르면 반정의 인정 여부가 분명하지 않다.

97) 이 부분은 저자가 2003. 2. 14. 북경 청화대학법학원에서 강연한 원고를 수정·보완한 것이다. 2003년 당시 발표자료를 배포하지는 않았다.

98) 외국중재판정의 승인 및 집행에 관하여는 1958년 유엔협약(이른바 뉴욕협약)이 있다. 반면에, 외국재판에 대하여는 아직 그에 상응하는 국제조약은 없으나, 헤이그관할합의협약의

영미법계에서는 주로 '예양'(comity) 또는 '국제예양'이나 '의무이론'(doctrine of obligation)에서 구하는 경향이 있고, 대륙법계에서는 외국재판에 의해 얻어진 분쟁해결의 종국성의 확보라는 실제적인 필요성, 국제적인 파행적 법률관계의 발생을 방지하고 섭외적 법률관계의 안정을 도모한다는 데서 구하는 경향이 있다.[99]

여기에서는 외국재판의 승인 및 집행에 관한 한국과 중국의 법제를 간단히 살펴보고(나.), 중국 인민법원의 판결을 최초로 승인한 서울지방법원 판결을 소개한 뒤(다.), 마지막으로 한중조약에 관련된 논점을 간단히 언급한다(라.).

나. 외국재판의 승인 및 집행의 요건의 비교

(1) 한 국 법

한국에서는 외국재판의 승인 및 집행은 민사소송법과 민사집행법의 명문의 규정에 의해 각각 규율되고 있다. 과거에는 양자가 모두 민사소송법에 규정되어 있었는데 2002. 7. 1.자로 민사소송법이 민사소송법과 민사집행법으로 분리되면서 양자가 서로 다른 법률에 규정된 것이다. 이는 민사소송법의 다른 조항들과 마찬가지로 일본을 통해 독일 민사소송법(Zivilprozessordnung, ZPO)을 계수한 것이므로 독일의 해석론이 도움이 된다. 외국재판의 승인 및 집행을 강학상으로는 국제민사소송법(국제민사절차법) 또는 국제사법의 문제로 논의되고 있다. 과거에는 국제민사소송법(또는 국제민사절차법)의 문제로 이해하는 경향이 주류를 이루었으나 2001. 7. 1.자로 개정된 국제사법이 국제재판관할의 결정이 국제사법의 과제임을 천명한 것[100]과 헤이그국제사법회의

존재에 주목할 필요가 있다. 즉 헤이그국제사법회의에서 2005년 6월 "관할합의에 관한 협약"(Convention on Choice of Court Agreements)이 채택되었는데, 동 협약의 목적은 국제소송에 관하여, 종래 국제중재에서 뉴욕협약이 수행하는 역할에 상응하는 역할을 하도록 하려는 것이다. 장래 관할합의협약이 발효되면 국제상사중재가 국제소송에 대하여 가지는 상대적 장점은 그 범위 내에서 완화될 것이다.

99) 상세는 석광현, "민사 및 상사사건에서의 외국재판의 승인 및 집행," 국제사법과 국제소송 제1권(2001), 261면 이하 참조.

100) 국제사법 제1조는 다음과 같다. "제1조(목적) 이 법은 외국적 요소가 있는 법률관계에 관하여 국제재판관할에 관한 원칙과 준거법을 정함을 목적으로 한다." 1962. 1. 15. 제정·공포된 섭외사법은 제정 당시부터 시대착오적이라는 비판을 받았음에도 불구하고 거의 개정되지 않은 채 최근까지 유지되었으나 마침내 2001. 7. 1.자로 개정되었고 그 명칭도 국제사법으로 변경되었다. 상세는 석광현, 2001년 개정 국제사법 해설 제2판(2003), 3면 이하 참조.

에서 추진하였던 민사 및 상사에서의 국제재판관할과 외국재판에 관한 협약안을 성안하기 위한 작업의 영향으로 외국재판의 승인 및 집행의 문제도 국제사법의 문제라는 인식이 점차 확산되었다.

외국재판이 한국에서 기판력 등 효력을 가지기 위하여는, 즉 승인되기 위하여는 민사소송법 제217조가 정한 아래 다섯 가지 요건을 구비해야 하는데, 이러한 승인요건이 구비되면 외국재판은 외국에서 재판이 선고된 시점으로 소급하여 한국에서 기판력 등의 효력을 가진다. 반면에 외국재판을 한국에서 집행하기 위하여는 한국법원의 집행판결(*exequatur*)을 받아야 한다.[101) 즉 집행판결에 의하여 집행력이 비로소 부여된다는 점에서 집행판결은 형성판결이다. 한국법원이 집행판결을 하기 위하여는 승인요건이 구비되어야 한다(민사집행법 제26조, 제27조).[102) 이처럼 외국재판의 승인은 요건이 구비되면 자동적으로 이루어지는 데 반하여, 집행은 외국재판에 기초한 강제집행을 허가하는 취지의 한국법원의 집행판결을 받아야 한다는 점에서 차이가 있다.

① 외국판결이 확정판결일 것
② 외국 법원이 국제재판관할권을 가질 것[103)
③ 패소한 피고가 공시송달에 의하지 아니하고 적법한 방식에 따라 방어에 필요한 시간 여유를 두고 소장의 송달을 받았거나 송달을 받지 않고 응소하였을 것[104)
④ 외국판결의 승인이 공서에 반하지 아니할 것[105)
⑤ 상호보증이 있을 것

한국법원은 외국재판의 옳고 그름을 심사할 수 없는데 이것이 실질재심사(*révision au fond*) 금지의 원칙이다. 그러나 한국법원은 승인요건의 구비

101) 한국의 이러한 법제는 대륙법계의 입장을 따른 것으로, '외국재판에 기한 소'(action upon the foreign judgment) 또는 외국재판의 등록에 의한 승인·집행의 방식을 사용하는 등록을 요구하는 영미법계와 차이가 있다.

102) 한국에서의 외국재판의 승인 및 집행에 관한 상세는 석광현, "민사 및 상사사건에서의 외국재판의 승인 및 집행," 국제사법과 국제소송 제1권(2001), 259면 이하 참조.

103) 이는 간접관할(또는 승인관할)을 말하는데 직접관할과 동일한 기준에 따른다.

104) 이는 외국소송에서 패소한 피고의 방어권, 나아가 적법절차(due process)를 보장하기 위한 것으로 송달의 적법성과 적시성의 요건이다.

105) 이는 우리가 포기할 수 없는 한국의 기본적인 도덕적 신념 또는 근본적인 가치관념과 정의관념을 보호하기 위한 것이다. 따라서 공서위반을 이유로 외국판결의 집행을 거부하기 위하여는 당해 사안이 한국과 관련이 있어야 하며, 이러한 '내국관련'의 정도가 낮은 경우에는 우리의 공서가 개입할 가능성이 낮으므로 우리 법의 '본질적인 원칙'과 다소 괴리가 있더라도 승인·집행될 가능성이 상대적으로 크다.

여부를 심사할 수 있고, 이러한 심사를 위하여 필요한 범위 내에서는 실질재심사가 가능할 뿐만 아니라 필요하며 사실을 조사할 수 있다. 외국중재판정의 승인 및 집행에 관한 대법원 1988. 2. 9. 선고 84다카1003 판결도 이런 취지를 명확히 선언하였다.

이러한 승인요건에 따르면 중국재판의 승인 및 집행시 가장 문제가 되는 것은 상호보증의 존재 여부가 될 것이다.[106] 상호보증이라 함은 상호주의(reciprocity)가 보증됨을 의미하는데, 상호보증의 존재를 인정하기 위한 요건에 관하여는 재판국이 민사소송법 제217조와 동일하거나 또는 그보다 관대한 조건 하에 한국판결을 승인할 경우에 한하여 상호보증이 있다는 견해와, 재판국이 민사소송법 제217조의 요건과 중요한 점에서 다르지 않은 조건 하에 한국판결을 승인하면 족하다고 하여 보다 완화된 입장이 있다. 과거 대법원 1971. 10. 22. 선고 71다1393 판결은 "… 상호의 보증이 있는 일이라 함은 당해 외국이 조약에 의하여 또는 그 국내법에 의하여 대한민국 판결의 당부를 조사함이 없이 구 민사소송법 제203조[107]의 규정과 같든가 또는 이보다도 관대한 조건 아래에서 대한민국의 판결의 효력을 인정하고 있는 경우를 말하는 것"이라고 판시함으로써 전설을 취하였고 그 후 공식적으로는 이런 견해가 유지되어 왔다. 이를 '동일 또는 관대조건설'이라고 부르기도 한다. 그러나 근자에는 후설을 취한 하급심판결들을 대법원이 수용하였고, 마침내 대법원 2004. 10. 28. 선고 2002다74213 판결[108]은 "… 우리나라와 외국 사이에 동종판결의 승인요건이 현저히 균형을 상실하지 아니하고 외국에서 정한 요건이 우리나라에서 정한 그것보다 전체로서 과중하지 아니하며 중요한 점에서 실질적으로 거의 차이가 없는 정도라면 상호보증의 요건을 구비하였다고 봄이 상당하다"고 판시함으로써, 상호보증의 개념에 관한 태도를 사실상 변경하고, 상호보증의 존재의 판단의 기준은 '동종판결'임을 명확히 하였다.

(2) 중 국 법

중국 민사소송법은 당사자의 신청 또는 외국법원의 촉탁에 의한 외국재

106) 다른 요건들은 개별재판마다 그 구비 여부가 문제되나, 상호보증은 한국과 중국의 재판 전반(보다 정확하게는 한국과 중국의 재산법상의 재판 또는 신분법상의 재판과 같은 일정한 유형의 재판)에 대하여 구비 여부가 문제되는 점에서 차이가 있다.

107) 이는 구 민사소송법의 조문을 가리키는 것으로 현행 민사소송법 제217조에 상응한다.

108) 평석은 석광현, "사기에 의한 외국판결승인의 공서위반여부와 상호보증," 국제사법과 국제소송 제4권(2007), 263면 이하 참조.

판의 승인·집행을 허용하는 취지를 규정하고(제265조),[109] 중국이 체결 또는 가입한 국제조약에 의하여, 또는 호혜의 원칙에 따라 심사한 후 중국법률의 기본원칙, 또는 국가 주권, 안전 또는 사회적, 공공적 이익에 위반하지 않는 경우에는 그의 효력을 승인하는 취지의 재판을 하고, 집행이 필요하다고 인정되는 경우에는 집행명령을 발하며, 중국 민사소송법의 규정에 의해 집행한다고 규정한다(제266조).[110] 따라서 조문상으로는 외국재판을 중국에서 승인 및 집행하기 위하여는 다음 세 가지 요건이 구비되어야 하는 것으로 보인다.[111]

① 외국재판이 법적 효력을 발생하였을 것
② 외국과 중국 간에 국제조약 또는 호혜관계가 존재할 것
③ 당해 외국재판이 중국의 법률적 기본원칙 또는 국가주권, 안전, 사회적, 공공적 이익에 반하지 않을 것

한중 간에 국제조약은 존재하지 않으므로 위 ②의 "호혜관계"가 무엇을 의미하는지, 특히 그것이 상호주의를 의미하는지의 여부가 문제가 된다. 만일 호혜관계가 없다면, 중국과 사이에 국제조약도 없고 호혜관계도 없는 때에는 당사자가 인민법원에 소를 제기하고 그 재판을 집행한다고 규정하는 1992년「중화인민공화국 민사소송법의 적용에 관련된 약간의 문제에 관한 최고인민법원의 의견」제318조가 적용된다.[112] 여기에서 인민법원에 소를 제기하라는 것의 의미가 새로운 소를 제기하고 다시 재판을 하라는 것인지가 문제된다. 반면에 만일 호혜관계가 상호주의의 존재를 의미한다면, 이러한 요건은 우리 민사소송법의 요건과 별로 큰 차이가 없는 것으로 보인다.

그러나 승인요건을 달리 설명하는 견해도 있는데 그 중 몇 가지를 소개

---

109) 아래에서 언급하는 서울지방법원 판결 당시에는 제267조였으나 2008. 4. 1.부터 시행된 중국 민사소송법의 일부 개정을 계기로 제265조가 되었다.

110) 아래에서 언급하는 서울지방법원 판결 당시에는 제268조였으나 2008. 4. 1. 개정에 의하여 제265조가 되었다. 前註와 이 주는 당시 서울대학교 대학원 박사과정에 재학중이던 蘇曉凌 변호사가 지적해 준 사항이다 이 점 감사한다.

111) 조상림 주편, 국제사법(2002), 392면.

112) 渡辺惺之, "香港高等法院でなされた第3當事者訴訟を含む一連の訴訟にかかる訴訟費用の負擔命令について執行裁判を認めた事例," 判例時報 1670号, 205面. 中國의 國際民事訴訟法에 관한 최근의 문헌으로는 黃軔霆, "中國國際民事訴訟法とハーグ「裁判管轄と裁判條約準備草案」," 阪大法學 第51卷 第2号(通卷 第212号)(2001), 497면 이하 참조.

한다. 우선 승인요건을 아래와 같이 설명하는 견해가 있다.[113]

① 외국법원의 관할권 존재, ② 소송절차의 공정성, ③ 외국판결이 확정적이고, 실효성이 있을 것, ④ 외국판결은 기타 관련법원의 판결과 저촉되지 않을 것, ⑤ 호혜원칙이 준수될 것과 ⑥ 외국판결의 승인 및 집행이 중국의 공공질서에 반하지 않을 것

나아가 승인요건을 아래와 같이 설명하는 견해도 있다.[114]

① 중국법의 기준에 의한 간접관할, ② 적법한 소환과 방어기회의 보장, ③ 외국재판이 부당하게 취득되지 않았을 것, ④ 외국재판이 확정되고 집행가능할 것, ⑤ 중국의 법령, 공공정책, 사회주의적 도덕에 반하지 않을 것, ⑥ 중국의 국가·사회의 이익에 반하지 않을 것과 ⑦ 상호의 보증이 있을 것

또 다른 견해는 승인요건을 아래와 같이 설명한다.[115] 기존 중국의 사법적 실무에 따르면, 외국법원의 판결과 판정이 중국법원의 승인 및 집행을 받으려면 하나의 전제조건과 7가지 실질적 조건에 부합되어야 한다. 하나의 전제조건은, 판결과 판정을 내린 사법기관이 소재한 국가와 중국 간에 법원의 판결과 판정에 관하여 상호 승인 및 집행한다는 국제조약을 체결하였거나 또는 상호호혜관계원칙이 존재하여야 한다. 한편 7가지 실질적 조건은 아래와 같다.

① 외국사법기관이 동 사건에서 관할권을 행사함에 있어서 중국의 전속관할권에 대한 규정을 위배하지 않을 것, ② 외국판결은 반드시 효력을 발생한 최종적인 판결일 것, ③ 외국판결을 선고한 사법기관이 소재한 소송규칙에 따라, 피신청인은 소송과정에서 충분한 진술과 변호할 기회를 가졌을 것, ④ 외국판결이 기만적인 소송절차를 통하여 내려지지 않았을 것, ⑤ 외국판결이 중국법원이 이미 내린 관련판결과 모순이 존재하지 않을 것, ⑥ 동일한 분쟁에 대하여 당사자가 중국법원에 소를 제기하였을 경우 외국법원이 우선 수리할 수 있을 것, ⑦ 중국의 사회공공이익에 위배되지 않을 것

113) 沈涓(註 60), 165면 이하.

114) 歐雲龍, "中國における涉外民事手續法," 法學・政治學の動向, 北海學園記念論文集, 53면(渡辺惺之(註 112), 209면에서 재인용).

115) 광동성 고급인민법원, "중국섭외상사심판실무," 법률출판사(2004), 32면(王洪鵬, "韩国判决与仲裁裁决在中国的承认和执行," 국제사법연구 제13호(2007)(노광・강영화의 국문번역문은 172면)에서 재인용).

이상의 논의를 보면 한국에서는 외국판결의 승인 및 집행의 요건이 한국 민사소송법과 민사집행법에 一義的으로 명확하게 규정되어 있는 반면에, 중국에서는 상세한 명문의 규정이 없는 탓에 외국판결의 승인요건이 논자에 따라 다소 차이가 있다. 다만, 어느 견해를 따르든 간에 양국 간에 호혜관계 또는 상호보증이 있어야 하는 것으로 보인다.[116] 그러나 무엇보다도 가장 큰 문제는 외국재판의 승인 및 집행에 관한 중국법원의 실무가 위 요건에 따라 이루어지는가라는 점인데, 이는 중국법원이 한국법원의 재판을 승인하였거나, 그 밖에 중국법원이 중국과 국제조약이 없는 외국의 판결을 승인한 사례가 있는지에 따라 결정될 것이다. 만일 중국 법원의 실무가 위 요건에 따라 이루어진다면, 한중 간에 상호보증의 존재를 인정할 수 있을 것이다.[117] 승인을 위하여 재판이 필요한지의 여부는 절차적인 문제로서 상호주의의 존부를 판단함에 있어서 크게 문제될 것이 없다. 중요한 것은 절차적으로 승인을 위한 재판이 필요한지가 아니라 패소한 피고가 그 소송절차 내에서 외국판결의 승인에 대해 한국법상 제기할 수 있는 것과 유사한 항변들과 외국재판의 변론종결 후에 발생한 항변만을 제출할 수 있는가의 여부이기 때문이다. 궁극적으로는 한국과의 상호보증의 존재를 긍정하는 최고인민법원의 판결이 있기 전에는 확정적인 답을 하기는 어려울 것이다.

중국판결의 승인과 관련하여 근자에 중국 학자가 다음과 같은 지적을 한 바 있음을 주목할 필요가 있다.[118]

> "한국법은 한국피고 또는 피집행인의 송달방식에 대해서도 엄격하게 요구한다. 한국 피고 또는 피집행인이 한국 국내에 있을 경우, 한국법은 한국법원을 통하여 한국 피고 또는 피집행인에 대해 완성한 송달에 대해서만 승인을 한다. 만약 판결이 내려진 국가와 한국 간에 어떠한 사법공조 계획이 존재하

116) 다만 외국 이혼판결의 경우 호혜관계는 필요하지 않다고 한다. 그 근거는 1991년 8월 13일부터 시행된 "最高人民法院關于中國公民申請承認外國法院離婚判決程序問題的規定"이라고 한다. 즉 제1조 제1항은 중국과 사법공조조약을 체결하지 않은 외국의 법원이 내린 이혼판결에 대해 중국의 당사자는 당해 규정에 따라 외국판결의 승인에 대해 인민법원에 신청할 수 있다고 규정한다. 이 점은 蘇曉凌 변호사의 지적을 반영한 것이다.

117) 독일에서도 중국 민사소송법의 검토에 기초하여 독일과 중국 간의 상호보증의 존재를 긍정하는 견해가 유력하다. 예컨대 Heinrich Nagel/Peter Gottwald, Internationales Zivilprozessrecht, 6. Auflage (2007), §14 Rz. 117.

118) 莫世健, "중한 외국판결의 승인 및 집행 표준의 조화문제에 관한 중국의 시각," 국제사법연구 제15호(2009)(번역문), 91면.

지 않을 경우, 개정통지 및 기타 절차문건 등은 반드시 외교방식을 통하여 한국법원에 위탁하여 송달해야 하며, 기타 송달방식은 모두 승인을 거절할 수 있는 사유가 된다. 따라서, 이러한 특별한 송달방식 요구는 중국과 한국 간의 승인표준 조화의 가장 큰 장애가 될 수도 있다."

저자가 보기에는 위 설명의 취지가 다소 불분명하지만 틀린 것은 아니다. 즉 한국에 소재하는 피고에게 한국에서 송달을 하자면, 사법공조에 관한 국제조약이 없는 경우 국제민사사법공조법에 따라 외교경로를 통해서 송달을 해야 하기 때문이다. 한국 민사소송법 제217조의 송달요건은 패소한 피고의 방어권을 보장하기 위하여 외국법원의 송달이 적법성과 적시성을 구비할 것을 요구하는 것이고 국제조약이 없다면 외교경로를 통하는 것이 원칙이므로 그것을 요구할 뿐이지 한국이 특별한 송달방식을 요구하는 것은 아니다. 더욱이 한국과 중국은 모두 헤이그송달협약에 가입하였을 뿐만 아니라, 한중조약이 존재하므로 실무상 그에 따라 송달이 이루어질 텐데, 만일 그렇다면 송달요건의 구비에는 아무런 문제가 없을 것이다. 따라서 특별한 송달방식 요구는 중국과 한국 간의 승인표준 조화의 가장 큰 장애가 될 수도 있다는 진술에는 동의할 수 없다.

다. 서울지방법원 판결

서울지방법원[119] 1999. 11. 5. 선고 99가합26523 판결은 중국산동성 웨이팡시 중급인민법원 판결을 승인하고 그의 기판력을 긍정하였다.[120] 즉, 위 중급인민법원에서 신용장개설은행인 중국공상은행을 상대로 보험자대위 또는 채권양도에 의해 신용장대금채권을 취득하였음을 근거로 신용장대금의 지급

119) 이는 서울중앙지방법원으로 명칭이 변경되기 전의 구 명칭이다.

120) 흥미로운 것은, 중국 법원의 판결에 대하여는 당사자와 법원이 재심신청권을 가지고 법원의 재심신청기간도 제한이 없으므로 기판력이 없다는 견해가 있다는 점이다. 정선주, "중국 민사판결의 효력과 집행상의 문제에 대한 의견," 韓國法과 中國法의 교류(2010. 6. 11. 서울대학교 법학연구소에서 개최한 한국법과 중국법의 교류에 관한 국제학술회의 발표자료), 280면; 손한기, "중국민사집행절차 개관—개정 민사소송법을 중심으로," 민사소송 제12권 제1호(2008), 518면 註 32. 이를 따르면 중국 법원의 판결은 승인될 수 없다. 그러나 중국법상 재심사유가 넓기는 하지만 그렇다고 하여 기판력 자체를 부정할 것은 아니라고 생각된다. 정연호, "중국 민사판결의 효력과 집행상의 문제," 韓國法과 中國法의 교류(2010. 6. 11. 서울대학교 법학연구소에서 개최한 한국법과 중국법의 교류에 관한 국제학술회의 발표자료), 242면 이하도 동지.

을 구하는 소를 제기하였다가 패소한 원고, 즉 한국수출보험공사가 한국법원에서 중국공상은행을 상대로 다시 신용장대금 등의 지급을 구하는 소를 제기한 사건에서, 한국법원은 중국인민법원 판결의 기판력을 근거로 한국수출보험공사의 청구를 기각하였다. 이는 외국에서 패소한 원고가 한국에서 다시 소를 제기한 사건이므로 중국판결의 승인, 즉 기판력의 확장만이 문제되었고 집행의 문제는 제기되지 않은 사건이었다. 위 판결의 사안은 다음과 같다.

한국의 주식회사 보경화섬(수출자)은 중국법인인 산동 엘리아 가먼트 그룹 시오(수입자)와 오리털의류 부자재(화물)를 매도하는 계약을 체결하였고 피고의 웨이팡시지점은 수입자를 위하여 취소불능신용장을 개설하였다. 수출자는 화물을 선적한 뒤 선적서류를 한국의 국민은행에게 매도하였다. 수입자는 화물의 품질에 문제가 있다고 이의를 제기하였고 피고는 수입자의 요청에 따라 신용장의 지급을 거절하였다. 수입자는 중국법원으로부터 신용장대금의 지급정지를 명하는 명령을 받았다.

그런데 원고는 한국의 국민은행과 수출어음보험계약을 체결하였다. 국민은행은 원고로부터 수출어음보험계약에 따라 화환어음금의 95% 상당 금액을 수령하였고, 원고는 국민은행과 수출자로부터 피고에 대한 신용장대금채권 및 손해배상채권 등 모든 권리를 양도받았다. 원고는 국민은행의 피고에 대한 신용장대금채권을 보험자대위 또는 채권양도에 의해 취득한 자로서 피고를 상대로 신용장대금의 지급을 구하는 소를 산동성 웨이팡시 중국인민법원에 제기하였으나 1998. 8. 5. 동 법원으로부터 청구기각판결을 받았고 이는 확정되었다.

그 후 원고는 피고를 상대로 신용장대금의 지급을 구하는 이 사건 소를 서울지방법원에 제기하였고, 피고는 기판력에 기한 항변을 제출하였다. 서울지방법원은 중국인민법원판결이 민사소송법상 외국판결의 승인요건을 구비한다고 판단하고 그 기판력에 기하여 한국수출보험공사의 청구를 기각하였다.

이러한 결론을 내리는 과정에서 서울지방법원은 외국재판의 승인에 관한 한국과 중국의 법제(당시 중국 민사소송법 제267조와 제268조)를 비교 검토한 뒤 양자는 표현만 다를 뿐이고 별차이가 없다고 보아 한중 간에 상호보증의 존재를 인정하였다. 상호보증의 존재를 인정하기 위한 요건에 관하여 위 서울지방법원판결은, "… 우리 민사소송법 제203조[121]의 규정과 중요한

121) 이는 구 민사소송법의 조문으로 현행 민사소송법 제217조의 전신이다.

점에서 다르지 않은 조건 아래 우리나라 판결을 승인하고 있으면 상호보증이 있다고 봄이 상당하다 할 것이다"고 하여 완화된 견해를 취하였다.

그 밖에도 원고는 중국에서는 사법권과 법관이 독립되어 있는지 여부가 불투명하고, 적정과 공평의 이념에 의하여 재판이 이루어지는지 의문이 있으므로 중국 법원 판결의 승인은 한국의 절차적 공서에 위반된다는 주장을 하였다. 이에 대해 위 판결은 사법권의 독립을 정한 중국 헌법 제126조, 법관의 독립과 당사자의 평등을 정한 중국 민사소송법 제2조, 제6조와 제8조를 검토한 뒤 이를 근거로 "중국의 법원도 법률상 독립되어 재판을 하고, 공평, 적정한 재판을 민사소송의 이상으로 삼고 있는 사실을 인정할 수 있으므로, 위 확정판결이 절차적 공서에 반한다고 할 수 없고"라고 판시하고, 나아가 "가사 중국의 법관의 사회적 지위가 낮고 법률가가 아닌 사람이 포함되어 있다고 하더라도 그러한 사정만으로 위 확정판결이 절차적 공서에 반한다고 할 수 없"다고 판단하였다. 또한 원고는 중국 민사소송법 제219조가 판결의 집행신청기간을 단기간으로 정하고 있으므로 승인기준이 한국법보다 엄격하다고 주장하였으나 위 판결은 이러한 단기간의 제한은 외국판결에만 적용되는 것이 아니고 중국법원의 판결에도 적용된다고 보고 이를 배척하였다.

다만 위 판결은 말미에 "다만, 우리나라 법원에서 중국과 사이에 상호보증이 있다고 보고 중국의 재판을 승인하였음에도 중국법원이 우리나라와 상호보증이 없다는 이유로 우리나라 재판의 승인, 집행을 거부하는 사례들이 발생한다면, 우리나라 법원으로서도 더 이상 상호보증이 있다는 견해를 유지하기는 어려울 것이다"는 설시를 추가하였다. 법원이 이처럼 이례적인 문언을 추가한 것은 양국 간의 상호보증의 존재를 최초로 긍정하는 데 대한 심리적 부담이 있었기 때문일 것이다.

그러나, 중국에는 일본과 중국 간의 상호보증의 부존재를 이유로 일본 재판의 승인·집행을 거부한 사례가 있는 탓에[122] 일본에는 중일 간 상호보증이 없다고 판단할 유력한 근거가 있다는 견해가 있는데,[123] 이러한 논의는 한중 간의 관계에서도 마찬가지로 적용될 수 있다는 주장이 가능하다.

---

122) Alice Jong, "Red-chips boom, H-share bust: Can the chinese legal system cope?" LAWASIA Journal (1998), pp. 34-35(渡辺惺之(註 112), 209면에서 재인용). 이는 최고인민법원중국응용법학연구소편, 인민법원안례선—민사, 경제, 지식재산권, 해사, 민사소송절차권(하), 인민법원출판사(1997), 2170-2173면에 게재되어 있다고 한다.

123) 渡辺惺之(註 112), 209면.

라. 한중조약의 처리

위에서 본 바와 같이 한중조약은 2005. 4. 27. 발효되었다. 중국이 한국측에 조약초안을 제시하고 그에 대해 한국이 수정안을 제시하여 논의가 진행되었다. 당초 중국은 판결의 승인 및 집행에 관한 공조를 양자조약의 대상에 포함시키고자 하였으나, 한국은 민사 및 상사에 관한 외국재판의 전면적인 승인을 조약에 규정하기는 이르다는 견해를 취하여 결국 그 부분은 양자조약의 범위에서 제외되었다. 만일 위 판결이 대법원판결이었다면 한국이 양자조약에서 외국재판의 승인 및 집행에 관한 조문을 두자는 중국의 제안을 수용할 수 있었을 것이나, 그것은 하급심판결이었기에 중국의 제안이 수용되지 않았다고 할 수 있다.

마. 소　결

외국재판의 승인 및 집행에 관한 중국의 민사소송법 등 관련규범을 볼 때, 만일 중국법원의 실무가 법규에 따라 이루어진다면 한국과 중국 간에 상호보증의 존재를 긍정할 수 있을 것이다. 그러나, 중국법원이 일본과의 사이에서 상호보증의 존재를 부인한 것을 보면 실무상 한중 간의 상호보증의 존재를 긍정하기는 어려울 수도 있다. 하지만 한국법원이 한중 간의 상호주의의 존재를 인정하는 재판을 먼저 선고하였으므로, 그 존재를 중국측에 널리 홍보한다면 장차 중국법원도 이에 상응하는 재판을 할 개연성이 크다. 위 서울지방법원판결이 先供後得의 의미를 살릴 수 있기를 기대한다.[124)]

---

124) 정연호(註 120), 242면 註 22는 중국 법원의 실무관행은 한국 판결의 기판력을 인정하지 않는 것으로 보인다고 하나, 근거를 제시하지는 않는다. 유감스럽게도 광동성 심천시 중급인민법원 2011. 9. 30. 심중법민일초자체45호 판결은, 원고인 한국 회사(Spring Comm)가 중국에 부동산을 소유하고 있는 한국인 피고를 상대로, 서울서부지방법원 2010. 12. 14. 선고2009가합6806호 판결(이는 피고는 원고에게 손해배상으로서 일정 금원을 지급하라는 취지의 판결이다)에 기한 승인 및 강제집행을 구한 데 대하여 한중 간에 관련 조약이 없으므로 호혜관계가 없다는 이유로 청구를 기각하였다. 이 사실을 알려주고 판결문을 보내주신 정연호 변호사님께 감사드린다.

Ⅳ. 맺 음 말

이상을 통해 한국 법원이 국제사법에 충실하게 준거법으로 지정된 중국법을 올바르게 적용하고자 노력하고 있음을 확인하였다. 대법원이 과거 法源에 관하여 부적절한 설시를 하고, 외국법의 해석에 관한 일반원칙을 속단하는 잘못을 저지르기는 했지만, 한국 법원은 대체로 정확하게 국제사법을 적용하고 그에 따라 준거법으로 지정된 중국법을 제대로 적용하고 있는 것으로 생각된다. 국제사법에 의해 준거법으로 지정된 중국법을 정확히 적용하기 위해서는 중국법에 대한 한국 내 연구수준과 질을 제고할 필요가 있다. 물론 한중조약에 규정된 법정보공조도 적절히 활용할 필요가 있다. 끝으로 두 가지 제언을 하면서 이 글을 마친다.

첫째, 한국 내 중국법연구의 체계화 및 조직화 한국은 지난 수천년 동안 중국과 이웃으로 지내왔다. 따라서 중국을 제외한다면, 한국이 전세계 국가 중에서 중국법을 포함한 중국의 문화를 가장 잘 아는 국가여야 할 것이나 현실은 그렇지 않은 것 같다. 지난 수천년 동안 축적된 중국에 대한 귀중한 지식과 경험이 근대 격변기를 거치면서 상실된 것인지 모르겠다. 이제부터라도 중국법을 포함한 중국문화를 제대로 이해하려는 체계적 노력을 기울여야 한다. 이를 위하여는 가까운 장래에 서울대학교 법학전문대학원에 중국법 전임교수를 초빙하고 중국법(또는 동북아법)연구소를 설립할 필요가 있으며 장차 이를 아시아법연구소로 확대·개편할 수도 있을 것이다.[125] 전국에 산재하는 중국법 관련 연구소를 통합하는 방안도 고려할 필요가 있다. 오늘 이 자리가 서울대학교 법학전문대학원이 중국법에 대해 좀더 체계적 접근을 시작하는 귀중한 계기가 되기를 희망한다.

둘째, 민사사법공조의 영역에서 한중조약에 기초한 한일조약 체결 후 한중일 삼자조약의 체결 국제민사사법공조라 함은, 광의로는 모든 사법활동에 관한 국제적 협력을, 협의로는 문서의 송달과 증거의 수집과 조사에 관한 국제적 사법협력을 말한다. 한국은 2000년 헤이그송달협약에 가입했고,

---

125) 이 글을 발표한 뒤 실제로 서울대학교 법과대학이 중국법 전임교수를 충원하고 나아가 아시아·태평양법연구소(Asia Pacific Law Institute)의 설립 작업을 추진하는 것은 환영할 만한 일이다.

1999년에는 한호조약을, 2003년에는 한중조약을 체결했다. 그러나 한일 간, 중일 간과 한중일 간에는 민사사법공조조약은 없다. 한중일 삼국은 모두 헤이그송달협약에 가입했지만, 1970년 헤이그증거협약에는 중국과 한국만이 가입했다.[126] 따라서 저자는 제1단계조치로서 한중조약을 기초로 민사사법공조에 관한 한일조약을 체결하고, 제2단계조치로서 이를 확대하여 한중일조약을 체결할 것을 제안한 바 있으며 여기에서도 이를 거듭 제안한다. 이는 동북아시아의 司法協力을 위한 제일보이다. 한일조약은 협의의 사법공조 외에 외국판결의 승인 및 집행도 함께 규율해야 하고, 삼자조약은 외국판결의 승인 및 집행을 포함해야 한다. 삼자조약의 채택은, 동북아시아의 경제활성화, 광범위한 사법협력, 민사 및 상사 분쟁의 실효적 해결은 물론 동북아시아의 평화와 안정에도 기여할 것이다. 특히 2012. 5. 14. 베이징에서 개최된 한중일 정상회의에서 3국 간 FTA 협상을 연내에 개시하기로 하는 공동선언문이 채택된 바 있으므로 이런 필요성과 함께 그 실현 가능성이 더욱 커졌다고 본다. 나아가 제3단계조치로서, 1968년 6개국 간에 처음 체결된 유렵공동체의 브뤼셀협약이 40년 동안 동쪽으로 확대해 온 것처럼, 한중일도 ASEAN 국가들과 다자조약을 체결함으로써 삼자조약의 적용범위를 서쪽으로 확대해 나갈 수도 있다. 그 때 한중일과 아세안이 'ASEAN+3'으로 존재하건, '동아시아공동체'(EAC)가 결성되건 간에 이는 추진할 만한 가치가 있는 작업일 것이다.[127]

126) 한국은 2009년 헤이그증거협약에 가입하여 2010. 2. 12.부터 한국에서 발효되었다. 개관은 석광현, "헤이그증거협약 가입을 환영하며," 법률신문 제3806호(2010. 1. 4.), 15면 참조.

127) 이에 관하여는 Weidong ZHU, "A Plea for Unifying or Harmonizing Private International Law in East Asia: Experiences from Europe, America and Africa," 국제사법연구 제17권(2011), 269면 이하도 참조.

「國際私法과 國際訴訟」 제1권에 수록된 논문의 목록

제1장 國際契約法

[1] 國際契約의 準據法에 관한 몇 가지 논점 —涉外私法의 解釋論을 중심으로: 改正된 國際私法의 소개를 포함하여—

[2] 外換許可를 받지 아니한 國際保證과 관련한 國際私法上의 問題點 —서울고등법원 1994. 3. 4. 선고 92나61623 판결에 대한 평석을 겸하여—

제2장 國際契約의 準據法에 관한 國際條約

[3] 契約上 債務의 準據法에 관한 유럽共同體 協約(로마協約)

제3장 國際信用狀去來

[4] 信用狀 開設銀行인 외국은행을 상대로 한 소송과 國際裁判管轄 —대법원 2000. 6. 9. 선고 98다35037 판결과 관련하여—

[5] 貨換信用狀去來에 따른 法律關係의 準據法

제4장 國際不法行爲法

[6] 涉外不法行爲의 準據法決定에 관한 小考 —共通의 屬人法에 관한 대법원판결을 계기로 본 涉外私法의 적용범위와 관련하여—

[7] 國際的인 製造物責任과 관련한 國際私法上의 問題點

제5장 外國裁判의 承認 및 執行

[8] 民事 및 商事事件에서의 外國裁判의 承認 및 執行

[9] 外國判決 承認要件으로서의 送達 —대법원 1992. 7. 14. 선고 92다2585 판결에 대한 평석을 겸하여—

[10] 損害賠償을 명한 미국 미네소타주법원 判決의 承認 및 執行에 관한 문제점 특히 相互保證과 公序의 문제를 중심으로 —서울지방법원동부지원 1995. 2. 10. 선고 93가합19069 판결에 대한 평석—

[11] 外國判決의 承認 및 執行에 관한 立法論 —民事訴訟法 改正案(제217조)과 民事執行法 草案(제25조, 제26조)에 대한 管見—

제6장 國際倒産法

[12] 國際倒産法의 몇 가지 問題點

제7장 外國 國際私法

[13] 스위스 國際私法(IPRG)

제8장 國際金融去來法

[14] 國內企業의 海外借入의 實務와 法的인 問題點 —國際契約法的 論點을 중심으로—

[15] 國內企業의 海外社債 發行의 實務와 法的인 問題點 —유로債(Eurobond) 발행시 우리 法의 適用範圍에 관한 問題를 中心으로—

「國際私法과 國際訴訟」 제2권에 수록된 논문의 목록

「國際私法과 國際訴訟」 제3권에 수록된 논문의 목록

「國際私法과 國際訴訟」 제4권에 수록된 논문의 목록

「國際私法과 國際訴訟」 제1권—제5권과 국제상사중재법연구 제1권에 수록되지 않은 논문의 목록

1. 國際航空機리스에 관한 법적인 문제점, 대한변호사협회지(인권과 정의) 제195호(1992. 11.), 55-67면(조영균 변호사와 공동집필). 다만, 이 글의 일부는 「國際私法과 國際訴訟」 제2권 [14] 移動設備에 대한 國際的 擔保權에 관한 UNIDROIT 協約에 포함시켰다.
2. 貨換信用狀去來의 法律關係와 準據法, 무역상무연구 제Ⅸ권(1996. 2.), 153-186면. 이 글은 아래 3.과 함께 「國際私法과 國際訴訟」 제1권 [5] "貨換信用狀去來에 따른 法律關係의 準據法"으로 통합하였다.
3. 貨換信用狀去來와 관련한 國際私法上의 몇 가지 문제점, 대한변호사협회지(인권과 정의) 제218호(1994. 10.), 111-126면. 이 글은 위 2.와 함께 「國際私法과 國際訴訟」 제1권 [5] "貨換信用狀去來에 따른 法律關係의 準據法"으로 통합하였다.
4. 國際商事仲裁에 있어서 實體에 적용할 準據法의 결정, 東泉 金仁燮 辯護士 華甲紀念論文集(1996), 522-535면. 다만, 이 글의 일부는 「國際私法과 國際訴訟」 제2권 [12] "改正仲裁法의 몇 가지 문제점—國際商事仲裁를 중심으로—"에 포함시켰다.
5. 民事 및 商事事件의 國際裁判管轄과 外國裁判의 承認 및 執行에 관한 헤이그協約

—1997년 6월 개최된 特別委員會 회의 참가보고를 겸하여—, 국제사법연구 제2호(1997), 115-152면.

6. 國際裁判管轄의 몇 가지 문제점—종래의 論議에 대한 批判的 考察—, 대한변호사협회지(인권과 정의) 제262호(1998. 6.), 32-44면.

7. 民事 및 商事事件의 國際裁判管轄과 外國裁判의 承認 및 執行에 관한 헤이그協約—1998년 3월 개최된 特別委員會 제2차 회의 참가보고서—, 저스티스 통권 제50호(1998. 12.), 141-160면.

8. 間接的 國際裁判管轄(또는 承認管轄), 국제사법연구 제4호(1999), 509-535면.

9. 國際訴訟, 경희대학교 국제법무대학원(편), 國際法務學概論(2000), 723-768면.

10. 스왑去來의 法的 問題點, 民事判例硏究[XXIII](2001), 647면-701면. 다만, 이 글의 일부는 「國際私法과 國際訴訟」 제2권 [13] "派生金融商品去來에 있어서의 一括淸算의 문제점과 倒産法의 개정"에 포함시켰다.

11. 信用狀去來上의 銀行의 法的地位—貨換信用狀去來의 法律關係—, 南孝淳·金載亨(共編), 金融去來法講義 II(2001), 135-177면.

12. 改正 國際私法의 總論的 問題, 法曹 통권 제536호(2001. 5.), 5-39면.

13. New Conflict of Laws Act of the Republic of Korea, Journal of Korean Law, Volume 1, Number 2 (2001), pp. 197-223.

14. 國際勤勞契約과 勤勞者保護—改正 國際私法을 중심으로—, 노동법학(한국노동법학회지) 제13호(2001. 12.), 1-37면.

15. 國際去來에서의 消費者保護—改正 國際私法을 중심으로—, 心堂宋相現先生 華甲紀念論文集, 이십일세기 한국상사법학의 과제와 전망(2002), 701-734면.

16. 國際的 保證의 諸問題, 한국무역상무학회, 무역상무연구 제17권(2002), 7-31면.

17. 國際的인 證券擔保去來의 準據法—PRIMA와 관련하여—, 증권법연구 제3권 제1호(2002), 97-137면, 조문은 339-365면.

18. 국제물품매매협약 가입과 한국법에의 수용, 상사법연구 제21권 제2호(2002), 41-134면.

19. 인터넷과 國際裁判管轄, 인터넷법연구 제2호(2003), 429-467면.

20. The New Conflict of Laws Act of the Republic of Korea, Yearbook of Private International Law, Volume 5 (2003), pp. 99-141 and English translation of the Act, pp. 315-336.

21. 연지급신용장의 만기전 매입 또는 지급, 判例硏究 제17집(하)(서울지방변호사회, 2004), 86-112면.

22. 신용장의 비서류적 조건의 유효성, 한국무역상무학회, 무역상무연구 제22권(2004), 137-171면.

23. 항공기에 대한 국제적 담보거래—케이프타운협약과 항공기의정서를 중심으로—, 국제거래법학회지 제12집(2004), 163-200면.

24. 2005 헤이그법원선택합의협약, 국제사법연구 제11호(2005), 192-227면
25. 국제항공기금융에 관한 법적 문제점, BFL 제18호(2006), 62-75면(조영균 변호사와 공동집필).
26. 국제물품매매계약에 관한 국제연합협약(CISG)상의 본질적 계약위반, 한양대 법학논총 제23집 제2호(2006), 437-479면.
27. 대한상사중재원의 2007년 국제중재규칙의 주요내용과 그에 대한 평가, 서울대학교 법학 제49권 제1호(통권 146호)(2008. 3.), 71-109면.
28. UNIDROIT 문화재환수협약 가입절차와 유의점, 국제사법연구 제15호(2009), 324-378면.
29. 1993년 헤이그국제입양협약(국제입양에 관한 아동보호 및 협력에 관한 헤이그협약), 국제사법연구 제15호(2009), 421-492면.
30. 국제자본시장법의 서론적 고찰—역외적용 및 역외투자자문업자등의 특례를 중심으로, 증권법연구 제11권 제2호(2010. 8.), 27-82면(정순섭 교수와 공저)
31. 중간시안을 중심으로 본 국제재판관할에 관한 일본의 입법 현황과 한국의 입법 방향, 한양대학교 국제소송법무 제1호(2010), 29-65면.
32. 國際勤勞契約의 準據法에 관한 韓國과 中國國際私法의 異同, 전북대학교 법학연구 제31집(2010. 12.), 301-326면.
33. 사기에 의하여 획득된 외국중재판정의 승인과 공서위반 여부, 서울지방변호사회 판례연구 제24집(2)(2011), 118-167면.
34. Some Observations on the Chinese Private International Law Act: Korean Law Perspective, Zeitschrift für Chinesisches Recht (2011), pp. 105-115.
35. 국제물품매매협약(CISG)을 적용한 우리 판결의 소개와 검토, 국제거래법연구 제20집 제1호(2011. 7.), 87-135면.
36. 클라우드 컴퓨팅의 규제 및 관할권과 준거법, Law & Technology 제7권 제5호(2011. 9.), 3-48면.
37. 한국에서 행해지는 ICC 중재에서 ICC 중재규칙과 한국 중재법의 상호작용, 한양대학교 국제소송법무 통권 제3호(2011. 11.), 1-38면.
38. 국제지적재산권분쟁과 國際私法: ALI 원칙(2007)과 CLIP 원칙(2011)을 중심으로, 민사판례연구 제34집(2012), 1065-면1130.

「國際私法과 國際訴訟」 제1권-제5권 이외의 단행본

1. 國際裁判管轄에 관한 研究—民事 및 商事事件에서의 國際裁判管轄의 基礎理論과 一般管轄을 중심으로—(서울대출판부. 2001)
2. 2001년 개정 국제사법 해설 제1판(지산. 2001), 제2판(지산. 2003)

3. 국제채권양도협약연구(법무부. 2002)(개인적으로는 편저로 분류)
4. 국제상사중재법연구 제1권(박영사. 2007). 이는 국제상사중재법에 관한 논문 10개를 묶어서 간행한 책이다. 논문 목록은 생략한다.
5. 증거조사에 관한 국제민사사법공조 연구(법무부. 2007)
6. 2001年改正 韓國の國際私法—國際家族法を中心に—(解說 第二版)(神奈川大學法學研究所. 2009). 이는 위(2.)에 기재한 책 일부의 일본어 발췌 번역서이다.
7. UNCITRAL 담보권 입법지침 연구(법무부. 2010)(개인적으로는 편저로 분류)
8. 헤이그국제아동입양협약에 관한 연구[공저](법무부. 2010)(이병화 교수와 공저)
9. 국제물품매매계약의 법리: UN통일매매법(CISG) 해설(박영사, 2010)
10. 국제민사소송법: 국제사법(절차편)(2012. 7. 간행예정)

「國際私法과 國際訴訟」 제1권—제5권에 수록되지 않은 짧은 글의 목록

1. 국제재판관할합의의 유효요건으로서의 합리적인 관련성, 법률신문 제3129호(2002. 12. 9.)[1]
2. 통합도산법시안 중 국제도산에 관한 검토의견, 법률신문 제3148호(2003. 2. 20.)
3. 연지급신용장의 만기전 매입 또는 지급, 법률신문 제3230호(2003. 12. 29.)
4. UN국제물품매매협약(CISG)에의 가입을 환영하며, 법률신문 제3245호(2004. 2. 23.)
5. 2003 분야별 중요판례 분석(국제거래법 분야), 법률신문 제3281호(2004. 7. 8.)
6. 상법(해상편) 개정안과 國際私法的 思考의 빈곤, 법률신문 제3415호(2005. 12. 1.)
7. 대한상사중재원의 2007년 「국제중재규칙」에 관하여, 법률신문 제3547호(2007. 4. 19.)
8. 國際知的財産權法에 관한 小考—최근 일부 하급심판결들에 대한 유감을 표시하며. 법률신문 제3656호(2008. 6. 9.)
9. 국제사법상의 선결문제, 법률신문 제3665호(2008. 7. 14.)
10. 외국회사의 법인격 부인(否認),[2] 법률신문 제3680호(2008. 9. 8.)
11. 국제물품매매협약(CISG)을 다룬 최초의 우리 판결, 법률신문 제3754호(2009. 6. 15.)
12. 외국도산절차에 따른 면책 효력의 승인, 법률신문 제3763호(2009. 7. 20.)
13. 국제물품매매협약(CISG)을 다룬 최초 우리 판결의 항소심판결, 법률신문 제3781호(2009. 9. 28.)

---

1) 법률신문에 수록된 글의 경우 면수를 생략한다. 대체로 11면 또는 14면에 수록되었다.
2) 원래 저자가 법률신문사에 보낸 글의 제목에는 뒤에 "대법원의 국제사법적 사고의 빈곤"이 포함되어 있었으나 황당하게도 법률신문사 편집부에서 그 부분을 무단 삭제하였다.

14. 계약사건의 국제재판관할에서 의무이행지와 실질적 관련, 법률신문 제3792호(2009. 11. 12.)
15. 헤이그증거협약 가입을 환영하며, 법률신문 제3806호(2010. 1. 4.)
16. 국제항공운송사고로 인한 손해배상과 국제사법적 사고의 빈곤, 법률신문, 제3816호(2010. 2. 8.)
17. 사기에 의하여 획득한 외국중재판정의 승인과 공서위반 법률신문 제3880호(2010. 10. 14.)
18. 중국의 國際私法 제정을 환영하며, 제3891호(2010. 11. 25.)
19. 상장회사에 관한 상법의 특례규정과 國際私法的 思考의 빈곤: 외국회사를 중심으로, 제3895호(2010. 12. 9.)
20. 서태지·이지아 사건과 국제가족법, 법률신문 제3937호(2011. 5. 23.)
21. 국제소송에서 입증의 정도의 성질결정과 준거법, 법률신문 제3954호(2011. 7. 25.)
22. 외국 소재 동산 소유권이전의 준거법과 대법원판결들의 오류, 법률신문 제3960호(2011. 8. 18.)
23. 2012년 개정 입양특례법과 국제사법적 사고의 빈곤, 법률신문 제4037호(2012. 6. 7.)

判例索引

[한 국]

[일 본]

[독 일]

[미 국]

[영 국]

[유럽법원/유럽사법재판소]

우리말索引

外國語索引

L

M

N

O

P

Q

R

著者紹介

略　　歷

서울대학교 법과대학 졸업
사법연수원 수료(11기)
독일 프라이부르그 법과대학 LL.M.
서울대학교 대학원 졸업(법학박사)
해군법무관(1981. 8. - 1984. 8.)
金・張法律事務所 변호사(1984. 9. - 1999. 2.)
영국 Linklaters & Paines 법률사무소 연수(1991년 상반기)
한양대학교 법과대학 교수(1999. 3. - 2007. 9.)
현재 서울대학교 법과대학・법학전문대학원 교수: 국제거래법・國際私法・국제민사소송법 담당
정부대표단의 고문으로 다수의 헤이그국제사법회의, UNCITRAL과 UNIDROIT 회의 참가

著　　書

국제물품매매계약의 법리: UN통일매매법(CISG)해설(박영사)
헤이그국제아동입양협약에 관한 연구(이병화 공저)(법무부)
국제상사중재법연구 제 1 권(박영사)
증거조사에 관한 국제민사사법공조 연구(법무부)
國際裁判管轄에 관한 研究(서울대학교 출판부)
國際私法과 國際訴訟 제 1 권, 제 2 권, 제 3 권, 제 4 권(博英社)
2001년 개정 國際私法 해설 제 1 판, 제 2 판(도서출판 지산)

編　　著

UNCITRAL 담보권 입법지침 연구(법무부)
국제채권양도협약연구(법무부)

論　　文

사기에 의하여 획득된 외국중재판정의 승인과 공서위반 여부
클라우드 컴퓨팅의 규제 및 관할권과 준거법
계약외채무의 준거법에 관한 유럽연합 규정(로마 II)
한국에서 행해지는 ICC 중재에서 ICC 중재규칙과 한국 중재법의 상호작용
국제지적재산권분쟁과 國際私法: ALI 원칙(2007)과 CLIP 원칙(2011)을 중심으로
UNIDROIT 문화재환수협약 가입절차와 유의점
1993년 헤이그국제입양협약 외 다수

國際私法과 國際訴訟 제5권

2012年 7月 20日 初版印刷
2012年 7月 30日 初版發行

著 者 石 光 現
發行人 安 鍾 萬
發行處 (株) 博 英 社
서울特別市 鍾路區 平洞 13-31番地
電話 (733) 6771 FAX (736) 4818
登錄 1959. 3. 11. 제300-1959-1호(倫)

著者와 협의하여 印紙 첩부를 생략함

www.pybook.co.kr e-mail: pys@pybook.co.kr

정 가 48,000원

ISBN 978-89-6454-852-3
978-89-6454-833-2(세트)